böhlau

BÖHLAU VERLAG
KÖLN WEIMAR WIEN

Macht des Wissens

Die Entstehung der modernen Wissensgesellschaft

Herausgegeben von

Richard van Dülmen
Sina Rauschenbach

unter Mitwirkung von
Meinrad von Engelberg

2004

Vorwort

Richard van Dülmen ist am 18. Januar 2004 während eines Arbeitsgesprächs in Erfurt verstorben. Sein Tod hinterließ nicht nur Bestürzung und tiefe Trauer, sondern auch unser Buch, das nur zu Teilen fertiggestellt war. Einige Manuskripte waren noch nicht gesetzt, Bilder fehlten, von der Einleitung und der Bibliographie existierten nur Entwürfe. Mir fiel die Aufgabe zu, alleine fortzuführen, was wir gemeinsam begonnen hatten. Alle Autoren haben sich spontan angeboten zu helfen. Ihre Offenheit und Geduld waren entscheidend dafür, daß alles vorangehen konnte, wie es geplant war. Einige Autoren haben darüber hinaus Manuskripte gegengelesen, die noch nicht gesetzt waren, haben Bilder, die fehlten, verfügbar gemacht und haben Ratschläge gegeben, wo Unsicherheiten bestanden. Andrea van Dülmen hat die Korrekturfahnen ihres Mannes überprüft. Friedrich Niewöhner war wie immer hilfsbereit, wenn seine Kritik und sein Rat gefragt waren. Ihnen allen wie auch dem Institut für Europäische Geschichte in Mainz, das meine Arbeit an dem Projekt in den ersten Monaten meines Stipendiums stillschweigend unterstützt hat, sei an dieser Stelle gedankt.

Mein besonderer Dank aber gilt Meinrad von Engelberg. Hätte dieser nicht bereits in Erfurt die Bildredaktion übernommen und in den folgenden Wochen in mühevoller Kleinarbeit Autoren und Verlag angeschrieben, Abbildungen zusammengesucht, Reproduktionen angefertigt und Verzeichnisse erstellt, hätte der Band in diesem Jahr sicher nicht mehr gedruckt werden können. Seine moralische und tatkräftige Unterstützung in den Monaten dieses Winters und Frühjahrs waren unersetzlich.

Schließlich danke ich dem Böhlau Verlag und hier insbesondere Johannes van Ooyen für sein Entgegenkommen bei der Verschiebung des Erscheinungstermins sowie Sandra Hartmann für ihre Hilfsbereitschaft bei redaktionellen Fragen.

Hätte Richard van Dülmen erleben können, mit welchem Eifer und Einsatz Kollegen, Freunde und Betroffene um dieses Buch, das ihm besonders am Herzen lag, bemüht waren, hätte er sich gefreut. Jetzt möchte ich die »Macht des Wissens« ihm widmen.

In großer Dankbarkeit

Sina Rauschenbach, im Juni 2004

Inhalt

V. Wissenschaft im Revolutionszeitalter (1780–1820)

Anhang

Einleitung

RICHARD VAN DÜLMEN
SINA RAUSCHENBACH

Das Wissen, so scheint es, hat in der globalisierten Welt des 21. Jahrhunderts als Schlüssel zu Wohlstand, Einfluß und Macht eine überragende Bedeutung erlangt. Unsere Gesellschaft bezeichnet sich gerne als »Wissensgesellschaft«, um sich von der »Industriegesellschaft« der Moderne abzusetzen. Doch auch schon vor unserer Zeit, eigentlich von je her, haben sich die Menschen in den verschiedensten sozialen, kulturellen und politischen Verhältnissen auf »Wissen« berufen. Und immer schon galt, daß derjenige, der über Wissen verfügte, auch Macht hatte. Aber das Wissen, um das es ging, war nicht zu allen Zeiten dasselbe. Insbesondere in der Frühen Neuzeit, mit dem Beginn der Renaissance, entstand etwas Neues, ein Wissen, das zunehmend an Bedeutung gewann und durch das sich neue Mächte und Machtverteilungen in Staat und Gesellschaft entwickelten. Dieses Wissen war verbunden mit den Kenntnissen und Konsequenzen, die sich aus einer ebenfalls neuartigen wissenschaftlichen Forschung ergaben, und es wurde grundlegend für das moderne Weltbild, die Verständigung der Menschen in immer größeren Zusammenhängen, schließlich allgemein für die Begründung von sozialen, politischen und ökonomischen Strukturen. Es war geprägt durch das zunehmende Vertrauen, das die Gelehrten in ihre Wahrnehmung, ihre Erkenntnisse und ihre Forschung setzten, und zeichnete sich durch einen gestalterischen Anspruch aus, der dem mittelalterlichen Wissen, selbst wenn dieses durchaus weltlich sein konnte, im großen und ganzen fremd gewesen war. Wissen sollte dazu dienen, einzugreifen, zu bestimmen, was in der Welt und im Leben geschah. Francis Bacon hat es im dritten Aphorismus seines »Neuen Organons« zum Ausdruck gebracht: Menschliches Wissen und menschliche Macht – in diesem Falle über die Natur – treffen in einem zusammen. Wer die Gesetzmäßigkeiten kennt, denen die Natur gehorcht, kann nach ihnen handeln und bestimmen, was geschehen soll. Doch der Aphorismus läßt sich ausweiten und ist auch in diesem Sinne immer wieder angeführt worden. Nicht zuletzt war bei Bacon selbst das Streben nach der Beherrschung der Natur immer verbunden mit konkreten gesellschaftlichen und politischen Zielsetzungen. Und auch der Schub zur Verwissenschaftlichung, der mit der Renaissance einsetzte, war ein Phänomen, das keineswegs auf die Naturwissenschaften beschränkt blieb. Überall wurde erkannt, daß nur das Wissen, warum die Dinge geschahen, wie sie geschahen, die Voraussetzung für ein wirkungsvolles Einschreiten sein konnte. Und überall wurde neues Wissen gesucht, gesammelt, systematisiert, festgehalten und überliefert.

Diesem Wissen in der Frühen Neuzeit auf die Spur zu kommen, es in der entscheidenden Formierungsphase der modernen Wissenschaft von der Mitte des 15. bis ins frühe 19. Jahrhundert zu verfolgen und in einer allgemein verständlichen Darstellung seine verschiedenen Aspekte und Facetten zu eröffnen, ist das Ziel des vorliegenden Buches. Hierbei stehen keine Untersuchungen über einzelne Gelehrte, Forscher oder – im modernen Sinne – über wissenschaftliche Disziplinen im Vordergrund, sondern es wird beschrieben, wie sich Wissenschaft und Wissen im Laufe der Zeit veränderten und wie es schließlich in einem komplexen und oftmals widersprüchlichen Prozeß dazu kam, daß sich rational begründete Denkstrukturen etablieren konnten. Gleichzeitig wird der Versuch unternommen, eine Kulturgeschichte des frühmodernen Wissens zu entwerfen. Wissenschaft und Wissen werden eingebunden in die lebensweltlichen Zusammenhänge der Gelehrten, die sie produzierten, speicherten und vermittelten, sowie insgesamt in die Kulturen, in denen sie entstanden, scheiterten oder sich durchsetzten.

Grundlegend für diesen Versuch sind vor allem die Ansätze, die seit den 1980er Jahren im anglo-amerikanischen, in letzter Zeit zunehmend auch im deutschen Sprachraum zur Begründung einer neuen Wissenschaftsgeschichte geführt haben. In dem Maße, in dem die Wissenschaftshistoriker sich von den Forschungsansätzen der Nachkriegszeit distanziert haben, welche einerseits stark, wenn nicht ausschließlich, auf die Erfindungen und Leistungen »großer« Persönlichkeiten, andererseits – häufig geprägt durch den Marxismus – vor allem auf die wirtschaftlichen und sozialen Rahmenbedingungen wissenschaftlichen Arbeitens zielten, haben sie begonnen, sich der Wechselbeziehung von wissenschaftlicher Praxis und Erkenntnis, den verschiedenen und einander beeinflussenden Wissenskulturen im Laufe der Geschichte sowie der Herkunft und Funktion der Wissenschaften in ihren jeweiligen historischen Kontexten zu widmen. Ausschlaggebend waren nicht mehr die modernen Konzeptionen von Wissenschaft und Wissen, sondern es wurde versucht, die historischen Perspektiven zu rekonstruieren, das Wissen so zu analysieren, wie es in seiner eigenen Zeit von Bedeutung war. Einschlägig für eine solche neue, kulturwissenschaftlich orientierte Wissenschaftsgeschichtsschreibung waren vor allem einige Arbeiten der 1990er Jahre wie Mario Biagiolis Biographie Galileo Galileis, Paula Findlens Analyse der Patronage naturwissenschaftlicher Forschung an den italienischen Höfen der Renaissance, Steven Shapins Studien über Zeugenschaft und Zeugnis in der englischen Wissenschaft des 17. und 18. Jahrhunderts sowie Pamela Smiths Darstellung über Johann Joachim Becher und die Bedeutung der Alchemie im Rahmen der höfischen Kultur des Heiligen Römischen Reiches. Sie seien hier stellvertretend für viele andere Monographien und Sammelbände genannt, die in den letzten Jahren erschienen sind und die an dieser Stelle nicht einzeln aufgeführt werden können. (Für einen Überblick über die meisten von ihnen sei auf die Auswahlbibliographie am Ende des Buches verwiesen.) Gleichzeitig werden moderne Kriterien von Wissenschaftlichkeit wie Objektivität und Rationalität als in Zeit und Kultur verankerte Prinzipien neu untersucht, der Stellenwert von Gefühl und Leidenschaft in den Wissenschaften wird einer neuen Prüfung unterzogen. Andere Arbeiten der vergangenen Jahre konzentrieren sich auf die konkrete wissenschaftliche Praxis und hier auf Aspekte wie die Geschichte von Experiment und Instrument, diejenige des Sammelns, überhaupt die »materiale Kultur« von Wissenschaft, dann die Aneignung, Speicherung, Kommunikation und Popularisierung von Wissen. Kulturwissenschaftliche, z.T. historisch-anthropologische Fragestellungen werden auf die Wissenschaftsgeschichte übertragen, Orte und Formen wissenschaftlicher Praxis werden als wesentliche Bestandteile des wissenschaftlichen Erkenntnisgewinns betrachtet, Wissenschaft selbst wird als Kultur verstanden und analysiert. Das Spektrum dessen, was eine Geschichte der Wissenschaften umfassen, verändert sich ebenso wie der Rahmen, in dem sie stehen muß. Wissenschaftsgeschichte und allgemeine Geschichte verbinden sich stärker, als dies bisher der Fall war. Das vorliegende Buch knüpft an diese Tendenzen an. Gleichzeitig wird versucht, verschiedene, bisher voneinander getrennte oder nicht berücksichtigte Stränge und Aspekte der frühneuzeitlichen Wissens- und Wissenschaftskultur nebeneinander zu stellen, zudem Kunst und Musik einzubinden, damit so das Bild eines Gesamtzusammenhangs sichtbar wird, der durch Spezialstudien nicht erschlossen werden kann. Einige Punkte sind grundlegend für die Zusammenstellung der Beiträge. Sie sollen im Folgenden kurz angesprochen und durch einen Blick auf das Panorama frühneuzeitlicher Wissenschaft ergänzt werden, der dem Leser den Einstieg in die Materie erleichtert.

Die ausschließliche Konzentration auf die Genese und Entwicklung der modernen Naturwissenschaften in der Wissenschaftsgeschichte hat lange Zeit vergessen lassen, daß die Frühe Neuzeit keine klare Trennung von Naturforschung und Geschichtswissenschaft, nicht einmal von Naturforschung und Theologie kannte und daß die Professionalisierung der Wissenschaftler ein Produkt des 19. Jahrhunderts war. Zwar gab die Universität mit ihren Fakultäten seit dem Mittelalter eine Gliederung der Wissenschaften in die Theologie, die Jurisprudenz, die Medizin und die Artes liberales vor. Doch die Professoren waren meist auf mehreren Lehrstühlen gleichzeitig tätig und konnten, wenn sie erfolgreich waren, nicht nur innerhalb, sondern auch zwischen den unterschiedlichen Fakultäten aufsteigen. Die Karrieremuster an den frühneuzeitlichen Universitäten waren daher vielfach interdisziplinär und interfakultativ. Fachliche Disziplinen, insofern sie sich dadurch definierten, daß sie eine Gruppe von Wissenschaftlern mit gemeinsamen Fragestellungen und Forschungsinteressen banden und verbanden, entwickelten sich erst spät. Zudem wurde Wissenschaft nicht nur an den Universitäten gelehrt und betrieben, sondern auch an Höfen und in Klöstern. Vor allem die frühneuzeitlichen Leitwissenschaften – z.B. die Astronomie und die Alchemie –, deren Entwicklung aufs engste mit der Ausbildung der praktischen Wissenschaften verbunden war, fanden an den Höfen ihre Zentren. Doch auch hier waren die Arbeitsbereiche vielfach nicht voneinander zu trennen. Das Interesse der Gelehrten galt allen Gebieten der Naturforschung; seit dem 16. Jahrhundert wurden zahlreiche Forschungsfelder – wie die Geologie und die Mineralogie, um nur zwei Beispiele zu nennen – neu aufgetan. Das Studium der Pflanzen- und Tierwelt expandierte, ebenso die Geographie; mit der Entdeckung der Neuen Welt gewannen sie alle unbekannte Dimensionen hinzu. An den medizinischen Fakultäten bildete sich die moderne Anatomie heraus. Angestoßen durch den Humanismus, erfuhren auch die Geschichts- und die Politikwissenschaften eine neue Wertschätzung, die sich in der Einrichtung erster Lehrstühle an den entsprechenden Universitäten widerspiegelte. Dabei war die Bedeutung, die die Humanisten der kritischen Auslegung und Herausgabe antiker Texte beimaßen, nicht auf einzelne Fächer beschränkt, sondern erstreckte sich über die verschiedensten Bereiche des Wissens. Selbst die frühneuzeitlichen Naturforscher waren häufig gut ausgebildete Philologen und maßen der lateinischen Sprache und Literatur eine hohe Bedeutung zu. Nur einige brachen mit ihrer humanistischen Ausbildung und verschrieben sich kategorisch dem Neuen. Andere publizierten auch ihre naturphilosophischen Abhandlungen noch auf Lateinisch und bezogen in ihre Forschungen ein, was ihre Lektüren sie lehrten. Die Humanisten auf der anderen Seite waren häufig

Sammler von Objekten und Sehenswürdigkeiten, die sonst eher in den Kabinetten der Naturforscher zu vermuten gewesen wären. Gelehrte und materiale Kultur verbanden sich auch hier zu einem Miteinander. Zudem mußten die neuen Erkenntnisse mit dem religiös-kirchlichen System vereinbart werden, was wiederum die Theologie auf den Plan rief. Kannte daher auch jeder Wissenschaftler seine Schwerpunktfelder, so war doch die Arbeit über die Grenzen des eigenen Fachs hinaus vorherrschend. Schließlich waren Natur und Geschichte selbst in der Frühen Neuzeit keine klar abgesteckten Forschungswelten, sondern änderten sich mit neuen Erkenntnissen, Interessen und Chancen. Diese Vielschichtigkeit sollen die Beiträge des Bandes widerspiegeln.

Hinzu kommt, daß das Wissen selbst in der Frühen Neuzeit aus verschiedenen Quellen schöpfte. Da gab es zum einen das gelehrte Wissen, das seit der Antike bzw. dem Mittelalter schriftlich überliefert und immer wieder kommentiert und überarbeitet wurde, zum anderen das Alltags- und Erfahrungswissen, das zunächst nicht durch schriftliche Überlieferung, sondern durch Anwendung und Beobachtung weitergegeben wurde und sich z.B. in der Kunstfertigkeit, überhaupt in den verschiedenen Handwerken, dann in der Heilkunst dokumentierte. In der Mitte zwischen beiden stand das durch Beobachtung und Experiment erworbene Wissen der Naturforscher. In der Frühen Neuzeit begannen die verschiedenen Bereiche ineinander zu verschmelzen. Wissenschaftler und Handwerker, Heilkundige und Doktoren der Medizin arbeiteten erstmals zusammen. Alles sollte neu und besser als zuvor begründet, systematisiert, am Ende schriftlich festgehalten werden; die Mathematik sollte als ein Instrument dienen, Natur und Umwelt neu zu interpretieren und darzustellen. Erfahrenes und gelehrtes, wissenschaftliches und nicht-wissenschaftliches Wissen gingen ineinander über und verbanden sich zu einer Einheit. Diese Einheit zeigte sich nicht nur in traditionell technischen Belangen, sondern auch in der Praxis des frühneuzeitlichen Staates, wo die politischen Erfahrungen von einer neuen Beamtenschaft reflektiert und mit Berechnungen verknüpft wurden, die wiederum die Regierung beeinflußten.

Schließlich muß, was den frühneuzeitlichen Gelehrten selbst betrifft, berücksichtigt werden, daß es zwei Welten gab, in denen er gleichzeitig lebte. Da waren zum einen die gelehrten Institutionen einer Stadt, eines Hofes oder einer Kirche, die Universitäten, Akademien und Amtsstuben, in denen strenge Hierarchien herrschten. Zum anderen gab es die Gemeinschaft Gleichgesinnter und Freunde, nahe oder entfernt vom Wohnort, die sich in informellen Treffen oder Briefwechseln dokumentierte. Aus ihr bildeten sich häufig Arbeitskreise heraus, die in einigen Fällen wiederum zur Gründung wissenschaftlicher Sozietäten mit Satzungen und regelrechten Mitgliedsstatuten führten. So traten neben die ständischen Institutionen gelehrte Kreise, die als ein egalitäres Medium in die Gesellschaft eingegliedert wurden. Sie dienten zur Stärkung der gemeinsamen Anliegen in der publizistischen Öffentlichkeit wie auch als Schutzinstitution gegenüber kirchlich-staatlichen Machtansprüchen. Schließlich war ganz Europa mit einem Netz von überregionalen und regionalen Vereinigungen überzogen, die alle einen bestimmten Standard von Forschung verlangten und sich einer unparteiischen und überkonfessionellen Wahrheit verpflichtet fühlten. Die Gelehrten schufen sich so eine Öffentlichkeit, die die moderne Wissenschaft favorisierte und gesellschaftlich absicherte.

Eine andere Öffentlichkeit begründete die gelehrte Welt durch ihre Publikationen, Bücher und Traktate. In sie konnten alle diejenigen integriert werden, die das Interesse, die materiellen Voraussetzungen und die notwendigen Kenntnisse mitbrachten, unabhängig davon, ob sie über eine universitäre Ausbildung verfügten oder nicht. Für sie war der Ausbau des Postwesens im 17. Jahrhundert maßgeblich. Bücher, die man sich kaufte oder gegenseitig lieh – die städtischen, höfischen und klösterlichen öffentlichen Bibliotheken, die es gab, waren nur für wenige Menschen zugänglich –, konnten jetzt bis in entlegene Gegenden verschickt werden; zugleich profitierten das Zeitschriftenwesen und der Briefwechsel. Auf dem Postweg wurden Freundschaften vermittelt, Informationen weitergetragen und Diskussionen geführt. Bald war das Netz der gelehrten Informationen und Institutionen vor allem in Mittel- und Westeuropa so dicht, daß eine geschlossene Wissenschaftslandschaft entstand, in der die Universitäten nur einen Teilbereich ausmachten. Dieser Teilbereich wurde integriert, als die Trennlinie von Privat- und Universitätsgelehrten nicht mehr glaubwürdig gezogen werden konnte.

In dem vorliegenden Buch sollen zum einen die Trennung zwischen Natur- und Geisteswissenschaften, die die Wissenschaftskultur des 19. und 20. Jahrhunderts geprägt hat, für die Frühe Neuzeit aufgehoben und die verschiedenen Fragestellungen grundsätzlich interdisziplinär angegangen werden. Zum anderen sollen gelehrtes und erfahrenes Wissen, institutionelles und außerinstitutionelles wissenschaftliches Arbeiten nebeneinander gestellt und gemeinsam untersucht werden. Dabei wird der Blick der offenen Geschichte nicht aufgegeben. Trotz der chronologischen Anordnung der Beiträge innerhalb des Bandes muß davon ausgegangen werden, daß wissenschaftliche Forschung in der Frühen Neuzeit kein zielgerichteter Prozeß war, der konsequent auf ein neues Weltbild zulief. Vielmehr wird deutlich, daß Erfolge und Mißerfolge von Projekten zugleich immer kulturell bedingt waren und jeweils von der Öffentlichkeit bestimmt wurden, in der die Wissenschaftler agierten. Wollten diese anerkannt werden, wollten sie – wie die Naturphilosophen und -forscher des 17. Jahrhunderts – Maßstäbe für Neues setzen, mußten sie die Bedingungen ihrer Zeit und ihres Umfelds kennen und zu deuten verstehen. Zwar beriefen sich viele Gelehrte schon früh auf absolute Werte wie die Wahrheit oder die Vernunft. Aber nicht überall war die Wahrheit, der man sich verantwortlich fühlte, dieselbe. Vielmehr war auch ihr Verständnis abhängig vom jeweiligen Kontext und konnte im konkreten Fall zu den unterschiedlichsten Entscheidungen führen. Und nur selten entsprach der Appell an die Vernunft einem Appell an die Kriterien moderner Rationalität. Der Maßstab, nur der Vernunft und keiner Tradition verpflichtet zu sein, setzte sich erst später durch und war für die Frühe Neuzeit im allgemeinen nicht bestimmend. Hier standen noch häufig Vernunft und Tradition, Rationales und Irrationales nebeneinander, wie z.B. die Alchemie und die Astrologie beweisen, die bis zum 18. Jahrhundert feste Bestandteile der frühneuzeitlichen Wissenschaftslandschaft waren und erst in der Folge als »unvernünftig« und damit auch als »unwissenschaftlich« angeprangert wurden. Selbst wissenschaftlicher Fortschritt wurde nur innerhalb der gegebenen Grenzen begrüßt und geduldet. Wer sich gegen die Tradition wandte, riskierte seine Position in der Gesellschaft. Denkfreiheit, obwohl schon früh von Wissenschaftlern gefordert, entwickelte sich in einem langen Prozeß. Hierzu trug nicht zuletzt auch eine die Publikationen beschränkende Zensur bei, die sowohl von Seiten der Kirchen als auch von derjenigen der Staaten geübt wurde.

Vor allem aber folgten auch die Prozesse wissenschaftlichen Forschens selbst keinesfalls immer einer inneren Logik oder Notwendigkeit und waren zum Teil ebenso an soziokulturelle Voraussetzungen gebunden wie der Erfolg oder Mißerfolg eines Projektes in der Öffentlichkeit. So mußte der einzelne Gelehrte nicht nur über intellektuellen Scharfsinn, sondern auch über Kontakte verfügen, durch die er an Informationen gelangen konnte, dann über Geräte und Ausstattungen, sofern sie für seine Arbeit notwendig waren. Vor allem die Naturforschung war von technisch qualifizierten Geräten abhängig, die erfunden und zur Verfügung gestellt werden mußten. In manchen Fällen sah sich der frühneuzeitliche Forscher sogar gezwungen, seine Geräte selbst herzustellen oder zu verbessern, wenn sich die Qualität der Apparaturen, die er zur Hand hatte, als unzureichend erwies. In jedem Falle galt, daß die Frage der Kosten eine entscheidende Rolle spielte. So konnte – damals wie heute – nur dort geforscht werden, wo sich Möglichkeiten der Finanzierung boten, und vielfach waren es die Höfe, die wissenschaftliche Projekte unterstützten. Dort aber wurde nur gefördert, wovon man sich einen unmittelbaren materiellen oder einen mittelbaren symbolischen Nutzen versprach. Hierzu gehörten im ersten Falle v.a. technische Innovationen, die der Baukunst, der Kriegsführung oder dem Handel zugute kamen, im letzteren Erfindungen und Entdeckungen, die zur Ehre des Mäzens gereichten und die Bekanntheit seines Namens mehrten. Wissenschaft wurde – neben Musik und Kunst – zu einem neuen Medium der höfischen Selbstdarstellung. Nicht zuletzt mußte der Forscher selbst die Fähigkeit besitzen, sich an die ständischen Werte anzupassen, die das Hofleben prägten, und überzeugend als Höfling auftreten, wenn er sich mit seinen Arbeiten durchsetzen wollte. Die soziokulturellen Bedingungen, unter denen ein Wissenschaftler arbeitete, wurden so zu Elementen im Entwicklungsprozeß der Wissenschaft selbst. Nur vor diesem Hintergrund ist die Rationalisierung auch lebensweltlich als ein Erfolg zu betrachten.

Auch eine umfängliche Wissenschaftsgeschichte kann sich nur auf zentrale Probleme konzentrieren. Eine Auswahl der Themen mußte vorgenommen werden, die dennoch der Komplexität der Fragestellung und der Breite der Forschungen entsprach. Sie orientiert sich an wichtigen wissenschaftsgeschichtlichen Ereignissen, Entwicklungen und Deutungen, die jeweils in einer für sie prägenden Phase untersucht werden. Um der Fülle des Materials eine gewisse Ordnung zu geben, wird zwischen fünf solcher Phasen unterschieden. Dennoch gehen die Beiträge, die jeweils in eine dieser Phasen eingegliedert sind, häufig über deren konkreten Zeitrahmen hinaus und runden ihre Betrachtungen durch Blicke auf das Vorangegangene wie das Folgende ab. Die vorgegebenen Jahreszahlen sind daher eher als Orientierungshilfen denn als Fixpunkte zu verstehen. Gleichzeitig werden Problemstellungen nicht für jede Phase neu, sondern im ganzen Buch nur ein-, in seltenen Fällen zweimal erwogen. Die Konzentration auf die christliche Kultur Mittel- und Westeuropas ergibt sich ebenso wie die Beschränkung der Zeitspanne aus der Dichte der Wissenschaftslandschaft. Nur in einem begrenzten Zeitrahmen und Raum lassen sich Beschreibungen und Interpretationen vornehmen, die nicht beim Allgemeinen stehen bleiben. Nicht zuletzt sind die angesprochenen Zeiten und Räume aber diejenigen, in denen die entscheidenden Schritte des hier nachzuzeichnenden Prozesses stattfanden.

Der Band beginnt mit den Jahren um 1450, mit der Ausbreitung der Renaissance über Italien hinaus und den Anfängen des Buchdrucks als dem zentralen Medium der Wissensvermittlung in den folgenden Jahrhunderten, und er endet mit denjenigen um 1820, mit der beginnenenden Industrialisierung und einer neuen Form der Institutionalisierung der Wissenschaften, wie sie v.a. an der Gründung und Konsolidierung der Berliner Universität festgemacht werden kann. Die erste Phase der Darstellung (1450–1580) ist hierbei gekennzeichnet durch die Renaissance und den Humanismus, die eine neue Wertschätzung des Menschen lehrten und zunehmend profanes Wissen verbreiteten. Durch die Reformation, ihren laizistischen Schriftgebrauch und ihr neues Glaubensverständnis entstanden Spielräume, in denen dieses Wissen sich öffentlich Geltung verschaffen konnte. Wo die sozialen Gegebenheiten es zuließen, begannen viele Gelehrte, sich vom Weltbild der Kirchen zu emanzipieren. Fürstenhöfe und Stadtrepubliken bildeten gewichtige Foren wissenschaftlicher Aktivitäten als Zeichen ihrer geistigen Selbständigkeit. Diese Aktivitäten verdichteten sich in der zweiten Phase (1580–1660) im Zusammenhang mit dem Ausbau herrschaftlich-staatlicher Strukturen, der beginnenden Bürokratisierung und der Entstehung eines weltlichen Schulsystems. Die Gelehrten, die mehr als zuvor ein eigenes intellektuelles Bewußtsein entwickelten, boten sich an, Probleme der Gesellschaft zu lösen, und traten durch ihren öffentlich-politischen Anspruch in Konkurrenz zum Adel. Bahnbrechende Neuerungen nicht nur in der Geschichts-, sondern auch in der Naturforschung und -philosophie entstanden. Schließlich bildete sich in der dritten Phase (1660–1730) durch die Zusammenarbeit und Korrespondenz der Gelehrten ein europaweites Netz heraus, in das das ganze Spektrum der sich etablierenden neuen Wissenschaften einbegriffen war. Neben den Hof mit seinen Repräsentationswünschen und die Universitäten trat als schützende Institution die »Respublica litteraria«, der freie Zusammenschluß von Gelehrten über nationale und konfessionelle Grenzen hinweg. Wahrheitsfindung und Nutzenorientierung wurden zu zentralen Ideen wissenschaftlicher Tätigkeit. Auf der Basis von Vernunft und Natur wurden neue, profane Weltbilder entwickelt, die eine Emanzipation von der Theologie und der Offenbarungsreligion ermöglichten, ohne mit beiden in offenen Konflikt zu treten. Sie bildeten in der vierten Phase (1730–1780) die Basis für eine Entwicklung, die unmittelbar in die Aufklärung einmündete. Jeder, der wissenschaftlich tätig war oder es werden wollte, konnte jetzt unabhängig von seiner Herkunft und seiner universitären Ausbildung in das bestehende Netzwerk eingebunden werden. Durch die Popularisierung des Wissens partizipierten erstmals auch diejenigen, die nicht studiert hatten, am gelehrten Diskurs, wurden zu Trägern der öffentlichen Meinung und stützten schließlich die Staatsbürokratie und die Frühindustrialisierung. Die Wissenschaftler auf der anderen Seite orientierten sich zunehmend am praktischen Nutzen, den sie von ihren Forschungen erwarteten. Die Darstellung endet mit der fünften Phase (1780–1820), in der sich nicht nur eine neue Öffentlichkeit herausgebildet hatte, sondern der bürgerliche Staat auch immer mehr gelehrte Institutionen förderte und die beginnende Industrialisierung neues Wissen verlangte. Am Ende des Prozesses stand ein mehr oder weniger geschlossenes Wissenschaftssystem mit etablierten Disziplinen, eine Gelehrtenschaft mit großem Ansehen und Fördermitteln, zugleich ein wissenschaftlich begründetes Weltbild, das alles Religiöse zur Privatsache machte. Bezugspunkt allen

Ringens um vernunftgemäßes Denken und Handeln war die bürgerliche Öffentlichkeit. Die Macht des Wissens wurde zu ihrem Programm.

Die an dem Band mitwirkenden Autorinnen und Autoren vertreten verschiedene Disziplinen der Wissenschaftslandschaft, sind Historiker, zum Teil mit Schwerpunkten in der Medizin-, der Wissenschafts- und der Technikgeschichte, Philosophen, Romanisten, Kunsthistoriker und Musikwissenschaftler. Sie arbeiten an unterschiedlichen Wissenschaftsinstitutionen und in unterschiedlichen intellektuellen Zusammenhängen. Ihre Vielschichtigkeit entspricht der Vielschichtigkeit der Akzentsetzungen, die vorgenomen werden sollten. Daher werden in den Beiträgen geistes- und kultur-, bildungs- und sozialgeschichtliche Aspekte verschieden berücksichtigt. Auch die Methoden und Forschungsansätze sowie die Präsentationen der Texte unterscheiden sich. Je nach Gegenstand und Problem verbinden einige Autorinnen und Autoren ihre Texte mit Erzählungen, andere mit Interpretationen und Strukturbeschreibungen. Die Herausgeber haben in diese unterschiedlichen Ansätze bewußt nicht eingegriffen. Von Bedeutung war ihnen aber, daß nicht nur für ein Fachpublikum geschrieben wurde und daß hinter allen Abstraktionen der Mensch mit seinen Interessen greifbar blieb. So trägt der Band der Tatsache Rechnung, daß es stets Menschen waren, die dachten, bauten, schrieben und projektierten, und daß diese Menschen wiederum von nichtwissenschaftlichen Erfahrungen profitierten und sich auf nicht-wissenschaftliche Strukturen und Ereignisse bezogen. Konkret bedeutet dies, daß nicht nur nach den Inhalten, sondern auch nach der Entstehung, der Vermittlung, schließlich der Wirkung und Bedeutung von Wissen für die Kultur und die Menschen einer Zeit gefragt wurde. Hierzu wurden einerseits die Gelehrten und die Wissenschaftler als die Träger des Wissens in den Blick genommen, andererseits ihre Ideen und Gedanken, ihre Bücher, Erfindungen oder auch Kunstwerke. Schließlich ging es um die kulturelle Praxis der Gelehrten im Umgang mit ihrem Wissen, um die unterschiedlichen Möglichkeiten und Versuche, dieses zu speichern, zu ordnen und zu kommunizieren.

Die Herausgeber bedanken sich bei allen Autorinnen und Autoren für die ausgesprochen produktive Zusammenarbeit und den großen intellektuellen Einsatz. Julia Ewen, Brigitte Gutjahr und Patricia Omitogun-Meyer, nicht zuletzt der Universität des Saarlandes und dem Historischen Institut danken wir für ihre Hilfe und Unterstützung bei zahlreichen kleineren und größeren Arbeiten, die im Rahmen des Projektes anfielen. Die Arbeitsgespräche, die für die Realisierung des Vorhabens grundlegend waren, wurden von der Saar-Toto-GmbH finanziert. Auch ihr gilt unser Dank.

I.
Aufbruch in der Renaissance (1450–1580)

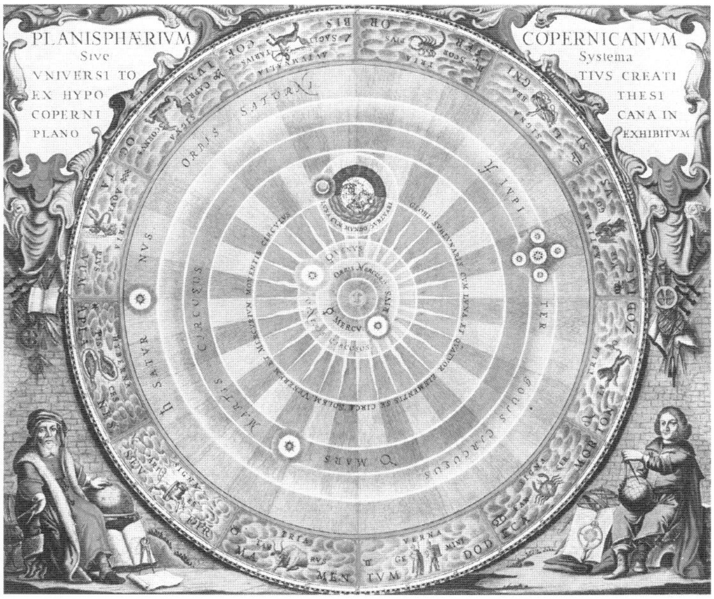

Abb. 1: Das heliozentrische Weltbild des Copernicus, aus: Andreas Cellarius, Harmonia macrocosmica (1661)

Die Zeit zwischen 1450 und 1580 war geprägt durch die großen Bewegungen der Renaissance, des Humanismus und der Reformation. Ein neues Bildungs- und Epochenbewußtsein charakterisierte ihre Gelehrten. Die Rückbesinnung auf die Antike, das Studium der alten Sprachen und die philologische Auseinandersetzung mit bekannten und unbekannten Texten waren für sie ebenso maßgeblich wie ihr Anspruch, aus ihren Kenntnissen zu schöpfen, um in der Welt verantwortlich zu handeln. Ein neues, profanes Wissen begann, sich seinen Weg zu bahnen; auch die großen Entdeckungsfahrten seit dem Ende des 15. Jahrhunderts trugen hierzu bei. Bisher unbekannte Kommunikationsformen entstanden; mit der Reformation zerfiel die Einheit der katholischen Glaubens- und Wissenskultur des Mittelalters, zerbrach die Autorität einer Vielzahl von Traditionen. Alte und neue Modelle des Denkens standen sich gegenüber, ergänzten sich, stritten um ihren Rang. Die Beiträge des ersten Abschnitts tragen diesen Entwicklungen Rechnung.

Als ein Einstieg dient der Beitrag **Wissen und Macht an der Schwelle zur Neuzeit. Ein Beispiel: Nikolaus von Kues**. Er verbindet in der Darstellung eines signifikanten Einzelfalls das Mittelalter mit der Welt des Humanismus. Im Vordergrund stehen zwei Arten des Wissens, einerseits das juristische, das hier genutzt wird, um eine umfassende Kirchen- und Verwaltungsreform zu rechtfertigen, andererseits dasjenige über die geschaffene Natur, die Gottesnamen und die Zahlen als Weg zur Teilhabe am göttlichen Wissen und an der göttlichen Kraft. Beschrieben wird, welcher Stellenwert beiden Wissensarten in den Werken des Cusanus zufiel, wie sie sich mit dem Nicht-Wissen verbanden und wie ihnen schließlich eine Macht zugesprochen wurde, die Nikolaus in seinem Leben selbst verkörperte.

Auch der zweite Beitrag **Von der Kleriker- zur Laienkultur. Glaube und Wissen in der Reformationszeit** beginnt mit dem Humanismus, thematisiert jedoch dessen Einfluß auf die Reformatoren ein halbes Jahrhundert nach Nikolaus von Kues, schließlich die Reformation selbst, den Antiklerikalismus und seine Bedeutung für eine erste Phase der Säkularisierung, das sakrale und das profane Wissen in einer Zeit, in der beide ineinander verschmolzen waren und doch begannen, sich voneinander zu trennen. Es geht um die Vermittlung des Wissens an den reformierten Schulen und Universitäten, um Bücher und Flugschriften, akademische und nicht-akademische Leser, schließlich um Absichten und Mißverständnisse bei Lehrern und Belehrten.

Grundlegend für die geschilderten Entwicklungenn war seit der Mitte des 15. Jahrhunderts das neue Medium Buch, und dieses steht im Mittelpunkt des dritten Beitrags **Buchdruck. Repräsentation und Verbreitung von Wissen**. Hier wird das Wechselspiel zwischen der Bedeutung der neuen Technik auf der einen sowie Humanismus und Reformation auf der anderen Seite erklärt. Die Frage, welches Wissen zu welchen Zeiten gedruckt wurde, wird mit derjenigen nach den Käufern und Lesern der Bücher verknüpft. Dabei wird untersucht, welche soziokulturellen Veränderungen die neue Möglichkeit der Speicherung von Informationen mit sich brachte. Schließlich werden die ersten Romane, Gebrauchs- und Wissensliteraturen präsentiert, die bis ins Zeitalter der Konfessionalisierung hinein Anspruch auf überkonfessionelle Gültigkeit erhoben.

Auf ein Buch mit einem besonderen Schicksal verweist dann der vierte Beitrag **Copernicanische Wende. Signatur des Jahrhunderts**. Er führt in die Grundlagen der Astronomie des 16. Jahrhunderts ein, macht auf die Unterschiede von Mathematik und Kosmologie im Denken der Zeit aufmerksam und behandelt schließlich die Frage, ob Hypothesen wahr und Phänomene durch Erklärungen faßlich sein müssen. Im Mittelpunkt steht ein neues Bild des Kosmos, das die Sonne ins Zentrum aller Planeten rückte. Gleichzeitig wird von einem Vorwort berichtet, das seine Leser bis ins 19. Jahrhundert irritierte und das dazu führte, daß Copernicus vorgeworfen wurde, was er nie gesagt hatte.

Im Anschluß wird im fünften Beitrag **Frühneuzeitliche Heilkunst und ärztliche Autorität** ein Blick auf die Medizin geworfen, in der im 16. Jahrhundert ebenfalls grundlegende Veränderungen eintraten. Bereits zuvor war von der Reformation der medizinischen Fakultäten an den lutherischen Universitäten, von Vesalius und dem Wiedererstarken der Anatomie die Rede gewesen. Jetzt wird verfolgt, wie sich der gelehrte Arzt herausbildete und mit welcher Autorität er sich schrittweise gegen die Masse von Heilkundigen, die über keine universitäre Ausbildung verfügten, durchsetzte. Es wird gefragt, unter welchen Bedingungen sich medizinische Lehrmeinungen etablierten und wie sich das Wissen der gelehrten Ärzteschaft inszenieren mußte, damit es zur Macht wurde.

Schließlich rückt der sechste Beitrag **Das Buch der Natur – die Alchemie** diejenigen ins Licht, die vielfach als die Konkurrenten der genannten akademischen Ärzte auftraten: die Alchemisten, die eben nicht nur die Goldmacher waren, als die man sie gemeinhin kannte, sondern auch Heilkundige, Naturforscher und Naturphilosophen jenseits von Kirche und etablierten Lehrmeinungen. Er porträtiert einige ihrer Vertreter und beschreibt am Ende – hier bereits mit einem Blick nach vorne – die Utopie einer Weltreformation durch Wissenschaft, wie sie in Anlehnung an frühe alchemistische Konzeptionen entworfen wurde. Dabei wird die Bewegung der Rosenkreuzer vorgestellt und das Problem des geheimem Wissens im 17. Jahrhundert erörtert.

Wissen und Macht an der Schwelle zur Neuzeit

WILHELM SCHMIDT-BIGGEMANN

Ein Beispiel: Nikolaus von Kues

1. Ein Jurist in der Kirche

Dramatischer Abgang

Wer in Rom die Kirche San Pietro in Vincoli besucht, tut das normalerweise wegen Michelangelos grandiosem Standbild des Moses. Hat er den ersten aller Propheten auf sich wirken lassen, sollte er, wenn er zum Ausgang zurückgeht, den Blick nach rechts wenden. Dann findet er die Grabplatte des Kardinals Nikolaus von Kues, dessen Titularkirche San Pietro in Vincoli war. Er wurde hier gleich nach seinem Tode am 11. August 1464 begraben; und das war richtig so. Er war immer froh, wenn er wieder in Rom zurück war. – Sein Herz wurde vier Jahre später nach Kues an der Mosel in die Kapelle der noch heute florierenden Stiftung gebracht, die er seiner Heimatstadt vermacht hatte und die dort noch immer den von Nikolaus testamentarisch bestimmten Zweck erfüllt.

Eigentlich war Nikolaus seit 1450 Bischof der reichen Südtiroler Diözese Brixen; und am Reichtum, weltlichem wie geistlichem, war ihm stets gelegen. Als Bischof hätte er, statt in Rom, in seiner Diözese begraben werden müssen. Aber in Brixen konnte er nicht einmal residieren. Er hatte es von 1452–1458 versucht. Der aus bürgerlichem Hause stammende Kardinal hatte sich mit dem Tiroler Adel und besonders mit dem Innsbrucker Landesherrn so zerstritten, daß er aus seinem Bistum fliehen mußte. Nikolaus hatte versucht, gegen den Willen des Adels sein Bistum zu reformieren, hatte aber bei der Ämtervergabe durchaus seine Familie mit im Auge behalten. Der Herzog Sigmund von Tirol wurde von seinen Landständen bedrängt, gegen den eigensinnigen Bischof vorzugehen. Weil er als dessen Schwäche Furchtsamkeit ausgemacht hatte, täuschte er nach einem Besuch Nikolaus' in Innsbruck einen Mordüberfall auf den Kirchenfürsten vor. Er hatte Erfolg: Nikolaus reiste nicht zurück nach Brixen, sondern floh 1457 auf seine Burg Buchenstein weitab in den Felsen. Dort war er zunächst politisch stillgestellt. Nach einem Jahr beendete er den Burgarrest und ging zurück nach Rom. Die Diözese blieb unreformiert. Der zweite Versuch, sein Bistum zurückzugewinnen, verlief noch kläglicher. Als Nikolaus 1560 zurück nach Brixen ging, hatte der Herzog Militär zusammengezogen. Nikolaus wehrte sich juristisch – militärisch war er machtlos. Er drohte dem Herzog, er werde sein Bistum Brixen dem Kaiser als Lehen zurückgeben.

Das war eine typische Juristendrohung: Offensichtlich war es möglich, das Bistum, das im Herrschaftsgebiet des Herzogs von Tirol lag, als reichsunmittelbar zu begreifen. In diesem Falle standen dem Herzog keine Steuern mehr zu – und das war in der Tat Nikolaus' Interpretation seiner Position als Bischof mit geistlicher und weltlicher Macht. In jedem Falle hätte ein solcher formaler rechtlicher Schritt langwierige Prozesse vor dem Reichsgericht nach sich gezogen, und mindestens diese Unannehmlichkeiten wollte der Herzog von Tirol sich ersparen. Deshalb schuf er vollendete Tatsachen und zog mit Militär nach Brixen, um den widerspenstigen Kardinal-Bischof gefangen zu setzen.

Angesichts der Bedrohung zog sich der ängstliche Kardinal zunächst in die Festung Bucheneck zurück. Als ihm die Situation dort zu gefährlich erschien, zog er in die Burg Bruneck weiter, ließ aber seinen Hauptmann samt Besatzung in Bucheneck zurück. Dieser militärische Fehler erwies sich als entscheidend: Bruneck war so für eine Verteidigung nicht gerüstet und mußte sich nach kurzer Belagerung ergeben. Nikolaus wurde zu einer demütigenden Kapitulation gezwungen, die er, nachdem er freigelassen war, sofort widerrief. Die Fortsetzung des Konflikts erfolgte juristisch, da war der Kardinal mehr in seinem Element; freilich konnte er auch keinen vollständigen Sieg erringen. Herzog Sigmund wurde gebannt und mußte den widerrechtlich angeeigneten Besitz zurückgeben; aber Nikolaus wurde die Residenz in seinem Bistum untersagt. Nur ein Beauftragter durfte ihn vertreten.

Aufstieg durch Wissen: die Möglichkeiten eines Kirchenjuristen

Das war ein wenig rühmlicher Abschluß einer bedeutenden weltlichen, kirchlichen und intellektuellen Karriere. Der Fischers- und Kaufmannssohn aus Kues, sein Familienname war Krebs, war 1401 geboren, hatte in Heidelberg und Padua Mathematik, Kirchenrecht und Theologie studiert. Während seines Studiums in Padua (1417?–1423), das er als Doktor des kanonischen Rechts (Kirchenrechts) verließ, war er auch mit der neuen italienischen Reformtheologie in Berührung gekommen und hatte den Volksprediger Bernhardin von Siena gehört, der zuerst das theologische Emblem JHS verwandte. Nach einem Zwischenspiel als Kirchenrechtler und Philosophiestudent in Köln bei dem Albertisten Heymericus de Campo (1425), der ihm die »negative Theologie« des Kirchenlehrers Dionysius Areopagita nahebrachte und ihn in die symbolische Mathematik einführte, trat er in die Dienste des geistlichen Kurfürsten von Trier.

Er fiel früh auf durch seine ungewöhnliche Intelligenz in juristischen und ökonomischen Angelegenheiten; dieses ökonomische Geschick blieb typisch für sein Leben; zwar war er persönlich nicht übermäßig anspruchsvoll, aber am Reichtum war dem Kaufmannssohn gelegen. Reichtum in kirchlichen Diensten bedeutete Pfründenbesitz. Kirchliche Einkünfte wurden aus Pfründen, aus kirchlichem Besitz, finanziert. Sie waren meistens mit dem Amt eines Seelsorgers verbunden, dieses Amt konnte vom Pfründeninhaber mit einem Geistlichen besetzt werden, den der Pfründeninhaber bezahlte. So war das auch bei Nikolaus der Fall. Nikolaus erlangte seine erste nicht unbedeutende Pfründe und eine beträchtliche Rente des Trierer Erzbischofs schon 1425, und es kamen jährlich neue hinzu: 1426 das Kanonikat an St. Simeon in Trier, die Dekanei an Liebfrauen in Oberwesel am Rhein, vor allem aber ein Kanonikat in St. Florin in Koblenz, wo er auch wohnte, drei Jahre später ein weiters Kanonikat an derselben Kirche. Am Ende war Nikolaus ein reicher Prälat; der Kirchenrechtler konnte seine Kunst eben auch im eigenen Interesse anwenden. Dieses ökonomische Geschick hat dem späteren Kardinal bei seinen Gegnern den Namen eines Pfründenjägers eingebracht – es zeigt

Abb. 2: Antonello da Messina, Hl. Hieronymus (um 1460)

aber, wie weit juristisches Wissen Macht bedeutete: Es war die Macht, Entscheidungen vorwegzunehmen, zu beeinflussen und zu erzwingen, die einen Kernbereich zwischenmenschlicher Verhältnisse, nämlich die Verfügung über Eigentum und Besitz, betrafen. Die Juridifizierung der Gesellschaft, ein Zentralmerkmal von Modernisierung, erweist sich auch als Erscheinungsform der Macht des Wissens.

Nikolaus jagte nicht nur Pfründen. Er war wohl schon als frommer Mann nach Padua zum Studium gekommen; dort war ihm die Liebe zur und die Kenntnis der Rechts- und Kirchengeschichte vermittelt worden; in Köln wurden seine spekulativen Fähigkeiten weiterentwickelt. So begann er, nach Büchern zu jagen. Es war eine Wissensjagd, die auf zwei Beutegebiete aus war, auf Kirchenrecht und Spekulation. Das Ergebnis war zunächst eine bedeutende Bibliothek (in großen Teilen in Kues noch zu besichtigen). Bibliotheken sind Speicher potentiellen Wissens – ob dieses Wissen in politische, ökonomische oder intellektuelle Macht umgesetzt wird, hängt davon ab, ob es selbst instrumentalisiert werden soll. Diese Deutung von Wissen als Willen zur Macht ist keineswegs unbestreitbar und unbestritten. Zunächst muß die Antwort auf das Warum des Wissens offenbleiben.

Jedenfalls suchte Nikolaus nach Handschriften von Klassikern, nach bisher unbekannten theologischen und philosophischen Texten, nach Urkunden und Rechtsdokumenten. Hier teilte er die Leidenschaft aller Humanisten; und ohne ihn wären wichtige Texte nicht auf die Neuzeit gekommen, einige wichtige Proklos-Texte nicht, einige Konzilsberichte nicht, einige Texte der antiken schönen Literatur nicht.[1] Die Bücherleidenschaft beschränkte sich nicht aufs Sammeln. Nikolaus war vielmehr ein eifriger und gründlicher Leser, er annotierte seine Bücher, er erschloß sich Ende der 1420 Jahre die kombinatorische Philosophie des katalanischen Philosophen Raimundus Lullus (1232/33–1315/16), die in der Kartause von Vauvart (Paris) gepflegt wurde und in die ihn Heymericus de Campo eingeführt hatte, später ließ er die griechischen Handschriften, deren er habhaft werden konnte, übersetzen. Aber er sollte sich bald auf Wichtigeres als auf Pfründen- und Bücherjagd konzentrieren.

Vom Konziliaristen zum Papisten

Die Bischofswahl in Trier hatte 1430 zwei konkurrierende Prätendenten um den Hut des geistlichen Kurfürsten hinterlassen. Nikolaus sollte die Interessen eines dieser Prätendenten, Ulrich von Manderscheid, auf dem Basler Konzil (1430–1436) vertreten, das gerade zusammentrat.[2] Hier nun begann seine große kirchenpolitische Karriere. Der Kirchenrechtler – er war noch nicht geweiht – konnte zwar nicht erreichen, daß seinem Dienstherrn die Kurwürde von Trier zugesprochen wurde. Aber Nikolaus wurde auf dem Konzil allmählich eine der führenden Figuren: Er war Mitglied im Ausschuß für Glaubensfragen, in dem vor allem über das Verhältnis des Papstes zum Konzil gestritten wurde, sowie im Ausschuß für Böhmen, in dem die Fragen der Hussiten verhandelt wurden, deren Namengeber Johannes Hus 1415 beim Konzil von Konstanz verbrannt worden war. Am Ende (1436) war er einer der Sprecher des Konzils (Konservator der Dekrete).

Das war auch seinem wichtigen theologisch-politischen Traktat zu verdanken, an dem er seit 1432 gearbeitet hatte und der 1434 erschien: der »Concordantia Catholica«. In dieser umfassenden spekulativen politischen Theologie stellte sich der Jurist und Historiker auch als großer philosophischer Kopf vor: Er übertrug die platonisch-christliche Idee der himmlischen und kosmischen dreifachen heiligen Ordnung, die er von dem pseudonymen Kirchenvater Dionysius Areopagita (5. Jahrhundert) kannte, auf die Kirche: Die Sakramente seien der Geist, die kirchliche Hierarchie der Verstand und das Kirchenvolk das Leben. Diese Hierarchie, so lehrte er, habe ein harmonisch gleichgeordnetes weltliches Pendant: den Friedenskönig, der durch die von Gott verliehene Macht sein Volk weise regiere. Aus dieser Konzeption harmonischer Hierarchie zog Nikolaus nun per analogiam zwei Konsequenzen: Für den Kaiser als den höchsten Repräsentanten der göttlichen Macht erfordere das Harmonieprinzip, daß er gewählt werde. Das entspreche der Reichsverfassung, nach der die Kurfürsten das Wahlrecht hätten. Ein solches Prinzip gelte auch für die Wahl des Papstes durch die Kardinäle. Da dieses universale Harmonieprinzip die Kirche bestimme, erklärt Nikolaus als Vertreter des Konzils, sei der Papst der Autorität eines kirchlichen Gesamtkonzils verantwortlich und damit untergeordnet.[3]

1 Horizonte. Nikolaus von Kues in seiner Welt. Eine Ausstellung zur 600. Wiederkehr seines Geburtstages. Katalog zur Ausstellung im Bischöflichen Dom- und Diözesanmuseum Trier und im St. Nikolaus-Hospital in Bernkastel Kues. 19. Mai bis 30. September 2001, Trier o.J. (2001), 145–200.

2 Zum Basler Konzil siehe Handbuch der Kirchengeschichte, hg. von Hubert Jedin, Bd. III, 2, hg. von Hans Georg Beck/Karl August Fink/Josef Glazik/Erwin Iserloh/Hans Wolter, Freiburg/Basel/Wien 1968, 572–588.

3 In diesem Zusammenhang bestreitet er die Geltung der Konstantinischen Schenkung, die das Amt des Papstes als geistliche Überordnung des Papstes über den Kaiser und als konzilsunabhängigen Vicarius Dei bestimmt.

Das war eine erhebliche Neukonzeption und Neuapplikation mittelalterlichen Wissens. Das seit dem 5. nachchristlichen Jahrhundert anonym überlieferte »Corpus Dionysiacum«, das gleichwohl insinuierte, von dem vom Apostel Paulus bekehrten Dionysius von Athen zu stammen (Apg. 18), war eine der einflußreichsten Textsammlungen des Mittelalters. Nikolaus deutete sie in einem Sinne um, der ganz in der Tradition des Marsilius von Padua stand, der zu Beginn des 14. Jahrhunderts die Unabhängigkeit von Kirche und Kaisertum betont und der Kirche eine vornehmlich spirituelle Rolle zugewiesen hatte. Nikolaus interpretierte die kirchliche Hierarchie als Gemeinschaft der Gläubigen, die durch das Konzil repräsentiert werde wie das Reich durch die Kurfürsten. Diese konziliare Kirchenkonzeption war parallel zur politischen Repräsentationsverfassung konstruiert: In beiden Mustern kann man Vorbegriffe einer demokratischen Repräsentationsvorstellung sehen.

Abb. 3: Stifterbild des Nikolaus vom Stiftsaltar in Kues

Die »Concordantia Catholica« stärkte die Position des Cusaners in Basel. Als sich aber der Bruch zwischen dem Konzil und dem Papst Eugen IV. abzeichnete, wechselte Nikolaus die Fronten. Die griechische Kirche suchte angesichts ihrer tödlichen Bedrohung durch die Türken Anschluß an die römische. Über die Frage, wer die römische Kirche der griechischen gegenüber repräsentiere, spaltete sich das Konzil. Papst Eugen IV. beanspruchte die Repräsentanz für sich, die Griechen folgten ihm; das Konzil wurde später unter päpstlicher Hoheit in Ferrara fortgesetzt. Nikolaus brach mit den Baslern – dieser Schritt ist ihm von allen Konziliaristen als Verrat ausgelegt worden –, ließ sich zum Priester weihen (die genauen Daten sind unbekannt)[4] und reiste als Delegierter des Papstes 1437 nach Konstantinopel, um den Kaiser und den Patriarchen zum Konzil nach Ferrrara abzuholen.[5] Nikolaus konnte beide davon überzeugen, daß der Papst und die Kardinäle die legitimen Repräsentanten der Kirche seien. Am 27. November 1437 verließ die Delegation der griechischen Kirche, an ihrer Spitze der Kaiser und der Patriarch, die gefährdete Metropole am Bosporus. Mitglieder der Delegation waren auch Vertreter der Kirchen von Syrien, der Erzbischof von Ephesus, die Bischöfe von Nikomedien und Trapezunt und Vertreter der Patriachen von Jerusalem, Antiochien und der Kardinal Bessarion.[6] Auf dieser Reise, so berichtete er später, sei ihm wie in einer Vision die Kernidee seiner Philosophie klar geworden, die »coincidentia oppositorum«, der Zusammenfall der Gegensätze.[7] Am 8. Februar 1438 landete die Flotte in Venedig; am 9. April wurde in Ferrara das Unionskonzil eröffnet. Nikolaus wurde gefeiert als einer derjenigen, die dieses Konzil möglich gemacht hatten.

In der Tat, Nikolaus wechselte die Fronten. Das war auch ein Wechsel der grundsätzlichen verfassungspolitischen Option, nämlich von der Repräsentationsverfassung zur Idee der »suprema postestas« bzw. »suprema auctoritas«. Auch diese Idee war seit dem Hochmittealter juristisch diskutiert worden: Der päpstliche Anspruch bestand darin, in geistlichen Dingen die letzte Entscheidungsinstanz zu sein. Alle weitergehenden Ansprüche hatten die Päpste spätestens seit der Katastrophe von 1304, als Philipp der Schöne den Papst Bonifaz VIII. in Anagni verhaften ließ und dann den Sitz des Papstes nach Avignon verlegte, aufgegeben. Aber mit Eugen IV. begann das Papsttum damit, die eigene Position neu zu bestimmen: Hier folgten die Päpste der Theorie der »suprema postestas«. Entscheidend war, daß es sich bei der höchsten Instanz nicht nur um eine juristische Person handelte, sondern um eine natürliche. Diese Idee einer Übereinstimmung von juristischer und natürlicher Per-

4 Erich Meuthen, Nikolaus von Kues (1401–1464). Skizze einer Biographie, Münster 1964, 23.

5 Von hier brachte er viele Handschriften mit; u.a. eine, die die Akten des sechsten bis achten Konzils enthielt: das zweite und vierte Konstantinopolitanum (680/81 und 869/70) sowie das zweite Nicaenum von 787.

6 Meuthen, Nikolaus von Kues, 53.

7 Ebd., 53ff.

son als »suprema potestas« entsprach der Konzeption eines kirchlichen und politischen Absolutismus. In diesem Sinne haben die griechischen Kirchen in Ferrara und Florenz den Papst und nicht das Konzil als Repräsentanten des Katholizismus begriffen. Für die Reformation blieb dieser Anspruch umstritten; in der römischen Kirche ist der päpstliche Absolutismus paradoxerweise durch das Konzil von Trient bestätigt worden; in der Politik hat er sich in den absolutistischen Staaten des 16. und 17. Jahrhunderts, vor allem in Spanien und Frankreich, durchgesetzt.

Nikolaus repräsentiert beide verfassungspolitischen Legitimitätskonstruktionen der Frühen Neuzeit: Er ist sowohl Absolutist als auch Konziliarist. Auch wenn er für die Spekulation die Lehre von der »coincidentia oppositorum« entwickelt hat, auf die Rechtskonstruktionen sollte sie wohl nicht angewandt werden. Aber um Machtwissen und Wissensmacht zum Zweck der Legitimierung von Institutionen ging es in beiden Fällen. Jedesmal hat Nikolaus mittelalterliches Wissen übernommen und transformiert, für die konziliaristisch-demokratische wie für die absolutistische Position hat er Legitimitätskonstruktionen geliefert.

Des Papstes Herkules in Deutschland

Nikolaus hat sich seines kirchenpolitischen Erfolgs nicht lange freuen können. Das Konzil in Ferrara wurde zunächst unterbrochen in der Hoffnung, daß auch die westlichen Fürsten Delegierte schickten; aber das war nicht der Fall. Im Januar 1439 wurde es nach Florenz verlegt. Man einigte sich auf eine Union, aber die meisten Vereinbarungen wurden schon vor der Rückfahrt von den byzantinischen Delegierten zurückgenommen.

Der Cusaner wurde als Legat des Papstes in Deutschland gebraucht. Als »Hercules der Eugenianer«, so der Humanist Enea Silvio, später Papst Pius II., oder als »des Papstes Hercules wider die Deutschen«, so noch 1538 der Lutheraner Johannes Kymeus, vertrat er den päpstlichen Standpunkt im Reich gegen die Mehrheit des Konzils, das in Basel verblieben war und dort noch bis 1447, dem Todesjahr Eugens IV., tagte. Am 25. Juni 1439 hatte das Konzil von Basel den Papst Eugen IV. für abgewählt erklärt. Dieser akzeptierte den Beschluß nicht. Der päpstliche Orator und Nuntius Nikolaus von Kues, ab 1446 Legat mit weitreichenden Vollmachten, durchreiste als Richter und Visitator die Diözesen und Klöster des Reichs und agitierte auf einer Folge von Reichs- und Fürstentagen für den römischen Papst. Den Nachfolger Eugens IV., Nikolaus V. (Thomas Parentucelli, einen Freund Nikolaus'), erkannten die deutschen Fürsten als römischen Papst an; 1448 wurde das »Wiener Konkordat« unterzeichnet, das bis zum Ende des Reichs (1806) die Beziehungen zwischen dem Kaiser und der Kurie regelte.

Seine Tätigkeit machte Nikolaus im Reich und in der Kirche berühmt; er erwarb sich hohe geistliche Autorität zumal bei den Mönchen vom Tegernsee, in der Karthause in Mainz, bei dem Aachener Kreis um den Arzt Johannes Scoblan; und nicht zuletzt brachte sie eine Fülle neuer Pfründen ein. Nachdem seine Mission, den römischen Papst im Reich anerkennen zu lassen, erfolgreich abgeschlossen war, wurde er am 20. Dezember 1448 zum Kardinal ernannt und Ende 1449 nach Rom zurückgerufen. Am 20. Januar 1450 fand die feierliche Inthronisation statt.

Die Zeit um 1450 war der Zenit von Cusanus' Leben: Das Jahr selbst verbrachte er in Muße; er schrieb die vier Bücher über den »Laien« (»Idiota«): »Über die Weisheit« (»De sapientia I, II«), »Über den Geist« (»De mente I, II«), »Über die Versuche mit der Waage« (»De staticis experimentis«). Doch am Ende des Jahres war es mit der Muße vorbei; Nikolaus wurde erneut als Legat nach Deutschland zur Visitation der Diözesen und großen Klöster geschickt; die Visitationsreisen dauerten zweieinhalb Jahre; Nikolaus bemühte sich um die Steigerung der Frömmigkeit bei Klerikern und Laien. Er ging in seinem Eifer so weit, daß er den Juden einen gelben Stern verordnen wollte – glücklicherweise konnte er sich damit gegenüber den städtischen, fürstlichen und kaiserlichen Behörden nicht durchsetzen. Er forderte die Anwesenheit der Prälaten bei ihren Pfründen (was er für sich selbst nie garantieren konnte) und warb für die Hebung der Klosterzucht und -wissenschaft. Die Aufgaben wurden ständig größer und politischer: Er versuchte, die Fehde zwischen dem Erzbischof von Köln und der Stadt Soest zu schlichten. Er sollte die Böhmen wieder an die Kirche heranführen, schließlich im Krieg zwischen England und Frankreich vermitteln. Mit dieser Belastung war auch des Papstes Herkules überfordert; die Visitationsreisen und Vermittlungsversuche blieben – ausgenommen bei den Mönchen vom Tegernsee, sowie in den Klöstern der Windesheimer Kongregation und der Bursfelder Reform –[8] ohne nennenswerten Erfolg.

Abb. 4: Johannes Kymeus, Des Bapsts Hercules/wider die Deudschen, Titelholzschnitt (1538)

Aber die eigentliche Tragödie stand erst bevor. 1450 hatte der Papst seinem deutschen Kardinal das Bistum Brixen verliehen; und Nikolaus versuchte, dieses Bistum im Sinne der Reform, die er selbst im Reich verwirklichen wollte, zu verbessern. An dieser Reform des eigenen Bistums hat er sich im Kampf mit dem Herzog und dem Tiroler Adel seinen Kopf, der nicht nur philosophisch genial, sondern auch dickschädelig war, blutig gestoßen. Hier scheiterte er auch an sich selbst. Zwischen den großen metaphysikgestützten Plänen, die der Kardinal entworfen hatte, und ihrer Verwirklichung im eigenen Hause klaffte der Riß praktischer Politik.

Vom Joch der politischen Auseinandersetzungen in Tirol befreite ihn die Wahl Enea Silvio Piccolominis zum Papst Pius II. im Jahre 1458. Der Papst, der sich selbst als »Schüler« des Cusanus bezeichnete,[9] holte den glücklosen Brixener Bischof als Kurienkardinal nach Rom. Der Papst hatte ein Konzil in Mantua einberufen, um einen Kreuzzug zur Wiedereroberung von Konstantinopel zustande zu bringen, das 1453 von den Türken eingenommen worden war. Für die Zeit seiner Abwesenheit ernannte er Nikolaus zum Legaten und Generalvikar.[10] Es zeugt von Nikolaus' Zähigkeit, daß er auch in dieser Frist versuchte, eine Verbesserung der Kurienorganisation zustande zu bringen; er versuchte sogar eine »Generalreform« der Kirche:[11] Erfolge hatte er nicht. Allmählich begann er zu resignieren: »Ich werde nicht gehört, wenn ich zum Rechten mahne«, beklagte er sich beim Papst.

Der Plan des Papstes, einen Kreuzzug gegen die Türken, die 1453 Konstantinopel erobert hatten, zustande zu bringen und so die griechische und römische Kirche zu vereinigen, endete als tragisch-romantische Farce. Rivalitäten zwischen den europäischen Fürsten und ein Konflikt mit Neapel vereitelten alle Versuche des Heiligen Stuhls, in Mantua ein schlagkräftiges Heer zusammenzubekommen. Längst von dem erfolglosen Konzil in Mantua nach Rom zurückgekehrt, beauftragte der Papst seinen alles andere als militärisch begabten Kardinal, die 5000 »Kreuzritter«, die sich in Erwartung des Kreuz-

8 Siehe die Darstellung in Jedin, Kirchengeschichte, Bd. 3, 2, 703.

9 Meuthen, Nikolaus von Kues, 118.

10 Er verlieh ihm auch die Abtei von San Severo e Martirio bei Orvieto; verbunden mit dem Anspruch auf die geistliche Herrschaft über diese Stadt; ein Reformversuch scheiterte auch hier. (Meuthen, Nikolaus von Kues, 127.)

11 Ebd., 117.

zugs in Italien eingefunden hatten, zu einem Heer zu verbinden. Eine gespenstische Situation: der Kardinal, schwer gichtkrank, resignierend und politisch angeschlagen, soll für seinen todkranken Papst in der Sommerhitze ein Kreuzfahrerheer aus Marodeuren zusammenstellen. Der Papst setzt sich selbst Ende Juni 1464 an die Spitze dieser Truppen, die er von Rom nach Ancona führen will, wo es an Bord einer Venezianischen Flotte gehen soll. Die Erzählung, er sei unterwegs gestorben, habe aber angeordnet, daß man seinen Tod verschweigen und seine Leiche aufs Pferd binden solle, damit er auch als Toter das Heer führen könne, ist legendär. Pius II. stirbt in Ancona kurz nach seiner Ankunft. Das groß geplante Unternehmen löst sich in Chaos auf.

Nikolaus nimmt am Kriegszug nicht teil. Gleich nach dem Abzug des Heeres flieht er am 3. Juli todkrank aus der Sommerhitze der Heiligen Stadt. Er kommt nur bis zur umbrischen Bergstadt Todi; hier stirbt er am 11. August 1464; drei Tage vor seinem päpstlichen Freund. Macht des Wissens oder Kreuzzugsromantik? Die Faszination der Technik, die Kriegsmaschinerie, das instrumentelle Wissen um die Beherrschbarkeit von Natur lag jedenfalls nicht im Horizont von Nikolaus' Interessen. Was sonst machte ihn zum Repräsentanten der Wissensgesellschaft? Offensichtlich die Jurisprudenz, die für ihn ein entscheidender Part der Kirchenreform war. Das Recht ist für ihn die Instanz, die die Kirche in die Lage versetzt, effektiv an ihrem Auftrag, dem Heil der Menschen, zu arbeiten – und das war das Mittel, mit dem er am kaiserlichen Hof, bei den Bischöfen des Reichs und vor allem in den Klöstern durchzusetzen versucht hat, was das juristische Wissen für die Neuzeit auszeichnet: die Effektuierung einer Verwaltung. Keine Frage, Nikolaus ist an dieser Aufgabe, die kirchliche Verwaltung im Reich und nachher die Kurie in Rom neu zu organisieren, gescheitert. Aber sein Beispiel zeigt, daß die Kirche als juristische Institution auch hier Vorbild der späteren staatlichen Organisation wurde: Je effektiver die Verwaltungsstruktur war, desto stärker wurde auch die Möglichkeit, die Ressourcen der Macht, seien es finanzielle, seien es politische, seien es geistliche, auszuschöpfen.

2. Koinzidenzen, Konjekturen, Kabbala

Die kirchenpolitische Karriere des Cusanus ist erstaunlich genug. Aber noch erstaunlicher ist die Tatsache, daß er neben seinen vielfältigen Aufgaben ein philosophisches Werk hinterließ, das an Originalität und Kraft seinesgleichen sucht. Darin bestand der Unterschied zwischen manchem geistlichen spätmittelalterlichen Karrieristen und dem Kardinal aus Kues: Er war, neben seinen vielen kirchenpolitischen Aufgaben, die er ernst nahm, ein begnadeter spekulativer Kopf. Und hier war er ganz und gar ungewöhnlich. Er hat, geradezu aus dem Nichts, als intellektueller geistlicher Hofmann eine antischolastische neue Philosophie geschrieben, die neuplatonische Ideen, mystische Erleuchtung und spekulative Mathematik miteinander verband.

Dieses Werk hat er in Schüben seiner kirchenpolitischen Karriere abgetrotzt. Er muß von diesen Gedanken erfüllt gewesen sein, denn er pflegte sich zur Niederschrift seiner Traktate an ruhige Plätze zurückzuziehen und alles in sehr kurzer Zeit fertigzustellen. Manche Texte zeigen Spuren der Eile, mit der sie verfaßt wurden. In solchen Denk- und Schreibpausen inmitten der politischen Hektik kam die erstaunliche Reihe seiner Schriften zusammen, die er später selbst sorgfältig kopieren ließ und mit seiner Büchersammlung seiner Heimatstadt Kues vermachte.

Coincidentia Oppositorum

Nikolaus hat berichtet, der Kerngedanke seiner Philosophie, die Lehre vom Zusammenfall der Gegensätze, sei auf der Seereise von Konstantinopel nach Venedig 1438 wie eine Erleuchtung über ihn gekommen. Er hat diese Erleuchtung in seinem berühmtesten Buch: »De docta ignorantia« dargestellt. Schon der Titel ist sehr charakteristisch für Nikolaus: Es ist ein Akrostichon, eine paradoxe Formulierung, die den Zusammenfall zweier Gegensätze signalisiert: coincidentia oppositorum. Der gelehrte Ignorant ist der eigentlich Weise, der nämlich, der mit Sokrates weiß, daß er nichts weiß; der vor allem aber weiß, daß er nichts Sicheres über Gott weiß.

Der Ausgang der Überlegungen ist eine Verschärfung der sokratischen Ironie. Die Idee, man wisse, daß man nichts wisse, stellte die Propositionalität des wirklich wichtigen, nämlich philosophischen Wissens überhaupt in Frage. Allerdings handelte es sich bei dieser Ironie nicht um Skepsis der Spekulation gegenüber; es ging vielmehr darum, der Spekulation Raum zu geben. Das Konzept des Konjekturalwissens nahm die Einwände aristotelischer Schultheologen vorweg, beim Konzept der »docta ignorantia« und der »coincidentia oppositorum« handele es sich um die Arroganz menschlicher Vernunft, die göttliche geistige Selbstkonstitution begreifen zu wollen. Die Idee der »docta ignorantia« war alles andere als skeptisch; sie schloß vielmehr an die Theologie der Gottebenbildlichkeit des Menschen und die Teilhabe des frommen spekulativen Denkens an der göttlichen Weisheit an und variierte sie originell neu. Diese Spekulationen waren kein Wissen, das sich als Verfügungswissen in Machtzusammenhänge einbauen lassen wollte. Vielmehr ging es darum, die umfassendste Begrifflichkeit auszuloten und die Grenzen von Begrifflichkeit zu bestimmen. Das Wissen sollte nicht für theologische Argumente zur Verfügung stehen, es sollte vielmehr die Bedingungen aller Verfügbarkeit mit beschreiben und so über jede Form der Instrumentalität hinausreichen. Hier ging es nicht um die Macht des Wissens, hier ging es darum, die Möglichkeiten der Spekulation auszuschöpfen, und Macht war nur ein Gegenstand dieser Spekulation. Die Spekulation war selbst nur begreifbar als Teilhabe, nicht als Verfügung über den höchsten Gegenstand – sie erforderte Gehorsam –, und im intellektuellen Gehorsam der Teilhabe am Absoluten erwies sich die Macht eben dieses absoluten Wissens. Gott entzieht sich aller Benennung, insofern er absolut, allein er selbst ist und für menschliches Denken unerreichbar. Im Vermutungswissen, der »ars coniecturalis«, kann seine Absolutheit sozusagen angepeilt werden; und dann teilt sich der göttliche Glanz dem frommen Spekulanten mit.

Eine Erleuchtung wie die der »coincidentia oppositorum« paßte in das Schema der inneren Biographie, mit dem seit Augustins »Konfessionen« Wendepunkte im Leben gekennzeichnet wurden. Sicher ist, daß der päpstliche Nuntius und Kirchenrechtler aus Kues auf diese Erleuchtung gut vorbereitet war. Er kannte die Lehren des Kirchenvaters Dionysius Areopagita, der die Unerkennbarkeit und Prädikatlosigkeit Gottes sowie die mystische Erleuchtung durch das göttliche Licht dargestellt hatte. Bei seinem Kölner Lehrer Heymericus de Campo hatte Cusanus eine Geometrie gelernt, die den Satz, daß im Unendlichen – und dieses Unendliche war ihm das Göttliche – der Kreismittelpunkt überall und die Peripherie nirgendwo sei, als den Zusammenfall eines unendlich wenig gekrümmten Kreisbogens mit einer Geraden denkbar machte. Aus diesen beiden Gedanken konnte man rational sehr präzise die Stellen beschreiben, an denen die menschliche Gotteserkenntnis versagte: Wenn das Eine zugleich das All war, wenn der Punkt, das Ende einer Strecke, der kleinste Teil im Raum und zugleich das war, was nicht mehr geteilt werden konnte, wenn das Größte, nämlich alles, was sein kann, zugleich das Kleinste war, weil es nur eines war, und dieses Eine doch auch in jedem einzelnen Ding repräsentiert war, wenn dieses zugleich gedacht werden mußte, aber widerspruchsfrei nicht gedacht werden konnte: Immer also dann, wenn die rationalen Begriffe bis an ihr Ende getrieben wurden und sich als ihr Gegenteil erwiesen, zeigten sich die Grenzen der menschlichen Gotteserkenntnis. Diese Erkenntnis des Nichterkennens war unbestreitbar; aber die positive Gotteserkenntnis, die nicht durch negative Theologie erzwingbar war, wurde in ihrer Evidenz aus der Quelle gespeist, die jenseits verständiger und vernünftiger Verfügung lag.

Diese ursprüngliche Einsicht hat Nikolaus in vielen Modellen variiert; zwei Momente sind besonders erfolgreich und folgenreich gewesen: zum einen das Modell einer symbolischen Mathematik, zum anderen die Metaphysik von Möglichkeit und Wirklichkeit.

Symbolische Mathematik

Das Modell symbolischer Mathematik stammt aus der spätantiken Schule des Pythagoras. Nikolaus nahm sie auf und bearbeitete sie in seiner Philosophie mit allen ihren metaphysischen Implikationen. Die Zahlentheorie war vor allem durch die Geheimnisse der Eins, die natürlichen Zahlen von 1 bis 9 und die Potenzen der 10 bestimmt. Die Dialektik der Eins bestand darin, daß diese Zahl nie nur mathematisch operational gefaßt werden konnte, sondern daß ihre Bedeutung immer sowohl mit Allem als auch mit jeder Einzelheit konvergierte. Deshalb fielen in der Zahl Eins, aus der alle anderen zusammengesetzt waren, Unendlichkeit und Endlichkeit zusammen.

Die Quersumme der Zahlen 1, 2, 3, 4 ergab 10. 10 war die Zahl der ersten Dimension. Die Zehn hatte die Kraft (»Potenz«), mit sich selbst potenziert, die Zahl der 2. Dimension zu erzeugen, die 100, die die Bestimmungszahl der Fläche war. In dritter Potenz wurde die 10 zur Ordnungszahl des Raumes, der 1000. Dieses Zahlengerüst war für Nikolaus die Ordnung der Welt, die aus der Kraft des Einen erwuchs, sich in seine Andersheit, nämlich die Zwei, und von da aus in die Vielheit zu entfalten und in dieser Entfaltung Linie, Fläche und Raum zu generieren.

Der Raum, in dem die Zahlen als Dimensionen sichtbar wurden, war zwar durch die Zahlen symbolisiert, aber er konnte in seiner Kontinuität nicht gemessen werden. Das zeigte für Nikolaus zum Beispiel das Zusammenfallen von Kreisbogen und Gerade und die Ununterscheidbarkeit von Mittelpunkt und Peripherie einer unendlich großen Kugel.

Der Cusaner entfaltet immer wieder diesen pythagoräischen Zahlenkosmos und den euklidischen Raum; und er geht über die Mathematisierung

Abb. 5: Nikolaus von Kues, De Concordantia Catholica (1514)

stets hinaus. Er betrachtet nämlich über die Zahlensymbolik hinaus immer die Prozeßhaftigkeit eines in der göttlichen Kraft pulsierenden Kosmos. Diese dynamische Erzeugung von Ordnung durch die unendliche göttliche Kraft wird durch Zahlen und geometrische Figuren symbolisiert. Die Folge der Zahlen entfaltet sich aus der Eins und verweist ständig auf sie zurück. In der Geometrie koinzidieren der Punkt und der unendliche Raum, denn der unendliche Raum besteht aus Punkten, die ihrerseits unendlich klein und doch als Ganzes im Raum eines sind. Die pulsierende Bewegung der Koinzidenz belebt die geometrischen und die numerischen Räume des Cusaners.

Die Mathematisierung der Philosophie, freilich stets im Sinne einer qualitativ-symbolischen, am neuplatonischen Pythagoräismus orientierten Mathematik hat Nikolaus als Kernprogramm seiner Wissenschaft weitergeführt;

mathematische Traktate über das Verhältnis von Zahlenwelt und Geometrie, über die Gewißheit in der Mathematik und vor allem zur Quadratur des Kreises ziehen sich durch sein ganzes Lebenswerk.[12] Es ist eine Mathematik, die nicht operational denkt, sondern prozessual. Die Mathematik des Cusaners unterschied sich von der Newtons und Galileis, die die Berechenbarkeit der Natur als Aufgabe einer an der Mechanik orientierten Mathematik ansahen. Die Natur ist bei Nikolaus kein Maschinentheater, sondern der Prozeß, in dem sich die göttliche Kraft, durch die Dialektik der Eins repräsentiert, pulsierend entfaltet; die symbolische Mathematik ist selbst das Maß dieser Entfaltung. Die Frage nach einem mechanischen Naturbegriff, der von astronomischen Berechnungen ausgeht und in dem Vorhersagbarkeit wiederkehrender Prozesse das Maß mathematisch-physikalischer Wahrheit bildet, stellt sich für ihn überhaupt nicht. Mathematik ist für den Cusaner kein Instrument der Macht über die Natur, sondern selbst Symbol der Kraft des Absoluten.

Konjekturales Wissen

Konjekturales Wissen, Vermutungswissen, das zugleich Teilhabe- und Verdachtswissen ist, hat zwei Dimensionen: 1. Der auf diese Art Wissende weiß, daß sein Wissen nicht vollständig ist und daß er sich, zumal im Bezug auf sein Wissen über Gott, als nichtwissend erweist. Deshalb ist die Idee vom verborgenen Gott, wie sie Nikolaus in seinem kleinen Traktat »De Deo abscondito« unmittelbar im Anschluß an seine symbolische Philosophie der Zahlen (»De coniecturis«) geschrieben hat, die skeptische Konsequenz des Vermutungswissens. Ebenso konsequent ist es, in diesem Teilhabewissen, in dem wir am Göttlichen partizipieren, die Sehnsucht nach der gnadenhaften Erkenntnis dieses verborgenen Gottes zu entdecken.[13] 2. Das konjekturale Wissen ist zugleich im Bezug auf die Offenbarung Gottes sowohl in der Welt als auch in der Heiligen Schrift stets bereit, diese Offenbarung nicht kritisch, sondern als erbauliches Betätigungsfeld des an der göttlichen Entäußerung teilhabenden menschlichen Wissens zu begreifen. So ist der Genesis-Kommentar (1445) des Cusaners zu verstehen, vor allem aber das für uns befremdlichste Werk des Cusanus, seine Berechnung des Apokalypsedatums in der »Mutmaßung über den jüngsten Tag« (1445). Ausgerechnet dieses Opusculum, das das Weltende für 1734 vorauskalkuliert, ist im 16. und 17. Jahrhundert besonders häufig gedruckt und kommentiert worden.[14] Die apokalyptischen Dimensionen von Philipp Nicolais, jetzt als Weihnachtslied gesungenem »Wie schön leucht' uns der Morgenstern« (1599) sind mit cusanischen Konjekturen gezeichnet worden.[15]

Was ist das für eine Macht des Wissens? Es handelt sich um Vermutungen, die nicht eine mechanische Welt in ihrer Regelmäßigkeit berechnen, sondern ein einmaliges Ereignis aus den Zahlen erschließen, die in der biblischen Offenbarung gefunden werden. Es ist der Versuch, die Macht des Konjekturalwissens zu erproben, immer mit der Erkenntnis verbunden, daß dieses Wissen unzureichend ist. Aber es ist mit dieser qualitativen Interpretation stets eine Idee von der Magie der Zahlen verbunden. Die Zahlen symbolisieren immer die Macht des Absoluten im geordneten Kosmos. Wenn man diese Symbolik komplett beherrschte, dann wäre man in der Position Gottes, der

12 »De transmutationibus geometricis, de arithmeticis complementis« (1445), »De mathematica perfectione« (1458), »Aurea propositio in mathematicis« (1459). Vor allem hat er über die Quadratur des Kreises gegrübelt: »De circuli quadratura« (1450), »Dialogus de circuli quadratura« (1457); »De caesarea circuli quadratura« (1457).

13 »De quaerendo Deum«; »De filiatione Dei«; »De dato Patris luminum« (alle um 1445).

14 Stephan Meier-Oeser, Die Präsenz des Vergessenen, Münster 1989; Wilhelm Schmidt-Biggemann, Philosophia perennis, Frankfurt 1988.

15 Philipp Nicolai, Historia des Reiches Christi (1589), in: Erster Theil Aller Teutschen Schrifften des weyland Ehrwürdigen Hochgelahrten Herrn Philipp Nicolai, Hamburg 1617.

nicht nur erkennt, was die Welt im Innersten zusammenhält, sondern durch seine Erkenntnis diesen Zusammenhalt zugleich schafft.

Man hat aus der symbolischen Zahlentheorie schließen wollen, der Cusaner sei in spezifischer Weise modern; das gilt für die Frühe Neuzeit dann, wenn die Magie ein Teil ihrer historischen Signatur ist. Rationalitätsstandards einer entzauberten Welt werden damit nicht bedient. Es scheint daß Nikolaus das Ordnungsmuster der Welt, ihre Dimensionierung und zahlenhafte Proportionalität darstellen wollte, um sie dann, im entscheidenden Moment des Übergangs zum Absoluten, zu sprengen und sie zu einer absoluten theologischen Dimension zu öffnen. Das ist der Grund dafür, daß die Wirkung der Philosophie des Kardinals weniger in den exakten Naturwissenschaften zu finden ist als vielmehr in einer Fortsetzung der konjekturalen gelehrten Unwissenheit, wie sie bei den christlichen Kabbalisten gepflegt wurde. Auch sie argumentierten mit den Zahlen als »symbolischen Urbildern« und weiteten diese Symbolik auf die Buchstaben aus. So wurde Nikolaus von Kues zu einem der meistzitierten Autoren der christlichen Kabbala in der Frühen Neuzeit; von dem kaiserlichen Juristen Johannes Reuchlin angefangen bis zu dem königlich-englischen Arzt Robert Fludd und dem römischen Jesuiten Athanasius Kircher.

Cusanus als christlicher Kabbalist

Nikolaus war der erste, der sich in der christlichen Theologie ernsthaft mit der Kabbala des Namens Gottes auseinandergesetzt hat. Der unaussprechliche Name Gottes, das Tetragramm, paßte vorzüglich in das Konzept der »docta ignorantia«. Die Unaussprechlichkeit des göttlichen Namens war ein Standardstück sowohl der jüdischen Tradition als auch der christlichen negativen Theologie des Dionysius Areopagita. Diese Lehre war das spekulativ-philologische Pendant zum Konjekturalwissen der »docta ignorantia«: Auch hier ging es darum, einen phantastisch-frommen Gedanken zu konzipieren, der jenseits aller Schulweisheit lag. Dabei hatte die Frage nach dem Namen Gottes eine erhebliche Bedeutung für das Problem von Wissen und Macht. Es war biblisch garantiert, daß sich im Namen Jesu alle Kniee beugten, im Himmel, auf der Erde und unter der Erde. Und der vierbuchstabige Name des Herrn, das Tetragramm IHWH, stand oberhalb aller Natur und beherrschte sie. Wer also im Namen Gottes sprechen konnte, der hatte Teil an der göttlichen Macht über die Natur. Das Konzept von Magie bestand genau darin, durch Sprache Macht über die Natur zu haben.

An diesem Wissen war Nikolaus aufs heftigste interessiert. Vom Beginn seiner dokumentierten Predigten an hat er sich deshalb mit der Problematik des Namens Gottes beschäftigt. Die Problematik auch der christlichen Frage nach dem Namen Gottes mag ihn seit seinem Studium umgetrieben haben, als er bei dem großen italienischen Volksprediger Bernhardin von Siena auf die Bedeutung des Emblems JHS aufmerksam wurde.

Bereits die erste bekannte Predigt des Cusaners von Weihnachten 1430 befaßt sich mit den göttlichen Namen. Er weiß, daß das Tetragramm in der frommen jüdischen Tradition nicht ausgesprochen werden darf; daß seine Aussprache aber Jehova lautet, also die lateinischen vier Vokale und den Buchstaben »h« enthält.[16]

16 Nikolaus von Kues, Opera omnia, Sermones 1, Hamburg 1970, Sermo I, 5, 17–21.

In der Predigt XX »Nomen ejus Jesus« vom 1. Januar 1439 (Beschneidung des Herrn) hat er »über die Namen, die Gott im Bezug auf seine Hoheit und Überweltlichkeit [per eminentiam et remotionem]« zufallen, gesprochen. Er beruft sich zunächst auf Dionysius Areopagitas Traktat »Über die göttlichen Namen«, auf Augustins »De Trinitate« und Hieronymus' Ezechiel-Kommentar. Darüber hinaus erwähnt er Maimonides, der in seinem »Führer der Verirrten« (I, 61) über das Tetragramm handelt, und stellt fest, daß »Judaei librum ›Cabala‹ habent de virtute huius nominis« (die Juden ein Buch der Kabbala über die Kraft dieses Namens haben).[17] Welches Buch er damit genau meint, ist nicht ganz klar; jedenfalls zitiert er in derselben Predigt die »nomina divina: Jah, Adonai, El, Elohim, Vaheie, Schaddai, Sabaoth, et cetera de Libris exorcismi Salomonis«.[18]

Nach Paulus (Phil. 2, 9–10) ist der Name des Gekreuzigten »über allen Namen, so daß in dem Namen Jesu sich beugen sollen aller derer Knie, die im Himmel und auf der Erde und unter der Erde sind«. Dieser mächtige Name ist für Nikolaus die spezifisch christliche Erfüllung der Theologie des göttlichen Namens. Aus Isidor von Sevilla weiß er, daß »Jesus«, »Soter« und »Salvator« dasselbe bedeuten,[19] und er kennt auch eine Transkription des Namens »Jesus« aus dem Hebräischen, nämlich »Jhesua«.[20] Diese Schreibung ist aus zwei Gründen interessant: Hinter dem J ist ein »h« eingefügt, das dem JHS von Bernhardin von Siena entspricht. Andererseits setzt er diese Schreibweise hier noch nicht in Beziehung zum Tetragramm.

In den folgenden Predigten über den Namen Jesu, die er in den Jahren bis 1444 gehalten hat, spielt die hebräische Variante keine bedeutende Rolle.[21] Erst in der Predigt XLVIII »Dies sanctificatus«, die er am Dreikönigstag 1445 in Mainz gehalten hat, kommt er auf dieses Thema zurück. Die Predigt ist gründlich ausgearbeitet, sie behandelt die drei Hauptthemen der Namenstheologie: den Namen Gottes, den Namen der Geschöpfe und schließlich den Namen Jesu. In der Tradition der negativen Theologie siedelt Nikolaus den Namen Gottes über aller Erkenntnis an, oberhalb von Sinnlichkeit, Rationalität und Intellekt. Er ist allein geoffenbart: »Und so kennen wir aus den überlieferten Heiligen Schriften einige Offenbarungen über den Namen Gottes, über das Tetragramm und andere göttliche Namen. Aber es gibt allein einen oberhalb der intellektuellen Sphäre, nämlich ›Jehova‹, und der stammt nicht aus dem intellektuellen Bereich, weil er nicht erkannt wird. Denn er benennt Gott nicht als irgendeinen partiellen Grund, sondern insofern er als Grund jeden Grundes und jeder Intelligenz existiert.«[22] Der Name der Geschöpfe hängt ganz von der Macht, das ist vom Namen Gottes ab, der die Dinge durch Namengebung geschaffen hat. Allerdings bleibt dieser wahre Name den Geschöpfen auf Erden noch unbekannt: »Keiner kann wissen, was er ist oder was sein Name ist, es sei denn im Licht seines Ruhms und seiner höchsten Seligkeit.«[23]

Der Name Jesu über allen Namen im Himmel, auf der Erde und im Infernum ist einzig, »neque est aliud nomen, in quo salus« (und es gibt keinen anderen Namen, in welchem das Heil liegt).[24] Dieser biblische Befund wird nun mit der Theologie des Tetragramms gekoppelt. Zunächst stellt Nikolaus die Unaussprechlichkeit des Tetragramms fest. Dabei zeigt sich, daß er das hebräische ה (He) wie ein griechisches η (Eta) oder ein lateinisches ›E‹ liest. Er geht also von der lateinisch-griechischen Transkription des Tetragramms als Jehova aus. Seine Interpretation des Tetragramms: Die vier Buchstaben seien

17 Ebd., Sermo XX, 7, 6f. Hier wird der Name »Cabala« im christlichen Kontext nach meinem Wissen zuerst verwandt.

18 Ebd., Sermo XX, 9, 10–13.

19 Ebd., Sermo XX, 11, 15f. bezieht sich auf Isidor von Sevilla, Etymologiae, VII, c. 2 n. 7, 8. Bei Matth. 1, 21 wird der Name Jesus von ישע (iescha: Heil, Rettung) abgeleitet.

20 Nikolaus von Kues, Opera omnia, Sermones 1, Sermo XX, 12, 4.

21 Es handelt sich um die Predigten XXIII, Pars secunda: De Exsultatione in nomine Dei et Jesu (1. 1. 1441); XXIV: Pater noster in vulgari exponitur (Januar 1441), bes. 47–49; schließlich drei Predigten vom 5. April 1544: In nomine Jesu XXXI, XXXII, XXXIII.

22 Nikolaus von Kues, Opera omnia, Sermones 2, Hamburg 1991, Sermo XLVIII, 11, 1–9. Das Argument stammt aus dem »Liber de Causis«, § 5.

23 Ebd., Sermo XLVIII, 17, 1–3.

24 Ebd., Sermo XLVIII, 26, 5–10.

die hebräischen Zeichen der Vokale, nämlich von i, e, o, a; im Hebräischen gebe es nur einen Buchstaben für o und u (v), nämlich Waw. Deshalb sei der Name Gottes unaussprechlich, aber er enthalte potentiell alle Aussprechbarkeit, denn Wörter bekämen nur durch Vokale Klang. Aussprechbar werde die Reihe der Vokale, die das Tetragramm aufliste, nur durch das S (Shin) des Namens Jesua; so werde Jesus im Hebräischen geschrieben. Deshalb sei Jesua das ausgesprochene göttliche Wort, der im Ton sinnlich gewordene göttliche Name. In diesem göttlichen Namen Jesua seien alle Schöpfungsworte grundgelegt. »Deshalb ist das Wort Gottes das Wort an sich, durch das alles Wort wird und in dem alles Wort ist. ›Jesus‹ wird auf hebräisch ›Jesua‹ gesprochen. Es ist das Wort Gottes mit dem heiligen Buchstaben, der ›sin‹, Aussprache, heißt, sozusagen das ausgesprochene Wort Gottes. ›Jesua‹ oder ›Jesus‹ ist also das ausgesprochene Wort Gottes.«[25]

Die Wirkungsgeschichte des Cusanus in der christlichen Kabbala

Johannes Reuchlin, der einflußreiche Begründer der christlichen Kabbala als eigener Disziplin, hat die Spekulation des Cusanus über den Namen Jesu leicht variiert. In dieser Variation ist die cusanische Interpretation des göttlichen Namens zum Zauberwort der christlichen Magie geworden.

Aus seiner Ableitung des Namens Jesu ist evident, daß Cusanus kein Hebräisch konnte. Die Ableitung des Namens Jesu von Jesua ist grammatisch unhaltbar.[26] Im Unterschied zu Nikolaus von Kues war Reuchlin Experte im Hebräischen und wußte um die philologische Ungenauigkeit der cusanischen Ableitung. Deshalb verändert er die Schreibung des Namens Jesu und paßt sie dem Tetragramm an. Er argumentiert zwar erheblich philologischer als Nikolaus, aber es handelt sich um eine Philologie, die das Wissen um den Namen Gottes als Teilhabe an seiner Allmacht deutet, wie aus den Geheimnissen der Offenbarung interpretiert werden konnte.

Wie für den Cusaner ist auch für Reuchlin die Schöpfungstheologie durch den Logos das Grundmuster seiner Christologie. Stärker als bei Cusanus wird die Jungfrauengeburt mit dem klassischen locus aus Jes. 7, 14 herausgestellt:[27] »Siehe die Jungfrau wird empfangen und einen Sohn gebären, und sein Name wird sein Immanuel.« Dieser Name, der »Gott-mit uns« heißt, ist zugleich der Beleg für die Gottmenschlichkeit Jesu.[28] Vor allem betont Reuchlin die Personalität des göttlichen Logos als Sohn. Er stellt dar, daß der Vater im Prozeß der Gottesgeburt zwar seine Substanz dem Sohne mitteilte, selbst aber, ebenso wie der Sohn, eine eigenständige Person (hypostasis) bleibe.[29] Damit ist – ein für Reuchlin unaufhebbarer wesentlicher Unterschied zum Judentum und zum Neuplatonismus – Christus nicht als Weltgeist oder als untergeordnete Emanation des Göttlichen begriffen, sondern in seiner dem Vater gleichrangigen Personalität bestimmt.

Jesus ist also derselbe als göttliche Person, als Schöpfungslogos und als Sohn der Jungfrau. Als Schöpfungslogos hat er die Kraft, die Dinge zu bestimmen; insofern ist der Logos ein magisches, ein wirkendes Wort, das die Natur bestimmt. Um diese Magie des wirkenden Wortes geht es Reuchlin; und er findet sie in der Kabbala des Namens Jesu.

Der Text ist zunächst eine Allegorese der Verkündigungsgeschichte der Geburt Jesu. Reuchlin wählt allerdings eine neue Schreibweise für den Namen

25 Ebd., Sermo XLVIII, 29, 4–30, 5. Daß ›sin‹ »elocutio« heißt, ist eine schöne Erfindung des Cusaners.

26 Jesua (ישוע) wird im Hebräischen am Ende mit einem ע (Ajin), nicht mit einem ה (He) geschrieben. Das »a« von Jehova, wie Nikolaus das Tetragramm יהוה (JHVH) ausspricht, ist ein ה (He) und kein ע (Ajin) wie der letzte Buchstabe des Namens Jesua. Diese Kabbala ist deshalb nur im Lateinischen möglich, nicht im Hebräischen. Vgl. zum Zusammenhang: W. Schmidt-Biggemann, Johannes Reuchlin und die Anfänge der christlichen Kabbala, in: Ders. (Hg.), Christliche Kabbala, Ostfildren 2003, 9–48, bes. 16–22.

27 Das macht ihn später anschlußfähig für die Schechina-Spekulationen vor allem von Petrus Galatinus und Guillaume Postel.

28 Johannes Reuchlin, De Verbo mirifico, in: Ders., Sämtliche Werke, hg. von Widu-Wolfgang Ehlers/Hans-Gert Roloff/Peter Schäfer, Bd. 1, 1, hg. von Widu-Wolfgang Ehlers/Lothar Mundt/Hans-Gert Roloff/Peter Schäfer unter Mitwirkung von Benedikt Sommer, Stuttgart-Bad Cannstatt 1996, 306.

29 Ebd., 332.

Gegenüberliegende Seite: Abb. 6: Die vier Erkenntnisvermögen des Menschen, aus: Robert Fludd, Utriusque cosmi historia (1618)

»Jesus«, die der hebräischen nahekommt. Er zitiert den Vulgatatext, er verändert allein die Schreibweise des Namens Jesu. Der Engel übermittelt Maria die Botschaft ihrer Gottesmutterschaft mit folgenden Worten: »Fürchte dich nicht, Maria. Du hast nämlich Gnade gefunden bei Gott. Siehe du wirst empfangen und einen Sohn gebären, und du sollst ihm den Namen ›Ihsuh‹ geben. Er wird groß sein und Sohn des Allerhöchsten genannt werden.«[30] Wie bei Nikolaus wird ein S (Schin) in die Mitte des unaussprechlichen Tetragramms JHVH gesetzt, wodurch es aussprechbar wird. Anders als bei Nikolaus aber wird der letzte Buchstabe des Tetragramms korrekt mit einem »H« wiedergegeben und so der göttliche Name aussprechbar gemacht.

Die Interpretation des nunmehr aussprechbaren, auch philologisch korrekten göttlichen Namens ist bei Reuchlin dieselbe wie bei Cusanus. Nur im Lichte des Neuen Testaments tönt der Name Gottes, der im Alten Testament geoffenbart worden war. Entsprechend feiert ihn Reuchlin: »Ihn, von dem Moses im Gesetz und die übrigen Propheten geschrieben haben, haben wir, belohnt mit köstlichstem Vergnügen und ausgestattet mit einem, wie ich glaube, zwischen uns bestehendem untrüglichen und für alle Zeiten andauernden Liebesband, gefunden: ›Jhsuh‹, den oft ersehnten, lange begehrten, sehr gesuchten Namen: den höchsten und überragendsten Namen, einen frommen, heiligen, ehrwürdigen Namen, den Namen, auf den alle geheiligten Namen zu beziehen sind, der über jedem Namen steht, der im Himmel und auf Erden genannt wird, auch in der künftigen Welt, einen wundersamen und wundertätigen Namen, einen Namen, der mit dem Klang der Stimme mitteilbar ist, keinen vierbuchstabigen, sondern einen fünfbuchstabigen Namen. Es gibt keine Kraft im Himmel und auf Erden, die dem Namen Ihsuh zu widerstehen wagte. Es gibt auch keinen anderen Namen, der heiliger und frömmer wäre: seine Buchstaben sind Gott, seine Silben Geist, sein ganzer Wortlaut ist Gott und Mensch.«[31] Noch die Aussprechbarkeit des Namens selbst ist ein Symbol der Inkarnation des Göttlichen und damit ein christologisches Symbol: »Als das Wort ins Fleisch hinabstieg, da verwandelten sich die Buchstaben in Laute.«[32]

Diese Kabbala des wundertätigen Worts beschreibt eine Macht des Wissens, in der die Sprachmagie das Geheimnis der Schöpfung erklärt. Der göttliche Name, der sich in Christus zeigt, wird verstanden als das Wort, in dem 1. die Fülle aller Schöpfung, damit die Welt in ihrem Wesen implizit enthalten ist. Es entfaltet sich in der Fülle der Einzelwesen. 2. Das göttliche Wort ist zugleich das Machtwort, durch das die im Namen konzipierte Fülle der Welt Realität wurde. Weil der göttliche Name, der als JHSUH aussprechbar ist, die Fülle aller Wesen und die Macht beinhaltet, die Dinge zur Existenz zu rufen, ist er derjenige Name, vor dem sich beugen alle Knie: im Himmel, auf der Erde und unter der Erde.

3. Jenseits von Macht und Magie: Metaphysik des Möglichen

Die Idee der Magie des göttlichen Namens ist kurz zu fassen: Es war die Teilhabe an der Macht, die mit dem göttlichen Namen verbunden war und die durch das kabbalistische Wissen offenbar wurde. Dabei handelte es sich nicht um ein Verfügungswissen. Über den göttlichen Namen und die in ihm im-

30 Ebd., 356. Übers. von Lothar Mundt.
31 Ebd., 358.
32 Ebd., 358.

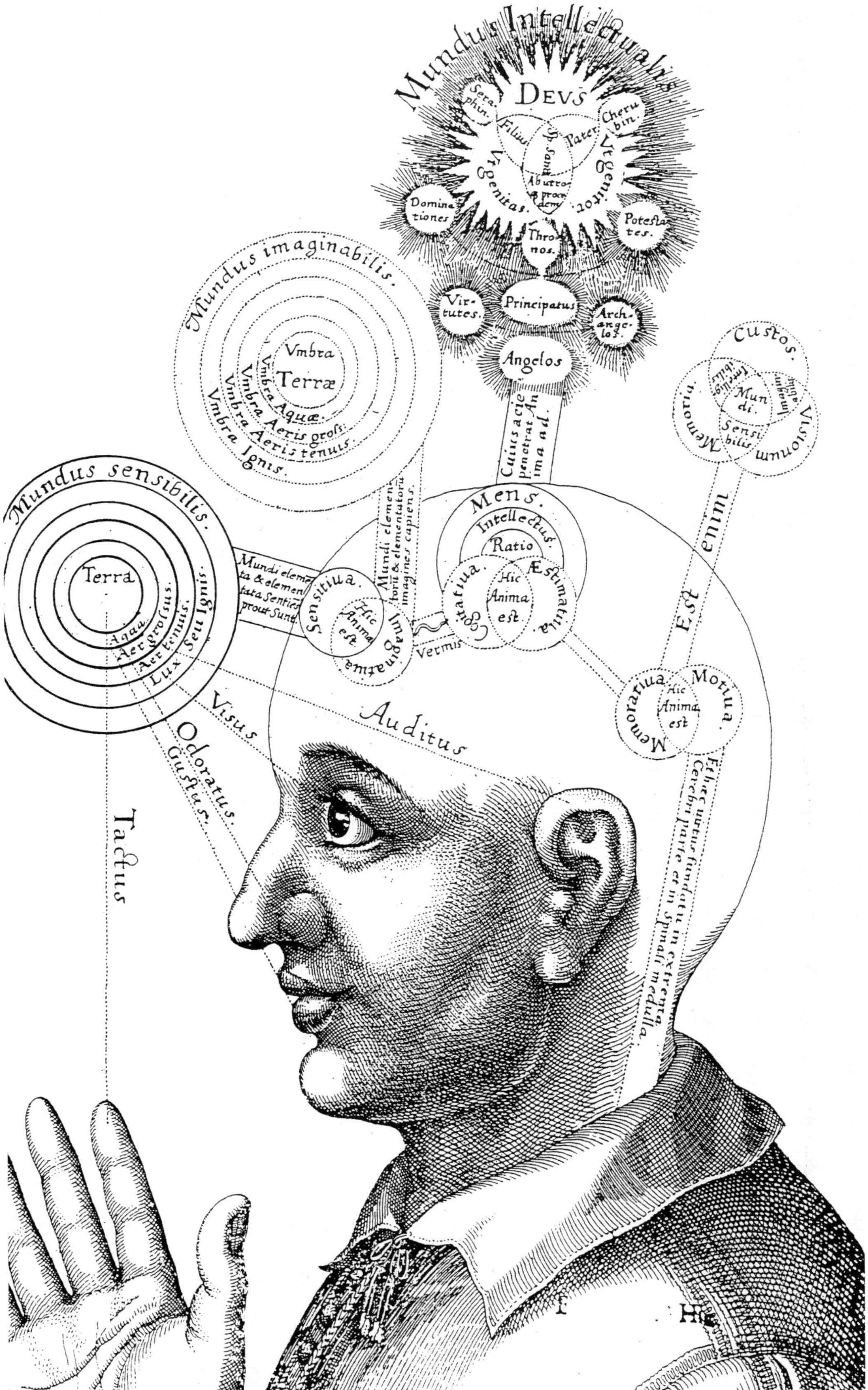

Mundus Intellectualis.
Devs
Sera-phin.
Cheru-bin.
Filius
Pater
Domina-tiones
Potesta-tes.
Thro-nos.
Vir-tutes.
Principatus
Arch-angelos.
Angelos
Mundus imaginabilis.
Vmbra Terræ
Vmbra Aquæ.
Vmbra Aeris gross.
Vmbra Aeris tenuis.
Vmbra Ignis.
Mundus sensibilis.
Terra
Aqua
Aer grossus.
Aer tenuis.
Lux Seu Ignis.
Mens.
Intellectus.
Ratio
Cogitatiua
Æstimatiua
Hic Anima est
Sensitiua.
Imaginatiua
Vermis
Custos.
Mundi.
Sensibilis.
Visionum
Est enim
Memoratiua.
Motiua.
Visus
Auditus
Odoratus.
Gustus.
Tactus

plizierte Macht über die Schöpfung konnte man nicht gebieten. Der göttliche Name repräsentierte eine Macht, die autonom und oberhalb der menschlichen Möglichkeiten lag. Wenn sie wirkte, wirkte sie gnadenhaft: Es mußte zur menschlichen Bemühung um das wirkende Wort immer die himmlische Macht hinzukommen, damit das Wissen über die Dinge tatsächlich zum wirkenden Wissen wurde. Dieses Wissen war Teilhabe an der Macht, die Dinge zu Stand und Wesen zu bringen, aber die Entscheidung, wann dieses Wissen mächtig wurde, lag nicht beim Menschen. Gott mußte mit Hilfe der Anrufung seines Namens sozusagen überredet werden, damit er dem Wissen seine Macht verlieh.

Diese Macht des Wissens bestand darin, daß das, was möglich war, wirklich wurde. Entscheidend war also die Frage, wie das Mögliche wirklich werden konnte. Das bedeutete zunächst, daß über das Mögliche nachgedacht werden mußte. Wenn die Kenntnis des ausgesprochenen göttlichen Namens auch noch den Anschein einer Verfügungsmacht implizierte, dann änderte sich das bei den Spekulationen über das Mögliche und Wirkliche. Für die Magie galt, daß die Macht des Wissens auch beim Menschen lag; er hatte eine gewisse Teilhabe-Macht durch den göttlichen Namen, den er kannte. Für die Spekulationen über das Mögliche gilt das nicht mehr: Hier hat das Wissen Macht über den, der einsieht. Und an diesem Punkt trieb der Cusaner seine Spekulationen weiter: Auch der göttliche Name war nur das ausgesprochene Unaussprechliche. Der Intellekt, dem der göttliche Name zugrunde lag und in dem er sich entfaltete, war selbst nur Spiegel des einen, letzten Grundes, der in seiner Kausalität selbst nicht mehr begreifbar und durch den Namen repräsentiert war. Der letzte Grund war unbegreifbar, weil er allem Begreifen zugrunde lag.

In diesem Prozeß der Spekulation war der denkende Mensch Teilhaber – und es zeigte sich hier eine besondere Macht des Wissens: Dieses Wissen sog den Teilhaber an der Spekulation in sich hinein. Das spekulative Denken löste sich selbst in seiner distinkten Intellektualität auf. Die Macht des Wissens – wenn sie denn als Macht der Einsicht begriffen wird, war dann als ein Genitivus subjectivus zu verstehen: Das Wissen bekommt Macht über den, der weiß. Diese Wissen ist nicht beherrschbar, es muß immer auch erlitten werden.

Möglichkeit, Kontraktion, Explikation

Die Methode der »coincidentia oppositorum«, die Nikolaus auf seiner Rückreise aus dem gefährdeten Konstantinopel entwickelt hatte, erwies sich als Denkbewegung, mit der die aktive Teilhabe am göttlichen Denken spekulativ erzeugt werden konnte. Sie integrierte die rationale negative Theologie, ließ sich kosmologisch interpretieren, zähmte die Aporien der mathematischen und metaphysischen Unendlichkeitstheorien, pointierte dabei zugleich die Metaphysik der Unendlichkeit und zeigte, daß man mit dieser Metaphysik rational verfahren kann, ohne den Absolutismus der Begriffe des Seins, des Alles, des Einen, des Größten oder Kleinsten aufzugeben. Die »coincidentia oppositorum« war die Methode, die intellektuellen Erscheinungsformen des unfaßbar Ersten zu erfassen. Nikolaus hat diese Methode, mit dem Unendlichen umzugehen, auch mathematisch erprobt. Er hat sein Leben lang in mathematischen Konjekturen mit immer neuen Anläufen Lösungen zur Quadratur des Kreises versucht, aber erst Leibniz ist eine konsistente mathematische Theorie des Größten und Kleinsten gelungen.

Die Methode der »coincidentia oppositorum« ließ sich vor allem in der Metaphysik anwenden, und dort insbesondere auf den Kernbegriff des Seins. Wenn das göttlich Absolute nicht mit menschlichen Begriffen benannt werden konnte, dann hieß das, daß man von Gott weder sagen konnte, er sei (existiere), noch, er sei nicht. In cusanischer Terminologie: Im Absoluten koinzidierten das Sein und sein Gegenteil, das Nichts. Was aber konnte das heißen? Was existierte nicht und war doch nicht nichts? Theologisch und metapyhsisch konnte dieses Nicht-nichts begriffen werden als das Mögliche, das sich erst noch verwirklichen sollte. Das war der Status des Noch-nicht »vor« seiner Definition und »vor« seiner Kontraktion zur Existenz. Wenn Gott dergestalt das Mögliche war, das sich aus dem weder Nicht-sein noch Schon-sein ins Wirkliche definierte, dann zog sich das Absolute sozusagen zu seiner Existenz zusammen. Als diese Quelle allen Seins, das sich selbst aus der Möglichkeit kontrahiert und sich gegen das Nichts, das in diesem Prozeß zugleich erst konstituiert wurde, definierte, wird der absolute Gott ständig zu der Einheit, aus der sich seine Trinität und seine Schöpfung entfalten. Das ist der Prozeß, den Nikolaus Explikation nennt.

Auf dieser Grundlage argumentieren die »Laien«-Dialoge, die Nikolaus 1450 schrieb, fünf Jahre nach der Predigt über den göttlichen Namen: Der Laie über die Weisheit, der Laie über den Geist, der Laie und das Experiment mit der Waage. »Idiota de sapientia«, »Idiota de mente«, »Idiota de staticis experimentis«. Die Dialoge sind bewußt antiakademisch gehalten, sie wenden sich an den gelehrten und gebildeten Hofmann, der mit der Schulphilosophie wenig anfangen kann. Ohne große erkenntnistheoretische Eingangsdiskussionen behandeln die Dialoge das Teilhabe-Verhältnis der Schöpfung und des Menschen am Göttlichen, das durch die göttliche Selbstmitteilung in seiner Schöpfung möglich wird.[33]

Die »Laien«-Texte bilden eine Trilogie: »Idiota de sapientia« zeigt die Koinzidenz der göttlichen Prädikate im Einen und die Entfaltung dieser Einheit in der göttlichen Weisheit, die das unerreichbare Ziel der Sehnsucht aller menschlichen Seelenregungen ist. Die göttliche Weisheit vereint und harmonisiert alle Gegensätze, sie garantiert die Einheit – und damit die Möglichkeit des göttlichen Plans der Schöpfung. »Idiota de sapientia« handelt von der Weisheit, d.h. der Vielgestaltigkeit des göttlichen Logos, die unerkennbar im göttlichen Einen koinzidiert und aus ihm entströmt. Der Geist, an dem der Mensch partizipiert, spiegelt seinerseits diesen Enfaltungsprozeß des Göttlichen. Im Lichte dieser dynamischen göttlichen Weisheit, an deren Produktivität der menschliche Geist teilhat, wird empirische Erkenntnis der Schöpfung möglich.

Cusanus beschreibt den Prozeß der Weltschöpfung als göttliche Entäußerung: Gott geht über die Selbstbezogenheit seiner trinitarischen Einheit hinaus, konzipiert die Welt und schafft sie zugleich durch sein göttliches Wort. Wenn auch modal drei verschiedene Schritte unterschieden werden können: 1. Gottes Selbstbezug, 2. Weltkonzept, 3. Schöpfung durch das Wort, so sind doch alle diese modalen Unterscheidungen nur Stadien im lebendigen göttlichen Prozeß der Explikation und Implikation, in der Entfaltung und in der Kontraktion der Möglichkeiten des Einen.

33 Deshalb gehört auch der »Dialogus de Genesi« den Nikolaus 1447 in Lüttich schrieb, in diesen Zusammenhang.

Erst wenn Gott so als Möglichkeit, Sein, Entfaltung und Kontraktion des Alls vom weisen Laien in gelehrter Unwissenheit mehr geahnt als begriffen wird, kann die menschliche Seele sich als der Spiegel erweisen, in dem die Entfaltung der göttlichen Möglichkeiten, die immer lebendige Keimgründe der Schöpfung sind, erkennbar werden. Diese Erkenntnis ist keine empirische Erkenntnis äußerer Gegenstände, sondern eine produktive Kraft, die sich im Spiegel der Seele zeigt. Die Seele produziert in sich die Idealformen dadurch, daß sie sich selbst zum Spiegel des Prozesses macht, in dem die göttliche Kraft sich aus ihrer Einheit in die Vielheit, aus ihrer unausgedehnten Punktualität in die ausgedehnte Form entäußert. Deshalb zeigt das innere Bild einer selbstgemachten Form, die in der äußeren Natur nicht vorkommt, wie das des Löffels, den Cusanus im »Idiota de mente« ausführlich zu Worte kommen läßt, die Sonderrolle der menschlichen Seele als Spiegel der göttlichen Kraft.

Der Begriff »mens« (Seele) ist doppeldeutig; als Weltseele hat die Seele eine göttliche Natur, sofern sie als göttliche Weisheit die Urbilder der Dinge enthält.[34] Ihre Zahlenstruktur ist Harmonie; hier erläutert Nikolaus seine Zahlentheorie und bezieht sie auf Pythagoras, Plato und Boethius; er bezeichnet sich selbst als Pythagoräer.[35] Bei seinen Experimenten mit der Waage zeigt er, was er sich unter diesem Pythagoräismus vorstellt: Nikolaus will Gesundheit und Krankheit, Alter und Geschwindigkeit messen, er stellt sich auch astronomische Messungen mit der Uhr vor, um die pythagoräisch gedeutete Anwesenheit Gottes in der Welt in Maß, Zahl und Gewicht zu ergründen. Diese zahlenhafte Weltstruktur ist die »Ordnung des göttlichen Samens«, der »in seiner Kraft alle begrifflichen Urbilder der Dinge noch unentwickelt enthält«.[36]

Die Erkenntnistheorie, die zu dieser dynamisierten Theorie der Seminalgründe gehört, ist im Mittelalter vor allem durch Avicenna und Albertus Magnus gelehrt worden. Sie arbeitet mit vier Erkenntnisvermögen: »sensus communis«, Phantasie, Vernunft und Gedächtnis, und sie setzt eine Physiologie voraus, die in der gesamten Frühen Neuzeit Geltung behält. Das Gehirn ist in drei Kammern aufgeteilt (Abb. 6): Die erste Kammer ist der Ort des »sensus communis«. In dieser Kammer des Gemeinsinns, die man sich hinter den Augen liegend vorstellt, laufen die Informationen aller fünf Sinne zusammen. Der »sensus communis« vereinigt die Informationen zu einem Gesamtbild der jeweiligen Dinge; er muß dabei aktiv wirken – diese Aktivität hat auch die Funktion der Phantasie. Die Gesamtbilder der Dinge, die der »sensus communis« liefert, sind freilich nicht ausgedehnt, sie sind impliziert, zusammengefaltet. So können sie, punktuell unausgedehnt, als geistige Essentien begriffen werden. Dieser Prozeß des Begreifens geschieht in der zweiten Kammer, die der Sitz der Vernunft ist. Sie ist unter der Schädeldecke situiert und enthält die Rationalität und die Spekulation. Beide, Rationalität und Spekulation, haben zugleich an der göttlichen Intelligenz teil. In der Kammer von Rationalität und Spekulation werden die punktuellen, impliziten Bilder, die der »sensus communis« liefert, auf ihre logische Stimmigkeit geprüft und benannt. So entstehen Begriffe: Name und potentielles Bild werden vereint. Diese Begriffe werden in der dritten Kammer, im Hinterkopf, durch das Gedächtnis verwaltet. Im Prozeß der Erinnerung, der ein Prozeß der Entfaltung der begrifflichen Potentialität ist, werden die in der Memoria latenten Begriffe durch das Bewußtsein der zweiten Kammer aktualisiert und

34 Nikolaus von Kues, Idiota de mente, Cap. XIII, in: Ders., Philosophisch-theologische Schriften, hg. von Leo Gabriel, übers. von Dietlind und Wilhelm Dupré, 3 Bde., Wien 1964–1967, Bd. 3, 588, 595.

35 Cap. VI, in: Ebd., Bd. 3, 520ff.

36 Cap. V, in: Ebd., Bd. 3, 514.

in den »sensus communis« zurück befördert. Hier wirkt nun die Phantasie, die die latente Sinnlichkeit der Begriffe entfaltet und wieder verbildlicht. Diese Erinnerung ist die Bedingung aller empirischen Wiedererkenntnis und macht so überhaupt Erfahrung möglich.

Metaphysik des Werdens

In der Vernunftspekulation, die ein eigenes Erkenntnisvermögen ist, hat der Mensch am Prozeß des Göttlichen teil. Die Spekulation besteht in der Erkenntnis der Dynamik der Möglichkeit und Wirklichkeit des Absoluten. Dieser Gedanke hat Nikolaus sein Leben lang beschäftigt. Sein gesamtes Werk ist damit befaßt, die Mitteilung des Unnennbaren in die Welt philosophisch und theologisch zu beschreiben und die Teilhabe der menschlichen Seele an diesem Prozeß nachzuweisen, sei es in der »Docta ignorantia«, sei es in der Einsicht des Laien in die Entfaltung der göttlichen Herrlichkeit.

Für diese Fragen war eine Auseinandersetzung mit der Frage des Anfangs unerläßlich. Der Beginn des Buchs Genesis »Im Anfang schuf Gott Himmel und Erde« und der Prolog des Johannesevangeliums »Im Anfang war das Wort« waren die theologischen Kernaussagen über das Prinzip von Himmel und Erde einerseits und die innergöttliche Dynamik andererseits.

Diese Fragen nach den schlechthin Ersten und Letzten, und damit den höchsten Dingen, haben Nikolaus in seinen letzten Lebensjahren intellektuell umgetrieben, er hat die kurzen Traktate den Streitigkeiten um die praktische Kirchenpolitik abgerungen; sie machen den Eindruck, als kompensierten sie in ihrer spekulativen Brillianz die deprimierenden politischen Erfahrungen, die der Kardinal in dieser Zeit machte. Wenn man die Themen der Spätphilosophie des Cusaners (von 1459–1464) knapp kennzeichnen wollte, müßte man Modalmetaphysik und »visio beatifica« als die beiden Kernbereiche seiner letzten Werke nennen.

In seiner Spätphilosophie läßt sich Cusanus rückhaltlos auf die Spekulation der Zentralbegriffe einer Metaphysik des Werdens ein. Seine Themen: der Anfang (»De Principio«, 1459), Mögliches und Wirkliches (»De Possest«, 1460), Identität und Differenz (»De non aliud«, 1462), die systematische Vollendung des Wissens (»De venatione sapientiae«, 1463).

Der Anfang

»De Principio« (1459) behandelt im Anschluß an Joh. 8, 25: »Tu quis es? Principium qui et loquor vobis.« Auf die Frage: Wer bist du? antwortete Jesus: Ich bin der Anfang, der auch zu euch spricht.[37] Diese Stelle wird zum Anlaß, den Begriff »Anfang« zu klären. Nikolaus beginnt mit einer Doppeldeutigkeit, die typisch für die Spekulationen im Anschluß an das Johanensevangelium sind. Er interpretiert nämlich das göttliche Wort zugleich als innertrinitarische Person und als das Schöpfungswort. Das Wort, das im Anfang bei Gott war, ist zugleich das, durch das Gott im Anfang Himmel und Erde schuf. Diese Theologie hatte er auch bei seiner Kabbala des Wortes Jesua dargestellt.

37 Es handelt sich um eine falsche, aber philosophisch ausdeutbare Vulgata-Übersetzung des griechischen Textes: σὺ τὶς εἶς ; εἶπεν αὐτοῖς ὁ ᾿Ιησοῦς.· τὴν ἀρχήν ὅ τι καὶ λαλῶ ὑμῖν. Der Text heißt eigentlich: Wer bist du? Jesus erwiderte ihnen: Was rede ich überhaupt mit euch. – τὴν ἀρχήν bedeutet »überhaupt«.

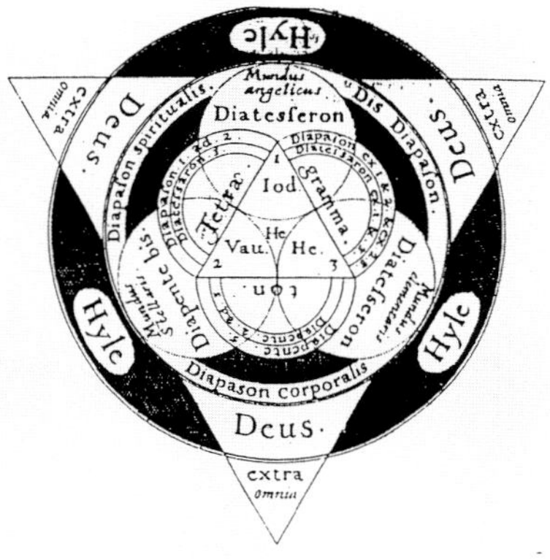

Abb. 7: Die trinitarische Natur des Universums, aus: Robert Fludd, Utriusque cosmi historia (1618)

Diesen Anfang begreift er als »per se existens«.[38] Dieses »für sich existieren« läßt sich am ehesten auf die innertrinitarische Spekulation anwenden, die Nikolaus im Anschluß an seinen Pythagoräismus versucht hat: In diesem Sinne ist »für sich existierend« auf die Eins, den Anfang allen Seins in Gottvater, anwendbar. Dieses anfängliche Eine ist freilich eines, das in sich noch keine Differenz duldet, das unvordenklich Eine, in dem alles ähnlich ist. Es ist ein Anfang, der sich ständig ereignen muß, der ewig, noch vor aller Zeit ist,[39] weil er erst die Bedingung aller Differenz und damit aller Zeit ist. Dieser ewige Anfang geht über sich hinaus, indem zwischen dem Anfang und dem, was angefangen hat, unterschieden ist. In diese ursprüngliche Scheidung kontrahiert sich das Unendliche, so daß eine Differenz entsteht: Das ist die Differenz zwischen Indefinitem und Definitem, zwischen dem unbestimmten und dem bestimmten Einen, zwischen dem absolut Anfänglichen und dem faßbar Anfänglichen. Und doch sind die Differenzen miteinander verbunden; sie sind Differenzen desselben. Genau diese Figur ist für Nikolaus das Muster aller Trinität, die er auch bei Juden, Muslimen und Heiden findet.[40]

»Trialogus de Possest« (1460)

1460 versucht er in einem »Trialogus de Possest«, das »Möglich-Wirkliche« des Göttlichen zu beschreiben, in dem Können und Sein zusammenfallen. Dieses Stück ist zugleich mit dem Dialog »De non aliud« die Pointe der Modalmetapyhsik bei Nikolaus. »De Possest« ist eine modalmetaphysische Abhandlung im Bezug auf Gott, bei dem Möglichkeit und Wirklichkeit sich vereinigen. Gott ist insofern nicht notwendig, weil er selbst noch die Bedingung der Notwendigkeit ist. Nur für die kontingenten Geschöpfe fallen Möglichkeit und Wirklichkeit auseinander. Die Erkenntnis des »Possest« beschreibt Nikolaus als (anagogische) Offenbarungsinterpretation, es ist für ihn eine erbauliche Einsicht des Intellekts in die höchste Wahrheit, die hinter dem Buchstaben verborgen ist: »quae latet sub littera«.[41] Das ist die eigentliche Aufgabe des Intellekts, unsichtbare, der irdischen Logik übergeordnete Wahrheiten einzusehen. In diesem Sinne beschreibt Cusanus den Begriff Möglichkeit. »Posse« ist alles, was sein kann, und auch, was nicht ist, weil »posse« von seiner Semantik her auch Nichtsein impliziert. »In Deo non esse esse ipsum possest«;[42] auch das Nichtsein ist bei Gott im »Possest«. Das bedeutet, daß Gott im Bezug auf sein Nichtsein verborgen und nur im Bezug auf sein Sein offenbar ist.

Damit Gott sich aus seiner Verborgenheit heraus offenbart, ist Christologie als Offenbarung Gottes nötig.[43] Das ist eine Apologie der biblischen Offenbarung, die zugleich klar macht, daß die negative Theologie, sofern sie als Skepsis und »docta ignorantia« interpretiert wird, einer positiven Offenbarung bedarf, um die Wahrheit zu erreichen. Das Ziel ist die »Visio Dei«, die aenigmatisch in der qualitativen Mathematik sichtbar wird.[44] Die Mathematik sieht Cusanus als das Hauptargument für die Trinität und die trinitarische Verfassung allen Lebens an. Die Trinität ist das Grundprinzip, das Einheit und Vielheit verbindet; insofern ist sie die Struktur aller Zahlenhaftigkeit.[45]

Gott als Possest ist auch der Ursprung aller ausgedehnten Formalitas. Seine allmächtige Formfähigkeit (»omnipotens forma«) wird allerdings nicht im

38 Nikolaus von Kues, Philosophisch-theologische Schriften, Bd. 2, 214. Das »per se existens« übernimmt eine spätantike Idee des Neuplatonikers Proklos. In Proklos' Parmenides-Kommentar heißt es: αὐτυπόστατον.

39 Nikolaus von Kues, Philosophisch-theologische Schriften, Bd. 2, 220.

40 Ebd., 224.

41 Ebd., 270.

42 Ebd., 302.

43 Ebd., 306.

44 Ebd., 320.

45 Diese trinitarische modale Mathematik wird bestimmt als posse (principium= Vater), esse (principatum= Sohn), nexus (= Geist). Vgl. hierzu ebd., 326, 328.

verborgenen Anfang, der vor allen Formen und deshalb unförmig ist, sondern erst in der Erscheinung real. Hier wird erneut die Christologie als Erscheinung Gottes interpretiert: die Form aller Formen, die mit der Formlosigkeit zusammenfällt, macht sich christologisch als kontrahierte Gestalt sichtbar,[46] im Logos ist nicht nur alle Geistigkeit, sondern auch aller Raum und alle Figur impliziert.

»De non aliud« (1462)

Das sich selbst erzeugende Leben, das auch als Genese der Urzahlen 1, 2, 3 zu verstehen ist, durchwaltet als göttliches Prinzip die Welt. Deshalb ist Gott der »Nicht-Andere«. Diesem Begriff widmet Nikolaus 1462 eine eigene Schrift »De non aliud«, in der er Dionysius Areopagitas negative Theologie spekulativ aufheben will. Cusanus versucht, die Identität und Differenz, in der Gott zugleich zu seiner Schöpfung steht, dialektisch zu erfassen. Gott ist nicht identisch mit der Welt – das hatte Dionysius betont –, aber er ist auch nicht völlig von ihr getrennt, denn er garantiert ihre Existenz, indem er ihr Sein als ihr Prinzip definiert und sie so vor der Vernichtung bewahrt. Und doch bleibt er nichts anderes als er selbst, verborgen in sich und alles Sein definierend.

»De non aliud« ist der wohl spekulativste Text des Cusanus. Das Thema ist – um mit Schelling zu reden – das Indifferente; das, was weder identisch noch nicht identisch, weder eines noch anderes ist. Cusanus kommt zu diesem Begriff durch die Frage danach, welches die Definition aller Definitionen ist, welches also der Prozeß ist, in dem Definition geschieht. Der Ausgangsbegriff dieser Definitionsbewegung ist das Nicht-Andere. Weil die Definition das Identische und das Andere definiert, muß sie anders sein als das Definierte, aber sie darf doch dem Definierten nicht fremd sein. Das Identische als das »Nicht-Andere« wird im Prozeß des Definierens als dessen Voraussetzung sichtbar. Das Nicht-Andere ermöglicht den Prozeß, in dem sich die Definition ereignet; das Nicht-Andere ist die spekulative Bedingung der Definition. Die Pointe dieser Erkenntnis heißt: »non-aliud se ipsum definire, cum per aliud definiri non possit« (das Nicht-Andere definiert sich selbst, da es durch das Andere nicht definiert werden kann).[47]

Logisch sind im »non aliud« sowohl Position (aliud) als auch Negation (non aliud) vereint, so daß mit dem Negativ-Begriff »non aliud« auch noch der Nexus von Sein und Nichts mitgemeint ist. Dieses »non aliud« wird nun als Prädikat Gottes identifiziert. Das »non aliud« ist das Erste, das sich und andere definiert. Wenn es nun um eine Beschreibung dieses »non aliud« mit den metaphysischen Begriffen von Sein und Nichts geht, muß deutlich sein, daß das »non aliud« das Unhintergehbare ist, das als absolut Göttliches so beschrieben ist: Es ist also weder Substanz noch Sein noch Eins noch irgend etwas anderes.[48] Das »non aliud ist einfacher als das Eine, weil das Eine seine Einheit vom non aliud hat und nicht umgekehrt«.[49] Damit ist das »non aliud« noch die Bedingung der »coincidentia oppositorum«; es entspricht dem »supersubstantiale unum« des Dionysius Areopagita.[50] Es ist zugleich das Unfaßbare, vor dem sich die Differenz zwischen Sein und Nichts entfaltet,[51] von dem der Prozeß der Trinität ausgeht. Das »non aliud« ist die Potentialität des Trinitarischen, weil es sich in der Dreiheit selbst definiert. Das unhintergehbare »non aliud« wäre kein erstes, wenn es sich nicht selbst definierte. In

46 Ebd., 358.
47 Ebd., Bd. 1, 446.
48 Ebd., 457.
49 Ebd., 458.
50 Ebd., 514.
51 Ebd., Bd. 2, 462.

der Beziehung auf das »non aliud« ist die Dreiheit zugleich die Einheit; und diese Dreieinigkeit ist vor aller Zahl.

Die Logik der Teilhabe beruht darauf, daß sich hier zugleich Identität und Differenz erzeugen, insofern beruht auch diese Logik auf dem Begriff des Nicht-Anderen. So ist Gott das »Nicht-Andere« der Schöpfung, indem er deren Bedingung ist und doch von ihr unterschieden. Das »non aliud« umfaßt implizit die Ausdehnung und die Form, aber es bleibt implizit. Es kann identifiziert werden als das, was dem Universum vorausgeht, als formlose Form vor allen Formen, als Wille Gottes vor aller Vernunftbestimmung des Willens,[52] als Bedingung der Partizipation des Geschöpfes am Schöpfer,[53] diese Geschöpfe sind wiederum auf Gott den Schöpfer hin geordnet.[54] Indem Gott vor der Schöpfung ist, beschreibt das »non aliud« auch das »vor« im Bezug auf die Zeit.[55] Das »non aliud« impliziert die Zeit und macht so das Kontinuum möglich. Das, was vor der Zeit ist und deshalb ihr Entstehen bestimmt, was also das »non aliud« der Zeit ist, bestimmt den Werdens- und damit den Definitionsprozeß der Zeit.

In allen Definitionsprozessen zeigt sich die Kraft Gottes als das »non aliud«, das die geistige Vision erschauen kann als die Möglichkeit allen Werdens, Lebens und Webens. »Wer sieht, daß das non aliud sich selbst definiert und die Definition von allem definiert, der sieht zugleich, daß das non aliud von keiner Definition und keinem Definierten verschieden ist.«[56] Das Nicht-Andere ist zugleich die Einheit des Prozesses, das, was im Werden vom Nichts zum Etwas dasselbe bleibt; und es ist damit als »principium« das, was vor jedem Prozeß ist, diesen Prozeß in seiner Kontinuität zuallererst ermöglicht. Insofern ist das »non aliud« auch »actus ipsius actus«,[57] sozusagen das Realisierende der göttlichen Kraft; die Kontinuität im Sprung vom Indifferenten zur Trennung von Nichts und Sein. So werden der Prozeß der Definition selbst, die Sebstdefinition Gottes und die Formwerdung aller Wesenheiten zur erbaulichen Theosophie.

»De venatione sapientiae« (1463)

Wie in aller frommen Philosophie, so ist auch bei Cusanus das letzte Ziel der Wissenschaft theologisch.Weil Gott nicht faßbar ist, ist er das Ziel der menschlichen Jagd nach Weisheit; der geschaffene Geist freilich kann ihn nicht erjagen. Gott muß sich selbst offenbaren, und er hat es in Christus getan. Die Fülle seiner Herrlichkeit, nach deren vereinigender Anschauung sich der endliche Geist sehnt, wird erst am Ende der Zeit offenbar. Diese Sehnsucht zeigt sich für Cusanus im Wunsch der vereinzelten Seele nach der göttlichen Vereinigung, in der Vorfreude auf die ewige Harmonie und Erleuchtung. Das Ende der Jagd nach der Weisheit ist die Angleichung an die göttliche Herrlichkeit, die vor jedem Begriff liegt, die wortlose Kommunikation mit dem Göttlichen, in dessen Einheit die Wahrheit grundgelegt ist.

»De venatione Sapientiae« hat durchaus den Charakter eines resümierenden Spätwerks. Nikolaus beschreibt die verschiedenen Felder, auf denen er während seines Lebens nach Weisheit gesucht hat. Es erweist sich, daß die Perspektive auf die »visio beatifica« die entscheidende Orientierung seines Denkens ist.

52 Ebd., 479.
53 Ebd., 481.
54 Ebd., 493.
55 Ebd., 517.
56 Ebd., 556.
57 Ebd., 562.

Es geht um die Jagd nach Weisheit. Der Kern der Jagdmetapher ist, daß sich der lebendige Geist Nahrung erjagt. Sein Wild ist die Weisheit. Sie hat ihre Spuren in der Schöpfung, denn die zeigt ein »posse fieri«, ein Werden-Können; sie ist darin das Abbild der göttlichen Kraft und Größe. Den Lauf der Jagd beschreibt Nikloaus als neuplatonischen Aszensus zum Einen.[58] Der Geist beginnt seinen Lauf mit der Syllogistik, vervollkommnet sich mit der Vorstellung, daß die Geometrie die reine, empiriefreie Erkenntnis ist, erkennt die Farbe aller Farben im göttlichen Licht[59] und gelangt von da aus zum Grunde des Werden-Könnens. Diese platonische Methode sieht er als mit der »mosaischen Philosophie« verwandt an; denn Dionysius Areopagita sei der legitime Interpet des Moses.[60]

Der Geist jagt auf 10 Feldern der Weisheit, die den kategorialen Hauptbegriffen der cusanischen Philosophie und Theologie entsprechen. Sie sind geordnet als Grade des Aufstiegs zum Göttlichen. »Das erste nenne ich docta ignorantia, das zweite possest, das dritte non aliud, das vierte Licht, das fünfte Lob, das sechste Einheit, das siebte Gleichheit, das achte Verknüpfung, das neunte Vollendung, das zehnte Ordnung.«[61] Die drei ersten Felder behandeln die begrifflichen Novitäten des Cusaners; das vierte Feld charakterisiert den Übergang von der Spekulation zur frommen Praxis.[62] Vom fünften Feld an geht es nur noch um die fromme Wendung der Seele zu Gott, auch das entspricht dem Duktus der Philosophie des Dionysius Areopagita. Der Genuß des Wissens besteht im Gotteslob: »Alles lobt Gott durch sein Sein; omnia igitur suo esse laudat Deum.«[63] Das Lob der Schöpfung zielt auf die Einzigartigkeit Gottes, der zugleich das Urbild und der Grund der Einzelheit ist. Die Einzigheit entfaltet ihr Leben durch die Gleichheit (siebtes Feld) und die Verknüpfung (achtes Feld). Das Leben der Trinität ist die Grundlage und der Typos der lebendigen Welt; weil die Welt nur als vom göttlichen Geist durchhaucht existiert.[64] Das Ziel und die Grenze aller Jagd des Geistes ist die sich mitteilende, die göttliche Weisheit, in der sich alles Wissen als Offenbarung der göttlichen Gedanken vereint. Der Geist »definiert die Urbilder aller Dinge (exemplaria), die – wie Dionysius in ›De divinis nominibus‹ sehr wohl erkannte – die Wesensbestimmung der in ihm vorgegebenen Dinge sind, und gemäß denen die göttliche Weisheit alles vorherbestimmte und hervorbrachte.«[65]

Die höchste Angleichung an diese Weisheit ist mit dem Begriff Ordnung erreicht. Mit dem Begriff Ordnung, für den Nikolaus sich auf Dionysius Areopagita stützt, ist Hierarchie, Herrschaft des Heiligen, gemeint. Diese Ordnung verweist auf die Vollendung, auf den Urheber der Ordnung, Gott. Gott strahlt in aller Ordnung als Schönheit wider,[66] und die Ordnung ist die beste Weise, in der die Kreatur fähig ist, ihren göttliche Ursprung zu offenbaren.

Zum Ende wendet Nikolaus die Betrachtung der Ordnung logostheologisch: Es ist das Wort, in dem die Wissenschaft des Lichtes sich als Ordnung zeigt. Und dieses Wort – das Zauberwort – ist die Sprache, mit der Adam am göttlichen Wissen teilhatte. »So bestätigt die Definition, die die Erklärung des Worts ist, das Licht der Erkenntnis. Ich glaube, daß es sich bei der menschlichen Wissenschaft so verhält wie bei dem ersten und besonderen Adam, der auch Mensch heißt. Von ihm glaubt man, er habe eine Wissenschaft gehabt, die in der Kraft des Wortes befestigt ist und die dem Menschen als seiner Natur gemäß hochwillkommen ist.«[67] Aber noch über die Lingua adamica, die höchste menschliche Form des Wissens, muß die Jagd nach der göttlichen

58 Ebd., Bd. 1, 36.
59 Ebd., 24.
60 Ebd., 39f.
61 Ebd., 48.
62 Ebd., 78. Das vierte Feld, das Licht, bezieht sich auch auf eine kleine Schrift des Cusanus, nämlich auf »De dato patris luminum« (1445). Wichtig ist dabei, daß sich in der Jagd auf das Licht die Prädikate Gottes zeigen, wie sie sich bei Dionysius in »De divinis nominibus« finden.
63 Ebd., 82.
64 Ebd., 115.
65 Ebd., 126.
66 Ebd., 140.
67 Ebd., 152.

Weisheit hinauswollen. Dieses Jagdziel ist »die Erforschung der unaussprechlichen Weisheit, die jeder Bestimmung durch Wörter und jedem Benennbaren vorausliegt und eher in der Stille und in der Schau als in Geschwätzigkeit und Hören gefunden wird«.[68] Das ist die wortlose Kommunikation mit dem Göttlich-Einen, in dem alle Wahrheit grundgelegt ist.

Macht des Wissens?

Man kann diese Formel bei Nikolaus von Kues in verschiedener Weise interpretieren. Nimmt man Macht des Wissens als Verfügungsgewalt über instrumentelles Wissen, dann hat Nikolaus diesen Bereich als Jurist bedient: Für seine persönlichen Belange war er erfolgreich. Er hat sein juristisches Wissen benutzt, um sein Vermögen zusammen zu bekommen. Als Experte im Staatskirchenrecht hat er immerhin ein Konkordat zwischen Kaiser und Papst zustande gebracht, das 500 Jahre lang in Kraft blieb. Allerdings waren alle seine Auseinandersetzungen, die er als Bischof von Brixen geführt hat, ganz erfolglos. Auch im innerkirchlichen Bereich hatte er nur begrenzt Fortüne; an der Reform der Klöster im Reich hat er mit einigem Erfolg gearbeitet; die Reichskirche selbst hat er dem Papsttum nicht näher gebracht, mit seiner Politik gegenüber den Hussiten ist er ebenso gescheitert wie mit dem Versuch einer Kurienreform. Spekulativ war er erfolgreicher. Er ist der erste Christ der Frühen Neuzeit, der die Macht des Wissens als Einsicht in den ausgesprochenen, d.h. offenbarten Namen Gottes verstanden hat. Wer mit diesem Namen richtig umgehen konnte, hatte teil an der göttlichen Macht über die Schöpfung. Vor allem aber war es die Macht des Wissens im Bezug auf das Absolute, die ihn faszinierte. Hier hatte das Wissen selbst Macht, es absorbierte als Prozessualität dieses Absoluten diejenigen, die das Absolute dachten.

Alle Bereiche sind für die Neuzeit wichtig geworden: das juristische Denken für die Herausbildung und Effektuierung des Verwaltungsstaates, das Teilhabewissen für die verschiedenen Konzeptionen der Magie in der Frühen Neuzeit; die Prozessualität des Absoluten ist in der Philosophie des Deutschen Idealismus wieder bedacht worden, mit Ergebnissen übrigens, die denen des Cusaners durchaus entsprachen.

Vor allem war es die Spekulation, die den Cusaner interessant bleiben ließ. Seine Metaphysik des Möglichen erschließt Dimensionen der Wirklichkeit, die virtuelle Medienwelten begrifflich faßbar machen; und dies lange, ehe solche Welten technisch verfügbar waren. Sein Denken zeigt freilich auch, daß ohne einen theologisch-philosophischen Hintergrund die Rede von den möglichen Welten bodenlos und fahrig wird, weil sie ihre eigenen Grundlagen nicht mehr bedenkt und versteht. Die Metaphysik des Einen, die Cusanus formuliert, verbindet Kommunikation und Dialektik auf eine Weise, deren gründliche Berücksichtigung sowohl der philosophischen als auch der soziologischen Kommunikationstheorie gut bekäme. Denn die Frage, warum man verstehen kann, was verschieden ist, ist weder ohne den Möglichkeitsbegriff noch ohne die Idee der Entfaltung des Einen zu erfassen. Mit dieser Idee der Entfaltung des Einen läßt sich wahrscheinlich auch die Frage beantworten, warum verschiedene Personen sich überhaupt gegenseitig achten und sich zugleich nach einer Wahrheit richten können, die sie eingesehen haben, obwohl sie nicht ihren Interessen entspricht.

68 Ebd., 154.

Von der Kleriker- zur Laienkultur

HANS-JÜRGEN GOERTZ

Glaube und Wissen in der Reformationszeit[1]

»O Jahrhundert, o Wissenschaften! Es ist eine Lust zu leben.«[2] Mit diesem Jubelruf hat Ulrich von Hutten das neue Jahrhundert in einem oft zitierten Brief von 1518 an seinen Humanistenfreund Willibald Pirckheimer in Nürnberg begrüßt. Doch aus diesem Jahrhundert wurde nicht das Zeitalter des Wissens, sondern des Glaubens – also das genaue Gegenteil dessen, was, modern empfunden, unter einem »Jahrhundert der Wissenschaften« zu verstehen gewesen wäre.

Die so genannte Moderne, die Befreiung des Menschen von klerikaler Vormundschaft, der »Ausgang des Menschen aus seiner selbstverschuldeten Unmündigkeit« (Immanuel Kant) und die Vorherrschaft der Vernunft in allen Lebensbereichen, bahnte sich mit der Reformation an. Doch es war nicht das autonome, von religiöser Bevormundung befreite Wissen, das allem Inhalt und Form zu verleihen begonnen hätte, was Menschen in Angriff nahmen, um ihr Leben zu bestehen. Wissensbestände spielten zwar eine Rolle, vor allem praktisch erworbene Kenntnisse im Umgang mit der Natur, in Hygiene, Erziehung und Beruf, im Handel, in Literatur, bildender Kunst, in Medizin und im Kriegswesen. Sie steigerten oft die beruflichen Erfolge und verbesserten die Qualität des Lebens. Aber entscheidender als dieses Erfahrungswissen war die Lebensorientierung, die der Glaube gewährte.

So war es auch nicht die Sprache der Wissenschaften, die als Medium gesellschaftlicher Verständigung diente, sondern immer noch die Sprache der Theologie. »Die Theologie stellte die ›höchste Verallgemeinerung‹ der sozialen Praxis des Menschen im Mittelalter dar und lieferte ein allgemeingültiges Zeichensystem, in dessen Termini die Mitglieder der feudalen Gesellschaft sich und ihre Welt wiedererkannten sowie ihre Begründung und Erklärung fanden.«[3] Was Aaron Gurjewitsch für das Mittelalter feststellte, gilt auch für den Beginn der Neuzeit, die nach Meinung vieler um 1500 eingeläutet worden sei. Auf die Spitze getrieben: Im Einflußbereich der Reformatoren regierte nicht das autonome Wissen die Welt, sondern der Glaube, wie er in der Heiligen Schrift allein (sola scriptura) bezeugt wurde. Pointiert äußerten sich radikale Anhänger Ulrich Zwinglis in Zürich ganz im Sinne der wiederentdeckten Schriftautorität: »Es gibt mehr als genug Weisheit und Rat in der Schrift, wie man alle Stände, alle Menschen lehren, regieren, weisen und fromm machen soll.«[4] Über die Art und Weise, wie der Glaube auf die konkreten Lebensverhältnisse zu beziehen sei, kursierten in der Reformationszeit verschiedene Vorschläge, eines aber lag diesen Vorschlägen stets zugrunde: An der Dominanz des Glaubens wurde nicht gezweifelt.

Trotz dieser Dominanz wuchs eine Welt heran, die immer genauer erkannt wurde. Max Weber nannte diesen Prozess die »Entzauberung der Welt«,[5] in dem das Heilige, Metaphysik und Magie zurückgedrängt, die Welt vom Zauber einer Überwelt gelöst und genommen wurde, wie sie war. Sie war nicht mehr der sichtbare Ausdruck numinoser oder magischer Kräfte, sondern, modern gesprochen, eine Entfaltung ihrer eigenen Gesetze. Diese Gesetze konn-

1 Für die kritische Durchsicht des Entwurfs und hilfreiche Hinweise danke ich Prof. Dr. Siegfried Bräuer, Sebastian Pranghofer M. A. und Sabine Todt M. A.

2 Günther Jäckel (Hg.), Kaiser, Gott und Bauer. Die Zeit des deutschen Bauernkrieges im Spiegel der Literatur, Berlin 1975, 125.

3 Aaron Gurjewitsch, Das Weltbild des mittelalterlichen Menschen, München 1980, 13.

4 Heinold Fast (Hg.), Der linke Flügel der Reformation. Glaubenszeugnisse der Täufer, Spiritualisten, Schwärmer und Antitrinitarier, Bremen 1962, 19. Zum laizistischen Schriftgebrauch vgl. auch Klaus Schreiner, Laienbildung als Herausforderung für Kirche und Gesellschaft. Religiöse Vorbehalte und soziale Widerstände gegen die Verbreitung von Wissen im späten Mittelalter und in der Reformation, in: Zeitschrift für historische Forschung 11 (1984), 257–354.

5 Max Weber, Die protestantische Ethik und der Geist des Kapitalismus, in: Ders., Die protestantische Ethik, Bd. 1, hg. von Johannes Winckelmann, 3. Aufl. Hamburg 1973, 161. Bei Weber steht allerdings nicht der Begriff der Säkularisierung, sondern der »Rationalisierung« im Mittelpunkt. Wenn Glaubensweisen rationalisiert werden, bedeutet das nicht automatisch, daß sie auch säkularisiert worden sind.

Abb. 8: Gerechtigkeit, Wahrheit und Vernunft liegen im Block: Der Teppich von Michelfeld (Ausschnitt), Holzschnitt aus der Werkstatt Albrecht Dürers (1526)

ten entdeckt, studiert und miteinander in Beziehung gesetzt werden. So wurden der Natur nach und nach ihre »Geheimnisse« abgerungen und die »Dinge« erklärt. Was vorher aus numinoser Scheu nicht erforscht wurde, wie das Innere des menschlichen Körpers, weckte jetzt die Wißbegier und erweiterte den Bereich der »empirischen« Studien. Dieser Prozeß, der Wissen produzierte, das durch Beobachtung, Berechnung und theoretisches Weiterdenken über die Welt, in der die Menschen lebten, Auskunft erteilte, setzte nicht erst mit der Reformation in Deutschland ein. Er begann mit der italienischen Renaissance im 14. und 15. Jahrhundert. Seit Jacob Burckhardt und Max Weber wird heftig darüber diskutiert, ob die Entwicklung empirisch gewonnenen Weltwissens an der Reformation vorbei geraden Weges in die Zeit der Aufklärung und zu moderner Wissenschaftlichkeit gelaufen, oder ob es das besondere Glaubensverständnis der Reformation gewesen sei, das die »Entzauberung der Welt« einleitete und einen »weltlichen« Umgang mit den Dingen dieser Welt forderte. Das Urteil über die Ursprünge dieses Prozesses, der auch mit dem Begriff der »Säkularisierung« erfaßt wird, ist umstritten. Unbestritten ist hingegen, daß der Protestantismus, wie der Religionssoziologe Peter L. Berger schrieb, »ein historisch entscheidendes Präludium der Säkularisierung« war.[6]

6 Peter L. Berger, Zur Dialektik von Religion und Gesellschaft. Elemente einer soziologischen Theorie, Frankfurt a.M. 1973, 109.

1. »O Jahrhundert, o Wissenschaften!« – das Problem

Mit dem Hinweis auf die »Dominanz des Glaubens« ist das Verhältnis von Glaube und Wissen noch nicht genau bestimmt. Grundsätzlich sind drei theologische Positionen ausgebildet worden. 1. »Gratia non tollit naturam, sed perficit.«[7] Im Sinne dieser mittelalterlich-scholastischen Denkform könnte man sagen: Der Glaube zerstört nicht das Wissen, sondern führt es in seinen vollkommenen Zustand. Innerhalb des Stufenbaus (Gradualismus) von »Natur« und »Übernatur« hat das Wissen (scientia) einen eigenen Geltungsbereich und genießt eine relative Unabhängigkeit. Aber eben nur eine relative: Es bleibt auf den Glauben, dem es sich überhaupt verdankt, als seiner vollkommenen Gestalt bezogen und wird als »Beitrag zur Beförderung des Heils« verstanden.[8] 2. Widersprochen wurde dieser gradualistischen Position durch die schroffe Gegenüberstellung von Glaube und Wissen: entweder Glaube oder Wissen. Ist das eine von Gott, so das andere vom Teufel. Im Rahmen dieser Position war die Losung »Die Gelehrten, die Verkehrten« ein geflügeltes Wort.[9] In letzter Konsequenz wurde das Wissen verteufelt. Das war die Position radikaler Reformatoren: Thomas Müntzers, mancher Täufer und einiger Spiritualisten, vorher schon oppositioneller oder häretischer Gestalten, wie der Taboriten oder Girolamo Savonarolas. Das war eine Denkform, die oft zu theokratischen und apokalyptischen Experimenten der Weltbeherrschung führte. 3. Die Gegensätzlichkeit bzw. grundsätzliche Ausschließlichkeit von Glaube und Wissen wurde von Martin Luther vermieden. Er konnte zwar die »blinde Hure Vernunft« in Grund und Boden verdammen, sofern sie sich anmaßte, in die Belange des Glaubens einzugreifen. Solange die Vernunft sich aber damit begnügte, im Bereich der weltlichen Dinge wirksam zu werden, war sie Luther recht. Der Glaube war im »Reich Gottes« dominant, im »Reich der Welt« aber herrschte die Vernunft. Luther unterschied die Geltungsbereiche von Glaube und Wissen so, daß beide sich nicht ins Gehege kamen und sich in ihrem jeweiligen Bereich selbständig entfalten konnten. Indem Luther dem, was der Mensch sich selber denkt (Vernunft) und aneignet (Wissen), das Mitspracherecht in Glaubensdingen verweigert, entläßt er Vernunft und Wissen in die Profanität bzw. Säkularität. »Denn indem der Glaube [...] die Werke in ihrer irdisch-weltlichen Bedeutung hütet, läßt er sie eine der Vernunft des Menschen überantwortete Angelegenheit der Welt, des Säkulums sein.«[10] Das ist ihr Reich. Genaugenommen ist es der Glaube selber, der Vernunft und Wissen in ihr eigenes Recht setzt, paradoxerweise so, daß sie sich oft gegen ihn wenden und ihn in extremen Fällen sogar zerstören werden.

Mit der Reformation ist nicht nur kirchliches Eigentum in großem Stil säkularisiert, d.h. in weltliche Hände überführt worden (hier wurzelt der Begriff der Säkularisierung), sondern auch Denken, Wissen und Handeln, die sich auf weltliche Angelegenheiten bezogen. Vor diesem Hintergrund ergibt sich folgende Definition für den Säkularisierungsbegriff: »Man versteht darunter eine ›Verweltlichung‹ des Denkens, das sich von kirchlicher Bevormundung befreit und in wachsendem Maße seine autonome Unabhängigkeit bei der Erforschung der Welt behauptet und als Folge davon auch die geistigen Grundlagen des politisch-gesellschaftlichen und kulturellen Handelns eigenständig zu erkennen unternimmt bzw. sich berufen fühlt, eine universale und zugleich konkrete Weltverantwortung wahrzunehmen.«[11] Säkularisie-

7 Thomas v. Aquin, Sum. Theol., I, 1, 8. – Zum Gradualismus vgl. Berndt Hamm, Einheit und Vielfalt der Reformation – oder: was die Reformation zur Reformation machte, in: Ders./Bernd Moeller/Dorothea Wendebourg, Reformationstheorien. Ein kirchenhistorischer Disput über Einheit und Vielfalt der Reformation, Göttingen 1995, 67 und 72.

8 Notker Hammerstein, Bildung und Wissenschaft vom 15. bis zum 17. Jahrhundert, München 2003, 2.

9 Carlos Gilly, Das Sprichwort ›Die Gelehrten die Verkehrten‹ oder der Verrat der Intellektuellen im Zeitalter der Glaubensspaltung, Florenz 1991.

10 Friedrich Gogarten, Verhängnis und Hoffnung der Neuzeit, 2. Aufl. Stuttgart 1958, 102 und 134–148.

11 Wilhelm Dantine, Art. Säkularisierung, in: Taschenlexikon Religion und Theologie, hg. von Erwin Fahlbusch, 4. Aufl. Göttingen 1983, 3. Vgl. auch Carl Friedrich von Weizsäcker, Was ist Säkularisierung?, in: Ders., Die Tragweite der Wissenschaft, Bd. 1, Stuttgart 1964, 173–200, hier 196: »Entgegen dem, was viele Christen und alle Säkularisten glauben, neige ich zu der Ansicht, daß die moderne Welt ihren unheimlichen Erfolg zum großen Teil ihrem christlichen Hintergrund verdankt.« Vgl. dagegen die längere Erörterung der Säkularisierungsproblematik bei Hans Blumenberg, Die Legitimität der Neuzeit, Frankfurt a.M. 1966, 9–74: »Säkularisierung – Kritik einer Kategorie des geschichtlichen Unrechts«. Die Neuzeit wird von ihrer eigenen Herkunft unterschieden und die »theoretische Neugierde« in einen deutlichen Gegensatz zur mittelalterlichen Offenbarungsreligiosität gestellt.

rung ist, wie hier deutlich wird, ein kultureller Prozeß, der aus einem religiösen Impuls entstanden ist.

Dieser Prozeß, so wird vor allem in der Nachfolge Max Webers argumentiert, beginnt mit dem Schöpfungsglauben des Alten Testaments, der zwischen dem Schöpfergott und seiner Schöpfung trennt. Gott steht seiner Schöpfung gegenüber und geht nicht in sie ein, auch nicht in ihr auf. Gott ist Gott, und Welt ist Welt. Diese Vorstellung bestimmte auch das frühe Christentum. Im mittelalterlichen Katholizismus setzt zwar wieder eine Sakralisierung des Geschaffenen ein, wie Peter L. Berger bemerkte, um so heftiger hat dann die Reformation schließlich auf diese Tendenz reagiert.[12] So hat sie die Säkularisierung vorangetrieben und ihr geholfen, zu einer Signatur der Moderne zu werden.

Wolfgang Trillhaas hat darauf hingewiesen, daß dieser Prozeß aber nicht als eine »Einbahn-Straße« zur Neuzeit mißverstanden werden dürfe. Das Sakrale ist zwar »ins Profane konvertierbar«, aber das Profane auch immer noch ins Sakrale.[13] Das heißt, daß Sakrales und Profanes aufeinander bezogen sind. Von Säkularisierung zu sprechen, macht also nur einen Sinn, wenn Sakrales vorausgesetzt und wenn die Herkunft des Profanen aus dem Sakralen mitgedacht bzw. die Möglichkeit nicht ausgeschlossen wird, daß Profanes auch sakralisiert werden kann.

Es ist wohl unbestritten, daß mit der Reformationszeit ein Säkularisierungsschub ohnegleichen einsetzte und viele Lebensbereiche in einen Modernisierungssog gezogen wurden, in dem sich die Ablösung der Glaubens- durch die Vernunftdominanz anbahnte. Doch ebenso deutlich ist, daß Sakrales, von dem in der Regel eine magische Wirkung auf die Menschen ausging, und Profanes noch miteinander um die Vorherrschaft rangen. Magische, tief in der Volkskultur verankerte Praktiken gestalteten weiterhin das tägliche Leben der Menschen.[14] Die religiös durchsetzte Magie konnte theologisch vielfach überwunden werden, besonders resistent blieben aber Magie und Aberglauben, wo sie sich mit reformatorisch gereinigter Frömmigkeit verbanden. Vielleicht ist die Begründung für den Säkularisierungsprozeß, die in einer zur Weltlichkeit befreienden Glaubensvorstellung gesucht wird, schon zu modern gedacht und bringt die vormodernen Schlacken, die noch an ihr haften, nicht voll zur Geltung. So hat Johannes Fried denn kürzlich auch die These zur Diskussion gestellt, ob es nicht vielleicht die Apokalyptik, die irrationale, sich mit biblischer Lektüre und Astrologie verbindende Erwartung des Weltendes, gewesen sei, die in den Menschen eine unbändige Neugier freigesetzt habe, die Zeichen der Zeit zu deuten und den Dingen das Wissen um das genaue Ende der Welt abzuringen. »Untergang und Fortschritt, die Erwartung des alles vernichtenden Weltenbrandes entzauberten die Schöpfung und beflügelten das rationale Erkennen der Welt, brachten Aufklärung über Aufklärung.«[15] Wie sich das moderne Zeitverständnis nach Reinhart Koselleck aus dem Geist der Apokalyptik entwickelte, so gilt dasselbe für die moderne Wissenschaft. Es bleibt dabei: Der voranschreitende Siegszug des Wissens, das sich vom Glauben emanzipiert, verdankt sich der Kraft des Glaubens. Ulrich von Hutten hat gewußt, daß sein »Jahrhundert der Wissenschaften« nicht im Gegensatz zum »Jahrhundert des Glaubens« stehen würde.

Im Anschluß an diese Problemskizze lassen sich drei Weisen unterscheiden, den Wissensbegriff für die Reformationszeit zu fassen. Zum einen ist von einem Wissen zu sprechen, das mit dem Glauben übereinstimmt bzw. sich

12 Peter L. Berger, Zur Dialektik von Religion und Gesellschaft, 120: »Die protestantische Reformation ist eine machtvolle Wiederentdeckung der säkularisierenden Kräfte, die der Katholizismus ›gezügelt‹ hatte, wobei die Reformation dem Alten Testament nicht nur nacheiferte, sondern entschieden darüber hinaus ging.«

13 Wolfgang Trillhaas, Religionsphilosophie, Berlin 1972, 131.

14 Bob Scribner, Reformation and Desacralisation: from Sacramental World to Moralised Universe, in: R. Po-Chia Hsia/R.W. Scribner (Hg.), Problems in Historical Anthropology of Early Modern Europe, Wiesbaden 1997, 89: »The massive input of new ideas in many areas of life and by many committed groups rarely seems to have had the effect often attributed to it by their enthusiastic historians, whether this be science, rationalism or secularising views of religion.« Siehe auch ebd., 76: »The hard-edged sacramentalism of catholicism was not replaced but modified into a weaker and more ill-defined form of sacrality.« Noch wurde mit Gottes Eingreifen in diese Welt, dem Geist seines Wortes, Geistern und Engeln fest gerechnet, »and above all (with) the demonic«. Die Grenzen zwischen dem Heiligen und Profanen waren durchlässig, ihre Übergänge unvorhersagbar und oft höchst gefährlich.

15 Johannes Fried, Aufstieg aus dem Untergang. Apokalyptisches Denken und die Entstehung der modernen Naturwissenschaft im Mittelalter, München 2001, 192.

Abb. 9: Warnung, sich vor Erkenntnissen der Zeit zu verschließen, kolorierter Holzschnitt von Erhard Schoen, mit Reimen von Hans Sachs (um 1540).

der Glaubensdominanz mit allen Aussagen über die Welt, die Natur und den Menschen unterordnet. Dabei handelt es sich vor allem um praktisches Wissen (Erfahrungswissen) bzw. um Wissen im Sinne von über etwas Bescheid wissen. Zum andern kann beobachtet werden, daß es Wissensbestände gibt, die sich allmählich von der Glaubensdominanz zu emanzipieren begannen und sich auf dem Weg zu neuzeitlicher Wissenschaftlichkeit befanden, aber noch nicht das Einvernehmen mit dem Glauben störten, ihm vielmehr ihren Dienst anboten (vor allem humanistisch-reformatorisch inspiriertes Wissen in Medizin und Astronomie). Schließlich muß die Zäsur herausgearbeitet werden, die den Zeitraum markiert, ab wann die gesellschaftlich relevante Dominanz des Glaubens nach und nach von der Dominanz der Vernunft abgelöst wurde, die fortan naturwissenschaftliches, technologisches und herrschaftsrelevantes Wissen hervorbringt und verwaltet (autonomes Wissen). Freilich sind innerhalb dieses grob abgesteckten Rahmens noch weitere Wissensarten zu unterscheiden: spezielles und allgemeines, gesichertes und ungesichertes, geheimes und öffentliches, passives und aktives Wissen. Darauf wird von Fall zu Fall zu achten sein.

Im Übergang von der spätmittelalterlichen Klerikerkultur zur frühneuzeitlichen Laienkultur (2. Abschnitt) bilden sich neue Strukturen für Information, Kommunikation und Rezeption aus, in denen sich nicht nur die reformatorische Botschaft, sondern auch der Umgang mit dem Wissen über Mensch, Natur und Kosmos Geltung verschaffen (3. Abschnitt) und allmählich zu neuem Vernunftgebrauch und Wissen führen, die sich erst in der zweiten Hälfte des 17. Jahrhunderts aus religiöser und naturphilosophischer Umklammerung lösen werden (4. Abschnitt).

2. Von der Priester- zur Laienkultur

Auseinandersetzungen um eine Erneuerung der Christenheit waren bereits vor der Reformationszeit an der Tagesordnung: der »Wegestreit« der Realisten und Nominalisten, Auseinandersetzungen um die Autorität des Papstes bzw. des Konzils, Streit um die Observanz der klösterlichen Regeln, ebenso Streit zwischen Weltpriestern und Ordensleuten um Seelsorgebezirke und finanzielle Einnahmequellen, politisches Ringen um die »Gravamina nationis germaniae« auf den Reichstagen, um die Reichsreform allgemein und um den Aufbau eines landesherrlichen Kirchenregiments, die Intensivierung der Bußpredigt und des Wortgottesdienstes, soziale Unruhen in den Städten und auf dem Land, immer wieder auch das »Geschrei«, das gegen das liederliche Leben und die nachlässige Amtsführung des Klerus laut wurde. Es fällt jedoch auf, daß die Auseinandersetzungen, die nach den Ablaßthesen Luthers 1517 einsetzten, heftiger wurden. Die Kontraste traten deutlicher zutage und waren unerbittlicher geworden. Sie erfaßten auch weitere Bevölkerungskreise. Glaube oder Werke, tertium non datur: Auserwählte oder Verdammte, Licht oder Finsternis, Christus oder Belial, Reich Christi oder Reich des Antichrist. Solche Dualismen begegnen jedem, der auch nur einen flüchtigen Blick in die Texte der frühen Reformationszeit wirft. Am einfachsten drückte sich ein ungelehrter Laie aus, als er 1527 auf die Abendmahlsstreitigkeiten seiner Tage zu sprechen kam: »Das Nachtmal Christi und der Pfaffen ist soweit unterschiedlich als schwarz und weiß ist.«[16] Hier gibt es kein Sowohl-als-auch, sondern nur ein Entweder-oder. Entweder man fährt wie der Laie demütig und gelassen in einem Wagen, von Pferden in geordnetem Schritt gezogen, die von reputierlichen Wagenlenkern sorgsam angetrieben wurden, auf das Kreuz Christi zu, hinter dem der Auferstandene bereits wartet – aus der Finsternis ins Licht. Oder man sitzt wie der scholastische Kleriker feist und selbstbewußt in einem anderen Wagen, der in umgekehrter Richtung ins Dunkel fährt und bald mit den ungestüm davon galoppierenden Rössern und den klerikalen Wagenlenkern in die Hölle stürzen wird.[17] So ließ Andreas Bodenstein von Karlstadt die Entscheidungssituation auf der Leipziger Disputation zwischen Martin Luther und Johannes Eck 1519 in einem Holzschnitt von Lucas Cranach d.Ä. darstellen. Mit diesem Holzschnitt, der das Wittenberger Reformationsprogramm veranschaulichte, hatte Karlstadt viel Aufsehen erregt. Was sich vor den Augen der Menschen vollzog, so suggerierten es zahlreiche Flugblattillustrationen, war das Drama von Bußfertigkeit und Unbußfertigkeit, von Heil und Unheil, von Evange-

16 Quellen zur Geschichte der Wiedertäufer, Bd. 2: Markgraftum Brandenburg, Bayern I, hg. von Karl Schornbaum, Leipzig 1934, Nr. 56, 52 (1527).

17 Karlstadts Bildflugblatt »Himmel- und Höllenwagen«, in: Der deutsche Einblattholzschnitt in der ersten Hälfte des 16. Jahrhunderts, hg. von Max Geisberg , München 1923/1924, Bd. 13, Nr. 13. Neuausgabe: The German Single-Leaf Woodcut: 1500 – 1550, revised and edited by Walter L. Strauss, 4 Bde., New York 1974, Bd. 2, 612.

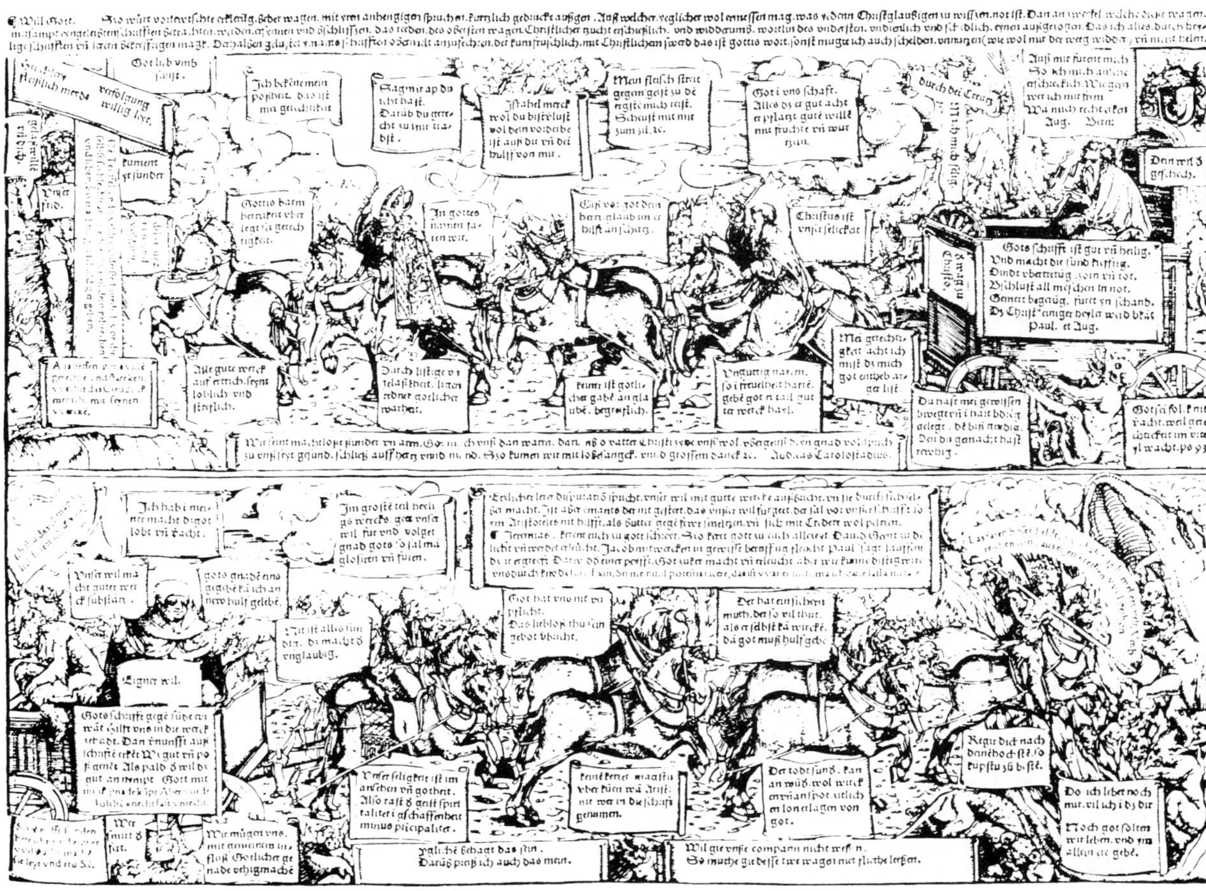

Abb. 10: Der »Fuhrwagen« von Andreas Bodenstein von Karlstadt, Flugblatt von Lucas Cranach d.Ä. (1519)

lischen und Altgläubigen, apokalyptisch überhöht, die Scheidung der Zeitgenossen in Gerechte und Ungerechte, Verdammte und Auserwählte.

Wort und Widerwort, Bild und Gegenbild halfen, die Situation zu begreifen, in der sich die lang schwelenden Auseinandersetzungen des späten Mittelalters auf einmal ineinander verwickelten, zuspitzten und auf spektakuläre Weise präsentierten. Die apokalyptischen Wirren und Trübsale waren angebrochen, so wähnte man, und nahmen einen Verlauf, der in der Heiligen Schrift bereits vorhergesagt worden war. Dort wurde beispielsweise von den »Zeichen« der Endzeit (Matth. 24) gesprochen. Die Schrift diente dazu, den Ängsten und Leiden der eigenen Zeit einen Sinn zu geben und die Elenden zu trösten. Die Welt läuft zwar auf ihr Ende im Jüngsten Gericht zu, doch ein neuer Anfang ist bereits in Sicht: die Reformation, die Gott allein (Martin Luther), oder die »unuberwintliche zukünfftige reformation«, die Gott unter Mitwirkung der Menschen (Thomas Müntzer) herbeiführen wird.[18]

Kontraste vereinfachen die Situation und erleichtern die Orientierung. Mit ihrer Hilfe wurde jedoch nicht nur wahrgenommen, was vor sich ging, sondern vor allem herbeigeführt, was man erreichen wollte. Kontraste, wie sie in Wort und Bild artikuliert und veranschaulicht wurden, deuteten die Realität symbolisch und forderten zur Überwindung von schlechter Wirklichkeit auf.

Zur schlechten Wirklichkeit gehörte in den Augen vieler Zeitgenossen vor allem der Machtbereich, den sich der Klerus im Laufe der Jahrhunderte eingerichtet hatte: die Usurpation und Nachahmung weltlicher Herrschaft, die Fiskalisierung kirchlicher Dienstleistungen, die Bevormundung der Laien, der

18 Martin Luther, Werke, Weimar 1883ff. (fortan: WA), 627; Thomas Müntzer, Schriften und Briefe. Kritische Gesamtausgabe, hg. von Günther Franz, Gütersloh 1968, 255.

Mißbrauch geistlicher Sanktionsgewalt in Rechtsangelegenheiten, der selbstherrliche Verstoß gegen das Armutsgebot und die luxuriöse Repräsentation, die Vernachlässigung der Amtspflichten und eine anstößige Lebensführung, sexuelle Ausschweifung, Geiz und Simonie. Der Klerus tat offensichtlich alles, um Zweifel unter den Laien darüber zu nähren, ob für ihr Heil auch wirklich noch gesorgt werde. Nicht erst in der Reformationszeit, sondern bereits vorher ist am Klerus kritisiert worden, daß er Macht über die Menschen ausübt und ihnen nicht dient, wie Jesus ihnen gedient hat. Die Priester wollen Herren sein und, wie Karlstadt schrieb, »hoher geachtet werden, dan leyen«.[19] Zwar haben auch die Laien den desolaten Zustand der Christenheit mitverschuldet, sie sind aber von den Pfaffen, die es hätten besser wissen müssen, dazu verführt worden. Die Herrschaftsallüren des Klerus lieferten die Gründe dafür, daß sich die hier und da geäußerte Kritik an den Geistlichen allmählich zu einem heftigen Antiklerikalismus formieren konnte. Der Antiklerikalismus ist die Aktionsform, in der sich das Streben nach Unmittelbarkeit im Verhältnis zu Gott »in seiner kritischen Beziehung zum System kirchlicher Vermittlung«[20] einen sichtbaren Ausdruck verschaffte.

Die Erscheinungsformen des Antiklerikalismus sind in letzter Zeit ausführlich beschrieben worden,[21] so daß diese wenigen Hinweise hier genügen. Nur das eine ist noch wichtig: Die antiklerikale Agitation in Wort, Bild und Tat ist der Erfahrungshintergrund, vor dem die erwähnten Kontraste ihre besondere Plausibilität erhalten. Diese Kontraste verschärfen die Auseinandersetzungen mit dem Klerus und tragen entscheidend dazu bei, daß in den frühen Jahren der Reformation die Hoffnung erlischt, der Klerus könne sich noch selber erneuern. Verstärkt wird gefordert, der geistliche Stand müsse abgeschafft, ja, wie Müntzer angeblich forderte, die Pfaffen müßten vernichtet und die »Leyhen mussen unser Prelatenn und Pfarrer« werden.[22]

Michel Foucault sprach gelegentlich davon, daß sich im 15. und 16. Jahrhundert die Tendenz herausgebildet habe, Menschen zu regieren, sie zur Wahrheit und zum Heil zu führen, sie in allen Lebensbereichen regierbar zu machen. Gleichzeitig jedoch, stellte Foucault fest, ist eine Gegenbewegung entstanden, sich diesem Zugriff zu entziehen oder zu widersetzen. Erste Reaktionen gegen das Regiertwerden sieht er in der spätmittelalterlichen Mystik und vor allem in der Reformation, die er geradezu als eine »Kunst, sich nicht regieren zu lassen« begreift.[23] Ausgesprochen interessant ist daran, daß die Kunst des Regierens aus der christlichen Pastoral abgeleitet wird, wie sie im späten Mittelalter praktiziert wurde (der Hirte führt die Schafe, der Beichtvater erforscht das Innenleben der Laien), aus der Machtausübung des Klerus also; und der Quellgrund neuzeitlicher Kritik an Machtausübung, ja, Kritik überhaupt, wird in der abwehrenden Reaktion auf diese klerikal-pastorale Praxis gesehen, also in der Reaktionsweise, die als Antiklerikalismus beschrieben werden kann, der bald auch für die Kritik an der Praxis weltlicher Herrschaft genutzt wurde. Hier wurzelten die spätere Säkularisierung geistlicher Territorien und die Polemik gegen die Landesherren, die sich einer radikalen Reformation verweigerten. Die Gedanken Foucaults verhelfen uns zu folgender Einsicht: Der Antiklerikalismus ist nicht ein historischer Nebenschauplatz, auf dem die Auseinandersetzungen zwischen Priestern und Laien ausgetragen wurden. Der Antiklerikalismus ist vielmehr ein fundamentaler Vorgang zwischen Mittelalter und Neuzeit. Foucault wäre allerdings mißverstanden, wenn man meinte, die Kunst des Regierens sei von der

19 Andreas Karlstadt, Von beiden Gestalten der heiligen Messe (1522), in: Hans-Joachim Köhler (Hg.), Flugschriften des frühen 16. Jahrhunderts. Microfiche-Sammlung, Zug, Schweiz 1978, Fiche 1122, Nr. 2864, Div. r. (zit. nach James S. Preus, Carlstadt's Ordinances and Luther's Liberty: A Study of the Wittenberg Movement 1521–22, Cambridge 1974, 22).

20 Wolfhart Pannenberg, Christliche Spiritualität. Theologische Aspekte, Göttingen 1986, 8.

21 Vgl. Hans-Jürgen Goertz, Pfaffenhaß und groß Geschrei. Reformatorische Bewegungen in Deutschland 1517 bis 1529, München 1987; Ders., Antiklerikalismus und Reformation. Sozialgeschichtliche Untersuchungen, Göttingen 1995; Robert W. Scribner, Popular Culture and Popular Movements in Reformation Germany, London/Ronceverte 1987, bes. 243–256; auch: 17–48 (Ritual and Popular Belief in Catholic Germany at the Time of the Reformation); neuerdings Lee Palmer Wandel, Voracious Idols and Violent Hands. Iconoclasm in Reformation Zurich, Strasbourg, and Basel, Cambridge 1995 sowie Peter A. Dykema/Heiko A. Oberman (Hg.), Anticlericalism in Late Medieval and Early Modern Europe, Leiden 1993.

22 Johann Karl Seidemann, Thomas Müntzer – Eine Biographie, Dresden/Leipzig 1842, Beilage 5, 110.

23 Michel Foucault, Was ist Kritik?, Berlin 1992, 21.

Abb. 11: Inhalt zweierley predig, Flugblatt von Georg Pencz (um 1529/30)

Kunst, sich nicht regieren zu lassen, auch wirklich abgelöst worden. Beides besteht vielmehr nebeneinander und befindet sich in einem intensiven Diskurs. Die Machtausübung des Klerus ist als »eine Beziehung in einem Feld von Interaktionen zu betrachten […] und immer so zu denken, daß man sie in einem Möglichkeitsfeld und folglich in einem Feld der Umkehrbarkeit, der möglichen Umkehrung sieht«.[24] In diesem Auseinandersetzungsmilieu beginnt sich die traditionelle Grenze zwischen Sakralem und Profanem zu verschieben, die Grenze, die vom Klerus als der Personifikation des Sakralen bewacht wurde.

Immer mehr setzte sich die Einsicht durch, daß von denen, die sich selber nicht erneuern ließen, keine Erneuerung der Christenheit zu erwarten sei. Wie sollte jemand, der selber heillos verloren war, andere zum Heil führen? Das biblische Gleichnis von den Blinden, die Blinde führen (Lk. 6, 39), das bereits in spätmittelalterlichen Texten antiklerikale Verwendung fand, wurde reaktiviert und machte als Scheltwort die Runde. Der Klerus war zu einem Schlüsselproblem geworden, niemand stand einer Reformation mehr im Wege als der geistliche Stand: Papst, Bischof, Prälat, Priester, Mönch und Nonne. Dieser Stand mußte, wo jede Hoffnung auf seine Besserung geschwunden war, beseitigt werden. Luther griff den Sakramentscharakter der Priesterweihe an, die Aura der Sakralität, mit der sich der Priester ausstattete, und kritisierte die ständische Absonderung des Klerus von den Laien. Die Mauer, die zwischen Geistlichen und Laien errichtet worden war, mußte fallen.[25]

24 Ebd., 40. Vgl. auch Foucault, Der Staub und die Wolke, Grafenau 1993, 16–30.

25 Martin Luther, An den christlichen Adel deutscher Nation, WA 6, 407.

Bezeichnenderweise war es nicht irgendeine, sondern die erste Mauer, die Luther einzureißen begann. In der Schrift »An den christlichen Adel deutscher Nation von des christlichen Standes Besserung« (1520) hoffte er zwar noch, die Priester auf seine Seite ziehen zu können, wenn er auch nicht an jene dachte, die weiterhin einem hierarchisch-ständischen Selbstverständnis anhingen, sondern an diejenigen, die ihren Dienst in der Kirche mit dem Grundsatz vom »Priestertum aller Gläubigen« vereinbaren konnten. Das aber bedeutete, vom sakramentalen Verständnis des Geistlichen Abschied zu nehmen und sich mit evangelischem Amtsverständnis in die Gemeinschaft der Gläubigen einzufügen.[26] Der Geistbesitz, den der Klerus exklusiv für sich in Anspruch genommen hatte, um das Monopol zu begründen, die Heilige Schrift allein auslegen und das Opfer Christi rituell allein vollziehen zu dürfen, war von Luther kritisiert worden. Nicht nur der Klerus, sondern jeder Christ ist »geistlichen Standes« und in der Lage, das Evangelium zu verstehen, auszulegen und zu beurteilen. Der Laie durchschaut den magischen Charakter, der Brot und Wein im Abendmahl verliehen wird. Thomas Müntzer achtet darauf, daß im Gottesdienst nichts »unter dem hutlin« gezaubert und mit dem Sohn Gottes nicht »gauckelspiel« getrieben wird, »do man den teuffel mit worten beschweret, bezaubert«.[27] Verurteilt wurden alle Rituale, die sich um den Grundcharakter der Messe rankten, alle frommen Werke, mit denen man sich das eigene Heil sicherte. Balthasar Hubmaier verurteilte den »unnützen Tand von der Kindertaufe, Vigilien, Jahrtagen, Fegefeuer, Messen, Götzen, Glocken, Läuten, Orgeln, Pfeifen, Ablaß, Prozessionen, Bruderschaften, von Opfern, Singen und Brummen«.[28] Angegriffen wurden Heiligenverehrung und rituelle Bilder, besonders rigoros in der Schweiz.[29] Gottesdienst und kirchliches Leben begannen sich in den evangelischen Reichsstädten und Territorien zu wandeln. Sie vermittelten den Eindruck, daß die sakrale Sphäre zurückgedrängt und die Religion in den Alltag zurückgeholt worden sei.

War der Klerus beseitigt, seine Autorität, seine Herrschaft, sein Einfluß, dann, so hofften die Reformatoren und ihre Anhänger, stünde einer Erneuerung von Kirche und Gesellschaft nichts mehr im Wege. Modern gesprochen: Wo die Nomenclatura fällt, zerfällt auch das System, das sie geschaffen hat und von dem sie lebt, zumal dann, wenn die Nomenclatura bzw. die Hierarchie sich selber zum Inhalt einer Definition des Systems bzw. der Kirche gemacht hat.

Mit dem aggressiven Angriff auf den Klerus stellte sich das Problem geistlicher Autorität. Zunächst war es hauptsächlich die Autorität des Papstes und des kurialen Klerus, die zur Disposition stand, bald aber auch die Autorität der Bischöfe, des Pfarr- und Ordensklerus. Dem Klerus wurde das von ihm exklusiv beanspruchte Monopol, die Heilige Schrift auf authentische Weise allein auslegen zu können, aus der Hand genommen. Luther hat die Auslegungsautorität dagegen der Heiligen Schrift zugewiesen. Sie interpretiert sich selbst. Sie ist es, die Autorität allein über das rechte Verständnis des christlichen Glaubens für sich in Anspruch nehmen kann, kraft des göttlichen Geistes, der in ihr wirksam ist und in alle Wahrheit führt. Das »sola scriptura« weist nicht nur auf die Singularität der Offenbarungsquelle hin, sondern zugleich auch auf die Exklusivität der Heilsvermittlung. Nicht der Geist, den der Klerus für sich aufgrund der Weihe beansprucht, sondern der Geist, der in der Schrift wirksam ist, führt zum Heil. Das »sola scriptura« hatte weite

26 Diesen Aspekt hat Bernd Moeller nicht genügend gewürdigt. Vgl. hierzu Ders., Klerus und Antiklerikalismus in Luthers Schrift An den christlichen Adel deutscher Nation von 1520, in: P. Dykema/H. Oberman (Hg.), Anticlericalism, 325–365; neuerdings in: Bernd Moeller, Luther-Rezeption. Kirchenhistorische Aufsätze zur Reformationsgeschichte, hg. von Johannes Schilling, Göttingen 2001, 108–120.

27 Thomas Müntzer, Schriften und Briefe, 208 und 211.

28 Fast (Hg.), Der linke Flügel der Reformation, 37f.

29 Vgl. Lee Palmer Wandel, Voracious Idols, 1995; Peter Blickle u.a. (Hg.), Macht und Ohnmacht der Bilder. Reformatorischer Bildersturm im Kontext der europäischen Geschichte, München 2002.

Resonanz gefunden und war zum Erkennungszeichen aller derjenigen geworden, die sich auf die Seite der Reformation gestellt hatten. Verwundert wurde zur Kenntnis genommen, daß selbst die Bauern anfingen, das Alphabet zu lernen und in der Bibel zu lesen.[30] Damit ist jedoch nicht gesagt, daß die Heilige Schrift von allen auf dieselbe Weise gelesen wurde.

Das »sola scriptura« führte paradoxerweise nicht zu einer einheitlichen Auslegung der Schrift, sondern entfesselte, vom »Priestertum aller Gläubigen« angeregt, eine bisher ungeahnte Auslegungsvielfalt. Mancher Laie wollte jetzt selber in Erfahrung bringen, was in der Heiligen Schrift stand, und der humanistisch gebildete Theologe vertraute seinen philologischen Kenntnissen und Fertigkeiten, den Sinn der Schrift zu erfassen. Welche weitgefächerten Ausmaße zwischen Biblizismus und Spiritualismus der Auslegungspluralismus annahm, zeigt vor allem ein Blick auf die radikale Reformation.[31]

Abb. 12: Lucas Cranach, Jesus Christus fährt gen Himmel, Holzschnitt (1521)

Abb. 13: Lucas Cranach, Der Papst stürzt in die Hölle, Holzschnitt (1521)

Der Antiklerikalismus ist das Milieu, in dem die Reformation mit ihrer säkularisierenden Wirkung Gestalt annahm. In ihm konkretisiert sich aber auch der Kampf der Laien gegen den Klerus, gegen jene Sphäre des Sakralen, die der Klerus geschaffen hat, um sich von den Laien abzugrenzen. Es ist ein Kampf, der Wort und Tat miteinander verbindet und erst noch verwirklichen will, was in Kritik und Absicht antizipiert wurde. So ist der Antiklerikalismus Milieu, Kampf und konkrete Utopie zugleich. Berndt Hamm hat auf eine doppelte Wirkung der Reformation aufmerksam gemacht. Einerseits hatten ihre Anhänger »oft geradezu in Antiritualen der provokativen und demonstrativen Entweihung [...] die Heiligkeit der Sakralräume, der Fastenzeiten, der Sakramentalien, Reliquien, Hostien, Bilder, Lichter, Rosenkränze, liturgischen Geräte, Gewänder, Prozessionen, Wallfahrten usw. einschließlich des besonderen sakramentalen Charakters der Kleriker«[32] zerstört (Desakralisierung); und andererseits hatten sie die »Gemeinde« sakral überhöht (neue Sakralisierung), um die Bedeutsamkeit ihrer neuen ekklesiologischen Realität zu unterstreichen und sie mit dem höchst möglichen Grad an Legitimität auszustatten. Genaugenommen ist es sogar die Sakralisierung der Gemeinde (»Gemeindereformation«), die alle desakralisierenden Wirkungen aus sich herausgesetzt hat: »Die Sakralisierungstendenz in den Städten erweist sich freilich als ein Heiligungsstreben besonderer Art, das starke Impulse einer Desakralierung in sich aufnimmt.«[33] Dieses Beispiel vermag die Beziehung zwischen Sakralem und Profanem, wie Wolfgang Trillhaas sie einst charakterisierte, auf vorzügliche Weise zu illustrieren. In diesem sakralisierend-desakralisierenden Milieu erhalten die Ansätze eines sich von Sakralität und Magie befreienden Wissens die Chance, sich zu entwickeln, zu vergrößern und im Privaten wie im Öffentlichen zu steigern. Dennoch gab es keinen Durchbruch, der zur vollen Autonomie des Wissens und einer gesellschaftsbeherrschenden Wirkung führte, wie vor allem die Studien zu Volkskultur und Sozialdisziplinierung zeigen.

Der Antiklerikalismus war eine diffuse Erscheinung: in seinem Verbalradikalismus, seinen Aktionsformen und Zielen. So aber konnte er weite Schichten der Bevölkerung erreichen, Teile der Herrschaftselite ebenso wie den »gemeinen Mann«. Mit Hilfe des Antiklerikalismus konnte ein erfolgreicher Kampf gegen die Spitze der Gesellschaftspyramide geführt werden. In den Reichsstädten und Territorien, die zur Reformation übergingen, wurde der geistliche Stand (nicht das geistliche Amt) abgeschafft und ein deutliches Zeichen gesetzt, daß die traditionelle Ständeordnung nicht sakrosankt sei und

30 Günther Franz, Der deutsche Bauernkrieg, 10. Aufl. Darmstadt 1975, 87f.

31 Neuerdings: Hans-Jürgen Goertz, Scriptural Interpretation among Radical Reformers, in: Magne Saebo (Hg.), Hebrew Bible/Old Testament, Bd. 2, Göttingen 2004 (im Druck).

32 Bernd Hamm, Bürgertum und Glaube. Konturen der städtischen Reformation, Göttingen 1996, 84.

33 Ebd., 82.

für Neues geöffnet werden könne. Das bedeutete nicht nur eine Veränderung in der Kirche, sondern in der Gesellschaft insgesamt. Die Klerikerkultur wurde in den protestantischen Gebieten nach und nach von der Laienkultur abgelöst. Neue Horizonte haben sich geöffnet, nicht nur geographisch mit der Entdeckung der »Neuen Welt«, sondern auch religiös und kulturell mit der Reformation, die Impulse aus Renaissance und Humanismus in sich aufnahm. Hindernisse, die es bislang unmöglich gemacht hatten, den Wissensbestand zu erweitern und zu vertiefen, wurden teilweise beseitigt. Doch die Grenze zwischen Sakralem, Magischem und Profanem war noch nicht scharf gezogen.

Abb. 14: Disputation an der Universität, aus: Arnoldus de Villa nova, Regimen sanitatis (1507)

3. Information, Kommunikation, Rezeption

Im antiklerikalen Auseinandersetzungsmilieu konnten unterschiedliche, oft sehr prononcierte Akzente gesetzt werden. Allgemeinreformatorische Losungen wurden theologisch präzisiert (Rechtfertigungslehre, Abendmahlsverständnis, Zwei-Reiche-Lehre), radikalreformatorische, stärker auf die Veränderung der Lebensführung des Einzelnen, auf Nonkonformität und auf Leidensbereitschaft abhebende Absichten wurden artikuliert, und schließlich meldeten sich schon vorher auch Stimmen aus der humanistischen Bildungsbewegung zu Wort: Rudolf Agricola, Alexander Hegius, Jacob Wimpfeling, Erasmus von Rotterdam, Konrad Celtis, Johannes Reuchlin, Konrad Mutianus Rufus, Crotus Rubeanus, Joachim Vadian, Ulrich von Hutten. Der Humanismus verstärkte die Tendenz zur Desakralisierung von Bildung und Gesellschaft und setzte eigene laikale Akzente. Allerdings trug er elitäre Züge und konnte nicht so stark in weite Bevölkerungskreise hineinwirken, wie es die Reformation in ihrer Bewegungsvielfalt und Nähe zum »gemeinen Mann« vermochte. Um 1500 war es dem Humanismus allmählich gelungen, in die deutschen Lateinschulen und Universitäten einzudringen, den scholastisch dominierten Lehrbetrieb zu unterwandern und Reformen des Studiums einzuleiten – besonders in den »septem artes liberales«, bald auch in Medizin und Jurisprudenz.[34] Die Hinwendung zu den Quellen des klassischen Altertums (»ad fontes«), die als Maßstab für Wahrheit, Gelehrsamkeit und Wissenschaft in der Gegenwart gelten sollten, hatte eine ernüchternde Wirkung: Das scholastische Formelwerk verschwand, da es das klare Wasser der antiken Quellen trübte, der Argumentationsstil wurde vereinfacht und die lateinische Sprache literarischer. Theologisch relevant waren die Bemühungen der Humanisten sowohl um bessere Lateinkenntnisse als auch um die griechische und die hebräische Sprache. Von epochaler Bedeutung war die Erarbeitung des »Novum Instrumentum Omne«, der ersten kritischen Edition des griechischen Neuen Testaments, das Erasmus 1516 in Basel herausbrachte. Bemerkenswert waren auch die Impulse zum Hebräischstudium, die von Johannes Reuchlin ausgingen (»De rudimentis hebraicis Libri tres«, 1506) und Theologen in den Stand setzten, das Alte Testament teilweise wenigstens im Urtext zu lesen. Die humanistische Philologie zog die »Scriptura sacra«, die lateinische Vulgata, als Quelle klerikal-sakralen Herrschaftswissens in Zweifel und lieferte eine zuverlässige Grundlage für die deutschen Bibelübersetzungen im reformatorischen Lager (die Lutherbibel 1522/23 und 1534; die reformierte Zürcher Bibel 1529 und die täuferischen Wormser Propheten 1527). Zahlreiche Theologen, die ins

34 Zur Universitätsgeschichte allgemein: Arno Seifert, Das höhere Schulwesen. Universitäten und Gymnasien, in: Notker Hammerstein (Hg.), Handbuch der deutschen Bildungsgeschichte, Bd. 1: 15. bis 17. Jahrhundert, München 1996, 197–374; Notker Hammerstein, Bildung vom 15. bis zum 17. Jahrhundert, München 2003 (ausführliche Bibliographie). Zur Schule und Universität unter sozialen und konfessionell-territorialstaatlichen Gesichtspunkten vgl. auch Winfried Schulze, Deutsche Geschichte im 16. Jahrhundert, Frankfurt a.M. 1987, 232–253: Neue Formen und Inhalte des Wissens.

reformatorische Lager wechselten, ließen sich in den alten Sprachen ausbilden und nutzten sie für die Auslegung der Heiligen Schrift auf den Kanzeln, auf dem Katheder und im Schulunterricht. Wie sich humanistische Bildung mit reformatorischem Vorgehen verbinden konnte, zeigt sich am Wirken Philipp Melanchthons an der Wittenberger Universität. Sie wurde 1502 übrigens im Geiste der »studia humanitatis« gegründet, hatte sich schon früh mit Martin Luther, Philipp Melanchthon und Andreas Bodenstein von Karlstadt der Reformation geöffnet und nach leichtem Rückgang der Neuzugänge im Laufe der Zeit doch zahlreiche Studenten von überall her angezogen.[35] An anderen Universitäten waren die Studentenzahlen drastisch gesunken und das Universitätsstudium in eine schwere Krise geraten.

Auch wenn der Humanismus keine Massenbewegung entfachen konnte, hat er doch die antiklerikalen Ressentiments in der Bevölkerung allgemein verstärkt, zur Ernüchterung des Kultus beigetragen, mit seinen desakralisierenden Intentionen die Entgrenzung zahlreicher Wissensgebiete gefördert und wissenschaftliche Neugier geweckt. Joachim Vadian, Rektor der Universität Wien, erforschte beispielsweise mit seinen Studenten die Gebirgswelt der Alpen, bestieg zum ersten Mal den Pilatus bei Luzern (2120 m) und untersuchte den Hochsee im Bergmassiv.[36] Ganz allgemein war das Interesse an Geographie mit dem Humanismus und der Kunde von der Entdeckung der »Neuen Welt« stark angewachsen. Das zeigen Reisebeschreibungen, Kartographie und Kosmographie (Jacob Wimpfeling und Sebastian Münster). Ebenso wuchs das Interesse an Geschichtsschreibung (Sebastian Franck, Matthias Flacius). Vor allem hat der Humanismus mit seinen Sodalitäten und Akademien (1501 gründete Konrad Celtis das »Collegium poetarum et mathematicorum« in Wien), seinem weitgespannten Netz gelehrter Korrespondenzen und Besuche, seiner literarischen Produktion (das »Narrenschiff« von Sebastian Brant (1494), das »Lob der Torheit« von Erasmus (1511), die »Dunkelmännerbriefe« (1515/17) Erfurter Humanisten und Ulrich von Huttens) für neue Formen der Wissensvermittlung gesorgt und die Aufmerksamkeit mancher Fürstenhöfe auf sich gezogen, von denen wiederum Impulse zur Gründung von Schulen, Kollegien und Universitäten ausgingen. So ließ sich beispielsweise Landgraf Philipp von Hessen bei der Gründung der ersten Reformationsuniversität in Marburg 1527 von Melanchthon beraten, der bald der Praeceptor Germaniae genannt wurde.[37]

Wissen jedweder Art, soll es allgemein verfügbar oder gesellschaftlich bedeutsam sein, braucht Gelegenheiten, mitgeteilt bzw. kommuniziert zu werden. Ohne Kommunikation vermag kein gesellschaftlich relevantes Wissen zu entstehen. Auch die Einrichtungen, die Wissen erzeugen, sind auf Kommunikation ausgelegt: Schulen und Universitäten, Sodalitäten und Akademien, auch Kirchen, sofern sie ihren Mitgliedern Erkenntnisse, Einsichten und Wissen vermitteln, und Höfe, die ihr Verwaltungspersonal ausbilden und mit Wissen über das Regierungshandeln ausstatten.

Im Vordergrund der Reformationsforschung standen gewöhnlich die Texte, die von den großen Reformatoren, vorweg Martin Luther, Philipp Melanchthon, Ulrich Zwingli und Johannes Calvin, in Umlauf gebracht wurden. In neuerer Zeit wandte sich die Aufmerksamkeit verstärkt den Medien zu, die zur Verbreitung reformatorischer Ideen genutzt wurden. Das war der Buchdruck bzw. der Druck von Flugblättern und Flugschriften, die auflagenstark unter das Volk gebracht wurden. Kein Reformator hat davon mehr pro-

35 Jens-Martin Kruse, Universitätstheologie und Kirchenreform. Die Anfänge der Reformation in Wittenberg 1516–1522, Mainz 2002; vgl. auch Heinrich Lutz, Das Ringen um deutsche Einheit und kirchliche Erneuerung. Von Maximilian I. bis zum westfälischen Frieden: 1490 bis 1648, Frankfurt a.M./Berlin 1987, 175 (Karte zum Einzugsbereich der Studierenden 1502–1522).

36 Hans-Jürgen Goertz, Konrad Grebel. Kritiker des frommen Scheins 1498–1526. Eine biographische Skizze, Bolanden/Hamburg 1998, 26; Werner Näf, Vadian und seine Stadt St. Gallen, 2 Bde., St. Gallen 1957.

37 Heinz Scheible, Melanchthon. Eine Biographie, München 1997; Peter Baumgart, Die deutsche Universität des 16. Jahrhunderts. Das Beispiel Marburgs, in: Hess. Jb. f. Landesgeschichte 28 (1978), 50–79.

Der Buchdrucker.

Ich bin geschicket mit der preß
So ich aufftrag den Firniß reß/
So bald mein dienr den bengel zuckt/
So ist ein bogn papyrs gedruckt.
Da durch kombt manche Kunst an tag/
Die man leichtlich bekommen mag.
Vor zeiten hat man die bücher gschribn/
Zu Meinz die Kunst ward erstlich triebn.

Abb. 15: Der Buchdrucker, aus: Jost Amman, Ständebuch, mit Reimen von Hans Sachs (1586)

fitiert als Martin Luther.[38] Aber auch zahlreiche andere Autoren traten hinzu. Die Inhalte der reformatorischen Texte waren nicht »neu«, sie sollten es auch gar nicht sein. Es sollte nur das »Alte«, das im Laufe der Zeit verdorben worden war, in seiner Reinheit wiederhergestellt werden, formulierte kürzlich Johannes Burkhardt auf pointierte Weise. Neu und modern an der Reformation war aber das Medium, das die Reformatoren nutzten, nämlich der Buchdruck. Er war eine »ars nova ingeniosa« und wurde, wie Burkhardt schreibt, als »Kunst der Künste« gefeiert: »Gerade die Humanisten und Reformatoren, deren Ansatz eigentlich ein restitutiver war, nahmen die neue Kunst in Anspruch und wurden zu den Hauptnutznießern einer Medienrevolution.«[39] Die Reformatoren haben ein Medium genutzt, das sich dem technologischen Erfindungswissen des 15. Jahrhunderts verdankte, und die Akzeptanz und Anwendung dieses Wissens hat auf ihre Botschaft zurückgeschlagen und sie modernisiert. Die »alte« Botschaft blieb von dem neuen Medium nicht unberührt – eine Wirkung, die von den Reformatoren wohl nicht bedacht worden war. So münden diese Überlegungen in die These: »Die Modernität der Reformation floß aus dem neuen typographischen Informationssystem, dessen Hauptanwender sie wurde.«[40]

Die Flugschriften waren, wie Hans-Joachim Köhler formulierte, das erste »Massenmedium« der Neuzeit. Wer dieses Medium intensiv und einfallsreich zu nutzen wußte, wie die Reformatoren und reformgesinnte Kräfte, Gelehrte und Ungelehrte, Handwerker und Frauen, umherziehende »Buchführer« und reformbegeisterte Ritter, konnte sich seiner Wirkung sicher sein. So hat Köhler zu recht festgestellt, daß »die Flugschriften – zum ersten und in diesem Ausmaß auch zum einzigen Male – als einer derjenigen Faktoren in Erscheinung traten, die auf den Verlauf der historischen Entwicklung maßgeblich Einfluß gewannen«.[41] Sicherlich sind die Flugschriften nicht das einzige Informations- und Kommunikationsmittel in einer Zeit, in der kaum mehr als fünf Prozent der Bevölkerung (mehr in den Städten, weniger auf dem Lande) lesen konnten und die Kommunikation sich mündliche und aktionistische Ausdrucksformen suchte (»oral society«), aber sie sind das neueste, von den Reformern spektakulär genutzte Medium. Auf jeden Fall verband sich die Reformation mit diesem neuen Medium, so daß die Formel in Umlauf gesetzt werden konnte: »Ohne Buchdruck keine Reformation«.[42] Köhler und Burkhardt haben mit Nachdruck darauf hingewiesen, daß die Flugschriften dem Bedürfnis der Laien nach Information und Unterrichtung entgegen kamen, ja, dieses Bedürfnis selbst genährt und gesteigert haben. Informiert wurde über die Aufregung, die reformatorisches Wirken in die Gesellschaft brachte, über Zank und Streit, die sich an reformatorischen Losungen vielerorts entzündeten, über den Stand und den Gang der reformatorischen Ereignisse, über reformatorische Anschauungen, über Kritik an den Reformatoren und deren Antikritik. Man wollte »wissen«, was vor sich ging. Entstanden war eine »reformatorische Öffentlichkeit«.[43]

Wo das Informationsbedürfnis mit dem Medium und den reformatorischen Forderungen zusammentraf, so Burkhardt, sei eine neue Zeit angebrochen: das »Informationszeitalter«.[44] Das ist sicherlich ein wenig anachronistisch gedacht, denn der Begriff des Informationszeitalters suggeriert die Verbreitung und Aufnahme von »reinem« Wissen, dem möglichst wenig Ideologie, Meinung oder Überredungsgestus beigemengt ist. Doch in der Reformationszeit ist das, wie Burkhardt selbst andeutet, nicht der Fall. Wer die Flugschriften liest, wird zwar

38 Vgl. Bernd Moeller, Die Rezeption Luthers in der frühen Reformationszeit, in: Hamm u.a. (Hg.), Reformationstheorien, 9–29.

39 Johannes Burkhardt, Das Jahrhundert der Reformation. Deutsche Geschichte zwischen Medienrevolution und Institutionenbildung 1517–1617, Stuttgart 2002, 16 und 17.

40 Ebd., 17.

41 Hans-Joachim Köhler (Hg.), Flugschriften als Massenmedium der Reformationszeit, Stuttgart 1981.

42 Bernd Moeller, Stadt und Buch, in: Wolfgang W. Mommsen (Hg.), Stadtbürgertum und Adel in der Reformation, Stuttgart 1979, 25 – 39. Vgl. auch Olaf Mörke, Pamphlet und Propaganda. Politische Kommunikation und technische Innovation in Westeuropa in der Frühen Neuzeit, in: Michael North (Hg.), Kommunikationsrevolutionen. Die neuen Medien des 16. und 19. Jahrhunderts, Köln/Weimar/Wien 1995, 15.

43 Rainer Wohlfeil, Reformatorische Öffentlichkeit, in: Ludger Grenzmann/Karl Stackmann (Hg.), Literatur und Laienbildung im Spätmittelalter und in der Reformationszeit, Stuttgart 1984, 41–52.

44 Burkhardt, Das Jahrhundert der Reformation, 29.

informiert, die Informationen selbst sind aber in Propaganda-, Überzeugungs- und Agitationsformen »verpackt«. Sie stehen nur selten für sich – wie etwa Albrecht Dürers »Unterweisung der Messung« (1525), Adam Rieses »Rechenung nach der lenge auf den Linihen« (1550), Georg Agricolas »De re metallica« (1556) oder vorher schon die »Historia Plantarium« (1485) von Theophrast, die später weitere Auflagen erfuhr, und von Andreas Vesalius »De humani corporis fabrica« (1543) – allesamt keine Flugschriften, sondern Bücher. Allerdings sollte der Unterschied zwischen Flugschriften und Büchern nicht zu hoch angesetzt werden. Auch die genannten Bücher vermitteln konkretes Wissen in religiösem oder naturphilosophischem Rahmen. In den Flugschriften wird das nur besonders augenfällig. In erster Linie ist es das Gemisch aus Information, Propaganda und Aufforderung zur Agitation, das gesellschaftliches Leben zu gestalten beginnt – also nicht »reine« Information und »pures« Wissen.

Von »purem« Wissen zu sprechen, ist allerdings mehr als problematisch, als ob es ein solches Wissen jemals geben könne. Zur Klärung hilft hier ein Blick in die »Archäologie des Wissens«, in der Michel Foucault das Wissen als ein Element charakterisiert, das sich im Diskurs bildet. Dabei handelt es sich nicht um ein »endgültig gesichertes Wissen« in einer bestimmten Zeit, nicht darum, »was allgemein verbreitete Annahme war«,[45] sondern um Elemente, die in eine diskursive Praxis eingeführt, in ihr geordnet und von ihr »gebildet« werden. Das sind Wissenselemente, die nicht als Erkenntnisse der Wissenschaft zu verstehen, wohl aber für die Konstitution von Wissenschaft unentbehrlich sind, so etwas wie ihre »Vorform«. Foucault führt vier Aspekte des Wissens an, die den Diskurs spezifizieren: 1. den Bereich, den die Gegenstände, um die es geht, konstituieren; 2. den Raum, in dem das Subjekt die Position einnimmt, die es ihm ermöglicht, von den Gegenständen zu sprechen, um die es in seinem Diskurs geht (Arzt, Anstaltswärter); 3. das »Feld von Koordination und Subordination der Aussagen«, wo sich die Begriffe einstellen, »bestimmt, angewandt und verändert« werden; 4. ist das Wissen durch die »Möglichkeiten der Benutzung und der Aneignung« bestimmt, die sich im Diskurs ergeben.[46] Das Wissen führt im Diskurs zu Wahrheiten dessen, was sein soll, nicht was ist, d.h. das diskursive Wissen ist umkämpft bzw. abhängig von den Machtinteressen derer, die den Diskurs führen. So wird verständlich, daß es sich beim eingefahrenen und stets aufs Neue produzierten Wissen nicht um »pures« Wissen handeln kann, sondern um ein Wissen, das »von außen« bzw. seinem ganzen Umfeld bestimmt wird, vom Bereich, Raum, Feld und Verwendungszweck, zugespitzt formuliert, von den Machtbeziehungen, in denen diejenigen stehen, die den jeweiligen Diskurs führen. Mit Hilfe der Diskursanalyse Foucaults könnte auch eine Geschichte der Spannung von Glaube und Wissen in der Reformationszeit geschrieben werden. Das soll hier aber nicht geschehen. Es reicht der Hinweis darauf, daß die Rede von der gesellschaftlichen Bedingtheit des Wissens nur aussagekräftig ist, wenn die Idee aufgegeben wird, nach der Bestimmung dieser Bedingtheit auf den »reinen« Kern des Wissens stoßen zu können. Was Wissen ist, verändert sich mit jedem Diskurs.

Um auf die Problematik der Reformationszeit zurückzukommen, in der sich autonomes Wissen allmählich von glaubensdominiertem Wissen löste, muß gesagt werden, daß auch dieses autonome Wissen nicht wirklich autonom, sondern benutztes, machtdurchsetztes und sich ständig veränderndes Wissen ist. Nur das sollte mit diesem knappen Exkurs zur »Archäologie des Wissens« gezeigt werden.

Rechenung nach der lenge/ auff den Linihen vnd Feder.
Darzu forteil vnd behendigkeit durch die Proportiones/Practica genant/Mit grüntlichem vnterricht des visierens.
Durch Adam Riesen.
im 1550. Jar.

Cum gratia & priuilegio Cæsareo.

Abb. 16: Adam Riese, Rechenung nach der lenge auf den Linihen, Titelholzschnitt (1550)

45 Michel Foucault, Archäologie des Wissens, 8. Aufl. Frankfurt a.M. 1997, 258ff.
46 Ebd., 259f.

Die Flugschriften der Reformationszeit informieren, propagieren und agitieren nicht nur, sie kommunizieren auch in einem besonderen Sinne, d.h. sie wollen dem Leser nicht nur etwas mitteilen, sondern ihn ins Gespräch ziehen und ihn zu eigenen Entscheidungen führen, so daß die Reformation als ein »Kommunikationsprozeß« verstanden werden kann.[47] Kommunikation aber heißt, auch mit Einwänden, Kritik, Einverständnis, Ablehnung, eigenwilliger und vielleicht sogar mißverstandener Aneignung, kurzum, mit Feedback zu rechnen. Gegenüber dem autoritär-klerikalen Umgang mit den Gläubigen, über den oft geklagt wurde, fällt das Einvernehmen zwischen Autor und Leser (»wir«) und das Werben um die »lieben Brüder« auf. Prototyp dieser Hinwendung zum Laien ist das »Gesprächsbüchlein« bzw. die Dialogflugschrift.

Daraus ergibt sich zweierlei: Zum einen muß darauf geachtet werden, in welcher Weise sich die Flugschriftenautoren auf die Leser einstellten, die sie erreichen wollten: mit Zugeständnissen an die volkstümliche Sprache und die beschränkte Fähigkeit des »gemeinen Mannes«, komplizierten theologischen Argumenten zu folgen, auch mit Exempeln, die der Erlebniswelt der einfachen, ungebildeten Leute entnommen sind, mit Sottisen über Priester, Mönche und Nonnen, woran sich jedermann ergötzt, ebenso mit darstellerischen Mitteln, wie Dialog, Alliterationen, Wiederholungen, so daß die Flugschriften auf den Zunftstuben, in den Häusern der Bürger und Bauern, auf Plätzen und an Ecken vorgelesen und gelegentlich auch in Szene gesetzt werden können. So wurden die Flugschriften zu einem allgemein verständlichen schriftlichen Medium in einer überwiegend »oral society«. Zum anderen muß registriert werden, daß die Autoren sich im Austausch mit ihren Lesern auch verändert, von liebgewonnenen Argumenten Abschied genommen und sich eindeutiger, oft auch schroffer positioniert haben. Beispiele dafür sind Luther und Zwingli, die einer Entfesselung der Laien, die sie anfangs in ihrem Selbstbewußtsein gestärkt hatten, entgegenzuwirken versuchten, indem sie die Auslegung der Heiligen Schrift der Autorität der Theologen unterstellten.

Den Kommunikationsprozeß bestimmt also nicht nur der Autor, sondern auch der Rezipient. Er nimmt auf, was ihm in seinem eigenen Erfahrungsmilieu einleuchtet oder durchsetzbar erscheint: Und so kann es sein, daß er manches anders versteht, als die tonangebenden Reformatoren es vielleicht gemeint haben. Ein solches Beispiel ist die Losung von der »Freiheit eines Christenmenschen«. Der Leibeigene versteht sie anders als der Mönch. Der eine meint, die Leibeigenschaft abschütteln zu dürfen, was Luther verurteilte, und der andere sieht darin einen von Luther ausgestellten Freibrief, die monastischen Gelübde zu brechen und die Klöster zu verlassen. Dies gilt für Nonnen und Mönche gleichermaßen. Die Dialektik von Freiheit und Unfreiheit, die Luther mit dieser Losung zum Ausdruck bringen wollte, war oft weder dem einen, noch dem anderen verständlich.

Für die Beurteilung der Reformation in ihrem gesamtgesellschaftlichen Kontext bedeutet das, daß sie sich nicht allein am Autor orientieren darf, auch der Rezipient gehört dazu. Er entscheidet sogar maßgeblich darüber, was sich an reformatorischen Vorstellungen verwirklichen läßt und den historischen Charakter der Reformation ausmacht.[48] Entscheidend ist also nicht, wie oft gemeint wurde, nur die Exegese der reformatorischen Schriften oder ihre Auflagenhöhe, die zur raschen Verbreitung im Herzen des Abendlandes beitrug.

47 Vgl. Bernd Moeller, Die frühe Reformation als Kommunikationsprozeß, in: Hartmut Boockmann (Hg.), Kirche und Gesellschaft im Heiligen Römischen Reich des 15. und 16. Jahrhunderts, Göttingen 1994, 148–164; neuerdings in: Moeller, Luther-Rezeption. Kirchenhist. Aufs., 73–90; Erdmann Weyrauch, Das Buch als Träger der frühneuzeitlichen Kommunikationsrevolution, in: North (Hg.), Kommunikationsrevolutionen, 1–13. Zur früheren Forschungsliteratur: Heike Talkenberger, Kommunikation und Öffentlichkeit in der Reformationszeit. Ein Forschungsreferat 1980–1991, in: Intern. Archiv f. Sozialgeschichte der dt. Literatur, SF 6, Tübingen 1994, 1–26.

48 Zur Rezeptionsproblematik: Johannes Schwitalla, Die Flugschriften 1460–1525. Textsortengeschichtliche Studien, Tübingen 1983 (bearbeitet nur den formalen Vorgang, nicht die inhaltlichen Konsequenzen); Marc U. Edwards Jr., Printing, Propaganda, and Martin Luther, Berkeley/London 1994; dazu kritisch: Hans-Jürgen Goertz, Wurde Martin Luther von seinen Zeitgenossen verstanden?, in: Mennonitische Geschichtsblätter 1997, 180–185. Zur Rezeptionsforschung allgemein: Michael Charlton/Silvia Schneider (Hg.), Rezeptionsforschung. Theorien und Untersuchungen zum Umgang mit Massenmedien, Opladen 1997; Michael Charlton/Michael Barth, Interdisziplinäre Rezeptionsforschung. Ein Literaturüberblick. Forschungsberichte des psychologischen Instituts der Albert-Ludwigs-Universität Freiburg i.Br., Freiburg 1995.

Diese Beobachtungen zur Rezeption der reformatorischen Grundgedanken lassen sich auf den Umgang mit Erfahrungswissen allgemein übertragen. Was zu einem gesellschaftlich relevanten Wissen wird, entscheidet sich im Vorgang der Rezeption. Dieses Wissen entsteht in unterschiedlichen sozialen Milieus und wird auf jeweils unterschiedliche Weise von einem Milieu ins andere übertragen. Es spielt hier eine große und dort eine geringe Rolle, je nachdem, wie es zu den konkreten Bedürfnissen und Erfahrungen der Menschen paßt. Insgesamt gilt für diesen Entstehungs- und Verwendungszusammenhang von Wissen, was bereits zum »puren« Wissen im Anschluß an Foucaults »Archäologie des Wissens« gesagt wurde.

Mit dem neuen Informationsmedium, dem der Charakter einer »Medienrevolution« zugeschrieben wird, ist zwar das Wissen, wie es in der Neuzeit gesellschaftlich dominant wurde, noch nicht zur Geltung gekommen. Wohl aber sind mit Information, Kommunikation und Rezeption, verbunden mit humanistischen und reformatorischen Inhalten, die Bewußtseins- und Sozialisierungsstrukturen für eine zukünftige »Wissensgesellschaft« gelegt worden.[49]

4. Wissensvermittlung in Schule und Universität

Unter dem Eindruck der Reformation haben sich auch die Einrichtungen, die herkömmlicherweise Wissen und Bildung vermittelten, verändert: Schulen und Universitäten. Zu den Einrichtungen, in denen Wissen gewonnen, angehäuft und diskutiert wurde, gehörten auch die Sodalitäten der Gelehrten, Akademien und Kollegien, Verlagshäuser, Bibliotheken und Buchhandlungen, Korrespondenzen, Künstlerwerkstätten und Handelskontore, Ausbildungsstätten bei Hofe und Beratungen auf den Ratsstuben in den Reichsstädten. So erweitert sich der institutionalisierte Bildungsbereich. In diesem Beitrag konzentrieren wir uns allerdings auf die Universitäten und Schulen, auf die Schulen auch nur in ihrer vorbereitenden Funktion auf das Universitätsstudium.

Zunächst läßt sich beobachten, daß das Universitätsstudium im ersten Reformationsjahrzehnt seine Attraktivität einbüßte. Darauf ist bereits kurz hingewiesen worden. Überall gingen die Immatrikulationszahlen zurück, auch in Wittenberg war in den zwanziger Jahren ein leichter Rückgang zu beobachten, der sich erst in den folgenden Jahrzehnten wieder erholte. Das »groß Geschrei«, das um die »Causa Lutheri« entbrannt war, hat offensichtlich zu einer Verunsicherung der Studierwilligen geführt. Diese Situation hatte Justus Jonas in der Rückschau so beschrieben: »Seitdem das Evangelium seinen Weg durch die Welt angetreten hat, sind viele Universitäten so gut wie ausgestorben, als ob das Studium jetzt, wo die wahre Methode, Theologie zu lehren und zu lernen, am Tag ist, ein Verbrechen und Schimpf wäre.«[50] Wer sich in der reformatorischen Bewegung engagierte, wird nicht überhört haben, daß Luther die Universitäten als »Teufelsschulen« kritisierte, von denen nichts Gutes mehr zu erwarten sei. Außerdem schwand die Hoffnung auf einen sozialen Aufstieg als Kleriker – für viele ein Motiv zum Studium – und eine sichere Versorgung durch die Erlangung von Pfründen schnell dahin. Luther hat die Stimmung im Volke treffsicher diagnostiziert. In seiner »Predigt, daß man Kinder zur Schule halten solle« (1530) sagte er: »Und kehre dich nichts dran, daß jetzt der

49 So ist kürzlich das Buch von Peter Burke, Papier und Marktgeschrei (Berlin 2002), zur Geschichte des Wissens mit dem Untertitel »Die Geburt der Wissensgesellschaft« erschienen. Eine Definition dieses Begriffs wird allerdings nirgends gegeben. Der englische Titel heißt »A Social History of Knowledge« (1997). – Für die Reformation kann nur von einer Relevanz des Wissens für die Gesellschaft, jedoch noch nicht von einer »Wissensgesellschaft« gesprochen werden. Das wäre ein Anachronismus.

50 Zit. nach Hans-Werner Wollersheim, Philipp Melanchthon und die Organisation des protestantischen Schulwesens in Sachsen, in: Philipp Melanchthon und das städtische Schulwesen 1497–1997, hg. von der Lutherstadt Eisleben, Halle 1997, 61; Arno Seifert, Das höhere Schulwesen, 257: »Die erste und für ein Jahrzehnt einzige lutherische Hochschule büßte zwar seit 1521 rund die Hälfte ihrer Studenten ein, hatte aber noch immer die größten Immatrikulationszahlen vorzuweisen und erreichte in den vierziger Jahren wieder die Hochfrequenz der Jahre 1518/19.«

allgemeine Geizwanst die Wissenschaft so sehr verachtet und sagt: Ha, wenn mein Sohn deutsch schreiben, lesen und rechnen kann, so kann er genug; ich will ihn zum Kaufmann (in die Lehre) tun. Sie sollen in Kürze so kirre werden, daß sie einen Gelehrten gern zehn Ellen tief aus der Erde mit den Fingern grüben.« Und dann folgt die Begründung, an der Luther alles liegt: »Denn der Kaufmann soll mir nicht lange Kaufmann sein, wo die Predigt und die Rechte hinfallen, das weiß ich fürwahr. Wir Theologen und Juristen müssen bleiben, oder sie sollen allesamt mit uns untergehen [...]. Wo die Theologen aufhören, da hört Gottes Wort auf und bleiben nichts als Heiden, ja nichts als Teufel; wo die Juristen aufhören, da hört das Recht samt dem Frieden auf und bleibt nichts als Raub, Mord, Frevel und Gewalt, ja nichts als wilde Tiere.« Das ist ein frühes Zeugnis für die gesellschaftliche Relevanz von Theologie und Jurisprudenz, wie sie an den Universitäten gelehrt wurden. Ohne sie wird selbst der Kaufmann Schaden nehmen: »Was aber der Kaufmann erwerben und gewinnen wird, wo der Frieden aufhört, das will ich ihm alsdann sein Kassenbuch sagen lassen, und wie nütze ihm alsdann all sein Gut sein wird, wo die Predigt dahinfällt, das soll ihm sein Gewissen recht zeigen.«[51] Luther hat in einer humanistisch-reformatorisch erneuerten Universität eine wichtige Stütze für den erfolgreichen Fortgang der Reformation gesehen. Es ist allerdings nicht leicht, genau auszumachen, was sich unter dem Einfluß der Reformation änderte und was einer Veränderungslogik folgte, die bereits im späten Mittelalter eingesetzt und sich mit dem Humanismus verstärkt hatte. Hier sind nur einige Aspekte hervorzuheben.

1. Zunächst fällt eine institutionelle Veränderung auf. Zählten im Spätmittelalter die »artes liberales« zum Grundstudium, das allen Wissenschaftsdisziplinen vorgeschaltet und gewöhnlich mit dem akademischen Grad des »baccalaureus artium« abgeschlossen wurde, rückten Grammatik, Rhetorik, Dialektik (»trivium«), mit ihnen auch das Studium der alten Sprachen, und Arithmetik, Geometrie, Astronomie und Musik (»quadrivium«), hinzu kamen Poetik, Ethik, Geographie und Geschichte, zu einer eigenen Fakultät neben Theologie, Jura und Medizin auf. Unter dem Einfluß des Humanismus hatte sich der Fächerkanon gegenüber dem traditionellen Aufbau des Grundstudiums erweitert. Das war eine Entwicklung, die sich schon im 15. Jahrhundert angebahnt hatte und in der Reformationszeit fortsetzte. Die »artes liberales« wurden aufgewertet und korrespondierten auf diese Weise mit dem bereits erwähnten Trend, grundlagenschaffende Wissensgebiete aus eigenem Recht zu präsentieren. Hier wurden die Weichen für die beginnende Selbständigkeit von Philosophie, Naturphilosophie und Geisteswissenschaften gestellt. Die zunehmende Bedeutung der Artistenfakultät läßt sich an der Wittenberger Universität durch die Erhöhung des Lehrpersonals belegen. Melanchthon sah in seiner neuen Studienordnung für diese Fakultät zehn oder elf ordentliche Professorenstellen vor, während Theologie mit vier, Jura mit vier oder fünf und Medizin, schon immer die kleinste Fakultät, mit zwei Stellen ausgestattet wurden.[52]

2. Verändert hatte sich auch das Verhältnis der Studenten zum Lehrstoff. Der Student wurde bereits im Grundstudium nicht mehr an einen Magister gebunden, der ihn (oft im Convivium bzw. in der Burse) durchs Studium führte (»magistri regentes« – »Regenzsystem«). Er konnte jetzt vielmehr bei Professoren (»professores publici«) hören, über die Wahl der Lehrenden und über die Abfolge des Lehrstoffs selber entscheiden und »akademische Freiheit«

51 Martin Luther, Eine Predigt, daß man Kinder zur Schule halten solle (1530), in: Luther Deutsch. Die Werke Martin Luthers in neuer Auswahl für die Gegenwart, hg. von Kurt Aland, Bd. 7, 2. Aufl. Stuttgart/Göttingen 1967, 255f. (= WA 30, 2, 577f.).

52 Hammerstein, Bildung und Wissenschaft, 19.

Abb. 17: Martin Luther, An die Radherrn aller stedte deutsches lands, Titelholzschnitt (1529)

für sich in Anspruch nehmen. Außerdem waren die Vorlesungen in den »artes liberales« nun öffentlich (»publice«) und gebührenfrei. Diese Veränderungen korrespondierten zweifellos mit der Art und Weise, wie durch die reformatorische Botschaft die Individualität des Laien akzentuiert und seine (religiöse) Subjektivität, frei von klerikaler Bevormundung, zum Tragen gebracht wurden – auch das neben der Aufwertung der Artistenfakultät ein Stück Säkularisierung des akademischen Betriebs.

3. In der mittelalterlichen Universität gab es einen festumrissenen Wissenskanon bzw. einen »Wissenskosmos«, der mit dem allgemeinen Zeitverständnis des Mittelalters in Einklang stand, wonach nichts Neues unter der Sonne zu erwarten sei. An diesen Wissenskosmos mußte der Student herangeführt werden. Das Studium basierte auf Buchwissen, das in Vorlesungen vorgetragen und den Studierenden auf methodisch ritualisierte Weise (Kommentar, Disputation) nahegebracht wurde. Es war also nicht die Aufgabe der Lehrenden, das Wissen forschend zu erweitern, sondern nur den bestehenden Wissensschatz zu vermitteln. Der Wissensschatz wurde auch im Humanismus vorausgesetzt, allerdings als ein Depositum der Antike. Dieses alte, klassische Wissen galt es zu heben und aufzubereiten, auch kritisch gegen

neueres Wissen ins Feld zu führen. Geändert hat sich unter dem Einfluß des Humanismus aber etwas anderes. Die Lehrtexte wurden teilweise ausgewechselt (z.B. das »Doctrinale puerorum« des Alexander von Villa Dei durch die »Ars minor« des Aelius Donatus und die »Institutiones grammaticae« des Priscianus). Reaktiviert wurde auch die bereits im 15. Jahrhundert wiederentdeckte Rhetorik des Marcus Fabius Quintilian (vor allem durch Johannes Rhagius Aestecampianus in Leipzig und Wittenberg), und das methodische Ritual, das auf komplizierte Weise mit den Texten umging und, wie in der Exegese der Heiligen Schrift, nach einem mehrfachen Schriftsinn suchte, mußte einem einfachen Schriftsinn (Literalsinn) weichen. Außerdem wurde die lateinische Sprache am Vorbild der klassischen Latinität (vor allem Ciceros) gereinigt und besonders intensiv gepflegt. Geändert hatte sich auch der Zweck, der mit dem Studium verbunden wurde. Es sollte im Sinne des Humanismus dazu führen, die geistig-geistliche Persönlichkeit des Menschen zu größerer Eigenständigkeit und einem neuen Selbstwertgefühl auszubilden, und diente mehr der Allgemeinbildung als dem Erwerb eines Spezialwissens. Dieser Aspekt, der zunächst durchaus mit den Anliegen der Reformatoren korrespondierte, wurde wieder zurückgedrängt und durch ein funktionalistisches Verständnis des Universitätsstudiums ersetzt. Arno Seifert spricht von einem »sozialen Funktionalisierungsschub«, der das frische Wasser humanistischer Reformen auf die Mühlen der Reformation lenkte.[53] An den Universitäten sollten vor allem Theologen und Juristen, gute Kirchen- und Staatsdiener, ausgebildet werden. Auf diesen Zweck wurde die Vermittlung des Wissens ausgerichtet. Die Universität hatte also wissenschaftlich kontrolliertes Anwendungswissen zur Verfügung zu stellen und auf optimale Weise zu vermitteln. Um das Studium in diesem Sinne effizienter zu gestalten, mußte auf das Grundstudium, besonders die Sprachen und Rhetorik, erhöht Wert gelegt werden. Unter diesem Gesichtspunkt kam es im weiteren Verlauf des 16. Jahrhunderts auch zu neuen Universitätsgründungen in protestantischen Territorien (z.B. Marburg, Jena, Helmstedt, Königsberg, Gießen, Rinteln). Wenn davon ausgegangen wird, daß es vor der Reformationszeit ungefähr fünfzig Universitäten in Europa gab und etwa zwanzig protestantische Neugründungen von Universitäten oder Akademien im Laufe des 16. Jahrhunderts hinzukamen, war der reformatorische Einfluß auf die Universitätsausbildung sicherlich nicht gering.[54]

4. Den Wittenberger Reformatoren lag nicht nur viel an einer Reform des Studiums, sondern ebenso an dem Aufbau eines geregelten Schulwesens.[55] Auch hier ging es darum, Erziehung und Ausbildung in den Dienst des Glaubens bzw. der Reformation zu stellen. Einerseits sollte in den höheren und niederen Schulen, wie es in Luthers Adelsschrift hieß, »die furnehmst vnd gemeynist lection sein/die heylig schrifft/vnnd den iungen knaben das Evangelij. Vnd wolt got/ein yglich stadt/het auch ein maydschulen/darynnen des tags die meydlin ein stund das Euangelium horetenn/es were zu deutsch odder latinisch«.[56] Andererseits sollte der Ausbau des Schulwesens, vor allem der Lateinschulen, dazu dienen, auf den Besuch der Universitäten vorzubereiten, aus denen Lehrer, Pfarrer und Verwaltungsbeamte hervorgehen sollten. Oft hatten die Universitäten sich damit beholfen, den Vorbereitungsunterricht der Gymnasien selber zu übernehmen.[57] Das sollte nun anders werden. Letztlich wurden Schulen und Universitäten nach demselben Leitbild konzipiert, nämlich dazu beizutragen, die Erneuerung der Christenheit zu fördern und

53 Seifert, Das höhere Schulwesen, 273, so auch: Hammerstein, Bildung und Wissenschaft, 20.

54 Hammerstein, Bildung und Wissenschaft, 23–30.

55 Friedrich Paulsen, Geschichte des gelehrten Unterrichts auf den deutschen Schulen und Universitäten, 2 Bde., Berlin/Leipzig 1919–1921 (Nachdruck Berlin 1965); Bernd Moeller/H. Patze/Karl Stackmann (Hg.), Studien zum städtischen Bildungswesen des späten Mittelalters und der frühen Neuzeit, Göttingen 1983; Reinhard Vormbaum (Hg.), Die evangelischen Schulordnungen des 16. Jahrhunderts, Gütersloh 1860.

56 Luther, WA 6, 461.

57 Seifert, Das höhere Schulwesen, 205 (universitätsinternes Gymnasium).

zu festigen. Das funktionalistische Bildungsprogramm der Schulen wurde aus dem Profil der Universitäten entwickelt.

Zunächst rechnete Luther wohl mit der Einsicht der Eltern, ihre Kinder freiwillig in die Schulen zu schicken. Bald jedoch setzte er sich bei Magistraten und Höfen dafür ein, einen obligatorischen Schulunterricht im Elementarbereich (Lesen, Schreiben, Glaubensunterweisung) zu organisieren. »Wenn Schulen zunehmen, so stehets wol, und die Kirche bleibt rechtschaffen«, soll er sich später in einer Tischrede geäußert haben, »junge Schüler und Studenten sind der Kirchen Samen und Quellen.« Und noch einmal unterstrich er überaus deutlich: »Um der Kirche willen muß man christliche Schulen haben und erhalten; denn Gott erhält die Kirch durch Schulen, Schulen erhalten die Kirch. Sie haben wol kein hübsch Ansehen, sind aber sehr nützlich und nöthig.«[58]

Abb. 18: Stadtschule, Holzschnitt des Petrarca-Meisters (1515–20)

Für den Ausbau des protestantischen Schulwesens haben sich besonders Philipp Melanchthon und Johannes Bugenhagen eingesetzt. Auf sie gehen die meisten Schulordnungen zurück, die aufs engste mit den Kirchenordnungen, die vielerorts entstanden, verbunden waren. Zunächst setzte sich Melanchthon für die Gründung der »schola privata« ein, die ihm bald als Grundmuster für sein Konzept der Lateinschule diente, das in seinem »Unterricht der Visitatoren an die Pfarrherren im Kurfürstentum Sachsen« (1528) schon deutliche Gestalt annahm.[59] Lehrstoff war vor allem die lateinische Sprache. Mathematik, Geographie und Naturwissenschaften, in denen sonst neues Wissen generiert wurde, waren keine Unterrichtsfächer. Was erreicht werden sollte, war eine geistliche und weltliche Elitebildung mit humanistischen Akzenten, die reformatorisch angereichert oder ausgerichtet wurden. Solche elitären, auch bedürftige, aber hochbegabte Landeskinder unterstützenden Züge trugen vor allem die Fürstenschulen im albertinischen Sachsen. In anderen Gebieten sind die bereits bestehenden Lateinschulen bzw. Gymnasien, die im Geist des Humanismus entstanden waren, wie in Schlettstadt oder Straßburg, in reformatorischem Sinne aktualisiert worden.[60] So legte sich allmählich ein weites, allerdings nicht überall auch schon gut funktionierendes Bildungsnetz, wie zahlreiche Visitationsberichte zeigen, über Städte und Territorien. Dieses Netz wurde mit der Gründung der Jesuitenorden, die sich des Schulwesens besonders intensiv annahmen, noch erheblich erweitert, teilweise allerdings auch mit neuen Inhalten gefüllt.[61]

Über das protestantische Schulwesen ist ausführlich geschrieben worden. Hier müssen diese grundsätzlichen Bemerkungen genügen. Sicherlich gehört das Schulwesen zu den wichtigsten und historisch wirksamsten Errungenschaften der Reformation auf der Schwelle zur sogenannten Moderne. Deutlich ist aber auch, wie sehr hier die Wissensvermittlung noch unter der Dominanz des Glaubens erfolgte und nur einer dünnen Schicht der Bevölkerung zugute kam.

5. Das besondere Interesse der Reformatoren galt von Anfang an einer Reform der Wittenberger Universität, d.h. des Grundstudiums in der Artistenfakultät, der theologischen und juristischen Fakultäten. Um noch die wichtigsten Neuerungen der höheren Fakultäten nachzutragen: Die Theologen wurden verpflichtet, die Lehre in allen Teildisziplinen expressis verbis auf die Heilige Schrift zu gründen; und die Juristen wurden angehalten, das kanonische Recht aus dem Lehrkanon zu streichen. Weniger Interesse zeigte Luther an der medizinischen Fakultät, die gerade dabei war, sich mit der Berufung des

58 Martin Luther, Tischreden, ausgewählt und eingeleitet von Karl Gerhard Steck, München 1959, 124 (= WA, TR V, 5557).

59 Philipp Melanchthon, Werke in Auswahl, hg. von Robert Stupperich, Bd. 1, Gütersloh 1951, 215–271. Zu Melanchthon vgl. auch Heinz Scheible, Melanchthon. Eine Biographie, München 1997; Johannes Schilling (Hg.), Melanchthons bleibende Bedeutung, Kiel 1998, bes. Reinhart Staats, Der Universitätsreformator Melanchthon. Zeitbedingtes und Aktuelles, in: Ebd., 83–99 sowie Hartmut Kress, Das Naturrecht und die Bildungsidee. Melanchthons Anliegen in seiner Gegenwartsbedeutung, in: Ebd., 100–144.

60 Seifert, Das höhere Schulwesen, 225.

61 Hammerstein, Bildung und Wissenschaft, 35–43.

Abb. 19: Philipp Melanchthon, Kupferstich von Albrecht Dürer (1526)

humanistischen Mediziners Peter Burckhard aus Ingolstadt (1518), bald Rektor der Universität Wittenberg, von ihrem akademischen Kümmerdasein der letzten Jahre zu erholen: »Die Ertzte lasz ich yhr faculteten reformieren, die Juristen und Theologen nym ich fur mich«, schrieb Luther in der Adelsschrift (1520).[62] Die Medizin ließ sich offensichtlich nicht für die Reformation funktionalisieren. Gefördert hat die medizinischen Reformbemühungen, die mit Burckhards »Parva Hippokratis tabula« (1519) einsetzten, allerdings Melanchthon. Er schrieb das Vorwort zu diesem kleinen Werk und begrüßte, daß der lange Zeit verschmähte Hippokrates, »quo authore non habet alium medicina superiorem« (obwohl die Medizin niemand anderen hat, der größer ist als dieser Autor), zu neuem Leben erweckt worden sei und den desolaten Zustand der Medizin beheben werde.[63] In den folgenden Jahrzehnten setzte sich Melanchthon immer wieder in seinen Reden für eine Erneuerung der Medizin aus humanistischem Geist ein – nicht am Geist der Reformation vorbei, sondern im Einklang mit ihm, so auch in seinem einflußreichen »Commentarius de Anima« (1540). Dieses Lehrbuch handelt nicht nur vom Vermögen der

62 Luther, WA 6, 459.
63 Jürgen Helm, Wittenberger Medizin im 16. Jahrhundert, in: Martin Luther und seine Universität. Vorträge anlässlich des 450. Todestages des Reformators, hg. von Heiner Lück, Köln/Weimar/Wien 1998, 101.

Seele, es bietet gleichfalls »eine umfangreiche Zusammenfassung des zeitgenössischen anatomischen und physiologischen Wissens«.[64]

Abb. 20: Anatomische Sektion, aus: Mondino dei Liuzzi, Anathomia (1495)

Auch für das Studium der Medizin, das sich auf reines Buchwissen beschränkte, gewann das philologische Prinzip »ad fontes« grundlegende Bedeutung. Gegenüber den medizinischen Texten der griechischen Antike, dem »Corpus hippocraticum« und den Schriften Galens, erwiesen sich die gebräuchlichen Lehrbücher des Mittelalters, z.B. der »Canon medicinae« des arabischen Arztes Avicenna oder das »Liber ad Almansorem« des Rhazes, als im höchsten Maße defizitär. Der humanistische Mediziner Leonhart Fuchs, eine Kapazität seiner Zeit in Tübingen, sprach nicht nur von Entstellungen, sondern sogar von Verfälschungen der alten Texte.[65] Die arabisch überlieferten Texte wurden durch die ursprünglichen griechischen Texte ersetzt und die Studenten an das »reine« bzw. »wahre« medizinische Wissen der Antike herangeführt. Allerdings vollzog sich dieser Prozeß nur langsam. In Wittenberg wurden noch lange Zeit neben Hippokrates und Galen auch Avicenna und Rhazes gelesen. Das Prinzip der Textautorität wurde von den humanistischen Medizinern nicht in Frage gestellt. So ging es etwa Andreas Vesalius, der Untersuchungen am geöffneten Leichnam des Menschen vornahm (anatomische Sektion), keineswegs darum, das Wissen vom menschlichen Körper zu revolutionieren und auf ein empirisches Fundament zu stellen. Einerseits wies er in seiner »De humani corporis fabrica« (1543), von eigenen Beobachtungen belehrt, Galen zwar einige Fehler nach. Andererseits folgte er aber im Umgang mit dem menschlichen Körper doch dem philologischen Prinzip. Der Körper diente ihm als Text, mit dessen Hilfe er immer näher an die ursprüngliche Quelle des Wissens über die Natur des Menschen zu gelangen versuchte. Wie andere las auch Vesalius noch im »Buch der Natur« und legitimierte »die neuen Ergebnisse des Selbstsehens durch die Berufung auf die alten Autoritäten«.[66]

Melanchthon hat die humanistisch orientierte Medizin in den weiteren Rahmen der Naturphilosophie seiner Zeit gespannt und am Bau des menschlichen Körpers die Ordnung der göttlichen Schöpfung erkennen wollen. Dabei unterscheidet er aber streng zwischen der Offenbarung, die sich den Menschen im Evangelium »sola gratia« als Glaubenswahrheit erschließt, und der Erkenntnis des göttlichen Schöpfungsplans in der Natur. Die Offenbarung ist die Voraussetzung für die Erkenntnis der Natur – und nicht umgekehrt. Auf keinen Fall dürfen beide Erkenntnisebenen miteinander vermischt werden. Die Glaubenserkenntnis verleiht dem Umgang mit der Natur eine besondere Würde, läßt sie aber sie selbst sein. Ihr wohnt keine numinose Kraft inne. Sie ist auch noch nicht eine Quelle für eine Physico-Theologie oder einen ontologischen bzw. kosmologischen Gottesbeweis.[67] Im Rahmen der Glaubensdominanz deutet sich hier aber die Möglichkeit an, auf der Grundlage empirischer Studien immer mehr über die Natur und den Menschen zu erfahren, ja, über den gesamten Kosmos, in dem der Mensch steht bzw. der sich im Menschen widerspiegelt (Makro- und Mikrokosmos). »Empirie« war noch kein positives Wort. So schimpfte Melanchthon beispielsweise auf die Kurpfuscher in seiner Rede »Contra empiricos medicos« (1531), und Vesalius widmete seine »Fabrica« Kaiser Karl V., dessen Leibarzt er war, noch in ganz traditionellem Sinn: »Gleichwohl vermute ich, daß aus der gesamten medizinischen Lehre, ja sogar aus der ganzen Naturphilosophie nichts gedruckt werden könnte, das deiner Hoheit angenehmer oder willkommener wäre: Es

64 Ebd., 102ff.

65 Ebd., 104f.

66 Sebastian Pranghofer, Der menschliche Körper in frühneuzeitlichen Bildquellen am Beispiel von Darstellungen anatomischer Sektionen, Magisterarbeit Hamburg 2003, bes. 62–66; Richard Toellner, Die medizinischen Fakultäten unter dem Einfluß der Reformation, in: August Buck (Hg.), Renaissance – Reformation. Gegensätze und Gemeinsamkeiten. Vorträge, Wiesbaden 1984, 288.

67 Manfred Büttner/Frank Richter (Hg.), Forschungen zur Physikotheologie im Aufbruch. Naturwissenschaft, Theologie und Musik um 1600. Referate des Kongresses in Berlin 1996, Münster 1997.

ist das Wissen, durch das wir Körper und Geist und noch darüber hinaus das Göttliche, das durch ihren Zusammenklang entsteht, und schließlich uns selbst (denn das ist es, was den Menschen kennzeichnet) erkennen.«[68]

Empirisch ging der Außenseiter Paracelsus vor – mit besonders starken Affekten gegen die scholastische und humanistische Schulmedizin seiner Tage. Aber auch bei ihm ist die Beobachtung der Natur noch Teil einer theosophischen Gesamtschau, die Gott, Mensch und Natur umschließt, und vieles bleibt spekulativ oder alchemistisch – alles andere als empirisch erforscht im späteren wissenschaftlichen Sinn.[69] Aber trotz dieser Befangenheit versuchten Paracelsus und seine Anhänger, alles genauer zu erfahren und zu wissen als zuvor. Im magischen Umgang mit der Natur, so könnte man sagen, wurzelte die moderne, sich auf das Experiment gründende Wissenschaft. So nannte der englische Mathematiker John Dee, wie Marie Boas erwähnt, die Naturmagie eine »scientia experimentalis«: »In der Erforschung der Wirkungen geheimnisvoller Kräfte mit Hilfe von Beobachtung und Experiment war die Naturmagie des sechzehnten Jahrhunderts bisweilen von echter Experimentalwissenschaft wirklich nicht zu unterscheiden.«[70] Der Weg zu empirischer Naturerkenntnis zeichnet sich am Horizont des Reformationszeitalters zwar ab, begangen wird er aber noch nicht – zumindest nicht in der Überzeugung eines alternativlosen Zugangs zur Natur. Dieser Weg wird erst beschritten, wenn die Glaubensdominanz nachläßt und die Naturphilosophie ihre Überzeugungskraft einbüßt.

6. Es ist ein Zufall, daß 1543 sowohl die »Fabrica« des Vesalius als auch »De revolutionibus orbium coelestium« des Nikolaus Kopernikus erschienen. Beide Werke veränderten die Medizin und die Astronomie grundlegend, setzten sich aber nur langsam durch. Beide bezogen sich noch intensiv auf ihre Vorgänger, der eine auf Galen und der andere auf Ptolemäus. Wie Vesalius noch den Körper erforschte, als ob er in einem Buch läse, habe Kopernikus nicht eigentlich die Natur, so meinte Johann Kepler später, sondern Ptolemäus interpretiert.[71] Beide standen, zumindest was ihre unmittelbare Wirkung anbetraf, noch auf der Schwelle zur »modernen« Wissenschaft, ohne sie schon überschritten zu haben. Grundverschieden war allerdings das Verhältnis der neuen Erkenntnisse zur Reformation. Die neue anatomische Methode und Demonstration störten in Wittenberg eigentlich niemanden. Sie konnten dort ohne nennenswerte Widerstände Einzug halten, wurden allerdings auch nicht sonderlich gefördert. Die Ideen des Kopernikus stießen jedoch auf den erbitterten Widerstand Luthers und Melanchthons, obwohl der Wittenberger Astronom Georg Joachim Rhetikus das Werk des Kopernikus schon vor dessen Erscheinen in der »Narratio prima de libris revolutionum Copernici« 1540 bekannt gemacht und der Nürnberger Reformator Andreas Osiander die Entdeckung der heliozentrischen Weltsicht in seiner Vorbemerkung zum Erstdruck der aufsehenerregenden Schrift des Astronomen begrüßt hatten. Luther lobte in den »Tischreden« zwar die Astronomie als »eine sehr alte Wissenschaft«, lehnte aber die Entdeckung des Frauenburger Domherrn Kopernikus als Zeugnis einer grassierenden Neuerungssucht ab: »Der Narr wird noch die ganze Astronomie auf den Kopf stellen. Und doch war es, wie die Heilige Schrift erklärt, die Sonne und nicht die Erde, der Josua befahl, stillzustehen.«[72] In der Tat, Kopernikus hatte die Astronomie auf den Kopf gestellt, doch das wirkte sich noch nicht in der Reformationszeit, sondern erst nach langwierigen Auseinandersetzungen wesentlich später aus.

68 Philipp Melanchthon, Contra empiricos medicos, Corp. Reform., Bd. 2, Sp. 202–209; Andreas Vesalius, De humani corporis fabrica libri septem, Basel 1543 (2. Aufl. 1555), o.S.

69 Helm, Wittenberger Medizin, 99; Udo Benzenhöfer (Hg.), Paracelsus, Darmstadt 1993; Hartmut Rudolph, Evangelische Reform, Naturmystik und medizinische Theologie. Zum Erbe des Paracelsus, in: Dietrich Meyer/Udo Sträter (Hg.), Zur Rezeption mystischer Traditionen im Protestantismus des 16. bis 19. Jahrhunderts. Beiträge eines Symposiums zum Tersteegen-Jubiläum 1997, Köln 2002, 25–40.

70 Marie Boas, Die Renaissance der Naturwissenschaften 1450–1630. Das Zeitalter des Kopernikus, Nördlingen 1988, 203.

71 Ebd., 86f.

72 Luther, Tischreden, WA T I, Nr. 855, hier zit. nach Boas, Renaissance der Naturwissenschaften, 139.

73 Zur mittelalterlichen Naturphilosophie siehe

Die neuere Astronomie entwickelte sich in engem Zusammenhang mit der Medizin. Bereits im späten Mittelalter wurden die Medizinstudenten zum Studium der Astronomie verpflichtet, die sich noch nicht aus ihrer Symbiose mit der Astrologie gelöst hatte. Seit Jahrhunderten existierte im Bewußtsein der Menschen die Vorstellung, daß die Sterne nicht nur das Schicksal, sondern auch den Körper der Menschen bestimmten. Mikro- und Makrokosmos entsprachen einander – in der Astrologie wie in der Naturphilosophie.[73]

In diesem Zusammenhang war die Astronomie zu Beginn des 16. Jahrhunderts noch tief verwurzelt. Es ist nicht falsch, von einer astronomischen Astrologie zu sprechen. Der Abstand zur Theologie war freilich immer größer geworden, so daß sich kein Einfluß der Reformation auf ihre Entwicklung feststellen läßt. Kopernikus blieb (wie Vesalius) im Schoß der römisch-katholischen Kirche und ist ein Beweis dafür, daß der Fortschritt der Wissenschaft nicht konfessionell gebunden war. Die Herkunft aus dem Geist der Apokalyptik aber war auch der »modernsten« Entdeckung der Astronomie, wie Johannes Fried betonte, noch anzusehen. Sie behinderte nicht, sondern förderte die Arbeit der Astronomen. »Mit der astronomischen Astrologie zogen über kurz oder lang verbesserte Beobachtung, exakte Mathematik, Geometrie, sphärische Trigonometrie oder Optik und nicht zuletzt Instrumentenkunde in die Studierstuben ein, ungeachtet ihrer älteren Kenntnis.«[74] Zwar hatte die Endzeit, in der sich auch die Reformatoren wähnten, zu weiteren Forschungen angeregt, aber allgemein akzeptiert wurde die Vorstellung von der Erde, die sich um die Sonne bewegte, im 16. Jahrhundert noch nicht. Ganz im Gegenteil, die intensive Erwartung des Weltendes führte die Reformatoren zu einer energischen Ablehnung einer wissenschaftlichen Berechnung der letzten Absichten Gottes mit der Welt. »Die Theologen wollten von der Aufklärung über die endzeitlichen Zeichen nichts wissen. Ihr Seelenheil hing an deren Geheimnis.«[75] Das neue Wissen über die Bewegung der Erde wurde zunächst nur im elitären Kreis der Astronomen und einiger interessierter »Nichtwissenschaftler« diskutiert. Noch war das Alltagswissen, daß die Sonne aufsteigt, ihren Zenit erreicht und wieder untergeht, ein zu starkes Argument gegen das astronomische Wissen, das im übrigen nicht im Gestus absoluter Wahrheit einher kam, sondern als vorsichtige Erwägung bzw. als Hypothese, die sich offen für Revision und Verbesserung zeigte – vielleicht auch das ein Rückverweis auf die Herkunft aus dem Geist der Apokalyptik und astrologischer Spekulation. Die Berechnungen der astronomischen Astrologie boten immer wieder Anlaß zur Überprüfung, Verfeinerung und Steigerung ihrer Glaubwürdigkeit, wie die alchemistischen Experimente auch. Die Hypothese als ein wichtiges Instrument zur Erweiterung des Wissens gründet in dieser apokalyptisch-astrologischen Erfahrung. Es ist also noch nicht das neue, als autonom charakterisierte Wissen, das sich in der Reformationszeit allgemein durchsetzte, wohl aber deutete sich der Weg an, wie es zur Erweiterung des Wissens kommen könne.

5. Abschließende Bemerkung

Die Reformatoren waren darauf bedacht, zwischen dem Bereich des Glaubens und dem Bereich des Wissens zu unterscheiden. Das war theologisch durchaus plausibel und hat zu einem unbefangeneren Umgang mit den Din-

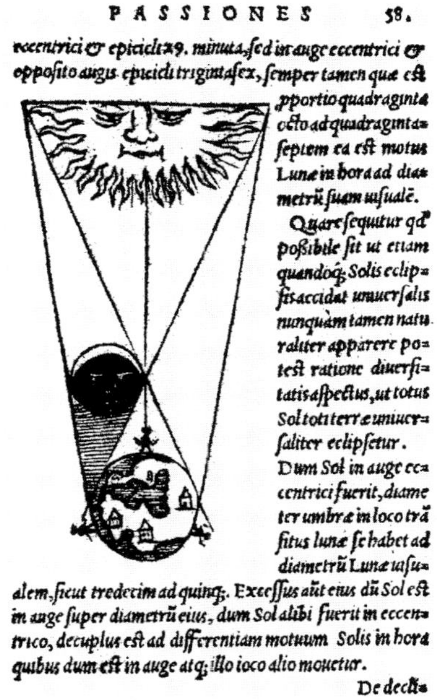
PASSIONES 58.

eccentrici & epicicli 29. minuta, sed in auge eccentrici & opposito augis epicicli triginta sex, semper tamen quae est ꝓportio quadraginta octo ad quadraginta septem ea est motus Lunae in hora ad diametrũ suam usualẽ.

Quare sequitur qd possibile sit ut etiam quandoq; Solis eclipsis accidat universalis nunquàm tamen naturaliter apparere potest ratione diversitatis aspectus, ut totus Sol toti terrae universaliter eclipsetur.

Dum Sol in auge eccentrici fuerit, diameter umbrae in loco trãsitus lunae se habet ad diametrũ Lunae usualem, sicut tredecim ad quinq;. Excessus aũt eius dũ Sol est in auge super diametrũ eius, dum Sol alibi fuerit in eccentrico, decuplus est ad differentiam motuum Solis in hora quibus dum est in auge atq; illo ioco alio movetur.

De decli-

Abb. 21: Sonnenfinsternis, aus: Georg von Peuerbach, Novae theoreticae planetarum (1528)

neuerdings: Gerhard E. Sollbach, Die mittelalterliche Lehre vom Mikrokosmos und Makrokosmos, Hamburg 1995. Vgl. auch noch Siegfried Wolgast, Philosophie in Deutschland zwischen Reformation und Aufklärung 1550–1650, Berlin 1988, 2. Kapitel: Von der Naturphilosophie zur modernen Naturwissenschaft, 65–127.

74 Fried, Aufstieg aus dem Untergang, 125.

75 Ebd., 180.

gen dieser Welt geführt. Historisch gesehen haben sich beide Bereiche, wenn auch die Dominanz des Glaubens unübersehbar blieb, doch miteinander vermischt. Der Übergang von der Priester- zur Laienkultur war kein linearer, zielstrebig in die Moderne verlaufender Säkularisierungsprozeß. Glaube, Magie, Astrologie und Wissenschaft rangen noch miteinander, behinderten einander und trieben einander voran. Was gelegt war, waren vor allem die formalen Strukturen (Medien, Kommunikation, soziale Entgrenzung der Wissensvermittlung, wissenschaftliche Verfahrensweisen, Schul- und Universitätsreformen), die dem Bedürfnis entgegen kamen, Genaueres und mehr wissen zu wollen als bisher: über die Heilige Schrift, den Vollzug des Glaubens, die Quellen der Wahrheit, den Körper, die natürlichen Dinge allgemein und immer noch über die Erscheinungen am Himmel. Die Verselbständigung des Wissens wuchs zögerlich heran und erhielt erst nach der Reformationszeit, vor allem im 17. Jahrhundert ihre aufsehenerregende Schubkraft. Erst dann kam es zu einer Explosion des Wissens.

Buchdruck

WOLFGANG E. J. WEBER

Repräsentation und Verbreitung von Wissen

1. Einleitung

Die einschlägige historische Forschung ist sich ziemlich einig: Nicht – wie unsere technik- und medienbegeisterte Gegenwart anzunehmen geneigt ist – die Erfindung des modernen Buchdrucks als solche, die um 1450 dem Mainzer Patriziersohn und gelernten Feinschmied Johannes Gensfleisch genannt Gutenberg (1397–1468) gelang, löste die erste neuzeitliche Medien- und Kommunikationsrevolution aus. Vielmehr bewirkte erst der Tatbestand, daß Wissensbeschaffungs- und Wissensverbreitungsbedürfnisse bestimmter gesellschaftlicher Gruppen und Schichten Massennachfrage nach Schriftgut erzeugten, eine teils stetig fortschreitende, teils schubartig verstärkte Nutzung und damit die Durchsetzung dieser neuen, komplex arbeitsteiligen und kapitalintensiven Spitzentechnologie.[1] Die Geschichte des Buchdrucks und die Historie des in diesem Buch behandelten Gegenstands, des europäischen Wissens, sind also auf das Engste miteinander verflochten. Und zwar sind sie es deshalb, weil der Buchdruck die Eigenschaft der Schrift und des Bildes übernahm und in bestimmten Hinsichten verbesserte, Wissen in einer von seinen Produzenten und Rezipienten gewünschten bzw. anerkannten Weise repräsentieren und transportieren zu können. Zu Beginn unseres Überblicks ist es daher erforderlich, sowohl kurz auf die eigentliche Errungenschaft Gutenbergs einzugehen als auch die generellen Zusammenhänge zwischen Schrift, Druck und Wissen zu skizzieren.

Gutenbergs entscheidende Innovation bestand in einer dreifachen Verbesserung des bis in seine Zeit entwickelten Verfahrens der Übertragung einer Druckfarbe auf einen Bedruckstoff nach einer Schrift- oder Bildvorlage. Er ersetzte erstens die holzgeschnitzten, der Weichheit des Materials entsprechend schnell abgenutzten Druckvorlagen durch Metalldruckvorlagen. Für diese Metallvorlagen zog er zweitens nicht mehr jeweils eine oder zwei Druckseiten abdeckende, ganze Platten heran, sondern er setzte sie aus normierten, beliebig kombinierbaren und wiederverwendungsfähigen, gegossenen Einzelbuchstaben zusammen, die kompliziert miteinander verspannt und gerahmt werden mußten. Die Festigkeit des Materials und der Vorlage ermöglichten es ihm drittens, die Druckfarbe nicht mehr im zeitaufwändigen Abreibeverfahren, sondern unter direkter Druckanwendung, zunächst durch Einsatz von Weinpressen, in einem einzigen Arbeitsgang aufbringen zu können. Was die neue Technik mit sich brachte, war damit nicht so sehr eine Beschleunigung des Vorgangs der Herstellung eines Buches, sondern die Möglichkeit, mittels einer einmal gesetzten und montierten Buchvorlage in ungeahnter Schnelligkeit eine Vielzahl identischer Exemplare produzieren zu können.[2] Mit anderen Worten, Gutenbergs Erfindung öffnete den Weg zur Massenproduktion, die ihrerseits – wie wir noch sehen werden – nicht nur den Buchvertrieb, sondern auch den Buchkonsum revolutionierte. Hinsichtlich ihrer materiellen oder formalen Fähigkeit, Wissen aufzunehmen, darzu-

Abb. 22: Totentanz, zugleich älteste Darstellung einer Druckerei und Buchhandlung, Holzschnitt (1499)

1 Vgl. grundlegend Michael Giesecke, Der Buchdruck in der frühen Neuzeit. Eine historische Fallstudie über die Durchsetzung neuer Informations- und Kommunikationstechnologien, Frankfurt a.M. 1991; Jürgen Wilke, Grundzüge der Medien- und Kommunikationsgeschichte. Von den Anfängen bis ins 20. Jahrhundert, Köln u.a. 2000, 13–30; Michael North (Hg.), Kommunikationsrevolutionen. Die neuen Medien des 16. und 19. Jahrhunderts, Köln u.a. 2001 und Dieter Kerlen, Einführung in die Medienkunde, Stuttgart 2003, 87–128.

2 Stephan Füssel, Gutenberg und seine Wirkung, Frankfurt a.M./Leipzig 1999; Adrian Johns, The Nature of the Book. Print and Knowledge in the Making, Chicago 1999; Hans-Jürgen Wolf, Geschichte der Druckverfahren. Historische Grundlagen, Portraits, Technologie, Elchingen 1992; Silvia Werfel, Einrichtung und Betrieb einer Druckerei in der Handpressenzeit 1460–1820, in: Helmut Gier/Johannes Janota (Hg.), Augsburger Buchdruck und Verlagswesen. Von den Anfängen bis zur Gegenwart, Wiesbaden 1997, 97–124. Für eine neuere, ernst zu nehmende Stimme zur möglichen Inspiration Gutenbergs aus China vgl. Wolfgang von Stromer, Gutenbergs Geheimnis. Von Turkan zum Karlstein. Die Seidenstraße als Mittler des Druckverfahrens von Zentralasien nach Mitteleuropa, Genf 2000.

Gegenüberliegende Seite:
Abb. 23: Gutenberg-Bibel (um 1454)

stellen und zu verarbeiten, blieb die neue Typographie hingegen an den Entwicklungsstand gebunden, der bereits mit der Einführung der Schrift erreicht worden war. Mehr noch, aufgrund der technischen Schwierigkeiten des Zeichengusses, der Zeichenmontage und des Einsatzes unterschiedlicher Druckfarben erreichte der Buchdruck bis in das 17. Jahrhundert hinein in mancher Hinsicht die Möglichkeiten der handschriftlichen Buchproduktion, der manuellen Schrifterstellung unter freier Verwendung unterschiedlich breiter Schreibfedern, verschiedener Tinten usw. (Skriptographie), noch überhaupt nicht.[3]

Schrift ist geschriebene oder gedruckte Sprache in Form auf einem Beschreibstoff geordnet angebrachter graphischer Zeichen, über deren Laut- und grammatikalischen Bedeutungsgehalt sowohl beim Schreiber als auch Leser Einverständnis besteht. Als Wissensträger kann sie deshalb fungieren, weil sie über diese primären Gehalte hinaus Information und Sinn transportiert. Diese zusätzlichen Inhalte erschließen sich dem Schreiber und Leser allerdings nur in der – gegebenenfalls durch den mündlichen Austausch unterstützten – Konstruktionsarbeit des eigenen Gehirns. Sie können deshalb je nach Kapazität, Wahrnehmung, Erwartung, Bedürfnis, Interesse und Vorwissen unterschiedlich ausfallen. Nur dort, wo diese Voraussetzungen tendenziell gleich sind, wird aus dem Zeichen- und Wortbestand auch Übereinstimmendes herausgelesen.[4]

Im unmittelbaren Leseprozeß wird die Wahrnehmung des Informations- und Sinngehaltes eines Textes entscheidend durch die formale Darbietung der Zeichen und Zeicheneinheiten gesteuert. Allen alphabetischen Schriften, die wie diejenigen Europas ihre Buchstaben, Wörter, Sätze und Abschnitte linear-sequentiell aufeinander reihen, kann deshalb die besondere Eigenschaft zugeschrieben werden, auch ihre Information und ihren Sinn gerichtet und strukturiert darzubieten. Daraus ergibt sich offenbar eine entsprechende analytische Strukturierung und Disziplinierung auch des Denkens sowie generell eine Anregung menschlicher Intelligenz. Der Buchdruck ist geeignet, diese Leistung zu reproduzieren und insofern sogar zu verstärken, als er die Linearität und Sequenz der Zeichenreihung und Textorganisation noch deutlicher hervortreten läßt. Hingegen konnte er sich die weiteren Gestaltungsmittel des Satzspiegels (Formate und Positionen der bedruckten und freien Flächen, z.B. Spaltenzahl), des Einbezugs von Illustrationen, der Benutzung von Kolumnentiteln, Fußnoten oder Marginalien und des Wechsels von Schriftgröße und Schriftart wie bereits angesprochen erst nach Überwindung der mit ihnen verknüpften technischen Schwierigkeiten erarbeiten.

Auch die mit der Fixierung von Information in äußerlichen Zeichen einhergehende Chance, Information bzw. Wissen aus dem Zusammenhang unmittelbarer persönlicher Interaktion abzulösen und räumlich wie zeitlich auszulagern, ist eine bereits mit der Schrift gewonnene Errungenschaft. Schon die Schrift sprengte also die Grenzen der menschlichen Memorierfähigkeit und ermöglichte es, einen im Prinzip jedem jederzeit zur Verfügung stehenden, medial, das heißt an den jeweiligen Text- bzw. Schriftträger gebundenen Informations- bzw. Wissensvorrat anzulegen. Wieder erweiterte der Buchdruck diese Möglichkeit lediglich, allerdings in so immensem Umfang, daß auch ein qualitativer Fortschritt postuliert werden darf.

Das Gleiche gilt für die Wirkung der Schrift, die aus der umgekehrten Beobachtungsperspektive erkennbar wird. Die Auslagerung zeichengetragenen

3 Vgl. knapp Jan-Dirk Müller, Der Körper des Buches. Zum Medienwechsel zwischen Handschrift und Druck, in: Hans-Ulrich Gumbrecht/Karl Ludwig Pfeiffer (Hg.), Materialität der Kommunikation, München 1988, 203–217; Vera Trost, Skriptorium. Die Buchherstellung im Mittelalter, Heidelberg 1986; Ulrich Müller/Ingrid Bennewitz (Hg.), Von der Handschrift zum Buchdruck. Spätmittelalter, Reformation, Humanismus, Reinbek 1991 und Uwe Neddermeyer, Von der Handschrift zum gedruckten Buch. Schriftlichkeit und Leseinteresse im Mittelalter und in der frühen Neuzeit, 2 Bde., Wiesbaden 1998.

4 U.a. an dieser Stelle setzt die moderne Leseforschung an, vgl. beispielsweise Roger Chartier, Lesewelten. Buch und Lektüre in der frühen Neuzeit, Frankfurt a.M. 1990; Horst-Jürgen Gerigk, Lesen und Interpretieren, Göttingen 2002 und Alfred Messerli/Roger Chartier (Hg.), Lesen und Schreiben in Europa 1500–1900, Basel 2002, hier bes. die Beiträge von Ulrich Knoop und Manuel Peña Diaz.

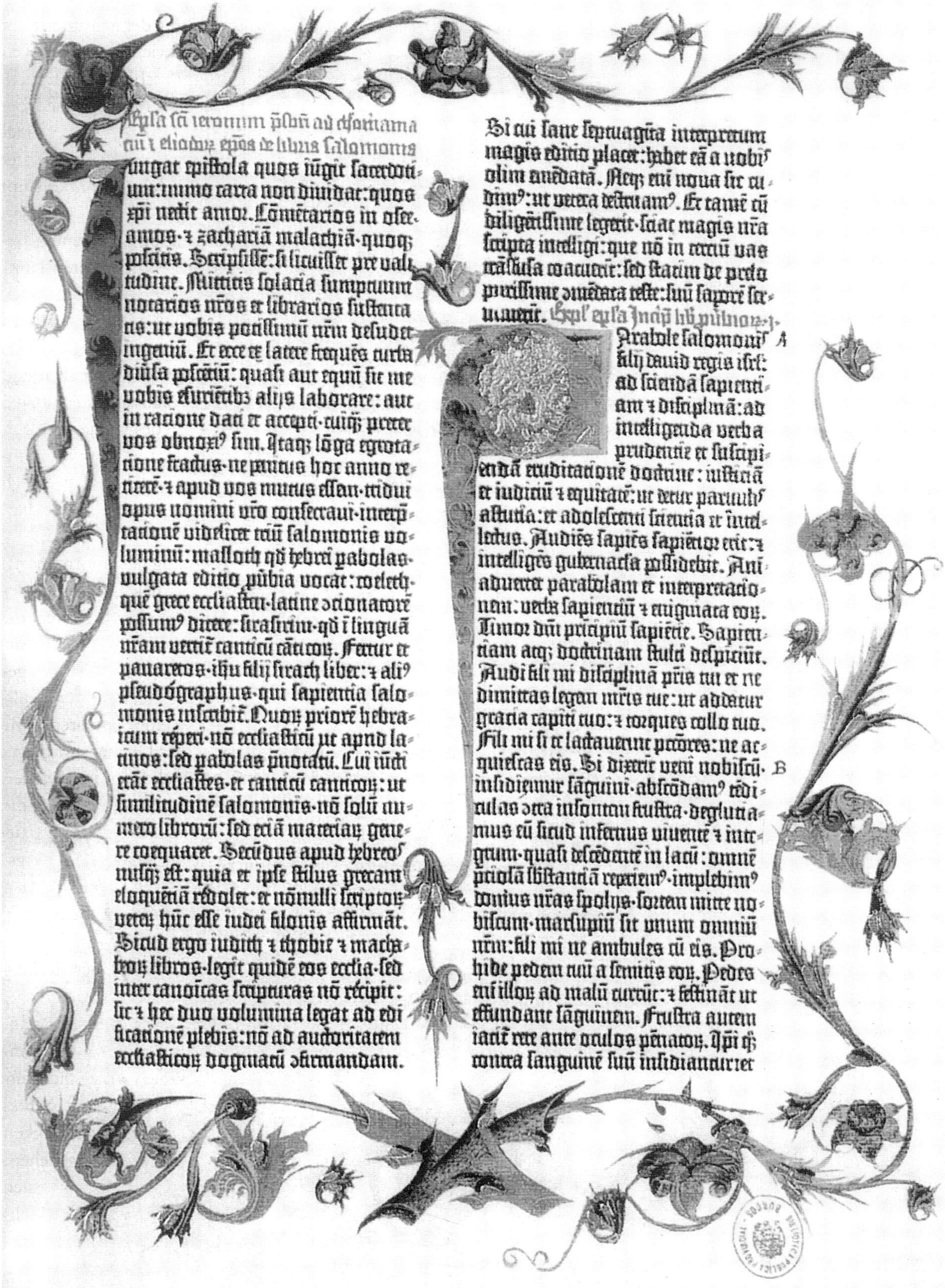
Ep̄la sc̄i ieronimi p̄sbri ad chromatiū
& heliodoꝝ ep̄os de libris salomonis
Iungat epistola quos iūgit sacerdoti-
um: immo carta non diuidat: quos
xp̄i nectit amor. Cōmētarios in osee
amos. & zachariā malachiā. quoq;
poscitis. Scripsissē: si licuisset pre vali-
tudine. Mittitis solacia sumptuum
notarios nr̄os et librarios sustenta-
tis: ut vobis potissimū nr̄m desudet
ingeniū. Et ecce ex latere frequēs turba
diuersa poscentiū: quasi aut equū sit me
vobis esurientibus aliis laborare: aut
in racione dati et accepti. cuiq; preter
vos obnoxi⁹ sim. Itaq; lōga egrota-
tione fractus. ne penitus hoc anno re-
ticerē. & apud vos mutus essem. tridui
opus nomini vr̄o consecraui. interp̄-
tationē videlicet triū salomonis vo-
luminū: masloth qd hebrei parabolas.
vulgata editio p̄ūbia vocat: coeleth.
quē greci ecclesiasten. latine cōcionatorē
possum⁹ dicere: sirasirim. qd ī linguā
nr̄am vertit canticū cāticoꝝ. Fertur et
panaretos. ihu filii sirach liber: & ali⁹
pseudographus. qui sapientia salo-
monis inscribit. Quoꝝ priorē hebra-
icum reperi. nō ecclesiasticū ut apud la-
tinos: sed parabolas p̄notatū. Cui iūcti
erāt ecclesiastes. et canticū canticoꝝ: ut
similitudinē salomonis. nō solū nu-
mero librorū: sed etiā materiaꝝ gene-
re coequaret. Secūdus apud hebreos
nusq; est: quia et ipse stilus grecam
eloquētiā redolet: et nōnulli scriptoꝝ
veteꝝ hūc esse iudei filonis affirmāt.
Sicud ergo iudith & thobie & macha-
beoꝝ libros. legit quidē eos eccl̄ia. sed
inter canonicas scripturas nō recipit:
sic & hec duo volumina legat ad edi-
ficationē plebis: nō ad auctoritatem
ecclesiasticoꝝ dogmatū cōfirmandam.

Si cui sane septuaginta interpretum
magis editio placet: habet eā a nobis
olim emendatā. Neq; eni noua sic cu-
dim⁹: ut vetera destruam⁹. Et tamē cū
diligentissime legerit. sciat magis nr̄a
scripta intelligi: que nō in tercium vas
transfusa coacuerit: sed statim de prelo
purissime cōmendata teste: suū saporē ser-
uauerit. Expl' ep̄la. Incip' lib' parabolaꝝ.
Parabole salomonis A
filii dauid regis isrl:
ad sciendā sapienti-
am & disciplinā: ad
intelligenda verba
prudentie et suscipi-
endā eruditionē doctrine: iusticiā
et iudiciū & equitatē: ut detur paruulis
astucia: et adolescenti sciencia et intel-
lectus. Audiēs sapiēs sapiētior erit: &
intelligēs gubernacula possidebit. Ani-
maduertet parabolam et interpretatio-
nem: verba sapientū & enigmata eoꝝ.
Timor dn̄i principiū sapiētie. Sapien-
tiam atq; doctrinam stulti despiciūt.
Audi fili mi disciplinā prīs tui et ne
dimittas legem mr̄is tue: ut addatur
gratia capiti tuo: & torques collo tuo.
Fili mi si te lactauerint peccatores: ne ac-
quiescas eis. Si dixerint veni nobiscū. B
insidiemur sāguini. abscōdam⁹ tedi-
culas cōtra insontem frustra. degluti-
amus eū sicud infernus viuentē & inte-
grum. quasi descēdentē in lacū: omnē
preciosā substantiā reperiem⁹. implebim⁹
domus nr̄as spoliis. sortem mitte no-
biscum. marsupiū sit vnum omniū
nr̄m: fili mi ne ambules cū eis. Pro-
hibe pedem tuū a semitis eoꝝ. Pedes
eni illoꝝ ad malū currūt: & festināt ut
effundant sāguinem. Frustra autem
iacit rete ante oculos pēnatoꝝ. Ipsi q̄3
contra sanguinē suū insidiantur: et

Wissens aus der persönlichen Interaktion bedeutete auch, daß sich zwischen Individuum (Schreiber, Leser) und Umwelt (Gesellschaft, Natur) eine eigene, eben die Schrift- oder Textebene, schob. Wer zuerst einen einschlägigen Text liest, bevor er sich selbst mit der Wirklichkeit befaßt, dem wird aber einerseits der Konstruktcharakter jeder Wirklichkeitswahrnehmung und -beschreibung viel deutlicher. Andererseits verfügt er mittels Schrift und Text über ein zusätzliches, objektiviertes Medium, sich über Gesellschaft und Natur klar zu werden und zu verständigen. Schließlich kann Verständigung über die Umwelt oder sich selbst sogar tendenziell nur noch im Text stattfinden, sich der entsprechende Wahrnehmungs- und Kommunikationsprozeß also verselbständigen und nur noch den Gesetzen des Textes folgen. Erneut ist dem Buchdruck, der wie gesagt durch seine Standardisierung die äußerliche, technisch-formale Qualität der Schrift und des Textes besonders prägnant zeigt, nicht die Erzeugung, aber doch eine maßgebliche Intensivierung dieser Wirkungen zuzuschreiben.

Woran die genuinen Innovationen des Buchdrucks ansetzen, bleibt also die erstmalige Möglichkeit der seriellen Reproduktion, der massenhaften Zurverfügungstellung identischer Schrift bzw. Texte in hoher, nur noch von der Transportzeit abhängiger Schnelligkeit. Deren Konsequenzen für die Kommunikation sind mittlerweile gut erforscht. Zu unterscheiden sind mediale und kulturelle sowie gesellschaftlich-politische Wirkungen.[5]

Medial entscheidend ist zunächst, daß die Typographie jetzt systematisch aus dem Zusammenhang persönlicher Interaktion losgelöste Texte und Informationen verbreitet. Um verstanden werden zu können, müssen die gedruckten Texte ihren Sach- und Kommunikationszusammenhang deshalb jeweils selbst ausweisen. Das heißt, sie sind je länger desto mehr mit eindeutigen Titeln, entsprechenden Einleitungen, Autoren-, Druck-, Verlags- und Adressatenangaben sowie Anmerkungen und – je nach Umfang – Nachschlagehilfen, Paginierung und Indices auszustatten. Ihre Argumentation muß darüber hinaus – da sie nicht jeweils mündlich erläutert oder ergänzt werden kann – hinreichend vollständig, logisch stringent und überzeugend angelegt sein. Aus beiden Notwendigkeiten ergibt sich eine neuerliche Verstärkung des Selbständigkeitscharakters des Textes im Verhältnis zur Wirklichkeit. Sie sind darüber hinaus mit einer Bevorzugung des Sehens vor dem für die mündliche Kommunikation charakteristischen Hören verbunden und tragen, weil ihr Bezugssubjekt der einzelne Leser und Schreiber ist, dazu bei, daß sich die Kommunikation fortschreitend individualisiert. Ferner bewirken die Autonomie des Textes und die grundsätzlich individuell-isolierte Form seiner Rezeption, daß logische Stringenz und rhetorisch-literarisch vermittelte Überzeugungskraft zum eigentlichen Wahrheitskriterium werden bzw. die Textanalyse als Form der Befassung mit diesem Kriterium eine enorm gesteigerte Bedeutung erhält.[6]

Zu den wichtigsten kulturellen Konsequenzen des mit dem Buchdruck verknüpften medialen Wandels gehörte, daß sich die Wissenschaft, die bereits in der Antike erfundene systematische Bemühung um Sicherung, Weitergabe und Erzeugung höheren (nicht alltäglichen, komplexen) Fakten-, Orientierungs- und Methodenwissens, in neuer Weise am Text ausrichtete und textanalytisch-philologisch auflud. Nachdem jetzt nicht mehr nur einzelne Individuen oder Gruppen über den Text verfügten, sondern im Prinzip alle – und dazu prinzipiell gleichzeitig – Zugang zu nunmehr vollständig identischen

5 Vgl. zu diesen und den weiteren hier skizzierten Konsequenzen und Transformationen der Erfindung des Buchdrucks grundlegend die einschlägigen Passagen bei GIESECKE, Buchdruck; KERLEN, Einführung; PETER BURKE, Papier und Marktgeschrei. Die Geburt der Wissensgesellschaft, Berlin 2000; DERS., Gutenberg bewältigen. Die Informationsexplosion im frühneuzeitlichen Europa, in: Jahrbuch für europäische Geschichte 2 (2000), 237–248 und RUDOLF SCHLÖGL, Medien – Wahrnehmung – Wissensorganisation. Von der Schrift zum Druck, in: www.uni-konstanz.de/FuF/Philo/Geschichte/MMAG/Theorie/Theorie-Index.htm.

6 Vgl. die Hinweise bei GERIGK, Lesen; erst die Typographie ermöglichte damit die (moderne) Hermeneutik als Textinterpretationsmethode.

Kopien hatten, wurde Wissenschaft als argumentative Kommunikation unter Kundigen erstmals grundsätzlicher raum-zeitlicher Beschränkungen ledig. Originalität und Erstentdeckung gewannen an Wichtigkeit. Entsprechend intensivierter wissenschaftlicher Wettbewerb konnte stattfinden.[7] Nicht oder nicht vornehmlich textlich transportierbares Wissen wie z.B. Magie oder handwerklich-technisches Praxiswissen geriet demgegenüber ins Hintertreffen. Zugleich Voraussetzung und Folge dieser Entwicklung war des weiteren die fortschreitende Standardisierung und Homogenisierung zunächst der Text-, dann über deren Ausstrahlung auf die Oralität auch der gesprochenen Sprache: Nur wer sich einer allgemein bekannten und verstandenen Sprache befleißigt, kann an der sich über den Druck vollziehenden, anonymen Kommunikation teilnehmen, dort seine eigenen Ideen unterbringen. Schließlich verschob sich wie oben angedeutet das erst zugunsten von persönlicher und oral vermittelter Erfahrung gewichtete – Text als ergänzende Fixierung dieser Erfahrung –, dann in der Balance – Gleichwertigkeit von Text und Erfahrung – gehaltene Verhältnis von persönlich gemachter und oral vermittelter Erfahrung bei den lesenden Gruppen und Schichten zugunsten des Textes bzw. Buchdrucks: Erfahrung konnte jetzt vornehmlich schriftlich vermittelt und durch Lesen angeeignet werden. Das bedeutete eine fundamentale Transformation der Art und Weise des gesellschaftlichen Lernens, dessen Intensivierung und ungeahnte Beschleunigung.[8]

Damit haben wir bereits die Sphäre der gesellschaftlich-politischen Wirkungen erreicht. Zunächst ist festzuhalten, daß die Vorgänge der Texterstellung, des Drucks, des marktförmigen Vertriebs und der Nutzung der Druckerzeugnisse zwecks Wissenserweiterung einen neuen sozioökonomischen Zusammenhang entstehen ließen, der sich schnell zu einer neuen gesellschaftlichen Struktur, dem sogenannten frühneuzeitlichen Informationssystem, entwickelte. Der Herausgeber und Kommentator bereits vorliegender, aber noch nicht massenhaft bekannter Texte orientierte sich in seiner Tätigkeit ebenso wie der Autor neuer Texte teils an eigenen Wichtigkeitsüberzeugungen sowie an den inneren und äußeren Möglichkeiten des Drucks, teils an der zu erwartenden Nachfrage. Beim Drucker und Verleger standen je länger desto mehr Absatzkalkulationen im Vordergrund. Die Leser bzw. Käufer steuerten ihr Verhalten nach eigenen Erwartungen, Bedürfnissen und Interessen; es waren sogar symbolisch-rituelle Formen des Umgangs mit dem Buch möglich, die keine wirklichen Lesekenntnisse voraussetzten.[9] Der Zugang zum Druck war prinzipiell nicht mehr über den sozialen Stand oder andere, herkömmliche soziokulturelle Kriterien geregelt, sondern allein über die Kaufkraft. Der Leser trat im Lesen mit dem Autor in eine Art anonymen Dialog, der zum Rollenwechsel, zur ebenfalls gedruckten Antwort des Lesers, also zu seinem Auftritt als Autor, anregte; zahlreiche Drucke der hier beobachteten Phase forderten ausdrücklich dazu auf, die eigene Antwort wieder jeweils in den Druck zu geben. Auch die mehr oder weniger scharfe Konfrontation unterschiedlicher Auffassungen, die sich aus dieser Dynamik ergab, trug dazu bei, daß ein bald selbsttragender, genereller, das heißt nicht mehr von konkreten Inhalten und Texten bestimmter Neuigkeitshunger entstand, der altes und neues Wissen in überwiegend problematisch empfundene, wiederum textlich-wissenschaftlich zu verarbeitende Spannung zueinander brachte und die Vorstellung fortschreitender Wissensvermehrung und des Vorrangs neuesten Wissens unterstützte. Auf diese Entwicklung mußten wiederum die Autoren und Drucker

7 Giesecke, Buchdruck, 665–681; Burke, Papier, 132–137.

8 Burke, Papier, passim; vgl. auch Paul Münch (Hg.), »Erfahrung« als Kategorie der Frühneuzeitgeschichte, München 2001, wo das Thema im vorliegenden Sinne jedoch kaum systematisch analysiert wird.

9 Peter Ganz (Hg.), Das Buch als magisches und als Repräsentationsobjekt, Wiesbaden 1992.

Abb. 24: Verschiedene Gewerke der Buchproduktion, aus: Jost Amman, Ständebuch (1568)

bzw. Verleger reagieren, indem sie ihre Drucke durch entsprechende Titel und rhetorisch-literarische Ausgestaltung als neu auszuweisen versuchten.[10]

Angesichts ihres vor allem anfänglich relativ hohen Preises, des weitgehenden inneren Zusammenhangs des von ihnen vermittelten Wissens, ihrer gesprächsergänzenden, -anregenden und -steuernden Funktionen sowie ihrer Monopolstellung als Wissensquellen in vielen Bereichen wurden die Drucke im übrigen von Anfang an nicht als Verbrauchsprodukte angesehen, sondern aufbewahrt.[11] Auf diese Weise stattete der Buchdruck nicht nur die wissensorientierten und Wissen benötigenden Institutionen Kloster, Universität und administrativ-herrschaftlichen Zentralen von der Kirche über den Staat bis zur Stadt, dem Adelshof und Kaufmannskontor auf neue Weise aus. Vielmehr verknüpfte er diese Kerninstitute der frühmodernen Gesellschaft zumindest tendenziell auch in neuer Weise miteinander und profilierte sie, indem sich mittel- und längerfristig die jeweils spezifisch benötigten Wissensperspektiven und Druckbestände durchsetzten, zugleich gegeneinander. Da Druck, Regal, Archiv und Bibliothek Information sehr effektiv speicherten und bereithielten, wuchs der Umfang der vorliegenden Information ferner höchst schnell, so daß diese einerseits zunehmend deutlicher nach bestimmten Kri-

10 Grundlegend Giesecke, Buchdruck, 425–434. Eindrucksvolle Belege für diesen Mechanismus bei einem Leser der hier untersuchten Zeit bietet jetzt Helmut Puff, Leselust. Darstellung und Praxis des Lesens bei Thomas Platter (1499–1582), in: Archiv für Kulturgeschichte 84 (2002), 133–156.

11 Dieser Aspekt kommt bei Burke, Papier, im Ganzen deutlich zu kurz.

terien registriert und geordnet werden mußte – die Frühe Neuzeit ist demzufolge auch eine Epoche der Bibliographie, der Enzyklopädie und der Bibliotheksordnungen – und andererseits nicht zuletzt in Zusammenhang mit dem Neuigkeitspostulat die Frage auftrat, was für wen und zu welchem Zweck gegebenenfalls auch wie lange gespeichert werden sollte. Mit anderen Worten, das Informationssystem Buchdruck förderte auch an dieser Stelle sowohl systematisches als auch historisches Denken; es trieb Vereinheitlichung – Klassifizierung, Verknüpfung und Abgleich von Wissen – wie Pluralisierung – Spezialisierung, Abgrenzung –[12] voran. Schließlich verschaffte es der frühneuzeitlichen Gesellschaft nicht nur erstmals zunächst um die genannten Kerne zentrierte Teilöffentlichkeiten und später, ab dem 17. Jahrhundert, eine Gesamtöffentlichkeit, die von Anfang an für Herrschaftsansprüche, Loyalitätserwartungen und Gemeinwohlvorstellungen zugänglich, anfällig und damit höchst relevant waren, sondern auch eine neue Art von Erinnerungskultur: Buchdruck, Buchbesitz und Buchbenutzung bestimmten entscheidend mit, welches Wissen über welche Vergangenheit präsent blieb, reaktiviert wurde oder dem Vergessen anheim fiel.

Wie vollzogen sich diese hier notwendigerweise abstrakt skizzierten Entwicklungen konkret? Entscheidend waren im hier zur Debatte stehenden Zeitraum vier historisch-kulturelle Konfigurationen oder Phasen, die wir im Folgenden in ihrer chronologischen Reihung betrachten wollen.

2. Das ausgehende Mittelalter

Um möglichst schnell seine Kosten zu amortisieren und in die Gewinnzone zu kommen, mußte Gutenberg Werke drucken, deren Absatz durch die etablierten Wissensbedürfnisse seiner Zeit gesichert war. Bezeichnenderweise verfuhr er dabei dreigleisig.[13] Erstens gab er eines der wichtigsten lateinischen Sprachbücher seiner Zeit, die Sprachlehre des Aelius Donatus, den sprichwörtlichen Donat, der sowohl an Schulen und Universitäten als auch bei den geistlichen und weltlichen Gebildeten massenhaft im Gebrauch war, in die Presse; er soll in 24 Auflagen zu je 200–400 Stück produziert worden sein. Zweitens begann er, amtliches Schrifttum der Kirche – zuerst offenbar Ablaßbriefe – und des Reiches – den nach der Erstürmung Konstantinopels 1453 entstandenen sogenannten Türkenkalender, faktisch ein Nachrichtenblatt – zu fertigen. Drittens wagte er sich an den Bibeldruck, um am Buch der Bücher schlechthin die Leistungsfähigkeit seiner Technik gegenüber der Skriptographie unter Beweis zu stellen. Zwischen 1452 und 1454 entstand dann tatsächlich, trotz erheblicher Widrigkeiten in der Kapitalbeschaffung und in der technischen Umsetzung, die erste gedruckte, lateinischsprachige Bibel, die 42 Zeilen pro Seite und einen Umfang von nicht weniger als 1282 Seiten aufwies. Sie machte ihren Schöpfer schlagartig berühmt und erbrachte den angestrebten Qualitätsnachweis, wie kein geringerer als Aenea Silvio Piccolomini, der spätere Papst Pius II. (1405–1464), in einem Brief von 1455 bezeugte: Die Druckausgabe sei in höchst sauberer und korrekter Schrift ausgeführt, leide also nicht an Unregelmäßigkeiten und Verwischungen wie die handschriftlichen Kopien, und weise nirgendwo Fehler – Verschreibungen – auf, so daß sie mühelos und ohne Brille gelesen werden könne. Der Humanist belegt außerdem, daß Gutenberg überwiegend auf Bestellung druckte, es

12 Zu dieser noch wenig beachteten Tendenz vgl. Martin Mulsow, Pluralisierung, in: Anette Völker-Rasor (Hg.), Oldenbourg Geschichte Lehrbuch Frühe Neuzeit, München 2000, 303–307; Winfried Schulze, Kanon und Pluralisierung in der Frühen Neuzeit, in: Aleida Assmann/Jan Assmann (Hg.), Kanon und Zensur. Archäologie der literarischen Kommunikation, Bd. 3, München 1987, 317–325.

13 Vgl. die Zusammenstellung bei Füssel, Gutenberg, sowie Giesecke, Buchdruck, 214–234, mit der Übersicht über das Programm der Drucker bis 1468 insgesamt. Zur Bedeutung des Bibeldrucks siehe jetzt John L. Flood, Les premières Bibles allemandes dans le contexte de la typographie européenne des XVe et XVIe siècles, in: Bertram Eugene Schwarzbach (Hg.), Le Bible imprimée dans l'Europe moderne, Paris 1999, 144–165.

ferner nicht versäumte, dem Kaiser und anderen hohen Würdenträgern Freiexemplare zukommen zu lassen, bewußt das Handels- und Nachrichtenzentrum Frankfurt a.M. zum Ort der Präsentation seiner Errungenschaft machte und die Auflage schnellstens vergriffen war.[14] Noch zu Lebzeiten Gutenbergs, aber weniger von ihm selbst, sondern von (ehemaligen) Geschäftspartnern und Mitarbeitern, wurde das Angebot für die institutionellen Nachfrager Kirche, Staat und Gebildete rasch ergänzt. Zu ersten deutschsprachigen Bibeln kamen deutsche Literaturwerke, zuerst vermutlich eine Fabelsammlung (1461) und eine Ausgabe des Ackermanns aus Böhmen (1463). Auch diese, erstmals weniger spezifische Wissensinteressen und tendenziell breitere Bevölkerungskreise bedienenden Druckerzeugnisse begannen schnell, ihre in weniger zahlreichen Exemplaren vorliegenden, nur sehr mühsam und fehlerträchtig zu kopierenden handschriftlichen Vorläufer zu ersetzen.

Bereits 1459 waren wohl von Mainzer Gesellen in Straßburg und Bamberg weitere Druckereien errichtet worden. Bis 1470 stieg die Zahl der europäischen Druckorte auf 17, 1480 auf 121, 1490 auf 204 und 1500 auf 252, von denen 52 auf dem Boden des Heiligen Römischen Reiches lagen, unter ihnen die oberdeutsche Handels- und Kommunikationskapitale Augsburg.[15] Italien (um 1500: 80 Druckorte) und Frankreich (43) wurden bereits Ende der 1460er bzw. Anfang der 1470er Jahre erreicht; ihnen folgten Ungarn, Spanien und die Niederlande (21), ab 1476 auch England (um 1500: 3). Insgesamt scheinen bis zur Jahrhundertwende ungefähr 27 000 Werke in einer Gesamtauflage von rund 20 Millionen Exemplaren gedruckt worden zu sein. Ihre Produktion erfolgte nach wie vor überwiegend nach Auftrag; lediglich Vorformen der Buchwirtschaft entstanden, vor allem in Gestalt des Buchtausches der Drucker bzw. Verleger und Händler sowie der Editoren und Autoren untereinander. Von einer freien, marktförmigen, sich gegenseitig bedingenden Entwicklung von Angebot und Nachfrage kann also trotz bemerkenswerter Ansätze noch kaum die Rede sein. Diese Situation bezeugen auch die ersten Druckanzeigen, die weniger für einzelne Druckerzeugnisse werben, sondern auf die Existenz und Kapazität der Druckereien aufmerksam machen, also erst Druckaufträge hereinzuholen sich bemühen.[16]

Es blieben vorläufig die genannten Institutionen und Schichten, die Wissen dauerhaft verbreiten und erwerben wollten, wie an der Zusammensetzung des Druckgutes abgelesen werden kann.[17] Im Vordergrund stand der kirchliche Bedarf. Er führte zum Druck administrativ-rechtlicher, theologischer und religiöser Texte für den Klerus und für alle diejenigen, die in diesen wirtschaftlich und sozial lukrativen Stand aufgenommen werden wollten, und zu einem überwältigenden Vorrang der lateinischen Sprache. Ebenfalls noch im kirchlichen Rahmen und im Lateinischen, aber im Hinblick vor allem auf profanes medizinisches und juristisches Expertenwissen bereits aus ihm heraus strebend, bewegte sich die Universität.[18] Auch hier bildeten Produzenten und Konsumenten einen begrenzten Beteiligtenkreis, dessen Wünsche und Interessen, zumal angesichts eines noch vorherrschend statischen, also auf dauerhaft gleichen Texten beruhenden Wissenschaftsverständnisses, bald einen vorläufigen Sättigungsgrad erreichen konnten. Desgleichen noch relativ wenig expansiv angelegt war das Bedürfnis der weltlichen Herrschaft, Wissen im Druck großflächig zu verbreiten und zu erwerben. Erstens hatte sie sich erst ansatzweise von der Kirche emanzipiert. Zweitens waren gerade diejenigen Varianten, die am stärksten auf Masse angewiesen waren, nämlich die

14 Michael Rothmann, Gutenberg, der Buchdruck und die Frankfurter Messe, in: webdoc.gwdg.de/ebook/aw/2000/gutenberg_vortrag/vortrag-rothmann.pdf.

15 Zahlenangaben nach Rothmann, Gutenberg; vgl. auch die Hinweise bei Burke, Gutenberg; Klaus Wagner, Der Buchdruck in Europa im 15. Jahrhundert, in: 15. Jahrhundert. Weltausstellung Sevilla 1992. Thematischer Pavillon, Sevilla 1992, 76–83 sowie für Themen und Leserinteressen grundlegend Neddermeyer, Handschrift. Zu England und Frankreich vgl. die Grunddaten bei Joyce Coleman, Public reading and the reading public in Late Medieval England and France, Cambridge, Mass. 1996, und zu Augsburg Hans-Jörg Künast, »Getruckt zu Augsburg«. Buchdruck und -handel in Augsburg zwischen 1468 und 1555, Tübingen 1996.

16 Jürgen Vorderstemann, Augsburger Buchanzeigen des 15. Jahrhunderts, in: Gier/Janota, Augsburger Buchdruck, 55–72; Hans Michael Wintersoll, Summae innumerae. Die Buchanzeigen der Inkunabelzeit und der Wandel lateinischer Gebrauchstexte im frühen Buchdruck, Stuttgart 1987.

17 Neddermeyer, Handschrift; Thomas Kock/Rita Schlusemann (Hg.), Laienlektüre und Buchmarkt im späten Mittelalter, Frankfurt a.M. 1997.

18 Wolfgang E. J. Weber, Geschichte der europäischen Universität, Stuttgart 2002, 63–68 und 142–158.

territorial übergreifenden Gewalten, noch nicht sehr ausgeprägt, während in den kleinräumigen Herrschaften, z.B. der Stadt, die Kommunikation mündlich erfolgen konnte und, angesichts des strukturellen Zuschnitts jeder Herrschaft in Mittelalter und Frühneuzeit auf Personen und persönlichen Umgang sowie wegen der Illiteralität der breiten Bevölkerung, auch erfolgen mußte. Drittens war die europäische Mächterivalität, die jeden Beteiligten in neuartiger Qualität zu verstärkter Selbstdarstellung nach außen und auch über Wissensverbreitung zu erzeugender innerer Festigung verpflichtete, gerade erst dabei, richtig in Schwung zu kommen; als ihr Beginn gilt herkömmlicherweise der Einmarsch Karls VIII. von Frankreich in Italien (1494). Der Adel und die Kaufleute dagegen gaben ihr nicht sonderlich spezifisches Wissen noch wie selbstverständlich fast ausschließlich in der persönlichen Interaktion weiter, also rein mündlich oder mündlich in Verbindung mit handschriftlichen Notizen, mit der wesentlichen Ausnahme des Rechnens, wie am Aufkommen früher Rechenbücher abzulesen ist.[19] Schließlich blieb auch die Zahl der Gebildeten, die sich über ihr Grundlagenwissen und gegebenenfalls ihr berufliches Spezialwissen hinaus für Bildungswissen z.B. im Bereich der Belletristik hinreichend genug interessierten, um sich eigene Exemplare zuzulegen, in der Regel[20] noch sehr begrenzt.

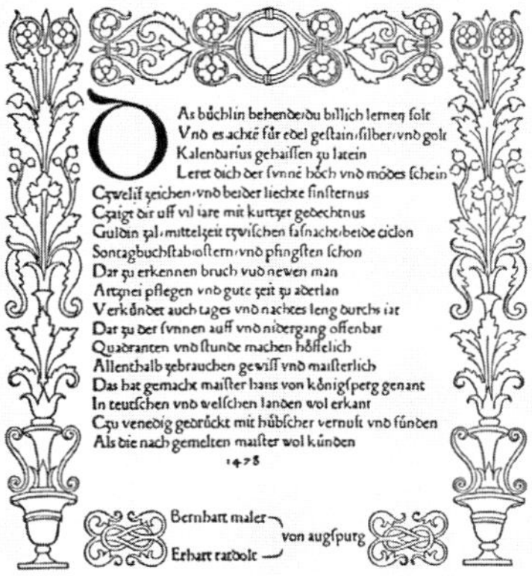
Das büchlin behende, du billich lernen solt
Vnd es achtē für edel gestain, silber, vnd golt
Kalendarius gehaissen zu latein
Leret dich der sunnē höch vnd mödes schein
Czwelif zeichen, vnd beider liechte finsternus
Czaigt dir uff vil iare mit kurtzer gedechtnus
Guldin zal, mittelzeit czwischen fasnacht, beide ciclon
Sontagbuchstab, ostern, vnd pfingsten schon
Dar zu erkennen bruch vnd newen man
Artznei pflegen vnd gute zeit zu aderlan
Verkündet auch tages vnd nachtes leng durchs iar
Dar zu der sunnen auff vnd nidergang offenbar
Quadranten vnd stunde machen höffelich
Allenthalb zebrauchen gewiss vnd maisterlich
Das hat gemacht maister hans von königsperg genant
In teutschen vnd welschen landen wol erkant
Czu venedig gedrückt mit hübscher vernuft vnd fünden
Als die nach gemelten maister wol künden
1478
Bernhart maler / Erhart ratdolt – von augspurg

Abb. 25: Johannes Regiomontanus, Kalendertitelblatt (1478)

Nicht zu übersehen ist jedoch, daß der Druck in seiner äußeren Gestaltung bereits auf die Bedürfnisse und Wünsche seiner Produzenten und Konsumenten reagierte, also seine oben skizzierte Eigendynamik zu entfalten begann.[21] Stand zunächst noch das Modell der Skriptographie im Vordergrund, u.a. mit der Folge nachträglicher Kolorierung von Drucken, begann sich nunmehr eine eigene Druckästhetik auszubilden. Die Schriftarten, Schriftgrößen und Formate vervielfältigten sich und paßten sich Zug um Zug den diversen Textgattungen und Gebrauchsformen an. Herkunfts-, Autoren-, Druck- und weitere paratextliche Angaben begannen einzuwandern. Besondere Aufmerksamkeit galt der Aufnahme von Bildern und bildlichen Elementen, einerseits um mit der Skriptographie gleichzuziehen, andererseits offenbar zwecks Erschließung auch halbalphabetischer Käuferschichten. Zumal im ästhetisch verwöhnten und anspruchsvollen Stadtadel sowie im stets um besondere Prunkentfaltung bemühten Hochadel scheint sich nach der ersten Bucheuphorie allerdings sogar die Einschätzung verbreitet zu haben, daß der Buchdruck mit seiner Betonung schnellerer, billigerer und besserer Vervielfältigung von Texten im Vergleich zur Pracht der traditionellen Buchunikate einen Rückschritt bedeute, weshalb sich die Presse in regional und zeitlich unterschiedlicher Dichte teilweise eher der noch auf dem Holzschnitt basierenden Bilderreproduktion widmete. Mit anderen Worten, nach der Befriedigung der unmittelbaren Bedürfnisse der Kirche, weltlicher Herrschaften, von Bildungsbeflissenen und Kaufleuten zeichnete sich so etwas wie eine Stagnation der jungen Informationstechnologie ab.[22] Wer sie rettete, war die erste Reformbewegung der Frühen Neuzeit, der Humanismus.

3. Der Humanismus

Der Humanismus war die Bildungs- und Reformbewegung der Renaissance, die sich von der Wiederherstellung der Sprachen und Kultur des griechisch-römischen Altertums nichts weniger als eine grundlegende Erneuerung ihrer

19 Johannes Burkhardt, Altökonomik und Handelsliteratur in den Augsburger Druckmedien, in: Gier/Janota, Buchdruck, 423–446, hier 437–444.

20 Die Ausnahme war Augsburg, vgl. Hans-Jörg Künast, Entwicklungslinien des Augsburger Buchdrucks von den Anfängen bis zum Ende des Dreißigjährigen Krieges, in: Gier/Janota, Buchdruck, 3–22, hier 12.

21 Zusammenfassend Giesecke, Buchdruck, 420–425 und 700–702; Kerlen, Einführung, 114–116 u.ö.; Horst Kunze, Geschichte der Buchillustration: Das 15. Jahrhundert, Frankfurt a.M./Leipzig 1975; Ders., Das 16. und 17. Jahrhundert, Frankfurt a.M. 1993; Lilian Armstrong, The impact of printing on Miniaturists in Venice after 1469, in: Sandra Hindman (Hg.), Printing the written word. The social History of Books 1450–1520, Ithaca, NY/London 1991, 174–203; zahlreiche Beispiele in Gier/Janota, Augsburger Buchdruck; Gérard Genette, Paratexte. Das Buch vom Beiwerk des Buches, Frankfurt a.M./New York 1989.

22 Vgl. für den Fall Augsburg Künast, Buchdruck, 224ff. u.ö.

Gegenwart versprach.[23] Im Hinblick auf seine Verbindung mit dem Buchdruck sind zunächst die besonderen historisch-kulturellen Bedingungen seiner Ursprungsregion, Italiens im 14./15. Jahrhundert, zu erwähnen.[24] Vor allem die großen Städte Oberitaliens waren bekanntermaßen ökonomisch-sozial bereits fortgeschritten und hatten sich demzufolge auch kulturell stärker als die übrigen Räume Europas vom Mittelalter entfernt. Insbesondere war ein aufstrebendes städtisches Bürgertum entstanden, dem es gelang, zwischen Kirche und Adel eine eigene soziale und kulturelle Position aufzubauen, und das sich schon früh entschieden und nachhaltig die tendenziell der Kirche vorbehaltene Kulturtechnik des Schreibens und Lesens aneignete. Dies alles kam der Übernahme und eigenständigen Fortentwicklung des Buchdrucks unmittelbar zugute. Die Vorteile der Massenkopie wurden schnell erkannt. Fachkräfte, welche die erforderlichen mechanischen Fertigkeiten beherrschten, waren ebenso vorhanden wie das notwendige Investitionskapital und die Kenntnisse der betrieblichen Organisation. Die längst erfolgte Ausrichtung des größten Teils der Produktion auf den freien Markt förderte Arbeitsteiligkeit und die Ausschöpfung des Rationalisierungspotentials der neuen Technologie. Die ästhetischen Standards der mittelalterlichen Skriptographie galten nur noch teilweise; stattdessen hatten schon lange Innovationsfreude, Experimentierlust und die Orientierung an der Antike, deren Zeugnisse in Architektur, Fundobjekten usw. gerade hier überreich begegneten, an Boden gewonnen. Zum größten institutionellen Drucknachfrager und Wissensverbreiter, der hier besonders einflußreichen Kirche, sowie zu den – im Kontrast dazu – bevorzugt auf juristische und medizinische Fachkenntnis ausgerichteten Universitäten war schon verstärkt die Wirtschaft getreten, welche das hier unübersehbar bereits spezifischer gewordene kaufmännisch-buchhalterische Fachwissen – von den Anfängen der Wirtschaftssprache (vor allem: Banksprache) über die doppelte Buchhaltung bis zur Währungsumrechnung und zum geographisch-landeskundlichen Marktwissen – schriftlich und dann im Druck fixiert sehen wollte.[25]

Nach seiner Herkunft wie sachlich war der Humanismus primär mit dem Medium Handschrift befaßt.[26] In dieser Form, und zwar konkret zumeist in Gestalt frühmittelalterlicher Pergamentabschriften, begegneten den Humanisten die bewunderten antiken Autoren und Werke. Entsprechend rühmten Francesco Petrarca und andere frühe Vertreter einerseits den von ihnen in diesem kostbaren Textgut vorgefundenen Schrifttyp, die überwiegend karolingische Minuskel, wegen ihrer Eleganz und Harmonie und entwickelten sie – unter Heranziehung römischer Inschriften – zur humanistischen Antiqua weiter. Andererseits stilisierten sie die persönliche Handschrift zum Ausweis gelehrter Individualität und Persönlichkeit. Die mit dem Druck unvermeidlich verbundene Standardisierung bzw. Anonymisierung der Schrift konnten ihre Nachfolger deshalb anfänglich nur zögernd akzeptieren. Sie wurden erst für die neue Technologie gewonnen, als die Drucker ihre Antiqua auch zur Druckschrift zu machen lernten und ihnen klar wurde, welche ungeheuren Vorteile die Herstellung massenhafter, textidentischer Exemplare für ihr Bildungs- und Wissenschaftsprogramm mit sich brachte. Die antiken und humanistischen Ideen ließen sich entsprechend weit und schnell unter die Leute bringen. Der Text konnte als wichtigster oder gar allein gültiger Wissens- und Kulturträger dargestellt werden. Der Druck ermöglichte neue, wesentlich verbesserte kommunikative Formen humanistisch-philologischer Arbeit, voran

23 Vgl. grundlegend August Buck, Humanismus. Seine europäische Entwicklung in Dokumenten und Darstellungen, Freiburg i.B./München 1987; ferner Peter Burke, Die Renaissance in Italien. Sozialgeschichte einer Kultur zwischen Tradition und Erfindung, Berlin 1996.

24 Zusammenfassend Brian Richardson, Printing, Writers and Readers in Renaissance Italy, New York 1999; vgl. ferner Luciana Bigliazzi u.a. (Hg.), Aldo Manuzio tipografo 1494–1515. Catalogo, Florenz 1994 sowie Fernando Ascarelli/Mario Menato, La tipografia del '500 in Italia, Florenz 1989.

25 Vgl. hierzu die einschlägigen Hinweise bei Jochen Hoock/Pierre Jeannin (Hg.), Ars mercatoria. Handbücher und Traktate für den Gebrauch des Kaufmanns. Eine analytische Bibliographie in sechs Bänden, Bd. 3: Analysen, Paderborn 2001; für den deutschen Bereich vgl. Burkhardt, Altökonomik.

26 Stephan Füssel (Hg.), Humanismus und früher Buchdruck. Akten des interdisziplinären Symposions vom 5./6. Mai 1995 in Mainz, Mainz 1997; Fritz Krafft/Dieter Wuttke (Hg.), Das Verhältnis der Humanisten zum Buch, Boppard 1977; Paul Bissels, Humanismus und Buchdruck. Vorreden humanistischer Drucke in Köln im ersten Drittel des 16. Jahrhunderts, Nieuwkoop 1965; Kerlen, Einführung, 91–94 u.ö.

die – bisher ausschließlich im persönlichen oder brieflichen Gespräch vorzunehmende – sorgfältige Reinigung der Texte von späteren Zusätzen und Fehlern, also die (möglichste) Wiederherstellung des Originals. Das antike Wissen konnte sowohl in systematischer – Wiederherstellung des gesamten Spektrums und der Ordnung des klassischen Wissens – als auch in praktischer Absicht gespeichert, geordnet und zur Verfügung gestellt werden. Erst über den Druck konnte eine europaweite Gelehrtengemeinschaft, die humanistische »respublica litteraria«, aufgebaut werden. Der massenhaft zur Verfügung stehende Text gestattete die Intensivierung und Beschleunigung der Bildung in einem Maße, wie es zuvor undenkbar gewesen war. Mit anderen Worten, bereits dem Humanismus waren diejenigen wesentlichen Errungenschaften des Einsatzes des Buchdrucks geschuldet, die sich – wie oben skizziert – einerseits auf den Komplex der Wissenschaft, andererseits auf das gesellschaftliche Lernen insgesamt beziehen.

Seine aus seiner Verbindung mit der neuen Reproduktionstechnologie resultierenden historischen Leistungen reichen allerdings noch erheblich weiter. Nicht nur ist die Antiqua die bis heute maßgebliche Drucktype geblieben. Nicht nur stellten, wie angesprochen, die Sicherung der bislang stets erneut abzuschreibenden klassischen Überlieferung und damit die systematische Speicherung des antiken Wissens die welthistorisch kaum zu überschätzende Leistung des Humanismus dar.[27] Auch die Codierung der antiken Texte, also die gerade durch die oben angesprochene Logik des Drucks erzwungene Herstellung eines eindeutigen Autorenbezugs und damit die Institutionalisierung der Textablage unter dem Autorennamen bzw. die Herstellung eines Klassikerkanons, der in seinem Kern bis heute gilt, vervollständigt die Leistung des humanistischen Buchdrucks noch nicht. Vielmehr sind auch die Anregungen auf die nicht lateinischen und nicht griechischen Textproduktionen bzw. Literaturen einzubeziehen, die vom Humanismus ausgingen.[28] Daß die meisten Humanisten die Aufnahme des Hebräischen in das europäische Bildungs- und Wissenschaftsprogramm befürworteten und dadurch erst einen nennenswerten Markt für den Druck von Hebraica schufen, der wiederum Voraussetzung für eine breitere Rezeption des hebräisch-jüdischen Elements in der europäischen Kultur war, ist bekannt.[29] Ebenso noch zum allgemeinen Bildungswissen zählt der Tatbestand, daß die Humanisten von der Edition, Kommentierung und Interpretation klassischer Werke zu deren Nachahmung und Fortentwicklung nicht nur in den beiden antiken, sondern auch in den jeweiligen Volkssprachen übergingen und damit deren Umsetzung in den Druck, verbunden mit all den oben skizzierten Konsequenzen, in ganz erheblichem Ausmaß förderten. Weniger bekannt erscheint, daß diese Prozesse keineswegs ausschließlich dasjenige Text- oder Literatursegment betrafen, welches wir heute als Belletristik bezeichnen würden; vielmehr war auch Gebrauchs- und Wissensliteratur unterschiedlichster Art vor allem für das Selbststudium, von der Hausväterliteratur über populäre Medizinhandbücher und Astrologien bis zu Architekturbüchern, Sammlungen allgemeiner Lebensweisheiten (Florilegien), Klugheitslehren usw., einbezogen.[30] Der Humanismus regte zudem die vor seiner Zeit erst sehr rudimentär entwickelte Berichterstattung über die Neue Welt entscheidend an, vermittelte also nicht nur antikes, sondern auch außereuropäisches Wissen.[31] An Brennpunkten der Auseinandersetzung mit abweichenden Vorstellungen vor allem aus kirchlichen Kreisen, so z.B. im Streit um den Status und die Über-

27 Vgl. für eine bibliographische Teilerfassung jetzt Otto Mazal, Die Überlieferung der antiken Literatur im Buchdruck des 15. Jahrhunderts, 4 Bde., Stuttgart 2003. Besonders groß ist das Verdienst hinsichtlich der griechischen Überlieferung, vgl. dazu Evro Layton, The sixteenth century Greek book in Italy, Venedig 1994 und Robert Proctor, The printing of Greek books in the 15th century, Oxford 1900.

28 Exemplarisch Alfred Noe, Der Einfluß des italienischen Humanismus auf die deutsche Literatur vor 1600, Tübingen 1993.

29 David W. Amram, The makers of Hebrew books in Italy, London 1988.

30 Vom Reichtum dieser noch kaum erforschten Sorten legt z.B. das Verzeichnis der im deutschen Sprachbereich erschienenen Drucke des 16. Jahrhunderts (VD 16), Stuttgart 1983ff., eindrucksvolles Zeugnis ab.

31 Mark Häberlein, Monster und Missionare. Die außereuropäische Welt in Augsburger Drucken der Frühen Neuzeit, in: Gier/Janota, Buchdruck, 353–380; Michael Heckenhoff, Die Darstellung außereuropäischer Welten in Drucken deutscher Offizinen des 15. Jahrhunderts, Berlin 1996; Wolfgang Reinhard (Hg.), Humanismus und Neue Welt, Weinheim 1987.

Abb. 26: Cratanders Druckerzeichen

lieferungswürdigkeit hebräischer Texte, entstand sogar eine Art humanistischer Publizistik, die allerdings deshalb, weil sie sich überwiegend des Lateinischen befleißigte, erst begrenzte Leserschichten erfassen und damit noch kaum Massenwirkung entfalten konnte.[32]

In der historischen Entwicklung des humanistischen Buchdrucks lassen sich mehrere Phasen unterscheiden. Die ersten in der Mutterregion Italien tätigen Drucker waren deutsche Wanderdrucker, ins Land gerufen vielfach bereits von Humanisten. Angesichts der wie gesagt technisch-ökonomisch besonders günstigen Voraussetzungen entstand jedoch schon sehr schnell eine einheimische Druck-, Verlags- und Buchhandelslandschaft, zu deren Zentren vor allem Venedig, Florenz und Rom gehörten.[33] Deren Erzeugnisse, hervorgebracht vielfach von Druckern, die sich selbst als Humanisten verstanden und deshalb u.a. antikisierende Druckerzeichen entwickelten,[34] zeichneten sich durch besonders gute graphische Gestaltung, also Feinheit und Regelmäßigkeit der Zeichen und Zeilen, frühe Paginierung, ausführliche Register, aber auch gelungene Einbindung von Illustrationen und Bildern zuerst noch auf der Basis von Holzschnitten aus. Nur wenig später kamen französische Drucker und Städte als europäisch bedeutende Beiträger hinzu, die in wachsender Zahl und Auflage Werke vorlegten, welche den Vergleich mit Italien schon bald nicht mehr zu scheuen brauchten.[35] Von den frühen deutschen Druckzentren aus war die Druckkunst ferner parallel in die Niederlande gewandert, wo sich ebenfalls bald eine vor allem humanistisch geprägte Druckkultur entwickelte.[36] Von dort her eroberte – was den Humanismus zusätzlich beflügelte – im übrigen ab der Mitte des 16. Jahrhunderts der Kupferstich bzw. der aufwändig gestaltete Kupfertitel den Buchdruck. Die Einfügung von Bildern setzte allerdings noch lange den Doppeldruck voraus; das heißt, das mit Text bedruckte Blatt mußte nochmals als Bedruckvorlage für den Bilddruck dienen. Besondere technische Herausforderungen brachte ferner nach wie vor der durch Marginalien, Kopf- und/oder Fußzeilen ergänzte Mehrspaltendruck mit sich, der unterschiedliche, aber aufeinander bezogene Texte – z.B. Haupttext und Kommentar – synoptisch auf einer Seite anordnete, wie es vor allem bei kommentierten Editionen von antiken Klassikern, Rechtstexten usw. der Fall war.

Verläßliche Zahlen zum Gesamtumfang des humanistischen Druckaufkommens fehlen freilich, und zwar nicht zuletzt deshalb, weil die Abgrenzung dieser Produktlinie von nicht humanistischen Produktlinien jedenfalls im Übergangsbereich nur schwer vorzunehmen ist. Wir können die Grundfrage danach, in welchem Ausmaß diese Laien und Kleriker vereinende Reformbewegung den Ausstoß der Presse im Europa des ausgehenden 15. und vorreformatorischen 16. Jahrhunderts steigerte, deshalb nicht statistisch exakt beantworten. Auf der Grundlage einzelner Druck- und Verlagsprofile sowie von Daten zu einzelnen Städten grob geschätzt, könnte der Humanismus zumindest eine Verdoppelung bewirkt haben, wobei naturgemäß auf die in dieser Phase am stärksten humanistisch durchwirkten Länder Italien, Frankreich und die Niederlande der Löwenanteil entfiel.

32 Johannes Schwitalla, Die Flugschriften 1460–1525. Textsortengeschichtliche Studien, Tübingen 1983; Karl Riha (Hg.), Dunkelmännerbriefe. An Magister Ortuin Gratius aus Deventer, Frankfurt a.M. 1991.

33 Vgl. auch Marco Santoro, La Stampa in Italia nel Cinquecento, Rom 1992; Massimo Miglio (Hg.), Gutenberg a Roma: le origini della stampa nella città dei papi (1467–1477), Neapel 1977; Dennis E. Rhodes, La Stampa a Firenze 1471–1550, Florenz 1984.

34 Anja Wolkenhauer, Zu schwer für Apoll. Die Antike in humanistischen Druckerzeichen des 16. Jahrhunderts, Wiesbaden 2002.

35 Vgl. in deutscher Sprache Albert Kolb, Bibliographie des französischen Buches im 16. Jahrhundert, 3 Bde., Wiesbaden 1966–1971.

36 Frans Akkeman (Hg.), Northern Humanism in European context 1469–1625, Leiden u.a. 1999.

4. Die Reformation

Auch wenn davon ausgegangen werden darf, daß der Humanismus den Anteil der lesenden und damit zumindest potentiell Druckerzeugnisse erwerbenden Bevölkerung in Europa auf insgesamt 10–15 Prozent steigerte, fehlte der Presse in den ersten beiden Jahrzehnten des 16. Jahrhunderts noch eine wirkliche Massennachfrage. In einzelnen Druckzentren, wie bereits vermerkt z.B. der damaligen oberdeutschen Reichskapitale Augsburg, begannen die Produktionsziffern um 1495 sogar wieder zurückzugehen; der Nachdruck bereits bekannter Handschriften für den kirchlichen, staatlichen und allgemeinen Bildungsbedarf sowie neuer antiker oder antikisierender Texte für den Humanismus hatte sich also erschöpft. Das Ereignis, welches diese Situation binnen weniger Jahre von Grund auf veränderte und dem auf dem Buchdruck beruhenden neuzeitlichen Informationssystem erst eigentlich zum Durchbruch verhalf, war, wie unlängst Johannes Burkhardt in einer höchst spannenden Monographie dargelegt hat, die von Martin Luther (1483–1546) ausgelöste Reformation.[37]

Daß im Europa schon des ausgehenden Spätmittelalters ein gesteigertes Bedürfnis nach Heilsgewißheit entstand, welches nicht nur den Reliquienkult hochtrieb, sondern auch dem Druck und Erwerb volkssprachlich verständlicher, frommer Literatur zugute kam – bis zum Sommer 1522 kursierten bereits 18 deutsche Bibelausgaben –, ist eine ebenso bekannte wie bisher kaum überzeugend erklärte Tatsache.[38] Jetzt, mit dem Fundamentalangriff Luthers zuerst auf das römische Ablaßwesen konzentriert, genau deshalb, weil es den Paradieserwerb sogar für Verstorbene durch trügerische Mittel versprach, sowie dann, angesichts des Festhaltens Roms an diesem Kurs, auf das Papsttum insgesamt, rückte die Frage nach den Möglichkeiten des Erreichens jenseitiger Erfüllung in das Zentrum einer ganzen historischen Epoche. Dieses Thema mußte jeden Zeitgenossen angehen; oder, medienhistorisch ausgedrückt, es war mit dem denkbar größten Wissens- bzw. Informationsnachfragepotential überhaupt verknüpft. Zu beachten war lediglich, daß eine typographische Gattung gefunden werden mußte, die in der Textlänge, der Darbietung des Textes und der Verknüpfung von Text und Illustration die Rezeptionsmöglichkeiten auch des Halbalphabeten nicht überstieg. Diese Gattung wurde tatsächlich geschaffen, nämlich in Gestalt der nur wenige Seiten oder Bogen umfassenden, schnell hergestellten und verbreiteten, ihre Argumente möglichst direkt, unmißverständlich und deshalb gegebenenfalls auch polemisch-propagandistisch vortragenden Flugschrift und des Einblattdrucks, die zum Leitmedium der Reformation avancierten.[39]

Zwischen 1517 und 1530 sollen im Reich nahezu 10 000 Flugschriften in fast 10 Millionen Exemplaren veröffentlicht worden sein; den dramatischen Höhepunkt bildeten die Sturmjahre 1520 bis 1523. Sie wurden auf Märkten und durch fahrende Händler verkauft, von Hand zu Hand weitergegeben, von Wanderpredigern, reformatorisch erfaßten Druckern und Gesellen oder sonstigen lesekundigen Männern wie gelegentlich Frauen öffentlich vorgelesen und gedeutet, fanden ihre Heimstätte nicht nur in Pfarr- und Gemeinde-, Gelehrten- und Hofbibliotheken, sondern selbst in Stuben und Schränken von Angehörigen mittlerer und unterer Bevölkerungsgruppen. Ihre theologisch-religiösen Darlegungen wurden ergänzt durch Druckwerke aller Gattungen: vom Glaubenstraktat bis zum Gesangbuch, Katechismus und sonstiger Un-

37 Johannes Burkhardt, Das Reformationsjahrhundert. Deutsche Geschichte zwischen Medienrevolution und Institutionenbildung 1517–1617, Stuttgart 2002, hieraus die wichtigsten nachfolgenden Angaben; ebenfalls den Medienaspekt betonten bereits Mark U. Edwards, Printing, propaganda and Martin Luther, Berkeley u.a. 1994 und nach ihm Jean-François Gilmont (Hg.), The Reformation and the book, Aldershot 1998.

38 Vgl. zuletzt allgemeiner Ferdinand von Ingen/Cornelia Niekus Moore (Hg.), Gebetsliteratur der Frühen Neuzeit als Hausfrömmigkeit. Funktionen und Formen in Deutschland und den Niederlanden, Wiesbaden 2001.

39 Hans-Joachim Köhler (Hg.), Flugschriften als Massenmedium der Reformationszeit, Stuttgart 1981; Ders. (Hg.), Flugschriften des 16. Jahrhunderts, Microfiche-Ausgabe, Tl. 1ff., Tübingen 1991ff.; Ulman Weiss (Hg.), Flugschriften der Reformationszeit, Tübingen 2001; Adolf Laube (Hg.), Flugschriften gegen die Reformation 1525–1530, 2 Bde., Berlin 2000.

Abb. 27: Melchior Ramminger, Ohne Aplas von Rom kan man wol selig werden (1520)

terweisungsliteratur, vom Gebet- und Psalmenbuch bis zur Sammlung erbaulich-meditativer Texte und zum religiös angereicherten Kalender. Für einige Jahre wurde die profane Literatur in ihren diversen Formen weitgehend aus dem Markt gedrängt. Insgesamt sollen in den zwanzig Jahren der Reformation allerhöchstens 5 Prozent der Flugschriften und 10 Prozent der Bücher nicht auf religiöse Fragen Bezug genommen haben; den Kern dieses Restbestandes dürfte der Nachdruck unverzichtbarer Fachliteratur vor allem für die Universität und Schule sowie das Rechtswesen ausgemacht haben. Der Anteil der lateinischen, nur den Eliten verständlichen Drucke ging ganz erheblich zurück. Die volkssprachlichen Drucke paßten sich vielfach regionalen Sprachgewohnheiten an, wiewohl es dem Wittenberger Reformator zumal mit seiner ab September 1522 verbreiteten Bibelübersetzung, die es zu seinen Lebzeiten auf über 400 Voll- und Teilausgaben und fast eine Million Exemplare brachte, der oben skizzierten Dynamik des typographischen Informationssystems entsprechend gelang, im ganzen Reich auch sprachlich großen Einfluß auszuüben.[40]

Nicht nur, aber doch in erster Linie der deutsche Reformator bediente sich im Übrigen der Druckerpresse ganz bewußt. Nachdem er seine ursprüngli-

40 Bernd Moeller, Das Berühmtwerden Luthers, in: Zeitschrift für historische Forschung 15 (1988), 65–92.

Abb. 28: Martin Luther, Biblia: das ist: Die gantze Heilige Schrifft: Deudsch Auffs New zugericht (1541)

che Kritik über seine Kompetenz und Rolle als geschworener Lehrer der Heiligen Schrift legitimiert ansah, wandelte sich sein Selbstverständnis umso stärker, je mehr Beifall er bei den ›wahren Christen‹, in der Öffentlichkeit der Handwerker, Bürger und des um ernsthaftes Christentum bemühten Adels, für seine Auffassungen fand. Jetzt verstand er sich als glühender Evangelist und von Gott beauftragter Kämpfer um die Seelen, der nicht nur mehr oder weniger distanziert Kirchenkritik vortrug oder Bekehrungsangebote offerierte, sondern bis zur Erschöpfung alle literarischen, rhetorischen und praktischen Mittel einsetzte, um die Irrenden zu gewinnen, den Gegner zu entlarven, niederzuringen und seine neue, wahre Christengemeinde aufzubauen. Birgit Stolt hat in ihren bahnbrechenden Studien detailliert herausgearbeitet, wie stark selbst die Bibelübersetzung unter diesen Prämissen stand.[41] Auch sie, nicht nur die kürzeren Flugschriften und sonstigen Trakate, war systematisch auf emotive Wirkung und damit Überzeugung angelegt, sollte also keineswegs lediglich besser verständlich sein als ihre Vorgänger. Die reiche Benut-

41 Birgit Stolt, Neue Aspekte der sprachwissenschaftlichen Lutherforschung, in: Heinz Ludwig Arnold (Hg.), Martin Luther, München 1993, 6–16; Dies., Luthers Übersetzungstheorie und Übersetzungspraxis, in: Helmar Junghans (Hg.), Leben und Werk Martin Luthers von 1526–1546, Göttingen 1983, Bd. 1, 241–252; Holger Flachmann, Martin Luther und das Buch. Eine historische Studie zur Bedeutung des Buches im Handeln und Denken des Reformators, Tübingen 1999.

zung umgangssprachlicher Wendungen sollte einerseits Kraft, Mark und Farbigkeit in das gedruckte Wort bringen. Andererseits war eine Art Sakralsprache angestrebt, die ein feierlich-andächtiges oder ehrfurchtheischend-ehrfürchtiges Gefühl zu erzeugen hatte. Der Steigerung der Überzeugungskraft, keineswegs der bloßen Verständlichkeit diente auch der Einsatz von Bildern, die der Reformator sonst bekanntermaßen eher mit Skepsis betrachtete.[42]

Diese Skepsis, die freilich nie dazu führte, daß Luther wie seine Rivalen Jean Calvin und Huldrych Zwingli zum offenen Bildersturm aufrief, hatte ihre entscheidende Wurzel in des Reformators wichtigstem Prinzip, mit dem er die »Komplexität des Glaubensprozesses reduzierte«, also im Postulat des Zugangs zur göttlichen Offenbarung allein durch die Schrift (›sola scriptura‹). Das Individuum sollte »in ›unmittelbare‹ Beziehung zum heilgebenden Gott« treten, »ohne Intervention von Mittelspersonen. Wohl aber mittels Medien, also doch vermittelt: allein durch das Wort, allein durch die Schrift. Da Ersteres – ob assymmetrisch in der Predigt, ob symmetrisch im Seelsorgegespräch – sich inhaltlich aber den heiligen Texten verdankt, kommt dem ›sola scriptura‹ Priorität zu. Für unseren Zusammenhang heißt das: Das Prinzip ›allein durch das Buch‹ steht im Zentrum der lutherischen Reformation.« Oder nochmals deutlicher ausgedrückt: »Medientheoretisch ist aller Kontakt mit Gott eine Kommunikation mit Texten über Gott und das Heilsgeschehen. Luther hat das selbst gesehen, hat als gereifter Mann die Notwendigkeit von Medien betont (›Deus enim implet promissiones suas certis mediis‹. – Gott erfüllt seine Versprechungen nicht immediate, sondern per media – Luther meinte damit ausdrücklich Bücher).«[43] Was der Reformator erkannte und entschieden nutzte, ist also die mit der Schrift konstituierte und durch den Druck potenzierte mediale Ebene zwischen Individuum und Umwelt, von der oben die Rede war. Entsprechend sind gerade seiner Reformation auch zu wesentlichen Teilen diejenigen soziokulturellen Konsequenzen zuzuschreiben, die aus diesem Ansatz erwuchsen: jetzt die wegen ihres Heilsbezugs und des Bezugs zu einer angenommenen idealen christlichen Frühzeit umfassende Aufwertung des Lernens durch Text gegenüber dem Lernen durch persönliche Erfahrung und Praxisbezug; die theologisch-christliche Untermauerung und Grundlegung der Wissenschaft als Textwissenschaft; die Stärkung von Logik und rhetorisch-literarischer Überzeugungskraft als Wahrheitskriterium; die Installierung einer zumindest der Intention nach wirklich alle Menschen einschließenden, textbasierten Bildungskultur. Daß diese deutsche Bildungskultur eigentümliche Züge von »Innerlichkeit« und »selbstversunkener Buch- und Textverehrung« hervorbrachte, die auch mit Gefahren und Nachteilen verbunden waren (und sind), sei hier lediglich vermerkt.[44]

Calvin und Zwingli pflegten vergleichsweise stärker intellektualistische Zugänge. Auf Flugschriften legten sie daher weniger Wert; ihr Anteil am einschlägigen Druckaufkommen blieb relativ gering. Dennoch folgte auch ihre jeweilige Traktatistik dem bei Luther zu beobachtenden medialen und kommunikativen Grundmuster. Indem sie, wie bereits notiert, zudem eine ausgesprochene Bildfeindlichkeit entwickelten, intensivierten sich in ihrem Einflußbereich viele individualistisch-textkulturellen Elemente des reformatorischen Aufbruchs noch, voran die Reduzierung des – im Gegensatz zur traditionellen oralen, auf den Hörsinn bezogenen Kommunikation durch Text und Druck ohnehin schon bevorzugten – Sehsinns auf die Texterfassung.

42 Vgl. zusammenfassend Wolfgang Weber, Bemerkungen zu Martin Luthers praktischem Beitrag bei der Ausbreitung und Durchsetzung seiner Lehre, in: Zeitschrift für Kirchengeschichte 97 (1986), 309–333, hier 316–319, mit Zitat und Nachweis einer Feststellung Werner Lenks, daß Luther ein genuiner »Stratege der Öffentlichkeitsarbeit« gewesen sei.

43 Kerlen, Einführung, 95f. (Zitate); Burkhardt, Reformationsjahrhundert, 47f. (»Die Religion der Schriftlichkeit«).

44 Kerlen, Einführung, 109; Ders., Protestantismus und Buchverehrung in Deutschland, in: Jahrbuch für Kommunikationsgeschichte 1 (1999), 1–22.

Dye Grundtlichen Vnd rech-
ten haupt Artickl/aller Baur-
schafft vnd Hyndersessen der
Gaistlichen vnd Welcli-
chen oberkaytē/von
wölchen sy sich
beschwert ver-
mainen.

Abb. 29: Die zwölf Artikel, Titelholzschnitt (1525)

Die zeitweilig schier unstillbare Nachfrage nach religiösen Drucken insbesondere aus der Feder Martin Luthers, der deshalb seinen Autorennamen bald nicht mehr ausschreiben mußte, sondern einfach mit seinen Initialen auftreten konnte, vollendete die Buchherstellungstechnik und die Buchwirtschaft des 16. Jahrhunderts. Erst ab dem 17. Jahrhundert sollten Innovationen erreicht werden, welche die eigentliche Moderne einleiteten. Das Buch wurde mithin nach wie vor handwerklich und in einem einzigen Betrieb hergestellt, dessen Besitzer oder Inhaber in der Regel die Funktion des Verlegers, Druckers und Händlers in seiner Person vereinigte. Die wichtigste Handelsstufe blieben die Märkte und Messen. Dort wurde von den Grossisten jedoch weniger gegen Geld verkauft als getauscht, auch um die Widrigkeiten des europäischen Währungswirrwars zu vermeiden. Europaweit tausch- bzw. absetzbar waren aber nur die lateinischen, von der europäischen Elite benutzbaren Werke. Der volkssprachliche Aufbruch des reformatorischen Drucks hatte somit eine in der Tendenz nationale Verengung des Absatzes und der Druckkommunikation zur Folge, die andererseits der bereits von den Humanisten auf den Weg gebrachten Bildung eines frühen Nationalismus, hervorgegangen aus dem edlen Wettstreit um kulturellen Vorrang in der Nacheiferung der Antike sowie der Abneigung gegenüber dem Führungsanspruch der römischen Kirchenzentrale, zugute kam.[45]

Gemessen insbesondere am Indikator der Flugschriften und an deren Abfassung auch durch Laien,[46] kam die reformatorische Medienrevolution mit der Niederwerfung der aufbegehrenden Bauern 1525/26 an ihr Ende. Bereits in ihrem Vorfeld hatten sich ihre Grenzen gezeigt; den radikalsten Reformatoren, voran Thomas Münzer (1490–1525), gelang es nur unter Schwierigkeiten, ihre Texte gegen den Widerstand von Obrigkeiten und etablierten Reformatoren zum Druck und damit unter die Gläubigen zu bringen. Selbst Luther hatte nur in einer knapp bemessenen, optimistischen Zwischenphase für ein freies Aufeinandertreffenlassen der diversen Geister und Argumente plädiert und bevorzugte schon bald entschiedene Medienkontrolle, also Vorzensur, amtliche Zulassung, Vertriebskontrolle und gegebenenfalls Werkbeschlagnahmung und -vernichtung, um seine Lösung abzusichern und rivalisierende Ansätze fernzuhalten. Die gleiche Entwicklung kennzeichnete die Einschätzungen und das Verhalten der aufsteigenden Staatsgewalt. »Um das gefährliche Kommunikationsmedium [der Typographie] wieder abzuschaffen war es zu spät, aber nach zögerlichen Anfängen versuchten die Fürsten und Obrigkeiten nun verstärkt, es selbst in ihren Dienst zu nehmen und zu steuern.« Bereits Ende der 1530er Jahre begannen die Fürsten und städtischen Eliten deshalb massiv, sich ihrerseits bei der Herstellung von Druckerzeugnissen zu engagieren, die sowohl ihre Standpunkte als auch ihre Anweisungen an die Öffentlichkeit brachten und die Öffentlichkeit für sie einzunehmen versuchten. Der Druck öffentlicher Anschläge, Ordnungen, Mandate und amtlichen Schriftguts beschleunigte sich, frühe Formen jetzt nicht mehr nur kirchlich-konfessioneller, sondern auch genuin politischer Propanda entstanden. Damit unterstützten »die Herausforderung der reformatorischen Öffentlichkeit und ihre Konsequenzen [...] zwei Institutionalisierungsprozesse«. Die »unmittelbare Antwort war die Konfessionalisierung; überflügelt wurde sie schließlich noch von der Staatsbildung«.[47]

5. Konfessionalisierung

Nach der hohen Zeit der Reformation wurde die Geschichte Europas wesentlich durch diejenige Großtendenz geprägt, welche die moderne Forschung im Anschluß an Wolfgang Reinhard und Heinz Schilling ›Konfessionalisierung‹ nennt.[48] Gemeint ist mit diesem Begriff die Gesamtheit der Integrations-, Institutionalisierungs-, Stabilisierungs- und Identitätsbildungsvorgänge, die einsetzten, nachdem statt einer Erneuerung der einen Kirche verschiedene Konfessionskirchen entstanden waren, die in heftiger Konkurrenz gegeneinander beanspruchten, jeweils die wahre Kirche zu sein. Es versteht sich, daß auch der Buchdruck bzw. das von diesem gestiftete neue mediale Informationssystem von diesem ›gesellschaftlichen Fundamentalvorgang‹ nicht unberührt bleiben konnte, wobei sich diese Berührung einerseits als Indienstnahme durch die Konfessionen, andererseits als Hemmnis konfessioneller Vereinnahmung niederschlug.[49]

45 Giesecke, Buchdruck, 377–390 u.ö.; Wolfgang Hardtwig, Ulrich von Hutten. Zum Verhältnis von Individuum, Stand und Nation in der Reformationszeit, in: Ders., Nationalismus und Bürgerkultur in Deutschland 1500–1914. Ausgewählte Aufsätze, Göttingen 1994, 7–15; Herfried Münkler u.a. (Hg.), Nationenbildung. Die Nationalisierung Europas im Diskurs humanistischer Intellektueller. Italien und Deutschland, Berlin 1998.

46 Vgl. Burkhardt, Reformationsjahrhundert, 64–76 und Miriam Usher Chrisman, Conflicting visions of reform. German lay propaganda pamphlets 1519–1530, New Jersey 1996.

47 Burkhardt, Reformationsjahrhundert, 76.

48 Wolfgang Reinhard, Ausgewählte Abhandlungen, Berlin 1997, Teil II: Konfession, 77–149; Heinz Schilling, Ausgewählte Abhandlungen zur europäischen Reformations- und Konfessionsgeschichte, Berlin 2002, Teil IV: Konfessionalisierung und nationale Identitäten, 433–699. Die bisher entwickelte Kritik am Konzept konzentriert sich auf die Frage, inwieweit die vornehmlich, aber keineswegs ausschließlich von ›oben‹ her gedachte Perspektive durch Blickweisen von ›unten‹, hinsichtlich kollektiver Selbstregulierungsprozesse auf Gemeindeebene, ergänzt werden müsse.

49 Systematische Darstellungen dieses Zusammenhangs fehlen bisher; unsere Skizze muß sich deshalb auf eine Zusammenschau verstreuter allgemeiner und spezieller Literatur stützen.

Unverzichtbar war der Buchdruck bereits bei der Festlegung, Verbreitung und Internalisierung des jeweiligen, grundsätzlich im je eigenen Glaubensbekenntnis wortwörtlich festgeschriebenen konfessionellen Dogmas. Denn dessen unzweideutige textliche Fixierung setzte einen gewissen sprachlichen und schriftlichen Standard voraus, die Verbreitung das Zurverfügungstehen hinreichend zahlreicher, garantiert identischer Kopien und die Festsetzung in den Köpfen eine entsprechend intensive, ungestörte Lektüre und die Gelegenheit steten Nachschlagens für den Fall erneuter Vergewisserung.[50] Des weiteren konnte auch der Gegner, der seine Vorstellungen ebenfalls über den Buchdruck verbreitete, kaum ohne Einsatz eben des Drucks in Gestalt der Produktion und Verbreitung kontroverstheologischer und polemischer Literatur abgewehrt werden.[51] Da sich diese mit hohen Anforderungen an Argumentation und Stil verbundene Maßnahme jedoch stets von neuem als unsicher oder unzureichend erwies, war ferner gezielt ebenfalls zur Prävention mittels Zensur zu greifen.[52] Sowohl die Kontroverse als auch die Ausbildung zuverlässiger, von ihrer Sache überzeugter Funktionäre erforderten außerdem eine entsprechende, nur den eigenen Eliten zugängliche, inhaltlich identische Anleitungsliteratur. Je größer die Zahl der Konfessionsanhänger und je höher der Bedarf nach effizienter Organisation und Administration ausfielen, desto unumgänglicher erschien es schließlich, im Anschluß an die bereits begonnene Praxis der alten Kirche auch Formulare, Bescheinigungen, Bestätigungen und ähnliche Dokumente standardisiert zu drucken und auszufüllen.

Die Konfessionalisierungsepoche war demzufolge durch ein Nebeneinander aktiver kirchlich-staatlicher Literatur- und Zensurpolitik sowie wachsenden Einsatzes der Druckerpresse in den Amtsgeschäften gekennzeichnet. Aus der Literaturpolitik und dem Geschäftspapierbedarf erwuchs eine erhebliche Verdichtung der europäischen Druckereilandschaft, wobei es sich bei den neuen Betrieben regelmäßig um direkt oder indirekt (durch Abnahmegarantie) kirchlich und staatlich subventionierte Unternehmen handelte, während die im Boom der reformatorischen Flugschriften aus dem Boden geschossenen, unmittelbar marktabhängigen Winkeldruckereien wieder eingingen.

Parallel dazu ergab sich eine entsprechende Veränderung des Gattungsspektrums. Die Flugschrift verlor insgesamt an Bedeutung, büßte ihren zeitweilig ebenso freien wie radikal autoritätsunterminierenden Charakter ein und degenerierte zur eng problembezogenen, sorgsam kalkulierten, von Experten verfaßten Zweckschrift. Erst mit der Zuspitzung des konfessionell-politischen Konflikts um 1580 sollte sich dies wieder ändern. Stattdessen entfaltete sich in jeweiliger, im Protestantismus allerdings besonders ausgeprägter Aneignung humanistischer Vorbilder ein weites Panorama wissenschaftlich-theologischer Traktatistik, didaktischer Werke unterschiedlichen Niveaus, konfessionskirchlicher Praxisliteratur und Belletristik,[53] kirchlich-weltlicher Obrigkeitslehren und allgemeiner Fach- und Sachliteratur bis hin zu Lexikon und Bibliographie, die allerdings weniger generelle Fakten-, Orientierungs- und Methodenkenntnisse, sondern das in der Perspektive der jeweils eigenen Konfession bevorzugt zu Wissende präsentierten.[54]

Die gesamte Druckproduktion erhielt auf diese Weise einen zunehmend statischen, schulmäßigen Charakter; Autoren und Leser traten wieder deutlicher auseinander, ihr Verhältnis zueinander wurde asymmetrischer. Gleichzeitig wurde der Erwerb des gewünschten Schrifttums massiv gefördert, sei es durch völlig oder annähernd kostenlose Massenverteilung, gezielte Abgabe an

50 Vgl. exemplarisch Wilhelm H. Neuser, Bibliographie der Confessio Augustana und Apologie 1530–1580, Nieuwkoop 1987 sowie die Hinweise bei Jan Green, Print and Protestantism in Early Modern England, Oxford 2000. Daß der Schlüsseltext der CA sprachgeschichtliche Wirkungen hätte entfalten können, meint Heinrich Löffler, Die Confessio Augustana als verpasste Gelegenheit, eine süddeutsche Standardsprache zu schaffen, in: Edith Funk u.a. (Hg.), Sprachgeschichten, Heidelberg 2003, 171–180.

51 Alexander Heintzel, Propaganda im Zeitalter der Reformation. Persuasive Kommunikation im 16. Jahrhundert, St. Augustin 1998; Rainer Berndt (Hg.), Petrus Canisius S.J., Berlin 2000, besonders der Beitrag von Hermann Josef Sieben; Christoph Dittrich, Die vortridentinische Kontroverstheologie und die Täufer, Frankfurt a.M. u.a. 2001; Jean-Marie Valentin, Jesuitenliteratur als gegenreformatorische Propaganda, in: Horst Steinhagen (Hg.), Deutsche Literatur. Eine Sozialgeschichte, Bd. 3, Hamburg 1985, 172–205.

52 Edoardo Tortarolo, Zensur als Jurisdiktion und Praxis im Europa der Frühen Neuzeit. Ein Überblick, in: Helmut Zedelmaier/Martin Mulsow (Hg.), Die Praktiken der Gelehrsamkeit in der Frühen Neuzeit, Tübingen 2001, 277–294; Hans-Peter Hesse, Zensur theologischer Bücher in Kursachsen im Zeitalter der Konfessionalisierung. Studien zur kursächsischen Literatur- und Religionspolitik 1569–1575, Leipzig 2000.

53 Jean-Marie Valentin (Hg.), Gegenreformation und Literatur, Amsterdam 1979; Dieter Breuer, Oberdeutsche Literatur 1565–1650. Deutsche Literaturgeschichte und Territorialgeschichte in frühabsolutistischer Zeit, München 1975.

54 Helmut Zedelmaier, Bibliotheca universalis und bibliotheca selecta. Das Problem der Ordnung des gelehrten Wissens in der Frühen Neuzeit, Köln u.a. 1992, befaßt sich 125–224 mit der wichtigsten römischen konfessionellen Bibliographie: Antonio Possevino, Bibliotheca selecta, 3 Bde., Rom 1593.

besonders zuverlässig erscheinende, als Multiplikatoren brauchbare Anhänger oder durch Schenkung bzw. als Belohnung und Auszeichnung.[55] Offenbar war diesen, mit massiven, konfessionell orientierten Alphabetisierungsbestrebungen gekoppelten Bemühungen ein erheblicher Erfolg beschieden, wie die Zunahme des Buchbesitzes vor allem bei Stadtbürgern in dieser Epoche belegt, der allerdings nicht vorschnell mit tatsächlicher Lektüre und Aneignung der Werke gleich gesetzt werden darf. Vielmehr läßt der Medienhistoriker Dietrich Kerlen an dieser Stelle auch die »Geschichte der ungelesenen Bücher« beginnen, »die sich später in bildungsbürgerlichen Gesamtausgaben mit Goldprägungen ebenso fortpflanzen wird wie in Buchclubs mit Pflichtabnahmen«.[56]

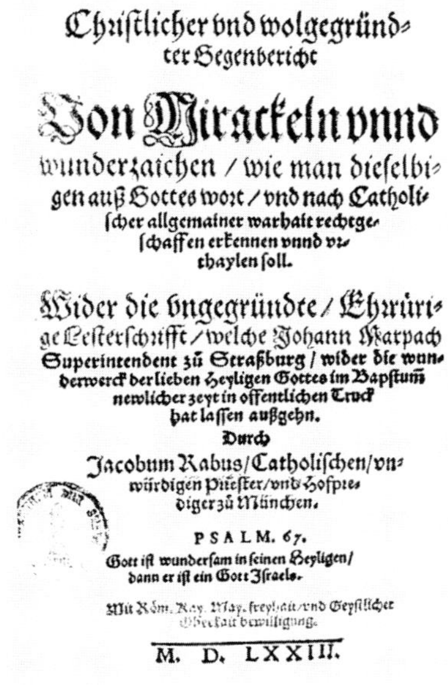
Christlicher vnd wolgegründter Gegenbericht
Von Mirackeln vnnd wunderzaichen / wie man dieselbigen auß Gottes wort / vnd nach Catholischer allgemainer warhait rechtgeschaffen erkennen vnnd vrthaylen soll.
Wider die vngegründte / Ehrrürige Lesterschrifft / welche Johann Marpach Superintendent zů Straßburg / wider die wunderwerck der lieben Heyligen Gottes im Bapstum newlicher zeyt in offentlichen Truck hat lassen außgehn.
Durch
Jacobum Rabus / Catholischen / vnwürdigen Priester / vnd Hofprediger zů München.
PSALM. 67.
Gott ist wundersam in seinen Heyligen / dann er ist ein Gott Israels.
Mit Röm. Kay. May. freyhait / vnd Geystlicher Oberkait bewilligung.
M. D. LXXIII.

Abb. 30: Johann Jakob Rabe, Christlicher und wolgegründter Gegenbericht. Von Mirackeln unnd wunderzaichen (1573)

Auch in der Zensurpolitik unterschieden sich die Konfessionen kaum voneinander. Die jetzt ebenfalls konfessionalisierte und insofern definitiv neue römische Kirche schuf sich ab 1557 ihre Verzeichnisse verbotener Bücher, den berühmten »Index prohibitorum librorum«, ebenso, wie lutherische und calvinistische Kirchenordnungen und sonstige Anweisungen die Ablieferungspflicht für verdächtige Druckwerke, Kontrolle der Druckereien und aller Buchsammlungen, Vorzensur für alle in einem Staatsgebiet zu druckenden Werke und des Buchimports, Konzessionierung der Drucker und Buchhändler und konsequente Druckverbote forderten. Durchsetzen ließen sich diese Restriktionen jedoch weit weniger, und zwar einfach deshalb, weil die dazu erforderlichen Macht- und Kontrollapparate erst ansatzweise zur Verfügung standen.[57] Insbesondere substantielle Grenzkontrolle war schlicht unmöglich, was vor allem in der verwinkelten Kleinterritorienlandschaft des Reiches zu Buche schlug. Nichtsdestotrotz gelang die allmählich zunehmende Überwachung wenigstens der Hauptverkehrsadern und -umschlagplätze mit der Folge entsprechend schärferer Regulierung der öffentlichen Kommunikation in zuvor unbekanntem Ausmaß – nicht nur deshalb, weil beide traditionellen Obrigkeiten nach dem Modell des Konfessionsstaates jetzt definitiv an einem Strang zogen, sondern auch, weil sich die Staatsgewalt massiv kirchlicher Ressourcen bemächtigte und ihre Aktivitäten auf dieser Grundlage weitaus besser als jemals zuvor finanzieren konnte.

Allerdings ließen sich nicht alle Autoren und Leser so ohne weiteres über den konfessionskirchlichen Leisten spannen. Zumindest drei Reflexions- und Praxisbereiche wiesen weiterhin oder neuerlich vor- oder überkonfessionelle Perspektiven auf und bildeten deshalb ein entsprechend sperriges Potential. Der eine Bereich blieb der Humanismus, also der Kern desjenigen praktischen, faktisch-sachlichen und vorchristlich-allgemein moralischen Wissens, dessen Nutzen und Unverzichtbarkeit für das frühneuzeitliche Europa bereits die Humanisten der Vorreformationszeit herausgearbeitet hatten. In diesem Bereich konnte und mußte weiterhin interkonfessionelle Kommunikation auch im Buchdruck stattfinden und wollten die Gelehrten aller Lager jeweils auf dem neuesten Stand der Erkenntnis sein, wenn sie diese Kenntnis letztlich auch zur Stärkung ihrer konfessionellen Sache einsetzten. An der Kommentierung und Interpretation z.B. medizinischer oder astrologischer Werke oder der Schriften Ciceros beteiligte sich deshalb die gesamte europäische Gelehrtenwelt, ganz ungeachtet, welcher Konfession die Einzelnen angehörten. Eng mit diesem als zugleich empirisch und normativ betrachteten Wissen verbunden war das bereits erwähnte, sich in allmählicher Verbreitung über Europa befindende Wissen über die Neue Welt.[58] Auch im konfessionellen Zeit-

55 Katrin Wilhelm, Der Verlag »Das Güldene Almosen« 1614–1785, Diss. phil. Augsburg 1992, mit weiteren Verweisen.

56 Kerlen, Einführung, 122f.

57 Stefan Fitos, Zensur als Mißerfolg. Die Verbreitung indizierter deutscher Druckschriften in der 2. Hälfte des 16. Jahrhunderts, Frankfurt a.M. u.a. 2000; vgl. auch die Hinweise bei Wolfgang Behringer, Im Zeichen des Merkur. Reichspost und Kommunikation in der Frühen Neuzeit, Göttingen 2003.

58 Renate Pieper, Die Vermittlung einer neuen Welt. Amerika im Nachrichtennetz des Habsburgischen Imperiums 1493–1598, Mainz 2000.

alter konnten einschlägige Reisedarstellungen, Landesbeschreibungen usw. in Windeseile von einer spanischen, portugiesischen oder niederländischen Hafenstadt nach Süddeutschland, an den Rhein oder in das östliche Zentraleuropa gelangen, funktionierten Angebot und Nachfrage vornehmlich nach marktwirtschaftlichen Gesetzen, nicht nach staatlich-kirchlicher Regulation. Schließlich war naturgemäß auch das seit dem Beginn des 16. Jahrhunderts deutlich ausgeweitete und spezialisierte technisch-praktische Schrifttum des Hausvaters, Ingenieurs, Kaufmanns, Beamten, Seefahrers usw. bei allen Konfessionen in gleicher Weise nachgefragt und konnte sich deshalb in seinem jeweiligen, in dieser Epoche freilich noch recht schmalen Segment interkonfessionell behaupten. Selbst die alltagspraktische Frömmigkeitsliteratur war in gewissem Maße als konfessionsneutrale Sachliteratur auffaßbar mit der Folge, daß sich einige ihrer besseren Vertreter in Sammlungen sowohl der einen als auch der anderen Konfession wiederfinden lassen.

Auch der Kontrast zwischen der protestantischen Text- und der römischen Bildkultur in der Konfessionalisierung darf nicht überbewertet werden.[59] Zwar legte das Tridentiner Konzil 1563 unmißverständlich fest, daß die Anhänger der Papstkirche durch die Bilder zur Anbetung und Liebe Gottes angeleitet und in der Frömmigkeit unterwiesen werden sollten. Und die Jesuiten stellten das Prinzip auf, alle Medien müßten zugleich belehren und bewegen (›docere et movere‹). Die frühneuzeitliche Bildmedialität Europas in ihren diversen Formen entstand nicht im protestantischen Norden, sondern im mediterranen Süden. Aber gerade die calvinistischen Niederlande beteiligten sich, obwohl es der Calvinismus wie bereits angesprochen an Bildfeindlichkeit nicht fehlen ließ,[60] seit dem ersten Drittel des 16. Jahrhunderts ganz erheblich an der Entwicklung der Druckgraphik als einer spezifischen ikonographischen Form, nahmen die aus Italien stammende Emblematik breit auf und traten schon weit vor dem Ausklang des hier beobachteten Zeitraumes zumal in der Malerei in ihr Goldenes Zeitalter ein.[61]

Daß sich in dieser Endphase die staatliche Komponente vor die kirchliche zu schieben begann, war wesentlich der Zuspitzung des konfessionell-politischen Konflikts zum militärischen Mächteringen geschuldet, wie es die Hugenottenkriege Frankreichs seit 1562 demonstrierten. Der Buchdruck vollzog diesen Akzentwechsel mit. Jetzt begannen charakteristischerweise wieder bevorzugt sich der lateinischen Sprache befleißigende Gattungen und Themen in den Vordergrund zu treten, die praktischen Fragen der psychischen Festigung des in einer krisenhaften Welt lebenden Individuums, des richtigen Verhaltens der Machthaber, des gebührlichen gesellschaftlichen Umgangs miteinander, der gegenseitigen Rechte und Pflichten sowie der Verbesserung der Wissenschaft und der inneren Ordnung und Stärkung des Staates, des Militärs und der Wirtschaft gewidmet waren, gemischt freilich mit Erzeugnissen nochmals zugespitzter konfessioneller Polemik und mehr oder weniger düsterer Krisenbeschwörung und -prognostik eher in den Volkssprachen. In Italien, wo bereits um 1530 dank der inneren Konfliktlagen und der Bedrohung der Halbinsel von außen mit den Werken Niccolò Machiavellis (1469–1527) die moderne politische Theorie in die Welt des Druckes eingespeist worden war, erschien 1589 aus der Feder des entschiedenen Gegenreformators Giovanni Botero dasjenige Werk, das für die anschließende Epoche den politischen Schlüsselbegriff schlechthin liefern sollte, die »Della Ragione di Stato libri dieci«; sowohl Machiavellis als auch Boteros Ideen verbreiteten sich nun-

59 Vgl. zusammenfassend Kerlen, Einführung, 110–112 und 122–124.

60 Vgl. die Hinweise bei Menna Prestwich (Hg.), International Calvinism 1541–1715, Oxford 1985; eine systematische Untersuchung des calvinistischen Druckwesens fehlt.

61 Kerlen, Einführung, 112–114; Michael North, Das Goldene Zeitalter. Kunst und Kommerz in der niederländischen Malerei des 17. Jahrhunderts, Köln u.a. 2001.

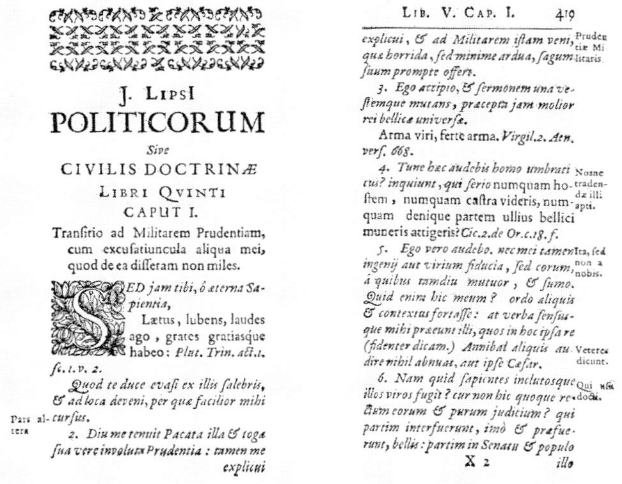

J. LIPSI
POLITICORUM
Sive
CIVILIS DOCTRINÆ
LIBRI QVINTI
CAPUT I.

Tranſitio ad Militarem Prudentiam, cum excuſatiuncula aliqua mei, quod de ea diſſeram non miles.

SED jam tibi, ó æterna Sapientia,
Lætus, lubens, laudes ago, grates gratiasque habeo: *Plut. Trin. act. 1. ſc. 1. v. 2.*

Quod te duce evaſi ex illis ſalebris, & ad loca deveni, per quæ facilior mihi curſus. Pars altera

2. *Diu me tenuit Pacata illa & toga ſua vere involuta Prudentia: tamen me explicui*

LIB. V. CAP. I. 419

explicui, & ad Militarem iſtam veni, quæ horrida, ſed minime ardua, ſagum ſuum prompte offert. Prudentiæ Militaris.

3. *Ego accipio, & ſermonem una veſtemque mutans, præcepta jam molior rei bellicæ univerſæ.*

Arma viri, ferte arma. *Virgil. 2. Aen. verſ. 668.*

4. *Tune hæc audebis homo umbraticus? inquiunt, qui ſerio* numquam hoſtem, numquam caſtra videris, numquam denique partem ullius bellici muneris attigeris? *Cic. 2. de Or. c. 18. f.* Nosne tradendæ illi apti.

5. *Ego vero audebo. nec mei tamen ingenij aut virium fiducia, ſed eorum, á quibus tamdiu mutuor, & ſumo. Quid enim hic meum? ordo aliquis & contextus fortaſſe: at verba ſenſuſque mihi præeunt illi, quos in hoc ipſa re (fidenter dicam.) Annibal aliquis audire nihil abnuat, aut ipſe Cæſar.* Ita, ſed non a nobis. Veteres dicunt.

6. *Nam quid ſapientes inclutosque illos viros fugit? cur non hic quoque rectum eorum & purum judicium? qui partim interfuerunt, imò & præfuerunt, bellis: partim in Senatu & populo* Qui uſu docti.

X 2 *illo*

Abb. 31: Justus Lipsius, Politicorum sive Civilis Doctrinae Libri Sex (1589, hier in einer Ausgabe von 1704)

mehr rasant in ganz Europa.[62] Nicht zufällig gerade in den Niederlanden, wo der Aufstand gegen die spanische Monarchie im Grunde längst begonnen hatte, transformierte sich der Humanismus zur konfessionsneutralen angewandten Wissenschaft, deren folgerichtig äußerlich nicht mehr unbedingt hochwertige Druckerzeugnisse im Umfeld der Universität und in den Reihen der akademisierten Oberschichten der eigenen Städte, aber auch konfessionsverwandter und einschlägig interessierter anderer Eliten ihre Hauptabnehmer fanden. So wurde zum Beispiel der zeit seines Lebens zwischen den Konfessionen schwankende praktische Philologe, Historiker und Wiederentdecker des Stoizismus Justus Lipsius (1547–1606), der die altrömische Militärdisziplin erneuerte, bezeichnenderweise sowohl im protestantischen Brandenburg als auch im erzkatholischen Bayern breit rezipiert.[63]

Auch das Wiederaufblühen des Humanismus um 1560/70 ist also ein wichtiges Indiz dafür, daß die vollständige Indienstnahme des Buchdrucks durch die Konfessionen und dann den Konfessionsstaat nicht gelang. Aber noch stärkere Belege können beigebracht werden. Bereits ab 1525, anläßlich der Schlacht Karls V. von Pavia, inszenierte das Kaisertum mehrere publizistische Großkampagnen zur Gewinnung der Reichsöffentlichkeit für den eigenen Kurs, woran sich nicht nur eine Anerkennung der Existenz einer politisch relevanten öffentlichen Meinung ablesen läßt, sondern auch eine Anerkennung des Tatbestands, daß diese nicht einfach vereinnahmt werden konnte, sondern der zielgerichteten Pflege bedurfte. Auch die niederländischen Aufständischen suchten ihre Sache durch wiederkehrende Flugschriftenwellen abzusichern. Im konfessionell zerrissenen England wie im bürgerkriegsbedrohten Frankreich finden sich die gleichen Vorgänge. Der immer wieder aufgelegte publizistische Krieg gegen das Osmanische Reich richtete sich zwar gegen einen auswärtigen Gegner, bestätigt aber dennoch das Eigengewicht des durch das neue, druckgestützte Informationssystem erzeugten Phänomens Öffentlichkeit.[64] Schließlich ist festzuhalten, daß ab den ausgehenden 1570er Jahren auch die frühesten Formen des Zeitungswesens ent-

62 ARTEMIO ENZO BALDINI (Hg.), La Ragion di Stato dopo Meinecke e Croce, Genua 1999; DERS., Botero e ›La Ragion di Stato‹, Florenz 1992.

63 AKKEMAN, Northern Humanism; MARC LAUREYS (Hg.), The world of Justus Lipsius. A contribution towards his intellectual biography, Turnhout 1998; WOLFGANG REINHARD, Humanismus und Militarismus. Antike-Rezeption und Kriegshandwerk in der oranischen Heeresreform, in: Franz Josef Worstbrock (Hg.), Krieg und Frieden im Horizont des Renaissance-Humanismus, Weinheim 1986, 185–204; WOLFGANG WEBER, Prudentia gubernatoria. Studien zur Herrschaftslehre in der deutschen Politischen Wissenschaft des 17. Jahrhunderts, Tübingen 1992.

64 BURKHARDT, Reformationsjahrhundert, 156ff.; FRANZ BOSBACH (Hg.), Feindbilder. Die Darstellung des Gegners in der politischen Publizistik des Mittelalters und der Neuzeit, Köln u.a. 1992, besonders die Beiträge von JUDITH POLLMANN, RAINER BABEL und des Herausgebers; CARL GÖLLNER, Turcica. Die europäischen Türkendrucke des 16. Jahrhunderts, 4 Bde., Berlin 1961–1978; PHILIP BENEDICT (Hg.), Reformation, revolt and civil war in France and the Netherlands 1555–1585, Amsterdam 1999 (die Hinweise auf die jeweilige Publizistik).

standen. Bereits seit Anfang des 16. Jahrhunderts erschienen aus aktuellem Anlaß immer wieder sensationell aufgemachte Ein- und Mehrblattdrucke, die sich in ihrem Titel als ›Neue Zeitung‹ o.ä. bezeichneten, also als Nachrichtenblätter verstanden. Ihre Zahl verdoppelte sich im letzten Viertel des 16. Jahrhunderts. Und 1583 wurde in Köln anläßlich der Frankfurter Herbstmesse das erste Nachrichtenperiodikum gedruckt, die »Relatio historica« des Michael von Aitzing, die einer ganzen Gattung ihren Namen gab. Eine völlig anlaßunabhängige, regelmäßige, serielle und deshalb durchnumerierte Nachrichtenblatt- bzw. Zeitungspublikation ermöglichten dann erst die Konflikte, der Nachrichtenhunger, die propagandistischen Bedürfnisse, das Profitinteresse und die gewachsene Lesefähigkeit der Wende zum 17. Jahrhundert.[65] Gleichzeitig setzte sich im politischen Bereich allerdings eine neue Tendenz durch, Herrschaftswissen geheim zu halten, was wiederum Anlaß zur Entstehung neuer publizistischer Formen gab, der Enthüllungs- und Entlarvungsliteratur.

6. Zur Bilanz

Zwischen 1500 und 1580 etablierte sich einerseits auf der Grundlage institutioneller Nachfrage seitens der Kirche, der Universität, eines sehr dünnen Gelehrten- bzw. Literatenstandes und zunehmend auch des Staates, andererseits marktförmig im Zuge verschiedener Kulturbewegungen der Buchdruck als Massenkommunikationsmittel in ganz Europa, auch wenn seine Präsenz regional unterschiedlich blieb und an den Peripherien regelmäßig abnahm. Europa wurde auf diese Weise mit einer Infrastruktur ausgestattet, die es erlaubte, Wissen mittels identischer Texte schnell und verknüpft mit ebenso hoher Neuigkeits- wie Reflexionsmotivation einem fortschreitend wachsenden Anteil seiner Bevölkerung zugänglich zu machen. Fortan mußte nicht nur jede Obrigkeit, sei sie kirchlich oder weltlich, mit dieser Infrastruktur und dem jeweils über sie verbreiteten, häuslich, lokal und regional abgespeicherten und sich jeweils aufeinander schichtenden, also prinzipiell jederzeit aktualisierbaren Wissen rechnen. Vielmehr konnten auch alle relevanten Gruppen und entsprechend positionierte Individuen über die Chance verfügen, eigenes Wissen breit zu plazieren.

Dieser medial-kommunikative Wandel Europas kann in seiner historischen Wirkung kaum überschätzt werden. Er bereitete vor und förderte nicht nur all diejenigen Inklusions- bzw. Exklusionsvorgänge und Pluralisierungsprozesse, welche die europäische Geschichte der Neuzeit so entscheidend bestimmen sollten, sondern unterstützte auch deren Parallelbewegungen, also Hierarchisierung und Disziplinierung einerseits, Emanzipation und Gleichheit andererseits.

65 Zusammenfassend Wilke, Grundzüge, 20–34.

I. 1 Prototyp des mittelalterlichen Gelehrten: Der Hl. Hieronymus in seiner Studierstube, Gemälde von Antonello da Messina (um 1460)

I. 2 *Das alte geozentrische Weltbild des Ptolemaios, aus: Andreas Cellarius, Harmonia macrocosmica (1661)*

I. 3 *Das neue heliozentrische Weltbild des Copernicus, aus: Andreas Cellarius, Harmonia macrocosmica (1661)*

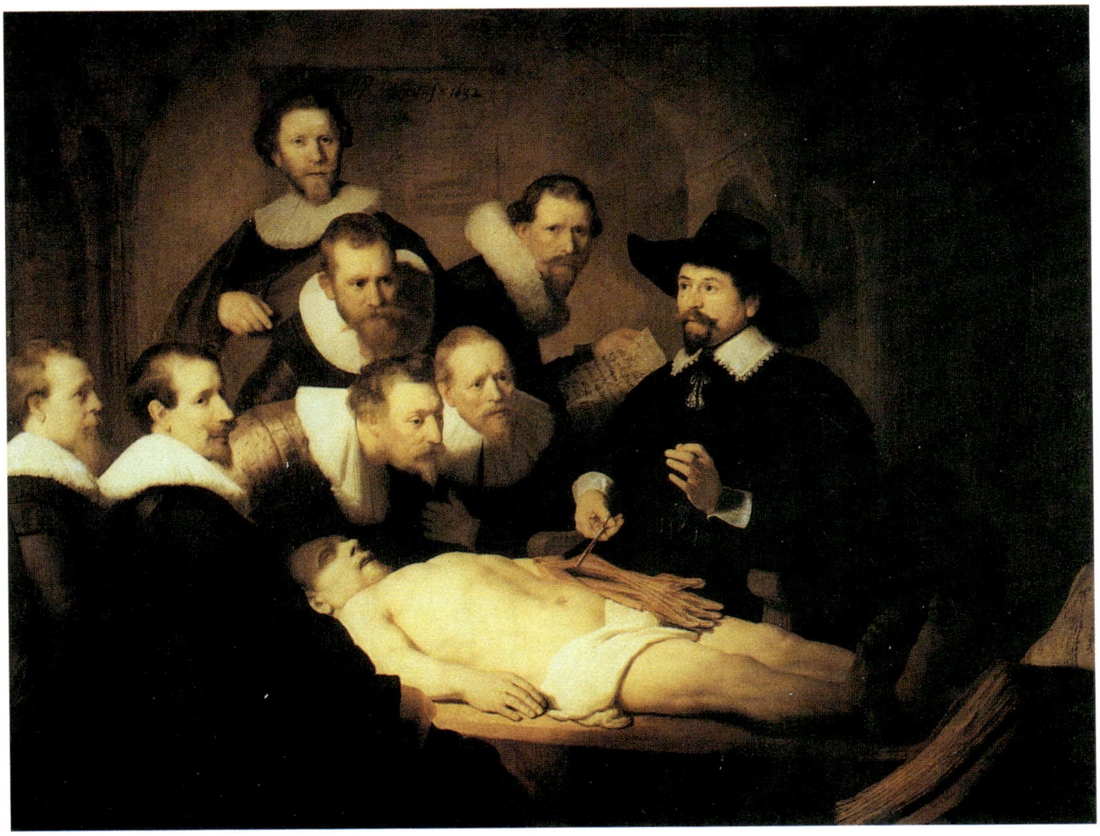

I. 4 Anschauung überwindet Bücherwissen: Rembrandt, Die anatomische Vorlesung des Dr. Nicolas Tulp (1632)

I. 5 Paracelsus, Gemälde von Jan van Scorel (1495–1562)

I. 6 Frans van Mieris d.Ä., Der Besuch des Arztes (1657)

I. 7 Buchdruck: Lutherbibel (1541)

I. 8 Aus der Bilderwelt der Rosenkreuzer: Berg der Philosophen (1785)

Copernicanische Wende

EBERHARD KNOBLOCH

Signatur des Jahrhunderts

1. Worum geht es?

Als Goethe 1808 seinen »Entwurf einer Farbenlehre« der Herzogin von Sachsen-Weimar und Eisenach, Luise, widmete, fügte er auf dem Titelblatt auf Lateinisch den Satz hinzu: »Ob nun unsere Lehren wahr oder falsch sind, sie werden so sein, daß wir unsere Lehren lebenslang verteidigen. Nach unserem Tode werden die jetzt spielenden Knaben unsere Richter sein.« Im Falle von Copernicus und seines heliozentrischen Weltsystems dauerte es nicht eine, sondern viele Generationen, bis der wahre Kern seiner Lehre anerkannt war.

Goethe selbst stand in der Tradition des Königsberger Philosophen Kant und des Göttinger Physikers Lichtenberg, als er enthusiastisch zu Copernicus bemerkte: »Doch unter allen Entdeckungen und Überzeugungen möchte nichts eine größere Wirkung auf den menschlichen Geist hervorgebracht haben, als die Lehre des Kopernikus. Kaum war die Welt als rund anerkannt und in sich selbst abgeschlossen, so sollte sie auf das ungeheure Vorrecht Verzicht tun, der Mittelpunkt des Weltalls zu sein. Vielleicht ist noch nie eine größere Forderung an die Menschheit geschehen.«[1]

Goethes Enthusiasmus kann nicht darüber hinwegtäuschen, daß er – freundlich gesprochen – die Entwicklung im Zeitraffer sah. Seit dem fünften vorchristlichen Jahrhundert, also seit fast zwei Jahrtausenden war die Kugelgestalt der Erde erschlossen bzw. anerkannt, als Copernicus sein Weltsystem entwarf. Doch die Dinge liegen noch komplizierter. Wenn Goethe den Eindruck erweckt, mit Copernicus habe eine neue Astronomie, ein neues Denken, eine neue Zeit begonnen, so widerspricht dies dem wissenschaftsgeschichtlichen Befund. Mittelstraß hat es 1989 auf den Punkt gebracht: Die copernicanische Wende ist in Wahrheit eine keplersche Wende.[2] Daran ändern auch nichts die überaus geistreichen Monographien Hans Blumenbergs,[3] die sich dem Thema aus philosophischer und mentalitätsgeschichtlicher Sicht widmen. Blumenbergs Interesse galt nicht der Frage, woher der konstruktive Einfall kam, sondern der Frage, wie er akzeptabel und systematisch tragbar werden konnte, warum Copernicus nicht der wirkungslose Aristarch des 16. Jahrhunderts wurde. Das geschichtliche Problem ist für ihn die Begründung der Möglichkeit und damit die naturphilosophische Vorbereitung des copernicanischen Spielraums als Veränderung der Rezeptionsbereitschaft.

Insbesondere Nobis, der am Begriff »copernicanische Wende« festhielt, hat sich bemüht nachzuweisen, daß diese »Wende« die ganze spätscholastische wissenschaftliche Entwicklung voraussetzt.[4] Wie nun? Man wird zwischen den Zielen des Copernicus, die dieser ausdrücklich wiederholt formulierte, und der Wirkung seines Werkes in kontrovers geführter Interpretation unterscheiden müssen, und dem, was seine Nachfolger an seinem Werk hervorhoben.

1 Johann Wolfgang von Goethe, Entwurf einer Farbenlehre, Weimar 1810; ich zitiere den Wiederabdruck in: Goethe, Gesamtausgabe der Werke und Schriften in zweiundzwanzig Bänden, hier Bd. 21, hg. von Reinhardt Habel, Stuttgart 1959, 639.

2 Jürgen Mittelstrass, Kopernikanische oder Keplersche Wende? – Keplers Kosmologie, Philosophie und Methodologie, in: Vierteljahrsschrift der Naturforschenden Gesellschaft in Zürich 134 (1989), 197–215.

3 Hans Blumenberg, Die kopernikanische Wende, Frankfurt a.M. 1965; Ders., Die Genesis der kopernikanischen Welt, Frankfurt a.M. 1975.

4 Ernst Zinner, Entstehung und Ausbreitung der copernicanischen Lehre, hg. von Heribert M. Nobis/Felix Schmeidler, 2. Aufl. München 1988, 587; Heribert M. Nobis, Die Vorbereitung der Copernicanischen Wende in der Wissenschaft der Spätscholastik, in: Mathemata. Festschrift für Helmuth Gericke, hg. von Menso Folkerts/Uta Lindgren, Wiesbaden 1985, 265–295.

Abb. 32: Das neue heliozentrische Weltbild des Copernikus, aus: Andreas Cellarius, Harmonia macrocosmica (1661)

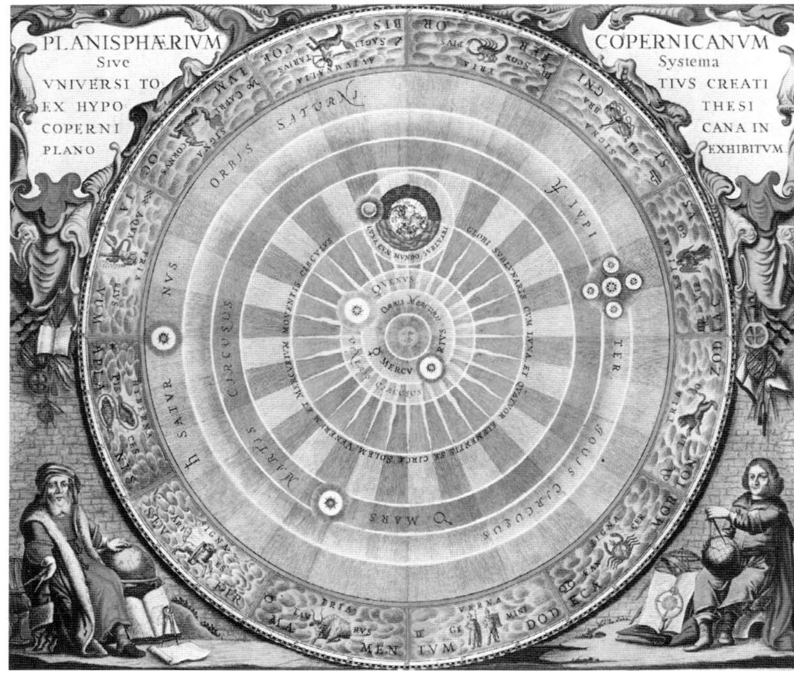

2. Ptolemäische Vorgaben

Das Handbuch der mathematischen Astronomie war seit der Spätantike der »Almagest« des Geozentrikers Klaudios Ptolemaios aus dem zweiten nachchristlichen Jahrhundert. Um die Planetenbewegungen beschreiben und berechnen zu können, bediente er sich des mathematischen Rüstzeugs, das ihm seine Vorgänger bereitgestellt hatten: Apollonios von Perge hatte im dritten bis zweiten vorchristlichen Jahrhundert die Epizykeltheorie eingeführt, um die scheinbaren Rückläufigkeiten der Planeten zu erklären, die sogenannte zweite Anomalie:[5] Aufkreise (Epizykel) haben ihren Mittelpunkt fest auf einem sogenannten Deferenten, also einem größeren Kreis, der sich in derselben Richtung wie der Aufkreis dreht und dabei den Epizykelmittelpunkt mitführt.

Wenig später entwickelte Hipparch die Exzentertheorie, um die ungleichförmige Umlaufgeschwindigkeit der Sonne um die Erde zu erklären, die sogenannte erste Anomalie. Der »Exenter« genannte Kreis heißt so, weil er sich nicht um das Erdzentrum, sondern um einen eigenen, aus dem Erdzentrum »herausgerückten« Mittelpunkt dreht: Erd- und Exzentermittelpunkt liegen um die Exzentrizität auseinander. Teilt man den Exzenter von der Erde aus in Neunziggradabschnitte, so durchläuft die Sonne die gleichgroßen Mittelpunktswinkel auf verschieden langen Bögen, also in verschieden großen Zeiten.

Um die erste Anomalie genauer wiedergeben zu können, verdoppelte Ptolemaios die Exzentrizität und führte einen sogenannten Ausgleichspunkt ein: Der Exzenter rotiert gleichförmig, bezogen auf einen fiktiven Kreis um diesen Punkt, das heißt, er selbst rotiert notwendigerweise ungleichförmig um den eigenen Mittelpunkt.

5 Fritz Krafft, Die Tat des Copernicus. Voraussetzungen und Auswirkungen (Zum 500. Geburtstag des großen abendländischen Astronomen), in: Humanismus und Technik 17 (1973), 79–106.

Auf diese Weise benötigte Ptolemaios vierzig Kreise, um die Bewegungen der sich um die Erde drehenden Planeten einschließlich der Sonne und des Mondes wiederzugeben.

Den Vorwurf zu großer Kompliziertheit seines Systems hatte Ptolemaios vorausgesehen und zurückgewiesen: »Es wird sich wohl niemand im Hinblick auf die Dürftigkeit menschlicher Machwerke der Technik Gedanken machen, daß die hier vorgetragenen Hypothesen zu künstlich seien. Darf man doch Menschliches nicht mit Göttlichem vergleichen.«[6] Der Gegenstand übersteigt also unser theoretisches Vermögen.[7] Man dürfe Einfachheit nicht nach menschlichen Kriterien beurteilen, man müsse vielmehr in seinem Urteil von der Unwandelbarkeit der am Himmel selbst kreisenden Geschöpfe und ihrer Bewegungen ausgehen.

Woher kamen diese Randbedingungen einer Himmelskinematik? Darauf wird im nächsten Abschnitt einzugehen sein. Copernicus lernte sie jedenfalls 1496 aus der von Georg von Peuerbach und seinem Schüler Johannes Regiomontan angefertigten »Zusammenfassung des Almagest des Ptolemaios« kennen.

Ptolemaios hatte durchaus Kenntnis von Vertretern einer Erdrotation[8] und solchen, die »ihre Beweise auf dem Wege geometrischer Konstruktion unter Annahme ein und derselben Anomalie und Rückläufigkeitsstrecke führten«:[9] ein klarer Hinweis auf Aristarchs von Samos heliozentrisches System aus dem dritten vorchristlichen Jahrhundert, ohne daß Ptolemaios Aristarch beim Namen nannte. Und doch wußte Copernicus von ihm. War er doch auf ihn bei der Suche nach antiken Heliozentrikern gestoßen, als er Plutarchs Schrift »Über das scheinbare Gesicht in der Mondscheibe« studierte.[10] Hatte er ihn doch sogar im ursprünglichen Schlußabschnitt des ersten Buches seines Werkes »Umwälzungen der Himmelssphären« genannt, ein Abschnitt, den er vor dem Druck tilgte.

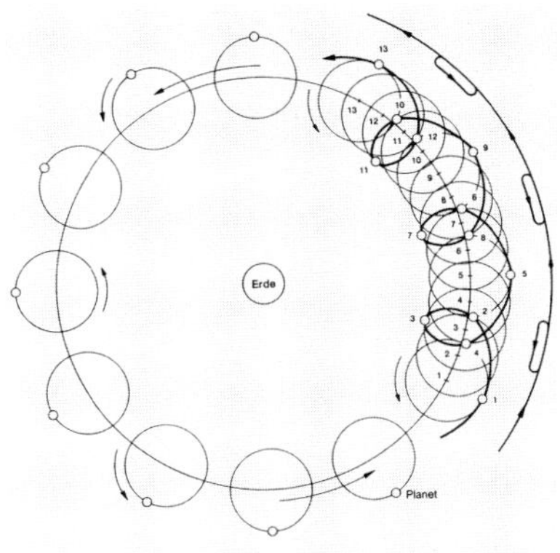

Abb. 33: Epizykeltheorie des Apollonios (nach Krafft)

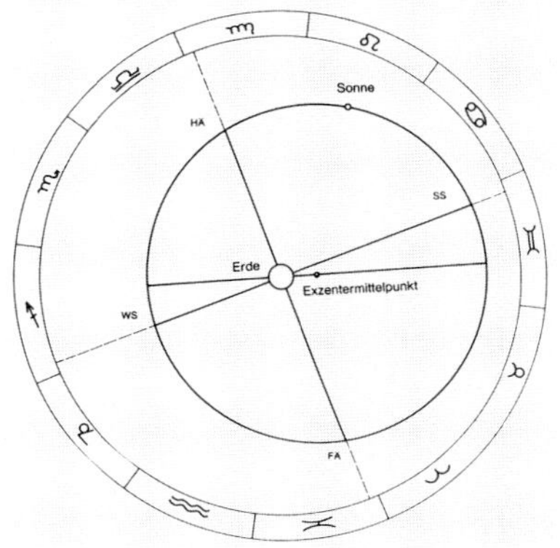

Abb. 34: Exzentertheorie des Hipparch (nach Krafft)

3. Die Rettung der Phänomene

»Unsere Vorfahren haben, wie ich sehe, eine Vielzahl von Himmelssphären besonders aus dem Grund angenommen, um die bei den Planeten erscheinende Bewegung unter Wahrung der Regelmäßigkeit zu retten. Denn es schien sehr abwegig zu sein, daß sich ein Himmelskörper trotz seiner vollkommensten Rundung nicht stets gleichförmig bewegt. Sie hatten aber die Möglichkeit erkannt, daß sich etwas auch durch Zusammensetzen und Zusammenwirken regelmäßiger Bewegungen ungleichförmig zu einer beliebigen Lage zu bewegen scheint.«

So beginnt Copernicus die um 1510 verfaßte erste Skizze seines Weltbildes, den sogenannten »Commentariolus«, den »Entwurf über die von ihm verfaßten Hypothesen der himmlischen Bewegungen«. Von den handschriftlichen Kopien wurden bis heute drei aufgefunden, in Wien, Stockholm und Aberdeen.[11] Der »Commentariolus« sorgte dafür, daß die Ideen des Copernicus lange vor Veröffentlichung seines Hauptwerkes bis nach Italien bekannt wurden: 1533 erläuterte der päpstliche Sekretär Johann Albert Widmanstadt Papst Clemens VII. in den vatikanischen Gärten das copernicanische Weltsystem. 1536 wandte sich Kardinal Nicolaus Schönberg in Capua an Copernicus mit der Bitte um nähere Auskunft.[12]

6 Ptolemaios, Almagest XIII, 2.

7 Hans Blumenberg, Die kopernikanische Wende, 84.

8 Ptolemaios, Almagest I, 7.

9 Ptolemaios, Almagest IX, 2.

10 Plutarch, Das Mondgesicht (De facie in orbe lunae), eingel., übers. und erläutert von Herwig Görgemanns, Zürich 1968, Kap. 6, 22; Fritz Krafft, Hypothese oder Realität. Der Wandel der Deutung mathematischer Astronomie bei Copernicus, in: Gudrun Wolfschmidt (Hg.), Nicolaus Copernicus (1473–1543). Revolutionär wider Willen, Stuttgart 1994, 103–115, hier 114.

11 Gudrun Wolfschmidt, Der Weg zum modernen Weltbild, in: Dies. (Hg.), Nicolaus Copernicus (1473–1543). Revolutionär wider Willen, Stuttgart 1994, 9–69, hier 35.

12 Fritz Rossmann, Nachwort, in: Nikolaus Kopernikus, Erster Entwurf seines Weltsystems sowie eine Auseinandersetzung Johannes Keplers mit Aristoteles über die Bewegung der Erde, hg., übers. und erläutert von Fritz Rossmann, München 1948 (Nachdruck Darmstadt 1966), 31.

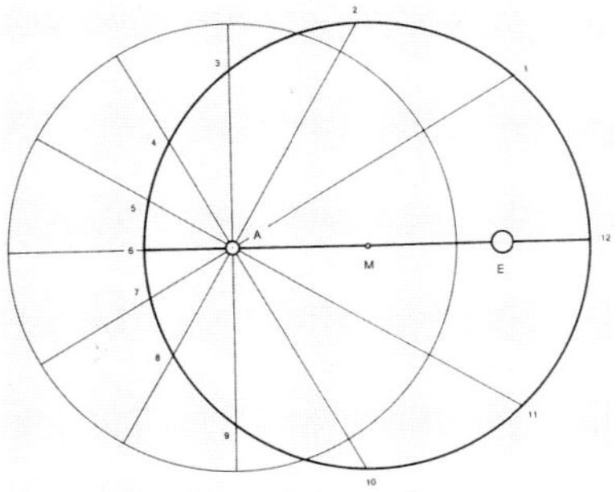

Abb. 35: Ausgleichsbewegung des Ptolemaios (nach Krafft)

Wie Copernicus weiter ausführt, führten jedoch beide miteinander konkurrierenden mathematischen Theorien, mit deren Hilfe diese Rettungsleistung durchgeführt werden sollte, zu keiner befriedigenden Lösung. Die Theorie der homozentrischen Sphären wurde von Eudoxos und Kallippos ausgearbeitet und von Aristoteles durch zurückrollende Sphären physikalisiert. Eudoxos ordnete den einzelnen Planeten in einem ursprünglich mathematischen Modell mehrere Kreisbewegungen zu. Die Kreise faßte er als Großkreise mathematischer Kugeln (Sphären) auf, die um verschiedene Achsen in verschiedener Richtung und Zeit rotierten. Sie hatten alle das gleiche Zentrum, die Erde, und hießen daher homozentrisch. Die Gesamtheit der Bewegungen ergab die tatsächlichen Plantetenbewegungen, konnte jedoch die verschieden großen Abstände von Sternen vom Weltzentrum rechnerisch nicht wiedergeben. Was half es da, daß die Homozentrik der aristotelischen Physik entsprach? Die Ausgleichskreise des Ptolemaios führten zu ungleichförmigen Bewegungen der Deferenten, da deren Rotationsgeschwindigkeit nicht auf die eigenen Mittelpunkte, sondern auf die der Ausgleichskreise bezogen war. Die Ausgleichskreise widersprachen damit aristotelischen Prinzipien. Was half es da, daß Ptolemaios mit Epizykeln, Exzentern und Ausgleichskreisen die Erscheinungen rechnerisch wiedergeben konnte?[13]

Es ist dieses Versagen der von ihm vorgefundenen Lösungen – dies kann gar nicht genug hervorgehoben werden – das Copernicus nach eigener Aussage veranlaßte, nach einer anderen, vernunftgemäßeren Lösung zu suchen, einer vernunftgemäßeren Art von Kreisen. Die Forderung nach Kreis- und Gleichförmigkeit der Bewegungskomponenten durfte unter keinen Umständen verletzt werden, aber ebenso wenig die numerische Übereinstimmung mit den Beobachtungsdaten. Copernicus hatte sich die Aufgabe gestellt, die antike Forderung, »die Phänomene zu retten«, im strengen Sinn ernstzunehmen. Fritz Krafft hat die von falschen Zuweisungen geprägte, verwickelte Überlieferungsgeschichte dieser Forderung geklärt.[14]

Erst aufgrund von Hypothesen werden Erscheinungen als Anomalien erlebt und müssen nunmehr gerettet werden: Anomalien sind Erscheinungen nur gegenüber den zugrunde gelegten Hypothesen. Die philosophisch-spekulativ begründeten Hypothesen werden den Phänomenen aufgezwungen und lassen sie so zu Anomalien werden.

Die Forderung nach Kreis- und Gleichförmigkeit der Planetenbewegungen läßt sich bis zum hellenistischen Historiker und Philosophen Poseidonios (135–50 v. Chr.) und dem etwa zeitgenössischen Astronomen Hipparch zurückverfolgen. Die poseidonische Synthese zwischen mathematischen Disziplinen als Hilfswissenschaften der Physik mit der Physik wies der Astronomie einen anderen Aufgabenbereich zu als der Physik. Bei Platon ist diese Forderung nicht zu finden, denn im Dialog über den »Staat« wie im »Timaios« geht er ja ausdrücklich von nicht gleichförmig durchlaufenen »Perioden«, das heißt Kreisläufen, aus. Im »Timaios« findet sich die großartige Bemerkung, Gott habe uns das Sehvermögen ersonnen und verliehen, damit wir beim Erschauen der Kreisläufe der Vernunft am Himmel diese für die Umschwünge unserer eigenen Denkkraft benutzten.[15]

Nur scheinbar widerspricht die Überlieferung diesem Befund. Denn der spätantike Aristoteleskommentator Simplikios aus dem sechsten nachchristlichen Jahrhundert berief sich in seinem Kommentar zur aristotelischen Schrift »Über den Himmel« auf einen Sosigenes, um zu behaupten, daß Pla-

13 Eberhard Knobloch, Antikenrezeption und die wissenschaftliche Welt der Renaissance – am Beispiel der Astronomie, in: Berichte zur Wissenschaftsgeschichte 23 (2000), 115–125, hier 119.

14 Fritz Krafft, Der Mathematikos und der Physikos, Bemerkungen zu der angeblichen Platonischen Aufgabe, die Phänomene zu retten, in: Alte Probleme – Neue Ansätze. Drei Vorträge von Fritz Krafft, Kurt Goldammer, Annemarie Wettley: Würzburg 1964, Wiesbaden 1965, 5–24; Ders., Hypothese oder Realität, 103–115.

15 Platon, Timaios 47b.

Abb. 36: Nicolaus Copernicus, Kupferstich (1654)

ton den Fachastronomen die Aufgabe gestellt habe herauszufinden, durch welche hypothetisch zugrunde gelegten gleichförmigen und geordneten Bewegungen die bei den Planetenbewegungen auftretenden Phänomene vollkommen gerettet würden. Eine falsche Zuordnung, wie Krafft nachgewiesen hat.[16] Sosigenes war Peripatetiker, Zeitgenosse des Ptolemaios. Er hatte nach 164 n. Chr. ein Werk mit dem Titel »Über die zurückrollenden (sc. Sphären des Aristoteles)« verfaßt, mit dem sich der Neuplatoniker Proklos im fünften Jahrhundert in seinem »Überblick über die astronomischen Hypothesen« kritisch auseinandersetzte. Giorgio Valla veröffentlichte die fast vollständige Übersetzung der prokleischen Schrift in seiner Enzyklopädie »Über zu erstrebende und zu vermeidende Dinge«, die Copernicus stark benutzte. Valla übersetzte den Titel des Werks von Sosigenes mit »De revolutionibus«, also genauso, wie Copernicus sein Hauptwerk ursprünglich nannte. Die Wörter »orbium coelestium« wurden von Andreas Osiander hinzugefügt.

Mit der Wahl des Titels stellte sich Copernicus programmatisch in diese über Sosigenes auf Poseidonios zurückgehende Tradition. Aus der »Meteorologie« des Poseidonios hatte im ersten vorchristlichen Jahrhundert sein Schüler, der Stoiker Geminos, einen Auszug hergestellt. Aus diesem Auszug zitiert Simplikios in seinem Kommentar zur aristotelischen »Physik«. Die Aufgabe des Physikers unterscheide sich von der des Astronomen. Der Astronom vernachlässige die Ursachen und löse seine Fragen hypothetisch: »Hy-

16 Krafft, Hypothese oder Realität, 112.

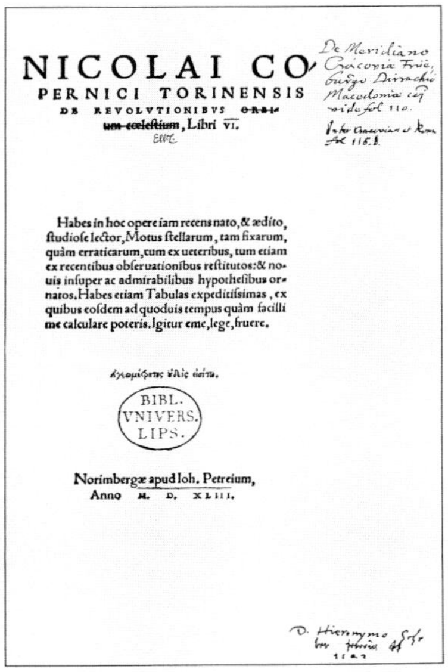
NICOLAI CO
PERNICI TORINENSIS
DE REVOLVTIONIBVS ORBI-
um coelestium, Libri VI.

Habes in hoc opere iam recens nato, & ædito, studiose lector, Motus stellarum, tam fixarum, quàm erraticarum, cum ex ueteribus, tum etiam ex recentibus obseruationibus restitutos: & nouis insuper ac admirabilibus hypothesibus ornatos. Habes etiam Tabulas expeditissimas, ex quibus eosdem ad quoduis tempus quàm facillime calculare poteris. Igitur eme, lege, fruere.

ἀγεωμέτρητος οὐδεὶς εἰσίτω.

Norimbergæ apud Ioh. Petreium,
Anno M. D. XLIII.

Abb. 37: Nicolaus Copernicus, De revolutionibus, Titelblatt der Erstausgabe (1543)

pothetisch macht er Methoden ausfindig, indem er angibt, unter Zugrundelegung welcher Hypothesen die Phänomene gerettet werden könnten. Zum Beipiel: Warum scheinen Sonne, Mond und Planeten sich ungleichförmig zu bewegen? Antwort: Wenn wir ihre Kreise hypothetisch als exzentrisch annehmen oder, daß die Gestirne sich auf Epizykeln bewegen, wird deren erscheinende Anomalie gerettet werden können. Deshalb konnte jemand sogar öffentlich auftreten und sagen, daß, selbst wenn die Erde sich auf irgendeine Weise bewegt, die Sonne dagegen irgendwie nicht, die bei der Sonne erscheinende Anomalie gerettet werden könne.«[17]

Mit dem »jemand« ist der Heliozentriker Aristarch von Samos gemeint. Aber Copernicus ist bei dieser instrumentalistischen Auffassung der Astronomie nicht stehen geblieben.

4. Der Forderungskatalog des »Commentariolus«

Es spricht einiges dafür, daß Copernicus nicht nur den Titel seines Hauptwerkes von Sosigenes übernommen hat, sondern auch die erste seiner sieben Forderungen, seiner sogenannten Axiome, wie er hinzufügt, die er seiner Lösung der Planetenbewegungen vorausschickt: Es gibt nicht nur einen Mittelpunkt aller himmlischen Kreisbahnen oder Sphären.

Sosigenes hatte gemäß Simplikios aus physikalischen Gründen erwogen: »Es mag nun eher das Axiom wahr sein, das besagt, daß sich jeder kreisbewegte Körper um sein eigenes Zentrum bewegt.«[18]

Sosigenes hatte aus der Beobachtung einer ringförmigen Sonnenfinsternis im Jahre 164 n. Chr. geschlossen, daß sich die scheinbare Größe von Sonne oder Mond ändern kann, also der Abstand der Planeten vom Drehmittelpunkt. Dies war mit der Theorie einer strengen Homozentrik für alle Sphären, wie sie Aristoteles gefordert hatte, unvereinbar. Einen empirischen Beweis für dieses Axiom fand Galilei erst einhundert Jahre später mit der Entdeckung der vier größten Jupitermonde, also von Sternen, die ihr eigenes Bewegungszentrum, den Jupiter, haben.

Von Anbeginn zeigt die Wortwahl von Copernicus, daß er sich der Begrifflichkeit der aristotelischen Himmelskinematik bedient. Nicht von den Planeten selbst ist die Rede, sondern von den diese mitführenden Sphären des Aristoteles. Diese Vorstellung zieht – systemimmanent – Konsequenzen für die Erdbewegung nach sich, macht eine zusätzliche Bewegung erforderlich, die dem Konzept, nicht der Wirklichkeit geschuldet ist: Davon wird noch zu reden sein.

Freilich blieb Copernicus' Übernahme der aristotelischen Physik bzw. Naturphilosophie sehr selektiv. Schon die zweite Forderung brach mit einem Kernstück der Lehre des Stagiriten: Der Erdmittelpunkt ist nicht Mittelpunkt der Welt, sondern nur der der Schwere und des Mondbahnkreises. Statt dessen sollte gelten: Alle Kreisbahnen umgeben die Sonne, der Mittelpunkt der Welt liegt in Sonnennähe.

Mit diesen beiden Axiomen beseitigte Copernicus den Zusammenfall von Weltmitte und Erdmittelpunkt, wie es Ptolemaios gelehrt hatte,[19] ein Faktum nicht nur von physikalischer, sondern im christlichen, ausgehenden Mittelalter zugleich von herausragender metaphysischer und religiöser Bedeutung. Wenn Gott alles um des Menschen willen geschaffen hatte, wie konnte die-

17 Krafft, Hypothese oder Realität, 113f.

18 Simplicius, In Aristotelis de caelo commentaria, hg. von I. L. Heiberg, Berlin 1894, 509; Eberhard Knobloch, Antikenrezeption und die wissenschaftliche Welt der Renaissance – am Beispiel der Astronomie, 119.

19 Ptolemaios, Almagest I, 5.

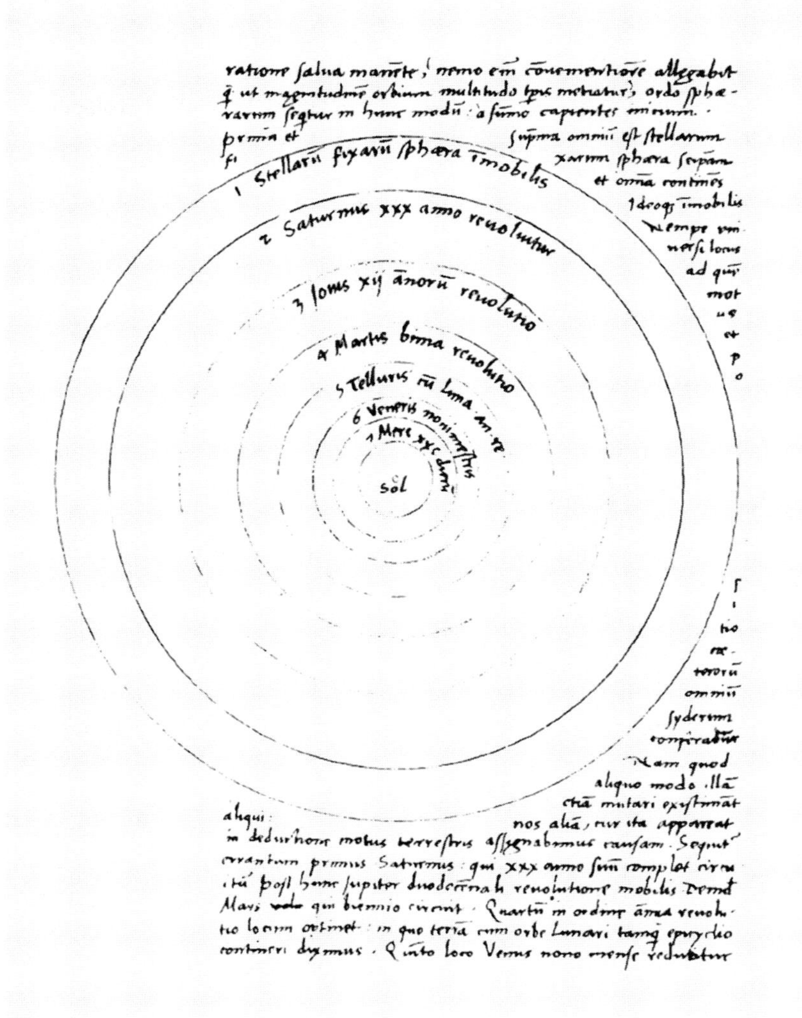

Abb. 38: Weltsystem, aus: Nicolaus Copernicus, De revolutionibus, Manuskript (1543)

ser dann nicht im Mittelpunkt der Welt stehen? Die Antwort auf diese teleologische Weltformel sollte Copernicus in der Widmung seines Hauptwerkes an Papst Paul III. geben.

Die vierte Forderung nimmt die Einwände gegen eine Erdbewegung um die Sonne vorweg. Denn in dem Falle müßte das Aussehen des Fixsternhimmels von der Stellung der Erde auf ihrer Bahn um die Sonne abhängen: Nur wenn die Erdbahn gegenüber der Entfernung des Fixsternhimmels als verschwindend klein angenommen wird, läßt sich das Ausbleiben einer Veränderung des Aussehens erklären.

Copernicus fordert deshalb: Das Verhältnis der Entfernungen von Sonne und Erde zur Höhe des Firmaments ist kleiner als das Verhältnis des Erdradius zur Sonnenentfernung, so sehr, daß diese im Verhältnis zur Höhe des Firmamentes unmerklich ist.

Die scheinbar umständliche Ausdrucksweise ist gleichwohl erhellend, weil bildhaft kräftig. Bereits der Erdradius bildet zur Sonnenentfernung ein verschwindend kleines Verhältnis. Noch kleiner soll das Verhältnis von Erdbahnradius zur Entfernung des Firmaments sein. Es ist sicher kein Zufall, daß Copernicus vom Firmament, vom festen Himmelsgewölbe, spricht. Zwar werden die Dimensionen der Welt für die Zeitgenossen in unglaubwürdiger

Weise vergrößert. Aber es ist eine endliche, geschlossene Welt, von der hier die Rede ist.

Die fünfte Forderung betrifft die tägliche Rotation der Erde um deren Achse: Was immer aufgrund einer Bewegung am Firmament erscheint, rührt nicht von diesem, sondern von der Erde her. Die Erde also dreht sich mit den nächstliegenden Elementen in täglicher Bewegung ganz um ihre unveränderlichen Pole, während das Firmament unbeweglich und als oberster Himmel verharrt.

Copernicus nimmt mit der Forderung, die Erdrotation zuzugeben, zugleich teilweise die Kritik vorweg, die Ptolemaios dagegen geäußert hatte:[20] Alles, was auf der Erde nicht niet- und nagelfest ist, müßte stets in einer einzigen Bewegung begriffen sein, die der Bewegung der Erde entgegengesetzt verliefe.

Die sechste Forderung gilt der Erdbahn um die Sonne: Was immer uns infolge von Bewegungen an der Sonne erscheint, rührt nicht von dieser selbst her, sondern von der Erde und unserer Sphäre, mit der wir um die Sonne gedreht werden wie irgendein anderer Planet, und so wird die Erde von mehreren Bewegungen dahingetragen.

Copernicus verwendet das Verb »volvere«, drehen, wälzen, das in den »Revolutiones«, den »Umwälzungen« des Titels seines Hauptwerkes, mittelbar wieder auftritt. Und er macht deutlich, daß die Erde – streng genommen – keine Eigenbewegung ausführt, sondern mit ihrer Sphäre um die Sonne gedreht wird. Erst im Rahmen der anschließenden mathematischen Kinematik präzisiert er die Zahl der Erdbewegungen: Es werden drei, nicht zwei sein.

Die letzte, siebte Forderung, ist eine Folgerung aus der sechsten und entlarvt die scheinbaren Rückläufigkeiten der Planeten, die zweite Anomalie, als optische Trugschlüsse: Was bei den Planeten als Rückgang und Vorrücken erscheint, rührt nicht von ihnen selbst her, sondern von der Erde. Die Bewegung von dieser allein reicht also für so viele am Himmel erscheinende Ungleichförmigkeiten.

Mit diesen Voraussetzungen wolle er kurz zu zeigen versuchen, wie in geordneter Weise die Gleichförmigkeit der Bewegungen gerettet werden kann. Die Formulierung läßt keinen Zweifel: Das copernicanische Ziel war, die poseidonische Forderung nach Rettung der Phänomene zu erfüllen, eine mathematische Aufgabe zu lösen. Dazu verlangte er die Anerkennung einer neuen kosmologischen Wahrheit, ein bloßes Rechenmodell wollte er nicht anbieten. Die neue Kosmologie war Mittel zum Zweck, nicht selbst Zweck. Die Heliozentrik ergab sich unbeabsichtigt, beabsichtigt war die Zusammenführung von Physik und mathematischer Astronomie. Diese Zusammenführung wurde durch die Erfüllung der sieben Axiome gewährleistet. Während sich die Naturforscher auf die Erscheinungen stützen, um die Unbeweglichkeit der Erde nachzuweisen, versetze er gerade wegen der Erscheinungen die Erde in Bewegung.

Hier wird überdeutlich, daß sich Copernicus zutiefst bewußt war, wie er die bisherige Denkweise in Sachen Kosmologie auf den Kopf stellte, diametral verschiedene Schlußfolgerungen zog. Um so mehr war er bemüht, dem Vorwurf zu begegnen, er sei grundlos, aufs Geratewohl so verfahren und habe sich so den Pythagoreern angeschlossen, eine Argumentation, die Rheticus in seinem »Ersten Bericht« aufnehmen wird. Tatsächlich hatte der Pythagoreer

20 Ptolemaios, Almagest I, 7.

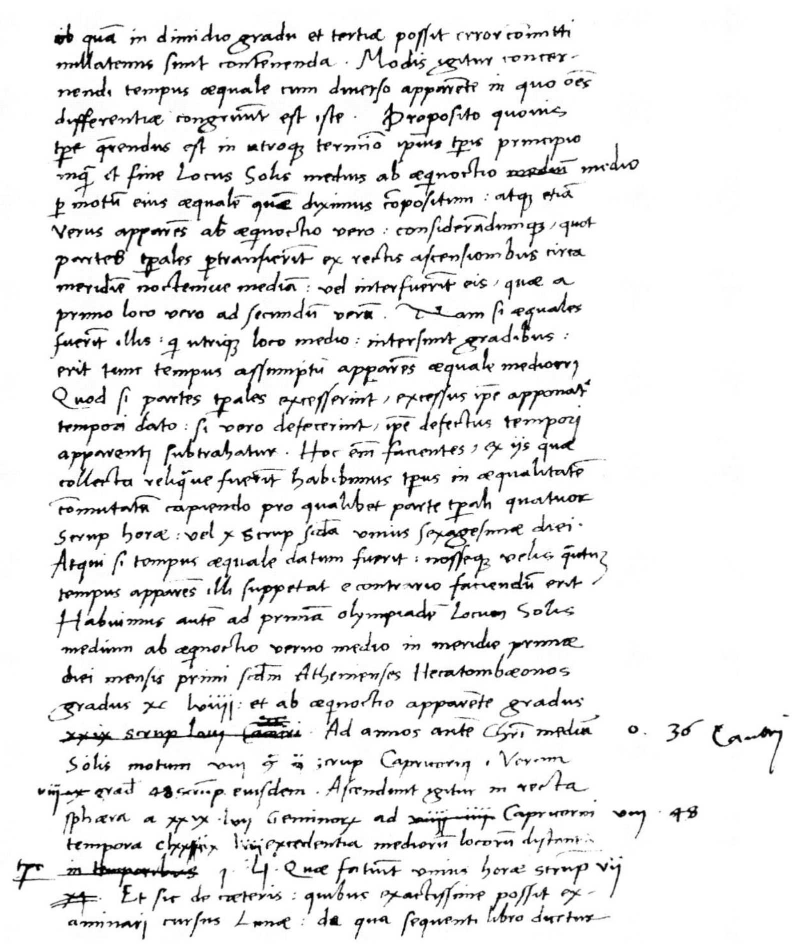

Abb. 39: Manuskript des Copernicus (1543)

Philolaos im fünften vorchristlichen Jahrhundert ein Zentralfeuer, also keine Heliozentrik, angenommen, um das die Planeten, Sonne, Erde kreisen.

Der glühende Copernicaner Kepler ging noch einen Schritt weiter: Er sah in Copernicus nichts anderes als den wiedererstandenen Pythagoras, der durch sein Beispiel gezeigt habe, daß wir wiedergeboren werden können. Die Renaissance der Astronomie, Gestalt geworden in Copernicus, ist in Keplers Augen die Wiedergeburt des Pythagoras.[21]

5. Der neue Kosmos des »Commentariolus«

Im »Commentariolus« gibt Copernicus die Anordnung der Himmelssphären, der »orbes coelestes«, die im Titel des Hauptwerkes wieder auftreten werden. Auch wenn mit »orbis« im Falle der mathematischen Durchführung immaterielle Bahnkreise gemeint sind, im vorliegenden Fall müssen es gemäß der ersten Forderung Sphären sein. Ist doch der oberste ungewegliche »orbis« den Fixsternen zugeordnet: Dies kann nur eine Sphäre sein. Denn sie enthält alles und gibt allem seinen Ort. Dies läßt sich von einem Bahnkreis nicht aussagen. Erst im Hauptwerk wird Copernicus auf den Jahrtausende währenden Streit um die Reihenfolge der Sphären eingehen – ein Punkt, den auch Rhe-

21 Johannes Kepler, Mysterium cosmographicum, Tübingen 1596. Ich zitiere den Wiederabdruck in: Johannes Kepler, Gesammelte Werke, hg. von Max Caspar (im folgenden zitiert als KGW mit römischer Band- und arabischer Seitenzählung), Bd. 1, München 1938, 1–80, hier 4; Knobloch, Antikenrezeption und die wissenschaftliche Welt der Renaissance, 115f.

ticus hervorheben wird. Im »Commentariolus« nennt Copernicus ohne weitere Erläuterung die Sphären in der Reihenfolge Firmament, Saturn, Jupiter, Mars, Erde, Venus, Merkur. Der Bahnkreis des Mondes aber drehe sich um den Mittelpunkt der Erde und werde mit dieser wie ein Epizykel geführt – ein Vorverweis auf die folgende mathematische Astronomie: Für die Beweise verwies er auf ein größeres Werk, das er also schon um 1510 plante. Zugleich wendet er sich an die der Mathematik Kundigen. Sie würden leicht sehen, wie vorzüglich seine Zusammensetzung von Kreisen mit Numerik und Beobachtungen übereinstimmt. Es ist sein Programm der Rettung der Phänomene, es ist sein später immer wieder bekräftigter Standpunkt, daß er von Fachkundigen, das heißt von Mathematikern, seine Ausführungen beurteilt sehen möchte.

Das Urteil mathematischer Ignoranten verachte er, wird er in der Vorrede an Papst Paul III. in bester Tradition eines pythagoreischen Platonismus schreiben. Mathematisches werde für Mathematiker geschrieben. Es ist die Haltung, aus der heraus der Brief des Pythagoreers Lysis an Hipparch geschrieben ist, den Copernicus zwar im Haupttext am Ende des Buches strich, aber in der Vorrede erwähnte. Es ist die Haltung, aus der heraus das berühmte Motto der platonischen Akademie »Niemand trete ein, der der Geometrie unkundig ist« auf der Titelseite der Nürnberger Erstausgabe von 1543 abgedruckt wurde.

6. Die erste mathematische Lösung

Copernicus hatte seinen ersten Entwurf mit dem Anspruch begonnen, die Rettung der Phänomene mit weniger und geeigneteren Mitteln durchführen zu können als seine Vorgänger. Damit ist vor allem Ptolemaios gemeint, der diese Aufgabe mit Hilfe von Exzentern, Epizykeln und Ausgleichskreisen gelöst hatte. Da Copernicus programmatisch Ausgleichskreise um deren unaristotelischer Physik willen ablehnte, mußte er die ungleichförmige Bewegung auf dem Deferenten auf andere Weise durch eine gleichförmige Kreisbewegung wiedergeben.

Im »Commentariolus« gab Copernicus eine andere mathematische Lösung als im späteren Hauptwerk, in seinen Augen kein Stein des Anstoßes, da ja der Mathematiker grundsätzlich in der Wahl seiner Hypothesen bzw. Bewegungskomponenten frei war. Nun hatte Adrastos von Aphrodisias um die Zeitenwende die Äquivalenz von Exzenter- und Epizykelbewegungen bei gleichen entgegengesetzten Umlaufperioden nachgewiesen: Sollte die Bahn eines zur Erde exzentrisch gelegenen Kreises beschrieben werden, konnte dies auch dadurch erreicht werden, daß ein mit der Erde konzentrischer Kreis in der Funktion eines Deferenten einen Epizykel trägt. Der Epizykelradius mußte dieselbe Länge wie die Exzentrizität, der Deferent denselben Radius wie der Exzenter haben; Epizykel und Deferent mußten in gleicher Periode, aber in zueinander entgegengesetzter Richtung rotieren.

Tatsächlich machte Copernicus von dieser Möglichkeit im »Commentariolus« Gebrauch, Exzentrizitäten durch Epizykel wiederzugeben. Dies löste noch nicht das Problem der Ausgleichsbewegung, zeigte aber, in welcher Weise es gelöst werden konnte und auch von Copernicus gelöst wurde. Ptolemaios hatte ja den Ausgleichspunkt für die Verdoppelung der Exzentrizität des exzentrischen Deferenten eingeführt. Dementsprechend gab Copernicus die Ausgleichsbewegung durch einen Epizykel wieder, der in derselben Richtung wie der exzentrische Deferent, aber mit doppelter Geschwindigkeit umläuft. In Verbindung mit der ersten Überlegung führt dies zu Doppelepizykeln, das heißt Epizykeln auf Epizykeln.

Copernicus überträgt die Verdoppelung der Exzentrizität je zur Hälfte auf die beiden verschieden großen Epizykel, deren Radien sich wie 1 : 3 verhalten.[22] Ein solches System von Doppelepizykeln zur Wiedergabe der Planetenbewegungen hatte im 14. Jahrhundert der islamische Astronom al-Schatir (ca. 1305–1375) vorgeschlagen, mehr noch: Die copernicanischen Systeme für Merkur und Mond sind dieselben wie bei al-Schatir. Selbst die Punktbezeichnungen der islamischen Figuren, die verwendeten Buchstaben des arabischen Alphabets, treten in den copernicanischen Figuren als entsprechende Buchstaben des lateinischen Alphabets wieder auf. Es gibt also gute Gründe für die Annahme, daß Copernicus in der Ausarbeitung seiner ersten mathematischen Lösung von arabischen, in Italien befindlichen Handschriften während seiner Studienzeit angeregt wurde, ohne daß wir mangels Mitteilungen wissen, wie dies vonstatten gegangen sein mag. Um die Figuren im astronomischen Kontext zu verstehen, bedurfte es jedenfalls keiner Kenntnis der arabischen Sprache.[23]

Seine Übersicht über die benötigten Kreisbewegungen begann Copernicus mit der dreifachen Bewegung der Erde. Denn außer der Bewegung um die Sonne und um die eigene Achse schrieb Copernicus der Erde noch eine dritte, in Wahrheit nicht existierende Bewegung zu, die er Deklination nannte. Diese Deklination war zwar ein Irrtum, aber eine logische Konsequenz der auch von ihm vertretenen Auffassung, daß die Planeten keine Eigenbewegung ausführen, sondern – fest verbunden mit ihrer Sphäre – von dieser um die Sonne herumgeführt werden.

Danach hätte die Erdachse ständig die gleiche Richtung zur Sonne statt zu den Fixsternen. Wäre bei der Erschaffung der Welt der Nordpol von der Sonne weggewendet gewesen, so wäre dieser Zustand seitdem von der Erde beibehalten worden. Da aber die Erdachse in Wahrheit eine unveränderliche Lage im Raum hat – bezogen auf die Ebene ihrer Sonnenumlaufbahn – mußte eine zusätzliche Bewegung in der copernicanischen Theorie die Erdachse ständig richtig stellen.[24] Sie ist insoweit eine »Entdeckung« des Copernicus, »in welcher er keinen Vorgänger hatte«.[25] Die Erdachse führt eine Kegelbewegung mit dem Öffnungswinkel 2 x 23 ½ ° aus, die gegen den Sinn der Tierkreiszeichen im Zeitraum eines Jahres durchlaufen wird. Der wahre physikalische Grund dafür, daß die Erdachse ihre Richtung im Raum nahezu unverändert beibehält, das Trägheitsgesetz der theoretischen Mechanik, war im 16. Jahrhundert unbekannt.

In der Reihenfolge Mond, äußere Planeten, Venus, Merkur handelt Copernicus die Bewegungssysteme ab. Den erstaunlichsten Lauf vollführe Merkur, der fast unerforschliche Wege durchwandere. Für ihn benötigt er nicht weniger als sieben Kreise. Zusammen mit den drei der Erde, den vier des Mondes, den je fünf von Mars, Jupiter und Saturn sind es im Ganzen 34 Kreise. »So reichen also insgesamt 34 Kreise aus, um mit ihnen den gesamten Weltenbau und den gesamten Sternenreigen zu erklären«, endet Copernicus stolz seine Schrift. Die Bemerkung hatte nur einen Fehler: Die Zahl 34 stimmte nicht, sie müßte 38 lauten, da für die Präzession (das Vorrücken von

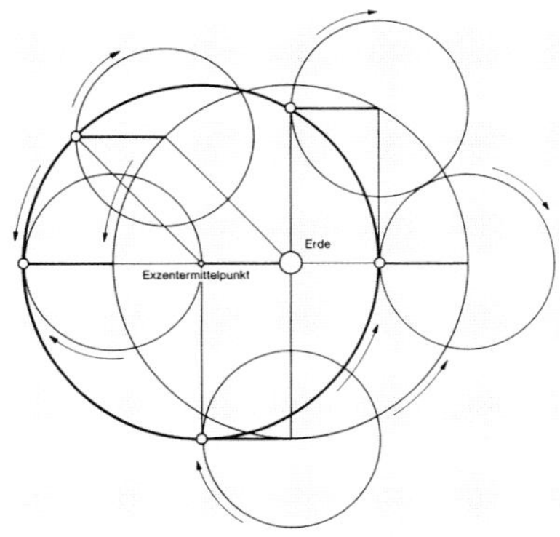

Abb. 40: Äquivalenz von Exzenter- und Epizykelbewegung nach Adrastos von Aphrodisias (nach Krafft)

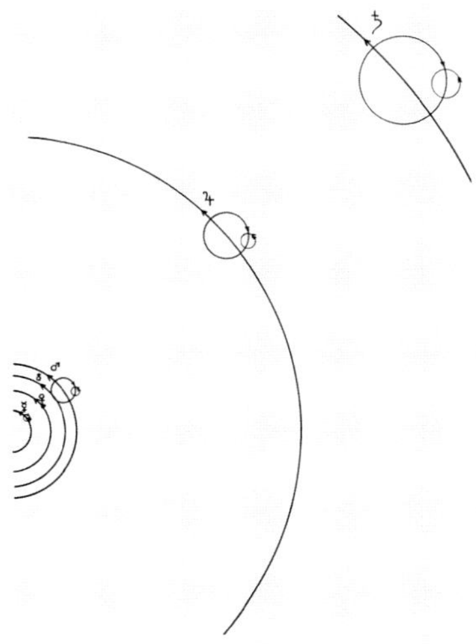

Abb. 41: Doppelepizykel des Copernicus (nach Rossmann)

22 Krafft, Die Tat des Copernicus. Voraussetzungen und Auswirkungen, hier 99.

23 George Saliba, Vortrag in Oslo am 21. 5. 2001; Jean-Pierre Verdet, Copernic, in: Michel Blay/Robert Halleux (Hg.), La science classique, XVIe–XVIIIe siècle. Dictionnaire critique, Évreux 1998, 224–233, hier 225.

24 Rossmann, Nachwort, 41; Felix Schmeidler, Kommentar zu »De revolutionibus«, in: Nicolaus Copernicus Gesamtausgabe, hg. von Heribert M. Nobis/Menso Folkerts, Bd. 3, 1, Berlin 1998, 20f.

25 Carl L. Menzzer, Nicolaus Coppernicus aus Thorn über die Kreisbewegungen der Weltkörper, Thorn 1879 (Nachdruck Leipzig 1939), 9, Anmerkungen.

Tag- und Nachtgleiche), die Bewegung des Aphels (des sonnenfernsten Punktes der Erdbahn), die Drehung der Mondknoten (der Schnittpunkte der Mondbahn mit der Ekliptik) vier weitere Kreisbewegungen nötig gewesen wären.[26] Aber auch diese Zahl sollte von Copernicus in seinem Hauptwerk bei weitem auf 48 erhöht werden.

7. Besuch aus Wittenberg

Von der unmittelbaren Rezeption des »Commentariolus«, insbesondere bei den Empfängern einer Kopie davon, ist so gut wie nichts bekannt. Wohl aber drang das Gerücht von dem neuen Weltsystem zu den protestantischen Gelehrten Deutschlands. Der fünfundzwanzigjährige Mathematikprofessor Joachim Rheticus der Wittenberger Universität entschloß sich 1539, zu Copernicus nach Frauenburg zu reisen, um Genaueres über dieses System zu erfahren. Sein sogenannter »Erster Bericht« – ein zweiter wurde nie verfaßt – erschien ein Jahr später im nahegelegenen Danzig als offener Brief an den von ihm verehrten Johannes Schöner in Nürnberg. Keplers Lehrer Michael Mästlin ließ die Schrift ohne Wissen oder Befragung Keplers, wie er selbst im Brief an den Leser einräumte, dessen Erstlingswerk »Mysterium cosmographicum« 1596 für den Druck als Anhang beifügen. Der Leser sollte auf diese Weise die Hauptgedanken des Copernicus kennenlernen. »Wer philosophieren will, muß in seiner Überlegung frei sein«: Was der Zeitgenosse des Ptolemaios, Alkinoos, gesagt hatte, diente nicht nur Rheticus 1540 als Leitgedanke auf dem Titelblatt seines Berichtes, sondern noch 70 Jahre später Kepler in seiner »Erörterung mit dem Sternenboten« Galileis.

Es war Rheticus, Melanchthons Schüler, der Copernicus bei der Redaktion, Verbesserung, Überarbeitung von dessen Hauptwerk half und mit einer Abschrift davon 1541 Frauenburg verließ, um das Werk in Nürnberg zum Druck zu geben. Copernicus hat ihm diesen Dienst nicht gedankt. Als Rheticus Ende 1542 nach Leipzig ging, überließ er die Vollendung des Druckes der Obhut des protestantischen Theologen und Amateurmathematikers Andreas Osiander: eine schwerstwiegende Entscheidung, wie sich beim Erscheinen des Werkes 1543 herausstellen sollte.

Mit aller wünschenswerten Deutlichkeit stellte Rheticus Ziele und Methoden von Copernicus heraus: »Der Herr Doktor, mein Lehrer, schrieb sechs Bücher, in denen er in Nachahmung des Ptolemaios die gesamte Astronomie umfaßte, indem er das Einzelne auf mathematische Weise und nach geometrischer Methode lehrte und bewies.«

So wendet sich Rheticus zu Beginn seiner »Narratio prima über die Bücher der Umwälzungen des überaus gelehrten Mannes und hervorragendsten Mathematikers Copernicus« an Johannes Schöner. Rheticus kommt auf diese Bemerkung nach der Erörterung der Jahreslänge zurück, rühmt die unermüdliche Sorgfalt der ptolemäischen Berechnungen, die quasi übermenschliche Sicherheit der ptolemäischen Beobachtungen, die wahrhaft göttliche Art, alle Bewegungen und Erscheinungen zu erforschen und zu überprüfen, die Widerspruchsfreiheit des Lehr- und Beweisverfahrens.

Und er schließt mit der Versicherung, daß es für Copernicus nichts Dringlicheres und Wichtigeres gebe, als in die Fußstapfen des Ptolemaios zu treten, des Göttlichen, des Vaters der Astronomie, den er ebenso wie seine Lehrer

26 Ernst Zinner, Entstehung und Ausbreitung der copernicanischen Lehre, 186f.

Abb. 42: Andreas Osiander (1458–1552)

von Herzen liebe. Habe doch Aristoteles vor der Darlegung der Eudoxischen und Kallippischen Theorie homozentrischer Sphären in der »Metaphysik« zu möglichen Divergenzen zwischen forschenden Mathematikern die Ansicht vertreten, dann müsse man »beide lieben, aber den Genaueren vertrauen«.[27]

Größere Genauigkeit war nun freilich ein Anspruch, den Copernicus mit seinem Vertrauen auf die von Ptolemaios mit dem »göttlichen Auge der Seele« gewonnenen Daten nicht erhoben hat.[28] Rheticus stellte Copernicus durchaus zeitgemäß dar: War doch »nichts Neues sagen« ein mittelalterlicher Grundzug, der dem Humanismus und dem Aristotelismus gemeinsam war.[29] Hatte sich doch Kepler zeit seines Lebens gegen den Vorwurf der Neuerungssucht zur Wehr setzen müssen.[30]

Kein Zweifel, Rheticus hatte zu Recht alles getan, Johannes Schöner und damit den Leser seines Berichtes davon zu überzeugen, daß nur sehr gewichtige Gründe Copernicus veranlaßt haben konnten, angesichts einer solchen Hochachtung vor den antiken Autoritäten dennoch von diesen abzuweichen. Mehr noch, er versicherte, daß die Betroffenen selbst einem solchen Vorgehen zugestimmt hätten, daß sich Ptolemaios – könnte er zum Leben wiedererweckt werden – einem neuen Weg zum Aufbau einer »sicheren Lehre von den himmlischen Dingen« nicht verschlossen hätte, nicht auf seine eigenen Hypothesen bedingungslos eingeschworen gewesen wäre.

27 Aristoteles, Metaphysik XII, 1073 b, 16–17.
28 Krafft, Hypothese oder Realität, 108.
29 Blumenberg, Die kopernikanische Wende, 81.
30 Eberhard Knobloch, »Die gesamte Philosophie ist eine Neuerung in alter Unkenntnis« – Johannes Keplers Neuorientierung der Astronomie um 1600, in: Berichte zur Wissenschaftsgeschichte 20 (1997), 135–146.

Daß Aristoteles nach Anhörung der Gründe für die neuen Hypothesen ehrlich bekannt hätte, was von ihm bewiesen, was nur wie ein Prinzip ohne Beweis angenommen worden sei. Denn meistens schreite man in der Physik, der Naturkunde, und in der Astronomie von Wirkungen und Beobachtungen zu den Prinzipien voran, eine Bemerkung, die Kepler in seinem Erstlingswerk aufgriff. Jedenfalls hatte Rheticus darin recht, daß Aristoteles nicht der allwissende Dogmatiker war, für den ihn die Epigonen des 17. Jahrhunderts hielten. Und er hatte auch darin recht, daß Copernicus in vielen Hinsichten so eng dem ptolemäischen »Almagest« folgte, daß er als letzter großer Praktiker der antiken Astronomie bezeichnet werden konnte.[31]

Aristoteles hatte in der Physikvorlesung den Unterschied zwischen Physik und Mathematik dargelegt.[32] Es sei zu klären, heißt es dort, ob die Astronomie ein Teil der Physik sei oder etwas anderes. Denn es wäre widersinnig, wenn der Physiker zu den Gegenständen seiner Wissenschaft zwar das Wesen von Sonne und Mond, aber nicht deren notwendige Eigenschaften zählen sollte, zumal diejenigen, die über die Natur reden, auch über die Gestalt von Mond und Sonne handeln, die Frage erörtern, ob die Erde und die Welt kugelförmig sind oder nicht. – Es sind dies Fragen, die sowohl Ptolemaios wie auch Copernicus aufwarfen und bejahten. – Nun seien aber diese Dinge auch Themen des Mathematikers, jedoch nicht so, daß jedes Ding die Grenze eines Naturkörpers sei. Kurz: Astronomie konnte physikalisch oder mathematisch betrieben werden.

Rheticus spielte auf diese aristotelische Begriffsklärung bei der Erläuterung der »renascens astronomia« an, der Renaissance-Astronomie:[33] Schöner wisse genau, welchen Stellenwert die Hypothesen oder Theorien bei den Astronomen hätten, wie sehr sich der Mathematiker vom Physiker unterscheide. Die Entscheidung über Annahme oder Verwerfung von Hypothesen lag bei der Physik.

Demgemäß zählte Rheticus sechs Gründe auf, warum Copernicus von den Hypothesen der alten Astronomen glaubte abweichen zu müssen, warum er die Beweglichkeit der Erde zugrunde legte. Es sei wahrlich etwas Göttliches, fügte er hinzu, daß aus den regelmäßigen und gleichförmigen Bewegungen der einen Erdkugel eine zuverlässige Berechnung der Himmelsvorgänge abhängen muß.

Und so nannte Rheticus die Präzession und die Änderung der Schiefe der Ekliptik; die gleiche Abnahme der Exzentrizität der Sonne und der übrigen Planeten; den Umstand, daß die Planeten offenbar die Mittelpunkte ihrer Deferenten in der Nähe der Sonne als Mittelpunkt des Universums haben. Allein auf diese Weise würden sich die Umdrehungen der Kreise in der Welt gleich- und regelmäßig um ihre eigenen und nicht um fremde Mittelpunkte bewegen: die Ablehnung der Ausgleichskreise.

Es bleibt jedoch nicht bei diesen physikalischen Argumenten. Das fünfte Argument beruft sich im Anschluß an den antiken Arzt Galen auf die stets planvoll schaffende Natur und den weisen Schöpfer. Was man den gewöhnlichen Uhrmachern zubillige, daß sie das Räderwerk ohne überflüssige Bestandteile so konstruieren, daß jeder Teil in bestmöglicher Weise seine Funktion ausübt, muß man erst recht dem Schöpfer der Natur zusprechen. Der Vergleich Gottes und seiner Schöpfung mit einem Uhrmacher und dessen Werk hatte im 16. Jahrhundert dank Dante, Suso, Oresme bereits eine lange Tradition[34] und sollte als Sinnbild für Sparsamkeit, Effektivität, Funktionalität im 18. Jahrhundert zu großer Prominenz gelangen.

31 Victor E. Thoren, Tycho Brahe, in: René Taton/Curtis Wilson (Hg.), Planetary astronomy from the Renaissance to the rise of astrophysics. Part A: Tycho Brahe to Newton, Cambridge u.a. 1989, 3–21, hier 3.

32 Aristoteles, Physik II, 2.

33 Georg Joachim Rheticus, Narratio prima, Danzig 1540. Ich zitiere den Wiederabdruck in KGW I, 81–131, hier 101.

34 Otto Mayr, Authority, liberty and automatic machinery in early modern Europe, Baltimore/London 1986, 47.

Abb. 43: Galileo Galilei, Dialogi de systemate mundi (1635, hier in einer Ausgabe von 1700)

Den Hauptgrund für die Ungewißheit der Astronomie habe jedoch Copernicus in der Verletzung der Regel gesehen, daß die Anordnung und die Bewegung der Himmelsbahnen auf dem vollkommensten System beruhen müssen. Dieses ästhetische, harmonikale Kriterium erinnert nur allzu stark an Keplers entsprechende Überlegungen, wie denn ihre gemeinsame Verehrung der Sonne als Lenkerin und Leuchte der Welt seit Platon Topos war. Sie übt ihre Herrschaft in der Natur so aus wie Gott in der Welt: Copernicus sehe, daß sie sich dazu so wenig selbst bewegen muß, wie der Kaiser die Städte selbst durcheilt, um dort sein ihm von Gott verliehenes Amt auszuüben, oder das Herz zur Erhaltung des Lebens in die einzelnen Körperteile wandert. Ein Vergleich, der den Leser daran erinnern mag, daß Copernicus praktizierender Arzt war.

Doch wer war die Entscheidungsinstanz für solche Fragen? Rheticus ließ keinen Zweifel daran: Wer von der Mathematik benetzt sei, wisse, daß dies nach mathematischen Gesetzen zu entscheiden sei. Copernicus habe gefühlt, durch seine Hypothesen die Wirkursache – ein zutiefst aristotelischer Begriff

– der gleichmäßigen Sonnenbewegung auf geometrischem Wege ableiten und beweisen zu können.

Die mathematische Astronomie war ja qua Mathematik eine beweisende Wissenschaft, ja, sie war der Gipfelpunkt der Mathematik, wie Copernicus rühmte, in der Nachfolge Gottes erfunden, wie Rheticus im Anschluß an die pseudoplatonische Schrift »Epinomis« hinzufügte.[35] Ptolemaios hatte die aristotelische Wissenschaftseinteilung der theoretischen Philosophie in Physik, Mathematik und Theologie zu Beginn des »Almagest« referiert und die Nützlichkeit der Mathematik für die anderen zwei Bereiche herausgestellt. Sie allein bot zuverlässiges und unumstößliches Wissen, da die Beweise der Arithmetik und Geometrie keinen Zweifel zuließen, ein Angebot, das Copernicus nur zu gern wahrgenommen hat. Sie ist der »Stab des Astronomen«, mit dem jener die Bewegungen der Gestirne erforscht, während er andernfalls wie ein Blinder ohne Stock einen weiten, unendlichen, und durch unzählige Seitenpfade erschwerten schlüpfrigen Weg durchwandern müßte. Kepler hat diese Blindenmetapher des Rheticus im »Mysterium cosmographicum« bereitwillig aufgegriffen.[36]

8. Zwei Vorreden

Ein erstes vollständiges Druckexemplar des Werkes »Über die Umwälzungen der himmlischen Sphären« traf am Todestag von Copernicus, am 24. Mai 1543, in Frauenburg ein, ohne daß der Verfasser es noch bei Bewußtsein erlebte. Er hätte bei der Lektüre eine unliebsame Entdeckung gemacht. Dies blieb seinem Freund Tiedemann Giese, dem Bischof von Culm, vorbehalten, der sofort nach Erhalt zweier Exemplare am 26. Juli 1543 in größter Erregung an Rheticus schrieb: »Gleich im Eingange bemerkte ich die Untreue und – Du bedienst Dich des rechten Ausdruckes – die Ruchlosigkeit des Petrejus, die einen Unwillen, größer als die vorhergehende Traurigkeit bei mir erregte. Denn wer möchte nicht ergrimmen über eine so große, unter dem Schutze des Vertrauens begangene Schandtat?«[37]

Giese hatte den Nürnberger Drucker Petrejus zu Unrecht im Verdacht, das getan zu haben, was Osiander tatsächlich getan hatte: ein Vorwort »An den Leser über die Hypothesen dieses Werkes« vorauszuschicken, das mangels des wahren Autorennamens zunächst Copernicus zugeschrieben werden mußte. Das illegitime Vorwort unterschied sich diametral von der authentischen Widmung für Papst Paul III. Vorwort und Widmung unterschieden sich in allem, was sie Menschen zubilligten und zutrauten: Während Osiander das Werk in die Tradition des Nominalismus stellte, stellte es Copernicus in die Tradition des Humanismus, dessen Ursprünge untrennbar mit dem Widerspruch gegen den Aristotelismus der Hochscholastik, mit deren gespaltener Kosmologie und Metaphysik zusammenhingen.[38]

Gieses privater Brief hatte keine Folgen, Rheticus unternahm nichts. Wie denn Gieses Versuch, Copernicus dafür zu entschuldigen, daß er Rheticus mit keinem Wort erwähnt hatte, eher hilflos wirkte. Erst 1609 war es der Copernicusverehrer Kepler, der den wahren Autor des Vorwortes, Osiander, in seiner »Neuen Astronomie« öffentlich beim Namen nannte. Pierre de la Ramée hatte 1569 mit scharfen Worten das Erdichten von Hypothesen getadelt und damit zunächst Eudoxos, Aristoteles, Kallippos gemeint. Immerhin

35 Rheticus, Narratio prima, 114.

36 Kepler, Mysterium cosmographicum, 26.

37 Carl L. Menzzer, Nicolaus Coppernicus aus Thorn über die Kreisbewegungen der Weltkörper, 4, Anmerkungen.

38 Blumenberg, Die Genesis der kopernikanischen Welt, 237.

hätten diese wenigstens an wahre Hypothesen geglaubt. Bei weitem am abwegigsten sei jedoch, was sich die Nachfahren erlaubt hätten, die Wahrheit natürlicher Geschehnisse mittels falscher Ursachen zu beweisen. Das war gegen Copernicus gemünzt, der nach Art einer Arbeit von Giganten die Erde bewegt habe, damit wir gemäß der Erdbewegung ruhende Sterne betrachten.

Kepler wandte sich in ebenso scharfem Ton an den seit 37 Jahren verstorbenen Copernicuskritiker. Es sei in der Tat eine höchst abwegige Fabel, natürliche Geschehnisse aus falschen Ursachen zu beweisen. Aber diese Fabel stamme nicht von Copernicus. Dieser habe seine Hypothesen nicht weniger für wahr gehalten als jene antiken Denker, er habe sie sogar als wahr nachgewiesen: »Willst Du den Architekten dieser Fabel wissen, über die Du so erzürnt bist?« Es sei Osiander. Copernicus erzähle also keine Fabel, sondern spreche auf ernsthafte Weise in Paradoxien, das heißt, er philosophiere.[39]

Tatsächlich hatte Osiander brieflich vergeblich Copernicus gebeten, ein entsprechendes Vorwort vorauszuschicken, das er schließlich selbst verfaßte. Darin heißt es, es sei die eigentliche Aufgabe des Astronomen, wissenschaftliche Kunde von den himmlischen Bewegungen mit Hilfe sorgfältiger und kunstvoller Beobachtung zu sammeln. Sodann Ursachen für diese oder irgendwelche Hypothesen auszudenken und zu erdichten, da er die wahren auf keine Weise erreichen kann, unter deren Voraussetzung dieselben Bewegungen aus den Prinzipien der Geometrie für die Zukunft sowohl wie für die Vergangenheit richtig berechnet werden können. Und wörtlich: »Denn es ist nicht notwendig, daß diese Hypothesen wahr, ja nicht einmal daß sie wahrscheinlich sind, sondern es genügt das allein, wenn sie eine mit den Beobachtungen übereinstimmende Berechnung ergeben.«

Es sei ja offenbar, daß diese Kunst die Ursachen für die ungleichförmigen Bewegungen durchaus und einfach nicht kenne. Niemand solle, was die Hypothesen betreffe, etwas Gewisses von der Astronomie erwarten, da sie selbst nichts Derartiges zu leisten vermöge.

Die frühe Rezeptionsgeschichte des copernicanischen Werkes im protestantischen Wittenberg wird durch dieses Vorwort geprägt. Es ermöglichte eine Rezeption der mathematischen Theorie des Copernicus, welche die Konsequenzen für das physische Weltbild außer Acht ließ, ja sogar leugnete.[40] Aber die Identifizierung von Osianders und Copernicus' Ansichten lebte noch Mitte des 19. Jahrhunderts fort. Alexander von Humboldt vermerkte 1847 im »Kosmos«: »Es ist eine irrige und leider (!) noch in neuerer Zeit sehr verbreitete Meinung, daß Kopernikus aus Furchtsamkeit und in der Besorgnis priesterlicher Verfolgung die planetarische Bewegung der Erde und die Stellung der Sonne im Zentrum des ganzen Planetensystems als eine bloße Hypothese vorgetragen habe, welche den astronomischen Zweck erfülle, die Bahn der Himmelskörper bequem der Rechnung zu unterwerfen, aber weder wahr noch auch nur wahrscheinlich zu sein brauche.«[41]

De la Ramée hatte nicht übertrieben: Nur war es eben nicht Copernicus, der hier sprach, sondern Osiander. Es war das gerade Gegenteil von dem, was Copernicus anstrebte: die Überwindung des hypothetischen Charakters der nicht mehr allein mathematischen Astronomie, die Re-Physikalisierung der mathematischen Theorie auf der Grundlage der zu seiner Zeit gültigen, das heißt aristotelischen Physik.[42]

Der wahre Copernicus sprach in der Vorrede an Papst Paul III. von seinem Zögern, seine Bücher über die Umwälzungen der Weltkugeln zu veröffentli-

39 Johannes Kepler, Astronomia nova aitiologetos seu physica coelestis, Prag 1609, in: KGW III, 6.

40 Fritz Krafft, »… Denn Gott schafft nichts umsonst!« Das Bild der Naturwissenschaft vom Kosmos im historischen Kontext des Spannungsfeldes Gott – Mensch – Natur, Münster 1999, 124f.

41 Alexander von Humboldt, Kosmos. Entwurf einer physischen Weltbeschreibung, Bd. 2, Stuttgart/Augsburg 1847, 345; Wiederabdruck: Alexander von Humboldt, Studienausgabe, 7 Bde., hg. von Hanno Beck, Band 7, 1, Darmstadt 1993, 288.

42 Krafft, Hypothese oder Realität, 108.

Gegenüberliegende Seite:
Abb. 44: Die Astronomische Uhr im Straßburger Münster mit Porträt des Copernicus (1547)

chen, in denen er der Erde bestimmte Bewegungen zuordne. Er habe seine Abhandlungen zum Nachweis dieser Bewegungen verfaßt: Deutlicher konnte er es nicht sagen – und er tat es von Anbeginn an –, daß er ein neues Weltsystem geschaffen habe, das freilich den Überzeugungen vieler Jahrhunderte widerspreche und deshalb Gefahr lief, lautstark abgelehnt zu werden. Kein Wunder, daß ihn die Verachtung, die er der Neuheit und Absurdität seiner Ansicht wegen zu befürchten hatte, fast veranlaßt hätte, das begonnene Werk aus der Hand zu legen, ein Werk, das nunmehr bis ins vierte Jahrneunt verborgen gelegen habe.

Er spricht über seine Beweggründe, sich eine Erdbewegung vorzustellen, gegen die anerkannte Ansicht der Mathematiker: die Einsicht, daß eben diese bei ihren astronomischen Forschungen nicht konsequent gewesen seien. Da sie nicht sicheren Prinzipien gefolgt seien, sondern trügerischen Hypothesen, sei es zur Unsicherheit der mathematischen Lehren gekommen. Ekel habe ihn darüber erfaßt, daß die Philosophen über keine sicherere Berechnung der Bewegungen der Weltmaschine verfügten, die unseretwegen vom besten und gesetzmäßigsten Werkmeister aller gebaut worden sei: Der Bezug zum göttlichen Schöpfer läßt Copernicus ein Bekenntnis zur anthropozentrischen Teleologie, zur universalen Teleologie zugunsten des Menschen ablegen. Seine teleologische Weltformel ist gegen einen erkenntnistheoretischen Vorbehalt wider die Möglichkeit wahrer Erkenntnis in der Astronomie gerichtet.[43] So habe er sich die Freiheit genommen, die seinen Vorgängern zugestanden worden sei, durch Ansetzung einer Erdbewegung nach sichereren Beweisen für die Umdrehung der Himmelssphären zu suchen.

Seine Vorrede endet mit einem Appell an die Liebe des Papstes zur Mathematik, mit der Bitte, ihn gegen Verleumder, insbesondere gegen die Dummschwätzerei mathematischer Ignoranten zu schützen. »Was ich in der Sache geleistet habe, überlasse ich vor allem dem Urteil Deiner Heiligkeit und dem aller anderen gelehrten Mathematiker.«

Der Befund mag überraschen, aber er ist eindeutig: Copernicus suchte für sein neues Weltsystem, dessen Neuheit er nicht im geringsten verheimlichte, den Schutz der katholischen Kirche, des Papstes selbst. Um die Mitte des 16. Jahrhunderts sah diese im heliozentrischen Weltbild keine Gefahr für den christlichen Glauben oder ihre Autorität, eine Einstellung, die sich neunzig Jahre später unter Papst Urban VIII. in dramatischer Weise geändert hatte. Der Galilei-Prozeß bezeugt die Fehleinschätzung Galileis in eben dieser Hinsicht.

9. »Bis ins vierte Jahrneunt«

Copernicus hatte nach eigenen Angaben – unter Verwendung eines berühmten Zitates aus der horazischen »Dichtkunst« – im Jahr der Manuskriptfertigstellung seines Hauptwerkes, also 1542, eben dieses Werk seit mindestens 28 Jahren in einer ersten Fassung, also seit 1515, fertiggestellt. Die späteren Umarbeitungen und Ergänzungen bleiben von dieser Feststellung unberührt.[44] Er löste damit das Versprechen ein, das er im »Commentariolus« gegeben hatte, die dort übergangenen mathematischen Beweise in einem größeren Band darzulegen, zugleich aber auf die physikalischen Konsequenzen hinzuweisen.

43 Blumenberg, Die Genesis der kopernikanischen Welt, 203 f.

44 Fritz Krafft, Unverstandene Horaz-Zitate bei Nicolaus Copernicus, in: Beiträge zur Astronomiegeschichte, Bd. 1, hg. von Wolfgang Dick/Jürgen Hamel, Thun/Frankfurt a.M. 1998, 14–31, hier 25; skeptisch Felix Schmeidler, Kommentar zu »De revolutionibus«, 2.

Das Werk fing so an, wie die Vorrede an den Papst aufgehört hatte, mit einem Lobgesang auf die Mathematik und deren Vollendung, die Astronomie, die eines freien Mannes am würdigsten sei: das Freiheitsmotiv, das er bereits dem Papst gegenüber anklingen ließ und das Rheticus zum Alkinooszitat veranlaßt hatte. Mehr noch, diese Wissenschaft, die die höchsten Gegenstände, die göttlichen Körper, untersuche, sei mehr göttlich als menschlich: das Apotheosemotiv, wie es am ergreifendsten im Epigramm des Ptolemaios zum Ausdruck kommt, das sowohl Tycho Brahe wie Kepler ins Lateinische übersetzten[45] und das in der »Anthologia Graeca« überliefert ist (Buch IX, Epigramm 577):[46]

> Sterblich bin ich, mein Leben ist kurz; doch seh ich im Geiste,
> wie in unnennbarer Zahl kreisend die Sterne sich drehen,
> o, dann fühl ich nicht mehr mit meinen Füßen die Erde,
> hoch am Tische des Zeus speis' ich ambrosische Kost.

Diese Apotheose findet ihre Entsprechung in der pseudoaristotelischen Schrift »Über die Welt«, in der der Weg über die Kosmologie und Astronomie zur Theologie führt.[47] Astronomie als Weg zu Gott: So hat Kepler diese Wissenschaft zeit seines Lebens verstanden und praktiziert.

Copernicus hat sich bei der Abfassung seines Werkes eng an Ptolemaios angelehnt; sein Schüler Rheticus hatte zu Recht darauf hingewiesen. Während das erste Buch die Grundsätze darlegt, auf denen das Werk beruht, enthalten die folgenden fünf die mathematische Durchführung. Die Grundsätze betrafen vor allem die Erdbewegungen, so daß sich Copernicus veranlaßt sah, die ptolemäischen Argumente gegen solche Bewegungen einzeln zu widerlegen und die aristotelische Physik entsprechend zu modifizieren.

Beim antiken Philosophen war der Mittelpunkt der Erde auch der Mittelpunkt der Welt, wohin alle schweren Gegenstände fielen, weil dort ihr natürlicher Ort war. War die Erde dort nicht, bedurfte es einer neuen Schwerekonzeption: Im Anschluß an die aristotelische Lehre und die Spekulationen zum »natürlichen Ort« der Scholastiker befand Copernicus, die Schwere sei ein natürliches Streben, sich zu einer Einheit und Ganzheit zusammenzuziehen, ein Bestreben, das nicht nur der Erde, sondern auch der Sonne, dem Mond, den übrigen Planeten innewohne. Copernicus hat also – wenn auch in scholastischer Formulierung – die Schwerkraft zu einer universellen Eigenschaft aller Himmelkörper erklärt.[48]

Ihm vorzuwerfen, er sei noch zu sehr dem aristotelischen Denken verhaftet gewesen, trifft ins Leere.[49] Den Anschluß an die aristotelische Physik hatte er ja programmatisch gesucht, auch wenn er bestimmte Lehren, wie die des ersten, des unbewegten Bewegers und der stufenweisen Bewegungsübertragung auf die inneren, dem Weltzentrum näheren Sphären angesichts seines heliozentrischen Systems nicht übernahm, nicht übernehmen konnte: Jede Planetensphäre bewegt sich gleichförmig aufgrund einer ihr von der Natur zugeteilten Bewegung, ohne von der jeweils oberen Sphäre eine Kraft zu erdulden. Blumenberg hat dies »Lockerung der Systemstruktur durch Ausschöpfung der Systemleistung« genannt.[50]

Die Erdbahn um die Sonne erzwang angesichts der nicht wahrnehmbaren Veränderung des Fixsternhimmels eine enorme Vergrößerung der Dimensionen der Welt. Dem hat die vierte Forderung des »Commentariolus« Rech-

45 Franz Boll, Das Epigramm des Claudius Ptolemaeus, in: Sokrates 9 (1921), 2–12; Wiederabdruck in: Franz Boll, Kleine Schriften zur Sternenkunde des Altertums, hg. von Viktor Stegemann, Leipzig 1950, 143–155.

46 Hermann Beckby (Hg.), Anthologia Graeca, 4 Bde., 2. Aufl. München o.J. (1. Aufl. 1957/58), hier Bd. 3, 353.

47 Otto Schönberger, Nachwort, in: Aristoteles, Über die Welt, übers. und kommentiert von Otto Schönberger, Stuttgart 1996, 46–63, hier 58.

48 Schmeidler, Kommentar zu »De revolutionibus«, 83.

49 Arthur Koestler, Die Nachtwandler. Die Entstehungsgeschichte unserer Welterkenntnis, deutsche Fassung von Wilhelm Michael Treichlinger, Frankfurt a.M. 1970, 196–202.

50 Blumenberg, Die Genesis der kopernikanischen Welt, 162.

nung getragen. Diesmal sagte er es unmittelbar: Der Himmel ist unermeßlich im Vergleich zur Erde, er gewinnt den Anschein unendlicher Größe. Erde und Himmel verhalten sich zueinander wie endlich und unendlich groß.

War also die Welt für Copernicus unendlich? Dies hatte er nicht gesagt, nicht entscheiden wollen. Er hatte die Frage dem Meinungsstreit der Naturforscher überlassen.[51] Der Antimathematiker Giordano Bruno freilich zögerte nicht, über Copernicus hinauszugehen. Dessen Astronomie habe ungeeignete Prinzipien verwandt, sei nur die Dämmerung vor dem Aufgang der Sonne der antiken, wahren Philosophie gewesen. Fehlgeleitete Mathematiker und teilweise Aristoteles selbst hätten die Philosophie verschüttet.[52] Er meinte die Orphiker und Pythagoreer. Aus seinen Londoner Dialogen von 1584 wird freilich klar, was das antike Vorbild seines unendlichen Universums mit unendlich vielen Welten war: das Weltbild der Atomisten, Epikurs, wie es von Lukrez geschildert wurde.

Freilich ist kaum ein größerer Unterschied zu denken als derjenige zwischen der mittelpunktlosen Welt Epikurs und der nach Kriterien der Harmonie und Symmetrie von Gott erschaffenen Welt des Copernicus. Rheticus hatte es angekündigt, Copernicus wiederholt hervorgehoben: Die bewundernswerte Symmetrie der Welt ist nur in seinem Weltsystem zu finden, einem Tempel, der in der Mitte von der Sonne erleuchtet wird. Mit diesen Metaphern stellte ich Copernicus nur zu gern in die Tradition von Cicero und Plinius dem Älteren.

Der kontroversen, in die Antike zurückreichenden Vorgeschichte der Anordnung der Himmelskörper war sich Copernicus wohl bewußt:[53] Wo waren die Planeten Venus und Merkur zu lokalisieren? Rheticus hatte vom erbitterten Kampf und großen Streit um diese Frage gesprochen.[54] Aus den verschiedensten Gründen hatten Plato und der Ptolemaioskritiker Ǧābir im 12. Jahrhundert die beiden Sterne oberhalb der Sonne, Ptolemaios selbst und in seiner Nachfolge, wenn auch aus anderen Gründen, Regiomontan unterhalb der Sonne lokalisiert. Ein anderer islamischer Ptolemaioskritiker des 12. Jahrhunderts, von dem Copernicus durch Regiomontans Auszug aus dem »Almagest« wußte, hatte die Venus oberhalb, Merkur unterhalb der Sonne angesetzt: al-Biṭrūǧi.

Abb. 45: Copernicus, Detail aus der Uhr des Straßburger Münsters (1571)

Der Befund zeigt, daß auch abgesehen von der Wiederbelebung der aristotelischen Homozentrik im 16. Jahrhundert andere als das ptolemäische Weltsystem vertreten wurden. Alle diejenigen, die die Unizität der ptolemäischen Theorie bestritten, bereiteten den Boden für die Geisteshaltung von Copernicus, die ihn befähigte, im ptolemäischen System die Sonne durch die Erde zu ersetzen. Noch einmal führt er den Scharfsinn der Natur ins Feld, die nichts Überflüssiges oder Nutzloses in die Welt setzt – die eine Erde wurde mit vielen Wirkungen ausgestattet. Noch einmal setzt er seine Hoffnung auf Verständnis für das, was der Ansicht der Menge widerspricht, auf die Mathematiker. Noch einmal steigern sich seine Ausführungen zu einem Hymnus auf die unermeßliche Erhabenheit der Fixsterne, auf die Größe des göttlichen Baus des Optimus Maximus, des Schöpfers, die es mangels einer bestimmbaren Entfernungsweite verhindert, daß die Jahresbewegung der Erde am Fixsternhimmel durch Parallaxen sichtbar wird.

Die folgenden Bücher machen schnell klar, wie sehr Copernicus damit Recht hatte, sich an die Mathematiker zu wenden. Anstelle der Doppelepizykel des »Commentariolus« verwendet er wieder exzentrische Deferenten mit

51 Nicolaus Copernicus, De revolutionibus orbium caelestium, Nürnberg 1543, Kap. I, 8.

52 Ernan McMullin, Bruno and Copernicus, in: Isis 78 (1987), 55–74.

53 Eberhard Knobloch, Zur Rezeption der arabischen Astronomie im 15. und 16. Jahrhundert, in: History of Mathematics: States of the art. Flores quadrivii – Studies in honor of Christoph J. Scriba, hg. von Joseph W. Dauben/Menso Folkerts/Eberhard Knobloch/Hans Wussing, San Diego u.a. 1996, 237–261.

54 Rheticus, Narratio prima, 105.

Epizykeln. Die Zahl der ursprünglich 34 Kreise des »Commentariolus« erhöhte sich auf 48. Allein der Erde ordnete er nunmehr neun statt drei kreisförmige Bewegungen zu, da er geradlinige Oszillationen mittels zweier Kreisbewegungen erklären wollte. Auf diese Weise trug er der imaginären Schwankung der Präzessionsgeschwindigkeit und der Schiefe der Ekliptik Rechnung.[55] Den Wechsel vom einen zum anderen System von Kreisen hat er nicht thematisiert.

10. Epilog

Die mathematischen Einzelheiten des copernicanischen Werkes standen vor wie nach dem Tod des Verfassers nicht im Zentrum des breiten Interesses, sondern die kosmologische Aussage zur Heliozentrik. Diese Aussage war es, die ebenso hart abgelehnt – Martin Luther am 4. Juni 1539 – wie begeistert bejaht wurde – Kepler seit seinem Jugendwerk »Mysterium Cosmographicum« im Jahre 1596. Fritz Krafft hat aufgezeigt, wie verschieden die Rezeption im Katholizismus und im Protestantismus ablief.[56] Copernicus erfreute sich wohlwollenden Interesses des Papstes und hoher kirchlicher Würdenträger. Erst 1616 wurde sein Werk bis zur Korrektur von der Inquisition suspendiert, im Gegensatz aber zu oft geäußerten Ansichten nie verboten und in den »Index der verbotenen Bücher« aufgenommen. Das Schicksal Galileis ließ die Entwicklung gleichwohl eskalieren. Denn die Inquisition hatte verlangt, die Heliozentrik nur als mathematische Hypothese zu lehren, eine Einstellung, die bei den Protestanten zu der Zeit gerade überwunden war.

In Wittenberg sahen Gelehrte wie Melanchthon zunächst die Möglichkeit, gemäß dem Osianderschen Vorwort zwischen mathematischer Astronomie und physikalischem Weltbild zu trennen. Erasmus Reinholds »Preußische Tafeln der himmlischen Bewegungen« von 1551 bedienten sich der copernicanischen Mathematik, ohne daß Reinhold zum Copernicaner geworden wäre. Der führende Mathematiker der Jesuiten, Christoph Clavius, hatte kein Problem damit, den Mathematiker Copernicus in seinem Kommentar zur »Sphaera« des Johannes von Sacrobosco zu loben, aber den Kosmologen Copernicus abzulehnen.

Erst Keplers »Neue Astronomie oder Himmelsphysik« von 1609 verschmolz beide Gebiete zu einer widerspruchsfreien Synthese. Der Preis war die Aufgabe beider Theorien, der aristotelischen Physik wie der ptolemäischen Mathematik: Die Planeten führen die von Ptolemaios als Ausgleichsbewegung wiedergegebene Anomalie tatsächlich durch. Um sie in seinem zweiten Bewegungsgesetz zu beschreiben, bediente er sich zunächst der von Copernicus so nachdrücklich abgelehnten Ausgleichsbewegung.

Am 26. März 1598 schrieb Kepler an Herwart von Hohenburg: »Dieser Ruhm genügt, Copernicus, der am großen Altar den Gottesdienst vollzieht, durch meine Entdeckung die Tempeltüren bewachen zu können.«[57] Hatte er doch in eben diesem Brief die Astronomen die Priester des höchsten Gottes, soweit es um das Buch der Natur geht, genannt. Acht Jahre später brachte es Kepler auf den Punkt: Copernicus hatte der Erde das Stadtrecht im Himmel verliehen.[58] Er hatte gezeigt, daß eine lange gesuchte Wahrheit nur gegen den vertrautesten Anschein der menschlichen Sinne gewonnen werden konnte.[59]

55 Koestler, Die Nachtwandler, 193.

56 Krafft, »... Denn Gott schafft nichts umsonst!«, 124f.

57 KGW XIII, München 1945, 193.

58 Johannes Kepler, De stella nova in pede Serpentarii, Prag 1606 = KGW I, 147–356, hier 246.

59 Hans Blumenberg, Kopernikus im Selbstverständnis der Neuzeit, in: Akademie der Wissenschaften und der Literatur, Abhandlungen der Geistes- und Sozialwissenschaftlichen Klasse Jahrgang 1964, Nr. 5, Wiesbaden 1965, 339–368, hier 351.

Frühneuzeitliche Heilkunst und ärztliche Autorität

MICHAEL STOLBERG[1]

Unter den Deutungsmächten, die in den modernen westlichen Gesellschaften das private und öffentliche Leben bestimmen, nimmt die Medizin eine führende Stellung ein. Ihr Einfluß reicht weit über die Erforschung, Behandlung und Vorbeugung von Krankheiten hinaus. Medizinische Erkenntnisse, Theorien und Modelle, von der Entschlüsselung des menschlichen Genoms bis zur Hirnforschung sind eine wesentliche Quelle von herrschenden Auffassungen über die Natur des Menschen und von Normen der individuellen und kollektiven Gestaltung von Leben und Umwelt.

Der historische Prozeß, in dessen Verlauf die Medizin in den westlichen Gesellschaften ihre heutige zentrale kulturelle und politische Bedeutung erlangt hat, war eng mit dem Aufstieg der akademischen, promovierten Ärzte verknüpft, die diesen Prozeß einer »Medikalisierung«[2] entscheidend vorantrieben und von ihm profitierten. In den letzten 150 Jahren hat die »Medikalisierung« mit der zunehmenden Professionalisierung und berufsständischen Organisation des Ärztestands, der Entwicklung des öffentlichen Gesundheitswesens, dem Ausbau einer flächendeckenden, weitgehend kassenfinanzierten Gesundheitsversorgung und der wachsenden Medienpräsenz der Medizin nochmals erheblich an Schubkraft gewonnen. Die Wurzeln der heutigen Führungsrolle der wissenschaftlich gebildeten Ärzte und ihrer Medizin in Gesundheitswesen und Gesellschaft liegen freilich viel weiter zurück. Und der Aufstieg der Ärzte zu maßgeblichen »Welterklärungsexperten«[3] folgte keineswegs einer naturgesetzlichen Notwendigkeit – das zeigen schon die teilweise recht unterschiedlichen Entwicklungen in den einzelnen europäischen Staaten. Vielmehr mußten sich die medizinische Wissensmacht und die Ärzteschaft als deren maßgeblicher Träger immer wieder erneut behaupten.

Die Zeit vom ausgehenden Mittelalter bis 1650, die im Mittelpunkt der folgenden Ausführungen steht, war eine entscheidende Phase in der breitenwirksamen Durchsetzung ärztlicher Deutungsmacht. Die gelehrte Medizin der promovierten Ärzte wurde von immer größeren Bevölkerungsgruppen nachgefragt. Die Zahl der Ärzte vervielfachte sich. Ihre Erklärungsmodelle und Praktiken fanden weithin Anerkennung. Sie erlangten eine zunehmend dominante Stellung im städtischen Gesundheitswesen und, als Experten, in einschlägigen Gerichtsverfahren. Die beherrschende Stellung der Ärzte war aber noch keineswegs unangefochten. Die Ärzte mußten den Wert und die Gültigkeit ihrer besonderen Expertise immer wieder erneut unter Beweis stellen, gegenüber einer anhaltend skeptischen Öffentlichkeit und gegen eine Vielzahl von Konkurrenten auf dem Markt der Gesundheitsversorgung. Das war um so schwieriger, als die Krankheitsbehandlung der Ärzte, wie gleich deutlicher werden wird, der anderer, weniger gebildeter Heilkundiger nach heutigen Maßstäben kaum oder gar nicht überlegen war. Dem Historiker eröffnet diese Epoche damit fruchtbare Einblicke in die Entstehung moderner ärztlich-medizinischer Geltungsmacht, und sie erlaubt es, jene vielfältigen Entwicklungen und Strategien genauer zu beleuchten, die diesen Erfolg

1 DFG-Sonderforschungsbereich 573 »Pluralisierung und Autorität in der Frühen Neuzeit«, LMU München/Universität Würzburg.

2 Zu Geschichte und Problematik des Begriffs: Franziska Loetz, »Medikalisierung« in Frankreich, Großbritannien und Deutschland, 1750–1850. Ansätze, Ergebnisse und Perspektiven der Forschung, in: Wolfgang U. Eckart/Robert Jütte (Hg.), Das europäische Gesundheitssystem. Gemeinsamkeiten und Unterschiede in historischer Perspektive, Stuttgart 1994, 123–161; Michael Stolberg, Heilkundige: Professionalisierung und Medikalisierung, in: Norbert Paul/Thomas Schlich (Hg.), Medizingeschichte: Aufgaben, Probleme, Perspektiven, Frankfurt 1998, 69–85.

3 Vgl. Peter L. Berger/Thomas Luckmann, Die gesellschaftliche Konstruktion der Wirklichkeit. Eine Theorie der Wissenssoziologie, Frankfurt 1980.

Abb. 46: Allegorie des Mikrokosmos und Makrokosmos, aus: Johann Daniel Mylius, Opus Medico-Chymii Pars Altera, Stich von Matthäus Merian d.Ä. (1618–1620)

ohne eine erkennbare »objektive« Überlegenheit der ärztlichen Medizin möglich machten.

1. Die Anerkennung ärztlicher Expertise

Die Voraussetzungen für eine maßgebliche lebensweltliche, gesellschaftliche und politische Rolle der ärztlichen Medizin in den frühneuzeitlichen Gesellschaften waren in mancher Hinsicht günstig.[4] Die Menschen waren alltäglich vielfältigen gesundheitlichen Gefahren ausgesetzt. Zahlreiche Kinder starben schon in frühen Jahren, vor allem an Durchfallkrankheiten, wie man rückblickend vermuten kann. Chronische Leiden wie Schwindsucht, Scharbock, Krebs, Podagra, Nieren- und Blasensteine, Brüche (Hernien) oder Wassersucht bedrohten Erwachsene aller Altersgruppen und nahmen nicht selten einen tödlichen Verlauf. Auch Verletzungen waren häufig, bei der bäuerlichen oder handwerklichen Arbeit etwa oder durch Wagenunfälle und Stürze vom Pferd, ganz zu schweigen von den Kriegshandlungen. Dazu kamen die zahlreichen akuten Erkrankungen, die vielen Fieberkrankheiten vor allem, und, in mehr oder weniger regelmäßigen Abständen, die verheerenden Seuchenwellen, allen voran die Pest.

Diesen vielfältigen Gesundheitsgefahren begegneten die Menschen durchaus nicht schicksals- oder gottergeben. Ein gesundes Leben war, entgegen einem in der Forschung verbreiteten Mißverständnis, auch damals schon für die meisten Menschen der höchste irdische Wert. Selbst tiefe Frömmigkeit und der feste Glaube an ein ewiges Leben standen so nur selten im Widerspruch zu dem intensiven und beharrlichen Bemühen, sich vor Krankheiten zu schützen und von ihnen zu befreien.[5] Entsprechend groß war das Interesse an gesundheitlichen Fragen. Einschlägige ärztliche Ratgeber gehörten nach der frommen Erbauungsliteratur zu den wichtigsten Genres der frühneuzeitlichen Buchproduktion.[6] Unzählige Schriften unterrichteten ihre Leser, wie

4 Zum Alltag frühneuzeitlicher Krankheitsbewältigung vgl. Robert Jütte, Ärzte, Heiler und Patienten. Medizinischer Alltag in der frühen Neuzeit, München/Zürich 1991; Annemarie Kinzelbach, Gesundbleiben, Krankwerden, Armsein in der frühneuzeitlichen Gesellschaft. Gesunde und Kranke in den Reichsstädten Überlingen und Ulm, 1500–1700, Stuttgart 1995; Laurence W. B. Brockliss/Colin Jones, The medical world of early modern France, Oxford 1997; Dorothy Porter/Roy Porter, Patient's progress. Doctors and doctoring in eighteenth-century England, Cambridge/Oxford 1989; Michael Stolberg, Homo patiens. Krankheits- und Körpererfahrung in der Frühen Neuzeit, Köln/Weimar 2003, Teil 1; Christoph Lumme, Höllenfleisch und Heiligtum. Der menschliche Körper im Spiegel autobiographischer Texte des 16. Jahrhunderts, Frankfurt 1996.

5 Andrew Wear, Puritan perceptions of illness in seventeenth-century England, in: Roy Porter (Hg.), Patients and practitioners. Lay-perceptions of medicine in pre-industrial society, London 1985, 55–99; Michael Stolberg, Der gesunde und saubere Körper, in: Richard van Dülmen (Hg.), Die Erfindung des Menschen, Wien 1998, 295–306.

6 Vgl. Klaus Bergdolt, Leib und Seele. Eine Kulturgeschichte des gesunden Lebens, München 1999.

man sich zu gewöhnlichen Zeiten oder angesichts der Pest durch eine geordnete Ernährung und Lebensweise und diverse Vorbeugungsmittel vor einer Erkrankung schützen konnte.[7] Im privaten Briefverkehr tauschte man sich rege über eigene Krankheiten und die von Verwandten und Bekannten aus. Man empfahl diesen oder jenen Arzt oder gab erprobte Rezepturen weiter. Manch einer machte auch selbst Heilversuche an Verwandten oder Bekannten oder notierte bewährte Rezepte und Heilmittel in ein eigens angefertigtes Arzneibuch, das womöglich von Generation zu Generation überliefert und ergänzt wurde.

Im dörflichen und städtischen Miteinander redete man viel über Krankheiten. Individuelle Krankheit war viel mehr als heute ein öffentliches, allseits diskutiertes Ereignis. Selbst Hämorrhoidenleidende boten ihrer Umgebung anhaltenden Gesprächsstoff,[8] und mancher Kranker wußte sich der vielen gut gemeinten Ratschläge kaum zu erwehren.[9] In zeitgenössischen Autobiographien spielten eigene Krankheiten oder solche im näheren Umfeld eine dementsprechend wichtige Rolle. Sie zählten zu jenen einschneidenden Begebnissen, die man in jedem Fall für erwähnenswert hielt; sie markierten Lebensabschnitte.

Abb. 47: Zubereitung des Theriaks, aus: Hieronymus Brunschwyg, Das neu Destillir-Buch, Holzschnitt (1537)

Zu diesem eher praktischen, durch Nützlichkeit begründeten Interesse an medizinischem Wissen gesellte sich in den gebildeteren Schichten die schlichte Neugierde, der Wunsch, in die Geheimnisse der Natur einzudringen und, konkreter, das verborgene Innere des menschlichen Körpers zu erkunden. Es war nicht nur Schaulust, so scheint es, die Zeitgenossen dazu trieb, trotz des Gestanks und des tabubefrachteten Umgangs mit einer Leiche dem Spektakel einer öffentlichen Sektion beizuwohnen.[10] Sie wollten auch mehr über sich selbst erfahren, gemäß dem antiken, hier auf den Körper gewendeten Leitspruch »Erkenne dich selbst«. Mit gutem Grund widmete Philipp Melanchthon große Teile seiner einflußreichen Schrift »De anima« den Details der menschlichen Anatomie.[11] Die Anatomie war ihm eine unverzichtbare Quelle des Wissens über die körperlichen Grundlagen von Denken, Fühlen und Glauben. Und nicht zuletzt, das war zumindest ein Topos der zeitgenössischen ärztlichen Literatur, würde die Betrachtung und Kenntnis der Anatomie des Menschen als der Krone der Schöpfung zugleich die Bewunderung und Verehrung für Gott und seinen meisterhaften Schöpfungsplan mehren.[12]

Als maßgebliche, wenn auch nicht unumstrittene Autoritäten in medizinischen Dingen konnten sich in den höchsten Schichten schon im 13. und 14. Jahrhundert jene Ärzte etablieren, die an einer der neuen Universitäten studiert hatten. Herrscher und andere Mitglieder der obersten Schichten begannen, sie bevorzugt zu konsultieren und in ihre Dienste zu nehmen.[13] Die Medizin dieser studierten und promovierten Ärzte ruhte in hohem Maße auf Buchwissen, auf einer gründlichen Kenntnis der medizinischen Literatur und der Vertrautheit mit den subtilen Formen gelehrten Argumentierens und Schreibens. Führende spätmittelalterliche Ärzte gelangten vor allem durch ihre umfangreiche Kommentierung autoritativer Schriften, allen voran von Avicennas »Canon medicinae«, zu Ruhm und Ehren. Ein wichtiges Vorbild für diese Form von medizinischer Wissenschaft und Lehre war der philosophisch gebildete, gelehrte Arzt, wie er in der islamischen Welt große Achtung genoß. Ein anderes waren die hochgeachteten und gutverdienenen Juristen mit ihrer Praxis der Kommentierung und Glossierung von autoritativen Texten. Als

7 So beispielsweise [Johann Lotzer von Horb], Ein nutzlichs Regimen unnd Unnderweysung, wellicher Massen den Menschen mit dem Gifft der Pestilentz beladen, mit heilsamer Ertznei zühelffen sey, Nürnberg 1521.

8 So etwa UB Leiden, Ms. Marchand 3, Brief eines Unbekannten an Johann Heurne, 29. 7. 1591: »Varia quidem ad leniendum intolerabilem podicis dolorem ab amicis suggerebantur remedia.«

9 British Library, Ms. Sloane 4075, fol. 94–96, Brief von John Evelyn, 28. 7. 1703.

10 Otto Ulbricht, Die Sektion des menschlichen Körpers als Feier: Anatomie und Geselligkeit im Barockzeitalter, in: Wolfgang Adam (Hg.), Geselligkeit und Gesellschaft im Barockzeitalter, Wiesbaden 1997, 365–378.

11 Philipp Melanchthon, Liber de anima, Wittenberg 1556.

12 So etwa Caspar Bauhin, De corporis humani partibus externis, Basel 1592, Widmung.

13 Michael McVaugh, Medicine before the plague. Practitioners and their patients at the Aragonese court, Cambridge 1993.

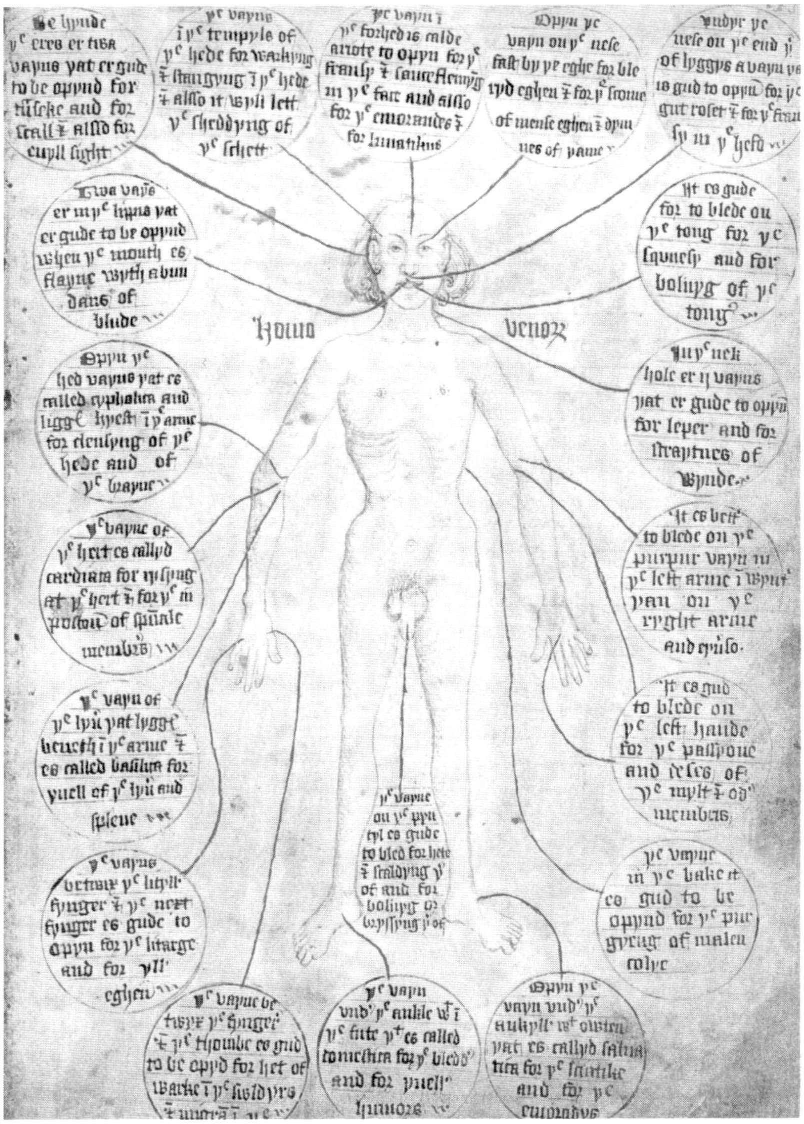

Abb. 48: Anatomisch realistische Tafel aus einer Handschrift des 15. Jahrhunderts

Schlüssel zum gesellschaftlichen Erfolg erwies sich jedoch letztlich die systematische Verknüpfung der Medizin mit der aristotelischen Naturphilosophie. Sie entrückte die Medizin endgültig dem Bereich des Handwerklichen, der »Artes mechanicae«, und machte sie zu einer gelehrten, philosophischen Medizin, die den gleichen Status beanspruchen konnte wie Theologie und Jurisprudenz. Der »Medicus« wurde zum »Physicus«, zum Naturgelehrten.[14]

Der medizinische Humanismus des ausgehenden 15. und 16. Jahrhunderts führte in der ärztlichen Medizin auf breiter Ebene zu einer kritischen Abkehr von den bisher beherrschenden Werken der »arabischen« Ärzte, allen voran des Avicenna.[15] An die Stelle der nun vielfach als steril verurteilten Praxis der scholastischen Kommentierung und Analyse setzten philologisch geschulte Ärzte die Rückkehr zu den Werken der antiken Ärzte, mit ihrem über zwei Jahrtausende bewährten, autoritativen Wissen. Die Werke von Galen und Hippokrates wurden im frühen 16. Jahrhundert erstmals vollständig zugänglich gemacht. Vor allem Galen wurde mit seinem umfassenden Werk zum zentralen Bezugspunkt. An dem primär auf Gelehrsamkeit gegründeten Charakter der

14 Nancy G. Siraisi, Avicenna in Renaissance Italy. The Canon and medical teaching, Princeton 1987; Dies., Taddeo Alderotti and his pupils. Two generations of Italian medical learning, Princeton 1981.

15 Gerhard Baader, Medizinisches Reformdenken und Arabismus im Deutschland des 16. Jahrhundert, in: Sudhoffs Archiv 63 (1979), 261–296. Avicennas Canon wurde aber gerade im 16. Jahrhundert in »bereinigter« Form erneut aufgelegt (Avicenna, Canon medicinae, Basel 1556) und blieb bis ins 17. Jahrhundert ein zentraler Bezugspunkt, insbesondere in der universitären Lehre.

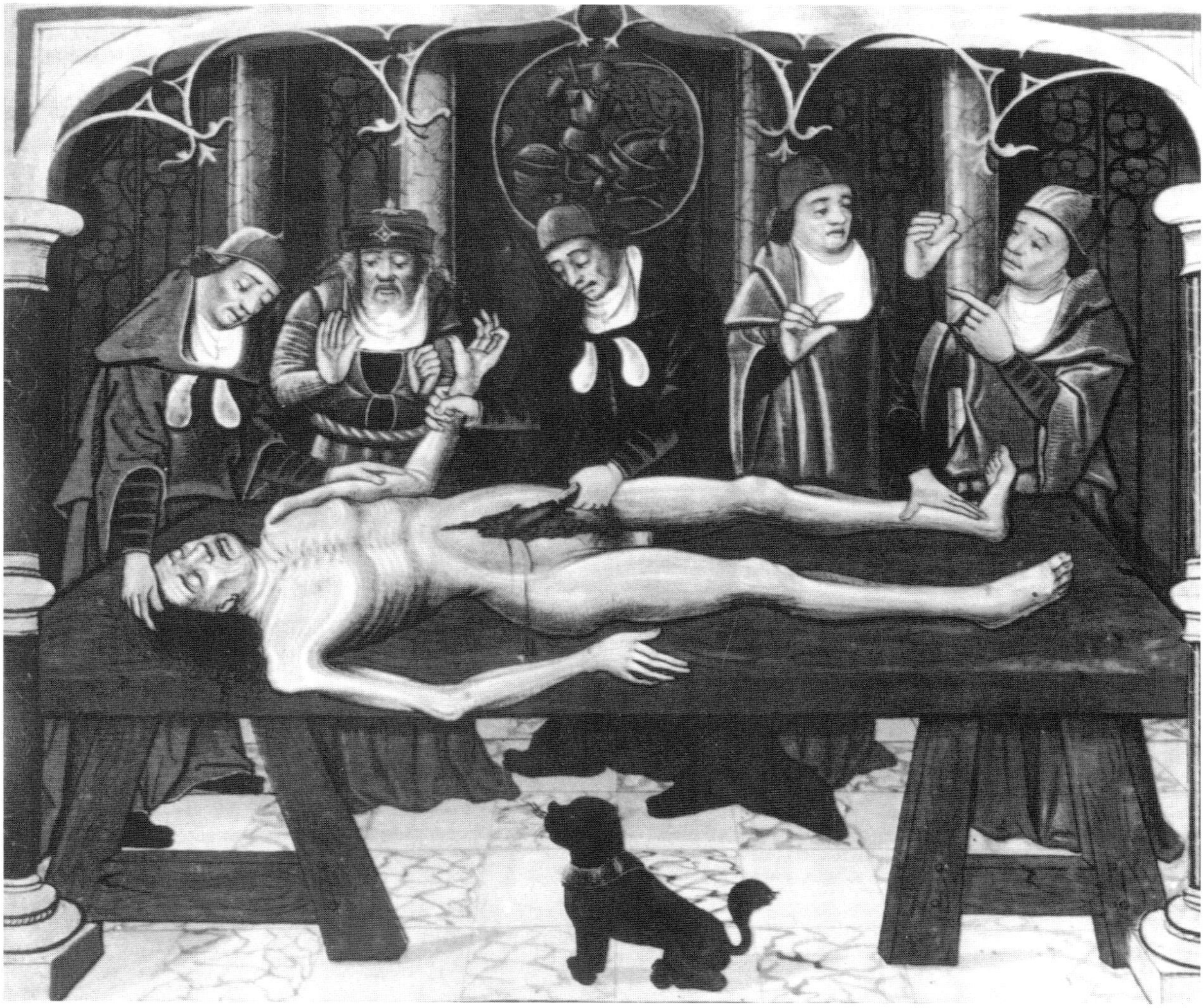

Abb. 49: Lehre am Sektionstisch (15. Jh.)

ärztlichen Medizin änderte das freilich nichts Grundsätzliches. Im Gegenteil: Die galenischen Schriften galten als Inbegriff einer philosophischen Medizin, und die Vielfalt, ja die Vervielfachung des verfügbaren medizinischen Wissens und die Notwendigkeit einer genauen Kenntnis möglichst der Originaltexte machte die Ausbildung im angemessenen Umgang mit den überlieferten Texten und ihren oft widersprüchlichen Aussagen wichtiger denn je.

Das Ideal des »gelehrten« Arztes, das diesen über die übrigen Heilkundigen emporhob, entfaltete nun immer größere Breitenwirkung. Zeitgenössische Selbstzeugnisse belegen, mit welcher Selbstverständlichkeit auch viele städtische Bürger bereits im 16. und 17. Jahrhundert den gelehrten Ärzten zumindest in der Behandlung innerer Krankheiten den Vorzug gaben. Die gängigen ärztlichen Begriffe und Erklärungen für die wichtigsten körperlichen Vorgänge und Krankheiten, das zeigen Patientenbriefe und andere Selbstzeugnisse, waren zumindest den gebildeteren Laien vertraut. Selbstbewußt äußerten viele Patienten und deren Angehörige eigene Vermutungen über die Natur und Genese der Erkrankung und erlaubten sich gegebenenfalls auch einmal heftige Kritik am ärztlichen Urteil. Die zahlreichen »populären« medizinischen Ratgeber und Aufklärungsschriften aus ärztlicher Feder mögen im 16. Jahrhundert und 17. Jahrhundert zur Verbreitung ärztlicher Theorien und Erklärungsmodelle einiges beigetragen haben. Weit wichtiger noch war aber offenbar der intensive Austausch am Krankenbett. Die Ärzte waren es gewohnt, den Patienten das Leiden zu erklären, die Ursachen und die mutmaßlichen krankhaften Vorgänge im Körperinneren zu erläutern. Und die Kranken erwarteten dies, von den Ärzten ebenso wie von den einfachen Harnschauern. Die Wirksamkeit einer solchen mündlichen »Popularisierung« ärztlichen Wissens wird in Patientenbriefen und anderen Selbstzeugnissen immer wieder greifbar, wenn ärztliche Mutmaßungen und Diagnosen mitgeteilt werden, zu eigenen Erkrankungen ebenso wie zu jenen von Angehörigen und Mitbürgern. Der öffentliche Charakter von Krankheit, die große Zahl der Angehörigen und Besucher, die sich teilweise sogar mit dem Arzt im Krankenzimmer versammelten, sorgten zudem dafür, daß die Äußerungen des Arztes wirksam nach außen getragen wurden.

Die Wertschätzung für die studierten Ärzte und ihre gelehrte Medizin beschränkte sich nicht auf die individuelle Suche nach kompetentem medizinischen Rat. Die Ärzte gewannen auch zunehmend kollektives, gesellschaftliches und politisches Gewicht. Eine wachsende Zahl von Ärzten gelangte in öffentliche Ämter. Zunächst in Spanien und Italien und später auch nördlich der Alpen begannen größere und kleinere Städte, studierte Ärzte als Stadtärzte oder sogenannte »medici condotti« vertraglich zu binden. Gegen ein festes Salär mußten sie sich verpflichten, sich in der betreffenden Stadt niederzulassen und so die ärztliche Versorgung sicherzustellen. Teilweise verpflichteten sie sich darüber hinaus, die Armen oder, wenigstens zu Beginn einer Erkrankung, gar alle Bewohner kostenlos zu behandeln.[16] Vielerorts verliehen die städtischen und landesherrlichen Obrigkeiten den studierten Ärzten zudem besondere Vorrechte, etwa indem sie die Ausübung der Medizin durch nichtärztliche Heilkundige durch einschlägige Verordnungen einengten oder gar der Aufsicht promovierter Ärzte unterstellten.

Immer mehr konnten sich die Ärzte auch als maßgebliche Experten in juristischen Streitfällen durchsetzen, in Kriminalprozessen wegen Mord, Totschlag oder Verletzungen etwa oder auch bei Eheauflösungsverfahren oder im Urteil über die Schwangerschaftsdauer (eine wichtige Frage in Unzuchtsverfahren und wenn es um die legitime Geburt potentieller Erben ging). Das Zeugnis von gewöhnlichen Hebammen oder »ehrbaren Frauen« verlor dagegen vergleichsweise an Wert.[17] Auch die Organisation von Maßnahmen der Pestabwehr, wie Quarantäne und Lazarette zur Absonderung Kranker und Ansteckungsverdächtiger, wurde zunehmend von Ärzten verantwortet. Das war nicht immer so gewesen. In Venedig, das hier europaweit als Vorbild wirkte, hatten zunächst gebildete Laien diese Aufgaben übernommen.[18]

Im Zuge dieser Entwicklungen konnten die Ärzte ihre Kompetenzen vereinzelt auch auf Gebieten gelten machen, die bislang anderen Disziplinen vorbehalten waren, allen voran der Theologie. Ein wichtiges und bekanntes Beispiel ist die medizinische Dämonologie. Ärzte wie Johannes Weyer lieferten detaillierte medizinische Erklärungen, die selbst den Wert freiwilliger, nicht durch Folter erzwungener Geständnisse angeblicher Hexen grundsätzlich in Frage stellten. Krankhaft veränderte, dunkle, schwarze Dämpfe und Dünste, die »vapores« der galenischen Tradition, konnten demnach dem Hirn oder der Seele der betreffenden Frau täuschend echte Trugbilder vorspiegeln, ganz besonders wenn ihre melancholische Verfaßtheit die Entstehung solcher

16 Andrew W. Russell (Hg.), The town and state physician in Europe from the Middle Ages to the Enlightenment, Wolfenbüttel 1981.

17 McVaugh, Medicine, 190–225; Esther Fischer-Homberger, Medizin vor Gericht. Gerichtsmedizin von der Renaissance bis zur Aufklärung, Bern u.a, 1983.

18 Nelli-Elena Vanzan-Marchetti, I mali e i rimedi della Serenissima, Venedig 1995.

Abb. 50: Paracelsus (Theophrastus Bombastus von Hohenheim, 1493–1541)

Dämpfe förderte. Die Frau glaubte dann wirklich, mit dem Teufel paktiert oder mit ihm geschlechtlich verkehrt zu haben – aber in Wirklichkeit war sie nur krank. Und selbst wenn der Teufel persönlich am Werk war, lieferte die medizinische Dämonologie immerhin noch »naturwissenschaftliche« Erklärungen, wie der Teufel, der ja stets an die Gesetze der Natur gebunden war, durch die Produktion von Trugbildern im Hirn oder in der Luft die angebliche Hexe täuschte und deshalb deren aktiver Einwilligung nicht bedurfte. Zeitgenössische Juristen nahmen solche Argumente sehr ernst und machten sie sich zu eigen. Die resultierende grundlegende Unsicherheit bei der Urteilsfindung in Hexenprozessen scheint wesentlich zu deren allmählichem Rückgang beigetragen zu haben.[19]

Ein anderes, weniger gut erforschtes Beispiel für die wirksame Ausweitung medizinischer Deutungsansprüche ist die heute noch aktuelle Frage nach dem Beginn beseelten menschlichen Lebens. Sie war für die juristische und theologische Beurteilung von Abtreibungsversuchen zentral, aber auch für den Umgang mit natürlichen Abgängen und Gewalt an Schwangeren und für die Frage der Möglichkeit oder Notwendigkeit einer Frühtaufe. Nach

19 Guter Überblick bei Stuart Clark, Thinking with demons. The idea of witchcraft in early modern Europe, Oxford 1997.

Abb. 51: Andreas Vesalius, aus: De humani corporis fabrica, Holzschnitt von Johann Stephan von Kalkar (1543)

herkömmlicher, aristotelisch-thomistischer Auffassung wurde der Keim erst mehrere Wochen nach der Empfängnis beseelt. Häufig wurden 40 Tage für Buben und 80 für Mädchen als der Zeitpunkt dieser »sukzessiven« Beseelung genannt. Lutherische Theologen zogen diese Lehre im 16. Jahrhundert immer mehr in Zweifel. Die Erbsündenlehre, ein zentrales Element der protestantischen Theologie, zwang nach ihrer Auffassung zu der Annahme, daß die Erbsünde mit dem beseelten Samen von Generation zu Generation weitergegeben und nicht etwa jeweils nach der Geburt von Gott in den Körper »gegossen« wurde. Katholische und reformierte Theologen wehrten sich freilich heftig dagegen. Erst als sich auch führende Ärzte ihrerseits die neue Position zu eigen machten und auf die komplexen Veränderungen verwiesen, die der Embryo schon in den ersten Tagen nach der Empfängnis durchmachte und die sich nur durch das Wirken einer Seele erklären ließen, fand diese sogenannte »traduzianistische« Auffassung wachsende Anerkennung. Sie wurde schließlich auch von führenden katholischen Autoren übernommen bzw. verstärkte zumindest deren Bereitschaft, den Zeitpunkt der Beseelung wesentlich näher an den Augenblick der Empfängnis heranzurücken.[20]

2. Professionelle Selbstdarstellung

Das bisher Gesagte könnte den Eindruck einer grandiosen Erfolgsgeschichte vermitteln. Die gelehrte ärztliche Medizin gewann an allen Fronten Terrain, ja sie übernahm weithin eine Führungsrolle, im herrschenden Diskurs ebenso wie im medizinischen Alltag. Und auf den ersten Blick mag dieser Erfolg wenig überraschen. Selbstverständlich, so könnte man meinen, mußten sich die studierten Ärzte mit ihrem überlegenen Wissen gegen alle übrigen Heilkundigen durchsetzen. Allenfalls mochten Ignoranz und Aberglauben die Wirksamkeit des ärztlichen Deutungsmonopols in weniger gebildeten Schichten behindern. Dies entspricht der Sicht der zeitgenössischen Ärzte und der älteren Medizingeschichtsschreibung. Doch bei näherer Betrachtung liegen die Dinge nicht so einfach.

Zunächst ist festzustellen, daß das zeitgenössische ärztliche Wissen weit davon entfernt war, eine einheitliche Theorie des menschlichen Körpers und seiner Krankheiten zu vertreten. Gewiß, die Grundlage aller physiologischen und pathologischen Überlegungen war die überkommene Säftelehre. Ihr zufolge wurden die meisten Krankheiten durch überschüssige oder verdorbene Säfte oder Dünste hervorgerufen. Diese Auffassung teilten die Ärzte allerdings nicht nur mit ihren Patienten, sondern auch mit den zahlreichen weniger gebildeten Heilkundigen. In der Deutung einzelner, konkreter Körperfunktionen und Krankheitserscheinungen zeichnete sich die ärztliche Medizin andererseits durch große Vielfalt und Widersprüchlichkeit aus. Ob Schwindsucht, Scharbock oder Wassersucht: Es gab kaum eindeutige, klare Regeln, wie man bestimmte Krankheiten verstehen und vor allem wie man sie behandeln mußte.[21] Die Mahnung, die Ärzte sollten ihre Kranken »lege artis«, also nach dem Gesetz der Heilkunst behandeln, hätte unter diesen Umständen wenig Sinn gehabt. Für die allermeisten Krankheiten und deren Therapie gab es ein solches »Gesetz« der Heilkunst nicht. Vor allem in der Auswahl von Medikamenten schöpften die Ärzte vielmehr aus einem großen Vorrat an oft sehr

20 Günter Jerouschek, Lebensschutz und Lebensbeginn. Kulturgeschichte des Abtreibungsverbots, Stuttgart 1988; Markus Friedrich, Das Verhältnis von Leib und Seele als theologisch-philosophisches Grenzproblem vor Descartes. Lutherische Einwände gegen eine dualistische Anthropologie, in: Martin Mulsow (Hg.), Spätrenaissance-Philosophie in Deutschland 1570–1650, Tübingen 2004 (im Druck); vgl. Daniel Sennert, Hypomnemata physica, in: Ders., Opera omnia, Lyon 1656, Bd. 1, 137–143; Thomas Fienus, De formatrice foetus liber, in quo ostenditur animam rationalem infundi tertia die, Antwerpen 1620.

21 Einen guten Überblick über die zeitgenössische ärztliche Praxis und vor allem Therapeutik gibt Andrew Wear, Knowledge & practice in English medicine, 1550–1680, Cambridge 2000.

komplizierten Arzneimischungen. Besonders bewährte Mittel teilten sie einander persönlich in Briefen und im Druck in Fallgeschichten und Beobachtungen mit.[22] Verbindliche Regeln ließen sich aus einer solchen Vielfalt von Empfehlungen aber nur schwer ableiten, zumal die Ärzte gehalten waren, die Behandlung stets auch auf die individuelle körperliche Verfaßtheit und die Lebensumstände der Kranken abzustimmen.

Im einzelnen Krankheitsfall kamen die Ärzte deshalb nur all zu oft zu völlig unterschiedlichen diagnostischen und therapeutischen Schlüssen, wie viele Patienten aus leidvoller eigener Erfahrung berichteten. Die einen, so beklagte Gideon von Boetzelaar 1593 die Uneinigkeit seiner Ärzte, meinten, er habe Darmkoliken, die anderen vermuteten eine erkrankte Milz; er glaube freilich keines von beidem.[23] Dem einen Arzt zufolge, so ein anderer Patient, habe er seinen Magen mit Wein überhitzt und sein Hirn mit scharfem Phlegma verdorben; der andere behaupte dagegen, sein Magen sei nicht überhitzt, sondern die Krankheit komme vielmehr von kalter Feuchtigkeit im Magen. Desillusioniert über die «humoristischen« Doktoren, die in ihren «Juditijs nichtt vbereinstimmen, sondern Contraria sagen«, suchte er schließlich Hilfe bei einem Paracelsisten.[24]

Nicht zuletzt aufgrund ihrer eigenen Zweifel an den Möglichkeiten der überlieferten ärztlichen Medizin, machten sich manche Ärzte im 16. und 17. Jahrhundert dann gar daran, selbst die Grundsätze der galenischen Säftelehre in Frage zu stellen. Sie nahmen, wie die Paracelsisten, alternative naturphilosophische Entwürfe vor allem aus Hermetismus und Neoplatonismus auf. Sie versuchten, den Körper und seine Krankheiten primär nach den Gesetzen der Chemie zu erklären, in Begriffen wie »Alkali«, »Schärfen« und »Fermentation«. Oder sie deuteten den Körper vorwiegend in Bildern und Begriffen einer hydraulischen Maschine, mit dem Herzen als Motor.[25]

Schon die eben nur angedeutete Vielfalt und die Widersprüchlichkeit der ärztlichen Meinungen in der alltäglichen Praxis läßt zwangsläufig Zweifel aufkommen, wie es denn mit den diagnostischen und therapeutischen Möglichkeiten der damaligen Ärzte überhaupt bestellt war. Eine Vielzahl unterschiedlicher Konzepte kann schwerlich gleichermaßen richtig sein und eine überlegene heilkundliche Praxis begründen. Beurteilen wir die frühneuzeitliche Medizin nach den – zugestandenermaßen anachronistischen – Maßstäben der modernen Medizin, so findet sich solche Skepsis weithin bestätigt. Zweifellos gab es beeindruckende neue Entdeckungen und Erklärungsansätze. Die akademische Medizin hatte durchaus aktiven Anteil am Trend hin zur Empirie, zur persönlichen Beobachtung und Forschung, der schließlich in die sogenannte »wissenschaftliche Revolution« des 17. Jahrhunderts mündete. Diese neue, stärker erfahrungsgeleitete Haltung trug im 16. und frühen 17. Jahrhundert insbesondere in der Anatomie Früchte. Andreas Vesal, Caspar Bauhin und andere praktizierende Anatomen korrigierten und erweiterten die überlieferte Lehrmeinung in wesentlichen Punkten. Jahrhundertealte, aus der Tieranatomie gewonnene Vorstellungen wurden in Frage gestellt, die Lehre von der fünflappigen Leber des Menschen etwa, von einem angeblichen »rete mirabilis«, einem besonderen Gefäßnetz im menschlichen Gehirn, oder von der Durchlässigkeit der Herzscheidewand. Die anatomischen Forschungen veränderten ihrerseits die Deutung einzelner, zentraler physiologischer Phänomene. Bekanntestes Beispiel ist William Harveys Lehre vom Blutkreislauf, die sich nicht nur auf mathematische Überlegungen zum

22 Bekannte Beispiele sind Johannes Schenck von Grafenberg, Observationum medicarum rariorum libri VII, Lyon 1644; Pieter van Foreest, Observationum et curationum medicinalium sive medicinae theoricae et practicae libri XXXII, Nürnberg 1676.

23 UB Leiden, Ms. Marchand 3, G. von Boetzelaar, 14. 12. 1591.

24 Staatsbibliothek Berlin Ms. germ. fol. 422a, foll. 120r–121r, Schreiben eines Unbekannten an Leonhart Thurneisser (um 1580).

25 Guter Überblick bei Wear, Knowledge, und Karl Ed. Rothschuh, Konzepte der Medizin in Vergangenheit und Gegenwart, Stuttgart 1978.

Blutvolumen stützte, sondern auch auf anatomische Beobachtungen an den Venenklappen.[26]

Die anatomischen Entdeckungen hatten aber kaum unmittelbare Relevanz für die Diagnose und Behandlung von Krankheiten. Und diese bildeten den Kernbereich aller Heilkunst. Hier mußte sich medizinisches Wissen bewähren – auch im Selbstverständnis der gelehrten Ärzte. Die Behandlung mit Aderlässen, Abführ- und Brechmitteln, Zugpflastern, schweißtreibenden Arzneien und ähnlichen entleerenden Verfahren blieb über die gesamte Frühe Neuzeit bestimmend. Selbst die neue Lehre vom Blutkreislauf erzwang lediglich neue Begründungen für den Aderlaß; seine Berechtigung und Notwendigkeit an sich stand nicht zur Debatte. Tatsächlich waren solche »entleerenden« Verfahren im Rahmen der herrschenden Säftepathologie zwingend, um den schädlichen, verdorbenen Krankheitsstoff aus dem Körper entfernen. Aus heutiger Sicht aber besteht in den allermeisten Fällen kein Grund, ihnen heilsame Wirkungen zuzuschreiben – eher im Gegenteil. Und auch den meisten Arzneimitteln und vor allem den beliebten Arzneimischungen mangelte nach modernen Maßstäben jegliche erkennbare Wirkkraft, von ganz wenigen, von starken Nebenwirkungen überschatteten Ausnahmen wie Chinin beim Wechselfieber und Quecksilberverbindungen bei der »Franzosenkrankheit« abgesehen. Die Versuche, die Medizin und vor allem die Herstellung von Medikamenten im Anschluß an Paracelsus und die mittelalterliche Alchemie vermehrt zu einer Laborwissenschaft zu machen und Krankheiten auf »chemischem« Wege zu behandeln, nahmen zwar punktuell Erkenntnisse der modernen Medizin gleichsam vorweg. Den Weg zu einer wirksameren Krankheitsbehandlung wiesen aber auch sie rückblickend nicht.

Um kein Mißverständnis aufkommen zu lassen: Es geht hier nicht um eine arrogante Geringschätzung oder pauschale Verurteilung der frühneuzeitlichen Medizin. Zweifellos erlebten zahllose Kranke damals dennoch eine deutliche Besserung oder völlige Heilung unter der ärztlichen Behandlung.[27] Doch nach heutigen Maßstäben verdankten sich solche »Heilungen« vor allem »Placebo«-Wirkungen und dem natürlichen Heilungsverlauf, der bei vielen Krankheiten und zumal bei akuten, fieberhaften, letztlich zu einem guten Ende führt. Ein grundsätzlicher Unterschied zwischen den Behandlungsmöglichkeiten und Erfolgsaussichten der Ärzte und denen weniger gebildeter Heiler oder auch medizinischer Laien aber läßt sich rückblickend nicht erkennen. Sie waren gleich schlecht. Wenn zumindest die gebildeteren Schichten den Ärzten überlegene Heilerfolge zusprachen, so war das offensichtlich nicht Ursache, sondern bereits Folge des besonderen Vertrauens, das sie in die gelehrte Medizin der Ärzte setzten. Die Durchsetzung ärztlich-medizinischer Deutungsmacht wird damit primär als ein gesellschaftlicher, kultureller Prozeß greifbar. Und wir stehen vor der Frage, wie es den Ärzten gelang, dieses Vertrauen zu erwerben und trotz fehlender praktischer Überlegenheit am Krankenbett eine überragende Stellung als maßgebliche Experten zu erlangen und ihre Ansichten vom Körper und seinen Krankheiten – soweit sie sich überhaupt einig waren – in der Bevölkerung durchzusetzen.

Im Kontext der Frage nach der »Macht des Wissens« verweist die (rückblickend) zweifelhafte therapeutische Bedeutung des damaligen ärztlichen Wissens auf eine grundsätzliche, über den Bereich der Medizin hinausgehende Frage: die Frage nämlich nach den Bedingungen, unter denen sich bestimmte wissenschaftliche Theorien und Praktiken gegen andere durchsetzen

26 William Harvey, Exercitatio anatomica de motu cordis et sanguinis in animalibus, Frankfurt 1628.

27 Michael Stolberg, Die wundersame Heilkraft von Abführmitteln. Erfolg und Scheitern vormoderner Krankheitsbehandlung aus der Patientensicht, in: Würzburger medizinhistorische Mitteilungen 22 (2004) (im Druck).

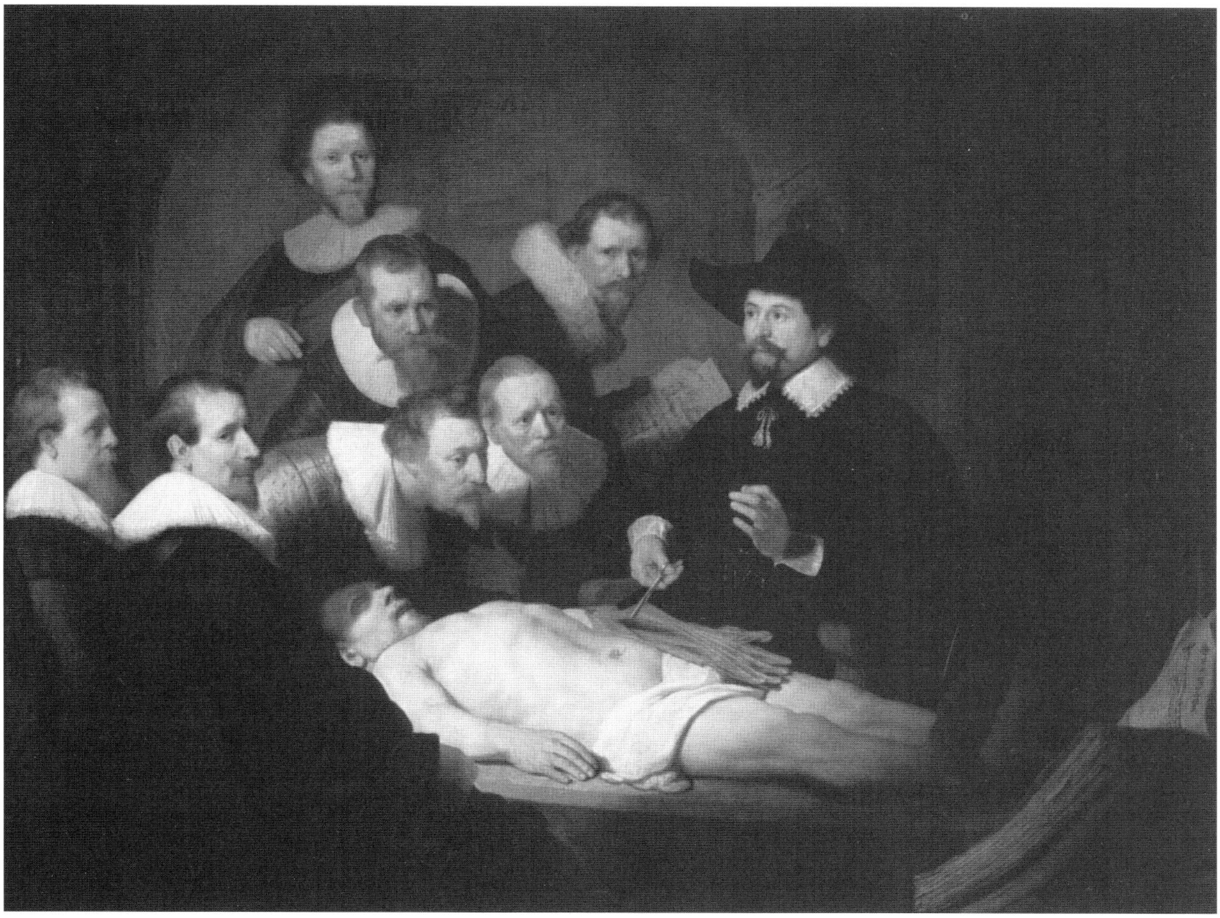

Abb. 52: Rembrandt, Die anatomische Vorlesung des Dr. Nicolas Tulp, Öl auf Leinwand (1632)

oder behaupten. Diese Frage hat in der neueren wissenschaftsgeschichtlichen Forschung zunehmende Aufmerksamkeit auf sich gezogen. Selbst in den scheinbar »harten« Laborwissenschaften, so wurde deutlich, sind wissenschaftliche Erkenntnisse und »Wahrheiten« beileibe nicht das zwangsläufige Ergebnis einer immer genaueren Erforschung und Durchdringung von Mensch und Natur. Wissenschaftliche Wahrheiten werden vielmehr produziert, aus oft vieldeutigen empirischen Beobachtungen konstruiert.[28] Und damit die Ergebnisse von anderen Wissenschaftlern und schließlich von der Gesellschaft akzeptiert werden, müssen sie entsprechend rhetorisch und gegebenenfalls visuell verpackt und präsentiert werden. Die Veröffentlichung nach den geltenden Regeln wissenschaftlicher Publikationen, der Bezug auf allgemein akzeptierte, nicht länger hinterfragte Vorannahmen, Theorien oder Studien, soll den Konstrukten der Wissenschaftler die Aura der Wahrheit verleihen. Zur Durchsetzung trägt auch das aktive Bemühen bei, sich als Autor oder Forscher einen herausragenden Ruf zu erwerben, der den vertretenen Theorien und Erklärungsmodellen von vornherein eine gewisse Autorität verleiht. Dazu zählt insbesondere eine gelungene Selbstinszenierung in den Medien und auf Vortragsveranstaltungen und Kongressen sowie die Pflege wissenschaftlicher Kontakte und Netzwerke.

Für die spätmittelalterliche und frühneuzeitliche Medizin hatten solche im weiteren Sinne »rhetorische« Formen der Plausibilisierung von Erkenntnissen und die Bemühungen um einen »autoritativen« Status nach dem oben Ge-

28 Vgl. Steven Shapin/Simon Schaffer, Leviathan and the air-pump. Hobbes, Boyle, and the experimental life, Princeton 1985; Bruno Latour, Science in action. How to follow scientists and engineers through society, Cambridge, Mass. 1987; Steven Shapin, A social history of truth. Civility and science in seventeenth-century England, Chicago/London 1995; siehe auch David J. Hess, Science studies. An advanced introduction, New York/London 1997; Mario Biagioli (Hg.), The science studies reader, New York/London 1999.

Abb. 53: David Teniers d.J. (1610–1690), Der Dorfarzt, Öl auf Leinwand

sagten sogar noch größere Bedeutung als in den modernen Laborwissenschaften. Bei der Untersuchung der modernen experimentellen Wissenschaft ist stets auch zu berücksichtigen, daß die Eigengesetzlichkeit der Apparate und der untersuchten Objekte selbst die Forschungsergebnisse schon weitgehend vorausbestimmt, auch wenn uns diese Eigengesetzlichkeit nie unverstellt zugänglich ist. Die meisten medizinischen »Wahrheiten« der Frühen Neuzeit und ihre breite Anerkennung in der medizinischen Praxis aber lassen sich von vornherein schwerlich durch die unhintergehbare »Macht der Tatsachen« erklären, die beispielsweise keinen anderen Schluß zuließ als den, daß man bei starken Lungenblutungen zur Ader lassen mußte. Am Beispiel der frühneuzeitlichen Medizin läßt sich so besonders eindringlich verfolgen, aufgrund welcher Strategien oder Mechanismen bestimmte Erkenntnisse, Erklärungsmodelle, Theorien oder Praktiken breite Geltungskraft entfalteten und ihre ärztlichen Vertreter autoritatives Wissen beanspruchen konnten, obwohl sie den Körper und seine Krankheiten nach heutigen Maßstäben höchst fehlerhaft, ja falsch beschrieben und deuteten und weitgehend unwirksame, wenn nicht sogar schädliche Behandlungsverfahren daraus ableiteten.

Für analytische Zwecke lassen sich dabei grob zwei Ebenen unterscheiden, nämlich erstens die wissenschaftliche Diskussion, in der sich Beobachtungen, Erkenntnisse oder Theorien meist (aber nicht immer) durchsetzen oder behaupten müssen, um auch von einer breiteren Öffentlichkeit übernommen werden, und in der bestimmte Autoren mit ihren Ansichten im Gegensatz zu anderen als Autoritäten geachtet werden. Und zweitens die Einschätzungen, Deutungen und Praktiken medizinischer Laien, vor allem der Kranken und ihrer Angehörigen.

Auf Formen und Probleme der Autoritätsbehauptung in der innerwissenschaftlichen Diskussion kann hier nur kurz und andeutungsweise eingegangen werden.[29] Die systematische, logische Analyse mit Hilfe der »Ratio« blieb auch in der frühneuzeitlichen Medizin unverzichtbar – nicht zuletzt in Abgrenzung von den weniger gebildeten Heilkundigen, denen man die nötigen geistigen Fähigkeiten absprach. Man berief sich auch weiterhin mit Nach-

29 Vgl. meine ausführlichere Darstellung in Michael Stolberg, Formen und Strategien der Autorisierung in der frühneuzeitlichen Medizin, in: Wulf Oesterreicher u.a. (Hg.), Autorität der Form – Autorisierungen – institutionelle Autoritäten, Münster u.a. 2004 (im Druck).

druck auf die antiken Autoritäten und suchte teilweise selbst offensichtliche Widersprüche zur galenischen Anatomie als bloße Ergänzung oder gar Bestätigung erscheinen zu lassen. Das gewachsene Bewußtsein der Vielfalt und Widersprüchlichkeit der antiken Auffassungen untereinander und die Aufwertung der persönlichen Erfahrung und Entdeckung in der zeitgenössischen Naturphilosophie insgesamt eröffneten jedoch auch neue Spielräume für individuelle Deutungen und Theorien. Sie gingen einher mit einer Kultur der »Originalität«, einer wachsenden Wertschätzung für individuelle Leistungen in der Erforschung der beobachtbaren Natur, anschaulich greifbar in der Benennung anatomischer Strukturen nach ihrem »Entdecker«.[30] Im Zuge dieser Entwicklungen stiegen einzelne zeitgenössische Ärzte ihrerseits zu überragenden Autoritäten auf und wurden in manchen Werken häufiger zitiert als Hippokrates und Galen. Ihre Äußerungen – gleich zu welchem medizinischen Thema – hatten damit von vornherein besonderes Gewicht.

Im Zusammenhang mit der Frage nach der Deutungsmacht ärztlicher Medizin im weiteren gesellschaftlichen und politischen Kontext steht freilich die zweite Ebene im Vordergrund, die Popularisierung und Aneignung ärztlicher Konzepte in der Bevölkerung und die Anerkennung der Ärzte als unumstrittene Experten in medizinischen Angelegenheiten. Vor der breiteren Öffentlichkeit mußten die Ärzte ihre Autorität in erster Linie in der Auseinandersetzung mit anderen Heilern und Heilberufen behaupten. Sie mußten ihre Zeitgenossen davon überzeugen, daß ihre Theorien und Erklärungen, ihre diagnostischen Fähigkeiten und ihre prophylaktischen und therapeutischen Empfehlungen denen ihrer Konkurrenten weit überlegen waren und somit auch Privilegien und, in der ärztlichen Praxis, ein höheres Honorar rechtfertigten. Vor dem eben skizzierten Hintergrund einer (rückblickend) fast vollständigen ärztlichen Ohnmacht am Krankenbett war dies eine schwierige Aufgabe.

Für die Resonanz in den Oberschichten darf man dabei zweifellos den Einfluß kultureller und sozialer Gemeinsamkeiten nicht unterschätzen. Die gelehrten, studierten Ärzte entstammten überwiegend dem gleichen gebildeten Milieu wie ihre vornehmeren Patienten. Sie teilten insbesondere eine ausgeprägte positive Wertschätzung für Gelehrsamkeit und Bücherwissen. Im Zeitalter des Humanismus nahmen viele Ärzte sehr aktiven Anteil an der »humanistischen« Kultur. Als naturgelehrte »Physici« verfügten die Ärzte zudem über geschätzte Kompetenzen und Fertigkeiten in Bereichen, die über den engeren Bereich der Medizin hinausreichten. Manche Ärzte berieten Herrscher und Obrigkeiten beispielsweise auch über die Bodenschätze ihres Territoriums und deren mögliche Verwertung, oder sie verschafften sich als gelehrte Astrologen Anerkennung.[31]

Die Ärzte verstanden es aber darüber hinaus auch sehr gut, sich systematisch und öffentlichkeitswirksam in Szene zu setzen, als Kollektiv von Experten wie als Individuen am Krankenbett. Schon das äußere Erscheinungsbild der Ärzte zielte auf Selbstdarstellung und unterstrich insbesondere den ärztlichen Anspruch auf Gelehrsamkeit. Man ließ sich »Herr Doctor« nennen. Man trug einen Ärztestab und vornehme Kleidung – zugleich sichtbarer Hinweis auf den Verzicht auf »herabwürdigende« manuelle Tätigkeiten, die man meist den Barbieren überließ.[32] Ein gutes Pferd oder gar eine Kutsche als Transportmittel und ein üppiges Hauswesen belegten wirtschaftlichen Wohlstand. Wer seinen Wohlstand zeigte (ohne freilich durch Übertreibung den

30 Ein Beispiel wäre der Eileiter, die damals nach Gabriele Falloppio benannte »tuba falloppiana«.

31 Roger French, Astrology in medical practice, in: Luìs García-Ballester u.a. (Hg.), Practical medicine from Salerno to the black death, Cambridge 1994, 30–59; Wolf-Dieter Müller-Jahncke, Astrologisch-magische Theorie und Praxis in der Heilkunde der frühen Neuzeit, Stuttgart 1985.

32 Auch ein vergleichsweise schlanker, hagerer Körper konnte die ärztliche Autorität im Vergleich zum »typischerweise« eher rundlichen Chirurgen unterstreichen (Christopher Lawrence, Medical minds, surgical bodies, in: Ders./Steven Shapin (Hg.), Science incarnate. Historical embodiments of natural knowledge, Chicago/London 1998, 156–201); die Körperform war aber natürlich schwer zu steuern.

Verdacht der Habgier auf sich zu lenken), der bewies damit eine gutgehende Praxis. Diese belegte wiederum überlegene Behandlungserfolge, denn nur wer erfolgreich heilte, erwarb sich einen entsprechenden Ruf. Um dem verbreiteten Verdacht unziemlicher Gewinnsucht zu entgehen, waren die Ärzte allerdings gut beraten, gleichzeitig die besondere, karitative Natur ihres Tuns zu unterstreichen, etwa indem sie arme Patienten kostenlos behandelten, wie dann in Nekrologen und Leichenreden gebührend hervorgehoben wurde.

Auch in der alltäglichen Praxis am Krankenbett griffen die Ärzte auf mancherlei Formen der Selbstdarstellung und auf prestigestärkende Rituale zurück. Einschlägige Empfehlungen wurden in Schriften mit Titeln wie »De cautelis medicorum« oder »Machiavellus medicus« unverhohlen formuliert.[33] Der Arzt, der minutenlang den Puls fühlte oder den Harn aus allen Richtungen und in unterschiedlichen Winkeln zum einfallenden Licht ausführlich begutachtete, unterstrich höchst eindrucksvoll seine hochdifferenzierten diagnostischen Fähigkeiten.

Noch weit wichtiger als derlei »Tricks« waren zwei von den Ärzten immer wieder gebührend hervorgehobene Grundmerkmale ihrer Medizin, durch die sie sich von ihren Konkurrenten abzuheben suchten. Zentrale Elemente der vormodernen ärztlichen Theorie und Praxis, so deutet sich hier zugleich an, waren in erheblichem Maße durch dieses Bemühen um Abgrenzung motiviert.[34] Da war zum einen der Anspruch auf die Fähigkeit zu einer umfassenden, kausalen Erklärung der Krankheit und der pathophysiologischen Abläufe im Körper. In ihren Briefen und Konsilien – und offenbar in ähnlicher Weise im ärztlichen Gespräch am Krankenbett – äußerten sich die Ärzte oft sehr detailliert über solche Zusammenhänge. Das zeigen nicht nur überlieferte ärztliche Konsilien und Verordnungen, sondern auch die erwähnten ausführlichen Wiedergaben ärztlicher Auffassungen in Patientenbriefen und anderen Selbstzeugnissen. Mit solchen kausalen Erklärungen, oft noch abgestuft nach unterschiedlichen Formen von Kausalität wie ersten Ursachen und Gelegenheitsursachen, unterstrichen die Ärzte eindrucksvoll ihren Anspruch, den Körper und seine Krankheiten bis ins Innerste viel differenzierter erfassen, beschreiben und behandeln zu können als die ungebildete Konkurrenz.

Auch der Aufstieg der frühneuzeitlichen Anatomie wird womöglich erst im Licht eines solchen ärztlichen »Self-fashioning« ganz verständlich, jenes medizinischen Wissenszweiges also, der am ehesten als medizinischer Beitrag zur »wissenschaftlichen Revolution« gefeiert werden könnte. Die hohe und historisch vergleichsweise neue Wertschätzung für die Anatomie – auch und gerade von seiten der Medizinstudenten und praktischen Ärzte – hat Historiker immer wieder vor Rätsel gestellt. Gewiß für Chirurgie und Geburtshilfe war anatomisches Wissen wichtig, aber die Möglichkeiten operativer Eingriffe waren damals sehr begrenzt, und die meisten Ärzte gaben sich damit gar nicht ab. Im Rahmen der vorherrschenden humoralpathologischen Deutung von inneren Krankheiten als Folge von flüssigen und flüchtigen Krankheitsstoffen, die sich als »Flüsse« und »Dämpfe« fast beliebig durch den Körper zu bewegen schienen, war die Anatomie weitgehend irrelevant. Um zu beurteilen, ob Schmerzen in der rechten Seite eher von einem Fluß in die Leber oder von einer verstopften Milz herrührten, bedurfte es keiner differenzierten anatomischen Forschung. Die Anatomie, zumal in der Form einer öffentlichen Schausektion, stellte jedoch beeindruckend die ärztliche Fähigkeit unter Beweis, ins Körperinnere zu schauen und die Geheimnisse des Körpers und sei-

33 Vgl. Wolfgang U. Eckart, Anmerkungen zur »Medicus Politicus«- und »Machiavellus Medicus«-Literatur des 17. und 18. Jahrhunderts, in: Udo Benzenhöfer/Wilhelm Kühlmann (Hg.), Heilkunde und Krankheitserfahrung in der frühen Neuzeit, Tübingen 1992, 114–130; Barbara Elkeles, Arzt und Patient in der medizinischen Standesliteratur der Frühen Neuzeit, in: Ebd., 131–143; Dies., Medicus und Medikaster. Zum Konflikt zwischen akademischer und »empirischer« Medizin im 17. und frühen 18. Jahrhundert, in: Medizinhistorisches Journal 22 (1987), 197–211.

34 In ähnlicher Weise deutet Roger French auch die aktive Nachfrage spätmittelalterlicher Ärzte nach detaillierten astrologischen Erkenntnissen und Fertigkeiten (French, Astrology). Zum Einfluß von Laienerwartungen auf die Medizin am Beispiel des 18. Jahrhunderts vgl. N. D. Jewson, Medical knowledge and the patronage system in 18th century England, in: Sociology 8 (1974), 369–385.

Abb. 54: Johannes Meyer, Neujahrsblatt der Zürcher Stadtbibliothek, Kopfvignette (1692)

ner Krankheiten zu entschlüsseln. Sie barg ein Versprechen: Dank ihrer subtilen Kenntnisse würden die Ärzte auch Krankheiten besser erkennen und behandeln können. Anderen Heilkundigen blieb diese Möglichkeit der Selbstdarstellung in aller Regel verschlossen.

Eine unverkennbare strategische Funktion hatte auch das zweite Grundmerkmal ärztlicher Praxis, nämlich das Beharren auf einem stark individualisierenden Vorgehen, das eingehend Alter, Geschlecht, Temperament, Beruf und Lebensverhältnisse, körperliche und geistige Anstrengungen, starke Affekte, vorgängige Erkrankungen und dergleichen mehr berücksichtigte. Nur der gelehrte Arzt, so betonte man immer wieder, sei in der Lage, solche Faktoren in der nötigen Differenziertheit zu erfassen. Nur er besaß die nötigen Kenntnisse und Erfahrungen, um darauf dann wiederum ein differenziertes diagnostisches und therapeutisches Urteil zu gründen. Wie wir gesehen haben, lag in dieser Tendenz zur Individualisierung ein wichtiges Hindernis auf dem Weg zu einheitlichen, verbindlichen Behandlungsvorschriften. Zumindest gebildetere Kranke wußten das Eingehen auf ihre je individuelle Verfaßtheit aber offenbar zu schätzen. Manche sprachen ausdrücklich ihrem gewohnten »Doctor« das Vertrauen aus, weil diesem ihre »Complecktion, Natur vnnd Kranckheit sunderlichen woll bekhant« sei.[35]

Die Erfindung des Buchdrucks und die zunehmende Verbreitung von Druckwerken in den höheren Schichten eröffnete den gelehrten Ärzten unschätzbare weitere Möglichkeiten einer wirksamen Selbstdarstellung. Schon die Veröffentlichung gelehrter, primär für die Kollegen bestimmter medizini-

35 Staatsbibliothek Berlin Ms. germ. fol. 421b, foll. 118r–119r, Caspar von Hobergk, 9. 3. 1577, Brief an Leonhart Thurneisser.

scher Traktate war kein bloßer Beitrag zur innerärztlichen Diskussion, zumal wenn man solche Werke an hochstehende Persönlichkeiten oder städtische Obrigkeiten schickte oder diesen widmete. Solche gelehrten, meist lateinischen Werke, unterstrichen stets zugleich die Überlegenheit der gelehrten Ärzte im Vergleich zur Masse der Heilkundigen, die derlei Schriften nicht einmal lesen konnten. Die möglichst kostbare Ausstattung, der prominente Hinweis auf akademische Titel und wichtige Ämter und Würden beispielsweise als Leibarzt eines Fürsten, der Titelkupfer und ein würdevolles Autorenporträt hoben den Status des Autors zusätzlich hervor. Zitate aus zahlreichen älteren und neueren Werken stellten seine Gelehrsamkeit und Belesenheit unter Beweis. Die beliebte Einfügung nicht-medizinischer Textpassagen aus den antiken Poeten oder gar eigener Dichtungen belegte seine umfassende humanistische Bildung. Sogar in ihren Konsilien und Briefen an gebildete Patienten bedienten sich die zeitgenössischen Ärzte solcher Textelemente, um ihrer Darstellung vermehrtes Gewicht zu verleihen, wissend, daß die wenigsten Kranken dem Verweis auf einschlägige Textstellen etwa bei Galen oder Aetius tatsächlich nachgehen konnten.

Die ärztlichen Verfasser volksprachlicher Werke, von Pestschriften, »populären« Aufklärungsschriften und Rezeptbüchern oder Aderlaßkalendern, gaben zwar den Exklusivanspruch lateinischer Werke auf. Dafür konnten sie sich mit ihren Werken als kompetente Ratgeber vor einer noch breiteren Öffentlichkeit profilieren und ihre Auffassungen popularisieren. Gleichzeitig bedienten sich die Ärzte solcher Schriften bevorzugt für einen massiven publizistischen Feldzug gegen ihre Konkurrenten. Immer wieder verdammten sie die heilkundigen »Judenärzte«, »alten Weiber«, »Pfaffen« und dergleichen »Gesindel« als Ignoranten, ja als Gefahr für die Menschheit, als Mörder. Wenn diese – zugegebenermaßen – zuweilen auch einen Kranken erfolgreich behandelten, so sei dies nur Zufall und keineswegs Ausdruck ihres Könnens. Mit gutem Grund widmeten die Ärzte gerade solche »Medikaster«-Kritik besonders gern ihren jeweiligen Herrschern oder Obrigkeiten und forderten diese nachdrücklich auf, sie sollten dem Treiben dieser Leute endlich ein Ende setzen.

3. Die Grenzen ärztlicher Autorität

Nicht auf eine objektive Überlegenheit ärztlicher Heilkunst, sondern vor allem auf eine gelungene individuelle und kollektive Selbstinszenierung vor dem Hintergrund gemeinsamer Ideale von Gelehrsamkeit wird man die hohe Wertschätzung ärztlicher Expertise in den oberen Schichten in der Frühen Neuzeit also zurückführen müssen. Es war ein beeindruckender Erfolg. Doch mit den Mitteln und Strategien, die den Ärzten zu ihrem Status verhalfen, sind zugleich auch wesentliche Grenzen einer professionellen Autorität bestimmt. Drei Punkte sind in diesem Zusammenhang besonders hervorzuheben.

Erstens: Je mehr die Ärzte ihre Kenntnisse und Fertigkeiten überhöhten, ja unter Berufung auf die Bibel zuweilen ins Religiöse verklärten,[36] desto markanter war der Gegensatz, wenn sie sich am Krankenbett untereinander widersprachen, ja zuweilen beschimpften, und desto größer war zwangsläufig auch die Enttäuschung, wenn ihre Behandlung nicht fruchtete. Die beson-

36 Insbesondere Jesus Sirach 38, 8 wurde immer wieder zitiert, wo dem Gläubigen befohlen wurde, den Arzt zu achten.

deren Erwartungen an ihre Kunst, die die Ärzte weckten, wollten in der Praxis erfüllt sein, und dazu waren die Ärzte auch aus zeitgenössischer Sicht oft nicht in der Lage. Der Gegensatz zwischen einem gelehrten, womöglich als arrogant empfundenen Gebaren und den hohen Geldforderungen der Ärzte einerseits und den mäßigen Resultaten ärztlicher Bemühungen am Krankenbett andererseits wurde so über die Jahrhunderte immer wieder zum Gegenstand von Kritik und beißender Satire.[37] Besonders einschneidende Folgen für das »Image« der Ärzte hatte die Begegnung mit der Pest. Im einzelnen Krankheitsfall, außerhalb von Seuchenzeiten, mochte noch eine Vielzahl von Faktoren den ärztlichen Mißerfolg entschuldigen, von der falschen Ernährung, über die besonders bösartige Natur der betreffenden Krankheit bis hin zum göttlichen Ratschluß. Das erkannten auch die Kranken und ihre Angehörigen an. Bei den zahlreichen, weitgehend identischen Krankheitsfällen einer Pestepidemie mußte dagegen zwangsläufig die ärztliche Heilkunst insgesamt in Mißkredit geraten, wenn teilweise mehr als die Hälfte der Patienten verstarb. Das galt um so mehr, wenn viele Ärzte Hals über Kopf flohen und selbst ungebildete Empiriker – wie zuweilen sogar die Ärzte zu beobachten glaubten – bessere Behandlungsergebnisse vorweisen konnten als die Ärzte.[38] Aber auch jene, die den Ärzten grundsätzlich eine professionelle Überlegenheit zugestanden, waren oft nicht bereit, sich ausschließlich ihrer Hilfe zu bedienen, zumal dann, wenn diese sich im einzelnen Krankheitsfall als vergeblich erwies. Folgerichtig zögerten sie auch als Verantwortliche in Städten und Ländern, den Ärzten ein Behandlungsmonopol zu verleihen. Die obrigkeitlichen Regelungen, die die medizinische Praxis konkurrierender Heiler beschränkten und der ärztlichen Aufsicht unterstellten, blieben so vielerorts weitgehend auf dem Papier. Es fehlte der Wille zur Durchsetzung. Die Ärzte waren weiterhin gezwungen, sich gegen diese Konkurrenz auf einem vergleichsweise freien Gesundheitsmarkt zu behaupten.

Abb. 55: Leonhart Thurneisser (1531–1596)

Zweitens: Formen der professionellen Selbstdarstellung, die primär auf Abgrenzung zielen, sprechen Außenstehenden von vornherein die Urteilskompetenz ab und erschweren damit offene Kritik. Um so anfälliger sind sie aber für Nachahmung. Diese entwertet das Bemühen um »Distinktion« und läßt die Grenzen in der öffentlichen Wahrnehmung erneut verschwimmen. Wie die Ärzte immer wieder heftig beklagten, ließen sich selbst einfache dörfliche Heiler »Herr Doctor« nennen.[39] Reisende Heiler und »Marktschreier« gewandeten sich in Gold und Seide, rühmten ihre Ausbildung bei einem angesehenen Arzt oder an den besten Universitäten und legten Zeugnisse hochrangiger Persönlichkeiten vor.[40] Manche von ihnen versprachen auch, arme Patienten umsonst zu behandeln, oder beeindruckten das Publikum durch öffentlich Schauheilungen.[41] Und auch die zahlreichen seßhaften Konkurrenten verstanden es, den ärztlichen Monopolanspruch insbesondere auf eine differenzierte kausale Diagnose und Erklärung in Frage zu stellen. Selbst einfache dörfliche Heiler gaben ihren Patienten, oft aufgrund einer einfachen Harnschau, detaillierte Auskünfte über die Ursachen der Krankheit und über die Veränderungen im Körper. Diagnosen wie eine »verstopfte« Milz oder Leber oder ein »schwacher Magen«, in dem sich unverdaute Nahrung anhäufe, gehörten zu ihrem Standardrepertoire. Manche hatten auch ein altes Buch in der Stube liegen, Zeugnis des uralten Wissens, auf das sie ihre Verordnungen gründeten. Im Umgang mit den Kranken und ihren Angehörigen pflegten manche ungebildete Heiler zudem eindrucksvolle und prestigestärkende Ri-

37 Penelope J. Corfield, Power and the professions in Britain 1700–1850, London/New York 1995, 42–69.

38 UB Leiden, Ms. Marchand 3, Brief von Dr. Friedrich Heiming, Bremen, um 1595; er fragte gar, ob man womöglich Vernunft und antike Autoritäten beiseite stellen solle, um es den »Empirikern« nachzutun.

39 Johannes Lange, Epistolarum medicinalium volumen tripartitum, Frankfurt 1589, Buch 1, 54; Pieter van Foreest, The arraignment of Vrines, London 1623, 60.

40 Euricius Cordus, De vrinis/das ist/von rechter besichtigunge des harns/vnd ihrem mißbrauch, Frankfurt 1543.

41 Zu den wandernden Heilern, die auch noch im 18. und 19. Jahrhundert mit solchen Gebaren die Patienten anlockten, siehe Frank Huisman, Gevestigden en buitenstaanders op de medische markt. De marginalisierung van reizende meisters in achttiende-eeuws Groningen, in: Willem de Blécourt u.a. (Hg.), Grenzen van genezing: Gezondheid, ziekte en genezen in Nederland, zestiende tot begin twintigste eeuw, Hilversum 1993, 115–154; Matthew Ramsey, Professional and popular medicine in France, 1770–1830. The social world of medical practice, Cambridge 1988; Christian Probst, Fahrende Heiler und Heilmittelhändler. Medizin von Marktplatz und Landstraße, Rosenheim 1992.

tuale, die denen der Ärzte um nichts nachstanden. So klagte Ananius Horer über die »allerhandt wunderliche Ceremonien vnd gesticulationes« der »empirischen Urin-Propheten« und »Harngicker«. Wie er schrieb, hielten sie »das Urinal neben einen Spiegel, messen es mit einem Circkel, gehen damit bald hieher, bald dort hin im Gemach, schütteln vnd schwencken der Urin im Glaß herumb, giessen etliche Tropffen davon auf die Erden, wiegen das Glaß in Handt, riechen dran, ja schmeckens«. Und »etliche destilliren oder sieden den Urin zuvor, alles zu dem Ende, daß diese Leutbeschiesser [sic] mit solchen Gauckelpossen eine Verwunderung erwecken, grossen Zulauff bekommen, vnd viel Geldes erhaschen mögen«.[42] Mit der Theatralik magischer oder sympathetischer Heilrituale gar und mit den exorzistischen Praktiken der Geistlichen konnten die Ärzte von vornherein nicht mithalten.

Gestützt auf die erfolgreiche Nachahmung ärztlicher Selbstdarstellungsstrategien machten einzelne Heiler große Karrieren. Leonhart Thurneisser etwa brachte es im 16. Jahrhundert ohne Medizinstudium und mit dürftigen Lateinkenntnissen zum kurfürstlich-brandenburgischen Leibarzt. Erfolgreich imitierte er mit Hilfe gebildeter Mitarbeiter das publizistische Gebaren der gelehrten Ärzte. Er veröffentlichte Bücher mit allen Insignien von kostbaren gelehrten Traktaten, darunter in einem Fall den 59. Band eines Werks, dessen erste 58 Bände noch gar nicht erschienen waren.[43] Mit Hilfe solcher Traktate gewann er nicht zuletzt das Interesse des Fürstenpaars. Parallel dazu machte er sich als Verfasser volkssprachlicher medizinisch-astrologischer Kalender in einer breiteren Öffentlichkeit einen Namen. Vor Ort in Berlin ließ er sich als »hochgelahrter Herr Doctor« ehren und führte ein großes Haus. Es gelang ihm, zahlreiche vornehme Patienten davon zu überzeugen, daß er gegen hohes Honorar die Natur ihrer Krankheit durch seine spezielle Technik der Harndestillation erkennen konnte; die Niederschläge an unterschiedlichen Stellen des Auffanggefäßes sollten Ort und Natur der Krankheit verraten. Eingehend beschrieb er auf dieser Grundlage die komplexen und oft vielfältigen krankhaften Veränderungen in ihrem Körper und ließ so keinen Zweifel an seiner Fähigkeit, die Geheimnisse des Körpers zu ergründen.[44] Einen »mechtigen Hertzbeschwerdt« samt »Haubtschwindel«, eine »gantze melancholische Schwechung der leblichen Geister«, »Nieren-Schwerung« und »Misgangk der digestion« konstatierte er beispielsweise aus dem Urin eines Junkers.[45] In einem anderen Fall fand er Hinweise auf eine böse fliegende Hitze vom Herzen, eine innerliche »inflammation« der Leber und eine scharfe Kochung des Geblüts. Das Geblüt laufe von allen Gliedern zum Herzen und fülle es an, wodurch die Glieder matt würden und im Herzen »vil Tempf, vapores, vnd dunst« entstünden. Der Magen sei zu kalt, das Hirn zu feucht, der »humor radicalis« werde mit schwarzer Galle überladen. Das Geblüt sei faul, scharf und dick, der Magen verschleimt und mit Tartar überzogen. Die Nieren würden durch die kleinen Adern, die aus der Leber zu ihnen zögen, mit faulem Blut und Feuchte gespeist und anderes mehr.[46]

Die Harnschau bietet zugleich ein herausragendes Beispiel für den Einfluß, den der ärztliche Drang zur kollektiven Selbstbehauptung und Abgrenzung sogar auf die Inhalte ärztlicher Theorie und Praxis selbst entfalten konnte. Früher, im 13., 14. Jahrhundert, diente die Kunst der Harnschau noch als Ausweis der besonderen Fähigkeiten des Arztes. Aus der Farbe, dem Sediment, den Schwebeteilchen konnten die Ärzte die Vorgänge im Körper genau entschlüsseln und zu einer präzisen Diagnose gelangen. Angesichts der vielfälti-

42 Ananius Horer, Artzney-Teuffel/Oder kurtzer Discurs/Darinn diesem Ertzmörder seine Larve abgezogen, o.O. 1634, 59f.

43 Leonhart Thurneisser, Prokatalepsis Oder Praeoccupatio Durch zwölff verscheidenlicher (sic) Tractaten/gemachter HarmProben […]. Das 59. Buch, o.O. 1571.

44 J. C. W. Moehsen, Leben Leonhard Thurneissers zum Thurn. Ein Beitrag zur Geschichte der Alchemie wie auch der Wissenschaften und Künste in der Mark Brandenburg gegen Ende des 16. Jahrhunderts, Berlin/Leipzig 1783 (Nachdruck München 1976).

45 Staatsbibliothek Berlin, Ms. germ. fol. 423b, 23r-v, Brief Thurneissers vom 21. 3. 1581.

46 Ebd., Ms. germ. fol. 106, 45r–55v, »Harnprob« für Dr. jur. von Meyenburg, 2. 5. 1575.

gen Variationsmöglichkeiten setzte dies umfassende Kenntnisse voraus. Man mußte die diversen gelehrten Urintraktate gelesen haben und mit den Gesetzen des menschlichen Körpers vertraut sein. Bald machten sich aber auch andere Heilergruppen solche Fähigkeiten zu eigen und stellten damit den ärztlichen Anspruch auf esoterisches Wissen in Frage. Ja, sie gingen noch viel weiter. Nicht nur wollten sie allein aufgrund einer Harnschau die Krankheiten diagnostizieren und angemessen behandeln, ohne den Kranken je gesehen und gesprochen zu haben. Manche von ihnen erkannten (wie auch manche früheren Ärzte) sogar die Schwangerschaft aus dem Urin oder konnten das Geschlecht des werdenden Kindes und zukünftige Erkrankungen vorhersagen. Vor diesem Hintergrund äußerten sich führende Ärzte des 16. und 17. Jahrhunderts zunehmend kritisch über die Harnschau. Sie erklärten es für unverzichtbar, stets auch nach den näheren Umständen zu fragen, weil man sonst womöglich eine Urinveränderung für krankhaft halte, die nur natürliche Folge der Ernährung oder typisches Merkmal des betreffenden Lebensalters sei.[47] Und sie warnten die Kollegen vor der Gefahr einer beschämenden Blamage. Denn sie mußten damit rechnen, daß man den gleichen Harn portionsweise zu drei verschiedenen Ärzten schickte und deren – womöglich sehr unterschiedlichen – Urteile abwartete oder daß man ihnen – das war ein Topos der ärztlichen Literatur – den Harn einer Kuh unterschob, um sie dann auszulachen, wenn sie es nicht merkten.

Letztlich mußten sich viele Ärzte aber dem Druck des »Marktes« und der Macht beugen. Denn die Bevölkerung beharrte auf der Auffassung, daß sich medizinische Fertigkeit vor allem dadurch erweisen müsse, daß der Heilkundige den Urin ohne zusätzliche Informationen richtig deuten konnte. Die Ärzte sahen sich gezwungen, weiterhin auch den Urin unbekannter Patienten zu besehen und darauf ihre Behandlung zu gründen. Sonst riskierten sie, daß die Kranken sie von vornherein mieden. Selbst der berühmte Felix Platter berichtete, wie er sich anfangs mit seiner Praxis nur mühsam ernähren konnte und sich gegen die Konkurrenz ungebildeter Heiler schwer tat, gegen einen Bauern aus Utzensdorf etwa, zu dem »mercklich vil volck zog, kondt aus dem waßer vorsagen und brucht seltzame künst lange jar, dardurch er gros guot erobert« oder gegen den »jud von Alßwiler«, der »mechtig gebrucht worden lange zeit«.[48] Allerdings konnte Platter sich schließlich selbst einen Namen machen, in dem er das Spiel mitmachte. Er gewann, so schrieb er, wohlhabende Patienten, »die mich sunderlich probierten mit überschickung des harns, dorus ich wißsagen muoßt, dorin ich mich also wußt zehalten, daß sich ettlich verwunderten und mich anfiengen zu bruchen«.[49]

Am Beispiel der Harnschau läßt sich so zugleich eine dritte maßgebliche Grenze ärztlicher Deutungsmacht erkennen: Sie traf insbesondere dort auf Widerstände, wo sie im Widerspruch zu kulturell und lebensweltlich tief verwurzelten Anschauungen und Praktiken stand. Eine vergleichbare Entwicklung, in der es um eine nach damaligem Ermessen zentrale physiologische Funktion des Körpers ging, finden wir in der Deutung der weiblichen Monatsblutung.[50] Die meisten Ärzte und insbesondere die führenden Vertreter der neuen Frauenheilkunde rückten um 1600 von der herkömmlichen Auffassung ab, die weibliche Monatsblutung diene der Reinigung des Körpers von giftigen, verderbten Stoffen. Statt dessen betonten sie die reine, nahrhafte Qualität des Menstruums. Es diene dem Embryo zur Nahrung und müsse außerhalb der Schwangerschaft nur wegen seines Raumbedarfs ausgeschieden

47 Georg Pictorius, Von zernichten Artzten, Straßburg 1557.

48 Felix Platter, Tagebuch (Lebensbeschreibung) 1536–1567, hg. von Valentin Lötscher, Basel/Stutttgart 1976, 335–338.

49 Ebd., 338.

50 Vgl. meine ausführliche Darstellung in Michael Stolberg, Erfahrungen und Deutungen der weiblichen Monatsblutung in der Frühen Neuzeit, in: Barbara Bauer (Hg.), Artes et scientiae. Beiträge zum 10. Jahrestreffen des Wolfenbütteler Arbeitskreises für Barockforschung, Wolfenbüttel 2004 (im Druck); Ders., A woman's hell? Medical perceptions of menopause in early modern Europe, in: Bulletin of the history of medicine 73 (1999), 408–428.

werden. Die Frauen selbst aber hielten, den einhelligen Klagen der Ärzte zufolge, an der herkömmlichen Sichtweise fest, obwohl sie damit in gewisser Weise zugleich den weiblichen Körper als von Natur aus unrein definierten. Besorgt verfolgten sie den Gang der Blutung und beklagten schon kleine Verzögerungen oder eine verminderte Ausscheidung als mögliche Ursache vielfältiger Krankheiten. Ganz besonders fürchteten sie das altersbedingte Ende der Monatsblutungen, weil sich die giftigen Stoffe dann zwangsläufig im Körper anhäufen mußten, und sie forderten noch im 19. Jahrhundert entsprechende »reinigende« Arzneien.

Weitgehend resistent zeigte sich die breite Bevölkerung auch gegen die zunehmende ärztliche Kritik an magischen, sympathetischen Heilverfahren. Diese Verfahren waren noch im 19. Jahrhundert weit verbreitet, besonders bei Krankheiten wie dem »kalten Fieber« oder der Fallsucht, und einschlägige Heiler waren sehr gesucht.[51] Aus Sicht der Kranken und ihrer Angehörigen gab es auch keinen Grund, sie aufzugeben. Schließlich galten sie als vielfach bewährt, und die Ärzte konnten bei solchen Krankheiten erfahrungsgemäß wenig ausrichten. Nur in den oberen Schichten verloren diese Praktiken im 17. und 18. Jahrhundert immer mehr an Bedeutung, dies aber wohl primär im Zuge eines allgemeinen Wandels hin zu Rationalismus und (Früh-)Aufklärung und nicht aufgrund spezifisch ärztlicher Kritik.

Jahrhundertelang stießen die Ärzte mit ihren Geltungsansprüchen immer wieder an ihre Grenzen, vor allem dort, wo es um die Diagnose, Deutung und Behandlung von konkreten Krankheiten ging. Denn die Kranken und ihre Angehörigen suchten vor allem eines: Heilung, wo immer diese zu finden war. Und sie standen dem »herrschenden« medizinischen Diskurs keineswegs ohnmächtig gegenüber. Auf einem verhältnismäßig freien, pluralen Gesundheitsmarkt hatten sie vielmehr eine sehr starke Stellung, die sich auch in der weitgehend egalitären Struktur der typischen Arzt-Patienten-Beziehung äußerte, in der die Patienten und ihre Angehörigen ihre eigenen Mutmaßungen und Wünsche erfolgreich zur Geltung bringen konnten und die Ärzte, wie im Falle der Harnschau, mitunter sogar zwangen, ihre Theorien und Praktiken diesen Erwartungen und Vorlieben anzupassen. Erst im 19. Jahrhundert, mit dem starken Anstieg der Ärztedichte, der steigenden Bedeutung der Krankenhausversorgung, der zunehmenden, auf breiter Ebene wirksamen Durchsetzung von repressiven Maßnahmen gegen weniger gebildete Heiler und der zunehmenden Professionalisierung und Organisierung des Ärztestandes änderte sich diese Situation grundlegend.

51 Vielfältige Aufschlüsse über die medikale Kultur breiter Bevölkerungskreise im 19. Jahrhundert geben medizinische Topo- und Ethnographien, wie sie in großer Zahl vor allem für den süddeutschen Raum überliefert sind (u.a. Bayer. Staatsbibliothek München Cgm 6874).

Das Buch der Natur – die Alchemie

RICHARD VAN DÜLMEN

Im ganzen Mittelalter ist die Vorstellung vom »Buch der Natur« geläufig, wenn man auch daraus noch keine praktischen Konsequenzen zog.[1] Gott hatte sich nicht nur in der Heiligen Schrift, der Bibel, geoffenbart, sondern auch in der Natur, seiner Schöpfung. Sie – trotz der Erbsünde – zu betrachten und zu entschlüsseln, ist deshalb Aufgabe des Menschen, weil sie zur besonderen Verehrung Gottes beiträgt. Seit dem 16. Jahrhundert verknüpfen die Naturforscher dann diese Idee konkret mit ihren Erkenntnis-Interessen, die ihre Untersuchungen nicht mehr als weltliche Eitelkeit diffamiert sehen wollten, sondern sich nach eigenem Bekunden ebenfalls aus genuin religiösen Interessen der Natur zuwandten. Dies war mehr als eine Legitimation gegenüber der Öffentlichkeit, die bei der Geburt der »modernen« Naturforschung insofern eine Rolle spielte, als es darum ging, unabhängig von kirchlichen Lehrmeinungen eigene Beobachtungen und Erkenntnisse verkünden zu können, die nicht unmittelbar mit der Bibel konform gingen.[2] Die großen Naturphilosophen und -forscher zu Ende des 16. Jahrhunderts, Tommaso Campanella, Johannes Kepler und Galileo Galilei, sahen keinen Widerspruch zwischen Glaube und Wissen, verstanden sich als gleichberechtigte Verkünder göttlicher Wahrheiten wie die Theologen selbst. »Denn die Heilige Schrift und die Natur gehen gleicherweise aus dem göttlichen Wort hervor«, schrieb der von der Kirche zum Widerruf genötigte Galilei, »die eine als Diktat des Heiligen Geistes, die andere als gehorsamste Vollstreckerin des göttlichen Wortes.«[3]

Als die paradigmatisch die Natur erschließende »Wissenschaft« und »Kunst« galt im 16./17. Jahrhundert neben der Astronomie die Alchemie, die aufgrund ihrer Bedeutung für die Entwicklung der Naturforschung heute sogar als die »Leitwissenschaft« im 17. Jahrhundert bezeichnet wird.[4] Alle bisherigen Untersuchungen weisen auf ihre komplexe Geschichte hin. Lange galt sie als eine vormoderne Form von Wissenschaft oder gar als eine okkulte Wissenschaft, die nur für Kulturhistoriker der Frühen Neuzeit von Interesse sein konnte. Seit jedoch die Geschichte der Naturwissenschaft transparenter geworden ist, vor allem Newton als Anhänger der Alchemie bekannt wurde, wandelte sich die Wertschätzung der Alchemie grundlegend. Man favorisierte die Alchemie, die in eine »hermetische« Wissenschaft bzw. Philosophie eingebunden war, als Ferment einer eigenständigen Naturforschung, deren »Modernität« für die Zeit und die Geschichte nicht zu verkennen war und deren Wirkung nicht mit dem Aufstieg der modernen Naturwissenschaft und Aufklärung zu Ende ging.[5] Die »hermetische« Philosophie berief sich auf die alte Weisheitslehre der vorchristlichen Zeit. Selbst Goethe, der im historischen Teil seiner Farbenlehre von 1810 ausführlich auf den Beitrag der Alchemie einging, kannte sich noch ungewöhnlich gut aus, da er sich in jungen Jahren ausdrücklich zur »mystisch-kabbalistischen Chemie« bekannt hatte.[6] »Angenehm« blieb ihm, »wenn man den poetischen Teil der Alchymie, [...] mit freiem Geiste behandelt. Wir finden ein aus allgemeinen Begriffen entspringendes auf einem gehörigen Naturgrund aufgebautes Märchen.«[7] Auch Nietzsche hielt der Wissenschaftsgläubigkeit zu Ende des 19. Jahrhunderts in seiner »Fröhlichen Wissenschaft« entgegen: »Glaubt ihr denn, daß die

1 Art.: Buch der Natur, in: Historisches Wörterbuch der Philosophie, Bd. 1 (1971), 958f.

2 Allgemein vgl.: HANS BLUMENBERG, Die Lesbarkeit der Welt, 4. Aufl. Frankfurt 1999.

3 Vgl. Art.: Buch der Natur, 958.

4 Allgemein: CHRISTOPH MEINEL (Hg.), Die Alchemie in der europäischen Kultur- und Wissenschaftsgeschichte, Wiesbaden 1986; ANNE-CHARLOTT TREPP, Religion, Magie und Naturphilosophie: Alchemie im 16. und 17. Jahrhundert, in: H. Lehmann/A.-Ch. Trepp (Hg.), Im Zeichen der Krise. Religiosität im Europa des 17. Jahrhunderts, Göttingen 1999, 473–493.

5 HANS-WERNER SCHÜTT, Auf der Suche nach dem Stein der Weisen. Die Geschichte der Alchemie, München 2000.

6 ROLF CHRISTIAN ZIMMERMANN, Das Weltbild des jungen Goethe. Studien zur hermetischen Tradition des deutschen 18. Jahrhunderts, München 1969, 52.

7 JOH. WOLFGANG GOETHE, Zur Farbenlehre, hg. von P. Schmidt (Münchner Ausgabe, Bd. 10), München 1989, 695.

Abb. 56: Aus: Andreas Libavius, Alchymia (1606)

Wissenschaften entstanden und groß geworden wären, wenn ihnen nicht die Zauberer, Alchemisten, Astrologen und Hexen vorangelaufen wären als die, welche mit ihren Verheißungen und Vorspiegelungen erst Durst, Hunger und Wohlgeschmack an verborgenen und verbotenen Mächten schaffen mußten? Ja, daß unendlich mehr hat verheißen werden müssen, als je erfüllt werden kann, damit überhaupt etwas im Reiche der Erkenntnis sich erfülle?«[8]

Die Alchemie der Frühen Neuzeit bildete kein geschlossenes intellektuelles Feld der Theorie und Praxis und läßt sich in der Tat nicht als eine Vorstufe der Chemie beschreiben. Sie steht vielmehr in einer komplexen Tradition des Mittelalters, wobei die arabische Überlieferung, aber auch neuplatonische Denkanstöße eine große Rolle spielten. Im 16. und 17. Jahrhundert, vor allem um 1600 erreichte sie eine Ausweitung, die bisher unbekannt war und nicht allein durch den Buchdruck erklärbar wird.[9] Die Anzahl alchemistischer Drucke stieg zu Ende des 16. Jahrhunderts konstant an und nahm erst im frühen 18. Jahrhundert wieder ab, sowohl in Italien, Spanien, Frankreich, England wie auch in Deutschland, wo es den vielleicht größten Markt für alchemistisches Schriftgut gab.[10] Andererseits ging die Alchemie Verbindungen mit den unterschiedlichsten intellektuellen Strömungen der Zeit ein und läßt sich ohne diese intellektuellen Interessen und Traditionen kaum begreifen: Sie erscheint sowohl als Element der okkulten und hermetischen Philosophie der Renaissance wie der reformatorischen schwärmerisch-spirituellen Bewegungen des 16. Jahrhunderts. Weiterhin ist sie mit den verschiedensten heterodoxen Strömungen bis ins 18. Jahrhundert aufs engste verbunden. In gewisser Hinsicht bildete die Alchemie nämlich Ferment und Sammelbecken einer Naturphilosophie, die jenseits aller kirchlich-religiösen Orthodoxie und des schulischen Aristotelismus einen eigenen Anspruch auf Welterklärung bot und als solche größte Anziehungskraft für die ganze gelehrte Öffentlichkeit besaß.[11] Sicherlich spielte die Geheimniskrämerei eine Rolle, aber vor allem bot die Alchemie Möglichkeiten, eigene Erfahrungen und eigenes Denken einzubringen, um die Welt der Natur zu begreifen. Von früh an begann man, das alchemistische Schriftgut, handschriftlich verbreitete Traktate und Drucke, zu suchen und zusammenzustellen, es entstanden größere Sammlungen und sogar Enzyklopädien. Eine kritische Sichtung steht weitgehend noch aus. Nicht einmal über die Nachdrucke und die Autoren, die oft anonym blieben, gibt es Klarheit.

Schließlich handelt es sich um ein gelehrtes Schrifttum eigener Art, das seine Ausbreitung und Wirkung außerhalb der bekannten Gelehrtenkreise in Kirche und Universität verzeichnete. Offensichtlich spielte die Ärzteschaft eine große Rolle, aber auch randständige Gruppen der Universitäten sowie Münzmeister und Bergleute.[12] Von daher gab es schon früh Übersetzungen älterer alchemistischer Schriften in die Muttersprache und überhaupt vorrangig muttersprachliche Texte. Auch das ganze Werk des Paracelsus ist deutsch geschrieben und wurde dementsprechend trotz aller Polemik weit mehr gelesen als viele bekannte reformatorische Texte. Die Konzentration auf das kirchlich-religiöse und humanistisch-gelehrte Schrifttum hat lange die Wahrnehmung dieser verbreiteten naturphilosophischen Lektüre verdeckt. Zudem wurde das hermetisch-alchemistische Schriftkorpus nie als Ganzes rezipiert: Man unterschied das eigentlich chemisch-medizinische Wissen von den naturphilosophisch-religiösen Theorien, so daß der Gesamtzusammenhang und der intellektuelle Kontext verloren gingen. Während im Kampf gegen die Al-

8 Friedrich Nietzsche, Die fröhliche Wissenschaft (K. Schechta Ausgabe, Bd. 2), 2. Aufl. München 1960, 176.

9 Vgl. allgemein die neueren Forschungen: Meinel (Hg.), Die Alchemie in der europäischen Kultur- und Wissenschaftsgeschichte; Schütt, Auf der Suche nach dem Stein der Weisen; Anne-Charlott Trepp/Hartmut Lehmann (Hg.), Antike Weisheit und kulturelle Praxis. Hermetismus in der Frühen Neuzeit, Göttingen 2001.

10 Herwig Buntz, Die europäische Alchimie vom 13. bis zum 18. Jahrhundert, in: F. E. Ploss u.a., Alchimia. Ideologie und Technologie, München 1970, 122.

11 Trepp/Lehmann (Hg.), Antike Weisheit und kulturelle Praxis.

12 Diese frühmoderne Intelligenzschicht ist bisher nicht geschlossen untersucht worden; selbst eine Geschichte der frühneuzeitlichen Ärzte fehlt.

chemie die einen die Goldmacherei anprangerten, bekämpften andere die religiös-philosophische Interpretation der Natur als der offiziellen Kirchenlehre widersprechend. Das hinderte nicht, daß es von der Mitte des 16. Jahrhunderts bis zur Mitte des 18. Jahrhunderts kaum einen Gelehrten oder Geistlichen gab, der nicht zumindest zeitweise sich der Alchemie zugewandt hatte.[13]

Hier konzentrieren wir uns auf drei verschiedene Erscheinungsformen der Alchemie, die in der Frühen Neuzeit Geschichte gemacht haben. Zunächst geht es um das, was man vor allem unter Alchemie verstand, nämlich die Goldmacherkunst durch eine Transmutation von Metallen. Dann folgt die Alchemie als Naturforschung, als Suche nach dem Inneren der Natur. Hier wurde praktische Arbeit mit mystischer Spekulation verbunden. Schließlich soll die sogenannte spirituelle »wahre« Alchemie thematisiert werden, die mit Goldmacherkunst überhaupt nichts zu tun hatte und statt dessen eine Schöpfungswissenschaft kreierte, die ein naturbegründetes Christentum jenseits der Konfessionen postulierte.

1. Alchemie als Goldmacherkunst

Das Interesse an der Alchemie, im Mittelalter noch dominant Sache von Mönchen und Geistlichen, verbreitete sich im 16. und 17. Jahrhundert im ganzen Bürgertum, zum Teil sogar in den unteren Schichten, vor allem aber in adeligen Kreisen und an Fürstenhöfen, die zudem über die Mittel verfügten, um eigene Laboratorien einzurichten und »Alchemisten« für die verschiedensten Aufgaben einzustellen.[14] Die ganze adelige Welt wurde von dieser »Mode« erfaßt. Vor allem zu Ende des 16. Jahrhunderts gab es kaum einen Herzog, Kurfürsten und sogar Kaiser in Deutschland, der keine alchemistischen Interessen besaß und diese nicht zeitweise deutlich bekundete. Wichtige Zentren bildeten der Fürstenhof in Braunschweig-Wolfenbüttel (Herzog Julius, 1528–89),[15] der brandenburgische Hof in Berlin (Kurfürst Joachim II., 1505–1571),[16] der sächsische Hof in Dresden (Herzog Johann Friedrich der Mittlere),[17] der hessische Hof in Kassel (Landgrafen Wilhelm IV., 1532–92, und Moritz, 1572–1632)[18] sowie die Höfe in München (Herzog Wilhelm V., 1548–1626)[19] und in Stuttgart (Herzog Friedrich von Württemberg, 1593–1608).[20] Bedeutsam wurde vor allem der kaiserliche Hof in Prag (Rudolf II., 1552–1612), geradezu ein europäisches Alchemistenzentrum.[21] Hier versammelten sich zeitweise die bekanntesten Alchemisten wie John Dee und Edward Kelley aus England, Michael Sendivogius aus Polen, Michael Maier, Martin Ruland und Oswald Croll aus Deutschland. Attraktiv wurde Prag zeitgleich für viele Astronomen und Maler. Nicht weniger bemerkenswert aber sind auch die alchemistischen Aktivitäten in Kassel: Landgraf Moritz legte nicht nur die größte erhaltene Sammlung alchemistischer Handschriften und Bücher an, sondern gründete an der Landesuniversität in Marburg auch den ersten Lehrstuhl für Chemie (1615).[22]

Das Interesse an der Alchemie war bei den Fürsten nicht einfach nur eine Mode, eine Flucht aus der Realität. Im Gegenteil: Es war die Zeit der Etablierung fürstlicher Höfe als Machtzentren ihrer Länder, in denen die entstehende Verwaltung die Infrastruktur verbesserte oder überhaupt auf neue Grundlagen stellte, jeder Hof seine Machtstellung durch die Architektur, die Kunst, Festveranstaltungen und Repräsentation demonstrierte. Alle genann-

13 Vgl. allgemein Schütt, Auf der Suche nach dem Stein der Weisen.

14 Vgl. Wilhelm Strube, Der historische Weg der Chemie, Leipzig 1976; Jost Weyer, Graf Wolfgang II. von Hohenlohe und die Alchemie. Alchemistische Studien im Schloß Weikersheim 1587–1610, Sigmaringen 1992.

15 A. Rhamm, Die betrügerischen Goldmacher am Hofe des Herzogs Julius von Braunschweig, Wolfenbüttel 1883.

16 Wilhelm Ganzenmüller, Johann Kunckel, ein Glasmacher und Forscher im Barockzeitalter, in: Ders., Beiträge zur Geschichte der Technologie und der Alchemie, Weinheim 1956, 192–203; August Wilhelm Hofmann, Berliner Alchemisten und Chemiker, Nachdruck Wiesbaden 1965.

17 Strube, Der historische Weg der Chemie.

18 Bruce T. Moran, The alchemical world of the German court. Occult Philosophy and chemical medicine in the circle of Moritz of Hessen (1572–1632), Stuttgart 1991.

19 Ivo Striedinger, Der Goldmacher Marco Bragadino, München 1958.

20 Reinhard Federmann, Die königliche Kunst. Eine Geschichte der Alchemie, Wien u.a. 1964, 253ff.

21 R.J.W. Evans, Rudolf II. Ohnmacht und Einsamkeit, Graz u.a. 1980.

22 Wilhelm Ganzenmüller, Das chemische Laboratorium der Universität Marburg im Jahre 1615, in: Ders., Beiträge zur Geschichte der Technologie und der Alchemie, 314–322.

ten Fürsten legten sich spätestens zu Ende des 16. Jahrhunderts eine ansehnliche Kunstsammlung zu, eine Bibliothek, die weit mehr als nur Arbeitsbibliothek für Beamte war, schließlich auch alchemistische Laboratorien und Sternwarten, in denen sie nicht selten selbst mitarbeiteten.[23] Das unmittelbare Interesse an alchemistischen Experimenten ist bei vielen Fürsten bezeugt. Sicherlich suchten diese häufig durch die Alchemisten ihre Goldschätze zu vermehren und ihre Schulden zu mindern, aber sie bestraften auch jeden, der als Scharlatan oder Betrüger entlarvt wurde.[24] Und sie erhofften sich von den Alchemisten, die zugleich oft als Ärzte angestellt waren, eine Besserung der gesundheitlichen und hygienischen Verhältnisse, vor allem aber eine optimale medizinische Betreuung. Es war die Zeit, in der sich jeder Hof einen professionellen Leibarzt hielt. Nicht zuletzt waren die Fürsten wirklich an den neuen Wissenschaften aus praktischen wie aus philosophisch-religiösen Gründen interessiert, jeder Fürst förderte die Glasindustrie und intensivierte den Ausbau des Bergbaus.[25] Zudem suchten sie mitten im konfessionellen Zeitalter, in dem sie über das Bekenntnis ihrer Untertanen entschieden, – gegen ihre Hoftheologen – nicht selten nach neuen überkonfessionellen Antworten auf eigene religiöse Fragen. Deswegen stellten sie alchemistisch gebildete Ärzte oder Künstler nicht nur als potentielle Geldmacher ein, kauften für teures Geld alchemistische Rezepte, Handschriften und Bücher, sondern zeigten sich auch an den alchemistischen Experimenten und Interpretationen der Natur selbst interessiert, die ihr christliches Glaubensbekenntnis überformten. Die unter dem Namen eines Alchemisten auftretenden »Intellektuellen«, die an den vielen Höfen Europas zeitweise Wirkstätten fanden, waren zumeist nicht nur Alchemisten, sie wirkten als Ärzte und Ingenieure, Münzmeister und Projektisten, als Bergleute und technische Berater, hatten oft studiert und waren weit gereist, um vielfältige Erfahrungen zu sammeln. Sie bildeten also keinen eigenen Berufsstand mit umrissener Ausbildung und Karriere, sondern ihr Wissen und Ansehen entstammte den verschiedensten Bereichen. Vier Typen sollen hier vorgestellt werden:

Am bekanntesten war der Basler Leonhard Thurneysser (1531–1596), Sohn eines Goldschmieds, der zunächst als Metallurg in Tirol wirkte und sich hier beim Aufbau und der Leitung der Hüttenwerke einen Namen machte.[26] Praktische Befähigungen und starker Wissensdrang verbanden sich in ihm. So gewann er das Vertrauen des Erzherzogs Ferdinand von Österreich, auf dessen Kosten er lange Jahre reisen konnte, um von Schottland bis Nordafrika und zum Vorderen Orient vor allem medizinische und arzneikundliche Kenntnisse zu sammeln. Er las alles, was er erhalten konnte, denn er war Autodidakt, verstand sich aber rhetorisch bestens darzustellen. Während anfangs seine chemischen und metallurgischen Interessen im Vordergrund standen, interessierte ihn dann unter dem Einfluß von Paracelsus zusehends die chemische Veredelung der Naturstoffe und ihr Nutzen für die Arznei. Dank seiner Schriften »Quinta Essentia« und »Magna Alchymia oder auch ettliche Heilerfolge« wurde er 1571 für dreizehn Jahre Leibarzt des brandenburgischen Kurfürsten Johann Georg in Berlin, wo er rasch und erfolgreich als Arzt, aber auch als Buchautor, Verleger, Arzneimittelhersteller, als Astrologe und als Verfasser der begehrten Kalender und Prognostika wirken konnte. Sein großes Vermögen zerrann allerdings rasch wieder wegen eines langwierigen Scheidungsprozesses,[27] außerdem litt er unter einer zunehmenden Verleumdung

23 Weyer, Graf Wolfgang II. von Hohenlohe und die Alchemie, 64ff.

24 Vgl. Striedinger, Der Goldmacher Marco Bragadino.

25 Die Perspektiven sind bisher noch nicht zusammenfassend untersucht worden.

26 Günther Bugge, Der Alchimist. Die Geschichte Leonhard Thurneyßers – des Goldmachers von Berlin, Berlin 1939.

Abb. 57: Giovanni Stradano,
Die Alchemisten, Gemäldedetail (1580)

als Alchemist und Teufelsbündler. Nachdem er angeblich heimlich und ohne Erfolg auch Gold machen wollte, floh er aus Berlin und starb nach mehreren Reisen verarmt in Köln. Thurneysser experimentierte auf den verschiedensten Gebieten und kannte sich in der medizinischen und alchemistischen Literatur sehr gut aus, womit er oft prahlte, vor allem wußte er aus seinem Wissen viel Gewinn zu schlagen. Dabei präsentierte er sich öffentlich nicht als erfindungsreicher Alchemist, der die Herstellung von Gold propagierte; zwar könne man im Prinzip Gold künstlich herstellen, aber aufgrund langjähriger Experimente, die notwendig seien, würde dies unbezahlbar sein.[28] Wie andere Alchemisten glaubte auch er daran, daß die anorganische Materie sich nach dem Vorbild der organischen Natur transmutieren ließe, aber nur, wenn der Stein der Weisen gefunden würde. Ein Arzt und Pharmazeut jedoch habe Naheliegenderes zu tun.

Die Ausbildung zum Alchemisten bzw. Chemiker vollzog sich in der Regel außerhalb des institutionalisierten Bildungswesens. In der Medizin der hohen Schule ging man vor allem nach alten Lehrbüchern vor, Experimente gab es kaum. Es gab zwar viele Schriften, die gedruckt wurden, aber die meisten Rezepte blieben geheim, wie es auch im Handwerk üblich war. Deswegen wurde die Alchemie auch als Kunst verstanden. Zumeist ging man bei einem Meister des Geheimwissens in die »Schule«. Nur eine Ausnahme gab es im 16./17. Jahrhundert in Marburg, wo 1609 eine eigene Professur für »chymica ars« geschaffen und von dem Mathematiker und Mediziner Johannes Hartmann besetzt wurde.[29] Dieser war außerdem Leibarzt des Landgrafen Moritz, an dessen Hof sich zahlreiche Alchemisten versammelten. Von ihm ist ein umfangreicher Briefwechsel mit bedeutenden Medizinern, Chemikern und Alchemisten erhalten. Bekannt geworden ist Hartmann weniger durch seine Schriften als durch seine Ausbildungstätigkeit am chemischen Laboratorium in Marburg, über die er ein Tagebuch führte. Obwohl er seine »Chymietrie« rein halten wollte von alchemistischen, astrologischen und kabbalistischen Spekulationen der Zeit, propagierte er die paracelsische Medizin, die gerade alle diese Elemente in sich barg. Bezeichnend ist, daß Hartmann Oswald Crolls Werk »Basilica Chymica« (1608) zur Grundlage seiner Lehre wählte. Croll war zwar kein Goldmacheralchemist, aber typischer Vertreter der spirituellen Alchemie, der sowohl mit dem Landgrafen Moritz in Kontakt stand als auch mit Rudolf II. in Prag.

Viele Alchemisten waren freilich Phantasten und nicht selten Abenteurer, aber nicht wenige haben auf der Suche nach dem Stein der Weisen in ihren Laboratorien nutzbringende Entdeckungen und Erfindungen gemacht. Das bekannteste Beispiel hierfür ist Johann Friedrich Böttger (1685–1719), der mit der Erfindung des Porzellans für Sachsen weit mehr Gewinn einbrachte, als sich Fürsten bisher erträumten.[30]

Böttger, Sohn eines Münzmeisters in Magdeburg, der sich beträchtliche Kenntnisse in der Chemie erworben hatte, kam als Zwölfjähriger in die Lehre des Apothekers Zorn in Berlin. Hier machte er sich rasch unverzichtbar, begann aber mit alchemistischen Studien und laborierte heimlich auf Kosten seines Brotherrn, um nicht zuletzt wie andere Quecksilber in Gold zu verwandeln. Zwiespältig verfolgte Zorn die geheimnisvollen Aktivitäten seines Lehrlings, und obwohl er ihm riet, »sich künftig aller Schwindeleien zu enthalten, da die Goldmacher mehrenteils in Narrethei und Unglück gerieten«,[31]

27 Ebd.

28 Peter Morys, Leonhard Thurneissers De transmutatione veneris in solem, in: Meinel (Hg.), Die Alchemie, 85–98.

29 Wilhelm Kühlmann, Paracelsismus und Hermetismus: Doxographische und soziale Positionen alternativer Wissenschaft im postreformatorischen Deutschland, in: Trepp/Lehmann (Hg.), Antike Weisheit und kulturelle Praxis, 17–29, hier bes. 37.

30 Reinhard Federmann, Die königliche Kunst. Eine Geschichte der Alchemie, Wien u.a. 1964, 272ff.

31 Ebd., 274.

verstand es Böttger, einem Publikum durch einige Körnchen roten Pulvers die Umwandlung von achtzehn Zweigroschenstücken in Gold vorzugaukeln. Selbst Leibniz erfuhr davon und berichtete der Königin Sophie Charlotte: »Ich habe hier viel von dem Goldmacher erzählt. Das wird den Eifer der Alchemisten anspornen. Der Grieche Janouilly, den E. Majestät kennen, hat zu mir gesagt: ›Gott sei Dank, daß er von Zeit zu Zeit solche Naturwunder geschehen läßt, die den menschlichen Unglauben überzeugen und den Glauben der wahrhaft Frommen bestärken.‹ Denn der Biedermann glaubt an den Stein der Weisen wie an das Evangelium; besonders an die Stelle aus der Apokalypse, auf die der Apothekerlehrling sich berufen hat. Man hat dem Kurfürsten von Hannover einen alchemistischen Prozeß oder ein Rezept gegeben, darin das ganze Geheimnis enthalten ist. Leider wäre ein Jahr erforderlich, um ihn auszuprobieren [...]. Bei mir vermehren sich die Jahre, aber nicht das Gold, denn dies Werk, fürchte ich sehr, wird nicht gleich gelingen. Und so werden denn mehr Jahre vergehen, als mir noch beschieden sind. Für E. Majestät liegt die Sache anders. Bei Ihren Jahren und Ihrer Börse können Sie es abwarten und zum Ziele gelangen. Somit rate ich Ihnen, sich in Lützenburg ein Laboratorium einzurichten und einen tüchtigen Chemiker hineinzusetzen, den ich oft besuchen werde [...]. Die Sternwarte, die sich darüber befinden wird, erfreut meine Einbildungskraft ebensosehr wie der Stein der Weisen. Freilich würde Gold uns zu manchem verhelfen. Aber haben E. Majestät nicht mehr Gold, als alle Chemiker uns machen können?«[32] Als der brandenburgische Hof auf den jungen Böttger aufmerksam wurde, flüchtete dieser 1701 zur kursächsischen Universität Wittenberg. Mit allen Mitteln, aber vergeblich, versuchte man die Auslieferung nach Berlin zu erreichen, denn mittlerweile interessierte sich auch der Kurfürst von Sachsen, August der Starke, für den Adepten der Goldkunst. Unter dem Schutz des Naturforschers und Glasmachers Walter von Tschirnhaus begann Böttger in Dresden nun seine zweite Karriere. Zwar ließ er auch hier nicht ab von zweifelhaften Experimenten, für die sich ebenfalls ein Publikum fand, aber statt der Goldmacherei glückte ihm die Herstellung von Porzellan, des weißen Goldes. Da August der Starke sich nicht nur für Gold, sondern gleicherweise für Porzellan interessierte, konnte Böttger, nachdem er versprochen hatte, das Geheimnis nicht weiterzugeben, in der Albrechtsburg in Meißen eine große Manufaktur anlegen, die bald viel Gewinn brachte. Als ein echter Projektist errichtete er neben der Manufaktur auch ein Gewächshaus mit 400 Orangenbäumen. Da Böttger stets über seine Verhältnisse lebte, war er verschuldet, als er überraschend 1719 als Vierunddreißigjähriger starb.

Daß Fürsten sich noch im 18. Jahrhundert nicht nur für Alchemie interessierten, sondern auch Alchemisten einstellten, kennen wir aus der Lebensgeschichte des aufgeklärten Grafen Christian IV. von Pfalz-Zweibrücken, der sich neun Jahre lang bis zu seinem Tode 1775 in die Abhängigkeit des geschickten Arztes und Chemikers Joseph Michael Stahl begab.[33] Naturgeschichtliche und alchemistische Interessen verbanden sich hier mit aufklärerischer Wirtschaftspolitik, nur so meinte der Fürst, auch seine finanziellen Probleme lösen zu können. Die Geschichte ist aus den umfänglichen Akten des Prozesses bekannt, den seine Feinde gegen ihn wegen seiner Betrügereien und falschen Versprechungen angestrengt hatten. Stahl wirkte lange als reisender Arzt und Quacksalber, der über Münster, Offenburg, Trier und Mer-

32 Ebd., 274f.

33 Eva Labouvie, Geheimnisvolle Neigungen. Ein Herzog und seine Alchemie (1764–1775), in: Dies. (Hg.), Ungleiche Paare. Zur Kulturgeschichte menschlicher Beziehungen, München 1997, 100–129.

zig 1764 nach Zweibrücken kam und zunächst als Physikus und Leibarzt angestellt wurde. Was ihm jedoch seine bedeutende Karriere ermöglichte, waren seine alchemistischen Versprechungen, die Goldschätze des Landes zu vermehren. Er wurde bald Geheimer Rat und Hofrat mit beträchtlichen Einnahmen, Direktor der herrschaftlichen Porzellanfabrik, der Tiegelfabrik, der Ziegelei und Glashütte, dann auch Oberbergdirektor aller herrschaftlichen Bergwerke sowie Direktor des Chausseen-Münz-Achatwesens; damals war er eine der wichtigsten Personen des Fürstentums. Stahl war ein klassischer Projektemacher, der auf allen Wirtschaftsgebieten Entdeckungen und Erfindungen versprach, um das Land aus der finanziellen Krise zu führen, die er selbst verschärft hatte. Der Angelpunkt seiner Tätigkeit aber blieb freilich die Alchemie.

Was Alchemie heißt und welches Weltbild sich hinter der Kunst des Goldmachens verbirgt, wie sie sich in den genannten Praktiken zeigt, ist nicht einheitlich zu definieren, noch gibt es eine geschlossene alchemistische Philosophie.[34] Eine systematische Erklärung begann erst, als die Alchemie als von der wissenschaftlichen Naturforschung überwunden galt und die moderne Naturwissenschaft sich definierte. Bis Ende des 17. Jahrhunderts gab es auch keine geschlossene Polemik gegen die Alchemie, selbst nicht in der Gelehrtenschaft.

Dennoch gab es bei allem unterschiedlichen Verständnis einheitliche Grundauffassungen über die Alchemie, an denen zumeist die Alchemisten selbst arbeiteten. Allgemein ging die Alchemie 1. von der Korrespondenz von Makrokosmos und Mikrokosmos aus. Im Mikrokosmos, der hier im Zentrum stand, spiegelte sich der Makrokosmos wider und umgekehrt. Es gab so viele Metalle, wie es Planeten gab: Gold = Sonne, Silber = Mond, Zinn = Jupiter, Eisen = Mars, Blei = Saturn und Quecksilber = Merkur.[35] Dann glaubten die Alchemisten 2. an die Umwandlungsmöglichkeit (Transmutation) von unedleren in edlere Metalle, eben die Herstellung von Gold, weil es in der anorganischen Natur entsprechende Prozesse geben müsse wie in der organischen. Denn die Natur sei lebendig und in ständiger chemischer Bewegung. »Diese vermehrung und fruchtbarkeit ist«, heißt es in J. Tanckes »Von der Alchimey würden und nutz« von 1610, »nun jederman in den Vegetabilibus und Animalibus bekandt, inn den Mineralibus aber ist sie wenigen bekannt.«[36] Die inneren Prozesse der Natur, auf die sich der Alchemist konzentrierte, konnten 3. durch menschliche Künste und Anstrengungen entschlüsselt und nutzbar gemacht werden. »Gott hat der Natur ihr maß und ziel vorgeschrieben, das uberschreitet sie nicht, die Kunst aber kan es höher bringen, unnd ubertrifft die Natur. [...] Es ist allgemein und offenbahr, daß die gewechse können durch Kunst verbessert werden, inn und mit der Natur, so können sie auch vermehrt werden, ja durch kunst können die guten gärtner die Bäum in einem Jahr so weit und hoch bringen, als sie die Natur vor sich in drey oder vier Jahren nicht treiben kan.«[37] Schließlich und 4. konnte nur der die verborgenen Naturkräfte erkennen und zum Heil der Menschen nutzbar machen, der sich selbst reinigte und empfänglich war für die Zeichen Gottes. Nur der kann die »vortreffliche hoheit der wahren Philosophen leicht ermessen, die mit Gott und seinen geheimen wercken uberein stimmen soll«.[38] Damit die Kenntnis nicht in falsche Hände gerate, werde die Kunst der Alchemie nur »Magice unnd verdunckelter weise beschrieben«.[39]

Wir müssen in der Frühen Neuzeit die alchemistischen Goldmacher, die sich vor allem an adeligen Höfen versammelten und Gold versprachen, von

34 Schütt, Auf der Suche nach dem Stein der Weisen; Meinel (Hg.), Die Alchemie.

35 Richard Scherer (Hg.), Alchymia. Die Jungfrau im blauen Gewand. Alchemistische Texte des 16. und 17. Jahrhunderts, Mössingen-Talheim 1988, Einleitung.

36 Ebd., 57–80.

37 Ebd., 76.

38 Ebd., 65.

39 Ebd., 66.

denjenigen unterscheiden, die bewußt die Alchemie als eine Naturforschung betrieben und eine neue Weltinterpretation vertraten, so sehr die Grenzen fließend waren. Gerade unter den Verfassern von alchemistischen Texten und der Alchemie kundigen Gelehrten und Ärzten finden sich viele, die nicht nur einfach laborierten und Rezepte entwickelten, sondern grundsätzlich über den Sinn der Alchemie reflektierten. Manche sprachen sogar von alchemistischer Philosophie, die in Konkurrenz trat zur Schulwissenschaft von Aristoteles und Galen, die nur altes Wissen verbreitete. Diese Alchemisten gerieten nicht selten aufgrund ihres Pathos und ihrer durch die Beschäftigung mit der Alchemie entwickelten Naturphilosophie in Konflikt mit den offiziellen Kirchen.[40] In der Tat tangierten viele alchemistischen Theorien die Grundlagen der christlichen Überlieferung. Ohne die biblische Offenbarung als das Buch Gottes herabzusetzen, verwiesen sie doch zugleich auf das Buch der Natur als die zweite Quelle göttlicher Offenbarung, was eigenwillige Naturinterpretationen möglich machte.

2. Alchemie als Naturphilosophie

Der Aufstieg und die große Verbreitung der Alchemie seit der Mitte des 16. Jahrhunderts, die gleichzeitige Transformation der Alltagsalchemie in eine alchemistische Philosophie, die weithin zahlreiche Gelehrte anzog, waren bedingt durch verschiedene Ursachen: Einmal und allgemein sind sie zurückzuführen auf den steigenden Einfluß der Arzneikunde und Naturphilosophie von Paracelsus, dessen Schriften weit verbreitet und durch viele Pseudoparacelsica vermehrt waren.[41] Theophrastus von Hohenheim, genannt Paracelsus, war zwar kein Anhänger der Alchemie, er kannte jedoch ihre Verdienste für die Medizin. Dann spielten die zunehmende Erschließung von Bergwerken und der Ausbau der Geldwirtschaft eine bedeutende Rolle, denn hier war die Kunde von den Metallen gefragt, und jedes Territorium war daran interessiert. Hinzu kamen der Ausbau des Medizinalwesens und die Zunahme von Leibärzten, die ein eigenes Berufsethos hatten und sich stark absetzten von den universitären Ärzten. Sie waren praxisnäher und distanzierten sich von den Klassikern Aristoteles und Galen. Während die neue Naturforschung an den Universitäten keine Wirkungsstätte fand, entstanden allenthalben an den Höfen Laboratorien. Schließlich und nicht zuletzt zeigte sich die neue Gelehrtenschicht der Physici, Ärzte, Münzmeister, Bergleute – dominant Laien – irritiert von der aufkommenden Konfessionalisierung der Kirchen, die durchaus für christliche, aber für andere naturorientierte Lehren keinen Sinn hatten. Jedenfalls bildete sich so etwas wie eine Paracelsus-Sekte, in der alternative Weltbilder diskutiert und verbreitet wurden, was die Theologen und Pfarrer sehr wohl bemerkten, zumal es hier Verbindungen gab zu spiritualistischen, alle dogmatischen Fixierungen im religiösen Leben ablehnenden, quasi naturreligiösen Bewegungen, die um 1600 im deutschen Raum einen Höhepunkt erlebten und selbst Elemente rezipierten,[42] die die Endzeit der Gesellschaft verkündigten. Dadurch, daß dieser Diskurs in der Landessprache geführt wurde und damit ein breites Publikum erreichte, witterten manche eine ›revolutionäre‹ Stimmung. E. D. Colberg verurteilte in einem bekannten, die lutherische Orthodoxie vertretenden Buch 1700 dieses neue platonisch-hermetische Christentum »als eine […] fanatische Theologie«.[43]

40 Carlos Gilly, »Theophrastia Sancta«. Der Paracelsismus als Religion im Streit mit der offiziellen Kirche, in: Joachim Telle (Hg.), Analecta Paracelsica. Studien zum Nachleben Theophrast von Hohenheims im deutschen Kulturgebiet der frühen Neuzeit, Stuttgart 1994, 425–488.

41 Vgl. allgemein: Telle (Hg.), Analecta Paracelsica; bes. Julian Paulus, Alchemie und Paracelsismus um 1600. Siebzig Porträts, in: Ebd.; Gilly, Theophrastia Sancta, in: Ebd., 325–488; Joachim Telle (Hg.), Parerga Paracelsica. Paracelsus in Vergangenheit und Gegenwart, Stuttgart 1992.

42 Vgl. allgemein: Anne-Charlott Trepp, Religion, Magie und Naturphilosophie: Alchemie im 16. und 17. Jahrhundert, in: Lehmann/Trepp (Hg.), Im Zeichen der Krise, 473–494; Kaspar von Greyerz, Alchemie, Hermetismus und Magie. Zur Frage der Kontinuität in der wissenschaftlichen Revolution, in: Ebd., 415–432.

43 Ehregott Daniel Colberg, Das Platonisch-Hermetische Christenthum, Leipzig 1710.

Abb. 58: Aus: Heinrich Khunrath, Amphitheatrum sapientiae aeternae (1602)

Was um 1600 als spirituelle Alchemie kursierte und welche Stimmungen in den verschiedenen Gruppen, die unter Heterodoxieverdacht standen, aufkamen, ist schwer zu beschreiben, die einen sprechen damals und heute von pansophischen,[44] die anderen von theosophischen Konzeptionen.[45]

Ein erster Prototyp dieser Generation war Heinrich Khunrath aus Leipzig (1560–1605), Doktor der Medizin und »der göttlichen Weißheit Liebhaber«, wie er sich selbst nannte.[46] Er hatte sich schon in jungen Jahren der Alchemie zugewandt, hatte in Basel Medizin studiert und war dann in Dresden, Magdeburg und Hamburg, vor allem in Prag tätig. Auf der Grundlage seiner Rezeption des Paracelsus, aber auch der komplexen hermetischen Tradition entwickelte er eine theosophische Alchemie, die trotz oder gerade wegen ihrer Verschlüsselung und Schwerverständlichkeit eine beträchtliche Faszination auf die Zeitgenossen ausübte, was die hohe Auflagenzahl von Khunraths Schriften bezeugt. Als sein Hauptwerk gilt das 1598 in Magdeburg erschienene Buch »Amphitheatrum sapientiae aeternae christiano-cabballisticum, divino-magicum, nec non physico-chemicum«, das vor allem durch seine Emblemata bekannt wurde. Dann folgte rasch darauf seine Schrift »Vom Hylealischen, Das ist, Pri-materialischen katholischen oder Allgemeinen Natürlichen Chaos, Der Naturgemässen Alchymiae und Alchymisten, Wiederholete, verneuerte und wolvermehrete Naturgemäß-Alchymisch- und Rechtlehrende Philosophische Confessio oder Bekandtniß«. Unter kaiserlichen Privilegien erschien schließlich die »Magnesia catholica philosophorum; Das ist, Höheste Nothwendigkeit, in Alchymia, auch mügliche Uberkommung, Augenscheinliche Weisung, und Gnugsame Erweisung catholischer verborgener Magnesiae, des gemeinen wunderthetigen Universal Steins Naturgemeß-Chymischer Philosophorum Rechten und allein wahren Pri-materialischen Subjecti« (1599). Hier heißt es: »Darumb sehet wol zu, alle ihr sucher des Naturgemeß-Alchymischen Uni-

44 Will-Erich Peuckert, Pansophie. Ein Versuch zur Geschichte der weißen und schwarzen Magie, Berlin 1956.

45 Gilly, Theophrastia Sancta; Telle, Alchemie II.

46 Joachim Telle, Art.: Khunrath, Conrad, in: W. Killy, Literatur-Lexikon 6 (1990), 317f.

versal Steins der Weisen, das ihr vor allen dingen, ehe und zuvor ihr darauff anfahet zu laboriren, in wol erweltes verborgenen Catholischen Steins geheimen subiecto debito, so auch Catholisch sein mus, und ist, ia nicht irret; hoc, certe, esset error non paruus in initio, ex quo maior in medio, maximus in fine; dato enim inconueniente uno, sequuntur plura [dies wäre sicherlich ein nicht gerade kleiner Fehler zu Beginn, aus welchem dann in der Zwischenzeit ein größerer, schließlich am Ende der größte würde; ist nämlich eine Nicht-Übereinstimmung gegeben, folgen mehrere]: Sondern nach lehre des göttlichen Liechts der Natur demselbigen (Jahovae ductu) zugleich historice, physice et Theosophice, fleissigst nachforschet, solange, biß das ihr solches neben dem kennen, auch lernet erkennen; So habt ihr als dann (ehe gewißlich nicht) artis huis secretum unum atque initium, die Eine verborgenheit und den wahren Anfang dieser hohen Kunst, als nemlich, die geheime Erst-Materialische Allgemeine Magnesiam der Weisen; des verborgenen Naturgemeß-Alchymischen Universal-Steines, der Catholischen und höchsten Medicin der Philosophen, allem rechte und wahre Materiam; Und auch [...] Silbers- und Goldes Naturgemeß-Künstlicher Wächslichmachungs Wiedergeberungs. Mehr dann vollkommenwerdungs Natürlichem und eigentlichem Acker.«[47]

Daß Khunrath sich – allerdings in einem schwerverständlichen Stil – ausdrücklich auf die Heilige Schrift berief, zudem auf das Buch der Natur, ist selbstverständlich. Hinzu kommt bei ihm neu als Bezugspunkt der Erkenntnis das eigene Innere, das, von Gott erleuchtet, überhaupt erst erkennt. Er spricht von Offenbarungen, die ihm gleichgewichtig sind mit der Schrift und der Natur. Dieser spiritualistische Zugang stand sicherlich in Widerspruch zur offiziellen orthodoxen Kirchenlehre. Als Khunrath mit seiner Theosophie entschieden Stellung bezieht gegen die Schulweisheit der Antike und gegen die protestantische Orthodoxie, wird er als ›Enthusiast‹ denunziert. Es ist dies eine Position, die er mit anderen teilt, die um 1600 die gängige kirchliche Lehr- und Predigtpraxis hart kritisieren. Seine Alchemie mündet in eine spiritualistisch-naturphilosophische Weltanschauung, die jede Konzentration auf die Goldmacherkunst verläßt.

Ein zweiter Prototyp ist Oswald Croll (ca. 1560–1608), Sohn eines hessischen Bürgermeisters, der in Marburg, Straßburg und Genf studiert hatte.[48] Nach seinem Medizinstudium in Heidelberg wurde er nach einer Reise durch Italien und Frankreich Erzieher von Max von Pappenheim, in dessen Auftrag er in Prag verhandelte und sogar den Reichstag besuchte. Hier lernte er den Alchemiefreund Christian I. von Anhalt kennen und wurde dessen Leibarzt. Auch für ihn übernahm er Gesandtschaftsdienste in Prag und unterhielt zahlreiche Kontakte zu böhmischen Magnaten. Wie kaum ein anderer stand Croll in angesehener Position, im Schutz fürstlicher Macht. Seine diplomatischen und medizinischen Fähigkeiten verband er mit ebenfalls alchemistisch-theosophischen Interessen. Sein Hauptwerk »Basilica chymica« (1609), in dem er sich zur mystisch interpretierten paracelsischen Naturphilosophie bekannte, erlebte ungewöhnlich viele Auflagen.[49] Eine Aktualität genießt bis heute sein Traktat »De signaturis internis rerum seu de vera et viva anatomia majoris et minoris mundi« (1609), in dem er eine medizinische Semiotik vertritt, die das »Buch der Natur« mit »Augen des Gemüts« lesen lernt. Er meint, verborgene Kräfte aus den sichtbaren Zeichen der Dinge entschlüsseln zu können, die er für seine Medizin fruchtbar werden läßt.[50]

47 Khunrath, Magnesia, 11–13.

48 Joachim Telle, Art.: Croll, Oswald, in: in: W. Killy, Literatur-Lexikon 2 (1989), 478f.; Will-Erich Peuckert, Gabalia. Ein Versuch zur Geschichte der magia naturalis im 16. bis 18. Jahrhundert, Berlin 1967; Wilhelm Kühlmann, Oswald Crollius und seine Signaturenlehre: Zum Profil hermetischer Naturphilosophie in der Ära Rudolphs II., in: August Buck (Hg.), Die okkulten Wissenschaften in der Renaissance, Wiesbaden 1992, 102–123.

49 Ebd.

50 Kühlmann, Paracelsismus und Hermetismus.

Abb. 59: Aus: Michael Maier, Septimana Philosophica (1616)

Croll war ein typischer Vertreter der »alchemistischen Gemeinde«, der ebenfalls die vorherrschende Orientierung auf die Goldkunst ablehnte. Als Anhänger und Vertreter nicht nur von Paracelsus, sondern weit mehr von Valentin Weigel, dessen naturphilosophisches Schrifttum um 1600 eine große Verbreitung und vor allem in heterodoxen Kreisen Aufnahme fand,[51] versuchte er eine Synthese von hermetischer Naturphilosophie der Renaissance und christlicher Mystik seiner Zeit. Seine antiakademische und soziale Grundhaltung fand weite Anerkennung. Das Besondere seiner alchemistischen Theorie waren nicht nur seine Gegnerschaft zur antiken Medizin und zur lutherischen Orthodoxie sowie sein Bekenntnis zur naturphilosophischen Heilkunst von Paracelsus und seinen Schülern, sondern sein chiliastischer, endzeitlicher Grundzug. Er war davon überzeugt, daß seine neue Philosophie, die sich auf die alten Weisheiten der vorchristlichen Zeit beruft, im dritten Zeitalter des Heiligen Geistes einen Elias Artista erwachsen lassen würde, der zur Wiedergeburt des Menschen führen sollte. Alchemie war hier verstanden als die Wissenschaft eines bald anbrechenden neuen Zeitalters. Damit steht er im Umfeld der Rosenkreuzer, die ebenfalls von einem neuen Zeitalter träumten. Er selbst schreibt: »Unnd bin ich der gäntzlichen Hoffnung, es werde Gott in kurtzem etliche Ingenia erweken, die die Warheit in allen Künsten und Wissenschaften (sintemal die Erfindung der Künste ihr Endschafft noch nicht erreicht) werden an Tag bringen, das Unkraut derselbigen auß reuten und die Irrthumb und Betrug der schulen nit mit Worten, sondern mit dem Werck, nicht mit Syllogismis oder Schlußreden sondern Reipsa oder mit der That widerlegen. Denn wann das perfectum zur Zeit der Ernewerung oder Widergeburth kommen wirdt, so wird das imperfectum oder unvollkommene nothringlich fallen. [...] Gott aber wirdt unter dessen alle Liebhaber der Warheit mit seinem heiligen Geist erleuchten und von den Banden der tieffen Finsternuß, und von allem Zanck der unrühigen vermeinten Gelährten gnädiglich loß machen und erretten.«[52]

Der dritte Repräsentant der theosophischen Alchemie war Michael Maier (1568–1622), Sohn eines Seidenstickers aus der Gegend um Kiel.[53] Nach seinem Studium in Rostock, Frankfurt an der Oder, Padua und Basel, wo er in Medizin promovierte und zum Dichter gekrönt wurde, führte auch ihn zunächst ein unstetes Wanderleben über Rostock, Königsberg, Danzig nach Prag (1608). Hier trat er in den Dienst Kaiser Rudolfs II. Wichtig wurde für ihn ein Aufenthalt in England, wo es zu vielfältigen Kontaken mit Naturforschern und Alchemisten kam. 1616 kehrte er nach Deutschland zurück und lebte in Frankfurt am Main und in Magdeburg. Trotz seiner zahlreichen Kontakte auch zu fürstlichen Familien fand er keine feste Stellung beispielsweise als Leibarzt.

Maier wurde bekannt durch zahlreiche, auflagenstarke Schriften, die ihn zugleich als Dichter und Musiker auswiesen, aber auch als einen sehr belesenen und gebildeten Arzt, ohne daß er jedoch selbst als Alchemist laboriert hätte. Ihn interessierte die Natur der Natur mit ihren Metamorphosen, wobei er sich in seiner Philosophie auf die Schrift, die Erfahrung und die Vernunft berief. Zu seinen Hauptwerken zählen die »Atalanta fugiens« (1617), die bekannt wurde durch ihre von M. Merian gestochenen Emblemata, und die »Symbola aureae mensae duodecim nationum« (1617), eine umfängliche (erste) Geschichte der Alchemie. Maier sah sich damit in einer großen unabhängigen Tradition aller Naturweisheiten. Er publizierte sowohl in lateini-

51 Horst Pfefferl, Valentin Weigel und Paracelsus, in: S. Domandl (Hg.), Paracelsus und sein dämonengläubiges Jahrhundert, Wien 1988, 77–95.

52 Zit. nach Kühlmann, Oswald Crollius und seine Signaturenlehre, 107.

53 J. B. Craven, Count Michael Maier 1568–1622, Kirckwall 1910.

scher wie in deutscher Sprache im bekannten Frankfurter Verlag Lucas Jennis.

Auch Maier wandte sich gegen die betrügerischen Alchemisten, war bedingt Anhänger von Paracelsus, kannte sich vor allem in der hermetischen Philosophie aus und wurde, was besonders zu erwähnen ist, ein früher Propagator der Rosenkreuzerbewegung mit ihrem Bekenntnis zur Weltreformation durch Wissenschaft (v.a. die Medizin) und Kunst. In seiner »Themis Aurea, das ist Von den Gesetzen und Ordnungen der löblichen Fraternität R. C. Ein außführlicher Tractat und Bericht, Darinnen gründlichen erwiesen wird, daß dieselbige Gesetz, nicht allein in Warheit beständtig, sondern an sich selbst, dem Gemeinen und Privaten Nutzen nothwendig, nützlich und ersprießlich seynd« (1618) verteidigte er die Ziele der Rosenkreuzer: »Sie befleissigen sich mit höchstem ernst der Gottesforcht, forschen und studieren in der heiligen Schrifft Tag und Nacht, geben ohn unterlaß Almosen, wie sie selbst bezeugen, curiren menniglich umbsonst, forschen allen Geheimnussen der natur fleissig nach, und haben unzehliche Astronomische, Physische, Mechanische, Medicinische, Chymische Heimligkeiten und Erfindungen, durch welche sie wunderbare treffliche Sachen zu werck richten.«[54] Deutlicher kann man das neue Bekenntnis, in Gottesfurcht die Geheimnisse der Natur zu ergründen, nicht aussprechen.

3. Die wahre Alchemie des Rosenkreuzertums

Aus diesen verschiedensten Bewegungen alchemistischer Aktivitäten und Reflexionen des 16. Jahrhunderts erwuchs zwischen 1614 und 1625 die Bewegung der Rosenkreuzer.[55] Sie nahm die Traditionen unterschiedlichster Ausrichtungen auf und bildete rasch ein Sammelbecken, das sowohl für die Schulphilosophie wie für die Streittheologie der Kirchen eine Herausforderung darstellte. Man sah in ihr eine heterodoxe spiritualistische Bewegung, die sich von der neuen Wissenschaft und den neuen Künsten, die bisher Mühe hatten, sich öffentlich zu behaupten, ein neues Zeitalter erhoffte. Die Bewegung der Rosenkreuzer geht zurück auf die Schriften: »Fama Fraternitatis« und »Confessio Fraternitatis«, die anonym 1614 veröffentlicht wurden und zahlreiche Nachdrucke erlebten, vor allem aber eine über 200 Traktate und Antwortschreiben umfassende Diskussion in fast ganz Europa auslösten. Später kam die »Chymische Hochzeit« (1616) hinzu. Alle stammten vom christlichen Utopisten und evangelischen Pfarrer Johann Valentin Andreae aus Württemberg (1586–1654).[56]

Alle Schriften dieser Bewegung rezipierten alchemistische Traditionen, standen in Beziehung zur Alchemie und suchten den Stein der Weisen, ohne jedoch – was sie ausdrücklich betonten – der Goldgier anheimzufallen. Zugleich bekannten sie sich dazu, daß neben der Heiligen Schrift die Natur als göttliche Offenbarung wahrgenommen wurde, der man sich gleichermaßen zuwenden müsse. Als göttliche Schöpfung beinhalte die Natur verborgene Kräfte und Erkenntnisse, die in einem mühsamen Prozeß aufgeschlüsselt werden könnten. Zudem standen die Autoren der Rosenkreuzerschriften in der hermetischen Tradition, einer philosophischen Richtung, die neben der christlichen Offenbarung alte Weisheiten lehrte, die geheim bleiben und nur Eingeweihten zugänglich sein sollten. Nicht nur ihre Träger bzw. Verfasser,

54 Michael Maier, Themis Aurea, Frankfurt 1618, 241f.

55 Neuerdings zusammenfassend: Carlos Gilly/Friedrich Niewöhner (Hg.), Rosenkreuz als europäisches Phänomen im 17. Jahrhundert, Amsterdam 2002; Carlos Gilly (Hg.), Johann Valentin Andreae 1586–1986. Die Manifeste der Rosenkreuzerbruderschaft (Katalog), Amsterdam 1986.

56 Joh. Valentin Andreae, Fama Fraternitatis – Confessio Fraternitatis – Chymische Hochzeit: Christiani Rosencreutz Anno 1459, hg. von Richard van Dülmen, Stuttgart 1973; Richard van Dülmen, Die Utopie einer christlichen Gesellschaft. Joh. Valentin Andreae (1586–1654), Stuttgart-Bad Cannstatt 1978.

sondern auch die Schriften selbst reflektierten ein spiritualistisches Weltverständnis, nach dem hinter aller Erkenntnis und Offenbarung ein Geist waltete, aus dem die Welt interpretiert werden konnte. Ihre »Signaturen« erschließen sich nur dem mystischen Erkenntnisdrang. Schließlich lebten die rosenkreuzerischen Schriften von der Fiktion einer geheimen Bruderschaft, die die Weisheit in Form bestimmter, aus alten Büchern gesammelter Ideen besitze, die bald offenbart werden sollten zur Heilung der Welt. Ein chiliastischer Zug, verbunden mit einer apokalyptischen Grundgesinnung wies auf ein Bewußtsein des baldigen Endes der intellektuellen Verblendetheit und des Beginns eines neuen geistigen Zeitalters unmittelbar vor dem Dreißigjährigen Krieg. E. Daniel Colberg schloß in seinem erwähnten Buch »Das platonisch-hermetische Christentum« aus dem ihm vorliegenden Schrifttum, »die gantze Bruderschafft des Rosen creuzes sey nichts anders, als eine Confraternität der Paracelsisten, Enthusiasten, Chiliasten und wie man sie sonst nennen mag, die immer ein Aureum Seculum, oder Güldene Zeit einbilden, da alle völcker werden bekehret, und unmittelbahr vom Heiligen Geist getrieben und gelehret werden, da alle Künste werden floriren, und die Menschen die von Adam verlohrne Herrligkeit wieder erlangen«.[57]

Bei allem Eklektizismus und trotz verschiedener intellektueller Ausrichtungen gab es in den Kreisen um die »Rosenkreuzer« eine Grundgesinnung, die nicht mehr unterdrückt oder geheimgehalten, sondern offen artikuliert wurde. Mit der spirituellen bzw. theosophischen Alchemie begann eine offensive Auseinandersetzung vor allem mit der sog. Streittheologie der neuen Scholastiker der protestantischen Kirche, die sich im Kampf gegen die Heterodoxie um die Reinheit der Lehre bemühten. Aus Eifer, sich von anderen religiösen Richtungen im Zusammenhang der Konfessionalisierung abzugrenzen, verlor diese Orthodoxie den Bezug zum religiösen Leben und zu neuen kulturellen Frömmigkeitsbewegungen und forcierte so ein Verlangen nach einer »Reformation des Lebens«, in dem die Naturordnung an die Stelle der neuen Scholastik, fromme Gesinnung an die Stelle des Festhaltens an einer abstrakten, abgrenzenden Lehre treten sollten. Eben diese Wünsche artikulierten neben den Alchemisten, den Spiritualisten und Weigelianern auch die Rosenkreuzer; nur ein Teil kam unmittelbar aus der alchemistischen Tradition.[58]

Die um 1609/11 in Tübingen konzipierte und erstmals anonym in Kassel veröffentlichte »Fama Fraternitatis oder Brüderschafft des Hochlöblichen Ordens der R. C. An die Häupter, Stände und Gelehrten Europae« erzählt die Lebensgeschichte des Christian Rosenkreuz, berichtet von seiner Ordensgründung und lädt alle Gläubigen, alle gelehrten Leser zum Anschluß an die Fraternität ein, die der allgemeinen Erneuerung des Lebens und der Wissenschaft gewidmet ist.[59] Christian Rosenkreuz wird vorgestellt als der Vertreter einer Universalreformation, der durch göttliche Offenbarung, durch erhabenste Imagination, durch unermüdliches Bestreben den Zugang zu den himmlischen und menschlichen Mysterien und Geheimnissen findet.

Der fiktive Christian Rosenkreuz, Urheber und Haupt der Bruderschaft, war ein adeliger Deutscher, der in einem Kloster aufwuchs. Als Begleiter eines Paters, der eine Reise zum Heiligen Grab gelobt hatte, reiste er in den Orient. Als jener starb, brach er die Reise nicht ab, sondern reiste weiter nach Damaskus, wo er aufgrund seiner Erfahrung und seines medizinischen Wissens die Gunst der Türken wie der Araber gewann. In Damkar blieb er drei Jahre. Hier

57 Colberg, Das Platonisch-Hermetische Christenthum, 278.

58 Das Erbe des Christian Rosenkreuz. Vorträge. Johann Valentin Andreae 1586–1986 und die Manifeste der Rosenkreuzerbruderschaft 1614–1616, Amsterdam 1988.

59 Andreae, Fama Fraternitatis.

lernte er Arabisch, übersetzte den »Liber Mundi« ins Lateinische und erwarb physikalische und mathematische Kenntnisse. Auf der Rückreise besuchte er Fez, die andere Stätte arabischer Gelehrsamkeit. Hier wurde er in die Magie und Kabbala eingeführt und lernte die arabische Naturforschung kennen, was für seine Mission wichtig wurde. Alle europäischen Gelehrten sollten zu einer Reform der Künste, der Kirche und der sittlichen Ordnung zusammenwirken. Da aber kein Land Interesse zeigte, das zu verwirklichen, kehrte Rosenkreuz nach Deutschland zurück, wo er sich zunächst zurückzog und mit Mathematik beschäftigte, außerdem stellte er Instrumente her und schrieb seine Reiseerfahrungen nieder. Erst fünf Jahre später unternahm er einen neuen Versuch der Reformation, wandte sich aber nicht an die gelehrte Öffentlichkeit, sondern sammelte einige wenige kunsterfahrene Mitbrüder seines ehemaligen Klosters um sich. Mit ihnen zusammen schuf er eine magische Sprache, verfaßte Schriften in einem Vokabular, das große Weisheiten enthielt, errichtete ein Haus des Heiligen Geistes und heilte Kranke. Der Kreis der Mitglieder war begrenzt. Als jedoch von ihnen ein vollkommener »Diskurs der heimlichen und offenbahren Philosophy« erarbeitet wurde, trennten sie sich und verteilten sich in alle Länder, »damit nicht allein ihre Axiomata in geheimb von den Gelehrten schärffer examiniert würden, sondern auch sie selbst, da in einem oder andern Land einige Observation ein Irrunge brächte, sie einander möchten berichten«.[60] Nur ein kleiner Kreis blieb bei Rosenkreuz, während die anderen zu alljährlichen Gesprächen zurückkamen. »Sol auch männiglich vor gewiß halten, daß solche Personen, die von Gott und der gantzen Himmlischen Machina zusammen gerichtet, und von den weysesten Männern, so in etlichen seculis gelebt, außgelesen worden, in höchster Eynigkeit, gröster Verschwiegenheit und möglichster Gutthätigkeit unter sich selbsten und unter andern gelebt haben.«[61] Von diesen Anfängen wußten die späteren Verkünder der Bruderschaft nichts. Doch als sie bei einer Ausbesserung des Hauses des Heiligen Geistes auf eine Gedächtnistafel mit den Namen aller Brüder stießen, entdeckten sie eine verborgene Tür, über der die Worte standen, sie werde nach 120 Jahren offen stehen: »Post CXX annos Patebo«. Die Tür verschloß ein großes Gewölbe mit einem runden Altar voller aufschlußreicher Symbole und Sinnsprüche. Die Schränke enthielten das Vokabular von Paracelsus, das Reisetagebuch und die Lebensbeschreibung von Christian Rosenkreuz. Unter dem Altar ruhte unversehrt sein Leichnam. In seinen Händen hielt er ein Büchlein, genannt Thesaurus oder Testament, gleichsam ein Kompendium aller vergangenen, gegenwärtigen und zukünftigen Geschehnisse, ein »Mundus minutus«. Nachdem es nur einen Teil der Geheimnisse in der Fama mitteilte, verschlossen sie den Raum wieder.

Die Idee der Reformation und der Bruderschaft steht im Mittelpunkt der Fama. Sie knüpft an die Reformation Luthers an, die ergänzt wird durch die Erneuerung der Wissenschaften durch Paracelsus. Obwohl nicht näher auf die Inhalte der verheißenen Generalreformation eingegangen wird, steht doch allgemein das Bekenntnis zur Lehre von den beiden Büchern, vom Buch der Heiligen Schrift und dem der Natur, vor allem wie sie Paracelsus formuliert hatte, im Vordergrund. »Unser Philosophia ist nichts newes, sondern wie sie Adam nach seinem Fall erhalten und Moses und Salomon geübet, also solle sie nicht viel dubitiren oder andere Meynungen widerlegen, sondern weil die Warheit eynig, kurtz und ihr selbst immerdar gleich ist, besonders aber mit Jesus ex omni parte und allen membris übereinkömpt, wie er des Vatters

60 Ebd.
61 Ebd.

Ebenbild also sie sein Conterfeyt ist, so sol es nicht heißen: Hoc per Philosophiam verum est, sed per Theologiam falsum [dies ist durch die Philosophie wahr, aber durch die Theologie ist es falsch], sondern worinnen es Plato, Aristoteles, Pythagoras und andere getroffen, wo Enoch, Abraham, Moses, Salomon den außschlag geben, besonders wo das große Wunderbuch der Biblia concordiret, das kömmet zusammen und wird eine sphaera oder globus dessen omnes partes gleicheweit vom centro, wie hiervon in Christlicher collation weiter und ausführlich.«[62]

Wann nun die Verkündigung der Botschaft der Bruderschaft erfolgen würde, wurde nicht genau genannt, sie ließ sich aber errechnen auf das Jahr 1614, das Jahr großer endzeitlicher Hoffnungen, weswegen es nicht wunder nimmt, daß die »Fama Fraternitatis« ein breites Echo fand. Als nun ein Jahr später die »Confessio Fraternitatis oder Bekanntnuß der löblichen Bruderschafft deß hochgeehrten Rosen Creutzes an die Gelehrten Europae geschrieben« erschien, wurde sie als eine Weiterführung und Kommentierung der »Fama« aufgefaßt.[63] Sie konzentrierte sich einmal wesentlich auf die in der »Fama« implizierten chiliastischen und prophetischen Vorstellungen, d.h. den angedeuteten Umschwung in der Welt, zum anderen auf die Inhalte der in der Generalreformation der »Fama« angekündigten und von der Bruderschaft propagierten neuen Philosophie, die nichts anderes darstellte als die »wahre« Alchemie von Paracelsus. Grundlagen von Leben und Erkenntnis, somit die Regel der Bruderschaft, sind die Heilige Schrift und die Natur. Erkenntnis erlangt aber nur der, der sich zu Christus bekennt, die gelehrte Streittheologie ablehnt und nicht der betrügerischen Alchemie nachjagt. Während die Jagd nach dem Gold die Menschen betrügt, wird die wahre Alchemie, wie sie die Rosenkreuzer vertreten, »zur schlichten, einfeltigen und gantz verstendlichen Außlegung, Erklärung und Wissenschaft aller Geheimnisse« anleiten.[64]

Beide Schriften, die »Fama Fraternitatis« und die »Confessio Fraternitatis«, lösten für die Zeit ein ungewöhnliches Echo aus, ihr Rosenkreuzermythos initiierte eine Bewegung, die bis heute nachwirkt. Dies erklärt sich einmal dadurch, daß die Rosenkreuzer alle Interessen im Umkreis der spirituellen Alchemie bündelten, teilweise auch transformierten in eine »wahre Alchemie«, zum anderen dadurch, daß sich die heterogensten Schichten, Theosophen wie Alchemisten, Ärzte und Theologen, vom kleinsten Handwerker bis zum bekannten Gelehrten, unmittelbar angesprochen fühlten und ihre Hoffnung auf ein neues Zeitalter der Erleuchtung und Wissenschaft gestärkt wurde. Dabei war die Bewegung alles andere als einheitlich, Gegner, Spötter und Enthusiasten erhoben gleicherweise ihre Stimme. Im großen und ganzen bildeten sich drei Gruppen aus: die Rosenkreuzerenthusiasten, vor allem Hermetiker, die die »Fama« wörtlich nahmen, an die Existenz der Bruderschaft glaubten und von einem neuen Zeitalter träumten. Dann gab es die maßvollen Verteidiger, die den Traum einer Bruderschaft nicht glaubten, sich aber zur Verkündigung der paracelsischen Philosophie bekannten. Schließlich gab es die Gegner und Spötter, für die das Rosenkreuzertum ein »lucianisches« Märchen, das nur Häresien verbreitete, und die Rosenkreuzer Alchemisten, Schwärmer und Betrüger waren.

Exponent der hermetischen Richtung war Daniel Mögling (gest. 1636), der sich uneingeschränkt für die Rosenkreuzeridee einsetzte und sie im Sinne einer Theosophie und Pansophie interpretierte.[65] Nach seinem Medizinstudium in Altdorf und Tübingen wurde er Leibarzt und Physicus des hessischen

62 Ebd., 28.
63 Text in: ANDREAE, Fama Fraternitatis, hg. von R. van Dülmen.
64 Ebd., 41.
65 RICHARD VAN DÜLMEN, Daniel Mögling. »Pansoph« und Rosenkreuzer, in: Bl. f. Württembg. Kirchengeschichte 72 (1971), 43–70.

Abb. 60: Aus: Theophilus Schweighart, Speculum sophicum Rhodo-stauroticum (1618)

Landgrafen Philipp von Darmstadt-Butzbach, eines Freundes und Beschützers von Schwärmern, Theosophen und Alchemisten. In seinen Schriften »Pandora sextae aetatis sive Speculum gratiae. Das ist: Die gantze Kunst und Wissenschafft der von Gott Hocherleuchten Fraternitet Christiani Rosencreutz, wie fern sich dieselbige erstrecke, auff was weiß sie füglich erlange, und zur Leibs und Seelen gesundheit von uns möge genutzt werden, wider etliche deroselben Calumnianten. Allen der Universal Weißheit und Göttlichen Magnalien waren liebhaber, treuheitiger meynung entdekt« (1617) und »Speculum Sophicum Rhodo-Stauroticum Universale. Das ist: Weitläuffige Entdekung deß Collegii unnd axiomatum von der von Gott sonders erleuchten Fraternitet Christ-Rosen Creutz: allen der wahren Weißheit Begirigen Exspectanten zu fernerer Nachrichtung, den unverständigen Zoilis aber zur unauslöschlichen Schandt und Spott« (1618) hielt Mögling zwar die »transmutatio metallorum« prinzipiell für möglich, aber nur als Parergon. Ihr Ergon hingegen sollten die Rosenkreuzer darin sehen, Gott und dem Nächsten zu dienen und die Geheimnisse der Natur zu entdecken.

Nicht die alten Autoritäten wie Aristoteles und Galen würden Erkenntnisse vermitteln, sondern allein die Bücher der Natur und der Heiligen Schrift. Möglings antischolastischer Enthusiasmus gründet in der Überzeugung, daß die Wahrheit allein durch eine Offenbarung Gottes in der Seele erkennbar ist. »Gehe in dich selbst, betrachte deine gantze fabricam und überkünstliche structur, so der Himmlische Vatter an dir erwisen, in dem er dich nach allem ebenbildt Microcosmi formirt, examiniere alles und jedes, conferire es mit der grossen Welt, das ein Sphaera und Globus darauß werde, dessen Centrum veritas, darinn alle facultates übereintreffen, so wirstu hierauß lernen wunderlicher künst und handgriff genug, du wirst verstehen die rotas fratrum und Mundum minutum, du wirst wissen axiomata generalia zu colligieren, alle Kranckheiten, so vil möglich zu heilen, nit mit großen Unkosten [...].«[66] Um ein echter Rosenkreuzer zu sein, braucht man keinen Reichtum, keine Tracht, keine aristotelische Subtilität, keine akademische Disputation etc. Es reicht, in Übereinstimmung mit Gott und der Natur zu reden und zu handeln: »Ora et labora Deo et Naturae consentaneus et eris magnus Philosophus.«[67]

Die konträrste Position nahm der Hauslehrer und Kritiker Friedrich Grick ein, ein Verfasser zahlreicher rosenkreuzerischer Schriften unter den verschiedensten Pseudonymen.[68] Vor allem hatte er sich mit Mögling angelegt, den er für einen Alchemisten und blinden Träumer hielt, der meinte, die Welt durch eine neue Wissenschaft zur Vollkommenheit des paradiesischen Zustandes zurückführen zu können. Dabei kannte sich Grick wie kaum ein anderer in der Entstehungsgeschichte des Rosenkreuzermythos aus und legte die »Fama« wie die »Confessio« als eine »kurtzweil und vexation« aus, »der Welt seltsame Urtheil und Censur, ihrem gebrauch nach, darüber zu vernehmen«.[69]

Mögling repräsentierte das süddeutsche Rosenkreuzertum, dessen Inbegriff die die alte Alchemie und weltliche Gelehrsamkeit überwindende spirituelle »Pansophia Rhodostaurotica« war. Im Unterschied dazu entwickelte die norddeutsche rosenkreuzerische Bewegung einen starken Trend zum Ausbau des magischen und alchemistischen Systems ohne große weltreformatorische Intentionen. Ihr wichtigster Vertreter war der Leibarzt Rudolfs II. Michael

66 Van Dülmen, Die Utopie einer christlichen Gesellschaft, 90.

67 Ebd.

68 Vgl. Hans Schick, Das ältere Rosenkreuzertum. Ein Beitrag zur Entstehungsgeschichte der Freimaurerei, Berlin 1942, 230ff.

69 Van Dülmen, Die Utopie einer christlichen Gesellschaft, 89.

Abb. 61: Rembrandt, Faust, Radierung (um 1651)

Maier. In seiner »Themis Aurea« errichtete er ein geradezu rosenkreuzerisches System, das bis nach England wirkte, wo Robert Fludd (1574–1637) zum Prototypen des mittlerweile europäischen Rosenkreuzertums wurde.[70] Um 1620/23 erreichte die sich schriftlich dokumentierende Rosenkreuzerbewegung ihren Höhepunkt. Es gab kaum einen Gelehrten, der nicht Stellung bezog, selbst wenn er kein sonderliches Interesse an der Alchemie hatte: so auch Mersenne, Gassendi und Descartes. Alle waren zumindest kurzzeitig auf der Suche nach der geheimen Bruderschaft. Erst später fielen das Rosenkreuzertum und mit ihm auch die »wahre Alchemie« als eine Welterneuerungslehre in Deutschland der erstarkten Macht der lutherischen Orthodoxie zum Opfer und in Frankreich dem aufkommenden Rationalismus, der ihnen keinen »vernünftigen« Erkenntniswert mehr zugestand.

Die Alchemie war im 16. und 17. Jahrhundert, ihrer größten Verbreitungszeit, alles andere als nur die bekannte Goldmacherkunst, derentwegen viele Fürsten in ihren Schlössern Laboratorien einrichteten, sondern zugleich, verstärkt im Laufe des 16. Jahrhunderts, eine spirituell-kulturelle Bewegung, die ein

70 Serge Hutin, Robert Fludd (1574–1637). Alchimiste et Philosophe Rosicrucien, Paris 1971.

Abb. 62: Aus: H. Khunrath, Magnesia catholica philosophorum (1599)

neues unorthodoxes Modell von Schöpfungsprozessen präsentierte und auf die neue Naturforschung beträchtlichen Einfluß ausübte. Im Protest gegen die aristotelische Schulphilosophie und die lutherische Orthodoxie, die den Geist der Universitäten und Schulen beherrschten, propagierten vor allem Ärzte, die alchemistische Konzepte verteidigten, eine Reformation des Bildungswesens und eine praxisorientierte Weltanschauung, die nicht nur die Natur besser erklären, sondern auch einem sozial-christlichen Anspruch gerecht werden sollten. Zwar gab es die Hofalchemisten überall in Europa, aber die naturphilosophische Tradition, aus der auch das Rosenkreuzertum erwuchs mit seinem weltreformatorischen Anspruch, wirkte am stärksten im protestantischen deutschen Raum. Die Leistung der Alchemie als einer neuen Form der Naturforschung ist mit modernen Kategorien kaum zu ermessen, zumal die Trennung von rationaler Wissenschaft und irrationaler Alchemie erst viel später (im 18. Jahrhundert) erfolgte. Mit dem Experimentieren in zahlreichen Laboratorien hat die Suche nach dem Stein der Weisen nicht nur zu unzähligen Entdeckungen geführt (wie z.B. des Porzellans), sondern einen Spekulationsgeist entfacht und auch der modernen Naturwissenschaft Vorschub geleistet. Gerade durch ihr Geheimwissen und die dadurch geweckte Neugier der Gesellschaft öffnete sie den Weg für Neuinterpretationen der Natur und für das Eingreifen in natürliche Prozesse im Sinne einer entstehenden Naturwissenschaft; sie trieb die Medizin voran, begründete aber auch naturreligiöse Lebensformen, die in der Orthodoxie des 17. Jahrhunderts nicht gefragt waren.

II.
Wissenschaftliche Revolution und neues Wissen
(1580–1660)

Abb. 63: Gespräch über die verschiedenen Weltsysteme,
unter den Teilnehmern Copernicus und Galilei,
aus: Andreas Cellanus, Harmonia macrocosmica

Die Zeit zwischen 1580 und 1660 wurde vielfach als diejenige der »wissenschaftlichen Revolution« bezeichnet. Der Begriff der »Revolution« ist umstritten, doch die Bedeutung der zentralen wissens- und bewußtseinsgeschichtlichen Veränderungen, die insbesondere die erste Hälfte des 17. Jahrhunderts prägten, ist allgemein anerkannt. In der Astronomie und der Physik, überhaupt in allen Bereichen der Naturwissenschaften entstanden Theorien, die das Weltbild der Menschen nachhaltig beeinflußten. Das »Neue« wurde zum Schlüsselbegriff zahlreicher Gelehrter, die sich damit von Renaissance, Humanismus und der ihnen eigenen Orientierung an der Antike abgrenzten. Selbsterkenntnis und Reflexion wurden gefördert. An den Universitäten trat eine subjektbezogene Philosophie in Konkurrenz zum Aristotelismus. Gleichzeitig änderte sich die Methode des Wissenserwerbs. Experiment und Erfahrung wurden grundlegend für den Gewinn neuer Kenntnisse. Die Mathematik, die für die Beschreibung des Beobachteten herangezogen wurde, erfuhr eine entscheidende Aufwertung.

Doch die Grundlagen für das Neue waren häufig alt und bestanden seit dem Mittelalter. Über Nikolaus von Kues wurde bereits gesprochen. Andere Vorgänger, die die frühneuzeitlichen Naturforscher im Mittelalter hatten, untersucht der Beitrag **Die neue Ordnung des Wissens. Experiment – Erfahrung – Beweis – Theorie.** Er stellt heraus, wie sich schon im 14. Jahrhundert Ansätze zu dem abzeichneten, was später als die Methode der neuen Wissenschaft bekannt wurde. Aber er macht auch deutlich, welche Unterschiede das mittelalterliche vom frühmodernen Denken trennten. Am Ende wird gefragt, was die eigentlichen Errungenschaften der neuen Wissenschaft waren und wie sie sich in der Welt des 17. Jahrhunderts durchsetzen konnten.

Auch Copernicus und sein Bild des Kosmos entfalteten in dieser Welt erst ihre volle Wirkung. War daher im ersten Abschnitt gezeigt worden, warum die »copernicanische Wende« keinen wirklichen Wendepunkt markierte, so wird im zweiten Beitrag **Die Eroberung des Himmels** die Frage nach dem astronomischen Wissen aufgegriffen und für das 17. und 18. Jahrhundert reflektiert. In einem Überblick werden die ersten Generationen von Forschern vorgestellt, die sich nach Copernicus der Erschließung der Planeten widmeten; es wird erläutert, welche Aufnahme die copernicanischen Schriften unter ihnen fanden, wie die Etablierung des copernicanischen Weltbildes mit einem Bedeutungsverlust der Astrologie einherging und wie schließlich die ersten Sternwarten und astronomischen Geräte aussahen.

Von der Astronomie führt der dritte Beitrag **Von der Harmonie der Sphären zur Konsonanz der Gefühle. Der Umbruch in der Wissenschaft der Musik um 1600** in die Welt der Noten und Klänge, die sich zu derselben Zeit ebenfalls grundlegend änderte. Er zeigt, daß ähnlich wie in der Naturforschung auch in der frühneuzeitlichen Musik ganzheitliche Denkstrukturen und die Suche nach verborgenen Korrespondenzen zwischen Mikro- und Makrokosmos aufgegeben wurden. Auf der Grundlage der gewonnenen Naturerkenntnisse wurden neue Kriterien dessen formuliert, was als musikalisch vollkommen und schön zu gelten hatte. Der Mensch mit seinen individuellen Erfahrungen und Empfindungen wurde zum Ausgangspunkt für die musikalische Theoriebildung wie auch für die Praxis.

Nicht überall jedoch bildeten die neuen wissenschaftlichen Erkenntnisse auch neue ästhetische Kategorien aus. Vielmehr verdeutlicht der vierte Beitrag **Weder Handwerker noch Ingenieur. Architektenwissen der Neuzeit,** daß sich in der Architektur die Orientierung an Vitruv und damit an der Antike bis ins 18. Jahrhundert fortsetzte. Er beschreibt, wie stark der Vitruvianismus in Theorie und Praxis war und welchen Ausdruck er in Büchern und Bauwerken der Zeit fand. Daneben wird aber auch ein Bild des frühneuzeitlichen Architekten selbst gezeichnet, für den es – wie für den Arzt oder den Ingenieur – noch keine institutionalisierte Ausbildung gab und der daher die verschiedensten Hintergründe von Wissen in seine Tätigkeit einbringen konnte.

Die beiden letzten Beiträge befassen sich mit dem Zusammenhang von Wissen und politischer Herrschaft. Die Bedeutung des Buchdrucks wurde bereits hervorgehoben. Mit der Entstehung der ersten öffentlichen Bibliotheken kam eine neue Dimension hinzu. Bibliotheken wurden zu Orten, an denen Wissen gezielt geordnet, gesucht und gefunden wurde, darüber hinaus zu wesentlichen Instrumenten der Staatsräson. Beides beleuchtet der fünfte Beitrag **Am Ende der Sammlung. Bibliotheken im frühmodernen Staat**. Hier geht es einerseits um Machtansprüche und Repräsentation, um politisches Wissen und die Lösung von Konflikten, andererseits um den Vergleich zwischen Deutschland und Frankreich und die Frage, inwieweit unterschiedliche nationalstaatliche Entwicklungen unterschiedliche Entwicklungen in der Bibliotheksgeschichte prägten oder gar bestimmten.

Schließlich handelt der sechste Beitrag **Wissenschaft zwischen politischer Repräsentation und gesellschaftlichem Nutzen. Über den Traum vom gelehrten Herrscher in der Frühen Neuzeit** von dem Wissen, über das der frühmoderne Herrscher selbst verfügen sollte. Er verfolgt, wie sich einzelne Gelehrte zwischen dem 16. und dem 18. Jahrhundert ihren vollkommenen Prinzen vorstellten, erörtert, welche Wissensideale ihren Ausführungen zugrunde lagen bzw. welche Veränderungen diese Ideale in dem beschriebenen Zeitraum erfuhren, und fragt nach den Funktionen, die dem Herrscherwissen in den verschiedenen Kontexten zugeschrieben wurden. Im Mittelpunkt steht wiederum die neue Wissenschaft, deren Grundlagen sich auch in Politik und Regierung widerspiegelten.

Die neue Ordnung des Wissens

KLAUS FISCHER

Experiment – Erfahrung – Beweis – Theorie

1. Der geistes- und kulturgeschichtliche Kontext der neuen Ordnung des Wissens

Es fällt schwer, sich einen größeren weltanschaulichen Kontrast vorzustellen als den zwischen moderner und mittelalterlicher Kosmologie und Kosmogonie. Die Wissenschaftler des 20. Jahrhunderts halten es für selbstverständlich, nichts als real anzuerkennen, sofern es sich nicht direkt oder indirekt mit sinnlicher Erfahrung in Verbindung bringen läßt. Dies gilt in gleicher Weise für die Existenz Schwarzer Löcher, des expandierenden Universums, des Urknalls wie für den Nachweis von Neutrinos oder Quarks. Für den modernen Menschen bedeutet der Übergang von der Makroebene des Universums zur Mikrodimension der Elementarteilchen, von der unbelebten Materie zum lebenden Organismus, vom Teilchenensemble zum denkenden Gehirn keinen ontologischen Unterschied. Unser Universum ist in qualitativem Sinne ungeschichtet, es ist horizontal gegliedert, aber vertikal undifferenziert. Ein und dieselbe Erfahrung ist für jeden seiner Aspekte, jede seiner Dimensionen gültig. Seine Strukturen werden auf allen Ebenen, im Makro- wie im Mikrobereich durch Gesetze der gleichen Kategorie und Art in der Universalsprache der Mathematik beschrieben. Auch die Evolution des Lebens bis hin zur Entwicklung menschlicher Gesellschaften und sogar der Prozeß des Denkens selbst sind legitime Gegenstände dieser naturalistischen Weltauffassung. Das Schicksal des Individuums und seiner Seele, das im Zentrum des mittelalterlichen Denkens steht, fällt aus dem Gegenstandsbereich der neuzeitlichen Wissenschaft heraus, soweit es sich einer Operationalisierung und Objektivierung »von außen« entzieht. Die neuen Wissenschaften vom Menschen machen zwischen dem Erkenntnisobjekt Mensch und einem beliebigen anderen Gegenstand der Realwissenschaften keinen ontologischen Unterschied.

Für den Wissenschaftler des Mittelalters dagegen ist dieses sichtbare Universum der Moderne nicht mehr als der Bodensatz der Wirklichkeit, die unterste Ebene des kosmischen Prozesses. Für ihn besitzt die Welt eine weit reichhaltigere, tiefere, dynamischere Struktur als für den Vertreter der Neuzeit. Ihr sinnlich erfahrbarer Teil ist für ihn zugleich ihr uninteressantester und unvollkommenster. Im neoplatonischen Modell des Proklos etwa, das bei Pseudo-Dionysos zur Grundlage des christlichen Platonismus wird, bildet er die letzte Stufe der Emanation des Kosmos aus der Gottheit, die am wenigsten an der Natur des Urgrundes partizipiert.[1]

Das alte Weltbild beruhte auf dem Prinzip der Hierarchie. Es gab die Hierarchien des Kosmos und der Kirche, die Hierarchien des Staates, der Seelenteile und der Körperfunktionen des Menschen, der guten und der bösen Engel usw. Die Welt wurde in all ihren Teilen und Ebenen nach ein und demselben Muster interpretiert. Es handelte sich also (obwohl dieser Begriff zu jener Zeit noch nicht verfügbar war) um eine fraktale Struktur – mit dem gleichem Muster auf allen Ebenen seiner Ordnung.

1 Dionysios Areopagita, Die Hierarchien der Engel und der Kirche, München-Planegg 1955, 218, 146, 166f.; E. v. Ivanka, Plato Christianus. Übernahme und Umgestaltung des Platonismus durch die Väter, Einsiedeln 1964, 255 f.

Abb. 64: Athanasius Kircher, Musurgia universalis (1650)

Der Mensch, dem allein unter den irdischen Wesen das Vermögen der Vernunft zukommt, hat eine Sonderstellung. Zwar wurzelt er mit dem Leib im irdischen Element, doch hat er die Fähigkeit, kraft seiner Vernunft und durch die Gnade Gottes in die vollkommeneren Regionen aufzusteigen. Allein dies ist der Sinn des irdischen Daseins, ja des gesamten kosmischen Geschehens.

Wir erhalten auf diese Weise eine umfassende Weltordnung, in der alles seinen Platz hat, in der alles in parallele Reihen gegliedert ist, deren hierarchische Strukturen einander korrespondieren. Das Ganze steht zwischen den Polen der guten und der bösen Mächte, die jeweils versuchen, den im Mittelpunkt des Kosmos stehenden Menschen auf ihre Seite zu ziehen.

Man sollte sich vergegenwärtigen, mit welcher Radikalität diese Weltordnung sich von der darauffolgenden unterscheidet. »Im modernen evolutionären Denken steht der Mensch auf der Spitze einer Leiter, deren Anfang

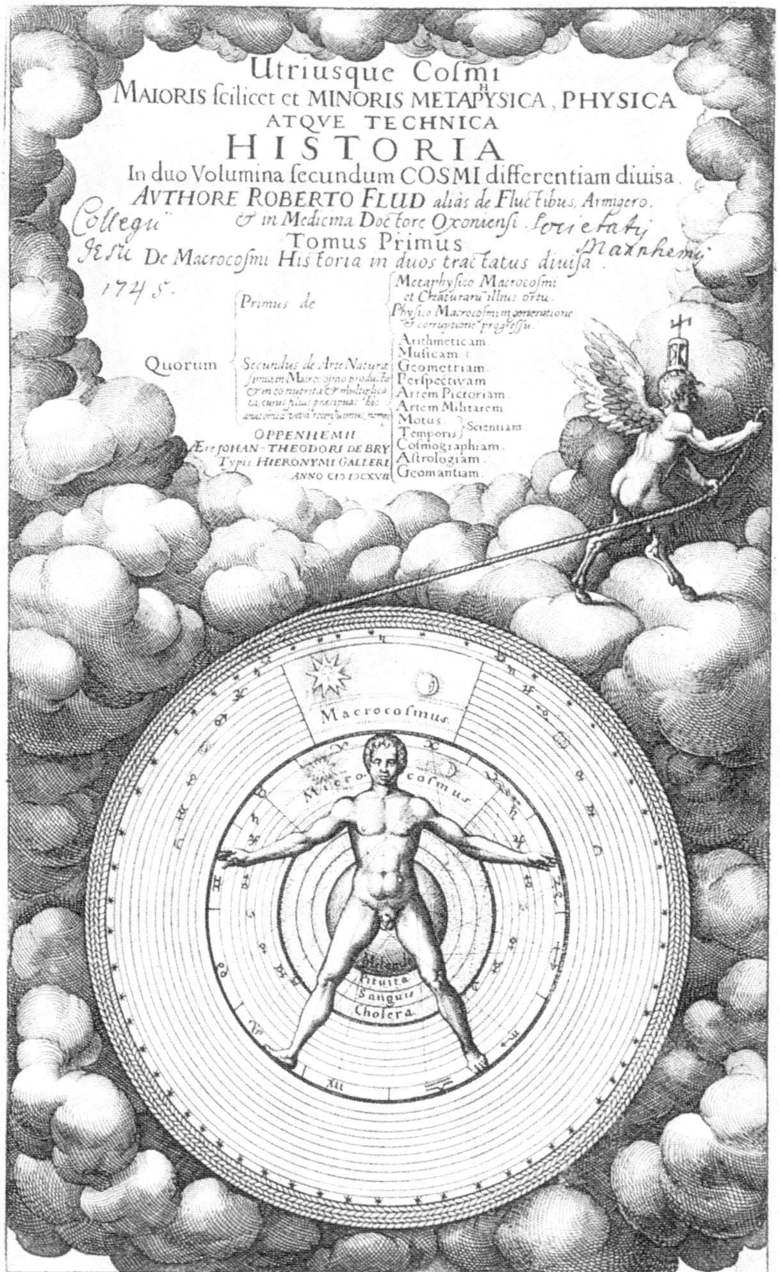

Abb. 65: Robert Fludd, Utriusque Cosmi Historia (1617)

sich im Dunkeln verliert. In der Sicht des Mittelalters steht der Mensch dagegen am Fuß einer Leiter, deren Spitze ins Licht führt.«[2]

Das zähe Leben und die große Überzeugungskraft des hierarchischen Weltbildes des christlichen Mittelalters waren eine Folge seiner Verschmelzung mit einem uminterpretierten Aristotelismus, wie er seit Thomas von Aquin zum festen Bestandteil der Scholastik geworden war. Das beschriebene Weltbild war bemerkenswert kohärent. Es vereinigte Theologie, Wissenschaft, Ethik und Politik zu einem umfassenden Gedankengebäude. Solange dieses Gedankensystem seine Wirklichkeit – das heißt die Welt des mittelalterlichen Menschen – erklären und interpretieren konnte, war es weder von innen her,

2 C. S. Lewis, The Discarded Image, Cambridge 1964, 74 f.; vgl. auch E. M. W. Tillyard, The Elizabethan World Picture, London 1973.

also logisch, noch von außen, also mit Hilfe empirischer Argumente, zu erschüttern. Es stellte ein logisch zusammenhängendes System dar, aus dem man nicht einfach einen tragenden Teil herausbrechen und durch etwas vollkommen anderes ersetzen konnte.

Erst der simultan an vielen Fronten eröffnete Angriff auf zahlreiche seiner Komponenten schwächte das alte Weltbild als ganzes in einer Weise, daß es schließlich zusammenbrechen konnte. Entscheidend dafür waren nicht nur seine inneren Schwierigkeiten, ausgelöst durch eine sich in vielen Bereichen und Aspekten verändernde Wirklichkeit, sondern auch der Verlust seiner politischen Durchsetzbarkeit. Der Aufstieg der Territorialstaaten und die Reformation zerstörten mit der politischen Macht der katholischen Kirche auch ihr Monopol für die richtige Deutung der Wirklichkeit. Die wissenschaftliche Revolution des 17. Jahrhunderts ist das Ergebnis einer grundlegenden Veränderung der Ökologie und Systematik des frühneuzeitlichen Wissens, der eine ebenso grundlegende Transformation der Wirklichkeit korrespondierte.

2. Die methodologischen Grundlagen der neuen Wissenschaft

Nicht wenige Wissenschaftshistoriker haben die Hauptursache für die wissenschaftliche Revolution des 17. Jahrhunderts in einer Veränderung der Methodologie der Wissenschaft, insbesondere in einer Hinwendung zu Erfahrung und Experiment auf der einen Seite, einer Mathematisierung der Natur auf der anderen Seite lokalisiert. Diesen Wandlungen trat ein neues Selbstbewußtsein der Wissenschaften zur Seite, das sich in einer Hinwendung zu einer realistischen Theorienkonzeption und in einer Abkehr von Nominalismus und Fiktionalismus ausdrückte.

Wir möchten im folgenden etwas genauer ergründen, worin der methodische Umbruch, der die neue Naturwissenschaft des 17. Jahrhunderts ermöglicht oder hervorgebracht hat, bestand.[3] Was unterscheidet die Methode der mittelalterlichen Naturphilosophie von der Methode der neuzeitlichen? Skeptischer gefragt: Gibt es zwischen beiden überhaupt einen fundamentalen Unterschied? Unterscheidet sich die neuzeitliche Naturphilosophie von der vorangehenden vielleicht weniger durch ihre Methoden als durch ihre Inhalte? Inwiefern war die Entwicklung oder Anwendung neuer Methoden an eine vorangehende Transformation der theoretischen oder metaphysischen Basis von Wissenschaft gebunden?

Als Indizien eines methodischen oder methodologischen Wandels in der wissenschaftlichen Revolution der Neuzeit werden zumeist vier Punkte genannt:

1. die Methode von Resolution und Komposition (oder ›regressus‹);
2. die Quantifizierung oder Mathematisierung der Natur;
3. die experimentelle Methode, also die systematische erfahrungsmäßige Kontrolle wissenschaftlicher Sätze;
4. der hypothetische Realismus als Antithese zum Instrumentalismus.

3 Siehe dazu vor allem: ALISTAIR C. CROMBIE, Styles of Scientific Thinking in the European Tradition, 3 Bde., London 1994; zum Wissenschaftswandel vgl. PAOLO ROSSI, Die Geburt der modernen Wissenschaft in Europa, München 1997.

›Regressus‹: die Methode von Resolution und Komposition

Der amerikanische Philosophiehistoriker John Hermann Randall glaubte bereits 1940 nachweisen zu können, daß die resolutiv-kompositive Methode in der von Galilei benutzten Form im 16. Jahrhundert in der sogenannten Schule von Padua kodifiziert worden ist.[4] Die Methode als solche ist sehr viel älter. Sie wurde im Mittelalter auf Aristoteles' »Zweite Analytik« zurückgeführt, obwohl bei ihrer Weiterentwicklung Formulierungen des Mediziners Galen, des Mathematikers Pappos und des arabischen Aristoteles-Kommentators Averroes mindestens ebenso wichtig waren. Im Mittelalter ist sie unter anderem von Robert Grosseteste, Dietrich von Freiberg oder Roger Bacon beschrieben und auch praktisch angewandt worden.

Die Grundidee des Regressus-Verfahrens besteht darin, daß man den Forschungsprozeß in eine zweifache Bewegung unterteilt. Im ersten Teil schließt man von beobachteten Effekten auf die Ursache dieser Effekte. Im zweiten Teil wird versucht, die Beobachtungen mit Hilfe der gefundenen Ursachen, das heißt natürlich der erklärenden Prinzipien, die diese Ursachen beschreiben, abzuleiten. Sofern man die erklärenden Prinzipien nicht als apriorische Kategorien, als evidente oder offenbarte Wahrheiten, sondern als Hypothesen wertet, kann man hierin unschwer das Grundmuster der hypothetisch-deduktiven Erklärung erkennen. Im Unterschied zur letzteren versuchten die Regressus-Theoretiker jedoch nicht nur eine Methode zur Erklärung von Beobachtungen, sondern auch ein Verfahren zum Finden der erklärenden Prinzipien selbst zu entwickeln. Sie suchten nicht nur ein Beweisverfahren, sondern eine Heuristik.

Jacopo Zabarella, der gegen Ende des 16. Jahrhunderts in Padua lehrte und auf den Randall die endgültige Ausformulierung der resolutiv-kompositiven Methode zurückführt, unterschied zwei Versionen des Verfahrens. Eine besteht in der einfachen Generalisierung von Beobachtungen – also Induktion –, die andere bezweckt die Suche nach tieferen erklärenden Prinzipien. Während noch Cassirer die resolutive Komponente als einfache Induktion gesehen hat, konnte Randall nachweisen, daß Induktion von Zabarella nur als eine Form – und zwar als eine nachrangige Form – der Analyse gewertet wurde. Durch Induktion entdecken wir nur solche Prinzipien, von denen wir »secundum naturam« wissen, die also insofern wahrnehmbar sind, als wir ihre Instanzen beobachten können. Durch Demonstration ›a signo‹ entdecken wir dagegen jene Prinzipien, deren Instanzen nicht beobachtbar und die nur durch ihre Effekte indirekt erschließbar sind – wie etwa den ersten Beweger oder die ›prima materia‹.[5]

In Zabarellas Methodologie ist es demnach nicht Aufgabe des Verfahrens, das am Anfang stehende Phänomen, also die empirische Beobachtung, von der man ausgeht, am Ende einfach für demonstrativ aus Prinzipien heraus bewiesen zu erklären, sofern diese Prinzipien nur postuliert und nicht demonstriert werden können. Zum einen sind die erklärenden Prinzipien konjekturaler Natur und zum zweiten, und hierauf kommt es Zabarella besonders an, ist das demonstrierte Phänomen nicht mehr dasselbe wie das Ausgangsphänomen. Letzteres entstammt der Alltagserfahrung und ist deshalb mit allen Unsauberkeiten und Akzidenzien behaftet, die diese rohe Erfahrung auszeichnen. Das demonstrierte Phänomen ist dagegen von allen Akzidenzien befreit und zeigt nur noch den reinen Fall, der empirisch überhaupt nicht be-

4 John Hermann Randall, The School of Padua and the Emergence of Modern Science, Padova 1961 (die Monographie geht auf einen Essay aus dem Jahre 1940 zurück).

5 Jacopo Zabarella, Über die Methoden (De methodis). Über den Rückgang (De regressu), hg. von Rudolf Schicker, München 1995; vgl. auch Randall, School of Padua, 51, 53.

obachtbar zu sein braucht. Der konjekturale Charakter der erklärenden Prinzipien ergibt sich daraus, daß die Resolution nicht nur in der deduktiven Nutzung bereits bekannter Sätze bestehen sollte, sondern als kreativer Akt verstanden wird, in dem diese Sätze zuallererst einmal zu finden sind.

Die ersten Prinzipien der Wissenschaft brauchen folglich nicht länger als unbeweisbar und evident hingenommen zu werden. Sie sind Hypothesen, die aus den Tatsachen heraus entwickelt werden. Unter der Prämisse, daß das Verfahren auch anwendbar ist, wäre dies ein Empirismus, der durch die Mittel der Vernunft verstärkt wurde.

Dieser Methode liegt freilich die Annahme zugrunde, daß die Wirklichkeit eine intelligible Struktur aufweist und daß die Wissenschaft über die Methoden verfügt, diese Struktur zu erkennen. Bei Zabarella ist die Vernunft mit dem Vermögen ausgestattet, die den Sinnen nicht unmittelbar zugängliche Struktur der Realität aus dem sinnlich dargebotenen Material zu extrahieren. Die Analyse einiger weniger Fälle – vielleicht sogar eines einzigen – kann genügen, um die notwendigen Beziehungen von den zufälligen zu unterscheiden und zu wahrscheinlichen oder gar sicheren allgemeinen Sätzen zu kommen. Dies ist eine Auffassung, die auch Galilei teilte. Zabarella war im Gegensatz zu seinem Lehrer Agostino Nifo der Meinung, daß der Wissenschaft die Aufdeckung dieser notwendigen Beziehungen gelingen wird, obwohl sie a posteriori sind und damit nicht Ergebnis einer ›demonstratio‹ im strikten Sinne der Logik sein können. Nifo beharrte auf der Auffassung, daß die im Prozeß der Analyse gefundene Ursache niemals so sicher sein kann wie der beobachtete Effekt, dessen Existenz durch die Sinne gesichert erscheint. Daß etwas die Ursache eines Effektes sei, bleibe immer eine ›coniectio‹.[6]

Nach Randalls gut begründeter Ansicht sind die Pioniere der neuen Wissenschaft in dieser Frage zunächst nicht Nifo, sondern Zabarella gefolgt.[7] Zabarellas Version der aristotelischen Logik sei bei aller Unterschiedlichkeit der Betonung oder der Interpretation das methodische Ideal der meisten wichtigen nachfolgenden Naturphilosophen gewesen, bis Francis Bacon, René Descartes und John Locke im 17. Jahrhundert neue Wege versuchten, die unter anderem bei Newton ihren Niederschlag fanden.[8] Vergleicht man Zabarellas Vorstellungen mit Galileis wissenschaftlicher Forschungspraxis, dann muß man in der Tat eine weitgehende Übereinstimmung konstatieren, die auch mit Galileis Selbsteinschätzung konform geht. Die Spitzen Galileis gegen die von vielen Peripatetikern begangenen Zirkelschlüsse sind eher gegen spezifische Tendenzen und Richtungen innerhalb der aristotelischen Schule als gegen die Schule insgesamt gerichtet. Dies wird indirekt durch eine Brief gestützt, den Galilei 16 Monate vor seinem Tod geschrieben hat und in dem er sich auf dem Gebiet der Methode und der Logik als wahren Anhänger Aristoteles' bezeichnet. Die logischen Schriften von Aristoteles hätten ihn – im Verein mit dem, was er von den reinen Mathematikern gelernt habe – gelehrt, wie man Behauptungen beweist und Argumentationsfehler vermeidet. Wenn die Befolgung des logischen Kanons Aristoteles' das Markenzeichen eines Peripatetikers sei, so – meint Galilei – dürfe er selbst mit vollem Recht als Peripatetiker bezeichnet werden.[9]

Nehmen wir zur Illustration der Galileischen Methode wissenschaftlicher Demonstration das Phänomen der Sonnenflecken.[10] Ausgangspunkt der Analyse ist das beobachtete Phänomen. Mit Hilfe seines neuen Beobachtungsmittels, des Fernrohrs, sieht der Astronom, daß sich vor der Sonne schwarze

6 John Hermann Randall, The Career of Philosophy, Vol. 1, New York/London 1962, 290; vgl. auch Alistair C. Crombie, Von Augustinus bis Galilei, Köln/Berlin 1965, 262f.

7 Randall, The School of Padua, 56.

8 Vgl. dazu Henry Guerlac, Newton and the Method of Analysis, in: Ders., Essays in the History of Modern Science, Baltimore/London 1977, 193ff.

9 Galileo Galilei, Tractatio de praecognitionibus et praecognitis and Tractatio de demonstratione, hg. von William F. Edwards/William A. Wallace, Padova 1988, XIII

10 Galileo Galilei, Letters on Sunspots (1613), in: Stillman Drake (Hg.), Discoveries and Opinions of Galileo, Garden City 1957, 87–144.

Abb. 66: Turm des Wissens, aus: Gregor Reisch, Margarita philosophica (1496)

Flecken oder Schatten in geordneter Weise bewegen. Bei Galilei setzt jetzt das Verfahren des demonstrativen Regresses ein, also die Suche nach einer Ursache für den beobachteten Effekt und die anschließende Ableitung der formalen Besonderheiten des Effektes aus dieser Ursache.[11] Galileis Hypothese lautet in diesem Fall, daß sich die Ursache der Flecken weder in der Erdatmosphäre noch zwischen Sonne und Erde noch in größerer Entfernung von der Sonne befinden könne, sondern nur auf der Sonne selbst (bzw. in unmittelbarer Nähe von ihr). Er greift nun zum Instrument der projektiven Geometrie und konstruiert eine leuchtende rotierende Kugel, die mit Flecken übersät ist und sich in einiger Entfernung von der Erde befindet. Sodann zeigt er, welche Erscheinungen von der Erde aus gesehen bezüglich dieser Kugel auftreten werden. Damit endet der erste Regressus, der vom Effekt zur Ursache.

Der zweite Regressus verfährt in umgekehrter Richtung, von der Ursache zum beobachteten Effekt. Die anhand seiner Annahmen geometrisch konstruierbaren Erscheinungen, so Galilei, sind identisch mit jenen, die wir real am Körper der Sonne wahrnehmen. Man sollte besser sagen: fast identisch, denn reale Körper wie die Sonne sind keine exakten geometrischen Gebilde. Mathematik und physikalische Wirklichkeit sind nicht dasselbe. Wir müssen die

11 Nicholas Jardine, Galileo's Road to Truth and the Demonstrative Regress, in: Stud. Hist. Phil. Sci. 7 (1976), 277–318.

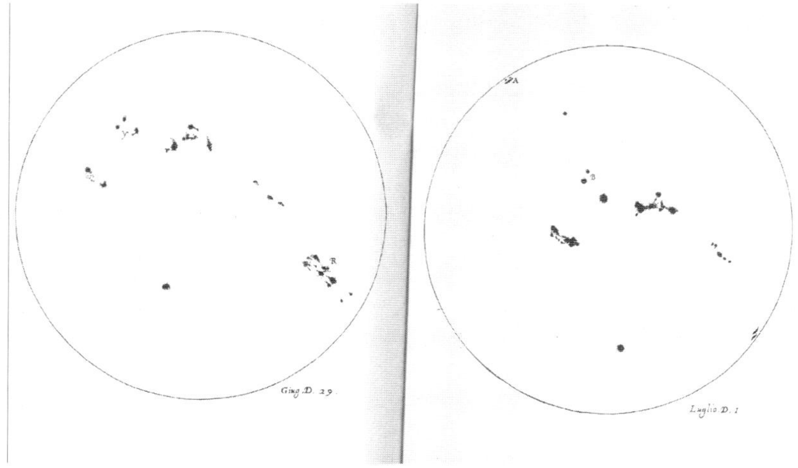

Abb. 67: Beobachtung der Sonnenflecken durch Galilei

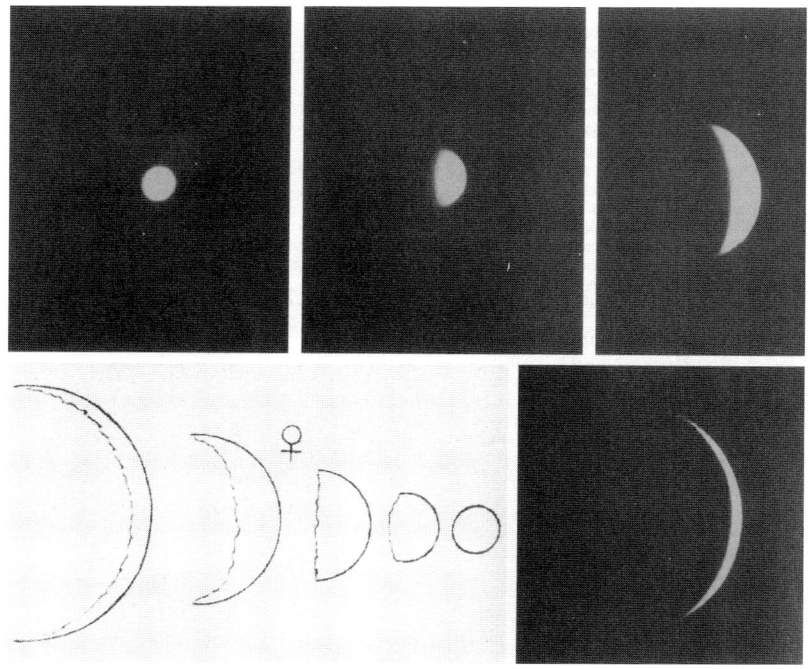

Abb. 68: Phasen der Venus

wirklichen Dinge und ihre Eigenschaften von störenden Akzidenzien befreien, wenn wir die mathematischen Beziehungen zwischen ihnen und damit die formalen Ursachen der beobachtbaren Phänomene erkennen wollen. Wenn uns dies gelungen ist, dann können wir aufgrund der Übereinstimmung von mathematisch abgeleitetem und tatsächlich beobachtetem Phänomen folgern, daß die vorgeschlagene Hypothese stichhaltig ist. Wir können in diesem Fall vielleicht sogar weitere Eigenschaften der Phänomene voraussagen, die bisher noch nicht beobachtet wurden. Solange niemand eine andere Hypothese vorlegen kann, aus der exakt dieselben Erscheinungen folgen, erklärt Galilei seine mathematische Hypothese für demonstriert. Nach genau derselben Methode verfährt er beim Beweis der Rotation der Venus um die Sonne, bei der Demonstration des zerklüfteten Mondes, bei der Untersuchung der Nova von 1604, der Kometen von 1618 oder bei der Analyse der Fallbewegung.

Bei aller Ähnlichkeit der Methoden Galileis zum Regressus-Verfahren der Paduaner Averroisten bleiben zwei wesentliche Differenzen bestehen. Die erste Differenz besteht in der Betonung der Mathematik als Schlüssel zum Naturverständnis, die man in dieser Form bei Zabarella oder Nifo nicht findet. Die zweite Differenz ist die systematische Kontrolle der Erfahrung durch das Experiment. Auch dies ist in Zabarellas Methodenverständnis noch nicht an hervorgehobener Stelle zu finden.

Die Quantifizierung oder Mathematisierung der Natur

Man könnte vermuten, daß die unzulängliche Berücksichtigung der Mathematik bei den Averroisten von Padua eine notwendige Folge des aristotelischen Ausgangspunktes war. Die Averroisten waren zumeist konservative Aristoteliker, die immer im Verdacht standen, im Grunde Häretiker zu sein – etwa mit Aristoteles an die Unvergänglichkeit der Welt oder an die Sterblichkeit der persönlichen Seele zu glauben. Um solche unchristlichen Lehren mit der Religion zu versöhnen, haben einige von ihnen (Blasius von Parma; Siger von Brabant) – wenn nicht ausdrücklich, so doch in der Konsequenz – die Lehre von der Doppelten Wahrheit vertreten: einer offenbarten und einer nur auf die menschliche Vernunft gestützten.[12] Auf diese Weise konnten einige Scholastiker wie etwa die Nominalisten Jean Buridan und William von Ockham auf dem Gebiet der Naturlehre einen extremen Empirismus, der alle Naturphilosophie auf Induktion aus Erfahrungen und vernünftiges Schließen gründen wollte, mit Überzeugungen vereinbaren, die auf bloßen Glauben gegründet waren. Daran änderte nichts, daß sie die Theologie nicht mehr zu den Wissenschaften zählten und die thomistische Synthese von Glaube und Wissen als gescheitert ansehen mußten. Diese frühen Versuche einer Säkularisierung der Wissenschaft ließen die Frage unentschieden, wie bei einem Konflikt zwischen Wissenschaft und Glaube zu verfahren war. Dies soll nicht heißen, daß in einem solchen Konflikt immer der Glaube triumphierte. Auch im Mittelalter gab es Philosophen, die im Einzelfall (und manchmal zu ihrem persönlichen Nachteil) ihrer Vernunft folgten, selbst wenn der Glaube anderes vorschrieb.

Man sollte daher skeptisch sein, wenn Scholastiker als Empiriker oder Experimentalisten bezeichnet werden. In aller Regel gilt diese Einstellung nur für einen Teil ihrer Bemühungen, nämlich den, der sich auf die Erkenntnis der säkularen Wirklichkeit richtet. Der mittelalterliche Empirist scheint nicht zur gleichen Species zu gehören wie der neuzeitliche. Er kann – ohne einen Widerspruch zu sehen – den radikalsten Induktivismus bei der Erkenntnis der sinnlichen Welt mit dem radikalsten Rationalismus bezüglich der Erkenntnis der intelligiblen Wirklichkeit verbinden und dazu noch – aufgrund der Unterscheidung verschiedener Seelenteile mit unterschiedlichen Fähigkeiten – die göttliche Offenbarung als die den beiden anderen Erkenntnisweisen überlegene Quelle des Wissens akzeptieren.

Andererseits hat eine empirisch-experimentelle Einstellung der Natur gegenüber keineswegs immer die Erforschung der Welt gefördert. Sie konnte mit den extremsten Formen von Magie, Astrologie und Alchimie konform gehen. So war die Alchimie von Anfang an eine experimentelle Wissenschaft, die bis zum 16. Jahrhundert einen Berg von experimentell erzeugten Fakten angehäuft hat – ohne daß diese Kumulation empirischen Wissens zur modernen Chemie geführt hätte.

12 Anneliese Maier, Metaphysische Hintergründe der spätscholastischen Naturphilosophie, Rom 1955, Kap. 1: Das Prinzip der doppelten Wahrheit.

Was die Betonung der Mathematik betrifft, so könnte man mit Koyré oder Cassirer vermuten, daß der Unterschied zwischen der Methode von Galilei oder Grosseteste und der Zabarellas im Unterschied zwischen einer platonistischen und einer aristotelischen Herangehensweise begründet ist. Platonistische Richtungen waren historisch gesehen immer mit einer Hochschätzung der Mathematik verbunden, während aristotelische Strömungen gegenüber der Mathematik oft indifferent waren. Tatsächlich ist die Sachlage etwas komplizierter.

Eine genaue Analyse einiger wichtiger Stellen in den Schriften des Aristoteles zeigt, daß die Mathematik in der aristotelischen Wissenschaftsauffassung eine größere Rolle spielt als zumeist angenommen. Dies betrifft hauptsächlich die sogenannten »Mischwissenschaften« wie Mechanik, Astronomie, Optik oder Harmonik. Allerdings leugnete Aristoteles die Relevanz der Mathematik für die Metaphysik und für die eigentliche Physik der natürlichen Bewegungen – also all derjenigen Bewegungen, die nicht durch menschliche List (Technik) verursacht werden, sondern ›gemäß der Natur‹ erfolgen. Hier lag in der Tat ein schweres Erkenntnishindernis, das erst Galilei mit seiner Vereinheitlichung natürlicher und gewaltsamer Bewegungen aus dem Weg räumte. Damit war der Weg für die Anwendung der Mathematik auf alle Bereiche der Natur wieder frei.

Aber auch diese Innovation war an historische Bedingungen geknüpft. Zu ihrer Vorgeschichte gehört, daß etliche Jesuitenschulen – an führender Stelle das »Collegio Romano« – bereits in der zweiten Hälfte des 16. Jahrhunderts große Anstrengungen auf mathematischem Gebiet unternahmen. Dies betraf sowohl die inhaltliche Entwicklung mathematischer Methoden als auch das universitäre Curriculum. Man hatte das mittelalterliche Quadrivium – gewissermaßen das Grundstudium, bestehend aus Arithmetik, Geometrie, Astronomie und Musik – verändert und die Mathematik neben die Physik und die Metaphysik in den Hauptteil des Studiums verlegt. Christopher Clavius – um die Jahrhundertwende ein führender Mathematiker und Astronom des Jesuitenordens – hatte in diesem Zusammenhang argumentiert, daß die Physik ohne Mathematik nicht verstanden werden könne. Clavius hatte die These eines Francesco Barozzi verteidigt, der in einem Disput mit Alessandro Piccolomini Mitte des 16. Jahrhunderts behauptet hatte, durch mathematische Demonstrationen könnten die Ursachen vieler Erscheinungen bewiesen werden. Clavius betonte auch die Rolle der Mathematik als Vermittlerin zwischen der sinnlich wahrnehmbaren Welt und der unveränderlichen Welt der Formen.[13]

Es gibt allerdings Gründe, die es zweifelhaft erscheinen lassen, ob das bloße Vorhaben, die Natur zu quantifizieren und die Mathematik zum Schlüssel ihrer Erforschung zu machen, tatsächlich der entscheidende Faktor für die Entstehung der neuen Physik war. Sowohl das Ideal der mathematischen Naturwissenschaft als auch das Programm der Quantifizierung aller realen Größen entstanden bereits im 14. Jahrhundert im lateinischen Westen, und man kann nicht sagen, daß es an Versuchen ihrer Realisierung gefehlt hätte. Viele der herausragenden spätscholastischen Naturphilosophen des 14. Jahrhunderts zeigten eine hohe Wertschätzung der Mathematik als eines Mittels zur Erkenntnis der Wirklichkeit. Stellvertretend für viele verweisen wir hier auf Thomas Bradwardine, einen der sogenannten ›Calculatores‹ aus dem Merton College in Oxford, der im 14. Jahrhundert ein von Aristoteles radikal abweichendes Bewegungsgesetz formuliert hatte. Eine derart hohe Einschätzung

13 Christopher Clavius, Prolegomena, referiert nach Peter Dear, Jesuit Mathematical Science and the Reconstitution of Experience in the Early Seventeenth Century, in: Stud. Hist. Phil. Sci. 18 (1987), 139f. Vgl. auch A. C. Crombie, Mathematics and Platonism in the Sixteenth-Century Italian Universities and in Jesuit Educational Policy, in: Y. Maeyama/W. G. Saltzer (Hg.), Prismata. Naturwissenschaftsgeschichtliche Studien, Wiesbaden 1977, 63ff.; Mario Biagioli, The Social Status of Italian Mathematicians, in: Hist. Sci. 27 (1989), 41ff.

der Mathematik in einem von der aristotelischen Naturphilosophie dominierten Jahrhundert ist ungewöhnlich und kann als Beleg für einen souveränen und unabhängigen Umgang mit den Schulautoritäten seitens dieser Calculatores (zu deren prominentesten Vertretern außer Bradwardine auch noch Thomas Heytesbury und Richard Swineshead gehörten) dienen.

Weniger erstaunlich war, daß ein Jahrhundert vorher die noch stärker von Platon beeinflußten Philosophen und Naturforscher Roger Bacon, Robert Grosseteste oder Dietrich von Freiberg der Mathematik eine Schlüsselstellung in der Naturphilosophie eingeräumt hatten. So heißt es bei Grosseteste: »Aus den Regeln und Prinzipien und Fundamentalsätzen [...] der Geometrie kann der sorgsame Beobachter natürlicher Gegebenheiten die Ursache aller natürlichen Wirkungen finden. [...] Der Nutzen der Betrachtung von Geraden, Winkeln und Figuren ist deshalb so groß, weil Naturphilosophie ohne diese unmöglich zu verstehen ist. [...] Denn alle Ursachen natürlicher Wirkungen müssen durch Geraden, Winkel und geometrische Figuren ausgedrückt werden; es wäre unmöglich, anders Kenntnis vom Grunde dieser Wirkungen zu erlangen.«[14] Eine ähnliche Ansicht vertrat auch Roger Bacon. Die Formulierung Grossetestes weist frappierende Parallelen zu der von Galilei im »Saggiatore« geäußerten Behauptung auf, daß das Buch der Natur in der Sprache der Mathematik geschrieben sei und daß die Buchstaben dieser Sprache Dreiecke, Kreise und andere geometrischen Figuren seien.[15]

Die beiden Innovationen, die die Naturphilosophie des 14. Jahrhunderts noch heute so interessant erscheinen lassen, sind Nicole Oresmes Methode der graphischen Darstellung und die Buchstabenrechnung, die eine Voraussetzung der Tradition der ›calculationes‹ war. Im Verein mit der Idee, daß alles Existierende im Geiste Gottes gemessen und gewogen sei, führte beides zu einer extremen Form quantitativer Naturbetrachtung. In der Folge wendet man die beiden neuen Instrumente auf buchstäblich alles an und rechnet, bevor man messen kann – ja sogar dort, wo Messungen unmöglich sind.

In Oresmes »Tractatus de configurationibus« geht es um ein anderes Problem:[16] Welche Konsequenzen hat es, wenn die Intensität von Qualitäten nicht konstant bleibt, sondern variiert. Es geht um die Figuration und die Wirkungsfähigkeit der Uniformität oder Difformität von Qualitäten. Dies kann ebenso die Heilkraft einer Arznei wie eine Geschwindigkeit sein. Oresme will nun die Intensität der Qualität durch eine Linie darstellen, die er senkrecht auf der darzustellenden ›qualitas‹ plaziert. Durch Aneinanderreihung dieser Linien entsteht eine zweidimensionale geometrische Darstellung, die die ›figuratio‹ der betreffenden Qualität abbildet.

Oresme wendet diese Idee der Figuration einer Qualität dann auf die verschiedensten Bereiche an: auf die Wirkungsweise okkulter Kräfte, auf das Geheimnis von Freundschaft oder Feindschaft, von Liebe und Haß, auf die magnetische Anziehung und auf die Bewegung der Körper. Die Grenzen der Methode liegen in ihrer Anwendung auf die Wirklichkeit. »In keinem einzelnen Fall wird der Versuch gemacht, ein konkretes Beispiel anzugeben, d.h. zu sagen, wie etwa eine Intensitätsverteilung beschaffen ist, oder unter welchen Bedingungen sie in der Natur tatsächlich eintritt, die durch eine Halbkreisfläche oder durch eine andere gerad- oder krummlinig begrenzte Figur dargestellt ist. Es bleibt alles im Bereich pseudo-mathematischer Spekulationen, und der Zusammenhang mit der konkreten physischen Wirklichkeit geht verloren.«[17]

14 Robert Grosseteste, De natura locorum und De lineis, zit. nach A. C. Crombie, Von Augustinus bis Galilei, Köln/Berlin 1965, 256.

15 Vgl. Galileo Galilei u.a., The Controversy on the Comets of 1618, übers. von Stillman Drake/C. D. O'Malley, Philadelphia 1960, 183f.

16 Vgl. Anneliese Maier, An der Grenze von Scholastik und Naturwissenschaft, Rom 1952, Teil III, Kap. 2; Marshall Clagett (Hg.), Nicole Oresme and the Medieval Geometry of Intensities known as »Tractatus de configurationibus qualitatum et motuum«, Madison/Milwaukee/London 1968.

17 Maier, An der Grenze, 302.

Abb. 69: Leonardo da Vinci, Mörser

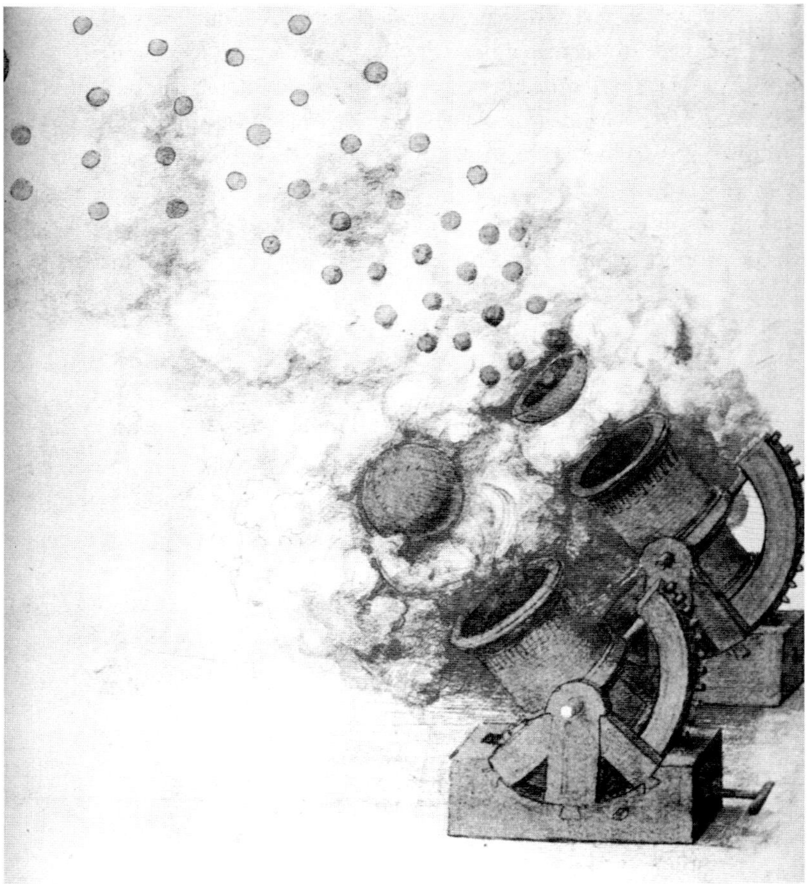

Und dennoch bleibt es richtig, daß Oresme damit eine Methode entdeckt hat, die weiterentwickelt und so umgedeutet werden konnte, daß sie auf die verschiedensten Probleme paßte. Einige sehen darin eine Vorstufe zur graphischen Integration, wenn etwa Oresme die Summe aller Geschwindigkeitsintensitäten mit dem zurückgelegten Weg gleichsetzt – ohne daß dies allerdings mehr gewesen wäre als eine beiläufige Bemerkung. Ebenso beiläufig war seine Feststellung, daß die Geschwindigkeit eines fallenden Körpers in Proportion zur Zeit wachse. Dies ist das genaue Fallgesetz, doch Oresme hat es ebensowenig wie später Domingo de Soto (der die Fallbeschleunigung korrekt als uniformiter difforme Bewegung klassifizierte) als ein Problem gesehen, das man näher untersuchen müsse – etwa in der Weise, wie es Galilei zweieinhalb Jahrhunderte später tat.

Das Programm einer Mathematisierung der Natur, das im 14. Jahrhundert unter den spätscholastischen Naturphilosophen von Paris und Oxford entstand, war weit radikaler als das der Neuzeit. Das vielleicht wichtigste substantielle Resultat der neuen Naturanalyse war die mathematische Reformulierung des aristotelischen Bewegungsgesetzes, die Thomas Bradwardine in seinem »Tractatus de proportionibus« Mitte des 14. Jahrhunderts einführt.[18] Sie ist vor allem deshalb bemerkenswert, weil sie eine logarithmische Relation enthält und eine abgekürzte Notation ähnlich der modernen benutzt.

Angesichts der beobachtbaren Anstrengungen um die Anwendung des neuen Instrumentariums sollte man eigentlich erwarten, daß man sich auch um seine empirische Absicherung gekümmert hätte. Doch merkwürdiger-

18 Thomas of Bradwardine, Tractatus de proportionibus, hg. und übers. von H. Lamar Crosby, Madison 1955.

weise scheint das nicht der Fall gewesen zu sein. Es ist nicht ersichtlich, daß man sich die Mühe gemacht hätte, das neue Gesetz auch experimentell zu testen. Man war mit der Lösung der begrifflichen Probleme zufrieden und sah darin sogleich ein Modell zur Behandlung aller möglichen anderen Probleme. Völlig unkritisch dehnte man den Anwendungsbereich des neuen begrifflichen Instrumentariums auf die gesamte Naturphilosophie aus. Daraus entstand die Tradition der ›calculationes‹. Über Thomas Bradwardines »Tractatus de proportionibus« sagt Anneliese Maier: »Man möchte beinahe sagen, Bradwardine wollte die Principia mathematica philosophiae naturalis seines Jahrhunderts schreiben.«[19]

Den Höhepunkt des Merton-Ansatzes bildete das »Liber calculationum« des Richard Swineshead. Dieser Spätscholastiker war wie die anderen Vertreter der calculatorischen Schule davon überzeugt, daß buchstäblich alles im Geiste Gottes gewogen und gemessen sei, und hatte daher nicht die geringsten Skrupel, Abstrakta wie die menschlichen Tugenden, die Gnade Gottes oder Gefühle wie Liebe und Haß zu quantifizieren und mit den angenommenen Zahlen dann auch wirklich zu rechnen. Zwischen intensiven und extensiven Größen wird dabei, was Meßbarkeit und Berechenbarkeit angeht, kein Unterschied gemacht.

Man könnte fragen, ob es irgendeinen Unterschied für die Entwicklung der Physik gemacht hätte, wenn Bradwardine zufällig auf das richtige Bewegungsgesetz gestoßen wäre. Nicole Oresme hatte das korrekte Fallgesetz ausgesprochen, ohne es zu merken – nicht in der Terminologie der modernen Physik, sondern in der Sprache der Konfiguration von Qualitäten. Galileis geometrischer Beweis des Fallgesetzes ist formal nahezu identisch mit den Überlegungen Oresmes zur Summierung von Graden der Geschwindigkeit. Was an seiner Methode gewirkt hat, waren weniger ihre Ergebnisse als ihre formalen Aspekte – und natürlich das quantitative Ideal, das hinter ihr stand. Man kann zeigen, daß Oresme eine Tradition graphischer Analyse eingeleitet hat, die sich nach und nach von ihrer ursprünglichen Zielsetzung ablöste und in vielfach gewandelter Form bis zu Galilei und Descartes überlebte.

Auch bei Bradwardine waren die Ergebnisse weniger wichtig als das formale Darstellungsmittel, das bei ihrer Berechnung angewandt wurde. »Es ist das ein erster Schritt auf dem Weg zu der Erkenntnis, die das methodologische Grundprinzip der modernen Naturwissenschaft bedeutet: daß nämlich die physikalische Betrachtung sich auf die quantitative Seite der Phänomene beschränken kann und muß; oder anders gesagt: daß die Vorgänge der anorganischen Natur gewissermaßen eine mathematische Struktur haben, die sich in methodischer Abstraktion herausstellen und erfassen läßt. Diese prinzipielle Erkenntnis ist – auch wenn sie niemals ausdrücklich als solche formuliert wurde – vielleicht die größte Leistung der Oxforder Naturphilosophen und jedenfalls die, mit der ihre Calculationes-Wissenschaft am meisten zu der Vorbereitung der künftigen exakten Naturwissenschaft beigetragen hat.«[20]

Doch warum hat dieses Ideal im 14. Jahrhundert nicht zu jenen Ergebnissen geführt, für die wir das 17. Jahrhundert bewundern? Zumindest ein wesentliches Element der neuen Wissenschaft fehlt noch. Für die calculatorische Naturphilosophie des 14. Jahrhunderts gilt laut Anneliese Maier: »Immer bleibt es ein Rechnen ohne Messen. [...] Die quasi-mathematische Physik der calculationes ist immer eine rein deduktive Wissenschaft geblieben, die sich auf ein Rechnen a priori beschränkt, und sie hat die Deduktion im allgemei-

19 Anneliese Maier, Die Vorläufer Galileis im 14. Jahrhundert, Rom 1949, 86, Fn. 10.
20 Maier, Metaphysische Hintergründe, 383.

Abb. 70: *Hieronymus Brunschwyg, Liber de arte Distillandi (1500)*

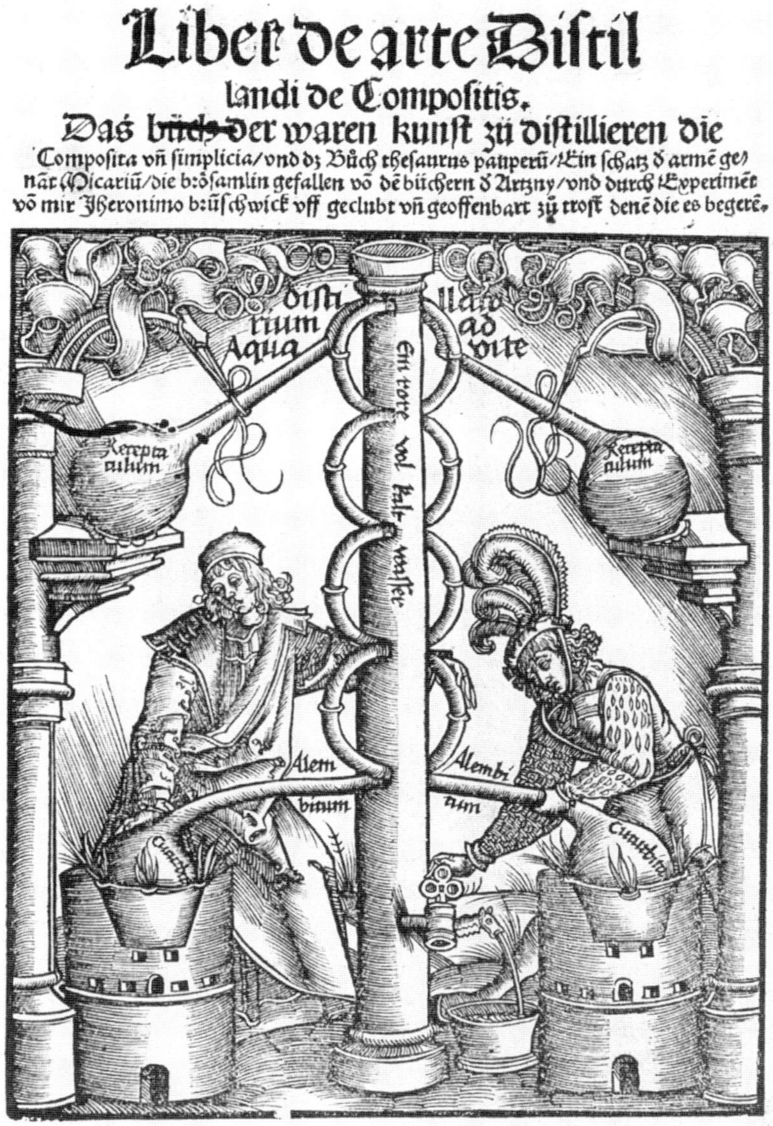

nen nicht bis auf die Tiefe herabgeführt, die einen Kontakt mit der Erfahrung und eine Nachprüfung an dieser erlaubt hätte. Ebenso wenig hat man umgekehrt versucht, von exakt erfaßten Erfahrungstatsachen aus allgemein gültige quantitative Beziehungen aufzustellen. Aber wo liegt der Grund für diese Haltung? Jedenfalls nicht in einer Mißachtung der Erfahrung und des Experiments.«[21]

Aber wo sonst könnte dieser Grund liegen? Was ist die Erklärung dieses Rätsels? Warum haben die Oxforder Calculatores des 14. Jahrhunderts, die buchstäblich alle Bewegungen – das heißt im aristotelischen Kontext alle Veränderungen – quantifizieren wollten, weder gemessen noch eine Theorie des Messens entwickelt?

21 Maier, Metaphysische Hintergründe, 383f.

Il. 1 Die Astronomie verdrängt die Astrologie: Tierkreiszeichenmann (15. Jh.)

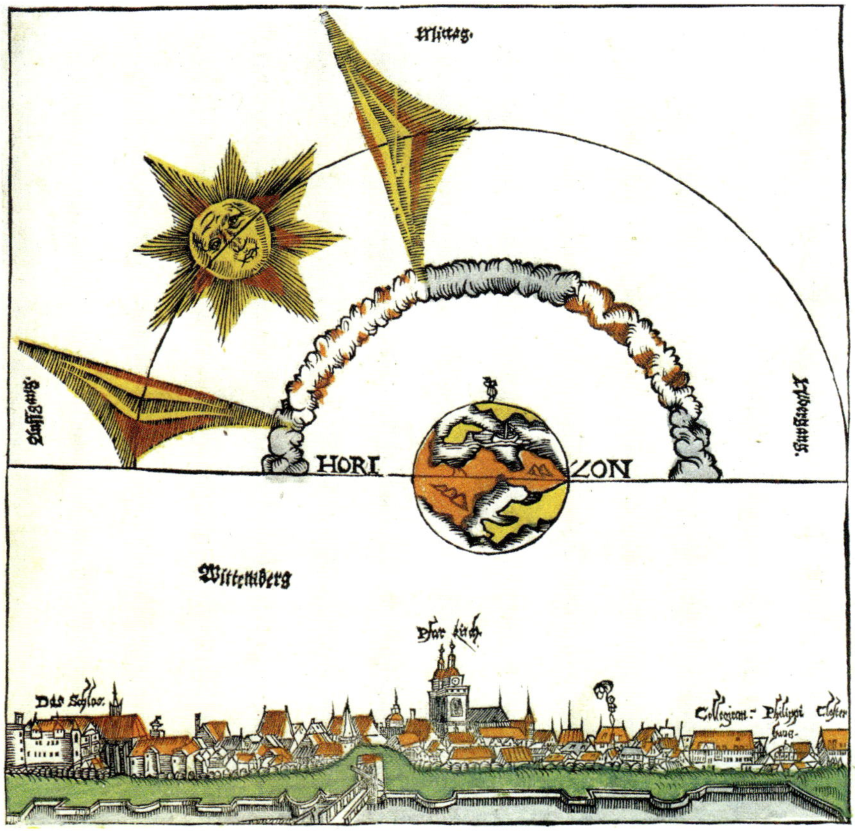

Il. 2 Nebensonnen über Wittenberg, Flugblatt (1556)

Il. 3 Selbstinszenierung als gelehrter Herrscher: Standbild Kaiser Karls VI. in der Wiener Hofbibliothek

Il. 4 Der Erfinder von Utopia: Sir Thomas Morus, Gemälde von Hans Holbein d.J. (1527)

Il. 5 Traumbild Antike: Römisches Architekturcapriccio, Gemälde von Hubert Robert (1782)

Il. 6 Vorbild Antike: Architekten studieren Ruinen, Gemälde von Antonio Visentini (um 1756)

Il. 7 Musik um 1600: Orazio Gentileschi (1565–1639), Die Lautenspielerin

Il. 8 Galileo Galilei präsentiert sein neues Fernrohr in Florenz, Fresko von Luigi Sabatelli (um 1840)

Il. 9 Gerrit Dou, Astronom bei Kerzenlicht (um 1655)

3. Experimentelle Wissenschaft: die systematische Kontrolle der Theorie durch die Erfahrung

Damit sind wir bei der dritten methodischen Unterscheidung zwischen mittelalterlicher und neuzeitlicher Wissenschaft, nämlich bei der Frage, wann das Ideal einer experimentellen Wissenschaft entstanden ist und ob hierin der entscheidende methodologische Bestimmungsfaktor für die Entstehung einer neuen Wissenschaft zu sehen ist.[22] Wir werden auch der Frage nachgehen müssen, ob ein wesentlicher Grund für den weitgehenden Verzicht der Spätscholastiker auf eigene Messungen, selbst wenn sie ohne größere Schwierigkeiten realisierbar gewesen wären, in der ›Umwelt‹ ihrer Wissenschaft gesucht werden muß.

Das Ideal einer quantifizierenden und experimentierenden Wissenschaft auf mathematischer Grundlage entstand bereits im 13. Jahrhundert.[23] Doch warum konnten Robert Grosseteste und Dietrich von Freiberg schon in dieser Zeit derart ausgefeilte und modern klingende mathematisch-experimentelle Methoden entwickeln? Und warum wurden ihre Ideen im 14. Jahrhundert nicht weiterentwickelt und für die Wissenschaft fruchtbar gemacht? Bei der Beantwortung dieser Fragen stoßen wir auf einen schon bekannten Faktor: die jeweilige Hintergrundtheorie eines Autors oder einer geistesgeschichtlichen Epoche – also jener Bereich des Weltbildes, in dem sich die tiefsten, nicht mehr problematisierten Überzeugungen zur Konstitution der Wirklichkeit finden.

Gehen wir nur ein bis anderthalb Jahrhunderte hinter die Calculatores von Oxford oder hinter die Physik der intensiven Größen der Pariser Nominalisten Buridan und Oresme zurück, so finden wir eine dritte Hintergrundtheorie. Wir stoßen auf eine Kosmologie, die unter dem Namen Lichtmetaphysik bekannt ist. Geistesgeschichtlich geht diese auf die Emanationslehre des Neoplatonismus zurück. In der Lichtmetaphysik des hohen Mittelalters wird der Emanationsvorgang als Entfaltung und sphärische Ausdehnung des ursprünglichen Lichts verstanden – einer Substanz, die ihrem Ausgangspunkt und ihrer inneren Natur nach nicht identisch ist mit dem für uns sichtbaren Licht.

Für Grosseteste war nicht die Idee, sondern das Licht die ›Form‹ der geschaffenen Welt, die der an sich formlosen und unsichtbaren Materie erst zur wahrnehmbaren Gestalt und zum eigentlichen Dasein verhalf. Für die wissenschaftliche Behandlung des Lichts aber war seit jeher die Optik zuständig. Wenn die Welt durch die Ausbreitung eines ursprünglichen Lichts entstanden ist, wenn das Licht die ›Form‹ der geschaffenen Welt war, wenn die Ausbreitung der jeder Wahrnehmung zugrunde liegenden ›species‹ nach optischen Gesetzen erfolgt, wenn vielleicht jegliche Kausalität in der Natur dem Modell des Lichts gehorcht, dann liegt in der »Optik der Schlüssel zum Verständnis der physikalischen Welt«.[24] Die Lichtmetaphysik verhalf somit der Optik zum Status einer Art Primär- oder Leitwissenschaft. Die Optik wurde zur Grundlage der Physik, und aufgrund ihres Charakters – dies hatte man von Aristoteles gelernt – war diese Grundlage mathematisch, genauer gesagt: geometrisch.

Die Optik ist nach Aristoteles eine Mischwissenschaft, die zum Teil zur Physik, zum Teil zur Mathematik gehört. Zur Physik gehört sie, insofern sie

22 Siehe dazu auch Michael Heidelberger/Sigrun Thiessen, Natur und Erfahrung. Von der mittelalterlichen zur neuzeitlichen Naturwissenschaft, Reinbek 1981.

23 Alistair C. Crombie, Robert Grosseteste and the Origins of Experimental Science 1100–1700, Oxford 1971; William A. Wallace, The Scientific Methodology of Theodoric of Freiberg, Fribourg 1959.

24 Alexandre Koyré, Die Ursprünge der modernen Wissenschaft. Ein neuer Deutungsversuch, in: Diogenes 4 (1957), 427.

sich auf die Fortpflanzung von Lichtstrahlen bezieht. Zur Mathematik gehört sie, insofern man Lichtstrahlen auch in Absehung der Tatsache, daß es sich dabei um etwas Physikalisches handelt, analysieren kann – nämlich als geometrische Objekte.[25] Beides zusammen konstituiert die Mischwissenschaft der Optik. Der Schlüssel zur Erkenntnis der Natur lag somit in der Geometrie. Daher der hohe Stellenwert der optischen Geometrie bei den bedeutendsten scholastischen Wissenschaftlern des 13. Jahrhunderts Witelo, Dietrich von Freiberg, Grosseteste, Roger Bacon, sie alle beschäftigten sich mit der Reflexion und Brechung des Lichts, und zwar sowohl experimentell wie theoretisch, sie alle sahen in der Mathematik die Grundlage der Naturphilosophie.

Unmittelbar evident ist, daß sich der kosmologisch-metaphysische Kontext der Wissenschaft zwischen dem 14. und dem 17. Jahrhundert verändert hat. Die spätscholastischen Naturphilosophen hatten eine andere ›Hintergrundtheorie‹ als Grosseteste, Bacon, Witelo oder Dietrich von Freiberg, und sie verfügten noch nicht über die der neuen Physik des 17. Jahrhunderts. Die neuzeitliche Wissenschaft hat der Anwendung der Mathematik insofern den Weg gebahnt, als sie die gesamte Naturphilosophie auf die Ausdehnung und die Bewegung von Materie reduzierte. Das Symbol für diese neue Sichtweise heißt Descartes. Unter cartesischen Prämissen braucht man das Programm der Mathematisierung der Natur nicht lange zu begründen; es ist eine natürliche Folge der neuen Metaphysik. Extensive Größen sind eben ihrer Natur nach meßbar – intensive, wie Qualitäten, sind es nicht, oder nur bedingt. Geschwindigkeit, im neuzeitlichen Sinne als Verhältnis von Weg und Zeit verstanden, ist als empirische Größe einfach als Quotient zweier zeitlich ausgedehnter Meßgrößen erfaßbar. Geschwindigkeit, verstanden im scholastischen Sinn als die Intensität der Bewegung in einem ausdehnungslosen Moment, ist dagegen eine rein theoretische Größe. Man kann mit ihr rechnen, aber man kann sie nicht messen.

Aber ist dies eine hinreichende Erklärung für die Tatsache, daß die Scholastiker trotz ihres »überspannten quantitativen Ideals von Wissenschaft« (Anneliese Maier) auf die tatsächliche Realisierung dieses Ideals verzichtet haben? Warum hat man nicht wenigstens den Versuch gewagt, die Verbindung zwischen Theorie und Praxis zu suchen, wie man dies ja auf anderem Gebiet durchaus beobachten konnte – etwa in der Optik und noch weit stärker in der Astronomie? In beiden Wissenschaften gab es praktisch von Anfang an eine Interaktion zwischen mathematischer Theorie und Beobachtung bzw. Experiment.

Als Begründung für dieses Paradoxon führt Maier weiter an, die Scholastiker hätten gewußt, daß jede Messung die intendierte Größe immer nur ungefähr erfassen konnte, und »ein Rechnen mit ungefähren Maßen, d.h. mit Näherungswerten, mit Fehlergrenzen und vernachlässigbaren Größen […] wäre den scholastischen Philosophen als ein schwerer Verstoß gegen die Würde der Wissenschaft erschienen«.[26] Daß die Spätscholastiker trotz des Vorliegens einer ausgearbeiteten Theorie der experimentellen Methode auf konkrete Messungen verzichteten, lag demnach nicht an einer Mißachtung der Erfahrung oder des Experiments, sondern an der Überzeugung, daß ein genaues Messen, ein sicheres Erkennen mittels Erfahrung und Experiment, prinzipiell unmöglich ist.

Diese Ansicht, daß sichere Erkenntnis mittels physikalischer Messungen nicht erreichbar ist, beruht nach Maier »auf einer grundsätzlichen Überle-

25 Vgl. Aristoteles, Physica 193b, 26–32; Zweite Analytik 79a, 10–12; vgl. auch Metaphysik XIII (M), 3.

26 Maier, Metaphysische Hintergründe, 402.

Abb. 71: Mauerquadrant des Astronomen Tycho Brahe (1587)

gung: dem Menschen ist als einziges exaktes Maß die Anzahl, der numerus gegeben. Wir können von einer multitudo konkreter Einheiten mit Genauigkeit sagen, wieviele sie sind. Aber sonst nichts. Alles andere Messen ist nur möglich, sofern es in irgendeiner Weise auf ein Zählen von Einheiten zurückgeführt werden kann. Aber was für Einheiten sind uns für kontinuierliche (räumliche und zeitliche) Größen gegeben?«[27] Wenn kontinuierliche Größen unendlich oft teilbar und nur für Gott »certissime et finitissime gezählt sind [...] was für eine Gewißheit haben wir dann, daß zwei Werte, die uns gleich scheinen, tatsächlich gleich sind?«[28] Von diesem Gesichtspunkt aus betrachtet, ist der Atomismus des 17. Jahrhunderts ein natürlicher Ausweg aus diesem Dilemma. Wenn die Natur selbst eine diskrete Struktur hat, sind Meßgrößen, wenn nicht in der Praxis, so doch theoretisch, absolut scharf bestimmbar. Sehr klar sieht man hier den Einfluß einer ›Hintergrundtheorie‹ auf die Methodologie.

Obwohl die Scholastik davon überzeugt war, daß für Gott alles in der Welt in allen Einzelheiten gezählt und gemessen ist, war der Mensch auf dem Hin-

27 Maier, Metaphysische Hintergründe, 398.
28 Ebd., 402.

Abb. 72: Astrolabium (um 1457)

tergrund der aristotelischen Kontinuumsphysik nicht imstande, dieses Wissen zu erwerben. Nach Blumenberg blieb der Satz von der prinzipiellen Gemessenheit und Meßbarkeit der Welt für die Scholastik deshalb steril, »weil sie kein anderes Maß als das Gottes selbst an die Natur anlegen wollte, aber zugleich aus den Voraussetzungen ihres Gottesbegriffs sich nicht zutrauen konnte und zutrauen zu dürfen glaubte, jemals dieses Maß zu kennen oder von ihm Gebrauch zu machen«.[29] Auch nach Anneliese Maier entspricht es »ganz der geistigen Einstellung der spätscholastischen Naturphilosophie, daß sie es ablehnte, theoretisch als Ausgangspunkt einer Erkenntnismethode willkürliche und approximative Festsetzungen anzuerkennen, oder daß sie umgekehrt von einer Methode, die nur auf solchen Grundlagen aufbauen kann, nichts wissen wollte«.[30] Und: »Die Scholastiker sind an der Schwelle einer eigentlichen, messenden Physik stehengeblieben [...], weil sie sich nicht zu dem Verzicht auf Exaktheit entschließen konnten, der allein eine exakte Naturwissenschaft möglich macht.«[31] Eine suggestive, weil rhetorisch geschickt aufgebaute Erklärung! Doch wie gut ist sie?

Einige Naturphilosophen, wie etwa Cusanus im 15. Jahrhundert, waren sich durchaus darüber im klaren, daß »die genaue Gleichheit allein Gott zu[kommt]. [...] Keine Bewegung kann einer anderen gleich sein, noch eine das Maß der anderen, da sich das Maß notwendig vom Gemessenen unterscheidet.« Übertrage man diese Einsicht auf die Astronomie, so bedeutet dies nach Cusanus, »daß die Kunst der Berechnung der Genauigkeit ermangelt, da sie voraussetzt, daß sich die Bewegung aller Planeten durch die der Sonne messen lassen. [...] Und da keine zwei Ortsangaben nach Zeit und Lage genau übereinstimmen, sind offenbar die Aussagen über die Sterne in ihrer Vereinzelung weit entfernt von der Genauigkeit.«[32] Diese Einsicht gilt für die Erkenntnis der Körperwelt allgemein. Der Kardinal schließt daraus jedoch nicht, daß Messungen zwecklos sind, wohl aber, daß das so erworbene Wissen unendlich weit hinter dem göttlichen zurückbleibt. »Die Vernunft, die nicht die Wahrheit ist, begreift daher die Wahrheit niemals so genau, daß sie nicht noch unendlich genauer begriffen werden kann. Sie verhält sich zur Wahrheit wie das Vieleck zum Kreis.« Die Pointe dieser Argumentation ist, daß wir uns dennoch der Wahrheit nähern können, obwohl wir sie aufgrund der unendlichen Differenz zur absoluten Wahrheit Gottes nie erreichen werden. »Je mehr Ecken das Vieleck besitzt, umso ähnlicher wird es dem Kreis; aber selbst wenn die Zahl der Ecken ins Unendliche vermehrt wird, wird es dennoch nie dem Kreis gleich.«[33]

Es gibt auch vor dem 17. Jahrhundert messende Wissenschaften, an denen wir die angebotene Erklärung hinsichtlich ihrer praktischen Bedeutung überprüfen können. Nehmen wir die Astronomie. Da es die Astronomie mit perfekten Körpern und Bewegungen zu tun hatte, war sie ein idealer Anwendungsbereich der Mathematik. Um die vorhandenen mathematischen Mittel zur Beschreibung des Himmels einsetzen zu können, waren empirische Daten zwingend erforderlich. Es existierte eine reichhaltige Tradition astronomischer Beobachtung, die von den alten Griechen (die wiederum vieles von den Babyloniern übernommen hatten) über Hipparch, Ptolemäus und die Araber bis hin zu Sacrobosco führt. Allerdings ließ die Präzision der Messungen bis zu Tycho Brahe viel zu wünschen übrig, und man kann nicht sagen, daß die Spätscholastik hier einen nennenswerten Zuwachs an Genauigkeit erreicht oder auch nur angestrebt hätte. Man hielt es nicht für nötig, die Ex-

29 Hans Blumenberg, Die Vorbereitung der Neuzeit, in: Philosophische Rundschau 9, 129.

30 Maier, »Ergebnisse«, 457.

31 Maier, Metaphysische Hintergründe, 402.

32 Nikolaus von Cues, Von der wissenden Unwissenheit, in: Hans Blumenberg (Hg.), Nikolaus von Cues. Die Kunst der Vermutung. Auswahl aus den Schriften, Bremen 1957, 114.

33 Nikolaus von Cues, Von der wissenden Unwissenheit, 78.

Abb. 73: Leonardo da Vinci, Stadtplan von Imola

aktheit der Messungen bis zur Grenze der eigenen technischen Möglichkeiten zu treiben. Dies gilt auch für Kopernikus.

Aber es bleibt die Tatsache, daß man hier, wie auch auf dem Gebiet der Optik, gemessen und nicht nur mit fiktiven Werten gerechnet hat – wie man dies in der Bewegungslehre offenbar tat. Vielleicht liegt die Erklärung dafür, wann die Scholastik tatsächlich gemessen hat oder es bei der spekulativen Quantifizierung beließ, nicht nur auf theoretischer Ebene, sondern in praktischen Forderungen, die von außen kamen. Nach Alistair C. Crombie hat die Scholastik dann gemessen und experimentiert, wenn sie durch die äußeren Umstände dazu gezwungen war, wenn also wie in der Astronomie ein externer Zwang dafür sorgte. Dieser bestand beispielsweise in Form der Forderung nach einem genaueren Kalender. Bekanntlich waren hier immer wieder Anpassungen notwendig, die angesichts der Bedeutung der kirchlichen Fest- und Feiertage sehr ernst genommen wurden.[34]

Wenn sich ein hinreichend starkes externes Bedürfnis geltend machte, dann wurden theoretische Begriffe operationalisiert, es wurden Instrumente entwickelt und verbessert, es wurde gemessen und aufgrund von Meßergeb-

34 Alistair C. Crombie, Quantification in Medieval Physics, in: Isis 52 (1961), 143–160; vgl. auch Edith Sylla, Medieval Quantifications of Qualities: The ›Merton School‹, in: Arch. Hist. Exact Sc. 8 (1972), 9–39; Willy Hartner, The Role of Observation in Ancient and Medieval Astronomy, in: J. Hist. Astr. 8 (1977), 1–11.

nissen zwischen konkurrierenden Hypothesen entschieden. Man wußte also, wie man dies machte. Auch in den sogenannten praktischen Künsten, Metall- und Glasverarbeitung, Alchimie, Architektur, Bergwerkskunst, Feuerwerkskunst und Kriegshandwerk, im Uhrenbau etc. wurde experimentiert, gerechnet und gemessen, allerdings ohne daß ein direkter Austausch mit der akademischen Wissenschaft stattgefunden hätte. Aus diesen Traditionen sind sicherlich Anstöße auch für die Entwicklung der neuen Wissenschaft gekommen, aber entscheidend waren diese nicht. Akademische Theorie und handwerkliche Praxis waren zwei verschiedene Welten. Die mittelalterliche akademische Wissenschaft und die mittelalterliche Technologie glichen nach Crombie zwei voneinander unabhängigen Monologen.

Es gibt einen Sonderfall: die Alchimie. Wenn man von experimenteller Wissenschaft im Mittelalter redet, so wäre in der Tat an erster Stelle die Alchimie zu nennen. Diese hatte ihre eigene Theorie, die den Vorstellungen der Schulwissenschaft in vielen Punkten widersprach. Sie legte zwar im allgemeinen die qualitative Materietheorie des Aristoteles zugrunde, vermischte und verband dies aber mit einem ganzen Bündel hermetizistischer Mystik und mit viel Geheimnistuerei. Hinzu kam bei ihr der Verdacht, daß unlauterer Handel mit Dämonen, also Zauberei im Spiel war. Die Geheimniskrämerei der Alchimisten war nicht gerade geeignet, diesen Verdacht zu zerstreuen, und so wurde sie von der Kirche zumeist als latent heidnisch oder zumindest als der Häresie verdächtig angesehen. Dementsprechend war sie im Mittelalter auch keine anerkannte akademische Disziplin – obwohl sich selbst Scholastiker wie Albertus Magnus oder Roger Bacon intensiv mit Alchimie befaßten.

Bis zum 16. Jahrhundert häufte die Alchimie als Ergebnis einer jahrhundertelangen experimentellen und empirischen Tradition einen riesigen Berg von Fakten- und Rezeptwissen an. Man lese dazu etwa das Lehrbuch der Alchimie des Andreas Libavius von 1597, in dem nicht nur das chemische Rezeptwissen seiner Zeit dargelegt ist, sondern auch ausführliche Beschreibungen der praktischen Hilfsmittel des Experimentierens gegeben werden.[35] Es ist eine interessante Spekulation, daß der Weg von der mittelalterlichen zur neuzeitlichen Wissenschaft über die Transferierung dieser experimentellen Tradition auf andere Wissenschaften geführt haben oder daß diese lange experimentelle Erfahrung zumindest am Entstehungsprozeß der neuen Wissenschaft beteiligt gewesen sein könnte. Diese Überlegungen sollten nicht darüber hinwegtäuschen, daß gerade in den arkanen (auf die Herstellung des ›philosophischen Steins‹ oder ›Elixiers‹ ausgerichteten) Traditionen der Alchimie ein Zusammenspiel von Theorie und Experiment über lange Zeit fehlte. Die ›alchymischen‹ Handlungen waren nicht dazu da, die theoretischen Spekulationen zu testen, sondern sie anzuwenden. Mißerfolge schrieb man nicht den Mängeln der Theorie, sondern Fehlern bei ihrer Anwendung zu. Die Geheimniskrämerei der Alchimisten wiederum machte es schwer oder unmöglich, etwas darüber zu erfahren, was der einzelne wirklich machte; man konnte seine Experimente deshalb kaum beurteilen und schon gar nicht kritisieren oder verbessern.

Es kommt aber noch ein anderes hinzu. Den Handlungen und Manipulationen der Alchimisten lag ein anderer Erfahrungsbegriff zugrunde als der scholastischen Naturphilosophie, die sich hier eng an Aristoteles anlehnte. Wissenschaft begann danach mit sinnlicher Wahrnehmung. »Nihil in intellectu quod non prius in sensu« – nichts ist im Intellekt, was nicht zuvor in den Sinnen war – dies war die übereinstimmende Auffassung der Scholastik,

35 Vgl. Die Alchemie des Andreas Libavius. Ein Lehrbuch der Chemie aus dem Jahre 1597 (Gesamtbearbeitung: Friedemann Rex), Weinheim 1964.

wenn es um die Erkenntnis der diesseitigen Welt ging. Wahrheit war nicht verborgen, sondern im Prinzip für jedermann erreichbar. Sie erwuchs aus der gedanklichen Verarbeitung allgemein zugänglicher, öffentlicher Erfahrung. Dies war die Bedingung ihrer Allgemeingültigkeit. Wissenschaftliche Demonstration muß nach Aristoteles von notwendigen und allgemeingültigen Prämissen ausgehen. Um aber notwendig und allgemeingültig zu sein, mußten diese Prämissen evident und von jedermann mit klarem Verstand und klaren Sinnen zugestanden werden. Sie konnten nicht der Besitz weniger sein, und sie durften auch nicht mit Hilfe komplizierter Manipulationen und Apparaturen erst künstlich hergestellt werden. Eine Geheimwissenschaft war demnach nach aristotelischen Maßstäben eine ›contradictio in adiecto‹. Die cartesische Methode ist insofern ein perfektes Beispiel für dieses Wissenschaftsideal, als sie alles aus klaren und deutlichen Ideen ableiten will, wobei diese freilich nicht aus den Sinnen stammen.

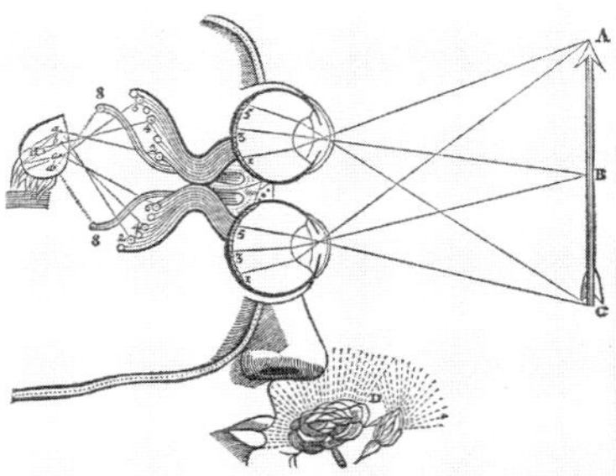

Abb. 74: Aus: René Descartes, Über den Menschen (1632)

Wenn Thomas von Aquin von ›scientia experimentalis‹ spricht, meint er nicht eine Wissenschaft, die im neuzeitlichen Sinne auf dem systematischen, kontrollierten Experiment beruht. Seine Erfahrung ist die gewöhnliche Sinneserfahrung, in der der Forscher ein passiv Wahrnehmender und kein aktiv die Natur Befragender ist. Die Einstellung zu experimentell, d.h. künstlich hergestellter Erfahrung, die nicht ohne weiteres öffentlich zugänglich war, änderte sich erst am Beginn der Neuzeit. Noch Tycho Brahe weigerte sich bekanntlich, die Ergebnisse seiner überlegenen Messungen, die er mit überdimensionierten Instrumenten gewonnen hatte, bekannt zu machen. Er hielt sie für sein privates Eigentum, Produkte seiner persönlichen Kunstfertigkeit und vergleichbar mit den Resultaten alchemischer Handlungen.

Auch Galilei hatte nach Peter Dear noch gegen diesen Erfahrungsbegriff anzukämpfen,[36] aber es gelang ihm, seine Sichtweise, nach der experimentelle Daten und Fernrohrbeobachtungen nicht untypisch oder ›gegen die Natur‹, sondern präzise herausgearbeitete und mit geschärften Sinnen gewonnene Einsichten darstellten, die einen tieferen Einblick in die wahren Zusammenhänge in der Natur erlaubten, zur Geltung zu bringen.

Vor dem Hintergrund des bisher Gesagten wollen wir fragen, wann das Ideal einer quantitativen und experimentellen Wissenschaft der Natur erstmals Wirklichkeit wurde? Gab es bereits vor dem 17. Jahrhundert – möglicherweise sogar vor dem 14. Jahrhundert – ernsthafte Versuche zur Entwicklung einer experimentellen Naturwissenschaft?[37]

Manche sehen in der Renaissance die Entstehung des modernen diesseitigen, weltzugewandten Menschenbildes – eines Bildes, das den Menschen nicht mehr als Betrachter, sondern als Gestalter von Natur und Gesellschaft begreift. Der Ursprung der neuen Mechanik wird vor diesem Hintergrund oft in der Praxis der Renaissancewerkstätten lokalisiert. Hier sei der Punkt, so setzt sich das Argument fort, an dem scholastische Naturphilosophie und handwerkliche Praxis erstmals zusammenkamen. Tatsächlich ist aus der Praxis der Renaissancewerkstätten eine Fülle technischer und künstlerischer Ideen herausgekommen, aber keine neue Physik.[38]

Dies bedeutet nicht, daß die Renaissance wissenschaftlich unfruchtbar war,[39] aber ihre wichtigste Wirkung auf die Entstehung der neuzeitlichen Wissenschaft liegt auf einer anderen Ebene. Dies war die Zeit, in der man die Gesetze der Perspektive erforschte, mit deren Hilfe es dem Künstler möglich war, die Wirklichkeit auf eine zweidimensionale Ebene zu projizieren. Erst-

36 Dear, Jesuit Mathematical Science, 143ff.; zur Veränderung des Tatsachenbegriffes in der Neuzeit vgl. auch Lorraine Daston, Wunder, Beweise und Tatsachen. Zur Geschichte der Rationalität, Frankfurt 2001; Lorraine Daston/Katharine Park, Wunder und die Ordnung der Natur, Berlin 2002.

37 Vgl. dazu auch Matthias Schramm, Experiment in Altertum und Mittelalter, in: Michael Heidelberger/Friedrich Steinle (Hg.), Experimental Essays – Versuche zum Experiment, Baden-Baden 1998, 34ff.

38 Vgl. z.B. Bertrand Gille, Ingenieure der Renaissance, Wien/Düsseldorf 1968.

39 W. P. D. Wightman, Science and the Renaissance, Bd. 1, Edinburgh/London 1962.

mals zu Beginn des 15. Jahrhunderts wurden Versuche unternommen, Stadtpläne zu zeichnen, die ein maßstabsgetreues Bild der Stadt und nicht nur ein mit Symbolen ausstaffiertes Phantasieprodukt waren. Grundlage dieser Innovationen war die projektive Geometrie. Diese von Brunelleschi, Leon Battista Alberti und anderen Künstler-Ingenieuren initiierte und von Leonardo da Vinci, Tartaglia und anderen weitergeführte Entwicklung schuf das Bild eines rationalen Kosmos, den man mit Hilfe der Geometrie erforschen und objektiv abbilden konnte.[40] Dies war das Bild der Natur, das auch der Galileischen Wissenschaft zugrunde lag.[41]

Insbesondere im 19. Jahrhundert hat man die Methode der neuen Wissenschaft oft auf Francis Bacon zurückgeführt. Das Titelbild von Bacons »Instauratio magna« – ein Schiff, das den engen Hafen verläßt und zwischen zwei riesigen Säulen in den offenen Ozean des Wissens hinaussegelt – war ein Symbol für das Programm der frühen englischen Royal Society. Doch ist wichtig, die propagandistische Wirkung Bacons von den inneren Qualitäten seiner Wissenschaftstheorie zu unterscheiden.

Grundlage der großen Erneuerung der Wissenschaften, die Bacon einleiten will, ist eine vernichtende Diagnose der zeitgenössischen Wissenschaft. Der Vermehrung unseres Wissens über die Natur stehen in der Sicht Bacons Hindernisse im Weg, die ihre Ursache in einer falschen Methode haben. »Die, welche die Wissenschaften betrieben haben, sind Empiriker oder Dogmatiker gewesen. Die Empiriker gleichen den Ameisen; sie sammeln und verbrauchen nur. Die Dogmatiker, die die Vernunft überbetonen, gleichen den Spinnen; sie schaffen Netze aus sich selbst. Das Verfahren der Biene aber liegt in der Mitte; sie zieht den Saft aus den Blüten der Gärten und Felder, behandelt und verdaut ihn aber aus eigener Kraft. Dem nicht unähnlich ist nun das Werk der Philosophie; es stützt sich nicht ausschließlich oder hauptsächlich auf die Kräfte des Geistes, und es nimmt den von der Naturlehre und den mechanischen Experimenten dargebotenen Stoff nicht unverändert in das Gedächtnis auf, sondern verändert und verarbeitet ihn im Geist. Daher kann man bei einem engeren und festeren Bündnis dieser Fähigkeiten, der experimentellen und der rationalen, welches bisher noch nicht bestand, bester Hoffnung sein.«[42]

Die bisherige Wissenschaft krankte jedoch nicht nur am Mangel einer richtigen Methode. Sie krankte auch an einer falschen Zielsetzung. »Das wahre und rechtmäßige Ziel der Wissenschaften ist kein anderes, als das menschliche Leben mit neuen Erfindungen und Mitteln zu bereichern.«[43] Dies spricht ein zentrales Motiv der Baconschen Philosophie an: Wissen und Macht treffen zusammen in der wahren Wissenschaft. Nur eine Wissenschaft, die auf Herrschaft über die Natur zielt, wird ihre Geheimnisse entziffern können. Dieses Wissen ist nicht kontemplativ, sondern nur experimentell zu gewinnen, in einem Prozeß, der sich auf die Nachahmung und die Manipulation der inneren Formen innerhalb der Natur richtet. »Die Natur nämlich läßt sich nur durch Gehorsam bändigen; was bei der Betrachtung als Ursache erfaßt ist, dient bei der Ausführung als Regel.«[44] Zu den Mängeln der bisherigen ›operativen Wissenschaft‹ – also der Technologie – zählt Bacon, daß sie nur auf die Erzielung oberflächlicher Effekte aus ist, denen jede theoretische Grundlage fehlt.

Der Erfolg des Baconschen Programms ist an die Verfügbarkeit einer Methode gekoppelt, die dem Wissenschaftler die verborgenen Formen der Natur zu enthüllen vermag. Wie stellt Bacon sich die Erneuerung der Wissen-

40 Joan Gadol, Leon Battista Alberti. Universal Man of the Renaissance, Chicago/London 1973.

41 Crombie, Styles of Scientific Thinking, Bd. 1, Kap. 8; Adriano Carugo/Alistair C. Crombie, The Jesuits and Galileo's Ideas of Science and of Nature, in: Annali dell'Istituto e Museo de Storia della Scienza di Firenze 8 (1983), 11.

42 Francis Bacon, Neues Organon I, hg. von Wolfgang Krohn, Hamburg 1990, 211 (Aphor. 95).

43 Bacon, Neues Organon I, 173 (Aphor. 81, 41).

44 Bacon, Neues Organon I, 80 (Aphor. 3).

Abb. 75: Francis Bacon, Instauratio magna (1620)

schaften vor? »Zwei Wege zur Erforschung und Entdeckung der Wahrheit sind vorhanden und gangbar. Der eine führt von den Sinnen und dem Einzelnen zu den allgemeinsten Sätzen, und aus diesen obersten Sätzen und ihrer unerschütterlichen Wahrheit bestimmt und erschließt er die mittleren Sätze. Dieser Weg ist jetzt gebräuchlich. Auf dem anderen ermittelt man von den Sinnen und vom Einzelnen ausgehend die Sätze, indem man stetig und stufenweise aufsteigt, so daß man erst auf dem Gipfel zu den allgemeinsten Sätzen gelangt; dieser Weg ist der wahre, aber so gut wie nicht begangene.«[45]

Anders gesagt, die gewöhnliche Induktion der bisherigen Wissenschaft ist unsystematisch, vorschnell und sprunghaft. Sie bemüht sich also nicht aktiv um die Erarbeitung einer möglichst vollständigen Sammlung aller Fälle, die für die Beurteilung eines Satzes wichtig sind. Deshalb macht sie viele Fehler,

45 Bacon, Neues Organon I, 89 (Aphor. 19).

weil sie ihre eigenen Möglichkeiten nicht ausschöpft und der Phantasie allzu früh das Feld überläßt. In Ermangelung einer wahrhaft erforschten Ordnung stülpt der Verstand der Natur einfach seine selbsterdichteten Formen über.

Der erste Schritt zur Entdeckung der in der Natur wirkenden Formen ist die Erarbeitung eines umfassenden Überblicks über sämtliche Manifestationen dieser Formen in allen Bereichen der Wirklichkeit. Dazu muß der Wissenschaftler alle Arten von Beobachtungsberichten sammeln, er muß Literaturstudien betreiben, um die Geschichte des Phänomens zu entdecken, und er muß unter Umständen selbst experimentieren, um entstandene Fragen zu beantworten, Lücken zu schließen oder Unstimmigkeiten zu bereinigen. Bacon stellt eine Liste der für den weiteren Fortschritt der Wissenschaften dringend erforderlichen Geschichten von Phänomenen zusammen – 130 nach der Numerierung Bacons, aber in Wahrheit viel mehr, weil er oft einige Punkte zusammenfaßt. In Wirklichkeit braucht Bacon nicht weniger als eine Naturgeschichte von allem, weil er nicht vor Abschluß des induktiven Verfahrens sagen kann, was relevant sein wird.

Nach dieser zunächst unsystematischen Sammlung des bisherigen Wissens über ein Phänomen in Form seiner Naturgeschichte kommt das Ordnen und Klassifizieren der Daten. Dabei wird Überflüssiges oder Falsches, weil nur auf dem Aberglauben der Leute Beruhendes, ausgeschieden. Bacon nennt 27 Kategorien von Fällen, in die die Beobachtungsberichte eingeordnet werden können. Da gibt es die Kategorien der vereinzelten, der deutlichen, der verborgenen, der begründenden, der gleichförmigen, der abweichenden, der gekoppelten, der entscheidenden und schließlich auch der magischen Fälle – um nur neun von ihnen zu nennen.[46]

Eine der Hauptschwierigkeiten für die Realisierung seines Programms sieht Bacon in der Unzulänglichkeit der Daten. Er fordert, eine Naturgeschichte solle nur die Phänomene selbst, rein und unvermischt mit jeglichem dogmatischen Bestandteil enthalten, und beklagt, »wie arm an Naturgeschichte wir sind. [Dies] wird jeder feststellen, der in diesen Tafeln immer wieder findet, wie ich, statt sicherer Wahrheit und klarer Fälle, oft gezwungen bin, das, was Überlieferung und Erzählung bieten, aufzunehmen, wiewohl berechtigte Zweifel an Berichten oder Mitteilungen von mir immer betont worden sind. Oft war ich genötigt, Zusätze von der Art zu machen: ›Man versuche es, oder man erforsche es weiterhin.‹«[47] Auf Bemerkungen dieser Art, die die Offenheit des eigenen Unternehmens für Neuerungen und Verbesserungen betonen, trifft man bei Bacon auf Schritt und Tritt. In diesem dynamischen Bild des wissenschaftlichen Fortschritts liegt neben seinen Vorstellungen zur sozialen Organisation der Wissenschaft die größte Bedeutung Bacons für die Metatheorie der neuzeitlichen Wissenschaft. Sie liegt weniger in der Methode, wie er sie tatsächlich propagierte, und schon gar nicht in irgendwelchen positiven Beiträgen zu den Realwissenschaften. Solche Beiträge wird man bei Bacon vergeblich suchen.

Bacons Empirismus hat die Methodologie der Wissenschaft im frühen 17. Jahrhundert noch nicht entscheidend prägen können. Die Forscher dieser Zeit kannten Bacons Schriften kaum und hielten sich zumeist an Methoden, die entweder auf die Zweite Analytik des Aristoteles oder auf das axiomatische Begründungsideal zurückgingen, das mit den Namen Platons, Euklids und Archimedes' verbunden ist. Nur zwei Jahrzehnte nach der Publikation von Bacons Hauptschrift erschienen allerdings auf dem Kontinent Schriften

46 Bacon, Neues Organon II, 609 (Aphor. 52).
47 Bacon, Neues Organon II, 349 (Aphor. 14).

eines gewissen René Descartes, der einen scheinbar ganz anderen Weg der Naturforschung propagierte.

Auch Descartes wollte die Wissenschaft von Grund auf erneuern, aber seine im »Discours de la méthode« skizzierte »wahre Methode [...], um zur Erkenntnis aller Dinge zu gelangen, die mein Geist fassen könnte«,[48] stellte Bacon offensichtlich auf den Kopf. Zwar glaubte auch Descartes, daß sich der Verstand zunächst von allen Vorurteilen, bloßen Meinungen und falschen Eindrücken befreien müsse, aber nach diesem unabdingbaren Akt scheiden sich die Wege beider Denker. Während Bacon den Verstand reinigen will, damit er mit einer möglichst vorurteilslosen Sammlung von Beobachtungen beginnen kann, setzt bei Descartes die Selbstbefragung des Verstandes auf das in ihm verborgene Wissen ein. Er fordert von sich, »niemals eine Sache als wahr anzunehmen, die ich nicht als solche sicher und einleuchtend erkennen [...] würde, d.h. sorgfältig die Übereilung und das Vorurteil zu vermeiden und in meinen Urteilen nur soviel zu begreifen, wie sich meinem Geist so klar und deutlich [...] darstellen würde, daß ich gar keine Möglichkeit hätte, daran zu zweifeln«.[49] Grundlage dieser Zuversicht ist Descartes' Überzeugung, daß Gott die Ideen der beobachtbaren Gesetze der Natur in einer Weise in unseren Geist eingeprägt hat, daß »alle Dinge, die wir sehr klar und sehr deutlich begreifen, wahr sind«.[50] Sicher sind diese Erkenntnisse nur deshalb, »weil Gott ist oder existiert und weil er ein vollkommenes Wesen ist und alles in uns von ihm herrührt«.[51]

Das Programm, die gesamte Naturphilosophie aus evidenten, unbezweifelbaren Axiomen – gewissermaßen aus der Erinnerung an unsere Erschaffung durch Gott – abzuleiten, ist bereits in Descartes' eigener Hand gescheitert. Schon im »Discours« stellt er fest, »daß allein darin einige Schwierigkeit liege, wohl zu bemerken, welches die Dinge sind, die wir deutlich begreifen«.[52] Descartes konstatiert, daß er bei der Verwirklichung seines Vorhabens auf Erfahrungen nicht verzichten kann. Diese seien »um so notwendiger, je mehr man in der Erkenntnis fortschreitet«.[53] Die letzte seiner vier Regeln, die »stets zu befolgen« er sich vorgenommen hat, könnte von Bacon stammen. Er plant »überall so vollständige Aufzählungen und so umfassende Übersichten zu machen, daß ich sicher wäre, nichts auszulassen«.[54] Je weiter Descartes in die Geheimnisse der Natur vordringt, desto unverzichtbarer erscheint ihm auch das Experiment. Die von ihm gesuchten oder postulierten Prinzipien seien – so muß Descartes zugestehen – »so einfach und allgemein, daß ich im besonderen fast keine Wirkung mehr bemerke, von der ich nicht einsehe, daß sie sich auf mehrere verschiedene Arten ableiten läßt, und daß meine größte Schwierigkeit darin besteht, die bestimmte Wirkungsart zu finden. Denn ich weiß hier kein anderes Hilfsmittel, als [...] Experimente zu suchen, bei denen der Erfolg nicht derselbe ist, wenn man ihn so oder anders erklärt.«[55]

Vor dem Hintergrund dieser Probleme des cartesischen Forschungsprogramms kann es nicht mehr verwundern, wenn jüngere Zeitgenossen wie Joseph Glanvill Schwierigkeiten hatten, den Unterschied zwischen Descartes und Bacon, was ihre praktischen Methodologien betraf, überhaupt zu sehen. Erst Locke und Newton stellten die Differenz wieder her – letzterer vor allem deshalb, weil er einen Gegner brauchte, von dem er sich öffentlichkeitswirksam abgrenzen konnte.

48 René Descartes, Abhandlung über die Methode des richtigen Vernunftgebrauchs, Stuttgart 1961, 17.
49 Descartes, Abhandlung, 19.
50 Ebd., 37 (i.O. kursiv).
51 Ebd., 37.
52 Ebd., 32.
53 Ebd., 59.
54 Ebd., 19.
55 Ebd., 60.

4. Die Interpretation von Theorien: Instrumentalismus versus Realismus

Abb. 76: Giovanni Battista Riccioli, Almagestum Novum, Titelbild (1651)

Was das Verhältnis von Wissenschaft und Religion in der Frühen Neuzeit angeht, so gibt es einen ebenso einfachen wie einleuchtenden Zusammenhang, der nach wie vor gültig ist: Wissenschaft und Religion vertraten inkompatible Wahrheitsansprüche. Anders gesagt, Kopernikus, Kepler oder Galilei kamen mit den Lehren des Glaubens in Konflikt, weil sie Tatsachenbehauptungen aufstellten, die mit dem verkündeten Dogma im Widerspruch standen. Sie gingen davon aus, daß ihre theoretischen Behauptungen wahre Beschreibungen der Wirklichkeit und nicht bloß Instrumente zur Prognose der Phänomene waren. Diese Einstellung nennt man heute Realismus.

Die realistische Einstellung der Neuerer ist in der bisherigen Diskussion verschieden bewertet worden. Einige Wissenschaftshistoriker (Benjamin Nelson, Alexandre Koyré) argumentierten, daß man nur für etwas einstehen kann, was man für richtig oder für wahr hält. Es lohnt sich nicht, Leben, Karriere oder Ruf für Wahrscheinlichkeitsgrade oder gar für bloße Fiktionen aufs Spiel zu setzen. Andere dagegen (wie Pierre Duhem) glaubten, daß der Anspruch auf Wahrheit die Durchsetzung der neuen Wissenschaft in der Frühen Neuzeit nicht gefördert, sondern eher behindert hat.[56] Duhem meint, daß die Neuerer ihre Lage unnötig erschwert hätten. Sie hätten ihre Ideen in Ruhe und ohne Schwierigkeiten mit der Inquisition entwickeln können, wenn sie nicht darauf bestanden hätten, daß ihre neuen Theorien wahr und die alten falsch sind. Warum haben sie nicht einfach gesagt, sie wollten nichts anderes als ein neues Rechenschema entwickeln. Niemand hätte sie daran gehindert. Auch nach Ansicht des Kardinals Bellarmin war es zulässig, bei der Berechnung von Planetenpositionen ein Kalkulationsschema zu benutzen, das von anderen als den aristotelischen Hypothesen ausgeht. Nur solle niemand behaupten, eines dieser alternativen Modelle sei philosophisch wahr. Denn wahr ist in diesem Sinne nur ein einziges Modell: nämlich das, welches die Erde in den Mittelpunkt setzt und die Bewegungen der Himmelskörper aus gleichförmigen Kreisbewegungen zusammensetzt.

Mit der von Bellarmin beschworenen philosophischen Wahrheit dieses Systems hatten die Experten einige Probleme. Sie waren sich weitgehend einig in der Bewertung, daß ein quantitativ befriedigendes mathematisches Modell auf geozentrischer Basis faktisch nicht existierte. Und die meisten hatten die Hoffnung aufgegeben, daß man je eines finden werde – nachdem man 1300 Jahre vergebens danach gesucht hatte. Irdische Physik, mathematische Astronomie und Himmelsphysik paßten vor Newton nicht zusammen: Sie waren logisch inkompatibel. Jeder Naturphilosoph, der diese Situation hinnahm, mußte daher vom logischen Standpunkt aus den einen oder anderen Teil als zumindest teilweise falsch ansehen. Er hatte allerdings die Möglichkeit, die fraglichen Theorien (oder eine von ihnen) nicht als wahre Beschreibung der Wirklichkeit, sondern als bloße Hilfsmittel zur Vorhersage (als Instrument) zu interpretieren.[57] Da Instrumente einander nicht widersprechen können, hätte von der Methodologie her keine Notwendigkeit bestanden, weitere Anstrengungen um eine Vereinheitlichung des Systems und um die Beseitigung der Widersprüche zu unternehmen.

Dies lag keineswegs im Interesse der Neuerer. Sie wollten keine weitere Kompromißlösung, sondern das Übel an der Wurzel beseitigen. Eine fiktio-

56 Pierre Duhem, To Save the Phenomena. An Essay on the Idea of Physical Theory from Plato to Galileo, Chicago 1985 (orig. Paris 1908), 113, 117; Benjamin Nelson, Die Anfänge der modernen Revolution in Wissenschaft und Philosophie, in: Ders., Der Ursprung der Moderne. Vergleichende Studien zum Zivilisationsprozeß, Frankfurt 1977.

57 Fritz Krafft, Der Mathematikos und der Physikos. Bemerkungen zu der angeblichen Platonischen Aufgabe, die Phänomene zu retten, in: Fritz Krafft u.a., Alte Probleme – Neue Ansätze, Wiesbaden 1965.

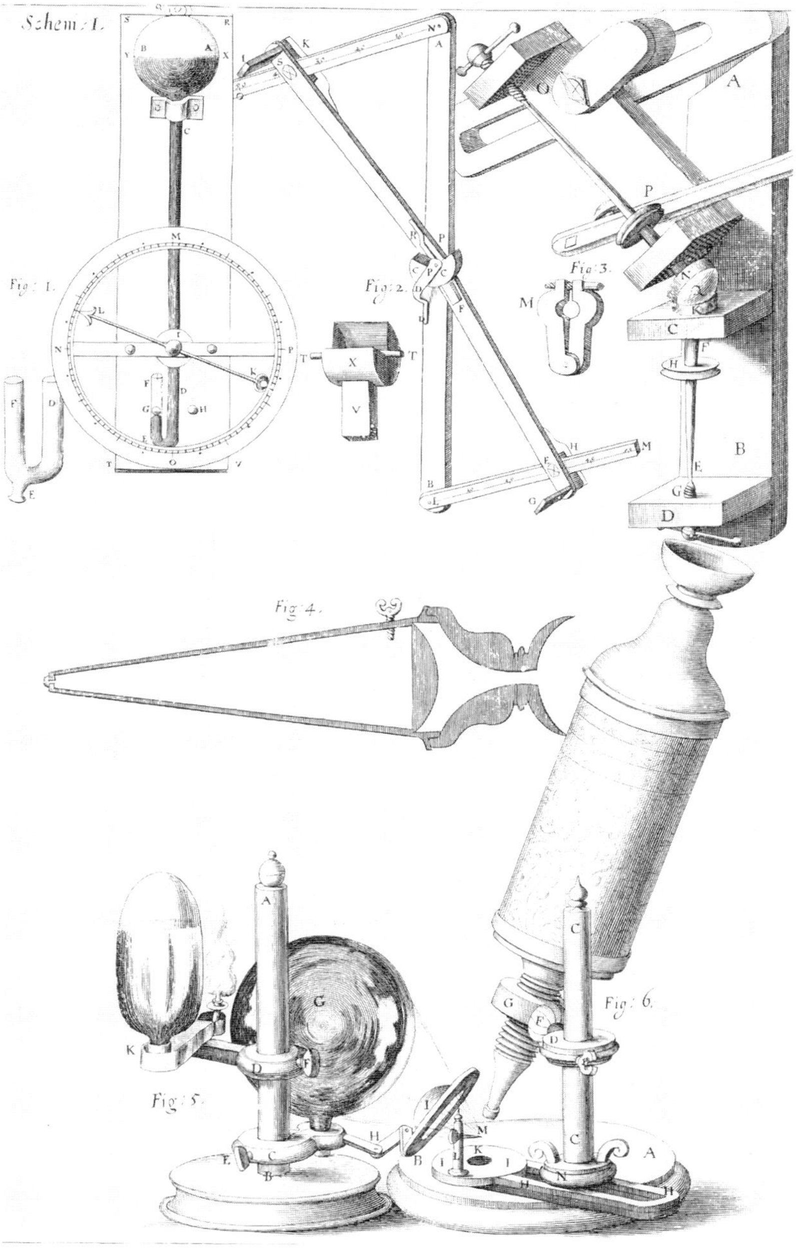

Abb. 77: Aus: Robert Hooke, Micrographia (1665)

nalistische Theorienkonzeption wäre das letzte, was ihnen hierbei geholfen hätte. Kepler sah im Fiktionalismus eine der größten Hürden auf dem Weg zu einer besseren Astronomie und tat alles, um diese Theorienauffassung zu widerlegen. In einem unveröffentlichten Traktat mit dem Titel »Apologia pro Tychone contra Ursum« hat er seinen Hypothesenbegriff erläutert.[58] In diesem Traktat fordert Kepler von den Hypothesen eines akzeptablen astronomischen Systems, daß es sich dabei um gültige Prämissen für weitere Ableitungen handeln müsse. Anders gesagt, die Hypothesen müssen wahr sein. Weder Ptolemäus noch Kopernikus teilten nach Kepler die absurde Auffassung, man solle die beobachtbaren Phänomene aus wissentlich falschen Prämissen ableiten. Beide suchten nach wahren Theorien.

Wenn Kopernikus die Sonne in den Mittelpunkt des Kosmos setzte, so tat er dies nach Kepler nicht aus einer Laune heraus, sondern nach reiflicher

58 Nicholas Jardine, The Birth of History and Philosophy of Science. Kepler's »A defence of Tycho against Ursus« with essays on its provenance and significance, Cambridge 1984.

Überlegung. Er sei kein Hasardeur gewesen, der aufs Geratewohl eine neue Hypothese ausprobieren wollte, sondern er war von der Wahrheit seines Modells überzeugt. Genauer betrachtet, könnte man dies für einen Rückschritt hinter den Diskussionsstand bei den Regressus-Theoretikern von Padua halten. Zwar suchten auch die Averroisten von Padua keine Hypothesen im fiktionalistischen Sinn, sondern die wahren Ursachen der Erscheinungen, aber zumindest bei Agostino Nifo ist klar, daß es sich bei den im Prozeß der Analyse aufgestellten Sätzen um das handelt, was wir heute Hypothesen nennen.[59]

Auch Galilei war ab seiner mittleren Periode nicht mehr der Auffassung, daß die Theoreme der Mechanik oder der Astronomie aus evidenten, unbezweifelbaren Prinzipien heraus deduzierbar seien. Dieser Sinneswandel war das Ergebnis eines Lernprozesses. Etliche Male hatten sich Prinzipien, die zunächst evident erschienen, als falsch herausgestellt. Zwar mußten die letztlich gefundenen Prinzipien einleuchtend, klar und konsistent sein, aber es blieb der Erfahrung und dem Experiment überlassen, welche Prinzipien aus der Gesamtmenge derer, die diese Bedingung erfüllten, auch tatsächlich auf wirkliche Bewegungen zutrafen. Galilei machte allerdings den Fehler, aus der für ihn evidenten Tatsache, daß sich von drei konkurrierenden astronomischen Systemen das eine (das ptolemäische) als falsch und das zweite (das tychonische) als ›nichtig‹ erwiesen haben, auf die Wahrheit des verbleibenden dritten (des kopernikanischen) zu schließen. Er zieht also nicht die Möglichkeit in Betracht, daß auch dieses falsch sein und die Wahrheit in einem vierten, noch gar nicht bekannten System liegen könnte. Diese Position wäre nur dann legitim, wenn dieses dritte System alles erklärte, was zu erklären war, und keine bekannten Beobachtungen mit ihm in Widerspruch stünden. Bereits Kepler wußte, daß dies nicht der Fall war. Er ersetzte deshalb die Kreise des Kopernikus durch Ellipsen – was Galilei nicht akzeptierte.

Galilei war sicherlich kein Fallibilist im Popperschen Sinn. Noch weniger war er ein Probabilist, der jeder Aussage über die Wirklichkeit nur einen Wahrscheinlichkeitswert zuschreiben wollte. Der Wissenschaftshistoriker Nicholas Jardine, der sich allerdings auf eine Analyse der frühen Arbeiten stützt, hält Galilei sogar für einen Aprioristen, der auch in der Realwissenschaft nach absolut sicheren Prinzipien sucht.[60] Jardine konstatiert, daß viele Wissenschaftler des 16. und 17. Jahrhunderts den gleichen Fehler machten. Auch Francis Bacon lehnte eine fiktionalistische Theorienkonzeption ab. An seinen astronomischen Erörterungen wird klar, daß er nach wahren astronomischen Hypothesen sucht. Und diese Hypothesen sollen nicht nur die Bewegungen der Himmelskörper, sondern auch ihre Substanz, ihre Wirkung und ihre Kräfte erklären. Bacon verzichtet nicht wie sein Zeitgenosse Galilei oder wie später Newton auf die Frage nach dem Wesen der Dinge – sei dies nun die Bewegung, die Gravitation oder die Natur der Materie – zugunsten der Beschreibung ihrer beobachtbaren Manifestationen und Eigenschaften. Er beharrt darauf, daß die Wissenschaften auch in diesen Fragen nach wahren Theorien streben müssen.

Könnte es sein, daß dieser ›Fehler‹ sich in der wissenschaftlichen Revolution der Neuzeit insofern nicht negativ, sondern positiv ausgewirkt hat, als er den Wandel förderte? Wurde diese Umwälzung dadurch begünstigt, daß eine Reihe hochkarätiger Wissenschaftler ihre neuartigen Vermutungen für sicherer hielten, als sie waren?[61]

59 Agostino Nifo, zit. nach Crombie, Von Augustinus, 262f.

60 Jardine, The Birth, 279, 289f.

61 Vgl. dazu Edward Grant, Hypotheses in Late Medieval and Early Modern Science (einschl. eines Kommentars von Benjamin Nelson), in: Daedalus 91 (1962), 599ff.

Pierre Duhem hätte diese Frage emphatisch verneint. Nach seiner Auffassung waren Kopernikus, Kepler und Galilei die Dogmatiker im Konflikt mit der Kirche, die eine nicht beweisbare Auffassung ohne Rücksicht auf die Kosten durchsetzen wollten. Demgegenüber stellt er Osiander, Bellarmin und die anderen Fiktionalisten als die Vertreter der modernen neuzeitlichen Methodenauffassung hin, die nur forderten, die Wissenschaftler sollten nicht mehr behaupten, als sie beweisen konnten, und sich ansonsten mit dem Wahrscheinlichen begnügen.

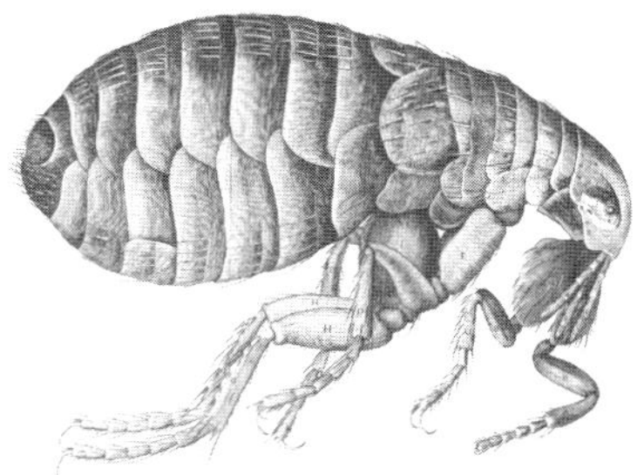

Abb. 78: Aus: Robert Hooke, Micrographia (1665)

Benjamin Nelson, einer der schärfsten Kritiker der Duhemschen Auffassung, hebt demgegenüber hervor, daß zwischen der realistischen Theorienkonzeption der Innovatoren des 17. Jahrhunderts und dem Umstand, daß sich das Neue schließlich als besser erweisen und durchsetzen konnte, ein Zusammenhang bestehen könnte.[62]

Historisch läßt sich nach Nelson zeigen, daß die fiktionalistischen und probabilistischen Strömungen innerhalb der Scholastik (Nikolaus von Autrecourt, Ockham und die Nominalisten) keineswegs zu einer Befreiung der Wissenschaft aus der Klammer der Religion geführt haben. Wenn der Nominalismus etwas schützte, dann nicht die Wissenschaft, sondern die Religion. Er bewahrte den Glauben vor den Anfeindungen durch neue Ergebnisse wissenschaftlicher Arbeit. Wenn diese Ergebnisse nur wahrscheinlich, aber nicht sicher waren – wenn neue allgemeine Sätze der Wissenschaft nur den Status menschlicher Konstruktionen hatten, wie dies nach nominalistischer Ansicht der Fall war, dann stellten sie keine Gefahr mehr für den Glauben dar. Denn von Menschen gemachtes, wahrscheinliches Wissen kann nicht mit von Gott offenbartem Wissen konkurrieren. Nominalismus, Probabilismus und Skeptizismus sind nach Nelson keine Faktoren, die die wissenschaftliche Revolution des 17. Jahrhunderts gefördert haben. Sie haben sie eher behindert.

Kann man diese Beobachtung verallgemeinern? Es ist zu bezweifeln. Die Verhältnisse im späten 17. und im 18. Jahrhundert sprechen eher dafür, daß auch eine skeptische Position die Wissenschaften und die Philosophie fördern kann. Während die zumeist klerikalen Skeptiker des 17. Jahrhunderts wie Mersenne oder Gassendi die inhaltliche Entwicklung der Wissenschaften ihrer Zeit nur wenig beflügeln konnten,[63] hat der skeptische Empirismus von John Locke dazu beigetragen, dogmatische Positionen des cartesischen Rationalismus aufzulösen, die sich in der Physik als Erkenntnishindernisse erwiesen hatten. Der Erzskeptiker David Hume hat Immanuel Kant aus seinem ›dogmatischen Schlummer‹ geweckt. Wir können schließen, daß es auch hier – wie in so vielen anderen Fällen – von den Umständen abhängt, ob eine skeptische (fiktionalistische, instrumentalistische) oder eine dogmatische (realistische) Sicht auf die Wissenschaft ihren Fortschritt behindert oder fördert.

Die Entwicklung hin zu einer skeptischeren Position bezüglich des Erkenntniswerts von Hypothesen hatte sich bereits bei Descartes angedeutet, obwohl dieser aus seinen praktischen Forschungserfahrungen noch nicht die gleichen Schlüsse zog, die Locke ein halbes Jahrhundert später durch philosophische Reflexion gewann.

Obwohl Descartes darauf beharrte, daß die Gesamtheit unseres Wissens über die Welt aus obersten Prinzipien logisch ableitbar sein muß, waren diese Prinzipien offenbar nicht auf eine eindeutige Weise durch ihre Evidenz erkennbar. Descartes muß zugeben, daß er Experiment und Beobachtung nicht entbehren kann. Er verzichtet, was die einzelnen Wissenschaften betrifft, auf

62 Nelson, Die Anfänge, 119f.

63 Richard H. Popkin, The History of Scepticism from Erasmus to Spinoza, Berkeley 1979; vgl. auch Richard H. Popkin, The Third Force in Seventeenth-Century Thought, Leiden 1992.

Sicherheit und zieht sich auf einen hypothetischen Standpunkt zurück. Den besten Beleg für diese methodologische Position findet man an jener Stelle im vierten Teil der »Prinzipien der Philosophie«, an der Descartes Gott mit einem Uhrmacher vergleicht, der viele verschiedene Konstruktionsmöglichkeiten für den internen Mechanismus hat, der die Zeiger bewegt. Wir können nicht das Innere der Uhr, sondern nur die Bewegung der Zeiger sehen. Von diesen äußeren Phänomenen versuchen wir die innere Konstitution der Natur zu erschließen; doch da es unendlich viele verschiedene Möglichkeiten gibt, dieselben Phänomene hervorzubringen, müssen wir uns letzten Endes mit einer Hypothese begnügen, aus der die Phänomene folgen, ohne daß wir wissen, ob sie im Sinne einer Korrespondenz von Theorie und Realität wirklich wahr ist.

Mit dem darauf folgenden Satz stellt Descartes zugleich einen Anknüpfungspunkt zur angelsächsischen Common-Sense-Philosophie her. »Dies wird auch für die Zwecke des Lebens genügen, weil sowohl die Medizin und Mechanik, wie alle anderen Künste, welche der Hilfe der Physik bedürfen, nur das Sichtbare und deshalb zu den Naturerscheinungen Gehörige zu ihrem Ziele haben.«[64] Das gleiche wird 42 Jahre später auch John Locke sagen.

Es war diese hypothetische Einstellung und nicht die überzogene Apriorismus-These, die zur methodischen Grundposition der cartesischen Physiker für die folgenden hundert Jahre wurde. Insofern teilte der cartesische Apriorismus das Schicksal des Baconschen Induktivismus, der seine Versprechung, sicheres Wissen durch Erfahrung und Experiment zu gewinnen, ebenfalls nicht einlösen konnte. Bereits Joseph Glanvill machte in seiner »Scepsis Scientifica« oder »The Vanity of Dogmatizing« von 1665 zwischen Bacon und Descartes keinen großen Unterschied mehr in dieser Frage. Im »Essay Concerning Human Understanding« von John Locke schließlich waren alle unsere Vorstellungen, die nicht den einfachen primären Qualitäten der Dinge entsprachen, Konstruktionen des Wahrnehmenden. Dies gilt für alle komplexen Begriffe und insbesondere für alle Relationen zwischen diesen, also auch für Hypothesen.

Nur die Methoden der Erfahrungswissenschaften können in dieser Situation eine begrenzte Abhilfe schaffen. Wie Locke in der Analogie eine Hilfsmethode zum Erkennen von Ähnlichkeiten zwischen Dingen der Natur sieht, so sieht er im Experiment eine Hilfsmethode zur Prüfung der so gefundenen Hypothesen. Beide Verfahren verhelfen uns nicht zu eigentlicher Erkenntnis, das heißt zu sicherem Wissen, aber vielleicht zur Unterscheidung zwischen mehr oder weniger wahrscheinlichem Wissen. Diese Methode wenden wir nach Locke gezwungenermaßen an. Wir haben kein anderes Verfahren, das uns in Ermangelung klarer Ideen etwas über die Natur der Substanzen, die Wahrheit von Hypothesen oder die Korrektheit unserer komplexen Begriffe mitteilen könnte.

Trotz aller Vorteile, die wir uns von ausgiebigem Experimentieren erhoffen mögen, bezweifelt Locke, daß uns diese Methode am Ende sehr viel weiter bringen wird. Sie kann uns allenfalls dazu verhelfen, unsere Praxis zu verbessern und das Leben angenehmer zu machen. Was unser Wissen von der Grundstruktur der Welt, von der Natur der ausgedehnten und der denkenden Substanz, vom wahren Wesen der Substanzen oder von der Transformation primärer in sekundäre Qualitäten betrifft, so hält Locke fundamentale Erweiterungen unseres Wissen für nur schwer vorstellbar.[65] Ein allgemeines

64 René Descartes, Die Prinzipien der Philosophie (übers. und eingel. durch Arthur Buchenau), Hamburg 1955, 204 und 246.

65 John Locke, Versuch über den menschlichen Verstand, Bd. 2, Hamburg 1988, 331.

Wissen von der Konstitution der Substanzen sei uns für immer versagt. Ebensowenig könnten wir jemals wissen, ob einem Vorgang, den wir bisher als regelmäßig erfahren haben, ein allgemeines Gesetz zugrunde liegt, oder ob zwei Vorgänge kausal verbunden sind. Was wir beobachten können, sind Sukzessionen individueller Vorgänge, genauer: die Aufeinanderfolge einfacher Ideen der Wahrnehmung oder der Reflexion. Sicher ist dieses Wissen nur als hier und jetzt vorhandenes. Schon meine Erinnerung an eine Kombination einfacher Wahrnehmungen, die vor wenigen Minuten meine Sinne erregte, ist kein sicheres Wissen mehr, sondern nur mehr wahrscheinliches. Mein Erinnerungsvermögen könnte mich täuschen.

Doch obwohl Locke skeptisch hinsichtlich unserer Fähigkeit zur Erkenntnis von Substanzen, Gesetzen und kausalen Beziehungen bleibt, ist er kein Instrumentalist. Er empfiehlt, Hypothesen nicht zu akzeptieren, bevor man sie nicht sehr sorgfältig mit den Phänomenen verglichen hat. Er empfiehlt aber auch, sie im Falle des Erfolgs nicht zu Prinzipien zu erklären und sie weiterhin als das zu nehmen, was sie sind: nämlich Vermutungen.

Als solche werden sie auch heute noch angesehen. Die Frage freilich, ob Hypothesen oder Theorien nur handliche Fiktionen zur Systematisierung von Beobachtungen bzw. Programme zur Vorhersage künftiger Wahrnehmungen sind, oder ob sie den grandiosen Versuch menschlicher Wissenschaft darstellen, die ›Gedanken Gottes‹ zu erraten, ist auch heute noch offen.

Die Eroberung des Himmels

GUDRUN WOLFSCHMIDT

Einleitung

Das alte, geozentrische Weltbild hatte fast 2000 Jahre seine Gültigkeit, und es war durch alltägliche Erfahrung leicht zu begreifen. In diesem Kapitel sollen unter anderem die allmähliche Überwindung der alten Vorstellungen und die Durchsetzung der neuen, heliozentrischen Ideen des Nikolaus Copernicus (1473–1543) beschrieben werden. Nicht nur diese neuen Ideen, vielmehr die neuen instrumentellen Entwicklungen mit den spektakulären Entdeckungen erweckten das Interesse einer breiten Öffentlichkeit an astronomischen Themen. Trotzdem gab es weiterhin Aberglauben, Kometenfurcht und Interesse an Astrologie.

1. Die Überwindung aristotelischer Vorstellungen

Die Wissenschaft der Frühen Neuzeit war noch stark von antiken Traditionen geprägt. Die Meinung des Aristoteles (384–322 v. Chr.) war im Mittelalter und in der Renaissance vorherrschend. Erst schrittweise wurden antike und besonders aristotelische Ideen überwunden.

Man versuchte sogar, sich allmählich von einem Sternhimmel zu lösen, der geprägt war von der antiken Mythologie: Julius Schiller (1759–1805) führte 1627 den christlichen Sternhimmel ein: »Coelum stellatum Christianum« (Augsburg 1627). Die 12 Tierkreiszeichen hat er beispielsweise durch die 12 Apostel ersetzt.[1] Erhard Weigel (1625–1699) in Jena wählte 1688 die Wappen der europäischen Herrscher für seinen heraldischen Sternhimmel: »Pancosmi descriptio« (Jena 1688).[2]

Diese beiden Versuche verschwanden bald wieder, aber Nicolas Louis de Lacaille (1713–1762) führte 1750 bei der Erforschung des Südhimmels neue Sternbilder ein und wählte im Geist des naturwissenschaftlichen Zeitalters wissenschaftliche Instrumente wie Teleskop, Luftpumpe usw., die sich bis heute gehalten haben.

Tychos Nova 1572

Am 11. November 1572 entdeckte Tycho Brahe (1546–1601) beim Verlassen seines chemischen Laboratoriums, das ihm sein Onkel Steen Bille einrichten ließ, einen neuen Stern von Venushelligkeit im Sternbild Cassiopeia. Er traute zunächst seinen Augen nicht und verglich dieses Ereignis mit einem Wunder in der Bibel. Nach regelmäßigen Beobachtungen von Position, Farbänderung und Helligkeitsabnahme stellte er seine Ergebnisse in dem Buch »De nova stella« (Kopenhagen 1573) zusammen. Diese Schrift über den – heute Tychos Supernova genannten – neuen Stern erweckte große Aufmerksamkeit und machte Brahe in Astronomenkreisen bekannt.[3]

1 Andreas Cellarius, Coeli Stellati Christiani Haemisphaerium Posterius, Amsterdam 1661. (Abbildungen von Julius Schiller, Celestial Chart-Religion, Christianity, Constellations).

2 Reinhard E. Schielicke/Klaus-Dieter Herbst/S. Kratochwil (Hg.): Erhard Weigel – 1625 bis 1699. Barocker Erzvater der deutschen Frühaufklärung. Beiträge des Kolloquiums anläßlich seines 300. Todestages am 20. März 1999 in Jena, Thun/Frankfurt a.M. 1999.

3 Michael A. Hoskin, Novae and Variables from Tycho to Bulliadus, in: Sudhoffs Archiv 61 (1977), 195–204.

Abb. 79: Georg Mack d.Ä., Komet über Nürnberg, Holzschnitt (1577)

Doch so selbstverständlich, wie es uns heute erscheint, daß es bei Sternen Helligkeitsvariationen gibt, war es damals gar nicht; nach Aristoteles sollte es keine Änderungen in der supralunaren Sphäre geben; die Fixsterne wurden als unveränderlich bezüglich ihrer Position am Himmel und ihrer physikalischen Eigenschaften angesehen.[4] Brahe prüfte genau, ob dieses neue Himmelsobjekt nur eine atmosphärische Erscheinung – wie ein Meteor – sein könnte, und versuchte, die Entfernung zu bestimmen. Es ergab sich bei sorgfältigen Messungen mit seinem neuen Sextanten für den Winkelabstand zwischen dem neuen Stern und Schedir in der Cassiopeia immer der gleiche Wert 7°55' – ganz gleich, ob die Messung am Horizont oder im Zenit vorgenommen wurde. Also konnte die Nova nicht der sublunaren Sphäre angehören, das heißt, es konnte keine Erscheinung in der Erdatmosphäre sein. »Deshalb wird es nötig sein, diesen Stern nicht in die elementare Region unterhalb des Mondes, sondern viel höher in die Sphäre zu versetzen, von wo aus gesehen die Erde unmerklich erscheint.«[5] Seine Schlußfolgerung, daß in der Sphäre der Fixsterne offenbar doch Veränderungen möglich seien, stand im Widerspruch zu den damals gültigen aristotelischen Vorstellungen und löste kontroverse Diskussionen aus. Schon in »De nova stella« äußerte Brahe die Hoffnung, einen Kometen zu sehen, um überprüfen zu können, ob die Kometen vielleicht auch Himmelsobjekte darstellen.

Tychos Komet 1577

Bei Aristoteles galten Kometen nicht als Himmelskörper, sondern als Objekte der sublunaren Sphäre. Sie wurden aufgrund ihrer Veränderlichkeit als atmosphärische Erscheinungen wie die Meteore in der Luft- bis Feuer-Region angesiedelt. Folgerichtig wurden Kometen im »Almagest« des Klaudios Ptolemaios (um 100–160 n. Chr.) nicht erwähnt. Nach Aristoteles entsteht ein Komet durch heiße, rauchartige Dämpfe, die sich aufgrund des Einflusses der anderen Himmelskörper auf der Erdoberfläche in Sumpfgebieten oder

4 Bernhard Cohen, The Influence of Theoretical Perspective on the Interpretation of Sense Data: Tycho Brahe and the New Star of 1572, and Galileo and the Mountains of the Moon, in: Annali dell' Istituto e Museo di Storia della Scienzia di Firenze 5 (1980), 3–14.

5 Tycho Brahe, De nova stella, Kopenhagen 1573. Zit. nach Ernst Zinner, Astronomie – Geschichte ihrer Probleme, Freiburg/München 1951, 340.

Höhlen entwickeln, in die Feuer-Region aufsteigen und sich durch die Sonnenwärme entzünden. Die Sphäre des Mondes reißt den Kometen bei ihrer Bewegung mit sich fort.

Noch bevor das Observatorium fertig wurde, hatte Tycho das Glück, einen Kometen beobachten zu können. Am Abend des 13. November 1577 erblickte er ein helles Objekt am Westhimmel. Sofort wollte er mit seinen transportablen Meßinstrumenten prüfen, ob Kometen wirklich nur atmosphärische Erscheinungen sind. »Das aber eigentlich zu erfahren, habe ich großen Fleiß angewendet, weil hierin die ganze Wissenschaft vom Ort und Eigenschaft des Kometen gelegen ist, und habe ich aus vielerei Beobachtungen mit zugehörigen Instrumenten beobachtet und durch die Dreieckslehre gefunden, [...] daß dieser Komet wenigstens 230 Erdhalbmesser von der Erde entfernt gestanden sei.«[6] Tycho konnte messen, daß der Komet mindestens fünfmal weiter als der Mond entfernt sein mußte; eine Parallaxe – wie bei nahen Objekten zu erwarten gewesen wäre – war nicht meßbar, trotz der Genauigkeit seiner Instrumente. In seiner Schrift »De cometa anni 1577« (Uraniborg 1578) folgerte Brahe daher, daß Kometen trotz ihres veränderlichen Schweifes translunare (interplanetare) Himmelskörper sein müßten – Objekte der ätherischen Welt und nicht der (sublunaren) Feuersphäre. Dies stand aber im Gegensatz zu der damals noch vorherrschenden aristotelischen Lehrmeinung, nach der keine Veränderungen in den himmlischen Regionen möglich sind.[7]

Abb. 80: Komet über Augsburg, Holzschnitt (1577)

Der Komet (Parallaxe 5°) mußte also fünfmal weiter als der Mond (Parallaxe 1°) entfernt sein; er hätte mehrere Äther-Kugelschalen von Planeten (mindestens die Venussphäre) durchqueren müssen. Damit kam Brahe in seinem Werk »De mundi aetherei recentioribus phaenomenis« (Uraniborg 1588; Prag 1603) zu dem Schluß, die reale Existenz der Kugelschalen zu zerstören und sie in Umlaufbahnen zu verwandeln – ein weiterer Bruch mit aristotelischen Vorstellungen: »In Wirklichkeit gibt es keine Kugelschalen (Sphären) am Himmel [...] diejenigen, die gewisse Autoren, um den Schein zu wahren, erfunden haben, existieren nur in der Phantasie und zu dem Zweck, damit die Bewegungen der Planeten vom Geist verstanden und (nach einer geometrischen Interpretation) mit Hilfe der Arithmetik in Zahlen aufgelöst werden können. Deshalb dürfte es ein müßiges Unterfangen sein, eine wirkliche Kugelschale entdecken zu wollen, an der der Komet befestigt wäre, so daß beide zusammen kreisten.«[8] Die Zerschlagung der Sphären durch Tycho bedeutete eine Öffnung des Himmels und führte Giordano Bruno (1548–1600) konsequent zur Idee der Unendlichkeit.

Zwischen Kometenfurcht und Kometenforschung

Kometen wurden häufig als ungünstige Vorzeichen für kommendes Unheil gedeutet; sie sollten Dürre, Unwetter, Seuchen, Kriege und Tod bringen. Die astrologische, meist negative Bedeutung der Kometen als Unglücksboten, ist schon in der römischen Zeit vorzufinden. Die Kometenfurcht war im Volk in der Frühen Neuzeit weit verbreitet und schlug sich auch in Kalendern nieder.[9] Noch 1734 sagte Johann Jakob Scheuchzer (1672–1733) in seiner »Physica sacra« einen Weltuntergang in Zusammenhang mit einem Kometen voraus.

6 Tycho Brahe, De cometa anni 1577, Uraniborg 1578, in: Zinner, Astronomie, 294.

7 John Robert Christianson, Tycho Brahe's German Treatise on the Comet of 1577: A Study in Science and Politics, in: Isis 70 (1979), 110–140.

8 Tycho Brahe, De mundi aetherei, Uraniborg 1588. Zit. nach Marie Boas, Die Renaissance der Naturwissenschaften 1450–1630. Das Zeitalter des Kopernikus, Gütersloh 1962, Nördlingen 1988, 126–127.

9 Markus Griesser, Die Kometen im Spiegel der Zeiten. Eine Dokumentation, Bern/Stuttgart 1985; Jürgen Hamel, Die Kometen in der deutschsprachigen astronomisch-astrologischen Kleinliteratur um 1600 – Tradition und Innovation, in: Die Sterne 71 (1995), 18–28.

Abb. 81: Christoph Scheiner, Rosa Ursina, sive sol, Frontispiz (1630)

Abb. 82: Erhard Weigel, Speculum Uranicum, Frontispiz (1661)

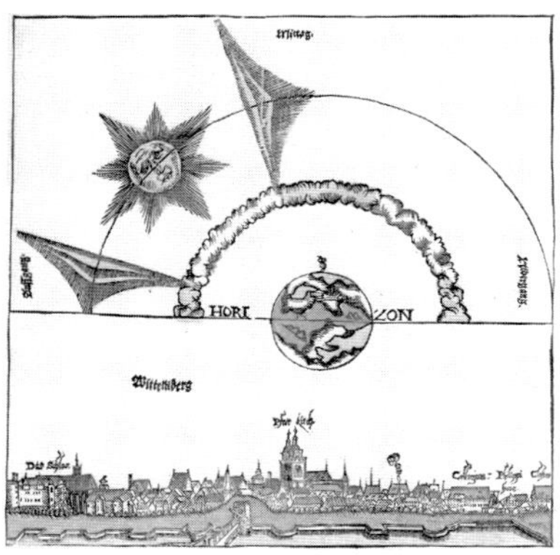

Abb. 83: Nebensonnen über Wittenberg, Flugblatt (1556)

Mit Peter Apian (1495–1552) begann zwar die Beobachtung und wissenschaftliche Erforschung der Kometen, aber auch er konnte sich noch nicht vollständig von bestimmten Prognosen lösen. Ein Zusammentreffen (Konjunktion) einer verfinsterten Sonne mit Merkur oder Mars in einem Tierkreiszeichen oder allgemein eine Planetenkonjunktion sollte einen Kometen erzeugen – was Apian beim Kometen 1531 zu beweisen suchte. Hierbei wird deutlich, wie stark Apian in dieser Hinsicht noch in den aristotelischen Vorstellungen verwurzelt war.

Apian beobachtete fünf Kometen bis 1539, beginnend 1531 mit dem Kometen, der Edmond Halley (1656–1742) Ende des 17. Jahrhunderts zur Erkenntnis der Periodizität führte. Bereits beim Kometen 1531 fand sich schon seine entscheidende Feststellung in Andeutung: »wie der schwanz sich nach der Sonnen schein allzeyt gewent hat«. Daß der Schweif eines Kometen von der Sonne abgewandt ist, war nicht so einfach zu erkennen, wie es vielleicht klingt; man bedenke, daß natürlich Komet und Sonne nicht gleichzeitig am Himmel zu sehen waren. Insofern war es sehr wichtig, die Meßwerte zur Verdeutlichung in eine Karte einzutragen. Verifizieren konnte Apian die Richtung des Kometenschweifs von der Sonne weg beim Kometen von 1532. Apian war sich der Bedeutung seiner Entdeckung bewußt und betonte sein Ergebnis gleich in seiner Vorrede. Obwohl Apian also wohl nicht als erster diese Erkenntnis hatte, so ist es immerhin die erste graphische Darstellung dieses Phänomens.

Erst Johannes Kepler (1571–1630) überwand endgültig die antiken Ideen im Jahrhundert nach Nikolaus Copernicus (1473–1543), als er die Kugelsphären aufgab und sich auch von dem antiken Dogma der gleichförmigen Bewegung löste. Schon Tycho Brahe hatte bei Kometen Überlegungen in dieser Richtung angestellt: »Entweder ist also die Bahn dieses, unseres Kometen um die Sonne nicht in jeder Beziehung völlig kreisförmig, sondern etwas länglich wie die Figur, die wir gemeinhin eiförmig nennen, oder seine Bahn ist zwar völlig kreisförmig, aber er bewegt sich anfänglich langsamer, dann mit erhöhter Geschwindigkeit fort.«[10] Kepler schließlich verbesserte das copernicanische Weltsystem, indem er elliptische Umlaufbahnen und ungleichförmige Bewegungen für die Planeten einführte. Damit vollzog er den wirklichen Bruch mit der Antike.

Scheiners Entdeckung der Sonnenflecken

Nach dem antiken Weltbild des Aristoteles sollte die Sonne makellos sein und dem supralunaren Raum angehören. Doch kurz nach der Erfindung des Fernrohrs entdeckten mehrere Astronomen unabhängig voneinander die Sonnenflecken: »Ich richtete das Fernrohr nach der Sonne. Sie schien mir allerlei Ungleichheiten und Rauhigkeiten zu haben […] Indem ich nun das aufmerksam betrachte, zeigt sich mir unerwartet ein schwärzlicher Flecken von nicht geringer Größe in Vergleichung mit dem Sonnenkörper. […] Ich glaubte vorbeiziehende Wolken stellen den Flecken dar. Ich wiederholte die Wahrnehmung wohl zehnmal, durch batavische Fernröhren von verschiedener Größe, versicherte mich endlich, Wolken verursachten diesen Flecken nicht. […] Den folgenden Morgen erschien mir beim ersten Anblick der Flecken wiederum, zu meiner großen Freude […].« So erzählte Johann Fa-

10 Tycho Brahe, De mundi aetherei, Uraniborg 1588. Zit. nach Boas, Die Renaissance (1988), 130–131.

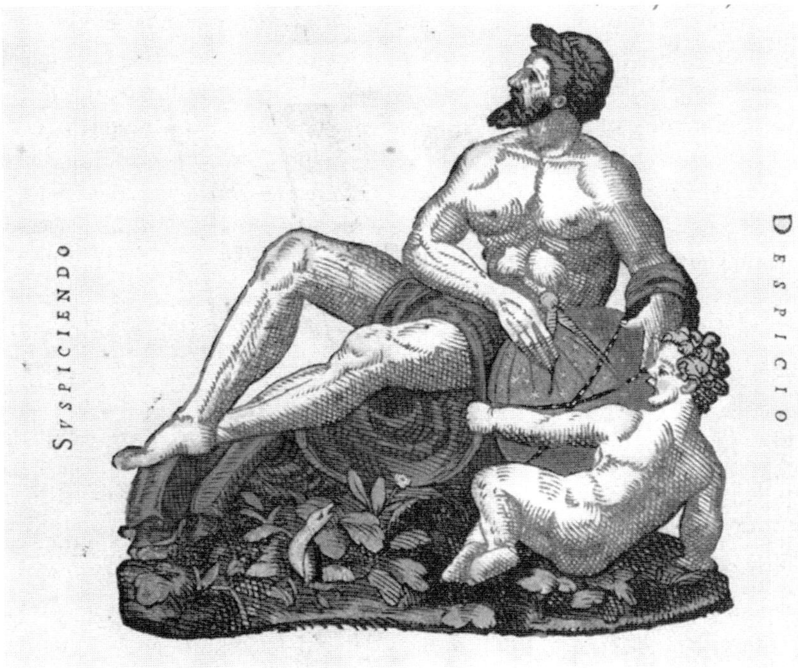

Abb. 84: Astronomie, Druckvignette aus: Tycho Brahe, Astronomiae instauratae mechanica (1598)

Abb. 85: Alchemie, Druckvignette aus: Tycho Brahe, Astronomiae instauratae mechanica (1598)

bricius (1587–1616) von seiner ersten Sonnenfleckenbeobachtung in Friesland im Dezember 1610, berichtet in »De Maculis in Sole Observatis, et Apparente earum cum Sole Conversione Narratio« (Wittenberg, 13. Juni 1611). Flecken auf der Sonne! Welches Erstaunen mag wohl den Jesuitenpater Christoph Scheiner (1575–1650) in Ingolstadt 1611 befallen haben, als er zum ersten Mal die kleinen schwarzen Flecken wie Fliegendreck auf der Sonne sah. Der Ordensprovinzial erklärte 1611 seinem verunsicherten Kollegen: »Ich habe den Aristoteles von Anfang bis Ende durchgelesen und nichts über Flecken auf der Sonne gefunden. Beruhige Dich, mein Sohn, und sei versichert, daß die Flecken Fehler in Deinen Gläsern oder in Deinen Augen sind, aber nicht in der Sonne.« Scheiner wagte es daraufhin nicht, seine Beobachtung zu publizieren. Fast zur gleichen Zeit beobachteten Galileo Galilei (1564–1642) in Padua und Thomas Harriot (1560–1621) in England Sonnenflecken.[11]

Galilei meinte, daß Aristoteles selbst seine Lehre von der Unveränderlichkeit des Himmels aufgegeben hätte, wenn er beispielsweise von den Sonnenfleckenbeobachtungen mittels eines Fernrohrs gewußt hätte: »[Es ist] bessere Aristotelische Philosophie zu sagen ›der Himmel ist veränderlich, denn meine Sinne zeigen mir dies‹, als zu sagen ›der Himmel ist veränderlich, weil Aristoteles sich durch Überlegungen davon überzeugt hatte.‹«[12]

Galileis Bruch mit der aristotelischen Physik

Galileo Galilei (1564–1642), der große Physiker, Mathematiker und Astronom aus Pisa, ist der Begründer der modernen, durch Versuch, Messung und mathematische Darstellung gekennzeichneten Forschungsmethode der exakten Naturwissenschaften. Charakteristisch ist das planmäßig vorbereitete Experiment zur Überprüfung theoretischer Überlegungen und Vorstellungen, das Galilei in die Physik einführte. In der Astronomie jedoch bediente sich Galilei einer qualitativen, nicht mathematischen Methode, das heißt, er beobachtete die Himmelserscheinungen und zeichnete die Ergebnisse auf; er entwarf aber keine neue Theorie und hielt sogar an den antiken Kreisbahnen trotz Keplers Veröffentlichung fest.

Allerdings fällt in »Il saggiatore« (Der Prüfer) 1623 auf, daß sich Galilei – obwohl er eine neue Physik geschaffen hat – immer noch nicht ganz von aristotelischen Vorstellungen lösen konnte. Seine Ansicht über die Natur der Kometen scheint vom Streit mit dem Jesuitenpater Orazio Grassi (1583–1654) beeinflußt gewesen zu sein, der nämlich äußerte, die Kometen bewegten sich auf Bahnen wie die Planeten (»Libra astronomica et philosophica« 1619). Galilei dagegen vertrat die Ansicht, Kometen seien keine realen Objekte, sondern optische Täuschungen. Bis auf solche Ausnahmen war Galilei natürlich Anti-Aristoteliker. Beispielsweise ließ er im »Dialogo« (Florenz 1632) in der Diskussion über das copernicanische und aristotelische System letzteres durch einen Mann namens Simplicio vertreten.

2. Mathematisierung: Theorie der Planetenbewegung

Im 17. Jahrhundert war die Mathematik zu einem Bestandteil der wissenschaftlichen Methode geworden, beispielsweise äußerte sich René Descartes (1596–1650) 1628 folgendermaßen: »Wenn ich sodann aber darüber nachdachte, wie es wohl käme, daß einst die ersten Entdecker der Philosophie keinen in der Mathematik Unerfahrenen zum Studium der Weisheit zulassen wollten […], so kam ich geradezu auf den Gedanken, daß diese eine von den gemeinen unseres Zeitalters recht verschiedene Mathematik gekannt haben.«[13]

11 Bereits vor Erfindung des Fernrohrs hatten Chinesen, Inkas und Araber über einzelne Sonnenflecken berichtet.

12 Galileo Galilei, Dialogo. Zit. nach John Losee, Wissenschaftstheorie – Eine historische Einführung, München 1977, 58.

13 René Descartes, Regeln zur Leitung des Geistes, Regel IV 19. Übers. von A. Buchenau 1911.

Kepler: Wie bewegen sich die Planeten?

Brahes ausführliche Marsbeobachtungen (zehn Oppositionen 1580 bis 1600) lieferten die Grundlage für die Erkenntnisse Keplers, der daraus die nach ihm benannten Gesetze der Planetenbewegung ableiten konnte. In seinem grundlegenden Werk über die Planetentheorie »Astronomia Nova« (Prag 1609) erbrachte Kepler den Nachweis, daß sich die Beobachtungen Tychos nur dann gut darstellen lassen, wenn sich der Planet in einer Ellipse um die Sonne als Brennpunkt bewegt, wobei der Richtstrahl in gleichen Zeiten gleiche Flächen überstreicht (1. und 2. Keplersches Gesetz).[14] Als Grundlage für künftige Planetenbeobachtungen vollendete er die »Tabulae Rudolphinae« (Ulm 1627). Sein drittes Gesetz erschien erst in den »Harmonices Mundi« (Linz 1619). Damit tat Kepler einen wichtigen Schritt zur Mathematisierung der Astronomie.

Er unternahm auch einen Versuch zur Physikalisierung. Immaterielle Kraftstrahlen, ein System von Strahlen, die von der Sonne ausgehen und mit der Sonne kreisen, halten die Planeten durch Kraftwirkung auf ihren Umlaufbahnen, so daß der Planet an die Sonne gekoppelt ist. Seine Vorstellungen beschrieb Kepler in einem Brief an Herwart von Hohenburg (1553–1622) 1605: »Dies ist mein Ziel, aufzuweisen, daß die Himmelsmaschine kein Abbild eines göttlichen Lebewesens ist, sondern Abbild einer Uhr. – Wer glaubt, diese Uhr sei beseelt, zollt die Ehre, die dem Künstler gebührt, seinem Werk.– Mein Aufweis aber soll so geschehen, daß alle Verschiedenheiten der Bewegungen abhängen von einer einfachsten, körperlichen, magnetischen Kraft, so wie bei einer Uhr alle Bewegungen abhängen von einer einfachsten. Und ich lehre, diese physikalisch-wissenschaftliche Erkenntnis unter die Zahlen und unter die Geometrie zu rufen.«[15] Für Kepler war nicht mehr die konstante Geschwindigkeit bezüglich des Ausgleichspunktes wichtig. Eine zweite Kraft, eine Art von Magnetwirkung, sollte die Entfernung zwischen Planet und Sonne variieren und somit die elliptische Bahn erzeugen. Er meinte, daß die »bewegende Kraftseele« in Sonnennähe am stärksten wäre. Die Nähe der Sonne bewirkt also eine größere Geschwindigkeit als die Sonnenferne. Eine Veränderung der Geschwindigkeit bedeutet aber die Wirkung von Kräften. Kepler hatte also schon eine Ahnung einer von der Sonne auf die Planeten ausgehenden Kraft. So begann er mit der Idee der Kraft als »vis motrix« oder »anima motrix«, den Weg von der geometrisch-kinematischen Theorie zur Dynamik zu beschreiten.

Keplers Physik des Himmels (physica coelestis) ist ein erster Schritt in Richtung auf die Physikalisierung der Astronomie; er bereitete den Weg für die Himmelsmechanik. Er wollte der copernicanischen ›Hypothese‹ ein physikalisches Fundament verschaffen und damit die Trennung von Mathematik und Physik des Himmels aufheben, was schon Copernicus beabsichtigt hatte. Mit der Einführung von freien Bahnen der Planeten statt der Sphären und mit dem Ende der antiken Axiome der Kreisförmigkeit und Gleichförmigkeit vollzog Kepler die Wende der astronomischen Wissenschaft von der Antike und dem Mittelalter zur Neuzeit.

14 Fritz Krafft, Die Keplerschen Gesetze im Urteil des 17. Jahrhunderts, in: Rudolf Haase (Hg.), Kepler-Symposion. Zu Johannes Keplers 350. Todestag, Linz 1980, 75–98; Owen Gingerich, The Eye of Heaven: Ptolemy, Copernicus, Kepler, New York 1993.

15 Johannes Kepler, Brief an Herwart von Hohenburg vom 10. Feb. 1605 (Bayerische Staatsbibliothek München, Cod. lat. 1608, 612.), in: Keplers Gesammelte Werke, Bd. 15: Briefe 1604–1607, hg. von Max Caspar, München 1951, 2. unveränderte Aufl. 1995, Nr. 325, 57–62.

Newton: Warum bewegen sich die Planeten?

Eine physikalische Grundlage für die Bewegung der Planeten um die Sonne – als Gravitationszentrum – schuf erst Isaac Newton (1642–1726 a.St./ 1643–1727) 1687.[16] Neu ist bei Newton der Begriff der Dynamik, der durch die Keplerschen Gesetze aufgrund der ungleichförmigen Bewegung der Planeten notwendig geworden war. Diese Bewegung beruht auf der Wirkung einer Kraft. So wirkt bei den Planeten die Masse der Sonne. In seinem Hauptwerk »Philosophiae naturalis Principia mathematica« (London 1687) stellte Newton seine drei bekannten Axiome auf.[17] Er leitete aus dem dritten Keplerschen Gesetz und der »gravitas«-Vorstellung das quantitative Gravitationsgesetz ab: Die Kraft ist umgekehrt proportional zum Quadrat der Entfernung. Fallbewegung auf der Erde und Mondbewegung geschehen nach den gleichen Gesetzen, nämlich aufgrund der Schwerkraft. Zwar hatte schon Copernicus die Erde zum Himmelskörper erklärt, doch nach Newton waren irdische und himmlische Physik identisch und nicht wie bei Aristoteles getrennt durch translunare und sublunare Regionen. Damit hat Newton gezeigt, daß für alle Himmelskörper die gleichen physikalischen Gesetze gelten wie auf der Erde. Newton hat die ›Physik in den Himmel gebracht‹. So besteht für den Menschen die Möglichkeit, universelle Aussagen über die Welt zu machen – unabhängig vom Standpunkt auf der Erde; d.h. er kann seine Erfahrungen von der Erde auf den Kosmos übertragen. So schuf Newton die Grundlage für die Durchsetzung des copernicanischen Systems im 18. Jahrhundert.

3. Der Weg zur Durchsetzung des neuen Weltbildes

Die Wirkungsgeschichte des Copernicus und die Durchsetzung des neuen Weltbildes sind schon viel diskutiert worden.[18]

Tychonisches Weltsystem

Tycho war zunächst wohl Anhänger des Copernicus.[19] Als er jedoch mit seinen hervorragenden Instrumenten mit einer Genauigkeit von mindestens 1' keine Parallaxe bei den Fixsternen messen konnte, die nach Copernicus etwa 3' betragen sollte, entwickelte er sein »Tychonisches Weltsystem«, veröffentlicht in »De mundi aetherei recentioribus phaenomenis« (Uraniborg 1588; Prag 1603). Andernfalls hätte er die Fixsterne in eine Entfernung rücken müssen, die sein Vorstellungsvermögen weit überstieg. »Ich begann bei mir selbst tiefer darüber nachzudenken, ob es mit Hilfe irgendwelcher vernünftiger Überlegungen möglich sei, eine Hypothese zu finden, die sich einmal mit Mathematik und Physik völlig im Einklang befände, nicht der theologischen Zensur anheimfiele und zugleich den himmlischen Erscheinungen entspräche. Schließlich, fast gegen alle Hoffnung, fiel mir jene Anordnung der himmlischen Kreisbewegungen ein, die sich geziemend so verteilt, daß keine von diesen Ungereimtheiten auftreten kann.«[20] Im »Tychonischen Weltsystem« umkreisen die fünf Planeten die Sonne, aber die Sonne dreht sich um die in der Mitte der Welt ruhende Erde (ohne Rotationsbewegung!). Damit waren wichtige Unzulänglichkeiten des antiken Systems ausgeräumt; trotzdem mußte

16 John Fauvel/Raymond Flood/Michael Shortland/Robin Wilson, Let Newton be! A new perspective on his life and works, Oxford 1988, 1992; Newtons Werk – Die Begründung der modernen Naturwissenschaft, Basel/ Boston/Berlin 1993; Fritz Wagner, Zur Apotheose Newtons. Künstlerische Utopie und naturwissenschaftliches Weltbild im 18. Jahrhundert, in: Sitzungsberichte der Bayerischen Akademie der Wissenschaften, phil.-hist. Kl., 1974, H. 10.

17 Isaac Newton, Mathematische Principien der Naturlehre, London 1687. Deutsche Übers. von J. P. Wolfers, Berlin 1872, Nachdruck Darmstadt 1963.

18 Siehe zum Beispiel: Ernst Zinner, Entstehung und Ausbreitung der copernicanischen Lehre, Erlangen 1943, 2. Aufl., durchgesehen und ergänzt von Heribert Nobis/Felix Schmeidler, München 1988; Uwe Müller (Hg.) u.a., 450 Jahre Copernicus »De revolutionibus«. Astronomische und mathematische Bücher aus Schweinfurter Bibliotheken, Schweinfurt 1993; Jürgen Hamel, Nicolaus Copernicus. Leben, Werk und Wirkung, Heidelberg 1994; Gudrun Wolfschmidt (Hg.), Nicolaus Copernicus (1473–1543) – Revolutionär wider Willen, Stuttgart 1994.

19 Owen Gingerich, The Great Copernicus Chase and other adventures in astronomical history, Cambridge, Mass. 1992; Victor E. Thoren, The Lord of Uraniborg. A Biography of Tycho Brahe, Cambridge, England 1991.

20 Tycho Brahe, De mundi aetherei, Uraniborg 1588. Zit. nach Boas, Die Renaissance (1988), 128–129.

Abb. 86: Tierkreiszeichenmann (15. Jh.)

man die Bewegung der Erde, die physikalischen und theologischen Prinzipien widersprach, nicht akzeptieren. Er wollte damit einen Ausgleich zwischen dem geozentrischen und dem heliozentrischen System herstellen.

Das »Tychonische Weltsystem« hatte noch lange in der Zeit der Teleskope Bestand, konnte es doch beispielsweise auch die Phasen der Venus erklären. Nicht wenige Astronomen, sowohl in katholischen als auch in protestantischen Kreisen, gaben bis zum Anfang des 18. Jahrhunderts dem Tychonischen Weltsystem (allerdings meist mit einer um ihre Achse rotierenden Erde) den Vorzug;[21] zum Beispiel illustriert das Titelbild vom »Almagestum novum« (Bologna 1651) des Jesuiten Giovanni Battista Riccioli (1598–1671) das Übergewicht des Tychonischen Systems gegenüber dem copernicanischen. Das war ein gelungener Versuch, die Einheit zwischen Wissenschaft und Theologie beizubehalten.

Galilei als Verfechter der copericanischen Ideen

Galileo Galilei (1564–1642) machte seit 1610 ›Propaganda‹ für das copernicanische System und versuchte, Beweise für das heliozentrische System zu finden.[22] Er war auf der Suche nach der Wahrheit, wie er Kepler in einem Dankesbrief für die Übersendung des »Mysterium Cosmographicum« 1597 mitteilte: »[…] Bisher habe ich bloß das Vorwort Eures Werks gelesen, aber schon aus diesem einige Kenntnis Euerer Absicht gewonnen, und ich wünsche mir führwahr Glück, einen Kameraden bei der Untersuchung der Wahrheit gefunden zu haben, der ein Freund der Wahrheit ist […] als ich mir die Lehre des Kopernikus vor vielen Jahren zu eigen machte und sein Standpunkt es mir ermöglichte, viele Naturerscheinungen zu erklären, die nach den landläufigen Hypothesen gewiß unerklärlich blieben. Ich schrieb viele Beweisgründe, um ihm beizustehen und den gegenteiligen Standpunkt zu verwerfen – die ich indessen bis jetzt noch nicht an das Licht der Öffentlichkeit zu bringen wagte, da mich das Schicksal des Kopernikus, unseres Lehrers, schreckte, der, obgleich er bei einigen unersterblichen Ruhm erlangte, den unendlich vielen (denn so groß ist die Zahl der Toren) ein Gegenstand des Spotts und Hohns ist.«[23] Wichtiges Hilfsmittel war für Galilei das Fernrohr, das er astronomisch nutzte: »Die himmlische Region wird erforschbar, das Fernrohr durchdringt sie.« Durch Beobachtung sollte neue naturwissenschaftliche Kenntnis erreicht werden. Als Beweis für die Richtigkeit des copernicanischen Systems führte Galilei die Gezeiten als Folge einer doppelten Erdbewegung an, obwohl bei diesen bereits seit der Antike der Zusammenhang mit der Mondbewegung erkannt worden war. Beim Anblick des kraterüberzogenen Mondes oder der Sonne mit Flecken wurde Galilei in seinen Zweifeln an der aristotelischen Physik bestärkt. Offensichtlich war der Mond keine ideale Kugel und die Sonne nicht makellos. Damit ähnelt der Mond der Erde; die Trennung zwischen sub- und translunarem Raum mußte aufgegeben werden. Die Jupitermonde waren für Galilei ein Zeichen dafür, daß Jupiter aus der gleichen Materie wie die Erde besteht. Sie bildeten zudem ein Beispiel für die Forderung des Copernicus, daß die Himmelsbewegungen verschiedene Mittelpunkte haben. Galilei führte die von ihm entdeckten Venusphasen an, die eindeutig gegen das antike System sprachen, nach dem es eine Vollvenus nicht geben konnte. Damit war zwar bewiesen, daß Venus um die

21 Zinner, Entstehung und Ausbreitung.

22 Pietro Redondi, Galileo eretico, Turin 1983, deutsch: Galilei der Ketzer, München 1989, München 1991; Stillman Drake, Galileo Pioneer Scientist, Toronto 1990; Michael Segre, In the Wake of Galilei, New Brunswick 1991; Peter Machamer (Hg.), The Cambridge Companion to Galileo, Cambridge, England 1998.

23 Brief Galileo Galileis an Johannes Kepler 1597. Zit. nach: Arthur Köstler, The Sleepwalkers, London 1959, übers. von W. M. Treichlinger, Die Nachtwandler, Bern/Stuttgart/Wien 1959, 361.

Sonne kreist, aber dies war sowohl im heliozentrischen System des Copernicus erfüllt als auch im tychonischen System – doch diesen letzten Punkt diskutierte Galilei nicht. Schließlich zeigten die regelmäßigen Beobachtungen von Sonnenflecken im frühen 17. Jahrhundert zudem, daß die Sonne rotiert. Der Analogieschluß auf eine Rotation der Erde lag nahe – wurde aber von Galilei nicht gezogen. Zwar war das Buch »De revolutionibus« seit 1616 auf dem Index der zu korrigierenden Bücher (donec corrigatur). Doch in Fachkreisen waren sowohl die copernicanischen als auch die keplerschen Ideen akzeptiert. Sogar für die Kalenderreform durch Papst Gregor XIII. (1502–1585) 1582 wurden Daten (z.B. die Länge des Sonnenjahres) benutzt, die auf der copernicanischen Lehre beruhten.

Nachdem Urban VIII. [Maffeo Barberini] (1568–1644), ein Bewunderer und Förderer Galileis, zum Papst gewählt worden war, der zudem als ein Anhänger der copernicanischen Lehre galt, wagte es Galilei, ein Buch zu veröffentlichen mit dem Titel »Dialogo sopra i due massimi sistemi del mondo« (Dialog über die beiden hauptsächlichen Weltsysteme, Florenz 1632). In diesem Werk diskutieren zwei zeitgenössische Gelehrte und ein Aristoteliker das copernicanische und das (längst nicht mehr aktuelle) ptolemäische System. Bezeichnenderweise ließ Galilei das damals wirklich mit Copernicus konkurrierende System von Tycho unbeachtet, das besonders die Jesuiten favorisierten. Es bot nämlich für die astronomischen Rechnungen die gleichen Vorteile wie das copernicanische System. Galileis Gegner erreichten 1633, daß ihm ein kirchenrechtlicher Prozeß gemacht wurde. Galilei wurde gezwungen, der heliozentrischen Lehre abzuschwören.

Der hauptsächliche Punkt war der Konflikt zwischen Wissenschaft und Theologie. Galilei plädierte für eine Trennung von Wissenschaft und Theologie, obwohl seit dem Mittelalter ein enger Zusammenhang zwischen beiden bestand. Bei Widersprüchen zwischen naturwissenschaftlicher Erkenntnis und der Bibel solle der Naturwissenschaft gegenüber der Theologie der Vorzug gegeben werden – mit dieser Argumentation hatte Galilei die Autorität der katholischen Kirche in Frage gestellt. Er wurde zu lebenslänglicher Haft verurteilt, die er allerdings in seiner Villa in Arcetri verbringen konnte, wobei er von Beamten der Inquisition bewacht wurde.[24]

Galilei gilt zwar als Begründer der modernen Dynamik in der Physik (experimentelle Methode), aber seine Planeten laufen noch auf Kreisbahnen, in der Astronomie war er reiner Empiriker. Wissenschaftler versuchten seit Galilei, sich von der Übermacht der Theologie zu befreien und ihre Erkenntnisse mit Beobachtung und Erfahrung zu begründen.

Die Rezeption des neuen Weltbildes im 17. Jahrhundert

Bei einer Anzahl von Wissenschaftlern wurden die copernicanischen Ideen schon im 16. Jahrhundert akzeptiert, zum Beispiel bei William Gilbert (1540–1603), einem Gelehrten und Arzt aus Colchester, der die Rotation der Erde befürwortete, und bei Thomas Digges (1546–1595). Unter Wilhelm IV. von Kassel (1532–1592) wurde das Werk des Copernicus erstmalig ins Deutsche übersetzt.[25] Sogar Instrumente des Hofuhrmachers Jost Bürgi (1552–1632) zeigten Copernicus. Kepler bekam schon als Student die ersten Vorstellungen vom copernicanischen System durch seinen Lehrer Michael Mästlin

24 1822 wurden die Bücher, die von der Erdbewegung handeln, vom Index genommen. Erst Ende 1992 wurde Galilei aufgrund einer Entscheidung der katholischen Kirche formell rehabilitiert durch Papst Johannes Paul II. (geb. 1920). Das seinerzeit gegen ihn ergangene Urteil wurde als Fehlentscheidung aufgehoben.

25 Ludolf von Mackensen/Hans von Bertele/John H. Leopold, Die erste Sternwarte Europas mit ihren Instrumenten und Uhren. 400 Jahre Jost Bürgi in Kassel, München 1979, 2. Aufl. 1982; Jürgen Hamel, Grundriß der astronomischen Forschungen in Kassel unter Wilhelm IV. und die erste deutsche Übersetzung des Hauptwerkes von Copernicus in Kassel 1586 (wissenschaftliche Teiledition), Regensburg 1998.

(1550–1631) in Tübingen: »Da ich daher in dieser Hinsicht durch keinerlei religiöse Bedenken gehindert war, dem Kopernikus zu folgen, wenn das, was er vorträgt, wohl begründet ist, wurde mein Glaube an ihn zuerst durch die schöne Übereinstimmung erweckt, die zwischen allen Himmelserscheinungen und den Anschauungen des Kopernikus besteht.«[26] Doch der Jesuitenpater Athanasius Kircher (1601–1680) stellte in seinem »Iter exstaticum coeleste« (Würzburg 1660) das copernicanische System lediglich als eines unter sechs möglichen dar. Außerdem siedelte er es zeitlich – obwohl es früher entstand – nach dem System von Tycho Brahe an. John Milton (1608–1674) wiederum schrieb, nachdem er Galilei als Gefangenen der Inquisition besucht hatte: »Ob der Himmel sich bewegt oder die Erde/Hat der große Baumeister Menschen und Engeln/In Weisheit verborgen. Nicht gab er preis/Seine Geheimnisse zur Erforschung für jene/Die sie bewundern sollten [...].«[27]

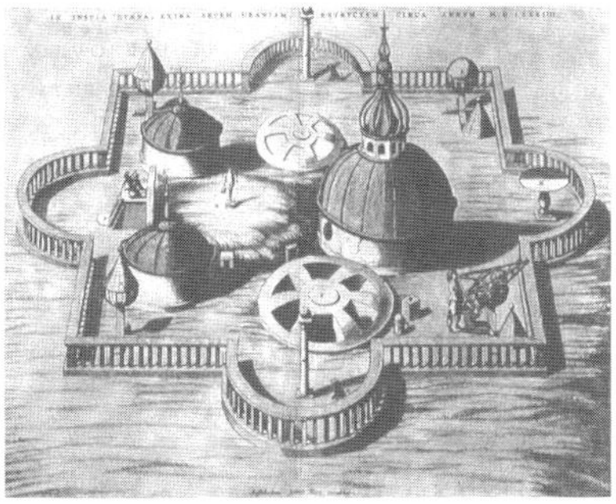

Abb. 87: Die Sternwarte Stellaeburgum, aus: Tycho Brahe, Astronomiae instauratae mechanica (1598)

Ein immer breiteres Publikum begann sich im 17. Jahrhundert für die Himmelskunde zu interessieren, was beispielsweise die vielen Flugblätter (Abb. 83) zeigen, die sich mit astronomischen Themen beschäftigen. Doch die Frage, ob sich die Erde um die Sonne dreht oder umgekehrt, stand nicht im Zentrum des Interesses der Öffentlichkeit. Astrologisch interessierte Kreise waren kaum beeindruckt von der copernicanischen Wende. Zwar wurden die Prutenischen Tafeln, deren Berechnung auf dem copernicanischen System beruhte, schnell eingeführt, für astronomische und auch für astrologische Zwecke, jedoch ohne das heliozentrische System damit anzuerkennen.[28]

Erst im 18. Jahrhundert konnte sich mit Newtons Gravitationstheorie von 1687 – obwohl der Nachweis der Erdbewegung immer noch fehlte – die heliozentrische Idee allgemein durchsetzen.[29] Doch der Umbruch wurde von den Zeitgenossen schmerzlich empfunden. Johann Wolfgang von Goethe (1749–1832) drückte es folgendermaßen aus: »Doch unter allen Entdeckungen und Überzeugungen möchte nichts eine größere Wirkung auf den menschlichen Geist hervorgebracht haben als die Lehre des Copernicus. Kaum war die Welt [Erde] als rund anerkannt und in sich selbst abgeschlossen, so sollte sie auf das ungeheuere Vorrecht Verzicht tun, der Mittelpunkt des Weltalls zu sein. Vielleicht ist noch nie eine größere Forderung an die Menschheit geschehen: denn was ging nicht alles durch diese Anerkennung in Dunst und Rauch auf: ein zweites Paradies, eine Welt der Unschuld, Dichtkunst und Frömmigkeit, das Zeugnis der Sinne, die Überzeugung eines poetisch-religiösen Glaubens; kein Wunder, daß man dies Alles nicht wollte fahren lassen, daß man sich auf alle Weise einer solchen Lehre widersetzte, die denjenigen, der sie annahm, zu einer bisher unbekannten, ja ungeahnten Denkfreiheit und Großheit der Gesinnung berechtigte und aufforderte.«[30] Der große Verlust der Mitte der Welt ist ersetzt durch Denkfreiheit als Folge einer neuen Einsicht in die Natur.

4. Astronomie und Astrologie

In der Renaissance, bei der Wiederbelebung antiken Gedankengutes im 16. Jahrhundert, erlebten nicht nur Kunst und Literatur einen Aufschwung, sondern auch die Astrologie. Zur Wertschätzung des Individuums paßte gut die Erstellung eines Geburtshoroskops.

26 Johannes Kepler, Mysterium Cosmographicum, Tübingen 1596. Zit. nach Max Caspar, Keplers Gesammelte Werke, Bd. 1, München 1938, Kap. 1, 29.

27 John Milton, Paradise Lost, 1667, New York 1940. Übers. von Friedrich Wilhelm Zachariä, Stuttgart 1762–63, zit. nach Bernhard Lowell, Das unendliche Weltall. Geschichte der Kosmologie von der Antike bis zur Gegenwart, München 1983, 84.

28 Jürgen Hamel, Die Rezeption des mathematisch-astronomischen Teils des Werkes von Nicolaus Copernicus in der astronomisch-astrologischen Kleinliteratur um 1600, in: Cosmographica et geographica. Festschrift für Heribert M. Nobis, hg. von Bernhard Fritscher/Gerhard Brey, München 1994, 1. Halbband, 315–355.

29 Die Beweise für die Erdrotation und die Erdumlaufbewegung konnten erst in der ersten Hälfte des 19. Jahrhunderts geliefert werden.

30 Johann Wolfgang von Goethe, Zur Farbenlehre. Zit. nach Otto Heckmann, Copernicus und die moderne Astronomie. Vortrag am 19. Juni 1973, in: Nova Acta Leopoldina NF 38, Nr. 215, Halle 1988, 3.

Grundlage der Astrologie waren die Werke von Klaudios Ptolemaios »Tetrabiblos« und »Harmonik«.[31] Darüber hinaus basierte die Astrologie im wesentlichen auf dem aristotelischen Weltbild, den Ideen der Neu-Scholastik und den neuplatonischen Ideen der Renaissance. Charakteristisch war das ganzheitliche Denken, das heißt die Einheit und Harmonie von Astrologie und Astronomie mit engen Verbindungen zur Alchemie und zur Astromedizin.

Tychos Interesse an Astrologie und Alchemie

Tycho Brahe war sehr an Astrologie interessiert. Er ließ sein Observatorium, genannt »Uraniborg« (Himmelsburg), 1576 im Stil der flämischen Renaissance errichten; zum ersten Mal in Europa wurde ein Gebäude bewußt für astronomische Beobachtungen geplant. Doch die Grundsteinlegung erfolgte astrologisch: Den 8. August 1576 früh, als die Sonne gleichzeitig mit Jupiter und Regulus aufging, bestimmte Brahe zur Grundsteinlegung; diese astrologische Festlegung war ihm wichtig. Er war auch im hermetischen Denken verwurzelt. Im Keller seiner Sternwarte richtete er sich ein alchemisches Laboratorium ein. Die alchemistischen Studien erwähnte Tycho auch in seinem Werk »Astronomiae instauratae mechanica« 1598: »Ebenso führte ich mit großer Sorgfalt auch alchemistische oder chemische Experimente durch. Auch dieses Thema soll hier besprochen werden, da die behandelten Substanzen analog zu den himmlischen Körpern und deren Einfluß sind, weshalb ich gewöhnlich diese Wissenschaft terrestrische Astronomie nenne. Von meinem dreiundzwanzigsten Jahr an bin ich von diesem Thema ebenso ergriffen worden wie von den Studien des Himmels [...] und bis heute habe ich mit viel Mühe und mit großen Kosten mehrere Entdeckungen über Metalle und Minerale sowie auch Edelsteine und Planeten und andere ähnliche Substanzen gemacht.«[32]

Für Tycho gab es also eine enge Verbindung zwischen der siderischen und tellurischen Astrologie, womit er sich auf Astronomie und Alchemie bezog (Abb. 84 und 85); eine Druckvignette zeigt das folgende Motto: »Suspiciendo despicio« – indem ich emporsehe, sehe ich hinab. Wegen der Analogie der siderischen mit der tellurischen Welt kann die eine nicht ohne die andere erforscht werden. Tycho faßte die Analogie noch weiter unter Einbeziehung der Astromedizin. Er sah Analogien zwischen Planeten, Metallen und Organen des menschlichen Körpers: »Es ist wichtig, davon zu wissen, daß den sieben Planeten am Himmel von den sieben Metallen auf der Erde entsprochen wird, und im Menschen von den sieben wichtigen Organen. All dies ist so schön geordnet, so schön und harmonisch, daß Natur und Gattung nahezu ein und dieselbe Funktion zu haben scheinen. So entsprechen Sonne und Mond den zwei höchsten Metallen Gold und Silber, beim Menschen den zwei wichtigsten Organen Herz und Hirn [...]. Mit diesen sieben [Planeten] ist des weiteren vieles andere durch sonderbare Analogie vereint, daß es nicht mit wenigen Worten dargelegt werden kann. So stehen die übrigen irdischen Stoffe, Edelsteine und Salze in einer gewissen Ordnung unter dem Einfluß der sieben Planeten und insbesondere der Fixsterne, denen – wenn auch mehr verborgen – planetarische Kräfte innewohnen.«[33] Tycho hielt 1574 an der Universität Kopenhagen eine Vorlesung über die Bewegung der Planeten unter

31 Thomas Schäfer, Vom Sternenkult zur Astrologie, Solothurn/Düsseldorf 1993.

32 Tycho Brahe, Astronomiae instauratae mechanica. Zit. nach: Lars Steen Larsen/Erik Michael/Per Kjærgaard Rasmussen, Astrologie. Von Babylon zur Urknall-Theorie, Wien/Köln/Weimar 2000, 108.

33 Tycho Brahe, Brief an Christoph Rothmann, 1588, in: Opera Omnia VI, 134–148. Zit. nach: Larsen u.a., Astrologie, 107–108.

Abb. 88: *Luigi Sabatelli, Deckenfresko über der Tribuna di Galileo im Palazzo Torrigiani in Florenz (um 1840)*

dem Titel »De disciplinis mathematicis« und behandelte darin im wesentlichen die Astrologie. »Wenn man die Kräfte und den Einfluß der Sterne verneint, unterschätzt man als erstes die göttliche Weisheit und Vorsehung, und weiters widerspricht man der evidenten Erfahrung. Was könnte man sich Ungerechtes und Törichtes über Gott vorstellen, als daß Er die große und bewundernswerte Szenerie des Himmels und so viele strahlende Sterne zu keinem Gebrauch oder Zweck geschaffen haben sollte – wenn kein Mensch selbst seine geringe Arbeit ohne einen bestimmten Zweck tut. [...] Demgegenüber halten wir aber daran fest, daß der Himmel nicht nur auf die Atmosphäre einwirkt, sondern auch direkt auf den Menschen selbst.«[34] Tycho erstellte Horoskope, unter anderem für den dänischen König Christian IV., und er deutete die Nova 1572 und den von ihm entdeckten Kometen 1577 astrologisch. Allerdings fügte er bei einer astrologischen Prophezeiung 1587 hinzu, daß er selber nicht davon überzeugt sei: »Hierauff kan ich dir freundlicher meinung nicht bergen, das wiewoll ich in die Astrologische Sachen, welche bedeuttung auss dem gestirn herholen vnd weissagunge tractiren,

34 John Louis Emil Dreyer, Tycho Brahe: A Picture of Scientific Life and Work in Sixteenth Century, Edinburgh 1890, New York 1963. Deutsche Übers. von M. Bruhns, Tycho Brahe. Ein Bild wissenschaftlichen Lebens und Arbeitens im sechzehnten Jahrhundert, mit einem Vorwort von W. Valentiner, Karlsruhe 1894, Nachdruck Vaduz/Lichtenstein 1992, 77–82.

mich nicht gerne einlaesse, dieweill darauff nicht vhill zu bawen ist, Sondern allein die Astronomiam, welche den wunderlichen lauff des gestirns erforschett, in einen gewitzen vnd rechtmessigen ordnung zu bringen mich etzliche Jhar her bemuhet, den darahn kan durch rechtgeschaffene Instrumenten nach Geometrisch vnd Arithmetisch grundt vnd gewisheit die eigentliche warheitt durch langwirigen fleiss vnd arbeitt gefunden werden, So habe ich doch nach ihrer Furstlicher gnaden begerung beide Prognostica, die du mihr zuschickest, […] durchgesehen.«[35] Rückblickend am Ende seines Lebens nahm Tycho eine deutlich kritische Haltung gegenüber der Astrologie ein: »Auch in der Astrologie haben wir eine Arbeit vollbracht, auf die nicht von denen herabgesehen werden sollte, die den Einfluß der Sterne studieren. Unser Ziel war es, dieses Gebiet von falschen Annahmen und Aberglauben zu befreien und die bestmögliche Übereinstimmung mit der Erfahrung, auf der sie ruht, zu erreichen. Denn ich glaube, daß es innerhalb dieses Gebietes kaum möglich sein wird, eine ganz genaue Theorie zu finden, die nach mathematischer und astronomischer Wahrheit strebt.«[36]

Keplers ambivalente Beziehung zur Astrologie

Kepler war in erster Linie Mathematiker und Astronom, aber er finanzierte sich zeitweise – seit 1594 – durch astrologische Arbeiten (Horoskope und regelmäßige Herausgabe von Kalendern mit Prognostica). Er war beeinflußt vom neuplatonischen und neupythagoreischen Gedankengut und suchte in seinem ganzheitlichen Denken nach Harmonie im Verhältnis zwischen den Planeten, der Geometrie und der Musik. Diese Ideen ließen sich gut mit der Astrologie vereinbaren.

Seine Prognosen wie die für das Jahr 1618, für das er große Umwälzungen vorhersagte (der Dreißigjährige Krieg begann), trafen gut zu und erhöhten die Nachfrage. Besonders bekannt wurde er durch seine zwei Horoskope für Wallenstein. Allerdings ließ sich Kepler auch selbst ein Horoskop stellen und studierte es gründlich. Kepler meinte, durch das Geburtshoroskop sei eine grundsätzliche Entwicklung des Lebens vorgegeben, aber das Schicksal bleibe bis zu einem gewissen Grad offen; durch »fleissiges Auffmercken auff der Welt Lauff« ist jeder seines eigenen Glückes Schmied.

Kepler nahm allerdings auch gegenüber der zeitgenössischen Astrologie eine eher kritische Haltung ein. Er wollte die Astrologie reformieren, wie er es bei der Astronomie getan hatte; eventuell sogar die Astrologie mit der Astronomie vereinen, um der sich anbahnenden Trennung entgegenzusteuern. Dazu verfaßte er zwei astrologische Werke: »De fundamentis Astrologiae certioribus« (Über die zuverlässigen Grundlagen der Astrologie, 1601) und »Tertius Interveniens« (Warnung an die Gegner der Astrologie, 1610). Im letzteren warnte er einerseits vor dem »sterneguckenden Aberglauben«, aber auch davor, »das Kind mit dem Bade auszuschütten«: »Diese Astrologie ist wirklich ein närrisches Töchterlein […], aber, lieber Gott, wo würde ihre Mutter, die streng rationale Astronomie, sein, wenn sie ihre törichte Tochter nicht hätte?« In der erstgenannten Schrift korrigierte er Ptolemaios, wo das copernicanische Weltbild anderes lieferte, beispielsweise konnte der brennend heiße Charakter des Mars nicht mehr mit seiner Nähe zur Sonne begründet werden. Kepler führte aber auch drei neue Aspekte (bestimmte Winkelstel-

35 Brief Tycho Brahes an Heinrich Below vom 7. 12. 1587, in: Dreyer, Tycho Brahe, 410.

36 Tycho Brahe, Astronomiae instauratae mechanica, 1598, 117–118. Zit. nach: Larsen u.a., Astrologie, 113.

lungen der Planeten zueinander) ein – auf der Grundlage der Eigenschaften der regelmäßigen Vielecke. Den zwölf Häusern dagegen maß er keine besondere Bedeutung bei.

Rezeption der Astrologie

Viele Herrscher, wie Kaiser Rudolf II., förderten die Astronomie mit dem Gedanken, durch neue, exakte Planetentafeln eine höhere Genauigkeit bei den Horoskopen zu bekommen. Interessanterweise findet sich schon 1522 der erste gedruckte Hinweis auf das neue Weltbild – und zwar in einer astrologischen Prognostik von V. Steinmetz. So standen die Astrologen anfangs dem heliozentrischen Weltbild nur deshalb positiv gegenüber, weil sie verbesserte Ephemeriden als Grundlage für Horoskope erhofften. Doch langfristig, je mehr das copernicanische System akzeptiert wurde, verlor die Astrologie ihre Anerkennung als Wissenschaft neben der Astronomie.

Heinrich Graf von Rantzau (1526–1599), Statthalter des dänischen Königs in Schleswig-Holstein, war ein Förderer der Künste und Wissenschaften.[37] Zeitlebens interessierte er sich für astrologische Fragen und trat mit der Veröffentlichung zahlreicher einschlägiger Werke hervor. Er besaß ein astrologisches Klapptäfelchen, um 1574; der Verfertiger ist unbekannt, vielleicht handelt es sich um den Hamburger Goldschmied Jakob Mores.[38] Das Klapptäfelchen diente Rantzau wohl als Gedächtnisstütze bei der Interpretation von Horoskopen. Selbst ein versierter Astrologe konnte nicht alle Zuordnungen von Planeten und Tierkreiszeichen im Kopf behalten, so daß dieses Täfelchen eine willkommene Hilfe war und das Nachschlagen in den »Standardwerken« der Astrologie – etwa dem »Opus quadripartitum« (Vierbuch) des Ptolemaios ersparte.

Wie reagierte das breite Volk auf die Astrologie? Astrologische Taschenkalender und Prognostiken waren Bestseller. Almanache enthielten Informationen über astronomische und meteorologische Vorkommnisse und Erscheinungen. Der Tierkreiszeichenmann (Abb. 86) war wichtig für chirurgische Eingriffe; Aderlaß, Klistieren und Schröpfköpfe setzen, all diese Tätigkeiten waren nur zu Zeiten möglich, die astrologisch günstig waren, und das mußte daher vorausberechnet werden.

Die Astrologie war sogar vereinbar mit der christlichen Lehre. Obwohl Martin Luther (1483–1546) sie ablehnte, sprach sich Philipp Melanchthon (1497–1560) für die Astrologie aus. Man argumentierte, daß Gott den Lauf der Gestirne lenke und damit dem Menschen etwas mitteilen möchte. Dennoch gilt der Grundsatz: »Astra inclinant sed non necessitant« – die Sterne machen geneigt, aber sie zwingen nicht. Das bedeutet, daß gegen Vorhersagen sowohl noch eine göttliche Einwirkung möglich ist als auch die menschliche Willenskraft Unheil abwehren kann; der weise Mann überwindet die Gestirne. Es gab aber auch frühe Kritiker der Astrologie wie Sebastian Brandt (1458–1521) in seinem »Das Narrenschiff« (1494): »Viel Praktik und Weissagekunst/Geht jetzt aus der Drucker Kunst/Die drucken alles, was man bringt [...]/Was man von Schaden sagt und singt/Gott läßt es ohne Straf' und Pein'./Die Welt will ja betrogen sein.«

37 Günther Oestmann, Heinrich Rantzau und die Astrologie. Ein Beitrag zur Kulturgeschichte des 16. Jahrhunderts, Braunschweig 2004.

38 Das Original befindet sich im Kunstgewerbemuseum Berlin, Staatliche Museen zu Berlin, Preußischer Kulturbesitz, Inv.-Nr. K 4682.

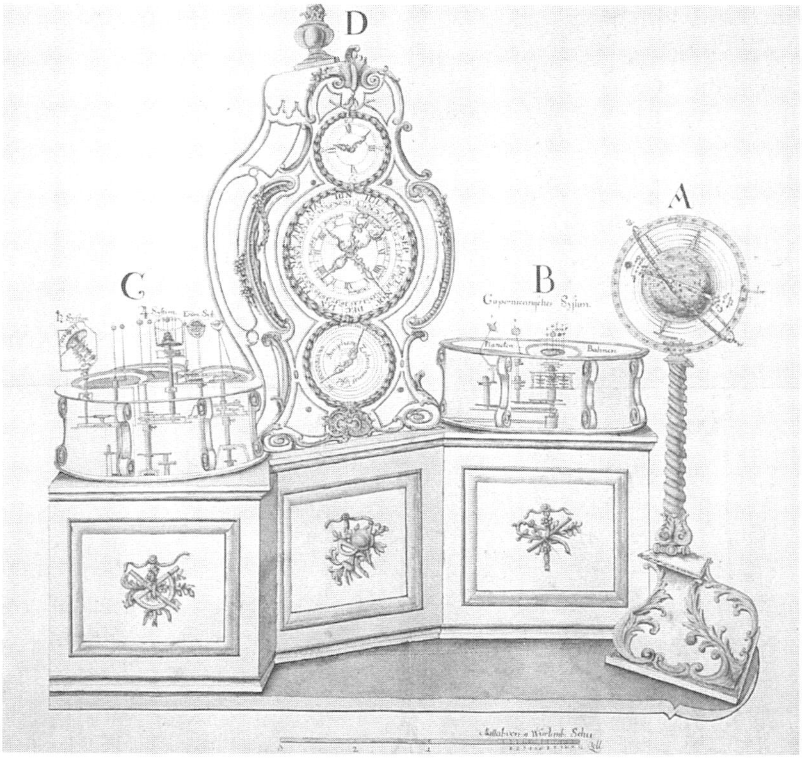

Abb. 89: Philipp Matthäus Hahn, Nürnberger Weltmaschine (1770/79)

Astrologie im 17. Jahrhundert

Im 17. Jahrhundert begann schrittweise die Trennung von Astronomie und Astrologie; die Astrologie wurde spätestens in der zweiten Hälfte des 17. Jahrhunderts als Lehrfach aus den europäischen Universitäten entfernt. Doch es gab auch Erneuerer der Astrologie: in Frankreich den Arzt und Mathematiker Jean-Baptiste Morin (1583–1656), der ein 26 bändiges Werk »Astrologia gallica« verfaßte, und in Spanien den Benediktinermönch Placidus de Titus (1603–1668), der in Padua und Mailand studiert hatte. Letzterer etablierte ein neues, bis heute in Gebrauch befindliches Häusersystem.

Eine wichtige Ausnahme bildete England im 17. Jahrhundert, wo sogar eine Zunahme des Interesses an Astrologie erfolgte. Charakteristisch ist hier, daß sich ernstzunehmende Mathematiker und Astronomen astrologisch betätigten. Besonders bekannt wurde William Lilly (1602–1681), der mehrere tausend Horoskope erstellte und das Werk »Christian Astrology« 1647 veröffentlicht hatte. Er versuchte, die Harmonie zwischen christlichen Vorstellungen und antik-heidnischen Grundlagen der Astrologie wieder herzustellen, und hatte großen Einfluß in den höchsten Adelskreisen. Selbst der Royal Astronomer John Flamsteed (1646–1719) studierte eifrig Astrologie und legte den Grundstein für das Greenwicher Observatorium auf astrologischer Grundlage.

Erst als sich im 17. Jahrhundert die Naturwissenschaften allmählich durchsetzten, änderten die Menschen langsam ihre Einstellung gegenüber der Astrologie. Der Zeitgeist wandte sich gegen die Astrologie, und dafür trat das Beobachtbare, Meßbare und Wissenschaftliche zunehmend in den Vordergrund. Das Zurückdrängen der Astrologie ab dem 17. Jahrhundert gegenüber der Wissenschaft der Astronomie kann folgendermaßen erklärt werden:[39]

Durch das neue Weltbild rückte die Sonne und nicht mehr die Erde ins Zentrum. Die Erde wurde ein gewöhnlicher Planet wie die übrigen sechs. Der Mensch stand somit auch nicht mehr im Zentrum – und konnte daher nicht mehr Zweck der Astrologie sein. Durch die Reformation hatte der Mensch eine direkte Beziehung zu Gott ohne Heilige oder Maria dazwischen, das führte zu einer stärkeren Trennung zwischen Mikro- und Makrokosmos. Der Mensch war nicht mehr fest eingebunden in eine (mythologische) Weltordnung. Zudem gewann in der Frühen Neuzeit das aus dem Experiment gewonnene Wissen an Bedeutung, das ganzheitliche Denken trat zurück. Die meisten Astrologen hielten am alten, aristotelischen Weltbild fest und verwendeten auch die entsprechenden Tafeln. Damit entfernten sie sich von modernen antiaristotelischen Vorstellungen, die sich an den Universitäten mehr und mehr durchsetzten.

5. Die Gründung von Sternwarten

Schon im 16. Jahrhundert – vor dem Siegeszug des Fernrohrs – begann die Gründung von Sternwarten; Beispiele sind die Sternwarte von Wilhelm IV. von Kassel und Tycho Brahes Uraniborg 1575 und Stellaeburgum (Abb. 87), finanziert vom dänischen König; 1598 weilte Tycho am Hof des Grafen von Rantzau in Wandsbek bei Hamburg und dann als Hofastronom bei Kaiser Rudolf II. in Prag.

Angeregt durch die eindrucksvolle Serie von astronomischen Entdeckungen steigerte sich die Aktivität bezüglich der Gründung von Sternwarten. So wurden im 17. Jahrhundert nicht nur die berühmten, in Europa führenden Sternwarten, das Observatoire de Paris (1667) und das Royal Greenwich Observatory bei London (1675/76), gegründet, sondern auch weitere, beispielsweise Mannheim (1772) und Kopenhagen. Der frühere Assistent Brahes, Christian Severin, genannt Longomontanus (1562–1647), bemühte sich um den Bau eines neuen dänischen Observatoriums: 1642 wurde der »Runde Turm« in Kopenhagen errichtet.

Warum entstanden die Sternwarten, und wie wurden sie finanziert? Privatsternwarten konnten sich ihre eigenen Forschungsschwerpunkte wählen. Beispiele sind die Sternwarte von Johannes Hevelius [Hewelcke] (1611–1687) in Danzig, um 1640, und die Sternwarte von Georg Christoph Eimmart d.J. (1638–1705) in Nürnberg auf der Vestnertorbastei an der Burg, 1678–1688 und 1691–1757, sowie die Sternwarte von Abdias Trew (1597–1669) in Altdorf 1657. Für die Mehrzahl dieser Astronomen stand nicht der Nutzen im Vordergrund, sondern sie wollten die Welt erkennen und erklären.

Doch trotz solcher bewundernswerter Einzelleistungen war die Mehrzahl der Sternwarten öffentlich finanziert; sie wurden vom Staat, von der Kirche oder von Herrschern (Grafen, Fürsten bis Kaiser) gegründet, um das Repräsentationsbedürfnis zu befriedigen (z.B. die neue Sternwarte in Kassel 1714). Abgesehen vom allgemeinen naturwissenschaftlichen Erkenntnisinteresse widmeten sich diese Sternwarten praktischen Aufgaben; der Nutzen für den Staat und für die Gesellschaft stand im Vordergrund, also auch wirtschaftliche Interessen. In allen Sternwarten spielte die Zeitmessung und die Erstellung von Kalendern eine zentrale Rolle; dazu kamen die Himmelsdurchmusterung, die Berechnung von Planetentafeln, die Herstellung von Sternkatalo-

39 Vgl. Larsen u.a., Astrologie, 124–125.

gen und die Vorhersage astronomischer Ereignisse (Finsternisse von Sonne und Mond). Die Pariser Sternwarte, die in Zusammenhang mit der »Académie des Sciences« gegründet wurde, war zudem wichtig für die Erdvermessung (Gradmessung zur Bestimmung der Größe und Figur der Erde); in Greenwich, wo die Sternwarte institutionell eng mit der »Royal Society« in Verbindung stand, war der Nutzen für die Seefahrt (Erstellung astronomischer Tafeln als Navigationhilfe, Entwicklung astronomischer Methoden zur Längenbestimmung auf See) die Hauptsache. Es gab ferner Gründungen von Klostersternwarten (Kloster Kremsmünster 1749/58, Kloster Ochsenhausen 1788 und Turm »Specula« des Observatoriums in Eger/Erlau in Ungarn) und Jesuitensternwarten (Ingolstadt 1549, Prag Clementinum 1556, Würzburg, Wien 1733 – bis zur Auflösung des Jesuitenordens 1773). Man wollte das Buch der Natur kennenlernen und präzise erforschen und deuten. Der Forschungsanspruch stand auch bei den ersten Universitäts- und Akademiesternwarten im Vordergrund: 1633 Leiden und 1642 Utrecht, 1700 Berlin, verbunden mit der Brandenburgischen Sozietät der Wissenschaften, 1711 Sternwarte auf dem Kollegiengebäude in Altdorf, 1726 Bologna (Specola dell'Accademia delle Scienze), 1730 Uppsala und 1755 Wien.

6. Präzisionsmessung (ohne Fernrohr)

Für die antike Astronomie waren drei Instrumente maßgebend: Zur Ortsbestimmung am Himmel verwendeten schon Hipparch und Ptolemaios Quadrant, Triquetrum (Dreistab) und Armillarsphäre. Diese blieben bis Copernicus die Standard-Ausstattung.

Tychos Instrumente und Meßverfahren

Vor der Erfindung des Fernrohrs war der dänische Astronom Tycho Brahe (1546–1601) der bedeutendste beobachtende Astronom. Eine genaue Vorstellung von Tycho Brahes Sternwarten und ihrer neuzeitlichen instrumentellen Ausstattung haben wir dank der mit zahlreichen Holzschnitten versehenen Beschreibung in seinem Werk »Astronomiae instauratae mechanica« (Wandsbek 1598; Nürnberg 1602).[40] Statt eines einfachen Quadranten verwendete Tycho Quadranten beträchtlicher Größe und konnte exakte Höhenmessungen der Sonne mit seinem großen Mauerquadranten durchführen. Insgesamt besaß Tycho folgende Instrumente: acht Sextanten (einschließlich Zirkel und Radius astronomicus, meist Radius 1,6 m), acht Quadranten (bis zu 2 m Radius, einschließlich des großen Mauerquadranten), zwei große Vertikal-Halbkreise (Durchmesser 2,3 m), fünf Armillen (maximal 2,7 m Durchmesser), drei Triquetra und einige kleinere Instrumente.

Seine Steigerung der Meßgenauigkeit[41] erreichte Tycho einmal mit den vergrößerten Dimensionen seiner Instrumente sowie mit ihrer festen Aufstellung in einer zweiten Sternwarte (auf Pfeilern, windgeschützt). Im Vergleich zu der bis ins 16. Jahrhundert üblichen Holzkonstruktion fertigte er mindestens die Skala aus Messing oder verwendete für das ganze Instrument Eisen. Weitere Innovationen Tychos sind bemerkenswert: Er verbesserte die Visiereinrichtung (den Diopter) und verwendete eine Transversaleinteilung zur ge-

40 Vgl. Hans Raeder/Elis Strömgren/Bengt Strömgren, Tycho Brahe's Description of his Instruments and Scientific Work as given in Astronomiae Instauratae Mechanica (Wandesburgi 1598), Kopenhagen 1946; Gudrun Wolfschmidt, The Observatories and Instruments of Tycho Brahe, in: John Robert Christianson/Alena Hadravová/Petr Hadrava/Martin Šolc (Hg.), Tycho Brahe and Prague: Crossroads of European Science, Proceedings of the International Symposium on the History of Science in the Rudolphine Period, Prague, 22–25 October 2001, Frankfurt a.M. 2002, 203–216.

41 Walter G. Wesley, The Accuracy of Tycho Brahe's Instruments, in: Journal for the History of Astronomy 9 (1978), 42–53; Victor E. Thoren, New Light on Tycho's Instruments, in: Journal for the History of Astronomy 9 (1973), 25–45.

naueren Ablesung der Zwischenwerte. Aber nicht nur die Instrumente waren von der Konstruktion her ausgezeichnet, auch das Beobachtungsverfahren war von Bedeutung. Durch häufige Wiederholung der Messung, durch die Beachtung möglicher Fehlerquellen und durch Vergleich der Ergebnisse der Instrumente untereinander konnte er seine hohe Genauigkeit erreichen.

Tycho versuchte, bei der Bestimmung der Koordinaten auch die atmosphärische Refraktion horizontnaher Sterne zu berücksichtigen. Er erstellte einen Katalog von 777 Fixsternen, gemessen mit hoher Genauigkeit. Damit verbesserte er die Sternörter um einen Faktor zehn im Vergleich zu seinen Vorgängern und übertraf mit ½ bis 1 Bogenminute die früheren Kataloge weit an Genauigkeit.[42] Tycho Brahes Meßgeräte markieren einen großen Fortschritt in der Entwicklung astronomischer Instrumente und Meßtechniken und bilden die Grundlage für den weiteren Fortschritt der Positionsastronomie und der damit verbundenen Tabellenwerke.

Tycho hatte noch einen späten Nachfolger mit Johannes Hevelius in Danzig, der 1661 – nochmals ohne Fernrohr – einen Sternkatalog hoher Genauigkeit zusammenstellte. Die Meßgenauigkeit betrug 10"–20". Edmond Halley (1655–1742) zweifelte an dieser Genauigkeit und besuchte Hevelius und verglich die Beobachtungsmöglichkeiten eines Sextanten mit bzw. ohne Hilfe eines Teleskops; Halley war erstaunt, daß Hevelius in der Lage war, genausogut Sternpositionen ohne Teleskop bestimmen zu können wie er selbst mit (»Prodromus astronomiae«, Danzig 1690).

7. Neue Entdeckungen durch das Fernrohr

Während die Präzisionsmessung wichtig im Bereich der Forschung war, hatte die Erfindung und Entwicklung des Fernrohrs[43] eine große Wirkung auf die Öffentlichkeit. Im 17. Jahrhundert gelangen damit wichtige Entdeckungen,[44] die das Bild vom Kosmos entscheidend veränderten und damit eine Revolution bewirkten; allein die Zahl der wahrnehmbaren Objekte zur Positionsbestimmung erhöhte sich um ein Vielfaches, aber auch qualitativ waren ganz neue Untersuchungen möglich; zum Beispiel erlaubte die Untersuchung der Oberflächen der Planeten und der Sonne eine Bestimmung ihrer Rotationszeit. Die mechanische Natur des Universums konnte jedem, der durch ein kleines Fernrohr sah, vor Augen geführt werden (z.B. Beobachtung der Jupitermonde). Zunächst stand das Sammeln von Beobachtungen, von Fakten, im Vordergrund, die aber nicht unbedingt in Zusammenhang mit dem copernicanischen Weltbild stehen mußten.

Am einfachsten war die Topographie des Mondes zu untersuchen: Galilei entdeckte Krater und Mare; aus den Schattenlängen konnte er die Höhe von Mondbergen ermitteln. Mit seinem riesigen 45 m-Teleskop erstellte Johannes Hevelius eine detaillierte Mondkarte, publiziert in seiner »Selenographia« 1647. Die heute noch verwendeten Bezeichnungen der Krater gehen auf die Mondkarte von Francesco Maria Grimaldi (1618–1663) zurück, die in Ricciolis »Almagestum novum« 1651 enthalten war. Bemerkenswert ist ferner die Serie von 250 Mondphasen, die sehr realistisch von Clara Eimmart (1676–1707), der Tochter des Leiters der Nürnberger Sternwarte, 1693/98 gemalt worden waren. Den Höhepunkt stellt die große Mondkarte von Gian Domenico Cassini (1625–1712) in der Pariser Sternwarte dar.

42 Allan Chapman, The accuracy of angular measuring instruments used in astronomy between 1500 and 1850, in: Journal for the History of Astronomy 14 (1983), 133–137; Ders., Astronomical Instruments and Their Users: Tycho Brahe to William Lassell, Aldershot 1996.

43 Gudrun Wolfschmidt, Die Entwicklung des Teleskops, in: Europas neue Teleskope. Vorstoß in die Tiefe der Zeit, in: Sterne und Weltraum Special 3 (2003), 14–27.

44 Volker Bialas, Vom Himmelsmythos zum Weltgesetz. Eine Kulturgeschichte der Astronomie, Wien 1998, 292–293.

Die etwa gleichzeitige Entdeckung der Sonnenflecken ist verbunden mit den folgenden Namen: Thomas Harriot, Ende 1610, Galilei, Johannes Fabricius (1587–1616) und Christoph Scheiner. Kein Forscher des 17. Jahrhunderts untersuchte die Sonne so gründlich wie Scheiner. Nach fast zwanzigjähriger Arbeit veröffentlichte er 1630 seine »Rosa Ursina«; gewidmet einem italienischen Fürsten, der einen Bären, Ursus, im Wappentier trug. In diesem Buch stellte er aufgrund der Fleckenbewegungen von Tag zu Tag fest, daß die Sonne – von der Erde aus betrachtet – in etwa 27 Tagen rotiert, ein Meßwert, der bis 1863 nicht verbessert werden konnte; zudem gab er die Neigung der Rotationsachse an.

Ferner erweckten Objekte des Planetensystems großes Interesse. Die Venus- (Galilei) und Merkurphasen (Joannes Zupo, S.J., 1639) wurden erkannt. Die vier Jupitermonde entdeckten Galilei und Simon Marius [Mayr] (1573–1624) unabhängig voneinander; letzterer erforschte allerdings noch die Umlaufgeschwindigkeit und stellte die verschiedenen Helligkeiten der Monde fest. Cassini erstellte als praktische Anwendung 1693 Tafeln zur geographischen Längenbestimmung; die Monde sind genauer als eine Zeitminute, das heißt in Längenkoordinaten genauer als 15 Bogenminuten. Die Rotationsdauer von Jupiter bestimmte Cassini in Bologna 1665/66. Den Saturnring beschrieb Christian Huygens (1629–1695) 1659 wie folgt: »ein dünner flacher Ring, der den Planeten umgibt und nicht berührt«. Den ersten Saturnmond »Titan« entdeckte Huygens schon 1655 mit seinem 3,5 m-Teleskop. Vier weitere Saturnmonde entdeckte Cassini in Paris: 1671/72 Rhea und Japetus, 1684 Thetys und Dione. 1675 fiel ihm die Lücke im Saturnring, die sog. Cassinische Teilung, auf. Bezüglich der Kometenbeobachtung sind zu nennen: Johann Baptist Cysat, S.J., (1586–1657) in Ingolstadt, Samuel Dörffel (1643–1688) in Plauen, der 1681 auf die parabolische Bahn hinwies,[45] und Edmond Halley in London, der 1705 die Periodizität erkannte.

Galilei beschrieb 1610, daß die Milchstraße in Tausende von Sternen auflösbar ist. Dies wirkte sich sogar auf die Malerei aus: Adam Elsheimers »Flucht nach Ägypten« (1609) bildet die erste Darstellung der Milchstraße in der Kunst. Außerhalb des Planetensystems interessierte man sich für spezielle Sterne unserer Milchstraße. Dazu gehören die »Neuen Sterne« (Novae) im Sternbild Cassiopeia (Tycho 1572) und im Sternbild Schlangenträger bzw. Ophiuchus (Kepler 1604). Auch die ersten veränderlichen Sterne wurden entdeckt: David Fabricius (1564–1617) bemerkte 1596 einen ungewöhnlichen roten Stern im Sternbild Walfisch, der in den bisherigen Sternkarten fehlte. Er nannte ihn Mira, den Wunderbaren. Nach wenigen Monaten war der Stern wieder verschwunden. Im Gegensatz zu den beiden Novae tauchte Mira aber 1603 wieder auf und wurde als Omicron Ceti in Johann Bayers Sternkatalog »Uranometria« von 1604 festgehalten. Erst 1639 erkannte man, daß Mira relativ regelmäßig seine Helligkeit ändert und etwa alle elf Monate ein Helligkeitsmaximum erreicht. Geminiani Montanari (1633–1687) in Bologna fand 1667 Algol (ß Persei); 1782 erkannte John Goodricke (1764–1786) die Periode der Lichtschwankung. Bei einer Suche nach Kometen entdeckte der Direktor der Berliner Sternwarte Gottfried Kirch 1686/96 einen dritten Veränderlichen im Sternbild Schwan (Chi Cygni). Doch erst Ende des 18. Jahrhunderts häuften sich die Entdeckungen veränderlicher Sterne. Edward Pigott (1753–1825) erstellte 1786 einen Katalog, der 12 veränderliche Sterne enthielt. Allmählich waren die Astronomen davon überzeugt, daß nicht alle Sterne mit konstanter Helligkeit strahlen.

45 Angus Armitage, Master Georg Doerffel and the Rise of Cometary Astronomy, in: Annals of Science 7 (1951), 303–315.

Mit der Nebelbeobachtung stieß man zu kosmologisch interessanten Objekten vor: Als Entdecker des Andromedanebels gilt Simon Marius in Ansbach 1612; Johann Baptist Cysat, S.J., entdeckte den Orionnebel 1618 in Ingolstadt. Um 1700 waren knapp zwanzig Nebel bekannt. Um 1800 waren bereits über 2000 Nebel bekannt. Während des 18. Jahrhunderts entstanden die ersten Nebelkataloge: Nicolas Louis de Lacaille (1713–1762) beobachtete von 1751 bis 1753 am Kap in Südafrika und erstellte einen Nebelkatalog mit 42 Südhimmel-Nebeln. Charles Messier (1730–1817), Kometenbeobachter aus Lothringen, begann 1758, Nebel zu beobachten und zu katalogisieren, weil diese nebelartigen Objekte leicht mit Kometen zu verwechseln waren. Im Messier-Katalog von 1781 sind 103 Objekte aufgeführt; 33 davon gelten heute als extragalaktisch, zum Beispiel der Andromedanebel M 31. Wilhelm Herschels erster Nebelkatalog von 1786 enthielt die Positionen von 1000 Nebeln und Sternhaufen. Einen zweiten Katalog mit weiteren 1000 Objekten veröffentlichte er 1789, einen dritten 1802 (500 Objekte). Bei all diesen Entdeckungen und Beobachtungen gab es viele Amateurastronomen, bei der Präzisionsmessung mit Fernrohr dominierten die professionellen Astronomen.

8. Präzisionsmessung mit dem Fernrohr: Mikrometer, Meridiankreis und die Bestimmung der Entfernungen im Sonnensystem

Ende des 17. Jahrhunderts gab es mit Ole Christensen Rømer (1644–1710) in Dänemark wieder einen Astronomen von Weltruf. Rømer bekam Gelegenheit, Manuskripte Tycho Brahes einzusehen und begeisterte sich in der Folge für Astronomie. 1671 lernte er Jean Picard (1620–1682) kennen, als dieser nach Uraniborg reiste, um auf Tychos Sternwarte Vermessungen durchzuführen in Vorbereitung der Gründung des Pariser Observatoriums (gegründet 1672). Rømer ging mit Picard nach Paris und wurde 1672 Mitglied der Pariser Akademie der Wissenschaften.

Rømer beschäftigte sich zusammen mit Cassini mit den Ungleichheiten der Jupitermonde. Er beobachtete die Verfinsterungen der Jupitermonde und entwickelte daraus 1672 bis 1676 eine Methode, die Geschwindigkeit des Lichts zu bestimmen. Er stellte fest, daß das Licht elf Minuten brauche, um vom Jupiter bis zur Erdbahn zu gelangen. Er erhielt damit die richtige Größenordnung für die Lichtgeschwindigkeit. Darüber hinaus ließ er ein Instrumentarium anfertigen, ein Jovilabium, womit die Verfinsterungen der Jupitermonde demonstriert werden konnten. 1681 mußte Rømer auf Befehl des dänischen Königs Friedrich IV. nach Dänemark zurückkehren, wo er Professor der Mathematik, königlicher Astronom, Direktor des Münzwesens sowie Inspektor der Arsenale und Häfen wurde. 1707 wurde er zum Königlichen Dänischen Staatsrat und Ersten Bürgermeister von Kopenhagen ernannt. Trotz dieser vielen beruflichen Verpflichtungen beschäftigte er sich weiter mit Astronomie, baute eine Sternwarte bei Kopenhagen und erfand um 1690 das Prinzip des Meridian- und Vertikalkreises (»Machina aequatoria« und »Machina azimuthalis«).[46]

William Gascoigne (1619–1644) aus Middleton erfand nach 1630 das Mikrometer; er verwendete als Fadenkreuz (Visiermarke) gespanntes Haar, das

46 Klaus-Dieter Herbst, Die Entwicklung des Meridiankreises 1700–1850. Genesis eines astronomischen Hauptinstrumentes unter Berücksichtigung des Wechselverhältnisses zwischen Astronomie, Astro-Technik und Technik, Bassum/Stuttgart 1996.

mit einer Schraube in der Brennebene des Okulars bewegt werden kann; das Gesichtsfeld wurde dabei mit einer Lampe aufgehellt.[47] Eine ähnliche Methode wurde 1659 von Huygens beschrieben, die weitere Entwicklung des Schraubenmikrometers für genaue Winkelmessungen lag in den Händen von Jean Picard unter Mitwirkung von Adrien Auzout (1630–1691) und Ole Rømer in Paris. Mit der Einführung des Mikrometers wurde das Fernrohr zum Präzisionsmeßinstrument.

Aufgrund der Keplerschen Gesetze waren die relativen Abstände der Planeten von der Sonne gut bekannt; es fehlte aber eine Absolutmessung. Das gelang erst mit dem Venustransit[48] 1769 – nach ersten Versuchen 1631 und 1637 mit Merkur und 1639 und 1761 mit Venus. 1769 wurde ein weltweites Beobachtungsnetz von 63 Stationen errichtet. Für König Georg III. (1738–1820) in England und seinen Hof wurde sogar ein Demonstrationsmodell zur Erklärung des Venus-Vorübergangs hergestellt (erhalten im Science Museum in London). Für die Länge der »Astronomischen Einheit« erhielt man nach einer langwierigen Auswertung 153 Millionen km; die Abweichung betrug weniger als 1,4 Promille – selten wurde ein astronomischer Parameter so genau bestimmt.

9. Popularisierung der Astronomie

Durch Popularisierung sollte die Öffentlichkeit in wissenschaftliche Ergebnisse mit einbezogen werden. Die Astronomie hatte hierbei eine Vorreiterrolle. Schon Peter Apian (1495–1552) veröffentlichte auch auf Deutsch, um ein breiteres Publikum zu erreichen. Seine Intention war, die praktische Astronomie zu fördern und Meßprinzipien zu verdeutlichen. Durch seine gut illustrierten Veröffentlichungen und klaren Beschreibungen im »Instrument Buch« oder im »Astronomicum Caesareum« wurden die Instrumente weithin so bekannt, daß manche sogar ihm als Erfinder zugeschrieben wurden. Die von ihm konstruierten Papierinstrumente in seinen Büchern dienten zur Veranschaulichung astronomisch-geographischer Zusammenhänge oder brachten neue Verfahren zur Lösung von Problemen wie die Planetenscheiben, die vielleicht aus seiner Erfahrung als Universitätslehrer als neue didaktische Hilfsmittel entstanden sind. Die leichte Herstellbarkeit war Voraussetzung für die Verbreitung, so daß sich sogar jeder Student oder eventuell ein astrologisch interessierter Laie selbst diese Instrumente bauen und die Beobachtung erlernen konnte. Dies betonte Apian auch in seinem Vorwort zum »Instrument Buch« 1533, wobei er bewußt in deutscher Sprache und nicht lateinisch veröffentlichte: »Unnd die weyl ich das selbige mit on sonderlichen nutz der gelerten/durch grossen vleyß in den Druck gebracht/sonder auch den liebhabern der Mathematischen künste/so das Latein nicht verstehen/der da vil sint. Dann als ich gespört habe/so sindt mehr subtiller und spitzfündiger köpffe in diser kunst bey den Leyen/dann bey den schriftgelerten/wann sie allein der anfäng/darauff diese kunst gegründt wirt/nicht beraubt wären.«[49]

Auf der anderen Seite suchten die Raritätenkabinette der Frühen Neuzeit das mikroskopische Abbild des Makrokosmos zu werden. »Ein Museum aber nenne ich ein solch Gemach, Stube, Kammer oder Ort, wo zugleich allerley natürliche und künstliche Raritäten nebst guten und nützlichen Büchern bey-

47 Rolf Rieckher, Fernrohre und ihre Meister, Berlin (2. stark bearbeitete Aufl.) 1990.

48 Als Transit oder Vorübergang bezeichnet man in der Astronomie das Vorüberziehen eines inneren Planeten (Merkur oder Venus) vor der Sonnenscheibe.

49 Peter Apian, Instrument Buch erst von new beschriben [...], Ingolstadt 1533.

sammen zu finden.«[50] Astronomische Objekte spielten darin immer eine große Rolle, neben kleineren Instrumenten stand meist ein großer Himmelsglobus oder eine Armillarsphäre im Mittelpunkt des Raumes. Johann Daniel Majors (1634–1693) »Museum Cimbricum« (1689) war eine Kunst- und Naturalienkammer, die sogar der Öffentlichkeit zugänglich gemacht wurde. An einem Ende der Decke seines Museums befand sich eine bildliche Darstellung des copernicanischen, am anderen des ptolemäischen Weltsystems. In den Ecken der Decke wurden jeweils die Bahnen von Venus und Merkur und die Sonne »mit ihren Schatten=Flecken/Flammen=Seen/und hervor-rauchenden vielen Dünsten«, die Erde »und umb sie die Elliptisch= oder länglich=runde Straße des Monden/als ihrer getreuesten Gefertinn«, die »Stern=Kugel des Jupiters/mit seinen geschattierten Streiffen, und um Ihn herumgehenden 4 neben-Planeten/die ins gemein Satellites Jovis genennet werden« sowie »der Saturnus=Stern/mit seinem Kragen/und um Ihn her seine drey Trabanten: außer denen nachgehends noch zwey andere observiret worden« dargestellt.[51] Ein weiteres Beispiel ist das »Museum Kircherianum« von Athanasius Kircher (1602–1680) in Rom.[52]

Die Begeisterung für Astronomie ging so weit, daß auf öffentlichen Plätzen und in barocken Parkanlagen häufig Sonnenuhren aufgestellt wurden – in einer Zeit, in der längst die Räderuhr und die mechanische Taschenuhr zur Verfügung standen. Ein Beispiel bildet die Publikation »Nürnbergische Hesperides oder Gründliche Beschreibung [...] und ausfuehrlichem Bericht/wie eine richtig zutreffende Sonnen-Uhr im Garten-Feld von Bux anzulegen [...]« (Nürnberg 1708) des Patriziers Johann Christoph Volckamers (1644–1720), wo genau die Konstruktion einer großen Sonnenuhr für einen Barockgarten beschrieben ist.

In der Kirche S. Petronio in Bologna machte Cassini 1656 eine Meridianlinie mit Tierkreiszeichen aus Marmor. Durch ein Loch in der Wand fiel der Sonnenstrahl auf die Markierung, wodurch die Bewegung der Sonne im Laufe eines Jahres als leuchtende Scheibe am Boden verfolgt werden konnte. Solche Kirchen mit astronomischer Bedeutung und Funktion gab es mehrere, besonders in Italien.[53]

Einen eindrucksvollen Himmelsglobus von 3,1 m Durchmesser gab Friedrich III. (1597–1659), Herzog von Holstein-Gottorf und bekannt durch seine Gottorfsche Kunstkammer in Schleswig, in Auftrag. Der Globus wurde nach der Konzeption von Adam Olearius (1599–1671) vom Büchsenschmied Andreas Bösch (fl. 1657) aus Limburg hergestellt (1664). Im Inneren waren die Sternbilder gemalt und durch goldene Sterne hervorgehoben, die von Kerzen beleuchtet wurden. Dieses Modell des Kosmos konnte sogar in Bewegung gesetzt werden; es war mit einem komplizierten Wasserradantrieb ausgestattet. Die ganze Kugel konnte aber auch mittels Handkurbel gedreht werden, um noch eindrucksvoller den Tagesablauf zu simulieren.[54]

Überhaupt war es seit dem 17. Jahrhundert verbreitet, Modelle des Kosmos zu schaffen, man denke an Tisch-Planetarien oder Himmelsgloben mit Uhrwerk, z.B. von Philipp Matthäus Hahn (1739–1790).[55] Sie dienten zur Veranschaulichung der Bewegung am Himmel. Erwähnt sei hier auch das berühmte Gemälde von Joseph Wright of Derby (1734–1797): »A Philosopher Giving a Lecture on the Orrery« (um 1763/65), das die Unterweisung von Kindern an einem Tisch-Planetarium zum Thema hat (Original im Museum and Art Gallery Derby).

50 Caspar F. Neickelius, Museographia, Leipzig/Breslau 1727

51 Johann Daniel Major, Kurtzer Vorbericht [...], Mvseum Cimbricvm, oder insgemein sogenennte Kunst=Kammer [...], Plön 1688. Zit. nach Stefan Kirschner, Vom privaten Naturalienkabinett zur öffentlichen Schausammlung: Johann Daniel Majors »Museum Cimbricum« (1689), in: Popularisierung der Naturwissenschaften, hg. von Gudrun Wolfschmidt, Berlin/Diepholz 2001, 70–71.

52 G. de Sepibus, Romani Collegii Musaeum Celeberrimum, Amsterdam 1678.

53 John Heilbron, The Sun in the Church. Cathedrals as Solar Observatories, Cambridge, Mass. 1999.

54 Der Globus kam 1715 als Geschenk an Zar Peter den Großen (1672–1725). Nach einem Brand wurde der schwer beschädigte Globus 1748/52 wiederhergestellt und ist heute noch in St. Petersburg zu besichtigen. Felix Lühning, Der Gottorfer Globus und das Globushaus im »Newen Werck« – Dokumentation und Rekonstruktion eines frühbarocken Welttheaters. Katalog: Gottorf im Glanz des Barock, Bd. 4, Schleswig: Schleswig-Holsteinisches Landesmuseum 1997.

55 Aagje Ricklefs/Christian Väterlein (Hg.), Philipp Matthäus Hahn (1739–1790) – Pfarrer, Astronom, Ingenieur, Unternehmer, Teil I: Katalog, Teil II: Aufsätze, Stuttgart 1989.

Schon ab dem 17. Jahrhundert erschienen Publikationen, die sich speziell an einen weiblichen Leserkreis richteten. Die Idee der »Pluralität der Welten« wurde in den barocken Salons diskutiert. Die philosophischen Gespräche befaßten sich mit dem Aufbau des Weltalls und dem Leben im Weltall, besonders bekannt wurde Bernard Le Bovier de Fontenelle (1657–1757). Im Jahre 1686 veröffentlichte er seine »Entretiens sur la pluralité des mondes« (Gespräche über die Vielheit der Welten). Seine vielen Auflagen bis ins 19. Jahrhundert zeigen seinen großen Erfolg. Hier versuchte ein Chevalier H., in Gesprächen an mehreren Abenden einer wissensdurstigen Dame, Marquise de G., das astronomische Weltbild der Zeit zu nahezubringen.[56] Die Beteiligung einer unwissenden Dame am Gespräch macht klar, daß hier spezielle Kenntnisse, populär dargeboten, vermittelt werden sollten. Mit seiner »populären« Darstellung konnte Fontenelle jedoch keine breite Bevölkerungsschicht ansprechen, sondern nur die Schichten, die bereits über eine gewisse Bildung verfügten; vor allem Adeligen oder Reichen, den »gens du monde«, kam dieses Privileg zu. Mit Fontenelle war sozusagen die Damenwelt als Leserschaft salonfähig geworden.

Mitte des 18. Jahrhunderts, im Zeitalter der Aufklärung, begann man, sich verstärkt Gedanken über den Bau des Weltalls zu machen.[57] Grundlage bildete nicht mehr die Descartessche Wirbeltheorie, sondern die Newtonsche Physik. 1750 veröffentlichte Thomas Wright (1711–1786) aus Durham/England eine wenig beachtete Arbeit: »An Original Theory or New Hypothesis of the Universe«. Er dachte sich die Sterne nicht beliebig am Himmel verstreut, sondern im wesentlichen in einer Ebene konzentriert. So interpretierte Wright den Milchstraßengürtel als flache, scheibenförmige Struktur. Immanuel Kant (1724–1804) in Königsberg griff diese Idee auf in seiner 1755 erschienenen Schrift »Allgemeine Naturgeschichte und Theorie des Himmels«. Kant ging von einer Struktur der Milchstraße ähnlich dem Planetensystem aus, bestehend aus Hunderten von Milliarden von Sternen mit einem Durchmesser von einigen Tausend Lichtjahren. Er interpretierte die wenigen, damals schon bekannten Nebel als ferne Sternsysteme oder Welteninseln ähnlich unserer Milchstraße. In seiner Kosmogonie beschäftigte sich Kant nicht nur mit der Entstehung des Sonnensystems, sondern auch mit der unserer Milchstraße. Johann Heinrich Lambert (1728–1777) ging 1761 in seinen »Cosmologischen Briefen« davon aus, daß unser Planetensystem Modell für den Bau des Universums ist, und zwar mit einem hierarchischen Aufbau: Sterne mit Planetensystemen, Sterne der Sonnenumgebung als Sternhaufen und Sternhaufen als Systeme dritter Ordnung. Diese scheibenförmige Milchstraße mit Millionen Sternen und mit einem Durchmesser von 150.000 Siriusweiten besitzt einen dunklen, supermassiven Zentralkörper im Inneren (von der Ausdehnung der Saturnbahn, mit einer Dichte größer als diejenige von Gold). Lambert führte ihn in Analogie zum Sonnensystem ein, um die Stabilität des Systems zu gewährleisten; er konnte sich wohl nur einen materiellen, aber noch keinen abstrakten Schwerpunkt vorstellen. Pierre Simon de Laplace (1749–1827) veröffentlichte 1796, angeregt vom Herschelschen Nebelkatalog, die »Exposition du système du monde«. Im Anhang stellte er seine berühmt gewordene Nebularhypothese über die Entstehung des Sonnensystems vor. Diese Idee übertrug er auch auf die Nebel, die er als Quelle für die Bildung neuer Sterne ansah. Durch Verdichtungen der Nebelmaterie sollten neue Sterne entstehen. In dieser Zeit erlebten die Astronomiebücher für die

56 Bernard Le Bovier de Fontenelle, Entretiens sur la pluralité des mondes, Paris 1686. Deutsche Übersetzungen: Gespräche von mehr als einer Welt zwischen einem Frauenzimmer und einem Gelehrten, übers. von Ehrenfried Walter von Tschirnhaus; Herrn Bernhards von Fontenelle Gespräche von mehr als einer Welt […], übers. von Johann Christpoh Gottsched, 1726; Dialoge über die Mehrheit der Welten, übers. von W. Mylius mit Anmerkungen von Johann Elert Bode, 1780.

57 Rainer Baasner, Das Lob der Sternkunst. Astronomie in der deutschen Aufklärung, Göttingen 1987.

Dame einen großen Aufschwung, unter anderem ist »Astronomie des dames« (1. Aufl. 1785) von Jérôme Lalande (1732–1807) zu nennen.

Zusammenfassung

Bei der Astronomie von der Antike bis zur Renaissance lag der Schwerpunkt in der Messung von Sternpositionen, in der Erstellung von Sternkatalogen und der Beobachtung und Berechnung der Planetenbewegung. Im 17. Jahrhundert überwand man allmählich antike Traditionen in der Wissenschaft, speziell aristotelische Vorstellungen. Es erfolgte in dieser Zeit mit der Aufhebung des ganzheitlichen Denkens auch die Trennung von Astronomie und Astrologie. Mit Galilei begann auch die Befreiung der Wissenschaft von der Theologie. Tycho, Galilei und Kepler kann man als Prototypen der neuen Wissenschaft sehen, Kepler als Theoretiker, Tycho und Galilei als empirisch-messende Praktiker.

Die Erfindung des Fernrohrs brachte der Forschung ein wichtiges neues Hilfsmittel; es eröffnete einen ganz neuen Himmel, der nicht nur mehr Sterne bot, sondern der Forschung auch neuartige Objekte präsentierte. Die Planetenastronomie wurde völlig verändert; Ergebnisse wurden nicht mehr in Diagrammen und Tabellen dargestellt, sondern graphisch. Neue Typen von Sternen wurden gefunden: Novae und Veränderliche; aus diesen Anfängen entwickelte sich ab 1800 die Stellarastronomie. Erste Nebel wurden als interessante astronomische Objekte wahrgenommen; dies verstärkte sich ab Ende des 18. Jahrhunderts, als Wilhelm Herschel seine Nebelbeobachtung und Forschung begann. Bedeutung bekamen die Nebel erst im 20. Jahrhundert, als man sich der Kosmologie zuwandte. Was zunächst als reine Faktensammlung nach der Einführung des Fernrohrs begann, entwickelte sich zu einer ganz veränderten Astronomie und reifte zu einem neuen Bild vom Kosmos. Das gesteigerte Interesse an Astronomie führte auch zur Gründung von staatlichen und privaten Sternwarten.

Kosmologische Fragen kamen im 17. Jahrhundert in den Vordergrund und damit auch die Frage nach dem Weltsystem. Dies führte im 18. Jahrhundert zu einem wachsenden Interesse an folgenden Fragen, die eine größer werdende wissenschaftlich vorgebildete Öffentlichkeit bewegten: Wie ist der Kosmos aufgebaut? Ist das Weltall unendlich? Gibt es eine Vielzahl von Welten? Gibt es Leben im Weltall?

Von der Harmonie der Sphären zur Konsonanz der Gefühle

RAINER BAYREUTHER

Der Umbruch in der Wissenschaft der Musik um 1600

1. Das Problem von Musik und Wissen im späten 16. Jahrhundert

An Wissen und Können wird heute die Forderung nach wechselseitiger Durchlässigkeit gestellt. Das Wissensideal etwa einer Fachhochschule bringt Absolventen hervor, die die abstrakten Grundlagen ihres Fachs nur insoweit beherrschen, als diese zur Generierung neuer praktischer Anwendungen notwendig sind. Die theoretischen Grundlagen sollen so verfügbar sein, daß mit ihrer Hilfe die Praxis auf eine wissenschaftliche Weise analysiert wird, die unmittelbar wieder in die Praxis zurückfließen kann, etwa beim Beheben eines Fehlers. Wer Wissen und Anwendung beispielsweise im Ingenieurswesen nicht vernetzen kann, ist schlechterdings kein guter Ingenieur. Dieses Wissensideal vereinnahmt zunehmend auch die künstlerischen Ausbildungsgänge. Aus der Einsicht heraus, daß für die adäquate Aufführung von Musik vor 1750, deren ästhetische Voraussetzungen nicht mehr mit den heutigen identisch sind, eine gewisse Kenntnis eben dieser Voraussetzungen unabdingbar ist, werden Alte-Musik-Studiengänge eingerichtet, deren musikwissenschaftlicher Anteil sehr viel höher ist als bei der rein künstlerischen Ausbildung etwa in einem Orchesterinstrument. Dieses heutige Wissensideal ist durch einen Paradigmenwechsel von demjenigen getrennt, das seit der Antike im Abendland über viele Jahrhunderte galt. Bei Plato, der bis in die Renaissance das Verhältnis von musikalischem Wissen und musikalischer Praxis entscheidend geprägt hat, sieht die Konzeption des Wissens noch anders aus. Er unterscheidet strikt zwischen dem Praktiker und dem Wissenschaftler.[1] Der Praktiker weiß um die Gesetze, nach denen sein Handwerk funktioniert, intuitiv und sozusagen präwissenschaftlich. Der Baumeister entscheidet aufgrund der jeweiligen örtlichen Gegebenheiten aus seiner Erfahrung heraus, welche Materialien in welcher Form zusammenzufügen sind, damit eine Brücke hält. Der Entscheidung liegen natürlich die allgemeinen physikalischen Gesetze der Statik zugrunde, aber ohne daß sie vom Baumeister in abstrahierter Form gewußt werden. Der Gelehrte oder Weltweise dagegen weiß jene allgemeinen Prinzipien, nach denen die Welt funktioniert, aber er weiß sie in einer abstrakten Form, die zur unmittelbaren Überführung in die Praxis nur sehr bedingt taugt.

Gegen Ende des 16. Jahrhunderts wird sich für die Musik eine Situation ergeben, in der von einem bis dahin abstrakten und philosophischen Wissen mit einem Mal Erklärungen gefordert werden, die unmittelbare praktische Relevanz haben. Vor dieser Anforderung versagen alte Theorien der Musik. Und unter dem Druck dieses Erklärungsnotstandes wird sich das Wissen der Musik grundlegend verändern.

Um das zu verdeutlichen, ist ein kurzer Blick auf die Ästhetik der Renaissance hilfreich. Die Entdeckung des Menschen als Gegenstand von Wissen-

1 Plato, Protagoras 319.

schaft und Kunst, die sich ab dem 15. Jahrhundert vollzog und die im 19. Jahrhundert zu den Epochenbegriffen Renaissance und Humanismus geführt hat, machte eine Neubestimmung des Theorie-Praxis-Problems erforderlich. Denn es sind die humanen Bedingungen, unter denen sich die Transformierung ewiger Wahrheiten ins Wahrnehmbare, Funktionierende und Schöne vollzieht. Alle Künste orientieren sich auf neue Weise am Menschen. In der Malerei wird das bei Masaccio, den Gebrüdern van Eyck, Rogier van der Weyden oder Robert Campin ab 1430 wirksam. Aber auch für die Architektur wird ästhetisch eingefordert, sie müsse nicht nur der »pulchritudo«, dem mittelalterlichen Ideal abstrakter Schönheit, genügen, sondern, wie Leon Battista Alberti im Architekturtraktat »De re aedificatoria« (1450) schreibt, »venustas« auslösen. »Venustas«, ein von Vitruv in Anlehnung an die Göttin Venus entwickelter Begriff, meint ein Verständnis von Schönheit, das vom Wohlgefallen der menschlichen Schönheit her gedacht ist. Denn in der materiellen wie geistigen Schönheit des Menschen realisiert sich »venustas« exemplarisch. Ohne den Bezug auf den Menschen ist nun keine Baukunst mehr möglich. Die Proportionen des menschlichen Körpers sind das Maß für die architektonische Proportion. Das ist zugleich der Grund dafür, daß die Baukunst beim Menschen ästhetische Wirkung auslösen kann. Die Wirkung auf das menschliche Gemüt gelangt auch im Musikverständnis der Renaissance zu einer bis dahin ungekannten Bedeutung. Um 1500 beginnen die zahlreichen wiederentdeckten ethischen und ästhetischen Schriften der Antike – allen voran die Poetik des Aristoteles – sich im Musikverständnis niederzuschlagen. Man beginnt, den praktischen Aspekt der Musik, ihre affektive Wirksamkeit nämlich, theoretisch zu reflektieren. Neben der Musica disciplina, der traditionell im Quadrivium verankerten Lehre von der zahlenhaften Tonordnung, beginnt sich eine Musica poetica zu etablieren, die Lehre von der praktischen Komposition und den musikalisch erzielbaren Wirkungen, mit deutlichen Anleihen an das Trivium der Artes liberales.[2]

Diese signifikante Anthropologisierung des musikalischen Wissens ab 1500 führt jedoch nicht dazu, auch das Problem von Theorie und Praxis auf anthropologischer Basis zu lösen oder wenigstens zu diskutieren. Weder kann die Frage nach der affektiven Wirkung von Musik so beantwortet werden, daß sie zugleich mit wissenschaftlicher Dignität und praxisrelevant dargestellt wird. Noch lassen sich Theorieprobleme in der Tonordnung – und hier vor allem die Unterscheidung von Konsonanz und Dissonanz sowie das Problem der Stimmung – so formulieren, daß die Geschlossenheit des theoretischen Gefüges und sein empirischer Nachvollzug in ein Gleichgewicht gebracht werden könnten. Das führt dazu, daß sich gegen Ende des 16. Jahrhunderts Widersprüche zwischen einer tatsächlichen Affektivität der Musik sowie einer tatsächlichen Unterscheidung von Konsonanz und Dissonanz und ihrer jeweiligen theoretischen Beschreibbarkeit ergeben. Der tiefere Grund dieser Wissensprobleme dürfte darin zu suchen sein, daß die Vorstellung vom Menschen in einer eigentümlichen Starre gefangen ist, mißt man sie am Maßstab der entwickelten Anthropologie des 17. Jahrhunderts. Der Musik machende, Musik hörende und Musik reflektierende Mensch ist im Zeitalter des Humanismus so eng mit der metaphysischen Stellung des Menschen im Kosmos verbunden, daß alle Einzelfragen der Abhängigkeit des Musikerlebens von individuellen Dispositionen oder gesellschaftlichen Umständen von vornherein durch den metaphysischen Rahmen vorentschieden sind. Ein Beispiel hier-

2 Adrianus Petit Coclico nennt die führenden Musiker seiner Zeit »musici poetici« (Compendium musices, Nürnberg 1552). Der Begriff der Musica poetica als Kunst des praktischen Komponierens wird erstmals bei Nikolaus Listenius verwendet (Musica, Wittenberg 1537); ab dem späten 16. und das ganze 17. Jahrhundert hindurch hat dieses Begriffsverständnis Hochkonjunktur.

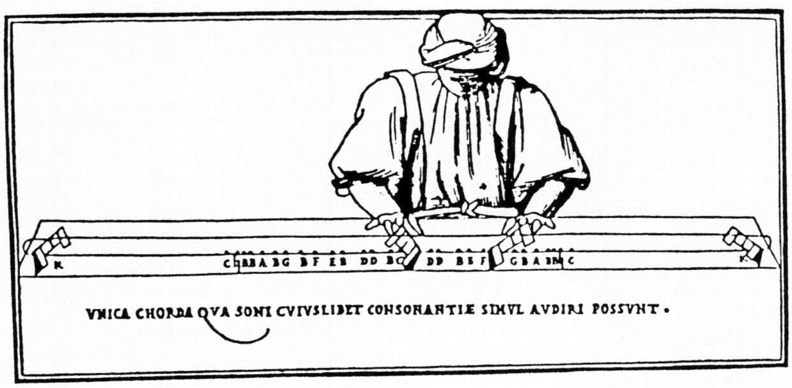

Abb. 90: Monochord, aus: Lodovico Fogliano, Musica theorica (1529)

für ist das Kapitel »Von der Musik im Menschen« der einflußreichen »Istitutioni harmoniche« von Gioseffo Zarlino (1573). Wie Alberti geht auch Zarlino von einem universalen Harmonieverständnis aus. Ihm geht es aber nicht um die Proportionalität des menschlichen Körpers, sondern um Harmonie zwischen Körper und Seele: »Die Musik im Menschen ist eine Harmonie, die jeder erkennen kann, der seine Betrachtung auf sich selbst richtet. Sie ist eine gewisse Angleichung und richtige Mischung, die das Leben des Verstandes mit dem Körper verbindet, so wie ein Gesang mit tiefen und hohen Tönen eine Konsonanz ergibt. Diese Konsonanz verbindet die Teile der Seele miteinander, und sie hält den vernünftigen Teil mit dem anderen zusammen, dem die Vernunft fehlt. Sie mischt ihre Elemente oder Eigenschaften im Körper des Menschen in einem proportionierten Verhältnis.«[3]

Diese Formulierung enthält eine vollständige Grundlegung der musikalischen Tonordnung und dazu eine der musikalischen Affektation in nuce. Harmonie ergibt sich aus der »richtigen« Mischung ungleicher Dinge. Diese Richtigkeit stellt sich bei den musikalischen Konsonanzen ein, und sie beeinflußt das emotionale Erleben des musikhörenden Menschen. Nun aber kommt es darauf an, woher der Maßstab für die Richtigkeit stammt. Das ist seit den Pythagoreern und seit Boethius' »De institutione musica« (um 500–507), wo diese Lehre für das Mittelalter kodifiziert wird, die einfache, abstrakte Zahl oder das Verhältnis ganzer, möglichst kleiner Zahlen. 1 : 1 ist ein solches Verhältnis; ihm entspricht musikalisch der Einklang. 1 : 2 ist das nächst einfache, und wenn man eine über einen Klangkörper gespannte Saite in diesem Verhältnis teilt, so beträgt der Abstand zwischen der erklingenden ganzen Saite und dem abgetrennten Teil eine Oktave. Teilt man die Saite im Verhältnis 2 : 3, erhält man eine Quinte. Nach demselben Prinzip lassen sich alle weiteren musikalischen Intervalle als Verhältnisse von natürlichen Zahlen darstellen (Abb. 90). Diese einfachen Verhältnisse bestimmen in der Vorstellungswelt von Antike und Mittelalter jegliche Harmonie und Proportion, ganz gleich ob sie sich in Bauwerken, im menschlichen Körper, im Abstand der Planeten oder in der Musik manifestieren. Die Richtigkeit, ja Divinität dieser Verhältnisse besteht unabhängig von ihrer Realisierung. Plato hatte im Dialog »Timaios« die pythagoreische Lehre mit seiner Ideenlehre verknüpft, und seitdem konnte man die Zahlenverhältnisse als ewige Ideen auffassen, zu denen sich die Dinge der Welt wie Abbilder zum Urbild verhalten.[4]

Aus diesem Grund beschäftigt sich die humanistische Wissenschaft weniger mit der Musik selbst und ihren Erscheinungen. Vielmehr widmet sie sich,

3 Gioseffo Zarlino, Le Istitutioni harmoniche, I, 7, Venedig 1573, Nachdruck Ridgewood 1966. Zit. nach Michael Fend, Gioseffo Zarlino: Theorie des Tonsystems. Das erste und zweite Buch der Istitutioni harmoniche (1573). Aus dem Italienischen übers., mit Anmerkungen, Kommentaren und einem Nachwort versehen von Michael Fend, Frankfurt a.Main u.a. 1989, 56.

4 Vgl. die Formulierung bei Gregor von Nyssa, stellvertretend für viele ähnliche: »Die Musik ist eine Harmonia, die den Gesang der alles beherrschenden göttlichen Macht darstellt, denn die Sympathie und Übereinstimmung aller Dinge untereinander, die nach einer bestimmten Ordnung geregelt ist, vergegenwärtigt die urbildliche […], wahre Musik, die der Weltordner erklingen läßt.« (Zit. nach Hermann Abert, Die Musikanschauung des Mittelalters und ihre Grundlagen, Halle 1905, 81.)

um das Wesen der Musik zu erfassen, den ewigen Ideen. Am konsequentesten hat dieses Wissen der Musik der Florentiner Neuplatoniker Marsilio Ficino (1433–1499) ausformuliert.[5] Ihre Ordnung hat Musik nur, insofern sie an der universalen Ordnung teilhat, die zahlenhaft darstellbar ist. Und ihre Wirkung kann sich nur entfalten, insofern sie mit dem menschlichen Gemüt durch eine universale Harmonie verbunden ist. Es gibt in diesem Urbild-Abbild-Denken also kein spezifisch musikalisches Wissen, sondern die universale, quadriviale Wissenschaft, deren einer Teil oder vielmehr eine Ausprägung das Wissen der Musik ist. Daher ist das Wissen der Musik zugleich mathematisches oder astronomisches Wissen. Wer über die musikalische Konsonanz Bescheid weiß, kann auch etwas über den Bau des Kosmos aussagen. Das bedeutet aber auch, daß zwischen dem Wissen der Musik und der erklingenden Musik ein eigentümlich starrer Automatismus der Entsprechung herrscht. In diesen Automatismus ist auch der Mensch einbezogen, dessen musikalisches Wahrnehmen durch die universale Ordnung determiniert wird. Bis zum Ende des 16. Jahrhunderts ist es offensichtlich nicht möglich, das musikalische Theoriegebäude konsequent vom menschlichen Empfinden aus zu entwerfen. Das wird zu Problemen führen bei der Art von Musik, die das menschliche Empfinden zum ausdrücklichen Thema erhebt oder die in ihrer Klanglichkeit einen direkten Zugriff auf das menschliche Empfinden sucht. Im 16. Jahrhundert ist das insbesondere das Madrigal. Erst hier entwickelt sich die Notwendigkeit, die Musik vom Menschen her zu reflektieren – und sei es auf Kosten einer universalen Harmonie von Mensch und Kosmos.

Es sind im wesentlichen drei Problemkreise, die von der zunehmenden Bedeutung des Menschlichen für die Musik eröffnet werden. Zum einen werden die Theorieelemente systematischer als bisher mit der Musikpraxis verglichen. Beispielsweise wird gefragt, ob die zahlengeleitete Unterscheidung zwischen Konsonanz und Dissonanz dem tatsächlichen Kon- und Dissonanzengebrauch in der mehrstimmigen Musik entspricht. Aber auch umgekehrt werden an die Musikpraxis Forderungen gestellt, die sich aus theoretischen Erwägungen ableiten, etwa die Forderung nach stärkerer affektiver Wirksamkeit der Musik, die von humanistischen Intellektuellenzirkeln ab den 1570er Jahren erhoben wird. Zweitens muß, wenn der Anspruch erhoben wird, daß eine Theorie den faktischen Vollzug von Musik treffend beschreiben soll, erst einmal bestimmt werden, wie die Beziehung der klingenden zur gewußten Musik überhaupt beschaffen ist. In dem Maß, in dem der alte Rahmen universaler Harmonien und Proportionen obsolet wird, muß die Wissenschaft erklären, in welcher Hinsicht sie die musikalischen Phänomene in den Blick nimmt und warum diese Hinsicht (z.B. die Verhältnisse der Saitenteilung) und nicht eine andere einen Wesenskern der Musik erfaßt. Zudem muß eine Theorie über ihren metaphysischen Status Auskunft geben. Das betrifft vor allem den Gebrauch der Zahlen in der Musiktheorie. Mit dem Aufkommen der mathematisch formulierten Mechanik ist es auch der Wissenschaft der Musik kaum mehr möglich, die Zahlen in einer kruden mittelalterlichen Symbolhaftigkeit zu verwenden, beispielsweise die Eins für Gott, die Drei für die Dreieinigkeit usw. In ihrer Abstraktheit sind die Zahlen dafür geeignet, so weit auseinanderliegende Phänomene wie ein Intervall, eine rhythmische Folge oder die Geschwindigkeit von Planeten mit ein und derselben Begrifflichkeit zu formulieren. Die von der Naturwissenschaft herkommenden Theoretiker zu Beginn des 17. Jahrhunderts werden schwer an dem Problem

5 In »De diuino furore« (1457), »Theologia Platonica« (1469–74), »In Timaeum commentarium« (1484) sowie diversen Briefen.

tragen, ob die Zahlen schon die Hinsicht selbst sind, mit der die unterschiedlichen Phänomene erfaßt werden, oder ob sie nur ein abstraktes, multifunktionales Medium ihrer Darstellung sind. Drittens ergibt sich die Notwendigkeit, die Methode darzulegen, mit der dies geschehen soll. Es ist letzten Endes unausweichlich, daß die gesamte philosophische Diskussion der Frühen Neuzeit, in welcher Weise der Mensch seine Sinne und seinen Verstand gebraucht, um zu Erkenntnis und Wissen zu kommen, sich früher oder später im Wissen der Musik niederschlägt. Eine adäquate Methode, zu musikalischem Wissen zu gelangen, muß sich dadurch legitimieren, daß sie mit der Funktionsweise des menschlichen Hörsinns in Einklang steht. Und sie muß vereinbar sein mit einer akzeptierten Theorie, nach welchen Regeln der menschliche Verstand die Sinnesdaten in Wissen verwandelt. Hier sind es vor allem die Philosophen und Naturwissenschaftler unter den Musiktheoretikern – Johannes Kepler, René Descartes, Athanasius Kircher –, die sich mit der erkenntnistheoretischen Grundlegung des musikalischen Wissens auseinandersetzen.

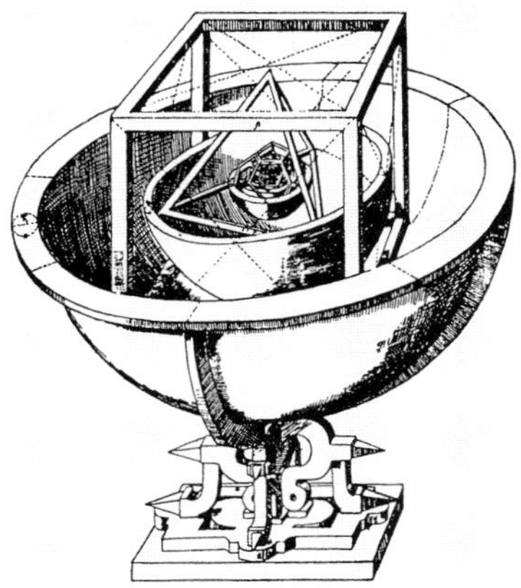

Abb. 91: Modell des Kosmos, aus: Johannes Kepler, Mysterium Cosmographicum (1596)

2. Das musikalische Wissen unter dem Einfluß der neuzeitlichen Mathematik

Seit Pythagoras wird das Kernstück der Musiktheorie, die Lehre von den Intervallen, mathematisch formuliert. Die vier Künste des Quadriviums – Arithmetik, Geometrie, Astronomie und Musik – sind mathematische Wissenschaften. Hinsichtlich ihrer Methode gibt es allerdings Unterscheidungen. Boethius verwendet dazu zwei unterschiedliche Begriffe von mathematischer Größe, die ebenfalls von Pythagoras eingeführt worden waren.[6] Arithmetik und Musik arbeiten mit diskreten, d.h. für sich unteilbaren Größen, also mit Zahlen. Geometrie und Astronomie dagegen verwenden kontinuierliche, d.h. teil- oder multiplizierbare Größen.[7] Während die Arithmetik die Zahlen für sich betrachtet, verwendet die Musik, wie Jacobus von Lüttich (»Speculum musicae«, um 1330) bemerkt, Zahlenverhältnisse. Diese Differenzierung ist nicht unerheblich, wie ich noch zeigen werde.

Es war zu erwarten, daß sich die Naturwissenschaft, durch die Fortschritte in der Astronomie bei Kopernikus und Kepler beflügelt, auch der Musik annehmen würde. Denn die Möglichkeit, Elementarbausteine der Musik wie die Intervalle zahlhaft abstrakt formulieren zu können, entsprach ja aufs genaueste der Arbeitsweise der neuen Naturwissenschaft, die physikalischen Phänomene auf abstrakte Grundbegriffe zu reduzieren und in Formeln zu beschreiben. Zudem barg die arithmetische Intervalltheorie ein genuin mathematisches Problem: die Stimmung. Um Intervalle miteinander zu kombinieren, also etwa eine Oktave und eine Quinte zu einer Duodezime zu addieren, muß man die Proportionen ihrer Saitenteilungen multiplizieren: $1:2 \times 2:3 = 1:3$. Die Saitenteilung 1 : 3 erzeugt also eine Duodezime. Reine Oktaven und reine Quinten sind jedoch mathematisch nicht miteinander kongruent. Wenn man je sieben Oktaven und zwölf Quinten übereinanderschichtet, dann kommt man nach dem Tonsystem und dem Quintenzirkel bei demselben Ton an. Nicht aber mathematisch, denn $(1:2)^7 \neq (2:3)^{12}$. Der Unterschied ist mit einem Betrag von 531441 : 524288 nicht groß, aber deutlich hörbar. Er wird nach seinem Entdecker das phythagoreische Komma genannt.

6 Boethius, De institutione musica, II, 3.

7 Man kann sich das an einem Dreieck mit einem bestimmten Längenverhältnis seiner Seiten a, b und c sowie definierten Winkeln verdeutlichen. Man kann die Seiten beliebig teilen oder vervielfachen – so lange man dies proportional tut, verändert sich das Dreieck in seinen wesentlichen Eigenschaften nicht.

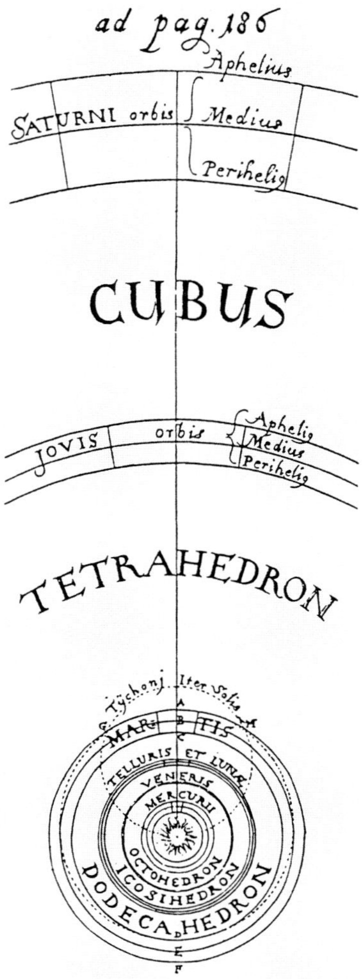

Abb. 92: Modell des Planetensystems, aus: Johannes Kepler, Hamonice mundi (1619)

Musikalisch ebenso virulent ist das syntonische Komma, das sich ergibt, wenn man vier reine Quinten nach oben und dann zwei reine Oktaven nach unten geht. Man erhält dann ein Intervall, das von der reinen großen Terz (4 : 5) um jenes syntonische Komma abweicht, denn $(2:3)^4/(1:2)^2 \neq 4:5$. Wiederum andere Kommata ergeben sich, wenn man versucht, aus der Schichtung von großen oder kleinen Terzen Oktaven zu generieren. Bei allen Tasten- und Saiteninstrumenten, in denen die Töne zueinander in Bezug gesetzt werden müssen, ergibt sich somit das Problem, welche Intervalle man als Bezugsgröße wählt, aus denen dann die übrigen abgeleitet werden.

Warum wird dieses Problem im 16. Jahrhundert so drängend? Vor allem liegt das an den Terzen. Im Lauf des 15. Jahrhunderts wurden die Terzen zu eigenständigen, als wohlklingend empfundenen Intervallen. Aufgrund der Kommata ließen sich aber nicht auf allen häufig benutzten Tönen reine Terzen einstimmen. In der mittelalterlichen Musik waren die Terzen, die man nicht umsonst als imperfekte Konsonanzen bezeichnete, nur Durchgangsintervalle im polyphonen Satz gewesen. Nun mußte man zwischen reinen Quinten und reinen Terzen abwägen. Zwischen 1500 und 1700 tendierte man dazu, die häufig gebrauchten Terzen rein zu stimmen und dafür die Quinten anzupassen (zu »temperieren«).

Die Herausforderung bestand nun darin, diese Eigenständigkeit mathematisch adäquat zu beschreiben. Eine Herausforderung war dies in der Tat, denn es gibt mehrere aus dem Mittelalter überkommene Denkfiguren, die hier eine Rolle spielen, sich aber untereinander nicht zu einer konsistenten Theorie zusammenfügen lassen. Bis ins 16. Jahrhundert beharrte die Musiktheorie darauf, zur Intervallbestimmung nur Verhältnisse von natürlichen Zahlen zuzulassen. Irrationale Zahlen waren verpönt – noch Zarlino lehnt sie ab –,[8] denn sie widersprechen der Einfachheit der ewigen Ideen. Damit aber war es nicht möglich, zu einer reinen Oktave oder einer reinen großen Terz rechnerisch eine temperierte Quinte zu bestimmen, denn diese ergäbe eine irrationale Zahl. Aus Gründen des platonischen Urbild-Abbild-Denkens hielt man also an den ganzzahligen Verhältnissen fest. Nur so konnten die Verhältnisse ihren Symbolwert freigeben. Gott als die Einheit bzw. Monade (Plato), als »Monas monadum« (Giordano Bruno) oder als »unitas« (Augustin) wurde von der Eins repräsentiert, die Trinität von der Drei. Die beiden perfekten Intervalle konnten mit den Zahlen zwischen Eins und Drei proportional dargestellt werden, und irrationale Zahlen schon bei den Quinten hätten dieses Denken völlig durcheinandergebracht. Zudem ließ sich mit der natürlichen Zahlenreihe auf einfache Weise eine Rangfolge der Perfektion der Intervalle aufstellen. Das Prinzip bei Zarlino lautet: Je geringer die Summe von Zähler und Nenner einer Intervallproportion ist, desto vollkommener ist das Intervall. Oder in Zarlinos eigenen Worten: »Je weiter sie [sc. die Summen von Zähler und Nenner] von der Eins, welche einfach ist, entfernt sind, desto weniger einfach und rein sind sie, desto weniger werden sie von der sinnlichen Wahrnehmung erfaßt und von unserem Verstand begriffen. Umgekehrt gilt: Je näher sie [der Eins] sind, desto einfacher sind sie, und desto vertrauter sind sie dem Sinnesvermögen und dem Verstand. Denn sie haben Anteil an dieser Einfachheit.«[9] Hier wird deutlich, wie starr im humanistischen Denken das menschliche Wahrnehmen an die abstrakte, urbildliche Ordnung der Töne gekoppelt ist. Diese Starrheit in Verbindung mit der Weigerung, andere als diskrete und rationale Größen zuzulassen, führt zu einem

8 Gioseffo Zarlino, Istitutioni harmoniche (1573), I, 21.

9 Ebd., I, 24. Zit. nach Fend, Zarlino, 115.

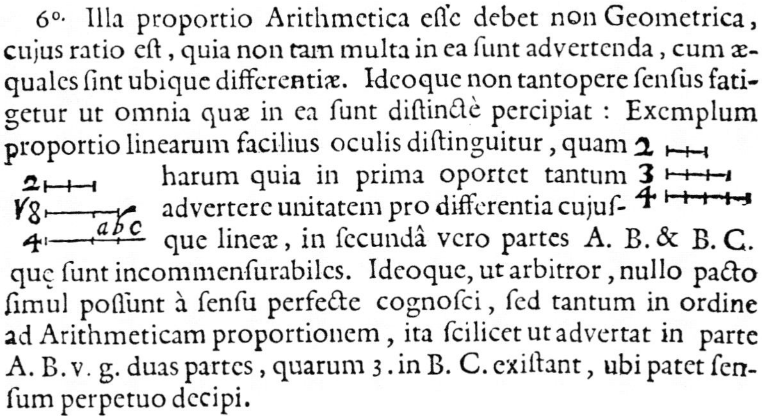
6°. Illa proportio Arithmetica eſſe debet non Geometrica, cujus ratio eſt, quia non tam multa in ea ſunt advertenda, cum æquales ſint ubique differentiæ. Ideoque non tantopere ſenſus fatigetur ut omnia quæ in ea ſunt diſtinctè percipiat: Exemplum proportio linearum facilius oculis diſtinguitur, quam harum quia in prima oportet tantum advertere unitatem pro differentia cujuſque lineæ, in ſecundâ vero partes A. B. & B. C. quę ſunt incommenſurabiles. Ideoque, ut arbitror, nullo pacto ſimul poſſunt à ſenſu perfecte cognoſci, ſed tantum in ordine ad Arithmeticam proportionem, ita ſcilicet ut advertat in parte A. B. v. g. duas partes, quarum 3. in B. C. exiſtant, ubi patet ſenſum perpetuo decipi.

Abb. 93: Geometrische und arithmetische Teilung, aus: René Descartes, Musicae Compendium (1618)

weiteren Problem. Nach dem Prinzip der Nähe zur göttlichen, archetypischen Eins rangiert die Quart mit der Saitenteilung 3 : 4 in der Konsonanzenrangfolge vor der großen Terz (4 : 5). Das entspricht aber um 1580 nicht mehr der Kompositionspraxis. Im Tonsatz wird die Quart vielmehr als Dissonanz behandelt, die sich in eine Konsonanz auflösen oder durch Konsonanzen abgestützt werden muß. Demgegenüber hatte sich die große Terz längst eine wesentlich größere Eigenständigkeit erobert. Das Prinzip der Konsonanzenreihenfolge hatte offenbar den Bezug zur musikalischen Praxis verloren. Damit war problematisch geworden, ob das alte musikalische Wissen überhaupt noch Erklärungskraft besaß. Der Konsonanzbegriff stand auf dem Spiel. Es war nicht mehr klar, worin die Schönheit der Musik bestand und aus welchen wissenschaftlich haltbaren Gründen man sie als schön bezeichnen konnte.

Diese Problemlage macht deutlich, daß eine rein mathematische Lösung der beiden großen musiktheoretischen Aufgaben am Ende des 16. Jahrhunderts, der Stimmungsfrage und der Definition einer Konsonanz, nicht ausreichen würde. Lösungen konnten erst dann angenommen werden, wenn sie erkenntnistheoretisch akzeptabel waren. Theorietechnisch modern anmutende Vorschläge wie die mathematische Teilung der Oktave in sechs gleich große Ganztöne bzw. zwölf gleich große Halbtöne, die der niederländische Mathematiker Simon Stevin entwickelte,[10] fanden keine Resonanz in der musikalischen Wissenschaft, weil ihnen offenkundig der erkenntnistheoretische Boden fehlte. Lösungen mußten logisch konsistent und zugleich sinnfällig sein: unmittelbar in die menschlichen Sinne fallend. Erst dann waren sie durchlässig für die musikalische Praxis. Es lassen sich um 1600 im wesentlichen drei Lösungsansätze erkennen, die das beanspruchen: das geometrische Verfahren Keplers, die Intervalltheorie Descartes' und die experimentelle Methode Vincenzo Galileis. Ich werde im folgenden auf die ersten beiden ausführlich eingehen. Zum dritten nur eine Anmerkung: Der Lautenist Vincenzo Galilei ging um 1580 mit seinen Intervallexperimenten einen entscheidenden Schritt über das übliche Experimentieren am Monochord hinaus. Er versuchte herauszufinden, welche Proportionen sich ergeben, wenn man an eine Saite unterschiedliche Gewichte hängt oder wenn man die Volumina baugleicher Blasinstrumente berechnet, die im Abstand eines konsonanten Intervalls klingen. Dabei stellte sich heraus, daß man hier in andere Potenzen kommt: bei

10 Simon Stevin, Wisconstighe Ghedachtenissen, Leiden 1605/08. Zeitgleich als »Hypomnemata mathematica« in der Übersetzung von Willebrord Snellius erschienen.

Abb. 94: Vorwort aus: Claudio Monteverdi, 5. Madrigalbuch (1605)

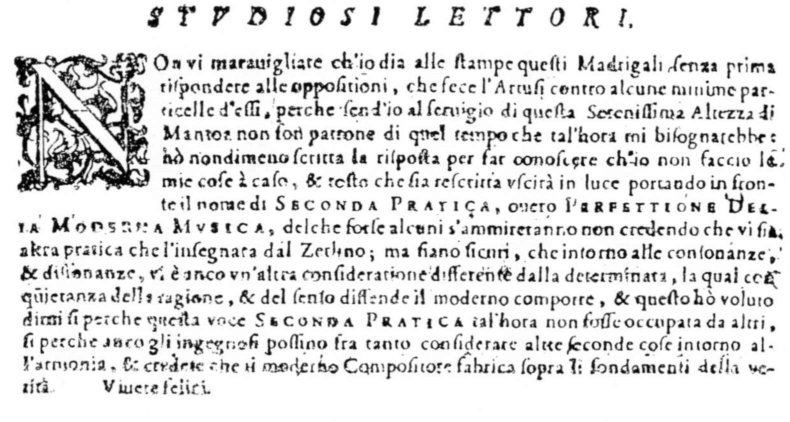
STVDIOSI LETTORI.

NOn vi marauigliate ch'io dia alle stampe questi Madrigali senza prima rispondere alle oppositioni, che fece l'Artusi contro alcune minime particelle d'essi, perche send'io al seruigio di questa Serenissima Altezza di Mantoa non son patrone di quel tempo che tal'hora mi bisognarebbe: hò nondimeno scritta la risposta per far conoscere ch'io non faccio le mie cose à caso, & tosto che sia rescritta vscirà in luce portando in fronte il nome di SECONDA PRATICA, ouero PERFETTIONE DELLA MODERNA MVSICA, delche forse alcuni s'ammiretanno non credendo che vi sia altra pratica che l'insegnata dal Zerlino; ma siano sicuri, che intorno alle consonanze, & dissonanze, vi è anco vn'altra consideratione differente dalla determinata, la qual con quietanza della ragione, & del senso diffende il moderno comporre, & questo hò voluto dirui si perche questa voce SECONDA PRATICA tal'hora non fosse occupata da altri, si perche anco gli ingegnosi possino fra tanto considerare altre seconde cose intorno all'armonia, & credete che il moderno Compositore fabrica sopra li fondamenti della verità. Viuete felici.

den Gewichten 1 : 4 = $(1:2)^2$ für die Oktav, 4 : 9 = $(2:3)^2$ für die Quint und entsprechend in zweierpotenzierte Verhältnisse für die anderen Intervalle, bei den Volumina in die dritte Potenz. Möglicherweise waren diese Experimente ein Initial für die wissenschaftliche Neugier seines Sohnes Galileo. War diese Entdeckung, die die bisherigen Zahlenverhältnisse erheblich relativierte, das Aus für die traditionelle Konsonanztheorie? Galileo Galilei hat in seinen »Discorsi e dimonstrazioni matematiche intorno a due nuove scienze« (Leyden 1638) die väterlichen Erkenntnisse resümiert und mit der inzwischen gemachten Entdeckung, daß sich Tonhöhe als Frequenz von Schwingungen begreifen läßt, in Verbindung gebracht. Dabei stellte er klar, daß die alten Intervallproportionen, sei es in einfacher, zweifacher oder dreifacher Potenz, mit den Schwingungszahlen zusammenhängen. Damit bestand weiterhin die Berechtigung, Intervalltheorien auf den tradierten Verhältnissen der Saitenteilung aufzubauen. Die Entdeckung Vincenzo Galileis wurde also in dem Maße unwichtig, in dem es gelang, Intervallproportionen überhaupt erkenntnistheoretisch abzusichern und damit im Prinzip auf alle Klangmedien zu übertragen.

Der aus dem kleinen württembergischen Weilderstadt stammende Johannes Kepler (1571–1630) ist nicht primär als Musiktheoretiker in die Wissenschaftsgeschichte eingegangen. Berühmt wurde der geniale, manchmal verstiegene Denker als Astronom. Er errang als kaiserlicher Mathematiker und Astronom am Hof Rudolfs II. in Prag eine der angesehensten wissenschaftlichen Stellungen in Europa. Ihm gelang die Entdeckung von drei bis heute gültigen Gesetzen zur Bewegung der Planeten. Entscheidend war hierbei seine Erkenntnis, daß die Umlaufbahnen der Planeten elliptisch, nicht kreisförmig verlaufen. Diese Erkenntnis ist wohl noch grundstürzender als die kopernikanische Lehre von der Sonne als Bezugspunkt des Planetensystems.[11] Denn an der Kreisförmigkeit hingen alle pythagoreischen und platonischen Spekulationen zur Kosmotheologie und zur Sphärenharmonie. Keplers genialischer Wissenschaftlergeist zeigt sich nicht zuletzt darin, daß er dennoch versucht, an einer Koinzidenz von musikalischem Intervallsystem und Planetensystem festzuhalten; nichts anderes als das besagt der Titel seines Spätwerks: »Harmonice mundi« (Linz 1619) – Harmonie der Welt. Und gleichzeitig erhebt Kepler den Anspruch, eine paradigmatisch andere und in der Tat neuzeitliche Wissenschaft zu betreiben. Wie geht das zusammen?

11 Jürgen Mittelstrass urteilt deshalb: »Die Kopernikanische Wende ist in Wahrheit eine Keplersche Wende.« (Machina mundi. Zum astronomischen Weltbild der Renaissance, Basel/Frankfurt a.M. 1995, 22.)

Der Schlüssel zum Verständnis ist eine außergewöhnliche methodische Entscheidung. Kepler behauptet, die Probleme lassen sich lösen, wenn man die musikalische Intervallik nicht arithmetisch, sondern geometrisch formuliert. Nicht nur die Astronomie, sondern auch die Wissenschaft der Musik läßt sich, so Kepler, mit kontinuierlichen Größen angemessener formulieren als mit diskreten. In seiner astronomischen Frühschrift »Mysterium Cosmographicum« (Tübingen 1596) hatte Kepler vor einem Problem gestanden, das schon Kopernikus erkannt hatte. Wenn man kreisförmige Umlaufbahnen der Planeten um die Sonne annimmt, dann kann die Sonne nicht exakt im Mittelpunkt des Kreises stehen. Im kopernikanischen Modell steht daher die Sonne etwas verschoben neben dem leeren Kreismittelpunkt; die Planeten kreisen exzentrisch um die Sonne. Das irritierte. Reine, einfache Geometrie ergab sich aus dieser Konstellation nicht ohne weiteres. Aber Kepler bleibt dabei, daß das Planetensystem mit einfachen geometrischen Modellen beschreibbar sein muß. Er wählt als Beschreibungsmedium die sogenannten platonischen Körper.[12] Einem regelmäßigen Körper kann eine Kugel sowohl ein- als auch umbeschrieben werden. Kepler gelingt es nun, eine Reihenfolge von Körpern und Kugeln zu finden, bei der die umschreibende Kugel eines Körpers zugleich die einbeschriebene Kugel des nächstgrößeren Körpers ist. So entsteht ein Schichtenmodell von Kugeloberflächen bestimmten Abstands zueinander, der den durch das Fernrohr ermittelten Entfernungen der Planetensphären entspricht (Abb. 91). Die Exzentrik der Planetensphären wird durch eine gewisse Dicke der Kugelschalen berücksichtigt. In modifizierter Form wird Kepler später genau dieses Denkmodell auf die Intervalltheorie anwenden.

Inmitten des naturwissenschaftlichen Aufbruchs mutet dieses Forschungsprogramm hoffnungslos veraltet an. Damit ist es risikoreich. Kepler riskiert das Mißverständnis, seine geometrischen Figuren oder Körper seien, nicht anders als in der platonischen Kosmotheologie, präexistente Urbilder, denen die Wirklichkeit als ihr Abbild zu gehorchen hat. Die neuzeitliche Naturwissenschaft verfährt ja umgekehrt: Sie akzeptiert nur Erklärungsmodelle, die aus den Erscheinungen der Natur entwickelt sind. Kepler geht sogar ein doppeltes Risiko ein, denn er erhält die Ambition eines universalen Harmoniebegriffs aufrecht und ist zugleich der Überzeugung, gerade seine geometrische Methode sei der entscheidende Faktor einer modernen, den Phänomenen verpflichteten Wissenschaft. Um dies zu verstehen, ist die Unterscheidung zwischen diskreten und kontinuierlichen Größen wenig hilfreich. Die diskreten Zahlen haben den höheren Abstraktionsgrad als die kontinuierlichen geometrischen Figuren. In der Mechanik des 17. Jahrhunderts hat deshalb die Arithmetik die bedeutendere Rolle gespielt, denn die wegweisenden Erkenntnisse bei Galilei und Newton beruhen ja auf der Abstraktion von gegenständlichen Phänomenen.[13] Im Sinn einer empirisch relevanten Wissenschaftlichkeit liegt das arithmetische Verfahren also näher. Man kommt Keplers Gründen aber auf die Spur, wenn man seine Präferenz der kontinuierlichen Größen in der Intervalltheorie betrachtet. Er behauptet, nur mit kontinuierlichen Größen ließen sich konsonierende von dissonierenden Intervallen unterscheiden. Diskrete seien dafür nicht geeignet.[14] Dieses Argument ist durchaus überzeugend, denn das Problem der arithmetischen Intervalltheorie bestand ja darin, daß sie zwischen Konsonanzen und Dissonanzen keinen qualitativen Unterschied benennen kann: Ob man die Quinte (2 : 3),

12 Plato, Timaios 50–56. Die fünf Körper zeichnen sich dadurch aus, daß sie ausschließlich von regelmäßigen, d.h. gleichseitigen Vielecken begrenzt werden wie z.B. Würfel oder gleichseitige Pyramide.

13 Vgl. Hans Blumenberg, Die Legitimität der Neuzeit, Frankfurt a.M. 1996, 2. Aufl. 1999 sowie Niklas Luhmann, Die Wissenschaft der Gesellschaft, Frankfurt a.M. 1990, 2. Aufl. 1994, 153.

14 Kepler, Harmonice mundi, III, 9.

Abb. 95: Giovanni Battista Marinoni, Fiori poetici, Titelkupfer mit Porträt Monteverdis (1644)

den Ganzton (8 : 9) oder ein anderes Intervall nimmt, der qualitative Unterschied zwischen einer 3 und einer 8 ist nicht einsichtig zu machen. Die eine Zahl ist so diskret wie die andere. Und das alte Argument der Nähe zur 1 war problematisch, da dem die nahe an der 1 liegende und dennoch dissonante Quart im Weg steht. Keplers Argument hingegen besagt: Es gibt offenbar Intervalle, die der Mensch als wohlklingend wahrnimmt, und andere, die ihm dissonant erscheinen, und zwar unabhängig davon, in welchem Verhältnis oder zahlenhaftem Abstand diese Intervalle zueinander stehen. Eine Terz zum Beispiel hat eine uneinholbare Eigenqualität, die nicht aus Konstruktionen von Quinten und Oktaven ableitbar ist. Ebenso eine Quarte, deren arithmetische Stellung »vor« der Terz reine Willkür des Zahlensystems ist. Daher muß ein Beschreibungsmodell gefunden werden, das jene Eigenqualität ausdrückt. Es geht also nicht um die Alternative zwischen Diskretion und Kontinuation, sondern um Distinktion. Hier liegt der Vorteil der Geometrie. Eine Figur kann das distinkte formale Modell eines distinkten Intervalls sein. Ein starres, nicht aktiv in den geistigen Prozeß einbezogenes Modell wie die platonischen Körper erscheint Kepler in der »Harmonice mundi« nun als ungenügend,[15] denn was als abstrakte Form unabhängig von der Qualität der Intervalle vorhanden ist, wird kaum den qualitativen Unterschied zwischen Konsonanz und Dissonanz erklären können. Kepler benötigt also eine Methode, die Intervalle so in geometrische Formen zu modellieren, daß sich in den Formen der qualitative Unterschied zwischen Konsonanz und Dissonanz abbildet.

In dieser Strategie sind zwei Eckwerte neuzeitlicher Wissenschaftlichkeit enthalten. Zum einen nimmt Keplers Methode ihren Ausgang nicht mehr beim Spekulieren, sondern beim Beobachten. Auf empirischem Weg werden die Phänomene bestimmt, die wissenschaftlich erfaßt werden sollen. In der Musik wird ohne jede spekulative Vorentscheidung empirisch ermittelt, welche Intervalle konsonant und welche dissonant sind; die »eigentliche Definition« einer Konsonanz, so Kepler, bestehe darin, daß sie die menschliche Seele erfreue.[16] In der Astronomie werden die Planetenbahnen und ihre Abstände durch Beobachtung mit dem Fernrohr festgestellt. Danach wird eine formalisierte Beschreibung gesucht, die das Wesentliche der Beobachtungen erfaßt und von den Störgrößen (die in jeder Beobachtung mitschwingen) abstrahiert. Mögliche Parallelen zwischen musikalischer Intervallik und Planetensystem ergeben sich erst nach einer je separaten Beobachtung und werden nicht vorgängig dekretiert. Zum anderen schaut sich Kepler bei der Entwicklung und Verfeinerung der formalisierten Beschreibungsmethode gleichsam selbst zu. Denn dieser wissenschaftliche Vorgang darf nicht willkürlich geschehen, sondern er muß möglichst nahe an den intuitiven Prozessen sein, die bei der menschlichen Sinneswahrnehmung und ihrer Verarbeitung im Bewußtsein ablaufen. Mit anderen Worten: Kepler reflektiert seine wissenschaftliche Vorgehensweise erkenntnistheoretisch. Gemäß dieser beiden Prinzipien kommt Kepler, kurz gefaßt, zu folgender Theorie: Auf empirischem Weg können sieben Intervalle als konsonant oder als »Logos Musicales« bestimmt werden:[17] Oktav, Quinte, Quarte, die beiden Terzen und die beiden Sexten. Die jeweiligen Verhältnisse ihrer Saitenlängen gilt es nun so zu formalisieren, daß jedes Intervall als konsonante Qualität sui generis erscheint. Das kann man, so Kepler, nur erreichen, indem man eine Zahl des Verhältnisses als das Ganze und die andere als Teil

15 Kepler, Harmonice mundi, V, 186–187.

16 »[…] & cùm Mens sit, quae Animos humanos sic conformavit, ut hoc intervallo delectarentur (quae est genuina definitio consoni & dissoni) differentias quoque unius ab altero, & causas, quibus haec intervalla fiunt harmonica, mentalem & intellectualem essentiam habere oportet: nimirum hanc, quod termini consonorum intervallorum propriè scibiles sunt; dissonorum, aut impropriè scibilis, aut inscibiles.« (Kepler, Harmonice mundi, III, 9.)

17 »Sentirj omnes 7 λόγους Musicales. Logos Musicales septem sensu deprendj jam probavj.« (Johannes Kepler, Briefe, hg. von Max Caspar, in: Gesammelte Werke, München 1937ff., Bd. 14, 73.)

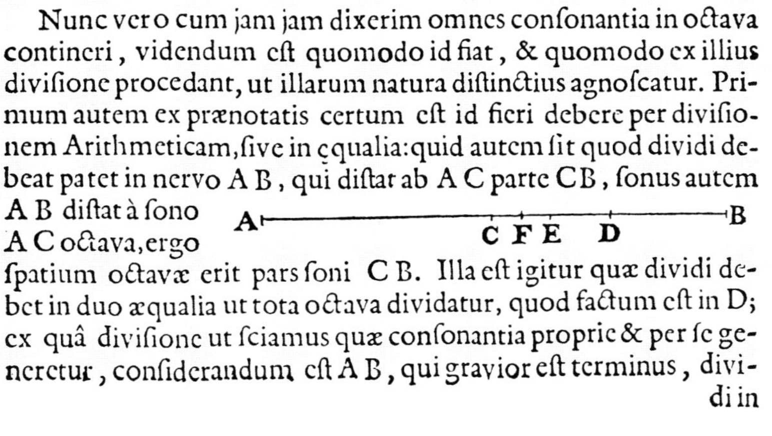
Nunc vero cum jam jam dixerim omnes conſonantia in octava contineri, videndum eſt quomodo id fiat, & quomodo ex illius diviſione procedant, ut illarum natura diſtinctius agnoſcatur. Primum autem ex prænotatis certum eſt id fieri debere per diviſionem Arithmeticam, ſive in æqualia: quid autem ſit quod dividi debeat patet in nervo A B, qui diſtat ab A C parte C B, ſonus autem A B diſtat à ſono A C octava, ergo ſpatium octavæ erit pars ſoni C B. Illa eſt igitur quæ dividi debet in duo æqualia ut tota octava dividatur, quod factum eſt in D; ex quâ diviſione ut ſciamus quæ conſonantia proprie & per ſe generetur, conſiderandum eſt A B, qui gravior eſt terminus, dividi in

Abb. 96: Monochordeinteilung, aus: René Descartes, Musicae Compendium (1618)

dieses Ganzen auffaßt. Damit werden das alte Prinzip des Vergleichens mit der Eins und die damit verbundenen Ranglisten vollkommenerer oder unvollkommener Konsonanzen überwunden. Für das Ganze wählt Kepler den Kreis als formale Repräsentation. Die Intervalle werden durch regelmäßige Polygone dargestellt, d.h. als Vielecke mit gleichen Seitenlängen, die dem Kreis einbeschrieben sind (Abb. 104). Je nach Anzahl der Ecken des Polygons wird der Kreisumfang damit visuell unmittelbar nachvollziehbar in eine bestimmte Anzahl an Segmenten aufgeteilt, die miteinander ins Verhältnis gesetzt werden können. So lassen sich beispielsweise für ein dem Kreis einbeschriebenes gleichseitiges Dreieck die Proportionen 1 : 3 (ein Segment im Verhältnis zum ganzen Kreisumfang) oder 2 : 3 (die verbleibenden zwei Segmente im Verhältnis zum Kreisumfang) bilden. Die hälftige Teilung des Kreises bildet die Oktavproportion 1 : 2, das Dreieck die Quintproportion 2 : 3, das Quadrat die Quarte 3 : 4 und wiederum die Oktav 2 : 4 = 1 : 2, das Pentagon die große Terz 4 : 5 und die große Sext 3 : 5 usw.[18] Dabei läßt Kepler nur Polygone zu, die mit Zirkel und Lineal direkt aus dem Kreis konstruierbar sind, wie es Euklid in seiner geometrischen Abhandlung »Elemente« demonstriert hatte. Es soll also ausgeschlossen werden, durch bloß rechnerische Teilung des Kreisumfangs die Seitenlängen beliebiger Polygone zu ermitteln.[19] Ebenso wird die bloße Halbierung der konstruierten Seitenlängen verworfen, mit der sich aus dem Dreieck das 6-, 12-, 24-Eck usw., aus dem Fünfeck das 10-, 20-, 40-Eck usw. bis ins Unendliche und entsprechende Reihen aus den anderen konstruierbaren Polygonen bilden lassen. Denn das Verfahren des Einbeschreibens erfüllt nur dann seinen Zweck, wenn es den erkenntnistheoretischen Vorgang des direkten Vergleichens mit einem Ganzen abbildet. So nämlich läßt sich die empirische Definition der Konsonanz formalisieren: Konsonant sind diejenigen Intervalle, die sich in den Polygonen zeigen, deren Maße mit dem Kreisdurchmesser in einem Verwandtschaftsverhältnis stehen. Die geometrische Verwandtschaft der Maße soll die Verwandtschaft der Intervalle mit dem Maß der menschlichen Wahrnehmung abbilden. Umgekehrt gilt, daß diejenigen Intervalle dissonant sind, deren Verhältnisse nicht aus dem Kreis konstruierbar sind.[20]

Mutet es angesichts dieser mathematischen Theroriebildung nicht wie ein Rückfall in unhaltbare kosmologische Spekulationen an, wenn Kepler seine Intervalltheorie im Schlußabschnitt der »Harmonice mundi« nun doch mit

18 Für eine ausführliche Darstellung sei auf Michael Dickreiter, Der Musiktheoretiker Johannes Kepler, Bern/München 1973, und H. Floris Cohen, Quantifying Music. The Science of Music at the First Stage of the Scientific Revolution 1580–1650, Dordrecht/Boston/Lancaster 1984, verwiesen.

19 Das sind insbesondere Siebeneck, Neuneck und Elfeck.

20 Die Entdeckung freilich, die der Mathematiker Carl Friedrich Gauss in den 1790er Jahren machte, hätte Keplers Theoriegebäude zum Einsturz gebracht. Gauss fand heraus, daß sich ein Siebzehneck konstruieren läßt. Wenig später konnte er eine vollständige Theorie der Konstruierbarkeit von Polygonen vorlegen. In den »Disquisitiones arithmeticae« (Leipzig 1801) bewies er, daß ein regelmäßiges Polygon mit p Ecken (p Primzahl) genau dann konstruierbar ist, wenn p als p=2n+1 dargestellt werden kann (wobei n in diesem Fall stets entweder 1 oder eine Zweierpotenz ist). Für n=4 ergibt sich das konstruierbare Siebzehneck, für n=8 das 257-Eck, für n=16 das 65537-Eck. Eine Konstruktionsbeschreibung des 257-Ecks, die die Universitätsbibliothek Göttingen besitzt, ist bereits rund 80 Seiten lang. Für n=32 ergibt sich kein konstruierbares Polygon, da (2x32)+1 nicht prim ist. Ob es eine begrenzte oder unendliche Anzahl an Primzahlen der genannten Form gibt, ist nach wie vor eines der großen Rätsel der Zahlentheorie. Ebenso unklar ist, ob der Algorithmus für n>16 überhaupt noch Primzahlen liefert, denn bisher wurden keine weiteren nachgewiesen. Die strikte Trennung zwischen Geometrie und Arithmetik, die für Kepler eine so große Rolle spielt, muß von diesem Erkenntnisstand aus in Frage gestellt werden.

Abb. 97: Simon Stevin (1548–1620)

dem Planetensystem verbindet? Ein Musiktheoretiker wie Johann Mattheson (1681–1764), für den ein Begriff wie Weltenharmonie ein Reizwort war, hat Keplers Vorstellungen wenig schmeichelhaft als »ridicule [...] Träume« bezeichnet.[21] Aber aus all den Versuchen, das Konzept der Sphärenharmonie aufrechtzuerhalten, die im 17. Jahrhundert noch unternommen werden und gegen Ende des Säkulums verebben, ragt Keplers Theorie in ihrer mathematischen Genauigkeit und ihrer methodisch sorgfältigen Begründung weit heraus. Die Grundlage bilden wiederum empirische Daten – ein Unterschied zu allen bisherigen Sphärenharmonien. Die Daten basieren auf den elliptischen Bahnen der Planeten, die Kepler in Prag mit dem Fernrohr ermittelt hatte. Auf seiner Ellipse durchschreitet jeder Planet einen sonnennächsten (Perihel) und einen sonnenfernsten Punkt (Aphel). Die Geschwindigkeit jedes Planeten an diesen beiden Punkten ist aufgrund der differierenden Schwerkraftwirkung der Sonne, die in einem der beiden Brennpunkte der Ellipse steht, unterschiedlich (Abb. 92). Die Verhältnisse dieser sogenannten Winkelgeschwindigkeiten, so fand Kepler heraus, entsprechen verblüffend genau den Intervallverhältnissen in der Musik. So verhält sich die Winkelgeschwindigkeit des Saturns am Perihel zu der des Jupiters am Aphel 1 : 2, diejenige der Erde am Aphel zu der des Mars am Perihel 2 : 3. Die Winkelgeschwindigkeit von Saturn am Aphel im Verhältnis zum Perihel hat die Proportion der großen Terz (4 : 5), und diejenige der Erde am Aphel im Verhältnis zum Perihel hat die Proportion eines Halbtons, nämlich 15 : 16. Daraus zieht Kepler einen fundamentalen Schluß: Diese Proportionen seien »weltbildend«.[22] Man muß sich immer wieder die Begründung dieses Urteils vor Augen führen. Nicht weil diese Proportionen an sich selbst etwas Göttliches haben, wie die Platoniker argumentierten, sondern weil man in den Naturbeobachtungen immer wieder auf sie stößt, hat man in ihnen so etwas wie Fundamentalgrößen des Natürlichen. Wenn man heute erkennt, daß sich so unterschiedliche Phänomene wie die Materieverteilung in Galaxien und die Strukturbildung eines Tannenzapfens nach denselben Proportionen verhalten, zum Beispiel nach der Fibonaccireihe und dem Goldenen Schnitt, dann ist der Unterschied zu Keplers Planetenharmonie gar nicht so groß. Paul Hindemith hat Kepler mit seiner Oper »Die Harmonie der Welt« (1957) ein musikalisches Denkmal gesetzt.

Eine Sentenz, die in der antiken und mittelalterlichen Musikspekulation verbreitet war, vermeidet Kepler umsichtig: die Behauptung nämlich, das Weltall sei erfüllt von der schönsten und harmonischsten Musik. Sphärenharmonie ist für ihn keine Sphärenmusik mehr. Die Proportionen sind ein universales Strukturprinzip, das unterschiedlichen physikalischen Phänomenen wie der Erzeugung von Klängen und der Bewegung der Planeten zugrundeliegt. Daraus zu folgern, die Bewegung der Planeten erzeuge musikalischen Klang, ist natürlich unsinnig, wie auch sofort der Unsinn der umgekehrten Behauptung einleuchtet, in jeder Erzeugung von musikalischem Klang gehe physikalisch etwas Vergleichbares wie die elliptische Bewegung von Körpern um ein Gravitationszentrum vor sich. Kepler bleibt dabei: Der »fortwährende Zusammenklang der Himmelskörper« ist »durch den Verstand, nicht das Ohr faßbar«.[23] Aber ein philosophisches Problem bleibt dabei doch: die Frage nämlich, wie das vor sich gehen soll und welcher Begriff von Ursache und Wirkung hier am Werk ist, wenn man annimmt, daß die unterschiedlichsten physikalischen Erscheinungen sich nach denselben mathema-

21 Johann Mattheson, Das Forschende Orchestre, Hamburg 1721, 332.

22 »Eos sensus prodit in musica 1/1 1/2 2/3 3/4 4/5 5/6 3/5 5/8 cum suis completorijs. Isti λόγοι sunt χοσμοποιητιχοί.« (Kepler, Briefe, in: Gesammelte Werke, Bd. 14, 46.)

23 »Nihil igitur aliud sunt motus cœlorum, quàm perennis quidam concentus (rationalis non vocalis) [...].« (Kepler, Harmonice mundi, V, 212.)

tischen Prinzipien ordnen. Liegt nicht doch in diesen Prinzipien selbst die Kraft verborgen, die Dinge ans Licht der physikalischen Realität zu bringen? Diese Frage läßt Kepler unbeantwortet, und die neuzeitliche Wissenschaft hat sich erst allmählich zu einem strikten Nein entschlossen. Einen entscheidenden Schritt in diese Richtung macht René Descartes (1596–1650). Descartes hat sich zeit seines Lebens mit Musik befaßt, und seine erste wissenschaftliche Abhandlung ist eine Musiktheorie. Das »Musicae compendium« (1618) entsteht unmittelbar nach Descartes' Studienjahren im Jesuitenkolleg von La Flèche. Descartes hat es zu Lebzeiten nicht veröffentlicht; erst 1650 ist posthum eine Druckausgabe erschienen. Mit Sicherheit aber kursierte das »Compendium« in seinem Bekanntenkreis, zu dem Isaac Beeckman, Marin Mersenne und andere gehörten. Die Schrift ist kaum das Zeugnis einer persönlichen Musikbegeisterung Descartes'. Vielmehr dokumentiert die Tatsache, daß ein junger Gelehrter sich auf das Feld der musikalischen Theorie begibt, die zentrale Stellung der Musik als Wissenschaft in der Umgebung von Philosophie und Physik.

Man hat zurecht in der jesuitischen Bildung Descartes' einen wichtigen Anlaß gesehen, sich mit bestimmten philosophischen Fragen auseinanderzusetzen. Dazu gehörte die Lehre von den Substanzen, die Descartes wohl persönlich in den Schriften des Jesuiten Francisco Suárez studiert hat.[24] Bei Suárez wird die mittelalterliche Denkfigur der Substanz als dem unveränderlichen Wesenskern eines Dings auf ein musikalisches Problem angewendet. Die im Mittelalter viel diskutierte Frage lautete, ob und wie die materielosen Engel Musik machen können, die für den Menschen wahrnehmbar ist; die zahlreichen Berichte von erlauschten Engelsgesängen wollten schließlich philosophisch und physikalisch erklärt werden.[25] Suárez' Antwort lautet, daß alle Bewegungen der Engelssubstanz ein materiales und damit mechanisch wirksames Äquivalent haben. Das ist natürlich ein nicht ohne weiteres einsichtiger Übergang. Er bedurfte einer besonderen Erklärung, und diese Erklärung war Gott. Kepler schon hatte nicht mehr so argumentiert, denn einen automatischen physikalischen Niederschlag der harmonischen Proportionen, die im mittelalterlichen Verständnis eben jene substantiellen Formen sind, lehnte er ja ab. Descartes nun nimmt sich des Problems in ganz anderer Weise an. Für ihn ist die Frage, ob sich ein Zahlenverhältnis unmittelbar in physikalischer Realität ausdrückt, die wiederum von einem menschlichen Sinnesorgan, das auf jenes göttliche Verhältnis geeicht ist, entsprechend wahrgenommen werden kann, falsch gestellt und daher sinnlos. Nach der Theorie, wie sie in den »Principia philosophiae« (1644) und den »Passions de l'âme« (1649) entwickelt wird, haben auch für Descartes alle geistigen Vorgänge ein mechanisches Substrat, allerdings in völlig anderer Weise als in der Substanzenlehre. Dies geht aus seiner Theorie von den Korpuskeln hervor. Die Korpuskeln sind unendlich teilbare Körper, die die ganze Welt ausfüllen, ohne daß irgendwo ein Vakuum bleibt. Jedes physikalische Ereignis ist damit durch eine lange Reaktionskette von Korpuskeln erklärbar, die sich gegenseitig anstoßen. Wichtig in unserem Zusammenhang ist, daß die Korpuskeln über die Zirbeldrüse im Gehirn und die Körpersäfte aus einem menschlichen Verstand heraus wirken können und über ein Sinnesorgan auf demselben Weg in einen anderen hinein. Auf diese Weise erhält man eine lückenlose Kausalkette. Sie reicht von der geistigen Aktivität eines Menschen über deren körperlichen Ausdruck bis zur sinnlichen Wahrnehmung eines anderen Menschen. Daher

24 Rainer Specht, Commercium mentis et corporis. Über Kausalvorstellungen im Cartesianismus, Stuttgart-Bad Canstatt 1966, 22.

25 Ein klassischer Bericht stammt von Aurelianus Reomensis. Er schildert in seiner »Musica disciplina« (Mitte 9. Jahrhundert), wie er des Nachts an einer leeren Abtei vorbeigekommen sei, aus der Musik erklang.

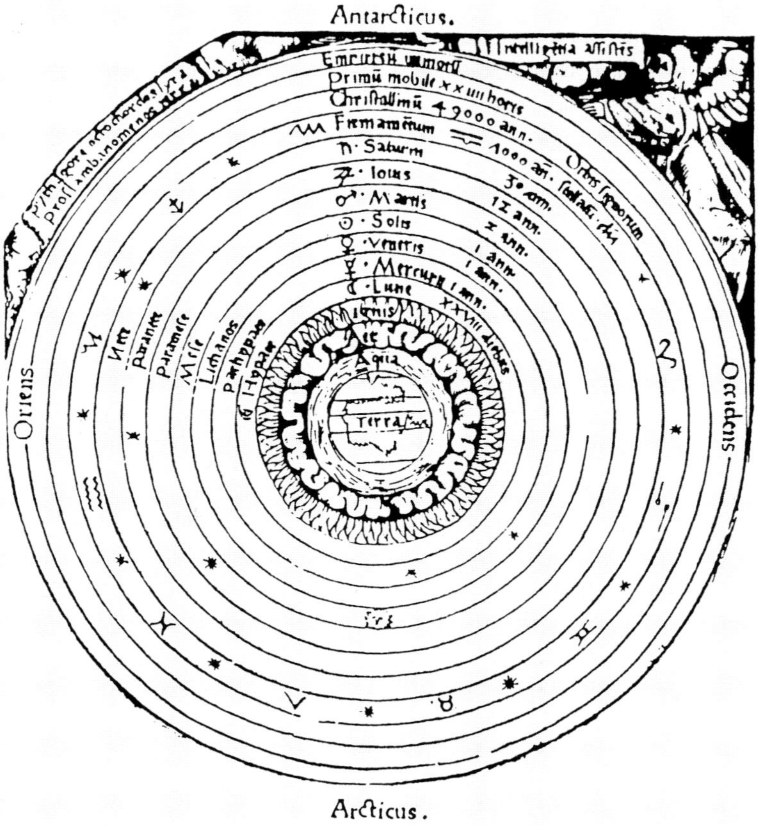

Abb. 98: Pythagoreisches Weltbild mit musikalischen Intervallen, aus: Aristoteles, Vom Himmel, hier in einer Ausgabe von Johann Eck (1519)

kann sie die Produktion und die Wahrnehmung von Musik in einem einzigen Beschreibungsvorgang erfassen.

Bedeutsam an dieser Korpuskulartheorie ist für das musikalische Wissen zweierlei. Erstens bietet sie eine Erklärung für den Übergang von geistigen zu physikalischen Strukturen, bei der Gott nicht mehr benötigt wird. Zweitens ändert sich die Rolle der Mathematik in diesen Beschreibungsvorgängen grundlegend. Eine bestimmte arithmetische Konstellation ist nicht mehr (im kosmologischen Sinn) die Erklärung des Vorgangs, sondern allenfalls die Beschreibung eines Kausalschritts in der langen Kette. Daß die gesamte Kette oder sogar die Gesamtheit aller korpuskularen Impulse berechenbar ist, wird damit theoretisch postuliert, bleibt aber mathematisch undurchführbar. Die Mathematik ist, wie Hans Blumenberg formulierte, bei Descartes deshalb nur das Funktionsprinzip der Möglichkeiten, aber nicht der Wirklichkeit selbst.[26] Diese Auffassung ist die wohl grundlegendste Eigenschaft der neuen Wissenschaft im frühen 17. Jahrhundert. Der Anspruch der Mathematik wird begrenzt darauf, die Erklärung für einen willkürlich gewählten Ausschnitt der Wirklichkeit zu bieten. In diesem Ausschnitt aber ist sie absolut real und absolut praxisrelevant.[27] Genau dieses Denken liegt, wenn auch noch nicht explizit ausgesprochen, bereits der musikalischen Theorie des »Compendium« von 1618 zugrunde. Descartes sucht hier nicht nach Verhältnissen, die so etwas wie das tiefste Geheimnis oder das letzte Prinzip alles Musikalischen bergen. Er stellt vielmehr die methodische Frage, welche Zahlen unbedingt benötigt werden, um diejenigen Intervalle darzustellen, die dem Ohr ange-

26 Blumenberg, Legitimität der Neuzeit, 234ff.
27 Descartes, Principia philosophica, III, 44–45 und IV, 204–205.

nehm erscheinen. Wie bei Kepler gibt es also keine spekulative Vorentscheidung über konsonante und dissonante Intervalle. Descartes bemerkt, daß die Zahlen von 1 bis 6 ausreichend sind. Anschließend reflektiert er die Schritte, die ihn zu den Proportionen geführt haben. Dabei stellt er fest, daß man diese auf äußerst einfache Vorgänge reduzieren kann. Man kann alle Intervalle durch eine simple hälftige Teilung des Monochords erreichen (Abb. 93). Zudem benötigt man zur arithmetischen Darstellung der Intervallproportionen nur die Zahlen 2, 3 und 5; alle anderen (4, 6, 8 usw.) lassen sich aus jenen zusammensetzen.[28] Hier ist bereits das Credo der gesamten cartesischen Wissenschaft verwirklicht, das dann später in den »Regulae ad directionem ingenii«[29] niedergelegt wird: Reduktion von komplexen realen Vorgängen auf möglichst einfache Beschreibungen sowie möglichst weitgehende Abstrahierung auf mathematisch handhabbare Zeichen. Dies wird, wie ich im folgenden zeigen möchte, der entscheidende Punkt bei der neuzeitlichen Formulierung der musikalischen Affektivität sein.

Bei der Frage: Geometrie oder Arithmetik? entscheidet sich Descartes anders als Kepler. Er plädiert dafür, daß das musikalische Wissen arithmetisch sei. Wie Kepler argumentiert er erkenntnistheoretisch. Der Mensch könne einen musikalischen Gegenstand desto leichter erfassen, je ähnlicher die unterschiedlichen Teile des Gegenstands untereinander seien. Als Beispiel führt er das arithmetische Verhältnis 2 : 3 : 4 an, das schneller und ermüdungsfreier wahrgenommen werden könne als das geometrische Verhältnis $2 : \sqrt{8} : 4$ (Abb. 93). Hier hätte Kepler heftig protestiert. Denn Kepler hatte ja überzeugend gezeigt, daß der menschliche Sinn solche Verhältnisse sehr wohl unmittelbar erfassen kann. Nur kann er sie in seiner Wahrnehmung nicht arithmetisch auflösen. Er kann das Verhältnis von zwei Größen, die in einem geometrischen Verhältnis zueinander stehen, nicht abzählen. Genau das aber scheint Descartes zu meinen, und es paßt zu seiner Methodik in den »Regulae ad directionem ingenii«, daß die menschliche Verstandestätigkeit den zu erfassenden Sachverhalt immer in möglichst einfach zu handhabende Teile zerlegt, beispielsweise in eine Reihe natürlicher Zahlen. Damit kommt Descartes einer Auffassung der musikalischen Wahrnehmung nahe, die später Leibniz geäußert hat. Für Leibniz ist musikalisches Wahrnehmen ein »verborgenes, unbewußtes Zählen der Seele«.[30]

Aber das waren erkenntnistheoretische Erwägungen. Fest stand, daß spätestens mit Keplers Musiktheorie der Bann der irrationalen Zahlen gebrochen war. Während sich noch Vincenzo Galilei und Zarlino in den 1580er Jahren in langen Polemiken darüber gestritten hatten, ob man die reine große Terz (4 : 5) in zwei gleich große, aber irrationale Ganztöne teilen könne, und die Auseinandersetzung zwischen Claudio Monteverdi und Giovanni Maria Artusi um 1600 diesen Streit noch einmal wiederholte, setzten sich in der Praxis mehr und mehr die Stimmungen durch, die ganz pragmatisch reine Terzen stimmten und die restlichen Intervalle entsprechend temperierten. Wenn sich auch der Mathematiker, Musiktheoretiker und Descartes-Intimus Marin Mersenne noch 1634 beklagte: »Man hat nicht gezeigt, daß das Verhältnis der Quinte 3 : 2 ist, und man trifft ausgezeichnete Mathematiker, die Musik sehr gut zu komponieren verstehen, aber keine Konsonanzverhältnisse erkennen [...], weil sie behaupten, daß alle Töne und Halbtöne gleich sind, daß drei Großterzen eine reine Oktave machen [usw.]« –[31] so war doch der Zahlengebrauch in der Musiktheorie an einem Punkt angekommen, der es erlaubte,

28 Zu den Problemen dieser Theorie und Descartes späteren, abweichenden Äußerungen vgl. Cohen, Quantifying Music, 165ff.

29 Auch dieses Werk wurde erst posthum 1701 in Amsterdam verlegt.

30 »Musica est exercitium arithmeticae occultum nescientiis se numerare animi.« (Brief an Goldbach vom 17. 4. 1712.)

31 Questions harmoniques, Paris 1634, 80–83, zit. nach Mark Lindley, Stimmung und Temperatur, in: Frieder Zaminer (Hg.), Hören, Messen und Rechnen in der Frühen Neuzeit, Darmstadt 1987, 109–331, hier 188.

frei von kosmologischen Präferenzen diejenige Stimmung mathematisch zu erfassen, die den praktischen Anforderungen entsprach.

3. Die Affektwirkung von Musik unter dem Primat der Wissenschaftlichkeit

Bisher habe ich gezeigt, wie das Wissen der Musik um 1600 sich an den neuen Denkweisen von Mathematik und Naturwissenschaft orientiert hat. Natürlich geschah das im Sog des neuen wissenschaftlichen Paradigmas, dem sich, ist er einmal in Gang gekommen, kaum eine Wissenschaft entziehen kann. Aber es hatte auch eine Rückbindung an die musikalische Praxis, indem nämlich die neue Wissenschaftlichkeit Denkmodelle bereitstellte, musikalische Probleme praxisnäher und praxisrelevanter zu erfassen. Doch betraf das nur das Wissen der Musik? Oder auch die Musik selbst? Der folgende Vergleich einer Motette von Johannes Ockeghem (1410–1497), einem klassischen Werk der Renaissancepolyphonie, und einem Madrigal von Claudio Monteverdi wird bestätigen: Das platonisch-kosmologische Denken war nicht nur eine Form des musikalischen Wissens, ebenso wenig wie sich das neuzeitliche Denken nur auf das musikalische Wissen beschränkt. In beiden Fällen wird sich zeigen, in welcher Weise die Musik selbst die jeweiligen Formen ihres Wissens einschließt.

Ockeghems Motette »Ave Maria« liegt folgender Text zugrunde: »Ave Maria, gratia plena, Dominus tecum; benedicta tu in mulieribus, et benedictus fructus ventris tui, Jesus Christus. Amen.« (Gegrüßt seist du, Maria. Du bist erfüllt von Gnade. Der Herr ist mit dir. Gesegnet bist du unter den Frauen, und gesegnet ist die Frucht deines Leibes, Jesus Christus. Amen.) Es ist typisch für die hochmittelalterliche Entstehungszeit dieses klassischen Texts, dem 11. Jahrhundert, daß Bibelverse gleichsam komprimiert und mit Gebetsformeln kombiniert werden. Göttliches Wort und menschliche Antwort sind eine unlösbare Verbindung eingegangen, ja sie sind in der poetischen Gestalt ein und dasselbe. Darin schon spiegelt sich die Einheit von menschlichem Denken und göttlicher Realität. In diesem Fall werden zwei biblische Grüße ineins gesetzt, zum einen der Gruß des Erzengels Gabriel an Maria, der ihr die Schwangerschaft ankündigt (Lk. 1, 28), zum anderen der Gruß, den Elisabeth an ihre Cousine Maria richtet (Lk. 1, 42). Dazu tritt die Gebetsformel am Schluß.

Monteverdis Madrigal »Una donna fra l'altre«, das im 6. Madrigalbuch (Venedig 1614) veröffentlicht wurde, ist eine Dichtung des Zeitgenossen Giambattista Marino. Die Madrigaldichtung, die im 16. Jahrhundert als poetischer Zeitvertreib von Wissenschaftlern, gelehrten Laien, Adligen, selbst Geistlichen aufkam und eine große Bandbreite von Persönlichkeiten vom florentinischen Staatsbeamten Niccolò Machiavelli bis hin zu professionellen Dichtern wie Torquato Tasso und Ariost zu ihren Verfassern zählt, wurde um 1600 zum Experimentierfeld für neue musikalische Techniken. Bevor aber auf die Musik eingegangen werden soll, auch hier ein Blick auf den Text in seiner deutschen Übersetzung:

Eine Frau umgeben von anderen, heiter und schön,
sah ich tanzend im Reigen der Schönheit;
ihr Tanz war wie ein gezogenes Schwert,
dazu bedacht, zu verwunden und zu entflammen in Liebe.

Von ihrem Antlitz so süß, da kamen goldene Pfeile
in jener Nacht; vor ihren funkelnden Augen
das Licht des Tages vor Neid erblaßt;
so vermochte sie, jede Seele in ihrer Nähe zu umgarnen.

Keiner ihrer Schritte, der nicht verwundete,
Blicke, die heilten, die waren von ihr,
und kein einziges Herz blieb unversehrt.

Keiner der Verwundeten wünschte sich Heilung,
keiner wurde geheilt, ohne vorher zu schmachten,
keiner schmachtete, ohne am Ende zu lieben.

Abb. 99: Bettelmusiker, aus: Hans Jakob Christoffel von Grimmelshausen, Der Seltzsame Springinsfeld (1670)

In jedem Wissen spiegeln sich Verhältnisse des Menschen zur Welt. Dies läßt sich an beiden Texten und beiden Vertonungen zeigen. Denn zu den entscheidenden Strukturen des Wissens dringt man vor, wenn man folgenden Fragen nachgeht: Welche Welt umgibt die beiden Frauen? Welche Art der Beziehung besteht zwischen den Personen, die sich in der jeweiligen Welt befinden? Und schließlich: Wie prägt dieses Weltverhältnis die Vertonung?

Die Umgebung, in der der Beter des »Ave Maria« die Heilige Muttergottes sieht, ist keine des täglichen Lebens. Marias biographische Umstände finden im englischen Gruß keinerlei Erwähnung. Es geht um eine aus allen irdischen Verhältnissen herausgelöste Maria. Aber zugleich muß diese Weltverlorenheit mit den letzten, maßgeblichen Weltverhältnissen in Beziehung gebracht werden. Wer »erfüllt ist von Gnade«, auf dem bildet sich das ganze göttliche Walten im Kosmos ab. Und wer »gesegnet ist unter den Frauen«, kann als Inbegriff der Frau gelten und als das Paradigma des Weiblichen in der Schöpfung. Alles, was sich an Gottesebenbildlichkeit in der Frau überhaupt denken läßt, kommt in der einen Frau Maria zum Ausdruck. Eine Frau schließlich, deren »Leibesfrucht gesegnet ist«, wird zum Schöpferprinzip schlechthin. Die göttliche Schöpferkraft, die sich mit dem Kommen des Gottessohns auf die Welt heilsgeschichtlich realisiert, ist in Maria, die diesen Gottessohn zur Welt bringt, noch einmal abbildlich und sinnbildlich vorhanden.

Im Weltverhältnis der Maria, wie es sich im »Ave Maria« eröffnet, spiegeln sich damit die Strukturen des Wissens des Mittelalters und des abbildlich-platonischen Denkens der Renaissance. Die Renaissancephilosophie eines Marsilio Ficino oder Giovanni Pico della Mirandola geht, wie ich am Anfang zeigte, von einem großen Weltgebäude aus, in dem alles mit allem durch feine Fäden der Analogie, der Ähnlichkeit, der Struktur, der Zahl verbunden ist. Diese Fäden knüpfen die Verbindungen des Wissens. Die Frau, die in den ärmlichsten Verhältnissen irgendwo auf der weiten Welt ein Kind gebiert, ist durch sie verbunden mit der Gebärerin Maria und dem Schöpfergott selbst. Und jeder Ton, jeder Klang, wie zufällig seine Entstehungsbedingungen auch sein mögen, ist durch die Fäden der Analogie und der Ähnlichkeit verbunden mit dem kosmischen Bauplan, dem Lauf der Gestirne und der göttlichen

Abb. 100: Der Cantor, aus: Christoph Weigel, Gemein-Nützliche Haupt-Stände (1698)

Musik, die in den Sphären tönt. Die Komponisten nun haben diese Form des Wissens zum Kompositionsprinzip gemacht. Ockeghems Musik markiert einen Extrempunkt der Renaissancemusik. Es ist eine dichte, vom Höreindruck fast undurchdringliche Musik, die voll ist von motivischen Beziehungen und kontrapunktischen Kabinettstücken. Sie schließt das ganze dichte Netz des Wissens musikalisch gleichsam ein und ist dessen klangliches Abbild. Die Vokalpolyphonie der Renaissance und Ockeghems Musik im besonderen kann man durchaus verstehen als die unendlich schöne Sphärenmusik, die für einen begrenzten Zeitraum dem Menschen vernehmbar wird. Deshalb klingt das »Ave Maria« so ebenmäßig, so ereignislos im Kleinen, so dicht verwoben, so ohne Zäsur, ohne Anfang und Ende. Mit einer musikali-

Abb. 101: Johannes Ockeghem (vorne rechts), Miniatur (1523)

schen Ausdeutung oder Hervorhebung einzelner Worte des Texts darf man hier nicht rechnen. Denn das einzelne Wort und der partikulare Textsinn sind unauflöslich verwoben mit dem umfassendsten Zusammenhang. Die Worte des Texts sind ihrerseits Abbilder der ewigen Wahrheiten und jeweils mit so vielen anderen Wahrheiten durch Analogien verbunden, daß es vermessen wäre, aus diesem Wirklichkeitsgeflecht einen Ausschnitt herauszutrennen. Dies entspräche nicht der Struktur des Wissens der Renaissance, und deshalb ist es auch in der Komposition nicht anzutreffen. Das Prinzip der musikalischen Hervorhebung einzelner Worte, der musikalischen Textausdeutung, ist, wie ich noch zeigen möchte, ein Kompositionsprinzip, das die neuzeitliche Struktur des Wissens voraussetzt. Die Musik der Renaissance wollte und mußte auf ihre Weise immer das Ganze des Kosmos symbolisieren. Wo sie das nicht tat und die Einzelheit auf Kosten des Ganzen über Gebühr hervorhob, wurde sie anfällig für die Kritik, die man an der Jahrmarktsmusik der Gaukler und fahrenden Musikanten übte: Sie hätte nur die Sinne gekitzelt

Abb. 102: Illustration von Johann Meyer zu einem unbekannten Ansbacher Opernlibretto (1682)

und zu unmoralischen Handlungen verführt. Es ist charakteristisch, daß sich noch Kepler, dessen wissenschaftliches Anliegen die Universalität der Musik ist, dagegen wehrt, sich auf den Kitzel der Sinne zu verlassen, weil dies das Ganze der Harmonien stören würde. Die Urteilsinstanz ist vielmehr das »Tribunal des allgemeinen Sinnes« (sensus communis tribunal).[32]

Zu dieser geschlossenen, umfassenden Welt der Renaissancemusik stellt das Madrigal Monteverdis einen Gegenpol dar. Erst wenn man sich diesen Gegensatz vergegenwärtigt, der letztlich einen Gegensatz des Weltverständnisses und des Wissens von Welt in einem sehr grundlegenden Sinn darstellt, läßt sich erahnen, welch ein Tabubruch Monteverdis Musik für die im alten Denken befangenen Zeitgenossen war. Zunächst wieder zum Text. Auch hier geht es um eine außerordentliche Frau. Sie ragt heraus durch ihre Schönheit. Das freilich macht sie noch nicht zu einer gebenedeiten Frau, deren Schönheit das Abbild der ewigen Schönheit schlechthin wäre. Es macht sie zu einer sinnlich begehrten Frau. Von all den umfassenden Bezügen, die das platonische Renaissancedenken herstellen würde, wird also ein einziger gleichsam herausgeschnitten und für sich betrachtet: ihr Gang, ihre Blicke, ihr Antlitz. Und wiederum ist es nicht so, daß das lyrische Ich des Madrigals, das in den Bann dieser Schönheit geschlagen ist, die Welt um sich herum vergäße und aus dem Betrachten der Frau eine eigene Welt machte. Denn die Frau ist »umgeben von anderen«, es herrscht latente Rivalität. Zur Konkretheit der Situation trägt zudem bei, daß ein Zeitpunkt angegeben wird, an dem sich dies alles zuträgt: »in jener Nacht« heißt es in der 2. Strophe. Die Szene birgt einen weiteren Aspekt, vielleicht den wichtigsten: Die sinnlichen Reize der Frau in dieser konkreten Situation sind für den Ich-Erzähler des Madrigals in einer ganz bestimmten Hinsicht von Interesse. Nicht daß er etwa alles daran setzte, die Frau zu erobern. Von nicht einer noch so nebensächlichen Handlung, die aus dem Erlebnis der Schönheit hervorginge, berichtet das Madrigal. Es konzentriert alles auf die psychische Wirkung, die die Frau ausübt. Der Ich-Erzähler scheint nur darauf aus zu sein, daß die Frau Spuren in seiner Psyche hinterläßt: »Keiner ihrer Schritte, die nicht verwundeten«, oder: »Blicke, die heilten«, schließlich: »kein einziges Herz blieb unversehrt«.

Dieses Herausschneiden einer bestimmten, psychisch wirksamen Hinsicht aus der Fülle der möglichen Bedeutungen setzt eine völlig andere Art des Denkens und des Wissenserwerbs voraus, als es das mittelalterliche Denken in Ganzheiten darstellte. Es bedarf einer analytischen Sichtweise. Der analytische Blick ist im 17. Jahrhundert die vorherrschende Sichtweise nicht nur in der Philosophie und den Naturwissenschaften, sondern auch in der Theologie und den Künsten. Analyse bedeutet also, die Bedeutungsfülle und das Ähnlichkeitsnetz des Kosmos zu durchschneiden und eine einzige Hinsicht so exakt wie möglich in den Blick zu nehmen. Genau das ist die Methode in Descartes' »Musicae Compendium« und seiner Korpuskulartheorie. Sie liegt dem Madrigal zugrunde, und sie bestimmt Monteverdis Vertonung des Texts. Der seit Beginn der Madrigalkomposition im frühen 16. Jahrhundert übliche fünfstimmige Satz ist zu Beginn auf Soli, Duette und Terzette reduziert; erst um die Mitte der Vertonung, bei der Textstelle »kein einziges Herz blieb unversehrt«, in der die Perspektive des Ich zugunsten einer Aussage über alle zurückweicht, erreicht Monteverdi die Vollstimmigkeit. Die ersten beiden Textzeilen werden folgendermaßen vertont:

32 Kepler, Harmonice mundi, III, 15.

Monteverdi beginnt mit einer ausgeglichenen rhythmischen Bewegung. Längere und kürzere Notenwerte tarieren sich gegenseitig aus zu jener rhythmischen Homogenität, die für die klassische Vokalpolyphonie des 16. Jahrhunderts charakteristisch ist. Der jähe Einschnitt mit einer Kaskade schneller Punktierungen, die über eine Oktave nach oben schießt, beendet diese Ausgeglichenheit mit einem Schlag. Es ist kein Zufall, daß dies mit dem Wort »vidi« (sah ich) stattfindet. Denn das »vidi« markiert den Beginn der Ich-Perspektive. Mit der unvermittelten Exaltiertheit des »vidi« macht Monteverdi klar, daß das Erblicken der schönen Frau – und nicht die Frau an sich – das entscheidende Ereignis ist, das alles weitere bestimmen wird. Und daß es um die ungeheure Wirkung auf jenen Sehenden geht, die die Frau ausübt. Die Wiederholung des exaltierten Aufwärtsgangs in der Alto-Stimme ist der nächste Schritt in die Richtung einer konsequenten Reduzierung auf die Ich-Perspektive und die psychischen Reflexe des Ich. Würde man im Varietas-Prinzip der Renaissancekunst denken, könnte eine außergewöhnliche rhythmische (oder auch harmonische, wie ich unten zeigen werde) Bewegung ausgeglichen werden durch eine gegenläufige. Indem er den Aufgang wiederholt, macht Monteverdi hingegen klar, daß er nicht daran denkt, doch noch in das ruhige Fahrwasser einer ausgewogenen Gesamtsicht der Dinge einzuschwenken. Das Gewebe des großen Zusammenhangs ist ein für alle Mal zerschnitten. Fortan wird es nur noch um die musikalische Darstellung der psychisch höchst bedeutsamen Ereignisse gehen. Das nächste, das unmittelbar auf das obige Notenbeispiel folgt, ist die Wirkung des Tanzes der Frau »wie ein gezogenes Schwert«: Hier folgt eine dritte, noch ausschweifendere Kaskade der Punktierungen.

Es gibt neben dem Verzicht auf Homogenität der Bewegung ein zweites musikalisches Merkmal, das nach den Aussagen der Zeitgenossen zur unerhörten emotionalen Wirkung dieser Musik beitrug. Es ist die neue Art und Weise, mit Dissonanzen umzugehen. Auch hierin manifestiert sich die neuzeitliche Struktur des Wissens, analytisch zu sein und einen bestimmten Ausschnitt der Wirklichkeit treffend zu erfassen. Zudem wendet sich hier ein Keplersches Merkmal der Intervalltheorie in die kompositorische Praxis, nämlich jedes Intervall in seiner Eigenqualität zu fassen und nicht mehr im umfassenden Zusammenhang eines absoluten Prinzips. Zugleich wird in der neuen Verwendung der Dissonanzen deutlich, daß es dieser Musik um das kalkulierte Hervorrufen von Wirkungen geht, genauso wie das Wissen der Zeit mit der Korpuskulartheorie psychische Zustände rational erklären will. Man kann das an folgender Passage beobachten (»von ihrem Antlitz so süß, da kamen goldene Pfeile«):

In zweifacher Hinsicht schlägt sich hier das neuzeitliche Wissen der musikalischen Intervallik nieder. Zum einen insistiert Monteverdi auf der Terz. Bis auf die Schlußkadenz der Passage, die in den Einklang auflöst, bewegen sich die beiden Stimmen im Terzabstand. Die Terz war nun das wohlklingendste und emotional wärmste Intervall, und sie bedurfte keiner Stütze mehr, etwa einer Quinte, die sie zum Dreiklang ergänzt hätte. Monteverdi entfaltet die eigene Wirkung der Terz ohne Fundament, ohne das Ganze, das nach dem Verständnis der Renaissance dem Tonsatz erst seine Dignität gegeben hätte. Zum anderen nimmt er eine stimmführungstechnische Härte in Kauf. Der Sprung der verminderten Quart gis-c bei »viso« in der tieferen Stimme widerspricht allen Regeln des gelehrten Satzes, nach denen Harmonik und Melodik in einem ausgewogenen Verhältnis zueinander stehen müssen. Monteverdi durchbricht dies durch die einseitige Bevorzugung der Terzen und ihrer Wirkung. Die Härte des verminderten Sprungs, der dem Hörer einen kleinen Nadelstich versetzt und den Aspekt des Verletzens im Text assoziiert, dürfte ihm dabei ins Konzept gepaßt haben.

So sieht in der kompositorischen Umsetzung die »Seconda Pratica« aus, jener andere und freiere Gebrauch der harmonischen Tonsatzregeln, den Monteverdi im berühmt gewordenen kurzen Vorwort des 5. Madrigalbuchs (Venedig 1605) erwähnt (vgl. das Faksimile des Vorworts in Abb. 94). Es geht ihm indessen um viel mehr als nur einen kompositionstechnischen Hinweis. Er behauptet, seine moderne Kompositionsweise ruhe »auf den Fundamenten der Wahrheit«.[33] Von Wahrheit läßt sich sinnvoll nur reden, wenn jemand der Überzeugung ist, sein Anliegen habe eine philosophische oder wissenschaftliche Dimension. Auf alte, kosmologische Wahrheiten dürfte Monteverdi kaum anspielen, wenn seine »Seconda Pratica« Regelverletzungen der alten Wahrheit beinhaltet. Es kann sich nur um das neue Verständnis des Wissens handeln, das er hier meint, bei dem Wahrheit nur der Beschreibung eines Teils der Wirklichkeit zukommen kann, dies nun aber treffend und mit höchster, nachprüfbarer Relevanz.

Wahrheit und Effektivität kann man als zwillingsgeschwisterliche Eigenschaften des neuzeitlichen Wissens bezeichnen. Dies gilt nicht nur in den neuen Naturwissenschaften, in denen fortan nur noch Gesetze akzeptiert wer-

33 »[…] & credere che il moderno Compositore fabrica sopra li fondamenti della verità.«

RAPPRESENTATIONE
DI ANIMA, ET DI CORPO

Nuouamente posta in Musica dal Sig. Emilio del Caualliere, per recitar Cantando.

Data in luce da Alessandro Guidotti Bolognese.

Con Licenza de' Superiori.

IN ROMA

Appresso Nicolò Mutij l'Anno del Iubileo. M. D C.

ALL'ILLVSTRISS.^MO ET REVERENDISS.^MO SIGNOR
Padrone mio Colendissimo

IL S. CARD.^LE ALDOBRANDINO
CAMERLENGO DI S. CHIESA.

IL desiderio, ch'io hò hauuto sempre di mostrarmi grato al signor Emilio del Caualiere Gentil'huomo Romano per molti oblighi, che li tengo, mi hà dato ardire di mettere alla stampa alcune singolari, e nuoue sue compositioni di Musica, fatte à somiglianza di quello stile, co'l quale si dice, che gli antichi Greci, e Romani nelle scene, e teatri loro soleano à diuersi affetti muouere gli spettatori. E perche in alcune sue arie particolari par che habbia imitato (per quella notitia che se ne può hauere) apunto l'uso loro, & egli medesimo per loda, che sia tal hora qualche dialogo pastorale suonato, e cãtato all'antica, come s'è detto, ne hò voluto mettere vn'essempio in fine di quest'opera, il cui canto dourà essere accompagnato da due flauti, ò vero due tibie all'antica, che noi chiamiamo Sordelline; E ben vero che hauendo l'occhio il S. Emilio à dar la maggior perfettione, che si puotesse, à questo genere di musica affettuosa, hà giudicato conueniente il concertar con altri stromenti, per la copia che n'habbiamo à tempi nostri, del che si parla nell'epistola à Lettori. Hora vedendo io il grande applauso, che vniuersalmente è stato fatto à questo signore, che habbia potuto con la sua industria, & valore rauuiuare quell'antica vsanza così felicemente, come in diuerse occasioni s'è veduto, particolarmente nelle tre Pastorali, che furno recitate alla presenza delle Serenissime Altezza di Toscana in diuersi tempi, nel 1590. il Satiro, qual fu recitato anche vn'altra volta; e lo stesso anno la Disperatione di Fileno ritiratamente: e nel 1595. il Giuoco della cieca alla presenza de gl'Illustrissimi Cardinali Monte, e Mont'Alto, e del Serenis. Arciduca Ferdinando, con molta ammiratione, e meritamente, nõ essendo stato da quel tempo indietro mai da persona alcuna simil modo veduto, nè pure vdito: non perrò frà quelle la Rappresentatione di Anima, e di Corpo fatta il passato Febbraro in Roma nell'Oratorio della Vallicella, con tanto concorso, applauso, e manifesta pruoua, quanto questo stile sia atto à muouer' anco à deuotione: perche di questa hò fatta elettione, che sia la prima di tutte in istampa, acciò che il Secolare, & il Religioso ne possan godere; Hò voluto dedicarla à V. S. Illustrissima, & Reuerendissima, sapendo quanto le sia il S. Emilio deuoto seruidore, & quanto ella ami le virtù, & quanto sia in particolare intelligente della Musica; & che l'autorità sua la renderà sicura da qualsi voglia ingiusta oppositione. La supplico intanto non habbia discaro, ch'io mi habbia presa tal fiducia in consacrarle la presente opera, che tutto è proceduto dalla intera deuotione, che porto in seruir lei sempre, alla quale inchinandomi faccio humilissima riuerenza. Di Roma alli 3. di Settembre M. DC.

Di V. S. Illustrissima, & Reuerendiss.

Humilissimo, e deuotiss. Seruidore

Alessandro Guidotti.

Abb. 103: Emilio de' Cavalieri, Rappresentatione di anima, et di corpo, Titelblatt (1600)

den, die sich in der Praxis unter unterschiedlichen Bedingungen beliebig wiederholen lassen. Es gilt auch in der Musik, in der nur noch als wahr zugelassen wird, was wirkungsvoll ist, das heißt wissenschaftlich präzise: was sich in den Kausalzusammenhang zwischen konkreter musikalischer Ursache und konkreter affektiver Wirkung einordnen läßt. So erklären sich beispielsweise die Berichte darüber, daß Monteverdis Lamento aus der (bis auf das Lamento heute verschollenen) Oper »L'Arianna« (Mantua 1608), ein Stück, das gespickt ist mit freien Dissonanzen im Sinn der »Seconda Pratica«, die Zuhörer zu Tränen und offenen Gefühlsausbrüchen rührte – eine bis dahin nirgends auch nur ansatzweise belegte Beschreibung der affektiven Wirkung von Musik. Das traf allerdings nur für die jüngere Vergangenheit der damaligen Zeitgenossen zu. Wenn man die antiken Sagen von Orpheus las, dessen Gesang bis in die Totenwelt hinabdrang, oder von der Musik der Sirenen, denen sich die Mannen des Odysseus nicht entziehen konnten, wenn man das Alte Testament aufschlug und die Berichte von der therapeutischen Wirkung des davidischen Harfenspiels zur Kenntnis nahm, wenn man schließlich die affektive Analyse der Musik in Platons »Politeia« studierte – dann hatte man doch so viele Zeugnisse, die von der vermeintlich neuen Wahrheit wie von einer Selbstverständlichkeit berichteten. Wie konnte es sein, so fragte sich um 1570 eine Gruppe florentinischer Adliger und Gelehrter, daß diese Selbstverständlichkeit verloren ging? Jene »Florentiner Camerata«, die sich im Haus des Grafen Giovanni Bardi zum wissenschaftlichen und geselligen Meinungsaustausch traf, nahm sich die Frage vor, und aus ihren Reihen gingen einige Schriften zu diesem Thema hervor, die zunächst nur als interne Diskussionspapiere dienten, allmählich aber über die Camerata hinaus in die breitere Öffentlichkeit drangen.[34] Eine Schrift aus dem Gelehrtenkreis soll hier zur Sprache kommen, der Brief von Girolamo Mei an Vincenzo Galilei aus dem Jahr 1572 (Druck 1602).[35]

Der Brief diskutiert die angesprochene Frage: Wie muß die alte griechische Musik beschaffen gewesen sein, daß sie die in der Literatur beschriebene Wirkung auf das Gemüt ihrer Zuhörer ausüben konnte? Meis Antwort lautet: Sie muß monodisch, d.h. einstimmig gewesen sein. Denn die komplizierte Kontrapunktik, die gegenwärtig die Musik beherrsche, behindere die Affektwirkung oder mache sie sogar gänzlich unmöglich. Hier schon zeichnet sich das analytische Verfahren ab: Was zu komplex, zu verworren in seinem Sinngefüge ist, das muß zerteilt werden, damit das Wirkungspotential des Details zur Entfaltung kommen kann. Mei geht bei der Begründung seiner These davon aus, daß die Affektwirkung eine Naturkonstante ist. Bestimmte musikalische Wendungen entfalten ihre affektive Wirkung unabhängig von der Zeit, ihrer jeweiligen Mode und ihren Menschen. Die Affektqualität beispielsweise einer tiefen Stimme und einer hohen ist unabhängig von allen Kulturen und Zeiten voneinander verschieden. Damit ist die Affektproblematik nicht nur einer im weitesten Sinn wissenschaftlichen, sondern einer exakt naturwissenschaftlichen Analyse zugänglich.

Mei geht bei seiner Theorie der Affekterzeugung von der Vorstellung aus, daß jeder Laut, den ein Lebewesen von sich gibt, die klangliche Äußerung eines bestimmten inneren Zustands ist, von dem das Lebewesen in genau diesem Augenblick beherrscht wird. Ob ein Mensch ein Wort sagt, ein Tier einen Laut von sich gibt, ob der Sänger einige Töne singt, die er in seinen Noten stehen hat – stets gibt es, so Mei, dazu einen äquivalenten somatischen

34 Einige Schriften der Camerata sind ediert in: Claude V. Palisca (Hg.), The Florentine Camerata. Documentary Studies and Translations, New Haven/London 1989.

35 Edition und englische Übersetzung bei Palisca, Florentine Camerata, 56–77.

Zustand. Wenn auch diese Überlegungen rund 50 Jahre vor den mechanistischen Theorien vom Menschen geäußert wurden und sicher zum Teil noch der älteren Substanzenlehre verpflichtet sind, so zieht Mei daraus doch einige Schlußfolgerungen, die klar in die Richtung der neuen Wissenschaft gehen: Der Mensch kann sich zu einem bestimmten Augenblick nur in einem distinkten inneren Zustand befinden, deshalb kann der äquivalente Laut auch nur eine distinkte Affektqualität haben. Und man kann mit der Umkehrung der physikalischen Wirkung auch das Argument umkehren: Ein Laut mit distinkter Affektqualität ist in der Lage, beim Hörer denselben inneren Zustand zu erzeugen, aus dem er beim Produzenten hervorgegangen war. Wenn man also an Musik die Forderung stellt, affektiv wirksam zu sein, dann kann nur ein separierter und distinkter Laut auch einen entsprechenden korpuskularen Zustand im Rezipienten hervorrufen. Einer polyphon vervielfachten Musik, so Mei, müßten demnach mehrere Zustände gleichzeitig im Hörer entsprechen. Das ist physikalisch unmöglich, und genau dies ist der Grund, warum nur eine einstimmige Musik affektive Wirkung entfalten kann.

Natürlich ist die Musik in der Folge nicht zur Einstimmigkeit zurückgekehrt. Aber die Forderung der Florentiner hatte dennoch Folgen. Das monodische, d.h. einstimmige Singen mit schlichter akkordischer Begleitung trat in der Oper, die sich um 1600 entwickelte, einen unerhörten Siegeszug an. Die harmonische Begleitung des solistischen Singens trat ganz in den Dienst der Melodie. Und selbst dort, wo noch kontrapunktisch komponiert wurde, vor allem in der geistlichen Vokalmusik, gab es nun den Vorrang des einen Ausdrucksgehalts des jeweiligen Texts vor gelehrter Kontrapunktik, der von allen Stimmen unterstützt oder hervorgebracht wurde. Beispielhaft realisiert ist dies etwa in der geistlichen Musik von Johann Hermann Schein und Heinrich Schütz – zwei deutschen Komponisten, die sich erklärtermaßen am monodischen bzw. madrigalischen Stil der Italiener orientierten und diesen auf die protestantische Kirchenmusik übertrugen. Und schließlich entsteht in den Kompositionslehren der Zeit ein ganz neuer Zweig des musikalischen Wissens, die sogenannte Figurenlehre. Einer der ersten war Joachim Burmeister mit seiner »Musica poetica« (Rostock 1606), die zunächst wie eine gewöhnliche Anweisung zum Verfertigen musikalischer Sätze aussieht, in vielen Details aber dem neuen musikalischen Denken verpflichtet ist.[36] Und obwohl Burmeister Meis Argument der Einstimmigkeit nicht folgt, betont er, daß der Träger des Affektgehalts nur die einzelne »clausula« sein könne,[37] also die einzelne musikalische Phrase. Und er versucht erstmals, die Phrasen nach ihrem Affektgehalt zu systematisieren. Die Namen für diese »Ornamenta« oder »Figurae musicae« entlehnt er der Rhetorik. Das ist der Beginn der sogenannten musikalischen Figurenlehre, gleichsam der musikalische Affektbaukasten der nächsten einhundert Jahre. Eine der ausführlichsten Figurenlehren stammt von Christoph Bernhard, der ein Schüler von Heinrich Schütz war und dessen Traktate man daher als eine lehrbuchhafte Zusammenfassung der musikalischen Affektkunst seines Lehrers lesen kann.[38] Das 17. Jahrhundert tendierte dazu, das Komponieren mit musikalischen Affektformeln technisch, wenn nicht sogar mechanisch aufzufassen.[39] Was man heute als ein der Kunst inadäquates Verfahren auffassen mag, entsprach damals der engen Verflechtung nicht nur von musikalischem und naturwissenschaftlichem Wissen, sondern von Musik selbst und Naturwissenschaft. Bereits Mei hatte dies vorweggenommen: Die Musik dient nicht nur dazu, der Affektwirkung im Gemüt

36 Vgl. das Vorwort von Rainer Bayreuther im Nachdruck Laaber 2004.

37 »Ornamentum, sive Figura musica est tractus musicus, tàm in Harmonia, quàm in Melodia, certâ periodô, quae â Clausula initium sumit, & in Clausulam definit, circumscriptus […].« (Burmeister, Musica poetica, 55.)

38 Ausführlicher Bericht vom Gebrauche der Con- und Dissonantien; Tractatus compositionis augmentatus; Von der Singe-Kunst oder Manier. Diese handschriftlichen Traktate sind ediert in: Josef Maria Müller-Blattau, Die Kompositionslehre Heinrich Schützens in der Fassung seines Schülers Christoph Bernhard, Leipzig 1926.

39 Vgl. Sebastian Klotz, Ars combinatoria oder »Musik ohne Kopfzerbrechen«. Kalküle des Musikalischen von Kircher bis Kirnberger, in: Musiktheorie 14 (1999), 231–245.

des Hörers nachzuhelfen. Sondern es ist ihr möglich, im direkten mechanischen Durchgriff auf die Seele des Hörers den Affekt hervorzurufen – mit naturgesetzlicher Sicherheit. Allein mit dieser Aussage verabschiedet sich Mei vom kosmologischen Weltbild. Man benötigt, um zu Affektwirkungen zu kommen, nicht mehr den Rekurs auf die ganze Welt, auf das Verhältnis des Menschen zu Gott, auf das zum Beispiel Augustin seine Affektenlehre gegründet hatte. Sondern es ist gerade die umgekehrte Denkbewegung erforderlich: Es geht darum, die Komplexität der Zeichenbeziehungen in der Welt zu durchschneiden, sie zu separieren in einzelne Bestandteile, von denen dann mit experimenteller Sicherheit ausgesagt werden kann, daß sie diesen oder jenen bestimmten physikalischen Vorgang bezeichnen.

Nun ergibt sich aber nach der Separierung des musikalischen Kosmos in einzelne Bestandteile ein Anschlußproblem: Wenn nur der charakteristische Teil affektiv wirksam ist, was ist dann mit der Abfolge der Teile? Wie läßt sich diese Abfolge regeln, und wie ergibt auch sie ein affektiv sinnvolles Gefüge? Diese Fragen stellten sich schon die ersten Protagonisten der »Seconda Pratica«. Emilio de' Cavalieri schreibt im Vorwort seiner »Rappresentatione di anima, e di corpo« (Rom 1600), einer der ersten Opern, »[...] daß diese Art von Musik, die von ihm [Cavalieri] erneuert worden ist, zu verschiedenen Affekten bewegt, so zu Mitleid und Freude, zu Klagen und Lachen und zu anderen ähnlichen Affekten. [...] Das Weitergehen von einem Affekt zu einem anderen gegensätzlichen, wie zum Beispiel von einem traurigen zu einem fröhlichen, von einem heftigen zu einem sanften und ähnliches, bewegt sehr.«[40] Cavalieri ist also der Überzeugung, daß nicht nur die musikalischen Einzelaffekte die Emotionen der Hörer wecken können, sondern auch ihre Abfolge. Ähnliches äußert später Monteverdi. Im Vorwort des 8. Madrigalbuchs (Venedig 1638) stellt er die drei Grundaffekte ira (Zorn), temperanza (Gleichmut) und humilità (Güte) vor und bemerkt, daß nicht nur deren je einzelne Darstellung unser Gemüt bewegt, sondern auch ihre Gegensätzlichkeit: »Gli contrari sono quelli che movono grandemente l'anima nostro.«

Hat auch dieses Denken in Affektunterschieden eine Grundlage im wissenschaftlichen Denken der Zeit? Einen Ansatzpunkt für diese Frage bietet wiederum Cavalieris »Rappresentatione«. Diese Oper mit ihrem geistlichen Sujet, so konnte Sabine Ehrmann zeigen,[41] steht in der Tradition des »Theatrum mundi«, der Darstellung von Welt und Weltverhältnissen auf der Theaterbühne, wie es zu pädagogischen Zwecken im Jesuitentheater gepflegt wurde. »Theatrum mundi« ist also eine Darstellung von Wissen mit den Mitteln des Theaters. Genau diesen Zweck verfolgt Cavalieris Oper. Sie will theologisches Lehrwissen über den Menschen (dessen Funktionen Leib, Geist und Seele personifiziert dargestellt werden) und die Welt, Gott und Teufel vermitteln. Den unterschiedlichen musikalischen Affekten entspricht damit eine Disposition von Elementen des Wissens nach wissenschaftlichen Gesichtspunkten. Es ist daher kein Zufall, wenn auch die Enzyklopädisten der Zeit ihr Werk als »Theatrum mundi« begriffen, als eine wissenschaftliche Ordnung von sichtbarer und unsichtbarer Welt und ihrer Elemente in der Repräsentationsform des Theatralischen.[42] Auch in den Madrigalen Monteverdis konnte eine Disposition der Affekte nach wissenschaftlichen Gesichtspunkten nachgewiesen werden.[43] Der venezianische Musikverleger Giovanni Battista Marinoni veröffentlichte im Jahr 1644 etliche Werke Monteverdis unter dem Sammeltitel »Fiori poetici«. Dahinter verbirgt sich aber alles andere als ein

40 »A lettore«: »[...] che questa sorte di Musica da lui rinouata commoua à diversi affetti, come à pietà, & à guibilo; à pianto, & à riso, & ad altri simili [...]. Il passar da vno affetto all'altro co[n]trario, come dal mesto dal'allegro, dal feroce al mite, e simili, commuoue grandemente.« (Übers. nach Sabine Ehrmann, Emilio de' Cavalieris »Rappresentatione di anima, et di corpo«. Welttheater, Oper, Oratorium?, in: Musikalisches Welttheater. Festschrift Rolf Dammann zum 65. Geburtstag, hg. von Susanne Schaal/ Thomas Seedorf/Gerhard Splitt, Laaber 1995, 21–41, hier 31.)

41 Ehrmann, Cavalieris »Rappresentatione«.

42 Theodor Zwinger, Theatrum humanae vitae Theodori Zuingeri Bas. Tertiatione [...], 29 Teile in 5 Bänden, Basel 1586–1587 und 1604; Laurentius Beyerlinck, Magnum theatrum vitae humanae, 7 Bde., Coloniae agrippinae 1631.

43 Matthias Bielitz, Zum Verhältnis von Form und Semantik in der Musik von Monteverdi, in: Ludwig Finscher (Hg.), Claudio Monteverdi. Festschrift für Reinhold Hammerstein, Laaber 1986, 53–121.

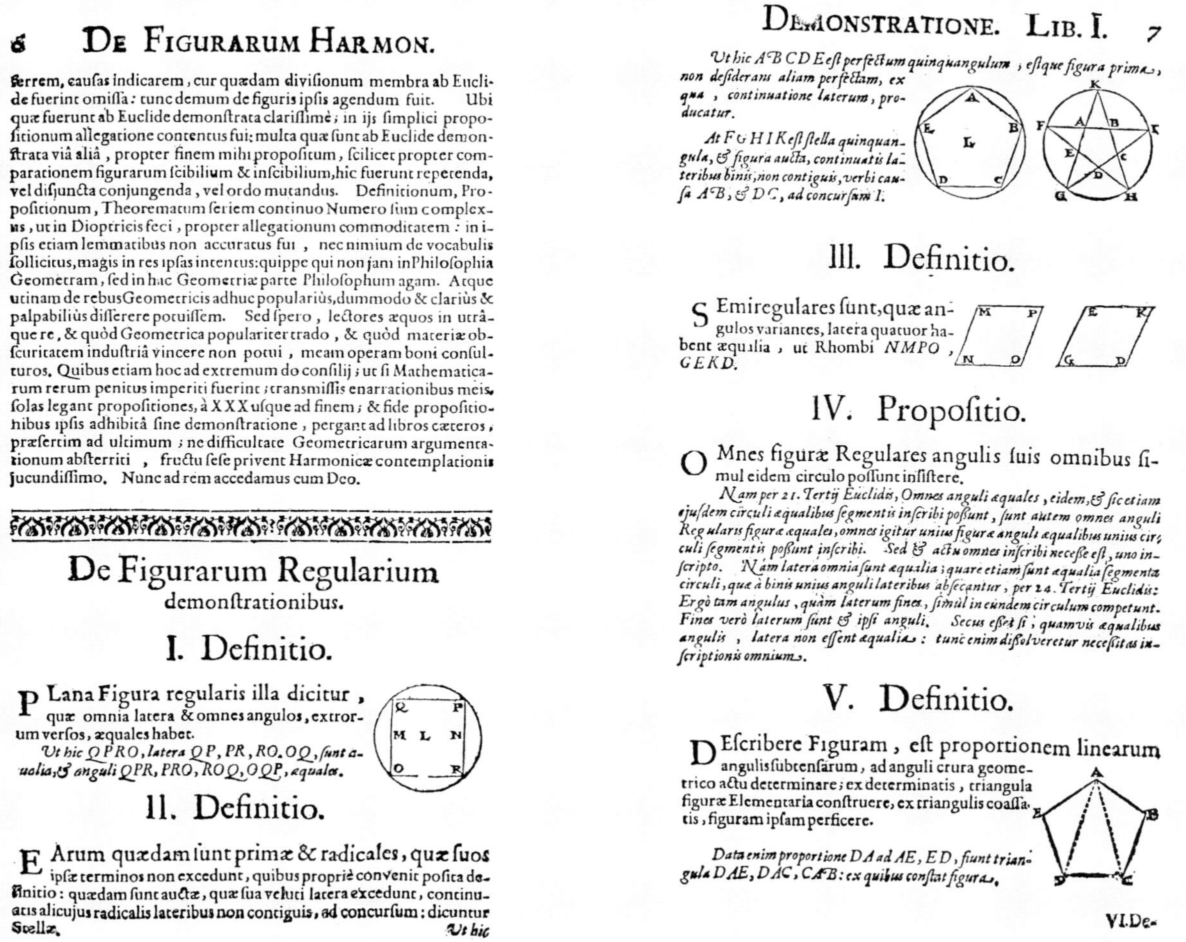

6 De Figurarum Harmon.

ferrem, causas indicarem, cur quædam divisionum membra ab Euclide fuerint omissa: tunc demum de figuris ipsis agendum fuit. Ubi quæ fuerunt ab Euclide demonstrata clarissimè; in ijs simplici propositionum allegatione contentus fui: multa quæ sunt ab Euclide demonstrata viâ aliâ, propter finem mihi propositum, scilicet propter comparationem figurarum scibilium & inscibilium, hic fuerunt repetenda, vel disjuncta conjungenda, vel ordo mutandus. Definitionum, Propositionum, Theorematum seriem continuo Numero sum complexus, ut in Diopricis feci, propter allegationum commoditatem: in ipsis etiam lemmatibus non accuratus fui, nec nimium de vocabulis sollicitus, magis in res ipsas intentus: quippe qui non jam in Philosophia Geometram, sed in hac Geometriæ parte Philosophum agam. Atque utinam de rebus Geometricis adhuc popularius, dummodo & clarius & palpabilius disserere potuissem. Sed spero, lectores æquos in utrâque re, & quòd Geometrica populariter trado, & quòd materiæ obscuritatem industriâ vincere non potui, meam operam boni consulturos. Quibus etiam hoc ad extremum do consilij; ut si Mathematicarum rerum penitus imperiti fuerint; transmissis enarrationibus meis, solas legant propositiones, à XXX usque ad finem; & fide propositionibus ipsis adhibitâ sine demonstratione, pergant ad libros cæteros, præsertim ad ultimum; ne difficultate Geometricarum argumentationum absterriti, fructu sese privent Harmonicæ contemplationis jucundissimo. Nunc ad rem accedamus cum Deo.

De Figurarum Regularium demonstrationibus.

I. Definitio.

Plana Figura regularis illa dicitur, quæ omnia latera & omnes angulos, extrorsum versos, æquales habet.

Ut hic QPRO, latera QP, PR, RO, OQ, sunt æqualia, & anguli QPR, PRO, ROQ, OQP, æquales.

II. Definitio.

Earum quædam sunt primæ & radicales, quæ suos ipsæ terminos non excedunt, quibus propriè convenit posita definitio: quædam sunt auctæ, quæ sua veluti latera excedunt, continuatis alicujus radicalis lateribus non contiguis, ad concursum: dicuntur Stellæ.

Ut hic ABCDE est perfectum quinquangulum, estque figura prima, non desiderans aliam perfectam, ex qua, continuatione laterum, producatur.

At FGHIK est stella quinquangula, & figura aucta, continuatis lateribus binis, non contiguis, verbi causa AB, & DC, ad concursum I.

Demonstratione. Lib. I. 7

III. Definitio.

Semiregulares sunt, quæ angulos variantes, latera quatuor habent æqualia, ut Rhombi *NMPO, GEKD.*

IV. Propositio.

Omnes figuræ Regulares angulis suis omnibus simul eidem circulo possunt insistere.

Nam per 21. Tertij Euclidis, Omnes anguli æquales, eidem, & sic etiam ejusdem circuli æqualibus segmentis inscribi possunt, sunt autem omnes anguli Regularis figuræ æquales, omnes igitur unius figuræ anguli æqualibus unius circuli segmentis possunt inscribi. Sed & actu omnes inscribi necesse est, uno inscripto. Nam latera omnia sunt æqualia; quare etiam sunt æqualia segmenta circuli, quæ à binis unius anguli lateribus abscecantur, per 24. Tertij Euclidis: Ergò tam angulus, quàm laterum fines, simul in eundem circulum competunt. Fines verò laterum sunt & ipsi anguli. Secus esset si, quamvis æqualibus angulis, latera non essent æqualia: tunc enim dissolveretur necessitas inscriptionis omnium.

V. Definitio.

Describere Figuram, est proportionem linearum angulis subtensarum, ad anguli crura geometrico actu determinare; ex determinatis, triangula figuræ Elementaria construere, ex triangulis coassatis, figuram ipsam perficere.

Data enim proportione DA ad AE, ED, fiunt triangula DAE, DAC, CAB: ex quibus constat figura.

VI. De-

bunter, ungeordneter Blumenstrauß, wie ein Blick auf das Titelbild zeigt (Abb. 95). Ein vollständiges Instrumentarium der Zeit ist der Form nach geometrisch, dem Inhalt nach komplementär zueinander angeordnet. Sinnfälliger kann das musikalische Denken in wissenschaftlichen Dispositionen, das die Frühe Neuzeit beherrschte, kaum veranschaulicht werden.

Abb. 104: Einbeschriebene Polygone, aus: Johannes Kepler, Harmonice mundi (1619)

Weder Handwerker noch Ingenieur

MEINRAD
VON ENGELBERG

Architektenwissen der Neuzeit

Motto: »Architecti est scientia pluribus disciplinis […] ornata.«[1]
Für Heiner Knell anläßlich seiner Emeritierung

Das Berufsbild des Architekten der Frühen Neuzeit unterscheidet sich wesentlich vom Baumeister des Mittelalters, aber auch vom Diplomingenieur der Moderne. Dementsprechend kann sein Wissenskanon nicht ohne weiteres als Grundlage oder Vorläufer des Gegenwärtigen verstanden werden. Zumindest im verschriftlichten Diskurs der Epoche, der Architekturtheorie, spielen Baupraxis, Konstruktionstechnik und Funktionalität eine viel geringere, die (aus der antiken Tradition hergeleitete) Ästhetik und Gebäudetypologie dagegen eine viel größere Rolle als im heutigen Selbstverständnis.

Ob an die Architektur überhaupt wissenschaftliche Kriterien angelegt werden dürfen, erscheint zumindest dem Autor des Eintrags »Architectura civilis« in Zedlers Universal-Lexikon fraglich: »Zwar scheinet dieser Disciplin der Name einer Wissenschaft nicht mit Recht zuzukommen, wann man die Bücher der meisten Baumeister ansiehet, als deren sehr wenige scientifice geschrieben sind; doch, da kein Zweifel, daß ohne Eintrag in die Freyheit derer Architectorum einige Grund-Sätze können feste gesetzt werden, nach welchen man bey Aufführung eines Baues sich zu richten habe; so darf man auch kein Bedenken tragen, dieser Disciplin den Namen einer Wissenschaft beyzulegen.«[2] Das Wissen des Architekten manifestierte sich somit vorrangig in der Einhaltung bestimmter, anscheinend exakt definierbarer Regeln – andere Voraussetzungen, z.B. einen bestimmten Ausbildungsgang oder praktische Erfahrung, erwähnt das Nachschlagewerk des 18. Jahrhunderts dagegen nicht. Was also ist in der Neuzeit ein Architekt? Was sollte er wissen, was mußte er können?

Die Professionalisierung des Architektenberufs, d.h. seine Entwicklung zum akademischen Fach und die Entstehung davon getrennter Ingenieurberufe, setzte sich in Europa nur zögernd und von Land zu Land jeweils unterschiedlich früh durch: Frankreich und Italien bereiteten um 1700 den Weg, England und Deutschland folgten erst um 1800. Bis dahin blieb weitgehend offen, was eigentlich ein Architekt sei. Die Vielfalt dieses schillernden Berufsbildes mit seinem vom heutigen Verständnis weit abweichenden Selbstbild soll im Mittelpunkt des folgenden Beitrags stehen. Hierbei wird die These vertreten, daß das Wissen des Architekten in Theorie und Praxis weit mehr als in den anderen Disziplinen der Technik oder der Wissenschaft, der Künste oder der Literatur unter dem fortgesetzten Diktat einer als kanonisch verstandenen antiken Tradition stand – das sind die Regeln, auf die das Lexikon rekurriert –, so daß sich dieser Beruf länger als andere einem »Ausgang aus der selbstverschuldeten Unmündigkeit« verweigerte. Warum das so war und welche Auswirkungen die hier als »Vitruvianismus« bezeichnete Hauptströ-

1 »Das Wissen des Architekten umfaßt mehrere Disziplinen.« Marcus Vitruvius Pollio, De Architectura libri decem, Buch 1, 1. Kapitel, erster Satz (im folgenden zit.: 1. 1. 1). »Buch« bedeutet in der antiken Literatur soviel wie ein (längeres) Kapitel. Die folgenden Abschnitte werden jeweils mit einem Zitat aus dieser »Bibel« des neuzeitlichen Architektenwissens eingeleitet.

2 Zedler's Universal Lexicon, Halle/Leipzig 1732, Bd. 2, Sp. 1235f.

mung der Architekturtheorie auf die Baukunst der Neuzeit hatte, wird abschließend an einem prominenten Beispiel, dem Neubau der Ostfassade des Pariser Louvre unter Ludwig XIV., diskutiert.

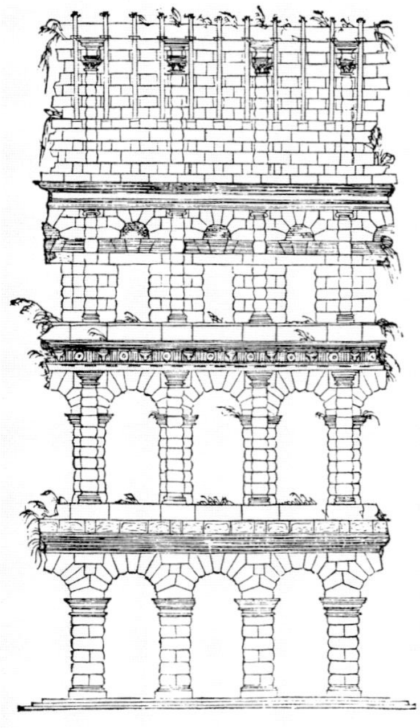

Abb. 105: Fassade eines römischen Theaters nach Andrea Palladio (1567)

1. Kanonisierung des Wissens – die Antike als »Maß aller Dinge«

»Da ich seit jeher der Ansicht war, daß die alten Römer – wie auch in vielen anderen Dingen, so auch im Bauen – all jenen, die nach ihnen kamen, um vieles voraus waren, wählte ich Vitruv zu meinem Meister und Führer. [...] Diese Bauten [...] sind selbst in ihren Ruinen unzweifelhafte und berühmte Zeugen der römischen Tugend und Größe.«

Mit diesem Motto beginnt nicht irgend ein trockener Humanist, sondern einer der einflußreichsten und kreativsten Architekten der Neuzeit, der Venezianer Andrea Palladio (1508–1580), seine »Vier Bücher zur Architektur« (1570).[3] Palladio kann als Kronzeuge für die These dieses Aufsatzes, die eigenartige Verschränkung von Antikengläubigkeit und Architektenwissen in der Neuzeit, gelten; ein Phänomen, das ursächlich mit dem Aufstieg der Architektur vom »Handwerk« zur »Kunst« im Verlauf dieser Epoche verbunden ist.

Schon in der Gotik hatten die Baumeister hohes Ansehen erworben, allerdings als Hüttenmeister, also als Vorsteher größerer Steinmetzbetriebe beim Kirchenbau. Die erhaltenen Rißzeichnungen z.B. des Kölner Doms beweisen, daß der Entwurf sich hier bereits von der Bauausführung getrennt hatte und als Zeichnung das festlegte, was oft erst Jahrhunderte später ausgeführt werden sollte. Dennoch blieb die handwerkliche Ausbildung an einer angesehenen Dombauhütte bei einem älteren Meister Voraussetzung für die spätere Tätigkeit als Entwerfer. An Universitäten und Höfen hatten die Architekten dagegen lange Zeit nichts zu suchen: Was ihnen zum Aufstieg über das zünftige Handwerk hinaus fehlte, war die literarisch-theoretische Fundierung ihrer Tätigkeit. Das vielbeschworene »Hüttengeheimnis« des Mittelalters lag vor allem darin begründet, daß die entsprechenden Kenntnisse nur von Mann zu Mann weitergegeben, aber nicht schriftlich fixiert wurden.

Der entscheidende Durchbruch zum »Architekten« im Sinne der Neuzeit gelang im 15. Jahrhundert zunächst in Italien, in dem der Ruf der Humanisten »ad fontes!« auch auf die Baukunst übertragen wurde: Antonio Averlino (ca. 1400–1469), mit seinem antikisierenden Künstlernamen Il Filarete (»Freund der Tugend«) genannt, verglich in seinem »Trattato di Architettura« (ca. 1460) die Entwicklung der Baukunst seit der Antike mit dem Verfall der Sprache seit den Zeiten Ciceros: Zu dieser Stilhöhe müsse man zurückfinden, und das sei nur durch eine radikale Abwendung von der bisherigen gotischen, d.h. barbarischen (angeblich von den Goten eingeschleppten) Kunst des Mittelalters und durch Freilegung der eigenen, antiken Wurzeln möglich.[4]

Die Kenntnis der vorbildlichen antiken Baukunst, die es somit wiederzugewinnen galt, stützte sich vor allem auf zwei Quellen: auf den einzigen antiken Architekturtraktat, der das Mittelalter überdauert hatte, und auf die Ruinen der Kaiserzeit, welche vor allem in Rom noch aufrecht standen, so daß sie von italienischen Antiquaren wie Leon Battista Alberti und Baumeistern wie Filippo Brunelleschi gezeichnet und aufgemessen werden konnten.[5]

3 Andrea Palladio, Die vier Bücher zur Architektur. Nach der Ausgabe Venedig 1570, I quattro libri dell'architettura, aus dem Italienischen übertragen und hg. von Andreas Beyer/Ulrich Schütte, 2. Aufl. Darmstadt 1984, 15ff. (Aus der Widmung und dem Vorwort zum ersten Buch).

4 Antonio Averlino detto il Filarete, Trattato di Architettura, hg. von Anna Maria Finoli/Liliana Grassi, 2 Bde., Milano 1972, Bd. 1, 228f.

5 Kurt W. Forster/Hubert Locher (Hg.), Theorie der Praxis. Leon Battista Alberti als Humanist und Theoretiker der bildenden Künste, Berlin 1999, bes. 128–202.

Abb. 106: Leone Battista Alberti, Palazzo Rucellai in Florenz (um 1450)

Die entscheidende Instanz für die gesamte Architekturentwicklung der Neuzeit waren aber nicht die Mauerreste und wenigen erhaltenen Bauwerke der Antike, sondern der römische Architekturschriftsteller Marcus Vitruvius Pollio (ca. 84 v. Chr.–ca. 14 v. Chr.), genauer gesagt sein einziges Buch »De architectura libri decem«.[6] Der Autor, ein eher unbedeutender Miltärarchitekt der augusteischen Zeit, hatte das Glück, daß sein Traktat als einziger Text dieser Disziplin in zahlreichen Abschriften das gesamte Mittelalter hindurch kopiert worden war;[7] Vitruv stand somit bei seiner »Wiederentdeckung« im Jahr 1416[8] als konkurrenzlose Autorität der antiken Architektur zur Verfügung. Er prägte fortan mit seinen Termini, ästhetischen Idealen, Bildungsvorstellungen und der Vielfalt behandelter Themen das neuzeitliche Bild vom Architekten als »Uomo universale«,[9] der von der Dekorationsmalerei bis zur Maschinentechnik alle Aspekte des Bauwesens gleichermaßen beherrschen

6 Hanno-Walter Kruft, Geschichte der Architekturtheorie von der Antike bis zur Gegenwart, 1. Aufl. München 1985, 3. durchgesehene Aufl. München 1991, 20–44; Heiner Knell, Vitruvs Architekturtheorie, Darmstadt 1985; Vollständiger Text in Latein und deutscher Übersetzung: Vitruv, Zehn Bücher über Architektur, übers. und mit Anmerkungen versehen von Curt Fensterbusch, Darmstadt 1964. Als modern illustrierte und kommentierte Ausgabe des Textes vgl. Vitruvius, Ten Books on Architecture. Translation by Ingrid D. Rowland, Commentary and Illustrations by Thomas Noble Howe, Cambrigde 1999.

7 Stefan Schuler, Vitruv im Mittelalter. Die Rezeption von »De architectura« von der Antike bis in die frühe Neuzeit, Köln 1999.

8 Der Florentiner Humanist Poggio Bracciolini machte eine von ihm in diesem Jahr in der Klosterbibliothek von St. Gallen entdeckte Abschrift erstmals wieder größeren Kreisen des gebildeten Europa bekannt. Der Text war niemals ganz vergessen, wurde aber bis dahin kaum ernsthaft rezipiert. Siehe Kruft, Architekturtheorie, 42.

9 Rudolf Wittkower, Grundlagen der Architektur im Zeitalter des Humanismus (Engl. Originalausgabe: Architectural principles in the age of Humanism), München 1969, 51–60.

sollte. Selbst die moderne Bezeichnung des Baumeisterberufes als »Architectus« geht auf Vitruv zurück.

Der Text bot, sobald man ihn praktisch umsetzen wollte, zahlreiche Probleme, deren Deutung zugleich ein ergiebiges Arbeitsfeld für Übersetzer, Editoren, Illustratoren und Kommentatoren eröffnete. Vitruv ist in vielerlei Hinsicht unanschaulich: Er verwendet eine Sprache mit gräzisierenden Einsprengseln (z.B. architectus von griechisch archi-tékton, d.h. »Oberster der Bauleute«) und verzichtet darauf, seine ästhetischen Kernbegriffe wie Eurythmie, Symmetrie, Disposition etc. wirklich verständlich zu machen.[10] Das Buch war anscheinend ursprünglich illustriert; diese verlorenen Textabbildungen nachzuschöpfen und hierdurch Vitruv im eigenen Sinne zu interpretieren (Abb. 108), stellte während der gesamten Neuzeit eine besondere Herausforderung für die Architektur-Theoretiker dar.

Ein weitere Schwierigkeit resultiert aus der historischen und ästhetischen Position Vitruvs: Zu seinen Lebzeiten am Beginn der Kaiserzeit war die Mehrzahl jener Bauwerke, die bis heute zumindest als Ruinen unser Bild vom antiken Rom prägen, noch nicht errichtet: Weder das Kolosseum (Abb. 105) noch das Pantheon, die Triumphbögen, die Engelsburg noch die Basilika des Maxentius konnten von ihm thematisiert werden. Vitruv war zudem schon für seine eigene Zeit konservativ, ja reaktionär: Die wichtigsten Innovationen seiner Epoche wie die Raumdekoration mit Grotesken à la Pompeji[11] oder den mehrgeschossigen Massenwohnungsbau lehnte er kategorisch ab und verherrlichte dagegen die schon um die Zeitenwende veralteten Tempel der Griechen als Gipfelpunkt der Baukunst. De Facto war es nahezu unmöglich, echte Korrespondenzen zwischen den realen Ruinen Roms und der Schrift Vitruvs zu entdecken, was die Freiheit der Interpretation nur umso mehr beflügelte. Für die hauptsächlichen Bauaufgaben der Renaissance wie den Palast, die Kirche oder die Villa bot der Traktat kaum verwertbare Aussagen – so entpuppt sich die Vitruv-Rezeption der Neuzeit vor allem als eine Kette produktiver Mißverständnisse und kreativer Fehldeutungen.[12]

Die Architekten waren gezwungen, zwei parallele, nur bedingt in Übereinstimmung zu bringende Rezeptionsstränge antiker Baukunst zu verflechten: das »Bildwissen« der Ruinen und das »Textwissen« des einen, einzigen Traktats. Das, was bei Vitruv nicht beschrieben war, rezipierte man durch eigene Anschauung und schneiderte es maßgerecht auf die jeweiligen Bedürfnisse um. Wenn Vitruv und der Ruinenbefund im Gegensatz zueinander standen, entschied man sich für das, was man sah, ohne die Autorität der Schrift deshalb ernsthaft in Frage zu stellen. So entlehnte man das Schema für die Gliederung mehrgeschossiger Palastfassaden (Abb. 106) – Vitruv beschreibt im sechsten Buch nur das eingeschossige ebenerdige Haus der altrömischen Tradition – den Rängen von Theatern wie dem Kolosseum (Abb. 105). Echte griechisch-dorische Tempel (wie der Parthenon der Athener Akropolis) waren nördlich von Sizilien nirgendwo zu finden – daher gewöhnte man sich an, die von Vitruv beschriebenen dorischen Säulen so zu gestalten, wie sie in römischer Zeit meist verwendet worden waren, und stattete sie entgegen der griechischen Tradition mit Basen aus.[13]

Der wichtigste Extrakt, den man aus Vitruv ziehen konnte, war die Gewinnung des für die Neuzeit zentralen architektonischen Vokabulars, der sogenannten »Säulenordnungen« (Abb. 110). Vitruv beschreibt in seinem vierten Buch über die Tempel drei verschiedene Arten von Säulen – dorisch,

10 »Symmetria« bedeutet bei Vitruv z.B. nicht die spiegelgleiche Gestaltung eines Gebäudes, sondern das Übereinstimmen aller Einzelmaße mit dem Gesamtmaß, also die richtigen Proportionen aller Teile zueinander. Siehe Vitruv/Fensterbusch (Hg.), De architectura, 1. 2, 37ff.

11 Vitruv/Fensterbusch (Hg.), De architectura, 7. 5. 3–5, 333: Vitruv schmäht die zu seinen Lebzeiten gerade neu entwickelten Dekorationsstile, welche die Grenzen der Realität und statischen Plausibilität überschreiten, als »entarteten Geschmack«.

12 Hubertus Günther, Die Vorstellungen vom griechischen Tempel und der Beginn der Renaissance in der venezianischen Architektur, in: Paul Naredi-Rainer (Hg.), Imitatio – von der Produktivität künstlerischer Anspielungen und Missverständnisse, Innsbruck 2001, 105–143.

13 Palladio/Beyer (Hg.), 1. Buch, Kap. 15, 50.

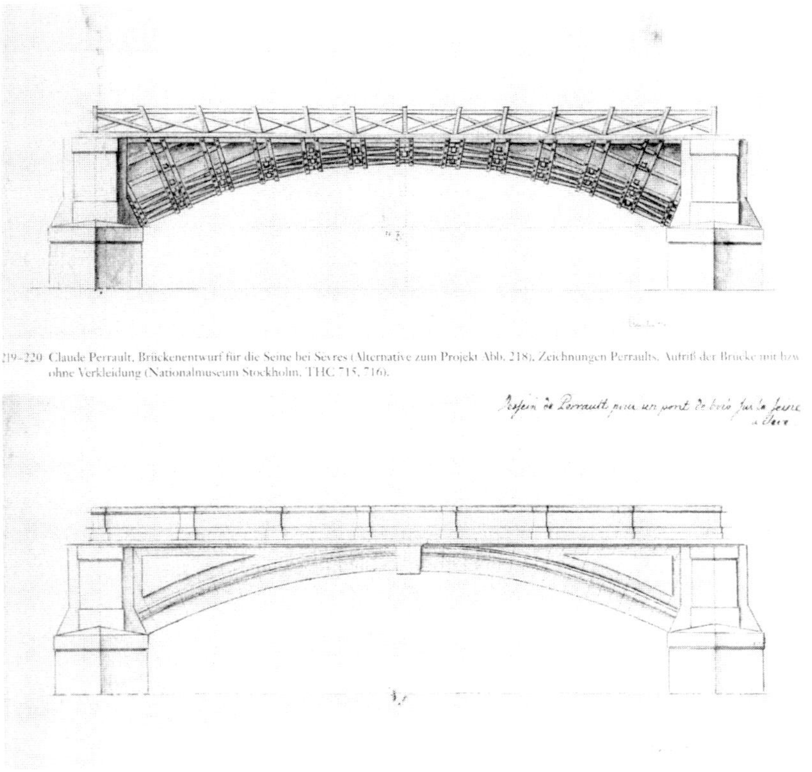

Abb. 107: Claude Perrault, Entwurf einer Seinebrücke bei Sèvres (um 1660)

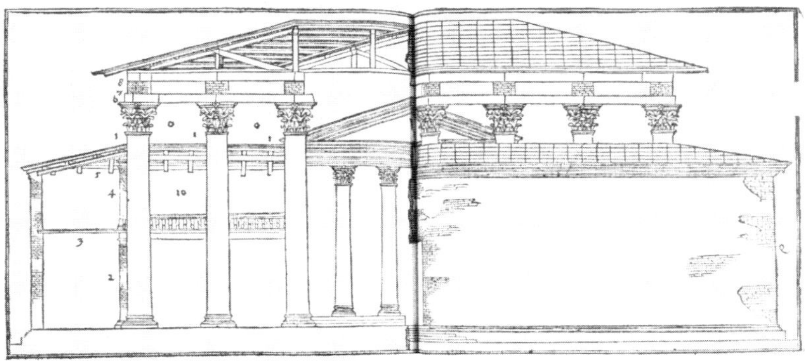

Abb. 108: Vitruvs Basilika von Fano, rekonstruiert von Andrea Palladio (1567)

ionisch, korinthisch –, die bereits von den Griechen verwendet worden waren.[14] Diese drei Formen sind nach Vitruv nicht beliebig, sondern der jeweiligen Bauaufgabe angemessen zu verwenden; die Übereinstimmung von Form und Inhalt bezeichnet der Autor als »Decor«.[15] Die bei Vitruv nicht hierarchisch, sondern als historische Entwicklungsreihe intendierte Aufzählung interpretierte man in der Neuzeit so, daß die älteste und schlichteste Säulenart, die Dorica, den einfachen Bauaufgaben, die reichverzierte korinthische dagegen den hochrangigen Gebäuden, den Kirchen und Palästen, vorbehalten bleiben sollte.

Die Renaissance fügte den drei griechischen noch zwei weitere Ordnungen hinzu: Vitruv beschreibt einen alten italischen Tempeltyp, den er als tuskisch bezeichnet[16] und der in seiner ursprünglichen Schlichtheit etwa der dorischen Bauform der Griechen entspricht: Also ergänzte man die Reihe um eine einfachste Form, die sogenannte »toskanische« Ordnung, die sich von

14 Vitruv/Fensterbusch (Hg.), De architectura, 4. 1, 167–175.

15 Ebd., 1. 2. 5, 39ff.

16 Ebd., 4. 7, 195–197.

der dorischen vor allem durch ein weniger reich verziertes Gebälk und die fehlende Kanellur[17] unterschied. Am anderen Ende der Skala fügte man jene Kapitellform hinzu, die man an nahezu allen kaiserzeitlichen Bauten in Rom finden konnte, auch wenn sie Vitruv nicht beschreibt: eine Komposition aus ionischer Eckvolute und korinthischem Blattkranz, daher »Composita« genannt. Bis zum Ende der Neuzeit blieb umstritten, ob nun der original-vitruvianischen Corinthia oder der römischen Composita der höchste Rang zukomme: ein Beleg für die Probleme, Empirie und Praxis mit einer als normativ verstandenen Theorie zu verbinden.

Der Terminus Säulen-Ordnung bezieht sich nicht nur auf die richtige An-Ordnung der Einzelteile, sondern ebenso auf die soziale Ordnung der Welt, die sich in der angemessenen Verwendung des aus der Antike generierten architektonischen Vokabulars widerspiegelt. Dieses richtige Verhältnis von Form und Bauaufgabe nannte Vitruv »Decor«; das »Decorum« oder »Aptum« wurde zum Schlüsselbegriff der Architektur- und Kunsttheorie. »Decorum« meint in (neuzeitlichen) Doppelbedeutung sowohl Dekoration – also den äußerlich auferlegten Schmuck, der den Rang eines Gebäudes widerspiegeln soll –[18] als auch das »Schickliche« (Angemessene), »decens« im Sinne von »der Würde oder der Aufgabe entsprechend«.[19]

Für die Verbreitung des Vitruvianismus war dieses im Doppelsinn »dekorative« Verständnis der »Ordnungen« entscheidend. Schon die frühesten Renaissance-Architekten, z.B. Leon Battista Alberti, bekleideten ihre aus massivem Mauerwerk errichteten Häuser wie den Palazzo Rucellai in Florenz (ca. 1450, Abb. 2)[20] mit einem Scheingerüst vitruvianischer Säulen- bzw. Pilasterordnungen, die ohne konstruktive Funktion vor allem die Würde und Bedeutung des Gebäudes und seines Besitzers manifestieren sollten. Die »Ordnungen« wurden zum allgemein verständlichen Code-System, zu einer architektonischen Grundsprache, die in variierenden Dialekten in ganz Europa ab ca. 1550 gesprochen und verstanden wurde.

Ein weiteres zentrales Thema in Vitruvs Traktat ist das Problem der richtigen Proportionen eines Gebäudes. Ein regelgerechtes Bauwerk, z.B. ein »gut gebauter« Tempel, zeichnet sich dadurch aus, daß alle Maße – vom kleinsten Bauschmuck bis zu Gesamthöhe und Länge – jeweils Vielfache eines gemeinsamen Grundmaßes, des sogenannten »Moduls«, sind. Die meistzitierte und vielfach deutbare Sentenz Vitruvs, daß die Architektur sich nach dem »menschlichen Maß«[21] richten müsse, beschreibt sehr treffend, was seine Lehre für die humanistische Epoche so anziehend machte, auch wenn sich hinter dem Satz weniger eine kosmologische Spekulation über die herausragende Stellung des Menschen in der Welt verbirgt als die eher schlichte These, daß die Proportionen vollendeter Bauwerke ebenso wie die des Menschen auf ganzzahligen Maßverhältnissen der Einzelglieder und einfachen geometrischen Grundfiguren beruhen. Die »einzig richtigen« Proportionen aller Gebäude und Bauteile, also auch der Säulen, wären somit ein für alle mal festgelegt, weil ihre Schönheit natürlich und vernünftig zugleich ist – wie die platonischen Ideen sind die idealen Proportionen vollkommen und unwandelbar.[22]

Die vielleicht berühmteste Zeichnung Leonardos, ein Mann, der mit seinem ausgespannten Körper Kreis und Quadrat ausmißt (Abb. 109),[23] ist kein spekulatives Bild des Menschen als Mikrokosmos, wie man gelegentlich liest,[24] sondern der schlichte Versuch, eine These Vitruvs zu illustrieren, nachdem der Mensch mit ausgestreckten Gliedern ebenso einem Quadrat wie

17 Eingetiefte Längsrillen im Säulenschaft.

18 Wittkower, Grundlagen, 33: Alberti beschreibt die Säulen nicht als konstruktive Elemente, sondern als den »vornehmsten Schmuck eines Gebäudes«

19 Zum Begriff des »Aptum« siehe Alste Horn-Oncken, Über das Schickliche. Studien zur Geschichte der Architekturtheorie, Göttingen 1967. Der Begriff bezieht sich in Anlehnung an die Rhetorik-Theorie der Antike (z.B. Quintilian) auf die Wahl der richtigen Redeform bei einem Vortrag, die je nach Thema, Anlaß und Publikum differieren sollte.

20 Candida Syndicus, Leon Battista Alberti, das Bauornament, Münster 1996, 30ff., Abb. 1.

21 Vitruv/Fensterbusch (Hg.), De architectura, 1. 2. 4, 38f: »Wie beim menschlichen Körper [...], so ist es auch bei [der] Ausführung von Bauwerken.«

22 Wittkower, Grundlagen, 60. Schon Andrea Palladio hatte gewarnt: »Sicherlich wird Abwechslung und neue Erfindung jedermann erfreuen, aber man sollte dabei nicht gegen die Regeln der Kunst und gegen das Gebot der Vernunft verstoßen. Darum sehen wir, dass die Alten zwar reich an Erfindung waren, sich aber niemals von gewissen allgemeingültigen und notwendigen Regeln entfernten.«

23 Ca. 1490, Venedig, Galleria dell'Accademia, Inv. Nr. 228. Vgl. Frank Zöllner, Vitruvs Proportionsfigur, Worms 1987; Marcus Frings, Mensch und Maß: anthropomorphe Elemente in der Architekturtheorie des Quattrocento, Weimar 1998.

24 Wittkower, Grundlagen, 20f, Abb. 6–11; Vaughan Hart/Alina A. Payne, Architecture, in: Paul F. Grendler (Hg.), Encyclopedia of the Renaissance, Bd. 1, New York 1999, 85–96, hier 88: »The connection between macrocosm (the universe) and microcosm (the human body) by way of number and form constituted another attraction. This reciprocal relationship discussed by Vitruvius [...].« Diese kosmischen Spekulationen werden von Vitruv nicht thematisiert, sondern erst von seinen neoplatonisch gesinnten Interpreten in der Neuzeit.

25 Vitruv/Fensterbusch (Hg.), De architectura, 3. 1. 1–3, 138 f., der »homo bene figuratus« (gut gebildete oder wohlproportionierte Mensch). Weitere Illustrationen hierzu in Ulrich Schütte (Red.), Architekt und Ingenieur. Baumeister in Krieg und Frieden, Katalog der Ausstellung in der Herzog August Bibliothek Wolfenbüttel 1984, 54ff.

einen Kreis einbeschrieben werden könne.[25] Vitruvs Betonung von Geometrie und Mathematik, Rationalität und Proportion als unverzichtbaren Grundlagen der Architektur erlaubte es, diese in die Sphäre der exakten Wissenschaften zu erheben und sie hierdurch aus dem Dunst des rein praktischen Handwerks zu befreien. Dank dieses theoretischen Fundaments nobilitierte sie sich von der Ars mechanica zur Ars libera.

Die praktische Umsetzung des allgemein anerkannten vitruvianischen Dogmas blieb eine dauerhaft zündende Reibungsfläche und wirkte hierdurch als Katalysator für neuartige Lösungen, die dennoch zumindest den Anschein erwecken mußten, fest auf dem Boden der »Alten« zu stehen. Nichts Schlimmeres konnte über einen Architekten gesagt werden, als daß er »regellos« (d.h. nicht nach den Regeln der Antike, wie man sie gerade zu kennen glaubte), willkürlich und somit »gotisch« baute – Experimentatoren wie Borromini wurden oft mit solchen Verdikten bedacht. Wenn die Bauformen der Antike natürlich und vernünftig waren, erschien das, was von ihnen abwich, als das Gegenteil davon.

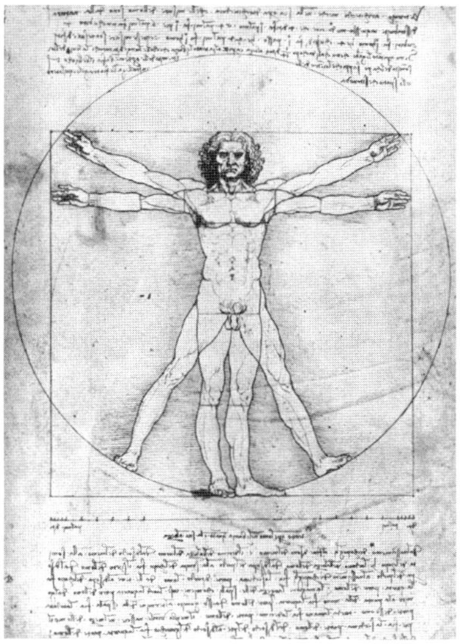

Abb. 109: Leonardo da Vinci, Illustration zu Vitruvs Proportionstheorie (um 1492)

Der Vorzug des vitruvianischen Systems lag andererseits auf der Hand: Wer es beherrschte, war in der Lage, jede Gestaltungsaufgabe regelgerecht und wohl proportioniert zu lösen. Wer die Sprache der Ordnungen zu lesen verstand, würde nie einen Palast mit einer Kaserne verwechseln. Ein Blick auf den »Dekor« eines Raumes genügte, um festzustellen, ob man bereits im Hauptsaal eines Schlosses angekommen war oder ob noch prunkvoller dekorierte Räume folgen würden, ob hier der Herr, die Herrin des Hauses oder lediglich ein Diener wohnte.

Die übermächtige Bedeutung Vitruvs wird nur dann verständlich, wenn man die Implikationen seiner Kanonisierung für das soziale Prestige des Architektenstandes bedenkt. Jetzt hatten also auch die Bauleute ihren Horaz, Cicero, Thukydides, Quintilian, Plinius, Galen oder Strabo: eine antike Autorität, die den Status des Berufes weit über die Niederungen der zunftmäßig organisierten Steinmetzen und Zimmerleute erhob. Diese Sehnsucht nach Nobilitierung war deshalb bei Vitruv besonders gut aufgehoben, weil man sie nicht erst mühsam in den Text hineinlesen mußte. Es war das zentrale Anliegen des zu Lebzeiten wenig erfolgreichen Autors, seine Profession mithilfe der Theorie über den Status des simplen Broterwerbs hinauszuheben: Nur wer theoretische Reflexion mit praktischer Erfahrung verbindet, verdient nach Vitruv den Ehrentitel »Architectus«.[26] Daher stellte der Autor am Beginn des ersten Buches einen hochfahrenden Bildungskanon zusammen, der angeblich für den Architektenberuf unerläßlich sei und Medizin, Mathematik und Astronomie ebenso umfaßte wie Zeichenkunst, Musik, Jurisprudenz und Geschichtskenntnisse.[27] Aufgrund dieser äußerst anspruchsvollen Voraussetzungen müsse, so Vitruv, die Baukunst an die Spitze aller Künste erhoben werden: Als Herrin und Mutter falle ihr die Aufgabe zu, alle Nachbardisziplinen zu prüfen und zu bewerten. Es stehe daher auch dem Auftraggeber eines Bauwerks wohl an, sich mit Hilfe dieses Lehrbuches entsprechende Kenntnisse zu verschaffen:[28] Vitruv widmete den Traktat keinem geringerem als Augustus selbst.

Die Architektur verwandelte sich im Lichte Vitruvs von einer praktisch-handwerklichen Spezialdisziplin zu einem Pflichtfach des europäischen Bildungskanons. Für den Edelmann der Neuzeit, der wohl selten einen Pinsel und nie einen Bildhauerhammer in die Hand nahm, waren grundlegende Kenntnisse und Urteilskraft in der Architektur ein absolutes Muß.[29] Deshalb

26 Vitruv/Fensterbusch (Hg.), De architectura, 1. 1, 23–37, hier 25: »Denn weder kann Begabung [Ingenium] ohne Schulung [disciplina] noch Schulung ohne Begabung einen vollendeten Meister hervorbringen.«

27 Vitruv/Fensterbusch (Hg.), De architectura, 1. 1, 23ff.

28 Vitruv/Fensterbusch (Hg.), De architectura, Vorrede des 6. Buches, 261: »[…] kann ich das Verhalten derjenigen Bauherren anerkennen, die, ermutigt durch das Vertrauen auf ein Lehrbuch, selbst den Bau leiten […].«

29 Paul Decker nannte sein Lehrbuch für den Schloßbau (Augsburg 1711–16) folgerichtig den »Fürstlichen Baumeister«.

Abb. 110: Die fünf Säulenordnungen nach Serlio (links) und Vignola (rechts)

zählte die Visite der Bauten von Renaissancemeistern wie Palladio oder Michelangelo bald genauso zum Pflichtprogramm der »Grand Tour« wie die Wasserfälle von Tivoli, die Gemälde Tizians oder die antiken Statuen im Belvederehof des Vatikan. Vitruv bahnte der Architektur den Weg von der Baustelle in die Salons und Bibliotheken. Der Vitruvianismus hatte darüber hinaus den Vorzug, überkonfessionell anerkannt zu sein: Es gab keine katholische Kompositordnung oder lutherische Friesgestaltungen, und der Katholik Palladio konnte in den calvinistischen Niederlanden ebenso wie im anglikanischen England rezipiert werden. Die vitruvianische Architektur wurde zur Lingua franca der Neuzeit wie das Latein. Diese für Jahrhunderte unverrückbar feste Fundamentierung im antiken Erbe sicherte Italien seine Vorrangstellung vor allen anderen Ländern: Hier fand man nicht nur die Ruinen, sondern auch die europaweit anerkannten Erneuerer der Baukunst der »Alten«.

Da Vitruv auch Militäringenieur war und in den letzten drei »Büchern« seines Werks allerhand Hebewerke, Wasseruhren und Kriegsmaschinen beschrieb, rückten auch diese Disziplinen in den Kreis der durch die Antike kanonisierten Berufsfelder des Architekten auf. Dürer, Leonardo und Michelangelo betätigten sich ganz in antiker Tradition als Entwerfer von (meist nicht funktionsfähigen) Panzerwagen, Flugmaschinen und Festungsanlagen.

Andere durch die Jahrhunderte blühende Gewerke wie die Zimmermanns- und Steinmetzkunst oder die Gewölbetechnik sanken dagegen im Prestige ab, weil sie bei Vitruv nicht ausführlich thematisiert wurden:[30] Dies hatte zur Folge, daß die praktische Konstruktion lange Zeit eine untergeordnete Dis-

30 Vitruv/Fensterbusch (Hg.), De architectura, 2. 9, 117–131: Vitruv beschreibt in seinem knappen Abschnitt zum Holzbau vor allem die unterschiedliche Eignung verschiedener Baumarten als Bauholz, geht aber auf Zimmermannskonstruktionen nicht ein.

ziplin der Architektur blieb und somit der Zivil-Bau-Ingenieur nicht zur eigenständigen Profession aufsteigen konnte. Holzarchitektur galt als minderwertig und daher nicht »traktatwürdig«,[31] weil man glaubte, die »Alten« hätten nur in dauerhaftem Stein gebaut: Eine weit gespannte Holzbrücke über die Seine, an sich ein technisches Meisterwerk, sollte nach dem Plan ihres Erfinders Claude Perrault (1613–83) so verkleidet werden, daß sie eine (noblere) Steinkonstruktion suggerierte (Abb. 107).[32] An dieser Hierarchie der Materialien und Baugewerke änderte sich bis zum Beginn der Moderne nichts Wesentliches.

2. Medialisierung des Wissens – Traktate und Stichwerke

> »Die Alten haben die ebenso kluge wie nützliche Einrichtung getroffen, der Nachwelt ihre Gedanken durch Berichte in Form von Denkschriften zu überliefern, damit sie nicht verlorengingen, sondern von Geschlecht zu Geschlecht weiterentwickelt, in Buchform herausgegeben, Schritt für Schritt im Laufe einer langen Zeit die höchste Stufe gründlicher wissenschaftlicher Erkenntnisse erreichen [...]. Dennoch aber werde ich, wie ich hoffe, durch Herausgabe dieser Bücher der Nachwelt bekannt sein.«[33]

In der Antike, mit Vitruvs Sprache beschrieben, hatte die Baukunst der Neuzeit ihren Kanon gefunden – nun mußte der unter die Leute gebracht und über Italiens Grenzen hinaus verbreitet werden. Dies wäre ohne die Medienrevolution des Druckzeitalters nicht möglich gewesen. Man kann daher, Walter Benjamin paraphrasierend, vom »Bauwerk im Zeitalter seiner drucktechnischen Reproduzierbarkeit« sprechen.[34]

Die Zweigleisigkeit der Antikenrezeption – Imitation vorbildlicher Formen und Verbalisierung eines Regelkanons ihrer Anwendung – fand auch ihre Entsprechung in den Architekturlehrbüchern. Sie lassen sich im Wesentlichen in zwei Publikationsformen aufgliedern: meist abbildungslose theoretisch-literarische Traktate in der Nachfolge Vitruvs und bilderreiche Stichwerke, welche die neuen Formen der »Alten« auch in Ländern publik machten, die keine antiken Ruinen zum Selbststudium boten. Die von der heutigen Forschung vielbeachteten Theorieschriften wie Leon Battista Albertis (1404–72) »De Re Aedificatoria« (1452)[35] blieben in ihrer Wirkung beschränkt, weil sie eher Literatur für ein humanistisch gebildetes Publikum als echte Lehrbücher für Praktiker waren: Meist auf Latein geschrieben und fast immer unanschaulich, mehrten sie vor allem den Ruhm der Verfasser unter ihresgleichen als stilsicheren Autoren, boten aber keine Anleitungen zum Nachbauen.

Einen Mittelweg beschritten jene Traktate, die ihre Thesen illustrierten. Hierzu zählten vor allem die Vitruvkommentare und Übersetzungen, die den klassischen Text erst für die Bauleute rezipierbar machten.[36] Der später berühmte Architekt Andrea Palladio[37] verdiente sich seine Sporen als Illustrator der kommentierten italienischen Vitruvausgabe seines Mäzens, des hochgebildeten venezianischen Patriziers Daniele Barbaro (Abb. 108).[38] Ein anderer Humanist und Förderer Palladios, Giangiorgio Trissino, verlieh dem Steinmetz aus Vicenza mit dem bürgerlichen Namen Andrea di Pietro della Gondola erst das klingende Pseudonym nach dem Verfasser eines spätantiken, auf Vitruv aufbauenden Landwirtschafts-Lehrbuches.

31 Schütte, Architekt, 34.
32 Michael Petzet, Claude Perrault und die Architektur des Sonnenkönigs, München/Berlin 2000, 319ff.
33 Vitruv/Fensterbusch (Hg.), De architectura, Vorrede zum siebten (303) und sechsten Buch (259).
34 Einen guten Überblick über die Vielfalt der neuzeitlichen archäologischen Publikationen gibt der Ausstellungskatalog von Margaret Daly Davis, Archäologie der Antike: aus den Beständen der Herzog August Bibliothek 1500–1700, Wiesbaden 1994.
35 Zu Alberti siehe Kruft, Architekturtheorie, 44–54; Leon Battista Alberti, Zehn Bücher über die Baukunst (De re aedificatoria), ins Deutsche übertragen, eingeleitet und mit Anmerkungen und Zeichnungen versehen durch Max Theuer, Leipzig/Wien 1912, Nachdruck Darmstadt 1991.
36 Die erste deutsche Vitruvausgabe wurde 1548 von Walther Hermann Ryff genannt Rivius in Nürnberg übersetzt, herausgegeben und kommentiert; Rivius richtet sich ausdrücklich an »alle Künstlichen Handtwerker«. Siehe Schütte, Architekt, 67ff.
37 Kruft, Architekturtheorie, 92–102.
38 Kommentierte italienische Übers., 1. Aufl. 1556, 2. erweiterte Aufl. 1567, Nachdruck: Manfredo Tafuri/Manuela Morresi (Hg.), Vitruvio, I dieci libri dell'architettura, tradotti e commentati da Daniele Barbaro, 1567, Nachdruck Milano 1987.

Abb. 111: Tempel von Jerusalem nach der Rekonstruktion von Villalpando (1604)

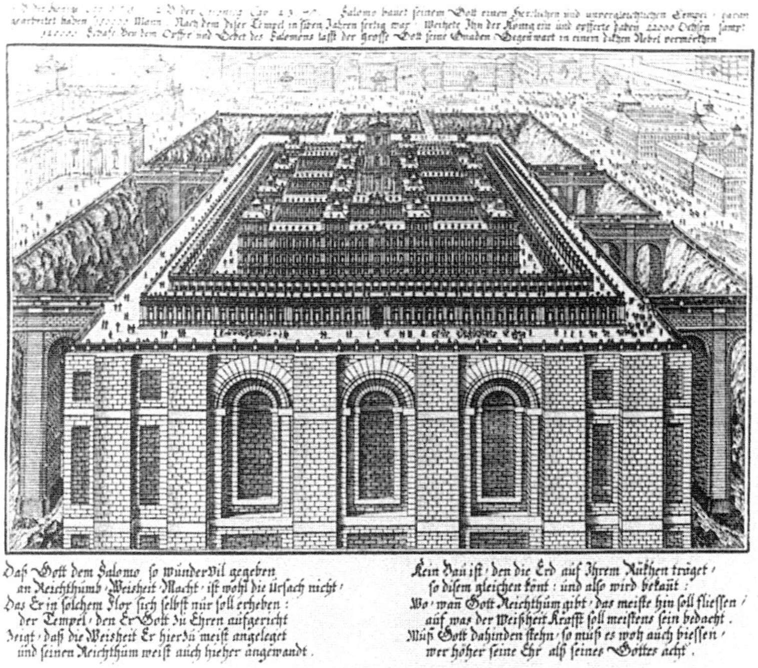

Die Mitarbeit an der Vitruvausgabe mag den Baumeister ermuntert haben, 1570 ein eigenes mehrbändiges Architekturlehrbuch auf Italienisch (!) zu schreiben, die »Quattro libri dell'Architettura«.[39] In diesem durchgehend mit Holzschnitten illustrierten Buch, das sich an breitere Schichten richtete als die lateinischen Humanistentraktate, wurde vielleicht zum ersten Mal zu Lebzeiten eines Architekten sein Werk von ihm selber beschrieben und abgebildet: Das Beispiel sollte Schule machen. Die Architekturbücher in der Nachfolge Palladios konzentrierten sich nicht mehr auf die Postulierung allgemeiner theoretischer Regeln, sondern waren vor allem Stichwerke mit Abbildungen vorbildlicher Bauten (meist des Verfassers selbst) als Lehrbeispie-

39 Buch 1 beschreibt die konstruktiven Grundlagen und Säulenordnungen, Buch 2 Privathäuser und Paläste, Buch 3 Straßen, Plätze und Brücken, Buch 4 die antiken Tempel.

len. Die Nachahmung, das Lernen mit den Augen, wurde als die dem Architektenberuf eigentlich angemessene Form des Wissenstransfers entdeckt. Neben die bereits von Vitruv aufgezählten Darstellungsarten Grundriß (Ichnographia), Aufriß (Orthographia) und Schaubild bzw. Perspektive (Scenographia)[40] trat nun als neue, für Architekten höchst instruktive Zeichnungsform der Querschnitt (Abb. 108).

Obwohl Palladio in seinem Werk neben den vorbildlichen Antiken gleichberechtigt und ohne scharfe Trennung seine eigenen Entwürfe abbildet (Abb. 105, 108, 112),[41] stimmt deren Darstellungen oft nicht mit den ausgeführten Bauten überein. Der Architekt nutzte die Chance der Publikation zur Perfektion: Seine Villen und Stadtpaläste erscheinen in idealisierter Lage und einer Vollständigkeit, die seine realisierten Projekte nur selten erreichten.[42] Nicht ausgeführte Projekte wie der pompöse, von der konservativen Republik Venedig abgelehnte Entwurf für die Rialtobrücke[43] erreichten durch ihre Abbildung eine Berühmtheit, welche die ausgeführte Brücke Antonio da Pontes von 1588 zunächst kaum für sich beanspruchen konnte. Wer aus dem Norden nach Vicenza und Umgebung reiste, kannte meist schon aus den »Quattro libri«, was es dort zu sehen gab. Zugleich hatte Palladio hierdurch das konsistente architektonische Œuvre erfunden, also ein an den Entwerfer (nicht an den Auftraggeber) gebundenes, in sich geschlossenes und nach eigenen Regeln konsequent sich entwickelndes Gesamtwerk: Der Architekt als »Autor« war geboren.

Palladios neue Form der Selbstdarstellung gewann in der Neuzeit zunehmend an Bedeutung: Architekten kombinierten nun ihre eigenen Entwürfe mit Reproduktionen allgemein als vorbildlich anerkannter Bauten wie z.B. der antiken Weltwunder.[44] Da von diesen Bauwerken keine autorisierten Darstellungen und meist auch keine gesicherten Ruinenfunde existierten, nimmt die oft recht fantasievolle Rekonstruktion antiker Monumente in der Traktatliteratur weiten Raum ein. Es ist diesen Weltwundern meist genau anzusehen, wann und wo sie imaginiert wurden, denn natürlich gingen die zeitgebundenen Vorstellungen der Architekten, was vorbildliches Bauen sei, unmittelbar in ihr Bild der Antike ein, um hierdurch wiederum die eigene Entwurfspraxis zu legitimieren:[45] ein äußerst produktiver Zirkelschluß, der selbst wiederum vorbildlich für die Projekte Dritter werden konnte.

Als Beispiel sei die Rekonstruktion des Tempels von Jerusalem (Abb. 111) nach der Beschreibung des Alten Testaments durch den spanischen Jesuiten Juan Bautista de Villalpando aus dem Jahr 1604 erwähnt.[46] Seine auf die Ezechiel-Vision (Ez. 40, 1–44, 3) gestützte Darstellung dieses angeblich von Gott selbst entworfenen Bauwerks lehnt sich eng an ein reales Gotteshaus aus Villalpandos Heimat, nämlich den Escorial, das Klosterschloß Philipps II., an und deutet dieses Herrschaftszentrum des katholischen Weltreiches zugleich als eine im Einklang mit Gottes Heilsplan errichtete Bauform. Das durch den Tempel-Vergleich nobilitierte Escorial-Schema der regelmäßig um die zentrale Kirche angelegten Klosterhöfe wurde wiederum zum wichtigen Vorbild für den süddeutschen barocken Klosterbau und fand Anwendung in Ottobeuren, Göttweig, Einsiedeln, Klosterneuburg, Wiblingen oder Ettal.

Neben den Architekten bemühten sich auch Auftraggeber um die Publikation ihrer Bauten. Gerade die französischen Könige verstanden es meisterhaft, ihren Anspruch auf kulturelle Vorrangstellung in Europa durch üppige Stichwerke der Bauvorhaben in Versailles (Abb. 119)[47] und Paris (Abb. 121)[48] oder

40 Vitruv/Fensterbusch (Hg.), De architectura, 2. 2. 2, 36f.

41 So wird als Beispiel für »Basiliken [ließ: Markthallen] unserer Zeit« (3. Buch, 20. Kapitel) Palladios eigener Entwurf für Vicenza vorgestellt. Palladio/Beyer (Hg.), I quattro libri, 259.

42 Vgl. z.B. die Villa Valmarana in Lisiera (Abb. 112): Nach der Abbildung in den »Quattro libri« (Buch 2, Kap. 14) sollte die Säulenfront doppelgeschossig ausgeführt werden, und der abgebildete Grundriß bezieht sich auf einen anderen Bau, die Villa Thiene in Cicogna. Lionello Puppi, Palladio, the complete works, Milano/New York 1989, 194f.

43 Palladio/Beyer (Hg.), I quattro libri, 239ff.

44 Vgl. Johann Bernhard Fischer von Erlach (1656–1723), Entwurff einer historischen Architectur (1721).

45 Palladio begründet diese Vermischung von antiken und modernen Entwürfen am Beispiel des sog. Tempiettos von Bramante (einer um 1502 errichteten Rundkapelle im Kreuzgang der römischen Kirche S. Pietro in Montorio) wie folgt: »Bedenkt man also, [..] daß Bramante der erste war, der die gute und schöne Architektur wieder ans Licht brachte, die seit den Alten bis dahin verborgen geblieben war, so scheint es mir begründet, seinen Gebäuden einen Platz unter den antiken einzuräumen.« Palladio/Beyer (Hg.), I quattro libri, 3. Buch, 17. Kap., 347.

46 Jeronimo Prado/Juan Bautista de Villalpando, In Ezechielem Explanationes et Apparatus Urbis, ac Templo Hierosolymitani Commentariis et imaginibus illustratus, 3 Bde., Rom 1596–1604. Zu Villalpando siehe Kruft, Architekturtheorie, 249f; Paul Naredi-Rainer, Salomos Tempel und das Abendland – Monumentale Folgen historischer Irrtümer, Köln 1994, 172–187. Oechslin in: Schütte, Architekt, 127–142.

47 Zu Versailles siehe Jean-Marie Pérouse de Montclos, Versailles, Köln 1996, bes. 88ff.: Die komplizierte Baugeschichte des Schlosses seit 1664 wurde in allen Phasen durch Stiche festgehalten und kann nur so lückenlos rekonstruiert werden.

48 Jean Marot, Recueil des plans, profils et elevations de plusieurs palais, chasteaux, églises, sepultures, grotes et hostels bâtis dans Paris (Faksimile-Neudruck des »Petit Marot« o.J. nach 1654, hg. von Sir Anthony F. Blunt), Farnborough 1969.

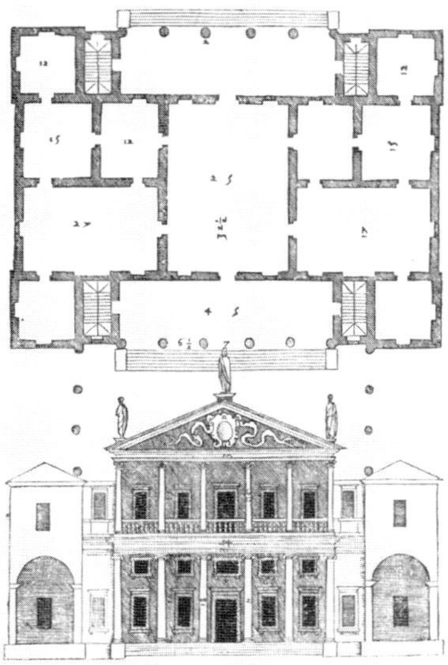

Abb. 112: Villa Valmarana, aus: Andrea Palladio, Quattro libri dell' architettura (1570)

durch Publikationen über die wichtigsten Landschlösser Frankreichs[49] in ganz Europa zu verbreiten. Man darf annehmen, daß sich durchaus nicht alle Bauherren und Baumeister, die im Heiligen Römischen Reich »Versailles« kopierten, auf eigene Ortskenntnis stützten: Die Printmedien verbreiteten die neuesten gestalterischen Innovationen aus den Metropolen schneller in aller Herren Länder, als dies eine noch so rege Reisetätigkeit hätte bewirken können.

Architektur als »Medienkonstruktion«,[50] oft irrtümlich für ein Phänomen des 20. und 21. Jahrhunderts gehalten, beginnt bereits lange vor »PhotoShop« im Zeitalter des Kupferstichs. Die Stichwerke warfen schon alle Fragen auf, die man heute mit »virtueller Realität« verbindet: Gibt es das wirklich, was man sieht, oder existieren die dargestellten üppigen Gärten und gepflegten Vorstädte nur auf dem Papier? Geben sie zumindest eine reale Planung oder vielleicht nur eine bloße Fiktion wieder, die niemals für die Ausführung bestimmt war?

Wichtiger als alle Traktate und Stichwerke nach bestehenden oder imaginierten Bauten war aber jene Gattung der Lehrfibeln, die man in der Forschung »Säulenbücher« nennt: Wenn man die Säulenordnungen als Vokabeln der neuzeitlichen Architektur versteht, waren diese Tafelbände die Diktionäre. Sie zeigten mit wenig Text und maßstabsgetreuen Abbildungen, wie die antiken Grundformen regelgerecht auszubilden sind, aber nur selten, wie deren originaler Kontext, also die »Syntax« antiker Bauten zu verstehen sei. Das berühmteste und bis ins 20. Jahrhundert immer wieder aufgelegte Lehrbuch dieser Gattung, dessen Name zum Begriff wurde, stammte von Jacopo Barozzi genannt Il Vignola (1507–73),[51] einem einflußreichen römischen Architekten. »Der Vignola« (Abb. 110), erstmals 1562 erschienen, machte den Vitruvianismus vor allem durch Pragmatismus handhabbar: Er vermittelte die »guten« Formen und »richtigen« Proportionen durch vorzügliche Stiche statt durch umständliche Zahlencodes. Die isolierte Darstellung einzelner Bauglieder, losgelöst von ihrem ursprünglichen konstruktiven Zusammenhang mit dem Gebäudeganzen, führte gerade im Norden Europas, wo man das Wissen über die neuen alten Formen mehrheitlich aus Büchern erwarb, zu einem charakteristischen Mißverständnis: Man interpretierte die Bauglieder als frei verfügbare, nobilitierende, dekorative Elemente, die man jeder beliebigen Fläche vom Eichenschrank bis zur Wohnhausfassade, vom gotischen Pfeiler bis zur Statuennische aufblenden könne. So unterschied sich die nordisch-manieristische Spielart der Renaissance von Anfang an vom dogmatisch-struktiven Verständnis desselben Formenrepertoires im Süden.[52]

Selbstverständlich gab es auch Lehrbücher für Holzkonstruktion und Maschinenbau,[53] aber die wendeten sich ausschließlich an die Baupraktiker und klammerten ihrerseits theoretische und ästhetische Fragen weitgehend aus.

49 Katharina Krause, Die Maison de Plaisance: Landhäuser in der Ile-de-France (1660–1730), München/Berlin 1996.

50 Vgl. die Rezension des Verfassers zu Kester Rattenbury, This is not Architecture. Media Constructions, London/New York 2002, in: http://www.arthist.net/vom 06. 02. 2003.

51 Kruft, Architekturtheorie, 88–91;

52 Erik Forssman, Dorisch, Ionisch, Korinthisch. Studien über den Gebrauch der Säulenordnungen in der Architektur des 16.–18. Jahrhunderts, Uppsala 1961.

53 Z.B. Johann Wilhelms vielfach wiederaufgelegte Architectura civilis, 2. Aufl. Frankfurt a.M. 1649. Siehe Schütte, Architekt, 47.

3. Internationalisierung und Regionalisierung des Wissens

> »Diese [Privathäuser] werden dann richtig angelegt, wenn zuerst einmal beachtet ist, in welchen Gegenden oder Breitengraden sie errichtet werden. Denn es scheint, daß die Bauart der Häuser anders in Ägypten, anders in Spanien, [...] wieder anders in Rom [...] ist.«[54]

Der Vitruvianismus hatte, als eine Art europäische Einheitssprache dem Latein durchaus vergleichbar, die Tendenz zur internationalen Normierung und Vereinheitlichung ästhetischer Standards. Die Bauten Palladios oder die antiken Ruinen waren von Stockholm bis Lissabon vorbildlich. Italien mit dem Zentrum Rom galt überall als das Musterland der Architektur, das man gesehen haben mußte, um wirklich gut zu bauen. Während im 15. und 16. Jahrhundert noch die Individualreisen über die Alpen vorherrschten, entstand im 17. Jahrhundert der Wunsch, die Ausbildung der nach Rom pilgernden Baumeister in festen Strukturen und nach klaren Regeln zu organisieren, ja zu institutionalisieren: So wurde die Idee der Architektur-Akademie geboren.[55]

Nach mühsamen Anläufen während der Renaissance gelang es erst um 1660, in der ewigen Stadt einen schulmäßig geregelten Lehrbetrieb für alle drei Sparten der bildenden Kunst einzurichten, den man in Anspielung auf den Athener Akademeia-Hain, den Treffpunkt der Schule Platons, »Akademie der Schönen Künste des Heiligen Lukas« (nach dem angeblich malenden Evangelisten) nannte.

1666 hatte Ludwig XIV. eine national-französische »Académie de Rome« gegründet, die zehn Jahre später organisatorisch mit der päpstlichen »Accademia di San Luca« vereinigt wurde und in der Folge als hohe Schule für Architekten aus ganz Europa diente: Der Schwede Tessin, der Bayer Asam, der Preuße Schlüter, der Österreicher Fischer und der Franzose Mansart inspirierten sich jeweils für einige Jahre im internationalen »Think tank« am Tiber, um dann mit dem dort erworbenen Wissen Aufbauarbeit in der Heimat zu leisten;[56] nach Entwürfen dieser ehemaligen »Accademici« entstanden in ganz Europa Kuppelkirchen à la St. Peter und Paläste in der Formensprache Berninis.

Frankreich schrieb seit 1666 den sogenannten »Grand Prix de Rome« aus, einen Wettbewerb für Schüler der Pariser Kunstakademie, dessen Prämie in einem dreijährigen Studienaufenthalt in der Villa Medici, dem Sitz der französischen Akademie in Rom, bestand. Ab 1712 wurde der Preis auch regelmäßig an Architekten vergeben.

Neben der (meist von potenten Auftragebern geförderten) Studienreise bzw. Ausbildung von Ausländern in Rom entwickelten sich zwei weitere Wege des architektonischen Wissenstransfers: zum einen das Phänomen des Wanderkünstlers, der sein in Italien erworbenes Wissen in eine fremde Baukultur implantierte, was oft zur Schöpfung erstaunlich eigenständiger, scheinbar »nationaler« Formensprachen im Gastland führen konnte. Als Beispiel sei hier Francesco Bartolomeo Rastrelli (1700–1771) genannt, ein in Paris geborener Italiener, dessen Vater bereits in russischen Diensten stand. In den 1720er Jahren bereiste er Europa, um dann von Katharina der Großen nach St. Petersburg berufen zu werden und dort die dem heutigen Betrachter so typisch russisch erscheinenden Prachtbauten des Winterpalais und des Schlosses Zarskoje Selo zu errichten.

54 Vitruv/Fensterbusch (Hg.), De architectura, 6. 1. 1, 263.

55 Nikolaus Pevsner, Academies of art, past and present, Cambridge 1940. Deutsch: Die Geschichte der Kunstakademien, München 1986.

56 Meinrad v. Engelberg, Nation und Migration – Römische Architektur, »Teutsche Kunst« und ›Reichsstil‹ im Werk des Johann Bernhard Fischer v. Erlach, in: Werner Oechslin (Hg.), Migration. Akten des 3. Barock-Sommerkurses der Bibliothek Oechslin Einsiedeln (erscheint voraussichtlich 2004).

Abb. 113: Sebastiano Serlio, Bürgerhaustypen nördlich und südlich der Alpen im 16. Jahrhundert

Gegenüberliegende Seite:
Abb. 114: Wieskirche der Gebrüder Zimmermann (1746–54)

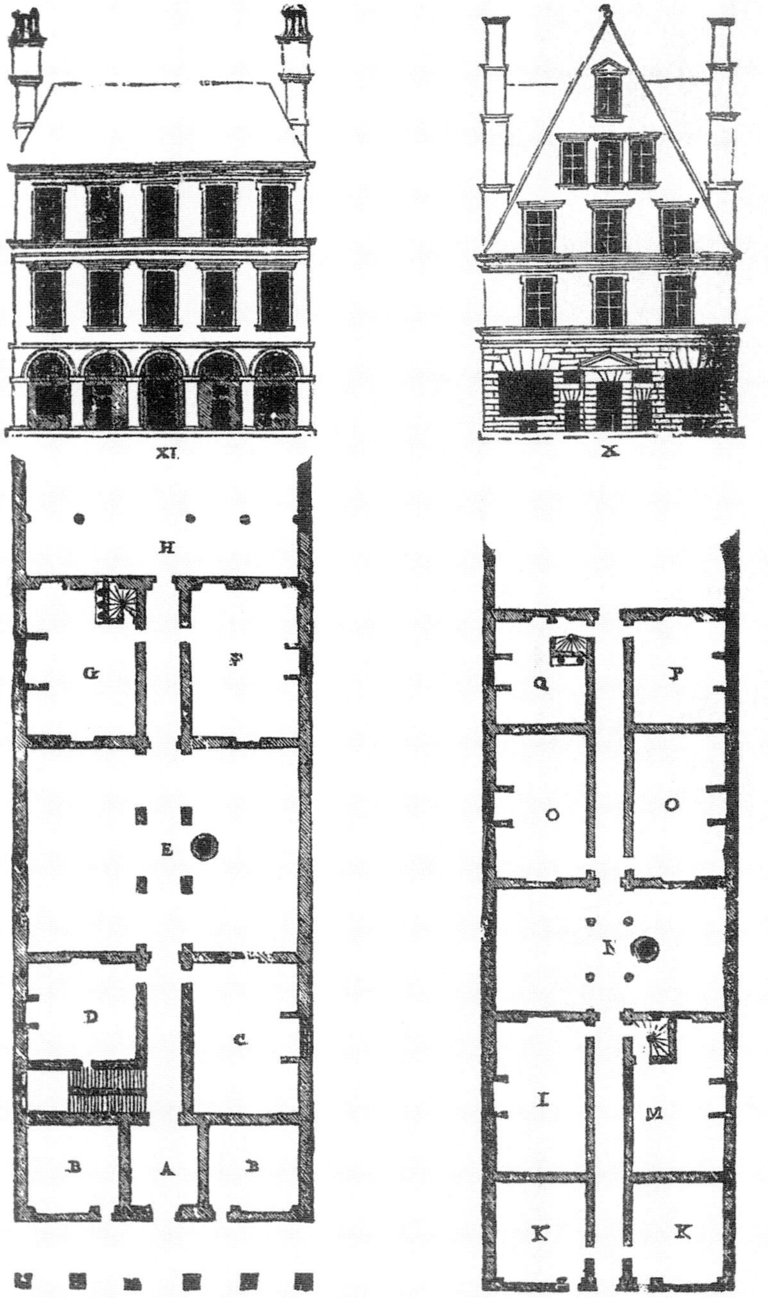

Die andere Variante hat Hellmut Lorenz als »Korrespondenz-Architektur« bezeichnet:[57] Ein Bauherr aus Wien bestellte sich vor dem ersten Spatenstich Entwürfe für sein Projekt bei berühmten Architekten in Rom und Paris oder sandte die Pläne des eigenen Baumeisters an befreundete Höfe, um sie begutachten und wenn nötig verbessern zu lassen.

Balthasar Neumann galt lange Zeit als der alleinige, geniale Schöpfer der Würzburger Residenz. Heute weiß man, daß seine Pläne nach Mainz und Wien geschickt wurden, wo sie durch die Hausarchitekten der verschiedenen Zweige der Familie Schönborn, darunter Maximilian von Welsch und Lucas von Hildebrandt, überarbeitet wurden. Schließlich mußte der Baumeister so-

57 Hellmut Lorenz, Zur Internationalität der Wiener Barockarchitektur, in: Hermann Fillitz/Martina Pippal (Hg.), Wien und der europäische Barock. Akten des XXV. internationalen Kongresses für Kunstgeschichte Wien 1983, Wien 1986, Bd. 7, 21–30, hier 24ff.

gar persönlich nach Paris reisen, um mit Hilfe der dortigen Autoritäten Robert de Cotte und Germain Boffrand entscheidende Korrekturen anzubringen, wobei die Unterschiede der Geschmäcker zwischen Deutschland und Frankreich deutlich zu Tage traten: Den Franzosen erschien Neumanns Treppenhaus, das gemäß deutscher Vorliebe ursprünglich doppelt so groß geplant war, als eindeutig überdimensioniert.[58]

Diese Geschmacksunterschiede verweisen auf eine Gegenbewegung zu den italozentrischen Normierungstendenzen, die als (Re-)Regionalisierung der neuzeitlich-vitruvianischen Architektur beschrieben werden kann. Es entwickelte sich eine Vielfalt der Dialekte, die durchaus mit den divergierenden romanischen Sprachen verglichen werden kann, welche ebenfalls alle auf einem gemeinsamen römischen Vokabular aufbauen.

Der erste Theoretiker, der das Problem regionaler Varianz thematisierte, war Sebastiano Serlio (1475–1554).[59] Der gebürtige Bologneser, der nach Jahrzehnten in Rom und Venedig 1540 an den französischen Hof berufen wurde und den ersten praktisch verwendbaren, da illustrierten Architekturtraktat verfaßte,[60] thematisierte wie einst sein großes Vorbild Vitruv in dem (zu Serlios Lebzeiten nicht publizierten) 6. und dem 7. Buch die Unterschiede ländlicher und bürgerlicher Architektur nördlich und südlich der Alpen (Abb. 113).[61] Er erkannte als erster, daß die in einer Region übliche Dachneigung und Grundrißtypologie nicht nur eine Geschmacksfrage, sondern direkt abhängig von den jeweiligen Niederschlagsmengen, Lebensgewohnheit und Handwerkstradition (»Costume«) sei.[62] Serlio erhob hierbei den in Nordeuropa in der gesamten Neuzeit vorherrschenden Holzbau erstmals zu den Weihen eines Architekturtraktats. Sein »mulitikultureller« Ansatz blieb aber eine Ausnahme: Es gelang dauerhaft nicht, die Kluft zwischen antikisierender Norm und traditionellem regionalem Bauhandwerk zu überbrücken.

De facto regierte während der gesamten Neuzeit eine ganz Europa verbindende architektonische Hochsprache, eingefärbt in verschiedenen regionalen Dialekten aus Stuck und Fresken bei unterschiedlichem Gebrauch der stets gleichen Grundvokabeln. Zentrum und Peripherie, Norm und Individualität blieben in erstaunlicher Weise miteinander verbunden. Das bayerische Rokoko ist ohne die Vorbilder Pariser Dekormotive und römische Deckenfresken nicht denkbar. Dennoch könnte die Wieskirche (Abb. 114) weder in Rom noch in Paris stehen. Renaissance und Barock waren europäische Stile, ohne ein regional austauschbarer »International Style« im Sinne der klassischen Moderne zu werden.

4. Professionalisierung und Differenzierung des Wissens

> »[...] Dann würden Leute, die vom Baufach nichts verstehen, nicht straflos herumlaufen [...] sondern es würden sich nur Leute, die durch eine sehr gründliche Ausbildung in wissenschaftlichen Methoden sachkundig sind, ohne Bedenken anheischig machen, die Baukunst auszuüben.«[63]

Die Nobilitierung der Baukunst zur »echten« Kunst hatte die unbeabsichtigte Nebenwirkung, daß nun die Architektur zwischen die Stühle der normierten Bildungswege rutschte: Sie war kein Handwerk mehr, das man allein durch mehrjährige Lehre bei einem Meister erlernen konnte, noch war sie eine an-

58 Wilfried Hansmann, Balthasar Neumann, Köln 1999, 18–26, 130–143, bes. 22: Nach Neumanns Bericht bemerkt de Cotte kritisch zu den ihm vorgelegten Plänen: »[...] daß es viel auf die italienische manier undt etwas Teutsches dabei wehre«.

59 Kruft, Architekturtheorie, 80–88.

60 Sebastiano Serlio, Tutte l'opere d'architettura, et prospetiva (1537–75).

61 Sebastiano Serlio, L'Architettura. I libri I–VII e Extraordinario nelle prime edizioni, hg. von Paolo Fiore, Milano 2001, Bd. 2, o.S. Für das sechste Buch existiert lediglich ein Probedruck der Abbildungen, das siebte Buch erschien erstmals 1545 in Frankfurt.

62 Serlio/Fiore (Hg.), L' Architettura, Buch VII, Cap. LXXIII, 196ff.: »Quum enim diversa sunt regionum qualitates atq. situs, ut quarum nonullae magis, nonulae vero minus subiici ventis, niuibus, glaciei & pluuis soleant.«

63 Vitruv/Fensterbusch (Hg.), De architectura, 10. Buch, Vorrede, 457. Vitruv beschreibt hier ein in seinen Augen weises Gesetz der Stadt Ephesos, die jeden Architekten bei Baukostenüberschreitung mit seinem Privatvermögen haftbar machte.

erkannte Fakultät des akademischen Lehrbetriebs wie Philosophie, Medizin oder Jurisprudenz. Es gab keine geschützte Berufsbezeichnung, sondern eine Vielfalt möglicher Wege, auf welchen die Baukunst betrieben werden konnte. Nur zögernd entstand im Rahmen der Akademien in den Hauptstädten ein neuer, zunächst vor allem künstlerisch geprägter Ausbildungsgang für Baumeister, der erst um 1900 in das moderne Ingenieurstudium einmündete.

Vor 1800 finden sich dagegen dilettierende Adelige neben gelehrten Priestern, Zimmerleute vom Lande ebenso wie Generalstabsoffiziere unter den Großen des Fachs. Architekt war, wer von der »Bau-Kunst« etwas verstand oder, wie schon Vitruv bemängelte, lediglich zu verstehen glaubte. Ein Maler und Grafiker wie Dürer konnte sich zugleich als Festungsbaumeister profilieren,[64] ein gelernter Steinmetz wie Borromini die höchsten päpstlichen Aufträge erhalten, ein Mediziner [!] wie Claude Perrault die innovativsten statischen und architektonischen Konzepte der französischen Klassik entwickeln (Abb. 107, 121, 122).

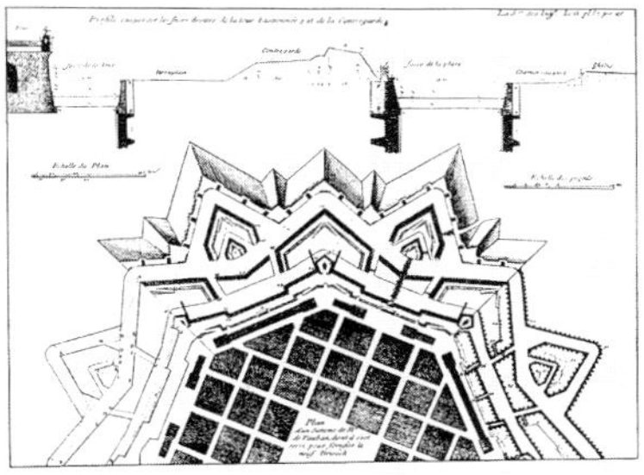

Abb. 115: Vaubans Festungsanlage Neuf-Brisach von 1697

Im folgenden sollen sechs verschiedene Facetten des Architektenberufs in der Neuzeit vorgestellt werden: Die Aufzählung erfolgt ohne Anspruch auf Vollständigkeit und markiert lediglich divergierende Tendenzen, was nicht ausschließt, daß eine Person je nach Aufgabe und Situation heute dem einen, morgen dem anderen Profil zugerechnet werden konnte. Es ist gerade das Charakteristikum der Architektur in jener Epoche, daß feste berufsständische Grenzen eben nicht existierten: Die hier genannten »Professionen« beschreiben Arbeitsfelder, aber nicht Zugehörigkeit zu Zünften oder Laufbahnmodelle.

Künstler

> »Er [der Architekt] muß den Zeichenstift zu führen wissen, damit er umso leichter durch perspektivische Zeichnungen das beabsichtigte Aussehen seines Werkes darstellen kann. [...] Seiner Prüfung und Beurteilung unterliegen alle Werke, die von den übrigen Künsten geschaffen werden.«[65]

In der Renaissance wird der bildende Künstler, der in seinem »Hauptberuf« entweder Maler oder Bildhauer ist, zum neuen Idealtypus des Architekten. Der »Künstlerarchitekt« geht bereits auf die Gotik zurück: Der Campanile des Florentiner Domes wird »Giotto« genannt, weil der berühmte Trecentomaler als sein Entwerfer gilt.

Künstler zu sein, bedeutete für den Architekten vor allem einen indirekten sozialen Aufstieg. Obwohl sich die Maler und Bildhauer ebenfalls erst allmählich vom Handwerkerstatus zu lösen begonnen hatten, war es ihnen doch vor den Baumeistern gelungen, auf dem Umweg über ihre hervorgehobene Position an den Höfen eine gesellschaftliche Ausnahmestellung zu erobern, die sie zwar unterhalb des Adels, aber doch mindestens gleichrangig neben die Gelehrten stellte.

Der wichtigste Chronist und theoretische Vordenker dieser Entwicklung war Giorgio Vasari (1511–74), Hofkünstler des ersten florentiner Medici-Großherzogs Cosimo, der in seinem vielfach wiederaufgelegten Werk »Vite dei più eccelenti pittori, scultori e architetti« (1. Auflage 1550, 2. erweiterte Auflage 1568) nicht nur das moderne Bild des Künstler-Genies formte, sondern auch

64 Schütte, Architekt, 349.
65 Vitruv/Fensterbusch (Hg.), De architectura, 1. 1. 1–4, 23ff.

Abb. 116: Etienne-Louis Boullée, Entwurf eines Kenotaphs für Sir Isaac Newton (1784)

den Kanon der drei bildenden Künste zementierte, unter welchen die Architektur nunmehr gleichrangig aufgenommen wurde. Vasari charakterisierte die Baumeister, Bildhauer und Maler als die »tre arti del disegno« – die drei entwerfenden, wörtlich die ›zeichnenden‹ Künste. »Man zeichnet mit dem Gehirn, nicht mit der Hand«, postulierte Michelangelo.[66] Das »Disegno«, der Entwurf als intellektuelle Leistung, gilt der Renaissance als das fundamentale Prinzip, welches alle drei Gattungen miteinander verbindet und diese über das nur ausführende Handwerk erhebt. Wer aus einem Marmorblock »die bereits fertig in diesem schlummernde Skulptur befreien«[67] oder ein Deckenfresko auf einem Fetzen Papier konzipieren kann, wer von Proportion und angemessenem Dekor etwas versteht, kurz wer »Ingenio« hat, ist auch genauso gut in der Lage, ein Bauwerk zu »erfinden«. An der prominentesten Baustelle Italiens, dem Petersdom, wurde dieses neue Konzept für alle sichtbar, als der Mailänder Architekturprofi Bramante nach seinem Tode (1514) von Raffael und später Michelangelo (1547), einem Maler und einem Bildhauer, abgelöst wurde.

Die große Zeit der Künstlerarchitekten ging ein Jahrhundert später dem Ende entgegen. Sobald sich die Architekturakademien als vollgültige Ausbil-

66 Pevsner, Kunstakademien, 48.

67 Dieses Bild entstammt einem Sonett Michelangelos: »Der beste Meister kann kein Werk beginnen,/Das nicht der Marmor schon in sich umhüllt,/Gebannt in Stein; jedoch, das Werk erfüllt/Die Hand, sie folgt dem Geist und seinem Sinnen.« (Übers. von Edwin Redslob). Vgl. Erwin Panofsky, Idea. Ein Beitrag zur Begriffsgeschichte der älteren Kunsttheorie, 2. Aufl. Berlin 1960, 64ff.

dungsstätten etabliert hatten, verdrängten ihre Absolventen die Maler und Bildhauer von den Baustellen. Paradigmatisch steht hierfür die Figur Gianlorenzo Berninis (1598–1680),[68] der als gelernter Bildhauer zum Architekten von St. Peter aufstieg und die Basilika mit seinem berühmten Tabernakel über dem Papstaltar (1624–33) sowie den Kolonnaden des Petersplatzes (um 1660) vollendete, aber mit dem Bau einer Doppelturmfassade an die Grenzen seiner Fähigkeiten stieß: Der Untergrund des römischen Zirkusgeländes, auf dem die Peterskirche steht, erwies sich als zu wenig tragfähig, so daß ein ab 1636 errichteter prächtiger Campanile nach Berninis Plänen bereits wenige Jahre später wieder abgetragen werden mußte: ein »Kunst-Fehler«, der einem Profi-Architekten vielleicht nicht unterlaufen wäre.

Baumeister

> »Kein anderes Kunsthandwerk wie Schuhmacherei, Walkerei oder eines von den übrigen leichteren Handwerken, versucht daher jemand selbst zuhause auszuüben, nur die Baukunst, weil sich Personen, die sich damit befassen, nicht aufgrund wirklicher künstlerischer Fertigkeit, sondern fälschlich Architekten nennen.«[69]

Der Gegentypus zum Künstlerarchitekt war der Baumeister. Von Beruf Zimmermann oder Maurer, Stuckateur oder Steinmetz, hatten diese Männer oft keinerlei höhere Bildung genossen. An vielen Baustellen wurden Künstler und Baumeister gemeinsam, aber mit unterschiedlichen Aufgaben beschäftigt: Der eine entwarf, der andere führte aus.

De facto dürfte der Baumeister-Architekt abseits der Kunstzentren der eigentliche Hauptvertreter seines Berufsstandes gewesen sein, der sich mehrheitlich innerhalb der zünftigen Ordnung der »Schuhmacher und Walker« bewegte, was seiner Kreativität nicht unbedingt Abbruch tun mußte. Als süddeutsches Beispiel einer Karriere vom Handwerker zum Hofkünstler kann Johann Baptist Zimmermann (1680–1758)[70] gelten. Er stammte aus dem Stukkatorendorf Gaispoint beim oberbayerischen Kloster Wessobrunn. Am Münchner Hof erlernte er bei den Kolonnen französischer und italienischer Wanderkünstler die modernsten Formen der Dekoration und übersetzte sie in seine ureigene Sprache. Später betätigte er sich höchst erfolgreich als Freskant. Nach vielen Jahrzehnten fruchtbarer Tätigkeit im ländlichen Bayern und Schwaben schuf er gemeinsam mit seinem Bruder Dominikus (1685–1766) von 1746 bis 1754 sein Meisterwerk, die Wallfahrtskirche in der Wies (Abb. 114). Es handelt sich um »Stukkatorenarchitektur« im besten Sinne: Kein akademisch in Rom oder Paris ausgebildeter Architekt wäre in der Lage gewesen, so frei und kreativ mit dem vitruvianischen Vokabular zu verfahren. Ihre Beherrschung des Holzbaus, einer in Deutschland seit Jahrhunderten in hoher Blüte stehenden, aber von den Vitruvianern wenig gewürdigten Handwerkskunst, ermöglichte es den Brüdern, auf ein gemauertes Gewölbe zu verzichten und den Kirchenraum lediglich mit einer am Dachstuhl aufgehängten, illusionistisch freskierten Flachdecke aus Brettern abzuschließen.

Die Bedeutung der Handwerker-Architekten schwankt je nach betrachteter Bauaufgabe und Region: Während die Architektur der ländlichen Gebiete, z.B. der gesamte süddeutsche Barock, ohne ihre Tätigkeit unvorstellbar

68 Elisabeth Kieven, Von Bernini bis Piranesi. Römische Architekturzeichnungen des Barock, Stuttgart 1993, 99–107; Horst Bredekamp, Sankt Peter in Rom und das Prinzip der produktiven Zerstörung. Bau und Abbau von Bramante bis Bernini, Berlin 2000, 113–120.

69 Vitruv/Fensterbusch (Hg.), De architectura, Vorrede zum sechsten Buch, 261.

70 Hermann Bauer/Anna Bauer, Johann Baptist Zimmermann und Dominikus Zimmermann, Regensburg 1985.

wäre, hatten sie zum höfischen und akademischen Parkett der Metropolen meist keinen Zutritt, so daß eine Baugeschichte von Paris oder London in derselben Epoche wohl ohne sie geschrieben werden könnte.

(Militär-)Ingenieur

> »Über Verteidigungsmittel brauche ich aber keine Vorschriften aufzuzeichnen […]. So wurden diese siegreichen Städte nicht durch Maschinen, sondern trotz Anwendung von Belagerungsmaschinen durch den erfinderischen Geist von Baumeistern befreit.«[71]

Den »Diplom-Ingenieur«, heute der gängige akademische Grad jedes Architekten, gab es in der Neuzeit noch nicht. Die Berufsbezeichnung »Ingenieur« entstammte ursprünglich dem Militärwesen,[72] dem anderen großen Tätigkeitsfeld der Baukunst, das heute meist wenig beachtet wird, obwohl es sich ebenfalls auf Vitruv berufen durfte. Die Befestigungskunde galt nicht etwa als eine randständige Spezialdisziplin, sondern als das zweite Standbein der Baukunst,[73] welche in der Neuzeit in die beiden gleichberechtigten Teilgebiete »Militär-« und »Zivilarchitektur«[74] (von der Kathedrale bis zum Kuhstall) geschieden wurde.

Die für Vitruv selbstverständliche Einheit von Festungskunde, Maschinenbau und »Zivilbaukunst« wurde durch den Aufstieg der Architektur zur freien bzw. schönen Kunst ab dem 16. Jahrhundert in Frage gestellt: Der »Ingenieur« löste sich hierdurch allmählich vom Architekten und wurde zum autonomen, wenn auch im Rang nicht gleichgestellten Beruf, der nie den Stallgeruch der »Ars mechanica« verlor. Eine geregelte Ausbildung gab es ebensowenig wie für den Architekten – der »Genieoffizier« war ein militärischer Rang der Artillerie, da fundierte Kenntnisse der feindlichen »Belagerungsmaschinen«, wie Vitruv richtig bemerkte, Voraussetzung für deren effektive Abwehr waren.

Die »Durchlässigkeit« zwischen Zivil- und Militärarchitektur wurde mit zunehmender Differenzierung beider Felder, zumindest was die Tätigkeit an den Höfen angeht, geringer: Während sich der Herzog von Jülich im 16. Jahrhundert noch Palast und Festung von demselben Baumeister Alessandro Pasqualini (1493–1559)[75] entwerfen ließ, war Sébastien Le Prestre de Vauban (1633–1707) im 17. Jahrhundert zwar in seinem Fach eine europaweit berühmte Koryphäe, aber eben ausschließlich für den Bau moderner Festungen, von denen man einige wie Neuf-Brisach bei Breisach (Abb. 115) noch heute besichtigen kann: Für sein Lebenswerk – 160 Sternfestungen – wurde dem General 1703 der Titel eines »Ingenieur de France« verliehen.[76]

Die berühmteste Ausnahme, welche die Regel bestätigt, stellt für das 18. Jahrhundert der fürstbischöflich-würzburgische Artillerieobrist und Baumeister Balthasar Neumann (1687–1752) dar. Der geniale Erbauer der Wallfahrtskirche Vierzehnheiligen und der Würzburger Residenz wurde im Deckenfresko über dem von ihm errichteten Treppenhaus durch den venezianischen Maler Giovanni Battista Tiepolo in Uniform auf einem Kanonenrohr liegend dargestellt.

71 Vitruv/Fensterbusch (Hg.), De architectura, 10. 16. 2–8, 523–531.

72 Zedler's Universal Lexicon, Bd. 13/14, Sp. 693: »Ingenieur, Teutsch ein Kriegs-Bau-Meister. […] Ingenieurs-Kunst = Architectura militaris«.

73 Schütte, Architekt, 18–31.

74 Vitruv/Fensterbusch (Hg.), De architectura, 1. 3. 1, 43f: »Die öffentlichen Bauten teilen sich in drei Gruppen, von denen die eine der Verteidigung, die zweite der Gottesverehrung, die dritte dem allgemeinen Nutzen dient.«

75 Guido von Büren, Schlösser und Bastionen – importierte Renaissance: Alessandro Pasqualini (1493–1559), Architekt und Festungsbaukundiger in Nord-Westeuropa, München 1995.

76 Schütte, Architekt, 379ff.; Reginald Blomfield, Sebastian le Prestre de Vauban, London 1938, Nachdruck 1971.

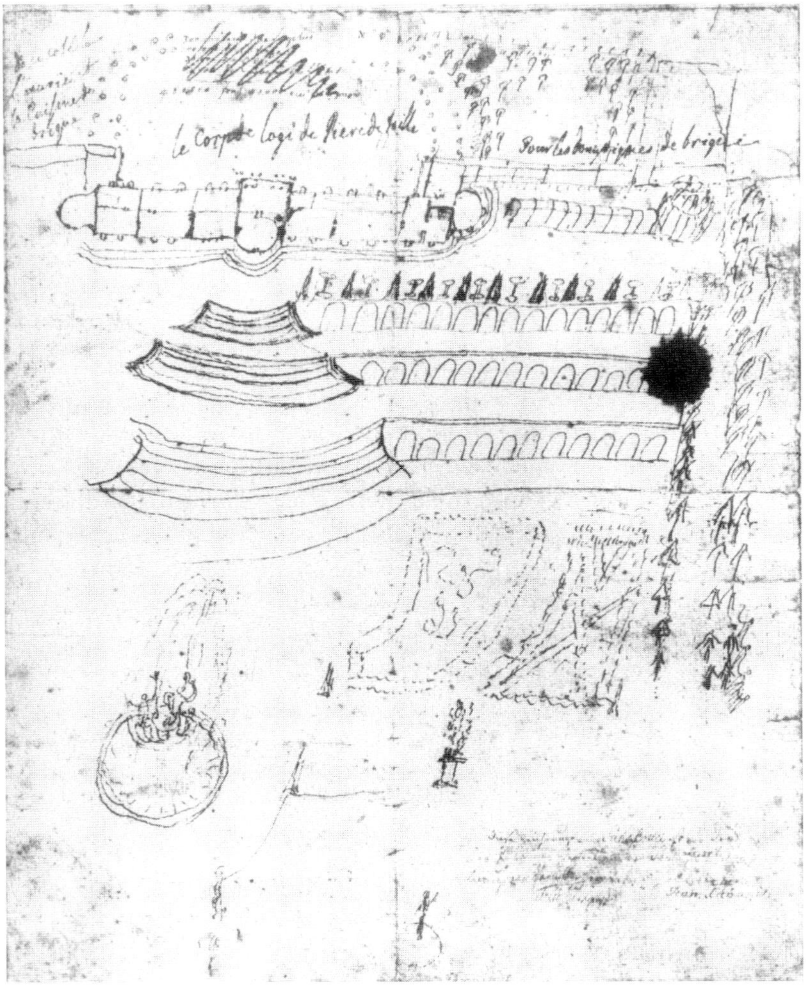

Abb. 117: Ideenskizze für Schloß Sanssouci von Friedrich II. (1744)

Theoretiker

> »Schreibgewandt muß der Architekt sein, damit er durch schriftliche Erläuterungen ein dauerndes Andenken begründen kann.«[77]

Am entgegengesetzten Ende der Scala möglicher Ausprägungen des Architektenberufs stand der Theoretiker, der eher durch die Abfassung eines Traktats als durch eigene Bauten von sich reden machte. Hierbei war es nicht unbedingt erforderlich, »vom Fach«, also praktizierender Baumeister zu sein. Die Aufgabe der Theoretikers bestand vielmehr darin, in der Luft liegende Tendenzen klar zu formulieren und somit einer stilistischen oder ästhetischen Entwicklung den Weg zu bahnen, indem er Visionen formulierte, die oft jenseits aller praktischen Bedürfnisse und Möglichkeiten lagen. Der zuvor bereits erwähnte Mailänder Hofarchitekt Antonio Averlino genannt Filarete[78] ist weniger durch seine Bauten als durch seine lediglich in Dialogform als Manuskript vorliegende Beschreibung der fiktiven Idealstadt »Sforzinda« berühmt (ca. 1465), die den Geist der Renaissance in viel reinerer Form exemplifiziert, als es jede real existierende Residenzstadt dieser Epoche vermag.

77 Vitruv/Fensterbusch (Hg.), De architectura, 1. 1. 4, 25.

78 Kruft, Architekturtheorie, 55ff., Abb. 7–14; Architekturtraktat: Florenz, Bibl. Naz. Cod. Magl. II, I, 140.

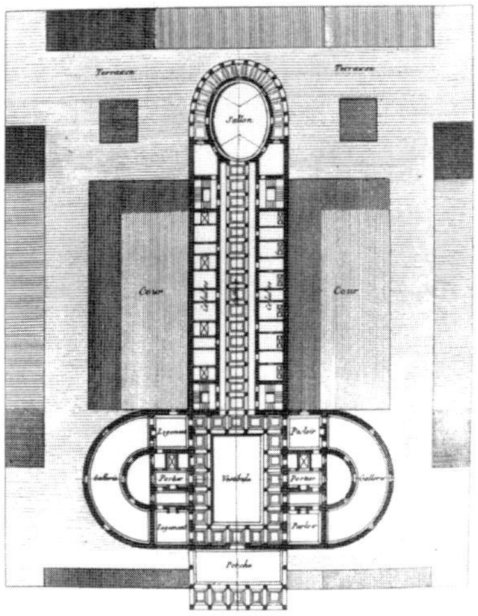

Abb. 118: Grundriß des pädagogischen Bordells ›Oikema‹, aus: Claude-Nicolas Ledoux, L'architecture considerée (1804)

Eine andere Spielart des Theoretikers ist der »Papierarchitekt«, der sich darauf beschränkt, ohne Auftrag kühne Projekte zu zeichnen, die weder zur Realisierung gedacht noch je realisierbar wären. In den letzten Jahren des Ancien Régime entstand so eine Gruppe von phantastischen Entwürfen, die ab ca. 1920 zunächst als »Revolutionsarchitektur«,[79] heute dagegen meist zutreffender als »Aufklärungs-Architektur« bezeichnet werden. Etienne-Louis Boullée (1728–93)[80] zeichnete 1784 Pläne eines gigantischen Kenotaphs für Sir Isaac Newton (Abb. 116), ein tempelartiges, auf Primärformen reduziertes Kuppelgebäude, das als eine Art Planetarium Newtons astrophysikalische Erkenntnisse hätte anschaulich machen sollen. Claude-Nicolas Ledoux (1736–1806), Architekt im Dienste der königlichen Bauverwaltung, nahm die ab 1775 von ihm errichtete Salinenanlage von Chaux in Burgund als Ausgangspunkt für den Entwurf einer phantastischen Idealstadt, in der jedes Gebäude bereits durch die äußere Gestalt seinen Zweck mitteilen sollte: Skurriler Höhepunkt dieser sogenannten »Architecture parlante« ist das phallusförmige »Oikema« (Abb. 118),[81] eine Art pädagogisches Bordell, in dem junge Männer durch drastische Erfahrungen von den Versuchungen des Lasters geheilt werden sollten.

Beide Künstler, heute weitaus berühmter als zu Lebzeiten, verstanden Architektur als Bild, als Illustrationen ihrer ästhetisch-philosophischen Ideale, die auf ihre Realisierung leicht verzichten konnten und dennoch die erwünschte erzieherische Wirkung entfalten mochten.

Auftraggeber und Bauherr

> »[...] weil ich bemerkte, daß Du [Imperator Augustus] schon viel gebaut hast, jetzt noch baust und auch in der noch übrigbleibenden Zeit Deine Sorge öffentlichen und privaten Bauten zuwenden wirst, damit sie entsprechend der Größe Deiner Taten der Nachwelt zum Gedächtnis überliefert werden, habe ich festumrissene Vorschriften zusammengestellt [...].«[82]

Schon Vitruv hatte erkannt, daß Architektur ein ideales Medium ist, um den anhaltenden Nachruhm des Stifters zu garantieren; das Bauen gehörte daher seit der Antike zu den klassischen Aufgaben des Herrschers. Wenn der Betrachter dann noch erfährt, daß der Bauherr nicht nur das Geld, sondern auch die zugrundeliegenden Gedanken beigesteuert hatte, ist für dessen Andenken in doppelter Weise gesorgt. Karl Eusebius Fürst Liechtenstein (1611–1684), der um 1675 als Vermächtnis für seinen Sohn ein »Werk von der Architektur« verfaßte, in dem er einen Idealpalast nach eigenen Plänen beschrieb, erklärte: »Dan dises ist die eintzige und hechste Ursach der vornehmen und statlichen Gebeu: der unsterbliche Nahmen und Ruhm und ebige Gedechtnus, so von dem Structore hinterlassen wiert; dieses ist, was alle hierzu angetrieben, die alten Rohmer und alle Nationen, also dass die vornehmen Gebeude inter miracula mundi gezehlet werden [...]. Dan unangeschauter wiert wohl und kann keiner voriber gehen, seie vornehmen oder schlechten Standts, hochen oder schlechten Verstandt, Man oder Weibs Standt, erwachsen und matur oder noch unerwachsen, alle werden sistieren missen, nolentes volentes, und dises Wunderwerk anschauen; der Vornehme und Witzige zu noch mehrerer Verwunderung die Kunst erkennent und ermessent [...] zu dergleichen wierdigsten Werk, so unser aller lebendige Hi-

79 Wilfried Nerdinger/Jan Klaus Philipp/Hans Peter Schwarz, Revolutionsarchitektur. Ein Aspekt europäischer Architektur um 1800, München 1990, 13ff. zur Begriffsgeschichte.

80 Kruft, Architekturtheorie, 179–185.

81 Claude-Nicolas Ledoux, L'architecture considerée sous le rapport de l'art, des mœurs et de la législation, Paris 1804, Taf. 103.

82 Vitruv/Fensterbusch (Hg.), De architectura, Vorrede zum 1. Buch, 23.

stori representieret und anzeiget […] mehr als kein geschriebene Histori, welche, wie angezeiget, wenig Leidt begreifet.«[83]

In der Logik der Frühen Neuzeit ist die prunkvolle Architektur der Schlösser und Kirchen durchaus »funktional«, denn sie erfüllt eine wichtige Funktion im Rahmen der ständischen und obrigkeitlichen Repräsentation, die, so Liechtenstein, im Unterschied zur aufgeschriebenen Geschichte für alle Schichten gleichermaßen verständlich sei.

Es dürften daher nicht wenige Bauherren gewesen sein, die zugleich auch ihre eigenen »obersten Bauleute« – archi-téktones waren. Selbstverständlich hatten sie ihre mithelfenden Diener und Zuarbeiter, die Baumeister und Künstler, die ihnen Vorschläge unterbreiteten, die skizzenhaften Gedanken in Reinform übertrugen und den Bildprogrammen sichtbare Gestalt verliehen. So kann der Um- bzw. Neubau des österreichischen Benediktinerklosters Melk an der Donau als das Werk des Abtes Berthold Dietmayr (reg. 1700–1739) gelten, und das trotz des unbezweifelbaren Könnens seines Baumeisters Jakob Prandtauer.[84] Lothar Franz von Schönborn (1655–1729), Kurfürst-Erzbischof von Mainz und Erzkanzler des Reiches, verbat sich alle Einsprüche von Fachleuten wie dem Wiener Hofarchitekten Johann Lucas von Hildebrandt: Bei den Beratungen über den Neubau seines Schlosses Pommersfelden beharrte er in einem Brief an seinen Neffen Friedrich Karl in Wien: »Meine stieg [= Treppenhaus] aber muess bleiben, als welche von meiner invention und mein meisterstück ist!«[85] Friedrich der Große legte 1744 seinem Architekten Knobelsdorff eine gekritzelte Skizze vor (Abb. 117), aus der dieser die Gestalt des heutigen Schlosses Sanssouci entwickelte.[86]

Nicht nur die Fürsten des Reiches, sondern auch die Gentry im liberalen England betätigte sich als Entwerfer: Richard Boyle, 3rd Earl of Burlington (1694–1753), war der wohl einflußreichste Gentleman-Architekt seiner Epoche. Von seiner Italienreise brachte er die genaue Kenntnis Palladios mit, dessen Traktat 1715 erstmals in englischer Übersetzung erschienen war, und schuf mit seinem eigenen Landsitz Chiswick bei London 1725 ein viel beachtetes Vorbild des neuen Stils. Die hohe Schule des englischen (Neo-)Palladianismus wurde nicht etwa eine staatliche Kunstakademie, sondern ein Londoner Club, die (damals ohne jeden negativen Unterton) so genannte »Society of Dilettanti«, welche nur solche Mitglieder aufnahm, die zuvor »on Classical ground«, also meist in Italien geweilt hatten.[87]

Intendant

> »Die Baumeister selbst würden aus Furcht vor Strafe mit mehr Sorgfalt bei der Berechnung und Abfassung der Baukostenanschläge verfahren, so daß die Bauherren ihre Gebäude mit dem dafür bereit gehaltenen Geld […] fertig bekämen.«[88]

Die vielleicht merkwürdigste Spielart des Architektenberufes in der Frühen Neuzeit ist der Intendant.[89] Wie die Berufsbezeichnung sagt, lag seine Aufgabe weniger im Entwerfen und Ausführen als im Überwachen, in jener Funktion, die man heute »Controlling« nennen würde: Schon Vitruv beklagte, daß viele Architekten allzu sorglos mit dem Geld ihrer Auftraggeber umgingen, weil sie nicht persönlich dafür haftbar gemacht würden. Zugleich vermittelt der Titel, der heute nur noch im Theater gebräuchlich ist, etwas

83 Victor Fleischer, Fürst Karl Eusebius von Liechtenstein als Bauherr und Kunstsammler (1611–1684), Wien/Leipzig 1910, 89, 91f.

84 Meinrad v. Engelberg, Abt und Architekt. Melk als Modell des spätbarocken Klosterbaus, in: Sina Rauschenbach/Richard van Dülmen (Hg.), Denkwelten um 1700. Zehn intellektuelle Profile, Köln/Weimar 2002, 181–209.

85 Brief vom 25. 2. 1713, hier zit. nach Walter Jürgen Hofmann, Schloß Pommersfelden. Geschichte seiner Entstehung, Nürnberg 1968, 33ff.

86 Hans-Joachim Giersberg, Friedrich als Bauherr. Studien zur Architektur des 18. Jahrhunderts in Berlin und Potsdam, Berlin 1986, Nachdruck 2001, 78–143, hier bes. 80, 90, 107.

87 John Harris (Hg.), Englische Architekturzeichnungen des Klassizismus 1760–1830 (Katalog der Ausstellung des Royal Institute of British Architects London in der Galerie Carroll München), München 1979, 12.

88 Vitruv/Fensterbusch (Hg.), De architectura, Vorrede zum 10. Buch, 457.

89 Martin Warnke, Hofkünstler: Zur Vorgeschichte des modernen Künstlers, 1. Aufl. 1985, 2. überarbeitete Aufl. Köln 1996, 224–240.

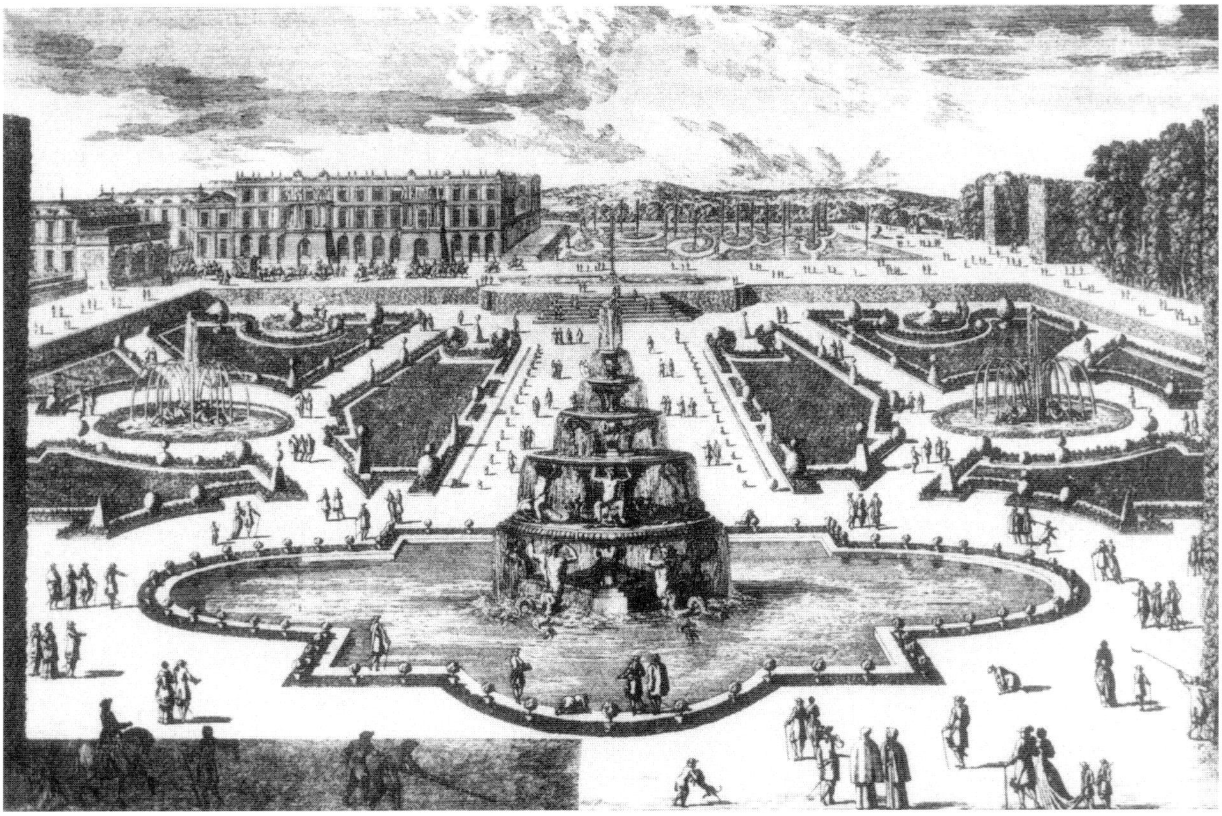

Abb. 119: Schloß und Gärten von Versailles, Stich (um 1675)

von der Machtfülle und umfassenden Zuständigkeit des »Surveilleurs«. Einmal mehr ist Frankreich die Wiege dieser für den Absolutismus charakteristischen Profession. Die Hauptaufgabe des Intendanten bestand nicht in künstlerischer Kreativität, sondern in der Schaffung und Sicherung ästhetischer Standards, einheitlicher Qualitätsniveaus, kontinuierlichen Baufortschritts, sparsamer Mittelverwendung sowie der Einhaltung eines bestimmten überpersönlichen Stils, der eher durch die spezifischen Repräsentationsformen des Staates und des Herrschers als die Individualität des einzelnen Entwerfers bestimmt wurde.

Musterbeispiel einer von Intendanten geprägten Architektur sind Schloß, Stadt und Gärten von Versailles (Abb. 119). Es ist kaum möglich, außer dem Bauherrn Ludwig XIV. selbst den eigentlichen Entwerfer und Erfinder des Schloßkomplexes zu benennen: Man kennt zwar für jeden einzelnen Bauabschnitt die Namen der beteiligten Künstler, aber der harmonische Zusammenklang aller Elemente, der Fassaden, Raumfolgen, Deckengemälde, Stukkaturen, Statuen, Brunnen und Rabatten entzieht sich einer solchen Aufgliederung in individuelle Œuvres. Innerhalb dieser Komplexität für formale Kohärenz zu sorgen, war die vornehmste Aufgabe einer königlichen Behörde, die seit 1664 von Jean-Baptiste Colbert (1619–1683),[90] dem »Surintendent et Ordonnateur Général des Bâtiments du Roi«, geleitet wurde. Colbert war zugleich Finanzminister und oberster Verwaltungsschef des Königreiches. Er dürfte kaum je eine Reißschiene in die Hand genommen haben: Dennoch gelang es ihm, durch die geschickte Koordination des Architekten Le Vau, des Gartenkünstlers Le Nôtre, des Malers Lebrun und des Bildhau-

90 Alexandra Bettag, Die Kunstpolitik Jean Baptiste Colberts: unter besonderer Berücksichtigung der Académie Royale de Peinture et de Sculpture, Weimar 1998.

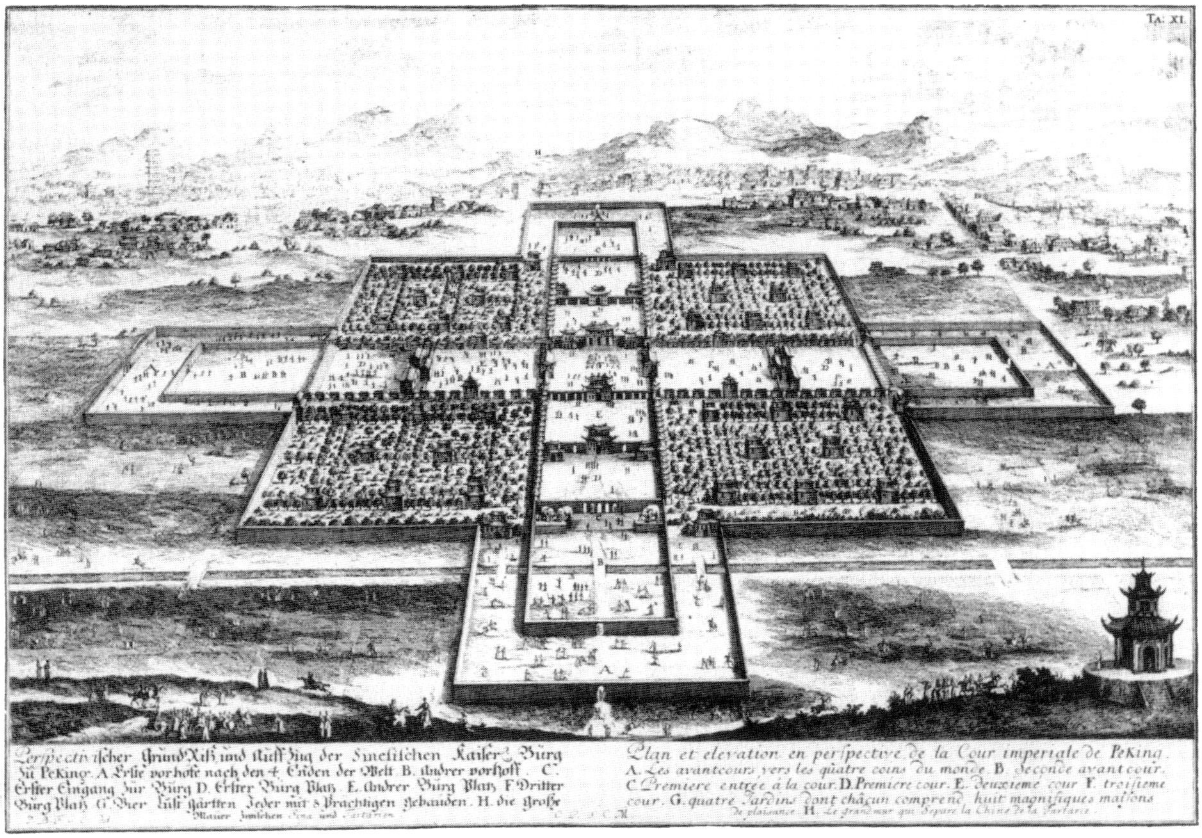

Abb. 120: Der chinesische Kaiserpalast in Peking, aus: Johann Bernhard Fischer von Erlach, Entwurf einer historischen Architektur, Stich (1721)

ers Girardon jene typisch französische Barockarchitektur zu entwickeln, die von Paris ausstrahlend die Hauptstädte der Provinz einer einheitlichen Ästhetik unterwarf und für ganz Europa zum Maßstab des guten königlichen Geschmacks wurde; Colbert war auch der Gründer der oben erwähnten königlichen Akademie in Rom. Der Posten des Intendanten war als politisches Amt zugleich ein Schleudersitz, wie eine von Louis Duc de Saint-Simon (1675–1755) in seinem Memoiren überlieferte Anekdote erzählt: Ludwig XIV. bemerkte bei einem Baustellenbesuch einen Meßfehler an einem Fenster des Trianon-Schlosses im Park von Versailles und tadelte dafür den Intendanten Louvois, Colberts Nachfolger, so streng, daß dieser – in seiner Hauptfunktion als leitender Minister – angeblich beschloß, den König durch Auslösung des Pfälzischen Erbfolgekriegs (1688) vom Bauwesen abzulenken.[91]

Die Baukunst war in den Augen der Intendanten nicht mehr und nicht weniger als ein Funktionselement im Räderwerk der absolutistischen Staatspolitik. Keine andere der sechs Ausprägungen des Architektenberufs verkörpert so deutlich das fundamentale Dogma der neuzeitlichen Baukunst: Schöne Architektur ist richtige Architektur, die normierten, allgemein anerkannten Gesetzen der Ästhetik folgt: Keine Experimente!

91 Perouse de Montclos, Versailles, 59.

5. Erweiterung des Wissens

> »Laßt uns nicht zu Sklaven primitiver Gebräuche werden […]. Diese Denkweise, die Recht ganz einfach aus Gewohnheit ableitet, scheint mir eine bequeme Hilfe für unwissende und faule Künstler, sie ist aber ein zu großes Hindernis für den Fortschritt der Künste, um allgemein übernommen zu werden […]. Fest steht aber, daß bis heute unsere Anstrengungen zu keinen wirklichen Erfindungen geführt haben.«[92]

Im Unterschied zu den meisten anderen Gebieten, die in diesem Band behandelt werden, ist die faktische Zunahme und qualitative Veränderung des Wissens, sei es durch technische Innovationen, durch die Entdeckung der neuen Welt oder durch grundstürzende Denkmodelle, für die Architektur der Neuzeit kaum nachzuweisen. Das bedeutet freilich nicht, daß in 300 Jahren überhaupt keine Veränderungen zu verzeichnen gewesen wären: Diese vollzogen sich aber innerhalb des zuvor beschriebenen, in sich weitgehend kohärenten vitruvianisch-antikischen Denksystems und sind vor allem dem künstlerischen Stilwandel zuzuschreiben, während die Konstruktionstechnik stagnierte. Statische Berechnungen, die über das traditionelle Erfahrungswissen hinausführten, wurden erst zum Ende des 18. Jahrhunderts praktikabel.[93] Die Eisenarchitektur, sicher die wichtigste technische Errungenschaft der Neuzeit, spielte eine völlig untergeordnete Rolle, wie das im folgenden Abschnitt behandelte Beispiel des Entwurfs für die Louvre-Kolonnade durch Claude Perrault zeigen soll.

Der eigentliche Motor des Stilwandels in der gesamten Epoche war die Veränderung der Dekoration und des gestalterischen Details. Allein hierin läßt sich eine gewisse kontinuierliche Entwicklung ablesen, die es dem Fachmann erlaubt, bei einem nicht datierten Bauwerk festzustellen, es könne an diesem Ort »kaum vor 1660« oder »sicher erst nach Fertigstellung des Vorbilds …« entstanden sein. So wird die geschwungene Kirchenfassade in Rom um 1630 entwickelt und verbreitet sich von dort aus über Europa; die Rocaille, ein von der Muschel abgeleitetes Ornament, das dem Rokokostil seinen Namen gab, ging ein Jahrhundert später von Paris aus. Hauptmedium des Wissentransfers waren Abbildungen vorbildlicher Lösungen (meist als Stiche), ihre Rezeption bedurfte keiner theoretischen Fundierung: Man lernte durchs Hinschauen und Nachahmen, aber kaum durch Nachdenken, Diskutieren oder Lesen.

Will man bei den ästhetischen Innovationen einen stetig fortschreitenden Prozeß herausstellen, durch den sich die neuzeitliche Architektur kontinuierlich von der mittelalterlichen entfernte, so ist vor allem die allmähliche Regularisierung und Symmetrisierung der Grundrisse zu nennen. Die Spiegelsymmetrie von Gebäuden war bis zum Ende der Gotik eigentlich nur dem Kirchenbau vorbehalten. Vergleicht man eine mittelalterliche Anlage wie die Wartburg, einen römischen Renaissancepalast und eine barocke Residenz wie Karlsruhe, so zeigt sich eine Zunahme der Systematisierung, die schließlich auf die gesamte Stadt übergreifen konnte.

Diese Tendenz zur allumfassenden Regularisierung kann kaum durch praktische Vorteile erklärt werden: Die Verdoppelung von Treppenhäusern, ein typisches Element des barocken Schloßbaus, spricht klar gegen eine funktionalistische Lesart, und es ist kein Zufall, daß sich die Moderne wieder von

92 Marc-Antoine Laugier, Das Manifest des Klassizismus (i.e. Essai sur l'architecture, Paris 1753), deutsche Übers. von Hanna Böck, Zürich/München 1989, 47, 69.

93 Werner Müller in: Schütte, Architekt, 97: »Hier erreichte die Theorie lange nicht die Leistungen der Praxis.«

Abb. 121: Bau der Louvre-Ostfassade von Claude Perrault, Stich von Sebastien le Clerc (1677)

solchen Gewohnheiten löste. Es handelt sich vielmehr um ein ästhetisches Prinzip, das Ordnung und Gesetzmäßigkeit, klare Hierarchien und formale Logik suggeriert. Norbert Elias' bekannte These von der Selbstdisziplinierung der höfischen Gesellschaft mag hierbei als ein taugliches Erklärungsmodell dienen.

In einem Denken, das von den Prinzipien des Vitruvianismus und der ihm eigenen Logik überzeugt war, erschien es ausgesprochen schwierig, die andersartigen Qualitäten fremder Kulturen anzuerkennen und zu verstehen. Die Bauwerke Asiens und Südamerikas wurden zwar als Zeugnisse von Hochkulturen wahrgenommen, mußten sich aber, wollten sie als gleichwertig gelten, an denselben, scheinbar allgemeingültigen Grundregeln messen lassen: Sie durften ihren Einfluß allenfalls als exotisches »Gewürz«, durch fremdartige Dekorationsformen einbringen, wie die Moscheen und Pagoden in den Schloßgärten des Rokoko belegen. Man schätzte chinesische Vasen und Lackarbeiten, montierte sie aber in den sogenannten »indianischen Kabinetten« der Schlösser stets nach vertrautem Schema als symmetrische Pendants.

Ein gutes Beispiel für dieses Denken ist die erste Weltgeschichte der Architektur, die 1721 vom Wiener Hofarchitekten Johann Bernhard Fischer von Erlach (1656–1723) unter dem Titel »Entwurff einer historischen Architectur« herausgegeben wurde.[94] Fischers Werk wurde mehrfach wieder aufgelegt, ins Englische und Französische übersetzt und darf als ein früher Versuch gelten, bei der Suche nach vorbildlichen Bauten über den Tellerrand Europas und der klassischen Antike hinauszublicken. Konstantinopel, Isfahan oder das englische Stonehenge wurden hier erstmals gleichberechtigt neben die antiken Weltwunder oder den (fiktiv nach Villalpando [Abb. 111] rekonstruierten) Tempel von Jerusalem gestellt. Ein Vergleich zeigt jedoch bald, daß Fischer viel weniger auf der Suche nach Unterschieden, sondern vielmehr nach Gemeinsamkeiten war: Der chinesische Kaiserpalast in Peking (Abb. 120) folgt den selben Idealen von Symmetrie und Ordnung wie die Domus Aurea des Nero oder Fischers eigene Wiener Bauten, die im vierten Band des Werkes vorgestellt werden. Die Differenzen erscheinen dem Leser somit als relative innerhalb eines für alle Kulturen verbindlichen formalen Systems.

Der innovationsfreundlichste Bereich der neuzeitlichen Baukunst dürfte die oben erwähnte »Architectura militaris« gewesen sein: Der Fortschritt des

94 Kruft, Architekturtheorie, 205–208; Johann Bernhard Fischer v. Erlach, Entwurf einer historischen Architektur. Mit einem Nachwort von Harald Keller, 1. Aufl. 1978, 5. Aufl. Dortmund 1988.

Artilleriewesens erzwang die Abkehr von traditionellen Mauern, Zinnen und Türmen und führte zu jener charakteristischen, nüchterne Funktionalität und barocke Ästhetik verbindenden Form der Sternfestungen (Abb. 115), die um nahezu alle Stadtkerne Europas gelegt wurden und bis heute in den Anlagenringen von Frankfurt oder Wien abzulesen sind. Wie so oft war auch hier der Krieg der Vater aller Traditionsbrüche.

6. Das System des Vitruvianismus oder das Korsett der Antike

> »Ich bin überzeugt, daß jene, die die im folgenden erwähnten Gebäude sehen, und die wissen, wie schwierig es ist, einen neuen Brauch – besonders beim Bauen, einem Beruf, in dem jeder glaubt, er wisse seinen Teil – einzuführen, mich als sehr glücklich preisen werden [...].«[95]

> »Alle modernen Autoren [...] kommentieren nur Vitruv und folgen ihm vertrauensvoll bei all seinen Verirrungen.«[96]

Die Architektur der Frühen Neuzeit war tendenziell innovationsfeindlich, weil sie sich innerhalb eines starren Korsetts des Vitruvianismus, der kodifizierten Antike zu bewegen hatte. Das war der Preis für die Nobilitierung des ehemaligen Handwerkerstandes zu einem quasi-akademischen, den freien Künsten gleichgestellten Fach. Alle Versuche, den vitruvianischen Kanon auf ästhetischem Gebiet zu erweitern, sind de facto gescheitert. Erst um 1800 gelang es, mit der Wiederaufnahme gotischer und ägyptischer Vorbilder auch nichtklassischen Formen einen gewissen Platz in Theorie und Praxis einzuräumen. Paradigmatisch steht hierfür Goethes Aufsatz »Von deutscher Baukunst« (1773), in dem der Autor das scheinbar »regellose« gotische Gebilde des Straßburger Münsters gegen die Kritik des die Antike verabsolutierenden sogenannten »guten Geschmacks« der Akademien verteidigt.[97]

Im Unterschied zu anderen Künsten wie der Literatur oder der Malerei ist die »Querelle des anciens et des modernes« im Bereich der Architektur vor dem 19. Jahrhundert nicht eindeutig zugunsten der Moderne entschieden worden. Erst um 1800 eröffnete die aufblühende Eisenindustrie Englands neue konstruktive Möglichkeiten für eingeschränkte Spezialaufgaben wie Hängebrücken oder Oberlichtdecken. Bis dahin wurde gewölbt und gemauert wie bei den Römern. Das Pantheon, mit 43 Metern die weitestgespannte erhaltene Kuppelkonstruktion der Antike, wurde erst vom Petersdom und danach für lange Zeit nicht mehr übertroffen. Die Gußsteintechnik seiner Innenschale, das bereits von Vitruv beschriebene sogenannte »Opus caementitium«,[98] wurde 1796 als »Zement« wiederentdeckt und war erst für die Architektur des 20. Jahrhunderts formbestimmend. Die bautechnischen Innovationen der Neuzeit blieben so marginal, daß sich ein Überlegenheitsgefühl gegenüber der Antike, ein Modell des Erkenntnisfortschritts wie bei Huyghens Linsen, Keplers Astronomie oder Newtons Schwerkrafttheorie schlechterdings nicht einstellen konnte.

Eine zweite, ebenso gewichtige Ursache für die bemerkenswerte Konstanz der Architektur über 300 Jahre dürfte in der Tatsache liegen, daß die antiken Formen während der gesamten Epoche als »klassisch« galten, das bedeutet in

95 Palladio/Beyer (Hg.), I quattro libri, 116, Vom Entwurf der Stadthäuser.
96 Laugier/Böck (Hg.), Manifest, 24.
97 Forssman, Dorisch, 112–125
98 Vitruv/Fensterbusch (Hg.), De architectura, 2. 6, 95f.

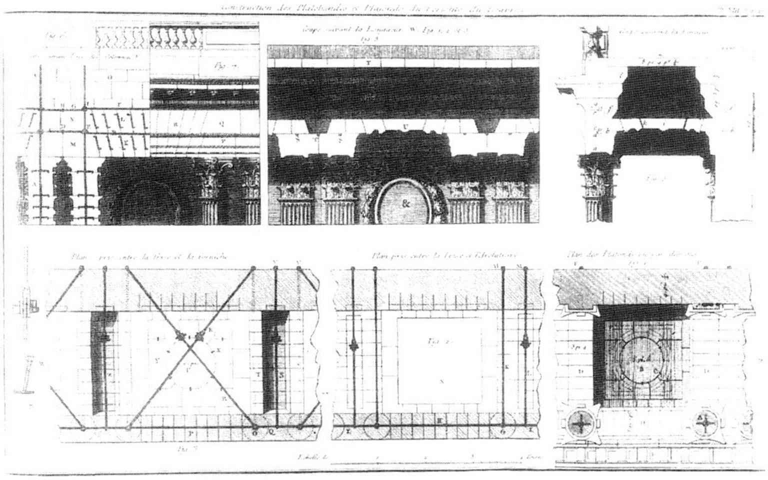

Abb. 122: Konstruktion der Louvrekolonnade Claude Perraults, Stich von Pierre Patte (1769)

diesem Falle: als zeitlose, einzig richtige Gestaltungsweise, welche grundsätzlich überall und für alle Aufgaben zu gebrauchen sei. Die Säulenordnungen waren mehr als das Vokabular eine Sprache,[99] das ja durchaus eine Erweiterung erfahren konnte, wenn neue Sachverhalte beschrieben werden sollten: Sie waren ein Alphabet, dem man eben nicht nach Belieben neue Buchstaben hinzufügen konnte.

In ständig neuen »Revivals« wurden vielmehr immer engere Annährungen an die Antike gesucht. Konnte man den sehr freien Umgang mit den vitruvianischen Formen im Barock noch als Erringung einer relativen Autonomie betrachten, so folgte im 18. Jahrhundert bereits wieder die Rückwendung zur Strenge der griechischen Architektur Athens, die ab 1762 von den Engländern Stuart und Revett nach mehrjährigen Studien vor Ort erstmals ausführlich publiziert und zur Nachahmung empfohlen wurde:[100] Hellas machte Rom Konkurrenz, indem es zur Quelle eines noch strengeren antiken Katechismus des scheinbar unzweifelhaft guten Geschmacks erklärt wurde.

Die Kritik der Gebildeten an den »Neuen« bemängelte stets den Grad der Abweichung von den »Alten«, also (Über-)Maß und (Un-)Form der jeweils applizierten Dekoration.[101] Aus gutem Grund trägt jenes Manifest des Klassizismus in den Bildkünsten, das der in Rom zu höchsten Ehren aufgestiegene deutsche Pionier der klassischen Archäologie, Johann Joachim Winckelmann (1717–68), 1755 veröffentlichte, den Titel »Gedancken über die Nachahmung der Griechischen Wercke in der Malerei und Bildhauerkunst«.

Man könnte annehmen, daß die Gräkomanie lediglich ein Modephänomen des Aufklärungszeitalters gewesen sei. Diese Vermutung kann durch einen Rückblick in das »Grand Siècle« Frankreichs widerlegt werden, denn hier findet sich bereits dieselbe innovationsfeindliche Tendenz, gestützt auf eine dogmatische Auslegung antiker Modelle.

Claude Perrault (1613–1683) vereint in vielerlei Hinsicht all jene Eigenarten, die für den Architekten der Neuzeit als charakteristisch benannt wurden: Als Arzt war er Mitglied der Pariser Académie des Sciences und somit ein typischer Dilettanten-Architekt des Barock; zugleich war er aber auch ein äußerst innovativer Ingenieur, der neue Konstruktionen (Abb. 107) und raffinierte Hebemaschinen entwickelte und diese mithilfe der Druckgrafik bekannt machte

99 Forssman, Dorisch, 27–32.

100 The antiquities of Athens measured and delineated by James Stuart and Nicholas Revett, delineated and illustrated by C. R. Cockerel/W. Kinnand u.a., London 1762–1830, insges. 5 Bde.; Harris, Architekturzeichnungen, 15, nach dem Vorwort zu Thomas Majors 1768 erschienenen »Ruins of Paestum«: »Of all Nations of Antiquity, the Greeks may justly claim the superiority, as they furnish History with precious monuments and illustrious achievements.«

101 Johann Joachim Winckelmann, Anmerkungen über die Baukunst der Alten, Leipzig 1762: »Es wäre eine Vergleichung zu machen über die Art zu zieren unter den Alten und den Neueren […]. In dem Plane der Zierrathen der Alten herrschete allezeit die Einfalt, bey den Neuern, die nicht den Alten folgen, ist das Gegentheil: […] diese [die Neuern] schweifen aus, und man findet zuweilen weder Anfang noch Ende. Endlich hat man so gar neuerfundene Schnirkel, mit welchen einige Zeit her Französische und Augspurgische Kupferstiche eingefaßt und gezieret werden, an der vorderen Seite der Gebäude angebracht. […] Michael Angelo dessen fruchtbare Erfindung sich in der Sparsamkeit, und in der Nachahmung der Alten nicht einschränken konnte, fieng an in den Zierrathen auszuschweifen, und Borromini, welcher dieselbe übertrieb, führete ein groß Verderbniß in der Baukunst ein, welches sich in Italien und in anderen Ländern ausbreitete, und sich erhalten wird, weil unsere Zeiten sich immer weiter von der Ernsthaftigkeit der Alten entfernen, […]« (hier zit. nach Johann Joachim Winckelmann, Schriften und Nachlaß, Bd. 3: Schriften zur Antiken Baukunst, hg. von Adolf H. Borbein/Max Kunze, Mainz 2001, 61).

(Abb. 121). Sein berühmtester Entwurf, die Ostfassade des Louvre mit der großen Kolonnade, markiert den Übergang von der Vorherrschaft Italiens zur Ausbildung nationaler Architekturzentren wie der Pariser Akademie. Schließlich war er der Bruder jenes Charles Perrault (1628–1703), der zeitweise unter Ludwig XIV. das Amt des Intendanten der königlichen Bauten bekleidete und jenen Text verfaßte, der dem Streit zwischen Ewigkeitsanspruch der Antike und Fortschrittsglauben der Neuzeit seinen heute noch bekannten Namen gab: »La parallèle des anciens et des modernes« (1688).[102]

Allgemein sagt man, daß dieser Streit, die sogenannte »Querelle«, mit dem Triumph der »Modernen« geendet hätte. Für Claude Perraults Louvre-Entwurf kann das nur zum Teil gelten: Der Bau war zwar revolutionär und begründete jene Hochphase der französischen Architektur, die heute als »âge classique« bezeichnet wird; dennoch sah sich der Autor genötigt, seine Innovationen als in prinzipieller Übereinstimmung mit Vitruv und der Antike darzustellen. Selbstverständlich ist das gesamte von Perrault verwendete Formenvokabular antiken Ursprungs; die Diskussion erhob sich lediglich über das »Metrum«, den Rhythmus, in dem er diese klassischen Elemente an seinem Bau gruppierte.

Perraults Entwurf, der sich aufgrund einer von Colbert gelenkten Entscheidung des Königs gegen alle Konkurrenten durchsetzte, löste jenes Projekt ab, für das man Gianlorenzo Bernini 1665 aus Rom nach Paris berufen hatte. Der Petersbaumeister hatte nacheinander vier verschiedene Entwürfe in wuchtigen römischen Barockformen vorgelegt, die den Franzosen einfach unpassend für die Seinestadt erschienen – ganz so international wie behauptet war die Sprache des Barock eben doch nicht.[103]

Perraults Gegenentwurf (Abb. 121) zeigte einen ganz anderen Charakter: Gerade und streng gegliedert, entsprach er der französischen Vorliebe für »Raison« und »Ordonnance«; zugleich wirkt seine Fassade aber auch leichter, eleganter und transparenter als die monumentalen Palazzo-Projekte Berninis. Die geschlossene Front des Königspalastes springt über dem Sockelgeschoß zurück und schafft Platz für eine weitgespannte Kolonnade monumentaler korinthischer Säulen. Die Abfolge dieser Säulen ist nicht gleichförmig wie an den von Vitruv beschriebenen antiken Tempeln, sondern rhythmisiert: Um weitere Zwischenräume zu gewinnen, rückte Perrault jeweils zwei Säulen eng aneinander, und vergrößerte so den Abstand zum nächsten Stützenpaar. Hierdurch entstand eine überaus luftige Architektur, die ihrem Erfinder als typisch französisch erschien, weil sie an die kühnen Konstruktionen der gotischen Kathedralen erinnere, deren Charakter hierdurch gleichsam »ins Antikische übersetzt« und damit veredelt worden sei.[104] Da nach streng vitruvianischer Vorstellung keine Bögen (und schon gar keine Spitzbögen!) auf den Säulen aufliegen durften, sah Perrault ein gerades Gebälk vor (Abb. 122). Unmöglich aber, so große und tragfähige Steinblöcke zu finden, um 4 Meter Säulenabstand zu überspannen; daher konstruierte der Architekt sogenannte »scheitrechte Bögen«, die statisch nach dem Prinzip des Gewölbes funktionieren, aber beim Betrachter den Eindruck monolithischer Quader erwecken sollen. Nur bei genauem Hinsehen erkennt man an den schräg verlaufenden Stoßfugen die einzelnen Steine, aus denen die »Balken« zusammengefügt sind. Der Druck dieser unsichtbaren Gewölbe drohte, die Säulen zu verschieben, so daß diese mit einer versteckten Eisenarmierung »angebunden« werden mußten.

102 Charles Perrault, Parallèle des anciens et des modernes en ce qui regarde les arts et les sciences, hg. von Hans Robert Jauss, München 1964.

103 Michael Petzet, Claude Perrault und die Architektur des Sonnenkönigs, München/Berlin 2000, 69–182.

104 Petzet, Perrault, 154ff., 306–322.

Diese neuartige Konstruktion, so kühn, funktional und modern sie war, erregte nun erst recht die Empörung der Kritiker, die darauf verwiesen, daß die »Anciens« sich bei ihren Bauwerken niemals einem durch Rost und Feuer so vergänglichen Material wie dem Eisen ausgeliefert hätten. Umsonst hoffte Perrault, an der römischen Maison carré in Nîmes eine ähnliche Konstruktion nachweisen zu können, um sich zu rechtfertigen: Es genügte seinen Gegnern, darauf zu verweisen, daß Vitruv, der große Konservative, eine derart rhythmisierte Säulenanordnung nicht kenne, um den Entwurf als »Willkür« zurückzuweisen. Niemand wußte das besser als Perrault, der selbst einen illustrierten Vitruv-Kommentar vorgelegt hatte.

Die Tatsache, daß Perraults Louvre-Ostfront dennoch realisiert wurde und trotz unantikischer Eisenarmierung bis heute steht, belegt, daß die Innovationsfeindschaft ihre Grenzen hatte. Dennoch beherrschte sie die Theorie und behinderte hierdurch die Praxis. Der Ausbruch aus dem vitruvianischen System gelang erst, als durch die Entdeckung der neuen Maximen »Natur« und »Geschmack« im 18. Jahrhundert der Glaube an die Unveränderlichkeit der Schönheitsbegriffe erschüttert und die Antike als Maß aller Dinge auch in der Baukunst relativiert wurde.[105]

Kreativität, regionale Vielfalt und Innovationsfreude entfalteten sich im »vitruvianischen Zeitalter« zwischen 1500 und 1800 trotz oder gerade wegen dieses einengenden Korsetts, nämlich in ständiger Auseinandersetzung mit dem für alle verbindlichen Kanon. Die Antike diente hierbei als ein formalästhetisches Gerüst, das nicht nur Zwang, sondern auch Stütze und Richtmaß bedeutete. Ohne dieses »Wissen der Alten« ist die Architektur der Neuzeit nicht zu verstehen – oder um es mit den Worten des französischen Architekten Jean Mignot (1392) zu sagen: »Scientia sine arte nihil est; ars sine scientia nihil est.« – »Kunst ohne Wissen ist nichts« … oder auch umgekehrt.[106]

105 Wittkower, Grundlagen, 114–124.

106 James S. Ackerman, »Ars sine scientia nihil est«: Gothic Theory of Architecture at the Cathedral of Milan, in: The Art Bulletin 31 (1949), 84–116.

Am Ende der Sammlung

UWE JOCHUM

Bibliotheken im frühmodernen Staat

Längst haben wir uns daran gewöhnt, Bibliotheken als beschauliche Institutionen der modernen Gesellschaft wahrzunehmen, die höchstens noch mit ihren Etatproblemen in die Schlagzeilen geraten, sonst aber fernab von aller Politik angesiedelt sind. Das war nicht immer so. Schaut man in Deutschland auf den Zeitraum zwischen 1580 und 1660, so wird man kaum übersehen können, daß Adel und Bürgertum ein ganz außerordentliches Interesse am Aufbau von Sammlungen nehmen, die in der Regel aus einer Kunstkammer, einem Naturalien- und Münzkabinett und eben auch einer Bibliothek bestehen. Dieses Interesse verdankt sich nicht nur einem Repräsentations- oder Bildungsbedürfnis, sondern hatte auch manifest politische Gründe, wie wir am Beispiel der Heidelberger Bibliotheca Palatina sehen werden.

Der Zeitraum zwischen 1580 und 1660 ist aber nicht nur aufgrund des überall festzustellenden Interesses am Aufbau von Sammlungen interessant, sondern auch deshalb, weil sich in ebendiesem Zeitraum die umfassenden Sammlungen in Teilsammlungen aufzulösen beginnen. Offenbar zwingt die innere Logik der immer größer werdenden Sammlungen dazu, verstärkt auf die Eigenart der verschiedenen Sammlungsobjekte zu achten und für verschiedene Arten von Objekten verschiedene Sammlungen einzurichten und endlich diese organisatorisch und räumlich zu trennen. Das betrifft die Bibliotheken in besonderer Weise, denn sie treten nun plötzlich als Sammlungen nicht für ästhetische Objekte hervor, sondern als Sammlungen für Bücher als Gebrauchsgegenständen, die einem bestimmten Zweck unterliegen.

Aber welcher Zweck soll das sein? Sollen die Bibliotheken als Subsidien einer staatlichen Infrastruktur fungieren und also im wesentlichen einer Wohlfahrt dienen, über die nicht weiter zu sprechen ist? Oder sollen Bibliotheken es ermöglichen, dank des von ihnen bereitgestellten Materials überhaupt über Zwecke sich zu verständigen? Anders gesagt: Sollen Bibliotheken die Objekte einer Staatsräson sein, die den Bibliotheken ihre Zwecke einfach vorschreibt? Oder sollen die Bibliotheken Orte sein, in denen man sich auf die Staatsräson als Maxime staatlichen Handelns[1] dadurch einigt, daß man die Vielfalt der Interessen und Meinungen durch gemeinsame Studien und Beratungen zum Ausgleich bringt?

Damit steht unser Programm fest. Wir werden zunächst die (politische) Geschichte der Bibliotheken in der Frühen Neuzeit vorstellen, dann ihre Herauslösung aus den Sammlungen betrachten und schließlich die Debatte um den Zweck und Nutzen der Bibliotheken und damit ihren Bezug zur Staatsräson rekonstruieren.

1. Bibliothek und Politik in der Frühen Neuzeit

Das für Deutschland wichtigste bibliothekarische Ereignis der Frühen Neuzeit läßt sich sehr leicht ausmachen: die Wegführung der Bibliotheca Palatina

1 Zur Staatsräson als »Maxime staatlichen Handelns« FRIEDRICH MEINECKE, Die Idee der Staatsräson in der neueren Geschichte, 2. Aufl. München/Berlin 1925, 1.

aus Heidelberg und ihre Überführung nach Rom im Jahre 1623.[2] Mit der Bibliotheca Palatina verlor Deutschland nicht nur seine mit etwa 3500 Handschriften und 5000 Drucken größte Bibliothek, es verlor vielmehr zugleich die bedeutendste protestantische Bibliothek der Zeit, die nun in die Hände der katholischen Kirche überging und damit als Instrument der theologischen und politischen Auseinandersetzungen neutralisiert wurde. Indessen greift es zu kurz, die Geschichte der Palatina auf dem Konto der historischen Verluste zu verbuchen. Denn die Geschichte der Palatina erzählt auch von den strukturellen Veränderungen, mit denen das Bibliothekswesen konfrontiert war. Betrachten wir daher zunächst diese strukturellen Veränderungen in ihren allgemeinen Zügen, bevor wir auf die Palatina zurückkommen.[3]

Die mit der Neuzeit beginnende Säkularisierung von Wissen und Bildung verschiebt die Bildungsschicht allmählich vom Klerus zum Gelehrten im Dienst eines Hofes. Mit dieser sozialen Verschiebung der Bildungsschicht ging eine institutionelle Verselbständigung der bürgerlichen Bildung einher: Die Kinder werden nun nicht mehr in Kloster- und Domschulen geschickt, sondern in städtische Lateinschulen, und an die Stelle der Klosterbibliotheken treten Ratsbibliotheken, die zunächst als reine Verwaltungsbibliotheken gegründet wurden.[4] Auch wenn die städtischen Schulen dem tradierten christlichen Kanon zunächst verpflichtet blieben und die Ratsbibliotheken oftmals die Bücher aufgehobener Klöster einfach inkorporierten, so zielten die neuen Institutionen über kurz oder lang natürlich auch auf eine inhaltliche Verselbständigung der bürgerlichen Bildung, die im 18. Jahrhundert zur endgültigen Befreiung der Bildungsinhalte von der Theologie führen sollte.

Die in den Ratsschulen und Ratsbibliotheken aufscheinende institutionelle und inhaltliche Verselbständigung der bürgerlichen Bildung kulminiert schließlich in den von wohlhabenden Bürgern und Adligen aufgebauten Bibliotheken, die sich nicht mehr als funktionale Einrichtungen in klerikalem oder staatlichem Kontext verstehen und also diesen oder jenen Stand mit der für seine Zwecke benötigten Literatur bedienen wollen, sondern als überständische Einrichtungen dem allgemeinen Publikum offenstehen. Es ist die prinzipielle Öffnung für alle Bürger, die diese Bibliotheken, selbst wenn sie von einem Adligen oder einem Kardinal gestiftet wurden, zu »bürgerlichen Bibliotheken« macht. Die in diesem Sinne erste öffentliche Bibliothek ist in Italien die Bibliotheca Marciana, die auf eine im Jahre 1468 erfolgte Schenkung des Kardinals Bessarion (1403–1472) an die Stadt Venedig zurückgeht, weitere sind die von den Medici in Florenz aufgebaute und unterhaltene Laurenziana, deren heutiges Gebäude 1571 bezogen wurde,[5] und die in Frankreich von Jacques-Auguste de Thou (1553–1617), dem Bibliothekar der Königlichen Bibliothek, aufgebaute Privatbibliothek, die als eine der bedeutendsten Bibliotheken des 16. Jahrhunderts gilt.[6]

Die in Deutschland von den Brüdern Hans Jakob (1516–1575) und Ulrich Fugger (1526–1584) aufgebauten Bibliotheken müssen jedoch anders beurteilt werden. Erstens handelt es sich bei ihnen nicht um öffentliche Bibliotheken in dem genannten Sinne, auch wenn sie über den Kreis der Stifter hinaus von befreundeten Gelehrten benutzt werden konnten. Und zweitens können sie ihre institutionelle Eigenständigkeit in einem Konzert adliger, höfischer und kirchlicher Bibliotheken nicht bewahren, sondern werden schon nach kurzer Zeit von höfischen Bibliotheken vereinnahmt. So muß der zahlungsunfähige Hans Jakob Fugger noch zu Lebzeiten seine Bibliothek an Herzog Albrecht

2 Dazu Hans-Otto Keunecke, Maximilian von Bayern und die Entführung der Bibliotheca Palatina nach Rom, in: AGB 19 (1978), 1401–1446.

3 Zum Folgenden Uwe Jochum, Kleine Bibliotheksgeschichte, 2. Aufl. Stuttgart 1999, 89ff.

4 Paul Kaegbein, Deutsche Ratsbüchereien bis zur Reformation, Leipzig 1950.

5 Aloys Bömer, Von der Renaissance bis zum Beginn der Aufklärung, in: Georg Leyh (Hg.), Handbuch der Bibliothekswissenschaft, Bd. III/1, Wiesbaden 1955, 499–681, hier 514ff.

6 Ludwig Klaiber/Albert Kolb, Die französischen Bibliotheken seit der Renaissance, in: Georg Leyh (Hg.), Handbuch der Bibliothekswissenschaft, Bd. III/1, Wiesbaden 1955, 682–830, hier 691.

V. von Bayern (1528–1579) verkaufen, der zusammen mit der Bibliothek auch dessen Diener- und Mitarbeiterstab übernimmt. Und Ulrich Fuggers Bibliothek geht nach seinem Tod in den Besitz des Kurfürsten Friedrich von der Pfalz über und wird ein bedeutender Bestandteil der Heidelberger Bibliotheca Palatina.

Diese beiden Beispiele lassen einen für Deutschland spezifischen Entwicklungsweg zur öffentlichen Bibliothek erkennen. Während nämlich im westlichen Europa in Konkurrenz zu den königlichen Bibliotheken – etwa in Frankreich der Bibliothèque du Roi,[7] in England der King's Library –[8] große bürgerliche Bibliotheken in die Funktion öffentlicher Bibliotheken treten, können sich in Deutschland, wo namhafte bürgerliche Bibliotheken von den Bibliotheken der Höfe vielfach einfach absorbiert werden, repräsentative öffentliche Bibliotheken folglich nur aus den allmählich transformierten Hofbibliotheken entwickeln. Dadurch ist aber für Deutschland der Weg zur Nationalbibliothek – als dem Symbol der großen öffentlichen Bürgerbibliothek – gleich in doppelter Weise verbaut. Denn zum einen war es in den westlichen Nationalstaaten gerade die Konkurrenz zwischen königlichen und bürgerlichen Bibliotheken, die im Laufe der Zeit zugleich zahlreiche Metamorphosen ermöglichte und aus diesen Metamorphosen schließlich die Nationalbibliotheken entstehen ließ; mit dem Wegfall dieses Konkurrenzmechanismus fehlt für Deutschland ein wichtiger Antrieb, um auf nationaler Ebene in einem Wettbewerb zwischen Bürgertum, Adel, Kirche und Staat eine Nationalbibliothek entstehen zu lassen. Zum andern aber sorgte in Deutschland natürlich die territoriale Zersplitterung dafür, daß die Bibliotheksanstrengungen einzelner Höfe über eine regionale Wirkung nicht hinauskamen. Und selbst in den Fällen, in denen mehr als nur eine regionale Wirkung festzustellen ist, wie im Falle der Palatina, darf man niemals außer acht lassen, daß die Öffentlichkeit der mit dem Hof verbundenen Bibliotheken immer prekär blieb, insofern es sich um eine landesherrlich gewährte Öffentlichkeit handelte: Der Landesherr gestattete einem weiteren Benutzerkreis gnädigen Zugang zu seinen Büchern. Daß es ihm mit dieser Gunst um eine wie auch immer definierte selbständige und freie »Bildung« seiner Untertanen gegangen sein könnte, ist unter den gegebenen Umständen kaum zu erwarten, wie ein genauerer Blick auf die Bibliotheca Palatina zeigt.

Zunächst muß man festhalten, daß es sich bei der Bibliotheca Palatina nicht um eine einzige Bibliothek handelte, sondern um ein Ensemble von Bibliotheken, das neben der von den Wittelsbacher Kurfürsten auf dem Heidelberger Schloß eingerichteten Bibliothek die in der Heiliggeistkirche aufgestellten Bücher ebenso umfaßte wie die Universitätsbibliothek.[9] Dabei ergibt sich die Einheit dieser drei Bibliotheken aus dem Umstand, daß die Büchersammlung der Heiliggeistkirche ursprünglich auf Bestände der Schloßbibliothek zurückgeht, die nun in der Heiliggeistkirche zusammen mit der eigentlichen Universitätsbibliothek der Universität zur Verfügung stehen sollten. Aber auch nach diesem Gründungsakt haben die Wittelsbacher immer wieder dafür gesorgt, daß die Bibliothek in der Heiliggeistkirche Nachschub aus der Schloßbibliothek erhielt, namentlich unter Ottheinrich (1502–1559), der in seinem Testament nicht nur verfügte, daß die Schloßbibliothek auf immer in Heidelberg zu verbleiben habe, sondern auch bestimmte, daß die Bibliothek neben der Universität gleichermaßen Kirche, Schule, Polizei, Regierung und Öffentlichkeit (»gemeinem Nutzen«) dienen

Abb. 123: Jacques-Auguste de Thou (1553–1617), Zeichnung von Daniel Dumoustier

7 Simone Balayé, La Bibliothèque Nationale des origines à 1800, Genf 1988.

8 Albert Predeek, Die englischen Bibliotheken seit der Reformation, in: Georg Leyh (Hg.), Handbuch der Bibliothekswissenschaft, Bd. III/2, Wiesbaden 1957, 628–774, hier 685ff.

9 Zu den Details siehe Bömer, Von der Renaissance, 577 und Elmar Mittler (Hg.), Bibliotheca Palatina. Katalog zur Ausstellung vom 8. Juli bis 2. November 1986 Heiliggeistkirche Heidelberg. Textband, Heidelberg 1986, 3–13.

sollte. Ein aus den 1590er Jahren stammendes Verzeichnis nennt die kurfürstliche Bibliothek schließlich gar eine »Landbibliothek«,[10] will sagen: eine Bibliothek der politischen Körperschaft »Land«.

Nun ist der Terminus »Landbibliothek« allerdings erklärungsbedürftig. Als Landbibliothek ist die Bibliotheca Palatina keine »Landesbibliothek« im modernen Sinne, d.h. die Bibliothek eines bestimmten Territorialstaates, hier des Herrschaftsgebietes der pfälzischen Wittelsbacher. Vielmehr ist sie die Bibliothek des Landesherrn, der in persona das Land repräsentiert, über das er herrscht. Der Terminus »Landbibliothek« meint daher für die intellektuelle Infrastruktur genau das, was der Terminus »Landeskirche« damals für die religiöse Infrastruktur bedeutete: So wie der Landesherr seit dem Augsburger Frieden von 1555 in den evangelischen Gebieten zugleich Landesbischof (summus episcopus) einer Kirche war, die in seinem Herrschaftsgebiet eben seine Kirche war, so war er in seinem Herrschaftsgebiet auch der Landesbibliothekar, der über Zweck und Ziel seiner Bibliotheken verfügen konnte. Die bibliothekarische gehört daher zusammen mit der religiösen Suprematie des Landesherrn in genau jenen Komplex eines sich in Deutschland herausbildenden kleinstaatlichen »Cäsaropapismus«,[11] der dem religiösen Bürgerkrieg ein Ende setzte. Der Preis dafür war ein in den deutschen Staaten sich durchsetzender Ausschließlichkeitsanspruch des Landesherrn, der seinen Herrschaftsanspruch als immer umfassenderen obrigkeitlichen Gebots- und Verbotsanspruch durchzusetzen wußte. Dabei blieben die vielfältigen politischen Mitwirkungs- und Repräsentationsrechte der Bürgerschaft auf der Strecke, und übrig blieb eine gute Ordnung des Staates, die sich terminologisch als »Polizei« fassen läßt: als eine staatliche Ordnung ohne Repräsentation, in der die bürgerliche Freiheit auf die Verfügung über »das Seine« und also auf die gute paternalistische Ordnung des Hausstandes reduziert wurde, der im Kleinen das war, was der Kleinstaat im Großen war.[12]

Das Testament Ottheinrichs rückt mit der Aufrufung von Kirche, Schule, Polizei, Regierung und »gemeinem Nutzen« die Bibliotheca Palatina in jene für Deutschland so konstitutive Entwicklung territorialer Kleinstaaten ein, in denen das cäsaropapistische Regiment der Landesherren bürgerliche Rechte allmählich verkümmern ließ. Während daher etwa in Frankreich mit seiner ganz anderen Entwicklung zum territorial geschlossenen Nationalstaat sich alsbald Mechanismen ausbildeten, um innerhalb des Staates den Bürgern diskursive Spielräume zu geben – ich komme darauf im dritten Teil dieses Aufsatzes zurück –, blieb der deutsche Kleinstaat eine geschlossene Veranstaltung des Landesherrn. Das hat Wettbewerb untereinander natürlich nicht behindert. Im Gegenteil, die Polyarchie autonomer Territorialstaaten setzte eine Polyphonie von religiösen und anderen Lehrmeinungen frei,[13] unter der Bedingung freilich, daß man sehen mußte, in welchem Kleinstaat man was sagen durfte. Und notfalls bereit war, in ein anderes Herrschaftsgebiet zu wechseln.

Bei dieser engen Verknüpfung von Landesherr und »Land« – letzteres eben auch Institutionen des Landes wie Kirchen, Bibliotheken, Hochschulen und Schulen umfassend – ist es natürlich kein Wunder, daß, um ein »Land« zu treffen, dessen Institutionen Kriegsziel werden konnten. Selbst wenn man daher, wie im Falle der Palatina, die persönlichen Motive der Beteiligten, die von politischen und finanziellen Interessen bis hin zu Sammelwut und Ruhmsucht reichen,[14] ganz besonders berücksichtigen muß, bleibt doch die Tatsache bestehen, daß die Bibliotheca Palatina als Landbibliothek ein monumen-

10 Siehe dazu die Erläuterung bei Keunecke, Maximilian von Bayern.

11 Hans-Ulrich Wehler, Deutsche Gesellschaftsgeschichte, Bd. 1, München 1987, 49.

12 Klaus Schreiner, Iura et libertates, in: Hans-Jürgen Puhle (Hg.), Bürger in der Gesellschaft der Neuzeit, Göttingen 1991, 59–106, hier 88.

13 Hans-Ulrich Wehler, Deutsche Gesellschaftsgeschichte, 50f.

14 Keunecke, Maximilian von Bayern, 1425f.

tales Zeichen der Geltung des Landes Kurpfalz war und ihre Wegführung folglich nicht nur den Kurfürsten als Herrscher, sondern das gesamte Land als Herrschaft traf.

Von hier aus wird auch der Schaden deutlich, den der Dreißigjährige Krieg an der intellektuellen Infrastruktur in Deutschland anrichtete. Während im westlichen Europa aufgrund der Konkurrenz von adligen, höfischen und bürgerlichen Bibliotheken die bürgerlichen Gelehrten vielfältige Möglichkeiten für ihr Auskommen finden konnten, sind sie in Deutschland fast ausschließlich auf die Höfe angewiesen, wo sie als Bibliothekare und Kuratoren der fürstlichen Sammlungen angestellt wurden.[15] Um das Bild zu komplettieren, darf man nicht vergessen, daß in Deutschland – ganz anders als in Italien, Frankreich oder England – praktisch alle Hochschulen als landesherrliche Anstalten gestiftet worden waren, um den für die staatliche Verwaltung notwendigen Bedarf an schriftkundigen Fachleuten, Juristen und Lehrern decken zu können.[16] Kurz: Jenseits der Sphäre des »Landes« gab es in Deutschland keinen Raum zur intellektuellen Entfaltung, und die im Dreißigjährigen Krieg eingetretene Schädigung dieser Sphäre hat die ohnehin bescheidenen Ansätze zur Ausbildung einer eigenständigen Zone bürgerlicher Bildung nachhaltig in Mitleidenschaft gezogen. Nach dem Verlust der »Mutter aller Bibliotheken«, wie die Palatina gerne apostrophiert wurde, war Deutschland jedenfalls nicht nur ein bibliothekarisches Stiefkind, sondern intellektuelle Provinz.

Noch die herausragende Gestalt von Leibniz, dem man intellektuellen Provinzialismus nicht wird nachsagen können, bestätigt die generelle Linie unserer Analyse. Denn es gelang Leibniz, dem Sohn eines Juraprofessors, niemals, eine Existenz jenseits der höfischen Sphäre zu führen. Daß er seit 1676 bei den Welfen in Hannover als Hofbibliothekar untergekommen war, bezeichnet vielmehr sehr präzise die Möglichkeiten einer bürgerlichen Gelehrtenexistenz im Deutschland des Barockzeitalters und darüber hinaus. Und daß die Hannoveraner Bibliothek im Jahre 1680 rund 8000 Bände besaß und also an Größe der keine sechzig Jahre zuvor entführten Palatina ebenbürtig war, darf nicht darüber hinwegtäuschen, daß in den vom Dreißigjährigen Krieg verschonten Ländern die großen Bibliotheken inzwischen ganz andere Dimensionen erreicht hatten und etwa in Paris die königliche Bibliothek im Jahre 1684 bereits auf 35500 Bände angewachsen war.[17]

Daß die Bibliotheken so direkt und unauflöslich mit den politischen Ereignissen und Entwicklungen verbunden sind, hat indessen darin seinen Grund, daß sie keine Objekte versammeln, die eine ästhetische Schau intendieren, sondern auf eine Lektüre angelegt sind, in der das Interesse am Thema eine entscheidende Rolle spielt. Während daher die Sammlungen der Frühen Neuzeit insgesamt einem ästhetischen Programm folgen, das gerade in der Distanz zur Politik seine Berechtigung findet, beginnt die Teilsammlung der Bibliothek, je mehr sich die Bücher dem ästhetischen Programm der Sammlungen als inkompatibel erweisen, eine Eigenständigkeit zu entwickeln, deren Modus nicht die Ästhetik, sondern die Politik ist. Um hier klarer zu sehen, müssen wir uns daher mit dem Problem der neuzeitlichen Sammlung im allgemeinen und der bibliothekarischen Sammlung im besonderen befassen.

15 So arbeitete in Heidelberg etwa der bedeutende Humanist Paul Schede, genannt Melissus (1539–1602), als Bibliothekar für die Palatina.

16 Heinrich Denifle, Die Enstehung der Universitäten des Mittelalters bis 1400, Graz 1885; Hans-Werner Prahl, Sozialgeschichte des Hochschulwesens, München 1978.

17 Zahlenangaben nach Cornelia Serrurier, Bibliothèques de France, Den Haag 1946, 170f. und Karl-Heinz Weimann, Dreihundert Jahre staatliche Bibliothek in Hannover, in: Wilhelm Totok/Karl-Heinz Weimann (Hg.), Die Niedersächsische Landesbibliothek in Hannover, Frankfurt a.M. 1976, 14–59, hier 15.

Abb. 124: Caspar F. Neichlius, Museographia, Titelbild (1727)

2. Bibliothek und Sammlung

Am Ursprung unserer modernen Sammlungen liegen die mittelalterlichen Schatzkammern, die ein für uns wunderliches Sammelsurium darstellen: Da hortet man unterschiedslos heilige und profane Gegenstände (Reliquien, Kelche, Messer, Schmuck, Regalia), trennt nicht zwischen naturgeschichtlichen Raritäten oder Kuriositäten (Knochen ausgestorbener Tiere, Skelette mißgebildeter Menschen) und Dokumenten der Geschichte (Münzen, Manuskripte, Bücher), zu denen man auch die technischen Instrumente (Astrolabien, Globen) rechnen mag, die in den Schatzkammern aufbewahrt wurden. So vielfältig das gehortete Material, so vielfältig waren die Motive für die Anlage von Schatzkammern: Die finanzielle Absicherung, die der Schatz darstellte, war ebenso wichtig wie der Aspekt des Schutzes wertvoller Objekte, deren Wert sich nicht alleine ökonomisch berechnen läßt (Reliquien, Kultgegenstände); und nicht zuletzt spielte für die Schatzbildung das Bedürfnis nach Repräsentation eine Rolle. Ab dem 14. Jahrhundert jedoch beginnt sich das Verständnis der Schatzkammer zu ändern: Die gesammelten Objekte werden aus der Sphäre der Nützlichkeit und des (meßbaren) Wertes herausgehoben und erhalten eine Bedeutung, die jenseits ihrer ökonomischen Funktionen im ästhetischen und/oder historischen Diskurs angesiedelt ist.[18] Während daher der Wert des Schatzes tatsächlich durch einfaches Wiegen der edlen Metalle oder Kleinodien festgestellt werden konnte oder sich aus seiner Funktion in einem politischen (Regalia) oder sakralen (Reliquien) Kontext ergab, resultiert der Wert der neuzeitlichen Sammlungsobjekte gerade daraus, daß sie ökonomisch und funktional wertlos, dafür aber von einer Bedeutung sind, über die im Falle der Naturalia ein naturwissenschaftlicher, im Falle der Handschriften, Bücher und Antiken ein historisch-philologischer und im Falle der Kunstobjekte ein ästhetischer Diskurs befindet. Dieser Übergang vom Gebrauchen/Verbrauchen zum Bewahren, der ein Übergang von der Ökonomie (Wert) zur Ästhetik (Bedeutung) ist, markiert die Grenze zwischen mittelalterlichem Schatz und neuzeitlicher Sammlung.

Der Kieler Philosoph Manfred Sommer hat darauf aufmerksam gemacht, daß dem bewahrenden ästhetischen Sammeln nicht einfach daran gelegen ist, gleich(artig)e Objekte zu sammeln, sondern daran, den Unterschied der gleich(artig)en Objekte anschauend zu erfahren.[19] Das meint: Die ästhetische Anschauung hebt das angeschaute Objekt nicht nur aus der Sphäre der Praxis heraus und zielt im Raum der »theoría« auf ein interesseloses Wohlgefallen, vielmehr verweilt die Anschauung bei ihrem Objekt und bemerkt immer neues Sehens- und Wahrnehmenswertes, ohne an ein Ende kommen zu können und dieses Ende in einen Begriff zu verschließen. Sobald daher die Grenze zwischen Ökonomie und Ästhetik gezogen und die Sammlung als Sammlung konstituiert ist, kann die Sammlung dem Gesetz der Anschauung gehorchen und eine Fülle von differenzierenden Binnengrenzen ausbilden, durch die einzelne Sammlungsbereiche mit gleichartigen Objekten geschaffen werden. So war die Bibliothek von Franz I. (1494–1547) noch ganz selbstverständlich zugleich Münzkabinett und Antikensammlung und in einem Raum über der Gemäldesammlung untergebracht.[20] Zur selben Zeit jedoch vollzieht sich in München bereits die Trennung von Kunstkammer und Bibliothek: Der von Albrecht V. als Berater herangezogene Samuel von Quiccheberg (1529–1567) erarbeitet mit seinem »Theatrum amplissimum« eine Systematik,[21] in der die Bibliothek zwar als Teil der herzoglichen Sammlung firmiert, aber in ihrer systematischen Ordnung von der restlichen Sammlung abweicht. Diese Binnendifferenzierung der Sammlungsgegenstände findet schließlich darin ihren äußeren Ausdruck, daß die Bibliothek in einem eigenen Gebäude untergebracht wird, das trotz seiner unmittelbaren räumlichen Nähe zur Kunstkammer das Prinzip festhält: Aus der einen Sammlung werden verschiedene Sammlungen, und den verschiedenen Sammlungen werden verschiedene Orte zugewiesen.

Nun ist freilich die Tatsache, daß die Systematik der Bibliothek von der systematischen Ordnung der restlichen Sammlung abweicht, kein zufälliges Detail des Quicchebergischen »Theatrum amplissimum«, sondern resultiert aus dem Umstand, daß die Bibliothek mit ihren Büchern der Logik der Sammlung – gleich(artig)e Objekte zu sammeln und sich an den Unterschieden des Gleich(artig)en zu delektieren – nur schwer einzupassen ist. Denn Bücher wurden und werden in der Regel nicht hergestellt, um durch ihre äußere Form ästhetisch zu reizen und zu unendlicher Anschauung einzuladen, sondern um gelesen zu werden. Anders als die sonstigen Objekte einer Sammlung intendieren Bücher daher kein interesseloses Wohlgefallen, sondern eine interessierte Lektüre. Daher kann ein so bedeutender Sammler wie Kurfürst

18 Zu dieser Transformation siehe die grundlegende Arbeit von Krzysztof Pomian, Der Ursprung des Museums. Vom Sammeln, Berlin 1988. Zur historischen Genese siehe im Detail Klaus Minges, Das Sammlungswesen der frühen Neuzeit, Münster 1998. Die Phänomenologie des Sammelns hat aufgearbeitet Manfred Sommer, Sammeln. Ein philosophischer Versuch, Frankfurt a.M., 1999.

19 Sommer, Sammeln, 29ff.

20 Minges, Das Sammlungswesen, 27.

21 Der Text des »Theatrum amplissimum« ist jetzt sehr gut greifbar in: Harriet Roth (Hg.), Der Anfang der Museumslehre in Deutschland. Das Traktat »Inscriptiones vel Tituli Theatri Amplissimi« von Samuel Quiccheberg, Berlin 2000.

Ottheinrich seine Bücher, ohne an ihrer Substanz etwas zu ändern, einheitlich in braunes Kalbsleder binden und den Einband mit eigenem Bildnis, Wappen und Wahlspruch schmücken lassen.[22] Was die Bücher auf diese Weise durch ihre gleichförmige äußere Form als Kunstobjekte verlieren, gewinnen sie als inhaltlich interessante Objekte wieder, wenn sie aufgeschlagen und gelesen werden. Schauen wir daher, wie Quiccheberg auf dieses Problem in der Systematik seines »Theatrum amplissimum« antwortet.

Zunächst folgt Quiccheberg mit seiner Systematik der Kunstsammlung einem astrologischen Programm, das die Sammlungsobjekte mit bestimmten Wirkcharakteristika der (damals bekannten) sieben Planeten des Sonnensystems korreliert und damit Mikro- und Makrokosmos aufeinander zu beziehen erlaubt.[23] Dadurch wird die Kunstsammlung als eine Schausammlung konstituiert – und nichts anderes meint ja der Titel »Theatrum amplissimum«: »höchst ansehnliche Schausammlung« –, die das Universum des Wißbaren nach einem kosmologischen Prinzip strukturiert, das über das Gedächtnistheater Giulio Camillos unmittelbar auf die antike Mnemotechnik zurückgeht.[24] Damit findet der Zugriff auf die Sammlungsobjekte durch eine Korrelation von Theater und Gedächtnis statt: Der Ort der im Theater zur Schau gestellten Objekte wird dem räumlich strukturierten Gedächtnis eingeprägt, so daß man hinfort vom Gedächtnisort auf den Theaterort schließen kann, wenn ein bestimmtes Objekt gesucht wird. Da seit Camillo aber der Raum des Theaters zugleich für den Raum des Kosmos steht, ergibt sich eine mnemonische Kette von Gedächtnis-Theater-Kosmos, die die Schau der Welt räumlich strukturiert und nichts weiter will, als den endlosen Bezügen des Kosmos in den endlosen Bezügen des Theaters und also den endlosen Bezügen des Gedächtnisses zu folgen.

Dieses mnemonische Programm wird nun von der Systematik der Bibliothek, die bei Quiccheberg unmittelbar auf das »Theatrum amplissimum« folgt,[25] durchbrochen. Denn die Fakultätsordnung der Universitäten, auf die Quiccheberg für die Ordnung der Bibliothek zurückgreift, schreibt die Bibliothek funktional in den Raum der gelehrten Welt zurück, indem die Bücher aus dem Bereich der ästhetischen Schau herausgelöst und dem Bereich der Bearbeitung von Tradition zugestellt werden. Statt der Möglichkeit endloser mnemonischer Bezüge, in denen man die Geheimnisse des Kosmos spekulativ einzufangen versucht, haben wir in Quicchebergs Bibliothek daher eine prosaische Ordnung von zehn Gruppen, die der Hierarchie der mittelalterlichen Universität folgt und nach Theologie, Rechtswissenschaft und Medizin den Kanon der sieben freien Künste abarbeitet, der sämtliche Gegenstände dem Trivium (Grammatik, Rhetorik, Logik/Dialektik) und Quadrivium (Arithmetik, Musik, Geometrie, Astronomie) zuordnet.

Nun scheint die der Fakultätsordnung folgende Aufstellungssystematik aber immer noch insofern der Schausammlung und ihrem mnemonischen Konzept kompatibel zu sein, als auch sie das Gedächtnis der Gelehrten mit der Büchersammlung korreliert: Die Fakultätsordnung strukturiert das Gedächtnis der Gelehrten in derselben Weise, wie sie die Aufstellung der Bücher strukturiert, die alles enthalten, was über die Welt zu wissen ist. Die für die Schausammlung geltende mnemonische Kette von Gedächtnis-Theater-Kosmos kehrt in der Bibliothek daher nur leicht verändert als Gedächtnis-Bibliothek-Kosmos wieder. Aber unterhalb dieser fast identischen mnemonischen Ketten will die Bibliothek eben kein Anschauungsobjekt für spekulative

22 Bömer, Von der Renaissance, 577.
23 Ich folge hier Minges, Das Sammlungswesen, 62ff.
24 Zu Camillo siehe Frances A. Yates, The art of memory, Chicago 1966.
25 Die Systematik bei Roth (Hg.), Der Anfang der Museumslehre, 78–81.

Abb. 125: Bürgerbibliothek Zürich, aus: Neujahrsblatt der Bürgerbibliothek von Johann Melchior Füßli (1719)

kosmische Bezüge mehr sein, sondern ein Arbeitsinstrument, dessen Wert sich aus seiner Tauglichkeit zu bestimmten Zwecken ergibt und nicht aus der Sistierung aller Zwecke im interesselosen Wohlgefallen. Schaut man daher unter die Oberfläche der mnemonischen Kette, sieht man neben der Aufstellungssystematik, die Hierarchien des Wissens und keine Spekulationsmöglichkeiten präsentieren will, vor allem die Kataloge, durch die sich die Bibliotheken von den Schausammlungen unterscheiden. Betrachten wir daher die Kataloge etwas genauer.

Der mittelalterliche Schatz wird nicht katalogisiert, sondern inventarisiert, d.h. die vorhandenen Stücke werden in Listen notiert, deren Zweck in der Erfassung des Schatzes im Hinblick auf seinen Wert besteht. Um das zu leisten, muß das Inventar im Grunde nur zwei Bedingungen genügen: Es muß vollständig sein, weil nur so der tatsächliche Wert des Schatzes insgesamt bestimmt werden kann; und es muß die einzelnen Gegenstände zu identifizieren erlauben, um verbindlich sagen zu können, was wo vorhanden ist.

Sobald nun aus dem Schatz eine Sammlung wird, gewinnt das Problem der Identifizierung der Objekte ein völlig neues Gewicht. Denn nun muß die Beschreibung des Gegenstandes nicht mehr alleine dem juristischen Kriterium des Besitznachweises genügen und kann relativ pauschal sein (»item ein schöner Smaragd«) oder mit denselben Worten auf verschiedene, aber gleichartige Gegenstände verweisen (»ein Walfischzahn, ein Rhinozeroshorn, ein Walfischzahn«),[26] vielmehr geht es darum, die gleichartigen Objekte in ihrer anschaulichen Verschiedenheit so zu beschreiben, daß die ästhetische Differenz der Objekte zutage tritt. In dem Moment, da dieser Schritt vollzogen wird, wird aus dem Inventar ein Katalog. Genauer muß man sagen: Aus dem Inventar werden Kataloge, denn das ästhetische Interesse an der Differenz der Gegenstände spaltet den Schatz ja in verschiedene Sammlungen auf, für die dann jeweils eigene Kataloge nach eigenen Kriterien hergestellt werden können. Und damit sind wir wieder beim Unterschied von Schausammlung und Bibliothek.

Während nämlich die Schausammlung auf der Ebene der Objekte genügend ästhetisches Differenzierungspotential bot, um den Katalogeintrag zum jeweiligen Objekt relativ einfach halten und Identifizierungsprobleme durch einen Blick auf das Objekt selbst lösen zu können, ist die äußere Form der Bücher ästhetisch unterbestimmt: Als Massenprodukte, die sie seit Gutenberg sind, beeindrucken sie nicht durch ästhetische Unterschiede, sondern durch die Tatsache, daß alle Exemplare einer Auflage absolut identisch sind und selbst verschiedene Ausgaben und Auflagen oft nur schwer unterschieden werden können.

Solche in ihrer äußeren Form kaum unterscheidbaren Objekte zu sammeln, sprengt in der Tat die Grenzen der Mnemonik: Auf der Ebene der unterschiedslosen Bücher gibt es zu wenig, das sich dem Gedächtnisraum verläßlich einprägen ließe, so daß in der Bibliothek endlich die deiktische Geste des genauen Hinschauens, die sonst in Sammlungen einen Sinn macht, sinnlos wird; denn wer genau hinschaut, entdeckt doch immer nur wieder ein Buch, das aussieht wie ein anderes Buch auch. Der Bibliothekskatalog tritt daher nicht einfach an die Stelle der mnemonischen Identifizierung von Objekten, er muß vielmehr, anders als andere Sammlungskataloge, die ästhetische Unterbestimmtheit der massenhaft vorkommenden Bücher durch eine möglichst exakte Beschreibung kompensieren.

Die exakte Katalogbeschreibung reicht nun freilich in die Vorgeschichte der Bibliotheken als eigenständiger Sammlungen zurück. Denn das mittelalterliche Inventar eines Bücherschatzes[27] war wie andere Inventare auch zunächst nur an einer möglichst vollständigen Erfassung des Vorhandenen interessiert. Aber dabei stellte sich von Beginn an das Problem, was genau man inventarisieren sollte: die einzelne Handschrift oder den Kodex, in dem einzelne Handschriften zusammengebunden waren? Tatsächlich betrachtete man in der Regel den Kodex als das zu inventarisierende Objekt, wich davon aber häufig ab, wenn die weiteren in den Kodex eingebundenen Handschriften als bedeutsam galten: Dann wurden auch sie im Inventar verzeichnet. Damit ist aber schon früh das Interesse nicht auf den Kodex als ästhetisches Objekt gelenkt, sondern auf den Kodex als Container für Texte, die es wert sind, einzeln im Inventar festgehalten zu werden. Hierher gehört schließlich die sich ab dem 14. Jahrhundert herausbildende Verfeinerung der Inventarlisten, die nun den Anfang des zweiten oder dritten Blattes eines Kodex und die letzten Worte eines Blattes am Ende des Bandes festzuhalten beginnen: Damit wird,

26 Siehe etwa das 1674 angelegte Inventar der Königlichen Kunstkammer in Kopenhagen: http://www.kunstkammer.dk/Foerste/genstande_foerste_inventar.shtml.

27 Zum Folgenden Karl Christ, Das Mittelalter, in: Georg Leyh (Hg.), Handbuch der Bibliothekswissenschaft, Bd. III/1, Wiesbaden 1955, 243–498, hier 269–276.

um Verwechslungen von Kodizes auszuschließen und zu verhindern, daß ein wertvoller Band gegen einen weniger wertvollen mit gleichem Inhalt ausgetauscht wird, der Kodex über seinen Inhalt und nicht über seinen möglicherweise schönen Einband registriert.

Dieses Interesse der Bibliothekskataloge nicht an der ästhetischen äußeren Form, sondern am Inhalt – ein Interesse, das übrigens in die antiken Anfänge der Katalogisierung zurückreicht –[28] verstärkt sich nach dem Aufkommen der Drucktechnik. Denn das gedruckte Buch verdrängt nicht einfach die Handschrift, vielmehr markiert es in seiner Form den Übergang vom Text als einem zu hütenden Schatz, der als Schatz dann auch prächtig ausgestattet werden konnte, zum Text als einem Gebrauchsgegenstand, der in identischer Form in immer größerer Zahl in Umlauf gebracht wird. Wie aber soll man die Menge der Bücher, die nun auch in die Bibliotheken gelangen, in den Griff bekommen, wenn die Mnemonik nicht mehr greift?

Die Antwort liegt in einem mit der Drucktechnik sich entwickelnden neuen Charakteristikum der Bücher: daß sie ihre Autorschaft und Herstellungsbedingungen durch ein Titelblatt explizit machen. Während nämlich die im mittelalterlichen gebildeten Kosmos zirkulierenden Texte bekannt waren und daher zumeist ohne Verfasserangabe auskamen – wo man Verfasserangaben einmal für nötig befand, brachte man sie im Kolophon und also am Ende des Buches unter, oft ohne zwischen Autor und Schreiber zu unterscheiden –,[29] entwickelt der Buchdruck aus dem um Angaben zum Drucker, Druckort und -jahr erweiterten Kolophon schließlich ein Titelblatt, das jeden Text schon gleich am Anfang nach dem Aufschlagen des Buches zu identifizieren erlaubt. Das hatte sicherlich nicht nur technische Gründe, vielmehr wird man auch die mentalitätsgeschichtlichen Veränderungen in Anschlag bringen müssen, die es dem Individuum ermöglichten, sich durch seine eigene Leistung zu definieren und das eigene Werk stolz mit Namen zu signieren bzw. durch Monogramm oder Druckersignet die Authentizität des eigenen Werkes zu beglaubigen.[30] Erstaunlich ist jedenfalls, wie schnell die Entwicklung ging: Bis zum Ende des 15. Jahrhunderts – also in einem Zeitraum von etwa 50 Jahren nach der Erfindung des Buchdrucks – waren der Verfassername und der Buchtitel vom Ende an den Anfang des Buches gewandert, und bis etwa zur Mitte des 17. Jahrhunderts waren alle weiteren Angaben gefolgt und bildeten ein Titelblatt, das sich von unseren modernen Titelblättern nur noch im Buchschmuck unterscheidet.[31]

Mit dem Titelblatt aber hatten die Bibliotheken ein Instrument, das die Grundlage für eine präzise Beschreibung des jeweiligen Buches bilden und dadurch die ästhetische Unterbestimmtheit des Objekts perfekt kompensieren konnte. Jetzt war es möglich, über formale Elemente wie Verfassername und Buchtitel, Drucker/Verleger, Erscheinungsort und -jahr jedes einzelne Werk eindeutig zu identifizieren und Listen vorhandener Werke zu erstellen, die sich als Listen vom mnemonisch strukturierten Bildungskosmos endgültig verabschiedeten. Denn das Neue der Bibliothekskataloge besteht ja nicht darin, daß sie die in einer Bibliothek vorhandenen Werke verzeichnen, das Neue besteht darin, wie sie es tun. Sie tun es nicht mehr als Inventare, die die vorhandenen Kodizes genau in der Ordnung, wie sie im Raum aufgestellt sind, erfassen und daher gerne als Standortsregister bezeichnet werden;[32] und sie tun es nicht mehr als biobibliographische Verzeichnisse literarischer Kanones, die chronologisch nach den Lebensdaten der bedeutenden Autoren ge-

28 Rudolf Blum, Kallimachos und die Literaturverzeichnung bei den Griechen. Untersuchung zur Geschichte der Bibliographie, in: AGB 18 (1977), 1–360.

29 Ein gutes Beispiel bei Michael Giesecke, Der Buchdruck in der frühen Neuzeit, Frankfurt a.M. 1991, 317.

30 Der erste Druckervermerk überhaupt findet sich im 1457 erschienenen und von Fust und Schöffer gedruckten Mainzer Psalter. Eine gute Abbildung bei Albert Kapr, Johannes Gutenberg. Persönlichkeit und Leistung, Frankfurt a.M. 1986, 201. Zu den mentalitätsgeschichtlichen Veränderungen Cynthia J. Brown, Text, image, and authorial self-consciousness in late medieval Paris, in: Sandra Hindman (Hg.), Printing the written word. The social history of books, circa 1450–1520, Ithaca, NY 1991, 103–142 und Giesecke, Der Buchdruck in der frühen Neuzeit, 457ff.

31 Lucien Febvre/Henry-Jean Martin, The coming of the book. The impact of printing 1450–1800, London 1984, 83ff.

32 Heinrich Roloff, Die Katalogisierung, in: Georg Leyh (Hg.), Handbuch der Bibliothekswissenschaft, Bd. II, Wiesbaden 1961, 242–356, hier 249.

Abb. 126: Bürgerbibliothek Zürich, aus: Neujahrsblatt der Bürgerbibliothek von Johannes Meyer (1687)

ordnet sind.[33] Sie tun es vielmehr, wie die zur selben Zeit entstehenden Bibliographien,[34] als Listen, die das Vorhandene alphabetisch nach Verfassernamen ordnen, aber auch etwa das behandelte Thema als Kriterium zur Listenbildung heranziehen können. Damit ist das durch den Buchdruck verschärfte Problem, ästhetisch kaum differenzierte Objekte in immer größerer Zahl in bibliothekarischen Sammlungen zu bewältigen, gelöst: Der Bibliothekskatalog verzeichnet die formalen Elemente der Bücher, wie sie sich auf dem Titelblatt finden, und er strukturiert diese Formalia als einfache Listen, die nach Verfassernamen oder Themen alphabetisch sortiert werden.

Damit hatte man in den Bibliotheken freilich zwei verschiedene Ordnungssysteme: zum einen die Aufstellungssystematik der Bücher, die in der Regel weiterhin der gewohnten Fakultätsordnung und also einem mnemonischen und räumlichen Konzept von Ordnung folgt, zum andern aber die Listenordnung der Kataloge, die alleine der von A bis Z reichenden Sequenz des Alphabets gehorcht und über den Standort der aufgelisteten Bücher keine Aussage erlaubt. Eine solche Aussage war aber nötiger denn je, denn mit dem Ende der Mnemonik war die der Fakultätsordnung folgende Aufstellungssystematik der Bücher im Grunde ihrer Funktion beraubt: Niemand durfte im Ernst mehr hoffen, in der Bibliothek alleine aufgrund seines Gedächtnisses jedes gesuchte Buch noch finden zu können.[35] Folglich mußte ein Weg gefunden werden, um von der Listenform der Kataloge zu einer Aussage über den Standort der Bücher zu kommen, und dieser Weg hieß: Signatur.

Die Signatur ist nichts anderes als die individuelle Adresse des Buches im Regal, die im oder auf dem Buch angebracht und im Katalog festgehalten wird und damit den Katalogeintrag mit dem Standort des Buches verknüpft. Während daher der Katalogeintrag nach unterschiedlichen Kriterien Bücher zu identifizieren erlaubt – der alphabetische Verfasserkatalog identifiziert die zu einem Autor gehörenden Bücher und sichert damit die Autorschaft, der alphabetisch geordnete Sachkatalog identifiziert die zu bestimmten Themen gehörenden Bücher und sichert damit Wissensgebiete usw. –, ermöglicht die Signatur die genaue Lokalisierung und Archivierung der Bücher.

Wie wenig zufällig diese Entwicklung war, mag man daran ablesen, daß die Signatur im 14. Jahrhundert nur sporadisch auftaucht und dann auch

33 Rudolf Blum, Die Literaturverzeichnung im Altertum und Mittelalter, in: AGB 24 (1983), 2–256, bes. 137ff.

34 Helmut Zedelmaier, Bibliotheca universalis und bibliotheca selecta. Das Problem der Ordnung des gelehrten Wissens in der frühen Neuzeit, Köln u.a. 1992.

35 Die bibliothekarischen Debatten zu diesem Problem reichen freilich bis weit ins 19. Jahrhundert hinein. Siehe Uwe Jochum, Die Bibliothek als locus communis, in: DVjs 72 (1998), Sonderheft, 14–30.

noch nicht den Standort des individuellen Buches bezeichnet, sondern lediglich auf das Gestell oder Pult in der Bibliothek verweist.[36] Erst als im 15. Jahrhundert der Buchdruck sich anschickt, immer mehr Bücher in Umlauf zu setzen, und diese Bücher obendrein ein Titelblatt auszubilden beginnen, wird auch die Signatur in den Bibliotheken allgemein eingeführt. Sie bietet, am Ende der Mnemonik, das einzige verläßliche Verfahren, um der immer größer werdenden Bibliotheksbestände überhaupt noch Herr werden zu können.

Die Signatur als Verfahren markiert aber auch einen historischen Punkt der Entscheidung. Wenn die Mnemonik versagt und an ihre Stelle mit Signatur und listenförmigen Katalogen ein Verfahren in die Bibliothek einzieht, das über alphabetische Sequenzen läuft, dann liegt es nicht nur nahe, solche Sequenzen auf jedes Element des Titelblattes (oder Buches insgesamt) auszudehnen und also neben Verfasser-, Titel- und Sachkatalogen Kataloge der Druckorte, Erscheinungsjahre oder Verlage herzustellen, dann liegt es vielmehr auch nahe, die buchförmigen Traditionsobjekte selber in Sequenzen aufzulösen und etwa einzelne Kapitel oder Absätze zu katalogisieren. Würde man das tun, hätte man das in Büchern überlieferte Wissen in einzelne Wissensbausteine zerlegt, die über die unterschiedlichsten Katalogsequenzen zugänglich und kombinierbar gemacht werden könnten. Daß man es lange Zeit nicht getan hat, ist angesichts der im Papierzeitalter zur Verfügung stehenden technischen Mittel kein Wunder; aber Leibniz hat es, bevor es im Computerzeitalter schließlich verwirklicht werden konnte, gedacht. Dabei trieb ihn die Hoffnung, mittels eines Verfahrens, das unbezweifelbare wahre Aussagen miteinander zu kombinieren erlaubt, die Wissenschaft zur Produktion endgültiger Wahrheiten treiben zu können. Wer an solchen verfahrenstechnischen Lösungen von Wahrheitsfragen zweifelt, wird indessen in Gabriel Naudés Bibliothekstheorie den Versuch finden, die Bibliothek als Ort der staatsbürgerlichen Selbstbesinnung und Selbstbestimmung zu begründen. In beiden Fällen befindet sich die Bibliothek jenseits der Schausammlung, in der die Ordnung des Kosmos im Abbild der Sammlung kontempliert werden kann; in beiden Fällen gehört sie unmittelbar zum Entwurf des modernen Menschen, der die Welt nicht als vorgegebene Ordnung hinnimmt, sondern die Ordnung der Welt selbst gestalten will.

3. Kalkül oder Kosmopolitik?

Im Jahre 1680 entwirft Gottfried Wilhelm von Leibniz (1646–1716) in Hannover, frustriert über das mangelnde Interesse von Herzog Ernst August (1629–1698) an der im Leineschloß untergebrachten und von Leibniz verwalteten fürstlichen Bibliothek, einige Denkschriften, in denen er seinen Landesherrn vom Gebrauchswert der Bibliothek überzeugen und ihn zu höheren und regelmäßigen Ausgaben für Bücherkäufe überreden will.[37] Daß Leibniz in diesem Zusammenhang einen direkten Nutzen der Bibliothek in all jenen Fragen verspricht, die für die Staatsgeschäfte des Fürsten von unmittelbarem Belang sind – er nennt u.a. Handel und Manufaktur, Gesetzgebung, Steuern, Polizei, Militär, zwischenstaatliche Verträge und Medizinisches und vergißt natürlich den Erholungsaspekt der Bibliothek nicht –,[38] darf uns nicht verwundern, gehört das doch in genau jenen Zusammenhang des für Deutschland kennzeichnenden cäsaropapistischen Landesregiments, das die fürstliche

36 Georg Leyh, Aufstellung und Signaturen, in: Georg Leyh (Hg.), Handbuch der Bibliothekswissenschaft, Bd. II, Wiesbaden 1961, 684–734, hier 688ff.

37 Die einschlägigen Denkschriften bzw. Konzepte finden sich in Gottfried Wilhelm Leibniz, Sämtliche Schriften und Briefe. Akademie-Ausgabe, Berlin 1927ff. Es handelt sich im wesentlichen um I/2, 15–16; I/3, 16–21; I/3, 100–102; IV/3, 349–353 (Reihe/Band, Seitenzahl); ergänzend Günter Scheel, Drei Denkschriften von Leibniz aus den Jahren 1680 bis 1702 über den Charakter, den Nutzen und die finanzielle Ausstattung der Hannoverschen Bibliothek, in: Wilhelm Totok/Karl-Heinz Weimann (Hg.), Die Niedersächsische Landesbibliothek in Hannover, Frankfurt a.M. 1976, 60–69.

38 Leibniz, Sämtliche Schriften und Briefe, IV/3, 350ff.

Bibliothek zur Land und Herrschaft dienenden Landbibliothek macht. Neu ist hingegen, daß Leibniz den enzyklopädischen und also auf eine Totalität zielenden Informationscharakter der Bibliothek[39] mit einer quantitativen Beschränkung der Bestände verbindet: In nur drei oder vier Zimmern will er eine Bibliothek zusammentragen, die bei Bedarf im Sinne einer Enzyklopädie oder »Universalwissenschaft« über alle vorstellbaren nützlichen Gegenstände Auskunft geben kann.[40]

Wirklich nur drei oder vier Zimmer mit Büchern, um über alle vorstellbaren nützlichen Gegenstände Auskunft zu erhalten? Das Rätsel löst sich, wenn man mit Leibniz davon ausgeht, daß nicht die Menge der Bücher das entscheidende bibliothekarische Kriterium sei, sondern die Auswahl des Notwendigen; wobei Leibniz das »Notwendige« definitorisch auf dasjenige verengt, was man benötigt, um sich über alle wichtigen Gegenstände von Grund auf unterrichten zu können.[41] Die Frage ist dabei für Leibniz nicht, welche Themen als wichtig definiert werden (das interessiert ihn nicht), sondern wie man sich über die als wichtig definierten Themen informieren könne; und seine Antwort lautet hier kurz und knapp: daß man zu jedem Thema Bücher haben muß, aber eben nicht alle, sondern nur die »Kern=Bücher«.[42]

Wenn aber das Kriterium der Vollständigkeit einer Bibliothek nicht an der quantitativen Vollständigkeit der gesammelten Bücher hängt, sondern an der dank der gesammelten Kern-Bücher möglichen vollständigen Information zu allen Themen, dann läßt sich die Bibliothek in der Tat als ein Generalinventar oder Archiv von Gedanken verstehen. D.h. es kommt in der Bibliothek nicht auf das Lesen von vielen Büchern an, sondern auf das Wiederfinden von Gedanken, die einem entweder entfallen sind oder die man noch gar nicht kannte, die aber von anderen bereits gedacht wurden.[43] Und dabei ist es keineswegs notwendig, daß das Generalinventar auf Bücher als Speichermedium der Gedanken rekurriert. Würde man nämlich »den Kern aus den Büchern« ziehen, indem man »vortheilhaffte leichte ›loci communes‹ macht«, um »alles in ordnung und ›indicibus‹ zu haben«,[44] hätte man die »Materien« der »Kern=Bücher« auf Kataloge übertragen. Natürlich geben solche Kataloge oder Indizes – Leibniz spricht gelegentlich auch von »Registern« –[45] zunächst nur Auskunft darüber, zu welchen Gegenständen es welche Bücher in der Bibliothek gibt; weil aber Leibniz die Auskunft über die zu bestimmten Gegenständen vorhandenen Bücher stets als Auskunft über die behandelten »Materien« denkt, überspringt er im Grunde die Bücher als mediale Präsentationsformen von »Materien« und intendiert eine sich nicht auf Bücher stützende Bearbeitung von Wissen. Darin zeigt sich die von Leibniz konzipierte Bibliothek als Seitenstück seiner Inventionskunst.[46] Diese will alles mögliche Wissen auf einfache Begriffe zurückführen, deren Wahrheit bewiesen ist, um sodann mit der Exaktheit eines mathematischen Kalküls[47] aus den einfachen wahren Begriffen komplexe wahre Begriffe generieren zu können. Eine »Bibliothec so nichts als Kern und realität sey«[48] meint daher eine Bibliothek, die wie die Inventionskunst vom Einfachen auf das Komplexe zu schließen erlaubt: Was hier die einfachen wahren Begriffe sind, aus denen sich dank des Kalküls komplexes wahres Wissen generieren läßt, sind dort die sachhaltigen »Kerne«, aus denen alle Realität aufgebaut ist. Aber ebendiese homologe Struktur der kalkülisierbaren Wissenselemente und der sachhaltigen Realitätskerne verabschiedet das Buch und mit ihm die Bibliothek als Sammlung von Büchern, denn das wahre Wissen findet erst dann zu sich selbst, wenn es

Abb. 127: Herzog August d.J., Porträt von Heinrich Boiling (1666)

39 Ebd., IV/3, 352: »Enfin une Bibliotheque bien choisie instruit sur toutes ces choses.«

40 Ebd., IV/3, 350: »Mon dessein dans l'amas d'une Bibliotheque seroit de donner une encyclopedie, ou science universelle enfermée en trois ou quatres chambres, dans laquelle on peut tout avoir qui fut d'usage; et trouver en un besoin des instructions sur toutes les matieres utiles imaginables.«

41 Ebd., I/2, 15: »J'apelle necessaire, autant qu'il en faut pour faire qu'on se puisse instruire à fonds dans toutes les matieres importantes.«

42 Ebd., I/3, 16.

43 Ebd., IV/3, 350: »Une Bibliotheque doit estre un inventaire general, un soulagement de la memoire, un Archif imprimé, un raccourci des plus belles pensées des plus grands hommes, un détail des moindres replis de toutes les sciences, arts et exercices, dans laquelle ceux même qui sont les plus consommés en chaque profession puissent encor trouver de quoy se perfectionner, puisque un seul homme ne peut tout sçavoir, et que les livres joignent ensemble les experiences de plusieurs.« Ebd., IV/3, 353: »Or comme un Archif de même une Bibliotheque n'est pas pour estre lûe. Car elle ne doit servir que d'inventaire.«

44 Ebd., IV/1, 537–539.

45 Ebd., I/2, 16.

46 Gottfried Wilhelm Leibniz, Discours touchant la méthode de la certitude et l'art d'inventer pour finir les disputes et pour faire en peu de temps des grands progrés, in: C. I. Gerhardt (Hg.), Die philosophischen Schriften von Gottfried Wilhelm Leibniz, Bd. 7, Berlin 1890, Nachdruck Hildesheim 1978, 174–183.

47 Gottfried Wilhelm Leibniz, Préceptes pour avancer les sciences, in: Ders., Opera philosophica. Faksimile der Ausg. 1840 durch weitere Textstücke ergänzt und mit einem Vorwort ver-

Abb. 128: Gottfried Wilhelm Leibniz (1646–1716)

in seine Grundelemente zerlegt und diese in Katalogen systematisch indiziert sind; wer dann noch etwas wissen will, muß keine Bücher mehr lesen, sondern einen Kalkül in Gang setzen, der über die indizierten Wissenselemente läuft und das gesuchte Wissen produziert. »Bibliothek« ist dann nur noch der Name für den Katalog oder den Index der sachhaltigen Realitäts- und Wissenskerne. Eine spätere Zeit wird daraus die Konsequenzen ziehen und ebendiese Kataloge und Indizes vom Papier auf elektronische Speicher übertragen.

Der Gewinn, den Leibnizens Nicht-Bibliothek verspricht, ist in der Tat ungeheuer. Ein Verfahren nämlich, das sich auf die unzweifelhaft wahren »Kerne« von Sachverhalten stützt, um aus solchen Kernen in sicherer Weise auf komplexe Sachverhalte schließen zu können, wäre ein Verfahren, das jeden weltlichen Streit um Sachverhalte sofort beenden würde. Denn es genügte im Streitfalle, in die Bibliothek zu gehen, die indizierten Kerngedanken oder Kernsachverhalte im Generalinventar nachzuschlagen und dann methodisch exakt zu kombinieren, um herauszufinden, welche Partei im Recht

sehen von Renate Vollbrecht, Aalen 1959, 165–171, hier 169: »ce calcul général, qui fait la dernière perfection de l'art d'inventer«.

48 Leibniz, Sämtliche Schriften und Briefe, IV/1, 539.

sei. Der barocke Titel, den Leibniz einer seiner hier einschlägigen Abhandlung gegeben hat – »Discours touchant la méthode de la certitude et l'art d'inventer pour finir les disputes et pour faire en peu de temps des grands progrés« –, verrät denn auch, daß es Leibniz wirklich darum ging, Dispute aller Art zu beenden, um jenseits innerweltlicher Streitereien große Fortschritte in den Sachen selbst machen zu können. Diese Fortschritte dachte Leibniz freilich nicht nur als ein Voranschreiten in der Erkenntnis der Sachverhalte dieser Welt, sondern als das finale Erreichen eines Wissenschaftshimmels, der sich zur Transzendenz öffnet: Wer Leibnizens Kalkül zu folgen bereit ist, dem wird ein »coelum in terris« versprochen, das mit »contento«, »freudigkeit« und einer »ruhe des gemüths« lockt, die »der ›unbetriegliche‹ Vorschmack künfftiger Glückseeligkeit« seien.[49]

Nun ist es freilich Leibniz niemals gelungen, seine Inventionskunst auf ein methodisch sicheres Fundament zu stellen: Weder stehen bis heute die »Kerne« fest, die vollständig und zweifelsfrei erfaßt sein müßten, um durch ein Kalkül operationalisierbar zu sein; noch besteht Einigkeit darin, ob es überhaupt ein Kalkül geben kann, um aus grundlegenden Begriffen und Sachverhaltskernen komplexes Wissen zu generieren. Wenn man daher, wie Leibniz vorschlägt, den Kern aus den Büchern zieht, um daraus »vortheilhaffte leichte ›loci communes‹« zu machen, dann ist man keineswegs auf dem Weg zu einem finalen System der Wissenschaft, in dem das Gemüt die künftige Seligkeit antizipiert, vielmehr ist man immer noch im Reich der Sachverhalte und Dinge bezeichnenden Wörter, die in Repertorien verzeichnet werden und die als »termes simples« (einfache Ausdrücke) Auskunft darüber geben, worüber wer geschrieben hat (»qu'un tel a traité une telle matière«).[50] Indem man diese einfachen Ausdrücke nicht als Basis eines Kalküls betrachtet, sondern in alphabetischer Ordnung in einen Katalog einträgt, erzeugt man einen Schlagwortkatalog, der auf der simplen Sequenz des Alphabets beruht. Diese Sequenz ist zwar historisch kontingent, aber sie sorgt doch dafür, daß die einfachen Ausdrücke bei Kenntnis des Alphabets leicht und sicher gefunden werden können. Dispute sind mit diesem Verfahren nicht endgültig beizulegen, aber immerhin ist sichergestellt, daß wir die Sachverhalte und Dinge, über die wir uns unterrichten wollen, im Schlagwortkatalog einer Bibliothek an ihrem gehörigen Ort wiederfinden können: als loci communes, deren Auffindung an der minimalen Bedingung hängt, daß wir uns über die Sequenz des Alphabets verständigt haben. Das Gesagte gilt cum grano salis natürlich auch für die von Leibniz in Betracht gezogene Möglichkeit einer numerischen Sequenz, die zum Beispiel über die Erscheinungsjahre von Büchern laufen kann:[51] Auch diese Sequenz ist historisch kontingent, aber sie sorgt dafür, daß bei Kenntnis des zugrunde gelegten Zahlensystems die Titel leicht und sicher gefunden werden können.

So beeindruckend nun Leibniz' methodische Besinnung auf bibliothekarische Probleme bis heute ist, man darf die ihr inhärente Pazifizierungsabsicht nicht verkennen. Eine Methode, die allen Disput beenden will, um nicht der Barbarei endloser Streitereien anheim zu fallen,[52] ist das philosophische und eben auch bibliothekarische Seitenstück zu einem Cäsaropapismus, der politische und theologische Streitereien mit einem Entscheid des Landesherrn beendet. Es ist, in einem Wort, eine politiklose philosophische und bibliothekarische Methode, die die Idee des Fortschritts auf den Bereich des Nützlichen einschränkt. Jenseits solcher Pazifizierungen zeigt sich indessen

49 Leibniz, Sämtliche Schriften und Briefe, IV/1, 530.

50 Leibniz, Discours touchant la méthode de la certitude, 180.

51 Heinrich Lackmann, Leibniz' bibliothekarische Tätigkeit in Hannover, in: Wilhelm Totok (Hg.), Leibniz. Sein Leben, sein Wirken, seine Welt, Hannover 1966, 321–348, hier 337.

52 Leibniz, Préceptes pour avancer les sciences, 165.

Abb. 129: Gabriel Naudé, Porträt von Giovanni Georgi (um 1645)

eine ganz andere Bibliothek, die Leibniz keineswegs unbekannt war. Als er nämlich, noch vor seiner Zeit in Hannover, im Dienst des Mainzer Ministers Johann Christian von Boineburg (1622–1672) stand, da legte er nicht nur für dessen Bibliothek einen Schlagwortkatalog an,[53] sondern wurde von Boineburg vielmehr auch auf Gabriel Naudés (1600–1653) »Advis pour dresser une bibliothèque« hingewiesen.[54] Daß diese Schrift für Leibnizens bibliothekarische Anschauungen von da an richtunggebend gewesen sei,[55] läßt sich nur behaupten, wenn man Naudés Buch auf die Ausführungen zu bibliothekstechnischen Fragen reduziert. Tatsächlich aber ist der »Advis« nicht dank seiner bibliothekstechnischen Innovationen so berühmt, sondern weil er eine ins Bibliothekarische gewendete politische Theorie ist, die sich von Leibnizens bibliothekarischen Pazifizierungsstrategien himmelweit unterscheidet.

Die Wirkung von Naudés »Advis«, 1627 erschienen und 1644 erneut aufgelegt,[56] kann man kaum unterschätzen. Hatte hier zunächst ein junger Bibliophiler gesprochen, der mit erstaunlicher Belesenheit – die klassischen Autoren stehen ihm mühelos zur Disposition – für die Sache der Bibliotheken eintrat, war die zweite Ausgabe das autoritative Wort des Bibliothekars der mit 45000 Bänden größten Bibliothek der Zeit, der Bibliothèque Mazarine.[57] In der Tat

53 Uta Hakemeyer, Leibniz' Bibliotheca Boineburgica, in: ZfBB 14 (1967), 219–238.

54 Bömer, Von der Renaissance, 612.

55 Ebd.

56 Der Text der beiden Ausgaben unterscheidet sich nur durch die Paginierung; der zweiten Ausgabe wurde außerdem eine Abhandlung von P. Jacob über die schönsten Bibliotheken beigefügt. Zitiert wird gewöhnlich nach der Ausgabe von 1644, die in einem Faksimile sehr gut erreichbar ist: Gabriel Naudé, Advis pour dresser une bibliothèque. Reproduction de l'édition de 1644, Paris 1990.

57 Klaiber/Kolb, Die französischen Bibliotheken seit der Renaissance, 696ff.

Abb. 180: Kardinal Mazarin (1602–1661), Porträt von Michel Lasne

ist Naudés »Advis« das Programm zum Aufbau einer Universalbibliothek, wie sie unter seiner Hand in der Mazarine Gestalt gewinnen sollte: Naudé folgt nicht der von Leibniz propagierten Logik der enzyklopädischen Verknappung, die die Bücher auf einen Kernbestand reduziert, sondern der Logik der Universalität, die nicht nur von den großen Autoren alle Bücher besitzen will,[58] sondern auch die Interpretationen und Kommentare zu den großen Autoren, die besten wissenschaftlichen Arbeiten, auch wenn sie nicht von den Autoritäten stammen,[59] die Kataloge der großen renommierten und der vielen kleinen unbekannten Bibliotheken –[60] und noch die schlechten und verschrieenen Bücher[61] gehören zusammen mit den unnützen Büchern und den Werken der Häretiker in die Universalbibliothek,[62] wie Naudé sie entwirft.

Wenn freilich eine Bibliothek nur dann eine Bibliothek heißen darf, wenn sie in den »amas de liures«, den Haufen von Büchern, eine Ordnung gebracht hat,[63] dann ist dieses Problem bei einer Universalbibliothek weit dringlicher als bei der Leibnizschen enzyklopädischen Bibliothek, die in drei oder vier

58 Naudé, Advis pour dresser une bibliothèque, 31.
59 Ebd., 39ff.
60 Ebd., 22f.
61 Ebd., 33.
62 Ebd., 51ff.
63 Ebd., 128.

Zimmern Platz hat. Aber genau an dieser Stelle, an der Leibniz seine methodischen Innovationen ansetzt, um die lebensweltliche Barbarei der vielen disputierenden Stimmen auf einen wahren »Kern« zu reduzieren, genau an dieser Stelle wendet sich Naudé gegen methodische Neuerungen und künstliche »Kaprizen« nach Art von Giulio Camillos Gedächtnistheater,[64] um sich ganz dem bewährten Herkömmlichen zu verschreiben. Das meint: Die Bücher werden in einer sachlichen Ordnung aufgestellt, die der bekannten Fakultätsordnung der Universitäten folgt, so daß jeder Gebildete sich in der Bibliothek auf Anhieb zurechtfinden kann.[65]

Abb. 131: Lesesaal der Bibliothèque Mazarine

Man darf das nicht mißverstehen und Naudé einen methodischen Rückschritt in die Zeiten unterstellen, da man das Gedächtnis für ausreichend hielt, um Bibliotheken verwalten zu können. Selbstverständlich ist sich Naudé der Bedeutung der Kataloge bewußt.[66] Aber ihre Funktion reflektiert er nicht von der Seite des Methodischen her, sondern von der Seite des Nutzens, den sie für den Gebildeten haben: als Auskunft über den vorhandenen Bestand, als bibliographische Information, als Unterrichtung über Sammelschwerpunkte, als Qualitätsurteil über die einzelnen Bücher und als »plaisir & seruice« für die Freunde, die nach bestimmten Werken suchen und dank der Kataloge in Erfahrung bringen können, wo sich was befindet.[67] Damit kehrt auf der Ebene der Kataloge das Moment der Universalität wieder: Die Universalbibliothek ist nicht einfach dank ihres universalen Bestandes universal, sondern eben auch dank ihrer universalen bibliographischen Auskunftsmöglichkeiten.

Mit dieser vollständig durchdeklinierten Universalität verortet Naudé die Bibliothek in einem Raum weit jenseits der an Land und Herrschaft gebundenen deutschen Landbibliothek. Denn genau zu wissen »Tout ce qui est, qui fut, & qui peut estre/En terre, en mer, au plus caché des Cieux« (was alles ist, war und sein kann/auf der Erde, im Meer, im verborgensten der Himmel), zielt trotz der deutlichen Anspielung auf die biblische Schöpfungsgeschichte nicht auf einen Raum theologischen Wissens, der sich zur Transzendenz hin öffnet, sondern auf einen rein innerweltlichen politischen Raum, der vom »Cosmopolite ou habitant de tout le monde«[68] bevölkert wird. Dieser kosmopolitische Raum ist nicht, wie bei Leibniz, ein Raum, in dem der innerweltliche Streit durch die richtige Methode überwunden wird und in dieser Überwindung die himmlische Zufriedenheit und Glückseligkeit aufscheint, vielmehr bleibt der kosmopolitische Raum ein diversifizierter Raum,[69] in dem die Zufriedenheit des Alles-Wissenden und Alles-Sehenden die Zufriedenheit über die genaue Kenntnis des Besonderen (»les particularitez«) ist.[70]

Der kosmopolitische Raum ist freilich nur dann wirklich kosmopolitisch, wenn er ein öffentlicher Raum ist. Daher das Gewicht, das Naudé auf die Öffentlichkeit der Bibliothek legt, um ebendiese Öffentlichkeit mit ihrer Universalität, sprich: größten Vielfalt im Besonderen, unauflösbar zu verschränken.[71] Indessen resultiert die Bedeutung der Öffentlichkeit für Naudé keineswegs alleine daraus, daß die Bibliothek für jedermann zugänglich ist; das ist natürlich der Fall und wird gehörig betont.[72] Viel wichtiger ist, daß die Öffentlichkeit der Bibliothek ihrem Stifter Renommée, Ruhm (»gloire«)[73] und unsagbare Zufriedenheit (»vn contentement indicible«) verschafft,[74] indem sie den Namen des Stifters im Gedächtnis der Menschen lebendig erhält.[75] In diesem Ruhm liegt der eigentliche Lohn für die Stiftung einer öffentlichen Bibliothek, denn er verschafft als Nachruhm ebenjene Unsterb-

64 Ebd., 129f.
65 Ebd., 131.
66 Ebd., 22ff., 157f.
67 Ebd., 23f.
68 Ebd., 17.
69 Ebd., 31.
70 Ebd., 17.
71 Ebd., 31: »Vne Bibliotheque dressée pour l'vsage du public doit estre vniuerselle, & qu'elle ne peut pas estre telle si elle ne contient tous les principaux Autheurs qui ont escrit sur la grande diuersité des sujets particuliers.«
72 Ebd., 151, 154.
73 Ebd., 158.
74 Ebd., 162.
75 Ebd., 7f.

lichkeit,[76] die jenseits der religiösen Heilserwartungen als einzige Form von Unsterblichkeit übrig bleibt. Das »beatum«,[77] das die Bibliothek für ihren Stifter darstellt, ist also, in einem Wort, nicht das von Leibniz dank seiner Methode erhoffte Ende allen weltlichen Streits, sondern das genaue Gegenteil davon: das Glück und der Segen eines sich mit anderen und gegen andere bewährenden und durchsetzenden Individuums.

Dieses Glück hängt freilich daran, daß die vielen anderen die eigene Leistung anerkennen und in dieser Anerkennung den Weg zum Glück im Nachruhm öffnen. Daher der Stellenwert, den Naudé den Freunden und Beratern zuerkennt: Rat geben und Rat annehmen zu können und dem Freund hilfreich zu sein,[78] verknüpft den einzelnen mit ebenjenen, die die eigenen Interessen teilen. Wer auf deren »bon sens & iugement«[79] sich verläßt, kann seinen eigenen gesunden Menschenverstand und seine eigene Urteilskraft entwickeln und sich in seinen eigenen Unternehmungen gefördert sehen.

Nun erst verstehen wir, warum Naudé die Stiftung einer Bibliothek ein »Unternehmen« (»entreprise«) nennt.[80] Ein solches Unternehmen ist eben keine Sache der richtigen Methode, die ohne Rücksicht auf Kontextbedingungen Wahrheiten aller Art zu generieren vermag. Vielmehr ist die Stiftung einer Bibliothek eine öffentliche politische Handlung, die, indem sie den Stifter mit der Unsterblichkeit des Nachruhms zu belohnen verspricht, im Akt der Stiftung den öffentlichen politischen Raum als einen öffentlichen politischen Raum allererst setzt: als einen Raum konkurrierender Unternehmen, über deren Bedeutung nicht der einzelne, der etwas zu unternehmen beginnt, entscheidet, sondern die vielen, die mit ihm zusammen etwas unternehmen. Ihre Einheit ist nicht die Einheit einer Methode, sondern die Einheit, die in der freien Zustimmung zur Unternehmung eines anderen liegt. Diese Zustimmung aber ist im wahrsten Sinne des Wortes Geschmackssache, denn ob etwas eine »schöne und großzügige Unternehmung« (»belle & genereuse entreprise«) oder eine »schöne und prunkvolle Bibliothek« (»vne belle & somptueuse Bibliotheque«) heißen darf,[81] hängt von einem ästhetischen Urteil ab, das andere überzeugen möchte, ohne sie zur Beistimmung zwingen zu können. Was Naudé hier intendiert, ist nichts weniger als der von Kant in der »Kritik der Urteilskraft« bemerkte Umstand, daß das Geschmacksurteil nur deshalb eine exemplarische Zustimmung unterstellen kann, weil ihm ein »Gemeinsinn« zugrunde liegt, der uns bewußt macht, wie sehr unser eigenes Urteil darauf angewiesen ist, von anderen anerkannt zu werden.[82] Es ist daher der Geschmack, der nicht nur darüber entscheidet, welche Dinge wir für schön halten oder nicht, sondern der auch darüber entscheidet, mit wem wir zusammengehören und eine »Unternehmung« beginnen wollen.

Und nun verstehen wir endlich auch, warum Naudé die Bibliothek so überaus deutlich als eine ästhetische Unternehmung qualifiziert: Die Ästhetik der Bibliothek ist gemeinschaftsstiftend, weil sie über den Geschmack auf jenen Gemeinsinn hinweist, durch den wir uns in Gesellschaft organisieren. Die Bibliothek, wie Naudé sie versteht, ist daher nichts geringeres als ein gesellschaftliches Organisationsinstrument. In ihr finden wir all das Material, das uns die Welt in ihrer Fülle und in ihren Besonderheiten zu beurteilen erlaubt, und sie ist als eine »Unternehmung« dasjenige Mittel, unsere Urteile mit den Urteilen anderer abzustimmen.

Wie sehr sich Naudé des politischen Gehalts einer solchen Bibliotheksästhetik bewußt war, mag man daran ablesen, daß er den Geltungsho-

76 Ebd., 9.
77 Ebd., 8.
78 Ebd., 20, 24.
79 Ebd., 20.
80 Ebd., 5.
81 Ebd., 2, 5.
82 Immanuel Kant, Kritik der Urteilskraft, Hamburg 1993, 65–68.

rizont dieser Ästhetik sehr genau anzugeben wußte. Das »beatum« der Stiftung einer öffentlichen Bibliothek ist nämlich eine politische Aktion, die als politische Aktion auf jenen absoluten Punkt aller Politik zielt, da der Agierende sich nicht mehr durch andere behindert sieht, sondern sich gegen allen Widerstand durchsetzt. Das ist der Punkt des Staatsstreichs, an dem ein souveräner Herrscher seine absolute Macht begründet. In seinen 1639 in Rom veröffentlichten »Considérations politiques sur les coups d'état«[83] hat Naudé diesen absoluten Punkt der Politik freilich nicht als einen Willkürakt verstanden, der alle Politik zerstört, sondern als Gründungsakt eines Staates, der sich dadurch legitimiert, daß er die vielen untereinander konkurrierenden Mächtigen mit einem Schlag in die Schranken weist. Damit wird der Staat freilich zu einer paradoxen Ordnungsinstanz: Er pazifiziert den immer möglichen Bürgerkrieg der Interessen, aber indem er das tut, ermöglicht er den Interessen, sich überhaupt als konkurrierende zu organisieren und eine pluralistische Gesellschaft zu bilden.[84] Kurz: Der Staat setzt den kosmopolitischen öffentlichen Raum, in dem die Bibliotheken ein wesentliches Element sind.

Dieser Gründungsakt des Staates, dessen Gewalt aller kosmopolitischen Pluralität vorausliegt, ist nun insofern immer schon auf den kosmopolitischen Raum bezogen, als in diesem Raum über die Kriterien politischen Handelns debattiert wird. Wo aber diese Kriterien finden, wo die historischen Beispiele für geglücktes oder mißglücktes Handeln finden, wenn nicht in der Bibliothek, deren Universalität das Allgemeine und das Besondere zu beurteilen erlaubt? Will der Staatsstreich daher wirklich ein Gründungsakt sein, muß er sich Rat bei der diskursiven Vielstimmigkeit holen, die in der Universalbibliothek aufbewahrt ist, um dann, gut beraten, in der politischen Aktion die Vielstimmigkeit zu überwinden und zugleich wieder zu setzen. Dadurch wird die Universalbibliothek zum manifesten Ort einer Staatsräson, die als »Maxime staatlichen Handelns« dem Staatsmann sagt, was er tun muß,[85] aber eben als Maxime des Handelns auf ein Sollen verwiesen bleibt, auf eine »ideale Staatsräson«, die im praktischen Handeln kaum jemals genau getroffen werden wird.

Mehr noch: Indem die Universalbibliothek aus dem geglückten staatlichen Gründungsakt als eine Folgegründung hervorgeht und sodann die Quellen und Materialien bereitstellt, um den geglückten Gründungsakt beurteilen zu können, ist der Gründungsakt unauflöslich auf die Bibliothek verwiesen: Was auch immer von ihm historisch bleiben wird, wie auch immer wir uns zu diesem Akt stellen werden, wir können es nur, weil er im Gedächtnis der Bibliothek aufbewahrt wurde und dort darauf wartet, als Maxime späteren Handelns reaktiviert zu werden.

Wir verstehen nun, warum die Bibliotheken solch eigentümliche Orte sind. In dem Moment, da sich die Sammlungen nach ihrer Ablösung von der mittelalterlichen Schatzkammer auszudifferenzieren beginnen und zu Kunstkammern, Antikensammlungen, Raritäten- und Wunderkabinetten und botanischen Gärten werden, in denen der unsichtbare Grund der Welt und ihrer Geschichte – sei es als Naturgeschichte, sei es als Kulturgeschichte – ästhetisch kontempliert wird,[86] zeigt sich die Bibliothek als eine Sammlung, die nicht der ästhetischen Kontemplation, sondern der Staatsräson gehorcht. Als Instrumente der Staatsräson aber werden die Bibliotheken zu Kriegszielen, wie das Beispiel der Heidelberger Bibliotheca Palatina zeigen sollte: Die Aneignung einer Bibliothek ist nicht einfach die Aneignung eines ästhetischen

83 Gabriel Naudé, Considérations politiques sur les coups d'état, Paris 1988.

84 Robert Damien, Bibliothèque et état. Naissance d'une raison politique dans la France du XVIIe siècle, Paris 1995, 233. Siehe auch das schöne Kapitel zu Naudé bei Meinecke, Die Idee der Staatsräson, 246–256.

85 Meinecke, Die Idee der Staatsräson, 1.

86 Siehe Krzysztof Pomian, Sammlungen – eine historische Typologie, in: Andreas Grote (Hg.), Macrocosmos in Microcosmo, Opladen 1994, 107–126.

Objekts, sondern eine politische Aktion, die auf die Schwächung, im Extremfall gar die Auslöschung eines souveränen Herrschers zielt; dazu genügt es nicht, daß der vormals souveräne Herrscher Land und Herrschaft verliert, er muß womöglich auch vollständig aus dem Gedächtnis der Nachwelt gelöscht werden, indem man ihn um seine Bibliotheken bringt.

Daß die Bibliotheken der Staatsräson gehorchen, legt ihren Typus freilich nicht fest. Seit der Neuzeit geht es vielmehr darum, ob wir sie als »Informationseinrichtungen« betrachten sollen, deren Wert darin liegt, daß sie dank eines funktionierenden Kalküls die ökonomische und staatliche Wohlfahrt befördern helfen, oder ob wir in ihnen einen öffentlich-kosmopolitischen Raum finden wollen, in dem wir uns debattierend über unsere gemeinschaftlichen Ziele verständigen können. Diese Frage, die zwischen 1580 und 1660 auftaucht, hat seither noch keine endgültige Antwort gefunden.

SINA RAUSCHENBACH

Wissenschaft zwischen politischer Repräsentation und gesellschaftlichem Nutzen

Über den Traum vom gelehrten Herrscher in der Frühen Neuzeit

1. Einleitung

Mit der Verweltlichung des Staates in der Frühen Neuzeit ändert sich auch das Verständnis von Herrschaft grundlegend. Machtansprüche können nicht mehr ausschließlich durch die Heilsgeschichte und das Gottesgnadentum begründet werden; Fürsten und Könige suchen nach neuen Mustern ihrer Legitimierung. Ihre Suche geht einher mit der Herausbildung einer Gruppe von Humanisten und Gelehrten, die mit ihren Ideen und Vorstellungen selbstsicher und elitär auf die Gestaltung der Gesellschaft wirken wollen, in der sie leben. Wissen und Macht ziehen sich an. Viele Denker versuchen, Einfluß auf den Herrscher und über ihn auf die Sozialordnung ihrer Zeit zu nehmen. In »Fürstenspiegeln« und anderen Schriften legen sie ihre Positionen dar. Die Herrscher ihrerseits ziehen humanistische Ratgeber und Erzieher an ihren Hof. Einige stellen sich selbst als Gelehrte dar, lassen sich, umgeben von Symbolen der Gelehrsamkeit, porträtieren. Doch Gelehrsamkeit und Herrschaft stehen in einem ambivalenten Verhältnis zueinander. Und die Möglichkeiten von Gelehrten, auf reale politische Gegebenheiten Einfluß zu nehmen, sind begrenzt. Thomas Morus, der englische Humanist und spätere Lordkanzler, benennt den Konflikt deutlich in seiner Utopie: Alle Fürsten seien zu sehr von sich und ihren Interessen eingenommen, um den Rat eines Gelehrten (hier: eines Philosophen) anzunehmen. Und die Gelehrten (die Philosophen) auf der anderen Seite seien nicht bereit, ihre Erkenntnisse den politischen Realitäten anzugleichen.[1] Morus selbst scheitert als gelehrter Berater, als er Heinrich VIII. den Eid auf die Suprematsakte verweigert und 1535 auf dem Schafott hingerichtet wird. Doch der Traum von einer Politik, die von der Philosophie beeinflußt handelt, und einer Philosophie, die die Politik bestimmt, bleibt bei Herrschern und Gelehrten bis ins 18. Jahrhundert bestehen. Und er ist dort besonders ausgeprägt, wo Denker es sich zum Ziel setzen, durch ihr Wirken nicht nur das Wissen, sondern auch die Menschen ihrer Zeit zu beeinflussen und zu verändern. Hier geht es nicht mehr darum, den König zu beraten, sondern der Herrscher soll selbst zum Gelehrten werden.

Es ist das Bild des Platonischen Philosophenkönigs, das in diesem Zusammenhang eine zentrale Rolle spielt. Im lateinischen Mittelalter nur vereinzelt aus den Texten christlicher Autoren bekannt,[2] erlebt dieses Bild im Italien des 15. Jahrhunderts mit den ersten lateinischen Übersetzungen der Platonischen »Politeia« eine neue Blüte.[3] Zwar stoßen die Übersetzer mit ihrer Arbeit auf Widerstand,[4] doch sie fühlen sich angezogen von der antiken Idee, durch die Erziehung der Menschen eine stabile, glückliche und rationale Gesellschaft herauszubilden, und sie versuchen, durch ihre Kommentare der Kritik am Text

1 Thomas Morus, Utopia, in: Der utopische Staat, übers. und mit einem Essay ›zum Verständnis der Werke‹, Bibliographie und Kommentar hg. von Klaus J. Heinisch, 26. Aufl. Reinbek 2001, 7–110, hier 42–44.

2 Vgl. z.B. Boethius, Philosophiae Consolationis libri V, L. 1, C. 4; Johannes von Salisbury Polycraticus L. IV, C. 6. Von den Schriften Platons selbst ist im 12. Jahrhundert nur der »Timaeus« bekannt. Vgl. hierzu James McEvoy, Présence et absence de Platon au Moyen-Âge, in: Ada Neschke-Hentschke (Hg.), Images de Platon et lectures de ses oeuvres. Les interprétations de Platon à travers les siècles, Paris 1997, 79–97. Allgemein zu Platon im Mittelalter und der Renaissance vgl. auch Hankins, Plato, Bd. 1, 3–26.

3 Die erste lateinische Übersetzung der »Politeia« wird 1402 in Mailand von Manuel Chrysoloras (gest. 1415) und Uberto Decembrio de Vigevano (ca. 1370–1427) vorgelegt. In ihr kommt insbesondere das politische Umfeld zum Tragen: Das timokratische Modell der »Politeia« wird als Vorbild für Mailand und als Gegenbild zu Venedig oder Florenz verstanden. Die zweite Übersetzung verfaßt 1440 der Sohn von Uberto Decembrio, Pier Candido Decembrio. Auch er nutzt die Autorität Platons, um die Vorzüge der timokratischen Verfassung Mailands herauszustellen. Vgl. hierzu James Hankins, Plato in the Italian Renaissance, 2 Bde., 2. Aufl. Leiden 1991, 103–160.

4 Insbesondere gilt der Text wegen der in ihm vorgeschlagenen Frauengemeinschaft als unchristlich und beispielhaft für die verdorbenen Sitten heidnischer Autoren. Vgl. Hankins, Plato.

entgegenzuwirken. Schließlich erlangt die Platonische »Politik« für das politische Denken des 16., 17. und 18. Jahrhunderts zentrale Bedeutung. Doch das Bild des Philosophenkönigs wandelt sich mit den Jahrhunderten. Jedes Zeitalter, jedes Land projiziert seine eigenen Vorstellungen und Denkmuster in es hinein. Der Platonische Philosoph, der das wahre Sein und die Idee des Guten erkennt,[5] wird in der Neuzeit zum humanistischen Philosophen, der über das gelehrte Wissen seiner Zeit verfügt, dann zum Vertreter eines neuen Umgangs mit der Natur und den Wissenschaften, schließlich zum Aufklärer, zum Bekenner einer natürlichen Religion und zum Vorkämpfer naturgegebener ethisch-moralischer Werte. Doch der aufgeklärte Philosophenkönig, den man kennt, steht in dieser Untersuchung nicht im Mittelpunkt. Und auch der Philosophenkönig des Humanismus dient nur der Einleitung. Statt dessen wird nach dem wissenschaftlich gebildeten Fürsten der Frühen Neuzeit gefragt. Es wird nachgezeichnet, wie sich der Platonische Herrscher bei bestimmten Denkern seit dem Beginn des 16. Jahrhunderts zum »Wissenschaftler« und zum Naturforscher entwickelt, was die Gelehrten mit einem solchen Herrscherbild verbinden, welche Kenntnisse des Fürsten sie für besonders wichtig halten und wie schließlich neue Konzeptionen von Wissen und Wissenschaft in die Vorstellungen einer gut gestalteten Politik eingehen. Zur Verdeutlichung des Unterschieds beginnt die Untersuchung mit einem Blick auf den humanistischen Fürstenspiegel des Erasmus von Rotterdam. Schließlich werden vier Entwürfe genauer vorgestellt, in denen der Philosophenkönig zum Wissenschaftler wird: die Utopien von Thomas Morus und Tommaso Campanella, Francis Bacons Programmschrift »Über die Würde und den Fortgang der Wissenschaften« und schließlich aus dem 18. Jahrhundert eine Schrift Christian Wolffs mit dem Titel »Von den Regenten, die sich der Weltweisheit befleissigen, und von den Weltweisen, die das Regiment führen«.

2. Gelehrsamkeit und Tugend: Der »Philosophenkönig« bei Erasmus von Rotterdam

Erasmus (1466/1469–1536) schreibt seine »Erziehung eines christlichen Fürsten« (»Institutio Principis Christiani«) 1516 für den künftigen Kaiser Karl V. Die Schrift wird unmittelbar gedruckt und ist bis ins 20. Jahrhundert in 33 lateinischen Ausgaben und 18 Übersetzungen in verschiedene Sprachen belegt.[6] Sie steht in der Tradition der Fürstenspiegel, einer Textgattung, die bereits in der Antike und im Mittelalter existiert, jedoch in der Neuzeit mit der Herausbildung des frühmodernen Staates eine neue Bedeutung erlangt.[7] In den Fürstenspiegeln werden Richtlinien angegeben, welche Erziehung der zukünftige Regent eines Landes genießen, wie er seine Politik gestalten, welche Berater er um sich versammeln und wie er seine Autorität festigen soll. Dem machiavellistischen Fürsten, der sein Tun und Handeln ohne moralisch-christliche Rückbindung an der Staatsräson orientiert, wird der humanistische Herrscher gegenübergestellt, der sich durch Klugheit und Autorität die Achtung seiner Untertanen erwirbt und durch seine Handlungen die Traditionen und Werte seines Landes bestimmt.[8] Person und Amt des Fürsten – Machiavelli bleibt hier zunächst die Ausnahme – werden noch nicht voneinander unterschieden. Der vollkommene Herrscher ist auch ein vollkommener Mensch, und der vollkommene Mensch ist immer auch ein vollkomme-

5 Zum Platonischen Philosophenkönig vgl. z.B. C. D. C. Reeve, Philosopher-Kings. The Argument of Plato's Republic, Princeton 1988, 170–234 sowie neuerdings Franz Vonessen, Platons Ideenlehre, Bd. 2: Der Philosoph als König, Zug 2003.

6 Willehad Paul Eckert, Erasmus von Rotterdam. Werk und Wirkung, 2 Bde., Köln 1967, Bd. 1, 172. Zur Einordnung und Bedeutung der »Institutio« vgl. auch Notger Hammerstein, »Großer fürtrefflicher Leute Kinder«. Fürstenerziehung zwischen Humanismus und Reformation, in: Ders., Res publica litteraria. Ausgewählte Aufsätze zur Bildungs-, Wissenschafts- und Universitätsgeschichte, hg. von Ulrich Muhlack/Gerrit Walther, Berlin 2000, 175–193, bes. 181 ff.

7 Für einen Überblick vgl. Bruno Singer, Die Fürstenspiegel in Deutschland im Zeitalter des Humanismus und der Reformation, München 1981; sowie für den spanischen Sprachraum Ronald W. Truman, Spanish Treatises on Government, Society and Religion in the Time of Philip II. The »de regimine principum« and Associated Traditions, Leiden u.a. 1999. Zu den früheren Fürstenspiegeln vgl. Wilhelm Berges, Die Fürstenspiegel des hohen und späten Mittelalters, Stuttgart 1952 (Erstausgabe 1938). Zum Stellenwert des Wissens in der mittelalterlichen Hofkultur vgl. neuerdings auch Johannes Fried, In den Netzen der Wissensgesellschaft. Das Beispiel des mittelalterlichen Königs- und Fürstenhofes, in: Ders./Thomas Kailer (Hg.), Wissenskulturen. Beiträge zu einem forschungsstrategischen Konzept, Berlin 2003, 141–193.

8 Zu dieser antimachiavellistischen Orientierung frühneuzeitlicher Fürstenspiegel vgl. z.B. Rainer A. Müller, Die deutschen Fürstenspiegel des 17. Jahrhunderts. Regierungslehren und politische Pädagogik, in: Historische Zeitschrift 240 (1985), 571–597, hier 593–596.

Abb. 132: Erasmus von Rotterdam, Kupferstich von Albrecht Dürer (1526)

ner Herrscher. Vollkommen als Mensch aber und damit auch als Herrscher ist in den Augen der Gelehrtenwelt des 16. und 17. Jahrhunderts nur derjenige, der über den Bildungskanon der Zeit verfügt. In diesem Sinne greifen zahlreiche Fürstenspiegel der Frühen Neuzeit auf Platon zurück.[9] Und auch Erasmus bezieht sich im Zusammenhang mit der von ihm vorgeschlagenen Erziehung seines jungen Fürsten auf das antike Bild. Auf den Einwand eines Gegners: »Du erziehst ja einen Philosophen, keinen Herrscher, während du an Stelle eines Herrschers lieber einen Tunichtgut möchtest, der dir ähnlich ist«, antwortet Erasmus – und er bezieht sich hier auf Platon: »Wer nicht ein Philosoph gewesen ist, kann kein Herrscher, sondern nur ein Tyrann sein.«[10] Herrscher zu sein, bedeutet damit nicht nur, überhaupt zu handeln (im Gegensatz zum Tunichtgut, der eben vor lauter Gelehrsamkeit handlungsunfähig ist),[11] sondern dies auch gütig und uneigennützig zu tun (im Gegensatz zum Tyrannen).[12] Für letzteres steht der Philosoph.

Doch welcher Herrscher ist in den Augen von Erasmus ein Philosoph? Deutlich wird, daß der Fürst vor allem ein Abbild Gottes sein muß, denn »so wie Gott als sein schönstes Abbild [simulacrum] die Sonne am Himmel schuf, so hat er unter den Menschen als offensichtliches und lebendiges Abbild [imago] seiner selbst den König eingesetzt«.[13] Dies, so Erasmus, bedeute

9 Vgl. hierzu z.B. Georg von Lauterbeck, der in seinem »Regentenbuch« (1579) auf die Beliebtheit des Platonischen Bildes in der Herrscherliteratur verweist, in: Heinz Duchhardt (Hg.), Politische Testamente und andere Quellen zum Fürstenethos der Frühen Neuzeit, Darmstadt 1987, 299–319, hier 299–300. Für ein Beispiel aus dem spanischen Raum vgl. z.B. Andres Mendo, Principe perfecto, y ministros aiustados. Documentos politicos y morales. En Emblemas, Lyon 1662 (Mikrofiche Leiden 1980), Documento XIV: El Principe sabio es la salud del Reyno, 100–102 sowie zu Mendo Hans-Otto Mühleisen, Weisheit-Tugend-Macht. Die Spannung von traditioneller Herrschaftsordnung und humanistischer Neubegründung der Politik im Spanien des 17. Jahrhunderts, nachgezeichnet am Beispiel von Andres Mendos Fürstenspiegel »Principe Perfecto«, in: Hans-Otto Mühleisen/Theo Stammen (Hg.), Politische Tugendlehre und Regierungskunst. Studien zum Fürstenspiegel der Frühen Neuzeit, Tübingen 1990, 141–196.

10 Erasmus von Rotterdam, Institutio Principis Christiani – Die Erziehung des christlichen Fürsten, in: Ders., Ausgewählte Schriften, 8 Bde., hg. von Werner Welzig, Bd. 5, übers., eingeleitet und mit Anmerkungen versehen von Gertraud Christian, Darmstadt 1968, 112–357, hier 135 (beide Zitate).

11 Die Polemik gegen die Gelehrten, wie sie Erasmus hier wiedergibt, ist seit der Renaissance weit verbreitet. Vgl. z.B. Carlos Gilly, Das Sprichwort »Die Gelehrten die Verkehrten« oder der Verrat der Intellektuellen im Zeitalter der Glaubensspaltung, in: Antonio Rotondò (Hg.), Forme e destinazione del messaggio religioso. Aspetti della propaganda religiosa nel cinquecento, Florenz 1991, 229–375. Auch Erasmus selbst macht sich in seinem »Lob der Narrheit« über sie lustig. Vgl. Erasmus von Rotterdam, Das Lob der Narrheit. Mit vielen Kupfern nach den Illustrationen von Hans Holbein und einem Nachwort von Stefan Zweig, Zürich 1987, 51–52.

12 Zu Erasmus' Beschreibung eines schlechten Herrschers ohne Güte vgl. Institutio, 151; zum Tyrannen als einem Herrscher, der nur an sein eigenes Wohl denkt, vgl. ebd., 159.

13 Ebd., 155. Zur Rex-imago-Dei Lehre vgl. z.B. Berges, Die Fürstenspiegel, 25–34.

jedoch nicht, daß der Herrscher nur sich selbst verpflichtet sei; vielmehr, wie es in dem Zitat weiter heißt, sei nichts »mehr gemeinsamer Besitz als die Sonne, die auch den übrigen Himmelskörpern ihr Licht zuteilt. So muß auch der Herrscher zum allgemeinen Nutzen in größtem Ausmaße eingesetzt werden und ein angeborenes Licht der Weisheit [lumen sapientiae] im Vaterland haben, damit er sich niemals Illusionen mache, auch wenn die übrigen mit Blindheit geschlagen sind.«[14] Der Herrscher muß die Verhältnisse sehen, wie sie sind, und er darf sich nicht täuschen lassen. Macht (»potentia«), Weisheit (»sapientia«) und Güte (»bonitas«), die drei zentralen göttlichen Eigenschaften, müssen sich in ihm – wie im göttlichen Urbild – verbinden. Nur wer Macht hat, kann Gutes bewirken; nur wer über Weisheit verfügt, weiß, was gut ist und wie er es erreicht.[15] Und nur wer gütig ist, will auch das Gute erreichen. Güte ist gegeben, wenn die Vernunft die Affekte beherrscht.[16] Seinem jungen Prinzen schreibt der Gelehrte: »Du kannst die Aufgabe eines Königs nicht erfüllen, wenn nicht die Vernunft dich lenkt, d.h. wenn du nicht in allen Belangen der Einsicht und dem Urteilsvermögen folgst und nicht dem triebhaften Verlangen. Du kannst nicht über andere herrschen, wenn du nicht selbst vorher dem Guten gehorcht hast.«[17] Dem philosophischen Herrscher steht, wie deutlich wurde, der Tyrann gegenüber, der eben ohne Beherrschung handelt und seiner Vernunft Schweigen gebietet.

Erasmus fordert also Weisheit für seinen Herrscher. Dieser muß die Dinge sehen, wie sie sind, er muß wissen, was gut ist, und er muß die Mittel kennen, wie er dasjenige, was er als gut erkennt, auch erreichen kann.[18] Wie aber gelangt er zu diesem Wissen? Hierfür gibt es, Erasmus zufolge, mehrere Möglichkeiten. Zunächst sei es hilfreich, wenn der Fürst in den griechischen und lateinischen Überlieferungen belesen sei. Empfohlen wird daher die Lektüre ausgewählter Bücher wie der Sprüche Salomons, der Schriften des Plutarch, Seneca und Cicero, der Politiken des Platon und des Aristoteles sowie der Historienbücher Herodots und Xenophons. Es wird aber auch die Gefahr betont, die von der uneingeschränkten Nachahmung dessen ausgehe, was man in den Büchern finde.[19] Nicht also Lektüre per se, sondern kritische Lektüre ist gefragt, die Unterscheidung zwischen Vorbildern und negativen Beispielen, die Distanz von Handlungsweisen, die als unchristlich gelten müssen, und die Fähigkeit, aus den Fehlern anderer zu lernen. Insbesondere das Studium historischer Beispiele sei hierfür vorteilhaft.[20] Dann sei es aber auch wichtig, daß der Fürst sein Herrschaftsgebiet gut kenne. Letzteres werde »durch drei Dinge erreicht: durch Geographie- und Geschichtsunterricht und durch häufiges Bereisen des Landes und der Städte. Er [i.e. der Herrscher] bemühe sich vor allem, die Lage einzelner Landstriche und Städte, ihren Ursprung, ihre Eigenart, ihre Einrichtungen, Gewohnheiten, Gesetze, Jahrbücher und Privilegien kennenzulernen. Niemand kann einen Körper heilen, wenn er ihn nicht kennt. Niemand bestellt einen Acker richtig, wenn er ihn nicht kennt.«[21] Wie zu seiner Zeit üblich, sieht Erasmus hier den Staatsmann als einen Arzt, der sein Land wie einen Körper behandelt und von Krankheiten heilt. Um sein Land wie einen Körper zu behandeln, müsse der Staatsmann es kennen und hierzu dessen natürliche und geographische Gegebenheiten sowie die Geschichte und die Gewohnheiten der Einwohner studieren. Zudem müsse er das Land bereisen, um über das reine Buchwissen hinauszugelangen und eigene Erfahrungen zu machen. Was der Herrscher hingegen nicht kennen muß, sind die Naturwissenschaften (»Physica«), denn Erasmus betont expli-

14 Erasmus, Institutio, 155. Das Sonnengleichnis findet sich auch in zahlreichen anderen Fürstenspiegeln der Frühen Neuzeit. Vgl. z.B. Mendo, Principe perfecto, Doc. XVI, 83–87, hier 83.

15 Erasmus, Institutio, 151–153. Im lateinischen Mittelalter werden mit der Trias von Macht, Weisheit und Güte im allgemeinen die Personen der göttlichen Trinität ausgedrückt. Vgl. hierzu z.B. Richard von Sankt-Victor, Die Dreieinigkeit, Übertragung und Anmerkungen von Hans Urs von Balthasar, 2. Aufl. Einsiedeln 2002, 204–206. Zu der Trias im Sinne von Herrschertugenden vgl. auch Berges, Die Fürstenspiegel, 17.

16 Erasmus, Institutio, 155.

17 Ebd., 221.

18 Ebd., 217.

19 Ebd., 241–249.

20 Zur Geschichte als Lehrmeisterin vgl. Rüdiger Landfester, Historia Magistra Vitae. Untersuchungen zur humanistischen Geschichtstheorie des 14.-16. Jahrhunderts, Genf 1972.

21 Erasmus, Institutio, 251.

DOCVMENTO XVI. 83

Ha de viuir con ſumas atenciones, porque qualquier deſcuydo es como el Eclypſe del Sol, nociuo al Pueblo.

EL Eclypſe del Sol es pernicioſo à la tierra, à las plantas, à los hombres. Cauſa deſtemples y enfermedades en los cuerpos, eſterilidad en los frutos, immutacion en el ayre, y no pocas vezes es preſagio de diſcordias, rebeliones, guerras y infelicidades, que ſe originan de commouerſe los animos con las calidades que influye el Eclypſe, *Que miras aqui pintado*; [1] Es el Rey Sol de la tierra, à quien Dios puſo en ella para ſu hermoſura, y para que con benignas influencias la fomente y fecunde, ſiendo el Planeta mas propicio à ſus Vaſallos; [2] Si ſe eclypſa con la opacidad, y ſombras de algun vicio, ignorãcia, o deſacierto, ſiente en ſi el Reyno los daños, el biẽ publico ſe menoſcaba, padecen los ſubditos, y ſe engendran pernicioſas calidades.

L 2 En

1. *Vt Deus in cœlo pulcherrimum, ac iucundiſſimũ ſimulachrum conſtituit Solem, ſic in Republica Principem.* Plutch. in Moral.

2 *Vt Solis defectus magnã mortalium perniciem trahit,*

Abb. 133: Die Nachlässigkeit des Herrschers ist wie eine Sonnenfinsternis, aus: Andres Mendo, Principe perfecto (1662)

zit, nicht der sei ein Philosoph, »der Dialektik oder Naturwissenschaft versteht, sondern der, der den Schein verachtet und unerschütterten Herzens die wahren Güter betrachtet und ihnen folgt«.[22] Eine ähnliche Unterscheidung findet sich noch einmal an späterer Stelle, wo es heißt, dem Herrscher stehe der höchste Adel zu. »Aber es gibt drei Arten des Adels [nobilitatis; hier im Sinne von Vornehmheit]: die eine entsteht aus der Tugend und dem rechten Handeln, die zweite aus der Kenntnis der angesehensten Wissenschaften [honestissimae disciplinae], die dritte bezieht ihre Wertschätzung aus Ahnenbildern und Stammbäumen oder aus dem Vermögen.« Und nur der erste Adel sei derjenige, der mit vollem Recht als »Adel« bezeichnet werden könne.[23]

Kehren wir damit zu unserer ursprünglichen Frage zurück: Was heißt es für Erasmus, ein philosophischer Herrscher zu sein? Zunächst heißt dies sicherlich, ein Christ zu sein und als Christ zu regieren.[24] In dieser Hinsicht un-

22 Ebd., 135.

23 Ebd., 137–139.

24 Erasmus schreibt: »Und wenn auch die Bezeichnung verschieden ist, so bedeutet es im Wesen dasselbe, Philosoph und Christ zu sein.« (Ebd., 135). In seinem Widmungsschreiben an Karl V. betont Erasmus ebenfalls mit Blick auf die Stelle bei Platon: »Unter Philosophie verstehe ich nicht Disputieren über die Prinzipien, den ersten Stoff, die Bewegung oder das Unbegrenzte, sondern Befreiung von falschen, allgemein verbreiteten Ansichten und schlimmen Leidenschaften, Wegleitung, nach dem Vorbild der ewigen Gottheit richtig zu regieren.« (Zit. nach: Eckert, Erasmus von Rotterdam, Bd. 1, 168).

terscheidet sich die »Institutio« von den nachreformatorischen protestantischen, aber auch katholischen Fürstenspiegeln, die wohl ebenfalls dem Christsein des Herrschers eine zentrale Rolle einräumen, jedoch darüber hinaus und vor allem darauf ausgerichtet sind, den Herrscher zur Verbreitung der christlich-reformatorischen bzw. der katholischen Lehre anzuhalten.[25] Bei Erasmus hingegen steht im Mittelpunkt, daß der Fürst dem Vorbild der göttlichen Herrschaft auf Erden demütig folgt und hierbei nach christlichen Maximen handelt. Nicht ohne Grund wird in der »Institutio« die Salomonische Weisheit zu einer der wichtigsten Quellen für die Bildung eines jungen Fürsten, denn von ihr lernt der zukünftige Herrscher, sich gottesfürchtig zu verhalten. Ein Schlüssel zum christlichen Handeln sind auch die »literi«, die humanistischen Wissenschaften, aber sie bleiben gegenüber den Tugenden im Hintergrund. Lektüre ist für den Herrscher nur dort vonnöten, wo sie zu dessen moralischer Verbesserung beiträgt.[26] Daher muß der Herrscher auch von den Disziplinen der »Physik« nichts verstehen. Sie sind für seine moralische Vollkommenheit nicht von Bedeutung. Die »Institutio« ist hier repräsentativ für einen großen Teil der Fürstenspiegel des 16. und 17. Jahrhunderts, in denen allgemein auf die Lektüre der lateinischen und griechischen Autoren großer Wert gelegt wird,[27] während auf der anderen Seite Kenntnisse im Bereich der theoretischen Philosophie oder gar in den mechanischen Künsten nicht gefordert bzw. unmittelbar abgelehnt werden.[28]

Und doch kündigen sich neue Herrscherbilder bereits an, die eben genau das fordern, was bisher noch für nebensächlich gehalten wurde. In den Gesellschaftsentwürfen, die seit dem Erscheinen des gleichnamigen Buches von Thomas Morus als »Utopien« bezeichnet werden, wird für einen guten Staatsmann nicht mehr nur der Kanon der humanistischen Wissenschaften vorausgesetzt, sondern zudem die Kenntnis der Natur und der Wissenschaften über sie.[29] Die Autoren kommen aus verschiedenen Ländern und gehören verschiedenen religiösen und kulturellen Traditionen an. Aber sie sind alle Teil einer entstehenden Gelehrtengesellschaft, die über nationale und konfessionelle Grenzen hinaus gemeinsame Ansprüche an Herrschaften erhebt.[30] Der Traum von einem Leben, in dem der Mensch frei von Bedrohung und Sorge ist und seine Zukunft selbst ordnet und streng organisiert, ist hier Katholiken wie Protestanten, Lutheranern wie Calvinisten gemein. Die Autoren der drei bekanntesten frühneuzeitlichen Utopien, Thomas Morus, Tommaso Campanella und Francis Bacon, sollen in der Folge vorgestellt werden. Ihre Entwürfe vermitteln ein Bild dessen, wie man sich im 16. und 17. Jahrhundert die Beziehung zwischen säkularem Wissen und politischer Macht vorstellte und wie der Philosophenkönig aussah, wenn man sich von realen Verhältnissen löste und sich in die Welt gesellschaftlicher Wunschträume begab.

3. Wissen zwischen Repräsentation und Regierung: Der »Philosophenkönig« bei Thomas Morus, Tommaso Campanella und Francis Bacon

Thomas Morus kannte das Manuskript der »Institutio« seines Freundes Erasmus, als er an seinem Buch »Von der besten Staatsverfassung und von der neuen Insel Utopia« (»De optimo reip[ublicae] statu, deque nova insula Uto-

25 Vgl. hierzu den Überblick in der Einleitung von Singer, Die Fürstenspiegel, 11–47, hier 42–44.

26 Erasmus, Institutio, 249.

27 Als Beispiel sei an dieser Stelle Guillaume Budé genannt, der um 1515 wohl den bekanntesten französischen Fürstenspiegel für Franz I. schreibt. Er betont, ohne eine große Kenntnis der Antike (»sans grande cognoissance d'antiquité«) und ohne literarische Bildung (»sans science acquise par lettres«) sei es nicht möglich, gerecht zu walten. (Ders., Le livre de l'Institution du Prince (Kap. I-XX). Nach der Ausgabe von Paris 1548 hg., mit den Ausgaben von l'Arrivour und Lyon (1547) verglichen, übers. und kommentiert von Maxim Marin, Frankfurt a.M. u.a. 1983, 92–93).

28 Eine deutliche Sprache spricht hier z.B. Andres Mendo, der in seinem Fürstenspiegel die Beschäftigung eines Kaisers mit den mechanischen Künsten (»artes mecanicas«) mit den Worten kommentiert: »Nullus est, quiquis est multus; ocuparse en menudencias se carea con la ociosidad.« (Nichts bedeutet, wer [oder was] zahlreich vorkommt; sich mit Alltäglichkeiten zu beschäftigen, begegnet sich mit der Muße.) Den Regelfall, das Normale zu studieren, wird als eines Herrschers unwürdig empfunden. (Ders., Principe perfecto, Doc. XIV, 100–102, hier 102). Vgl. auch ebd., Doc. XV, wo es heißt, der Fürst habe sich mit den großen und nicht mit denjenigen Dingen zu beschäftigen, die mit seiner eigenen Größe nicht korrespondierten (»Su atencion sea à cosas grandes, ino à materias sin substancia, que no d[esdi]zen bien con la grandeza«), 78–92, hier 78.

29 Die Konzeption von Wissen und Wissenschaft ist in der Utopie-Forschung bisher nur wenig aufgearbeitet. Allgemein zu den Utopien vgl. z.B. Frank E. Manuel/Fritzie P. Manuel, Utopian Thought in the Western World, Oxford 1979 sowie weiterhin Richard Saage, Politische Utopien der Neuzeit, Darmstadt 1991 und Wilhelm Vosskamp (Hg.), Utopieforschung. Interdisziplinäre Studien zur neuzeitlichen Utopie, 3 Bde., Stuttgart 1982.

30 Auf den überkonfessionellen Charakter des frühneuzeitlichen Herrscherbildes verweisen z.B. die Beiträge in Konrad Repgen (Hg.), Das Herrscherbild im 17. Jahrhundert, Münster 1991.

Abb. 134: Thomas Morus, Porträt von Hans Holbein d.J. (1527)

pia«, 1516) schrieb. Bestimmte Grundgedanken sind den Werken gemein, so z.B. die Kritik am herrschenden Strafrecht oder diejenige an Krieg und Gewalt.[31] Hinsichtlich des Philosophenkönigs unterscheidet sich Morus von seinem Freund dadurch, daß er an den philosophischen Berater des Fürsten in der Realität nur bedingt glaubt, wie bereits in der Einleitung angedeutet wurde. Doch auch in »Utopia«, seinem Staat im Nirgendwo, sind die Fürsten (»Principes«), die, umgeben von einer Reihe von Gremien, zeit ihres Lebens herrschen, Gelehrte (Morus schreibt: »aus dem Stand der Gelehrten« – »ex literatorum ordine«), und mit ihnen sind es alle anderen politischen Würdenträger wie die Gesandten und die Traniboren (die Ratgeber in Staatsangelegenheiten und Schlichter in Privatstreitigkeiten), nicht zuletzt die Priester, die neben der Religion auch die Erziehung kontrollieren.[32] Gelehrter zu sein, bedeutet hier, einer – nach unten wie nach oben offenen –[33] Klasse von Menschen anzugehören und sich aufgrund einer besonderen Begabung ausschließlich dem Studium der »literi« zu widmen. Innerhalb ihres Studiums beschäftigen sich die Gelehrten mit der Dialektik, der Arithmetik, der Geometrie, der Astronomie und der Musik, später auch mit der griechischen und lateinischen Sprache sowie mit dem antiken Schrifttum. Zudem zeichnen sie

31 Zu Parallelen zwischen der »Institutio« und der »Utopia« vgl. Eckert, Erasmus von Rotterdam, Bd. 1, 180–183 oder Ferdinand Geldner, Die Staatsauffassung und Fürstenlehre des Erasmus von Rotterdam, Berlin 1930, 155–157 und 175–179.

32 Morus, Utopia, Übers. Heinisch, 57. (Für das lateinische Original vgl. Ders., Opera omnia latina, Frankfurt/Leipzig 1689, Nachdruck Frankfurt a.M. 1963.) August Buck spricht in diesem Sinne von einer an das Platonische Ideal angelehnten »Bildungsaristokratie«. (Die Funktion des Wissens in den drei Utopien der Renaissance [Morus, Rabelais, Campanella], in: Kaspar Elm u.a. [Hg.], Landesgeschichte und Geistesgeschichte, Festschrift für Otto Herding zum 65. Geburtstag, Stuttgart 1977, 361–371, hier 364). Zum Stand der Gelehrten vgl. Erich Trunz, Der deutsche Späthumanismus um 1600 als Standeskultur (1931), in: Richard Alewyn (Hg.), Deutsche Barockforschung. Dokumentation einer Epoche, 3. Aufl. Köln/Berlin 1968, 147–173.

33 Die Wissenschaftler bilden einen eigenen Stand, in den derjenige aufgenommen wird, der sich durch besondere intellektuelle Leistungen auszeichnet. Wer als Wissenschaftler seinen Aufgaben nicht nachkommt, muß den Stand verlassen und wieder einen handwerklichen Beruf ergreifen. Vgl. Morus, Utopia, Übers. Heinisch, 57.

sich dadurch aus, daß sie unabhängig von der jeweiligen Disziplin über die besondere Fähigkeit verfügen, neue Kenntnisse ohne Vorgaben aus der Vernunft zu gewinnen und Anregungen eigenständig weiterzuentwickeln. Schließlich sind sie durch ihre Ausbildung besonders begabt, technische Geräte zu erfinden, wenn sie auch von der allgemeinen Verpflichtung der Utopier, ein Handwerk auszuüben, befreit sind.[34] Für die Fürsten, die selbst Gelehrte sind, werden damit technische Fertigkeiten zu einem festen Bestandteil ihres Wissens, zudem verschiedene Disziplinen der Naturwissenschaften wie die Arithmetik, die Geometrie, die Astronomie und die Musik, die Erasmus explizit aus dem herrschaftsrelevanten Teil der Philosophie ausgeschlossen hatte. Es genügt nicht mehr, daß die Herrscher Gerechtes und Ungerechtes voneinander zu scheiden vermögen, wie es die Fürstenspiegel mehrheitlich lehren; auch die humanistische Bildung, die Kenntnis der griechischen und lateinischen Autoren, ist nicht mehr ausreichend. Vielmehr werden nun Kenntnisse vorausgesetzt, die alles überschreiten, was bisher zu den Herrschertugenden zählte. Hier kommt hinzu, daß sich bereits der Tugendbegriff in Utopia maßgeblich von demjenigen unterscheidet, der im 16. Jahrhundert üblich ist. Orientiert sich nämlich zur Zeit Thomas Morus' die Moralphilosophie noch stark an Aristoteles und versteht Tugend dementsprechend primär als Gerechtigkeit,[35] so ist in Utopia nur das tugendhaft, was zugleich naturgemäß ist. Naturgemäß aber ist all das, was der Natur des Menschen entspricht, und die Natur des Menschen ist vernünftig. Dem naturgemäßen Leben stehen alle »unvernünftigen« Traditionen und Gewohnheiten entgegen, die die Menschen sich selbst geschaffen haben und die ein friedliches und erfülltes Zusammenleben verhindern.

Mit seiner Gegenüberstellung von »natürlich« und »unnatürlich« spielt Morus deutlich auf das England seiner Zeit an. Als er 1516 seine Utopie schreibt, ist der Autor, der später dem Geheimen Kronrat Heinrichs VIII. angehören wird, noch nicht in den ganz hohen politischen Ämtern vertreten. Und sein Blick auf die Gesellschaft registriert eine Unzahl von Mißständen. Wirtschaftlich befindet sich England am Abgrund. Bettler und Diebe bedrohen den inneren Frieden. Durch den Beginn von Einhegungen und die schrankenlose Ausdehnung des Handels mit Schafwolle verlieren viele Pächter ihr Land und werden zu Tagelöhnern. Die Getreidepreise und die Armut steigen.[36] Morus empfindet den Zustand nicht nur als bedrohlich, sondern als zutiefst unnatürlich. Die Menschen sind sich selbst entfremdet. Sie sind von Affekten beherrscht, die ihnen nicht gut tun; falsche Werte und künstliche Übereinkünfte bestimmen ihr Leben. Ihnen stellt Morus die Utopier entgegen, deren Leben ihrer gottgegebenen Natur entspricht und denen alle unnatürlichen Gewohnheiten fremd sind. Ein fester Bestandteil des naturgemäßen Lebens aber ist die Auseinandersetzung mit der Natur und dem Kosmos. Sie, die »Betrachtung des Wahren« (»contemplatio veri«), wie es im Text heißt, bereitet den Utopiern nicht nur Freude, sondern ist ihnen auch eine Verpflichtung.[37] Gott nämlich habe »nach Art anderer Künstler den sehenswerten Bau dieses Weltalls den Menschen zur Betrachtung vor Augen gestellt und ihnen allein die Fähigkeit gegeben, ein solches Werk zu erfassen; er habe darum einen wißbegierigen und aufmerksamen Betrachter und Bewunderer seines Werkes lieber als einen, der wie ein vernunftloses Tier ein so erhabenes und so wunderbares Schauspiel stumpf und unbewegt übersieht.«[38]

34 Ebd., 69 sowie 78–79.

35 Vgl. hierzu z.B. Budé, Le livre de l'Institution du Prince, hg. von Marin, 92–93. Zu Aristoteles vgl. Nikomachische Ethik, V, 1129b.

36 Morus, Utopia, Übers. Heinisch, 24–28.

37 Zum Verständnis von Freude und Lust bei den Utopiern vgl. Morus, Utopia, Übers. Heinisch, 72–75. Zur Betrachtung des Wahren vgl. ebd., 75.

38 Ebd., 79.

Abb. 135: Aus: Thomas Morus, Utopia (1518)

Der Mensch hat also als vernünftiges Wesen die Aufgabe, seine Vernunft auch zu gebrauchen und wißbegierig und aufmerksam das göttliche Werk zu erfassen und zu bewundern. Oder anders gesagt: Er soll die Sterne und die Planeten studieren, und er soll berührt sein von der Kunstfertigkeit ihres Baumeisters. Wissen wird in Utopia zum allgemeinen Gut. Bereits die Kinder werden in die Geheimnisse der Natur eingeweiht, die Erwachsenen nutzen ihre Freizeit zur geistigen Weiterbildung; Erziehung (»ducatio«), Lehre (»doctrina«) und Literatur (»literi«) prägen deren Auffassungen über den Staat und die Gesellschaft.[39] Wissen zu erwerben, ist tugendhaft, das Wissen selbst macht den Menschen vollkommen, und der Gelehrte, der dem göttlichen Auftrag mit besonderer Sorgfalt nachkommt, wird zum Inbegriff von Tugend und Vollkommenheit. So wird verständlich, warum der Fürst in Utopia verständig in der Naturforschung sein muß. Denn gerade er muß als Vorbild für seine Untertanen dem Bild menschlicher Vollkommenheit nacheifern, muß den vollkommenen Menschen repräsentieren, und er tut dies nur, wenn er

39 Ebd., 55 und 68.

sein Wissen vergrößert und erforscht, was Gott ihm vor Augen gestellt hat. Zudem wird verständlich, warum nicht alles Wissen in Utopia den gleichen Stellenwert haben kann. Denn Morus unterscheidet auch in den Wissenschaften zwischen einem »naturgemäßen« und einem »künstlichen«, d.h. einem vom Menschen überflüssigerweise geschaffenen Bereich, den er ebenso ablehnt wie z.B. Wertgegenstände oder komplizierte Gesetzgebungssysteme in Gesellschaft und Politik. Als Beispiel für eine solche »künstliche« Wissenschaft sei hier die mittelalterliche Dialektik genannt, die in Utopia nirgendwo existiert und unter deren Abwesenheit dennoch niemand leidet, wie der Erzähler ironisch bemerkt.[40] Auch andere Disziplinen wie die Rhetorik und die Grammatik, die nicht nur für Morus, sondern überhaupt für zahlreiche humanistische Gelehrte des 16. Jahrhunderts Ausdruck von Manipulation und Äußerlichkeit sind, fallen unter denselben Bereich. Sie sind den Utopiern unbekannt.[41] Nur das »naturgemäße« Wissen macht in Utopia vollkommen, und nur um der Vollkommenheit willen muß der Herrscher ein Gelehrter sein. Auch hier unterscheidet sich Morus von Erasmus, der noch nach dem moralischen Gewinn gefragt hatte, den ein Herrscher aus den Inhalten bestimmter Wissenschaften ziehen würde. In Utopia spielen diese Inhalte keine unmittelbare Rolle mehr. Der Erwerb von Wissen ist hier »per definitionem« tugendhaft. Der Herrscher muß bestimmte Wissenschaften beherrschen, um dem Bild menschlicher Vollkommenheit zu entsprechen. Einen unmittelbar herrschaftsrelevanten oder gesellschaftlichen Nutzen hat sein Wissen nicht. Es ist Repräsentation, und es bleibt zunächst Repräsentation.

Auch bei Tommaso Campanella (1568–1639), dem Dominikaner und Naturphilosophen im südlichen Italien des ausklingenden 16. Jahrhunderts, ändert sich hieran nichts Wesentliches. Und doch ist das, was der Herrscher repräsentiert, anders als bei Morus, und auch die Inhalte des Wissens unterscheiden sich. Denn für Campanella ist es die Metaphysik, mit der der vollkommene Herrscher vertraut sein muß, und in der Metaphysik, wie sie Campanella versteht, verbinden sich sinnliche Naturerfahrung und übersinnliche Überhöhung, sub- und supralunarische Welt, Irdisches und Göttliches, Mensch und Universum miteinander. Nicht der aristotelische Begriff der Metaphysik, der sich scharf von demjenigen der Physik abgrenzt, zählt mehr, wie sich Campanella überhaupt deutlich von der Dominanz des aristotelischen Systems in den Wissenschaften distanziert, sondern die Naturauffassung des Bernardinus Telesius (1509–1588), desjenigen Philosophen, dem Campanella nie begegnet und der doch früh sein gesamtes Denken bestimmt. Seinetwegen wird der Dominikaner 1594 erstmals wegen unorthodoxer Ansichten verhaftet. Doch nicht nur Telesius bringt Campanella in Schwierigkeiten mit seinem Orden und der Inquisition. Campanella ist auch in politische Unruhen verwickelt. 1599 wird er in Neapel der Verschwörung gegen die Spanier – Süditalien gehört seinerzeit zum spanischen Imperium – verdächtigt und kann sich der Todesstrafe nur entziehen, weil er geistige Verwirrung vortäuscht. Lange Jahre der Kerkerhaft folgen, 1626 die Verlegung nach Rom. Erst 1629 gelingt mit Hilfe des Papstes, der sich in Vorahnung neuer Machtverhältnisse in Europa von Spanien weg orientiert, die Befreiung aus den spanischen Kerkern und die Flucht nach Frankreich. Unter Campanellas Schriften finden sich neben philosophischen Abhandlungen auch die Konstruktion einer spanischen und einer französischen Universalmonarchie, zudem eine Verteidigung für Galileo. Er stirbt 1639 in Paris.

40 Ebd., 69.
41 Lehrbücher zur Grammatik werden den Utopiern allerdings später mitgebracht. Vgl. hierzu ebd., 79.

Die »Sonnenstadt« (»Civitas Solis«) wird erstmals 1623 in Frankfurt gedruckt. In der lateinischen Ausgabe trägt sie den Untertitel: »Idee eines philosophischen Staates« (»Idea reipublicae philosophicae«). Der kurze Text ist die Summe von Campanellas Denken, die Konstruktion eines Staates auf der Grundlage der Physik und Metaphysik, wie sie Campanella in seinen beiden Hauptwerken darstellt.[42] Er beruht auf einem trinitarischen Weltverständnis. Es gibt drei Prinzipien des Seins, denen drei Prinzipien des Nichtseins dualistisch gegenüberstehen. Die drei Prinzipien des Seins sind die Macht, die Weisheit und die Liebe, diejenigen des Nichtseins die Ohnmacht, die Unwissenheit und die Zwietracht.[43] Die Macht, die Weisheit und die Liebe sind zugleich die Personen der göttlichen Trinität.[44] Bereits Erasmus hatte die göttlichen Eigenschaften als Herrschertugenden gepriesen. Bei Campanella nun sind sie bestimmend für die Dreiteilung der Herrschaft in der Sonnenstadt. Dem Herrscher (Sol) unterstehen die politischen Würdenträger Pon (»Potentia«, Macht), Sin (»Sapientia«, Weisheit), Mor (»Amor«, Liebe). Jeder dieser Würdenträger ist für bestimmte Aufgaben vorgesehen und muß bestimmte Kenntnisse mit in sein Amt bringen. So ist der Pon für den Umgang der Sonnenstaatler mit anderen Völkern zuständig, der Sin für die Wissenschaft im Sinne einer Kenntnis der Sonnenstaatler über sich selbst und ihr Umfeld und der Mor für den Umgang der Sonnenstaatler untereinander. Der Herrscher selbst wiederum muß alle Aufgaben und Kenntnisse des Pon, Sin und Mor in sich verbinden. Er muß, dem göttlichen Urbild entsprechend, Einheit und Dreiheit zugleich sein.[45] Was sein Wissen anbetrifft, so muß er nicht nur die Geschichte der Völker, der Staaten, der Religionen, der Erfindungen und der Künste genau kennen, sondern er muß auch generell mit den Künsten und den Handwerken vertraut sein, die Physik, die Mathematik und – dies ist grundsätzlich neu innerhalb der Wissenschaften – die Astrologie beherrschen, zudem die Metaphysik und die Theologie. Campanella schreibt über ihn: »Niemand aber gelangt zur Würde des Sol, der nicht die Geschichte aller Völker kennt, ihre Sitten und Gebräuche, ihre Religionen und ihre Gesetze, die republikanischen und die monarchischen Einrichtungen, ferner die Gesetzgeber und Erfinder der Künste und Gewerbe, die Ursachen und Gründe der Erd- und Himmelserscheinungen. Ebenso verlangen sie [i.e. die Solarier] von ihm die Kenntnis aller Handwerke [...], außerdem auch der Physik, Mathematik und Astrologie. Nicht so groß dagegen ist ihre Sorge um die Kenntnis der Sprachen, da sie ja viele Dolmetscher haben, die in ihrem Staate Grammatiker heißen. Vor allem aber muß jener Metaphysik und Theologie beherrschen, den Ursprung, die Grundlagen und die Beweise aller Künste und Wissenschaften kennen, die Übereinstimmungen und Verschiedenheiten der Dinge, die Notwendigkeit, das Schicksal und die Harmonie der Welt, die Macht, die Weisheit und die Liebe Gottes und seiner Werke, die Stufenfolge des Seienden, seine Zusammenhänge mit den Erscheinungen des Himmels, der Erde und des Meeres und mit den Gedanken Gottes, soweit dies sterblichen Menschen zu wissen vergönnt ist. Schließlich muß er sich auch mit den Propheten und der Astrologie beschäftigt haben.«[46] Findet sich in der Sonnenstadt eine Person, die den Herrscher an Wissen übertrifft, so muß dieser seine Führungsrolle abgeben.[47]

Auch der Herrscher in der »Sonnenstadt« ist also Philosoph, aber seine Philosophie ist Metaphysik, und seine Metaphysik ist eine Lehre, in der eben nicht nur das, was »oberhalb« der Physik liegt, sondern auch die Physik selbst

Abb. 136: Tommaso Campanella (1568–1639)

42 Vgl. hierzu Tommaso Campanella, Realis philosophiae epilogisticae partes quatuor, Frankfurt a.M. 1623 und Ders., Universalis philosophiae seu Metaphysicarum rerum, iuxta propria dogmata, partes tres, libri 18, Paris 1638 (abgeschlossen 1619). Die »Sonnenstadt« wird erstmals als Anhang der »Realis Philosophia« gedruckt. Zur Metaphysik als dem »politischen Grundgesetz« in der Sonnenstadt vgl. Kurt Flasch, Poesie-Philosophie-Politik: Tommaso Campanella, in: Tommaso Campanella, Philosophische Gedichte. Italienisch-Deutsch. Ausgewählt, übers. und hg. von Thomas Flasch, mit einleitendem Essay und Kommentar von Kurt Flasch, Frankfurt a.M. 1996, 11–95, hier 50.

43 Vgl. hierzu auch das Gedicht »Delle radici de' gran mali del mondo« – »Die Wurzeln der Weltübel«, in: Tommaso Campanella, Philosophische Gedichte, hg. und übers. von Thomas Flasch, 110–111. Den Dualismus von Sein und Nichtsein übernimmt Campanella von Telesius.

44 Campanella schreibt: »Erstaunlich ist, daß auch sie [i.e. die Solarier] Gott in der Dreifaltigkeit anbeten, indem sie sagen: Gott sei die höchste Macht, aus dieser gehe die höchste Weisheit hervor, die gleichfalls Gott sei, und aus diesen beiden die Liebe, die sowohl Macht als auch Weisheit sei.« (Ders., Der Sonnenstaat, Übers. Heinisch, in: Heinisch (Hg.), Der utopische Staat, 111–169, hier 159.)

45 Der Sol wird aus den Reihen der Priester gewählt, die als Mittler zwischen Gott und den Menschen gelten. Die Priester aber sind alle Wissenschaftler. Vgl. hierzu ebd., 154.

46 Ebd., 126.

47 Tommaso Campanella, Monarchia di Spagna, C. X: Delle scienze per fare il Monarca e Mo-

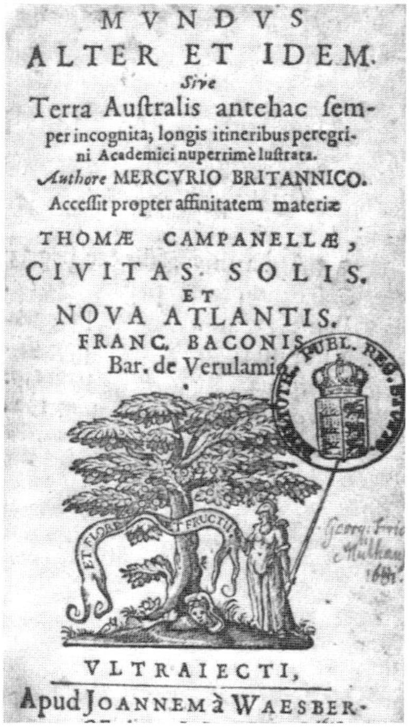
MVNDVS
ALTER ET IDEM.
Sive
Terra Australis antehac semper incognita; longis itineribus peregrini Academici nuperrimè lustrata.
Authore MERCVRIO BRITANNICO.
Accessit propter affinitatem materiæ
THOMÆ CAMPANELLÆ,
CIVITAS SOLIS.
ET
NOVA ATLANTIS.
FRANC. BACONIS
Bar. de Verulami[o].
VLTRAIECTI,
Apud JOANNEM à WAESBER-

Abb. 137: Verschiedene Utopien in einer Ausgabe von 1643

aufgeht, zudem die Theologie und die mechanischen Künste. Campanellas Abwendung von Aristoteles schließt den Bruch mit dessen rigoroser Trennung zwischen Natur und Kunstwerk ein, und sie äußert sich eben in dieser neuen Wertschätzung, die den mechanischen Künsten zuteil wird.[48] Letztere wird auch dort sichtbar, wo die Aufgabenbereiche des Sin beschrieben werden. Unter den Beamten, die dem Sin unterstehen, finden sich Vertreter sowohl der freien wie auch der mechanischen Künste: ein Astrologe, ein Kosmograph, ein Arithmethiker, ein Geometer, ein Historiograph, ein Poet, ein Logiker, ein Rhetor, ein Grammatiker, ein Arzt, ein Physiologe, ein Politiker und ein Moralist.[49] Der Metaphysikus als Überhöhung des Sin muß die Nebeneinanderstellung von Kunst und Natur in seinen eigenen Kenntnissen wiederholen. Gleichzeitig muß er nicht nur über theoretisches Wissen, sondern auch über Kenntnisse im Umgang mit den Rohstoffen der Natur verfügen, denn Wissen wird in der Sonnenstadt durch sinnliches Erfahren erworben: durch Sehen (Bilder), Hören (Verse) und Tasten (Proben). Dies korrespondiert mit dem Erziehungssystem: Die Kinder lernen die Wissenschaften, indem sie ihnen durch Bilder und Verse auf den sechs Mauern, die den Tempel des Sonnenstaates umgeben, vermittelt werden. Hier sind gleichsam enzyklopädisch und in einer allgemein verständlichen Weise die wichtigsten Wissensgebiete vorgestellt. Zudem sind Proben vorhanden. Hingegen gibt es nur ein Buch des Wissens,[50] denn durch die Lektüre von Büchern »wird der Mensch träge, da er ja nicht die Dinge selbst betrachtet, sondern die Worte der Bücher und in toten Zeichen das unklare Wesen der Dinge nachbildet. Demnach begreift er auch nicht, auf welche Weise Gott die Welt regiert, ebensowenig die Gesetze und Werte der Natur und der Völker.«[51] Der Verbreitung von Buchwissen steht in der Sonnenstadt das Studium der Naturphänomene gegenüber. Wissen ist hier nicht mehr die Kenntnis bestimmter Texte oder Autoren, sondern die Einsicht in die Dinge selbst.

Wissenschaft umfaßt also bei Campanella alle modernen experimentellen Methoden, zugleich alle sinnlichen Wahrnehmungen und selbst gewonnenen Erkenntnisse über Gott und die Natur. Repräsentiert durch die Weisheit, wird sie zu einem festen Bestandteil der drei wesentlichen Eigenschaften des Herrschers. Der Gewinn, den der Metaphysikus aus ihr schöpft, sind die Bewunderung und der Respekt, die ihm von seinen Untertanen entgegengebracht werden. Dies hat nicht zuletzt auch damit zu tun, daß ein wissender Herrscher niemals grausam oder tyrannisch sein kann.[52] Doch Campanella geht weiter, denn für ihn ist die ganze Herrschaftslegitimation des Metaphysikus auf seine geistige Überlegenheit und sein Wissen gegründet. Durch sein Wissen wird der Monarch das Ebenbild Gottes, und die Ebenbildlichkeit Gottes wiederum rechtfertigt seine Herrschaft. Oder umgekehrt gesagt: Der Monarch zeichnet sich durch seine Ebenbildlichkeit Gottes aus, und diese Ebenbildlichkeit fordert universelles Wissen. Hier geht Campanella auch deutlich weiter als Thomas Morus, der nur gefordert hatte, daß sein Herrscher tugendhaft und als Mensch vollkommen sein sollte. Und doch – trotz der großen Unterschiede zwischen beiden Entwürfen – gibt es Parallelen. Wie bei Morus treten bei Campanella die unmittelbaren Inhalte der Wissenschaften hinter dem äußeren Zusammenhang von Macht und Wissen zurück. Wie bei Morus ist Wissenschaft bei Campanella zuerst göttlicher Auftrag und dient dem übergeordneten Ganzen, nicht dem Detail. Und wie bei Morus ist das Wissen des Herrschers bei Campanella universell und nicht mehr auf be-

narchia ammirabile, il che importa più que ogn'altra industria, in: Ders., Monarchie d'Espagne et Monarchie de France. Textes originaux introduits, édités et annotés par Germana Ernst, traduits par Serge Waldbaum et Nathalie Fabry, Paris 1997, 1–371, hier: 94–101.

48 Explizit erwähnt wird auch die Verachtung, die die Solarier für Aristoteles empfinden. Vgl. hierzu ebd., 161. Speziell zu Campanellas Kritik an Aristoteles vgl. M.-P. Lerner, Campanella, Juge d'Aristote, in: Platon et Aristote à la Renaissance. XVIe Colloque International de Tours, Paris 1976, 335–357.

49 Campanella, Sonnenstaat, Übers. Heinisch, 120.

50 Ebd., 120.

51 Ebd., 127.

52 Ebd., 127.

stimmte herrschaftsrelevante Bereiche begrenzt. Nur tritt das Universelle bei Campanella deutlicher in den Vordergrund, und der Aspekt der Legitimierung von Herrschaft durch Wissen wird stärker.

Doch die Auffassung von Morus und Campanella, daß ein Regent über universelle Kenntnisse in den Wissenschaften verfügen sollte, ist zu Beginn des 17. Jahrhunderts noch stark umstritten. Francis Bacon (1561–1626), englischer Lordkanzler, Naturphilosoph und selbst Autor einer Utopie, muß sich ungefähr zur gleichen Zeit wie Campanella mit der Behauptung auseinandersetzen, zu viel Gelehrsamkeit verweichliche den Herrscher, verderbe seinen Verstand und schwäche sein Durchsetzungsvermögen. Er begegnet ihr im ersten Entwurf zu seiner »Instauratio Magna«, den er als »Über die Würde und den Fortgang der Wissenschaften« (»The Advancement of Learning«, 1605) betitelt.[53] Als Beispiel für den großen Nutzen, den die Politik vielmehr aus der Wissenschaft ziehe, führt Bacon wiederum den biblischen König Salomon an, der die Gabe der Weisheit allen irdischen Gütern vorgezogen habe.[54] Salomon aber ist für Bacon nicht nur der weise Herrscher, als den man ihn aus der Bibel und den frühneuzeitlichen Fürstenspiegeln kennt, sondern er ist gleichzeitig Naturforscher.[55] Kraft der göttlichen Gabe nämlich, so Bacon weiter, habe jener »nicht allein jene treffliche Sprüche oder Aphorismen von der göttlichen und moralischen Philosophie geschrieben, sondern er hat auch die Natur=Geschichte aller Pflanzen, von der Ceder auf dem Gebürge bis zu dem Moos auf der Mauer [...] und alles deßen was lebet und webet, verfaßet«.[56] Sein Spruch: »Es ist Gottes Ehre eine Sache zu verbergen; aber der Könige Ehre ist es, eine Sache zu erforschen«, wird zur Handlungsmaxime für alle Könige.[57] Indem er die Natur enthüllt, erfüllt der König die Aufgabe, die Gott ihm auferlegt hat. Dem entspricht, daß auch die Insel Neu-Atlantis, die Utopie Bacons, in ihren Anfängen von einem weisen König Solamona – der Name ist eine deutliche Reminiszenz an den biblischen König – regiert wird, der nicht nur die Gesetze gibt, sondern der vor allem das Haus Salomons, die Stätte der Wissenschaft und der Forschung auf Bensalem, begründet.[58]

Allgemein, so Bacon, ergeben sich aus der Verbindung von Wissenschaft und Herrschaft mehrere Vorteile. Diese Vorteile kämen insbesondere dort zum Tragen, wo die Könige selbst Gelehrte seien. Im Text heißt es hierzu: »Ob wohl es scheint, daß derjenige allzusehr vor seine Parthie eingenommen gewesen, welcher den Ausspruch gethan, daß alsdenn erst die Staaten glücklich wären, wenn entweder Philosophen regierten oder Könige philosophirten; so ist doch dieses aus der Erfahrung bekannt, daß unter gelehrten Fürsten und Wächtern der Staaten die glücklichsten Zeiten gewesen. Denn obwohl die Könige selbst wie alle übrige Menschen ihre Mängel und Fehler haben, und schlimmen Affekten und Gewohnheiten unterworfen sind: so werden sie doch von dem Licht der Wißenschaften erleuchtet durch die erlangte Kenntniße der Religion, der Klugheit, der Ehrbarkeit von aller jähen und unheilbaren Ausschweifung und Vorurtheil zurück und im Zaum gehalten, als die immer ans Herz bringen, wenn auch ihre Räthe und Diener schweigen. Ja, die Vorsteher eines Volkes, und die Rathgebenden Personen, welche durch die Wißenschaften gebildet sind, gründen sich auf gründlichere Grundsäze, als diejenigen die nur durch die Erfahrung gelehrt worden sind. Da jene die Gefahren in der Ferne sehen und sie bey Zeiten abwenden, diese aber nur in der Nähe und schon vorhanden wahrnehmen, und nichts sehen,

Abb. 138: Francis Bacon (1561–1626)

53 Insbesondere heißt es dort, die Gemüter der Regenten würden durch die Wissenschaften verweichlicht, ihre Köpfe verdorben und ihr Durchsetzungsvermögen geschwächt. (Lord Franz Bacon, Über die Würde und den Fortgang der Wissenschaften. Verdeutschet und mit dem Leben des Verfaßers und einigen historischen Anmerkungen hg. von Johann Hermann Pfingsten, Pest 1783, Nachdruck Darmstadt 1966, 47).

54 Ebd., 115. Den englischen König, dem Bacon seine Schrift widmet, setzt der Gelehrte bereits zu Beginn mit dem biblischen König gleich. Ebd., 36–37. Kurz danach vergleicht Bacon denselben mit Hermes Trismegistos, der sich durch drei Eigenschaften auszeichne: die Macht des Königs, die Erleuchtung des Priesters, die Gelehrsamkeit des Weltweisen. Ebd., 38.

55 Im allgemeinen fällt das Urteil über den biblischen König in den frühneuzeitlichen Fürstenspiegeln zweideutig aus. Zum einen wird Salomon für seine Weisheit als Vorbild für alle Herrschenden hervorgehoben, zum anderen wird er durch seine moralischen Verfehlungen zum Negativexempel gemacht. Für ein Beispiel im ersten Fall vgl. z.B. den Princeps in compendio (Verfasser unbekannt), in: Notger Hammerstein (Hg.), Staatslehre der Frühen Neuzeit, Frankfurt a.M. 1995, 483–540, hier 485–487; für ein Beispiel im zweiten Falle vgl. Georg von Lauterbeck, Regentenbuch (1579), in: Duchhardt (Hg.), Politische Testamente, 301. Die Deutung Salomons als Naturforscher geht auf hermetische Traditionen zurück.

56 Bacon, Über die Würde, Übers. Pfingsten, 115.

57 Ebd. Zu der Stelle in der Bibel vgl. Sprüche 25, 2. Bacon bezieht sich auch in seinem »Neuen Organon« an zwei Stellen auf dieses Zitat. Vgl. hierzu Francis Bacon, Neues Organon. Lateinsch-Deutsch, hg. und mit einer Einleitung von Wolfgang Krohn, 2 Teilbde., 2. Aufl. Hamburg 1999, Bd. 1, Vorrede, 33 und Aphorismus 129, 269.

58 Francis Bacon, Neu-Atlantis, Übers. Hei-

als bis es ihnen auf dem Nacken liegt, wo sie sich dann auf die Behendigkeit ihres Geistes so viel einbilden, daß sie sich noch in dem wirklichen Vorfall von Gefahren entreißen und retten zu können wähnen.«[59] Die Stelle ist nicht nur deshalb von Bedeutung, weil Bacon sich in ihr explizit auf den Platonischen Philosophenkönig beruft, sondern es sind auch alle wesentlichen Aspekte zusammengefaßt, die der englische Lordkanzler seinem vollkommenen Herrscher abverlangt. Von ihnen sind die Vorzüge einer gründlichen religiösen und moralischen Erziehung, die Verfeinerung der Sitten und die Vergrößerung der Ehre Gottes durch die Wissenschaften hinreichend bekannt und müssen hier nicht noch einmal erläutert werden.[60] Aber es tritt ein neuer Aspekt hervor, der weit über das bisher Genannte hinausgeht: Der Herrscher, der zugleich Wissenschaftler ist, sieht die Gefahren für sein Land in der Ferne und wendet sie bei Zeiten ab. Was bedeutet dies?

Bacon erhebt den Anspruch, ein neues System von Wissenschaft zu begründen. Wissenschaft soll zum Instrument der Voraussicht werden, Naturforschung zum Handwerkszeug gegen den Zufall. Wirkt man dem Zufall entgegen, so gewinnt man Kontrolle, mit der Kontrolle Sicherheit. Hierzu, so Bacon, muß sich die Erkenntnis der einzelnen Dinge mit der Erkenntnis der Zusammenhänge verbinden. Erfahrungen dürfen nicht der Willkür des Zufalls überlassen, sondern müssen durch gezielte Experimente gesucht werden. Die Experimente wiederum müssen gesteuert werden, indem man zuvor die Erfahrungen ordnet. Über die ungeordneten Experimente schreibt Bacon in seinem »Neuen Organon« (»Novum Organum«, 1620), jene seien »nichts anderes, als, wie man sagt, ein Besen ohne Band und ein bloßes Herumtappen, wie es die Menschen nachts machen, wo man alles befühlt, bis man etwas zufällig auf den rechten Weg gelangt ist; wo es doch ungleich ratsamer und sicherer wäre, den Tag abzuwarten oder ein Licht anzuzünden und dann den Weg zu betreten«.[61]

Wird nun der Herrscher zum Wissenschaftler, so bedeutet dies auch für ihn, daß er neue Erfahrungen nicht nur suchen, sondern diese auf größere Zusammenhänge hin analysieren muß. Tut er dies nicht, so kann man ihn den Ärzten vergleichen, die sich an einzelnen Fällen orientieren, statt nach den Ursachen der Dinge zu suchen. Mit Blick auf sie heißt es: »Wir gestehen alle ein, daß es eine Frechheit sey, Empirikern oder Afterärzten unsern Körper und die Sorgfalt für seine Gesundheit zu übergeben; als die immer einige wenige Arzneymittel bey der Hand haben, die ihnen in allen Fällen zu dienen scheinen, und auf die sie sich bey allen Krankheiten zu verlaßen wagen, da sie doch weder die Ursachen der Krankheiten, noch die Leibesbeschaffenheit des Kranken, weder die Gefahr der Zufälle, noch eine wahre Heilungs Methode verstehen.« Ähnliches wie für den Arzt gelte aber auch für den Regenten bzw. für dessen Ratgeber, denn Bacon fährt fort: »Eben so sehen wir, daß diejenigen sehr irren, welche zu ihren Streitigkeiten und Proceßen bloße Zungendrescher gebrauchen, welche die Gerichtsschranken beßer als die Rechts=Bücher kennen, und denen der Mund so gleich zufällt, wenn man ihnen was neues, das ihnen in ihren praktischen Händeln noch nicht vorgekommen mit aller Kaltblütigkeit vorzulegen weiß: auf die nemliche Art kann es nicht anderst als höchst gefährlich seyn, wenn das Glück des Staates solchen empirischen Rathgebern [im Original: empiric statesmen] überlaßen bleibet.«[62] Bacons vehementes Auftreten gegen die Empiriker, das zunächst ungewöhnlich für den Mann scheint, der in seiner Utopie Forschungslabors aller Art einrichtet, wird

nisch, in: Heinisch (Hg.), Der utopische Staat, 171–215, hier 192. Bemerkt werden muß, daß Bacon nicht nur den alttestamentarischen König zum Gründer seiner Forschungseinrichtungen macht, sondern daß er in seinem Forschungs- und Religionsverständnis überhaupt von mittelalterlichen jüdischen Konzeptionen beeinflußt zu sein scheint. Vgl. hierzu Friedrich Niewöhner, Natur-Wissenschaft und Gotteserkenntnis: Das jüdische Modell, in: Berichte zur Wissenschaftsgeschichte 18 (1995), 79–84. Gleichwohl bleibt die Religion in Neu-Atlantis christlich geprägt.

59 Ebd., 122–123.

60 Bereits zuvor hatte Bacon betont, daß die Wissenschaft die Sitten verfeinere und den Menschen edel und anständig mache. Vgl. hierzu Ders., Über die Würde, Übers. Pfingsten, 59. An späterer Stelle erklärt er zudem, daß eine Politik, die sich auf die Kenntnisse der Wissenschaften stütze, frei von Barbarei sei. Deshalb zeugten in der Geschichte nur diejenigen Zeiten von Aufruhr, Unruhen und Revolutionen, in denen die Wissenschaften nicht gepflegt worden seien. Vgl. hierzu ebd., 138. Zu Bacons Behauptung, die Wissenschaft vergrößere die Ehre Gottes, vgl. schließlich ebd., 119.

61 Bacon, Neues Organon, Hg. Krohn, Bd. 1, Aphorismus 82, 177.

62 Bacon, Über die Würde, Übers. Pfingsten, 50–51. Vgl. hierzu auch ebd., 123, wo Bacon wiederum die Wissenschaft als eine bessere Grundlage aller Handlungen hervorhebt als die Erfahrungen.

Abb. 139: Justus Lipsius im Kreise seiner Schüler und Freunde, Gemälde von Peter Paul Rubens (1611/12)

durch den Vergleich mit den Ärzten verständlich. Noch deutlicher wird es, wenn man eine Stelle aus dem »Neuen Organon« hinzuzieht, wo Bacon die Empiriker mit den Ameisen vergleicht, die nur sammelten und verbrauchten, während auf der anderen Seite die Dogmatiker ihre Gedanken aus sich selbst entwickelten wie Spinnen ihre Netze und dabei überhaupt keine Erfahrungen zu Rate zögen. Nur die Biene, so Bacon, praktiziere ›die gesunde Mischung‹ aus beidem: »Sie zieht den Saft aus den Blüten der Gärten und Felder, behandelt und verdaut ihn aber aus eigener Kraft.« Dies sei das wirklich Gefragte. Der Arbeit der Biene nicht unähnlich aber sei »das Werk der Philosophie; es stützt sich nicht ausschließlich oder hauptsächlich auf die Kräfte des Geistes, und es nimmt den von der Naturlehre und den mechanischen Experimenten dargebotenen Stoff nicht unverändert in das Gedächtnis auf, sondern verändert und verarbeitet ihn im Geiste.«[63] So wird die Philosophie zum Vorbild für die neue Wissenschaft; aber sie wird auch zum Vorbild für die Politik. Der vollkommene Herrscher, der sein Wissen von den einzelnen Dingen mit der Analyse und der Ordnung seiner Erkenntnisse verbindet, wird zum Philosophen.[64] Salomon, von dem es heißt, er habe »Weißheit gehabt, wie Sand am Meer, als deßen Maße zwar ungeheur groß, die Theile aber unendlich klein sind«,[65] der also sowohl das Große als auch das Kleine, und zwar das alltägliche Kleine[66] wie eben das Sandkorn am Meer, zu erfassen vermocht habe, wird zum »heiligen Philosophen«.[67]

Bacons Entwürfe einer »Neuen Wissenschaft« haben eine breite Wirkung. Ihr Einfluß auf die Enstehung der ersten wissenschaftlichen Akademien des 17. Jahrhunderts, insbesondere auf diejenige der englischen »Royal Society«, darf heute als sicher angenommen werden.[68] Das Titelkupfer der Erstausgabe von Bacons »Novum Organum«, das Schiff, das durch die Säulen des Herkules hindurch in eine unbekannte Welt segelt, wird zum Symbol eines neuen Fortschrittsdenkens. Daß Bacon jedoch mit seiner »Neuen Wissenschaft« auch als einer der ersten nach einer neuen Methode politischen Handelns sucht, bleibt in der Forschung vielfach unberücksichtigt. Dabei bricht der englische Naturforscher nicht nur mit den Herrscherbildern der vorangegangenen Fürstenspiegel und Utopien, sondern wendet sich auch gegen das gängige Politikverständnis seiner Zeit. Verwiesen sei hier nur auf Justus Lipsius (1547–1606), der sicher zu den meistgelesenen politischen Autoren des späten 16. und 17. Jahrhunderts zählt und der in seiner »Politik« (1589) noch die Unmöglichkeit betont, wissenschaftliche Methoden bei der Regierung eines Landes anwenden zu wollen.[69] Bacon hingegen macht die Methode seines »Neuen Organon« auch zur Methode des Herrschers. Wissenschaftliches und politisches Denken gehen erstmals eine Verbindung ein. Die Politik selbst wird verwissenschaftlicht. Dies ist etwas grundsätzlich Neues, und es muß zu ganz anderen als den bekannten Entwürfen von Herrschaft und Regierung führen. Ein letztes Beispiel – dieses Mal aus der frühen Aufklärung – sei an dieser Stelle angeführt.

4. Regierungskunst als Wissenschaft: Der Philosophenkönig bei Christian Wolff

»Es ist bekannt, was ehemahls Plato gesagt hat, daß alsdann erst ein gemeines Wesen glückseelig seyn könne, wenn entweder Weltweise in demselben herrschen, oder diejenige, welche das Regiment darinnen führten, sich der Welt-

63 Bacon, Neues Organon, Hg. Krohn, Bd. 1, Aphorismus 95, 211 (beide Zitate).

64 Zur Voraussicht als Herrschertugend bei Bacon vgl. auch die »Neu-Atlantis«, wo es über Solamona heißt, jener sei voraussehend gewesen, sofern Menschen voraussehend sein könnten. Daher habe er die Dinge für alle Zeiten festgelegt und Neuerungen und Sittenverwirrungen vorgebeugt. Ebd., Übers. Heinisch, 192.

65 Bacon, Über die Würde, Übers. Pfingsten, 37.

66 Bacon, Neues Organon, Hg. Krohn, Bd. 1, Aphorismus 119, 247–249.

67 Ebd., Vorrede, 33.

68 Vgl. hierzu neuerdings Wolfgang Hardtwig, Von der Utopie zur Wirklichkeit der Naturbeherrschung, in: Frank-Lothar Kroll (Hg.), Neue Wege der Ideengeschichte. Festschrift für Kurt Kluxen zum 85. Geburtstag, Paderborn u.a. 1996, 217–233.

69 Wissenschaft, so Lipsius, könne nur dort wirksam sei, wo man die Ursachen der Dinge kenne. Hinsichtlich der Ereignisse auf Erden aber, die für den Herrscher und seine Handlungen von Bedeutung seien, lägen die Ursachen bei Gott und seien dem Menschen nicht verständlich. Vgl. Ders., Politicorum Libri sex, L. IV, C. 2. Hinsichtlich der erforderlichen Klugheit (»prudentia«) eines Herrschers betont Lipsius recht konventionell, jener habe sich auf die Schlichtung religiöser Auseinandersetzungen zu konzentrieren wie andererseits darauf, Kenntnisse über das Volk und das Reich zu erlangen, das er regiere. Für einen guten Überblick vgl. Gerhard Oestreich, Antiker Geist und moderner Staat bei Justus Lipsius (1547–1606). Der Neustoizismus als politische Bewegung, hg. und eingeleitet von Nicolette Mout, Göttingen 1989. Allgemeiner zur politischen Wissenschaft der Zeit vgl. Wolfgang Weber, Prudentia gubernatoria. Studien zur Herrschaftslehre in der deutschen politischen Wissenschaft des 17. Jahrhunderts, Tübingen 1992.

weisheit befleissigen würden. Und dieses ist theils an und für sich selbst wahr, theils aber wird es auch durch die Erfahrung bestättiget. Ich habe sonsten schon erinnert, daß die alten Kayser und Könige der Sineser Weltweise gewesen seyen, und unter andern den Fo Hi, der den Bau der Wissenschafften und des Chinesischen Reichs gegründet hat, und seine nächste Nachfolger deswegen gerühmet. Und diesem hat man es auch zuzuschreiben, daß die Sineser eine so vortreffliche Einrichtung in ihrem gemeinen Wesen gehabt haben, und daß dieses sehr alte Volk vor allen übrigen Einwohnern der Welt von allen Zeiten her in Verwaltung des gemeinen Wesens den Vorzug behauptet hat.«[70] Mit diesen Worten beginnt Christian Wolff (1679–1754) seine Schrift »Von den Regenten, die sich der Weltweisheit befleissigen, und von den Weltweisen, die das Regiment führen« (1730). Der Verweis auf China soll nicht irritieren; er ist zu Beginn des 18. Jahrhunderts üblich und findet sich insbesondere auch bei Leibniz, von dem Wolff ein begeisterter Anhänger ist.[71] Wolff selbst ist, als er seine Schrift schreibt, Professor für Philosophie und Mathematik an der Universität Marburg, und er arbeitet an einer Weiterentwicklung und lateinischen Darstellung seines philosophischen Systems. Wie Leibniz verfolgt er die Idee einer Mathematisierung der Welt, einer Erfassung aller Zusammenhänge mittels mathematischer Prinzipien, und die Philosophie ist es, die die Methode liefern soll.[72] So wird verständlich, daß für Wolff die Philosophie, die »Weltweisheit«, wie es in Anlehnung an das übliche Vokabular der Zeit im Text heißt, auch für die Regierung eines Landes zum zentralen Mittel und der Weltweise zum Inbegriff eines guten Herrschers wird. Wolff ist, wie an dieser Stelle ergänzt werden sollte, ein klarer Befürworter des absolutistischen Systems.

Abb. 140: Christian Wolff (1679–1754)

Wer aber ist in den Augen von Wolff ein Weltweiser? Der Marburger Professor schreibt: »Derjenige verdienet nur mit diesem Nahmen beleget zu werden, der den Grund derjenigen Dinge angeben kan, welche sind, oder seyn können. Derjenige aber kan nur den Grund der Dinge, welche sind, oder seyn können, anzeigen, welcher verstehet, und einem andern erklären kan, warum die möglichen Dinge zu ihrer Würklichkeit gelangen können, und warum in einem gegebenen Fall, vielmehr dieses, als jenes, welches eben so möglich war, würklich seye. Derjenige gibt also einen Weltweisen ab, welcher von denjenigen Dingen, deren Würklichkeit er wahrnimmt, einen Grund angibt, und andere lehret, warum nun eben diese Dinge geschehen seyen, und keine andere, und wie sie geschehen seyen.«[73] Entscheidend sind damit zwei Aspekte: Der Weltweise erkennt den Grund der Dinge, die sind und die sein könnten, und er leitet aus diesem Grund ab, warum die Dinge sind oder warum sie sein könnten. Zudem kann der Weltweise das, was er erkennt, einem anderen erklären. Auf letzteres soll hier nicht näher eingegangen werden. Wolffs Forderung nach einer verständlichen Erklärung entspricht den Maximen der Aufklärung nach einer allgemein zugänglichen Vermittlung des Wissens. Entscheidend ist vielmehr, daß der Weltweise, um die Gründe der Dinge zu erkennen und um damit auch vorherzubestimmen, welche Ereignisse unter welchen Umständen eintreten und welche nicht, Kenntnisse benötigt, die nicht mehr unmittelbar mit der Politik verbunden sein müssen. Hier nun kommt die Wissenschaft ins Spiel. Als Beispiel führt Wolff – wie auch zu Beginn seines Textes – die Chinesen an, deren Herrscher durch ihre Leistungen in der Astronomie, der Musik, der Meß- und der Arzneikunst ihren Verstand geschärft und ihr Regiment verbessert haben.[74] Doch wie stellt

70 Christian Wolff, Von den Regenten, die sich der Weltweisheit befleissigen, und von den Weltweisen, die das Regiment führen, in: Ders., Gesammelte Werke, hg. und bearbeitet von J. Ecole u.a., Bd. 21. 6: Gesammelte kleine philosophische Schriften VI (Magdeburg 1740), Hildesheim/New York 1981, 529–662, hier §1, 529–530.

71 Vgl. hierzu z.B. Gottfried Wilhelm Leibniz, Novissima Sinica historia nostri temporis illustratur, vermutlich Hannover 1697.

72 Zu diesem Philosophieverständnis bei Wolff vgl. v.a. Werner Schneiders, Deus est philosophus absolute summus. Über Christian Wolffs Philosophie und Philosophiebegriff, in: Ders. (Hg.), Christian Wolff (1679–1754). Interpretationen zu seiner Philosophie und deren Wirkung. Mit einer Bibliographie der Wolff-Literatur, Hamburg 1983, 9–30.

73 Wolff, Von den Regenten, § 5, 560.

74 Ebd., § 5, 562–563.

Abb. 141: Der chinesische Philosoph Konfuzius, französischer Stich (1687)

sich der Marburger Philosoph die Zusammenhänge zwischen astronomischen oder musikalischen Kenntnissen und politischer Herrschaft vor? Und welches Wissen ist es, das er als so entscheidend für einen Regenten beurteilt? Es lohnt sich, einen Paragraphen des Textes genauer zu untersuchen, um Wolff besser zu verstehen. In diesem Paragraphen geht es um die Frage: »Warum die Weltweisheit den Erfolg der Sachen nicht gänzlich in ihrer Gewalt hat?« Wolff erklärt in ihm, welche Bedeutung die Wahrscheinlichkeitstheorie als mathematische Disziplin für die Verwaltung eines Staates haben kann.

Grundlegend für das Verständnis dieses Paragraphen ist der Gedanke, daß jedes Ereignis sich als eine logische Schlußfolgerung aus bestimmten Gegebenheiten ableiten läßt: »[…] von einer vorzunehmenden Verrichtung wird nur durch ein Nachurtheil und also durch Hülffe eines Vernunfftschlusses, ein Entschluß gefasset, durch welchen dasjenige als ein Hintersaz aus den Vordersäzen hergeleitet wird, was geschehen soll.«[75] In anderen Worten: Wenn ich etwas (eine Verrichtung) tun will, muß ich zunächst mittels meiner Vernunft die Konsequenz (den Hintersatz) erwägen, die sich aus meiner Handlung und anderen Voraussetzungen (den Vordersätzen) ergibt, und dann überprüfen, ob sie mit demjenigen übereinstimmt, was ich erreichen will (was geschehen soll). Tut sie dies, so handele ich; tut sie dies nicht, handele ich nicht. Es geht Wolff also um ein Wissen, das die Bedeutung von Handlungen erfassen kann, indem es berechnet, welche Ereignisse diese Handlungen nach sich ziehen. Sind nun die Konsequenzen und gleichzeitig die Beurteilungen einer jeden Handlung darstellbar als logische Implikationen aus bestimmten Voraussetzungen, so muß es, Wolff zufolge, auch möglich sein, eine Systematisierung des Ganzen vorzunehmen, eine Art Tabelle anzulegen, die es schließlich erlaubt, abzulesen, was passieren könnte und was es bedeutet, wenn man dies oder jenes tut. Hierzu müßten alle möglichen Handlungen der Menschen unter allen möglichen Voraussetzungen erfaßt und hinsichtlich ihrer Konsequenzen analysiert werden. Was entstünde, wäre ein System von Lehrsätzen, »darinnen wahre Beurtheilungen, aller und jeder Handlungen enthalten seyn würden«.[76] Nun betont Wolff zwar, daß ein solches System von Lehrsätzen bisher nicht existiere und – wohl aufgrund seiner Komplexität – auch noch nicht habe zustande gebracht werden können.[77] Aber selbst wenn es eines Tages existiere, gebe es insofern ein Problem, als der Mensch in einer konkreten Situation niemals alle Voraussetzungen kennen könnte, die zum Ausgang einer von ihm durchgeführten Handlung beitrügen. Damit wäre es ihm unmöglich zu entscheiden, welcher der aufgeführten Fälle der seinige sei.[78]

Das Problem sei nur dann lösbar, wenn man die Wahrscheinlichkeitstheorie hinzuziehe. Zwar biete diese keine so sichere Methode, wie es die Ableitung einer Implikation aus einer Reihe fest gegebener Voraussetzungen sei. Aber ihre Schlüsse seien doch sicherer als bloße Vermutungen. Und zudem müsse sich derjenige, der der Wahrscheinlichkeit folge und trotzdem nicht recht behalte, keine Vorwürfe machen. Wiederum in den Worten von Wolff: »Und ob man schon keine so vollständige Erwegung der Wahrscheinlichkeit aufsezen kan, an welcher nichts fehlen sollte, also daß man von der Wahrheit niemahls abgehen sollte; so hat man doch einen doppelten Vortheil davon, wenn man die Geseze der Wahrscheinlichkeit beobachtet, welche derjenige entbehren muß, der in Verwaltung der Verrichtungen verwegen handelt, und den Erfolg nur gänzlich auf die Gunst des Glükes ankommen lässet. Denn wenn einer in seinen Verrichtungen die Geseze der Wahrscheinlichkeit beständig auf das genaueste beobachtet, so wird der Erfolg öffters sich nach Wunsch ereignen, als wenn man wider dieselben oder ohne dieselben gehandelt hätte. Hernach wenn es sich ereignet, daß der Ausgang der Sache nicht nach Wunsch erfolget so kan derjenige, der die Verrichtung unternommen hat, sich doch keine Schuld beymessen, sondern er ist frey davon, und sein Gemüthe beruhiget.«[79] Die Wahrscheinlichkeitstheorie wird also für den Herrscher zur Methode, um auch dort einigermaßen gesicherte Erkenntnisse zu erlangen, wo keine anderen mathematischen Schlüsse mehr möglich sind, und mittels dieser Erkenntnisse wiederum Handlungen zu beurteilen und zu kontrollieren. Damit aber ist das Wissen des weltweisen Regierenden nicht mehr nur ein Wissen von den Tatsachen, von den realen Gegebenheiten, son-

75 Ebd., § 10, 590.
76 Ebd., § 10, 591.
77 Ebd., § 10, 590.
78 Ebd., § 10, 591–592. Insbesondere heißt es im Text: »Dahero weis man auch nicht, was für ein Lehrsaz in einem gegebenen besondern Fall gebrauchet werden müsse. Denn da in diesem der Begriff des Vordergliedes gänzlich bestimmet seyn muß, ein Fall aber, der sich ereignet, vermöge des angenommenen, nicht gänzlich bestimmet ist; so kan man keinesweges sagen, zu was für einem Lehrsaz der gegenwärtige Fall, als ein einzeles Ding (individuum) zu seiner Art der Dinge gerechnet werden müsse.« (Ebd., § 10, 592).
79 Ebd., § 10, 593–594.

Abb. 142: *Christian Wolff, Von den Regenten, die sich der Weltweisheit befleissigen (hier in der Ausgabe von 1740)*

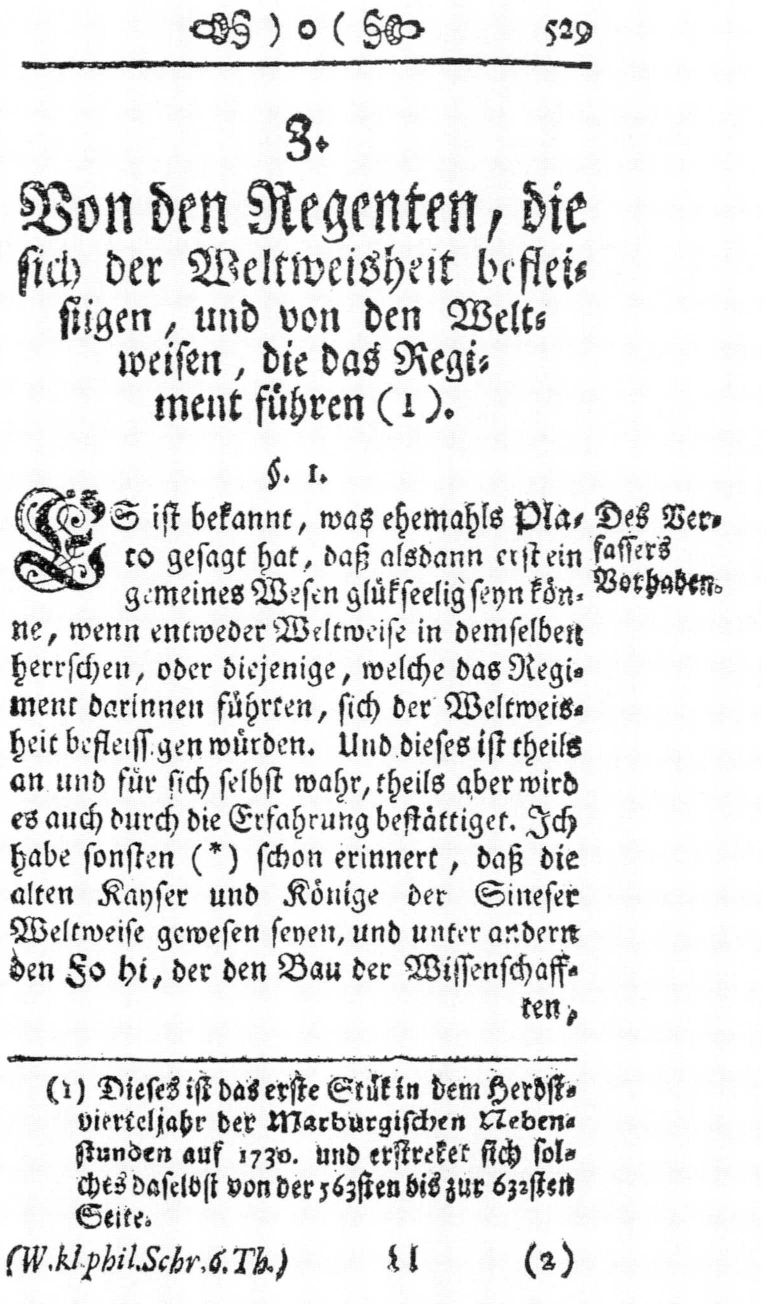
529

3.

Von den Regenten, die sich der Weltweisheit befleißigen, und von den Weltweisen, die das Regiment führen (1).

§. 1.

Des Verfassers Vorhaben.

Es ist bekannt, was ehemahls Plato gesagt hat, daß alsdann erst ein gemeines Wesen glükseelig seyn könne, wenn entweder Weltweise in demselben herrschen, oder diejenige, welche das Regiment darinnen führten, sich der Weltweisheit befleissigen würden. Und dieses ist theils an und für sich selbst wahr, theils aber wird es auch durch die Erfahrung bestättiget. Ich habe sonsten (*) schon erinnert, daß die alten Kayser und Könige der Sineser Weltweise gewesen seyen, und unter andern den Fo hi, der den Bau der Wissenschafften,

(1) Dieses ist das erste Stük in dem Herbstvierteljahr der Marburgischen Nebenstunden auf 1730. und erstreket sich solches daselbst von der 563sten bis zur 632sten Seite.

(W.kl.phil.Schr.6.Th.) Ll (2)

dern zugleich ein Wissen von den Möglichkeiten. Hier fügt sich Wolffs Auffassung über den gelehrten Herrscher in seine gesamte Philosophie. Denn auch die Philosophie ist für den Marburger Professor eine Wissenschaft, die sich von allen anderen Wissenschaften dadurch unterscheidet, daß sie sich eben nicht nur auf den Bereich der realen Gegebenheiten, sondern auch auf denjenigen der Möglichkeiten erstreckt. Sie ist diejenige Wissenschaft, die die Inhalte aller anderen Wissenschaften mit erfaßt und die Methode liefert. Für die Politik bedeutet dies: Durch die Philosophie erkennt der Herrscher nicht nur die politischen Gegebenheiten, sondern auch die möglichen Konsequenzen, die sich aus diesen Gegebenheiten in Verbindung mit seinen jeweiligen

Handlungen ergeben. Und die Kenntnis dieser Konsequenzen wiederum ermöglicht es ihm, verantwortungsbewußt zu handeln, zumal der Weltweise auch die Tugend besitzt, verantwortlich handeln zu wollen.[80] Damit ist offensichtlich, warum der Weltweise seine Kenntnisse ebenso gut aus der Astronomie wie aus der Musik oder irgend einer anderen Wissenschaft zu gewinnen vermag.[81] Es sind nicht mehr die Inhalte der Wissenschaften, die für den Herrscher von Bedeutung sind, sondern es ist die Methode, die Schulung des Denkens, die aus den Wissenschaften hervorgeht und die in der Folge auch die Politik bestimmt. Und diese Methode eben scheint, Wolff zufolge, mittels aller Wissenschaften zu erlangen zu sein, denen die Philosophie zugrunde liegt.

Wolffs Vorstellung des Philosophenkönigs als einer Inkarnation mathematischen Wissens ist sicherlich in ihrer Art und Weise einzigartig. Aber sie steht doch in einer Zeit, die dem Miteinander von Wissen und Macht eine besondere Bedeutung beimißt, und sie ist gewissermaßen der Abschluß einer Entwicklung, die aufgezeigt werden sollte. Blicken wir an dieser Stelle noch einmal zurück. Unsere Betrachtungen haben zu Beginn des 16. Jahrhunderts angesetzt. Zu dieser Zeit war das Wissen, das von einem Herrscher gefordert wurde, dominant ein Faktenwissen, das ein gerechtes Handeln ermöglichte. Der vollkommene Fürst war angehalten, die Geschichte und die Literatur auf der Suche nach »exempla« zu studieren und aus der kritischen Lektüre und der Lehre, die diese »exempla« vermittelten, seine eigenen Taten abzuleiten. Notwendig hierzu war, daß er die griechische und die lateinische Sprache beherrschte und auch sonst mit dem Kanon der klassischen Autoren vertraut war. Für die Gebiete des neuen Glaubens wurden gleichzeitig theologische Kenntnisse des Landesherren erwartet. In allen Fällen aber war es ein Wissen von Einzeldingen und hier konkret von solchen, die in unmittelbarem Zusammenhang mit den Aufgaben und Verantwortungen eines Herrschers standen, das dem Regenten abverlangt wurde. Politische Weisheit war gleichbedeutend mit einer umfassenden historischen und praktischen Erfahrung.[82] Gelehrsamkeit ohne praktischen Nutzen wurde abgelehnt.[83] Doch dann entstand etwas Neues, und in den Utopien begann sich das Bild des vollkommenen Staatsmanns von demjenigen der humanistischen Fürstenspiegel zu unterscheiden. Dieser Unterschied kam vor allem darin zum Ausdruck, daß eben nicht mehr nur das Wissen in moralischen, später ebenfalls in religiösen Angelegenheiten für die gute Regierung eines Landes vorausgesetzt wurde, nicht mehr nur die humanistische Bildung, wie sie die Renaissance forderte, sondern zugleich eine gewisse Kenntnis der Natur und ihrer Nachahmung. Diese Entwicklung deutete sich bei Thomas Morus an; sie fand aber vor allem bei Tommaso Campanella ihren Ausdruck, dessen Monarch als ein Metaphysikus und Universalgelehrter auftrat. Hier wurden sogar die mechanischen Künste in den Wissenskanon des Philosophenkönigs integriert, theoretische und praktische Teile philosophischen Wissens miteinander verbunden. Wohl gingen auch Morus und Campanella noch davon aus, daß Erziehung und Wissen Gewalt und Barbarei vorbeugen sollten, stellten beide dem gelehrten Staatsmann den Tyrannen gegenüber, aber es trat auch ein neuer Aspekt hervor. Wissen wurde zum Ausdruck von Repräsentation und so zur Legitimation von Herrschaft. Wer das Wissen verlor, verlor auch seine politische Macht. Die konkreten Inhalte der Wissenschaften traten hinter dieser anderen repräsentativen Funktion des Wissens zurück. Die

80 Daß der Weltweise zugleich auch tugendhaft sei, leitet Wolff daraus ab, daß derjenige, der die Wahrheit liebe, auch dieser Wahrheit gemäß zu handeln bestrebt sei und seine Begierden, sofern sie der Wahrheit zuwider liefen, unterdrücke. Wahrheit steht hier im Gegensatz zur Begierde. Ebd., § 12, 637.

81 In allen Wissenschaften gleichzeitig Fuß zu fassen, wie es noch Campanella gefordert hatte, hält Wolff für unmöglich. Ebd., § 5, 560.

82 Ernst Hinrichs, Fürstenlehre und politisches Handeln im Frankreich Heinrichs IV. Untersuchungen über die politischen Denk- und Handlungsformen im Späthumanismus, Göttingen 1969, 81.

83 Vgl. auch Wilhelm Kühlmann, Gelehrtenrepublik und Fürstenstaat. Entwicklung und Kritik des deutschen Späthumanismus in der Literatur des Barockzeitalters, Tübingen 1982, 341–351.

Beschäftigung mit der Naturphilosophie war in erster Linie eine göttliche Aufgabe, und sie diente zur Bewunderung des Schöpfers und zur Festigung der eigenen Position.

Für die Regierung selbst hingegen gewannen die Wissenschaften erstmals in der Mitte des 17. Jahrhunderts einen Stellenwert. Von besonderer Bedeutung war hier Francis Bacon, der Wissenschaft und Wissen in der Politik zu Werkzeugen gegen das Unvorhergesehene machte. Nun hatte sich diese Entwicklung zuvor angedeutet, und schon Campanella hatte erkannt, daß die Menschen bestimmte Wissenschaften und hier insbesondere die Astrologie beherrschen sollten, um zu lernen, daß die Welt von einer Vorsehung und nicht durch den Zufall bestimmt würde. Doch die Erkenntnis, daß eine Vorsehung existiere, war bei Campanella nicht zum Ausgangspunkt politischen Handelns geworden. Das Wissen, daß etwas geschehen würde, konnte dennoch den Verlauf der Dinge nicht ändern. Dies geschah erst später, und es geschah nicht zufällig im England des 17. Jahrhunderts. Offenbar bedrängt durch seine Gegner, die der Wissenschaft einen schlechten Einfluß auf die Politik zuschrieben, verfertigte Francis Bacon eine Verteidigungsrede, die dem Wissen generell eine neue Bedeutung für die Regierungskunst beimaß. Hierbei wurde auch das für den Herrscher geforderte Wissen ein anderes. Ging es nämlich bei Morus und Campanella noch um detailliertes Wissen von den einzelnen Dingen, so war für Bacon das Faktum allein nicht mehr von Relevanz. Vielmehr dienten die Erkenntnisse des Herrschers jetzt dazu, daß dieser durch sie frühzeitig die Konsequenzen aus seinen Handlungen ableiten und damit politischen und gesellschaftlichen Gefahren entgegenwirken konnte. Die Orientierung an den Beispielen, die die Geschichte und die Literatur lieferten, war dort nicht ausreichend, wo der theoretische Überbau fehlte, die Fähigkeit, allgemeine Zusammenhänge zu erfassen. Wie an den Arzt von der Mitte des 17. Jahrhunderts an neue Anforderungen gestellt wurden, so auch an den Staatsmann. Letzterem wurde nicht mehr der Tyrann entgegengestellt, sondern derjenige Politiker, der in den Einzeldingen »herumstocherte« und dennoch die Antworten auf die Fragen seiner Zeit schuldig blieb. Wohl war der wissenschaftliche Herrscher auch bei Bacon noch tugendhaft, doch er zeichnete sich vor allem dadurch aus, daß er vorausdachte und vorbeugend handelte. Und diese neue Konzeption war es, die die Aufklärung aufgriff.

Nicht nur für Christian Wolff, sondern für eine ganze Generation von Gelehrten war der aufgeklärte Herrscher das »modernisierte Ideal des Philosophenkönigs«.[84] Wissenschaft wurde – in der Politik wie überhaupt in allen Bereichen des Denkens und Wahrnehmens – zum Mittel gegen das scheinbar Überraschende und Unkontrollierbare. Vom Herrscher wurde erwartet, daß er das gemeine Wohl seiner Untertanen förderte und das Land vorausschauend regierte. Dem Vertrauen auf die göttliche Providenz wurde das Vertrauen in das eigene Denken und Handeln entgegengesetzt. »Philosophe« wurde im französischen Sprachgebrauch zu einem Synonym für den Bekenner einer natürlichen und vernünftigen Religion, deren Gesetze für alle verständlich waren und die die Menschen nicht voneinander trennte, sondern miteinander verband.[85] Der »Roi philosophe«, der Philosophenkönig, empfing dementsprechend seine Macht nicht von Gottes Gnaden, sondern er erwarb sie sich durch die Autorität seines Verstandes und die Qualität seiner Regierung.

84 Werner Schneiders, Die Philosophie des aufgeklärten Absolutismus, in: Hans Erich Bödeker/Ulrich Herrmann (Hg.), Aufklärung als Politisierung – Politisierung der Aufklärung, Hamburg 1987, 32–52, hier 33. Allgemein zum aufgeklärten Herrscher vgl. z.B. Harm Klueting, Der aufgeklärte Fürst, in: Wolfgang E. J. Weber (Hg.), Der Fürst. Ideen und Wirklichkeiten in der europäischen Geschichte, Köln 1998, 137–167.

85 Vgl. hierzu z.B. Bernard le Bovier de Fontenelles »Histoire des Ajaoiens« (1682), die eine solche natürliche Religion lehrt und die in der Aufklärung mit dem veränderten Titel »La République des philosophes ou Histoire des Ajaoiens« (1768) erscheint. Für eine neue Edition vgl. Ders., Histoire des Ajaoiens. Kritische Textedition mit einer Dokumentation zur Entstehung, Gattungs- und Rezeptionsgeschichte des Werkes von Hans Günter Funke, 2 Bde., Heidelberg 1982.

Abb. 143: Adolph von Menzel, Die Tischgesellschaft Friedrichs II. in Sanssouci, Detail (1850)

Christian Wolff ist in vielerlei Hinsicht repräsentativ für seine Zeit. Er ist repräsentativ, wenn er von seinem Weltweisen fordert, jener müsse das politische Schicksal seines Landes gestalten, statt sich ihm unterzuordnen. Er ist repräsentativ, wenn er die Autorität seines Herrschers an dessen Fähigkeit zu regieren mißt und die Bestimmung der Nachfolge an eben dieser Fähigkeit festmacht.[86] Und er ist repräsentativ, wenn er nicht mehr wie Campanella einen Universalgelehrten zum Herrscher kürt, sondern statt dessen die Methode, das wissenschaftliche Denken des Philosophenkönigs, in den Vordergrund stellt und betont, daß im Prinzip jede Wissenschaft dieses Denken gleichermaßen vermitteln könne. Doch Wolff ist Mathematiker und Philosoph, und die Mathematik und die Philosophie sind für ihn diejenigen Wissenschaften, die die Grundlage für alle anderen Disziplinen bilden. Wenn daher der Herrscher seine Methode auch im Prinzip aus jeder anderen Wissenschaft lernen kann, so muß er doch in jedem Falle Mathematiker und Philosoph sein, um angemessen zu regieren. Was Bacon in seinem »Neuen Organon« gefordert hatte, findet bei Wolff seinen konkreten Ausdruck. Die Mathematik hält ihren Einzug in die Politik; die Politik wird zur Wissenschaft, der Philosophenkönig zum »Wahrscheinlichkeitstheoretiker«. Seine Entwicklung zum Wissenschaftler im modernen Sinne gelangt zu ihrem Höhepunkt.

Dieser Höhepunkt aber ist zugleich der Beginn des Abstiegs. Denn die Aufklärer und mit ihnen Wolff suchen nicht mehr nach Träumen wie die Utopisten,[87] sondern sie wollen das, was ihnen als Ideal vorschwebt, auch in die Realität umsetzen. Und mit ihrem Versuch, Philosophenkönige zu erziehen, scheitern nicht nur diejenigen, die sich nach den Wissenschaftlern und Mathematikern sehnen. Kein Herrscher – weder Friedrich II. von Preußen noch Kaiser Josef II. –[88] wird den Ansprüchen gerecht, die an ihn gestellt werden, und am Ende wenden sich die Protagonisten der Aufklärung enttäuscht von ihren Vorzeige-Regenten ab. Kant formuliert es in seiner Schrift »Zum ewigen Frieden« endgültig: Unabhängiges Denken und Herrschaft sind nicht miteinander vereinbar.[89] Amt und Person des Herrschers werden von nun an voneinander getrennt. Der Gedanke der Staatsräson, einige Jahrhunderte zuvor noch heftig umkämpft, setzt sich durch. Doch selbst die Staatsräson ist in

86 Wolff bezieht sich in diesem Zusammenhang erneut auf China. Vgl. Ders., Von den Regenten, § 12, 636–637. Erasmus hatte noch betont, daß die Erziehung insofern besonders wichtig sei, weil sie dasjenige ausgleiche, was eingebüßt würde, wenn man den Herrscher eben nicht wähle, sondern durch Erbschaft bestimme. Vgl. hierzu Ders., Institutio, 113–115.

87 Wolff z.B. grenzt sich explizit von den utopischen Entwürfen und hier insbesondere von demjenigen Campanellas ab. Vgl. Ders., Von den Regenten, § 2, 531 und § 7, 579.

88 Vgl. z.B. Günter Birtsch, Der Idealtyp des aufgeklärten Herrschers. Friedrich der Große, Karl Friedrich von Baden und Joseph II. im Vergleich, in: Ders. (Hg.), Der Idealtyp des aufgeklärten Herrschers, Hamburg 1987, 9–47, hier 21–32. Zu Friedrich II. und dem Ideal des Philosophenkönigs vgl. auch Schneiders, Die Philosophie des aufgeklärten Absolutismus, 41–43.

89 Immanuel Kant, Zum ewigen Frieden. Ein philosophischer Entwurf, in: Ders., Werke in 6 Bänden, hg. von Wilhelm Weischedel, Bd. 6, Darmstadt 1964, 191–251, hier 228.

der Praxis nicht in dem Sinne mathematisch, wie Wolff dies gesehen hatte. Der »wissenschaftliche« Philosophenkönig verliert im späten 18. Jahrhundert ebenso an Einfluß wie überhaupt das ganze Platonische Bild. Auch die traditionellen Fürstenspiegel gehen in ihrer Bedeutung zurück. Und an die Stelle des aufgeklärten Monarchen tritt das Ideal des aufgeklärten Volkes.[90]

90 Schneiders, Die Philosophie des aufgeklärten Absolutismus, 44–45.

III. Repräsentation und Ordnung des neuen Wissens (1660–1730)

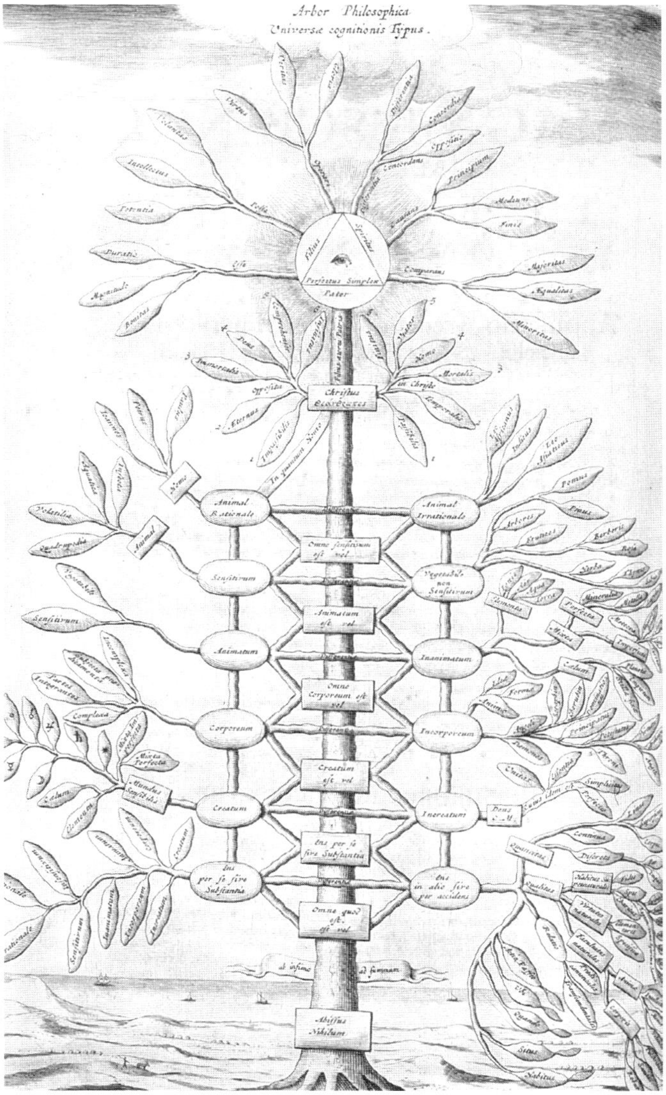

Abb. 144: Arbor Philosophica,
aus: Athanasius Kircher, Ars Magna Sciendi sive Combinatoria, Stich (1669)

Die Zeit zwischen 1660 und 1730 markierte die Blüte der europäischen Gelehrtenrepublik. Über nationale und konfessionelle Grenzen hinweg schlossen sich Wissenschaftler und Forscher zusammen, um im beständigen Austausch Projekte und Publikationen zu diskutieren. Überall wurden wissenschaftliche Akademien gegründet, die im Dienst einer neuen, von den Universitäten und ihren Strukturen unabhängigen Wissens- und Wissenschaftsorganisation stehen sollten. Denken und Arbeiten der Gelehrten waren geprägt von dem Traum einer universellen Wissenschaft, einer Lehre, die die Einzelwissenschaften verbinden und das Leben der Menschen neu gestalten würde. Als einen ersten Schritt versuchte man, die Menge der verfügbaren Informationen zu ordnen und abrufbar zu machen. Das Einzelwissen wurde in Bibliotheken und Enzyklopädien zusammengeführt, die sich so als Abbilder des Universums verstehen ließen.

Dabei erhoben die Gelehrten selbst den Anspruch, universelles Wissen zu verkörpern. Wie dies in einem konkreten Fall aussehen konnte, beschreibt der erste Beitrag **Universalwissenschaft. Ein barockes Wissensmodell aus der Perspektive des Hans von Gersdorff.** In ihm geht es um einen Adeligen aus Bautzen, der in seiner Bibliothek die verschiedensten Bücher versammelte, der die Texte durchdachte und kommentierte, mit Autoren korrespondierte, Forschungsprojekte förderte und der an der neuen Naturphilosophie ebenso viel Interesse nahm wie an theosophischen Abhandlungen, Literatur oder Kunst. Wissen diente bei ihm nicht mehr nur der Repräsentation, sondern wurde zur Grundlage seiner Selbstformung sowie seines Austauschs mit der gelehrten Welt.

Insbesondere die frühneuzeitlichen Enzyklopädien, die im Mittelpunkt des zweiten Beitrags **Wissensapparate. Die Enzyklopädistik der Frühen Neuzeit** stehen, wurden für die Gelehrtenwelt der Zeit zu entscheidenden Quellen. Wie in den Bibliotheken wurde das Wissen hier allgemein zugänglich gemacht, einem Ort zugewiesen und in einen Gesamtzusammenhang gestellt. Einige dieser Enzyklopädien werden nun vorgestellt. Dann wird verfolgt, wie sich die Ansprüche an das Wissen und dessen Verwaltung im Laufe des 17. und 18. Jahrhunderts wandelten, wie die ersten »modernen« Lexika verfaßt wurden und wie Autoren von Enzyklopädien versuchten, durch andere Formen der Darstellung mit Vorurteilen aufzuräumen und ihren Lesern neue Perspektiven zu eröffnen.

Doch im dritten Beitrag **Wissenschaft im Kampf gegen den Aberglauben. Die Debatten über Wunder, Besessenheit und Hexerei** zeigt sich, daß Erkenntnisgewinne nicht in jedem Falle Hand in Hand mit neuen Perspektiven gingen, wie insbesondere die frühen Aufklärer hofften. Vielmehr standen auch am Beginn des 18. Jahrhunderts Rationalismus und Irrationalität häufig noch nebeneinander. Gleichzeitig aber, und auch dies wird deutlich, konnte gerade das Irrationale zum entscheidenden Argument für diejenigen werden, die dafür eintraten, die Naturwissenschaft aus der Religion herauszulösen, weltliches und religiöses Wissen schrittweise voneinander zu trennen. Vor allem die Hexenverfolgungen gewannen so eine neue Bedeutung.

Von den Auseinandersetzungen und Positionen der frühen Aufklärer im Kontext des akademischen Unterrichts im 17. und 18. Jahrhundert handelt der vierte Beitrag **Ausbildung. Schule und Universität**. Er untersucht an den Beispielen der Universitäten von Königsberg und Halle, wie und in welcher Form sich hier Ablehnung und Offenheit neuen Gedanken gegenüber begegneten und manifestierten. Zudem wird ein Überblick geliefert, wie überhaupt akademisches Wissen in der Frühen Neuzeit vermittelt wurde, welche Strukturen den unterschiedlichen Schulen zugrunde lagen, welche Fakultäten sich wo gegenüberstanden und welche Lektüren man jeweils bevorzugte.

Der fünfte Beitrag **Korrespondenzen, Disputationen, Zeitschriften. Wissensorganisation und die Entwicklung der gelehrten Medienrepublik zwischen 1670 und 1730** knüpft hier an, indem er ebenfalls Aspekte der universitären Wissensvermittlung erörtert. Dabei widmet er sich insbesondere der Disputation. Nachdem diese bereits mehrfach angesprochen wurde, wird nun erklärt, welche Funktion sie für den gelehrten Diskurs in und außerhalb der Universität hatte und wie genau disputiert wurde. Daneben werden andere Formen des gelehrten Austauschs analysiert, zunächst die Korrespondenz, dann die ersten Journale, die das Wissen ebenfalls ordnen und zur Verfügung stellen sollten, gleichzeitig jedoch die Auseinandersetzung über das Wissen in einer neuen Art und Weise institutionalisierten.

Schließlich weist der letzte Beitrag **Erfinder, Forscher und Projektemacher. Der Aufstieg der praktischen Wissenschaften** noch einmal auf Bacon und dessen Postulat, Wissen zur Beherrschung der Natur einzusetzen. Er beschreibt, wie die Mathematik sukzessive in die praktischen Wissenschaften eindrang und wie technische Verfahrensweisen erstmals theoretisch erläutert wurden. Bereits im zweiten Abschnitt waren im Zusammenhang der Architektur technologische Bücher aufgetaucht, aber es war deutlich geworden, wie zwiespältig Architekten und Ingenieure zueinander standen. Jetzt wird ausgeführt, wie sich das Wechselverhältnis von Theorie und Praxis in den mechanischen Künsten ausdrückte und wie es zu ersten Kooperationen zwischen Mechanikern und Theoretikern kam.

Universalwissenschaft

Ein barockes Wissensmodell aus der Perspektive des Hans von Gersdorff

ISABELLA VON TRESKOW

ORDINE NIHIL PULCHRIUS, NIHIL FRUCTUOSIUS ESSE NEMO NON VIDET. – »Es gibt nichts Schöneres und nichts Ertragreicheres als die Ordnung, jeder sieht es, falls er nicht gerade blinder ist als Teiresias. Ordnung verschafft im weiten Schauspiel dieser Welt allem Vorhandenen Würde und ist gleichsam dessen Seele. Ordnung in der Kirche Gottes ist der Nerv des mystischen Körpers. Ordnung in Staat und Familie ist deren festester Strang. Ordnung in der Schule schließlich vermittelt – außer daß sie das Bindeglied der gelehrten Gesellschaft ist – den Lehr- und Lernvorgängen einen belebenden Geist.«[1]

Diese hymnischen Worte eröffnen Johann Heinrich Alsteds »Encyclopaedia« von 1630. Ordnung bildet die »ökonomische und anatomische Grundlage«[2] dieser größten und vollständigsten barocken Enzyklopädie. Alsted zitiert damit das neben dem Umfang wesentliche Hauptprinzip universalwissenschaftlicher Denkart, ihre Garantie, ihre Grundlage, ihr Potential. Denn für sie war methodische Ordnung ebenso wichtig wie Weitgespanntheit, Varietät und Totalitätsanspruch, der sich an der Vollkommenheit der Schöpfung orientierte. Im Bewußtsein der göttlich garantierten Möglichkeit, Einblick ins Konzept der Schöpfung zu gewinnen, in ihre innere Anlage, befand Alsted: »Die Ordnung ist die Seele der Welt und jeder Gesellschaft und Handlungsweise unter Menschen, und insoweit auch der wissenschaftlichen Bemühungen. Wenn diese aufgehoben ist, muß alles zerbrechen«, daher »ist derjenige nicht auf einem Irrweg, der geschrieben hat, daß Ordnung aus dem, was von Gott entstanden ist, ihren Namen hergeleitet hat.«[3]

Mit welcher Intention und welchen Gedanken las diese Zeilen wohl Hans von Gersdorff, Landadeliger und Gutsherr auf Weicha und Gröditz bei Bautzen, Freund und Förderer Otto von Guerickes, Besitzer einer hochwertigen Geräte- und Kunstsammlung wie einer stattlichen Bibliothek, darin die siebenbändige »Encyclopaedia«? Wissenschaftlich bis jetzt unerforscht, historiographisch kaum bekannt, gehört Gersdorff zu den prägenden Persönlichkeiten Mitteldeutschlands und wirkte als Wissenschaftsvermittler über die Landesgrenzen hinaus.[4] Seine bis heute nahezu geschlossen erhaltene, wohl verwahrte Bibliothek und Sammlung ermöglichen, an ihm just die ›Normalität‹ universalwissenschaftlichen Verhaltens genau zu studieren. Gersdorff setzte dabei eigene Akzente, auch dank seiner institutionellen Unabhängigkeit, engagierte sich z.B. für eine naturwissenschaftlich-experimentell begründete Modernisierung der Wissenschaften. Als Patronatsherrn war ihm selbstverständlich, daß Ursprung und Ordnung der Welt auf Gott zurückgehen. Die Ordnung war von Gott geschaffen, Gott währte für ihre Richtigkeit, »lesbar« im Buch der Natur und im Buch der Bücher.[5] Die Bibel als Grundfeste bildete für ihn die eine Form, in der Gott begegnet – »Aller deiner Handlungen Norm und Regel sei das Wort Gottes«,[6] notierte er häufig als Maxime auf die erste Umschlagseite frisch gebundener Bücher. Die andere war die Natur. In den »Vorbetrachtungen« Erhard Weigels zum »Speculum Uranicum oder Himmels

1 JOHANN HEINRICH ALSTED, Encyclopaedia Septem tomis distincta, Herborn 1630 (Nachdruck Stuttgart-Bad Cannstatt 1989), I, Admonitio, 1. – Die Übersetzungen aus dem Lateinischen, Griechischen und Französischen wurden, wo nicht anders angegeben, für diesen Beitrag eigens angefertigt. Die Orthographie in den Zitaten folgt durchgängig den Originaltexten.

2 Vgl. ebd., I, 1: »Tabulae numero triginta octo. Adumbrantes Oeconomiam, & velut Anatomem, hujus Encyclopaediæ«.

3 Ebd., I, Lib. IV, Didacticae, cap. III, § IX, 95.

4 Zu Hans (Johannes) von Gersdorf(f) gibt es bislang keine wissenschaftliche Forschung. Es existieren m.W. lediglich eine Lexikonnotiz von 1801, einige Beiträge in regionalgeschichtlichen Zeitschriften und die Untersuchungen für die Bautzener Ausstellung »Stiftung und Vermächtnis – Die Sammlung des Hans von Gersdorff zu Weicha und die Stadt Bautzen im 17. Jahrhundert« (2002). Die Bibliothek befindet sich im Gebäude der Stadtbibliothek Bautzen, die Gerätesammlung im Stadtmuseum Bautzen. – Für die sachkundige Unterstützung und Hilfe bei meinen Forschungen danke ich ausdrücklich Frau Barbara Kallista, Bautzen, und Herrn Dr. Claus Friedrich, Berlin.

5 Zu dem Gedanken vgl. HANS BLUMENBERG, Die Lesbarkeit der Welt, Frankfurt a.M. 1986.

6 »Omnium tuarum actionum norma et regula sit verbum Dei.« Zahlreiche Bibel-Verweise finden sich z.B. in der kabbalistisch-religiösen Handschrift »Collectanea rhetorica« [o.D.], in CASPAR SCHOTT, Technica Curiosa sive Mirabilia Artis, Nürnberg 1664, und OTTO VON GUERICKE, Experimenta Nova (ut vocantur) Magdeburgica de Vacuo Spatio, Amsterdam 1672.

Abb. 145: Johann Heinrich Alsted (1588–1638)

Spiegel« unterstrich er: »Ist aber in der gantzen WeltWeißheit ein Stück welches dem Menschen GOttes Allmacht zupreisen/und seinen Schöpffer zuerkennen vornehmlich darstellet/so ist es gewiß das jenige/welches ins gemein von der Welt/und dessen gantzen so genanten Welt=Cö[r]pern nemblich von dem grossen Erdklumpen/darauff wir wohnen/und von dem daselbst sichtbaren Himmel und seinen Sternen handelt.«[7] Was aber galt für das Unsichtbare, das mit den Augen nicht Wahrzunehmende? Gab es – irgendwo – nichts? Gerade hierfür interessierte sich Gersdorff, und gerade diese Frage stand an den Grenzen des Wißbaren. Wie sollte vom Nichts Substantielles gesagt werden? Wenn, wie im universalwissenschaftlichen Denken, »Wissen und Schöpfung kongruent«[8] waren, mußte das Nichts Probleme aufwerfen.

Anhand der Auseinandersetzung Gersdorffs mit der Frage des leeren Raums läßt sich die vielschichtige Praxis dessen, was Universalwissenschaft

7 Erhard Weigel, Speculum Uranicum Aquilae Romanae Sacrum, Das ist, Himmels Spiegel, Frankfurt 1661, Vorbetrachtungen.

8 Herbert Jaumann, Was ist ein Polyhistor? Gehversuche auf einem verlassenen Terrain, in: Studia Leibnitiana 22, 1 (1990), 76–89, 84.

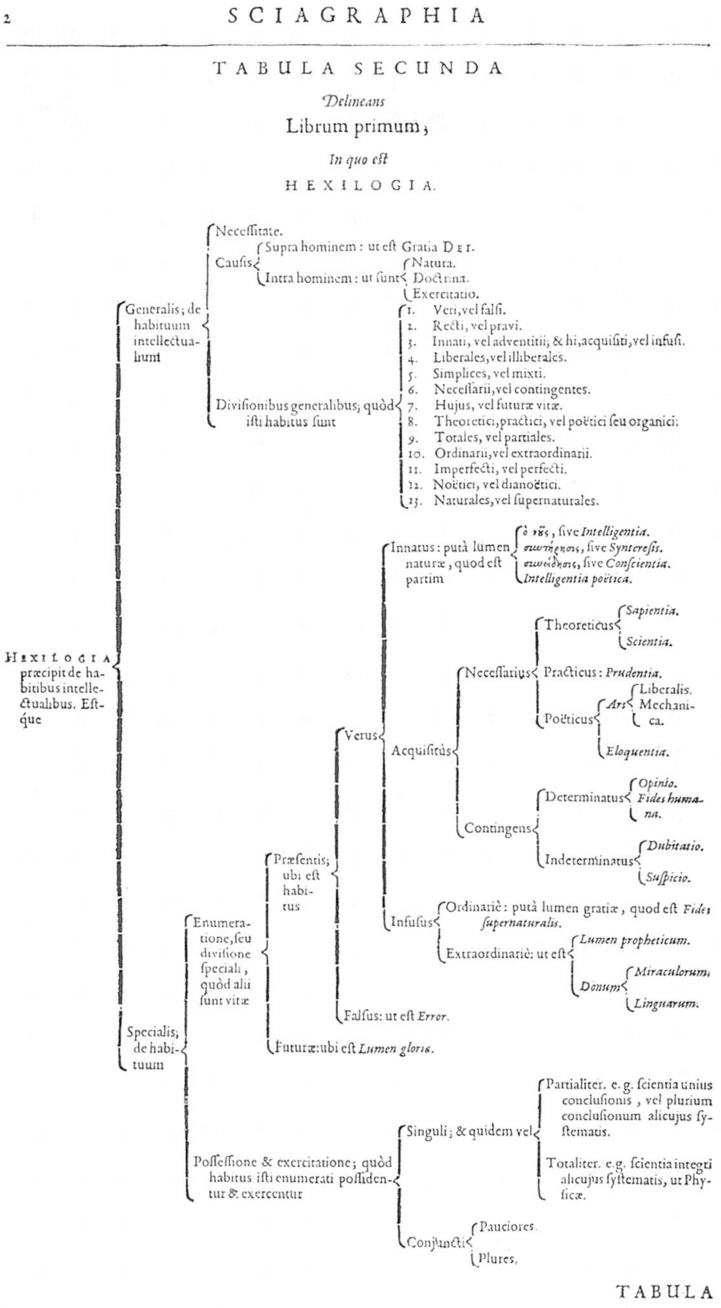

Abb. 146: Diagramm, aus: Johann Heinrich Alsted, Encyclopaedia Septem tomis distincta (1630)

im 17. Jahrhundert meinen konnte, sozusagen aus ›exzentrischer‹ Position gut rekonstruieren. Denn steht die barocke Universalwissenschaft ohnehin im Schatten des rationalistischen Paradigmas, so sind ihre kultur- und lebensgeschichtlichen Zusammenhänge fast unbekannt. Meist werden die Leistungen einzelner Personen aus den Schriften abgeleitet, überwiegt die geistesgeschichtliche Untersuchung, fallen Lebenspraxis, theoretische Vorstöße und der größere, durch den Austausch vieler charakterisierte »Denkraum, in den hinein die Werke der einzelnen konzipiert worden sind«,[9] auseinander. Die

9 Dieter Henrich, Konstellationen – Probleme und Debatten am Ursprung der idealistischen Philosophie 1789–1795, Stuttgart 1991, 17. Henrich bezieht sich hier auf den Zeitraum der Spätaufklärung. Ihm geht es, anders als in diesem Beitrag, auch darum, die genauen Umstände einer Werkgeschichte zu eruieren. Zur Nutzung des Konstellations-Begriffs für die Erforschung der Frühen Neuzeit siehe Martin Mulsow, Kulturkonsum, Selbstkonstitution und intellektuelle Zivilität: Die Frühe Neuzeit im Mittelpunkt des kulturgeschichtlichen Interesses, in: Zeitschrift für Historische Forschung 25 (1998), 529–547, bes. 543ff.

Einbettung des »Bildungs- und Überlegungsgang[s]«, der Werke und Initiativen Einzelner im Sinne der Erforschung der »Motive und Probleme der Konstellationen, innerhalb deren ein Autor sich bewegte und zur Selbständigkeit kam«,[10] ist ein im allgemeinen wie im besonderen universalwissenschaftlichen Fall vernachlässigtes Ressort. Das Beispiel Gersdorff erlaubt nun zum einen, aus der Perspektive eines Universalgelehrten der ›zweiten Reihe‹ den Blick auf das europäische universalwissenschaftliche Ideal zu werfen; seine Lebenszeit umfaßt die Hoch- und die Endphase barocker Universalwissenschaft. Es ermöglicht zum anderen, am Beispiel des Problems des Vakuums das Zusammenwirken einer spezifischen intellektuellen Konstellation um Gersdorff und Guericke zu skizzieren sowie die konkrete Arbeits- und Denkweise einer Person kennenzulernen, deren Horizont vom Alltag der sorbischen Bauern bis zu den abstrakten Ausführungen einer »Ars Magna sciendi« von Athanasius Kircher, der »Principes philosophiques« des René Descartes oder Bernard de Fontenelles »Gesprächen über die Vielzahl der Welten« reichte.

1. Ordnung, System, Methode

»Nichts Schöneres als die Ordnung« – Alsteds Diktum bestätigte und stützte gewiß das Welt- und Wissenschaftsbild Gersdorffs. Es war seit Ramón Llulls Versuch, eine Wissenschaft alles Wißbaren zu schaffen, die Idealvorstellung der barocken Scientia universalis, das ganze menschliche Wissen in einem vollständigen, nach innen stark strukturierten, nach außen begrenzten, geschlossenen System zu erfassen. Dieses Gebilde enthielt alle Tatsachen, enthielt die Möglichkeit und Fähigkeit zur Wahrnehmung dieser Tatsachen, enthielt das System zur Anordnung und Begründung von Wissen und den methodisch gangbaren Weg zur Erkenntnis, der seinerseits in engem Verhältnis zum Erkennbaren stand. Das Universum, die Natur selbst gewährleistete die Möglichkeit richtiger Wissenssicherung und Wissensbereicherung, insofern sich darin Erkenntnismittel und Erkenntnisgegenstand analog zueinander verhalten: »Wir glauben, daß es nur eine Universalwissenschaft geben kann, die uns zufrieden stellen wird, und es ist die Natur selbst, die uns vorschreibt, daß sie zu finden ist und wir dazu in der Lage sind.«[11] Gemäß der herrschenden Idee einer sich makro- und mikroskopisch entsprechenden Welt, die nach den Regeln der Relation durch Analogie, Kombination, Serie und Spiegelung gestaltet ist, suchte die Universalwissenschaft nach den Verhältnissen zwischen Einzelwissen und Gesamtwissen, Wissensvoraussetzungen und Wahrheit, Gegenstand und Intellekt, war sie Produktionsstätte von Wissenssystemen, war methodische Leitwissenschaft und stellte schließlich erkenntnistheoretische Verfahren bereit. Deswegen und wegen ihrer Herkunft aus der Rhetorik, Grammatik und Philologie befand sie sich in der Nähe der Polyhistorie als historischer und philologischer Tätigkeit und in der Nähe der Philosophie.[12] So nennt Alsted als Ziel seiner »Encyclopaedia universalis« die »Bereicherung der Philosophie« bzw. »Vervollkommnung des philosophischen Umfangs«[13] oder spricht René Descartes umgekehrt von der Philosophie als »vollkommenem Wissen von allen den Dingen, die der Mensch wissen kann, sowohl in bezug auf seine Lebensführung als auch in bezug auf die Erhaltung seiner Gesundheit und in bezug auf die wissenschaftliche Ent-

10 Henrich, Konstellationen, 13.

11 Charles Sorel, La Science universelle, Paris 1641–1644, I, 1ere partie, 2; zur Universalwissenschaft allgemein und speziell zur Idee der Möglichkeit von »Einsicht in das Konzept der Schöpfung« vgl. Wilhelm Schmidt-Biggemann, Topica universalis. Eine Modellgeschichte humanistischer und barocker Wissenschaft, Hamburg 1983, hier 134.

12 Vgl. zur Begriffsbestimmung von »Polyhistor« und »Polyhistorie« in der Frühen Neuzeit und der Differenz zu ihrem heutigen Gebrauch Helmut Zedelmaier, Von den Wundermännern des Gedächtnisses. Begriffsgeschichtliche Anmerkungen zu ›Polyhistor‹ und ›Polyhistorie‹, in: Christel Meier (Hg.), Die Enzyklopädie im Wandel vom Hochmittelalter bis zur Frühen Neuzeit, München 2002, 421–450.

13 Vgl. Alsted, Encyclopaedia, I, Vorrede: »Labor, quem hic impendius, est ultius conatus noster in philosophiâ ornandâ: […]. Necesse itaque habuimus tradere plenam seriem illarum rerum, quae faciunt ad circoli philosophici perfectionem.« Zur Nähe von Polymathia und Philosophie vgl. auch Schmidt-Biggemann, Polyhistorie, sowie Jaumann, Polyhistor, 78f.

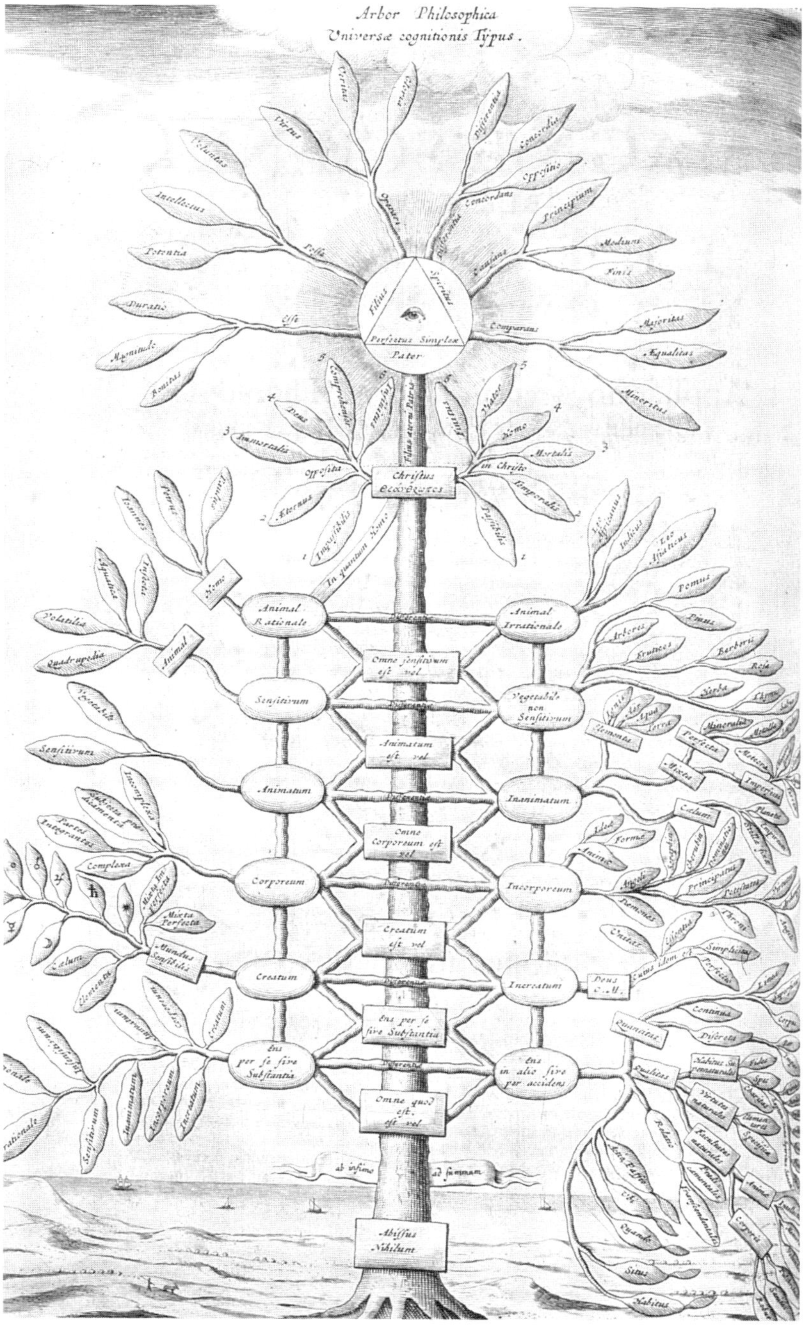

Abb. 147: Arbor Philosophica, aus: Athanasius Kicher, Ars Magna Sciendi sive Combinatoria, Stich (1669)

deckung und Erfindung«[14] – ein Satz, den Gersdorff für bemerkenswert hielt, wie die lebhaften Anstreichungen in seinem Exemplar zeigen.

Entwickelt hatte sich der Systemgedanke des 17. Jahrhunderts aus den antiaristotelischen Reflexionen des Petrus Ramus, besonders aus seiner Idee der Sammlung von Wissen nach einem einheitlichen Verfahren. Wie er erstmals 1543 in den »Dialecticae institutiones« darlegte, bestand dieses vor allem in der geregelten Disposition der Wissensbestände, die er als »Methode« vorstellte. Ramus ist damit »die erste Formulierung und Darstellung eines Begriffs von Methode« zu verdanken, »der im neuzeitlichen Sinne rationalen Charakter

14 René Descartes, Principes philosophiques, in: Ders., Œuvres et Lettres, hg. von André Bridoux, Paris 1953, Lettre de l'Auteur à celui qui a traduit le livre (Préface), 557–570, hier 557.

hatte«.[15] Die sich unter Rückgriff auf die ramistische Methodenkonzeption und Wissensdisposition in den folgenden Dezennien ausbildenden Wissenssysteme beruhten auf der Verknüpfung von topischen Loci, d.h. von Argumenten, Sachaussagen und Leitbegriffen in der Funktion qualifizierender Ordnungselemente. Zwar nannte der Philologe Johann von Wowern in seiner überblicksartigen Darstellung aller Disziplinen vornehmlich Umfang und Vielfalt als kardinale Definitionskriterien universal operierender Wissenschaft und schätzte den Lauf der Gedanken als »frei und ungebremst« ein.[16] Aber die Erkenntniswege und die Bewertung der erworbenen Kenntnisse wurden in spezifischer Weise durch die systematischen Methoden der Zeit und das erst humanistische, dann barocke topische Ordnungssystem festgelegt, wobei eine der meistverwendeten Figuren zur Bezeichnung dieser Ordnung die des Kreises ist. Es fanden sich darin sowohl der Reflexionsvorgang wie das Abbild alles Gefundenen, Erfundenen und Erschlossenen.

Das Wissensmaterial wurde in den neuen Universalsystemen nach axiomatischen Gesichtspunkten geordnet, an denen sich Definition und Urteil durchgängig und deduzierend auszurichten hatten. Das Bestreben der »topica universalis«,[17] die Einheit einer Einzelwissenschaft und die Einheit aller Wissenschaften herzustellen, führte weg vom aristotelischen Nebeneinander hin zu einem Miteinander und Ineinander der Wissenschaften, nicht nur um deren Vollständigkeit und gegenseitiger Ergänzung willen, sondern auch aufgrund des Bedürfnisses nach einem auf alle Wissenschaften anwendbaren, den Zusammenhang dadurch überhaupt erst stiftenden Verfahren.[18] Daß dieses Verfahren zunächst im Beschreiben, Beurteilen, Argumentieren, Kombinieren und Ordnen bestand, ist entwicklungsgeschichtlich zu verstehen. Aus heutiger Sicht gilt: Eines der großen Vermögen topischer, universaler Ordnung war, das Augenmerk überhaupt auf die Problematik der Bestimmung wissenschaftlicher Prinzipien gelenkt und den Boden für die weitere Beschäftigung mit den wissenschaftlichen Erkenntnisbedingungen bereitet zu haben, wie sie dann der Rationalismus mit weitreichenden Folgen betrieb.

Gegenstand universal angelegter Publikationen waren sowohl alle Wissensbereiche (artes und scientiae) des barocken Lehr- und Lernprogramms als auch neue Sachbereiche wie Metallurgie oder Chirurgie. Mit dem Ziel allgemeiner wie detaillierter Durchdringung wurde das Material stets streng klassifiziert. Alsted ordnete in seiner Enzyklopädie, die im Titel den »Kreis der Wissenschaften« aufruft und nach innen durch ein System kombinierter Kreise strukturiert ist,[19] grob nach 1. grundlegenden Prinzipien des Erkennens und Wissens (Praecognita), 2. Philologia, d.h. Grammatik, Rhetorik, Logik usw., 3. theoretischer Philosophie, 4. praktischer Philosophie, 5. Theologie, Jurisprudenz, Medizin, 6. mechanischen Künsten, d.h. Ackerbau, Gartenkunst, Viehzucht, Pharmakologie, Tabakologie, Malerei u.a., 6. »sonstigen Künsten«: Gedächtniskunst, Historie, Chronologie, Architektur, Reisekunst, Magie, Kabbala, Alchemie und anderem mehr. Er selbst hatte als Professor der Philosophie und Theologie – von 1610 bis 1619 in Herborn, von 1619 bis zu seinem Tod 1638 an der Akademie im Siebenbürgischen Weissenburg – für fast alle Wissensgebiete außer Jurisprudenz und Medizin Lehrbücher verfaßt.[20]

Andere Autoren akzentuierten und disponierten anders: nach dem Modell der sieben freien Künste, nach theoretischen, praktischen und poetischen Fächern in aristotelischer Ordnung oder nach Logik, Physik und Ethik in Anlehnung an den Stoizismus. Charles Sorel, der von der Universalwissenschaft

15 Schmidt-Biggemann, Topica universalis, 40.

16 Vgl. Johann von Wowern, De Polymathia Tractatio: Integri operis de studiis Veterum (1603), Leipzig 1665, 19.

17 Die Bezeichnung »topica universalis« prägte W. Schmidt-Biggemann (vgl. Topica universalis, bes. 1–66).

18 In diesem Sinne spricht Alsted von seiner Enzyklopaedie als »methodica comprehensio«. (Vgl. Alsted, Encyclopaedia, I, 49, Praecepta: »Encyclopaedia est methodica comprehensio rerum omnium in hâc vitâ homini discendarum. ›Itaque non immeritò appellaveris‹ Pandectas, & Universitatem disciplinarum.«) Zum barocken Systemgedanken vgl. neben Schmidt-Biggemann Ulrich Dierse, Enzyklopädie. Zur Geschichte eines philosophischen und wissenschaftstheoretischen Begriffs, Bonn 1977, bes. 18–25; Ulrich Gottfried Leinsle, Das Ding und die Methode. Methodische Konstitution und Gegenstand der frühen protestantischen Metaphysik, Augsburg 1985; Thomas Leinkauf, Scientia universalis, memoria und status corruptionis. Überlegungen zu philosophischen und theologischen Implikationen der Universalwissenschaft sowie zum Verhältnis von Universalwissenschaft und Theorien des Gedächtnisses, in: Jörg Jochen Berns/Wolfgang Neuber (Hg.), Ars memorativa. Zur kulturgeschichtlichen Bedeutung der Gedächtniskunst 1400–1750, Tübingen 1993, 1–34.

19 Vgl. hierzu Dierse, Enzyklopädie, 5f., sowie Howard Hotson, Johann Heinrich Alsted. 1588–1638. Between Renaissance, Reformation, and Universal Reform, Oxford 2000, 163ff.

20 Vgl. zu Alsteds Leben und Werk Hotson, Alsted; Leinsle, Ding, 369–393.

Ill. 1 Giuseppe Arcimboldo, Der Bibliothekar (1566)

Ill. 2 Jan van der Heyden, Zimmerecke mit Raritäten (um 1670)

Ill. 3 Hans Baldung Grien (1484–1545), Zwei Wetterhexen (1523)

Ill. 4 Hexensabbat aus der Wickiana, der Nachrichtensammlung des Johann Jacob Wick (1568)

Ill. 5 Triumphfeuerwerk bei der Hochzeit des Kurfürsten Friedrich von der Pfalz (1613)

Ill. 6 Der Physiker und Arzt Denis Papin (1647–1712)

als »globaler Kenntnis von allem, was auf der Welt ist«,[21] sprach, behandelte in bewußter Abweichung herkömmlicher Aufteilungen als Ranghöchstes erst die Dinge außerhalb des Menschen, dann die Dinge im Menschen selbst. Betitelt waren die universal-enzyklopädischen, oft als Studienanleitungen gedachten Veröffentlichungen als »Theatrum« (Theater des Lebens, der Weisheit, der Welt), »Pansophia«, »Polymathia« oder eben »Universalwissenschaft«.[22] Wie der letzte, z.B. von Sorel gebrauchte Titel verdeutlicht, überlagerten sich in der Bezeichnung »Universalwissenschaft« erstens der Begriff der Enzyklopädie als geordneter Übersicht und Zusammenstellung von Informationen, zweitens die Disposition des gesamten Wissens und Wissensbereichs, drittens der abstrakte Wissenschaftsbegriff inklusive einer epistemologischen Aussage und viertens, in ontologischer Perspektive, die Vorstellung des Abbildes des Universums.

2. Universales Interesse, intellektuelle Energie: Hans von Gersdorff-Weicha

Hans von Gersdorff bewegte sich auf einem Großteil der genannten Wissensbereiche, und dies nicht veranlaßt durch die Einbindung in universitäre, akademische oder kirchliche Institutionen, nicht als »intelligencer«, also hauptberuflicher Vermittler im Korrespondenz- und Zeitschriftenwesen der Gelehrtenrepublik, nicht als Hofgelehrter, Lehrer oder Schuldirektor, wie viele so bezeichnete Polyhistoren es waren. Die etwa 3000 Schriften umfassende Bibliothek zeigt, daß seine Interessen ihn ins Gebiet der Theologie führten, wo die Bestände nicht nur Kanonisches, sondern auch einen Schwerpunkt auf den konfessionellen Kontroversen erkennen lassen, in Medizin, Rechtskunde und Staatslehre, in Philosophie, Theosophie und Kabbalistik, Literatur, Sprachen, Geschichte, Architektur, Kriegskunst, Astronomie, Geometrie und Veterinärkunde – reich sind seine Anmerkungen in zoologischen Büchern, auch zu exotischen Arten wie Gürteltieren und Alligatoren.

Geboren wurde er am 22. Dezember 1630, vermutlich in Dresden.[23] Wo er seine Schulbildung erhielt, ob privat oder am Gymnasium, ist nicht bekannt. Vielleicht ging er zum Studium nach Jena, wo ab 1653 der oben zitierte Erhard Weigel als Professor für Mathematik wirkte, vielleicht ging er nach Ende des Studiums an den dänischen Hof, wohin er eine Empfehlung des sächsischen Kurfürsten erhielt.[24] Vermutlich unternahm Gersdorff 1659 die erste größere Reise, traditionelles Element adeliger Erziehung, nach Paris. Im selben Jahr noch heiratete er Anna von Logau, die älteste Tochter des Dichters Friedrich von Logau. Gersdorff kümmerte sich als Grundherr in erster Linie um die Verwaltung und Bewirtschaftung seiner Güter nordöstlich Bautzens, erweiterte und verkaufte sie mit Gewinn, erprobte neue landwirtschaftliche Methoden, sorgte sich um Verbesserungen in der Viehhaltung, kümmerte sich um Gesundheit und Auskommen der Untertanen, handelte nach Dokumentenlage als umsichtiger Hausherr.[25] Er scheint in finanziellen und juristischen Dingen besonders bewandert und geschickt gewesen zu sein,[26] auch auf kirchenrechtlichem Gebiet, wo er für mehr Toleranz und Lebensnähe eintrat, so u.a. in Angelegenheiten des Glaubens und der Religionsausübung seiner sorbischen Untergebenen, und wo er sich »vehement gegen kirchliche Willkür einsetzte«,[27] offenbar mit Erfolg.

21 Sorel, Science universelle, I, 2.

22 Vgl. Schmidt-Biggemann, Topica universalis; Josef Dolch, Lehrplan des Abendlandes. Zweieinhalb Jahrtausende seiner Geschichte, Damstadt 1982, 266ff.; Anthony Grafton, The Worlds of the Polyhistors: Humanism and Encyclopedism, in: Central European History, 18, 1 (1985), 31–47, 37ff.

23 Zu seiner Biographie vgl. Gottlieb Friedrich Otto, von Gersdorf, (Hanns,) auf Weicha und Gröditz, in: Ders., Lexikon der seit dem funfzehenden jahrhunderte verstorbenen und jeztlebenden Oberlausizischen Schriftsteller und Künstler, Görlitz 1801, I, 2. Abt., 461–462; Kurt Marx, Hans von Gersdorff, der Gründer der Gersdorffschen Stiftung, in: Bautzener Geschichtshefte, 14, 1 (1936), 1–4; Bernhard von Gersdorff, Sammeln, Bewahren und Lehren. Hans von Gersdorf (1630–1692) und seine Sammlungen zu Bautzen, in: Sammeln – Erforschen – Bewahren. Zur Geschichte und Kultur der Oberlausitz, hg. von der Oberlausitzischen Gesellschaft der Wissenschaften zu Görlitz/Martin Schmidt, Hoyerswerda/Görlitz 1999, 45–51; Lars Weber, Spurensuche – Skizze des Lebensweges des Hans von Gersdorff auf Weicha, in: Zwischen den Zeiten, hg. vom Stadtmuseum Bautzen, Dresden 2002, I, 29–39.

24 Vgl. hierzu Weber, Spurensuche; Marx, Hans von Gersdorff.

25 Zu Stellung und Aufgaben des patriarchalischen Hausvorstands in der Frühen Neuzeit vgl. Richard van Dülmen, Kultur und Alltag in der Frühen Neuzeit, Bd. 1: Das Haus und seine Menschen, 3. Aufl. München 1999 (Erste Auflage 1990), Kap. I, 3.

26 Vgl. hierzu Weber, Spurensuche, 33. Es existieren u.a. Belege von Schreiben an den Kurfürsten von Sachsen Johann Georg II., der sich für Gersdorffs Belange einsetzte.

27 Weber, Spurensuche, 37.

Abb. 148: Aus: Andreas Cellarius, Atlas Coelestis (1661)

Gemessen am Adel der Oberlausitz war Hans von Gersdorff durchschnittlich begütert. Daraus läßt sich schließen, daß die Einkünfte, wohl auch die Mitgift seiner Frau, zum großen Teil in seine Bildungsaktivitäten und Anschaffungen eingeflossen sind. Bücher und Geräte, Globen, Karten, Zeichnungen und Schriftstücke ließ er sich einerseits schicken, besorgte anderes auf seinen Reisen. Von 1659, möglicherweise auch schon früher, bis kurz vor seinem Tod verließ er wiederholt die Lausitz, um sich durch Deutschland und nach England, Frankreich, Holland und Italien zu begeben. Die klassischen Ausbildungsstätten barocker Gelehrtheit zogen ihn an: Leiden, Paris, London, Oxford. Gut belegt ist die Reise des Jahres 1672: Gersdorff reiste über Amsterdam nach Leiden, der Stadt Spinozas, wo er in Mathematikvorlesungen anzutreffen war, an einem geographischen Kolleg von Peter van Schoten teilnahm und sich in der italienischen Sprache wie im Spiel der Viola da gamba unterrichten ließ, wohl um seine Ausbildung als Edelmann und Gelehrter abzurunden.[28] Der Gelehrte und Forscher Ehrenfried Walter von Tschirnhaus hielt sich zur selben Zeit in Leiden auf; es scheint nicht ausge-

28 Gersdorff stand in der Bibliothek die passende Lektüre zur Verfügung: Baldassare Castiglione, Il libro del Cortegiano (1525), Baltasar Gracián, L'homme de cour (1686), Antoine Varillas, La Pratique de l'Education des Princes (1686), Reinhard Simmer, Der Gestrenge und Tapffere Edelmann/Das ist: Eines rechtschaffenen Edelmannes Tugenden und Thaten (1690). Vgl. hierzu auch Walter Schmitz, Die Stiftungsbibliothek Hans von Gersdorffs, in: Zwischen den Zeiten, I, 66–73, 69.

Abb. 149: Gersdorffsches Palais in Bautzen, erbaut von Hans von Gersdorff um 1680

schlossen, daß sich die beiden Lausitzer dort trafen. Noch im selben Jahr begab Gersdorff sich nach einem zweiten Kurzaufenthalt in Amsterdam nach Paris. Eifrig nahm er Unterricht in Geographie, Mathematik und Militärkunde, wie seine Mitschriften beweisen,[29] und setzte den Musikunterricht bei einem gewissen Dupré fort, möglicherweise jenem Laurent Dupré, der seit 1671 Lautenlehrer und »Musikordinarius«[30] des französischen Königs war. Über Rouen und Ostende begab sich Gersdorff im August nach Le Havre. Aus nächster Nähe, ja fast am eigenen Leibe lernte Gersdorff nun die »Gefahren des Seekriegs zwischen Frankreich und den Niederlanden«[31] kennen. Wie er selbst berichtet, hatte das Schiff »zwei Kaper an Bord«, »die den Deutschen nichts genommen, die Franzosen aber ganz nackend ausgezogen hätten«.[32] Den September verbrachte er in London. Auf der Rückreise nach Ostende fiel er wieder in die Hände von Freibeutern. Unversehrt und nach einigen Händeln auch wieder im Besitz seiner Habe, »das in Büchern, Kleidern und weißem Zeug bestand«,[33] besichtigte er im Oktober Brügge und fuhr dann weiter nach Rotterdam, Delft, Leiden, Harlem, Amsterdam. Nach einem kurzen Intermezzo als Beteiligter am Gefecht bei Woerden in Diensten Wilhelms III. von Oranien – wie übrigens auch Tschirnhaus –, das mit der Niederlage gegen die französischen Truppen endete, eilte Gersdorff über Amsterdam, Hamburg, Leipzig und Dresden zurück nach Bautzen, wo er am 22.

29 Vgl. »Manuscriptum mathematico-arithmeticum in Lingu. Gall. und Deutsch«.

30 Vgl. Joël Dugot, Dupré, in: Stanley Sadie (Hg.), The New Grove of Music and Musicians, London u.a. 1980, V, 733.

31 B. von Gersdorff, Sammeln, 48.

32 So Marx, Hans von Gersdorff, 2. Marx zitiert hier Hans von Gersdorff.

33 Ebd., 3.

November wieder eintraf.[34] Gerade diese Reise ist zu Recht als Beleg für die enge Koppelung von »Mobilität und Wissen in der frühen Neuzeit«[35] genannt worden.

Abenteuerlust und Wissensdurst wird man Gersdorff ohne weiteres konzedieren dürfen. Wo immer er sich befand, widmete er sich der qualitativen und quantitativen Akkumulation von Kenntnissen und Künsten, Wissenschaft im originären Sinne, und legte im Lauf der Jahre jene Sammlung an, die nicht oder jedenfalls nicht vorrangig Repräsentationszwecken genügte. Ihre Formation gibt Einblick in die geistigen Bedürfnisse und Ambitionen des »rastlos tätigen«[36] Besitzers. Die zahlreichen Grafiken – Zeichnungen, Holzschnitte, Radierungen, Flugblätter und Kupferstiche des 15., 16. und 17. Jahrhunderts, darunter 85 Kupferstiche und über 100 Holzschnitte von Albrecht Dürer – hatten als integrale Elemente seiner Sammlung bildende Funktion. Gersdorff erwarb Kenntnisse in Englisch, Französisch, Italienisch, Lateinisch, Griechisch und Hebräisch, wie u.a. seine Manuskripte und Übersetzungen zeigen. In der Bibliothek finden sich neben Schriften dieser Sprachen auch polnische, tschechische, sorbische und spanische Bücher und Handschriften. Er bezog die wichtigen Zeitschriften der Gelehrtenrepublik: das »Journal des scavants«, die »Bibliothèque universelle«, die »Nouvelles de la République des Lettres« und den »Mercure historique et politique«. Er nannte die großen Enzyklopädien und Wörterbücher sein eigen und besaß nahezu alle philosophisch bzw. naturphilosophisch wichtige Literatur, angefangen von der griechischen Klassik bis in seine Gegenwart.

Die Gersdorffsche Bibliothek war »bei seinem Tod exemplarisch und besonders zugleich«:[37] Neben unmittelbarem Nutzen z.B. für medizinische oder juristische Zwecke liegt ihre Spezifizität zum einen im naturwissenschaftlich-geographischen Sammelgebiet, zum anderen in der Orientierung an der aufkommenden »Vorbildkultur des westlichen Nachbarn«[38] Frankreich. Französisches Schrifttum aus allen Gebieten sowie Übersetzungen aus dem Französischen sind in auffällig hoher Zahl vorhanden. Gersdorff las nicht nur klassische, sondern auch zeitgenössische Autoren, wie etwa die Engländer Thomas Hobbes und Francis Bacon, auf Französisch. Seine belletristische Auswahl war insgesamt weniger auf die Antike gerichtet, wie nach herkömmlichen Gelehrsamkeitskriterien üblich, als auf die Gegenwart. Auch hier dominieren französische Veröffentlichungen.

3. Gersdorffs geistiges Labor

Einen Schwerpunkt seines wissenschaftlichen Interesses bildeten Astronomie, Kosmologie und Physik. Das Problem des Vakuums betraf alle drei. Die Frage, ob es einen leeren Raum bzw. ein Nichts gibt, wurde seit dem Mittelalter verstärkt diskutiert, ausgehend von Aristoteles' Behauptung, daß diese weder auf der Erde noch im gesamten Universum existierten. Die Theorie des ›horror vacui‹ bzw. der ›fuga vacui‹ war theologisch, philosophisch und physikalisch diffizil. Neben der Frage, ob etwas in leeren Behältnissen zurückbleibe und wenn ja, was, stellte sich die Frage nach der Allmacht Gottes in einem leeren, mithin auch von Gott freien Raum bzw. nach dem Grund, weswegen Gott einen solchen, aller Wirkmächte baren Raum geschaffen haben sollte, ob er im Nichts an- oder abwesend, ja ob das »Nichts« überhaupt »er-

34 Vgl. ebd., 2f.; Weber, Spurensuche, 35.

35 Schmitz, Stiftungsbibliothek, 66.

36 Johannes Rosenberg, [Leichenpredigt für Hans von Gersdorff], übers. von Günther Rautenstrauch, Bautzen 1692, Zeile 5: »generoso & maxime strenuo domino Hans à Gersdorff«.

37 Schmitz, Stiftungsbibliothek, 66.

38 Ebd., 67.

Abb. 150: Aristoteles, Ptolemäus und Kopernikus erörtern ihre Weltsysteme, aus: Galileo Galilei, Systema Cosmicum, Titelkupfer (1663)

schaffen« oder »unerschaffen« sei. Ursache der im 16. Jahrhundert aufbrandenden Debatte waren u.a. die Forschungsergebnisse und Thesen von Galileo Galilei, Kopernikus, Tycho Brahe und Johannes Kepler, insbesondere die genaueren Kenntnisse über die Bewegungen der Planeten und Fixsterne. Die Beschaffenheit des Raums, in dem die Himmelskörper sich bewegen, galt es neu zu ergründen, seine zeitliche Einordnung – ob er womöglich vor der Schöpfung existiert habe und die Welt mitsamt Sternen in ihn hineingestellt worden sei – zu bestimmen, seine Ränder, nach außen vielleicht durch ein Nichts begrenzt, zu definieren.[39]

Gersdorffs Lektüre- und Merktechniken zum Vakuum-Problem lassen sich im allgemeinen gut nachvollziehen, denn er war ein anstreichungs- und notizfreudiger Mensch.[40] Rückblickend erkennen wir sein geistiges Labor:

39 Vgl. zur Thematik des leeren und des unendlichen Raumes Alexander Gosztonyi, Der Raum. Geschichte seiner Probleme in Philosophie und Wissenschaften, Freiburg/München 1976, I, 1, 141–374; Edward Grant, Much ado about Nothing. Theories of Space and Vacuum from the Middle Ages to the Scientific Revolution, Cambridge 1981.

40 Daß die Gründe für Notizen faktisch schwer zu ermitteln und Deutungen daher immer vorläufig sind, muß eine solche retrospektive Betrachtung in Kauf nehmen, ebenso, daß die Reihenfolge, in der Gersdorff sich Wissen aneignete, heute schwer nachzuvollziehen ist, denn Anschaffungsdatum, Lesezeitpunkt und Bindungsjahr fallen nicht zwingend zusammen.

Großangelegte Überblickswerke, die wichtigsten astronomischen Elementarlehrbücher für den Universitätsbetrieb seiner Zeit[41] sowie Schriften von und über Galilei, Giordano Bruno, Johannes Kepler und Nikolaus von Kues ergänzte er durch Erd- und Himmelsatlanten, darunter Joan Blaeus »Atlas Maior, sive Cosmographia« von 1667, das teuerste gedruckte Buch des 17. Jahrhunderts.[42] Gersdorff durchforstete Fachlexika, die philosophisch anspruchsvolle genauso wie die popularisierende Sachliteratur, akademische Abhandlungen, eine erkleckliche Zahl mystisch-spekulativer Schriften und die Belletristik zum Thema. Das geschlossen überlieferte Material gibt uns Gegelegenheit, den Bahnen seiner ›Lectio‹ zu folgen.

Ausgangspunkt der Diskussion war die biblische Vorstellung von der Schöpfung aus dem Nichts. Andreas Cellarius sprach einleitend in der »Harmonia macrocosmicae Seu Atlas universalis et novus« vom Universum als einem aus »allen Dingen Geschaffenen, das der Höchste Erbauer aus dem Nichts hervorgebracht«[43] habe. Gersdorff hat just jene Partien dieses großen und prächtigen Werks, in welchen die Systeme des Ptolemäus, Kopernikus und Tycho Brahe vorgestellt werden, mit Randbemerkungen versehen, welche u.a. auf Erhard Weigels »Speculum Terrae« verweisen. Ähnlich verfuhr er in anderen Werken, die die bekannten Systeme vergleichen und das Problemfeld behandeln. Sowohl Sorels Roman »Histoire de Francion« (1623) und Bernard Le Bovier de Fontenelles fiktionale »Gespräche über die Vielzahl der bewohnten Welten« (1686) als auch Alain Manesson Mallets »Description de l'Univers, contenant les Differents Systemes du Monde« (1685) gehören in diese Reihe. Fontenelles »Gespräche« stellen die diversen Sonnen-, Welt- und Planetensysteme vor, diskutieren die neueste astronomische Forschung, provozieren durch die beherzte Verneinung des geozentrischen Weltbilds und gipfeln in aufrührerischen Gedankenexperimenten über intelligente Lebensformen auf fremden Planeten. Der französische Kartograph Manesson lieferte eine Darstellung der fünf Erdteile, reich mit hochwertigen Kupferstichen versehen, und die Theorien antiker und zeitgenössischer Denker. Er bevorzugt unübersehbar die »Modernen«.[44] In den Kapiteln zur »allgemeinen Sphäre« oder zur »Herstellung der Welt und den berühmtesten Ansichten über die Ordnung und Zusammensetzung der wichtigsten Teile des Universums« stellt er einzeln die meistverbreiteten Theorien vor, beginnend mit der Antike, endend u.a. bei Descartes und Pierre Gassendi.

Ein bis auf die Himmelskörper stofflich leerer Weltraum erschien den wenigsten seiner Zeitgenossen denkbar, ebenso ein vollkommen leerer irdischer Raum. Einzig Gassendi und sein Schüler François Bernier stellten die Behauptung der Existenz des Leeren als Vorbedingung jeglicher Physik auf. Ihrer Ansicht nach gab es das Leere dreifach: als unendlich leeren, unbeweglichen und von den physikalischen Prozessen im Weltraum unabhängigen Raum, als Zwischenraum innerhalb der körperlichen Welt, notwendig für die Bewegung, und als künstlich hervorzurufenden Leerraum, als ›Vakuum coacervatum‹.[45] Gersdorff informierte sich über diese Position im »Abrégé de la Philosophie de Gassendi« von Bernier, das sich im Regal in unmittelbarer Nachbarschaft von Alsteds Enzyklopädie sowie Werken von Nikolaus von Kues, Jean Bodin, Giovanni Pico della Mirandola und Francis Bacon befand.[46] Bernier schreibt, daß es ein Nichts oder Leeres durchaus geben könne, denn da Gott imstande sei, Welten jenseits der hiesigen zu erschaffen, müsse es auch »Espaces vuides« geben, in welchen diese geschaffen und plaziert wer-

41 Vgl. Jürgen Hamel, Hans von Gersdorff und die »neue Astronomie«, in: Zwischen den Zeiten, I, 74–77, 74. Gemeint sind Lehrwerke von Johannes de Sacrobosco, Johannes Blebelius und Sebastianus Theodoricus.

42 Vgl. Wolfram Dolz, Zur Entdeckungsgeschichte zu Zeiten des Hans von Gersdorff auf Weicha und dessen großer Atlas von Joan Blaeu aus Amsterdam 1667, in: Zwischen den Zeiten, I, 78–81, 80.

43 Andreas Cellarius, Harmonia macrocosmicae Seu Atlas universalis et novus totius universi creati cosmographiam generalem, et novam exhibens, Amsterdam 1660: »[…] egimus de ortu & structura totius Universi Creati, quem Summus omnium rerum creaturum Architectus ex Nihilo produxit.«

44 Alain Manesson Mallet, Description de l'Univers, contenant les Differents Systemes du Monde, Frankfurt a.M. 1685, Preface [sic]. Charles Sorels Roman besaß Gersdorff in einer Ausgabe von 1646. In Sorels »Science Universelle« ist gerade das Kapitel »Du Vide« besonders durchgearbeitet.

45 Vgl. Gosztonyi, Raum, 217.

46 Vgl. H. von Gersdorff, Catalogus Librorum Bibliothecia Gersdorffianae, [o.O., o.J.], 234f.

Abb. 151: Ein Naturphilosph erklärt einer Dame die neuen Theorien der Astronomie, aus: Bernard Le Bovier de Fontenelle, Entretiens sur la pluralité des mondes (1686)

den könnten.[47] Gott habe, so die von Gersdorff mit offensichtlicher Anteilnahme verfolgten Ausführungen, die Welt, lokal gesehen, ins Leere bzw. einen Ausschnitt der Leere gestellt und, temporal, in einen Zeitausschnitt.[48] Auch der Frage, »ob aus Nichts etwas entstehen und ob etwas zurückkehren könne ins Nichts«,[49] hat Gersdorff sich mit Eifer zugewandt wie den restlichen Seiten, während er die übrigen sieben Bände der Bernierschen Ausgabe nicht weiter beachtete.

Die von Descartes in den »Principia philosophiae« vertretene Gegenposition war Gersdorff seit seiner oben beschriebenen Paris-Reise in der französischen Übersetzung zugänglich. Ob er sie tatsächlich erst in der 1672 erstandenen Ausgabe kennenlernte, ist fraglich. Jedenfalls zeugt das vorhandene Exemplar seiner Bibliothek von intensiver Auseinandersetzung. Descartes' physikalische Theorien kannte er im übrigen nicht nur aus Originalschriften, sondern auch über Jacques Rohault, einen Pariser Mathematik- und Natur-

47 Vgl. François Bernier, Abrégé de la Philosophie de Gassendi, Lyon 1678, Bd. 1, 25f.

48 Vgl. ebd., 33–49. Die Seiten sind von Gersdorff durchgängig stark unterstrichen.

49 Ebd., 122.

wissenschaftslehrer, der seit den 1650er Jahren durch Vorträge und Abhandlungen erheblich zur Verbreitung der cartesischen Philosophie beitrug. Verweise auf Rohault durchziehen kontinuierlich zahlreiche der von Gersdorff observierten Titel zur Frage des leeren Raums. Insbesondere die Partien der »Principes philosophiques« zu den Kometen, zur Beschaffenheit der Luft und zum Nichts sind gründlich durchgearbeitet. Descartes erläutert hier, daß es kein Leeres in dem Sinn geben könne, in welchem die Philosophen davon sprächen, daß das Wort »leer« im normalen Gebrauch keineswegs Körperlichkeit ausschließe, und will Fehlmeinungen korrigieren, die bezüglich des Leeren herrschten. Er lehnte die Existenz eines Vakuums ab, da er von der ausnahmslosen Materialität des Raums überzeugt war. Von »Nichts« zu sprechen, heiße nur, »nichts« wahrzunehmen; Luft oder allerfeinste Teilchen könnten sich jedoch an einem leer scheinenden Ort durchaus befinden.[50]

Eine ähnliche Ansicht verbreitete Gottfried Voigts »Neu-vermehrter Physicalischer Zeit=Vertreiber« aus dem Kranz der von Gersdorff herangezogenen Texte. Voigt scheut sich nicht, das Problem am alltäglichen Beispiel zu demonstrieren: »So ist denn kein vacuum oder leerer Raum in der Natur? Nein. Die Bauern sagen zwar/das Faß ist leer/wenn sie es ausgesoffen; aber weise Leute urtheilen viel anders. Denn ob zwar das Bier aus dem Fasse ist/so ist doch noch Lufft darinn/wie auch andere Dünste/die dasselbe erfüllen. Und wenn man es gleich nicht sehen kann/so muß mans deßwegen nicht alsobald verleugnen. Dann es sind viel Dinge in der Welt/die wir nicht sehen/und nicht sehen können; wer wollte sie aber darumb alsobald in zweiffel ziehen oder gar verleugnen. Wer hat Gott/wer hat dir [sic] Engel/wer hat des Menschen Seele/wer hat der Pferde Seelen/wer hat den Himmel/wer hat das Wasser über demselben gesehen? und doch sind diese Dinge alle in der Natur. Also sind auch in dem leeren Fassen (wie es die Bauern nennen) noch viele Dinge verborgen/die den Raum darin erfüllen.«[51]

Voigt plädiert für die vollkommene Stofflichkeit des Raums, die auf aristotelischer Basis sowohl italienische Naturphilosophen als auch Descartes vertraten. Für Voigt gibt es keinen Leerraum in der Welt: »Ob aber ein Raum in der Welt sey/da ganz nichts/weder Lufft/noch Feuer/noch etwa andere Dinge? fragt sich nicht unbillig! Ich sage nein dazu. Denn (1) ist die Welt ein contiguum, da alles aneinanderhänget. Wenn nun ein leerer Raum darinnen/so würde dieselbe contiguitas (daß ich also rede) oder Vereinigung zertrennet werden/welches ungeräumt.« Gersdorff hielt diese seiner eigenen Warte entgegengesetzten Aussagen für bemerkenswert. Ebenso Voigts theologische Kardinalthese: »Wenn ein Vacuum in der Welt wäre/so müste es entweder erschaffen seyn oder unerschaffen. Unerschaffen ists nicht/denn Gott allein ist ein ens increatum«, ein unerschaffenes Wesen. Hier endet Gersdorffs Unterstreichung, Voigt aber fährt fort: »So ist es auch nicht von GOtt erschaffen/dieweil es einen defect oder Mangel mit sich bringet. Was aber Gott geschaffen/ist alles vollkommen ohne Mangel gewesen.«[52] Gersdorffs Voigt-Rezeption zeigt den Willen, alles, eben auch Gegenpositionen, dem Problem zuzuordnen.

Informationen zur physikalischen Seite der Sache suchte er in Fachlexika und Fachabhandlungen. Als Lexikon sei hier Gironimo Vitalis »Lexicon mathematicum astronomicum geometricum« von 1668 erwähnt, in dem Begriffe wie »Aer«, »Aether« u.ä. angestrichen sind, als physikalische Abhandlung Philipp Lohmeiers »Exercitatio Physica«, in der Gersdorff unterstrich, »daß die

50 Vgl. Descartes, Principes philosophiques, 620f. Zur genaueren Information siehe Gosztonyi, Raum, 243–249.

51 Gottfried Voigt, Neu-vermehrter Physicalischer Zeit=Vertreiber/darinne/Drey Hundert auserlesene/Lustige/Anmuthige Fragen/Aus dem Buch der Natur beantwortet, Rostock 1675, 130f.

52 Ebd., 135. Voigt reagiert hier auch auf Guericke.

Abb. 152: Joseph Wright of Derby, Experiment with the Air Pump, Öl auf Leinwand (1768)

Flucht vor der Leere, die das Volk von Zeit zu Zeit äußert, nichts anderes ist als der Druck der Schwerewirkungen der rund um die Erde hängenden Luft und dessen Beständigkeit. Deshalb, weil diese durch ihr Gewicht auf die Oberfläche des Quecksilbers, das in einem Gefäß enthalten ist, Druck ausübt, ist es nicht verwunderlich, daß das Quecksilber, das in einer Röhre hängt, wenn man den Finger wegläßt, kontinuierlich hinabsteigt, bis es die Höhe bewahrt, in welcher es mit dem äußeren Luftzylinder im Gleichgewicht ist, der die Oberfläche des Quecksilbers im Gefäß bedrängt.«[53] Lohmeier bezieht sich auf die Luftdruckexperimente, wie Blaise Pascal sie durchführte.

Die experimentell-naturwissenschaftliche Lektüre ist besonders bezüglich Robert Boyles, Caspar Schotts und Otto von Guerickes Publikationen wichtig. Während Gersdorff Schotts »Physica curiosa« von 1662, die ausladend alle Arten von Monströsem und Ungeheuerlichem vorführt, offenbar kaum goutierte, nahm er die »Technica curiosa« von 1664 konsequent durch, besonders die Kapitel zu den Experimenten Guerickes, Boyles und Torricellis, aber auch das zwölfte »Buch«, die »Cabala Hebræorum«. Er beschriftete die Versuchsskizzen und versah den Text mit lateinischen Vermerken zur Bibel, zu anderen Autoren bzw. mit abweichenden Thesen, die als Gedächtnisstützen dienten und ihm die Problematik übersichtlich machten.[54] Die so erworbene Kenntnis der Boyleschen Versuche scheint ihm genügt zu haben, denn in dessen eigenen »Nova experimenta« finden sich bis auf Unterstreichungen von Hinweisen auf Guericke keine weiteren Lesespuren.[55] Boyles »Nova experimenta« ließ Gersdorff eine »Defensio doctrinæ de elatere et gravitate aëris proposita à Rob. Boyle« und die »Paradoxa hydrostatica« von Boyle anbinden, die einige Unterstreichungen aufweisen, so bezeichnenderweise »aber wahrhaftig beruht diese Kunst insoweit nicht auf Vermutungen, sondern auf praktischer Anwendung«.[56]

Das Exemplar der »Experimenta nova« schenkte ihm Guericke selbst. Es trägt die persönliche Zueignung des Autors, das erste Buch ist eifrig durchgearbeitet. Guericke vertrat die Ansicht, innerhalb der Erdsphäre gebe es kein vollkommenes Vakuum, hingegen da, wo sie aufhöre, ein Nichts, das ledig-

53 Philipp Lohmeier, Exercitatio Physica De Artificio Navigandi Per Aerem, Rinteln 1676, 9.

54 Vgl. z.B. Schott, Technica, 30: »Differentia inter vacuum et nihilum«; viele Randbemerkungen sind teilweise abgeschnitten. Gersdorff las die Texte sehr oft vor dem Binden. Im Abschnitt über die Experimenta Magd. unterstrich er wohl bestätigend: »Philosophia ab experimentis ortum habet. In tenebris ergo venator, quicunque sine Experimentis rerum […] studet« (ebd., 6).

55 Vgl. Robert Boyle, Nova Experimenta Physico-Mechanica de Vi Aëris Elastica, Rotterdam 1669, 4–5. Luftdruck wurde als Luftschwere verstanden. Zu Boyle siehe Steven Shapin/Simon Schaffer, Leviathan and the Air-Pump. Hobbes, Boyle, and the Experimental Life, Princeton 1985.

56 Robert Boyle, Paradoxa hydrostatica novis experimentis, Rotterdam 1670, Praefatio (»verum enim vèro, non Speculativa duntaxat est haec Ars, sed Practica«).

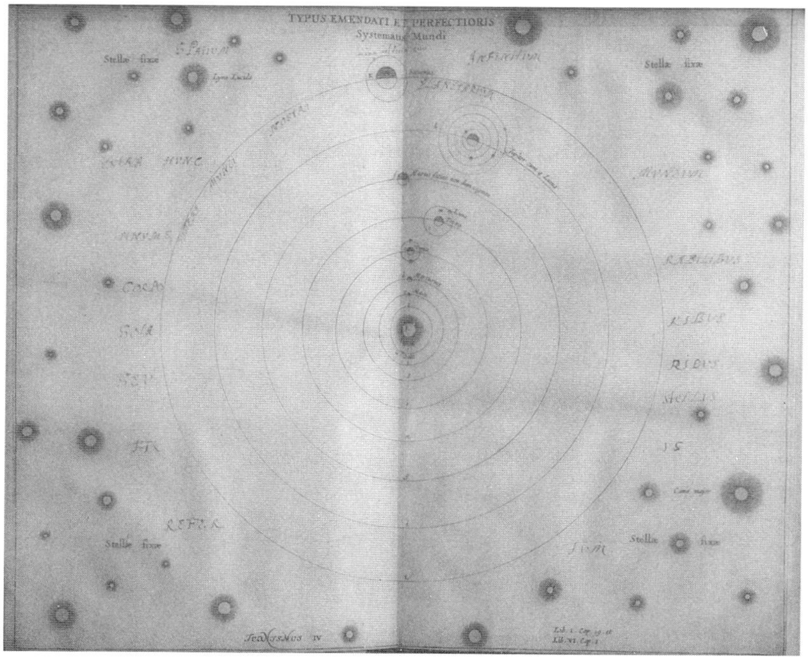

Abb. 153: Sonnensystem mit handschriftlichen Einträgen Hans von Gersdorffs, aus: Otto von Guericke, Experimenta nova (1672)

lich vorgestellt, imaginiert, werden könne und als Nichtdingliches keine Schöpfung Gottes sei, sondern unerschaffen.[57] Er widersprach in offener Polemik Descartes' Postulat der Identität von Raum und Ausdehnung. Gersdorff notierte am Rand und auf beigelegten Zetteln in Deutsch, Französisch und Lateinisch Widersprüche und Fragen sowie Vermerke über Kircher, Rohault und Vitali, auch über historische Vorgänge wie die vom Vatikan gegen Kopernikus angestrengten Prozesse.[58] Aus der Sicht eines Sterblichen interessierte er sich augenscheinlich auch für den »als Sitz der Seligen bezeichnete[n] Himmel«.[59]

Zum Studium der Himmelskunde zog Gersdorff ferner esoterische bzw. theosophische Schriften heran, so Johann Christophorus Steebs »Coelum sephiroticum« oder Jacob Böhmes »Von der Gnadenwahl«. Böhme, als Oberlausitzer gewissermaßen Gersdorffs Nachbar, vertrat darin die These des freien Willens des Menschen und kam über seine Vorstellung der Weltharmonie, in der die einzelnen Planeten sieben Naturqualitäten und der alchemistischen Dreiheit von Salz, Schwefel und Quecksilber zugeordnet sind, zur Sternenkunde. Gerade diese naturphilosophischen Erörterungen hielt Gersdorff für bemerkenswert.[60] Mit Anstreichungen und eigensinnigen Übersetzungen aus dem Hebräischen ins Lateinische versah er schließlich das mächtige »Amphitheatrum Sapientiae« Heinrich Khunraths von 1609, welches das Universum aus Sicht der Rosenkreuzer, das göttliche Wirken und die himmlischen Hierarchien kabbalistisch präsentiert.

Gersdorff nahm auch mystisch-spekulative Schriften also wahr und ernst. Jedoch finden sich darin oft zahlreiche Unterstreichungen am Anfang, welche dann allmählich, zuweilen auch abrupt, aufhören – sei es, daß die Lektüre nicht mit derselben Anteilnahme verfolgt, sei es, daß sie ganz abgebrochen wurde. Dies ist der Fall in August Etzlers »Isagoge physico-magico-medico« von 1631, das Gesundheitslehre, Philosophie, Humanpathologie und Astrologie verbindet, etwa Planetenbewegung, Kräuterwirkung und Tierkreise ins

57 Vgl. hierzu Fritz Krafft, Die Schwere der Luft in der Diskussion des 17. Jahrhunderts: Otto von Guericke, in: Wim Klever (Hg.), Die Schwere der Luft in der Diskussion des 17. Jahrhunderts, Wiesbaden 1997, 135–163. Gersdorff unterstrich sich zur Frage des Erschaffenen und Unerschaffenen nahezu durchgehend die Argumente Guerickes gegen Kircher (vgl. Guericke, Experimenta, II, 8, 63f.).

58 Vgl. Eintrag Gersdorffs in Guericke, Experimenta, I, 6, 10: [Die Bevollmächtigten des Papstes] »ne defendirent pas d'assurer que le monde eus pui estre construit de la facon que Copernic l'a imaginé, Mais seulement de Croire qu'il fust actuellement tel.«

59 Vgl. ebd., II, 11, 68–69.

60 Vgl. Jacob Böhme, Von der Gnadenwahl oder dem Willen Gottes über die Menschen, Amsterdam 1665. In Steebs »Coelum Sephiroticum« finden sich ebenfalls Unterstreichungen und handschriftliche Einträge. Steeb schreibt zum Vakuum u.a.: »In der Natur gibt es kein Leeres« (Marg.). »Daß ein Leeres in der Natur gefunden wird, daß es von Anfang der Schöpfung an unmöglich bestanden hat, haben wir bereits oben mit Verstandesmitteln abgeleitet. […]. Wenn der Zwischenraum zwischen den Körpern ein Leeres wäre, dann wäre die Oberfläche der Dinge unbegrenzt, unermeßlich und demzufolge eine in der Mitte zwischen benachbarten Körpern liegende Grenzlinie, nicht ein Ort, ein Raum oder ein Loch, was ganz abwegig ist.« Vgl. Johann Christophorus Steeb, Coelum Sephiroticum, Hebraeorum, Mainz 1679, 21.

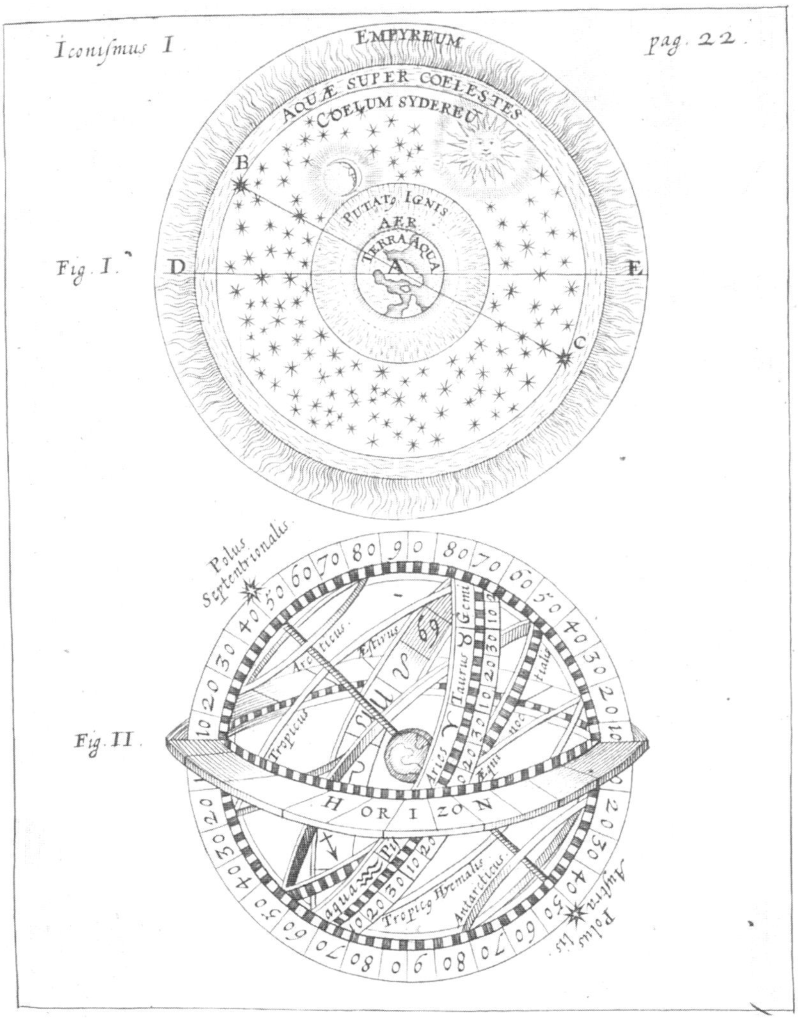

Abb. 154: Himmels- und Erdberechnungen, aus: Athanasius Kircher, Iter exstaticum (1660)

Verhältnis setzt. Gersdorff unterstreicht ca. sechzig Seiten lang einiges z.B. zu den Einflüssen von Sonne, Mond, Saturn und anderen Planeten auf verschiedene Pflanzen, die als Heilmittel dienen können. Weiter scheinen ihn Etzlers Ausführungen nicht interessiert zu haben, denn es finden sich nur noch vereinzelte Lesespuren, konzentriert auf irdische Naturphänomene wie Blumen, Düfte und Farben. Ähnlich gezieltes Vorgehen erkennen wir auch in Isaac Papins »La Vanité des Sciences«, worin die Ausführungen zu den »Naturgesetzen« (zustimmend?) unterstrichen sind, hingegen Passagen gewissermaßen links liegen gelassen, in denen die Arbeit und Intention von Denkern und Forschern pauschal desavouiert wird wie in jener »Section IV. Wo man zeigt, wie sehr die Freude der Gelehrten beschränkt und des Neides wenig würdig ist«.[61] Solche Wissenschaftsfeindlichkeit war Gersdorff fremd.

Beim systematischen Querdurchlaufen und Vernetzen der in Betracht kommenden Bereiche blieb es nicht. In eigenen Manuskripten mit Handbuchcharakter ordnete Gersdorff die Lektüreerträge neu. Die »Collectanea philosophica, physica« sind eine Art Lexikon mit teilweise umfangreichen Beiträgen (Exzerpten, Vermerken, Marginalien und Sentenzen) zu Medizin, Physik, Anatomie und Chemie, darunter zum für die Luftdruckversuche wichtigen Quecksilber. Eingelegt sind in das mit dem Buchstaben »GE« be-

61 Isaac Papin, La Vanité des Sciences, Amsterdam 1688, 145. Vgl. auch ebd., 147, 150, 158.

ginnende alphabetisch angelegte Kompendium einige handbeschriebene Zettel. Versucht wird hier, neueres Wissen über die Planeten und Planetenbahnen naturphilosophisch und heilkundlich fruchtbar zu machen. Eigene Experimente finden ebenfalls handschriftlichen Niederschlag, so über Gersdorffs Versuch, Blutegel zu töten, »die einen Knecht befallen hatten«.[62] Gersdorff übernahm im übrigen die antithetische Denkweise der ›Querelle des anciens et des modernes‹. Gern führt er die ›Alten‹ in Opposition zu aktuelleren Autoren an.[63] So zeigen die »Collectanea philosophica« im kleinen wie seine Buchkäufe im großen Gersdorff als Anhänger des französischen Fortschrittsdenkens. Ein zweites Handbuch, »Collectanea medica«, beweist, daß er eigene medizinische Versuche unternahm und in Zusammenhang mit überliefertem Wissen stellte. Disponiert ist es wie ein Manuskript zur Druckvorlage, einschließlich einer Vorrede an die Leser. Die Anlage macht eine mögliche Entstehungsform barocker Kompilationswerke und Lexika sichtbar: In Ordnung und Ausmaß der einzelnen Eintragungen ähnlich den »Collectanea philosophica, physica«, sind darin beim jeweiligen Stichwort den Aufzeichnungen und Exzerpten eine Fülle handschriftlicher Anlagezettel sowie einige bedruckte Einlageblätter vorwiegend medizinischen Inhalts (z.B. Rezepturen) beigelegt. Gersdorff schuf hier ein umfängliches, inhaltlich hochdetailliertes Nachschlagewerk.[64]

Seinem universalen, dabei praxisorientierten Impuls folgend, stellte Gersdorff den Schriften viele Geräte zur Seite, um eigene Untersuchungen durchzuführen und diejenigen anderer zu verifizieren. An astrologischen Instrumenten erstand er Uhren, Astrolabien und ein Tellurium aus dem Jahr 1634, heute eines der ältesten der vier erhaltenen kopernikanischen Planetarien von Willem Janszoon Blaeu, aus dessen Werkstatt auch Gersdorffs Erd- und Himmelsgloben stammen. Er erwarb ein großes Kalendarium, eine Sternuhr und weitere Meßinstrumente, Kolben, Stative, Spiegel, Zirkel. Die Regale, Schränke und Truhen bargen u.a. Fernrohre und Linsen, z.T. selbstgeschliffene – Gersdorff hatte sich zu diesem Zweck in Leiden von einem Glasschleifer anlernen lassen –, sowie Versuchsfernrohre zum Ausprobieren der Linsen, auch einen sogenannten hermetisch-theosophischen Sonnen-Turm, in dem 28 Personen abgebildet sind, darunter Aristoteles, Ptolemäus und Kopernikus. In der großen ›Wunderkammer‹, die den ersten Stock seines Bautzener Stadthauses einnahm, erhob sich aus diesem Arrangement von Büchern, Karten und Geräten ein pansemiotisches »Netz von Bedeutungen«,[65] in dem das Problem vielseitig durchdacht werden konnte. Gut denkbar ist, daß die Zusammenstellung der Gegenstände in dem großen Raum einer inneren Ordnung folgte, um deren »verborgene Beziehungen«[66] sichtbar zu machen.

Anschaffungspolitik, Lesetechnik, Handschriften und Ensemblecharakter offenbaren, daß Gersdorff weniger »der mathematisch-technische Teil der Astronomie«[67] interessierte, sondern die Einbettung der neuen Forschungsergebnisse in ein sich veränderndes Weltbild – wie übrigens auch Guericke. Methodisches Herangehen, intellektuelle Offenheit und Gründlichkeit bildeten den universalwissenschaftlichen Fundus: Im breiten Horizont der Wissensgebiete, aus deren Perspektive er das Sonderproblem beleuchtete, und anhand von Basistexten der Theologie, Theosophie und Kosmologie sowie neuer naturwissenschaftlicher Schriften zu Astrophysik und Geometrie, auch der fiktionalen Literatur, studierte, kreiste Gersdorff das Thema systematisch

62 Weber, Spurensuche, 24.

63 Vgl. z.B. [H. von Gersdorff], [Collectanea philosophica, physica], [Bautzen oder Weicha], Einband gepr. 1682, Lemma »SC«.

64 Siehe H. von Gersdorff, [Collectanea medica], [Bautzen?] Einband gepr. 1688. (Autorangabe: »Medicinalia/Auff meinen weÿsen, auch von gemeinen Authoribùs colligiret, und in dieses buch aufgenommen, zusammengeschrieben Hannß von Gersdorff«).

65 Jan C. Westerhoff, A World of Signs: Baroque Pansemioticism, the »Polyhistor« and the Early Modern »Wunderkammer«, in: Journal of the History of Ideas, 62 (2001), 633–650, 642ff., bes. 645.

66 Ebd.

67 Hamel, Hans von Gersdorff, 74. So las Gersdorff in Giovanni Baptista Ricciolis »Almagestum novum astronomiam«, Bologna 1653, »offenbar nur das 1. Kapitel zur Geschichte der Astronomie sowie die Abschnitte über die Längenbewegung der Planeten im Tierkreis und die zu historischen Kometenbeobachtungen«, interessierte sich weniger oder gar nicht für astronomische Details (vgl. Ders. zu Riccioli, in: Zwischen den Zeiten, I, 124).

ein. Hinweise, zum Teil genau bis in die Seitenangaben, vernetzen die einzelnen Werke. Wir sehen zugleich: Gersdorff war kein ›großer‹ Autor, kein Denker oder Forscher von theoriegeschichtlicher Bedeutung. Seine Arbeitsweise und Aktivitäten begründeten jedoch sein Ansehen als ernstzunehmender Gesprächspartner in einem weitergreifenden wissenschaftlichen »Kraftfeld«.[68]

Abb. 155: Otto von Guericke (1602–1686)

4. Zur intellektuellen Konstellation um Gersdorff und Guericke

Gersdorffs Studien vollzogen sich, sozusagen, nicht im ›luftleeren Raum‹. Sie waren Teil eines breiteren Wissenschaftsdialogs und mit praktischen Zielen verbunden. Im Rahmen einer spezifischen intellektuellen Konstellation, der losen Gemeinschaft von Gelehrten, Professoren, wissenschaftlichen Laien und experimentell arbeitenden Forschern, beförderte Gersdorff die Verbreitung bis dahin wenig anerkannten Gedankenguts und die ingenieurtechnische Arbeit Otto von Guerickes. Als Guericke – Jurist, Ingenieur, Brauereibesitzer, Ratsherr, später Bürgermeister in Magdeburg – zu experimentieren begann, kannte er noch nicht die Experimente von Evangelista Torricelli 1643 in Florenz und von Blaise Pascal 1646 bis 1648 in Rouen sowie am Fuß und auf dem Gipfel des Puy de Dôme in der Auvergne. Beiden war es gelungen, mit der eben erfundenen Luftpumpe Wasser und, unter Einbeziehung von Quecksilber, Luft aus Gefäßen herauszupumpen und so die »körperlichen Eigenschaften der Luft, ihre Elastizität und ihr Gewicht erkennbar«[69] zu machen. Guericke führte ähnliche Experimente durch. Die kopernikanischen Vorstellungen vom Weltraum, gepaart mit Cusanus' Idee der Relativität und Unendlichkeit des Raumes brachten ihn dazu, sich Gedanken über die Substanz zwischen den Planeten und Fixsternen im All zu machen. Um der Sache selbst auf den Grund zu gehen, versuchte er, ein »im Umfang kleines irdisches Vakuum zu erzeugen«.[70] Der Versuch glückte. Berühmt ist die Vorführung anläßlich des Regensburger Reichstags von 1654, als sechzehn Pferde unter Peitschenschlägen vergeblich die beiden ›Magdeburger Halbkugeln‹ auseinanderzuziehen versuchten. Der ›Versuchsaufbau‹ war, wie oft bei Guericke, monumental: Wissenschaft demonstrierte hier sichtlich ihre Macht.

Der etwa eine Generation jüngere Gersdorff wird vom Regensburger Spektakel gehört haben. Interessierten vorgestellt wurde es erstmals von Schott in der »Mechanica hydraulico-pneumatica« 1657 und 1664 in der »Technica curiosa«. Caspar Schott, Jesuit und Professor für Philosophie und Mathematik in Würzburg, stand mit Guericke in reger Korrespondenz. Schott wurde, obzwar als Jesuit der aristotelischen Lehre verpflichtet, im Lauf der Jahre den Gegenargumenten des ›horror vacui‹ immer aufgeschlossener, ohne allerdings je die cartesianische Haltung aufzugeben. Als Mediator verbreitete er die Guerickeschen Versuche und hielt Guericke und dessen Sohn Otto wissenschaftlich auf dem laufenden. Durch ihn erfuhren sie von Boyles Versuchen, von den Einwänden Kirchers, vielleicht auch Vorläufiges von den Experimenten Torricellis.

Gersdorff stand in persönlichem und brieflichem Kontakt mit Guericke und dessen Sohn. Der wechselseitige Austausch läßt sich nur noch bruchstückhaft rekonstruieren.[71] Vorauszusetzen ist, daß Gersdorff Guericke mehrmals in Magdeburg traf, wohl auch in Amsterdam und Hamburg, wo Gue-

68 Henrich, Konstellationen, 12.

69 Engelhard Weigl, Instrumente der Neuzeit. Die Entdeckung der modernen Wirklichkeit, Stuttgart 1990, 53. Vgl. hierzu auch William Shea, Experimente sprechen mit gespaltener Zunge: Torricelli, Pascal und das schwer faßbare Vakuum, in: Christoph Meinel (Hg.), Instrument – Experiment. Historische Studien, Berlin 2000, 82–97.

70 Heinz Glade, Otto von Guericke in Magdeburg. Biographische Skizze, Magdeburg 1985, 38. Zu Guericke und seinen Experimenten vgl. auch Alfons Kauffeldt, Otto von Guericke, Philosophisches über den leeren Raum, Berlin 1968; Ders., Otto von Guericke, Leipzig 1975; Krafft, Schwere der Luft; Ditmar Schneider, Otto von Guericke. Ein Leben für die Alte Stadt Magdeburg, Leipzig 1997.

71 Der Großteil der Korrespondenz gilt als verschollen. Die Quellenlage ist karg, in Hamburger Archiven werden jedoch noch Dokumente vermutet.

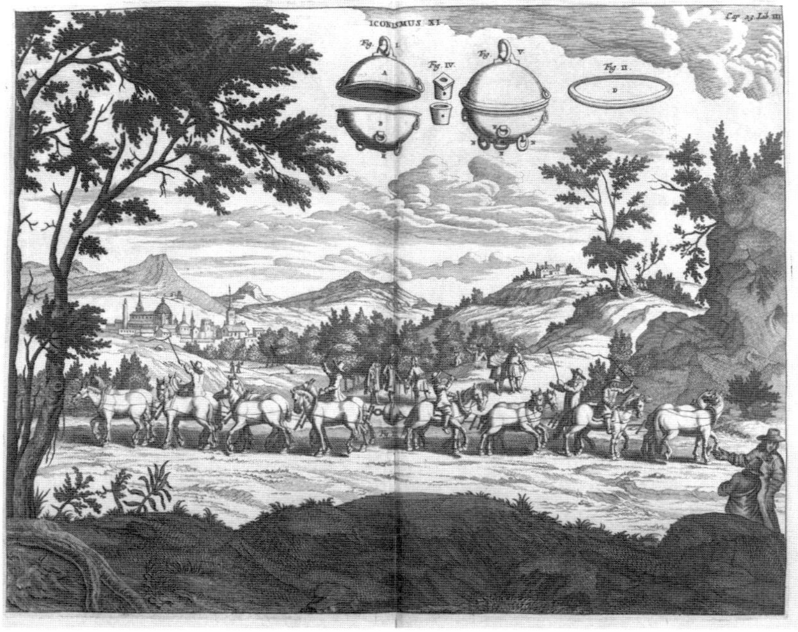

Abb. 156: Vakuum-Versuch auf dem Regensburger Reichstag 1654, aus: Otto von Guericke, Experimenta nova (1672)

rickes Sohn lebte, und in Dresden, wo Guericke »in politischen Missionen Magdeburgs vorstellig wurde« und, wie Tschirnhaus, »die kurfürstlichen mathematisch-astronomischen Sammlungen studierte«.[72] Spätestens ab 1667 setzte Gersdorff sich nachhaltig für die Publikation der »Experimenta nova« ein, die nicht nur die bereits bekannten Versuche enthielten, sondern auch innovative, damals völlig neue, z.T. bis heute gültige Ideen zum leeren Raum.[73] Von Anfang an scheint Gersdorff derjenige gewesen zu sein, der zwischen Autor und holländischen Verlegern vermittelte. Sein kürzlich wiederentdecktes »Philosophicum, de Vacuo, de Loco, de Spatio«, gebunden 1670, hat vermutlich der Vorbereitung auf die Vermittlungstätigkeit gedient. In dieser textnahen Auseinandersetzung mit den »Experimenta nova«, welche Gersdorff anscheinend als Manuskript vorlagen, sind Zitate, wörtliche Übersetzungen aus dem Lateinischen ins Deutsche, eigene Zusätze und Randbemerkungen neu koordiniert.[74] Seinem persönlichen Verständnis der Sache folgend, traf er eine Auswahl aus Guerickes Büchern bzw. Kapiteln zu »Vakuum«, »Entfernungen der Sterne«, »Frage des Ortes und der Zeit« und »Kosmische Wirkkräfte«, ein Verfahren, mit dem Gersdorff eine eigene Stringenz in Guerickes verzweigte Ausführungen brachte.

So gewappnet konnte er getrost die Reise nach Holland antreten, für deren Erfolg aus sozialhistorischer Sicht neben Fachkompetenz und Universalbildung auch adelige Weltläufigkeit, geographische Herkunft und kaufmännische Geschäftstüchtigkeit in Anschlag zu bringen sind. Daß Sprachkenntnisse, Reiseerfahrungen und kosmopolitischer Habitus die Durchsetzung des Publikationsprojekts beförderten, liegt auf der Hand. Nicht weniger wichtig war der Faktor ›Glaubwürdigkeit‹, resultierend aus Gersdorffs finanzieller und institutioneller Freiheit bei gleichzeitiger Einbindung in anerkannte Wissenschaftskreise. Seinen Gesprächspartnern konnte er als ›neutraler‹ und daher sowohl vertrauenerweckender wie überzeugender Wissens-Vermittler erscheinen. Seine Aufgeschlossenheit verdankte er auch der Herkunft aus der Oberlausitz, einer Gegend, die »geübt in tolerantem Zusammenleben mit sor-

72 Vgl. B. von Gersdorff, Sammeln, 49.

73 Zur Editionsgeschichte vgl. Hans Schimank, Die Herausgabe der »Neuen Magdeburger Versuche«, in: Otto von Guericke, Neue (sogenannte) Magdeburger Versuche über den leeren Raum, übers. und hg. von H. Schimank, Düsseldorf 1968, (96)-(110).

74 Diese lange als verschollen geltende Handschrift von ca. 90 Blatt wurde im Februar 2003 wiedergefunden.

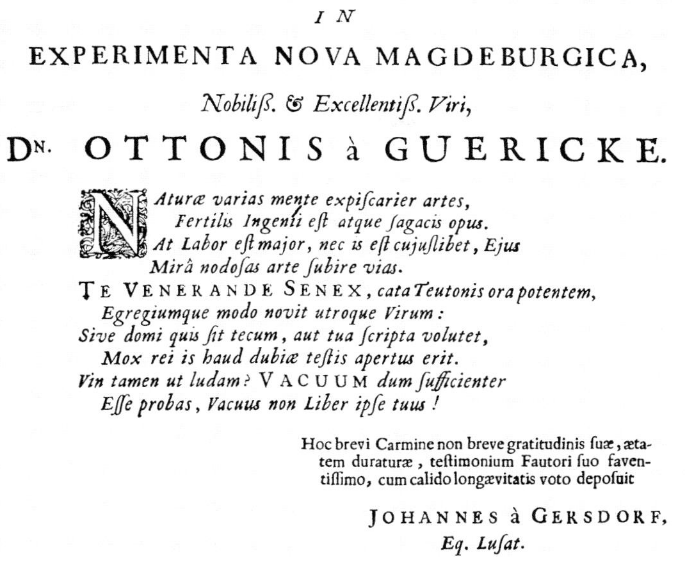
I N

EXPERIMENTA NOVA MAGDEBURGICA,

Nobiliſs. & Excellentiſs. Viri,

DN. OTTONIS à GUERICKE.

Aturæ varias mente expiſcarier artes,
Fertilis Ingenii eſt atque ſagacis opus.
At Labor eſt major, nec is eſt cujuſlibet, Ejus
Mirâ nodoſas arte ſubire vias.
TE VENERANDE SENEX, *cata Teutonis ora potentem,*
Egregiumque modo novit utroque Virum:
Sive domi quis ſit tecum, aut tua ſcripta volutet,
Mox rei is haud dubiæ teſtis apertus erit.
Vin tamen ut ludam? VACUUM *dum ſufficienter*
Eſſe probas, Vacuus non Liber ipſe tuus!

Hoc brevi Carmine non breve gratitudinis ſuæ, ætatem duraturæ, teſtimonium Fautori ſuo faventiſſimo, cum calido longævitatis voto depoſuit

JOHANNES à GERSDORF,
Eq. Luſat.

Abb. 157: Widmungsgedicht Hans von Gersdorffs, aus: Otto von Guericke, Experimenta nova (1672)

bischen Landsleuten und böhmischen Nachbarn« war, »am Aufblühen von Kunst und Wissenschaft in Böhmen unter den Kaisern Rudolf II. und Matthias Corvinus« partizipiert hatte und sich »durch die philosophischen und theologischen Strömungen von der Hussitenzeit bis zur Auseinandersetzung zwischen Katholizismus, Luthertum und Calvinismus geistig rege«[75] zeigte. Zusätzlich halfen Gersdorff die Erfahrungen als Gutsherr, Vermögensverwalter und Geschäftsmann. Die ihm zugeschriebenen Briefe sowie Guerickes Äußerungen über die Verhandlungen vom Ende der 1660er Jahre bezeugen Gersdorffs Absprachen mit »sachverständigen Freunden«,[76] Überzeugungsstrategien und andere Schritte bei der Suche nach einem Verleger. Johannes Jansson aus Amsterdam schlug dann zu und übernahm den Druck.

Gersdorff verstand Freundschaft zudem materiell. Er versorgte Guericke mit mathematischen Instrumenten, ließ ihm Tintenfässer anfertigen und Zubehör für Teleskope senden.[77] Sein Hang zur Förderung sprach sich schließlich herum. Zu den Personen rund um Gersdorff gehörte Johann Friedrich Engelmann, der in »De Vacui Impossibilitate contra Renatum Descartes« von 1680 physikalische Argumente gegen die ›fuga vacui‹ ins Feld führte und so das Seine zur Verbreitung naturwissenschaftlicher Beweise beitrug.[78] Engelmanns Leipziger Disputatio ist u.a. »Johanni à Gerstorff in Weiche« als Förderer gewidmet. Die Widmung der Guerickeschen »Experimenta nova« stammt ihrerseits von Gersdorff selbst. Sie endet mit den Worten: »Du weist uns – laß mich scherzen – Leerheit klärlich,/In deinem Buche findet man sie schwerlich.«[79]

5. Die Universalwissenschaften von Kircher bis Leibniz

Keine ›geistige Leere‹, vielmehr beredte Attacken gegen die Schulphilosophie, speziell auch gegen die Vorstellungen des Universalwissenschaftlers Kircher finden sich in Guerickes »Experimenta nova« in der Tat. Guericke wendete

75 B. von Gersdorff, Sammeln, 47. Vgl. auch Joachim Bahlke (Hg.), Geschichte der Oberlausitz. Herrschaft, Gesellschaft und Kultur vom Mittelalters bis zum Ende des 20. Jahrhunderts, Leipzig 2001. Zur neben anderem wesentlichen Rolle der Glaubwürdigkeit und vorausgesetzten geistigen Offenheit für die Vermittlung von Sachwissen siehe Steven Shapin, A Social History of Truth. Civility and Science in Seventeenth-Century England, Chicago/London 1994, Kap. II.

76 [H. von Gersdorff], Brief 8. Febr. 1667 an O. von Guericke, in: Schimank, Herausgabe, (96).

77 Siehe Schimank, Herausgabe, (105).

78 Engelmann verweist auf die Eigenschaften des Wassers und der Luft (vgl. Johannes Friedrich Engelmann, De Vacui Impossibilitate contra Renatum Descartes, Bischofswerda 1680. Corollaria).

79 »Wer der Natur Geheimnis zu erkunden/Sich anschickt, werde feinen Geists erfunden./Schwer ist das Werk. Nicht jedem war die Gnade,/zu folgen der Natur verschlungnem Pfade./Du, edler Herr, der Magdeburg regierte,/Vermagst dich auch als Forscher zu betätigen./Wer mit dir sprach und wer dein Werk studierte,/Wird rasch dir solche Fähigkeit bestatigen./Du weist uns – laß mich scherzen – Leerheit klärlich,/In deinem Buche findet man sie schwerlich.« (Zit. nach Guericke, Neue Versuche, XXVII. Übers. aus dem Lateinischen von Schimank.)

Abb. 158: Athanasius Kircher, Iter exstaticum, Frontispiz (1660)

sich polemisch gegen Kirchers Ablehnung des Vakuums im »Itinerarium exstaticum« (1657), einer fiktionalen Reisebeschreibung in himmlische Gefilde, in der Kircher die Meinung vertrat, daß, selbst wenn es eine körperlose Leere geben sollte, was er als solches eigentlich ablehnte, diese keinesfalls ohne Gott existieren könne. Er weigerte sich, das Nichts mit dem Vakuum zu identifizieren, erklärte es für leer und aus dem Universum »verbannt«.[80] Anders war auch ein ›imaginäres Nichts‹ mit seinem Gottesverständnis und seiner Idee der lückenlosen ›catena rerum‹, der ›Kette der Dinge‹, nicht zu vereinbaren.

Die Idee der universalen Ordnung der Dinge als »catena und coordinatio des Vielen gemäß proportionaler Verhältnisse« hatte Kircher im Sinne des oben beschriebenen universalen Programms »in einem umfassenden Oeuvre zu erschliessen« gesucht, darin »den Augen seiner Zeit aber auch der Folgezeit merkwürdig werdend«.[81] Schon zu Lebzeiten galt Kircher als einer der bedeutendsten und ungewöhnlichsten Gelehrten Europas. Seine spekulative Theologie vereinigte Elemente ägyptischen Mysterienwissens, Magie und Dämonenglauben ebenso wie kabbalistische und klassische griechische Philosophie. Er betrieb Experimente in Optik, Musik, Alchemie und Physik, beför-

80 Vgl. hierzu Grant, Much ado about Nothing, 218f. und 396.

81 Thomas Leinkauf, Mundus combinatus: Studien zur Struktur der barocken Universalwissenschaft am Beispiel Athanasius Kirchers SJ (1602–1680), Berlin 1993, 20. Zur »catena rerum« siehe ebd., 110ff. Kircher wurde 1602 in Geisa (Rhön) geboren, besuchte von 1612 bis 1618 das Jesuitenkollegium zu Fulda, dann das Jesuitenkolleg zu Mainz, trat 1617/18 dem Orden in Paderborn bei; Studium der Philosophie, Physik und Sprachen; ab 1629 Professor für Ethik, Mathematik, Hebräisch und Syrisch in Würzburg, 1631 wegen der Bedrohung im Glaubenskrieg Flucht nach Avignon, wo er sich u.a. ein astronomisches Observatorium einrichtete, ab 1633 Kustos der Antiquitätensammlung und Mathematikprofessor in Rom; hier, ab 1674 in Mentorella, verfaßte er seine Schriften, verfolgte er seine Forschungen und setzte die ausgedehnte Korrespondenz fort, bis er 1680 in Rom starb.

Abb. 159: Athanasius Kircher, Ars Magna Sciendi sive Combinatoria, Titelkupfer des zweiten Teils (1669)

derte energisch die Entschlüsselung von Hieroglyphen, schrieb musiktheoretische Werke, suchte als einer der ersten nach Mikroorganismen als Erregern von Krankheiten wie Pest, Malaria oder Pocken, verglich die chinesische Kultur mit der babylonischen am Beispiel der Architektur, untersuchte die Geheimnisse der irdischen und der unterirdischen Welt, entwickelte die Idee der Laterna magica weiter und entwarf spezielle Hörrohre, z.B. zur Belustigung der römischen Sammlungsbesucher oder zum Abhören von Gesprächen Dritter.[82]

Kirchers Tätigkeit war Gersdorff als Besitzer von fünfzehn seiner vierzig Veröffentlichungen geläufig. Dazu gehörten die bekannten Titel »Musurgia universalis« (1650), »Mundus subterraneus« (1665), »Iter exstaticum« und

82 Zu Kircher vgl. Joscelyn Goodwin, Athanasius Kircher: A Renaissance Man and the Quest of Lost Knowledge, London/New York 1979; John Fletcher (Hg.), Athanasius Kircher und seine Beziehungen zum gelehrten Europa seiner Zeit, Wiesbaden 1988; Christoph Daxelmüller: Art. Athanasius Kircher, in: Enzyklopädie des Märchens, Berlin/New York 1993, 7, 1384–1390.

»Magnes Sive de Arte Magnetica« (1654), worin Gersdorff u.a. der »Magnetismus« von Himmelskörpern interessierte, und jene »Ars Magna Sciendi sive Combinatoria« (1669), in der Kircher seine Idee der Universalwissenschaft unterbreitete: Für ihn ist die göttliche, absolute Wissenschaft durch Analogie und Kombination geordnet. Die geschaffene Welt als ihr Spiegel ist vornehmlich nach Zahlen und ihren Verhältnissen strukturiert, wobei der Zahl ein mehrfacher Symbolwert zukommt, und nach Formen, v.a. der Form des Kreises bzw. der Sphäre. Der »Bereich des sich entfaltenden epistemisch orientierten Intellekts« ist der »innere[n], ontologische[n] Organisation der Welt [...] strukturanalog«.[83] Die menschliche Wissenschaft kann daher der göttlichen nacheifern, sie ›imitieren‹, mit der entsprechenden methodischen Grundausstattung aus Analogik und Kombinatorik. Die zielgerichtete Verstandestätigkeit folgt dabei im »Kreis«[84] des überhaupt Wißbaren einer allgemeinen, sowohl für die übergeordnete Wissenstechnik als auch für alle Einzelwissenschaften geltenden Methode, die das arithmetische Zahlenprinzip und auch das Ordnungsmuster des Kreises wiederholt.[85]

Während Kircher sich bemühte, naturwissenschaftlich-experimentelles und spekulatives, auch magisches Denken in ein einheitliches Programm zu integrieren, zeigt der »Polyhistor« von 1681 des Daniel Georg Morhof den allmählichen Wandel der Universalwissenschaft. Morhof (1639–1691) gibt die ausgreifende, überzeitliche zugunsten einer bibliographisch-historischen Ausrichtung auf. Er kündigte zwar an, ein im damals geläufigen Sinn enzyklopädisches Werk und die Gesamtheit der Wissensgebiete zu präsentieren, sprach daher von der angestrebten Polymathia (Viel-Wissen/Viel-Erfahrung) als »Verwandtschaft und Zusammengehörigkeit der Wissenschaften« bzw. im Sinne der Griechen »allumfassender Bildung«,[86] widmet jedoch kein Kapitel dem Konzept oder Verfahren der Universalwissenschaft, sondern beschränkt sich auf wenige plakative Definitionen. Daß der »Polyhistor« als universalwissenschaftliches Werk im Gedächtnis blieb, verdankt dieses auch der geschickten Amalgamierung von Polymathia und Historia literaria, »die nicht nur Vielwissen selbst, sondern auch die ersten Quellen und weiteren Fortschritte der einzelnen Wissenschaften bis zu unseren Zeiten«[87] umfasse. Der Unterschied zu Alsteds »Encyclopaedia« und Sorels »Universalwissenschaft« ist Morhof bewußt.[88] Der Arbeitstitel verrät, daß es ihm um ein herkömmliches Wissens- und Wissenschaftssystem gar nicht ging: »Encyclopaedia bibliothecaria« meint Rezensionswerk, Literaturgeschichte, Quellengeschichte und bibliographisches Handbuch in einem.[89] Morhof verzichtet auf das Postulat immerwährender Gültigkeit und führt mit dem geschichtlichen das veränderliche Attribut in die Wissenswahrnehmung ein. Auch schloß er sich weder dem metaphysischen Ordnungsmodell an, das Schöpfung, Erfahrung, Text und Kenntnis korreliert, noch glaubte er an ein für die Sachwelt allgemeingültiges Erfassungsverfahren. Ähnlich wie vor ihm Descartes verlegte er den Akzent auf die menschliche Erkenntnisfähigkeit und betonte die Vorläufigkeit aktueller Wissensordnungen.

Gottfried Wilhelm Leibniz, der letzte barocke Universalwissenschaftler in unserer Reihe, wollte beide Seiten in ihr Recht setzen: die spezifische Begrenztheit des Wissens und eine metaphysische Begründung und Ordnung. Er unterschied zwischen den auf die Erfahrung und das Auffassungsvermögen des Menschen zurückzuführenden Wahrheiten, erfahrbar im empirischen Entdeckungs- und Beobachtungsprozeß, und den absoluten, notwendigen

83 Thomas Leinkauf, Amor in supremi opificis mente residens: Athanasius Kirchers Auseinandersetzung mit der Schrift »De amore« des Marsilius Ficinus, in: Zeitschrift für philosophische Forschung 43 (1989), 265–300, 272.

84 Zur Bedeutung des Kreises, der Kreisfigur und der Sphäre vgl. Leinkauf, Mundus, 211ff., 377ff., sowie Eberhard Knobloch, Harmonie und Kosmos: Mathematik im Dienste eines teleologischen Weltverständnisses, in: Sudhoffs Archiv 78, 1, (1994), 14–40.

85 Vgl. hierzu Athanasius Kircher, Ars Magna Sciendi, Amsterdam 1669, 162ff.

86 Daniel Georg Morhof, Polyhistor, Librarius, Philosophicus et Practicus, Flensburg 1732, Bd. 1, I, I, 2: »[...] scientiarum cognatio & conciliatio, unde ἐγκυκλοπαιδείαν [...].«

87 Vgl. ebd., Bd. 1, I, II, 9: »Vastum Polymathiae nomen est, ac longè lateque extenditur, suis tamen spatiis limitibusque definitum: Latius verò patet HISTORIA LITERARIA, quae non ipsam tantum Polymathiam, sed & singularum scientiarum primos natales ac progressus ad nostra usque tempora complectitur.« Morhof verwendet den Begriff »Polyhistoria« kaum. Seine Leitbegriffe sind »Polymathia« und »Historia litteraria« (vgl. Zedelmaier, Wundermänner, 433f.).

88 Vgl. z.B. Morhof, Polyhistor, Bd. 1, I, 7, 399: »Quidam Encyclopaediam uno complexu & sub unâ quasi scientiâ generali tradiderunt, ut fecit Sorellus in libro Gallicâ linguâ scripto, cui titulum Scientia universalis (›Science universelle‹) fecit.«

89 Vgl. hierzu Jean-Marc Chatelain, Philologie, pansophie, polymathie, encyclopédie: Morhof et l'histoire du savoir global, in: Françoise Waquet (Hg.), Mapping the world of Learning: The »Polyhistor« of Daniel Georg Morhof, Wiesbaden 2000, 15–29; vgl. auch Alfredo Serrai, Storia della Bibliografia VI, La maturità Disciplinare, Roma 1995, 41–89; Martin Gierl, Kompilation und die Produktion von Wissen im 18. Jahrhundert, in: Helmut Zedelmaier/Martin Mulsow (Hg.), Praktiken der Gelehrsamkeit in der Frühen Neuzeit, Tübingen 2001, 63–94.

Wahrheiten, ewig und überall gültig, bis zu einem gewissen Grad qua Vernunft logisch-rational zu erschließen. Allgemeine wissenschaftliche Logik wie sämtliche fachwissenschaftlichen Einzelzugänge zum Wissen band Leibniz in sein Weltbild ein, in welchem die Annahme eines von Gott sinnvoll nach »relationalen Grundgesetzen«[90] entworfenen, geschlossenen und harmonischen Universums Voraussetzung des Entwurfs der Kombinatorik war. Die kombinatorische Methode, die Leibniz 1666 in der »Dissertatio de arte combinatoria« darlegte und mit der er sich bis 1708 beschäftigte – für ihn im Anschluß an viele seiner Vorgänger das universalwissenschaftliche Verfahren par excellence –, sollte »zur logisch-mathematischen Strukturierung allen Denkens und Wissens, zur Auffindung einer Universalspache«[91] dienen. Sie führte zur Idee einer abstrakten Symbolsprache, deren strenge Grundbegrifflichkeit das ganze Wissen repräsentieren, alles im systematischen Zusammenhang erfassen und Gedanken in Einzelzeichen abbilden sollte.

Abb. 160: Gottfried Wilhelm Leibniz, Dissertatio de arte combinatoria, Titelvignette (1666)

Wie so vieles kam in Leibniz' Schaffen auch das Projekt seiner ›Scientia generalis‹ nie zum Stehen. Eine vollständige Beschreibung existiert nicht. Nur in kurzen Schriften, Entwürfen, Briefen und Fragmenten scheint es auf. Sie belegen die Neuartigkeit des Ansatzes jenes Schülers von Erhard Weigel, der in Faszination der Mathematik, in der zuweilen irregulär erscheinende Fälle »schließlich in eine große Ordnung münden, wenn man ihnen bis zum Ende nachgegangen ist«,[92] und unter Rückgriff auf das humanistische, hier v.a. sprachlich-zeichenhaft aufgefaßte topische System dem logischen Denken größten Wert beimaß. Die Überzeugung, eine konsequent erarbeitete Universalsprache, ›Characteristica universalis‹, könne in ihren logisch-grammatikalischen und mathematisch-symbolhaften Dimensionen dem Wissen und der Erkenntnis neue Räume erschließen, speiste sich dabei nicht nur aus seinen Erfahrungen auf mathematischen, naturkundlichen, theologischen, historiographischen, juristischen und philosophischen Gebieten oder in der Praxis (man denke an Leibniz' unermüdliche Windkraftversuche, die Entwicklung der Rechenmaschine u.a.),[93] sondern darüber hinaus aus der Einstellung eines Forschers, der Verständigung über wissenschaftliche Fortentwicklungen nicht als Akzidens, sondern unentbehrlichen Bestandteil seiner Arbeit, ja Wissenschaft selbst als »dialogisch«[94] strukturiert begriff.

6. Vom topischen System zum Alphabet: das Ende der barocken Universalwissenschaft

Hans von Gersdorff erhaschte vom Leibnizschen Werk zwar nur einen Zipfel, das bekannte »De jure suprematus« von 1679 zur ›Mittelmeerfrage‹ bzw. zum Umgang Europas mit der osmanischen Bedrohung. Möglicherweise war er durch seine Korrespondenz und die Zeitschriften über mehr unterrichtet. Die Bedeutung einer eindeutigen Begriffssprache zur adäquaten Erkenntnis der Schöpfung und auch die Wertschätzung gelehrter Kommunikation dürften ihm als Wissensmoderator jedenfalls eingeleuchtet haben: Seit den 1680er Jahren lag Gersdorff gezielte Gemeinnützigkeit am Herzen. Sammlung und Bibliothek öffnete er für wissenschaftliche Benutzer, und er gründete eine Stiftung. Den Fundationsurkunden (»Hanss von Gerssdorff zu Weicha in Oberlaussiz aufgerichtet. und gnädigst confirmirtes Fideicomiss u. Familien-Stipendium«) ist zu entnehmen, daß er, da er keinen männlichen Erben hatte,

90 Andreas Meier-Kunz, Die Mutter aller Erfindungen und Entdeckungen. Ansätze zu einer neuzeitlichen Transformation der Topik in Leibniz' ars inveniendi, Würzburg 1996, 55.

91 Dierse, Enzyklopädie, 31; vgl. auch Martin Schneider, Funktion und Grundlegung der Mathesis Universalis im Leibnizschen Wissenschaftsystem, in: Albert Heinekamp (Hg.), Leibniz: questions de logique, 1988, 162–182; Schmidt-Biggemann, Topica universalis, 186ff.; Meier-Kunz, Mutter aller Erfindungen, Teil II. Leibniz arbeitete nicht als einziger an einer Universalsprache. Vgl. zu den Projekten Bacons u.a. Mary M. Slaughter, Universal Languages and Scientific Taxonomy in the Seventeenth Century, Cambridge 1982.

92 Gottfried Wilhelm Leibniz, Essais de Théodicée (1710), in: Carl I. Gerhardt (Hg.), Die philosophischen Schriften, Berlin/Halle 1875–1890, 6, 261.

93 Vgl. Eike Christian Hirsch, Der berühmte Herr Leibniz. Eine Biographie, München 2000, 130ff., 143–191, 318ff., 525ff.

94 Vgl. hierzu Richard van Dülmen, Gespräche, Korrespondenzen, Sozietäten. Leibniz' dialogische Philosophie, in: Ders./Sina Rauschenbach (Hg.), Denkwelten um 1700. Zehn intellektuelle Profile, Köln 2002, 123–140.

mit seinem Kapitalerbe jungen Männern der Familie ein neunjähriges Studium der Theologie, Jura und Medizin ermöglichen wollte. Verglichen mit anderen Stipendienstiftungen ist »der elitäre Bildungsanspruch von Weltbürgerformat verbunden mit ausgedehnten Auslandsreisen unvergleichlich und stellt höchste Anforderungen an das Profil der Bewerber«.[95] Sie sollten drei Jahre zunächst öffentliches und privates Recht an deutschen Universitäten, dann zwei Jahre in Oxford studieren, insbesondere Staatsrecht, dort auch den Besuch der »besten Bibliothecen der ganzen Welt« nicht versäumen, anschließend je zwei Jahre in Frankreich und Italien verbringen; als er im März 1692 kurz vor seinem Tod am 19. April die Satzung zuletzt überarbeitete, dachte er in erster Linie an Nachfahren seiner Brüder und an nahe Verwandte, im Fall des Aussterbens der Familie auch an »arme Studiosos Theologiae, Juris et Medicinae, so dieses Marggraftthums OberLausiz eingebohrne Kinder seyn«.[96] Das Stipendium wurde bis 1931 genutzt. Sammlung und Bibliothek sind bis auf wenige Verluste geschlossen erhalten. Sie zeugen vom universalwissenschaftlichen Antrieb eines Mannes, der nicht nur sein finanzielles Vermögen, sondern auch seine intellektuelle Energie weitgehend in den Dienst von Wissenserwerb und Wissenschaftsförderung stellte.[97]

Gersdorff kannte die großen universalwissenschaftlichen Modelle seiner Zeit. Er besaß ein umfangreiches, ausdifferenziertes Wissen. Einer Problematik wie der des leeren Raums ging er quer durch alle Wissensfelder systematisch nach. Und dennoch versuchte er nicht, seine Kenntnisse und Forschungsergebnisse diesem Modell gemäß kohärent und innerlich verknüpft darzustellen. Die Handbücher, die er für sich und seine unmittelbare Umgebung anfertigte, zeigen den weiteren Entwicklungsgang des universal-enzyklopädischen Ordnungsgedankens auf.[98] Zumeist werden der Wissenszuwachs, die Ausfächerung und die Verselbständigung der Einzelwissenschaften im 17. Jahrhundert für den Geltungsverlust des universalwissenschaftlichen Gedankens im 18. Jahrhundert verantwortlich gemacht. Gersdorffs lexikonartige, nicht dem hierarchischen universal-topischen System verpflichtete Handschriften wären ein Beleg für den jedenfalls auf enzyklopädischem Sektor schwindenden Glauben an ein transversales Ordnungsprinzip zugunsten des zunehmend beliebten ›sinnlosen‹ Alphabets, einem System ohne die von Alsted aufgerufene »Seele«, ohne inneren Halt.

95 Katja Margarethe Mieth/Ulrike Telek, Zur Geschichte der Gersdorff-Weichaschen Stiftung, in: Zwischen den Zeiten, I, 60–65, 61.

96 H. von Gersdorff, zit nach ebd., 60f.

97 Sie blieb auch den Zeitgenossen nicht verborgen. Über Gersdorff schrieb Rosenberg [Leichenpredigt]: »Ja, wenn man Adel in Bildung und Wissen mißt, werden sich beide hier nicht in alltäglicher Form zeigen, vielmehr in der Kenntnis von Sprachen, von politischen, historischen und mathematischen Wissenschaften und besonders der Naturwissenschaften. Die heiligen Geheimnisse der Natur, zahllos, seltsam und nutzbringend, nur wenigen bekannt, waren ihm zugänglich. Was die alten und die gegenwärtigen Philosophen wußten und lehrten, erforschte er mit unermüdlichem Eifer. Ihm war in der Tat nichts angenehmer als die wissenschaftliche Muße.«

98 In den Beständen erhalten sind zehn Handbücher, als deren Autor Hans von Gersdorff vermutet wird.

Wissensapparate

Die Enzyklopädistik der Frühen Neuzeit

ULRICH JOHANNES SCHNEIDER
HELMUT ZEDELMAIER

Gedruckte Lexika und Enzyklopädien sind heute eher randständige Produkte des Bedürfnisses nach Information, Auslaufmodelle in einer Gesellschaft, die sich auf dem Weg zur Wissensgesellschaft begreift. Inbegriff von Wissen ist das globale virtuelle Netz, in dem Nutzer mit Hilfe von Suchmaschinen Informationen abrufen. Das Netz steht für das Versprechen, daß Wissen kein Privileg von wenigen mehr ist, vielmehr jedem per Mouse-Click zugänglich wird. Aber auch solche Versprechungen haben ihre Geschichte. In der Renaissance versicherten Enzyklopädien ihren Nutzern, den Kreis alles Wißbaren (»enkyklios paideia«) abzubilden, dessen Nachvollzug ihre Leser gleichsam von selbst und aus sich selbst zu umfassend Gebildeten erziehen könne. Eher pragmatische enzyklopädische Projekte des 16. Jahrhunderts empfahlen sich als Ordnungsmodelle der Wissensverarbeitung, als Muster des Übertragens, Speicherns und Abrufens von Wissen, mithin als Anleitung eines sinnvollen Umgangs mit der durch den Buchdruck expandierenden Bücherwelt, verfaßt für den privaten Gebrauch und die Einrichtung öffentlicher Bibliotheken. Enzyklopädien des 17. Jahrhunderts verbanden die Ordnung des Wissens mit dem Versprechen religiöser Reform angesichts einer ungeordneten, durch Kriege und Katastrophen zerstörten Welt. Die im 18. Jahrhundert immer zahlreicher werdenden enzyklopädischen Projekte sollten einer »Generalreform« der Wissenschaften dienen und eine effektive Planung des Wissenschaftsfortschritts ermöglichen, der zum umfassenden Aufklärungsprojekt erklärt wurde.

Bei allen Unterschieden im Programm: Lexika und Enzyklopädien der Frühen Neuzeit stehen für das Vertrauen in die Macht des Wissens. Sie sind sinnfällige Produkte des Willens zur Ordnung des schriftlich überlieferten »gelehrten« Wissens. Die Notwendigkeit der Ordnungsleistung wird häufig mit der überstürzenden Wissensfülle und -vielfalt begründet, die das neue Medium Buchdruck produzierte. Die »multitudo librorum« und die Unmöglichkeit, sie gleichzeitig verfügbar zu haben, nannten aber schon mittelalterliche Enzyklopädisten als Grund ihrer gelehrten Ordnungsarbeit. Was viele Enzyklopädien der Frühen Neuzeit gegenüber ihren mittelalterlichen Vorläufern auszeichnet, ist die besondere Aufmerksamkeit für Praktiken und Techniken der Wissensverarbeitung und Wissensverwaltung. Enzyklopädien sind bis in das 18. Jahrhundert hinein überwiegend Produkte der Wissensverwaltung ihrer Verfasser, nicht – wie dann Zedlers »Universal-Lexicon« oder die französische »Encyclopédie« im 18. Jahrhundert – Gemeinschaftsprojekte verschiedener Gelehrter.

1. Wissensverwaltung als Problem der Ordnung

Die Enzyklopädistik der Frühen Neuzeit ist ein weites Feld, versteht man darunter nicht bloß Werke, die mit »encyclopaedia« überschrieben sind.[1] Davon

1 Neuere Überblicke: Enzyklopädien der frühen Neuzeit: Beiträge zu ihrer Erforschung, hg. von Franz M. Eybl u.a., Tübingen 1995; Die Enzyklopädie im Wandel vom Hochmittelalter bis zur Frühen Neuzeit, hg. von Christel Meier, München 2002.

Abb. 161: Theodor Zwinger (1533–1588)

gibt es in der Frühen Neuzeit relativ wenige. »Encyclopaedia« war noch im 17. Jahrhundert ein selten verwendetes und erklärungsbedürftiges Fremdwort.[2] »Enzyklopädie« steht hier für unterschiedliche (und unterschiedlich bezeichnete) Repräsentationsformen von Wissen. »Theatrum«, »Thesaurus«, »Bibliotheca« sind einige der häufiger verwendeten Titel. Die Grenze zu gelehrten Werken ist im 16. und 17. Jahrhundert fließend, da diese ihrerseits einen stark enzyklopädischen Charakter haben. Das zeigt sich u.a. daran, daß Verfasser von monographischen Werken in der Frühen Neuzeit bemüht sind, bei der Bearbeitung ihres Themas sich möglichst umfassend des vorliegenden gelehrten Diskurses zu versichern. Heute nennt man das Intertextualität.

Wissensdisposition: Theodor Zwinger

Als Grundlage enzyklopädischer Ordnungsarbeit verweisen die Verfasser von Enzyklopädien häufig in ihren Vorworten auf umfassende Lektüre. Ihre Eigenleistung sehen sie (und noch die gegenwärtige Enzyklopädieforschung) weniger in der Kompilation und Verzeichnung des gelehrten Wissens und den damit verbundenen Techniken, vielmehr in der methodischen Disposition und systematischen Ordnung des Wissens. Theoder Zwinger (1533–1588), dessen »Theatrum vitae humanae« (Erstdruck 1565) mit vier Folianten und annähernd 4500 Seiten in der vierten Auflage (von 1586/87) die vielleicht umfangreichste von einem einzelnen Menschen jemals verfaßte Enzyklopädie ist, verdeutlicht diese Einstellung.[3] Der Basler Philologe und Mediziner bietet sein »Theatrum« dem Leser als ein »Zeughaus der Geschichten« an, »in das alles, was man liest und hört, gelagert werden und zu gegebener Zeit mit Nutzen wieder hervorgeholt werden kann«.[4] Zwinger versteht dieses »Zeughaus« als Ordnungsmodell für die individuelle Wissensverwaltung von Gelehrten, zugleich als ein Projekt, das die eigene Sammlungsarbeit übersteigt. »Bitten möchte ich einstweilen alle Gelehrten und Gebildeten, welche die gelehrte Welt mit ihren Studien voranbringen wollen«, schreibt er im Vorwort, »daß sie, wenn sie irgendwelche verborgenen Schätze an Beispielen oder Sentenzen haben, diese doch der Allgemeinheit zur Verfügung stellen und im Interesse des gesamten Erdkreises ihre Mühe auf die Vollendung dieses Theaterbaus verwenden möchten.«[5]

Wie viele frühneuzeitliche Enzyklopädisten begreift Zwinger sein »Theatrum« als ein vorläufiges Werk, das es zu vorvollständigen und weiter auszuarbeiten gilt. Kaum den zehnten Teil dessen, was er künftig vollenden wolle, lege er seinen Lesern vor. Dabei beschränkte sich Zwinger auf die Ordnung historischer »exempla«, die sich allerdings nur zum geringen Teil eigenen historischen Recherchen verdankten. Zwinger entnahm sein Material vor allem bereits vorliegenden Wissenssammlungen, als deren Höhepunkt und zugleich Zusammenfassung er sein Werk verstand. Die meisten »exempla« fand er in Exzerpten seines Stiefvaters Konrad Lycosthenes, der für ihre Sammlung und Zusammenstellung über fünfzehn Jahre gebraucht hatte. Zwingers ganzes Interesse galt der Ordnung dieses Materials. Darin sah er eine außergewöhnliche, ja unübertreffliche Leistung, damit verband er den Zweck seines Unternehmens.

Die dem Werk eingefügten historischen Beispiele sollen die abstrakten Regeln (»praecepta«) der philosophischen Ethik einprägsam illustrieren. Gegen-

2 Arno Seifert, Der enzyklopädische Gedanke von der Renaissance bis zu Leibniz, in: Leibniz et la Renaissance, hg. von Albert Heinekamp, Wiesbaden 1983, 113–124.

3 Vgl. Helmut Zedelmaier, Bibliotheca universalis und Bibliotheca selecta. Das Problem der Ordnung des gelehrten Wissens in der frühen Neuzeit, Köln u.a. 1992, 228–241 (dort die lateinischen Belege der im Folgenden übersetzt zitierten Stellen).

4 Theodor Zwinger, Theatrum vitae humanae, Basel 1565, Praefatio, 16.

5 Ebd., 29.

stand des »Theatrums« ist alles, was den Menschen im Leben betreffen kann, Ereignisse, Handlungen, Leidenschaften. Während frühere Sammler von »exempla« ihr Material nur aufgehäuft oder nach willkürlichen Gesichtspunkten geordnet hätten, so beanspruchte Zwinger, sie so anzuordnen, daß die Welt des Menschen als ein bis ins kleinste geordneter Erfahrungsraum und -zusammenhang erscheint, der die Strukturen der moralischen Weltordnung versinnbildlicht. Die Disposition verband Zwinger mit dem Begriff »methodus«. Er schloß sich damit einem in Europa verbreiteten Verständnis einer neuen, spezifisch »modernen« Ordnung des Wissens an. Der französische Hugenotte Pierre de la Ramée (1515–1572) hatte ihr programmatische Signaturen verliehen.

Abb. 162: Petrus Ramus (1515–1572)

Petrus Ramus (so die lateinische Namensform) entwickelte, in kritischer Wendung gegen die aristotelische formale Logik, die Lehre und Unterricht an den europäischen Universitäten beherrschte, eine Theorie der Disposition von Argumenten. Damit wollte er die Wissensaneignung und -vermittlung verbessern und vor allem beschleunigen. Seine Theorie der Disposition von Wissen setzt neben logischer Stringenz auf sinnliche Einprägsamkeit. Es handelt sich um ein Gliederungssystem nach dem Verhältnis logischer Über- und Unterordnung mit einer besonderen Vorliebe für die Dichotomie, die Untergliederung eines Begriffs in jeweils zwei Unterbegriffe. Jeder Gegenstand läßt sich in eine Begriffshierarchie einordnen und so leicht dem Gedächtnis einprägen. Mit seiner Systematisierungstechnik hat Ramus im gelehrten Europa Schule gemacht. Sie war die bestimmende Methode systematischer Lehrbücher, Kompendien und eben auch Enzyklopädien im späten 16. und 17. Jahrhundert. Bei Zwinger ergab sich daraus ein feinverästeltes Ordnungsraster des historischen, »exemplarischen« Wissens, das in tabellarischen Aufrissen sinnlich einprägsam illustriert wird.

Theodor Zwingers »Theatrum vitae humanae« steht für jenen Typ frühneuzeitlicher Enzyklopädie, in dem das Auffinden von Wissen, die »inventio«, der begründeten Ordnung, der »dispositio«, untergeordnet wird. Das Werk drückt den Willen zur Begründung einer systematisch geschlossenen, philosophisch abgeleiteten Ordnung des Wissens aus. Die Idee der Ordnung des Wissens orientierte auch Vincenz, den Bettelmönch aus Beauvais (gest. 1264). Seiner Summe des Wissens, dem »Speculum maius«, liegt ein heilsgeschichtlicher, in Analogie zur biblischen Schöpfungsgeschichte entfalteter Ordnungszusammenhang zugrunde. Ihm fügten sich die einzelnen Kapitel und Abschnitte der Enzyklopädie in lockerer, jedenfalls nicht systematisch begündeter Folge ein. Der Basler Professor Zwinger dagegen will seinen Gegenstand ausdrücklich – wie es im Vorwort heißt – nicht »theologice«, vielmehr »philosophice« entwickeln.[6] Zwinger faßt die »dispositio« als eine Kunst (»ars«), die es ermöglichen soll, die verzeichneten »exempla« so auf die einzelnen Bücher und Abschnitte seines Werks zu beziehen, daß daraus ein in sich geschlossener Systemzusammenhang entsteht. Zwingers Ordnung ist Ausdruck des Willens, Wissen zu beherrschen.

Die unterschiedlichen Dispositionen strukturieren, gestützt durch Verweise, eine kohärente Wissenstopographie. Auf diese Weise entsteht eine in Einzelteile aufgelöste »exemplarische« Geschichte, in der jedes Element seinen genauen Ort zugewiesen bekommt. Die systematisch erschlossene und geordnete Geschichte versinnbildlicht dann nicht mehr wie bei Vincenz von Beauvais eine von Gott gelenkte Heilsgeschichte, sondern stellt die Utopie ei-

6 Ebd., 5.

nes kleinteilig geordneten, der Kontingenz entledigten und somit beherrschten Erfahrungsraums dar. Wenn Zwinger seinem Werk – wie andere Enzyklopädisten der Frühen Neuzeit – den Titel »Theatrum« gibt, referiert er mit dieser, der satirischen Tradition entstammenden Metapher nicht auf eine als Zerrbild verstandene Wirklichkeit oder auf diese als bloßes Spiegelbild der Welt, vielmehr steht die Metapher für die Totalität einer moralisch disziplinierten, menschlichen Erfahrung, die dem Menschen nicht als flüchtiges, sinnliches Spiel, sondern als schriftlich fixierter und methodisch disponierter Text gegenübertritt.

Wissensinvention: Konrad Gessner

Andere Enzyklopädisten der Frühen Neuzeit verfolgen mit ihren Werken eher pragmatische Zwecke und privilegieren gegenüber der »dispositio« die »inventio«, das Auffinden von Wissen. Das trifft besonders für die zahlreichen, seit dem 16. Jahrhundert gedruckten Kataloge zur Verzeichnung gelehrter Literatur zu. Ein dafür einflußreiches Referenzmodell hatte der Zürcher Gelehrte Konrad Gessner (1516–1565) geschaffen.[7] Gessner ist heute vor allem als Verfasser von naturkundlichen Enzyklopädien bekannt. Mit seiner »Bibliotheca universalis« (1545) gibt er ein umfassend angelegtes alphabetisches Verzeichnis von Autoren und ihren Texten. Er beschränkt sich dabei weitgehend auf gelehrte, also in lateinischer, griechischer und hebräischer Sprache publizierte Werke. Die »Bibliotheca universalis« enthält zu den verzeichneten Autoren Nachrichten über deren Leben und Werke, Angaben zu Editionen und Handschriften, Inhaltsreferate, Kapitelüberschriften, Auszüge (besonders von Vorworten) und Beurteilungen. Der Eintrag zu einem Autor zieht sich nicht selten über mehrere Folio-Seiten hin, insgesamt sind etwa 3.000 Autoren mit über 10.000 Werken in der »Bibliotheca universalis« versammelt.

Eine solche Zusammenstellung konnte nicht allein auf dem Augenschein, auf Autopsie beruhen. Über seine Arbeitspraxis schreibt Gessner im Vorwort: »Das Material habe ich von überall her zusammengetragen: aus Katalogen von Druckern, deren ich nicht wenige aus verschiedenen Gegenden zusammengesucht habe; aus Verzeichnissen von Bibliotheken selbst, öffentlichen ebenso wie privaten, die ich in ganz Deutschland und Italien sorgfältig eingesehen habe, aus Briefen von Freunden, aus Berichten von Gelehrten und schließlich aus Schriftstellerkatalogen.«[8] Das in der »Bibliotheca universalis« verarbeitete Material verdankt sich also der Auswertung von Bibliotheks- und Buchhandelskatalogen, von Briefwechseln und Unterredungen mit Gelehrten. Vor allem aber wertete Gessner vorliegende Schriftstellerkataloge aus. Seine Hauptquelle ist hier der erstmals 1494 in Basel gedruckte »Liber de scriptoribus ecclesiasticis« des Benediktinerabtes Johannes Trithemius.

Bezeichnend für Gessners Verzeichnungsmethode ist die genaue Angabe der Quellen, wenn es sich um sekundäre Informationen handelt. Auf Trithemius verweist am Seitenrand der Buchstabe »T«. Ansonsten wird die Quelle am Schluß des Artikels genannt, meist mit einem Kurztitel, der in einer dem Vorwort angehängten Belegliste aufgeschlüsselt wird. Finden sich in den Artikeln exakte Informationen, etwa über Druckort und -zeit, Anzahl der Blätter und den Inhalt des Buches ohne Quellenverweise, so ist das ein Hinweis darauf, daß die Angaben auf Autopsie beruhen. Dagegen verweisen Bemer-

7 Vgl. Zedelmaier, Bibliotheca universalis, Kap. 1 und 2 (dort die lateinischen Belege der im Folgenden übersetzt zitierten Stellen).

8 Konrad Gessner, Bibliotheca universalis, Zürich 1545, Epistola nuncupatoria, *Fol. 3r.

kungen wie »ich habe gehört« (»audio«), »ich glaube« (»opinor«) oder »wenn ich mich nicht täusche« (»ni fallor«) auf eine ungesicherte Kenntnisgrundlage.

Zentrales Anliegen von Gessners Repräsentation des gelehrten Wissens ist die Benutzung durch eine Verzeichnungsmethode, die den Lesern ein möglichst schnelles Finden der gesuchten Informationen, Überprüfung der Quellengrundlagen und generell eine übersichtliche und rationelle Orientierung ermöglicht. Es ist damit die »inventio«, das Finden der Informationen, die sein enzyklopädisches Unternehmen bestimmt. Das trifft auch für den zweiten, systematisch geordneten Teil der »Bibliotheca universalis«, die 1548 gedruckten »Pandectae«, zu. Gessner bestimmt ihn im Untertitel als Verzeichnis von »loci communes« der gesamten Philosophie und aller guten Künste und Studien. Mit diesem Werk wollte Gessner, ähnlich wie Zwinger und andere Enzyklopädisten des 16. und 17. Jahrhunderts, den Leser dazu anleiten, alles Erinnerungswürdige gleichsam in Nestern zu verwahren (»in suos quasi nidos recondere«), um es bei Bedarf wieder abrufen zu können.[9] Indem Gessner dem Werk das Material einer langjährigen Lektüre eingepaßt hat, dienen die »Pandectae« aber nicht nur als Anleitung zur Verarbeitung von Lektürewissen, sondern gleichzeitig der Auffindung von schon verortetem Wissensmaterial.

Abb. 163: Konrad Gessner (1516–1565)

Gessner wertete zur Gewinnung der etwa 37.000 in den »Pandectae« verzeichneten »loci communes« ähnlich wie Zwinger antike, mittelalterliche und humanistische Enzyklopädien aus, besonders solche italienischer Gelehrter, u.a. die »Lectiones antiquae« (Erstdruck Venedig 1516) des Caelius Rhodiginus, Masilio Ficinos »De vita libri tres« (Erstdruck Florenz 1489) oder Pietro Crinitos »De honesta disciplina« (Erstdruck Florenz 1504).

Während die »Bibliotheca universalis« von 1545 als bloß sammelndes Lexikon, geordnet lediglich durch die formale alphabetische Disposition, Aufschlüsse für die Frage nach bestimmten Gelehrten und ihren Werken gibt, instruieren die »Pandectae« Leser, die ein bestimmtes Sachproblem interessiert. Die »loci communes« sind sozusagen Knotenpunkte spezieller Fragezusammenhänge aus der Vergangenheit des gelehrten Wissens, die ein Leser zu konsultieren hat. Für die Suche nach solchen Knotenpunkten orientiert sich das Ordnungssystem der »Pandectae« am fachlich interessierten Gelehrten und entwirft deshalb als oberstes Gliederungsprinzip eine Klassifikation nach Wissensgebieten. Gessners Modell verbindet das System der »artes liberales« (Grammatik, Rhetorik, Dialektik, Arithmetik, Geometrie, Astronomie, Musik), erweitert um die humanistischen Fächer Poetik, Magie, Geographie und Geschichte, mit den mechanischen Künsten und der aristotelischen Einteilung in theoretische (Physik, Metaphysik) und praktische Philosophie (Ethik, Ökonomie, Politik). Beschließen sollte das Werk die Behandlung der drei oberen Universitätsfakultäten, von denen die »Pandectae« allerdings nur die Jurisprudenz enthalten. Medizin und Theologie, obgleich im Inhaltsverzeichnis angekündigt, fehlen in der durch verlegerisches Interesse offensichtlich unter Zeitdruck entstandenen Ausgabe. Unter dem Titel »Partitiones theologicae« erschien ein Jahr später (1549) nur mehr die als letztes Buch konzipierte Theologie.

Weil die Fragen der Fachgelehrten an den Stoff der gelehrten Überlieferung immer von besonderen inhaltlichen Gesichtspunkten der Tradition geprägt sind, werden in den »Pandectae« als Feingliederung der einzelnen Wissensgebiete die »tituli« gegeben, d.h. zentrale Kategorien, Begriffe oder

9 Konrad Gessner, Pandectarum sive partitionum universalium libri XXI, Zürich 1548, Titelblatt.

Namen literarischer Gattungen des jeweiligen Fachs, denen thematische Stichworte zugeordnet sind. Der Benutzer der »Pandectae« ordnet also seine spezielle Fragestellung zuerst dem entsprechenden Fachgebiet, dann einem der diesem Fachgebiet vorangestellten »tituli« zu und arbeitet schließlich den passenden Titel auf der Suche nach seinem Gesichtspunkt durch. Stößt er auf einen seiner Frage korrespondierenden »locus communis«, findet er diesem zugeordnet einen oder mehrere Autorennamen, oft mit Verweisen auf bestimmte Kapitel ihrer Werke. Die Belege schlägt er in der alphabetischen »Bibliotheca universalis« nach und erhält so das dort verzeichnete Informationsmaterial zu seiner Frage bzw. bibliographische Angaben, um es aufzufinden.

«Loci communes« bezeichnen in Gessners »Pandectae« allgemeine thematische Gesichtspunkte und Stichworte, denen bestimmte Titel und Kapitelüberschriften einzelner Bücher entsprechen, d.h. spezielle Themen aus dem Feld schriftlicher Überlieferung. Eigentlich hatte er vor, schreibt Gessner im Vorwort der »Pandectae«, alle in der »Bibliotheca universalis« aufgelisteten Texte nach den in ihnen behandelten Themen, Gegenständen und Zentralbegriffen aufzuschlüsseln, um sie dem Kategoriennetz der »Pandectae« zuzuordnen.[10] Doch die Anzahl der dort verzeichneten 10.000 Werke ließ ein solches Unterfangen scheitern. Vergleicht man die in den »Pandectae« aufgelisteten und belegten Themen und Stichworte mit ihren Quellen, so zeigt sich deutlich Gessners Arbeitsweise. Er verwertete vor allem die diesen Büchern fast durchgehend voran- oder nachgestellten alphabetischen Register, Inhaltsverzeichnisse und Kapitelüberschriften. Entweder übernahm er sie ganz als »loci communes«, oder – falls sie unterschiedliche Themen nennen – er verteilte sie auf die jeweils entsprechenden Fachgebiete. Ähnlich wie dem ersten Band der »Bibliotheca universalis« zu einem guten Teil bereits vorliegende Literaturverzeichnisse zugrunde liegen, ist auch die Auflistung von Stichworten und Themen, wie sie sich in den »Pandectae« finden, abhängig von Werken, die selbst schon eine Aufbereitung von Literatur nach thematischen Gesichtspunkten bieten und die, um einen möglichst effektiven Zugriff, ein schnelles Finden des gesuchten Themas zu gewährleisten, mit Registern (»indices«) versehen sind.

Gessners »Bibliotheca universalis« wurde oft als erste moderne Bibliographie bezeichnet. Tatsächlich setzte das Werk ein nicht mehr nachlassendes Bedürfnis nach Verzeichnung von Literatur in Gang. Es wurde vielfach fortgesetzt, ergänzt, bearbeitet und hatte großen Einfluß auf die Literaturverzeichnung bis zum 18. Jahrhundert. Auch für die (seit 1564 publizierten) Frankfurter Messekataloge und die seit den 40er Jahren des 16. Jahrhunderts gedruckten Listen verbotener Bücher, die »Indices librorum prohibitorum«, mit deren Hilfe die katholische Kirche versuchte, reglementierend in die expandierende Bücherwelt einzugreifen, war das Unternehmen des Schweizer Gelehrten sowohl inhaltlich als auch formal ein prägendes Referenzmodell. Das gilt auch für jenes Instrument, das für die moderne Wissensverwaltung eine selbstverständliche Voraussetzung darstellt, nämlich das Alphabet.

Für die Alphabetisierung der Wissensordnung ist der erste Teil der »Bibliotheca universalis« selbst ein einflußreiches Monument. Gessner hat aber auch in einem eigenen Abschnitt der »Pandectae« seine Leser über Techniken der alphabetischen Wissensordnung und -verwaltung instruiert. Unter dem Titel »Über die Register der Bücher« (»De indicibus librorum«) beschreibt er dort, wie Gelehrte sich durch das »Verzetteln« von aus Büchern herausge-

10 Ebd., Praefatio, *Fol. 3r.

schriebenen Wissensmaterialien flexible Verwaltungssysteme anlegen können, die u.a. auch dem Zweck dienen können, Bücher mit alphabetischen Registern auszustatten.[11] Schon spätmittelalterliche Enzyklopädien wurden vereinzelt mit alphabetischen Registern versehen. Mit Hilfe einer Verzettelungsmethode, wie sie Gessner beschreibt, wurde es möglich, die Register »strengalphabetisch« zu ordnen, d.h. unter Berücksichtigung aller Buchstaben des Begriffs, der ins Register gesetzt werden soll. Spätmittelalterliche und noch viele Enzyklopädien des 16. Jahrhunderts waren nämlich meist nur »grobalphabetisch« geordnet.

Systematische und alphabetische Ordnungen waren im 16. und 17. Jahrhundert aufeinander bezogene Repräsentationsweisen von Wissen. Die frühneuzeitlichen Enzyklopädien mit ihren oft gewaltigen, z.T. mehrere hundert Seiten umfassenden Registern waren Katalysatoren der Entwicklung und Differenzierung der Alphabetisierung der Wissensordnung. Die alphabetischen Register sind die Suchmaschinen der Enzyklopädien des 16. und 17. Jahrhunderts, mit deren Hilfe die Leser die überwiegend systematisch geordneten Wissensapparate aufschließen konnten.

Orte des Wissens

Die Arbeit an der gelehrten Überlieferung brachte im 16. und 17. Jahrhundert viele Wissenssummen hervor. Versucht man, ihnen eine gemeinsame Signatur zu geben, ist ein wissensgeschichtlicher Gesichtspunkt wichtig. Das überlieferte Wissen wird in Enzyklopädien des 16. und 17. Jahrhunderts als einheitlicher, topisch geordneter Zusammenhang repräsentiert,[12] den sachlich definierte Relevanzkriterien konstituieren, die nicht relativ zum jeweiligen Zeitkontext sind. Vergangenes Wissen wird nicht als zeitlicher Entfaltungs- und Entwicklungszusammenhang vorgestellt, in dem frühere Stufen in jeweils späteren »aufgehoben« sind. Wissen gilt nicht als Zeugnis seiner Zeit, es gilt als auf Orte verteilt.

Die Vorstellung, die Wissenstotalität mit Hilfe einer zeitlosen »Ordnung der Ordnungen« in einem einzigen Buch bezwingen zu können, ist die gemeinsame Idee oder Ideologie, an deren Verwirklichung die Verfasser der Wissensapparate der Frühen Neuzeit arbeiten. Wie in den feingegliederten Bibliotheken der Zeit (oder in der Ständeordnung) erhält jedes Wissensteil einen bestimmten Ort zugewiesen, damit es identifizierbar, verfügbar und auch merkbar wird. Die Ordnung des Wissens ist wichtig, um die Erfahrung zu beherrschen, die Gegenwart zu regieren oder die Zukunft zu erobern. Die Ordnung des Wissens hat damit in der Zeit unterschiedliche Funktionen, doch dem Wissen eigen ist sein Ort im Wissenssystem. Wissen verstaubt nicht, es hat keine sogenannten Halbwertzeiten des Verfalls.

Man kann die Wissenssummen der Frühen Neuzeit als erfolgreiche Komplemente der künstlichen Gedächtnisräume der traditionellen Mnemotechnik verstehen. Die Mnemotechnik leitet dazu an, Wissen, das erinnert werden soll, an Örter (»loci«) eines existenten oder fiktiven Raumes zu plazieren. Mit dem Buchdruck konnte die Ordnungsstruktur des zu erinnernden Wissens verstärkt als Buchstruktur identifiziert werden. Die loci-Architektur der Mnemotechnik konnte durch das jetzt identisch vervielfältigte Buch-Layout ergänzt werden, die Orte des nach den Regeln der Mnemotechnik je unter-

11 Ebd., Fol. 19v–23v.

12 Wilhelm Schmidt-Biggemann, Topica universalis. Eine Modellgeschichte humanistischer und barocker Wissenschaft, Hamburg 1983.

Abb. 164: Klassifikation der Wissenschaften, aus: Konrad Gessner, Partitiones theologicae, Pandectarum universalium liber ultimus (1549)

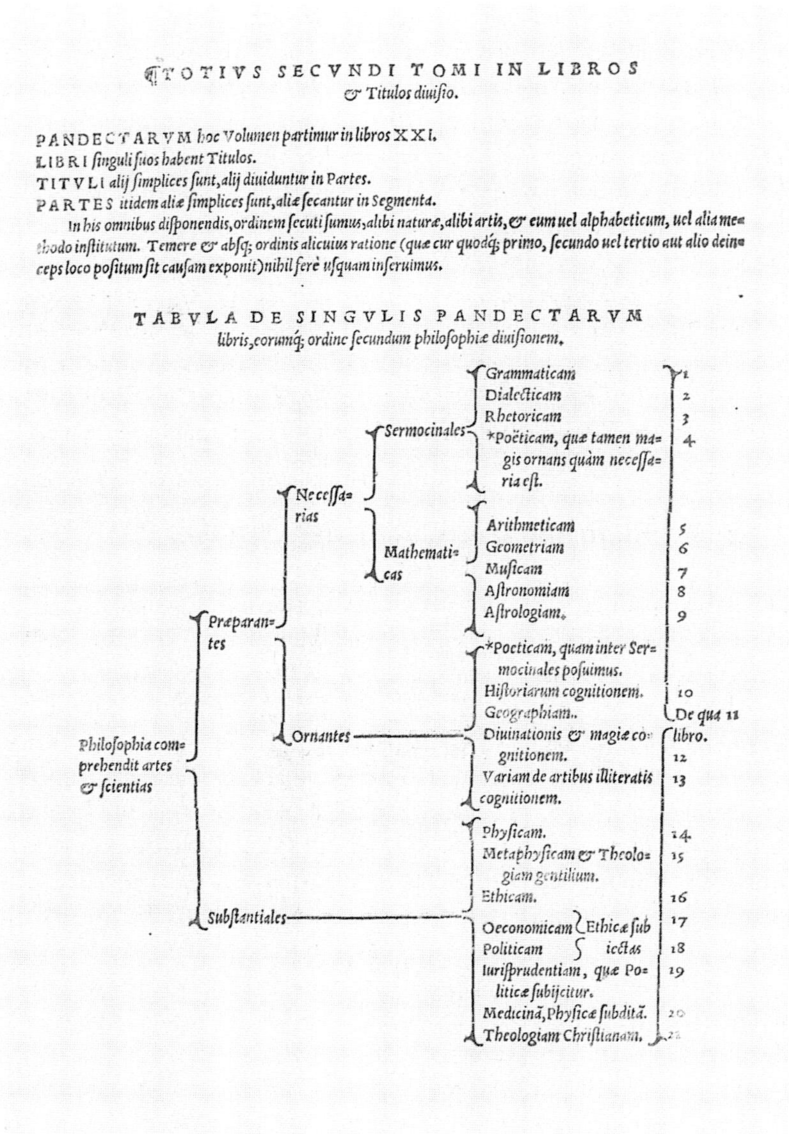
TOTIVS SECVNDI TOMI IN LIBROS & Titulos diuisio.

PANDECTARVM hoc Volumen partimur in libros XXI.
LIBRI singuli suos habent Titulos.
TITVLI alij simplices sunt, alij diuiduntur in Partes.
PARTES itidem aliæ simplices sunt, aliæ secantur in Segmenta.

In his omnibus disponendis, ordinem secuti sumus, alibi naturæ, alibi artis, & eum uel alphabeticum, uel alia methodo institutum. Temere & absq; ordinis alicuius ratione (quæ cur quodq; primo, secundo uel tertio aut alio deinceps loco positum sit causam exponit) nihil ferè usquam inseruimus.

TABVLA DE SINGVLIS PANDECTARVM libris, eorumq; ordine secundum philosophiæ diuisionem.

schiedlich und individuell zu konzipierenden Raumes der Erinnerung erhielten die Bedeutung von bestimmten, identifizierbaren Stellen in Büchern.

Die Enzyklopädie als »Buch der Bücher« ist für diese »Vertextung« der Erinnerungsorte ein in mehrfacher Hinsicht signifikanter Fall. Für Johann Heinrich Alsted (1588–1638) sind Enzyklopädien methodisch (»ordo methodicus«) disponierte Orte der Erinnerung. Seine »Encyclopaedia« von 1630 ermöglicht mit Hilfe eines hoch differenzierten Layouts, zahlreicher Tabellen und feinverzweigter Gliederungen ein methodisches Merken. Man benötigt die »Encyclopaedia« als Basis der Wissensaneignung, analog zur akademischen, auf autoritative Lehrbücher gegründeten Vorlesungspraxis: Man muß sie intensiv lesen, möglichst laut, jedenfalls aber wiederholt, um die Gedächtnisleistung zu sichern. Dieses eine Buch (der Bücher) ist ein Erinnerungsort, auf den das gehörte und gelesene Wissen bezogen werden kann, etwa dadurch, daß dieses Wissen »in margine« an die entsprechende Stelle notiert wird. Die Ordnungskategorien dienen als »loci«, die dem (auf-)gelesenen Wissen seinen Platz zuweisen.[13]

13 Vgl. Johann Heinrich Alsted, Encyclopaedia septem tomis distincta, Herborn 1630, Bd. 1, 1, 28, 89ff.; dazu Zedelmaier, Bibliotheca universalis, 125–127.

Diese Orts- bzw. Buchgebundenheit des Wissens bestimmt die frühneuzeitlichen Praktiken der Wissensverarbeitung und -verwaltung, die sich als festgefügtes, auch materialiter buchfixiertes Ordnungssystem, als geschlossener Wissensraum darstellt. Flexible Wissensverwaltungssysteme mit Hilfe loser Zettel sind dagegen (auch für Bibliotheken) erst vereinzelt seit dem 17. Jahrhundert nachweisbar. So beschreibt der deutsche Gelehrte Vinzent Placcius 1689 erstmals einen Karteischrank zur flexiblen Verwahrung von Exzerptzetteln. Der (als »machina« bezeichnete) Wissensapparat soll das mühsame Blättern in gebundenen loci-Sammlungen oder Zettelkonvoluten ersparen; mit einem Griff können die Informationen abgerufen werden.[14] Mit dem Karteischrank lag ein für Vervollständigungen und Revisionen offenes, von der Ausübung individueller Gedächtnistechniken sowie vom Buch als Gedächtnisort losgelöstes Verwaltungssystem für Notizen und Exzerpte vor.

2. Konstruktion und Distribution des Wissens

Die enzyklopädische Wissensverarbeitung verlor nur allmählich ihre Gedächtnis- und Buchzentriertheit. Der eigentliche Umbau der ortsgebundenen, topischen Wissensverwaltung zu pragmatischen, flexibel erweiterbaren Zettelkästen setzt erst im 18. Jahrhundert ein.[15] Damit verbunden ist, daß jetzt bei den Enzyklopädien die alphabetische Ordnung vorherrschend wird, während die Systematik (wie bei der französischen »Encyclopédie«) zu einem Einleitungskapitel reduziert oder als philosophisches, von der Wissensrepräsentation entlastetes Prinzip behandelt wird. Die Referenzsysteme des Wissens, die Ordnungen des Wissens selbst, werden nun als historische Größen begriffen und die Vorläufigkeit und permanente Revision alles Wissens postuliert.

Im späten 17. und frühen 18. Jahrhundert wird die gelehrte Wissensverwaltung durch den Buchmarkt modernisiert; Lexika und Enzyklopädien werden jetzt auch von Autoren mit aufklärerischen Absichten geschrieben; das lesende Publikum wird immer zahlreicher und verlangt nach orientierenden Werken, deren Lektüre nicht unbedingt ein Studium voraussetzt. Es ist ganz wesentlich die Idee der Kritik und eine neue Konzeption des Historischen, die dem neuen enzyklopädischen Wissensmodell zum Erfolg verhilft. Kritik ist nicht mehr nur Kritik konkurrierender wissenschaftlicher Vorstellungen, sondern Vorurteilskritik und Kampf gegen Ignoranz. Das Historische, für das man sich interessiert, ist nicht mehr nur die Tradition der Literatur, sind nicht mehr nur die Autoritäten der Schule, sondern das weite Feld des Wißbaren als Inbegriff des Empirischen.

Skepsis und Kritik: Pierre Bayle

Die Technik der gelehrten Wissensverwaltung hat sich nicht mit einem Schlag der Öffentlichkeit geöffnet, und die alten »Bibliotheken« sind nicht unvermittelt zu Bestsellern auf einem beschleunigt wachsenden Buchmarkt geworden. Ein wichtiger Faktor bei der Herstellung einer mehr als nur gelehrten Öffentlichkeit war der Konfessionalismus, der Streit um die richtige Religion. In Frankreich wurde 1685 das Toleranz-Edikt von Nantes aufgeho-

14 Vincentius Placcius, De arte excerpendi. Vom gelehrten Buchhalten liber singularis, Stockholm/Hamburg 1689, 121–159; dazu Helmut Zedelmaier, Buch, Exzerpt, Zettelschrank, Zettelkasten, in: Archivprozesse. Die Kommunikation der Aufbewahrung, hg. von Hedwig Pompe/Leander Scholz, Köln 2002, 38–53.

15 Markus Krajewski, Zettelwirtschaft: Die Geburt der Kartei aus dem Geiste der Bibliothek, Berlin 2002.

Abb. 165: Pierre Bayle (1647–1706)

ben und der Katholizismus zur Staatsreligion gemacht. Die französischen Protestanten (Hugenotten) flohen außer Landes, nach Deutschland oder nach Holland, wohin es auch Pierre Bayle verschlug, der als Zögling der Jesuiten in Toulouse seinem protestantischen Elternhaus dennoch nicht abtrünnig wurde. Pierre Bayle hat ein Lexikon geschrieben, das im höchsten Maße originell war und im Wesentlichen durch den Begriff der Kritik getragen wurde. Sein »Historisches und kritisches Wörterbuch« (»Dictionnaire Historique et Critique«, zuerst 1697) hat den Literaturtyp des modernen Lexikons begründet. Sein zweibändiges Werk im Folio-Format wurde vielfach aufgelegt, mehrfach übersetzt, u.a. auch 1741–44 ins Deutsche.[16]

Bayle zeigte, daß man keine Abhandlung schreiben muß, um unterhaltend, informativ, kritisch, witzig und nachdenklich zu sein. In rund 2.000 Artikeln zu Personen und Orten brachte er eine Vielzahl von philosophischen, wissenschaftlichen und gesellschaftlichen Problematiken unter, oft an unvermuteten Stellen. Denn Bayles Technik bestand nicht darin, Artikel auf Artikel folgen zu lassen, sondern jeden Text durch (häufig längere) Anmerkungen zu unterbrechen, zu denen wiederum Anmerkungen hinzutraten, was das Ganze wie ein Patchwork an Informationen erscheinen läßt.

Es war im Grunde unmöglich und auch wohl nicht beabsichtigt, den »Dictionnaire Historique et Critique« von vorne bis hinten durchzulesen, vielmehr sollte man sich in den Text versenken, wie in eine mit vielen Stimmen geführte Diskussion. Die mehrfach untergliederte Seite bot bei Bayle schon im Druckbild die Anspielung auf gelehrte Kompilationen, bei denen der Kommentar den Originaltext einkreist. Was formal wie eine Parodie anmutet, ist inhaltlich eine Revolution in der Denkart: Das freie Kommentieren wird zum Stilprinzip und symbolisiert ein durchweg revisionsbereites Nachdenken, das mit allen möglichen Thesen skeptisch verfährt.

Weil es nicht der Haupttext ist, den Bayle als Gerüst seines Lexikons konstruiert, ist die alphabetische Ordnung willkürlich bzw. oberflächlich. Es gibt thematische Zusammenhänge, die der Leser regelrecht suchen muß, wobei ihm kein Verweisungssystem hilft und keine hierarchische Gliederung leitet. Bayle schweift in Geschichten ab, die keineswegs nur erbaulicher Natur sind und ihm den Vorwurf der »Obszönität« eingetragen haben. Er verstreut aber ebenso eine immer wieder neu einsetzende Diskussion um den Wert der Religion und die Rolle der Philosophie bei der Religionskritik. Wenn Bayle die Frage der Wunder in der christlichen Religion behandelt – ein Streitpunkt zwischen Katholiken und Protestanten – dann gibt er nicht einen entsprechenden Hauptartikel, sondern verhandelt die Frage in Anmerkungen zum Artikel »Konstanz«. Wenn er die Philosophie von Leibniz diskutiert, dann tut er das nicht in einem entsprechenden Eintrag (Bayle nahm keine lebenden Personen auf), sondern in den Anmerkungen zu dem Artikel über einen relativ unbekannten Autor namens »Rorarius«. Am deutlichsten verschränken sich Sache und Begriff noch in den Artikeln zu »Pyrrho«, dem antiken Skeptiker, bei dessen Diskussion Bayle seine eigene Auffassung von der Unterlegenheit menschlicher Vernunft in Glaubensdingen einflicht, oder von »Zenon von Elea«, wo er seine Auffassung von der Fehlerhaftigkeit menschlicher Intelligenz in der Auseinandersetzung mit antiken Philosophemen versteckt.

Es waren nicht nur Originalität und Witz, die Bayle zu dieser Form der verzweigten und unaufgeschlüsselten Wissenspräsentation führten, es waren auch die Produktionsbedingungen seiner Arbeit.[17] Als Journalist und Re-

16 Pierre Bayle, Historisches und critisches Wörterbuch. Mit einer Vorrede und verschiedenen Anmerkungen versehen von Johann Christoph Gottsched, nach der neuesten Auflage von 1740 ins Deutsche übersetzt, 4 Bde., Leipzig 1741–1744, Nachdruck Hildesheim 1997.

17 Vgl. H. M. van Lieshout, The making of Pierre Bayle's Dictionnaire historique et critique, with a CD-ROM containing the Dictionnaire's library and references between articles, Amsterdam 2001.

SPINOZA. 265

ses idées. Il mourut, dit-on, bien persuadé de son Athéisme, & il prit des précautions pour empêcher qu'en cas de besoin son inconstance ne fût reconnue (S). S'il eût raisonné conséquemment, il n'eût pas traité de chimérique la peur des Enfers (T). Ses Amis prétendent que par modestie il souhaita de ne pas donner son nom à une Secte (U). Il n'est pas vrai que ses Sectateurs soient en grand nombre. Très-peu de personnes sont soupçonnées d'adhérer à sa Doctrine: & parmi ceux que l'on en soupçonne, il y en a peu qui l'aient étudiée; & entre ceux-ci, il y en a peu qui l'aient comprise, & qui n'aient été rebutez des embarras & des abstractions impénétrables qui s'y rencontrent (m). Mais voici ce que c'est: à vue de païs on appelle Spinozistes tous ceux qui n'ont guere de Religion, & qui ne s'en cachent pas beaucoup. C'est ainsi qu'en France on appelle Sociniens tous ceux qui passent pour incrédules sur les mystéres de l'Evangile, quoi que la plupart de ces gens-là n'aient jamais lu ni Socin, ni ses Disciples. Au reste, il est arrivé

Abb. 166: Aus: Pierre Bayle, Dictionnaire Historique et Critique (1695–1697)

zensent hatte er sich in Rotterdam bereits vor dem Lexikon einen Namen gemacht, aber das gewaltige Werk der über 3.000 Folio-Seiten konnte von ihm nicht in einem Zug erstellt werden. So ist es auch dem Umstand zu verdanken, daß einige Bücher, die Bayle zur Diskussion heranziehen wollte, erst später als geplant eintrafen, daß die Diskussion bestimmter Themen sich über das gesamte Textkorpus der Artikel erstreckt. Auf der anderen Seite bewirkte das Prinzip der nicht-systematischen Darstellung von Thesen und Theorien, Geschichten und Anekdoten, daß es gelegentliche Wiederholungen gab und Fortsetzungen von Argumentationen an späteren Stellen. So ist die harte Kritik an der Philosophie von Baruch Spinoza (gest. 1677) nicht nur in dem so betitelten Artikel zu finden, sondern an einer Vielzahl anderer Stellen, an denen Bayle auf die Probleme des Atheismus und des Fatalismus zu sprechen kam. Das Werk durchherrscht ein sehr persönlich geprägtes Denken, zugleich aber vermittelt es den Eindruck einer Wissenslandschaft, in welche kritische Geister zum Spazierengehen eingeladen werden. Was sich bei Bayle manifestiert, ist der Anspruch des Denkens, überall urteilen zu können und alles zur Beurteilung heranziehen zu dürfen.

Bayles »Dictionnaire« ist singulär geblieben und hat keine Tradition begründet, wenn man einmal vom philosophischen Taschenlexikon Voltaires (1764) absieht. Man könnte sogar zweifeln, ob Bayles Werk tatsächlich in eine Geschichte der Enzyklopädie gehörte, wäre da nicht das ursprüngliche Motiv, Fehler in vorhandenen Lexika und Enzyklopädien zu brandmarken. Was Bayle im »Großen Historischen Lexikon« von Louis Moréri (»Grande Dictionnaire Historique«, erstmals 1674, mehrere erweiterte Auflagen bis 1759) an Fehlern fand, wollte er ursprünglich in einem kleinen kritischen Werk aufschließen. Dabei ging es ihm ebenso um Detailkritik an Sachwissen wie um kritische Auseinandersetzung mit der katholisierenden Tendenz des Autors. So setzt Pierre Bayle mit seinem Werk ein Element in die Welt, das in der Geschichte der Enzyklopädie durchgängig tonangebend werden wird: immer genauer und immer tendenzfreier zu urteilen.

Bei Bayle verselbständigt sich gewissermaßen das kritische Element, das in der übrigen Literatur meist nur in den Vorworten eine Rolle spielt. Anders gesagt: Was eine gelehrte Tradition des »immer besser« und »immer mehr« für eine selbstverständliche Pflicht der Wissenskultur hält, wird bei Bayle zu einem Problem der öffentlichen Auseinandersetzung. Er will mit seinem Leser diskutieren, was als Wahrheit zu gelten hat. Gerade darin bezeichnet Bayle ein radikal modernes Moment in der Enzyklopädistik, die sich in eben dem Maße von der gelehrten Tradition entkoppelt, in dem sie das präsentierte Wissen auf Gründe, Zeugen, Quellen zurückführt. Moderne Wissensvermittlung ist anti-autoritär, indem sie die Autoritäten offen legt.

Das allgemeine Wissen: Johann Heinrich Zedler

Bayle partizipiert an der Tradition, die er selbst unterlaufen will, gerade indem er seine individuelle Autorschaft in den Vordergrund spielt (der »Dictionnaire« war sein einziges Werk, das er – gegen den Usus der Zeit – mit Namen zeichnete). Wissenssynthesen, die von einzelnen Autoren oder Verlegern erstellt und publiziert wurden, gab es, wie die Beispiele Gessner und Zwinger zeigen, schon früher und gibt es bis heute. Was ein wesentlicher Schritt aus der Tradition der gelehrten Wissensverwaltung hinaus sein wird, ist die Enzyklopädie als kollektives Unternehmen, als arbeitsteilige Einlassung auf die Fülle des Wißbaren. Das denkwürdigste Monument dieser Anstrengung ist die von Denis Diderot und Jean d'Alembert herausgegebene »Enzyklopädie aller Wissenschaften und Künste« (»Encyclopédie des arts et des sciences«), die ab 1750 erschien und die westeuropäische Aufklärung nachhaltig prägte. Dieses Werk war mit rund 71.000 Artikeln sehr umfangreich, was die Beteiligung vieler Spezialisten voraussetzte.

Eindrucksvoller jedoch als dieses französische Werk demonstriert das im Jahr 1750 bereits abgeschlossen vorliegende »Große Vollständige Universal-

Lexicon« (64 Bände, seit 1732) das Prinzip einer weit ausgreifenden, nunmehr wirklich öffentlichen Wissensverwaltung.[18] Das von Johann Heinrich Zedler (1706–1751) angestoßene Projekt einer Kompilation so gut wie aller Wissensarten stellt mit mehr als 288.000 Artikeln auf 68.000 Folio-Seiten die größte Enzyklopädie des 18. Jahrhunderts dar. Dieses Werk setzt den Akzent ganz auf das »Historische« als Inbegriff einer umfassenden Weltkenntnis, es ist sich zugleich jedoch bewußt, ein sehr konkretes Publikum zu adressieren; es artikuliert die Imperative der Kritik eher in impliziter Weise.[19]

Zedlers »Universal-Lexicon« ist modern auch darin, daß es rasch veraltete. So wie es eine ganze Reihe von vorherigen Wissenssynthesen überbot und überflüssig machte, so erlag es selbst der fortschreitenden Akkumulation und Verarbeitung des Wissens. Wissen ist im 18. Jahrhundert in die Kommunikation mit dem allgemeinen Publikum investiert und hat darin seine Geschichte und seine Vergänglichkeit.

Am Anfang steht ein gewagter Plan und eine Empörung der Traditionalisten. Der gerade 24-jährige Zedler veröffentlicht 1730 einen Prospekt, mit dem er für ein »vollständiges« Lexikon in zwölf Folianten wirbt, was die Leipziger Verleger alarmiert und in gemeinsamen Anstrengungen vereint, den Neuling im etablierten Buchgewerbe zu verhindern.[20] Aber Zedler bleibt hartnäckig und kann 1732 endlich den ersten Band vorlegen, mit preußischem Privileg in Halle gedruckt und mit einer Vorrede des dortigen Universitätskanzlers versehen, des Historikers Peter von Ludewig. Von Ludewig kündigt an, dieses neue Lexikon würde 22 ältere überflüssig machen, was allerdings als Untertreibung gelten muß, denn das Titelblatt allein zählt 33 verschiedene Wissensarten auf. Das »Universal-Lexicon« hat in der Tat eine ganze Reihe von Einzel-Enzyklopädien und Fach-Lexika integriert und überboten: Konzeption, Durchführung und Verkauf stellen alles in den Schatten, was im Buchgeschäft vorher üblich war.[21]

Zur Konzeption ist nur Weniges bekannt, weil sich kein Archiv erhalten hat. Die Absicht auf Vollständigkeit ist wohl durchaus ernst zu nehmen, denn man hat rasch das Alphabet über die 12 zuerst geplanten Bände hinaus auf schließlich 64 strecken können. Im Durchschnitt wurden 4.000 Folio-Seiten jedes Jahr gedruckt bzw. vier Bände ausgeliefert. Ungewöhnlich an der Konzeption war, daß neben Sachartikeln auch geographische und biographische Artikel in großer Fülle Eingang fanden. Diese Mischung war neu – vorausweisend auf das 19. Jahrhundert und die »Konversationslexika«. Praktische Gesichtspunkte stehen beim »Universal-Lexicon« im Vordergrund, wie viele medizinische und juristische Artikel belegen, die ganz auf die Bedürfnisse des niederen Adels und des Bürgertums abgestellt sind.[22] In verschiedenen Vorreden zu einzelnen Bänden wurde dazu aufgerufen, Artikel einzusenden, sowohl zu Personen wie zu Orten.[23] Darin drückt sich ein neues Verhältnis der Lexikon-Macher zu ihrem Publikum aus: Man verständigt sich über den Wissensstand der Zeit, das Wissenswerte und Nützliche wird in Zirkulation versetzt.

Die Durchführung dieses gewaltigen Buchdrucker-Werkes war mit vielerlei Schwierigkeiten konfrontiert. Logistisch war es eine Meisterleistung, in so schneller Folge in gesicherter alphabetischer Dichte so viele unterschiedliche Wissensgebiete abdecken zu können. Mit dem Band 15 (Buchstabe »K«) kam im Jahr 1737 die Krise. Zedler machte Bankrott und mußte sein Unternehmen von einem Leipziger Kaufmann namens Johann Heinrich Wolf retten

18 Es gibt auch eine online-Version: http://mdz.bib-bvb.de:80/digbib/lexika/zedler/.

19 Vgl. U. J. Schneider, Die Konstruktion des allgemeinen Wissens in Zedlers ›Universal-Lexicon‹, in: Wissenssicherung, Wissensordnung und Wissensverbreitung. Das europäische Modell der Enzyklopädien, hg. von Theo Stammen/Wolfgang E. J. Weber, Berlin 2004, 81–101.

20 Gerd Quedenbaum, Der Verleger und Buchhändler Johann Heinrich Zedler 1706–1751. Ein Buchunternehmer in den Zwängen seiner Zeit. Ein Beitrag zur Geschichte des deutschen Buchhandels im 18. Jahrhundert, Hildesheim/New York 1977.

21 Vgl. Bernhard Kossmann, Deutsche Universallexika des 18. Jahrhunderts. Ihr Wesen und ihr Informationswert, dargestellt am Beispiel der Werke von Jablonski und Zedler, in: Archiv für Geschichte des Buchwesens 9 (1969), Sp. 1553–1590.

22 Peter E. Carels/Dan Flory, Johann Heinrich Zedler's Universal Lexicon, in: Frank Arthur Kafker (Hg.), Notable Encyclopaedias of the 17th and 18th centuries, Oxford 1981, 177–181.

23 Beispielsweise ruft Ludovici in der »Vorrede« zu Bd. 23 (1740) »die weisen Väter dieser oder jener Stadt« dazu auf, durch selbst eingeschickte Beiträge »das Andencken selbiger Stadt […] mehr und mehr illustre« zu machen.

lassen; es lief aber unter dem alten Namen weiter. Als Herausgeber wurde der Leipziger Philosophieprofessor Karl Günther Ludovici gewonnen, der die bibliographischen Angaben entscheidend verbesserte und auch lebende Personen aufzunehmen begann. Ludovici wollte mit Supplementbänden die vor seiner Herausgeberschaft entstandenen Bände nachträglich ergänzen, konnte aber nur vier davon für die ersten drei Buchstaben des Alphabets realisieren.[24] Nach 1754 wurde kein Band mehr gedruckt.

Aus den Quellenangaben kann man erkennen, was man auch durch andere Nachrichten weiß, daß es nämlich eine umfangreiche Handbibliothek der Lexikon-Macher gegeben haben muß, die ihnen raschen Zugriff auf alle Arten von Informationen gestattete. Kirchenbücher, Chroniken, Reiseberichte und alle möglichen anderen Arten von Literatur, neben bereits vorliegenden Lexikonartikeln, waren die Hauptquelle des »Universal-Lexicon«, das für bestimmte Wissensarten häufig zum ersten Mal die Lexikonform prägte. So konnte aus einem Pflanzenartikel mit rein fachlichen Informationen für Botaniker im »Universal-Lexicon« ein Sachartikel mit Angaben über die Geschichte des Begriffs, über die geographische Verbreitung, die Entdeckung und die Verwendung (Rezepte) eines bestimmten Krauts werden. Man vergleiche den Eintrag über »Vanille« im »Universal-Lexicon« mit dem in Lemerys älterem »Materialienlexikon«.[25] In ähnlicher Manier wurde aus Reiseberichten und Geschichtsbüchern eine Reihe von Länderartikeln, für die Vorformen höchstens in Kaufmanns-Enzyklopädien gefunden werden können. Im »Zedler« versammelte sich das Wissen einer Zeit und trat zugleich alphabetisch geordnet auseinander: Jede neue Bedeutung eines Begriffs rechtfertigte einen neuen Artikel.

Über die Verbreitung des »Universal-Lexicon« ist wenig bekannt; man weiß nur, daß sich der Verleger intensiv darum bemühte: Jeder Band enthält das Porträt eines Gönners und ein Widmungsgedicht (meist adelige Personen, Könige und Kaiser). Ein Band war mit zwei Reichstalern preiswert zu haben – allerdings gab es nie zuvor so viele Bände zu kaufen. Die Subskribentenliste ist nicht erhalten. Alle Beiträger des »Universal-Lexicon« blieben anonym und sind es bis heute; man kann nur sehr wenigen der 288.000 Artikel einen Autor oder einen Redakteur zuordnen. Vermutlich sind es kaum prominente Gelehrte und eher Ärzte, Lehrer, Pastoren und Anwälte aus Leipzig und Umgebung, die sich durch die Mitwirkung an diesem Lexikon ein Zubrot verdienten. Nicht nur die Leser, auch die Schreiber dieses Werks gehörten der Schicht der Gebildeten an, die im Bürgertum langsam erstarkte.

Wenn für uns heute das große »Universal-Lexicon« anonymisiert erscheint, weil wir weder die Verfasser noch die Adressaten kennen, darf nicht übersehen werden, daß in dieser Anonymisierung des Wissens, in seiner Verobjektivierung und Allgemeinheit die implizite Absicht des Unternehmens steckt. Das Universallexikon war nicht das Produkt eines Aufklärers und auch nicht das Organ aufklärerischen Denkens – der Konzeption und Anlage nach aber gehört es in die Zeit der Aufklärung und ist ein Dokument der Bemühung, Wissen und Einsicht, Kenntnis und Erkenntnis gleichzusetzen.

*

Die vorstehenden Modelle der Enzyklopädistik vom 16. bis zum 18. Jahrhundert zeigen, daß die Wissensverwaltung als Problem der Ordnung empfunden wurde: Die Macht des Wissens lag in seiner intellektuellen Beherrschung.

24 Vgl. die Vorreden zu Bd. 19 (1738) von J. H. Zedler und zu Bd. 21 (1740) von C. G. Ludovici.

25 Nicolas Lemery, Vollständiges Materialien=Lexicon, darinnen Alle und jede Simplicia, vorgestellet sind, welche aus denen so genannten drey Reichen, der Thiere, der Kräuter und der Mineralien, Leipzig 1721; Universal-Lexicon Bd. 46 (1745), Sp. 517–519; vgl. allgemein dazu U. J. Schneider, Zedlers Universal-Lexicon und die Gelehrtenkultur des 18. Jahrhunderts, in: Die Universität Leipzig und ihr gelehrtes Umfeld 1680–1780, hg. von Hanspeter Marti/Detlef Döring, Basel 2004, 195–213.

Zugleich wird das Wissen immer deutlicher selbst mächtig: als Kritik, als allgemeine Kenntnis. Und das Wissen entgleitet der Herrschaft der Gelehrten, wenn auch die gelehrten Techniken der Verzettelung und der Verweisung nicht grundsätzlich verändert werden. Das alphabetische Suchen und Finden ersetzt aber schließlich den systematischen Zusammenhang, der immer noch behauptet, aber nicht mehr sichtbar gemacht wird. In einem Bild könnte man es so ausdrücken: Wissen wird zuerst über bestimmte Örter definiert und zuletzt als Landschaft erkannt. Man beherrscht es umso besser, je deutlicher man es im Blick hat, aber ganz ist das nie möglich.

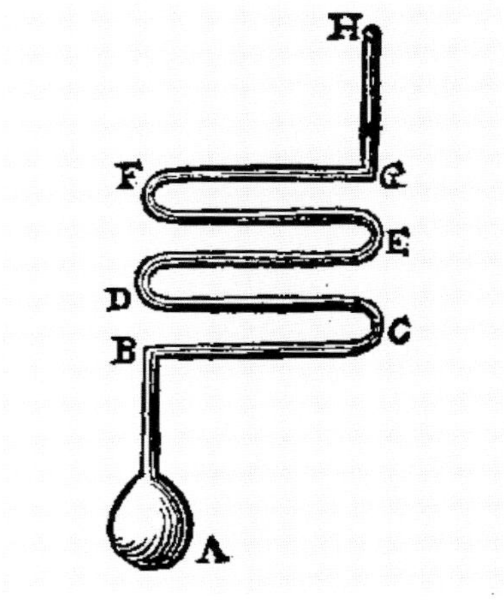

Abb. 167: Erste Abbildungen in einer Enzyklopädie des allgemeinen Wissens, hier: das Lufft-Thermometer, aus: Johann Heinrich Zedler, Universallexicon (hier 1738)

Wissenschaft im Kampf gegen den Aberglauben

WOLFGANG BEHRINGER

Die Debatten über Wunder, Besessenheit und Hexerei

Der Paradigmenwechsel in der Weltanschauung der gebildeten Oberschichten[1] bildet die Folie für das traditionelle Emplotment der Modernisierung, das Kernstück der europäischen Erfolgsgeschichte, dessen Übertragung auf andere Gesellschaften sich im 20. Jahrhundert als so schwierig erwiesen hat.[2] Das Programm der Aufklärung bestand landläufig in der Durchsetzung der neuen Wissenschaften. Immanuel Kant (1724–1804), der in seiner Antwort auf die Preisfrage, was Aufklärung sei, den berühmten Slogan vom »Ausgang aus der selbstverschuldeten Unmündigkeit« gefunden hatte,[3] kam wenige Jahre später zu einer prägnanten Zuspitzung: »Befreiung vom Aberglauben heißt Aufklärung.«[4] Die Definition dessen, was Aberglaube sei, ist indes alles andere als einfach, denn der Kampf gegen superstitiösen Glauben war ein traditionelles Anliegen der christlichen Theologie.[5] Protestantische Theologen schlossen in diesen Kampf allerdings katholische Dogmen und Riten mit ein, und eine intellektuelle Avantgarde seit Machiavelli verfuhr nicht anders mit jeder Form der Religion ganz generell. Wenn man auch mit Max Weber die »Entzauberung der Welt« gewöhnlich für ein Resultat der Reformation hält[6] oder mit Robert K. Merton gar die Entwicklung der modernen Naturwissenschaften,[7] so muß man doch in Rechnung ziehen, daß sich die Reformatoren seit Calvin in einen Abwehrkampf gegen Libertiner und Epikuräer verstrickt sahen, der sicher nicht auf einer kollektiven Zwangsneurose beruhte. Die frühneuzeitliche Gesellschaft kannte keine Meinungsfreiheit, und das Äußern gewisser Ansichten war nicht zu empfehlen, auch nicht unter der Herrschaft der neuen Päpste von Wittenberg und Genf.[8]

Die Trennung von Religion und Wissenschaft war insgesamt ein höchst komplexer Vorgang, der dadurch verkompliziert wurde, daß die experimentelle Naturwissenschaft stark von magischen Vorstellungen durchdrungen war, angereichert durch Ideen aus dem Neuplatonismus, Hermetismus und Paracelsismus.[9] Sogar Francis Bacon (1561–1626), der in seinem »Neuen Organ der Wissenschaften« gezielt die aristotelische Schulwissenschaft an den Universitäten attackierte und ein Programm des naturwissenschaftlichen Fortschritts entwarf, bewegte sich noch im Bannkreis der »Magia Naturalis«, die er unter Verzicht auf Zeremonien, Gebete und Anrufungen erneuern wollte.[10] Die hermetischen, paracelsistischen, spiritualistischen und rosenkreuzerischen Strömungen der »experimentellen« Naturforschung waren in unterschiedlicher Stärke mit sozialen Bewegungen und häretischen Strömungen bis hin zum Atheismus vermengt, ein Umstand, der ganz entscheidend zu ihrer Diskreditierung beigetragen hat, insbesondere nach den Wirren des Englischen Bürgerkriegs. Der Siegeszug der mechanischen Philosophie, die sich meist auf René Descartes (1596–1650) oder auf Pierre Gassendi (1592–1655) bezog, beruhte nicht zuletzt auf dem Umstand, daß in deren Philosophie politische Implikationen fehlten und Religion und Herrschaft besser zu legitimieren waren.[11] Freilich blieb die Allianz zwischen Rationalismus

1 Thomas S. Kuhn, The Structure of Scientific Revolutions, Chicago 1962. – Die Struktur wissenschaftlicher Revolutionen, Frankfurt a.M. 1973.

2 Waltraud Schelkle u.a. (Hg.), Paradigms of Social Change. Modernization, Development, Transformation, Evolution, Frankfurt 2000.

3 Immanuel Kant, Beantwortung der Frage: Was ist Aufklärung? (Berlin 1784), in: Werkausgabe in 12 Bänden, hg. von Wilhelm Weischedel, Bd. 2, Frankfurt a.M. 1977, 53.

4 Immanuel Kant, Kritik der Urteilskraft (1790), in: Ebd., Bd. 10, 226.

5 Dieter Harmening, Superstitio. Überlieferungs- und theoriegeschichtliche Untersuchungen zur kirchlich-theologischen Aberglaubensliteratur des Mittelalters, Berlin 1979.

6 Max Weber, Die protestantische Ethik und der Geist des Kapitalismus (1905), in: Ders., Gesammelte Aufsätze zur Religionssoziologie, Bd. 1, 6. Aufl. Tübingen 1972, 17–206.

7 Robert K. Merton, Science, Technology and Society in 17th Century England, New York 1970.

8 Perez Zagorin, Ways of Lying. Dissimulation, Persecution, and Conformity in Early Modern Europe, Cambridge, Mass. 1990.

9 Lynn Thorndike, History of Magic and Experimental Science, 8 Bde., New York 1923–1958.

10 Francis Bacon, Novum Organon, London 1626.

11 Brian Easlea, Witch-Hunting, Magic and the New Philosophy: An Introduction to Debates of the Scientific Revolution 1450–1750, Brighton 1980.

Abb. 168: Die wahre Religion als Mittelstraße zwischen Atheismus und Aberglaube, aus: Johann Franz Budde, Lehr-Sätze von der Atheisterei (1723)

und Absolutismus nicht lange ungetrübt. Thomas Hobbes (1588–1679), der mit seinem anthropologisch argumentierenden »Leviathan« die ältere Staatslehre vom Tisch wischte, apostrophierte die Katholische Kirche mit solcher Ironie als »Reich der Finsternis«,[12] daß reformierte Theologen befürchteten, diese Kritik träfe auch auf ihre Kirche, ja auf Religion überhaupt zu, und ihn des Atheismus ziehen. Bei dieser Kritik vermengten sich Anliegen der Wissenschaftsrevolution in eigenartiger Weise mit politischen und religiösen Fragen.

Der religiöse Eifer des konfessionellen Zeitalters hatte viele Lebensbereiche beeinträchtigt, wie etwa Bräuche und Feiern, Kleidung und Ernährung, aber auch intime Bereiche wie das Gewissen oder das Sexualleben. Die ärgerlichsten Auswirkungen hatte die Regelungswut der Eiferer aber im Bildungsbereich, wo das Lehrpersonal Glaubenseide schwören mußte und Lehrstoffe den Glaubenslehren angeglichen wurden. Die katholischen Länder hatten unter diesem Druck besonders zu leiden, da der Index verbotener Bücher, eingeführt 1559 und erweitert in den folgenden Jahrzehnten, religiös verdächtige Autoren auch dann ächtete, wenn sich ihre Bücher überhaupt nicht mit dem Glauben beschäftigten oder bereits in der Antike – vor Entstehung des Christentums – verfaßt worden waren. Es ist kein Zufall wenn der prototypische Konflikt des konfessionellen Zeitalters einen katholischen Naturwissenschaftler betraf, der oberflächlich gesehen jede religiöse Stellungnahme vermied, den Astronomen, Mathematiker und Physiker Galileo Galilei (1564–1642).[13] Sein Einsatz des neu erfundenen Fernrohrs zur systematischen Himmelsbeobachtung ermöglichte Galilei die Entdeckung der Jupitermonde und der Sonnenflecken. Die Folgerung, daß sich die Bewegung der Monde und der Sonnenflecken am besten mit der kopernikanischen Theorie erklären ließen,[14] führte zu einer Warnung vonseiten der Kirche, daß er bei Verteidigung dieser Theorie in Zukunft als Häretiker betrachtet werde. Die Veröffentlichung seiner Dialoge machte klar, daß Galilei nicht bereit war, seine Schlußfolgerung, die er als wissenschaftlich wahr ansah, zurückzunehmen.[15] Das vor der Römischen Inquisition gegen ihn eröffnete Verfahren ließ ihm keine Wahl, als unter Zwang zu widerrufen, um sein Leben zu retten. Der berühmteste Wissenschaftler seiner Zeit, dessen Ergebnisse und Theorien von der Gelehrtenwelt Europas mit Spannung erwartet wurden, mußte den Rest seines Lebens unter Hausarrest verbringen und durfte nicht mehr lehren. Seine Veröffentlichungen wurden auf den Index gesetzt und durften im katholischen Europa nicht mehr gedruckt, gekauft oder gelesen werden.[16]

Bei allem neueren Enthusiasmus über den vermeintlichen Gleichklang zwischen Religion und Naturwissenschaften,[17] den es bis zu einem gewissen Grad natürlich auch gab, muß man doch sehen, daß viele Forscher es vorzogen, ihre Ergebnisse zurückzuhalten, wie Descartes 1634 in einem Brief an Marin Mersenne andeutete.[18] Dem Fall Galilei kann ein noch drastischeres Beispiel zur Seite gestellt werden, das die Gefährdungen eines protestantischen Naturforschers im frühen 17. Jahrhundert vor Augen führt, nämlich das des kaiserlichen Astronomen Johannes Kepler (1571–1630). Gegenüber Galilei betonte Kepler die wissenschaftliche Freiheit, die er im Römischen Reich deutscher Nation genoß.[19] Doch ausgerechnet die Mutter dieses kaiserlichen Astronomen, in dessen neuplatonisch inspirierter »Weltharmonie« es keinerlei Raum für dämonische Interventionen gab,[20] wurde in einen langwierigen Hexenprozeß verwickelt, der dem Wissenschaftler Zeit und Nerven raubte.

12 Thomas Hobbes, Leviathan, Amsterdam 1651.
13 A. C. Crombie, Von Augustinus zu Galilei. Die Emanzipation der Naturwissenschaft, München 1977.
14 Galileo Galilei, Sternenbotschaft. Sidereus Nuncius (1610), in: Schriften. Briefe. Dokumente, 2 Bde., hg. von A. Mudry, Berlin 1987, Bd. 1, 95–144.
15 Galileo Galilei, Dialog über die beiden hauptsächlichsten Weltsysteme. Das Ptolemäische und das Kopernikanische (1632), übers. von E. Strauss, mit einem Beitrag von Albert Einstein, Darmstadt 1982.
16 Albrecht Fölsing, Galileo Galilei – Prozeß ohne Ende. Eine Biographie, München 1983.
17 Stephen Shapin, The Scientific Revolution, 1996 – Die wissenschaftliche Revolution. Aus dem Amerikanischen von Michael Bischoff, Frankfurt a.M. 1998, 224f.
18 »Bene vixit, bene qui latuit«: Hans Wussing, Die Große Erneuerung. Zur Geschichte der Wissenschaftlichen Revolution, Basel 2003, 64.
19 Abgedruckt in: Galilei, Dialog.
20 Johannes Kepler, Harmonices Mundi, Frankfurt a.M. 1619. Dazu: Bruce Stephenson, The Music of the Heavens: Kepler's Harmonic Astronomy, Princeton 1994.

In Katharina Keplers Prozeß spielte eine Satire ihres Sohnes – posthum publiziert, aber vorher in zahlreichen Abschriften kursierend – eine Rolle, die literarische Rahmenhandlung seiner Mondgeographie, der Traum von einem Mondflug, in dem sich der fiktive Autor über die Flugeigenschaften trockener, dürrer Spanier lustig macht und die Künste seiner Mutter, einer Hexe, in Anspruch nimmt.[21] Die Juristen im lutherischen Leonberg identifizierten den literarischen mit dem tatsächlichen Autor und verwendeten einen literarischen Scherz als Indiz in ihrem Strafprozeß.[22]

Die praktische Trennung von Religion und Wissenschaften mußte für die Wissenschaftler des 17. Jahrhunderts aus strukturellen Gründen ein zentrales Anliegen sein, wie immer sich dies mit ihren persönlichen religiösen Auffassungen vertrug. Natürlich war es in einem Zeitalter der Verstellung kaum möglich oder ratsam, direkt den Geltungsanspruch der Religion in Frage zu stellen oder gar lächerlich zu machen, wie der Feuertod Giordano Brunos jedem vor Augen stellte. Jedoch war es möglich, die Deutungsmacht des religiösen Glaubens dort anzufechten, wo unter den Theologen selbst Uneinigkeit herrschte, nämlich beim schwer zu definierenden »Aberglauben«. Der folgenreichste Bereich des Aberglaubens war, wie bereits Michel de Montaigne (1533–1592) in seinen weit verbreiteten Essays dargelegt hatte, der Hexenglaube, da er zu blutigen Exzessen geführt hatte.[23] Selbst Jesuiten, allen voran Friedrich Spee (1591–1635), waren auf dem Höhepunkt der Hexenverfolgungen in ihrer Eigenschaft als Beichtväter zu der festen Überzeugung gelangt, daß Blut an den Händen der Kirchenfürsten wie der weltlichen Fürsten klebte,[24] eine Geschichte, die noch zwei Generationen später gerne von Gottfried Wilhelm Friedrich Leibniz (1646–1716) kolportiert wurde.[25] Freilich hatte eine Diskussion der Hexenfrage nach dem Dreißigjährigen Krieg und den Wirren des englischen Bürgerkriegs eine andere Bedeutung als in den Jahrzehnten um 1600. Damals war die Hexenfrage ein existenzielles Problem gewesen, es ging buchstäblich um Leben und Tod. Nach der Mitte des 17. Jahrhunderts wandelte sich die Hexenfrage für etwa hundert Jahre zu einem Sujet, das taktisch zu Angriffen gegen die Religion eingesetzt werden konnte und mit dem – wie es noch im »Bayrischen Hexenkrieg« 1766 hieß – »die Pedanten schüchtern gemacht« werden konnten.[26]

Im folgenden soll am Beispiel der europäischen Debatten über Aberglauben, Wunder, Magie und Hexerei gezeigt werden, wie – basierend auf dem humanen Anliegen, die Greuel der Hexenprozesse zu beenden – gerade mit diesem Themenkomplex der Herrschaftsanspruch der Theologie und der Kirchen erschüttert und Religion implizit und sukzessive dem Aberglauben subsumiert wurde. Hexereidebatten erwiesen sich als ideale Waffe in der Hand der Aufklärer, da sich Theologen in der Regel an den Wortsinn der Bibel (Ex. 22, 18: »Die Zauberer sollst du nicht leben lassen.«) und die traditionelle Interpretation der theologischen Autoritäten von Augustinus bis zu den Autoren der Reformation (Martin Luther, Jean Calvin, Lambert Daneau, Heinrich Bullinger) oder Gegenreformation (Canisius, Gregor von Valencia, Martin Delrio) gebunden fühlten. Hexenprozesse symbolisierten daher in idealtypischer Form das disruptive Potential der christlichen Religion, welches in der Vergangenheit in allen europäischen Nationen zu blutigen Ketzerverfolgungen, mörderischen Religionskriegen oder anarchischen Exzessen der Gewalt geführt hatte. Die Beziehung zwischen Wissenschaftsrevolution[27] und der Ablehnung der Magie scheint auf der Hand zu liegen, und in der Tat

21 Johannes Kepler, Somnium, Sagan/Frankfurt an der Oder 1634.

22 Berthold Sutter, Der Hexenprozeß gegen Katharina Kepler, Weil der Stadt 1980.

23 Michel de Montaigne, Essais, Paris 1588.

24 [Friedrich Spee], Cautio Criminalis seu de processibus contra sagas liber, Rinteln 1631 – Rinteln 1632 – Frankfurt 1632 – Sulzbach 1695; Ders. Gewissens-Buch: Von Procesen gegen die Hexen. Aus dem Lateinischen übers. von Johann Seifert, Bremen 1647.

25 Gottfried Wilhelm Friedrich Leibniz, Theodicée, Amsterdam 1710, Bd. 1, § 96f. (abgedruckt in: Wolfgang Behringer (Hg.), Hexen und Hexenprozesse in Deutschland, 5. Aufl. München 2001, 441f.).

26 Wolfgang Behringer, Der »Bayerische Hexenkrieg«. Die Debatte am Ende der Hexenprozesse, in: Das Ende der Hexenverfolgung, hg. von Sönke Lorenz/Dieter Bauer, Stuttgart 1995, 287–313.

27 David C. Lindberg/Robert S. Westman (Hg.), Reappraisals of the Scientific Revolution, Cambridge 1990; H. Floris Cohen, The Scientific Revolution. A Historiographical Inquiry, Chicago 1994.

gibt es vielfältige Berührungspunkte. In den Niederungen der historischen Details zeigt sich freilich, daß diese Beziehungen weniger eindeutig sind als erwartet und manche Überraschungen bergen.

1. Die Veränderung der Rahmenbedingungen

Der rationalistische Kosmos des René Descartes, in dem Bewegung durch Zug oder Druck, also mechanische Einwirkungen entstand, schloß magische oder teuflische Wirkungen a priori aus. Seine mechanistische Naturphilosophie läßt sich damit wie ein indirekter Kommentar zur zeitgenössischen Dämonologie lesen, doch Descartes vermied diesen Eindruck. Er hat sich nie zur verfänglichen Hexenthematik geäußert, obwohl während seiner Zeit im bayrischen Winterlager von 1619/20 bei Neuburg an der Donau, wo er mit der Abfassung seines »Discours de la méthode« beschäftigt war,[28] in unmittelbarer Nähe Hexenverbrennungen stattgefunden haben, die mit ziemlicher Sicherheit Hauptgesprächsstoff in der ereignisarmen Winterszeit waren. Auf dem Höhepunkt der Hexenverfolgungen in Deutschland ist es ohnehin unwahrscheinlich, daß Descartes nicht mit diesem Problem konfrontiert war.[29] Seine rationalistische Philosophie wurde durch den Popularphilosophen Bernard Le Bovier de Fontenelle (1657–1757), den Sekretär der Pariser Akademie der Wissenschaften, in seinen »Entretiens sur la pluralité des mondes« (1686) folgendermaßen und anhand der Erklärung dessen, was auf der Bühne einer Oper zu sehen ist, dargestellt: Vor dem staunenden Publikum verläßt Phaeton die Erde, der Wind trägt ihn davon, er schwebt himmelwärts. »Nehmen wir an, Pythagoras, Aristoteles und Plato sähen dem Schauspiel zu. Der eine wird sagen: ›Phaeton ist aus unbestimmten Zahlen zusammengesetzt, die ihn hinaufsteigen lassen.‹ Der andere: ›Eine gewisse geheime Kraft trägt Phaeton davon.‹ Der dritte: ›Phaeton hat eine gewisse Neigung für das Obere des Theaters; solange er nicht dort ist, fühlt er sich nicht wohl.‹ Hundert andere ähnliche Träumereien kann man sich ausdenken. Die Antike gab dergleichen als Erklärungen: war es nicht mitleiderregend? Glücklicherweise sind Descartes und einige andere Moderne gekommen, die gesagt haben: ›Phaeton steigt empor, weil Stricke ihn hinaufziehen und ein Gewicht niedersinkt, das schwerer ist als er.‹ Niemand war auf den Gedanken gekommen, hinter die Kulissen zu gucken: am Tage, wo man die Maschinen entdeckt und begonnen hat nachzudenken, hat man gewußt. Welche Wonne bereitet die Entdeckung! Welche Glückseligkeit liegt in der Wahrheit!«[30]

Da die »Entzauberung der Welt« nicht zuletzt aufgrund der Selbststilisierung der beteiligten Akteure häufig als geistesgeschichtlicher Vorgang dargestellt wird, sei hier auf seine strukturellen Voraussetzungen hingewiesen. Zunächst unterschied sich der soziale Ort der Naturwissenschaften zu Beginn des 17. Jahrhunderts von dem früherer Jahrhunderte. Descartes' Aufenthalt bei der Armee ist hier sicher ein extremes Beispiel. Jedoch gibt es gravierende Unterschiede gegenüber dem Spätmittelalter, wo Ordenstheologen einen beachtlichen Anteil an naturwissenschaftlichen Entdeckungen hatten. In der Frühen Neuzeit kamen Klöster oder auch die konfessionell kontrollierten Universitäten selten als Stätten der Forschung in Frage. Naturforscher suchten den Schutz des Hofes, wo sie sich in spezifischer Form arrangierten. Galilei schloß sich 1611 einer Gruppe gleichgesinnter Gelehrter um den Marchese

28 René Descartes, Discours de la Mèthode (1637). Abhandlung über die Methode des richtigen Vernunftgebrauchs, Stuttgart 1977, 12f.

29 Behringer, Hexen und Hexenprozesse, 403.

30 Bernard Le Bovier de Fontenelle, Entretiens sur la pluralité des mondes (1683), paraphrasiert in: Paul Hazard, La Crise de la Conscience Europénne, 3 Bde., Paris 1935 – Die Krise des europäischen Geistes, 1680–1715. Aus dem Französischen von Harriet Wegener, Hamburg 1939, 363f.

Federico Cesi an, die sich in der »Accademia dei Lincei« zum Zwecke der Durchführung naturwissenschaftlicher Experimente und ihrer Diskussion zusammenfand. Die Satzung dieser privaten Akademie verbot den Mitgliedern, einem religiösen Orden anzugehören, und schloß die Diskussion religiöser und politischer Fragen aus. Gleichzeitig wertete sie die von den Universitäten nicht gelehrten mechanischen Künste und Fertigkeiten auf, obwohl sie sich doch vornehmlich mit theoretischen Fragestellungen beschäftigte. Galilei und die Florentiner »Lüchse« suchten keine okkulten oder metaphysischen Erklärungen für natürliche Phänomene mehr. Sie wollten die Dinge erfassen, »wie sie sind«. Das »Lesen im Buch der Natur« diente hier keinem religiösen oder metaphysischen Zweck, sondern Naturwissenschaft war selbst zum Zweck geworden.[31]

Gelehrte mit ihrer säkularisierten Auffassung von Naturwissenschaft trafen sich abseits von Kirche und Staat, beinahe geheim, als verborgene Elite. Sie bildeten eine eigene Mikrogesellschaft, in der andere Regeln galten als in der rauhen gesellschaftlichen Wirklichkeit. Diese Vorstellung der Gelehrtenrepublik schlug sich in zeitgenössischen Utopien wieder. Die Geistlichen, die Johann Valentin Andreaes (1586–1654) christliche Idealstadt »Christianopolis« regieren sollten, waren selbst bereits Wissenschaftler,[32] und Andreaes Vorstellung einer geheimen Gesellschaft erleuchteter Männer, der nach einer seiner Veröffentlichungen so genannten »Rosenkreuzer«, hatte in der Tat Einfluß auf die Konstituierung der Royal Society. Auch in Bacons posthum veröffentlichter Utopie »Nova Atlantis« wurde eine bessere Welt von Wissenschaftlern regiert, die beständig bemüht waren, das Leben der Bürger durch kontrollierte, zielgerichtete Experimente zu verbessern.[33] Die Abkehr der Gelehrten von Kirche, Staat und Universität wäre für sich genommen vielleicht bedeutungs- und folgenlos geblieben, hätte sie nicht in einem einzigartigen medialen Umfeld stattgefunden. Unter den Bedingungen neuer öffentlich zugänglicher Kommunikationskanäle, wie sie von den Postorganisationen in ganz Westeuropa seit dem ersten Drittel des 17. Jahrhunderts zur Verfügung gestellt wurden, entwickelten sich nicht nur neue Medien wie die periodische Presse oder international verbreitete Fachzeitschriften, sondern auch intensive akademische Korrespondenzen.[34] Ausgedehnte Korrespondenznetze, die von interessierten Personen wie etwa Marin Mersenne (1588–1648) unterhalten wurden, verbanden Wissenschaftler in ganz Europa und führten ihre Ergebnisse der Diskussion zu.[35] Durch die Korrespondenzen kam es auch zu persönlichen Kontakten, die wiederum durch die neue leistungsfähige Infrastruktur des Reisewesens, die neuen Reisebücher, Reisekarten und – seit den 1630er Jahren – fahrplanmäßig verkehrenden Kutschen zwischen den Hauptstädten erleichtert wurden. Während seines Exils besuchte Hobbes die französischen Wissenschaftler Descartes, Mersenne und Pierre Gassendi, aber auch Galilei in Italien. Derartige Kontakte beschleunigten nicht nur den Austausch von Beobachtungen und Entdeckungen sowie die Diskussion der Ergebnisse und Theorien, sondern ließen auch die Vorstellung einer internationalen Gelehrtenrepublik entstehen, die nicht mehr denselben Zwängen unterworfen war wie die vereinzelten Bediensteten der Höfe und Universitäten in den vergangenen Jahrhunderten. Die Organisatoren der Royal Society lieferten selbst Exempel für die neuartigen Verknüpfungen der Gelehrten. Wie vor ihm Mersenne hielt Henry Oldenburg, der in Bremen geborene erste Sekretär der Royal Society, umfangreiche Korrespondenzen mit Gelehrten in

31 Paolo Rossi, Die Geburt der modernen Wissenschaft in Europa, München 1997, 297f.

32 Johann Valentin Andreae, Christianopolis, 1619.

33 Francis Bacon, The New Atlantis, London 1627.

34 Wolfgang Behringer, Im Zeichen des Merkur. Reichspost und Kommunikationsrevolution in der Frühen Neuzeit, Göttingen 2003.

35 Marin Mersenne, Questions inouyes, ou récréation des scavans, Paris 1634.

ganz Europa, die er auch auf ausgedehnten Reisen besuchte, während er weiter mit Samuel Hartlib (ca. 1600–1662) in London in ständiger posttäglicher Korrespondenz stand.[36]

Wie die Florentiner Akademie und ähnliche Projekte hatte auch die Royal Society als private Gelehrtengesellschaft begonnen, die sich seit 1645 im Haus des Londoner Kaufmanns John Gresham traf. Als diese Gelehrtengesellschaft 1662 zur »Royal Society« erhoben wurde, war an ihr nichts königlich außer dem Namen, denn sie erhielt keine finanziellen Zuwendungen. Dennoch war dieser Akt insofern einen Meilenstein auf dem Weg in die Moderne, als das private Streben einzelner Wissenschaftler oder von Gruppen von Gelehrten den Segen der höchsten weltlichen Instanz eines bedeutenden europäischen Landes erhielt. Mit der Institutionalisierung der empirischen Erforschung der Natur und der gemeinsamen Diskussion der Ergebnisse wurde der Fortschrittsgedanke, den Galilei und Bacon ausformuliert hatten, zum öffentlichen Programm erhoben.[37] Die gelehrten Netzwerke, die sich international erst mit der Verbesserung der Kommunikationskanäle in der ersten Hälfte des 17. Jahrhunderts ausgebildet hatten, erhielten plötzlich einen Focus, ein Zentrum, von dem her der Wert von Ideen, Projekten und Resultaten fachmännisch beurteilt wurde. Mit der »Académie Royale des Sciences« zu Paris gab es seit 1666 einen weiteren Fixpunkt der Erneuerung der Wissenschaften, eine erste direkt vom Staat finanzierte Forschungsstätte.[38] Zu den Briefwechseln, den gelehrten Gesellschaften und Akademien kamen seit 1665 periodisch erscheinende Fachzeitschriften, welche neben der traditionellen Buchform aktuelle Forschungsergebnisse in chronologischer Reihenfolge präsentierten, dem Medium der internationalen gelehrten Kritik aussetzten und damit eine Hierarchie des Neuen über das Alte errichteten, welche den traditionellen Wertekanon des Wissens geradezu auf den Kopf stellte.

Die Re-Orientierung von der Vergangenheit zur Zukunft wird an zahlreichen Veröffentlichungen deutlich, die sich nicht auf neue Erfindungen beschränkten, sondern zu einem großen Teil noch zu machende zukünftige und wünschenswerte Erfindungen zum Gegenstand hatten. Unter den zahlreichen Büchern dieser Art ragte in den 1670er Jahren dasjenige des Grafen Francesco Lana de Terzi (1631–1687) hervor, eines wissenschaftlich interessierten Jesuiten aus dem Kreis um Athanasius Kircher (1602–1680) in Rom. Weit entfernt von jeder dogmatischen Kleingeisterei benützte dieser Jesuit die neuesten Erkenntnisse von Evangelista Torricelli (1608–1647) über den Luftdruck und von Otto von Guericke (1602–1686) über das Vakuum, um einen wahrlich verwegenen Plan in allen Einzelheiten durchzudiskutieren und in Konstruktionszeichnungen anschaulich zu machen: den eines Luftschiffs, das von evakuierten Kugeln in die Luft gehoben wurde.[39] Theoretisch war ein solches Luftschiff denkbar, und Lanas Luftschiffplan faszinierte die Gelehrten auf viele Jahrzehnte hinaus. Der Aerostat der Brüder Montgolfier, der sich hundert Jahre später tatsächlich in die Luft erhob, unterschied sich nur dadurch, daß die tragende Kugel mit Gas gefüllt war, das anders als ein Vakuum keine schweren Armierungen erforderte. Der Plan wurde an den Akademien und in Universitäten diskutiert und erreichte sogar eine breitere europäische Öffentlichkeit. Mit dieser Popularisierung wurde nicht zuletzt signalisiert, daß im mechanischen Zeitalter des Barock nicht mehr Aberglaube und Hexen, sondern Wissenschaft und Technik die Herrschaft übernahmen, wie auf Erden, so im Himmel.[40]

36 Henry Oldenburg: The Correspondence of Henry Oldenburg, Bd. 1, 1641–1662, hg. und übers. von Rupert Hall/Marie Boas Hall unter Mitarbeit von Eberhard Reichmann, Madison/Wilwaukee 1965.

37 Alfred Rupert Hall, Die Geburt der naturwissenschaftlichen Methode, 1630–1720, Gütersloh 1965, 177.

38 Roger Hahn, The Anatomy of a Scientific Institution: The Paris Academy of Science (1660–1803), Berkeley 1971.

39 Francesco Lana de Terzi, Prodromo overo saggio di alcune inventioni nuove premesso all'arte maestra […], Brescia 1670; Ders., Magisterium naturae et artis, Bde. 2 und 3, Brescia/Parma 1686/1692.

40 Wolfgang Behringer/Constance Ott-Koptschalijski, Der Traum vom Fliegen. Zwischen Mythos und Technik, Frankfurt a.M. 1991.

Abb. 169: Luftschiff, aus: Eberhard Werner Happel, Gröste Denkwürdigkeiten der Welt oder so genannte Relationes Curiosae (1684)

2. Die englischen Debatten um Hexerei

Nach der Mitte des 17. Jahrhunderts gab es nur ein europäisches Land, in welchem der Konsens in der Hexenfrage offen aufgekündigt werden konnte. Zwar hatte es auch in Deutschland im 16. Jahrhundert radikale Kritiker der Hexenverfolgung und des Hexenglaubens gegeben, doch deren Einfluß auf die Gesellschaft war begrenzt gewesen. In England bestand der große Unterschied darin, daß hier die Gesellschaft während des Bürgerkriegs einen tiefgreifenden Wandel erfahren hatte. Die Hinrichtung des Königs bildete dabei nur das Symbol einer allgemeineren Erschütterung der Autoritäten. Von den zahlreichen religiösen Sekten, die während des Bürgerkriegs und des Commonwealth gegründet wurden oder ihre Hochblüte erlebten, konnte keine ihren Einfluß in die Zeit der Restauration retten. Aber auch die Anglikanische Kirche oder die englischen Calvinisten, die Puritaner, erreichten keine dominierenden Positionen. Die Schärfe der Polemik, die während der Englischen Revolution eingeübt worden war, blieb bis zu einem gewissen Grad auch danach erhalten. Intellektuelle begannen, nicht nur die Auswüchse der Hexenprozesse, sondern den Glauben an die Existenz der Hexen frontal anzugreifen und seine Vertreter öffentlich der Lächerlichkeit preiszugeben. Dies wird nirgends so deutlich wie in den Schriften von Thomas Hobbes. Er widmete mehrere Kapitel seines »Leviathan« auf höchstem Niveau Fragen der Dämonologie und machte sich in beispielloser Schärfe über »die fabelhafte Lehre von den Dämonen« lustig. In Form einer Travestie porträtierte er die katholische Kirche, die in England vor allem für den Hexenglauben stand, als »Reich der Finsternis« (»the Kingdome of Darknesse«).[41] Obwohl Anglikaner und Presbyterianer soweit zustimmen konnten, waren sie geschockt von der Beobachtung, daß Hobbes keinen allzu großen Unterschied zwischen den Kirchen sah und genauso gegen sie selbst hätte vom Leder ziehen können, wie etwa ein Neuplatoniker aus Cambridge, Henry More (1614–1687), bemerkte. Konsequenterweise widmete More in seinem Angriff auf Hobbes einige Seiten den Geständnissen der Hexen, die er als Beweis für die Existenz Gottes betrachtete.[42] Darin wußte er sich einig mit seinem Freund Joseph Glanvill (1636–1680), einem hochgestellten Mitglied der Royal Society, dessen »Philosophical Considerations touching the Being of Witches and Witchcraft« aus genau demselben Grund die Existenz der Hexen verteidigten.[43]

More und Glanvill waren keine Gegner der neuen Naturwissenschaften, doch sie glaubten, mit den Hexenprozessen einen sicheren Gottesbeweis führen zu können. Genau dieser Konsens aber war am Bröckeln. Der berühmte Tagebuchschreiber Samuel Pepys (1633–1703), ein hochrangiger Beamter der königlichen Flottenverwaltung, rezensierte Glanvills Buch als »well written, but not very convincing« (24. 11. 1666). Noch bevor eine letzte Serie von Hexenprozessen unter starker Beteiligung der Bevölkerung in den frühen 1680er Jahren durchgeführt wurde und die letzte Todesstrafe wegen Hexerei für Alice Molland in Exeter 1685 verhängt wurde,[44] geriet Glanvill unter heftigen Beschuß. Viele Intellektuelle waren empört über seine Gleichsetzung von Unglauben an Hexerei mit Unglauben an Gott und leugneten jeden Zusammenhang mit dem Atheismus.[45] Aggressive Erwiderungen wie John Wagstaffes »The Question of Witchcraft Debated« zerstörten ähnliche Ängste allerdings kaum, denn dieser Freidenker stand tatsächlich dem Atheismus Machiavellis oder Hobbes' nahe.[46]

41 Thomas Hobbes, Leviathan, London 1651, cap. 44–47.

42 Henry More, An Antidote against Atheisme, London 1653.

43 Joseph Glanvill, Some philosopical considerations touching the Being of Witches and Witchcraft, London 1665.

44 Sharpe, Witchcraft, 75.

45 Joseph Glanvill, A Blow at Modern Sadducism, London 1668.

46 John Wagstaffe, The Question of Witchcraft Debated, London 1669; Michael Hunter, The Witchcraft Controversy and the Nature of Free-Thought in Restoration England: John Wagstaffe's »The Question of Witchcraft Debated«, in: Ders., Science and the Shape of Orthodoxy. Intellectual Change in late 17th-Century Britain, Woodbridge 1995, 286–307.

Die Erhebung des Hexenproblems zur Grundsatzfrage wurde auch in anderen Teilen Europas nachvollzogen. Der deutsche Jurist und Staatstheoretiker Veit Ludwig von Seckendorff (1626–1692) bezog sich mit seinem Atheismusvorwurf für Hexenleugner natürlich auf »Henricus Morus«.[47] Offenbar fiel es kontinentalen Beobachtern jedoch schwer, die Bedeutung der Hexendebatte für die englische Innenpolitik zu verstehen. Gemäßigte Kräfte identifizierten hier teuflische Besessenheit, Hexenglauben und Hexenverfolgungen mit dem religiösen Enthusiasmus der Bürgerkriegszeit, als es tatsächlich zu den einzigen größeren Hexenjagden in der englischen Geschichte gekommen war. Henry More hatte zu denen gehört, die sich dem Fanatismus entgegengestellt hatten,[48] ebenso wie Meric Casaubon (1599–1671), ein anglikanischer Würdenträger, der seine Ämter während des Interregnums verloren hatte.[49] Nach der Restauration der Monarchie begannen sich jedoch die Fronten zu verkehren. Wieder im Amt, rechtfertigte Casaubon in seinem Traktat »On Credulity« Hexenprozesse als Mittel zur Stabilisierung des Staates.[50] Wagstaffe opponierte nicht nur gegen den Hexenglauben, sondern auch gegen das stehende Heer, den restaurierten Stuart-Absolutismus und gegen die etablierte Kirche. Ganz im Stil von Hobbes fragt er in der zweiten Auflage seines Traktats, wem der Hexenglaube nütze: »Cui bono?« Wagstaffes Antwort lautete, daß nicht arme alte Frauen den Hexenglauben aufrechterhielten, sondern Männer vom Schlage Casaubons. Solche Leute »trieben diese Ängste voran und nutzten sie für die Zwecke der Regierung« (»promoted these fears [...] and improved them for the design of Government«). So gesehen war der Hexenglaube ein Trick, um die Menschen in Dummheit zu halten.[51] Nicht mehr die religiösen Schwärmer bildeten die Hauptfront, sondern ehemalige Radikale wie John Webster (1610–1682), ein nonkonformistischer Kaplan aus der Zeit des Bürgerkriegs und später ein Laienmediziner. Er bestritt jeden Einfluß des Teufels in der materiellen Welt und attackierte Glanvill wegen seines Versuchs, »diese falschen, unsinnigen, unmöglichen, gottlosen und blutigen Meinungen zu verteidigen« (»to defend these false, absurd, impossible, impious and bloody opinions«).[52] Im Grunde waren die Argumente Websters nicht besser als diejenigen Scots hundert Jahre früher. Sie waren jedoch mit größerer Selbstsicherheit vorgetragen und schienen fest in den Erkenntnissen der mechanischen Philosophie verankert zu sein. Die Wissenschaftsrevolution, die eine bessere Kontrolle der natürlichen Umwelt verhieß, verlieh den Hexengegnern den Nimbus der Wahrheit.[53]

Möglicherweise veränderte sich auch die Einstellung gegenüber den Unfällen des täglichen Lebens. Die Fortschritte des Versicherungswesens waren zwar noch nicht sehr erheblich, aber Mathematikern war klar geworden, daß Unfälle mit gewissen statistischen Wahrscheinlichkeiten auftraten und entweder auf Zufall beruhten oder auf voraussagbaren Konjunkturen der Mortalität. Die Mitglieder der Royal Society waren im letzten Jahrzehnt des 17. Jahrhunderts geradezu fasziniert von der Wahrscheinlichkeitsrechnung.[54] Das Fehlen oder Vorhandensein eines Konzepts von Zufall wird von Anthropologen verantwortlich gemacht für das Ausmaß von Verhexungsfurcht in traditionellen Gesellschaften.[55]

Die Glorious Revolution markierte auch im praktischen Umgang mit der Hexenfrage eine Wasserscheide. Legale Hinrichtungen hörten auf, und Hexerei wurde zur Parteisache, wobei die Whigs generell den Hexenglauben

47 Veit Ludwig von Seckendorff, Christen-Stat (1685), Leipzig 1716, 649f.

48 Henry More, Enthusiasmus Triumphatus, London 1656; Michael Heyd, »Be Sober and Reasonable«: The Critique of Enthusiasm in the Seventeenth and Early Eighteenth Centuries, Leiden 1995.

49 Meric Casaubon, Treatise concerning Enthusiasme, London 1656; Michael R. G. Spiller, Concerning Natural Experimental Philosophy: Meric Casaubon and the Royal Society, Den Haag 1980.

50 Ders., Of Credulity and Incredulity in things Natural, Civil and Divine, London 1668.

51 Wagstaffe, The Question, 2, 70f. (Übers. W. B.); Ian Bostridge, Witchcraft and its Transformations. Ca. 1650–ca. 1750, Oxford 1997, 65–73.

52 John Webster, The Displaying of Supposed Witchcraft, London 1677, 36 (Übers. W. B.).

53 Keith Thomas, Religion and the Decline of Magic, London 1971, 646.

54 I. Todhunter, A History of the Mathematical Theory of Probability, Cambridge 1865; F. N. David, Games, Gods and Gambling, London 1962.

55 Roy Ellen, Introduction, in: C. W. Watson/Roy Ellen (Hg.), Understanding Witchcraft in Southeast Asia, Honolulu 1993, 1–25.

Abb. 170: Aus: John Webster, Untersuchung der vermeinten und so genannten Hexereyen (1719)

lächerlich machten und nur wenige Tories ihn noch öffentlich verteidigten, wie zum Beispiel im Prozeß gegen Jane Wenham (ca. 1642–1730) im Jahre 1712.[56] Diese Angeklagte wurde nicht nur freigesprochen, sondern sie avancierte nach ihrer Freilassung sogar zu einem wichtigen Bestandteil der »Whig mythology of Tory superstition«.[57] Wegen der Feindseligkeit in der Bevölkerung konnte sie zwar nie mehr in ihr Heimatdorf zurückkehren, aber sie empfing zunehmend Besuch von politischer Prominenz wie dem anglikanischen Geistlichen und späteren Bischof Francis Hutchinson (1660–1739), dem ersten englischen Historiker der Hexenverfolgungen.[58] Er sah die Hauptschuld für die Hexenverfolgungen im Aberglauben der Bevölkerung, allerdings nicht als Teil eines Versuches, Schuld von Kirche oder Staat abzuwälzen, die in England mit seiner moderaten Haltung in Hexenprozessen ohnehin nicht hoch war: Zu Hexenverfolgungen von nennenswerter Größe war es hier nur während der Anarchie des Bürgerkriegs gekommen, als religiöse Fanatiker die regulären Institutionen außer Kraft gesetzt hatten.[59] Hutchinson wollte viel-

56 F[rancis] B[ragge], Witchcraft Farther Display'd, London 1712.

57 Bostridge, Witchcraft, 135.

58 Francis Hutchinson, An Historical Essay concerning Witchcraft, London 1718, 130.

59 Sharpe, Witchcraft, 70ff.

mehr den weit verbreiteten Aberglauben und Fanatismus mit den neuen Wissenschaften kontrastieren, wie noch der Spruch auf der Titelillustration seiner deutschen Übersetzung zum Ausdruck bringt: »Je höher der Verstand in Wissenschaften steiget, je tiefer sich zum Fall der Aberglaube neiget.« Hutchinsons Abhandlung bildete eine Reaktion auf die Publikation des Arztes Richard Boulton, der noch 1715 in einer »Compleat History of Magick, Sorcery and Witchcraft« die Existenz der Hexerei mit Exempeln aus alten Autoren hatte untermauern wollen.[60] Wiederum lagen die Dinge jedoch weniger einfach, als auf den ersten Blick zu erwarten war, denn Boulton war nicht nur ein verbitterter Reaktionär, sondern ein bekennender Anhänger der Wissenschaftsrevolution. Einige seiner Traktate leitete er mit langen Zitaten aus John Lockes »Essay concerning Human Understanding« ein.

Während der Periode der Whig-Dominanz wurden Hexenprozesse zu einem Anachronismus. Die Aufhebung der Strafgesetzgebung gegen Hexerei wird heute als politischer Schachzug des Premierministers Robert Walpole (1676–1745) betrachtet, der übereifrige Kirchenmänner in ihre Schranken weisen wollte.[61] Nur James Erskine, Lord Grange, der Walpoles Politik stören wollte, wo er nur konnte, widersetzte sich 1736 der Abschaffung der Antihexereigesetzgebung. Die Parlamentsrede des schottischen Tory-Politikers löste Gelächter und Empörung aus und setzte seiner Karriere ein plötzliches Ende.[62] Das Verstummen der politischen Opposition bedeutete nicht, daß der Klerus oder eine Mehrheit in der Bevölkerung die Beendigung der Hexenprozesse unterstützte. So einflußreiche Theologen wie John Wesley (1703–1791), der Gründer des Methodismus, der wichtigsten revivalistischen Bewegung im England der Aufklärung, schrieb noch 1768 (Journaleintrag für den 25. Mai), die Aufgabe der Hexerei bedeute im Grunde die Aufgabe der Bibel (»the giving up of witchcraft is in effect giving up the Bible«).[63] Zum großen Mißvergnügen der Eliten ignorierte die Bevölkerung die neue Gesetzgebung und fuhr fort mit Wasserproben, dem »ducking of witches«, mit einem besonders skandalösen Fall genau im Jahr der Gesetzesreform.[64] Solche Vorkommnisse wurden jetzt als »Aufruhr« definiert und konnten nach dem »Riot Act« von 1714 verfolgt werden, der tumultuöse Versammlungen von zwölf oder mehr Personen als Landfriedensbruch klassifizierte. Viele Friedensrichter fanden es aber beschwerlich, diesem Gesetz Geltung zu verschaffen. Die Sympathien der Bevölkerung lagen bei den Gesetzesbrechern, und nur Todesfälle erregten die Aufmerksamkeit der Öffentlichkeit. Der letzte solcher Vorfälle ereignete sich 1863.[65]

3. Rationalismus und Aberglaube

Die Institutionalisierung der Naturwissenschaften und der neue Glaube an einen universalen wissenschaftlichen Fortschritt wurden durch eine Reihe von Experimenten untermauert, welche auch das Feld des Aberglaubens betrafen. Dies zeigte sich z.B. an den Quecksilber-Experimenten des Galilei-Schülers Torricelli, der mit selbstkonstruierten Barometern nachwies, daß Luft ein Körper war, der ein Gewicht hatte. Das bei diesen Experimenten auftretende Vakuum, dessen Existenz von aristotelischen Philosophen aus dogmatischen Gründen bestritten wurde, wies der Magdeburger Bürgermeister Guericke auf dem Reichstag von Regensburg 1654 in einem sensationell inszenierten

60 Richard Boulton, A Compleat History of Magick, Sorcery and Witchcraft, London 1715; Boultons Antwort auf Hutchinson: A Vindication of a Compleat History of Magick, Sorcery and Witchcraft, London 1722.

61 Sharpe, Witchcraft, 87.

62 Bostridge, Witchcraft, 184–195.

63 John Wesley, The Journal, 8 Bde., hg. von N. Curnock, London 1909–1916.

64 Joseph Juxon, A Sermon upon Witchcraft, London 1736.

65 The Times, 24. September 1863.

Experiment nach, als er zwei evakuierte Messinghalbkugeln von zwölf Pferden auf jeder Seite auseinanderzuziehen versuchte. Wissenschaftliche Instrumente wie Mikroskop, Teleskop, Thermometer, Barometer, Luftpumpe und Präzisionsuhr führten in den Jahren ab 1660 zu einer zunehmenden Zahl von Beobachtungen und einer neuen Selbstsicherheit der Naturwissenschaftler, wie an den Publikationen Robert Hookes (1635–1703) zu sehen ist, einem Mikroskopisten der ersten Generation, der mit seinen Werkzeugen »neue Welten und terrae incognitae« sichtbar machte.[66] Führende Vertreter wie der Baconianer Robert Boyle (1627–1691), der das Gesetz der Gase formulierte, betonten die Zweckgerichtetheit der Forschung, deren Ziel die Beherrschung der Natur und die Verbesserung der Lebensbedingungen sei, wobei in aggressiver Form auch die Beseitigung alter Irrtümer zum Ziel genommen wurde.[67]

In diesem geistesgeschichtlichen Umfeld wurden Erzählungen über Wunder, Werwölfe und Hexen immer lächerlicher, obwohl man an der Tatsache nicht vorbeigehen kann, daß diejenigen, die – wie Hobbes – die Zeit der Wunder kategorisch für beendet erklärten, eine Minderheit darstellten und führende Vertreter der Naturwissenschaften – wie etwa Boyle – aus religiösen Gründen prinzipiell an der Möglichkeit von Wundern festhielten.[68] Die meisten Wissenschaftler schwiegen sich über derartige Dinge aus, da sie am Wort Gottes in der Bibel nicht rütteln oder das gefährliche Feld der Religion nach Möglichkeit vermeiden wollten. Schon Erasmus hatte ja in seinem »Lob der Torheit« auf die mimosenhafte Empfindlichkeit der Theologen und ihre Neigung zu gewaltsamem Eingreifen hingewiesen. Das Problem der Hexerei war dem der Wunder eng verwandt, da beide Komplexe die Frage aufwarfen, ob es glaublich oder beweisbar war, daß Gott direkt oder indirekt – durch Engel oder Teufel – willkürlich in den Lauf der Natur eingriff. Das Ende der Hexenjagden kam stillschweigend, denn die Akteure auf der politischen Bühne zogen es in allen europäischen Ländern vor, keine gefährlichen Allianzen zwischen reaktionären Theologen und einer verärgerten Bevölkerung zu provozieren. Kaum jemals gaben weltliche oder geistliche Regierungen im 17. Jahrhundert offen zu, daß sie Unrecht an all den Eingeäscherten verübt hatten. So hörten zwar die Verbrennungen im Machtbereich der Spanischen Inquisition und in den Generalstaaten bereits im frühen 17. Jahrhundert faktisch auf, weil eben das Bewußsein von Unrecht unter den gebildeten Schichten und den politisch Verantwortlichen vorzuherrschen begann.[69] Aber weder in Spanien noch in den Niederlanden wurde dieser Stimmungswechsel öffentlich gemacht oder gar diskutiert, und da man die Existenz der Hexerei niemals in Frage stellte, blieb auch stets die Hintertür offen, wieder mit Hexenverbrennungen zu beginnen. Man könnte mutmaßen, daß sich die Regierungen für Krisenzeiten Schlachtopfer in Reserve behielten, doch der wahre Grund war einfacher: In Kreisen der Inquisition war man zwar zu der Einsicht gelangt, daß Hexenjagden mehr Schaden als Nutzen anrichteten, und vereinzelte Inquisitoren wußten, daß Hexen in der angenommenen Form überhaupt nicht existierten.[70] Die scholastischen Theologen beharrten jedoch aus systematischen Gründen auf der Existenz der Hexen.[71] Ebenso hielt die calvinistische Geistlichkeit in den Niederlanden oder in Schottland an der Hexereivorstellung fest, deren Vorstellung vom Teufelspakt einen so offensichtlichen Gegenpol zum Pakt Gottes mit seinem auserwählten Volk, der reformierten Gemeinde, bildete.[72]

66 Robert Hooke, Micrographia, London 1665, 177f.; Catherine Wilson, The Invisible World. Early Modern Philosophy and the Invention of the Microscope, Princeton 1995.

67 Robert Boyle, Considerations Touching the Usefulness of Experimental Natural Philosophy, London 1671.

68 R. M. Burns, The Great Debate on Miracles. From Joseph Glanvill to David Hume, Lewisburg, Pa. 1981; Peter Dear, Miracles, Experiments, and the Ordinary Course of Nature, in: Isis 81 (1990) 663–683; Lorraine J. Daston, Wonders and the Order of Nature. 1150–1750, Cambridge, Mass. 1997.

69 Marijke Gijswijt-Hofstra/Willem Frijhoff (Hg.), Witchcraft in the Netherlands from the fourteenth to the twentieth century, Rotterdam 1991.

70 Gustav Henningsen, The Witches' Advocate. Basque Witchcraft and the Spanish Inquisition (1609–1614), Reno, Nevada 1980.

71 Gregor von Valencia SJ, Commentariorum theologicorum tomi quatuor, Ingolstadt 1591–1597, Bd. 3, Sp. 2002–2010.

72 R. Attfield, Balthasar Bekker and the decline of the Witch-Craze, in: Annals of Science 42 (1985) 383–395.

Angesichts der Fortdauer von Besessenheitsfällen und Hexenprozessen bis ins 18. Jahrhundert selbst im aufgeklärten Frankreich stellt sich die grundsätzliche Frage nach dem Verhältnis zwischen Rationalismus, Frühaufklärung und der Geschichte der Hexenprozesse.[73] Von der mechanistischen Philosophie des Descartes und dem Hobbesschen Materialismus ging ein direkter und starker Einfluß auf jene Philosophen aus, die sich seit der Mitte des 17. Jahrhunderts ausführlich zum Hexenproblem äußerten. Zeitlich schlossen die französischen Wortmeldungen an den englischen Atheismusstreit (siehe unten) an, der durch Hobbes' »Leviathan« ausgelöst wurde,[74] doch inhaltlich bezogen sich die Autoren auf die mechanische Philosophie, freilich mit der weiter zurückreichenden Attitüde des intellektuellen Libertinismus.[75] Besonders eindeutig stellte sich der notorische Libertin Cyrano de Bergerac (1619–1655) gegen Hexenprozesse. Für ihn waren es rückständige und dumme Leute, die natürliche Erscheinungen für Hexerei hielten.[76] Allen diesen Kritikern der Hexenprozesse war gemeinsam, daß sie – wie ihre Vorläufer im 16. Jahrhundert – lediglich allgemein an die Vernunft appellierten, wenngleich vor einem neuen Hintergrund. Das gilt auch für die berühmte Abhandlung »Des Sorciers par imagination, et des Loups-Garoux« des Oratorianers Nicolas de Malebranche (1638–1715), einem Kapitel seiner »Recherche de la verité«. Wie bereits der Leibarzt der Herzöge von Jülich-Kleve in Düsseldorf, Johann Weyer (1515–1588), der wichtigste Gegner des Hexenglaubens und der Hexenverfolgungen im 16. Jahrhundert,[77] führte Malebranche medizinische Argumente an, indem er Krankheit für die Einbildungen der vermeintlichen Werwölfe verantwortlich machte. Deren mitunter freiwillige Geständnisse, die man nicht hinweg diskutieren konnte, wurden also letzlich psychologisch oder psychosomatisch und mithin »natürlich« erklärt. Im Hintergrund stand jetzt jedoch eine zeitgenössische Philosphie, welche auf einer sehr viel breiteren intellektuellen Basis die Existenz von Hexen fundamental bestritt.[78] Wie für eine Reihe von Intellektuellen des späten 16. Jahrhunderts war auch für sie der Hexenglaube nichts als Unsinn. Noch eine oder zwei Generationen früher konnte dies als Privatmeinung abgetan werden, die mit der Heiligen Schrift und den Autoren der Antike schlecht begründbar war, nicht anders als dies der berühmte französische Jurist Jean Bodin (1530–1596) mit Weyer getan hatte.[79] Die lange Reihe von Ärzten, Theologen oder Juristen des 16. Jahrhunderts, die den Hexenglauben für Unsinn hielten, wie etwa Augustin Lercheimer/Herman Witekind (1524–1603) und Anton Prätorius (1555–1625) in Deutschland oder Reginald Scot (1538–1599) in England hatte ohne tiefergehende naturwissenschaftliche Begründung so wenig überzeugend gewirkt, daß Kritiker der Hexenverfolgungen auf dem Höhepunkt der Verfolgungen nur noch juristisch argumentierten.[80]

Bei den Mitgliedern der Royal Society oder der französischen Akademie der Wissenschaften war der Bezug zu den neuen Naturwissenschaften hingegen so evident, daß sie sich nicht mehr auf naturwissenschaftliche oder philosophische Argumente im Detail einlassen mußten. Popularphilosophen wie Fontenelle hatten das cartesianische Weltbild so weit verbreitet, daß man es nicht weiter zu erklären brauchte. Die mechanische Philosophie oder die Korpuskulartheorie konnten unter den Gebildeten als bekannt vorausgesetzt werden und veränderten das Bild von der Welt und vom Himmel.

Der mennonitische Prediger und Arzt Antonius van Dale (1638–1708) untersuchte in der Abhandlung »De oraculis ethnicorum« 1683 mit großem ge-

73 Kay S. Wilkins, Attitudes to witchcraft and demonic possessions in France during the eighteenth century, in: Journal of European Studies 3 (1973), 348–362; Ders., Some Aspects of the Irrational in 18th Century France, in: Studies on Voltaire 150 (1975), 107–201.

74 Stephen Shapin/Simon Schaffer, Leviathan and the Air-Pump. Hobbes, Boyle, and the Experimental Philosophy, Princeton 1985; Michael Hunter/David Wootton (Hg.), Atheism from the Reformation to the Enlightenment, Oxford 1992.

75 Gerhard Schneider, Der Libertin, Stuttgart 1970.

76 Cyrano de Bergerac, Lettre contre les sorciers (1654), in: Frederic Lachevre (Hg.), Les Oevres Libertines de Cyrano de Bergerac, Bd. 2, Paris 1912, 211–218.

77 Johann Weyer, De praestigiis daemonum et incantationibus ac veneficiis Libri sex, Basel 1563. – De praestigiis daemonum. Von Zauberey, woher sie ihren Ursprung hab […]. Aus dem Lateinischen übers. von Johann Weyer, Basel 1567.

78 Nicolas de Malebranche, Des Sorciers par imagination, et des Loups-Garoux, in: De la Recherche de la vérité […], 3 Bde., Paris 1674–1678, Bd. 2, 337ff. Nachdruck in: Oevres Complètes, hg. von A. Robinet, Bd. 1, Paris 1962, 370–376. Dazu: Martin Pott, Aufklärung und Aberglaube. Die deutsche Frühaufklärung im Spiegel ihrer Aberglaubenskritik, Tübingen 1992, 217f.

79 Jean Bodin, De la Démonomanie des Sorciers, Paris 1580 – De Magorum Daemonomania libri IV, Basel 1581 – De Magorum Daemonomania. Vom Außgelasnen Wütigen Teuffelsheer, Allerhand Zauberern/Hexen und Hexenmeistern/Unholden, etc. […]. Aus dem Französischen von Johann Fischart, Straßburg 1581.

80 Hartmut Lehmann/Otto Ulbricht (Hg.), Vom Unfug des Hexen-Processes. Gegner der Hexenverfolgungen von Johann Weyer bis Friedrich Spee, Wiesbaden 1992.

Abb. 171: Triumph der Wissenschaft über den Aberglauben, aus: Francis Hutchinson, Historischer Versuch von der Hexerey, Titelkupfer (1726)

lehrten Aufwand die heidnischen Orakel (Delphi etc.), deren Wirkung er auf Priesterbetrug zurückführte.[81] Eine Rezension dieser Schrift durch Pierre Bayle in den »Nouvelles de la République des Lettres« im März 1684 animierte den langlebigen Popularphilosophen Bernard de Fontenelle zu seiner »Histoire des Oracles«. Der Sekretär der Pariser Akademie der Wissenschaften, Mitglied der Royal Society und der Akademien in Berlin, Rom und Nancy, wollte zunächst nur Van Dales Orakelschrift ins Französische übersetzen, entlastete sie jedoch von gelehrtem Ballast, würzte sie mit feiner Ironie und versuchte, so oft als möglich zu einem größeren Verallgemeinerungsgrad der Aussagen zu gelangen. Fontenelle propagierte die These, daß die heidnischen Orakel nicht mit Einführung des Christentums aufgehört hätten, daß sie überdies auch ohne das Christentum verschwunden wären, weil sie auf Betrug beruhten.[82] Diese Schrift spielte bei der Durchsetzung der Aufklärung in Frankreich eine gewisse Rolle. Jean-François Baltus SJ (1667–1743), der zu den Beichtvätern des Königs sowie seiner angetrauten Madame de Maintenon (1635–1719) zählte, veröffentlichte 1707 in Straßburg eine Erwiderung,[83] die ihrerseits zu einer Kontroverse führte und sogar in Deutschland Widerhall fand. Selbst Johann Christoph Gottsched (1700–1766), der Fon-

81 Antonius van Dale, De oraculis ethnicorum, Rotterdam 1683. Dazu : Meindert Evers, Die »Orakel« von Antonius van Dale (1638–1708): eine Streitschrift, in: Lias. Sources and documents relating to the early modern history of ideas 8 (1981), 225–267.

82 Bernard Le Bovier de Fontenelle, Histoire des oracles (1686), hg. von L. Maigron, Paris 1971 – Geschichte der Orakel, in: Helga Bergmann (Hg.), Fontenelle. Philosophische Neuigkeiten für Leute von Welt und für Gelehrte. Ausgewählte Schriften, 2. Aufl. Leipzig 1989, 120–227; Werner Krauss, Fontenelle und die Aufklärung, München 1969; Ders., Die Literatur der französischen Frühaufklärung, Frankfurt a.M. 1971. Zum Vermittlungsprozeß: Pott, Aufklärung und Aberglaube, 207.

83 Jean-François Baltus, Réponse a l'Histoire des Oracles de Mr. de Fontenelle […], dans laquelle on réfute le systeme de Mr. Van Dale sur les Auteurs des Oracles du Paganisme […], Straßburg 1707.

tenelle und Auszüge aus Van Dale ins Deutsche übersetzte, nahm auf die Einwände des »Straßburger Jesuiten« Bezug.[84]

Das latente Argument der Kritiker, daß das Hexenverbrechen eine Erfindung der Inquisition sei, fand schließlich Ausdruck in drei kirchengeschichtlichen Werken: der »Geschichte der spanischen Inquisition« des arminianischen Theologen Philipp van Limborch (1653–1712),[85] der Schrift über die Ursprünge des Götzendiensts und des Aberglaubens des bereits erwähnten Antonius van Dale, den Thomasius als entscheidenden Ideengeber für Balthasar Bekker bezeichnete,[86] und der »Unpartheyischen Kirchen- und Ketzerhistorie« des Pietisten Gottfried Arnold (1666–1714). Wie schon Sebastian Franck setzte Arnold die großen Kirchen auf die Anklagebank und feierte konsequent die verfolgten Ketzer und Schwärmer als die eigentlichen Christen.[87] Wenn es auch Zufall sein mag, daß keiner dieser Autoren einer Großkonfession angehörte, so war es doch ein beziehungsreicher, hatten doch die Angehörigen einiger Freikirchen, wie etwa die Täufer und ihr niederländischer Zweig, die Mennoniten, leichter und früher auf die Macht des Teufels verzichtet.[88] Es ist mehr als nur eine Fußnote der Geschichte, daß bereits Johann Weyer, um dessen Konfession es lange Debatten gegeben hatte, nach neuesten Erkenntnissen spiritualistischen Strömungen um David Joris oder wie sein englischer Nachfolger Scot dem »Huis der Liefde« (Family of Love) nahegestanden hat.[89] In diesem Zusammenhang ist auch Abraham Palingh (1588–1682) zu nennen, ein führendes Mitglied der Waterlander Mennoniten, der bereits 1659 einen Traktat gegen den Hexenglauben publiziert hatte, auf den sich später van Dale, selbst ein jüngeres Mitglied dieser Gemeinde, und Balthasar Bekker berufen konnten.[90]

Die Angehörigen der Minderheiten wußten seit langem, was es bedeutete, unschuldig verteufelt und verfolgt zu werden. Balthasar Bekker (1634–1698), der Sohn des 1631 nach Holland emgirierten reformierten Predigers Heinrich Bekker aus Bielefeld, der an den Universitäten in Groningen und Franeker studiert und in Theologie promoviert hatte, sollte dies anläßlich der Publikation seines voluminösen Werkes »De Betoverde Wereld« bald lernen.[91] Der calvinistische Prediger aus Amsterdam, der durch die spektakulären späten Kinderhexenprozesse in Schweden zu seinem Werk angeregt worden war, bestritt auf der Grundlage der cartesianischen Philosophie jede Macht des Teufels auf Erden und versuchte damit, dem Hexenglauben den Garaus zu machen. Bekker bezog sich auch auf die Schriften Weyers und Palinghs, doch schien ihm dies offensichtlich verfänglicher als der Rekurs auf die weltanschaulich scheinbar neutrale mechanische Philosophie Descartes'. In bewußter oder unbewußter Anspielung auf Hobbes formulierte Bekker, daß ein Mensch des anderen Teufel sei. Daß er mit seinem Frontalangriff einen Treffer landete, ist daran zu sehen, daß das repetitive und im Grunde unlesbare Werk binnen weniger Monate in die europäischen Hauptsprachen übersetzt wurde (deutsch ab 1693, französisch 1694, englisch 1695). Die Reaktion seiner Amtsgenossen, deren forcierten Teufelsglauben in der Seelsorge er scharf kritisierte, dürfte ihn möglicherweise überrascht haben, denn Bekker sah sich selbst einer »Hexenjagd« ausgesetzt, allerdings eher im modernen, metaphorischen Sinn. Bereits nach der Publikation des ersten Bandes wurde er im »toleranten« Holland von der calvinistischen Synode von Alkmaar aller seiner Ämter entsetzt und sogar vom gemeinsamen Abendmahl ausgeschlossen. Jede weitere Tätigkeit als Prediger oder Seelsorger wurde ihm untersagt, was ihm reichlich

84 Johann Christian Gottsched, Bernhard von Fontenelles Historie der heydnischen Orakel, darinn aus dem lateinischen Werke des von Dalen ein kurzer Auszug enthalten; aus dem Französischen übersetzet, und mit einem Anhange, darinn auf die Vorwürfe eines Straßburgischen Jesuiten geantwortet wird, Leipzig 1730.

85 Philipp van Limborch, Historia Inquisitionis hispanicae, Amsterdam 1692, zit. bei Christian Thomasius, Dissertatio de origine ac progressu processus inquisitorii contra sagas (1712). Historische Untersuchung vom Ursprung und Fortgang des Inquisitions Processes Wieder die Hexen (1712), München 1986, 228.

86 Antonius van Dale, Dissertationes de origine ac progressu idolatriae de vera ac falsa prophetia et de divinationibus idolatricis Judaeorum, Amsterdam 1696. Dazu: Christian Thomasius, Theses Inaugurales de Crimine Magiae (1701). Kurtze Lehrsätze von dem Laster der Zauberei (1704). Lateinische und deutsche Ausgabe, hg. von Rolf Lieberwirth, München 1986, 38f.

87 Gottfried Arnold, Unpartheyische Kirchen- und Ketzerhistorie vom Anfang des Neuen Testaments bis 1688, 2 Bde., Frankfurt a.M. 1699/1700.

88 Gary K. Waite, Heresy, Magic and Witchcraft in Early Modern Europe, London 2003.

89 Ders., Radical Religion and the Medical Profession: The Spiritualist David Joris and the Brothers Weyer (Wier), in: Hans-Juergen Goertz/James M. Stayer (Hg.), Radikalität und Dissent im 16. Jahrhundert, Berlin 2002, 167–185.

90 Abraham Palingh, t'Afgerukt mom-aansight der toovereye, Amsterdam 1659. Dazu: Hans de Waardt, Abraham Palingh. Ein holländischer Baptist und die Macht des Teufels, in: Lehmann/Ulbricht, Vom Unfug, 247–268.

91 Balthasar Bekker, De betoverde Weereld […], 4 Bde., Amsterdam 1691–1693, 2. Aufl. Amsterdam 1739. Deutsche Übersetzungen: Die bezauberte Welt. In die teutsche Sprache übersetzt von Johann Lange, Hamburg o.J. (ca. 1698); Die Bezauberte Welt. Neu übersetzt von Johann Moritz Schwager, 2 Bde., Leipzig 1781–1782.

Zeit zur Abfassung weiterer Bände gab, zumal der Bürgermeister von Amsterdam sein Gehalt weiter ausbezahlte. Seine Publikation löste eine größere Diskussion aus, die von den englischen zu den deutschen Hexereidebatten überleitete.[92]

Bei Pierre Bayle (1647–1706), dem Mitbegründer der historischen Quellenkritik, dessen »Dictionnaire Historique et Critique« seinen Ursprung der Aufdeckung und Korrektur historischer Irrtümer eines katholischen Lexikographen verdankte,[93] konnte man mit gutem Grund eine historische Argumentation erwarten, hatte er doch in seinen Kometenschriften in den 1680er Jahren erklärt, daß sich im Wunderglauben im Christentum der heidnische Aberglaube erhalten habe.[94] In seiner »Response aux Questions d'un Provincial« ging Bayle ausführlich auf die Frage des Übernatürlichen ein, auf die Geschichte der Zaubervorstellungen und auch auf die praktische Frage, ob man Zauberer hinrichten dürfe. Ein Abschnitt beginnt mit den klassischen Worten: »Hier, mein Herr, sehen Sie eine Vielzahl von Chimären, die nur allzu große Wahrheiten mit sich bringen.« (»Voilà, Monsieur, bien des chimeres qui produisent de très-grandes realitez.«) In diesem Zusammenhang fällt der Begriff der »sotise« (Torheit) den Lucien Febvre aufgreifen sollte.[95] Bayles Ziel, Hexenverfolgungen als unmenschlich herauszustellen, wird klar durch seine Ehrenrettung des Trierer Verfolgungsgegners Cornelius Loos, dem er in Anschluß an Balthasar Bekker ein ganzes Kapitel widmet,[96] und durch sein Kapitel über Martin Delrio, in dessen »Disquisitiones Magicae« er nur noch »ein Sammelsurium der absurdesten Hexenmärchen« sieht.[97] Delrios Exempel waren Bayle keiner Auseinandersetzung mehr wert, vielmehr verweist er in seinem Hexen-Kapitel auf die Philosophie von Spinoza, Gassendi und Malebranche. Bei allen philosophischen Höhenflügen unterscheidet Bayle wie bereits Weyer, Malebranche oder selbst Thomasius zwischen wirklichen und eingebildeten Zauberern, die ihre »songes sabatiques«, ihre Träume vom Hexensabbat, träumten. Dabei unterlag Bayles Kritik denselben Beschränkungen wie schon Weyers Kritik vier Generationen früher: »Veritables sorciers«, wahre Zauberer, die aus freien Stücken einen Pakt mit dem Teufel schlössen und Böses zu tun beabsichtigten, gehörten nach Ansicht Bayles nach dem Gesetz bestraft.[98] Wie Thomasius handelt Bayle in immer neuen Abschnitten die »loci classici« der dämonologischen Literatur ab.[99]

Weder religiöse Dissidenz noch vehementes Engagement für die neuen Naturwissenschaften waren eine Garantie für durchgehenden weltanschaulichen Rationalismus, wie das Beispiel Isaac Newtons (1642–1727) zeigt. Newton wurde mit seinen 1687 publizierten »Principia Mathematica«, welche den Umlauf der Planeten um die Sonne mit derselben mathematischen Formel erklären konnten wie den Fall eines Steines, zur anerkannten Zentralfigur der europäischen Wissenschaftsrevolution.[100] Er brachte alle früheren naturwissenschaftlichen Erkenntnisse seit Kepler in ein System und begründete eine Sicht vom Weltall, die bis ins 20. Jahrhundert hinein Gültigkeit behielt. Seine Methode basierte auf Descartes' methodischem Zweifel und auf dem Empirismus der Baconianer. Wie Galilei war er der Ansicht, daß sich Körper nur aufgrund von Krafteinwirkung durch den Raum bewegen konnten. Naturgesetze galten überall in derselben Form und benötigten keine zusätzlichen phantastischen Erklärungen. Das Buch der Natur war in der klaren Sprache der Mathematik geschrieben. Doch dies ist nicht die ganze Geschichte, denn der langjährige Präsident der Royal Society und Parlamentsabgeordnete der

92 W. P. C. Knuttel, Balthasar Beckker, de bestrijder van het bijgeloof, Den Haag 1906; Wilhelm Reuning, Balthasar Bekker, der Bekämpfer des Teufels- und Hexenglaubens, Diss. masch., Gießen 1925. Bibliographie: J. J. Kalma/M. Zeeman, Bekkeriana. Critical bibliography of the Writings of B. Bekker himself and of his Advocats and Opposants in the Course of the Time, Leuwarden 1982.

93 Ciro Senofonte, Pierre Bayle. Dal Calvinismo all' Illuminismo, Neapel 1978; Theodor G. Bucher, Zwischen Atheismus und Toleranz. Zur historischen Wirkung von Pierre Bayle, in: Philosophisches Jahrbuch 92 (1985), 353–379; Isabella von Treskow, Der Zorn der Andersdenkenden. Pierre Bayle, Das »Historisch-Kritische Wörterbuch« und die Entstehung der Kritik, in: Richard van Dülmen/Sina Rauschenbach (Hg.), Denkwelten um 1700. Zehn Intellektuelle Profile, Köln 2002, 1–22.

94 Pierre Bayle, Pensées diverses écrites à un docteur de Sorbonne à l'occasion de la Comète qui parut au mois de décembre 1680, Paris 1683, 3. Aufl. 1699; Hazard, Die Krise, 194–199.

95 Pierre Bayle, Response aux Questions d'un Provincial, 5 Bde., Rotterdam 1704, Bd. 1, Cap. XXXV, »Si l'on doit punir ceux qui se servent de ce qu'on apelle enchantemens«, 300–314 (Übers. W. B.); auch das vorhergehende lange Cap. XXXIV, »Observations sur le procez de sortilege«, 272–299.

96 Ebd., 22–27, Cap. III, »De l'auteur qui s'est surnommé Callidius Chrysopolitanus«.

97 Ebd., 105–113, Cap. XVI, »De Martin Antoine del-Rio«.

98 Ebd., 300–314.

99 Auf Thomasius' Abhandlung »De Crimine Magiae« (Halle 1701) geht Bayle in dem Abschnitt »Observations sur les Procez des sortileges« ein. Vgl. hierzu ebd., 383f.

100 Isaac Newton, Mathematische Grundlagen der Naturphilosophie. Ausgewählt und aus dem Lateinischen übers. von Ed. Dellian, Hamburg 1988.

Whigs hatte auch andere Seiten. Offenbar beschäftigte er sich mit eigenartigen, verborgenen »okkulten« Kräften wie der Anziehung der Planeten, und auch die verwendete Begrifflichkeit – »attraction«, Anziehungskraft – entstammte eher der Wunderkammer der »Magia Naturalis« als dem Arsenal der Mechanik. Als der Herausgeber der »Opera Omnia« Newtons in den 1780er Jahren die Handschriften sichtete, »ließ er den Deckel des Koffers, in dem sie lagen, entrüstet wieder zufallen«. Führende europäische und amerikanische Universitäten verweigerten noch im 20. Jahrhundert den Ankauf dieser anstößigen Manuskripte, in denen sich Newton mit Alchemie, Magie und der Auslegung der Apokalypse beschäftigte. Newton hielt sich für einen Auserwählten Gottes und lebte in der chiliastischen Erwartung eines nahen Tausendjährigen Reichs Christi auf Erden. John Maynard Keynes, der schließlich Teile der Manuskripte erwarb, charakterisierte Newton auf dieser Grundlage als »den letzten Magier«, nicht den ersten modernen Wissenschaftler.[101]

4. »Aus der Historie sonnenclar erörtert«: Christian Thomasius

Betrachtet man die Abhandlungen der Aufklärer, so erstaunt das weitgehende Zurücktreten einer naturwissenschaftlichen Argumentation. Offenbar eigneten sich physikalische Theorien, die ihrerseits oft umstritten waren und als Ausfluß kontroverser Philosophien galten, nicht besonders für eine Verwendung in der öffentlichen Diskussion. Die Geschichtlichkeit des Hexenphänomens wurde nun zum Hauptargument, obwohl das naturrechtlich-normative Denken der Aufklärung dies auf den ersten Blick nicht gerade als naheliegend erscheinen läßt.[102] Doch auch die Geschichtswissenschaften hatten einen Wandlungsprozeß durchgemacht. Die Säkularisierung der universalhistorischen Auffassung ermöglichte es jetzt, Geschichte jenseits der Heilsgeschichte zu betrachten. Und die deutsche Frühaufklärung zeigte eine besondere Affinität zum geschichtlichen Denken, da die Juristen aufgrund der ständigen Auseinandersetzung mit der komplexen Materie der Reichs-Historie an diesen methodischen Zugang gewöhnt waren.[103] Christian Thomasius (1655–1728), der Sohn des Leipziger Juristen Jacob Thomasius und Schüler Samuel Pufendorfs (1632–1694),[104] war im Leipziger Pietistenstreit 1688 in eine schwere Konfrontation mit der lutherischen Orthodoxie verwickelt worden, in deren Folge er nach Preußen übersiedeln mußte. Hier befolgte Thomasius den Rat seines Lehrers, den Gegner »mit Mistgabeln [zu] kitzeln«, weil man es »mit harthäutigen Tieren zu tun« habe.[105]

Als Mitglied des Spruchkollegiums der preußischen Reform-Universität in Halle an der Saale war Thomasius wie alle anderen Mitglieder derartiger Kollegien mit Entscheidungen über Leben und Tod befaßt. Nach eigenen Angaben hatte Thomasius gleich im ersten Jahr des Bestehens der Universität aufgrund von Indizien und Aussagen in einem eingesandten Prozeßakt die Hinrichtung einer Frau als Hexe routinemäßig nach den Lehren des sächsischen Juristen Benedikt Carpzov (1595–1666) befürwortet, wie er es während seines Studiums gelernt hatte. Jedoch wurde er von den anderen Mitgliedern des Kollegiums, darunter Heinrich Bode (1652–1720), zu seinem großen Ärger überstimmt. In einem autobiographischen Selbstzeugnis legte Thomasius später dar, daß ihn diese Kränkung zu einer Überprüfung seiner Ansichten

101 Rossi, Die Geburt, 309–350.
102 Ernst Cassirer, Die Philosophie der Aufklärung, 2. Aufl. Tübingen 1932.
103 Notker Hammerstein, Jus und Historie. Ein Beitrag zur Geschichte des historischen Denkens an deutschen Universitäten im späten 17. und 18. Jahrhundert, Göttingen 1972, 90ff., 97ff.
104 Zur ausufernden Thomasius-Literatur: Rolf Lieberwirth, Christian Thomasius. Sein wissenschaftliches Lebenswerk. Eine Bibliographie, Weimar 1955; F. Grunert, Thomasius-Bibliographie 1945–1987, in: W. Schneiders (Hg.), Christian Thomasius. 300 Jahre Aufklärung in Deutschland, Hamburg 1987.
105 Eduard Winter, Frühaufklärung. Der Kampf gegen den Konfessionalismus in Mittel- und Osteuropa und die deutsch-slawische Begegnung, Berlin 1966, 63–69.

brachte. Nach einem Bonmot von Günter Jerouschek hätte wenig gefehlt, »und Thomasius wäre als einer der letzten protestantischen Hexenverfolger in die Annalen der Rechtsgeschichte eingegangen«.[106] Da Thomasius jedoch ein Meister des Diskurses war, sind Zweifel an dieser Legende durchaus erlaubt. Allein schon die Tatsache, daß die Dummheit und Gefährlichkeit der Carpzovs hier noch einmal besonders wirkungsvoll demonstriert wird, während der Held der Aufklärung als lernfähiger Philantrop genau am anderen Ende der Humanitätsskala aufzufinden ist, wirkt fast zu theatralisch, um wahr zu sein. Auch in seiner Dissertation »De crimine magiae«, in der Thomasius 1701 programmatisch die Grundlosigkeit des Hexenverbrechens darlegen ließ,[107] richtete er sich direkt gegen »Carpzovius, indem er so zu reden unter den Protestantischen Criminalisten heut zu Tage der Monarche ist […], wiewohl diejenigen Sachen, die er aus verschiedenen gericht. Acten […] anführet, so augenscheinliche und crasse Fabeln sind, daß man solche gelesen zu haben sich schämen muß«.[108]

Thomasius, der auf die französischen Philosophen (Malebranche, Bayle, implizit Descartes und Gassendi) und die Niederländer (Van Dale, Van Limborch, Bekker) rekurrierte, aber die englischen Debatten (Hobbes, Glanvill, Wagstaffe, Webster) interessanterweise offenbar zunächst nicht kannte, sah sich sofort heftigen Angriffen vonseiten der lutherischen Orthodoxie ausgesetzt. Als Beispiel sei nur der Pastor Peter Goldschmidt (1662–1713) aus Sterup bei Flensburg genannt, der bereits gegen Balthasar Bekker Stellung bezogen hatte und Thomasius einen »verworffenen Hexen- und Zauber-Advocaten« schalt.[109] Die ausufernde Debatte mündete in die Publikation einer weiteren großen Schrift, der »Dissertatio de origine ac progressu processus inquisitorii contra sagas«.[110] Da damit international die Rehistorisierung des Hexenthemas einsetzte, ist es interessant, die Motivation für diese Form der Auseinandersetzung zu betrachten. Wesentliche Argumente entlehnte Thomasius, wie bereits die Zeitgenossen bemerkten, dem älteren Verfolgungsgegner Johann Weyer, der als einer der letzten Autoren vor der Zeit der großen Verfolgungen noch historisch argumentiert hatte.[111] Im Unterschied zu Weyer arbeitete Thomasius jedoch auf der Grundlage der neuen Philosophie der »Wissenschaftsrevolution«, ohne daß dies näher ausgeführt werden würde. Aber auch eigene historische Studien führten Thomasius zu wichtigen Erkenntnissen. Wie er in der Vorrede der von ihm initiierten deutschen Übersetzung von Websters »The Displaying of Supposed Witchcraft« darlegte, »giengen mir doch bey […] Durchlesung der […] Päbstlichen Briefe ex septimo Decretalium so zu sagen die Augen deutlicher auf«, da er erkannte, daß die Vorstellung vom Teufelspakt nicht älter sei, als es die entsprechenden päpstlichen Konstitutionen waren.[112] Mit seiner Abhandlung wollte Thomasius eine Front eröffnen, um dem praktischen Ziel der Abschaffung der Hexenprozesse näherzukommen. Mit dem Nachweis der Geschichtlichkeit wollte der Jurist diejenigen, die vom hohen Alter des Hexereidelikts überzeugt waren, beschämen: »Denn wie sollte sich einer nicht schämen, wo er nicht gar der Scham den Kopff abgebissen hat; wenn er überzeuget wird, daß derjenige Irrthum, welchen er so gar alt zu seyn geglaubet, so jung sey.«[113] Freilich implizierte diese historische Argumentation den Hintergrund der aufgeklärten Naturphilosophie, wie Thomasius' scheinbar beiläufiger Verweis auf »die Corpuscularische und Mechanische Philosophie« erkennen läßt.[114]

106 Günter Jerouschek, Die Hexen und ihr Prozeß. Die Hexenverfolgung in der Reichsstadt Esslingen, Sigmaringen 1992, 17.

107 Thomasius, Kurtze Lehrsätze, 32–107.

108 Ebd., 37.

109 Peter Goldschmidt, Höllischer Morpheus […] wider die vorige und heutige Atheisten, Naturalisten, und namentlich D. Beckerum in der bezauberten Welt, Hamburg 1689, 2. Aufl. Hamburg 1704; Ders., Verworffener Hexen- und Zauberer-Advocat, das ist: Wolgegründete Vernichtung des thörichten Vorhabens Hrn. Christiani Thomasii […] und aller derer, welche durch ihre super-kluge Phantasie-Grillen dem teufflischen Hexen-geschmeiß das Wort reden wollen […], Hamburg 1705. Weitere Auflagen: Hamburg 1727, Hamburg 1729. Zu Goldschmidt: Christian Gottlieb Jöcher, Allgemeines Gelehrten-Lexikon, Leipzig 1750ff., Bd. 2, 1058; J. U. Terpstra, Petrus Goldschmidt aus Husum. Ein nordfriesischer Gegner Balthasar Bekkers und Thomasius', in: Euphorion 59 (1965), 361–383.

110 Thomasius, Historische Untersuchung. Dazu: Hazard, Die Krise, 209–214.

111 Johann Schack, Disputatio juridica ordinaria de probatione criminis magiae, Greifswald 1706, 37.

112 Christian Thomasius, Einleitung zu: Johann Webster, Untersuchung der vermeinten und sogenannten Hexereyen, Halle 1719.

113 Thomasius, Historische Untersuchung, 112f.

114 Thomasius, Kurtze Lehrsätze, 44f.

Der aggressive Hinweis auf die Historizität der Hexenverfolgungen und die Hervorhebung ihrer pädagogischen Funktion war Thomasius' Verdienst. Die von ihm entfesselte öffentliche Kampagne, die systematische Übersetzung von Traktaten vornehmlich englischer Hexenprozeßgegner, schließlich seine historische Abhandlung von 1712 haben das königliche Edikt in Preußen zur Beendigung der Hexenprozesse aus dem Jahre 1714 mitbewirkt.[115] Die Kühnheit der Thomasianischen Aufklärung bestand darin, daß sie das Ende der Hexenprozesse antizipierte und aus einer imaginierten besseren Zukunft über eine Vergangenheit schrieb, die die eigene Gegenwart war. Das Experiment glückte und machte Schule. Das eudaimonistische Geschichtsverständnis der Aufklärungsphilosophie konnte die Haltung von Staaten, gesellschaftlichen Gruppen oder auch Einzelpersonen gegenüber der Hexerei fortan als Indikator betrachten für den aktuellen Stand der Entwicklung einer Gesellschaft auf einem notwendigen und linearen Weg in eine bessere Zukunft. Im Zuge der Etablierung der Aufklärung als breiterer Meinungsströmung gewann die historische Argumentation an Beliebtheit, bot sich doch gerade am Beispiel des Hexenthemas die Möglichkeit der Identitätsbildung. Unter den ins Deutsche übersetzten Schriften befand sich später auch Hutchinsons »Historical essay concerning witchcraft«.[116] Thomasius kannte den juristischen Betrieb und den religiösen Fanatismus zu gut, als daß er sich Hutchinsons Argument über die Schuld der einfachen Bevölkerung hätte anschließen können. Unter dem Titelkupfer der deutschen Übersetzung war das zukunftsgerichtete historische Entwicklungsprogramm der Aufklärer zu lesen: »Je höher der Verstand in den Wissenschaften steiget, je tiefer sich zum Fall der Aberglauben neiget.«[117]

Diese reziproke Verknüpfung von Wissenschaft und Aberglaube war ganz im Sinne einer anderen Zentralfigur der deutschen Aufklärung, des Philosophen Christian Wolff (1679–1754). Der Autor der »Vernünfftigen Gedanken von Gott, der Welt und der Seele des Menschen, auch allen Dingen überhaupt« (1720), ein habilitierter Mathematiker und Physiker, den die Pietisten 1723 als »Religionsfeind« von der Universität Halle vertrieben, empfahl in seiner Schrift über »Vorbedeutungen und Wunderdinge« eine ernsthafte Widerlegung abergläubischer Ansichten, wobei eine weite Definition des Begriffs »Aberglaube« Gebiete der Religion einschloß.[118] Wie weit der Aufstieg der Naturwissenschaften seit dem späten 16. Jahrhundert die Diskussionsgrundlage verschoben hatte, kann man daran sehen, daß nach Wolffs »Satz vom zureichenden Grund« physikalische Erklärungen für alle Phänomene in der Natur für ausreichend befunden wurden.[119] Nichts anderes hatten auch einige Kritiker der Hexenprozesse bereits Ende des 16. Jahrhunderts behauptet, doch damals waren solche Argumente nicht auf fruchtbaren Boden gefallen. Thomasius hat mit seiner öffentlichen Kampagne weitere Autoren zu historischen Abhandlungen animiert, beispielsweise den Hallenser Kollegen Jacob Brunnemann (1674–1735), dessen »Discours von den betrüglichen Kennzeichen der Zauberey« eine »Historische Anleitung von dem Zustande der Hexen und des Hexen-Processes vor und nach der Reformation« enthielt.[120] Quelleneditionen sollten es dem Publikum ermöglichen, sich durch das Studium alter Texte und sogar von Prozeßakten ein eigenes Bild von der Finsternis vergangener Zeiten zu machen und daraus Kraft zu schöpfen für die Stärkung des aufgeklärten Denkens. Den Anfang machte 1703 der Thomasius-Schüler Johann Reiche, der mit den berühmten »Theses inaugurales de crimine magiae« von Thomasius promoviert worden war. Reiche untergrub mit seinen »Un-

Abb. 172: Aus: Christian Thomasius, Kurtze Lehr-Sätze von dem Laster der Zauberey (1712)

115 Hermann Adolph Meinders, Unvorgreifliche Gedancken und Monita, wie ohne blinden Eyfer und Übereilung mit denen Hexen-Processen [...] in denen königlich preußischen Landen ohnmaßgelich zu verfahren, Lemgo 1716.

116 Francis Hutchinson, An Historical Essay Concerning Witchcraft, London 1718, 2. Aufl. 1720 – Francisci Hutchinsons Historischer Versuch von der Hexerey. Nebst [...] einer Vorrede des Herrn Geheimbden Raths Thomasii [...]. Aus dem Englischen übers. von Theodor Arnold, Leipzig 1726.

117 Hutchinson, Historischer Versuch, Titelkupfer.

118 Christian Wolff, Von den Vorbedeutungen oder Wunderdingen, in: Gesammelte kleine philosophische Schriften, Teile I. VI, Halle 1736–1740 (Nachdruck Hildesheim/New York 1981), 142–146.

119 Christian Wolff, Vernünfftige Gedanken von den Wirkungen der Natur, Halle 1723.

120 Jacob Brunnemann, Discours von den betrüglichen Kennzeichen der Zauberey. Nebst einer Historischen Anleitung von dem Zustande des Hexen-Processes vor und nach der Reformation, Stargard 1708, 2. Aufl. Halle 1727, 3. Aufl. Frankfurt/Leipzig 1729; ADB 3 (1876), 445.

terschiedlichen Schrifften vom Unfug des Hexen-Processes«, einer Edition der wichtigsten Schriften der älteren Verfolgungsgegner – »Cautio Criminalis«, »Malleus Judicum« etc. –, weiter mit historischen Argumenten die Legitimation der Verfolgungsbefürworter.[121] Mit Übersetzungen der englischen Verfolgungsgegner wurde der Medizinstudent Christian Weißbach (1648–1715) beauftragt, der in der Einleitung zu John Wagstaffes »Gründlich ausgeführter Materie von der Hexerey« eine Würdigung seines Mentors einfügte, in der Thomasius als der »tapfere Hercules« apostrophiert wird, der der »abscheulichen Bestie der Superstition«, des »Aberglaubens von der Hexerey«, den Kopf abgeschlagen habe.[122]

5. Eberhard David Haubers »Magische Bibliothek«

Diese Form der aufgeklärten Geschichtspolitik kulminierte in der »Bibliotheca sive acta et scripta magica« Eberhard David Haubers (1695–1765), welche die Argumente zusammenfaßte und dem interessierten Publikum ein Panorama der Frühaufklärung eröffnete.[123] Hauber, der sich auch anderweitig in der praktischen Volksbildung engagierte und zu den Mitbegründern der wissenschaftlichen Geographie zählt,[124] galt bereits im 18. Jahrhundert als eine Berühmtheit, deren Lebensgeschichte in aller Breite dargestellt zu werden verdiente. Der Superintendent der Grafschaft Schaumburg-Lippe und Oberpfarrer in Stadthagen hatte sich bei seinem Studium in Tübingen und Altdorf mit Mathematik und Naturwissenschaften beschäftigt, besaß also wohl gute Kenntnis der zeitgenössischen Diskussionen von Galilei bis Newton, bevor er 1727 in Helmstedt das Doktorat in Theologie erwarb. Er stand einem rationalistischen Pietismus nahe, hielt nichts von konfessionellen Streitigkeiten und wirkte ausgleichend auf Lutheraner und Reformierte: »So wie er selbst ein freyer Denker und Forscher, ein Mann, der sich durch keine Formel binden und einschränken ließ, war: also führete er auch vernünftige und christliche Freyheit in seiner Gemeine ein.« Seit seiner Jugend beschäftigte er sich mit dem Hexenthema und betrieb – wie Hutchinson in England – quasi »oral history«, indem er bei entsprechenden Nachrichten »sich bey solchen, welche sie erfahren haben sollten, nach ihrer Wahrheit und Beschaffenheit [erkundigte], bemühete sich von einigen neuern Geschichten die gerichtlichen Acten zu erlangen, sammlete die von diesen Materien gedruckten Bücher und Schriften, und las dieselben mit Aufmerksamkeit und Nachdenken. Da entdeckte er die Wahrheit bald. Nun beschloß er, zum Dienst und Nutzen anderer Menschen, Nachrichten von diesen Schriften und Büchern aufzusetzen, ihren Inhalt anzugeben und ihren Wert zu bestimmen, und also eine ›Bibliothecam magicam‹ stückweise herauszugeben.«[125] Möglicherweise war Haubers Beschäftigung mit dem Hexenthema auch durch den »genius loci« inspiriert, die erhaltenen Prozeßakten der Grafschaft Schaumburg, insbesondere der Stadt Lemgo, die er als Druckort seiner magischen Bibliothek wählte.[126] Hauber schuf ein einzigartiges zeitschriftenähnliches Mitteilungsorgan zu Hexenfragen, mit Dutzenden von Einzellieferungen in nahezu regelmäßigen Abständen (später zu drei Bänden gebunden), die jeweils auf aktuelle Entwicklungen eingehen konnten. In der ersten Nummer forderte er zur Mitarbeit, zum Übersenden von Nachrichten und Rezensionen auf.[127] Er trennte bei seiner Edition streng zwischen Quelle und Kommentar und ging zumindest an-

121 Johann Reiche, Unterschiedliche Schrifften vom Unfug des Hexen-Processes/Zu fernerer Untersuchung der Zauberey, Halle 1703.

122 John Wagstaff, Gründlich ausgeführter Materie von der Hexerey, Halle 1711; Webster, Untersuchung. – Zu Weißbach: Jöcher, Gelehrten-Lexikon, Bd. 4, Sp. 1867; Pott, Aufklärung und Aberglaube, 196.

123 Eberhard David Hauber, Bibliotheca sive acta et scripta magica. Gründliche Nachrichten und Urtheile von solchen Büchern und Handlungen, welche die Macht des Teufels in leiblichen Dingen betreffen, 36 Stücke in 3 Bänden, Lemgo 1738–1745.

124 Kelchner, in: ADB 11 (1880), 36f.; Ruthard Oehme, in: NDB 8 (1969), 69f.; Ders., Eberhard David Hauber. Ein schwäbisches Gelehrtenleben, Stuttgart 1976.

125 Anton Friedrich Büsching, Eberhard David Hauber, in: Ders., Beyträge zu der Lebensgeschichte denkwürdiger Personen, 6 Teile in 3 Bänden, Halle 1783–1789, Bd. 2, 161–262, hier 249.

126 Jürgen Scheffler, Lemgo, das Hexennest. Folkloristik, NS-Vermarktung und lokale Geschichtsdarstellung, in: Jahrbuch für Volkskunde NF 12 (1989), 113–132.

127 Hauber, Bibliotheca, 1. Stück, Vorrede.

fangs systematisch vor. Das 1. Stück (Bd. 1, 1–52) gibt mit einem Konterfei Papst Innozenz' VIII. den Text der Bulle »Summis desiderantes affectibus« von 1484 lateinisch und in deutscher Übersetzung wieder und beschäftigt sich mit dem Hexenhammer. Das 2. Stück (Bd. 1, 53–139) präsentiert die Bulle Papst Johannes' XXII. »Super illius specula« und beschäftigt sich mit Gegnern der Hexenprozesse. Bereits das 3. Stück (Bd. 1, 141–212) weicht von jeder Systematik ab, zeigt das Kupfer einer Wasserprobe und beginnt mit einem aktuellen zeitgenössischen Thema, einer ungarischen Hexengeschichte aus dem Jahr 1730, bevor es mit der Edition päpstlicher Bullen fortfährt. Das 4. Stück (Bd. 1, 213–276) handelt von antiken Zauberei- und Gespenstergeschichten. Im ersten Jahr erschienen insgesamt vier Abteilungen, die nicht zu einem Jahresband zusammengesetzt werden sollten. Der erste Band ist erst mit dem 12. Stück 1739 abgeschlossen und wird durch ein Register der Autoren und Personen, der Bücher und zitierten Bibelstellen erschlossen.

Wie sehr Haubers »Bibliotheca« vor allem ein Instrument der Kulturpolitik war, zeigt sich im Zusammenhang mit dem Spektrum der Dedikationen, welche die Bedeutung der preußischen Reformuniversität Halle hervorheben und die Konturen aufgeklärter Netzwerke erkennen lassen: Das 1. Stück ehrt den Juristen Jacob Brunnemann, der kürzlich verstorben war. Weiter werden geehrt (2. Stück) der Hallenser Medizinprofessor Friedrich Hoffmann (1660–1742), der sich insbesondere mit der alten Frage nach der Möglichkeit des Hexenfluges unter theologischen und medizinischen Gesichtspunkten auseinandergesetzt hatte,[128] sowie der lutherische Kirchenjurist Justus Henning Böhmer (1674–1749) (3. Stück), der ebenfalls aufseiten von Thomasius in die großen Debatten eingegriffen hatte.[129] Mit einem Juristen, einem Mediziner und einem Theologen sprach Hauber Vertreter der drei klassischen Fächer des höheren Studiums an. Der interessanteste darunter war zweifellos Hoffmann, der durch seine Reisen in Holland und England in engen Kontakt mit Vertretern der »New Philosophy« wie etwa Robert Boyle getreten und der von Leibniz für die erste Medizinprofessur in Halle emfohlen worden war. Entsprechend dem Programm der Physikotheologie hatte Hoffmann, der selbst anatomische und physikalische Experimente durchführte, die Vision einer »mechanischen Medizin« entworfen,[130] die selbstredend jeden übernatürlichen Einfluß auf die Körperwelt ausschloß.[131] In diesem Sinne hielt er die Mathematik für die Mutter aller Wissenschaften, und während seines Prorektorats in Halle gelang es ihm 1706, den Weg für eine Mathematikprofessur zu ebnen und Christian Wolff zu berufen, mit dem er fortan eng zusammenarbeitete. Frucht dieser Zusammenarbeit war eine Vertiefung der »mechanischen Philosophie« auch in den Publikationen Wolffs.[132] Hoffmann trat durch zahlreiche Veröffentlichungen hervor, in denen er die Auseinandersetzung mit der Theologie suchte. Durch seine Stellung als königlicher Leibarzt in Berlin hatte er in den für die Hexenfrage entscheidenden Jahren 1709–1712 direkten Zugang zum Zentrum der preußischen Macht. Hoffmann war ein polemisierender, politisierender Akademiker ganz im Stile seines Kollegen Thomasius. In seinem »Medicus politicus« schärfte er Ärzten die Notwendigkeit der Toleranz ein, die sich allerdings auf keinerlei Form des Aberglaubens beziehen durfte, zu denen er neben Astrologie, Alchemie und Magie alle Formen von Fanatismus, Schwärmerei (inklusive des Pietismus) und Animismus (inklusive des Platonismus) zählte.[133] Im Gegensatz zu Thomasius war Hoffmann in den 1730er Jahren noch am Leben und

128 Vgl. z.B. Friedrich Hoffmann (Praes.)/Gottfried Bücking (Resp.), Disputatio inauguralis medico-philosophica de potentia diaboli in corpora, Halle 1703, 2. Aufl. 1725.

129 Justus Henning Böhmer, Jus Ecclesiasticum Protestantium, 6 Bde., Halle 1714–1744, Bd. 5, 461ff.

130 Friedrich Hoffmann, Fundamenta medicinae ex principiis narturae mechanicis et practicis, Halle 1694, 3. Aufl. 1703.

131 Friedrich Hoffmann, Philosophische und medizinische Untersuchung von Gewalt und Wirkung des Teuffels in natürlichen Cörpern, Frankfurt/Leipzig 1704.

132 Christian Wolff, Von dem richtigen Begriffe der mechanischen Philosophie (1710), in: Gesammelte kleine philosophische Schriften, 4 Bde., Halle 1736–1740, Bd. 3, 723–736; Ders., Cosmologia Generalis, Frankfurt/Leipzig 1731, § 75.

133 Friedrich Hoffmann, Medicus Politicus, Leiden 1738, 4ff.

verkörperte für die Generation Haubers leibhaftig den Triumph der Aufklärung über die Mächte der Finsternis.[134]

Dies war allerdings nicht das wichtigste Kriterium für Hauber, wie sich an den weiteren Dedikationen zeigt. Die Helden von Halle waren eine offensichtliche Wahl, doch die weitere Auffächerung eröffnet den Weg in die Archäologie unbekannterer Schichten der Frühaufklärung. Geehrt werden der pietistische Superintendent von Magdeburg Johann Adam Steinmetz (4. Stück), der Medizinprofessor und Naturwissenschaftler Georg Erhard Hamberger in Jena (5. Stück), der kurhannoverische Leibmedicus Paul G. Werlhof (6. Stück), der Hamburger Senator Barthold Hinrich Brockes (1680–1747), Herausgeber der Moralischen Wochenschrift »Der Patriot«, doch nicht in seiner Eigenschaft als Schriftsteller (»Irdisches Vergnügen in Gott«), sondern in seiner obrigkeitlichen Funktion als »einem Richter, der allen andern ein Fürbild und ein Muster ist« (7. Stück).[135] Hervorgehoben werden der kurhannoverische Bibliothekar Johann Daniel Gruber, der 1710 in Halle bei Johann Peter von Ludewig (1668–1743) über das postkarolinigische ostfränkische Reich promoviert hatte (8. Stück), der preußische Superintendent Goering in Minden (9. Stück), der sachsen-coburgische Hofbibliothekar Ernst Salomon Cyprian, der als Kommentator von Arnolds Ketzergeschichte hervorgetreten war (10. Stück), sowie der Braunschweig-Lüneburgische Hofarzt Geister (11. Stück). Geehrt werden jedoch auch Missionare in Ostindien (12. Stück), bei denen es sich, wie aus einem späteren Artikel hervorgeht, um Pietisten aus Halle handelte, die in Ostindien in »vernünftiger« Weise mit lokalen Zauberkünstlern umgingen.[136] Der Reisebuchautor und Bibliothekar Johann Georg Keyßler (1693–1743) wurde wegen seiner »Jugendarbeiten über nordische und keltische Altertümer und Götterlehre« aufgenommen, eine Hallenser Dissertation über den Odinskult und die Abhandlung über die keltische Göttin Nehalennia und die prophetischen Weiber des Altertums.[137] Insgesamt zeigt sich, daß in diesem intellektuellen Panorama die Naturwissenschaften keine überragende Rolle spielen oder – von Ärzten abgesehen – sogar gänzlich abwesend sind

Der zweite Band wurde mit der deutschen Übersetzung jener Parlamentsakte eröffnet, die wenige Monate zuvor Hexerei aus der Liste strafbarer Verbrechen in England gestrichen hatte. »Es geschiehet mit sehr großer meiner Freude«, schreibt Hauber pathetisch, »daß ich meinen geehrten und geliebten Lesern bey dem Anfang des zweyten Bandes dieser Bibliothec einen so merkwürdigen Beweiß von dieser Besserung unserer Zeiten vorlegen kann.«[138] Wieder präsentierte Haubers Bibliothek den Gesetzestext vom 24. Juni 1736 in der englischen Originalsprache und in deutscher Übertragung. Haubers Edition zeichnet sich denn insgesamt weniger durch Geschichtsschreibung in eigentlichem Sinne aus, als dadurch, daß er auf sehr breiter anthropologischer Ebene – von den ersten Hexenprozessen in Savoyen bis zu den zeitgenössischen Zauberkünsten chinesischer Gaukler und schamanistischen Riten bei den Eskimos –[139] Bausteine zu einer solchen Geschichte bereitstellt. Hauber beantwortet auch die interessante Frage, warum Thomasius' Auftreten 1701 so wirkungsvoll war, während andere Kritiker kaum auf Resonanz gestoßen seien: nämlich weil Thomasius auf dem Gebiet der Theologie die Existenz des leibhaftigen Teufels bestritten und damit auf juristischem Gebiet das Delikt der Hexerei für prinzipiell unmöglich erklärt habe.[140] Unter den Geehrten befindet sich mit Johann David Köhler denn auch nur ein Professor »der Geschichten« an der 1734 gegründeten Universität Göttingen, den

134 Pott, Aufklärung und Aberglaube, 369–381, 387–396.

135 Hauber Bibliotheca, Bd. 1, Vorrede zum 7. Stück (1739). Zur Stellung Hamburgs jetzt: Roswitha Rogge, Hexenverfolgung in Hamburg? Schadenzauber im Alltag und in der Justiz, in: GWU 46 (1995), 381–401.

136 Hauber, Bibliotheca, Bd. 2, 16. Stück, 262–270.

137 Hauber, Bibliotheca, Bd. 2, 21. Stück, 577; Johann Georg Keyssler, Antiquitates selectae septentrionales et celticae, Hannover 1720; Ders., Dissertatio de cultu Solis, Freii et Othini, Halle 1728. Zu Keyßler: Schütz, Einleitung zu: Johann Georg Keyßler, Neueste Reisen durch Teutschland, Böhmen, Ungarn, die Schweiz, Italien, Lothringen, etc., Altona 1752; Friedrich Ratzel, Johann Georg Keyßler, in: ADB 15 (1882), 702–703.

138 Hauber, Bibliotheca, Bd. 2, 13. Stück, 1.

139 Hauber, Bibliotheca, Bd. 3, 26. Stück, Kupferstich.

140 Disputatio inauguralis de fallacibus indiciis Magiae, Praeside D. Henrico Bodino Anno MDCCI Halae Magdeburgensis, in: Hauber, Bibliotheca, Bd. 2, 23. Stück, 741–765, Anmerkungen über die vorhergehende Disputation, ebd., 765–774.

Abb. 173: Der Götze des Aberglaubens, aus: Heinrich Karl Schütze, Vernunft- und schriftmässige Abhandlung vom Aberglauben (1757)

das gemeinsame Interesse für die junge Wissenschaft der Geographie mit Hauber verband.[141] Köhler war seit 1714 Professor für Geschichte in Altdorf gewesen, wo Hauber studiert hatte, und begründete 1735 die Geschichtswissenschaft an der kurhannoverischen Reformuniversität Göttingen.[142]

Hauber hebt 1741 im Vorwort zum 25. Stück seiner »Bibliotheca«, die dem französischen Parlamentsadvokaten François Gayot de Pitaval (1673–1743), dem Herausgeber der berühmten »Causes célèbres et interessantes«,[143] ge-

141 Eberhard David Hauber, Versuch einer umständlichen Historie der Land-Charten, Ulm 1724

142 Hauber, Bibliotheca, Bd. 3, 32. Stück, 493; Johann David Köhler, Bequemer Schul- und Reise-Atlas, Nürnberg 1719; Eberhard David Hauber, Versuch einer umständlichen Historie der Land-Charten, Ulm 1724; Ders., Nützlicher Discours von dem gegenwärtigen Zustand der Geographie, Ulm 1727; Johann David Koehler, Kurz gefaßte und gründliche Teutsche Reichs-Historie, Göttingen 1736. Dazu: Rudolf Vierhaus, Die Universität Göttingen und die Anfänge der modernen Geschichtswissenschaft im 18. Jahrhundert, in: Hartmut Boockman/Hermann Wellenreuther (Hg.), Geschichtswissenschaft in Göttingen, Göttingen 1987, 9–29, hier 15.

143 François Gayot de Pitaval, Causes célèbres et interessantes, 20 Bde., Paris 1734–1743.

widmet war, hervor, daß der Absatz seines Werkes sehr zur Zufriedenheit des Verlegers verlief. Der Bedarf an Aufklärung über diesen heiklen Gegenstand drückte sich auch über den Markt aus. Spätere Rezensenten Haubers betonten, daß er »seine Absicht, den Aberglauben zu schwächen und die Hexenprocesse zu vermindern«, mit seinem Periodicum »glücklich erreichet« habe. Konkrete Auswirkungen soll Haubers Edition auf späte Hexenprozesse im Herzogtum Jülich-Berg gehabt haben, bei denen es um 1740 noch zur Verbrennung zweier Frauen gekommen sei. Haubers persönliche Einflußnahme über einen befreundeten Rat habe den Abbruch der Verfolgung bewirkt.[144] Hauber hat insofern Schule gemacht, als die Hochaufklärung die Historisierung und Katalogisierung des Aberglaubens fortsetzte. Herausragend waren hier Heinrich Karl Schütze (1700–1781) mit seiner systematischen Abhandlung über den Aberglauben,[145] Paul Henri Thierry d'Holbach mit seiner »Histoire naturelle de la superstition«, die 1768 in London gedruckt wurde,[146] gefolgt von Ernst Urban Kellers (1730–1812) »Grab des Aberglaubens«[147] sowie Elias Caspar Reichard (1714–1791), der seine »Vermischten Beyträge zur Beförderung einer nähern Einsicht in das gesamte Geisterreich. Zur Verminderung und Vertilgung des Aberglaubens« direkt »als eine Fortsetzung von D. David Eberhard Haubers Magischen Bibliothek« begriffen wissen wollte.[148]

6. Fazit

Bei der Trennung von Religion und Wissenschaft – für viele Aufklärer ein ebenso zentrales Anliegen wie die Trennung von Kirche und Staat – erwies sich der Kampf gegen den Aberglauben als ideale Waffe. Die Autorität der Bibel hinderte viele Theologen daran, sich klar und früh vom Glauben an die Existenz von Wundern, Besessenheit und Magie zu distanzieren. Diese Theologen hielten vielfach auch an der Existenz von Hexen fest. Hierdurch jedoch wurden sie angreifbar, denn jedes Festhalten am Hexenglauben implizierte eine Rechtfertigung der blutigen Hexenverfolgungen. Und die Hinrichtung von Hexen war dem Zeitalter der Aufklärung keineswegs fremd, da in den meisten Ländern die alte Gesetzgebung in Kraft blieb und Hexenprozesse potentiell nicht nur zu Todesurteilen führen konnten, sondern dies auch tatsächlich taten.[149] So konnten religiöse Traditionalisten von ihren Gegnern als potentielle Brandstifter vorgeführt werden, ein Manöver, das in mehreren europäischen Ländern bewußt und vor allem unter politischen Gesichtspunkten in Angriff genommen wurde. Im späten 17. Jahrhundert – in England und den Niederlanden – geschah dies noch mit nicht unbeträchtlichem persönlichem Risiko, im 18. Jahrhundert jedoch zeichneten sich – z.B. in Preußen, Österreich und Bayern – bereits Allianzen zwischen säkularen Eliten und der Staatsmacht ab, die dieselben Interessen verfolgen.[150]

Alle Hexereidebatten zählten zu den großen öffentlichen Diskussionen des Zeitalters der Aufklärung. Ihr Ziel war jedoch nicht das Ausloten neuer intellektueller Horizonte. Vielmehr erscheint der Standpunkt vieler Autoren überraschend traditionell. Selbst Vertreter der neuen Wissenschaften, obwohl sie durchweg die Greuel der Hexenverfolgungen kritisierten, hielten wie Joseph Glanvill im Kern am Hexenglauben fest, und auch die Stellung zentraler Figuren wie John Locke ist gerade in der Frage der Hexen alles andere als eindeutig.[151] Selbst zentrale Figuren der Aufklärung zeichneten sich wie Bayle

144 Büsching, Hauber, 250.
145 Heinrich Karl Schütz, Vernunft- und schriftgemäße Abhandlung von dem Aberglauben, Wernigerode 1757.
146 Paul Henri Thiry d'Holbach, La Contagion sacrée ou Histoire naturelle de la superstition, 2 Bde., London 1768.
147 Ernst Urban Keller, Das Grab des Aberglaubens, 4 Bde., Frankfurt/Leipzig 1777–1778.
148 Elias Caspar Reichard, Vermischte Beyträge zur Beförderung einer nähern Einsicht in das gesamte Geisterreich. Zur Verminderung und Vertilgung des Aberglaubens. Als eine Fortsetzung von D. David Eberhard Haubers Magischen Bibliothek herausgegeben, Bd. 1–2, Helmstedt 1781–1788.
149 Wolfgang Behringer, Hexen. Glaube – Verfolgung – Vermarktung, 3. Aufl. München 2002, 84–92.
150 Behringer, Der »Bayerische Hexenkrieg«, 287–313.
151 Bostridge, Witchcraft, 95–106, 139f.

oder Thomasius eher durch Traditionalismus denn durch intellektuellen Wagemut aus.[152] Ziel der Debatten war es, einen Konsens über die Säkularisierung der Gesellschaft durch die Blamierung der Vertreter der traditionellen Kirchen herzustellen. Die Kleriker, die nach eigener Ansicht stets den Aberglauben bekämpft hatten, wurden nun selbst als befangen dargestellt. Religion und Magie blieben zwar auch bei den meisten späteren Rationalisten begrifflich getrennt, aber sie wurden doch beide als durch die Wissenschaft überwundene Weltdeutungsmodelle charakterisiert. Bei Georg Friedrich Wilhelm Hegel (1770–1831), der in den 1820er Jahren die Vorstellung entwickelte, die Weltgeschichte sei eine schrittweise Verwirklichung des Weltgeistes, klingen Zauberei, Religion und Wissenschaft als Entwicklungsstufen dieser Verwirklichung an. »Der Wahnglaube der Hexerei, der auch in Europa fürchterlich geherrscht hat«, wird so zum Parameter für den Zustand der Unvernunft in der Weltgeschichte.[153]

152 Gerd Schwerhoff, Aufgeklärter Traditionalismus – Christian Thomasius zu Hexenprozeß und Folter, in: Zeitschrift der Savigny-Stiftung für Rechtsgeschichte, Germanistische Abteilung 104 (1987), 247–260.

153 Georg Friedrich Wilhelm Hegel, Vorlesungen über die Philosophie der Weltgeschichte, Bd. 1: Die Vernunft in der Geschichte, hg. von Johannes Hoffmeister, 5. Aufl. Hamburg 1970, 213–233. Hinweis auf den Exkurs Frazers »Hegel on Magic and Religion« bei: I. C. Jarvie/Joseph Agassi, Das Problem der Rationalität der Magie, in: The British Journal of Anthropology 18 (1967), 55–74.

Ausbildung

HANSPETER MARTI

Schule und Universität

Nach 1968 setzte sich in der Geschichtswissenschaft allmählich ein Paradigmenwechsel in der Wahl der Gegenstände durch, der vom politischen Ereignis und der geistigen Strömung weg, hin zu Institutionen, gesellschaftlichen Strukturen, zur Kultur, zur Lebens- und Alltagswelt auch unterer Bevölkerungsschichten führte.[1] Davon erhielten u.a. die Bildungs-, Sozialisations- und Alphabetisierungsgeschichte kräftige Impulse. Die Universitätsgeschichte trat aus dem Schattendasein der Jubiläumsschriften heraus und etabliert sich seit 1990 im deutschen Sprachgebiet zunehmend als eigenständiger Forschungszweig der Frühneuzeitgeschichte. Diesen erfreulichen Trend bestätigen und begünstigen die jüngst erschienenen Überblicksdarstellungen zur Geschichte der europäischen Universität,[2] die Gründung von wissenschaftlichen Vereinigungen und Institutionen mit universitätsgeschichtlichem Themenschwerpunkt, aber auch die Tatsache, daß man sich an bereits etablierten Stätten der Forschung, selbst im Zusammenhang mit Universitätsjubiläen, vermehrt mit überregionalem Erkenntnisinteresse der Universitätsgeschichte annimmt. Dazu trug in den letzten Jahren der Aufschwung bei, den im deutschen Sprachgebiet die – freilich von ihrem Gegenstand her nicht an die Universität als Institution gebundene – Wissenschaftsgeschichte nahm. Auch die aufstrebende kulturgeschichtliche Forschung wird der Universität und den übrigen frühneuzeitlichen Bildungseinrichtungen die Aufmerksamkeit nicht versagen, nachdem sie sich bis jetzt mit Vorliebe dem Haus, dem Dorf, der Stadt, dem Staat, der Kirche und der Religion, den unteren Bevölkerungsschichten und ihren Alltagsritualen zugewandt hatte.

Aus verschiedenen Gründen, hauptsächlich wegen der Vielschichtigkeit des Themas und des exemplarischen Vorgehens, das sich deswegen aufdrängte, muß sich der vorliegende Beitrag auf den höheren Unterricht im Alten Reich und hier vornehmlich auf die im letzten Dezennium des 17. Jahrhunderts vom brandenburgischen Kurfürsten Friedrich III. (1657–1713) gegründete Universität Halle beschränken. Sie entstand kurz nach 1690 und zählte zusammen mit Göttingen zu den der Freiheit des Denkens (libertas philosophandi) und dem aufklärerischen Fortschritt verpflichteten Universitäten. Als Rekrutierungsanstalt für die Berufselite in Schule, staatlicher Verwaltung und Kirche kam ihr in Preußen die Führungsrolle zu.

Die vorgenommene Konzentration auf die hallesche Universität als Hort von Pietismus und Aufklärung, die in der Frühzeit der Fridericiana durch Persönlichkeiten wie August Hermann Francke und Christian Thomasius verkörpert sind, darf aber die Bedeutung der übrigen Universitäten in deutschsprachigen Ländern nicht vergessen lassen. Der erste Abschnitt, der eine begriffliche Abgrenzung, ein unterrichtsgeschichtliches Kurzporträt der Universität Königsberg sowie einen allgemeinen historischen Abriß enthält, besitzt in dieser Hinsicht eine Ausgleichsfunktion. Der Schlußabschnitt über die Franckeschen Waisenhausanstalten, die mit der Universität Halle eng verbunden waren, gewährt Einblick in verschiedene Stufen und Erscheinungs-

1 Richard van Dülmen, Historische Anthropologie. Entwicklung, Probleme, Aufgaben, Köln u.a. 2000.

2 Walter Rüegg (Hg.), Geschichte der Universität in Europa, Bd. 1: Mittelalter, München 1993; Bd. 2: Von der Reformation bis zur Französischen Revolution (1500–1800), München 1996; Wolfgang E. J. Weber, Geschichte der europäischen Universität, Stuttgart 2002.

Abb. 174: Doktorpromotion im 18. Jahrhundert an der Universität Altdorf

Gegenüberliegende Seite: Abb. 175: Vorlesungsverzeichnis der Hohen Schule von Herborn (1730)

formen des (gelehrten) Unterrichts. Er erweitert den Blickwinkel von der Universität auf den Gesamtkomplex des höheren Schulwesens der Frühen Neuzeit, welchen der allgemeinere Begriff der ›Hohen Schule‹ besser bezeichnet als der eingeschränktere, heute allgemein gebräuchliche der Universität.

1. Universität und Hohe Schule

Das frühneuzeitliche höhere Unterrichtswesen zeichnete sich im deutschen Sprachbereich durch eine Fülle recht unterschiedlicher und dennoch schwer voneinander abgrenzbarer Schultypen aus. Dieser Zustand machte schon den Zeitgenossen zu schaffen, die Einblick in die verwirrende Vielfalt zu gewinnen versuchten, aber vor der schwierigen Aufgabe kapitulieren und sich mit dem rudimentären Überblick begnügen mußten: »Sehen wir auf den heutigen Zustand, und zumal in Deutschland, giebt es scholas inferiores s. triviales, es giebet Gymnasia, Collegia, studia Generalia s. Universitates, Academias u.s.w. und bey jeder von diesen Classen, wären viele Particularia anzumercken, wenn wir uns dabey auffhalten könnten.«[3] In einer Sammlung von Definitionen zum Naturrecht aus wolffianischer Feder wurden vier höhere Schultypen unterschieden, nämlich die Universitäten, die Ritterakademien, ferner die akademischen Gymnasien, die alle höheren Fakultätswissenschaften anboten, und die gewöhnlichen Gymnasien, an denen nur philosophische und theologische Elementarkenntnisse vermittelt wurden.[4] Hinzu kommen noch die vom Konzil von Trient verordneten Priesterseminare, die Hausfakultäten der Klöster, an denen Studien in Philosophie und Theologie absolviert,[5] sowie die Fürstenschulen, die 1543 zuerst in Sachsen (Grimma, Pforta und Meißen) gegründet wurden.

Als Universität galt eine höhere Lehranstalt in der Regel nur dann, wenn sie das Promotionsrecht besaß und, vor allem in vorreformatorischer Zeit, ein päpstliches und ein kaiserliches Privilegium vorzuweisen hatte. Später waren es die Landesherren der einzelnen Territorien, die in eigener Regie Universitäten gründeten, ohne sich der verbrieften Zustimmung höherer Machthaber zu versichern. So handelte schon 1527 Landgraf Philipp von Hessen, als

3 Martin Schmeitzel, Versuch zu einer Historie der Gelehrheit, Jena 1728, 888/889.

4 Friedrich Christian Baumeister/Johann Christian Messerschmid, Philosophiae definitivae pars altera capiens definitiones ex omni philosophia activa quarum Lib. Bar. a Wolf atque Mich[ael] Christ[oph] Hanovius auctores sunt, 3. Aufl. Wittenberg 1771.

5 Zum höheren Unterricht in Klöstern exemplarisch: Ulrich G. Leinsle, Studium im Kloster. Das philosophisch-theologische Hausstudium des Stiftes Schlägl 1633–1783, Averbode 2000.

ELENCHUS
PRAELECTIONVM ET EXERCITIORVM
QUÆ IN ACADEMIA NASSAVICA
RECTOR
JOHANNES EBERHARDUS RAU,
ET SENATUS ACADEMICUS
STUDIOSÆ JUVENTUTI COMMENDANT MENSE OCTOBRI MDCCXXX.

ORDO THEOLOGICUS.

JOHANNES HENRICUS SCHRAMMIUS, *Th. D. & Prof. Prim. Serenißimo Nassauiae Principi Dillaeb. a Conf. Eccles. Inspector & Pastor*, b.c. D. selectas Scripturae pericopas, in praelectione publica, illustrare perget: priuatim typum doctrinae salutaris, ad ductum Cel. MELCHIORIS tradet: collegium pariter exegeticum, & practicum ea,qua adhuc solitus est, methodo habebit; nulla in parte, disputationibus etiam publicis, doctissimorum commilitonum desideriis defuturus.

GEORGIUS HENRICUS CALKHOFIUS, in RECITATIONIBUS PUBLCIS nobiliora S. Scripturae loca perget, uti coepit, dilucidare. Privatim Collegium Theologicum, quod Ordinarium est, inde a Capite de *Tempore Promißionis*, quo perduxerat, exorsus, sic absolvet, ut ad idem caput, gyro hoc Theologico absoluto redeat. Praeterea & *Practicum*, & disputationes publicas privatasque imo vero suffragante Auditorum industria & alia instituet, quorum omnem rationem posthac pro more praemonebit.

De novo Professore surrogando in locum tertium SERENISSIMI Academiæ CVRATORES atque TVTANI pro sua in eam voluntate & studio communicatis consiliis paulo post Ordini Theologico prospicient.

ORDO JURIDICUS.

JOHANNES JACOBUS PASOR, *V. I. D. & Professor, Academiæ Bibliothecarius*, praelectionibus publicis Clariss. *Struvii Iurisprudentiam* exponere perget. Privatim Collegium in *Institutiones Iuris Civilis* & in *Brunnemannum ad paratitla Wesenbecii* aperiet. Diebus *Mercurii & Sabbati Bibliotheca* reclusa erit.

ERNST ALEXANDER PAGENSTECHER, *J. V. D. & C.* in exhedrio domestico, Jus Naturæ, Institutionesque Juris civilis, semestri, Lauterbachii Pandectarum compendium, anno, absolvet. Jus Publicum, publice leget. Disputationes, quas instituit privatas publicasve continuabit. Nec in aliis ad artem pertinentibus operam denegabit.

ORDO MEDICUS.

THEODORUS PHILIPPUS SCHACHT, *Med. D. P. P. Archiater Nassavia Dillaburgicus, & Academiæ Cæsareæ, Leopoldino Carolinæ, Naturæ Curiosorum Collega*, in lectionibus publicis, institutiones Clariss. *Boerhavii* jam dum coeptas, b.c. D. ad finem deducet, hisque Collegium Physicum, in Physicam Clariss. *Serrurier*, & Physiologicum in sua Theoremata Physiologica, subjunget.

PHILIPPUS MAXIMILIANUS DILTHEY, *Medicinae Professor Publicus Ordinarius & Physicus Nassavia-Dillaeburgicus*, B.c.D. publice Mercurii & Saturni diebus *Anatomiam Practicam* docebit, privatim vero *Physiologiam Medicam* ad ductum Cl. *Nenteri* Philiatris tradere adgredietur.

ORDO PHILOSOPHICUS.

JOANNES MATTHIAS FLORINUS, *Histor. & Eloq. vtriusq. Prof. Ordin.* publicas *de regni Germanici mutationibus* instituet lectiones, easque ad ductum CL. STRVVI. Priuatim exponere *Historiam* perget *imperialem*, cui & aliud in illustr. MASCOVI *Principia Iur. Publ.* Collegium adjunget. Nec sua iis defuturus opera, quibus in Graecis sese atque Latinis exercere porro volupe erit.

JOH. EBERHARDUS RAU, Lectiones publicas in selectiores geminatæ suæ disciplinæ materias instituet. Privatim more solito scholas Metaphysicas in Cl. LAMPII b. m. *Compendium Theologiæ Naturalis*, itemque Logicas in Regneri à MANSFELD *Elementa rectæ ratiocinationis*, nec non IV. postrema capita Physices Serrurerianæ, quæ Physicæ Specialis & nobilioris sunt compendium, aperiet. Ad hæc Antiquitates Sacras Veterum Hebræorum ab Hadriano RELANDO delineatas enarrabit. Neque minus alia exercitia, si quidem per negotia publica Academiæ licuerit, ab se petentium Commilitonum desiderio satisfacere elaborabit.

PHILIPPUS MAXIMILIANUS DILTHEY, *Philosophiae Naturalis Professor Ordinarius*, in Lectionibus publicis doctrinam de *Meteoris* explicabit, experimentisque confirmabit; privatim *Fundamenta Physices* secundum Modernorum placita exponet.

Linguæ Gallicæ & Exercitiorum corporis, puta ludi gladiatorii & saltatorii, Magistri suam pariter spondent operam.

HERBORNÆ NASSAVIORUM, LITTERIS B. JOHANNIS NICOLAI ANDREÆ, ACAD. NASSAV. TYPOGRAPH. VIDUÆ.

er die Universität Marburg ins Leben rief, für die er dann 1541 immerhin die kaiserliche Anerkennung bekam.[6] 1622 wurde die Benediktineruniversität Salzburg eröffnet, die das kaiserliche Plazet 1620, das päpstliche aber erst 1625 erhielt.[7]

Auch war es in der Frühen Neuzeit nicht die Regel, das Universitätsstudium mit einem – zudem oft mit hohen Kosten verbundenen – akademischen Grad (Bakkalaureat, Magister, Lizentiat, Doktor) abzuschließen, da Anwärter für Staats- und Kirchenämter einen solchen nicht unbedingt benötigten und sich hier und dort ohnehin in einer Eignungsprüfung außerschulischen Instanzen stellen mußten.

Die hierarchische Fakultätsstruktur mit der Theologie an der Spitze, gefolgt von der Jurisprudenz, der Medizin und der Philosophie, stellt dagegen kein Unterscheidungskriterium dar, da es Hohe Schulen wie die reformierte in Herborn gab, die ebenfalls alle vier Fakultäten (ordines) aufwiesen, was andererseits aber nicht für alle Universitäten zutraf, wie die Beispiele der Zweifakultäten-Universitäten (Theologie und Philosophie) von Graz und Paderborn zeigen.[8] Auch die beiden Formen des Unterrichts, die Vorlesung (lectio) und die Disputation (disputatio) gab es an allen Hohen Schulen, einschließlich den Ritterakademien und den klösterlichen Hausfakultäten. In den Vorlesungsverzeichnissen der Frühen Neuzeit wurden oft nur die Lehrveranstaltungen angekündigt, zu denen die Unterrichtenden verpflichtet waren (collegia ordinaria), nicht auch die Privatkollegien (collegia privata), die sie aus eigener Initiative abhielten und für die sie von den Zuhörern auch extra bezahlt werden konnten.

In den Hohen Schulen der Frühen Neuzeit wurde Wissen akkumuliert und verwaltet. Sie waren Kompetenzzentren wissenschaftlicher Bildung, die sich hauptsächlich auf die Tradierung von Erkenntnissen anerkannter Autoritäten, also auf die Rezeption kanonischer Texte, beschränkte und weniger auf eigentliche Forschungsleistungen, das Entdecken und Erfinden von Neuem erstreckte. Als hierarchisch organisierte Rechtskörper verfügten die Universitäten und ihre ›Bürger‹ über besondere Privilegien und Zuständigkeiten (Gerichtsbarkeit), besaßen innerhalb der staatlichen Territorien eine gewisse Autonomie, unterstanden aber nicht selten der Aufsicht weltlicher oder geistlicher Landesherren, auf deren Gründungsinitiative sie zurückgingen und in deren Pflicht als Zentren der Bildung für die Berufseliten in Staat und Kirche sie standen. Hohe Schulen ohne Universitätsstatus hatten als Rechtsträger weniger Prestige als die Universitäten, nicht aber als Ausbildungsstätten zwingend ein geringeres Ansehen als diese.

Alle (höheren) Schultypen waren in politische Herrschaftsverhältnisse (Territorialstaat, Stadt, Kirche) eingebunden und sahen sich mit der Macht des Wissens, die sie ausübten, ihrerseits politischen Machtfaktoren ausgesetzt, vor denen sie bestehen und sich behaupten mußten. Auch nach der Zeit der Französischen Revolution, die mancherorts eine Zäsur in der Geschichte der Universität darstellte, hielten sich Elemente der alten Organisationsstrukturen, wie zum Beispiel das Prinzip der Fakultätsordnung, die Form der Lehrveranstaltungen und vieles andere mehr, bemerkenswert zäh am Leben. Die wichtigste Veränderung bestand in der Integration der wissenschaftlichen Forschungstätigkeit in die Universität, was am deutlichsten in der im 19. Jahrhundert erfolgten Gründung philosophisch-naturwissenschaftlicher Fakultäten zum Ausdruck kommt.

6 Willem Frijhoff, Grundlagen, in: Rüegg, Geschichte der Universität, Bd. 2, 53–102, hier 57.

7 Arno Seifert, Das höhere Schulwesen. Universitäten und Gymnasien, in: Notker Hammerstein (Hg.), Handbuch der deutschen Bildungsgeschichte, Bd. 1: 15.–17. Jahrhundert. Von der Renaissance und der Reformation bis zum Ende der Glaubenskämpfe, München 1996, 197–374, hier 329.

8 Weitere Beispiele bei Seifert, Das höhere Bildungswesen, 328.

Traditionsgebundenheit, daher Rückständigkeit und Modernefeindschaft der Hohen Schulen waren seit der Frühen Neuzeit topisch wiederkehrende Vorwürfe in der Literatur, sogar derjenigen aus dem universitären Umfeld selbst und auch in der Universitätsgeschichtsschreibung der jüngsten Zeit. Universitätsstatuten blieben über Jahrhunderte, oft mit geringen Modifikationen, in Kraft, der Professor galt als »pedantischer Verwalter überkommenen Wissens«.[9] Mit der Vorlesung, welche die Erfindung des Buchdrucks gut überstand, trotzte auch die Disputation lange allen Herausforderungen der Zeit. Der antike Autorenkanon der Humanisten mit Cicero an erster Stelle blieb bis weit ins 18. Jahrhundert hinein maßgebend für die Textproduktion (imitatio). Noch 1762 legte der Jesuit Franz Xaver Mannhart in einer Enzyklopädie des Wissens die ›Grammatik‹, ohne die Muttersprache als Unterrichtsgegenstand überhaupt in Betracht zu ziehen, einzig auf die Vermittlung von lateinischer Sprachkompetenz fest.[10] Das Gattungsrepertoire des akademischen Schrifttums (Vorlesungsverzeichnisse, Schulreden, Programmschriften, Dissertationen, Lehrbücher) und mit ihm häufig auch die Gattungsnormen standen ebenso fest wie das Promotionszeremoniell und die von ritualisierten Abläufen stark geprägten Verhaltensmuster und Umgangsformen.

Die Frage ist berechtigt, was die permanent verrufene frühneuzeitliche Universität für die Erkenntnis der Entstehung der modernen Wissensgesellschaft überhaupt hergibt, die dem Fortschritt der Forschung und der Schöpfung neuen Wissens sich verdanke, zumal diese Aufgabe in der Frühen Neuzeit hauptsächlich ohnehin den gelehrten Sozietäten und den wissenschaftlichen Akademien zugedacht war. Um eine Antwort zu finden, muß man neben den Unterrichtsformen die an den frühneuzeitlichen Universitäten vermittelten Wissensinhalte kennen. Ende des 19. Jahrhunderts legte Friedrich Paulsen sein heute noch lesenswertes Standardwerk über die Geschichte des höheren Unterrichtswesens in Deutschland vor;[11] die von ihm angeregten Detailstudien sind jedoch für die meisten deutschen Hohen Schulen bis heute ausgeblieben.[12]

2. Der Philosophieunterricht an der Universität Königsberg

In der bisherigen Geschichtsschreibung haftet der unter reformatorischen Vorzeichen 1544 gegründeten Königsberger Albertina wie den Universitäten von Leipzig und Wittenberg – vom aufklärerischen Fortschrittskriterium her geurteilt – der zweifelhafte Ruf einer Hochburg der lutherischen Orthodoxie an. Wie das Beispiel aller frühneuzeitlichen deutschen Universitäten beweist, kann anhand der Dissertationen das geistige Profil einer Hohen Schule über längere Zeitstrecken hinweg bestimmt werden.[13] Mit der Dissertation, die einem mündlichen Streitgespräch als Thesenpapier zugrundelag, wurden die Teilnehmer zu diesem Anlaß offiziell eingeladen und mit den Argumenten des Respondenten vertraut gemacht. In der Disputation verteidigte der Respondent unter dem Vorsitz eines Präses Thesen zu einem bestimmten Thema gegen die Einwände von Opponenten. Viele in Königsberg verteidigte Probestücke bestätigen auf den ersten Blick das von der Forschung entworfene Bild einer durchweg traditionsbewußten lutherischen Hohen Schule, die sich mit dem von ihr vertretenen strengen Aristotelismus dem Fortschritt des

9 Weber, Geschichte der europäischen Universität, 101.

10 Franz Xaver Mannhart, Bibliotheca domestica bonarum artium ac eruditionis studiosorum usui instructa et aperta, Bd. 1, Liber II: De grammatica seu lingua latina, Augsburg 1762.

11 Friedrich Paulsen, Geschichte des gelehrten Unterrichts auf den deutschen Schulen und Universitäten, Leipzig 1885.

12 Beispielhaft Anton Schindling, Humanistische Hochschule und Freie Reichsstadt: Gymnasium und Akademie in Straßburg 1538–1621, Wiesbaden 1977.

13 Siehe dazu: Hanspeter Marti, Philosophieunterricht und philosophische Dissertationen im 17. und 18. Jahrhundert, in: Rainer Christoph Schwinges (Hg.), Artisten und Philosophen. Wissenschafts- und Wirkungsgeschichte einer Fakultät vom 13. bis zum 19. Jahrhundert, Basel 1999, 207–232.

Abb. 176: Das Wittenberger Universitätsgebäude

Denkens lange widersetzte. Das gilt vor allem für die in das Fach ›Logik‹ fallenden Dissertationen, die unter den Professoren Christian Dreier (1610–1688), Melchior Zeidler (1630–1686), Andreas Hedion (1640–1703) und Paul Rabe (1656–1713) verteidigt wurden. Ein ähnlicher Eindruck entsteht im Hinblick auf die Königsberger Theologie des 17. und 18. Jahrhunderts, die im Kampf gegen unorthodoxe Glaubensauffassungen ein wichtiges Betätigungsfeld fand. Der Selbstbehauptungswillen der lutherischen Orthodoxie kam in Königsberg in den auch in theologischen Dissertationen geführten Kontroversen gegen die römische Kirche, gegen die Calvinisten, vor allem aber gegen den Sozinianismus sowie in der Verteidigung der Metaphysik als Schuldisziplin pointiert zur Geltung. Zudem sind aus Königsberg genügend Fälle bekannt, in denen die universitäre Zensur die Verbreitung unkonventioneller Meinungen durch Konfiskation der Dissertationen zu verhindern wußte, bevor diese ihr Zielpublikum erreicht hatten. Dies beweist die lange Zeit gesuchte, kürzlich zusammen mit einschlägigen Akten gefundene juristische Dissertation des radikalen Aufklärers Theodor Ludwig Lau (1670–1740), der sich vergeblich um eine Stelle an der Königsberger juristischen Fakultät bemüht hatte.[14] Allerdings hatte sich selbst der reformfreundliche Hallenser Rechtsprofessor Christian Thomasius, auf den ich noch ausführlich zurückkomme, schon vor Laus Königsberger Intermezzo in einem längeren Traktat von den Ansichten seines Anhängers distanziert. Bis die Philosophie des Aufklärers Christian Wolff in Königsberg Aufnahme oder gar Zustimmung fand, dauerte es recht lange. Ähnliches wie für die wolffsche Philosophie galt in Königsberg für die Rezeption des Denkens von René Descartes, von Thomas Hobbes, Leibniz, Samuel Pufendorf und, verschärft, von Spinoza. Auch die noch 1730 gegen das kopernikanische System vorgebrachten Bedenken wie die 1741 bekräftigte Ablehnung der mathematischen Methode illustrieren den für Königsberg auch in seiner rezeptiven Verspätung typischen und hinsichtlich der Aufnahme des Neuen charakteristischen Habitus des Denkens.

Zeitweise stand die Albertina in Abhängigkeit von Exponenten und Anhängern des Hallenser Pietismus. In der philosophischen Fakultät trat Inno-

14 Hanspeter Marti, Grenzen der Denkfreiheit in Dissertationen des frühen 18. Jahrhunderts. Theodor Ludwig Laus Scheitern an der juristischen Fakultät der Universität Königsberg, in: Helmut Zedelmaier/Martin Mulsow (Hg.), Die Praktiken der Gelehrsamkeit in der Frühen Neuzeit, Tübingen 2001, 295–306.

Abb. 177: Die Universität Königsberg um 1800 mit dem Dom

vationskraft aber trotzdem nicht erst mit den Leistungen Immanuel Kants zutage, der in seinen religionsphilosophischen Schriften dem spirituellen Enthusiasmus pietistischer Prägung und in den transzendentalen Kritiken der wolffschen Ontologie eine Absage erteilte.

Bereits im letzten Viertel des 17. Jahrhunderts zeigte man sich in Königsberg vereinzelt frühaufklärerischem Denken gegenüber aufgeschlossen: Man übernahm die Vorurteilskritik, plädierte für Toleranz, stellte die Folter sowie abergläubische religiöse Praktiken in Frage; ferner wandte man sich der preußischen Landeskunde, der Gelehrsamkeitsgeschichte, dem ius publicum und dem Naturrecht zu. Im ganzen 17. Jahrhundert setzte man sich in philosophischen Dissertationen vorzugsweise mit der Politik auseinander, besonders kritisch mit der machiavellistischen Staatslehre, eine Tradition, die im 18. Jahrhundert im Sinn des frühaufklärerischen Absolutismus und der paternalistisch-humanitären Staatsauffassung weitergeführt wurde.[15]

Für Königsberg typisch ist ferner die seit der zweiten Hälfte des 17. Jahrhunderts beobachtbare Häufung rhetorischer und poetischer Themen in philosophischen Dissertationen, die nach 1750 in den der Ästhetik gewidmeten Probestücken ihre Fortsetzung fand. Noch Kant, der in seiner »Kritik der Urteilskraft« die Autonomie des Geschmacksurteils als ästhetischer Kompetenz begründete, stand in dieser Königsberger Tradition des stark an die Universität gebundenen Nachdenkens über das Schöne.

Die Albertina unterschied sich in mancherlei Beziehung nicht prinzipiell von anderen lutherisch geprägten Hohen Schulen. Dank dem Beizug der Dissertationen ist das einseitige Bild der Königsberger Universität als einer Gralshüterin überholter Traditionen zu korrigieren und auf das auch hier fruchtbare Spannungsverhältnis hinzuweisen, in dem sie zu den Herausforderungen neuen Denkens, vor allem seit der Wende zum 18. Jahrhundert, tatsächlich stand.

15 Für zahlreiche bibliographische Informationen danke ich Dr. Manfred Komorowski, Duisburg.

3. Entwicklung und Konsolidierung der frühneuzeitlichen Universität

Die ›frühneuzeitliche Universität‹ steht in der üblichen historischen Etappengliederung nach Großepochen in einer Zwischen- oder Übergangsposition. Sie wird von der Universität des Mittelalters abgegrenzt, indem man den Einfluß von Reformation und Humanismus betont, die Vorstellung eines Weiterwirkens der Scholastik in Unterrichtsformen und -inhalten aber nicht preisgibt. Bis über die Schwelle zum 18. Jahrhundert hinaus blieb nicht nur in katholischen Ländern die Autorität des Aristoteles weitgehend intakt. Die vor allem im protestantischen Raum zwischen 1690 und 1720 aufkommende Scholastik- und Pedantismuskritik sowie die verbreitete Ablehnung des Stagiriten bestätigen, ex negativo, das Bild vom Fortwirken des Mittelalters auch in den Lehrinhalten. Die Rede von der Barockscholastik bringt diese historische Tatsache auf einen, wenn auch umstrittenen, Begriff.

Um 1700 suchte man nach einem veränderten Anforderungen der Zeit entsprechenden Image des Gelehrten und nach dem Entwurf eines Berufsbilds, das gesellschaftliches Ansehen gewährleistete. An dieser streng standesbezogenen Imagepflege beteiligten sich die Betroffenen auch mit ihrer Selbstkritik, die sich, was am Leipziger Beispiel eindrücklich gezeigt werden kann,[16] vor allem in Wegleitungen zum Studium, in Dissertationen, Universitätsreden und Programmschriften entfaltete. Johann Burkhard Menckes Publikationen, allen voran die beiden weitverbreiteten, ins Deutsche übersetzten und von weiteren Autoren mit Anmerkungen fortgeschriebenen Promotionsreden über die »Charlatanerie oder Marktschreyerey der Gelehrten« von 1713 und 1715 setzten Maßstäbe kritischer Selbstreflexion in der Beschreibung und Verspottung von Karikaturen des Gelehrtendaseins.

Erst aber nach 1800, mit der verstärkten Integration der (natur)wissenschaftlichen Forschung in den Unterrichtsbetrieb, der weiteren Differenzierung des Stoff- und Fächerangebotes, vor allem in den technischen Fachwissenschaften, die im Zuge weiterer Spezialisierung vermehrt den Polytechniken überantwortet wurden, kann vom Untergang der frühneuzeitlichen Universität gesprochen werden. Zu diesem trugen auch die definitive Ablösung des Lateins als Wissenschaftssprache und die Etablierung eines breiten Angebots moderner Sprachen als Unterrichtsdisziplinen bei.

Die hier hervorgehobene Kontinuität der Entwicklung des hohen Schulwesens in der ganzen Frühen Neuzeit (1500–1800) macht einen zeitlich gedehnten historischen Exkurs unentbehrlich, der all das kurz in Erinnerung ruft, was das zeitlich Folgende erst verstehen läßt. Die Macht des Wissens beruhte maßgeblich auf der Kontinuität und der gesellschaftlich-politischen Verankerung der Institution. Welches waren nun aber die geistigen, sozialen und kulturellen Kraftfelder, von denen die Lehrmeinungen an den frühneuzeitlichen deutschen Universitäten und Hohen Schulen geprägt wurden?

Das Bündnis von Reformation und Humanismus

Trotz seiner Aversion und der Invektiven gegen den Heiden Aristoteles in der 1520 entstandenen Kampfschrift »An den christlichen Adel deutscher Nation« mochte Luther »gerne leiden, daß Aristoteles' Bücher von der Logik, Rhetorik

16 Hanspeter Marti, Das Bild des Gelehrten in Leipziger philosophischen Dissertationen der Übergangszeit vom 17. zum 18. Jahrhundert, in: Detlef Döring/Hanspeter Marti (Hg.), Die Universität Leipzig und ihr gelehrtes Umfeld 1680–1780, Basel 2004, 55–109.

und Poetik behalten oder sie, in andere, kurze Form gebracht, nützlich gelesen würden, junge Leute zu üben im Wohlreden und Predigen«.[17] In der Person des Weggefährten Philipp Melanchthon, der als ›Praeceptor Germaniae‹ in die Geschichte einging, ist die von Reformation und Humanismus geformte protestantische Universität gleichsam verkörpert. Melanchthons Antrittsrede »De corrigendis adolescentiae studiis« an der Universität Wittenberg (Leucorea) vom 29. August 1518 enthält im Sinn der Renaissance (renascentes Musae) das für die protestantischen Universitäten zum Vorbild gewordene Unterrichtsprogramm mit den humanistischen Studienfächern (bonae litterae), den alten Sprachen und dem Trivium von Grammatik, Rhetorik und Logik als Kerndisziplinen, erweitert um die Geschichte, die Ethik sowie die Naturwissenschaften.[18] Im Gebot der Rückkehr zum Urtext der Bibel und zu den Werken der antiken Autoren, in der Relevanz der griechischen Sprache als Unterrichtsfach sowie in der Synonymie der Begriffe ›Dialektik‹ und ›Rhetorik‹ kommt die Hinwendung zu den ›verba‹, die Philologisierung[19] und Rhetorisierung der neu ausgerichteten Studien zum Tragen, wie sie von Melanchthon an der Universität Wittenberg eingeleitet und durch dessen maßgebliche unmittelbare oder indirekte Beteiligung bei der Studienreform an anderen protestantischen Universitäten und weiteren Hohen Schulen (z.B. in Tübingen, Heidelberg, Nürnberg, Marburg, Helmstedt, Leipzig, Jena, Frankfurt/Oder, Rostock und Königsberg) fortgeführt wurde.[20] Der Schwerpunkt der Reform lag in der Aufwertung des philosophischen Fächerkanons und damit auch der philosophischen Fakultät, in der Betonung ihrer beider Unentbehrlichkeit für die theologische Ausbildung, in der Verbannung der Sentenzenkommentare des Petrus Lombardus aus dem Unterricht und in der Anerkennung des Stagiriten als maßgebliche philosophische Autorität. Dieses humanistisch-reformatorische Profil zeichnete die Leucorea noch lange aus. So zeigte sie sich der wolffschen Philosophie gegenüber nicht besonders aufgeschlossen. Die Erforschung der Geschichte des Unterrichts an den verschiedenen Fakultäten der Wittenberger Universität steht aber, was das 17. Jahrhundert und die Folgezeit angeht, leider erst in den Anfängen,[21] so daß hier, wie im beschriebenen Fall Königsbergs, vor klischeehafter Charakteristik zu warnen ist.

Dasselbe trifft mehr noch auf die erste genuin protestantische Gründung zu, die im Jahre 1527 entstandene Universität Marburg, die mit dem Landesherrn ihre Zugehörigkeit zu den protestantischen Bekenntnisrichtungen mehrmals (1605 reformiert, 1624 lutherisch, 1640 reformiert) wechselte. Selbst den statutarischen Bestimmungen von 1629 haftete die Rücksicht auf die Reformierten an, wie z.B. die Aufgabenzuteilung an den Logik- und Metaphysikprofessor zeigt, der in einer teilweise recht unbestimmten Form sowohl auf Aristoteles als auch auf Petrus Ramus verpflichtet wurde.[22] In den Statuten von 1653 verzichtete man im selben Zusammenhang dann ganz auf die Nennung von Lehrautoritäten.[23] Für das Pflichtenheft des Ethikprofessors traf dies jedoch in beiden Fassungen der Statuten nicht zu. Hier konnte die Nikomachische Ethik ihre kaum angefochtene Schlüsselposition behaupten,[24] was freilich über den erteilten Unterricht wenig aussagt, umso mehr, als die Statuten von 1653 formell bis in die zweite Hälfte des 19. Jahrhunderts in Kraft blieben.

Auch die Hohen Schulen der Reformierten rekurrierten auf das humanistische Unterrichtsmodell Melanchthonscher Prägung, entwickelten aber zum

17 Martin Luther, An den christlichen Adel deutscher Nation, hg. von Karl Gerhard Steck, München o.J., 108.

18 Philipp Melanchthon, De corrigendis adolescentiae studiis, hg. von Richard Nürnberger, Melanchthons Werke, Bd. 3: Humanistische Schriften, Gütersloh 1961, 29–42.

19 Paulsen, Geschichte des gelehrten Unterrichts, 153.

20 Wichtig für das Folgende allgemein Inge Mager, Melanchthons Impulse für das evangelische Theologiestudium. Verdeutlicht am Verlauf der Wittenberger Universitätsreform und am Beispiel der Helmstedter Universitätsstatuten, in: Udo Sträter (Hg.), Melanchthonbild und Melanchthonrezeption in der Lutherischen Orthodoxie und im Pietismus, Wittenberg 1999, 105–126, bes. 115.

21 Heinz Kathe, Die Wittenberger philosophische Fakultät 1502–1817, Köln/Weimar/Wien 2002.

22 Hans Georg Gundel (Hg.), Statuta Academiae Marpurgensis deinde Gissensis de anno 1629. Die Statuten der Hessen-Darmstädtischen Landesuniversität Marburg 1629–1650/Gießen 1650–1879, Marburg 1982, 154.

23 Carolus Iulius Caesar (Hg.), Statuta facultatum Marburgensium specialia anno MDCLIII promulgata, Marburg o.J., 27.

24 Gundel, Statuta, 156/157; Caesar, Statuta, 28.

Abb. 178: Marburg um 1700 mit der Universität am Fuß des Hügels

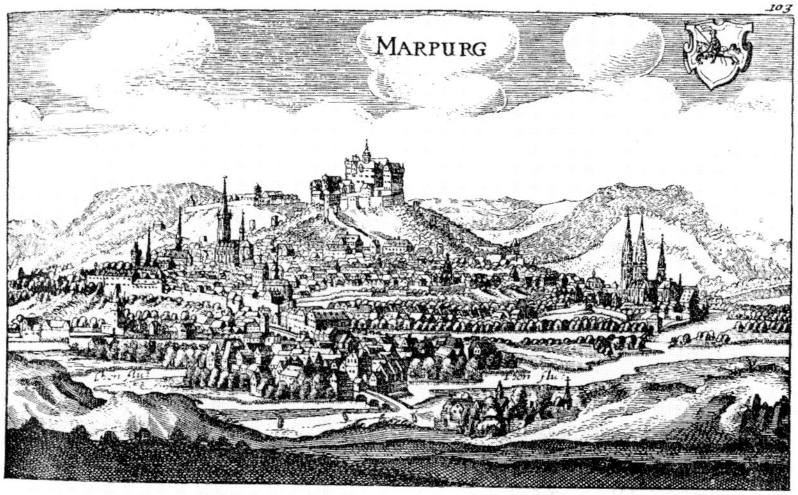

Teil eine eigene Pädagogik und Wissenstradition, die von der ramistischen Philosophie und der Anordnung des Stoffes in Baumdiagrammen geprägt waren. Die Enzyklopädien von Johann Heinrich Alsted (1588–1638) und Bartholomäus Keckermann (1571/1573–1608) wurden als Thesauri universalen Wissens selbst von Gelehrten lutherischer Herkunft sehr geschätzt. Die 1654 gegründete Universität Duisburg wie die übrigen reformierten Hohen Schulen, vor allem in den Niederlanden, standen dem cartesianischen Rationalismus weit aufgeschlossener gegenüber als die lutherischen. Mit der von ihm propagierten mathematischen Methode, welche der Evidenz Beweiskraft zugestand, wies Descartes die stärker rhetorikabhängigen Argumentationsverfahren des Humanismus in die Schranken, die der Topik, dem Redeschmuck (ornatus), dem Gedächtnis (memoria) sowie dem Autoritätsbeweis den Vorzug gaben. Doch hatten bereits Melanchthon und andere vom Bienengleichnis[25] beeindruckte Humanisten in ihren Imitatiolehren der frühaufklärerischen Eklektik vorgearbeitet.[26] Ihnen und der cartesianischen Autoritätskritik war gemeinsam, daß sie nicht auf einen einzigen Autor schwören wollten. Nicht zuletzt wegen dieses Einverständnisses aus verschiedenen Beweggründen blieb die Autorität des Praeceptor Germaniae wenigstens in den Kreisen der protestantischen Orthodoxien, Kontinuität stiftend bis in die Zeit der Aufklärung, weitgehend unangefochten.

Das verordnete Wissen der jesuitischen Ratio studiorum

In den katholischen Ländern besaß der im Zuge der Gegenreformation 1534 in Paris von Ignatius von Loyola gegründete, zentralistisch organisierte Jesuitenorden in der Frühen Neuzeit europaweit und selbst in überseeischen Ländern fast ein Ausbildungsmonopol im höheren Unterricht. Die mit der Reformation eingeleitete Konfessionalisierung des Denkens wurde durch das Konzil von Trient (1545–1563), die organisierte Reaktion der römischen Kirche auf die Glaubensspaltung, verstärkt. Dank der päpstlichen Protektion des neuen Ordens und dem Einfluß, den die Jesuiten als Beichtväter und Prinzenerzieher bei Fürsten erlangten, dem Bündnis von gelehrtem Wissen und politischer Macht, konnte die Societas Jesu, hier und dort zwar nicht ohne

25 Die Analogie der schriftstellerischen Nachahmung mit der Tätigkeit der Honig sammelnden Bienen faßte das von antiken Autoren und Humanisten aufgestellte Postulat ins Bild, nicht nur bei einem einzigen Autor (Cicero!) als dem Muster der imitatio zu verharren.

26 Philipp Melanchthon, De philosophia oratio (1536), in: Nürnberger (Hg.), Melanchthons Werke, Bd. 3, 94.

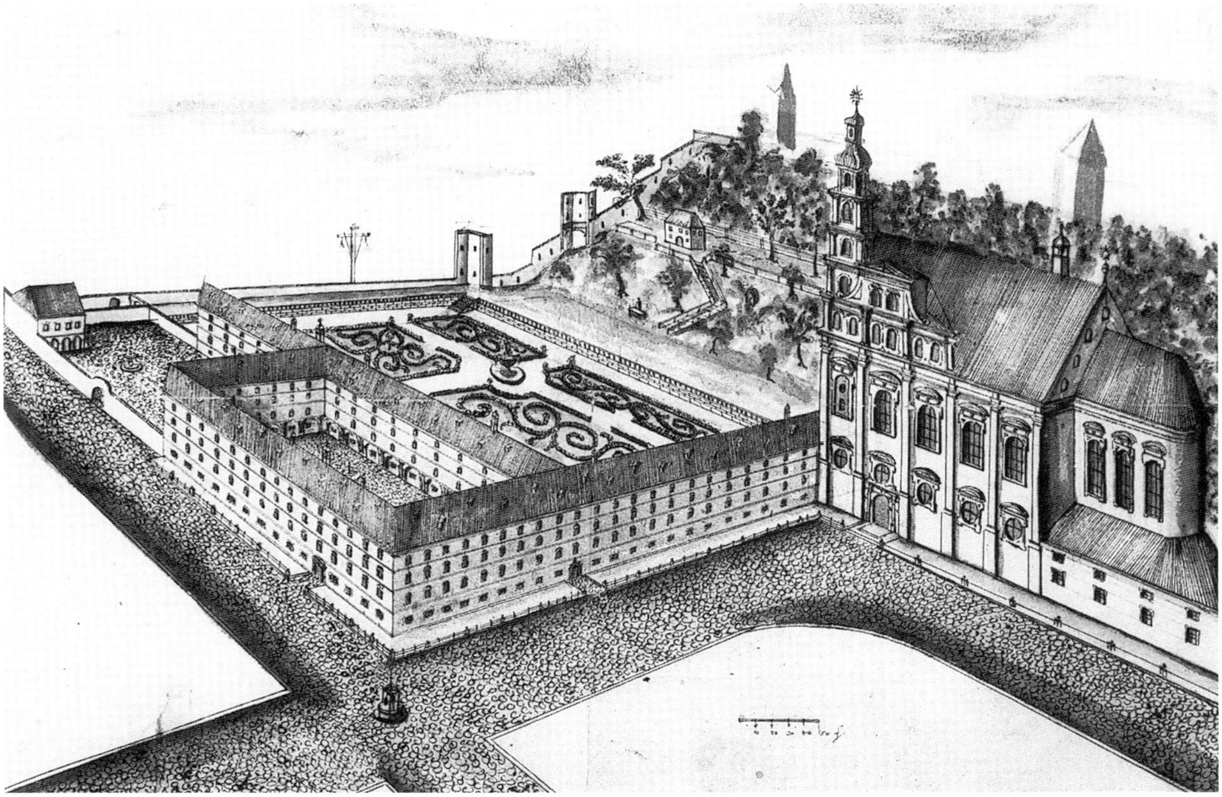

Abb. 179: Das Jesuitenkolleg in Landshut um 1665

Widerstand, in allen katholischen Ländern Schulen gründen, welche die Zöglinge mit dem für den Glaubenskampf benötigten Wissen ausrüsteten. 1730 gab es weltweit 612 Jesuitenkollegien, davon 95 in Übersee.[27] Der Ausbildungsgang, den die 1599 vorliegende Unterrichtsordnung, die ›Ratio studiorum‹, bis in die kleinste Einzelheit verbindlich vorschrieb,[28] bestand aus drei Schulstufen: Das Gymnasium, auch untere Studien (studia inferiora) genannt, umfaßte einen die Grundlagen der humanistischen Fächer (Grammatik, Poetik, Rhetorik) vermittelnden Fünfklassen-Kursus. Auf diesen folgte das Lyceum, das für die philosophischen Studien oder die ›natürlichen‹ Wissenschaften (artes liberales) zuständig war, zwei oder drei Jahre dauern sollte und die Fächer Logik, Metaphysik, Ethik sowie die Naturwissenschaften einschloß. Als wichtigste, zumeist einzige philosophische Autorität galt über die Jahrhunderte hinweg unverändert Aristoteles, dessen Werke im Unterricht vorgestellt und kommentiert wurden. Die höchste Stufe des jesuitischen Ausbildungsgangs nahm das 4 bis 6 Jahre dauernde Theologiestudium ein, auf das der Philosophieunterricht gezielt vorzubereiten hatte. In den deutschen katholischen Ländern trugen noch im ersten Viertel des 18. Jahrhunderts die Jesuiten an den Universitäten Dillingen und Ingolstadt für die Ausbildung nicht nur des eigenen Ordensnachwuchses, sondern von Klerikern aller Richtungen eine zentrale Verantwortung.

Dem Lehrplan der jesuitischen Gymnasien und Lyceen lag dasselbe humanistische Fundament wie dem philosophischen Unterrichtsprogramm protestantischer Hoher Schulen zugrunde, was besonders deutlich aus dem Vergleich der ersten beiden Stufen des Jesuitenunterrichts mit dem humanistischen Schulkonzept des Straßburgers Johannes Sturm (1507–1589) hervor-

27 Peter C. Hartmann, Die Jesuiten, München 2001, 78.

28 Bernhard Duhr (Hg.), Die Studienordnung der Gesellschaft Jesu, Freiburg i.Br. 1896.

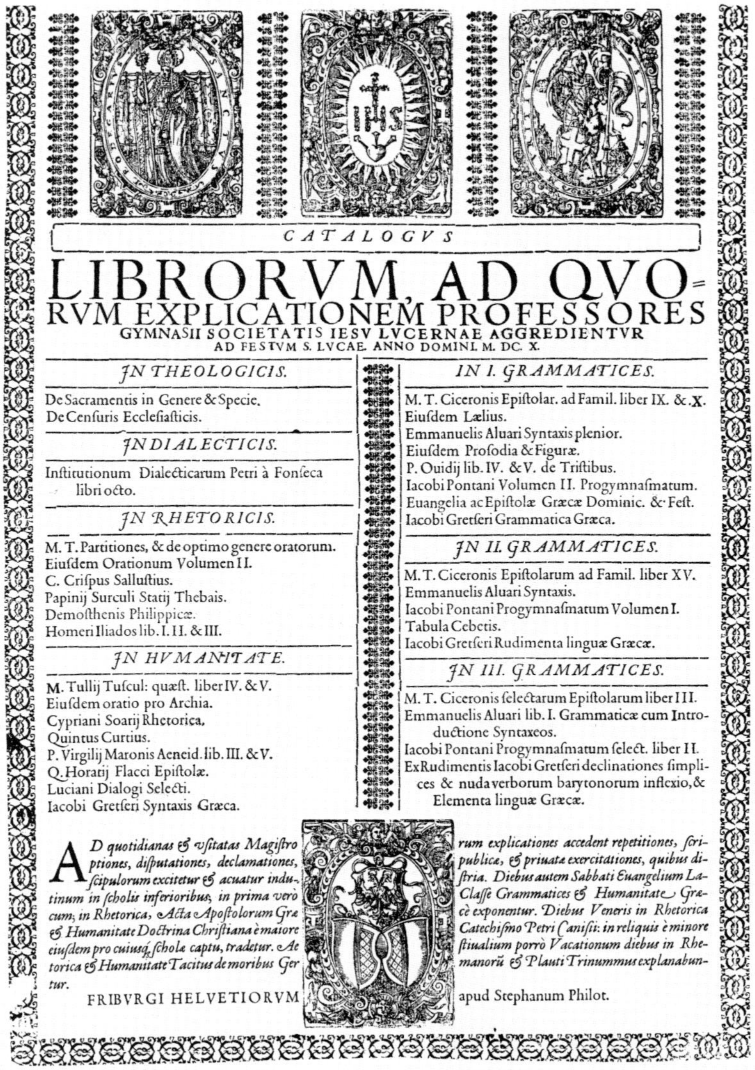

CATALOGVS

LIBRORVM, AD QVORVM EXPLICATIONEM PROFESSORES GYMNASII SOCIETATIS IESV LVCERNAE AGGREDIENTVR AD FESTVM S. LVCAE. ANNO DOMINI. M. DC. X.

JN THEOLOGICIS.

De Sacramentis in Genere & Specie.
De Censuris Ecclesiasticis.

JN DIALECTICIS.

Institutionum Dialecticarum Petri à Fonseca libri octo.

JN RHETORICIS.

M. T. Partitiones, & de optimo genere oratorum.
Eiusdem Orationum Volumen II.
C. Crispus Sallustius.
Papinij Surculi Statij Thebais.
Demosthenis Philippicæ.
Homeri Iliados lib. I. II. & III.

JN HVMANITATE.

M. Tullij Tuscul: quæst. liber IV. & V.
Eiusdem oratio pro Archia.
Cypriani Soarij Rhetorica,
Quintus Curtius.
P. Virgilij Maronis Aeneid. lib. III. & V.
Q. Horatij Flacci Epistolæ.
Luciani Dialogi Selecti.
Iacobi Gretseri Syntaxis Græca.

IN I. GRAMMATICES.

M. T. Ciceronis Epistolar. ad Famil. liber IX. & X.
Eiusdem Lælius.
Emmanuelis Aluari Syntaxis plenior.
Eiusdem Prosodia & Figuræ.
P. Ouidij lib. IV. & V. de Tristibus.
Iacobi Pontani Volumen II. Progymnasmatum.
Euangelia ac Epistolæ Græcæ Dominic. & Fest.
Iacobi Gretseri Grammatica Græca.

JN II. GRAMMATICES.

M. T. Ciceronis Epistolarum ad Famil. liber XV.
Emmanuelis Aluari Syntaxis.
Iacobi Pontani Progymnasmatum Volumen I.
Tabula Cebetis.
Iacobi Gretseri Rudimenta linguæ Græcæ.

JN III. GRAMMATICES.

M. T. Ciceronis selectarum Epistolarum liber III.
Emmanuelis Aluari lib. I. Grammaticæ cum Introductione Syntaxeos.
Iacobi Pontani Progymnasmatum select. liber II.
Ex Rudimentis Iacobi Gretseri declinationes simplices & nuda verborum barytonorum inflexio, & Elementa linguæ Græcæ.

AD quotidianas & vsitatas Magistrorum explicationes accedent repetitiones, scriptiones, disputationes, declamationes, publicæ, & priuatæ exercitationes, quibus discipulorum excitetur & acuatur industria. Diebus autem Sabbati Euangelium Latinum in scholis inferioribus; in prima verò Classe Grammatices & Humanitate Græcum; in Rhetorica, Acta Apostolorum Græcè exponentur. Diebus Veneris in Rhetorica & Humanitate Doctrina Christiana è maiore Catechismo Petri Canisii: in reliquis è minore eiusdem pro cuiusque scholæ captu, tradetur. Aestiualium porrò Vacationum diebus in Rhetorica & Humanitate Tacitus de moribus Germanorũ & Plauti Trinummus explanabuntur.

FRIBVRGI HELVETIORVM apud Stephanum Philot.

Abb. 180: Verzeichnis der Unterrichtsbücher des Luzerner Jesuitengymnasiums (1610)

geht, der, wie Ignatius, von der damals an der Pariser Universität geltenden Studienordnung abhängig war.[29] Weil die Ratio studiorum bis zum Jahre 1832 unverändert in Kraft blieb, wurden von den Jesuiten im Unterricht stets dieselben vorgeschriebenen Lehrbücher der Spanier Emmanuel Alvarez (1526–1582) (Grammatik) und Cyprian Soarez (1524–1593) (Rhetorik) verwendet sowie Cicero als der allen anderen antiken Autoren überlegene Klassiker gepriesen. Trotz der grundsätzlichen Innovationsfeindschaft des Ordens, der starr an der Verbindlichkeit der aristotelischen Scholastik festhielt, kam es im Laufe des 18. Jahrhunderts zu vereinzelten Vorstößen von Jesuiten in eine neue Richtung und zur Übernahme der aufklärerischen Vorurteilskritik.[30] Da der Jesuitenorden aber weder eine Ausbildung in den juristischen Fächern noch in der Medizin anbot und sich auch lange dem Aufschwung entzog, den im Übergang zum 18. Jahrhundert die Geschichtswissenschaft nahm, geriet er bildungspolitisch seit der Zeit der Frühaufklärung immer mehr in eine Defensivposition, die er dann bald nur noch mit größter Mühe zu halten vermochte. Den historischen Einschnitt bildete im Jahre 1773 die

29 Winfried Barner, Barockrhetorik. Untersuchungen zu ihren geschichtlichen Grundlagen, Tübingen 1970, 329/330.

30 Peter Stötter, Vom Barock zur Aufklärung. Die Philosophische Fakultät der Universität Ingolstadt in der zweiten Hälfte des 17. und im 18. Jahrhundert, in: Laetitia Böhm/Johannes Spörl (Hg.), Die Ludwig-Maximilians-Universität in ihren Fakultäten, Bd. 2, Berlin 1980, 91–124.

Aufhebung des Ordens, die diesen als Institution schlagartig von außen in den Zustand der großen Krise versetzte.

Universität und höfisch-politische Bildungsziele

Schon Erasmus von Rotterdam setzte sich für eine auf die humanistischen Grundsätze wie auch auf die politische Praxis abgestimmte Ausbildung der zukünftigen Fürsten ein, ohne die Universität ausdrücklich als hierfür geeignete Institution zu bezeichnen.[31] Im Laufe des 17. Jahrhunderts kam es zur Gründung von Ritterakademien, an denen bildungswillige Adelige standesgemäß unterrichtet und auf ihre politische Führungsaufgabe in Staat und Gesellschaft vorbereitet wurden. Mit der Einführung der Politik als Unterrichtsfach an der Universität wurde dort, teilweise gleichzeitig, politisches Fachwissen vermittelt, für dessen Qualität Namen wie der des Helmstedter Professors Hermann Conring (1606–1681) oder des Straßburgers Johann Heinrich Boecler (1611–1672) stehen.[32] Mit der Aufnahme qualifizierter Universitätsabsolventen bürgerlicher Herkunft in den Staats- und Verwaltungsdienst entstand eine Konkurrenzsituation, welche den Adel zwang, Wissensdefizite abzubauen und dem Legitimationsdruck meritokratischer Selektionskriterien mit vermehrter Bildungsanstrengung zu begegnen. Im selben Maß, in dem Ende des 17. Jahrhunderts die Zahl adeliger Studenten an den Universitäten gemäß dem dort am besten praktizierten Wahlspruch ›Literatura nobilitat‹ zunahm, verloren die Ritterakademien allmählich bildungspolitisches Prestige.[33] Mit der Übernahme des Bildungsauftrags in Politik, Ökonomie, Naturrecht und jus publicum, der die Verpflichtung einschloß, treue Staatsdiener auszubilden und sie mit nützlichen Kenntnissen auszustatten, hatte die Universität die Legitimationskrise zu einem guten Teil überstanden, in die sie im Übergang vom 17. zum 18. Jahrhundert zu stürzen drohte. Die Macht des universitären Wissens verdankte sich der gegenseitigen Annäherung der Stände, der Integration des Adels in eine bürgerliche Institution auf der einen und der Anpassung dieser Einrichtung an die Erfordernisse der höfisch-politischen Bildung auf der anderen Seite.

Wie sich dieser ständische Interessenausgleich in der frühaufklärerischen Unterrichtspraxis spiegelte, zeigt eine Rinteler Dissertation, die unter dem Vorsitz des Geschichts- und Rhetorikprofessors Friedrich Wilhelm Bierling (1676–1728) vom adeligen Studenten Friedrich Ludwig von Haus verteidigt wurde.[34] Man verwahrte sich sowohl gegen den ungelehrten Höfling (Galantismus) als auch gegen den gelehrten Pedanten. Indem man sich auf die traditionelle Basis des humanistischen Fächerkatalogs sowie auf die Trias von Lektüre, Nachdenken und Konversation berief, nahm man die gesellschaftsethischen Postulate (Anstandslehre, decorum) der Frühaufklärung in den Lehrplan auf. Der praktisch-politische Nutzen der modernen Sprachen (Französisch), des Unterrichts in der ›Politik‹, insbesondere der ethisch untermauerten Klugheitslehre (prudentia), der Menschenkenntnis, der Mathematik und der naturwissenschaftlichen Disziplinen, schließlich aller das öffentliche Gemeinwesen betreffenden Sparten des Rechts, eingeschlossen das Naturrecht, war erwiesen. Die philosophischen Disziplinen sollten dem künftigen ›homo politicus‹ unentbehrlich erscheinen, was die traditionelle Hierarchie der Universitätsfächer gefährdete: Die philosophischen, zum Teil auch

Abb. 181: Rinteln um 1624 mit Universitätsgebäude

31 Erasmus von Rotterdam, Fürstenerziehung. Institutio Principis Christiani. Die Erziehung eines christlichen Fürsten, hg. von Anton J. Gail, Paderborn 1968.

32 Weber, Geschichte der europäischen Universität, 121/122.

33 Zum Verhältnis der Stände und zu den sozialgeschichtlichen Zusammenhängen: Volker Sinemus, Poetik und Rhetorik im frühmodernen deutschen Staat, Göttingen 1978, 236–241.

34 Friedrich Wilhelm Bierling (Präses)/Friedrich Ludwig von Haus (Respondent), Dissertatio de eruditione politica, oder/wie man cavalierement studieren solle?, Rinteln 1708.

die juristischen Studien taten sich in der Zeit der Frühaufklärung als selbständige Profanwissenschaften hervor. Vormals Magd der Theologie, stieg die Philosophie nun zur Ratgeberin politisch-weltlicher Praxis auf. Die Philologie (ars critica) konnte als Wortwissenschaft, soweit sie des geforderten politischen Praxisbezugs ermangelte, vor den realen Wissenschaften nicht länger bestehen. Vom Verdikt politischer Praxisferne war die lateinische Sprache aber ausdrücklich ausgenommen. Auch der unerbittliche Affront gegen die frühneuzeitlichen Denksysteme entfiel in der erwähnten Rinteler Dissertation, die, vom Atheismusverdacht offenbar entlastet, zu einem erstaunlich ausgewogenen Urteil über die absolutistische Staatstheorie von Thomas Hobbes gelangte.

Nach dem Beispiel anderer Frühaufklärer, etwa von Johann Franz Buddeus in Jena, der dritten damals neben Halle und Leipzig führenden mitteldeutschen Universität, setzte Friedrich Wilhelm Bierling die Reform des Universitätsunterrichts, wie sie Christian Thomasius an der Universität Halle proklamiert und eingeleitet hatte, im kleinen Rinteln in die Tat um.

4. Halle an der Saale – Bildungszentrum der deutschen Frühaufklärung

Nach den Universitäts-Gründungswellen des Spätmittelalters und in der nachreformatorischen Ära ging ab dem Jahr 1660 im Alten Reich der Trend zu neuen Universitäten stark zurück, da dort inzwischen eine überaus große Dichte Hoher Schulen erreicht war. Die einzige wichtige Ausnahme bildete die 1693/1694 ins Leben gerufene Fridericiana in Halle. Kurz darauf gründete der Pietist August Hermann Francke in Halle die Waisenhausanstalten, die im Laufe der Zeit durch verschiedenartige Bildungsinstitutionen erweitert wurden und, zusammen mit der Fridericiana, dem lutherischen und dem 1711 entstandenen reformierten Gymnasium, die Stadt an der Saale bis zum Zeitpunkt der Gründung der Universität Göttingen (1733/1737) zu einem pädagogischen Zentrum der deutschen protestantischen Länder mit großer Ausstrahlung vor allem nach Nord- und Osteuropa machten.

Wissen unter dem Einfluß von Natur und Gnade

Um 1700 sah sich die Universität einer scharfen Kritik ausgesetzt. In seiner 1698 erstmals erschienenen Bekenntnisschrift stellte der radikale Pietist Gottfried Arnold (1666–1714) die ehrwürdige Institution grundsätzlich in Frage: »Der Regente und Ober=Herr solcher Schulen in ihren alten Anstalten und Gewohnheiten ist ja offenbarlich niemand/als die verkehrte Vernunfft/in ihren bösen Wercken/eine offenbare und gefährlichste Feindin GOttes und seines Sohns: eine Hinderung alles Glaubens/der Liebe/Einfalt/Lauterkeit und Wahrheit/ohne welches alles wir doch nicht Christen seyn können.«[35] Schon im Frühjahr 1698 verließ Gottfried Arnold die Universität Gießen wieder, an der er eben erst, am 2. September 1697, sein Amt als Geschichtsprofessor angetreten hatte.[36] Die Aktivität der verdorbenen natürlichen Vernunft, so lautete die Begründung Arnolds für den damals Aufsehen erregenden Rücktritt vom akademischen Amt, verhindere das unmittelbare Wirken der

35 [Gottfried Arnold], Offenhertzige Bekäntniß/welche bey unlängst geschehener Verlassung eines Academischen Amtes abgeleget worden, o.O. 1698, [B3r].

36 Hans Schneider, Gottfried Arnold in Gießen, in: Heiner Faulenbach (Hg.), Standfester Glaube. Festschrift für J. F. G. Goeters, Köln 1991, 247–275.

Abb. 182: Stadtansicht von Halle an der Saale mit Siegeln der Universität und der vier Fakultäten (um 1700)

Abb. 183: Gottfried Arnold (1666–1714)

göttlichen Offenbarung durch den Heiligen Geist im Menschen und entferne diesen von Gott, dessen Willen der wahre Christ uneingeschränkten Gehorsam schulde. Als Brutstätte des ›Weltgeistes‹ war die Universität für den radikalen Pietisten neben dem Fürstenhof ein Hauptschauplatz von List und (negativ konnotierter) Klugheit, von Leidenschaften, von Zank und Parteilichkeit. Neben der auf andere pädagogische Ziele ausgerichteten gemäßigt pietistischen Frömmigkeit der Theologen verdankte sich der Aufstieg der Fridericiana, insbesondere die herausragende Stellung der Hallenser juristischen Fakultät, einem Bildungsideal, dem Gottfried Arnold in seiner radikalpietistischen Lebensphase keinerlei geistlichen Nutzen abzugewinnen vermochte. Weltliches ›decorum‹, ständisches Ansehen sowie die Macht des Wissens aus natürlicher Vernunft waren für Arnold Zeichen des Glaubenszerfalls, den er in der »Unparteiischen Kirchen- und Ketzerhistorie« (1. Auflage Frankfurt am Main 1699/1700) von den Anfängen des Christentums bis zur Gegenwart schonungslos aufdeckte. In den Universitätsgründungen der Frühen Neuzeit, die der Reihe nach aufgezählt werden, erreichte in der Sicht Arnolds die Korrumpierung des wahren Christentums einen traurigen Höhepunkt, stand doch fest, daß sie »[...] dem Pabstthum keine geringe stützen/dem lauff der warheit aber grosse hindernüsse gegeben/und wider die einfältige erkänntnüß Christi mit ihren vernunfftschlüssen und andern satzungen/gleichsam gantze tämme entgegen gesetzet haben«.[37] Ausgerechnet der Hauptrepräsentant der jungen Hallenser Universität, Christian Thomasius, der eine Zeitlang dem radikalen Pietismus sowie dem Werk und der Person Gottfried Arnolds nahestand, empfahl seinen Studenten, Arnolds Kirchen- und Ketzerhistorie anzuschaffen, dieses »[...] nach der heiligen Schrifft [...] beste und nützlichste Buch/[...] und wenn sie das Geld dafür ihren [sic! M.] Munde absparen/oder erbetteln sollten«.[38] Veranschaulichte Arnolds Geschichtswerk die Entfernung von der ursprünglichen Reinheit des christlichen Glaubens und erhoffte es von der Einkehr des Heiligen Geistes im Innern des Menschen die Rettung, konnte Christian Thomasius in der schon 1696 erstmals erschienenen »Ausübung der Sittenlehre« der Ethik nur die Aufgabe übertragen, »[...] daß sie den Stand der Bestialität dem Menschen zu erkennen giebt/und ihn von dar zu dem Stand der Menschheit leitet. Wie er aber von der Menschheit und blossen Vernunfft ab= und zum wahren Christenthum geleitet werden solle/das zeiget die Heilige Schrifft/und darzu hilfft ihm die Göttliche Gnade.«[39] Das Fundament der thomasischen Anthropologie besteht also in einer Dreistufenlehre, die dem Menschen den Weg möglicher Vervollkommnung aufzeigt. Dieser beginnt bei der anfänglichen Herrschaft der rohen Natur, überwindet diese im Zustand natürlicher Selbstbestimmung durch Willen und Verstand und erreicht unter dem Einfluß des Heiligen Geistes im Gnadenstand das Ziel der Vollkommenheit. Thomasius beschreibt zumindest im Hinblick auf die dritte Stufe das geistliche Wachstum, das in der stark beschränkten Macht eigenen Wissens seinen Ausgang nimmt und zur Teilhabe an der Allmacht göttlicher Weisheit führt, nicht als einen fortschreitenden teleologischen Prozeß, sondern als kontingentes, gottgelenktes Geschehen. Institutionen, die per definitionem nur natürliches Wissen ›vermitteln‹ können, weisen in dieser spirituellen Optik ontologische Defizite auf, die sie, an der Macht unmittelbarer göttlicher Offenbarung gemessen, kraft- und machtlos erscheinen lassen. Im Vertrauen auf die Wirksamkeit der göttlichen Gnade suchte man in Halle die mehr oder weniger ausgeprägte Verzweiflung zu überwinden, die der Einsicht in die Unvollkommenheit des natürlichen Menschen entsprang.

Die Universität Halle – Pietismus und Aufklärung

Nirgends im deutschen Sprachbereich lassen sich die Gegensätze und Gemeinsamkeiten von Pietismus und Aufklärung besser verfolgen als an der halleschen Fridericiana, dem gemeinsamen Wirkungsort von Christian Thomasius und Christian Wolff, die sich beide auf engstem Raum mit den Hauptrepräsentanten des gelehrten Pietismus konfrontiert sahen.[40] Zusammen mit ihren Anhängern und Gegnern bestimmten sie fast in der ganzen ersten Hälfte des 18. Jahrhunderts maßgeblich das geistige Leben an vielen deutschen Hohen Schulen. Am Paradigma der Universität Halle läßt sich zeigen,

37 Gottfried Arnold, Kirchen- und Ketzerhistorie, Erster Teil, Buch XV, Kap. II, 12, 409.

38 Christian Thomasius, Erinnerung wegen zweyer Collegiorum über den Vierdten Theil seiner Grund=Lehren, Halle, 26. März 1701, in: Außerlesener und dazu gehöriger Schrifften Zweyter Theil (Frankfurt/Leipzig 1714), Nachdruck Hildesheim 1994, 221–252, hier 227.

39 Christian Thomasius, Ausübung der Sittenlehre (Halle 1696), mit einem Vorwort von Werner Schneiders, Nachdruck Hildesheim 1968, 521.

40 Zu dieser leitenden Fragestellung siehe auch Hans Poser, Pietismus und Aufklärung – Glaubensgewißheit und Vernunfterkenntnis im Widerstreit, in: Günter Jerouschek/Arno Sames (Hg.), Aufklärung und Erneuerung. Beiträge zur Geschichte der Universität Halle, Halle 1994, 170–182.

Abb. 184: Allegorisches Lob des Lebenswerks von Christian Thomasius (links), dem August Hermann Francke (rechts) seine »Cautelae« überreicht

wie die Vertreter der natürlichen Vernunft gestärkt aus der Krise hervorgingen, in die sie durch das vorrangig von der Offenbarung geleitete Erkennen der Pietisten hineingeraten waren.

Statutarische Norm und Unterrichtspraxis

In den 1694 erlassenen Universitätsstatuten der Fridericiana fehlen Vorschriften über die Verwendung bestimmter Werke im Unterricht. Die juristische Fakultät gestand den Professoren sogar die volle Lehrfreiheit zu und befreite die Publikationen der Ordinarien ausdrücklich von der Zensur.[41] Das vom Verfasser im eigenen Kolleg verwendete Lehrbuch sowie das (thomasische) Bekenntnis zur philosophischen Eklektik lösten in Halle nicht selten den Kommentar zu einem fremden Text ab, der autoritativ Geltung besaß und im Unterricht der traditionellen Universität ›ausgelegt‹ wurde.[42] Zeitgenössische Autoren, darunter zahlreiche Hallenser Professoren (Christoph Cellarius, Nicolaus Hieronymus Gundling, Johann Gottlieb Heineccius, Joachim Lange, Johann Friedemann Schneider, Christian Thomasius, Christian Wolff) traten, zum Teil als selbsternannte Autoritäten, an die Stelle des Aristoteles, des-

41 Wilhelm Schrader, Geschichte der Friedrichs-Universität zu Halle, Zweiter Teil, Berlin 1894, Statuten, 381–438, hier 409/410.

42 Die Angaben über den Unterricht stützen sich auf Vorlesungsverzeichnisse der Jahre 1694, 1695, 1713–1715, 1717, 1720 und 1723; die beiden ersten und das letztgenannte bei Schrader, Geschichte, Zweiter Teil, 368–381.

sen Name in allen philosophischen Disziplinen aus den offiziellen Ankündigungen der Lehrveranstaltungen verschwand. Anders verhielt es sich mit der Autorität der Bibel, auf deren Wortlaut sich die in der philosophischen und der theologischen Fakultät gepflegte Exegese einzig und allein zu stützen hatte, eine Forderung, der in der Unterrichtspraxis noch mehr nachgelebt wurde, als es die Statuten schon forderten, die immerhin der Philosophie, ja selbst der Metaphysik innerhalb des Theologiestudiums einen Platz zubilligten.[43] Mit dem Stagiriten drängte man alle übrigen heidnischen Autoren an den Rand, abgesehen von Tacitus, der im Politikunterricht oft Verwendung fand. Die Schriften Samuel Pufendorfs waren häufig, manchmal gleichzeitig bei den Juristen und den Philosophen, Gegenstand von Lehrveranstaltungen; die philosophischen Lehrbücher von Johann Franz Buddeus genossen hohes Ansehen. Großen Wert legte man auf das Studium der Geschichte, insbesondere der Reichshistorie, der politischen Geschichte, der Staatenkunde überhaupt, der historischen Hilfswissenschaften Genealogie und Heraldik sowie der Geographie. In diesen Fächern, im Natur- und Völkerrecht und im jus publicum übernahm die philosophische Fakultät propädeutische Aufgaben für das Studium an der juristischen, wo das Reichsrecht einen wichtigen Platz innehatte. Besondere Kollegien waren der Litterärgeschichte gewidmet, in deren Rahmen die Professoren die im Unterricht besprochenen Bücher den Studenten in ihren Privatbibliotheken zeigten. Auch die Lektüre von Zeitungen (novellae) war Unterrichtsgegenstand. Auf die Bildungsbedürfnisse adeliger Studenten wurde stark Rücksicht genommen resp. der Unterricht in der juristischen und philosophischen Fakultät dem höfischen Bildungsideal angepaßt, so daß zum Beispiel im Sommersemester 1717 Samuel Pufendorfs Werk »De officio hominis et civis« in der französischen Übersetzung mit den Anmerkungen von Jean Barbeyrac behandelt wurde. Bei Christian Wolff, dem der Unterricht in der Mathematik, in den Naturwissenschaften und in den technischen Disziplinen oblag, bildete das (nützliche) Experiment einen integrierenden Bestandteil der Lehrveranstaltungen. Die Mediziner richteten ihren Unterricht ganz auf die Anforderungen der ärztlichen Berufspraxis aus, verwendeten ebenfalls zeitgenössische Lehrbücher, führten botanische Exkursionen, aber erst nach 1720 Sektionen an Tierkörpern und Arbeiten an anatomischen Präparaten menschlicher Leichname durch.

Zusammenfassend ist festzuhalten, daß sowohl die statutarisch vorgeschriebenen Unterrichtsziele, selbst der theologischen Fakultät, als auch die abgehaltenen Vorlesungen, Disputationen und anderen praktischen Übungen, wie in der traditionellen Institution der Hohen Schule gängig, das Vertrauen in die Leistungen der natürlichen Vernunft bezeugten und stärkten. Neben der dank pietistischer Initiative in der ersten Hälfte des 18. Jahrhunderts angesehenen theologischen Fakultät hatte die juristische als Kaderschmiede nicht nur für Brandenburg-Preußen eine Schlüsselfunktion. Die Blüte der oberen Fakultäten übte auch auf die philosophische Fakultät eine stimulierende Wirkung aus, was sich u.a. am fakultätsübergreifenden Fächerangebot (historische und juristische Disziplinen, Bibelexegese, alte Sprachen, vor allem Hebräisch) sowie an der verhältnismäßig großen Zahl von in Personalunion interfakultär besetzten Doppelstellen ablesen läßt. Auch die brandenburgische Regierung setzte sich mit einem kurfürstlichen Erlaß vom 4. September 1697 schon früh und, wie das spätere Lehrangebot zeigt, offenbar mit Erfolg für eine Stärkung der untersten Universitätsfakultät ein,

43 Schrader, Geschichte, Zweiter Teil, Statuten der theologischen Fakultät, 401/402.

Abb. 185: Feierlicher Akt der Einsetzung eines neuen Prorektors der Universität Halle im großen Auditorium (nach 1721)

machte sie doch für Absolventen, die eine Stelle im staatlichen Dienst zugesichert erhalten wollten, »ein gutes Fundament in humanioribus studiis« zur Pflicht.[44] Der Erwerb eines akademischen Grades war jedoch auch für eine Beamtentätigkeit im preußischen Staat nicht erforderlich; ein mindestens zweijähriger Studienaufenthalt an der neugegründeten Universität Halle reichte aus. Utilitaristische Effizienz beruflicher Ausbildung lautete die praxisbezogene Antwort auf die Krise des in selbstgenügsamer wissenschaftlicher Akribie versunkenen Denkens, das Christian Thomasius in polemischer Absicht mit dem Etikett des Pedantismus versah.

Universitätsreformer Christian Thomasius (1655–1728)

Noch während seiner Lehrtätigkeit an der Universität Leipzig veröffentlichte Christian Thomasius seine »Introductio ad philosophiam aulicam«, ein Logiklehrbuch, in dem er sich gegen die vorgefaßten Meinungen allgemein, im besonderen gegen Autoritätsgläubigkeit (praeiudicium auctoritatis) und Voreiligkeit (praeiudicium praecipitantiae), sowie gegen die in formalen Abläufen erstarrte traditionelle Logik, vor allem die Syllogistik, wandte.[45] Die »Hofphilosophie« sollte als pädagogischer Ratgeber über die psychologischen Determinanten des Urteilens Aufschluß geben, letztlich zur Selbsterkenntnis anleiten, das nachdenklich gewordene Subjekt aber nicht bloß auf sich selber zurückwerfen, sondern es zu einem kommunikationsfähigen, geselligen und nützlichen Mitglied der menschlichen Gemeinschaft heranbilden helfen. In der eklektischen Philosophie, welche ohne Ansehen der Person die rationale Beurteilung der erbrachten Denkleistungen (iudicium) fordert, also nicht auf unkritisch übernommenes Gedächtniswissen setzt, erblickte Christian Thomasius den Schlüssel zur Wahrheitserkenntnis der natürlichen Vernunft, da

44 Schrader, Geschichte, Zweiter Teil, 448.

45 Christian Thomasius, Introductio ad philosophiam aulicam (Leipzig 1688), Nachdruck Hildesheim 1993.

man »[...] aus dem Munde und Schrifft allerley Lehrer/alles und jedes was wahr und gut ist/in die Schatz=Kammer seines Verstandes sammlen müsse [...] und ob dieser und jener Lehr=Punct wohl gegründet sey/selbst untersuche/auch von dem Seinigen etwas hinzu thue/und also vielmehr mit seinen eigenen Augen als mit andern sehe«.[46] Die Absage an die bloß aufnehmende memoria deckt sich mit der in der »Ausübung der Vernunftlehre« wiederholten Ermutigung, das eigene Urteil einzusetzen, und dem Ratschlag, im Unterricht eigene Lehrbücher zu verwenden,[47] der, wie angedeutet, von den Hallenser Professoren dankbar aufgenommen wurde.

Die philosophische Vernunfterkenntnis ist für Christian Thomasius streng von der göttlichen Weisheit geschieden, die sich dem Licht der Offenbarung verdankt und für die er einzig und allein die theologische Fakultät zuständig erklärt. Mit dieser exklusiven Zuweisung des Offenbarungswissens wird die Würde der Theologie nicht nur bewahrt, sondern sogar erhöht, aber gleichzeitig den übrigen Universitätsfakultäten eine größere Autonomie zugesprochen, woraus in Halle vor allem die Jurisprudenz, aber auch die Philosophie Nutzen ziehen konnten. Mit der Psychologisierung der Logik, ihrer Vertiefung zu einer Lehre allgemeiner Menschenkenntnis sowie der Hochschätzung der allen Menschen zukommenden Urteilskraft, des allgemeinen bürgerlichen Urteils, wie Thomasius es in seiner Übersetzung der »Rede von der Pedanterey« des Franeker Rechtsprofessors Ulrich Huber in der Einleitung zur »Hofphilosophie« nennt,[48] beseitigte er die von der späthumanistischen Gelehrtenrepublik gesetzten elitären Schranken[49] und suchte die universitäre Öffentlichkeit zu einer gesamtgesellschaftlichen zu erweitern. Dasselbe auch staatspolitisch utilitaristische Ziel verfolgte Christian Thomasius mit der entschlossenen Aufwertung des Deutschen zur Wissenschaftssprache, erstmals 1687 und ebenfalls noch in Leipzig, im »Discours Welcher Gestalt man denen Frantzosen in gemeinem Leben und Wandel nachahmen solle?« zur Eröffnung eines Kollegiums über den spanischen Jesuiten Balthasar Gracián (1601–1658). Diese später für den historischen Fortschritt vereinnahmte Episode rief an der Alma mater Lipsiensis Ärger hervor, trug zum unfreiwilligen Domizilwechsel ihres Urhebers bei und ließ diesen, unter anderem, schließlich als deutschen Gelehrten »ohne Misere« in die Geschichte eingehen.[50] Noch wichtiger ist, daß sie nur den Auftakt bildete zur Fortsetzung gleichgerichteter Bestrebungen an der neuen, halleschen Wirkungsstätte. In dieselbe Richtung wirkte das Erscheinen der beiden Vernunftlehren und der beiden Ethiken,[51] obwohl der Verfasser im Schlußabschnitt der angewandten Moralphilosophie an der durch den Sündenfall verdorbenen natürlichen Vernunft zu verzweifeln schien. Immer wieder setzte sich Christian Thomasius in seinen persönlich gehaltenen Einladungen zu den universitätskritischen Privatkollegs für die moralische Besserung seiner Studenten durch praktische Arbeit ein und strafte mit dem Eifer des reformgläubigen Pädagogen die von ihm selber geäußerten Befürchtungen, der Mensch könnte ohne göttlichen Beistand hilflos, ja verloren sein, in Tat und Wahrheit Lügen. Thomasius' Vertrauen in die natürliche Vernunft blieb, auch in der Zeit der sogenannten Erkenntniskrise und der Annäherung an den Pietismus, stets, obwohl nie ungebrochen, erhalten: Er hielt, im Gegensatz zu Gottfried Arnold, der Universität bis ans Lebensende und ohne Unterbrechung als engagierter Lehrer die Treue. Die aus dem Unterricht hervorgegangene Gebrauchsliteratur (Programmschriften und Dissertationen) ist von pädagogischem Optimismus

46 Christian Thomasius, Einleitung zur Hof-Philosophie (Berlin/Leipzig 1712), Nachdruck Hildesheim 1994, 50.

47 Thomasius, Ausübung der Vernunftlehre, 140/141.

48 Thomasius, Hof-Philosophie, 335.

49 Dazu auch: Wolfgang Martens, Von Thomasius bis Lichtenberg: Zur Gelehrtensatire der Aufklärung, in: Lessing Yearbook 10 (1978), 7–34, hier 13.

50 Ernst Bloch, Christian Thomasius, ein deutscher Gelehrter ohne Misere, Frankfurt a.M. 1961.

51 Einleitung zur Vernunftlehre, Halle 1691; Ausübung der Vernunftlehre, Halle 1691; Einleitung zur Sittenlehre, Halle 1692; Ausübung der Sittenlehre, Halle 1696.

und vom Vertrauen in die natürliche Vernunft getragen. Das alles läßt es mehr als berechtigt erscheinen, hier die affirmativ-rationale Komponente thomasischen Wirkens in den Vordergrund zu stellen. Auch in den Ethiken, sogar im angesprochenen Schlußkapitel der »Ausübung der Sittenlehre«, erscheint die natürliche Vernunft immerhin als zuverlässige, (Selbst-)Erkenntnis stiftende Instanz,[52] auch wenn sie nicht garantieren kann, daß die Menschen von ihren postlapsarischen geistigen Gebrechen wirklich geheilt werden: »Denn alle meine Lehre gehet nicht weiter/als die Gelahrten und Studirenden zu überzeugen/wie alles voll Mist und Unflat in der überall herrschenden Gelahrheit sey/und wie dieser weggeschafft werden solle.«[53] Thomasius war überzeugt, daß Vorurteilskritik zu unparteiischem Erkennen, unvoreingenommene Literaturkritik zum gerechten Urteil über ein Werk und der kritische Dialog in der ›disputatio‹ nicht immer zu wahrer, doch schließlich zur wahrscheinlichsten Erkenntnis führe. Wo die natürliche Vernunft aus den affektierten Künstlichkeiten und formalen, objektfernen Zwängen, kraft des ausgebildeten kritischen ›iudicium‹ wirklich zu sich zurückfindet, gewährleistet die – für das ewige Heil unentbehrliche – göttliche Gnade auch die der Vernunftwahrheit angemessene Richtigkeit des natürlichen Wegs. Die Macht des Wissens aus natürlicher Vernunft ist in der Ermächtigung des Eklektikers zum Selbstdenker begründet, den Christian Thomasius als (natürliches) Individuum ernst nahm und von menschlichen Autoritätsbindungen befreite, aber zur Anwendung des ›iudicium‹, zum geselligen Umgang, zu moralischer Integrität und zu staatspolitischer Loyalität verpflichtete. Es gibt eindrückliche Beweise, die diesen Glauben an die erfolgversprechende Kompetenz und die wirklichkeitsgestaltende Utilität der natürlichen Vernunft belegen. Indem Christian Thomasius schon 1688 die »Introductio ad philosophiam aulicam« und mit ihr seine eigene Person in einer Disputationsübung dem kritischen Urteil seiner Studenten und einer weiteren akademischen Öffentlichkeit unterwarf, wandte er den Grundsatz notwendiger Kritik auf sein Autoritätskritik forderndes Lehrbuch selber an.[54] Ebenso erhob Thomasius die Kritik zur rationalen Metakritik, als er das sokratische Fragen zur Kommunikationsnorm der disputatio und im Zuständigkeitsbereich der natürlichen Vernunft den heidnischen Weisen zum ›ohnpedantischen‹ Vorbild alltagsbezogener philosophischer Lebenspraxis erklärte.[55] Mit leiser Wehmut blickte er im selben Zusammenhang auf die sokratische Erkenntnisidylle zurück, die der Universitäten, der Schule als Institution überhaupt entraten konnte und in der gesellschaftlichen Alltagswirklichkeit die unmittelbare, eigentliche Schule des Lebens vorfand: »Die Unterweisung anderer Leute in der Tugend und Warheit ist nicht daran gebunden/daß man solches in Schrifften oder in Collegiis thue. Sie erfordert kein auditorium, oder daß man die/so man unterweisen will/umb eine gewisse Stunde zu sich bestelle/ihnen Bäncke setzen lasse/und einen gewissen Autorem erkläre/oder eine disciplin ordentlich nacheinander durchgehe. Es wird dir doch nicht verboten seyn mit andern Leuten umzugehen. Da hastu nun tausend Gelegenheiten für eine/in Spazierengehen/bey der Mahlzeit/auff der Börse/in Buchläden/in Gewölben/bey visiten/und in Summa bey allen Conversationen, sie mögen weit oder enge seyn/ohne einige affectirung oder pedanterey deine Erkenntniß andern mitzutheilen/und ihnen ihre eigene oder allgemeine Jrrthümer zu erkennen zu geben. So machte es Socrates, der doch viel vortrefflicher gewesen/als alle Philosophi nach ihm.«[56]

Abb. 186: Christian Thomasius (1655–1728), Kupferstich von Peter Schenk

52 Anders Poser, Pietismus und Aufklärung, 176, der, gestützt auf die »Ausübung der Sittenlehre«, in seinem Thomasiusbild den Primat des Glaubens und die Führung durch den Pietismus ganz stark betont.

53 Thomasius, Ausübung der Sittenlehre, 527.

54 Christian Thomasius, Von den Mängeln derer heutigen Academien, in: Christian Thomasius, Kleine Teutsche Schrifften (Halle 1701), Nachdruck Hildesheim 1994, 195–232.

55 Hanspeter Marti, Kommunikationsnormen der Disputation im späten 17. und im 18. Jahrhundert. Die Universität Halle und Christian Thomasius als Paradigmen des Wandels (im Druck).

56 Thomasius, Ausübung der Vernunftlehre, 81.

Mit diesem retrospektiv-utopischen Bild erinnerte Christian Thomasius an eine von schulischen Institutionen unbelastete Vergangenheit, deren Vergegenwärtigung aber für den Autor einer Vernunftlehre weder ein Leben außerhalb der Institutionen noch gar deren Aufhebung zur Konsequenz haben konnte und sollte. Die institutionenkritische Position des Vaters der deutschen Aufklärung deckte sich zwar scheinbar mit derjenigen des radikalen Gottfried Arnold, der die Universität tatsächlich verließ. Dieser war aber mit seiner Verabsolutierung der Macht des Offenbarungswissens, welche auf vermittelnde Instanzen und auf menschliche Einrichtungen als Grundlage der Lebensorientierung überhaupt verzichten konnte, meilenweit von Thomasius entfernt, der mit seiner Berufung auf Sokrates einmal mehr die von Arnold verpönte natürliche Vernunft aufwertete. Der Ansicht, daß diese sich im Umkreis der Universität behaupten mußte, widersetzte sich der pragmatische Christian Thomasius nie.

Konflikt – der Pietist Joachim Lange (1670–1744) und Christian Wolff (1679–1754)

1709 wurde Joachim Lange, dessen »Medicina mentis« erstmals 1704 in Berlin erschienen war, als Theologieprofessor an die Universität Halle berufen. Langes Logiklehrbuch lehnte sich in der Syllogismus- und Vorurteilskritik, mit dem Lob der Muttersprache, in der Zuversicht, daß die durch den Sündenfall bewirkte Krankheit der natürlichen Vernunft geheilt werden könne, und am deutlichsten vielleicht im Grundsatz der Kommunikabilität des Guten[57] eng an die thomasische Vernunftlehre an, entfernte sich aber von dieser, indem die strikte Trennung von Philosophie und Theologie nicht übernommen wurde. Vielmehr machte der Pietist Joachim Lange die Wahrheitserkenntnis der natürlichen Vernunft von der durch göttliche Gnadenwirkung bewirkten geistlichen Wiedergeburt (restauratio) abhängig. Zwischen den Extremen der nur aktiven natürlichen Vernunft (Naturalismus) und ihrer bloßen Hingabe an den supranaturalen Einfluß suchte er einen mittleren Weg, um die Ansprüche von Natur und Gnade zu versöhnen. Damit grenzte sich Joachim Lange, der in der Pädagogik und den Schulgründungen August Hermann Franckes einen starken ideellen und institutionellen Rückhalt fand, sowohl von der grundsätzlichen Kritik der Gelehrsamkeit auf Seiten des radikalen Pietismus wie auch von der Apologie der natürlichen Vernunft des wolffschen Rationalismus ab. Der Konflikt zwischen den Hauptprotagonisten Lange und Wolff entzündete sich an der auch in der thomasischen Philosophie zentralen Frage nach dem Machtverhältnis von Vernunft und Offenbarung.

Christian Wolff hatte Anfang 1707 seine Lehrtätigkeit an der Universität Halle aufgenommen, wurde am 8. November 1723 auf Betreiben der von den Pietisten beherrschten theologischen Fakultät durch einen königlich-preußischen Befehl aufgefordert, seine bisherige Wirkungsstätte binnen 48 Stunden zu verlassen, und fand Aufnahme an der Marburger Universität. Am 6. Dezember 1740 konnte er nach Halle zurückkehren. In seiner 1713 erstmals erschienenen sogenannten »Deutschen Logik«, die zu seinen Lebzeiten vierzehn Auflagen zu verzeichnen hatte, erklärte er die Mathematik zur Universalwissenschaft, die natürliche Vernunft zur Instanz sowie den mathematischen Beweis und den Syllogismus zu Garanten der Wahrheitserkenntnis. Es »[…]

57 Joachim Lange, Medicina mentis, Berlin 1708: »Omne bonum est communicabile«, 512.

kann einer um so vielmehr ein Mensch genennet werden, je mehr er die Kräfte seines Verstandes zu gebrauchen weiß«.[58] Die Psychologik der thomasischen Vorurteilskritik nahm Wolff zwar in seine Vernunftlehre auf, ging aber mit dem konkreten Angebot eines zuverläßigen Instrumentariums objektiven Erkennens, der ›methodus mathematica‹, über die psychologische Diagnostik der natürlichen Kräfte und das subjektivistische, am Erfolg kaum überprüfbare Postulat der Selbsterkenntnis hinaus. Die halleschen Pietisten, allen voran Joachim Lange, verurteilten die von Wolff vorgenommene Verabsolutierung der mathematischen Methode, deren Anwendung auf die Theologie, hauptsächlich aber die Inthronisation der natürlichen Vernunft als maßgebliche Autorität der Bibelkritik.[59] Wie Theodor Ludwig Lau, dem von den Königsberger Theologen Abhängigkeit von Christian Wolff vorgeworfen wurde, traf der Atheismusvorwurf Joachim Langes und seiner Mitstreiter auch Christian Wolff selber.[60] Seine Philosophie wurde mit dem spinozistischen Naturalismus gleichgesetzt. Trotz oder wegen seines wachsenden Einflusses hatte Wolff die Universität Halle zu verlassen, bis, 17 Jahre später, der aufklärerische Triumph der natürlichen Vernunft in der Rückkehr des einst Verfemten an die Fridericiana sichtbar zum Ausdruck kam.

Die Waisenhausanstalten und das Collegium regium August Hermann Franckes

Im Mittelpunkt des Studiums der Theologie stand für August Hermann Francke der Erwerb einer gründlichen Bibelkenntnis. Diese war für ihn nur durch eine hervorragende exegetische Kompetenz zu erlangen, die ihrerseits eine eingehende Beherrschung der alten Sprachen, vornehmlich des Griechischen und Hebräischen, voraussetzte. In seiner Anleitung für Theologiestudenten, die eine gute Ausbildung in den meisten philosophischen Disziplinen forderte, entwarf und bestätigte er ein Unterrichtsprogramm, das die optimale Förderung der natürlichen Fertigkeiten im Hinblick auf ein durch göttliche Gnade unterstütztes Wirken in der Welt anstrebte. Entschiedener noch als Joachim Lange trat er in der Auseinandersetzung um die Prävalenz von Natur und Gnade für die mittlere Position ein, da es eine List des Satans sei, den Menschen »[...] von einem extremo auf das andere zu bringen«.[61] So wehrte sich August Hermann Francke vehement gegen den radikalpietistischen Standpunkt, als sich Lehrer der Waisenhausanstalten unmittelbar nach dem Erscheinen von Gottfried Arnolds »Offenherzigem Bekenntnis« weigerten, heidnische Autoren im Unterricht zu behandeln, und Cicero durch Prudentius ersetzten.[62] Die Vorsteher und Lehrer der Schulen, die auf das Universitätsstudium vorbereiten sollten, ermahnte Francke, in Anbetracht der festgestellten Mängel, sorgfältige propädeutische Arbeit zu leisten.[63] Unter den verschiedenen Schultypen, die er selber im Zuge der Professionalisierung von Didaktik und (religiöser) Pädagogik in seinen Anstalten einführte, übernahmen die lateinische Schule, die wenig begüterten Schülern offenstand, und das ab 1695 im Entstehen begriffene Pädagogium diese Aufgabe.[64] Die Theologiestudenten erhielten Gelegenheit, in allen Franckeschen Schulen zu unterrichten, dadurch Lehrerfahrungen zu sammeln, einen Freitisch zu erwerben und allenfalls sogar einen bescheidenen Lohn zu empfangen. Mit der Eröffnung des Seminarium praeceptorum (1696) und des Seminarium selec-

58 Christian Wolff, Vernünftige Gedanken von den Kräften des menschlichen Verstandes und ihrem richtigen Gebrauche in Erkenntnis der Wahrheit (Halle 1713), Nachdruck Hildesheim 1978, 105.

59 Wolff, Vernünftige Gedanken, 228–231 (Autorität der Vernunft bei der Bibelinterpretation); über die Kritik der Zeitgenossen siehe ebd. die Einleitung von Hans Werner Arndt, 92–99: Der pietistische Protest setzte erst ein, nachdem Christian Wolff bereits bei den Anhängern der thomasischen Philosophie in Ungnade gefallen war, hier 95.

60 V.a. Joachim Lange, Bescheidene und ausführliche Entdeckung der falschen und schädlichen Philosophie in dem Wolffianischen Systemate Metaphysico von Gott, der Welt, und dem Menschen (Halle 1724), Nachdruck Hildesheim 1999; scharfe Kritik an Lau, 235/236, 401.

61 August Hermann Francke, Idea studiosi theologiae, oder Abbildung eines der Theologie Beflissenen, Halle 1717 (Erste Auflage: Halle 1712), 169.

62 Georg Kramer, A. H. Franckes Pädagogische Schriften nebst der Darstellung seines Lebens und seiner Stiftungen, Langensalza 1876, 287/288.

63 Francke, Idea, 276.

64 Die meisten Fakten zu den Waisenhausanstalten sind der Sammelpublikation »Schulen machen Geschichte. 300 Jahre Erziehung in den Franckeschen Stiftungen zu Halle«, Halle 1997, sowie der immer noch lesenswerten Festschrift »Die Stiftungen August Hermann Franckes in Halle«, hg. von dem Directorium der Franckeschen Stiftungen, Halle 1863, entnommen.

tum praeceptorum (1707) wurde die Möglichkeit einer berufsspezifischen Ausbildung für Lehrer geschaffen. 1705 stockte man die lateinische Schule durch eine classis selecta auf, welche die Schüler noch besser als das in Halle schon bestehende Unterrichtsangebot auf die Universität vorbereiten sollte. Die Symbiose zwischen der Universität resp. der theologischen Fakultät, an der Francke seit 1698 als Theologieprofessor wirkte, auf der einen und den Waisenhausanstalten sowie dem als Annex zur Universität geltenden Pädagogium auf der anderen Seite sicherte der pietistischen Erziehungs- und Wissenschaftsauffassung über Halle hinaus einen großen, jedoch nicht unumstrittenen Einfluß.

In einem Bericht über das Franckesche Pädagogium, zu dem dessen Gründer Christian Thomasius veranlaßt hatte, verurteilte letzterer jene Schulanstalt als moralisch gefährliche, »Münch=Sitten« fördernde Einrichtung des Zwangs und riet »[...] ehe man weiter GOTT um Bestättigung dieses Wercks anrufft/in hertzlichem Gebete sich zu vereinigen/und GOtt um Erkäntnis anzuflehen [...]«.[65] Die Herausforderung, die von der angemahnten Bitte um natürliche Vernunfteinsicht ausgegangen war, nahm August Hermann Francke in der ausführlichen Schulordnung des Pädagogiums (Halle 1702) auf, in der er jeden Einwand seines Professorenkollegen, ohne dessen Namen zu nennen, unauffällig und dennoch entschieden zurückwies. Gleichzeitig ging er zur radikalen Schulkritik Gottfried Arnolds auf Distanz, dessen »Wahre Abbildung der ersten Christen« (Frankfurt am Main 1696) Francke als Autoritätszeugnis gegen ihren Verfasser heranzog. Arnold habe dort nämlich eingeräumt, daß die ersten Christen Schüler unterrichtet hätten.[66] Auch utilitaristische Motive ließen bei Francke über den Sinn schulischer Institutionen sowohl für das berufliche und geistliche Fortkommen als auch für das Gemeinwohl keinen Zweifel aufkommen. Im Erscheinungsjahr des zitierten Bildungsprogramms wurde das Pädagogium mit einem Privileg unter königlichen Schutz gestellt und hieß deshalb von da an ›Paedagogium regium‹. Hieronymus Freyer (1675–1747), der es von 1705 bis 1747 als Inspektor leitete, zeigte sich dem humanistischen Fächerkanon, namentlich der Rhetorik gegenüber weit aufgeschlossener als die »Medicina mentis« seines pietistischen Gesinnungsgenossen.[67] Joachim Lange pries nämlich die natürliche Beredsamkeit und verwarf alle Teile der rhetorischen Kunst als Ausdrucksformen der Heuchelei.[68] Wie dieses Beispiel zeigt, gingen bisweilen die Meinungen der Vertreter des halleschen Pietismus in pädagogischen Einzelfragen weit auseinander, was zur Vielfalt des Bildungsangebots an den Waisenhausanstalten und vielleicht sogar zu deren Unterrichtserfolg beitrug: 1727, im Todesjahr ihres Gründers, lebten im Waisenhaus 100 Knaben und 34 Mädchen, wurden in der deutschen Schule 1725, in der lateinischen 400 Schüler unterrichtet, besuchten 82 Zöglinge das Pädagogium regium und gab es 255 Freitische für Studenten.[69] Gemeinsam war den Hallenser Pietisten, wenn man vom frühen Francke absieht, die von Philipp Jakob Spener übernommene Abgrenzung vom radikalen Flügel der Frömmigkeitsbewegung, zu dem, neben Gottfried Arnold, Friedrich Breckling, Johann Konrad Dippel, Johann Georg Gichtel, Johann Heinrich Reitz und andere gehörten.

In einer Schulpredigt von 1709 näherte sich aber Gottfried Arnold, nachdem er die extreme Haltung der Zeit der »Kirchen- und Ketzerhistorie« aufgegeben hatte, der Position der Hallenser Pietisten stark an: »Was uber die Ausübung heilsamer Vorschläge zu Verbesserung derer Schulen betrifft, so ist

65 [Christian Thomasius], Bericht von Einrichtung des Paedagogii zu Glaucha an Halle/nebst der Von einem gelehrten Manne verlangten Erinnerung über solche Einrichtung, Frankfurt/Leipzig 1699, 8, 37.

66 August Hermann Francke, Ordnung und Lehrart, wie selbige in dem Pädagogio zu Glaucha an Halle eingeführet ist, in: Kramer (Hg.), Pädagogische Schriften, [277]–355, hier 292.

67 Hierzu Wolfgang Martens, Literatur und Frömmigkeit in der Zeit der frühen Aufklärung, Tübingen 1989.

68 Lange, Medicina mentis, 639–642.

69 Die Stiftungen August Hermann Franckes, 104.

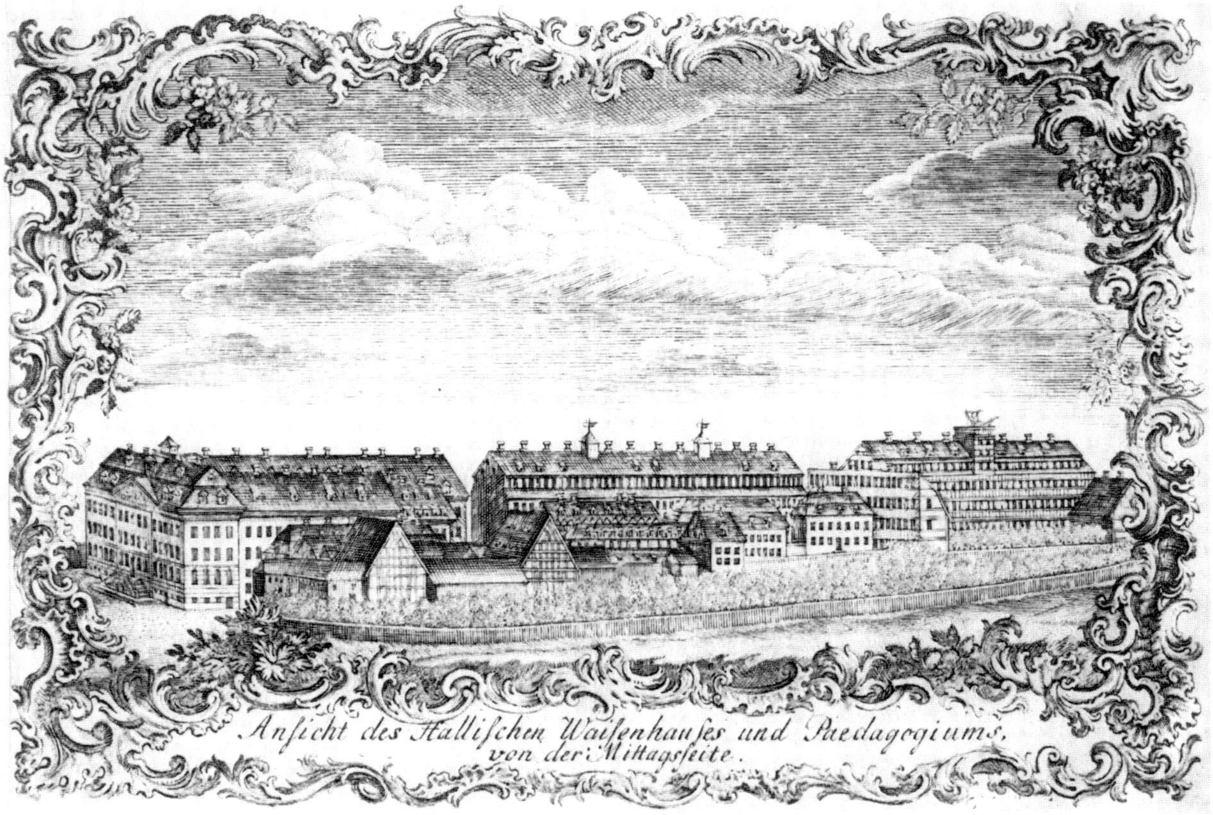

Abb. 187: Das Waisenhaus und das Pädagogium regium in Halle

aus des Herrn Prof. Franckens bißherigen Anstalten und denen gedruckten Nachrichten/absonderlich was in dessen Zeugniß von Wort/Werck und Dienst Gottes stehet/zur Gnüge offenbahr/wie practicabel und vorträglich alles sey/wenn es in der Furcht Gottes angefangen wird.«[70] Hier ist die in der radikalen Lebensphase auch auf die Schule angewandte Institutionenkritik verschwunden, dagegen, was aus dem Zitat nicht hervorgeht, der – immerhin eingeschränkte – Vorbehalt gegen die Einbeziehung antik-heidnischer Autoren in den Unterricht stehengeblieben.

Epilog

Bei aller Verschiedenheit in der Einschätzung der natürlichen Kräfte des Menschen und infolgedessen der Bedeutung einzelner Schulfächer für das künftige Berufsleben teilte der hallesche Pietismus den pädagogischen Fortschrittsoptimismus und das utilitaristische Bildungsdenken mit den Aufklärern. Auch in der Hochschätzung von Religion, Tugend und Moral gingen die Wege der beiden geistigen Strömungen so weit nicht auseinander. Der starken Ausrichtung der Pietisten auf die Wirkungen Gottes im Diesseits, auf die persönlich-individuelle Herzensbeziehung des Menschen zu Gott in der praxis pietatis, setzten die Aufklärer das auf christliche Glaubenswahrheiten abgestützte, vernünftige Streben nach irdisch weltlichem Glück entgegen. Von der Stadt an der Saale, dem Ort praxisbezogener Verarbeitung von Vernunfterkenntnis und Offenbarungsweisheit, nahm mit vielen pädagogischen In-

70 Gottfried Arnold, Der woleingerichtete Schul=Bau, Leipzig/Stendal 1711, 47.

novationen auch die allgemeine Professionalisierung der Pädagogik und der Lehrerausbildung in deutschsprachigen protestantischen Ländern ihren Ausgang.[71]

Aufgrund des verschieden gedeuteten Herrschaftsverhältnisses von göttlicher Gnade und natürlicher Vernunft kam es auch zu unterschiedlichen Bewertungen von Macht und Wissen; doch im Spannungsfeld des gleichzeitigen Wirkens der Protagonisten wurde Halle im Übergang vom Barock zur Aufklärung weit über Brandenburg-Preußen hinaus zu einem schul-, kirchen- und gesellschaftspolitisch bedeutenden Machtfaktor.

71 Auch Peter Menck, Unwissenheit und Bosheit: Über die Grundlagen der Erziehung bei August Hermann Francke, in: Jerouschek (Hg.), Aufklärung und Erneuerung, 182–190, hier 187, spricht einschränkend und mit Zurückhaltung, vor allem im Zusammenhang mit der Predigtkatechese Franckes, vom »Beginn einer Professionalisierung des Lehrerberufs«.

Korrespondenzen, Disputationen, Zeitschriften

MARTIN GIERL

Wissensorganisation und die Entwicklung der gelehrten Medienrepublik zwischen 1670 und 1730

Bei den Medien sind wir dort, wo Wissen ge- und verhandelt wird, wo man es organisiert und ordnet. Wir sind in der Gelehrtenrepublik – ein souveränes Gemeinwesen, republikanisch egalitär dem Bild nach, mit dem man zu rechnen hat. Wir sind in der Republic of Letters, der République des Lettres. Die gelehrten Korrespondenzen, Disputationen und die gelehrten Zeitschriften, die sich seit 1680 rasch über Europa verbreitet hatten, waren maßgebliche Instrumente davon, ja bildeten die Basis dessen, was man mit Gelehrtenrepublik meint. Denn sie standen nicht für sich, sondern hingen organisatorisch und institutionell zusammen.

Überall, universell und überall unabhängig habe sich das Netz gelehrter Korrespondenz trotz Krieg und Religionshaß seit den Zeiten Leibniz' durch Europa gezogen. Jeder, jedes Fach, jede Wissenschaft finde Unterstützung darin. Unüberwindlich sei dieses Gemeinwesen, auf Sozietäten, Akademien, Universitäten gestützt wie die Republiken auf die sie bildenden Städte. Ein Schwirren unbegrenzbaren Dialogs, das die Fährnisse von Wirtschaft und Politik durchbricht. Voltaires enthusiastisches Urteil ist als Definition der République des Lettres, die als Schlagwort in den letzten Jahrzehnten des 17. Jahrhunderts renommiert, berühmt.[1] Zurecht, denn tatsächlich ist Wissenschaft eine Frage der Kommunikation, genauer der institutionalisierten Kommunikation. Wissen ist Macht. Das heißt: Wissen ist, was man daraus macht. Dies gilt auch dort, wo Wissen nicht gleich in Technik und Techniken umgesetzt werden kann. Daß Johann Georg Walch, einer der wichtigsten Kirchenhistoriker des 18. Jahrhunderts, von der Bibliotheksleiter ins Siechtum gefallen ist, ist zunächst privates-, Familien-, Alltagswissen. Daß es ihm dabei so ging wie dem ebenfalls bedeutenden Kirchenhistoriker Johann Mathias Schröckh, ist wenigstens schon eine Art Insiderwissen des Fachs, mit dem sich zur richtigen Zeit bei den richtigen Leuten ein Bescheidwissen per Anekdoten zeigen läßt. Daß das Umkommen von Polyhistoren in ihrer Bibliothek fast schon Topos der Gelehrtenbiographik war und etwa auch schon Petrus Hispanus, dem herausragenden Logiker des Mittelalters und späteren Papst Johannes XXI., die Decke seiner Privatbibliothek auf den Kopf gefallen ist, ist Historia literaria – Gelehrtengeschichte – und damit ein Stück wissenschaftliches Wissen als Bestandteil des systematisch erfaßten Wissens im 17. und 18. Jahrhundert.[2] Der Charakter von Wissen ist eine Kommunikationsfrage. Er ist abhängig vom sozialen Zusammenhang, in dem man es benutzt – konkret: von der Funktion einer Information innerhalb des Distributions- und Rezeptionsgeschehens im jeweiligen institutionellen Kontext und damit von den Medien. Denn Medien kanalisieren. In ihnen wird nicht beliebiges, sondern bestimmtes Wissen in bestimmter Form an bestimmte Leute mit bestimmten Aufgaben in bestimmten Rhythmen und Formaten vermittelt. Wissen ist nicht nur Macht, sondern hat es schwer, nichts mit Macht zu tun

1 Voltaire, Le Siècle de Louis XIV, in: Ders., Œuvres historiques, hg. von René Pomeau, Paris 1957, 1027, zit. etwa bei Maarten Ultee, The Republic of Letters: Learned Correspondence, 1680–1720, in: The Seventeenth Century II, 1 (1987), 95–112, hier 97; John E. Wills, 1688 – A Global History, London 2001, 223. Allgemein vgl. Hans Bots/Françoise Waquet (Hg.), Commercium Litterarium. La Communiacation dans la République des Lettres – Forms of Communication in the Republic of Letters 1600–1750, Amsterdam 1994.

2 Zur Historia literaria vgl. Martin Gierl, Bestandsaufnahme im gelehrten Bereich: Zur Entwicklung der »Historia literaria« im 18. Jahrhundert, in: Denkhorizonte und Handlungsspielräume. Historische Studien für Rudolf Vierhaus zum 70. Geburtstag, Göttingen 1992, 53–79.

zu haben, weil es schon im Kommunizieren auf Technik und Techniken beruht – auf Sprache zunächst und zuletzt.

1. Das gelehrte Kommunikationsgefüge – Korrespondenz und Disputation

Nehmen wir den Brief. Ein altes Medium, wohl so alt wie die Schrift. Schon in der Antike hat es neben dem alltäglichen Schreiben den Kunstbrief gegeben und die Brieftheorie dazu.[3] Für die Humanisten sei Briefeschreiben eine »Lieblingsbeschäftigung« gewesen, heißt es.[4] Das vielleicht nicht. Jedenfalls hatte Petrarca am Ende des 14. Jahrhunderts den Briefwechsel zwischen Cicero und Plinius dem Jüngeren wiederentdeckt und mit seiner eigenen Briefsammlung Nachfolger animiert: Briefsammlungen als literarisches Genre, Prestigeerweis und Identitätsdokument. Was da in gutem Latein veröffentlicht worden ist, war Übung, pädagogisches Exempel, gelehrtes Manifest.[5] Aber natürlich hat man nicht alle seine Briefe publiziert – auch in der Renaissance ist der größte Teil der Briefe Alltagskorrespondenz. So sind neben den 1200 Briefen, die Erasmus von Rotterdam (1466–1536) selbst herausgegeben hat, 2000 weitere Schreiben erhalten. Die Liste der Korrespondenten ist beeindruckend: Karl V., Franz I., Heinrich VIII., die Päpste Julius II. und Leo X., Luther, Zwingli, Anton Fugger, Thomas Morus, Paracelsus sind darunter – weltliche und kirchliche Macht neben gelehrtem Rang: Pole, auf die die beiden Stränge der Brieflehren schon frühneuzeilich reflektieren: das Vorschriftsmäßige im Briefsteller von Fabian Frangks' »Cantzley und Titel buechlin« (1531) hier neben dem Kulturgemäßen in Erasmus' »De conscribendis epistolis« (1522) dort.[6] Man hat die Form zu wahren im Formalen, Inhaltlichen und der Sprache. Aber auch die Korrespondenzen selbst als Ganzes überliefern soziales Gefüge und wahren so die Form. Die Korrespondenzen spiegeln den Lebensgang des Korrespondierenden durch die soziale Welt. Nur siebzig von 3165 erhaltenen Erasmusbriefen stammen aus seinen ersten dreißig Lebensjahren, beim 500. im Jahr 1516 ist er schon 50, gerade von jahrelangen Aufenthalten in Paris, London, den Niederlanden und Italien zurück.[7] Eine Kurve der Korrespondenzfrequenz, die verblüffend derjenigen gleicht, wie sie die Leibniz-Briefwechsel 200 Jahre später ergeben.[8] Die Korrespondenz hängt nicht nur davon ab, wer man ist, sondern auch davon, wo und was man ist – d.h. welches Amt und welche Institution man vertritt. Beginnen wir mit Joachim Jungius (1587–1657), Mediziner, Logiker, Mathematiker und vor allem Schulmann – ein deutscher Gelehrter, wie er »im Buche steht«: Er studierte in Gießen, Rostock und Padua, war Lehrer in Gießen, Frankfurt, Weimar, Augsburg, arbeitete als Arzt in Rostock, wurde dort Professor für Mathematik, dann in Helmstedt Professor für Medizin, praktizierte als Arzt in Braunschweig, kehrte an seine Rostocker Stelle zurück, bevor er 41jährig das Rektorat am Hamburger Gymnasium übernahm.[9] Viele Orte, viele Kontakte. Jungius nutzte sie, um in den 1620er Jahren eine – frühe – naturkundlich-mathematische Gesellschaft zu initiieren, die »Societas ereunetica« – die zur Gelehrtengesellschaft verknüpfte, formalisierte Korrespondenz als Sammlung der wissenschaftlich Versierten besonders aus den norddeutschen Städten.[10] »Meine besten Grüße«, schreibt ihm der Lübecker Ratsherr Leonharder Elver 1623 zur Aufnahme: »Aus Eurem höchst humanen Briefe, vortrefflichster Doctor, habe ich ersehen,

3 Vgl. Abraham J. Malherbe, Ancient Epistolary Theorists, Atlanta, Ga. 1988. Zum Mittelalter vgl. Heinz-Dieter Heimann, Kommunikationspraxis und Korrespondenzwesen im Mittelalter und in der Renaissance, München 1998.

4 Helene Harth, Poggio Bracciolini und die Brieftheorie des 15. Jahrhunderts. Zur Gattungsform des humanistischen Briefs, in: Franz Josef Worstbrock (Hg.), Der Brief im Zeitalter der Renaissance, Weinheim 1983, 81–99, hier 81.

5 Vgl. Alois Gerlo, Erasmus von Rotterdam: Sein Selbstporträt in seinen Briefen, in: Ebd., 7–24, hier 7f.

6 Zu Erasmus vgl. ebd. sowie Regine Metzler, Privatbriefe aus dem 16. und dem 18. Jahrhundert. Ein empirischer Vergleich zur Textsortengeschichte, in: Volker Hertel/Irmhild Barz/Regine Metzler/Brigitte Uhlig (Hg.), Sprache und Kommunikation im Kulturkontext, Frankfurt a.M. 1996, 359–381, hier 363.

7 Vgl. Gerlo, Erasmus, 9.

8 Vgl. Georg Gerber, Leibniz und seine Korrespondenz, in: Wilhelm Totok/Carl Haase (Hg.), Leibniz. Sein Leben – Sein Wirken – Seine Welt, Hannover 1966, 141–174, hier 142.

9 Zu Jungius Robert C. B. Avé-Lallemant, Des Dr. Joachim Jungius aus Lübeck Briefwechsel mit seinen Schülern und Freunden. Ein Beitrag zur Kenntniß des großen Jungius und der wissenschaftlichen wie socialen Zustände zur Zeit des dreißigjährigen Krieges, Lübeck 1863; Gottschalk E. Guhrauer, Joachim Jungius und sein Zeitalter, Stuttgart 1850 sowie Christoph Meinel, In physicis futurum saeculum respicio: Joachim Jungius und die Naturwissenschaftliche Revolution des 17. Jahrhunderts, Göttingen 1984.

10 Hierzu Avé-Lallemant, Jungius, 31ff.; Guhrauer, Jungius, 69ff. sowie Meinel, In physicis.

Abb. 188: Joachim Jungius (1587–1657)

daß Euch Alexandrinische Ehre zu Theil geworden und Euch mein Brief, gerade wie ich das so sehr gewünscht hatte, angenehm gewesen ist, so daß ich endlich ex voto Eure so lange von mir erstrebte Freundschaft mir gewonnen habe. Da Ihr mich nun durch Euren Brief zu einem möglichst lebhaften schriftlichen Verkehr ganz aus freien Stücken einladet, so wollte ich Eurer Aufforderung in diesem Stücke Gehorsam leisten und unserm zu Euch hinüberreisenden Tassius diesen Begleitbrief mitgeben, wenn ich das meiste Andere, was ich E. E. mitzutheilen für nötig gehalten habe, ihm anvertraut habe.«[11] Humanistische Höflichkeitsrhetorik ermöglichte als Interface zur Kooperation die Kontaktaufnahme, und der gemeinsame Bekannte fungierte als Briefträger und Telefonersatz: Noch fehlt der kontinuierliche, ubiquitäre Postverkehr. Es ist die Zeit der Boten und Verteiler, in der Korrespondenz, von Bekannten, den Bekannten von Bekannten und von privaten Kurieren vermittelt, im interstädtischen Netz mit ihren Amts- und Handelsgeschäften pulsiert.[12] Auch Leibniz wird 80 Jahre später seinen Korrespondenten Briefpacken zur Verteilung schicken und selbst solche geschickt bekommen – schon der Postgebühren wegen.[13] Korrespondenz ist noch praktisch, eine persönliche Sache und gerade so weniger intimisiert. Sie ist der Nachrichtendienst, der über Andernorts und dessen Institutionsbetrieb informiert. Entsprechend schreiben die Korrespondenten häufig ausdrücklich dazu, wenn sie ihren Brief nicht im Kreis des Empfängers zirkuliert sehen wollen.[14] Installiert im Amt des Rektors in Hamburg, wurde Jungius – Erasmus und Leibniz ähnlich – nicht nur Lehrsondern zugleich Korrespondenzmeister, dessen persönliches Netz zugleich offiziöses Netz zeitgenössischer Gelehrsamkeit war. Die meisten der 350 Briefe

11 Nach Avé-Lallemant, Jungius, 31f.

12 Als Einstieg in die Post Klaus Beyrer, Der alte Weg eines Briefes. Von der Botenpost zum Postboten, in: Ders./Hans-Christian Täubrich (Hg.), Der Brief. Eine Kulturgeschichte der schriftlichen Kommunikation, Nürnberg 1996, 11–25.

13 Vgl. zur Praxis bei Leibniz Gerber, Leibniz, 145.

14 Als Beispiel etwa Avé-Lallemant, Jungius, 15.

an ihn, die er archiviert, stammen aus dieser Zeit.[15] Die große Korrespondenz als Teil und Konfigurationsinstrument gerade auch offiziell institutionalisierter Gelehrsamkeit beginnt. Der Herausgeber seiner Briefe schildert es konzis: »Jungius' bedeutender Name zog gar bald Schüler herbei; aus den Schülern bildete er Lehrer, welche er dann später nach Hamburg als seine eigenen Collegen zu berufen suchte [...] – Eltern von nah und fern wandten sich an den berühmten Rector des Hamburger Gymnasiums, um Rathschläge für die Erziehung ihrer Söhne oder einen tüchtigen Lehrer für dieselben zu bekommen. Dankbare Schüler auf den damals berühmtesten Universitäten, von Polen bis Holland und Frankreich, in Königsberg und Leiden, in Paris, Wittenberg, Helmstädt, Rostock, Jena, konnten auch dort noch des väterlichen Freundes, des ernsten Lenkers, des anspornenden Ermahners nicht entbehren und blieben im anhaltenden Briefwechsel mit ihm. Ganz besonders durch diese Schüler und ihre hervorragende Tüchtigkeit gewann er und behauptete mehr und mehr das große Ansehen, was er bei den hervorragenden Männern seiner Zeit genoß, die sich freudig und gern zu einem brieflichen Gedankenaustausch mit ihm drängten, und öfter sich selbst in Folge seiner Mittheilungen seine Schüler nannten, ohne grade jedesmal das Hamburger Gymnasium besucht zu haben.«[16] Die Korrespondenz ist nicht privates Parlieren, sondern funktional im offiziösen gelehrten Korrespondenzsystem eingebettet, dessen Basis das Lehrer-Schüler-Verhältnis gewesen ist, das schon damals – wenn auch etwas weniger blumig als im Zitat – und dann über Jahrhunderte soziales Rückgrat institutionalisierter Wissenschaft war. Bewundernswert genau sei Jungius von den Vorgängen an den diversen Universitäten unterrichtet gewesen.[17] Lassen Sie uns eines dieser Schülerschreiben, den Brief Johannes Seldeners vom 19. November 1640 aus Königsberg lesen:

»Salutem et officia!
Vielleicht wunderst Du Dich, bester Mann, daß ich seit meiner Abreise von Hamburg nach Königsberg noch nicht ein einziges Mal Dich mit einem Briefe begrüßt habe. [Königsberg sei weit, und es habe an Gelegenheit zum Übersenden gemangelt. Nun] da ein Hamburger sich anschickt, von hier zu Euch zu reisen, [wolle er] über den Zustand unserer Academie [...] berichten. Am meisten blühen hier die theologischen Studien, sowohl weil Alles in Preußen vor Kriegseinbrüchen sicher ist, als auch, weil die theologische Facultät jetzt aus mehr Lehrern besteht als je zuvor. Dazu kommt noch daß, weil der durchlauchtigste Churfürst von Brandenburg wegen der Kriegstumulte [...] in seiner Königsberger Residenz verweilt, die Professoren hierselbst, so wie auch die der andern Facultäten, sehr fleißig ihre Pflicht thun im Lesen und Disputiren, sowohl öffentlich wie privatim. Daher kommt es, daß die Studenten nicht geringen Gewinn gezogen haben von drei Disputationen, welche hier kürzlich gehalten sind zwischen den Königsberger Theologen und Dr. Johannes Berg, dem Hofprediger und gegenwärtigen Führer der Calvinistischen Partheien. [...] – Die erste Disputation ward am 15. September vom M. Witzendorf, jetzt Superintendent von Bardowieck, über das heilige Abendmahl, dem Berg grade entgegen, gehalten, unter dem Präsidium des Dr. Levin Pouchenius, zur Erlangung der höchsten theologischen Würden, wobei Berg in den Morgen und Nachmittagsstunden die Stelle des Opponenten einnahm. Zugegen war dabei der Sohn des durchlauchtigsten Churfürsten von Brandenburg, wie auch Markgraf Ernst und mehrere Andere vom Hofe. Die zweite ward am 15. Octo-

15 Vgl. ebd., XVII.
16 Ebd., 119.
17 Vgl. ebd., 119f.

ber unter dem Präsidium des Dr. Behm de consensu et dissensu Evangelicorum in religione et ceremoniis gehalten. Die dritte am 16. November zwischen Dr. Calovius und Berg von Morgens 8 Uhr bis Nachmittags 3 Uhr, wobei der Gesandte des Königs von Polen und von den Großen Preußens gar Viele zugegen waren. [...] Auch die philosophischen Studien werden mehrfach rüstig hier getrieben, und es giebt nicht Wenige, welche die Physik des Democritus der des Aristoteles vorziehen, nur daß sie den Atomen als den Anfängen der natürlichen Körper den Weltgeist aus dem Plato, und aus den heiligen Schriften das Licht hinzufügen, wie aus den hier beigeschickten Disputationen hervorgeht. Zur Zahl dieser gehören D. Tinctorius, M. Linemannus, D. Masius aus Holstein, welcher in Hamburg Dein Schüler gewesen ist. [...] Es sind hier auch mehrere Magister der Philosophie, welche die Peripatetische Philosophie hochschätzen, wie sie von Griechischen Auslegern vorgetragen wird. Diese haben den Grund ihrer Philosophie unter dem Jenenser Professor Stahl gelegt; doch haben sie selbst keine Griechische Autoren gelesen. – Ich befleissige mich emsig, so weit meine Körperkräfte reichen, der Theologie und Philosophie. – Was auf dem Hamburger Gymnasium seit meinem Abgange vorgegangen ist, ist mir durchaus unbekannt, und ich habe auch nichts darüber auffischen können, wo in der Welt Reinhold Blom stecken mag.«[18]

Theologische Streitigkeiten wie hier um die Abendmahlslehre bewegten die akademische Welt heftig, gerade im lutherischen Brandenburg-Preußen mit seinem reformierten Herrscherhaus; ebenso die Kritik an einem stur vertretenen aristotelischen Weltbild, das die empirische Welt auszublenden schien.[19] Bloßer Sturm im Elfenbeinturm war beides nicht, wie schon das hoch herrschaftliche Publikum der Disputationen zeigt. Theologie war Philosophie und Philosophie theologisch verankert, die Religion aber praktische und ideologische Herrschaftsgrundlage. Wer im 17. Jahrhundert Wissenschaft betrieb – ob nun Newton, Leibniz, Hobbes oder Locke –, war auf Religion als Philosophie und Ankerpunkt der Politik bezogen und von dieser Seite weltlich motiviert. Hier kommt die Disputation als Standardverfahren, tradierte Wahrheit sozial geordnet zu verhandeln und so zu reproduzieren, mächtig ins Spiel. In diesem einen Brief hat es Seldener umfaßt: Nicht nur lesen, sondern fleißig disputieren ist die Profession der Professoren, wenn sie pflichtbewußt sind. Darüber hinaus ist die Disputation die Bühne, auf der Positionen vorgestellt und bestritten, abgesteckt und behandelt werden. Zugleich aber ist sie auch öffentlicher politischer Akt, nah dem juristischen Verfahren, an dessen Horizont die auch praktisch gültige Entscheidung steht.[20] Nicht nur die großen Religionsgespräche des 16. Jahrhunderts waren Disputationen gewesen. Kommunen hatten für ihren Religionsentscheid die Theologen vor dem Rat disputieren lassen.[21] Disputation bildete Öffentlichkeit, und man konnte die Gelehrten mit ihr in die Öffentlichkeit ziehen. So hat der Vater vom alten Fritz Friedrich Wilhelm I. die Professoren »seiner« Universität in Frankfurt an der Oder zu einer Disputation mit seinem Hofnarren über gelehrte Närrigkeit gezwungen.[22] Noch waren die Gelehrten nicht völlig im Schutz der gelehrten Zeitungen und damit im Schutz der Disziplin im doppelten Sinn des Begriffs.

Als akademische Disputation war die Disputation ein hochformalisiertes mündliches Geschehen. Entsprechend ließ sie sich protokollieren. Mehr und mehr sind im 17. Jahrhundert die Disputationen nach dem mündlichen Akt

18 Ebd., 290ff. Zu den erwähnten Königsberger Theologen und Gelehrten ebd., 292f.

19 Vgl. Martin Gierl, Pietismus und Aufklärung. Theologische Polemik und die Kommunikationsreform der Wissenschaft am Ende des 17. Jahrhunderts, Göttingen 1997, 19ff.

20 Vgl. Manlio Bellomo (Hg.), Die Kunst der Disputation. Probleme der Rechtsauslegung und Rechtsanwendung im 13. und 14. Jahrhundert, München 1997.

21 Vgl. Thomas Fuchs, Konfession und Gespräch. Typologie und Funktion der Religionsgespräche in der Reformationszeit, Wien 1995.

22 Vgl. Dorinda Outram, The Work of the Fool: Enlightenment Encounters with Folly, Laughter and Truth, in: Eighteenth-Century-Thought 1 (2003), 117–132.

Abb. 189: Hans Sachs, Disputation zwischen einem Chorherren und einem Schuhmacher, Titelholzschnitt (1524)

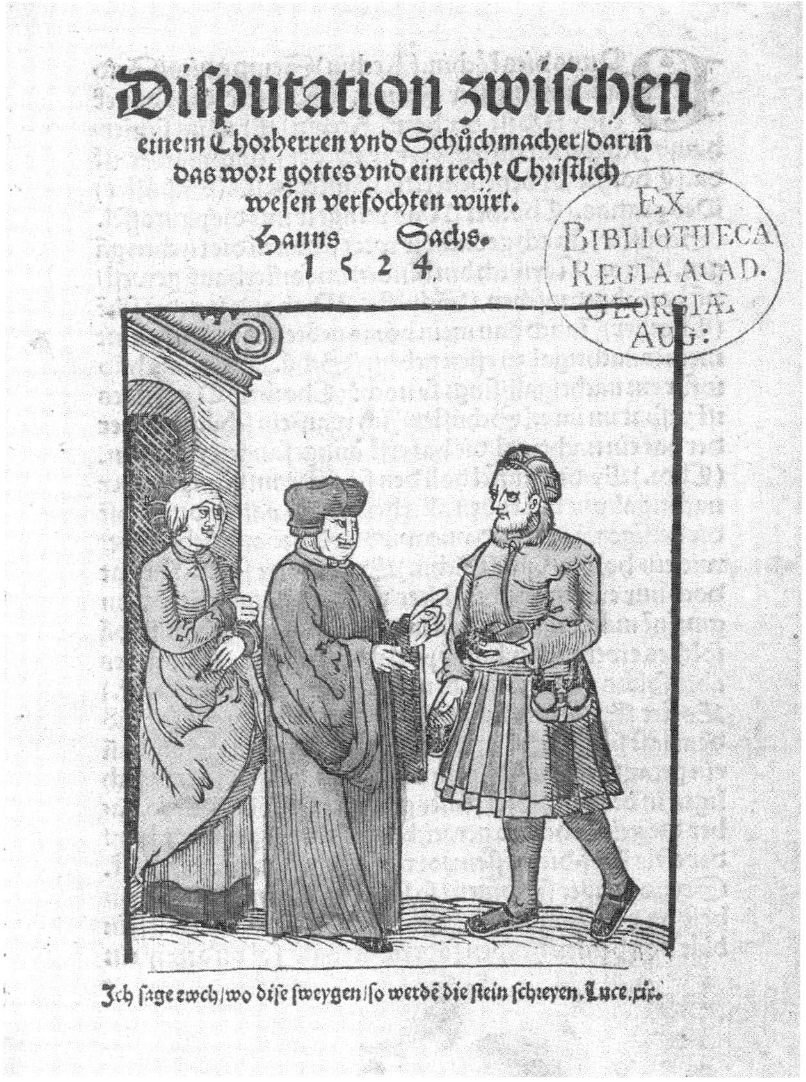

schriftlich als Dissertationen herausgegeben worden.[23] Und mehr und mehr hatten die Dissertationen bereits im Vorfeld als Grundlage der Disputation gedient. Formal ist die Disputation die Schwester des Briefs, den man vielfach und zurecht als verschriftlichte Rede – als Gespräch über den Raum- und Zeitfokus hinweg – bezeichnet hat.[24] Und tatsächlich bildeten Disputation und Brief für die Verschriftlichung von Wissenschaft ein gutes Team, auf dessen Leistungen die gelehrten Zeitschriften aufgebaut haben. Seldener berichtete von Disputationen und schickte sie in gedruckter Form: Dies durchzieht die gesamte Jungius' Korrespondenz. 1622 bat Jungius den Greifswalder Theologen Christian Bravermann um Zusendung der Disputationen »Crüger[s], der in Eurem Vaterlande Lehrer der Mathematik ist«.[25] »Eure Disputationen aller Arten, die kürzlich gehalten sind, erwarte ich mit Ungeduld«, schrieb Andreas Schwartz 1641 an Jungius.[26] »Von Conring's Disputationen de sanguine habe ich die sechs ersten bis zu p. 70 inclusive. Wenn es den Göttern gefällt, mir die folgenden zu schicken, so schicke sie mir durch einen Freund, nicht durch den Postboten, als nur unter vorher bedungenem Lohn. Denn für die letzteren verlangte der Schlingel eine Mark«, bittet Benedict Bahr das

23 Vgl. Ewald Horn, Die Disputationen und Promotionen an den Deutschen Universitäten vornehmlich seit dem 16. Jahrhundert, Leipzig 1893, 46ff.

24 Vgl. Metzler, Privatbriefe, 369; Robert Vellusig, Schriftliche Gespräche. Briefkultur im 18. Jahrhundert, Wien 2000.

25 Avé-Lallemant, Jungius, 28f.

26 Ebd., 201.

Jahr darauf.[27] Johann Vorst, dessen Gelehrtenweg vom Hamburger Gymnasium über Wittenberg, Helmstedt, Jena, Rostock, Flensburg nach Berlin führte, wo er Rektor des Joachimsthaler Gymnasiums wird, schreibt 1649: »Als Anfang meiner Arbeiten habe ich logische Vorlesungen und auch Disputationen begonnen«, und schickt die Thesen, die er auf einem Zettel notiert hatte.[28] Im weiteren berichtet er von Rostocker und Leipziger Disputationen. 1646 hatte er Jungius um dessen Disputationen gebeten: Elf hatte er schon, fünf wünschte er ganz besonders, 29 hat später der Jungius Biograph Guhrauer aufgelistet.[29] Up-to-date zu sein, hieß in der prae-journalen Zeit, über die aktuellen Disputationen in Form der Dissertationen zu verfügen. Was war die gelehrte Disputation?[30]

Der mit der Disputation verbundene epistemische Zweck könnte nicht weiter gefaßt sein. Traditionell war die Logik das Instrument gelehrter Wahrheitsfindung. Die Logik wiederum fiel bis weit ins Mittelalter hinein mit der Dialektik zusammen, und die Disputation ist der Kern der Dialektik gewesen. Dialektik ist das planvolle Gespräch zweier, sie ist die Auseinandersetzung zwischen Opponenten und Respondenten, schrieb Petrus Hispanus, dem später die Decke auf den Kopf gefallen ist. Disputation ist wie der Brief als dialogischer Akt Formalisierung des Gesprächs. Die Wahrheitsfindung ist als Kommunikationsakt sozialisiert, der sich kontrovers zwischen zwei Positionen nach formalen Regeln vollzieht; sie ist die Wechselrede zwischen einem Opponenten, der eine These zurückzuweisen sucht, und einem Respondenten, der sie verteidigt. Die Disputation ist der Meinungsstreit in seiner regelgeleiteten Form. Geradezu verrückt sei es, den wissenschaftlichen Wahrheitsgehalt dem kritischen Denken und Beurteilen eines einzelnen zu überlassen und damit individuellen Vorurteilen und Fehlern auszuliefern, heißt es noch Anfang des 18. Jahrhunderts in einer Dissertation über den Gelehrtenstreit. Wahrheitskontrolle brauche vielmehr den kontroversen Austrag, geleistet durch die Auseinandersetzung eines Protagonisten und eines Antagonisten als Trägern des dual polarisierten Gegenstands.

Die Formgestaltung der Disputation hat sich maßgeblich im Zuge der Aristoteles-Rezeption im 12. Jahrhundert vollzogen. Der Disputationsverlauf verfeinerte sich im 13. Jahrhundert zur »Ars obligatoria«, vergleichbar einer wohlgeordneten Kette, deren Glieder aus Syllogismen, dem maßgeblichen Schlußverfahren, zusammengefügt sind. Ein Syllogismus besteht aus einem allgemeinen Obersatz – »Alle Philosophen sind Menschen« –, einem besonderen Untersatz – »Sokrates war ein Philosoph« – und einem Schluß – »Ergo war Sokrates ein Mensch« –, der sich fortsetzen läßt – »Alle Menschen sind sterblich, ergo …«. Einhergehend mit der Ausgestaltung des Verfahrens entwickelte sich die Disputation zur bedeutendsten universitären Vortragspraxis neben der »Lectio«. Zu Übungszwecken fanden Privat- und Zirkulardisputationen statt. Verpflichtend war ein Wochentag den Disputationen vorbehalten. Man disputierte aus Anlaß der Aufnahme in den Lehrkörper und zur Verabschiedung, wenn man die Universität verließ. Es wurde »pro gradu« disputiert und »solemne«. Denn natürlich disputierte man, um einen akademischen Grad zu erreichen. Zumeist einmal im Jahr zelebrierte die gesamte Universität den feierlichen Akt der »Disputatio quotlibetaria« – die Erörterung wechselnder Themen, an der sich sämtliche Magister beteiligten. Disputation war Universitätsalltag, Gelehrtenausbildung und Gelehrsamkeitsbeweis, zugleich jedoch Repräsentationsakt des Gelehrtenstandes. Dieser Befund sollte

27 Ebd., 203.
28 Ebd., 419; zu Vogt 410.
29 Ebd., 413f.
30 Vgl. Horn, Die Disputationen; Hanspeter Marti, Dissertation und Promotion an frühneuzeitlichen Universitäten des deutschen Sprachraums: Versuch eines skizzenhaften Überblicks, in: Rainer A. Müller (Hg.), Promotionen und Promotionswesen an deutschen Hochschulen der Frühmoderne, Köln 2001, 1–20; Ders., Philosophische Dissertationen deutscher Universitäten 1660–1750: eine Auswahlbibliographie, München 1982.

mit Schwankungen bis zum Ende des 17. Jahrhunderts hinein Gültigkeit behalten, gerade im protestantischen Deutschland, wo Gelehrsamkeit nach der Gründung der Marburger Universität (1527) und der Reorganisation Wittenbergs, Tübingens, Leipzig, Frankfurts an der Oder in den 1530er Jahren, Heidelbergs (1558), Rostocks (1564), mit der Wiedereröffnung Greifswalds (1539) und den Neugründungen Königsberg (1544), Jena (1588) sowie Helmstedt (1576) auf breitem universitären Fuße stand. Der Kontroverstheologe ist in den lutherischen theologischen Fakultäten im 17. Jahrhundert Professor primarius geworden, und Johann Gerhard empfahl in seinem Studienführer, in vier von fünf Jahren ganz besonders Disputation und aktuelle theologische Kontroversen zu studieren.[31]

Wie hat man sich den idealen Ablauf einer akademischen Disputation zu denken? Ich ziehe hierzu ein Standardwerk aus dem ausgehenden 17. Jahrhundert zu Rate: die Anweisungen »De processu disputandi« von Jakob Thomasius (1622–1684), dem Vater von Christian Thomasius. Opponent, Respondent und Praeses sind die Protagonisten des Vorgangs. Der Praeses hat die Disputationsleitung, dies allerdings nicht als neutraler Schiedsrichter: Ihm obliegt vielmehr nicht zuletzt der Schutz des Respondenten, desjenigen also, der die der Disputation zugrundeliegenden Thesen zu verteidigen hat. Der Vorgang selbst unterteilt sich in zwei bzw. drei Konfliktstufen. »Gladium quasi primus educit Opponens« – zuerst zieht der Opponent das Schwert –, damit setzt die erste von ihnen ein. Nicht der Verteidigende, sondern der Angreifende eröffnet eine Disputation, indem er erstens die Thesen des Respondenten wiederholt, indem er also den sogenannten Status controversiae dokumentiert und, zweitens, indem er seinen Einwand hiergegen in syllogistischer Form vorbringt. Nun ist der Respondent an der Reihe. Als erstes wird wiederum der Status controversiae wiederholt, sodann bekundet er, ob er das Argument des Opponenten als seinen Thesen widersprechend annehme. Ist dies der Fall, fordert er vom Opponenten den Beweis seines Einwands. Damit ist die erste Konfliktstufe beendet. Die zweite wird vom Versuch des Opponenten eröffnet, seine Einwände zu belegen. Die syllogistische Form ist hierbei nicht mehr obligatorisch. Obligatorisch ist allerdings, daß der Opponent seinen Einwand nur dann, wenn, und nur insoweit, wie ihn der Respondent aufgefordert hatte, zu beweisen sucht. Der Respondent wiederholt nun diese Argumente. Zur besseren Kontrolle ist hierbei die Übersetzung der Argumente des Opponenten in syllogistische Form angeraten. Sodann bringt der Respondent selbst wiederum seine Einwände gegen diese Argumente vor, wobei ihm das Mittel der Distinktion von Jakob Thomasius und anderen ans Herz gelegt wird. Genügen dem Opponenten diese Einschränkungen nicht, so kommt es zu einer dritten Konfliktstufe. Der Opponent kritisiert die Einschränkungen des Respondenten, dieser verteidigt sie oder schränkt weiter ein und so fort. Während des ganzen Verfahrens hat der Opponent darauf zu achten, daß der Respondent nicht, statt auf Einwände zu antworten, weitere Argumente für seine Position anbringt. Richtig zu disputieren heißt, keine neuen Argumente zu präsentieren, nur geforderte Beweise zu erstellen, immer wieder den Status controversiae zu rekapitulieren und gerade hierbei zu besserer Klarheit den Syllogismus einzusetzen. In ganz wesentlichen Elementen erweist sich die Formalstruktur der Disputation als keineswegs sach-, sondern vielmehr kommunikationsbezogen: als ein Kommunikationsleitsystem, das Sophisterei und mit ihr dysfunktionalen Streit auszuschließen versucht.

31 Zur Kontroverstheologie vgl. Gierl, Pietismus, 60ff.

Die Disputation ist deutlich ausgerichtet auf das Ziel, über die jeweils strittige Frage Einigung zwischen den Disputationsprotagonisten und dem Publikum herzustellen. Wahrheitsfindung ist letztendlich der zu erstellende oder wiederherzustellende Konsens einer Gruppe. Angesichts und unter Zustimmung der gesamten Fakultät habe der Respondent sein Thema disputiert, dies ist die aufs Wesentliche verkürzte Standardformulierung, wie sie sich auf den Titelblättern der Dissertationen findet. Disputation, so Jakob Thomasius, ist der Wettkampf ausgebildeter Wettkämpfer, nicht aber das Drauflosschlagen ungeübter Klötze. Achtet man genau auf das, was Thomasius an Wettkampfregeln formuliert, so erfährt man, daß die Klassifikation »Zweikampf« in einem Punkt zumindest zu spezifizieren ist: Einem Opponenten stehen zwei – Praeses und Respondent – gegenüber, und nicht der Respondent tritt als erster auf, sondern der Opponent mit seiner Kritik, die es dann Punkt für Punkt zurückzuweisen gilt. Die Disputation als Wahrheitserweis ist der Schutz einer Position durch die Refutation der sie bedrohenden Kritik.[32]

Als formalisiertes öffentliches Geschehen umfaßte die akademische Disputation die Universität im geistigen und institutionellen Sinn zugleich. Thesen und Dissertationen kamen zumeist vom Praeses, vom Professor. Der Respondent hatte bei den Disputationes pro gradu zum Wohl enger Professorenfinanzen die Druckkosten der Dissertation zu bestreiten, was nicht unerheblich auf die ohnehin happigen Ausgaben für Kleidung und Zeche bei der Feier danach drückte, wie schon Jungius bemerkte.[33] Die Disputation war in ihrer schriftlich-mündlichen Mischform ein vielseitiges Instrument. Verschiedentlich haben Professoren sie zu Dissertationsreihen genutzt, wobei dann die Einzeldissertationen für Kapitel eines umfangreich diskutierten Gegenstands standen, wie etwa Christian Thomasius' »Disputationes publicae XII. super 48 Thesibus [...] ex Institutionibus Juris-prudentiae divinae«.[34] Gerade bei Thomasius läßt sich der Einsatz der Disputation als Wissenschaftsmittel gut zeigen. Wesentliche seiner wissenschaftlichen Leistungen – zum Hexenprozeß, Konkubinat, Kirchenrecht – hat er als Disputation verfaßt.[35] Um es zu quantifizieren: Eine Universität wie Gießen hat es einer Bibliographie zufolge in der zweiten Hälfte des 17. Jahrhunderts auf rund 650 gedruckte Disputationen – ohne Sammelbände – gebracht.[36] Um es zu qualifizieren: Eine Dissertation um 1700 ist formal ein alles andere als verstaubter Text. Er folgt Standards. Die Thesen werden eingeführt, dabei zunächst Begriffsdefinitionen und -herleitungen gegeben, dann die zum Thema vorliegenden Texte besprochen, bevor man die Thesen systematisch bespricht. Konnte die Disputation sinnbildlich für scholastische Wortkrämerei werden – gerade am Ende des 17. Jahrhunderts erreichte die Kritik an ihr in diesem Sinn Höhen und ist Common sense geworden – so war die Disputation in ihrer schriftlichen Form doch lange schon ein wohl geordneter, in vielem sehr moderner, substantieller wissenschaftlicher Text.

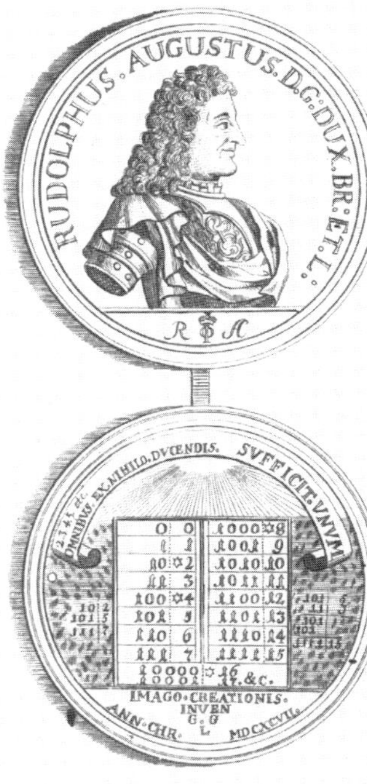

Abb. 190: Gedenkmünzen-Entwurf mit Leibniz' dualem Zahlensystem

2. Die Wissenschaftsapparatur – Zeitschrift, Korrespondentennetz und literarischer Markt

Das Medium Dissertation ist mit der Institution Wissenschaft gewachsen, hat sich mit der Zunahme gelehrten Austauschs und besonders mit dem Ausbau der Universitäten entwickelt. Das gleiche gilt für die Zeitschriften, aber auch

32 Jakob Thomasius, De processu disputandi, in: Ders., Erotemata logica pro incipientibus. Accessit pro adultis processus disputandi, Leipzig 1670, 139–208, 139ff.

33 Vgl. Avé-Lallemant, Jungius, 265; Horn, Die Dispuation, 115ff.

34 Vgl. Rolf Lieberwirth, Christian Thomasius. Sein wissenschaftliches Lebenswerk. Eine Bibliographie, Weimar 1955, 45ff.

35 Vgl. Gierl, Pietismus, 470ff.

36 Hermann Schüling, Die Dissertationen und Habilitationsschriften der Universität Gießen 1650–1700. Bibliographie, München/New York/London/Paris 1982. Dazu kommen 58 theologische, 15 juristische, 5 medizinische, 27 philosophische Sammelbände.

für die Korrespondenzen und ihre Träger. Gehen wir in die Zeit der frühen Zeitschriften, in die Zeit des wiederkehrenden Wirtschaftsbooms nach der Krise des 17. Jahrhunderts, in die Zeit des frühen Papiergelds, der aufblühenden Börsen und Börsenpleiten, der Mechanikbegeisterung, der weltweit operierenden Handelskompanien, in die Zeit des ersten kleinen Verwaltungsbooms und der großen Projektemacherei – gehen wir in die Zeit um 1700 und zu Leibniz, der wie niemand sonst diese Zeit vertreten hat.

Wichtig und festzuhalten ist: Wie bei Erasmus oder Jungius ist auch der Briefwechsel Leibniz' wesentlich Abbild der institutionellen Verhältnisse, deren Teil die Korrespondenz notwendigerweise ist. Man lerne einen Menschen erst in seinen Briefwechseln im Detail kennen, heißt es in Briefeditionen verschiedentlich.[37] Mehr jedoch als das Profil der Schreiber zeichnen die Briefwechsel das Profil des Institutionengefüges der Zeit. So unumgänglich es ist und gewesen ist, Korrespondenzen zu personalisieren als Korrespondenz Jungius', Oldenburgs, Leibniz' und all der anderen mit mehr oder weniger Belang – es ist erst ein erster Schritt. Denn Korrespondenz ist Netzwerkgeschehen und erhält ihre historische Substanz im vollen Sinn erst, wenn sie als Netzwerkgeschehen faßbar ist, statt an Personen ausgerichtet, Individualität zu überzeichnen.[38] Mit den elektronischen Datenbanken hat die Forschung zum ersten Mal und in rasant wachsendem Maß die Chance dazu – und wie mit den Briefen, Disputationen, Zeitschriften wird mit dem neuen Medium neues Wissen entstehen.

Was Leibniz von Erasmus und Jungius trennt, ist: Er ist ein anderes »Kaliber« in einer anderen Zeit. Leibniz schlägt mit über 15.000 Briefen und 1100 Korrespondenten zu Buche, die selbst wiederum mehr oder weniger ausgedehnte Korrespondenzen führten, wie hinzuzufügen ist. Das Schwirren der Briefe ist Ausdruck der organisationsfreudigen Zeit.

Leibniz ist Fürstenratgeber und Diplomat, Jurist, Historiker, Bibliothekar, Mathematiker, Wasserbau- und Mineningenieur, Akademiegründer, Seidenraupenzüchter und im Hauptberuf Geheimer Rat in Hannover gewesen, hat finanz- und steuerpolitische Pläne geschmiedet, an Versicherungswesen gedacht, eine Rechenmaschine konstruiert, über eine Universalsprache und die Monaden spekuliert, das duale Zahlensystem und die Integralrechnung entwickelt, war voller Hoffnung und Engagement, die Kirchenspaltung aufzuheben, war Mitglied der berühmtesten Akademien, verteidigte Gottes Welt als die beste der möglichen und forderte alle auf, sie vollkommener zu machen.[39] Was also war Leibniz? Mathematiker, Universalgelehrter, Philosoph, wie es im Kurzlabel zumeist heißt? Ein Genie, das alles wollte, vieles begann oder dabei sogar manches erreichte? Ersteres unbestritten – aus Sicht der Mathematiker und Philosophen zumal. Ein Genie gewiß. Vor allem aber war Leibniz' Leben der Platz, den die in die Interaktionsspielräume der Zeit geflossenen Fähigkeiten eines intellektuell und sozial hoch potenten und energiegeladenen Mannes füllten. Wie eine Art erstarrter Abguß spreizen sich die Korrespondenzen darin. Sehen wir uns die wesentlichen Strukturen davon an.[40] Mit bis zu 200 Korrespondenten pro Jahr hatte Leibniz Kontakt. Etwa 150 der 1100 Korrespondenten waren auf hohen Posten. Mit 50 von ihnen korrespondierte er länger als 20 Jahre. Mit gut 100 zwischen 10 und 20 Jahre, mit 300 zwischen 3 und 10 Jahre. Beim Gros von etwa 650 liegt der Zeitraum darunter, denn die Briefe betreffen vielfach Alltagsgeschäfte ad hoc. Die Korrespondenz verteilt sich auf 170 Städte. Einige »Exoten« wie das indische Goa,

37 Vgl. Avé-Lallemant, Jungius, XX; Gerlo, Erasmus, 9.

38 Zur Einführung Monika Ammermann, Gelehrten Briefe des 17. und frühen 18. Jahrhunderts, in: Bernhard Fabian/Paul Raabe (Hg.), Gelehrte Bücher vom Humanismus bis zur Gegenwart, Wiesbaden 1983, 82–96. Typisch sind Briefausgaben nach dem Muster »Der Briefwechsel von A mit B«. Bezeichnenderweise hat selbst die jüngere deutsche theoretische Diskussion von Brief und Briefedition zwar vermehrt nicht nur den Begriff Kommentar, sondern auch den Begriff Kommunikation im Mund geführt, dabei jedoch den eigentlichen historischen Witz der Briefe, nicht nur Individual- oder Partnerschaftssache zu sein, sondern Geschichte über Gruppen zu konstituieren, verkannt. Vgl. die Beiträge bei Hans-Gert Roloff (Hg.), Wissenschaftliche Briefeditionen und ihre Probleme. Editionswissenschaftliches Symposion, Berlin 1998. Eine Bibliographie der Briefforschung bietet das Institut für Textforschung unter http://www.textkritik.de/. Aber das Interesse an den Netzwerken beginnt – so die von Pierre-Yves Beaurepaire und d'Antony McKenn organisierte Tagung »Les Réseaux de correspondance en Europe (XVIe–XIXe siècle): matérialité et représentation« 2003 in Lyon. Zur neueren Reflexion über die Briefe vgl. auch Roger Chartier/Alain Boureau/Cécile Dauphin (Hg.), Correspondence: Models of Letter-writing from the Middle Ages to the Nineteenth Century, Cambridge 1997.

39 Zur Einführung mit weiteren Literaturhinweisen Richard van Dülmen, Gespräche, Korrespondenzen, Sozietäten. Leibniz' dialogische Philosophie, in: Ders./Sina Rauschenbach (Hg.), Denkwelten um 1700. Zehn intellektuelle Profile, Köln 2002, 123–140.

40 Daten aus Gerber, Leibniz.

Kanton und Peking in China sind darunter, aber die überwiegende Mehrzahl – 115 – verbleibt im Alten Reich. In je 10 italienischen, französischen, niederländischen, in fünf englischen und Schweizer Städten hat er Kontakte. Sie ballen sich dort, wo er in Projekten und Arbeit engagiert ist – 80 Korrespondenten in Berlin, 20 in Celle, 15 in Clausthal-Zellerfeld, 80 in Hannover, 46 in Helmstedt, 40 in Wolfenbüttel –, und in den europäischen Zentren der Politik und Gelehrsamkeit – 62 in London, 80 in Paris, 25 in Rom, 35 in Amsterdam und Den Haag, 61 in Wien.[41] 340 der Korrespondenten gehören zur Politik – Prinzessinnen, Fürsten, Diplomaten, Geheime Räte, Gesandte, Sekretäre, allein 14 Minister sind darunter. 120 waren Geistliche, 70 Ärzte, 50 Juristen. Mit 60 erörtert er physikalische, geographische, astronomische, chemische Probleme, mit ebenso vielen die Mathematik, mit 50 Historikern, Antiquaren, Genealogen, Heraldikern, Numismatikern die Geschichte, mit 70 Philosophie, mit 20 Philologie. Aus dem ökonomischen Feld kommen 60 Bergräte, Techniker, Uhrmacher, Kupferstecher, Mechaniker, Buchdrucker dazu. 20 Buchhändler und 20 Schreiber – zum Teil in Leibniz' Diensten – ergänzen die Liste, darüber hinaus einige Studenten, Bewerber, Offiziere und Künstler. 400 Briefpartnern schreibt er auf Französisch, der Gesellschaftssprache der Zeit, 300 auf Deutsch, vielen Gelehrten auf Latein, auch deutschsprachigen, wenn es sich um formal offizielle Kontakte handelt. Für all das nutzte Leibniz Freunde, Bekannte und Kurierdienste, nicht zuletzt aber die regulären Postverbindungen, die mittlerweile, von den Territorialstaaten vorangetrieben, systematisch, kohärent, kontinuierlich und dicht geworden waren – eine Entwicklung, die nicht nur die Frequenz zeitgenössischer Korrespondenz ermöglichte, sondern auch periodisches Edieren und damit die Zeitschrift als neuen Medien- und Wissenschaftsstar.

Nehmen wir aus Leibniz' Briefwechsel die Monate von November 1695 bis Juli 1696 – knapp 500 Briefe – heraus.[42] Das Jahr 1695 war ruhig verlaufen für Leibniz, mit Ausnahme einiger Dienstreisen nach Wolfenbüttel – Routine für den dortigen Bibliotheksdirektor – und der Heirat zwischen dem Herzog aus Modena und einer Welfentochter. Leibniz hatte mit genealogischen Recherchen über den Konnex der beiden Fürstenhäuser dazu beigetragen, aus Anlaß der Hochzeitsfeierlichkeiten einen »Lettre sur la connexion des maisons de Brunsvic et d'Este« ediert und an viele seiner Korrespondenten geschickt, allein 40 Exemplare einer italienischen Übersetzung an einen italienischen Briefpartner. Das »Giornale dei letterati« und das »Journal des Sçavans« brachten Rezensionen des »Lettre«. Tenzel veröffentlichte in seinen »Monatlichen Unterredungen« eine deutsche Übersetzung. Man korrespondiert wegen der Korrekturen. Darüber hinaus edierte Leibniz 1696 eine Wolfenbütteler Handschrift, die »Anecdotae de vita Alexandri XI«, und eine Abhandlung in den »Miscellanea« der Leopoldina, der Zeitschrift der zeitgenössisch bedeutendsten deutschen Ärzte und Naturforschergesellschaft. Beide Schriften hat er vorher bei seinen Korrespondenten angekündigt. Dann hat er Exemplare verschickt und Zeitungsherausgeber um Ankündigung gebeten.[43]

Als Geheimer Rat in Hannover kümmerte er sich um Querelen des Generalpostmeisters, suchte die Kurwürde seines Dienstherrn zu befördern, operiert in Personalfragen der Reichspolitik, ist mit Berufungen der Universität Helmstedt beschäftigt, die von den drei Welfenlinien unterhalten wird, läßt als Leiter der fürstlichen Bibliotheken in Hannover und Wolfenbüttel einen Teil der Bibliothek Christian Huygens ersteigern. Er diskutierte mit dem

41 Gerbers Daten sind zur Karte umgesetzt bei Rudolf Vierhaus, Staaten und Stände, Frankfurt a.M. 1990, 143.

42 Vgl. im Einzelnen Wolfgang Bungies/Albert Heinekamp, Einleitung zu: Gottfried Wilhelm Leibniz, Allgemeiner politischer und historischer Briefwechsel. November 1695–Juli 1696 (Gottfried Wilhelm Leibniz, Sämtliche Schriften und Briefe, Erste Reihe, Bd. 12), Berlin 1990, XXVII–LXXI, hier XXIX.

43 Ebd., XXXI–XLV.

Abb. 191: Briefkuvert mit Überlegungen Leibniz' zum Bewegungsproblem

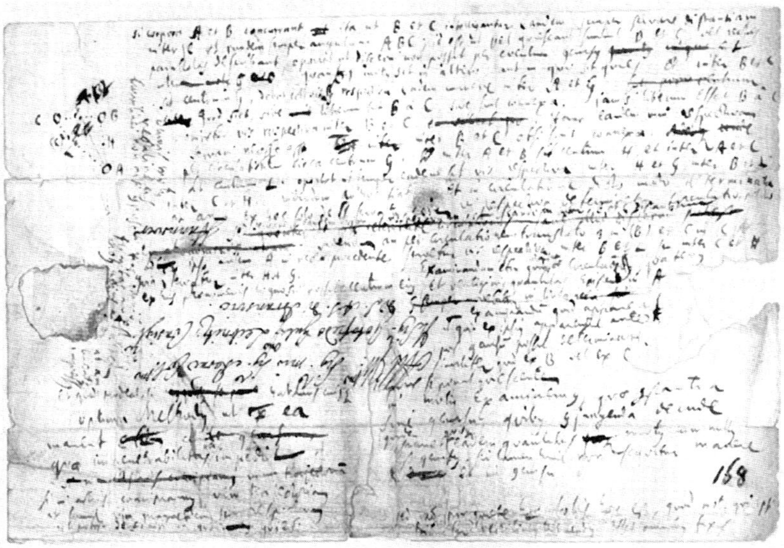

Franzosen Christophe Brosseau die Lage im Pfälzischen Erbfolgekrieg und machte Stimmung für eines seiner Lieblingsprojekte, eine Reunion der Kirchen. Er kümmerte sich um Quellen für die ihm aufgetragene Welfengeschichte. Er mischte sich in die Konzeption eines Lexikons der englischen Sprache ein, wird Mitinitiator der Ausgrabungen an einem prähistorischen Fürstengrab. Er stellt dem Herzog Rudolf August das binäre Zahlensystem vor, ist stolz auf seine Rechenmaschine. Mit Tenzel diskutiert er versteinerte Knochen – ist es ein Elefantenskelett? Mit einer ganzen Reihe von Briefpartnern erörtert er Ursprung und Entwicklung der Sprachen. Er äußert sich zum Widerstandsrecht der Untertanten, gibt sein Urteil zur Alchemie, verfolgt die Neuerscheinungen auf dem Gebiet der Philosophie, erläutert seinen Substanzbegriff und beschäftigt sich so mit Tod, Körperwelt, Ursprung und Gott.

Derartige Fragen konnten sich zu Quaestiones, zu formalisierten Fragen und Antworten, entwickeln, eng verknüpft, wenngleich noch freier in der Argumentation, mit dem dualen Wechselspiel der Disputation. Berühmtes Beispiel ist der Leibniz-Clarke-Briefwechsel, der mit anderen seiner Art – obwohl und gerade weil er nicht herkömmlicher Briefwechsel von Gelehrten ist, sondern Philosophiediskussion disputationsnah vollzieht – das landläufige Bild von frühmoderner gelehrter Korrespondenz geprägt und verbildet hat. 1715 und 1716 hatten Leibniz und Samuel Clarke – Hofprediger Königin Annes und lateinischer Übersetzer von Newtons »Optik« – in einer Briefkette Quaestiones zu Gott, der Seele, dem freien Willen, zu Raum und Zeit, Wundern und Natur, dazu, ob alles in einem Sinn mechanisch direkt oder etwas auch, wie die Gravitation, über den Raum hinweg bewirkt zu werden vermöge, im offiziösen Wechsel getauscht.[44]

Leibniz war ein schneller, moderner Mensch. Was bei Jungius die Disputation war, ist bei ihm schon das noch junge Medium Zeitschrift, zu dessen Pionieren er zählt. »Entsprechend seinen Zwecken und den Zielsetzungen der verschiedenen Zeitschriften publizierte Leibniz jeweils gezielt in diesen wichtigen Medien zur Verbreitung von Wissen und Wissenschaft«, so die Bearbeiter seines Briefwechsels.[45] Und entsprechend organisierte er das Zeitschriftenwesen und seine Rolle darin mit seiner Korrespondenz. Wichtiges und Innovatives

44 Vgl. Ezio Vailati, Leibniz & Clarke. A Study of Their Correspondence, New York 1997.

45 Bungies, Einleitung, LIV.

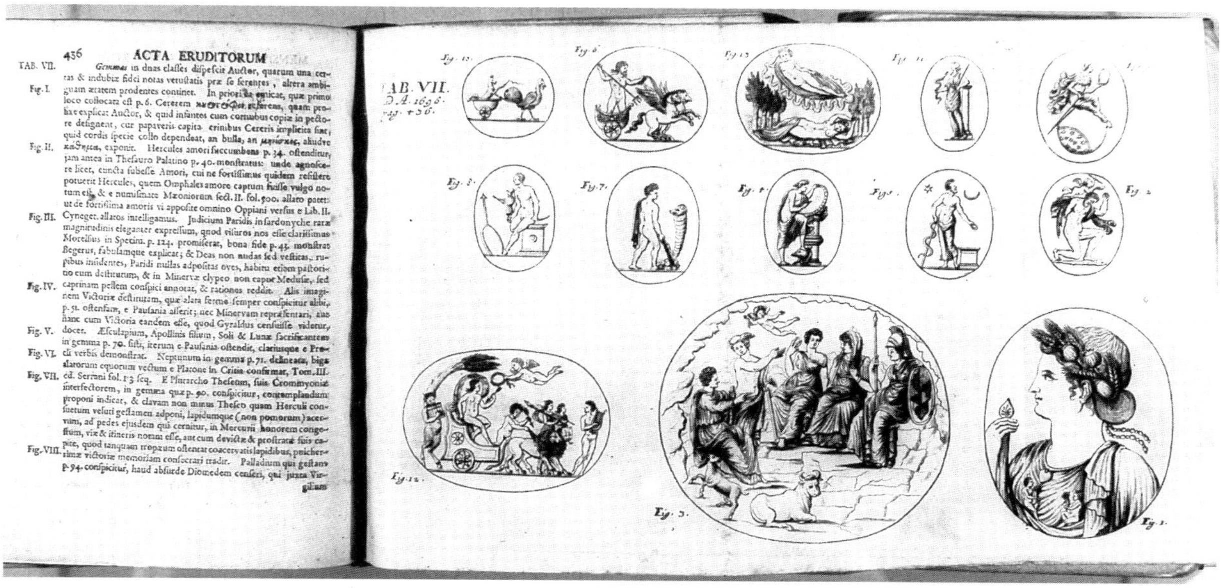

Abb. 192: Gemmen zur Beger-Rezension, aus: Acta eruditorum (1696)

veröffentlichte er in Blättern von internationalem Rang, vor allem in den »Acta eruditorum« und im »Journal des Sçavans«. Kleinere Sachen gab er 1696 dem »Journal de Hambourg« und dem von Chauvin in Berlin herausgegebenen »Nouveau Journal des Sçavans«: Es sind zwei zur Veröffentlichung bestimmte Briefe. Dem Hamburger Journal schickte er eine Besprechung seines »Lettre sur la connexion«. Er regte finanzielle Beihilfen für die Zeitschrift bei den hannoverschen Ministern an, weil man da ja »bisweilen etwas publiciren oder debitiren« könne![46] Ebenso trat er dafür ein, in England Cornand de La Crose als Herausgeber der »Memoirs of the Ingenious« zu unterstützen. Mehrfach versuchte er 1696, Beiträger für die »Acta eruditorum« zu werben. Als in den »Acta eruditorum« eine Besprechung von L. Begers »Thesaurus Brandenburgicus« vorgesehen ist, der darin J. G. Rabener herabgesetzt hatte, engagierte sich Leibniz dafür, in der Rezension für Rabener Stellung zu beziehen. Ihm selbst wird 1695 im Dezemberheft der »Acta eruditorum« in einem Aufsatz Jakob Bernoullis mangelnde Explikation in Fragen der Elastitzitäts- und Kurventheorie vorgeworfen, die von mehreren Mathematikern in dem Blatt des längeren diskutiert worden war. Im Februar 1696 schickte Leibniz die Antwort an den »Acta«-Verleger Mencke. Im März wird die Sache gedruckt.[47]

Die Entwicklung der Zeitschriften vollzog sich rasant.[48] Schon 1692 war ein Kompendium erschienen, Christian Junckers »Historische Abhandlung über die Ephemeriden oder gelehrten Tagebücher«. Zeitschriften seien, so Juncker, »libros, in quibus vel per septimanas, vel per menses annumve editis non libri modo vulgati sed & alia doctorum monumenta, diverso scribendi genere, in usum publicum, & promovenda rei literaria causa, vel a singulis Viris vel integris Societatibus recensentur« – also: nicht gewöhnliche, sondern wöchentlich, monatlich oder jährlich erscheinende Bücher, in denen die Äußerungen der Gelehrten von Einzelnen oder formalen Gesellschaften dem öffentlichen Gebrauch und Fortschritt der Gelehrsamkeit zuliebe beurteilt werden.[49] Wie schon die Spiegelstriche zu Leibniz' Zeitschriftenpräsents zeigen, ging es in den und mit den Journalen in ausnehmendem Maße um die Organisation, Institutionalisierung und Disziplinierung von Meinungskonkurrenz und Streit. Es ging um Kritik. Die Zeitschriften sogen Disput und

46 Ebd., LV.

47 Vgl. ebd., LIVf. Vgl. auch Gerhard Menz, Leibniz und die Anfänge des wissenschaftlichen Zeitschriftenwesens, in: Zeitungswissenschaft 2 (1936), 587–590.

48 Zur Einführung Otto Dann, Vom Journal des Sçavans zur wissenschaftlichen Zeitschrift, in: Bernhard Fabian/Paul Raabe (Hg.), Gelehrte Bücher vom Humanismus bis zur Gegenwart, Wiesbaden 1983, 63–80; Bernhard Fabian, Im Mittelpunkt der Bücherwelt. Über Gelehrsamkeit und gelehrtes Schrifttum um 1750, in: Rudolf Vierhaus (Hg.), Wissenschaft im Zeitalter der Aufklärung, Göttingen 1985, 249–274, 257ff.; Augustinus Hubertus Laeven, The »Acta Eruditorum« under the Editorship of Otto Mencke. The History of an International Learned Journal Between 1682 and 1707, Amsterdam 1990; Martin Gierl, Kompilation und die Produktion von Wissen im 18. Jahrhundert, in: Helmut Zedelmaier/Martin Mulsow (Hg.), Die Praktiken der Gelehrsamkeit in der Frühen Neuzeit, Tübingen 2001, 63–94.

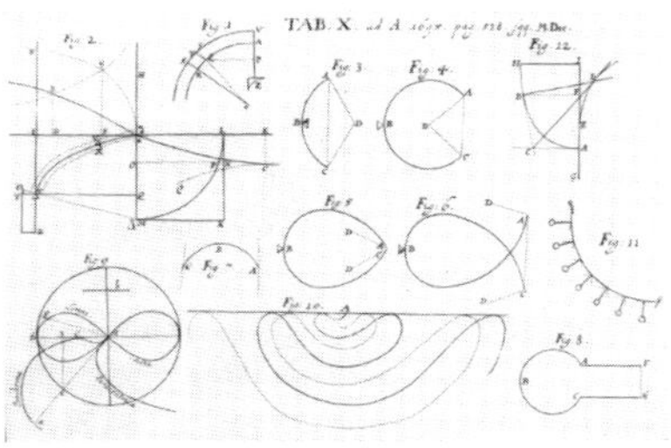

Abb. 193: Illustrationen zu Bernoullis Abhandlung zur Kurvendiskussion, aus: Acta eruditorum (1695)

Debatte in sich auf wie ein riesiges Kommunikationssaugwerk. Ein Ordnungsvorgang spielte sich ab, der dem Wissen und seiner Kritik Adresse und Aufbewahrungsort, standardisierte Formate und durch die Medien kontinuierliche, periodisch rhythmische, ubiquitäre Distribution verschaffte, ein Ordnungsvorgang, der gemeint ist, wenn man von der Wiege der Aufklärung spricht, und dessen Gewicht für die Entstehung moderner Wissenschaft und ihrer langsamen Entwicklung hin zu Disziplinen dem der Sammelleidenschaft, Experimentier- und Empiriefreude dieser Zeit entspricht. Juncker konnte bereits zwei juristische, drei theologische, 13 medizinisch-physikalische und 36 »Ephemerides mixtae« auflisten, die Gelehrsamkeit allgemein in den Blick genommen hatten.

24 Jahre darauf, 1716, »[n]achdem es fast das Ansehen gewinnet/daß viele Buchläden nicht mehr Buchläden/sondern Journal-Läden heissen möchten/auch die Buchhändler mehr Journal-Memoriale als Bücher-Memoriale zu expediren und zu verschicken haben«, brachte Paul Huhold sein Verzeichnis als »Curieuse Nachricht von denen heute zu tage grand mode gewordenen Journal- Quartal- und Annual-Schrifften« heraus.[50] Um die hundertfünfzig Titel sind es nun bei ihm, zentriert auf deutsche Produktionen. Bereits zwei Jahre später erscheint Heinrich Ludwig Göttens »Gründliche Nachricht von den Frantzösischen, Lateinischen und Deutschen Journalen«, weitere zwei Jahre später die »Continuation der gründlichen Nachricht«. Schon 1718 kommt ein deutschsprachiges Journal über Journale auf den Markt, 1730 die Quartals-»Critique désintéressée des journaux littéraires«. Prägnant bringen es Beutler und Gutsmuths in ihrem berühmten »Allgemeine[n] Sachregister über die wichtigsten deutschen Zeit- und Wochenschriften« von 1790 auf den Punkt: »Durch die Zeitschriften wurden die Kenntnisse, welche sonst nur das Eigenthum der Gelehrten waren, und in Büchern aufbewahrt wurden, die der größre Theil der Nation nicht verstand, nicht lesen konnte, und nicht lesen mochte, diese Kenntnisse der Gelehrten wurden durch die Zeitschriften allgemein in Umlauf gebracht, gereinigt, und in die allgemeine Volkssprache übertragen, und giengen nun gleich einer bequemen Scheidemünze durch aller Hände.«[51] Die Zeitschrift bedeutet Aufklärung, weil sie Disput ordnet, Wissen aktiviert und beides dabei zugleich in immer weiter ausgreifendem Umlauf hält. Als »Acta, Bibliothecas, Catalogos, Diaria, Ephemerides, Famas und Factos, Gazetten, Historien, Jahrbücher und Jahrregister, Journale, Memoires, Miscellanea, Noua litteraria, Opuscula, Quintessences, Recueils, Relationen, Sammlungen, Theatra, Versuche, Unterredungen, Wochenblätter, Zeitungen und so fort« boten die Zeitschriften als chronologische Synopse des gelehrten Geschehens das Wissenschaftsgesamtwissen an.[52] Macht die soziale Situation Information zum Familien- oder Insider-Wissen, machten die Zeitschriften Information zur Wissenschaft. In ihnen fällt der Gelehrte von der Buchleiter in die Wissenschaft hinein.

Skizzieren wir die Entwicklung der Reihe nach. Da war zunächst der Markt, genauer der urbane Markt. Er entsteht in London und Paris, dort wo das Informationsaufkommen eine kritische Grenze überschreitet, sich verdichtet und von da geordnete Distribution erzeugt. Anfang des 17. Jahrhunderts waren »Intelligenz-Comptoirs« entstanden: Büros, in denen man in Listen Angebote und Nachfragen eintragen und einsehen konnte, das erste von ihnen in Paris. London folgte 1637. Man veröffentlichte die Listen. Sie sind als Gazetten und Intelligenzblätter wichtiger Teil der durch Druck autorisierten Information, die

49 Christian Juncker, Schediasma historicum de ephemeridibus sive diarii eruditorum, in nobilioribus Europae partibus hactenus publicatis, Leipzig 1692, Präfatio.

50 Fryburg 1716, Advertissement.

51 Johann H. Beutler/Johann C. Gutsmuths, Allgemeines Sachregister über die wichtigsten deutschen Zeit- und Wochenschriften, Leipzig 1790, Vorrede II.

52 Johann Andreas Fabricius, Abriß einer allgemeinen Historie der Gelehrsamkeit, Bd. 1, Leipzig 1752, 940.

als Feuerwerk des Tages- und Gebrauchsschriftums mit »Handzetteln, Quittungen, Eintrittskarten, Theatertickets, Lotterielosen, Einladungen, Mementos, Prospekten, Versteigerungskatalogen und Verkaufslisten, Kassenbüchern, Vordrucken, Formularen und Beschlußprotokollen, Pamphleten, Zeitungen und Zeitschriften« Alltagsleben immer weiter im neuen Sinn von Urbanität generierten.[53] Der wachsende Buchmarkt ist ein Teil davon. Er ruft nach Überblick, ruft nach den Verzeichnissen und Listen wie den Frankfurter Messekatalogen, nach Buchankündigungen, nach Rezensionen. 1665 ist in Paris dann das »Journal des Sçavans« als erste gelehrte Zeitschrift erschienen. Wöchentlich und auf Französisch bringt sie Kurzbeschreibungen der Bücher, Gelehrtennekrologe und Nachrichten aus der gelehrten Welt.

Da sind die gelehrten Sozietäten mit den ersten nicht mehr nur lockeren Gelehrtenverbänden, sondern staatlich geförderten Akademien. Noch 1665 beginnen die »Philosophical Transactions« der Royal Society zu erscheinen – weitgehend Experimenten und naturwissenschaftlicher Diskussion gewidmet.[54] Für Hunderte von Blättern des 17. und 18. Jahrhunderts galt: Sie sind Produkt einer Gruppe. Die Idee der gelehrten Zeitschrift, schriftlicher Bericht dessen zu sein, was eine Gruppe diskutierte, war dabei von so zwingendem Gewicht, daß Tenzel und Thomasius »Monatsgespräche« in den 1690ern herausgegeben haben, in denen sie fiktive Gelehrtenrunden die literarischen Neuigkeiten besprechen ließen. Real fußten Journale jedoch nicht auf Diskussion. Die Mündlichkeit war Emblem, stand für die direkte gemeinschaftliche Erörertung einer Gelehrtengemeinschaft, die nun schriftlich journale Wirklichkeit geworden zu sein schien. Real basierten die Zeitschriften auf den Beiträgen der Herausgeber und ihrer Bekannten. Die Journale fußten auf Korrespondenz und waren Korrespondenz in ihrer weiter institutionalisierten Form. In London und andernorts hatte es im 17. Jahrhundert handschriftliche Briefzeitungen gegeben – politisch-diplomatische, ökonomische, manchmal abonnierbare Briefe aus der großen Stadt. Einer mit einem möglichst ausgedehnten Briefwechsel solle eine gelehrte Monatsschrift herausgeben, hatte der Polyhistor Daniel Georg Morhof schon in den 1660er Jahren vorgeschlagen.[55] Wesentlich der Korrespondenz entwachsen, repräsentierten und manifestierten die Journale die Kapazität und Autorität der sie veranstaltenden Sozietäten. Gerade in den frühen Tagen war dies Anreiz genug, es mit einer Produktion als einzelner, zumal junger Redakteur zu versuchen und sie des öfteren dann aus Not und Karrieretrieb selbst zu schreiben, wenn es an Beiträgen mangelte. Nicht jeder war dabei so begabt wie Pierre Bayle mit seinen »Nouvelles de la République des Lettres« – 36 zumeist selbst geschriebene 100seitige Nummern von 1684–1687 in kleinem Format –, die eine von einer Reihe von Produktionen aus dem liberalen Holland dieser Zeit waren.[56]

In der am Ende des 17. Jahrhunderts noch randständigen deutschen Gelehrsamkeitsprovinz begann die Zeitschriftenzeit mit lateinischen Übersetzungen des »Journal des Sçavans« und der »Philosophical Transactions«. Noch in deren Ersterscheinungsjahr hatten die Übertragungen eingesetzt.[57] Ab 1670 sind die naturwissenschaftlich-medizinischen »Miscellanea curiosa« der Kaiserlich Leopoldinischen Naturforschergesellschaft, der Leopoldina, erschienen.[58] 1682 dann das erste große allgemeinwissenschaftliche Organ, von dem oben bei Leibniz' Korrespondenz soviel die Rede gewesen ist, die »Acta eruditorum«. Sie sind als Gelehrtenkooperation besonders Leipziger Universitätsprofessoren unter der Regie Otto Menckes entstanden.[59] Kamen die Beiträge

53 Karl Tilman Winkler, Handwerk und Markt: Druckerhandwerk, Vertriebswesen und Tagesschrifttum in London 1695–1750, Stuttgart 1993, 212.

54 Zu ihnen Dwight Atkinson, Scientific Discourse in Sociohistorical Context. The Philosophical Transactions of the Royal Society of London. 1675–1975, London 1999.

55 Vgl. Dann, Vom Journal, 66.

56 Vgl. Hans Bots, Stratégies journalistiques de l'ancien régime. Les préfaces des »journaux de Hollande«. 1684 –1764, Amsterdam 2002.

57 Ephemerides eruditorum (1665–70), Leipzig; Acta philosophica (1665–1670), zunächst Amsterdam, dann Leipzig. Vgl. Fabian, Im Mittelpunkt, 257.

58 Vgl. Uwe Müller (Hg.), »Die Natur zu erforschen zum Wohle der Menschen«. Idee und Gestalt der Leopoldina im 17. Jahrhundert, Schweinfurt 2002.

Abb. 194: Neue Zeitungen von Gelehrten Sachen, Titelkupfer (1715)

nicht von diesen selbst, waren sie nachgefragt oder eingesandt. Die Zeitschriften stützten sich nicht nur auf, sie generierten auch Korrespondenz, bündelten und vernetzten sie im Zeitschriftenbezug und entzogen der Korrespondenz den gelehrten Teil, der nun in die Journale wanderte. Nehmen wir die »Philosophical Transactions«. Die führend benutzte literarische Form in ihnen war der Brief. 51% der Artikel 1675, 33% 1725, 48% 1775, 29% 1825 waren Briefe. Erst 1875 verschwindet der Brief als Artikelform aus dem Journal.[60]

In jedem Sinn hatte die Symbiose zwischen Gelehrtensozietät, Korrespondenzen und Zeitschrift die alten Gelehrtenbriefwechsel im neuen Medium funktional entfaltet. Allein neun italienische Korrespondenten werden für Mencke als »Acta«-Herausgeber hergezählt. Leibniz mit seinen Auslandsbe-

59 Vgl. die detaillierte Studie Laeven, The »Acta Eruditorum«, hier 27ff., 141ff.

60 Vgl. Atkinson, Scientific Discourse, 81.

ziehungen, der das »Journal des Sçavans« direkt aus Paris teuer aber schnell bezog, diente ihm und den »Acta« neben einer Vielzahl eigener Kontakte als Quelle für Frankreich.[61] Der Steckbrief dessen, was die »Collectores Actorum Eruditorum Lipsiensium« auf die Beine gestellt haben, lautet: 117 Bände mit 71.000 Seiten erschienen zwischen 1682 und 1782. In der Redaktionszeit Otto Menckes zwischen 1682 und 1706 wurden 3924 Rezensionen, 316 eigenständige und 166 aus anderen Zeitschriften übernommene Artikel in den etwa 50 Seiten starken Monatsheften gebracht. Etwa dreißig Rezensenten finden sich pro Jahrgang. Die zehn Spitzenrezensenten von insgesamt 128 kamen auf zwischen 100 und 300 Beiträge, die nachfolgenden zehn auf 50 bis 100 – viele Leipziger waren dabei.[62]

Nun waren die Briefe nur eine der Medien- und Kommunikationsformen, die in die Zeitschriften eingegangen sind. Das andere Bein waren die Pamphletistik und Streitschriften: die Texte gelehrter Streitkultur und etwas später auch die Disputationstexte – als sich der Zeitschriftenaufsatz durchgesetzt hatte, mußten die Promovenden ihre Dissertationen endgültig selber schreiben. Disput und damit Wissenschaft, soweit sie Erörterung ist, fanden in den Zeitschriften ihre neue Form. Dies läßt sich nicht nur ex negativo durch den Wandel der alten literarischen Formen in der Zeitschriftenzeit, es läßt sich direkt und zwar gerade in dem Feld zeigen, dessen Doxa eng mit der Disputationskultur und ihren Arten, Wahrheit zu verteidigen, korrespondierte: in der Theologie.[63] In England waren um 1700 ein Drittel der literarischen Produktion religiöse Texte, heißt es, denn soziales Leben und Kultur waren wesentlich religiös.[64] So auch in Deutschland, und religiöse Diskussion besaß entsprechendes Gewicht. Theologisches Diskutieren war in eigens formalisierte und institutionalisierte Diskussionsarten der Kontroverstheologen geflossen: in Streitpredigt, Disputation und nicht zuletzt Streitschriftenwechsel von zumindest bei den Worttheologen des Protestantismus ab und an immensem Ausmaß. Der wesentliche Streit in der Zeit zwischen 1690 und 1720 war dabei die Pietismuskontroverse. Auf hochgerechnet 500 Kombattanten mit 2000 Streitschriften hat sie es gebracht. Hier wie bei der gelehrten Korrespondenz sind es wiederum Masse und Geschwindigkeit gewesen, die die alte Kommunikation in neue Formen übergehen ließen. In der Hitze des Gefechts sind die Schriften und Gegenschriften in Hamburg teilweise im täglichen Rhythmus erfolgt – und haben sich schon im Layout als sichtbar zusammengehörig gezeigt. Es gibt Beispiele, daß Streitschriften als mehrteilige Serie erschienen. Schritt für Schritt liefen die Streitschriften auf die Zeitschriften zu, und der Übergang von der Streitschrift zum Journal läßt sich direkt belegen. 1696 hat ihn Johann Friedrich Mayer vollzogen. Sein dreiteiliger Angriff auf Philipp Jakob Spener, die führende Persönlichkeit des deutschen Pietismus, »Herr D. Spener wo ist sein Sieg?«, ist als Monatsschrift konzipiert gewesen. Mayers Streitjournal ist nicht nur Ergebnis des kommunikationshistorischen Wandels, es ist auch konkrete Reaktion auf die Medienpolitik der gegnerischen Seite. »Denn so sich der Sel. Lutherus nicht muß befrembden lassen/daß er von M. Francken alle Monath unschuldig beschämet werde/wird Herr Doctor Spener nicht über nehmen können/daß man vielmehr alle Monath sein Unrecht der Kirchen offenbahre.«[65] August Hermann Francke – die Zentralfigur des Halleschen Pietismus – hatte im Januar 1695 begonnen, eine Monatsschrift zu veröffentlichen, die »Observationes Biblicae oder Anmerckungen über einige Oerter H. Schrifft Darinnen die Teutsche Übersetzung des

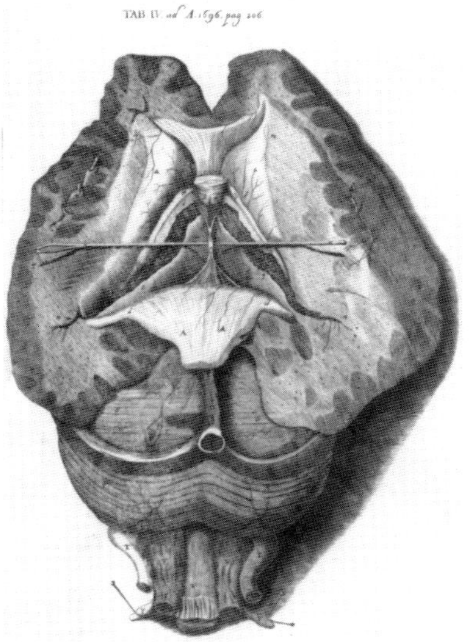

Abb. 195: Empirie und Anschauung im neuen Medium Zeitschrift, hier: medizinisches Kupfer eines menschlichen Herzens (1696)

61 Leaven, The »Acta Eruditorum«, 41, 97ff., 109.
62 Ebd., 62ff., 137ff.
63 Vgl. dazu Gierl, Pietismus.
64 Vgl. mit weiterführender Literatur Paula McDowell, The Women of Grub Street. Press, Politics, and Gender in the London Literary Marketplace 1678–1730, Oxford 1998, 122.
65 Johann Friedrich Mayer, Herr D. Spener wo ist sein Sieg, 3 Teile, Hamburg 1696, Teil 1, 43.

Sel. Lutheri gegen den Original-Text gehalten und bescheidentlich gezeiget wird Wo man dem eigentlichen Wort-Verstande näher kommen könne«. Wie kaum anders zu erwarten, rief die Zeitschrift zahlreiche orthodoxe Gegenschriften hervor. Empörte man sich gegen die »Observationes«, so hatte dies damit zu tun, daß Francke Luther überhaupt kritisierte. Letztendlich aber sind es die formalen Aspekte gewesen, die Mayer an Franckes Monatsschrift besonders aufgebracht haben. Mit großen Lettern hervorgehoben, heißt es: Daß Francke Luther »(1) [...] Teutsch«, »(2) unter den Schein grosser Andacht«, »(3) [...] ein gantzes Jahr« und »(4) alle Monath« der Verachtung preisgebe, das sei »verdammliche Satans List«.[66]

Es ist nicht bei diesem einen Streitjournal geblieben. Von 1704 an begann der Danziger Pastor Friedrich Christian Bücher (1651–1714), in zwölf Teilen »Menses Pietistici« herauszugeben. Auch Bücher ließ in der Begründung für seine Monatsschrift den Bezug zu den Franckischen »Monathen« anklingen: Er wolle die Zeitschrift »unter den ihnen selbst nicht ungewöhnlichen Titul Mensium Pietisticorum« veröffentlichen. Die Versuche Mayers und Büchers scheiterten. Aber schon einige Zeit vor den »Menses Pietistici« hatte ein Journal zu erscheinen begonnen, das mehr als eine periodische Refutationskette gewesen ist, eine Zeitschrift, deren Herausgeber begriff, daß sich die neue Medienform nicht einfach als bloßes Werkzeug im Dienste des alten Disputierens gebrauchen ließ, sondern daß die neue Form Ansprüche erhob und der alten Streitpraxis neue Kommunikationsgebote gegenüberstellte. Gemeint sind die »Unschuldigen Nachrichten Von Alten und Neuen Theologischen Sachen«, die von Valentin Ernst Löscher, einem der bedeutendsten Pietismusgegner, seit Januar 1701 – im ersten Jahr noch unter dem Titel »Altes und Neues Aus den Schatz Theologischer Wissenschafften« – herausgegeben wurden. Löschers Zeitschrift ist zum Zentralorgan der lutherischen Orthodoxie geworden. Sechzig Jahre lang ist das Journal erschienen.[67]

Geht man unbedarft an diese erste deutschsprachige theologische Fachzeitschrift und liest die Vorrede von 1701, so wird man erstaunt sein: Statt von Theologie, Gott und dem Himmelreich ist in ihr von Streit, Verlegern und dem literarischen Markt die Rede. Man sei der »Kirche zu Wächtern gesetzt«, gerade in diesen »trübseeligen Zeiten«, in denen die Kirche von »Rissen« durchzogen sei: Die Buchläden nämlich seien voll von kirchenkritischen Schriften. Es sind demnach weniger die abweichenden Lehren selbst, die die Kirche bedrohen. Die Gefahr entwächst aus deren Rezeption. In erster Linie warnte Löscher nicht vor den heterodoxen Gedanken, sondern vor einer neuen Art, Ideen zu kommunizieren. Ungeheuer sei die »Zahl derer ärgerlichen deutschen Schrifften« gestiegen.[68] Der Zeitzeuge Löscher war sich bewußt, daß es nicht irgendwelche Lehrinhalte sind, die die reine Wahrheit unterminieren. Es ist vielmehr der freie literarische Markt, der die wahre Lehre bedroht, indem er von außen her die alten Formen des theologischen Wahrheitsschutzes mit Predigt, Pamphlet und Streitschrift zum Erudieren bringt. Das Neue siegt, weil es sich verkaufen läßt, und in dem Maße, wie es sich verkaufen läßt. Das Alte muß hier konkurrieren: Dies ist die Konsequenz, die Löscher zieht. Streitschriften wird man nicht mehr los. Absatz findet allein das neue Medium Journal.[69]

Die bisherigen Zeitschriften hätten die Theologie, insbesondere deren Kontroversen, zu wenig berücksichtigt. »So ist dieser einige Weg noch übrig, daß doch etliche Lehrer« gegen all die ketzerischen Schriften »in der Kürtze

66 Im Detail Gierl, Pietismus, 395ff., hier 398, 399.
67 Mit weiterführender Literatur ebd., 400.
68 Unschuldige Nachrichten 1 (1701), Vorrede 3.
69 Vgl. ebd., 5.

ihr Zeugniß ablegen […], damit nicht so viel tausend Böses ohne Widerspruch und Gegen Erinnerung passire«.[70] Der Weg lief quer zu den syllogistischen Windungen und Vollständigkeitsgeboten der akademischen Disputation. Er führte zur Rezensionszeitschrift. Dies bedeutete im Fall der »Unschuldigen Nachrichten« den Übergang von den kontrahentenbezogenen, textzergliedernden Streitschriften und Pamphleten zur bündigen Kritik auf engem Raum, die eine Inhaltswiedergabe des rezensierten Werks mit ihrem Widerspruch versah. Hierbei ließ es Löschers Wahrheitskontrolle nicht bewenden. Wie schon in der Vorrede des ersten Jahrgangs angekündigt, boten die »Unschuldigen Nachrichten« dem Publikum neben den Rezensionen neuer Schriften auch Inhaltsbeschreibungen alter Bücher. Theologenbriefe, »Kirchenacta« und Manuskripte der Patristen, »Neu=entdeckte Observationes« aus allen Teilen der Theologie sollten Eingang finden. Eine Berichterstattung über Vorgänge innerhalb der großen Konfessionen sowie der verschiedenen christlichen Sekten war geplant. 1702 kommt »die Historie dieser und jener/auch Päbstlicher Kirchen=Gebräuche« hinzu. Daß der »geheiligte Fleiß« der Journalmitarbeiter jedoch in der Rezension vor allem der »täglich herauskommenden gefährlichen Schrifften« bestehen sollte, verheimlichte Löscher nicht.[71] Den Inhalt der einzelnen Jahrgänge schlüsselte seit 1702 ein vierfaches Register auf. Neben einem Sachindex wird dem Leser ein Verzeichnis der untersuchten Bibelstellen sowie eine Liste erläuterter griechischer und hebräischer Begriffe geboten. Darüber hinaus findet sich ein nach Sachrubriken angeordnetes Inhaltsverzeichnis. Ergänzt wurden diese Hilfsmittel durch »Vollständige Register« für die Jahre 1701 bis 1710 bzw. 1711 bis 1720, die 1721 und 1728 erschienen sind. Ein am Publikum orientiertes Vollständigkeitsbestreben ersetzte so das Bemühen, dem Gegner restlos »das Maul zu stopfen«.[72] Im Verlauf der ersten zehn Journaljahre seien »gegen 1600. neue und über 260. alte Bücher« rezensiert worden. So waren die »Unschuldigen Nachrichten« gerade aufgrund ihrer polemisch-kritischen, orthodoxen Intention als theologisches Fachorgan Vorreiter einer Entwicklung, die in anderen akademischen Disziplinen erst Jahrzehnte später einsetzten sollte.

Masse und Markt haben die Entstehung neuer Medienformate zur Differenzierung getrieben. Noch beherrschten um 1700 politische Relations- und historisch-geographische Blätter das Feld. Mit der Übernahme der Moralischen Wochenschriften in den 1720er Jahren aus England beginnt auch in Deutschland die Zeit der populären Journale. Die Entwicklung von Fachjournalen als Teil und Ergebnis wissenschaftlicher Disziplinenbildung wird folgen.[73] Doch dies ist nach der hier zur Debatte stehenden Zeit. Deren Königin – was den Bereich der Gelehrsamkeit anbelangt – ist die Gelehrte Zeitung gewesen, die Erweiterung der allgemeinen Rezensionszeitschrift zum gelehrten Berichtsblatt mit Vollständigkeitsanspruch. Sie war zentrales Element eines Ende des 17. Jahrhundert entstehenden Fachs und wissenschaftlichen Instrumentariums, das die Basis der aufziehenden neuen Wissenschaftlichkeit bilden sollte: der Historia literaria, der Gelehrten- oder Litärgeschichte. Verzeichnis aller Literatur und Kenntnis der besten Bücher – ihr Motto klingt harmlos. Es meinte aber nicht weniger als die Bestandsaufnahme allen gelehrten Wissens, des alten, neuen und aktuellen, eine riesige Registratur, die dem Wissen in der Verzeichnung seinen Ort und damit Signatur verlieh und die die Gelehrten mit Bibliographien, Handbüchern, mit einem eigenen Lehrfach, das die Studenten in die Gelehrsamkeit einzuführen

70 Valentin Ernst Löscher, Vollständige Register über die Ersten Zehen Jahr der Unschuldigen Nachrichten, Leipzig 1721, Vorrede.

71 Vgl. Gierl, Pietismus, 403ff.

72 Dazu ebd., 114ff.

73 Als erste Sachorientierung teilweise nach Kategorien ex post Ernst Fischer/Wilhem Haefs/York-Gothart Mix (Hg.), Von Almanach bis Zeitung. Ein Handbuch der Medien in Deutschland 1700–1800, München 1999. Zur historischen Einführung Margot Lindemann, Deutsche Presse bis 1815, Berlin 1969; Otto Groth, Die unerkannte Kulturmacht. Grundlegung der Zeitschriftenwissenschaft, 7 Bde., Berlin 1960–1972. Als Orientierung unerläßlich Joachim Kirchner, Bibliographie der Zeitschriften des deutschen Sprachgebietes bis 1900, Bd. 1: Die Zeitschriften des deutschen Sprachgebietes von den Anfängen bis 1830, Stuttgart 1969.

versuchte, mit Lexika und nicht zuletzt mit den Gelehrten Zeitungen betrieben. Die Gelehrtenrepublik erhielt mit diesen Instrumenten ihre dem Zugriff offenstehende, vollständige Bibliothek. Von nun an läßt sich von Wissenschaft reden. Denn was immer man unter Wissenschaft versteht: Die Möglichkeit, Wissen zu kumulieren und zu überprüfen, gehört dazu. Hunderte, ab der Mitte des Jahrhunderts Tausende von Texten umfaßte die Gelehrtengeschichte. Sie füllen eine eigene Bibliothek. In der Göttinger Forschungsbibliothek zum 18. Jahrhundert, deren Kernbestand die Historia literaria bildet, kann man sie besichtigen. Zentrales Element der Historia literaria waren die Gelehrten Zeitungen nicht nur, weil sie die Registratur auf dem Laufenden hielten. Sie waren – bald gab es sie bei jeder bedeutenderen Universität und an jedem wichtigeren Wissenschaftsort – lokale Relais, die das Wissen vor Ort in das und aus dem gelehrten Netzwerk pumpten. Jetzt kam das Wissen über neues Wissen wöchentlich und auf Deutsch daher. Ein kohärenter, periodisch aktualisierter Raum des Wissens ist so entstanden.[74]

Zu den frühen und erfolgreichsten dieser Zeitschriften zählten die »Neuen Zeitungen von Gelehrten Sachen [...], oder Gesammlete Nachrichten von allem, was dieses Jahr über in der gelehrten Welt Ruhm- und merckwürdiges vorgefallen. Nebst einer kurtzen Einleitung in die Historiam Literariam und Librariam besagten Jahrs« (Leipzig 1715–1784).[75] Wie der Titel schon sagt, wollten sie systematisierendes Organ der Historia literaria sein und zwar in vierfacher Hinsicht. Sie boten a) Auszüge aus und Inhaltsübersichten der auswärtigen gelehrten Journale, b) »[a]lle Erfindungen in Künsten und Wissenschafften, alle neue Bücher, alle Auctionen oder anderweitiger Verkauff von Bibliothecken, raren MSStis, Müntzen, Antiquitäten und andern zur Gelehrsamkeit gehörigen Sachen, die glücklichen oder wiedrigen Zufälle berühmter Gelehrten, ihr Absterben und die Nachrichten von ihrem Leben und Schrifften, gehören alle hieher. Ja auch selbst kleine dissertationen [...].«[76] Das Material wurde, wie bei den anderen Gelehrten Zeitungen auch, in geographischer Ordnung geboten, das heißt, die Artikel waren mit der jeweiligen Stadt überschrieben, aus der die Nachrichten stammten. Also etwa: Leipzig – Allhier ist erschienen, hat Herr X folgende Dissertation verteidigt, wurde von der Sozietät die Preisfrage gestellt usf. Den Jahrgang beschloß, c), das dreifache Register der angeführten Journale, Autorennamen und anonymen Schriften. Als Einleitung der Jahresbände enthielt die Zeitschrift jeweils, d), eine nach Gelehrtengebieten geordnete Rekapitulation des Jahrgangs. Kurz: Die »Neuen Zeitungen« protokollierten Gelehrsamkeit, indem sie berichteten, was die Gelehrten getan hatten das ganze Jahr. Gelehrtenreport, darin als zentraler Teil Schriften, dabei dann die Bücher: Das ist der Fokus. »In lateinischer Sprache hat Clairambauld die Canarienvögel; ein Ungenannter die Freundschaft, in zweyen Büchern; und Herr Mattiä den Herrn von Münchhausen in einem Lobgedichte besungen. Herr Christ aber sein Suselicium von neuem drucken lassen. [...] Unter unsern Landesleuten haben Herr Hagedorn und Stoppe Fabeln verfertiget, und der erstere aus den 6 Theilen von Brockes irdischen Vergnügen die besten Gedichte ausgesucht. – Von der Frau Spitzlin poetischen Ergetzungsstunden ist der 2te Theil, und von des Herrn Stockhausens poetischer Sabbatsfeyer der erste heraus«, so ein Auszug aus der Systemstelle Poesie der Jahreszusammenfassung von 1738.[77]

Damit also sind Herrn Walchs Unglück und Frau Spitzlins Gedichte als gelehrte Sachen Wissenschaft geworden und alles andere, was erfahren, ge-

74 Vgl. Gierl, Bestandsaufnahme; Ders., Kompilation.

75 Vgl. Fabian, Im Mittelpunkt, 258.

76 Neue Zeitungen von Gelehrten Sachen (1715), Vorrede.

77 Ebd. (1738), Vorrede.

Göttingische
Zeitungen
von
Gelehrten Sachen
auf das Jahr
MDCCXLV.

Göttingen
bey Johann Peter Schmid, Königl. privil.
Universitäts-Buchhändler.

Abb. 196: Göttingische Zeitungen von Gelehrten Sachen, Titelblatt (1745)

macht, umstritten, erdacht – und aufgenommen worden ist im verzeichneten Literaturbestand der Respublica litteraria. Die »Neuen Zeitungen« sind das direkte Vorbild für die ab 1739 erscheinenden »Göttingischen Zeitungen von Gelehrten Sachen« – die späteren »Göttingischen Gelehrten Anzeigen« – geworden, das als führendes deutsches Rezensionsblatt die Göttinger Universität, ja man kann sagen die deutsche Aufklärungswissenschaft nach der Jahrhundertmitte vertrat.[78] Die Göttinger Produktion entsprach dabei dem Leipziger Format in ihrem ersten Jahrzehnt exakt. In einem Punkt hat sie es im Sinn der Gattungstypik der Gelehrten Zeitung sogar noch ergänzt. Sie besaß, wie schon eine Reihe von Vorläufern, so Thomasius' »Monatsgespräche«, ein Realienregister. »Einfalt, gelehrte, was es sey […] derselben Nachdruck wider

78 Zu ihrer Entstehung Gustav Roethe, Göttingische Zeitungen von gelehrten Sachen, in: Festschrift zur Feier des hundertfünfzigjährigen Bestehens der Königlichen Gesellschaft der Wissenschaften zu Göttingen. Beiträge zur Gelehrtengeschichte Göttingen, Berlin 1901, 567–688.

die Atheisten und Zweifler mit dem Exempel Christi und der Apostel erwiesen; Electricitet 50. Experimente davon; England, Ursprung der Widersetzung desselben gegen den Papst; Englische Sprache hat Sylbenmaß; Enterbung, ob ausser denen Nov. 115. benannten Ursachen noch andere gelten«, so beim Buchstaben »E« 1739. Die Position Beutlers und Gutsmuths spiegelt sich hier: Die Gelehrte Zeitung als Digest-Journal, das als Repositorium gelehrten Geschehens die Einheit Buch aufbricht und Wissen zugänglich macht. 1749 änderte sich dies. Das Sachregister entfiel, genauso wie der Jahresüberblick, statt dessen berichtete man Göttinger Lokalgeschehen und druckte statt der bloßen Autorennamen im Register das Titelregister der rezensierten Bücher. Die Änderungen erscheinen unscheinbar, und doch markieren sie einen wichtigen Schritt. Die bibliographische Einheit von Autor und Text wurde Ordnungsbasis anstelle der Gelehrten in fachlicher, geographischer Ordnung. Das Rezensionsgeschäft war alleiniger Fokus der Gelehrten Zeitung geworden, und das Buch verdrängte als nahezu ausschließlicher Berichtsgegenstand das Klein- und Gelegenheitsschriftum. Programme und Dissertationen, Poesie, Predigten und Erbauungsliteratur, auch die Moralischen Wochenschriften, die bis zur Jahrhundertmitte noch besprochen worden waren, verließen nach und nach das Blatt. Die Wahrnehmung der Zeitschrift stutzte damit gelehrtes Schrifttum zum Buch. Ein Sieb, durch das die Kleinliteratur fiel und in dem das Buch, genauer das rubrizierte gelehrte Buch verblieb. In Gelehrten Zeitungen tummelten sich nun bibliographierte, zitierte und rezensierte Monographien, Sammelbände und Jahrgänge eines Journals – und nicht mehr die Gelehrten selbst. So blieb denn, was nicht in den Büchern ist, nicht in der gelehrten Welt. Und der, der Wissen schafft, hatte Autor zu sein.

Erfinder, Forscher und Projektemacher

ULRICH TROITZSCH

Der Aufstieg der praktischen Wissenschaften

Unsere gegenwärtige Gesellschaft wird häufig als Wissensgesellschaft bezeichnet, zum einen, weil Wissen fortan eine unabdingbare Voraussetzung für die Sicherung der Existenz bedeutet und zum anderen, weil Wissenschaften und Technik, d.h. die Artefakte, mit der Gesellschaft untrennbar verbunden sind. Insbesondere die traditionelle Unterscheidung von Mensch bzw. Gesellschaft und Technik sowie analog dazu von Kultur und Zivilisation ist nicht zutreffend. Wir sind vielmehr Teil eines in enger Wechselwirkung stehenden soziotechnischen Systems.[1] Auch die lange gehegte und heute noch anzutreffende Vorstellung, Technik sei lediglich angewandte Naturwissenschaft, erweist sich bei einem Blick auf die technischen Leistungen der Antike und des Mittelalters als falsch, da letztere fast ausschließlich auf durch Beobachtung und Pröbeln, d.h. trial and error, erworbenem Erfahrungswissen beruhten, das von Generation zu Generation weitergegeben und erweitert wurde. Auch nach dem Aufkommen der modernen Naturwissenschaften im 17. Jahrhundert entstand hier keine hierarchische Abhängigkeit der Technik von den Naturwissenschaften, sondern diese bildeten neben dem empirisch technischen Wissen »eine zweite wesentliche Säule, die im 18./19. Jahrhundert die Herausbildung der Technikwissenschaften stützen konnte«.[2] Erste Annäherungen zwischen Technik und Wissenschaft aber lassen sich bereits für die Zeit des Übergangs vom Mittelalter zur Frühen Neuzeit erkennen.

1. Die Vorgaben der Technik im Mittelalter

Daß ein bis zur Jahrtausendwende noch dünn besiedeltes Europa den antiken und orientalischen Kulturen binnen weniger Jahrhunderte den Rang ablaufen und auf Grund seiner ökonomischen, technischen und wissenschaftlichen Entwicklung zum neuen Machtzentrum der damaligen Welt aufsteigen konnte, führt man auf mehrere Ursachen zurück.[3]

Zu den natürlichen Gegebenheiten zählten vor allem Bodenschätze, ein gemäßigtes Klima sowie – ganz entscheidend – die Energieressourcen Wasser, Wind und Wald. Wie der englischen industriellen Revolution ging der »industriellen Revolution« des Mittelalters ein tiefgreifender Wandel im Agrarbereich voraus, der mit dem Einsatz des Räderpfluges für die schweren Böden, des Pferdes mit Kumtgeschirr und der Einführung der Dreifelderwirtschaft entscheidende Innovationen aufzuweisen hatte. Die nun in der Landwirtschaft erzielten Überschüsse ermöglichten den Übergang von der Tausch- zur Geldwirtschaft und bildeten die Grundlage für die Entstehung und Ausdifferenzierung der städtischen Gewerbe.[4]

Maßgeblich für die rasche Entwicklung der Gewerbe sowie des Montanwesens war eine förmliche Flut von Erfindungen, so daß man mit einer ge-

1 Günter Ropohl, Das neue Technikverständnis, in: Ders., Erträge der Interdisziplinären Technikforschung. Eine Bilanz nach 20 Jahren, Berlin 2001, 11–30; Friedrich Rapp, Technik und Naturwissenschaft, in: Günter Ropohl, Erträge, 31–42.

2 Klaus Mauersberger, Technik im Umfeld der Naturerkenntnis von Galilei bis Newton, in: Günter Wendel (Hg.), Naturwissenschaftliche Revolution im 17. Jahrhundert, Berlin 1988, 178.

3 Jean Gimpel, Die industrielle Revolution des Mittelalters, Zürich 1980; David S. Landes, Wohlstand und Armut der Nationen. Warum die einen reich und die anderen arm sind, Berlin 1999; Karl-Heinz Ludwig/Volker Schmidtchen, Metalle und Macht 1000–1600, Berlin 1992; James E. McClellan/Harold Dorn, Werkzeuge und Wissen. Naturwissenschaft und Technik in der Weltgeschichte, Hamburg 2001.

4 Nürnberg wies 1367, also während der Pestpandemien, 50 Handwerkergruppen mit 1217 Meistern auf. Friedrich Klemm, Technik. Eine Geschichte ihrer Probleme, Freiburg i. Br. 1954, 85ff.

Abb. 197: Kehrrad mit wechselnder Drehrichtung, aus: Georg Agricola, De re metallica (1556)

wissen Berechtigung von der »Erfindung des Erfindens« im Mittelalter sprechen kann.[5] Einige Basisinnovationen des Mittelalters seien nachfolgend vorgestellt.

Die Grundlage der späteren Mechanisierung von Produktionsprozessen beruhte auf der intensiven Nutzung der Wasserkraft. Das aus der römischen Antike übernommene unterschlächtige Wasserrad wurde durch Zusatzerfindungen wie Nockenwelle, Kurbeltrieb und Zahnradgetriebe zur universellen Antriebskraft, mit der man alternierende Bewegungen wie Stampfen, Pumpen, Schmieden mit dem Hammer oder Sägen durchführen konnte. Aus dem 1086 angelegten »Domesday Book« wissen wir, daß zu dieser Zeit allein auf

5 Landes, Wohlstand, 61. – Jean Gimpel führt für die Zeit vom 9. Jahrhundert bis 1445 mehr als 120 Neuerungen auf. Gimpel, Die industrielle Revolution, 261–265.

Abb. 198: Herstellung einer eisernen Räderuhr, aus: Johannes Stradanus, Nova reperta (1590)

der britischen Insel 5600 Wassermühlen vorhanden waren. In Mitteleuropa dürfte es nicht wesentlich anders gewesen sein. Die Mühlentechnologie blieb, bei ständiger Weiterentwicklung im Montanwesen und den städtischen Gewerben, ein Innovationszentrum des hölzernen Großmaschinenbaus bis ins späte 18. Jahrhundert hinein.

Von mindestens gleicher Bedeutung war die Entwicklung der Räderuhr, die wohl Ende des 13. Jahrhunderts im klösterlichen Umfeld entstand. Sie war eine originäre europäische Erfindung mit enormen technischen und sozioökonomischen Auswirkungen. Sie war die erste digitale Apparatur, die eine relativ verläßliche Zeitmessung ermöglichte, in den Klöstern die genaue Einhaltung der Gebetszeiten und in den Städten die Strukturierung der Arbeitszeiten, was zu höherer Produktivität führte. Im Gegensatz zur Mühlentechnik wurde die Uhrenherstellung die Keimzelle der Feinmechanik, wo in zunehmendem Maße präzise, miniaturisierte Maschinenelemente aus Messing und Eisen gefertigt und zahlreiche neue Kombinationen ersonnen wurden. Das Hauptaugenmerk galt dabei über mehrere Jahrhunderte »der Verbesserung der Übersetzungs- und Hemmungsmechanismen«.[6]

Diese Entwicklung der Feinmechanik wurde ohne Zweifel durch die Erfindung der Brille am Ende des 13. Jahrhunderts begünstigt, die zu einer Verdoppelung der Lebensarbeitszeit auch bei Schreibern, Lesern, Instrumentenmachern und Feinwebern führte. Ihre weitere Verbesserung wies damit auch den Weg für die Erfindung von Fernrohr und Mikroskop im 17. Jahrhundert.[7]

6 Peter Rück, Die Dynamik mittelalterlicher Zeitmaße und die mechanische Uhr, in: Hanno Möbius/Jörg Jochen Berns (Hg.), Die Mechanik in den Künsten. Studien zur ästhetischen Bedeutung von Naturwissenschaft und Technologie, Marburg 1990, 17.

7 Landes, Wohlstand, 62f.

Neben originär in Europa entwickelten technischen Neuerungen wie dem Trittwebstuhl im 12. Jahrhundert, der Wippendrehbank um 1400 und dem Flügelspinnrad um 1480 gelangten durch Technologietransfer drei chinesische Erfindungen im Mittelalter nach Europa, die adaptiert und entscheidend verbessert wurden: das Schießpulver, die Papierherstellung und der Buchdruck. In Europa wird das Rezept zur Pulverherstellung Ende des 13. Jahrhunderts bekannt, und bereits um 1320 gelangen erstmals eiserne Geschütze zum Einsatz, darunter in der Folgezeit auch Riesengeschütze, die sich aber wegen ihrer Unbeweglichkeit und schwierigen Handhabung letztlich als Sackgasse erweisen.[8] Ab der Frühen Neuzeit setzen sich aus Bronze gegossene leichtere Geschütze durch, die zur Entstehung einer neuen Waffengattung, der Artillerie, führen und damit die militärische Überlegenheit Europas begründen. Da im Kriegswesen stärker als in anderen technischen Bereichen das Prinzip von »challenge and response« wirksam ist, führt von den Innovationen im Geschützwesen eine direkte Linie zum Bau von »geometrisch regelmäßigen bastionierten Festungsanlagen«.[9]

Die Ausweitung des europäischen Handels nach Übersee beruhte auf wichtigen Neuerungen im Schiffbau, wie dem im 12. Jahrhundert im nördlichen Europa aufkommenden Heckruder, der Durchsetzung der Rahbesegelung mit beweglicher Takelage und der Karavell-Bauart, d.h. der glatt aufeinander gefügten Beplankung. Hinzu kam im 13. Jahrhundert die Übernahme des aus China übernommenen Magnetkompasses, der durch Hängereinrichtung und Windrose entscheidend verbessert wurde und die Fahrt über das freie Meer ermöglichte. Die Bewaffnung der immer größer werdenden Schiffe mit Kanonen an der Wende zur Frühen Neuzeit war die Voraussetzung für die gewaltsamen Eroberungen überseeischer Gebiete.[10] Das mechanische Recycling von vegetabilischen Lumpen als Grundlage der Papierherstellung ermöglichte die massenhafte Papierproduktion als Ersatz für den knappen und teuren Beschreibstoff Pergament und bildete damit eine der Grundlagen für die Entstehung des staatlichen Verwaltungswesens sowie des gedruckten Buches. Die Entwicklung des Buchdrucks mit beweglichen metallenen Lettern um 1445 durch den Mainzer Goldschmied Johannes Gutenberg (ca. 1400–1468), der sich binnen eines halben Jahrhunderts in Mitteleuropa verbreitete, beseitigte einen schon länger spürbaren »bottle-neck« im Transfer von Wissen und Informationen und bewirkte eine förmliche Kommunikationsrevolution. Die Zahl der sogenannten Inkunabeln, also der bis 1500 erschienenen Bücher, wird auf mehrere Millionen geschätzt, davon allein 13000 Titel im Jahr 1500.[11] Die gedruckte Literatur erreichte nun nicht mehr allein die gelehrte Welt, sondern auch den gebildeten Laien, zumal in zunehmendem Maße Bücher in den jeweiligen Landessprachen veröffentlicht wurden.

2. Der Aufschwung der praktischen Wissenschaften, seine Träger und seine Orte

Vorspiel in Italien

Die Fülle von grundlegenden Erfindungen und Verbesserungen des Mittelalters stammte, sofern es keine Übernahmen aus der Antike, Ostasien oder dem arabischen Raum waren, fast ausnahmslos von Praktikern, deren Namen

8 Volker Schmidtchen, Bombarden, Befestigungen, Büchsenmeister. Eine Studie zur Entwicklung der Militärtechnik, Düsseldorf 1977.

9 Nils Meyer, Darstellungen des Festungsbauers vom 16. bis 18. Jahrhundert, in: Hans Holländer (Hg.), Erkenntnis – Erfindung – Konstruktion. Studien zur Bildgeschichte von Naturwissenschaften und Technik vom 16. bis zum 19. Jahrhundert, Berlin 2000, 705–723.

10 Carlo M. Cipolla, Segel und Kanonen: Die europäische Expansion zur See, Berlin 1999.

11 Landes, Wohlstand, 68; McClellan/Dorn, Werkzeuge, 237.

zum großen Teil unbekannt sind. Erfahrung, die Nutzung von Faustregeln, Geschick, Intuition und der Mut, Neues zu versuchen, kennzeichnen diese noch schmale Schicht von Menschen mit besonderen Fähigkeiten. Obwohl die Wissenschaften im Mittelalter in hoher Blüte standen und insbesondere auch in den qualitativen Naturwissenschaften hervorragende Leistungen vollbracht wurden, bestanden zwischen Wissenschaft und der handwerklich geprägten Arbeitswelt kaum Beziehungen. Auch die in den Klöstern und an den seit dem 12. Jahrhundert entstehenden Universitäten im »Grundstudium« gelehrten »sieben freien Künste« (artes liberales), darunter die mathematischen Wissenschaften mit Arithmetik, Geometrie, Musik und Astronomie, wiesen im Mittelalter noch keinen Bezug zur Alltagswelt auf. Erst seit dem 15./16. Jahrhundert vollzog sich hier ein deutlicher Wandel, der seinen Ursprung in der italienischen Renaissance hatte.

Nach dem Zusammenbruch der Stauferherrschaft im 13. Jahrhundert waren im nördlichen Italien zahlreiche Stadtstaaten entstanden, die von Usurpatoren oder durch den Überseehandel reich gewordenen Adels- und Kaufmannsfamilien beherrscht wurden. Trotz ständiger kriegerischer Auseinandersetzungen untereinander entfaltete sich eine reiche wissenschaftliche, künstlerische und technische Kultur. Die herrschenden Fürsten oder führenden Familien demonstrierten ihre Macht durch repräsentative Architektur, Gemälde, Denkmäler und Skulpturen, für die sie künstlerisch und technisch begabte Handwerker heranzogen, die im Bereich der Residenzen, frei von Zunftbeschränkungen, ihre schöpferischen Einfälle und Erfindungen verwirklichen konnten. Repräsentation und Machterhalt durch ständige kriegerische Auseinandersetzungen sorgten für zahlreiche Innovationen in den Bereichen Waffentechnik, Befestigungswesen, Wasserbau und Gießereiwesen. Diese nach Ausbildung und sozialer Herkunft heterogene Handwerkerelite kam durch ihre Arbeitgeber mit Gelehrten, Astronomen, Humanisten und vor allem Mathematikern und deren wissenschaftlichen Erkenntnissen und Vorgehensweisen in Berührung. Die Gelehrten wiederum nahmen erstmals von der handwerklich-technischen Welt als wissenschaftlich relevantem Untersuchungsgegenstand Kenntnis.

Diese noch relativ kleine Gruppe erfinderischer Techniker, die in zunehmendem Maße Leitungsfunktionen übernahm, bildete die Keimzelle des späteren Ingenieurberufes. Die Bezeichnung »Ingenieur« leitet sich aus dem in mittelalterlichen Quellen gebräuchlichen lateinischen Wort »ingenium« für technisches Kriegsgerät her und weist damit auf einen der wesentlichen Aufgabenbereiche der Ingenieure hin. Auch die späteren volkssprachlichen Begriffe »engin« im Französischen und »engine« im Englischen für Maschine sind wiederum aus der Tätigkeit der »ingenieri« abgeleitet.[12] Und das den Ingenieuren zugeschriebene Schöpferische steckt noch heute im Wort »Genie« (lat. ingeniosus).

Angewandte Mathematik als praktische Wissenschaft

Beim Bau von Mühlen und großtechnischen Anlagen, die fast ausschließlich aus dem nachgiebigen Werkstoff Holz gefertigt waren, kam es in erster Linie auf Festigkeit und weniger auf Paßgenauigkeit an. Erfahrungswissen über das Verhalten des Holzes und der Umgang mit »Daumenregeln« waren in der vorindustriellen Zeit vorherrschend.

12 Karl-Heinz Ludwig, Ingenieur, in: Lexikon des Mittelalters 5 (1991), 417f; Hans Schimank, Der Ingenieur. Entwicklung eines Berufes bis Ende des 19. Jahrhunderts, Köln 1961.

Abb. 199: Allegorie der achtzehn mathematischen Wissenschaften, aus: Johann Faulhaber, Ingenieurs Schul (1637)

In anderen Bereichen waren dagegen Präzision und Meßgenauigkeit bestimmend. Und so sind es nicht zufällig zuerst die Bereiche der Kartographie und des Feldmessens, des Bergbaus, der Navigation, der Artillerie, aber auch des Handels, in denen in der Renaissance zum Wägen und Messen elementare Rechenkenntnisse verlangt wurden, die von Rechenmeistern und Lehrkräften für Navigation und Feldmeßkunst vermittelt wurden. Damit kam es zu einer ersten Blüte des wissenschaftlichen Instrumentenbaus, so zum Beispiel in Süddeutschland: »Astronomische, geodätische und nautische Meßinstrumente, Zirkel und Reißzeuge, Kalibrierstäbe und Geschützrichtaufsätze, Waagen, Meßlatten und Visierstäbe, Sonnen- und Räderuhren, Planetarien und Automaten gingen aus seinen Werkstätten hervor.«[13]

Die Bedeutungszunahme der Mathematik, die im frühen 17. Jahrhundert durch die neuen Naturwissenschaften weiter verstärkt wurde, spiegelt sich im Titelkupfer der 1637 in zweiter Auflage erschienenen »Ingenieurs Schul« von Johann Faulhaber (1580–1635) wider.[14] Der Autor war Ulmer Festungsbaumeister, betrieb eine eigene Rechenschule, in der Schüler in den mathematischen und mechanischen Künsten unterwiesen wurden, entwickelte Meßinstrumente, stand als Berufsmathematiker mit dem theoretisch orientierten »Amateur« René Descartes in Verbindung und unterstützte als Kenner der Ulmer Maßeinheiten Johannes Kepler bei der Berechnung des mit Wasser geeichten »Kepler-Kessels«. Dieser Bronzekessel »verknüpfte die fünf wichtig-

13 Christoph J. Scriba/Bertram Maurer, Technik und Mathematik, in: Armin Hermann/Charlotte Schönbeck (Hg.), Technik und Wissenschaft, Düsseldorf 1991, 47.

14 Kurt Hawlitschek, Johann Faulhaber (1580–1835): eine Blütezeit der mathematischen Wissenschaften, Ulm 1995; Ivo Schneider, Zwischen Galilei und Descartes: der Ulmer Rechenmeister und Ingenieur Johannes Faulhaber, in: Irmgard Hantsche (Hg.), Der »mathematicus«. Zur Entwicklung und Bedeutung einer neuen Berufsgruppe in der Zeit Gerhard Mercators, Bochum 1996, 201–225.

Abb. 200: Allegorische Darstellung der Mechanik, aus: Joseph Furttenbach, Mechanische Reißladen (1644)

sten Ulmer Maße – Zentner, Eimer (Weinmaß), Elle (Leinwandmaß), Ime (Getreidemaß), Schuh – mit seinem Gewicht und seinen Abmessungen und hielt ihre Zuordnung durch seine Inschrift fest«.[15]

Die traditionellen sieben freien Künste des Mittelalters sind auf dem Titelkupfer durch achtzehn mathematische Wissenschaften ersetzt, die sich ohne hierarchische Ordnung um die göttliche Weisheit gruppieren. Die allegorischen, traditionell weiblichen Halbfiguren tragen die für ihre Wissenschaft typischen Attribute. Bei der als einer eigenen Wissenschaft aufgeführten Optik sind es Fernrohr und Brennspiegel.[16]

Daß dabei die Mechanik im 17. Jahrhundert sogar zur Leitwissenschaft wird, zeigt ein Kupferstich mit dem Untertitel »Mechanica und ihreTöchter und Söhne« aus dem 1644 erschienenen »Mechanische Reißladen« von Joseph Furttenbach (1591–1667), Faulhabers Nachfolger in Ulm.[17] Mit der göttlichen Weisheit als Aureole steht die – männliche – »Mechanica« auf dem Berg der Wissenschaften, links absteigend die mathematischen Wissenschaften, bis auf die Arithmetik und die Astronomie alle von der Geometrie abstammend, in traditionell weiblicher Gestalt, rechts die praktischen Wissenschaften. »Die bildliche Formulierung der ›Mechanica‹ als glorifiziertes Kompilat aus männlicher Figur und weiblicher Wissenschaft verdeutlicht Furttenbachs Vorstellung einer Krönung der Wissenschaften und Künste durch die Einheit von Theorie und Praxis.«[18] In Anlehnung an die artes liberales werden hier sieben Bereiche der Technikanwendung aufgeführt, die der Machterhaltung, aber auch der Repräsentation und der Belustigung der Fürsten dienen: Grottenwerk, Wasserversorgung, Feuerwerkskunst, Büchsenmeisterkunst, Festungs-, Zivil- und Schiffsbau. Die bergbauliche Markscheidekunst erscheint als Abkömmling der Astronomie unten links. Neben der »nützlichen« Technik steht fast gleichberechtigt das Spielerische, Verspielte. Nirgendwo spiegelt sich das deutlicher wider als in den »Lustfeuerwerken« und in den Barockgärten wo – gebändigte – Natur, Mythologie und »Kunst« im noch weit verstandenen Sinne, also auch Technik, miteinander verbunden werden. So veröffentlichte der kurpfälzische Ingenieur und Baumeister Salomon de Caus (1576–1626), Schöpfer des Heidelberger Schloßgartens und zeitweilig auch in London und Paris tätig, 1615 in Frankfurt am Main sein Buch »Von Gewaltsamen Bewegungen. Beschreibung etlicher, so wol nützlichen als lustigen Maschiner beneben unterschiedlichen abriessen etlicher Höllen oder Grotten vnd lust Brunnen«, wobei er in der Vorrede ausdrücklich hervorhebt, daß die beschriebenen Maschinen und mit Wasserkraft, komprimierter Luft und sogar durch

15 Gerhard Zweckbronner, Rechenmeister, Ingenieur und Bürger zu Ulm – Johann Faulhaber (1580–1635) in seiner Zeit, in: Technikgeschichte 47 (1980), 125.

16 Jutta Göricke, Mathematische Wissenschaften, in: Holländer (Hg.), Erkenntnis, 318.

17 Faulhaber war zunächst Kaufmann, befaßte sich auf langjährigen Italienreisen auf Anregung von Galilei mit mathematisch-technischen Fragen und wurde 1631 Stadtbaumeister in Ulm. Er veröffentlichte zahlreiche Bücher über Zivil- und Schiffbau, Gartenarchitektur sowie einen italienischen Reiseführer, war Kunstsammler und besaß eine Kunstkammer.

18 Jutta Bacher, Das Theatrum machinarum – Eine Schaubühne zwischen Nutzen und Vergnügen, in: Holländer (Hg.), Erkenntnis, 514; Jutta Göricke, Mathematische Wissenschaften, in: Ebd., 320.

Abb. 201: Der Ingenieur, aus: Christoph Weigel, Abbildung der Gemein-Nützlichen Hauptstände (1698)

Sonnenergie in Gang gesetzten Brunnen, Fontänen, bewegten Skulpturen und Automaten »meistentheils von mir selbsten ins Werck gerichtet worden: Kann derohalben desto gewisser davon reden«.[19]

Bei Faulhaber findet sich die für das 16.–18. Jahrhundert gängige Definition von den Eigenschaften, Aufgaben und dafür erforderlichen Kenntnissen des Ingenieurs, wobei die Bedeutung der Mathematik als theoretisches Werkzeug der Technik unterstrichen wird: »EIN Ingenieur ist kein gemeiner: sondern ein Bevöstigungs vnd Kriegs Bawmeister/der ein scharpff Ingenium hat/[...] muß in Arithmeticis schier eine volkommene Experienz, auch in Geometria, Mathematica und Mechanica ein lang practicirte erfahrung/so wol in Artillerie vnd Büchsenmeisterey aufs wenigst eine Theoretische Wissenschaft haben/ vnnd sonsten darzu ein guter auffrichtiger Mann seyn [...].«[20] Da im 17./18. Jahrhundert Zivil- und Festungsbau oft in der Hand derselben Person waren, gibt es auch die Bezeichnung »Architekt und Ingenieur«.[21]

Höfe und Residenzstädte als neue Innovationszentren

Die Erfindungsschübe des Mittelalters haben so grundlegende Neuerungen hervorgebracht, daß der Zeitraum bis zum Einsetzen der Industrialisierung mit relativ wenigen spektakulären Neuerungen manchen Historikern als Stagnationsphase in der technischen Weiterentwicklung erscheint, der zudem von den Entdeckungen der Naturwissenschaftlichen Revolution überstrahlt wurde. Geht man jedoch davon aus, daß die mittelalterlichen Innovationen zwar als einfache Grundtypen vorhanden waren, aber ihre potentiellen Leistungs- und Nutzungsmöglichkeiten bei weitem noch nicht ausgeschöpft werden konnten, so ergibt sich für den Zeitraum vom 16. bis zum späten 18. Jahrhundert ein wesentlich positiveres Bild. Die Optimierung der Maschinen und Apparate nach technischen wie auch zunehmend ökonomischen Gesichtspunkten durch eine Fülle von Verbesserungsinnovationen, ihre zunehmende Verbreitung, der Transfer von Neuerungen in benachbarte Gewerbe nach entsprechender Anpassung sowie die außerhalb der städtischen Zünfte zunehmende arbeitsteilige Produktion in Manufakturen und die Teilmechanisierung von Produktionsprozessen bei der Rohstoffaufbereitung und der Veredelung kennzeichnen die technische Entwicklung.[22]

Die in der Frühen Neuzeit anwachsende Gruppe von kreativen Ingenieuren benötigte zur Realisierung ihrer oft kostenaufwendigen Neuerungen finanziell potente und daran interessierte Auftrag- oder, besser noch, Arbeitgeber, Möglichkeiten zur Erweiterung des Wissens durch Kommunikation mit »Kollegen« und an technischen Problemlösungen interessierten Gelehrten sowie Möglichkeiten zum Reisen, um den Stand der Technik in anderen Regionen und Ländern, bedeutende Bibliotheken und Kunst- oder Wunderkammern kennenzulernen. Im Gegensatz zur »Gelehrtenrepublik«, deren Kommunikation zu einem erheblichen Teil über ein enges Netz von Korrespondenzen und seit dem letzten Drittel des 17. Jahrhunderts über wissenschaftliche Periodika erfolgte, wurde bei einer allmählich komplexer werdenden Technik die persönliche Inaugenscheinnahme unverzichtbar.[23]

Mit Entstehung der zahlreichen europäischen, miteinander konkurrierenden absolutistischen Territorialstaaten seit Beginn der Frühen Neuzeit eröffnete sich nun für Ingenieure wie Wissenschaftler eine Vielzahl von attrakti-

19 Daß es sich bei den übrigens stets bemaßten Konstruktionsbeschreibungen nicht, wie teilweise bei den bereits vorgestellten Maschinenbüchern, nur um phantasievolle Entwürfe, sondern um effektive Konstruktionen handelt, hat unlängst eine Forschergruppe an der RWTH Aachen überzeugend bewiesen, die eine durch Wasserkraft betriebene Orgel mit 60 Pfeifen, Blasebälgen und dem Notenprogramm auf einer Stiftwalze in der Originalgröße nachbaute. Die gesamte Anlage mit einem Gesamtvolumen von 8 x 6 x 3,50 Metern, wozu noch bewegliche mythologische Figuren zählen, die sich auf einer Wasserfläche zur Musik hin- und herbewegen, ist seit kurzem Bestandteil der Sammlung von historischen Musikinstrumenten im Kloster Michaelstein bei Blankenburg im Harz und kann dort in Betrieb besichtigt werden. Vgl. Wasser, Luft und Orgelwerk, in: VDI Nachrichten, 1. August 2003, Nr. 31, 23.

20 Johann Faulhaber, Anderer Theil der Ingenieurs Schul, Ulm 1633, 3.

21 Ulrich Schütte, Architekt und Ingenieur. Baumeister in Krieg und Frieden (Katalog), Wolfenbüttel 1984.

22 Günter Bayerl/Ulrich Troitzsch, Mechanisierung vor der Mechanisierung. Zur Technologie des Manufakturwesens, in: Theo Pirker/Hans-Peter Müller/Rainer Winkelmann (Hg.), Technik und Industrielle Revolution. Vom Ende eines sozialwissenschaftlichen Paradigmas, Opladen 1987, 123–135.

23 Auch wenn in naturwissenschaftlichen und im späten 18. Jahrhundert auch in ökonomischen Periodika gelegentlich technische Probleme behandelt wurden, kam es zur Gründung eigener technischer Zeitschriften erst im frühen 19. Jahrhundert. Ulrich Troitzsch, Naturwissenschaft und Technik in Journalen, in: Ernst Fischer/Wilhelm Haefs/York-Gothart Mix (Hg.), Von Almanach bis Zeitung. Ein Handbuch der Medien in Deutschland 1700–1800, München 1999, 249–265.

von Tätigkeitsfeldern in staatlichen Diensten. Oberste Ziele der Regierungen waren die Sicherung und Erweiterung der Macht nach außen durch stehende Heere und eine von merkantilistischen Gesichtspunkten bestimmte Wirtschaftspolitik zur Erzielung von Einnahmen für die rasch ausufernden Ausgaben der absolutistischen Hofhaltung, die zentrale Verwaltung und den in staatlicher Regie betrieben Landesausbau, der vor allem in den größeren Territorien folgende Bereiche umfaßte: das Vermessungswesen und die Kartographie, den Ausbau der Infrastruktur (Bau von Festungen, Flotten, Kanälen und Straßen), die Gewinnung von Edelmetallen und anderen Bodenschätzen durch ein staatlich reglementiertes Berg- und Hüttenwesen, die Errichtung von staatlichen Manufakturen für den Heeresbedarf und die Luxusproduktion und den Aufbau von Forschungs- und Bildungseinrichtungen (Akademien, Universitäten).

Im Zuge der zunehmenden weltwirtschaftlichen Verflechtungen verlagerten sich dabei in Europa die politischen und ökonomischen Schwerpunkte und mit ihnen auch die Innovationszentren von Mittel- nach Westeuropa. Lagen die Zentren des technischen und gelehrten Wissens im 15./16. Jahrhundert noch in Rom und Seestädten wie Venedig, Sevilla und Lissabon, so wurden es nun im 17. Jahrhundert London als Hafenstadt und Regierungssitz, Amsterdam und Leyden sowie Paris mit Versailles.[24] Erst dann folgten mit deutlichem Abstand andere Staaten und einige Residenzen und Reichsstädte im territorial zersplitterten Deutschen Reich, wobei die Verwüstungen durch den Dreißigjährigen Krieg lange Zeit hemmend auf die wirtschaftliche und technische Entwicklung wirkten.

Erfindungsschutz

Im hier behandelten Zeitraum sind die Begriffe »Erfindung« (lat. inventio) und »erfinden« (lat. invenire) noch sehr weitgefaßt und können auch finden, entdecken bedeuten sowie wiederfinden, »was Gott nach dem Fall des Menschen in der Natur verborgen hatte«.[25] Und auf den technischen Bereich bezogen, muß es sich nicht unbedingt um eine Ersterfindung handeln, auch die Adaption einer regional bislang unbekannten technischen Neuerung in einer bestimmten Region wird als neue Erfindung begriffen.

Scherzhaft, aber nicht unzutreffend, spricht man davon, daß Wissenschaftler »papyrophil« und Erfinder und »papyrophob« seien, da erstere ihre wissenschaftliche Reputation in der Gelehrtenwelt durch Publikation ihrer Forschungsergebnisse erlangen und so ihre berufliche Stellung festigen können, während technische Spezialisten nur dann aus ihrer Erfindung einen finanziellen und ihre Existenz sichernden Nutzen ziehen, wenn sie diese bis zur Realisierung geheim halten und anschließend vor unautorisierter Nachahmung schützen; denn häufig müssen sie, um die potentiellen Geldgeber von der Überlegenheit ihrer Neuerung zu überzeugen, die entsprechenden Anlagen auf eigene Kosten errichten. Wesentliche Wurzeln des heutigen Patentrechtes finden sich daher bereits im späten Mittelalter im venezianischen Raum, wo man die Einführung neuer Gewerbe, aber auch von Mühlenanlagen wegen ihrer hohen Investitionskosten durch obrigkeitliche Privilegien auf bestimmte Zeit zu schützen suchte, sowie im Bergbau nördlich der Alpen, wo das Vordringen in größere Tiefen, die »Wasserwältigung« und die Erzförde-

24 Peter Burke, Papier und Marktgeschrei. Die Geburt der Wissensgesellschaft, Berlin 2002, 80f.

25 Marcus Popplow, Erfindungsschutz und Maschinenbücher: Etappen der Institutionalisierung technischen Wandels in der Frühen Neuzeit, in: Technikgeschichte 63 (1996), 25.

rung den Einsatz neuartiger »Hebekünste«, d.h. durch Wasserräder oder Pferdegöpel angetriebene Förder- und Pumpanlagen, erforderlich machten.[26] Dieses Privilegienwesen wurde im 15./16. Jahrhundert dann weiter institutionalisiert, indem die Offenlegung von der Territorialgewalt mit dem Schutz der Erfindung vor unbefugtem Nachbau belohnt wurde.[27] Dahinter stand von Seiten der vor allem auf Wirtschaftsförderung bedachten absolutistischen Landesherren in wachsendem Maße die Absicht, sich durch Privilegienvergabe Kenntnisse über technische Neuentwicklungen zu verschaffen und die Einführung von neuen Gewerben durch Monopole zu fördern. Mit dem 1623 in England erlassenen »Statute of Monopolies« wurde statt der ausschließlich wirtschaftspolitischen Nützlichkeitserwägungen ausdrücklich auch das Prinzip des »true and first inventor« zugrunde gelegt.[28]

Technische Literatur

Bereits in der zweiten Hälfte des 15. Jahrhunderts wurden Vitruv-Ausgaben und weitere Architekturtraktate gedruckt, und seit Beginn des 16. Jahrhunderts erschienen nun auch in größerer Zahl Bücher mit technischem Inhalt, darunter eine Vielzahl kleinformatiger »Kunst- und Probierbüchlein« über Metallurgie, Färberei, Töpferei und andere chemische Gewerbe, die sich nicht an Handwerker, sondern an »literate people oft the middling sort« wandten[29] und teilweise schon mit für das Verständnis der technischen Konstruktionen notwendigen bildlichen Wiedergaben versehen waren. Im Bereich der Produktionstechnik sind aus der Frühzeit vor allem zwei für die gesamte Gattung wegweisende montanistische Werke zu nennen. Im Jahre 1540 erschien posthum das vom dem zeitweiligen Leiter von Erzgruben und Gießereien Vannoccio Biringuccio (1480–1537) in italienischer Sprache verfaßte Buch »De la pirotechnia«, eine handwerkliche Anleitung für die Produktionspraxis, die vor allem das Gießereiwesen, aber zum Beispiel auch die Beschreibung und bildliche Darstellung des mechanischen Drahtzuges enthält.

Das von dem Bergarzt, Humanisten und späteren Bürgermeister von Chemnitz Georg Agricola (1494–1555) verfaßte Werk »De re metallica«, das ein Jahr nach dessen Tod zuerst in lateinischer und ein Jahr später bereits in deutscher Übersetzung erschien, stellt einen Meilenstein in der Geschichte der technischen Literatur dar. Darin werden erstmals die im 15./16. Jahrhundert bereits hochtechnisierten berg- und hüttentechnischen Gewinnungs- und Produktionsprozesse im sächsisch-böhmischen Erzgebirge genau beschrieben und durch zahlreiche technische Abbildungen in orthogonaler Projektion erläutert.[30] Beide Werke verkörpern »das eigentliche technische Fachbuch, das praktische Erfahrung mit wissenschaftlichem Geist vereint«.[31]

Gab es bis zur Frühen Neuzeit viele Bildtraditionen mit konstanter Darstellungsmethode, so wurden an die Zeichner, Holzschneider und Kupferstecher nun neue Anforderungen gestellt. Die Maschinenzeichnung mußte die Elemente einer Maschine und ihr Zusammenwirken anschaulich wiedergeben, und die naturwissenschaftliche Revolution steigerte diese Anforderungen weiter. »Die Innovation, die neue Erkenntnis, der neue physikalische Effekt, die neue Beobachtung, die neue Hypothese, dies alles setzte auch neue Methoden der Darstellung voraus, die nicht nur selbst bedeutende Innovationen waren, sondern auch neue Erfindungen und Entdeckungen begünstigten.«[32]

26 Marcel Silberstein, Erfindungsschutz und merkantilistische Gewerbeprivilegien, Zürich 1961; Helmut Ölschlegel, Das Bergrecht als Ursprung des Patentrechtes, Düsseldorf 1978.

27 Popplow, Erfindungsschutz und Maschinenbücher, 22.

28 Silberstein, Erfindungsschutz, 296.

29 Peter Dear, Revolutionizing the Sciences. European Knowledge and Its Ambitions. 1500–1700, Palgrave 2001, 26.

30 Bernd Ernsting (Hg.), Georgius Agricola, Bergwelten 1494–1994, Essen 1994.

31 Friedrich Klemm, Das alte technische Schrifttum als Quelle der Technikgeschichte, in: Ders., Zur Kulturgeschichte der Technik. Aufsätze und Vorträge, München 1979, 60.

32 Holländer, Einführung, in: Ders., Erkenntnis, 11f.

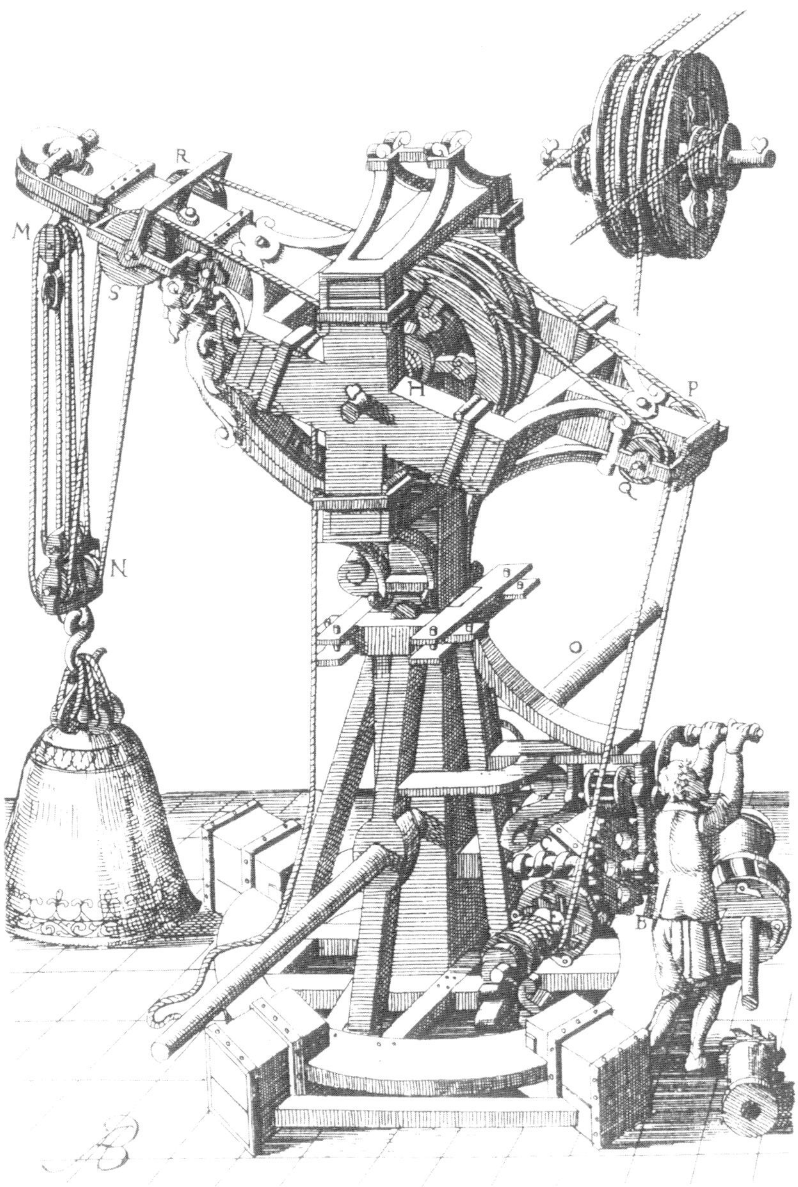

Abb. 202: Hebezeug, aus: Agostino Ramelli, Schatzkammer mechanischer Künste (1620)

Maschinenbücher

Kennzeichnend für die zunehmende Erfindungstätigkeit in der Frühen Neuzeit ist der Bedeutungswandel des Maschinenbegriffs.[33] Noch im Mittelalter war »machina« ein festes Baugerüst oder ein Belagerungsturm, d.h. etwas Statisches wie in der metaphorischen Vorstellung von der »machina mundi« als Weltgerüst. Im 16. Jahrhundert erfolgte unter Rückgriff auf antike Quellen eine Umdeutung, und »machina« bildete »das begriffliche Zentrum des Deutungsmusters neuer, nützlicher und erfindungsreicher Maschinen. Es bezeichnete nun in erster Linie Anlagen, die bestimmte Arbeitsprozesse ohne menschlichen Eingriff selbständig ausführten.«[34] Erst mit der Ausformung der theoretischen Mechanik als Wissenschaft zwischen Mathematik und Physik im 17. Jahrhundert entsteht der moderne Maschinenbegriff, den der Leipziger Instrumentenbauer Jacob Leupold (1674–1727), von dem noch zu reden

33 Marcus Popplow, Die Verwendung von lat. Machina im Mittelalter und in der Frühen Neuzeit – vom Baugerüst zu Zoncas mechanischem Bratenwender, in: Technikgeschichte 60 (1993), 7–26.

34 Marcus Popplow, Neu, nützlich und erfindungsreich. Die Idealisierung von Technik in der Frühen Neuzeit, Münster 1998, 98.

Abb. 203: Georg Andreas Böckler, Schauplatz Der Mechanischen Künsten (1661)

ist, in seinem »Theatrum machinarum« (1724) verwendet: »Eine Machine oder Rüstzeug [sic!] ist ein künstlich Werck, dadurch man zu einer vortheilhafften Bewegung gelangen, und entweder mit Erspahrung der Zeit oder Krafft etwas bewegen kan, so sonst nicht möglich wäre.«[35] Dabei unterscheidet Leupold einfache Maschinen wie Hebel, Flaschenzug, Haspel nebst Rad und Getriebe, Keil und Schraube sowie daraus zusammengesetzte Maschinen, z.B. alle Arten von Mühlen und Wasserkünsten.

Eine besondere Spielart der technischen Literatur stellen die vor allem zwischen 1570 und 1630 verfaßten und später in vielen Auflagen, Übersetzungen und Kompilationen verbreiteten »Maschinenbücher« oder »Maschinentheater« (lat. theatrum machinarum) dar. Als Beispiele seien hier genannt: Jacques Bessons »Theatrum instrumentorum et machinarum« (1569); Agostino Ramellis »Le diverse et artificiose machine« (1588) sowie Fausto Veranzios »Machinae novae« (1615). Bei den Verfassern handelt es sich zumeist um Ingenieure in höfischen oder städtischen Diensten. Die mit sorgfältig gestalteten Kupfertafeln ausgestatteten großformatigen Schaubücher enthalten, bei unterschiedlichen Schwerpunkten, Abbildungen von Baggern, Rammen, Hebezeugen, Pumpwerken, Polier- und Schleifmaschinen, Treträdern, Wasser- und

35 Jacob Leupold, Theatrum machinarum generale, Leipzig 1724, 3.

Windrädern, Mühlen und Getrieben aller Art, Apparaten und Automaten, Wasserkünsten, Land- und Wasserfahrzeugen sowie anderes mehr. Viele der Mechanismen besitzen nicht selten eine komplizierte Form, sind überdimensioniert und häufig mit den Schmuckelementen des damals in Architektur und bildender Kunst vorherrschenden Manierismus ausgestattet.[36] Manche der Maschinentypen werden in mehreren Varianten vorgestellt, wobei einzelne Elemente wie Zahnräder, Schnecken, Pumpen und Flaschenzüge miteinander, oft sogar mehrfach, kombiniert werden. Auch der technische Laie erkennt rasch, daß viele Entwürfe so nicht realisierbar sind, weil Statik und Reibung nicht berücksichtigt werden. Funktionsfähig waren solche Maschinen nur in Form von hölzernen Modellen, die den Betrachter anscheinend vor allem ergötzen sollten und in Schausammlungen gezeigt wurden. Dennoch darf man bei allem barocken Überschwang nicht verkennen, daß hinter diesen Büchern erfahrene Praktiker standen, die sehr wohl bei der Erfüllung konkreter technischer Aufgaben ihr Augenmerk auf Kraftbedarf, Schwungkraft und Bewegungswiderstand richteten, wobei sie Erfahrungswissen und wissenschaftliche Erkenntnisse gleichermaßen einsetzten.

Angesichts des bereits erwähnten Bestrebens von Erfindern, das eigentlich Neue an ihrer Erfindung vor einer Privilegerteilung nicht preiszugeben, mutet diese freiwillige Ausbreitung von neuen Ideen in den Maschinenbüchern zunächst seltsam an. Ein Vergleich mit erteilten Privilegien zeigt jedoch, daß in beiden Textgattungen bei den Maschinen die Aspekte der Neuheit, der Nützlichkeit und des Erfindungsreichtums besonders betont werden und daß etliche der Verfasser auf in den Maschinenbüchern vorgestellte Neuerungen bereits Privilegien erhalten hatten und somit kein Zwang zur Geheimhaltung mehr bestand. Darüber hinaus dienten die Maschinenentwürfe einer Idealisierung der Technik, durch die sich ihre Schöpfer deutlich vom handwerklichen Bereich abzuheben suchten.

3. Praktiker mit Wissenschaftsbezug

Der »Mathematicus und Mechanicus« Jacob Leupold

Erst im letzten Drittel des 17. Jahrhunderts vollzieht sich ein allmählicher Wandel in der Literatur zum Maschinenbau, wobei zunehmend auf den ökonomischen Einsatz der technischen Mittel, auf die Verbesserung der Wirkungsgrade und die Einbeziehung neuer wissenschaftlicher Erkenntnisse geachtet und die »Nützlichkeit« dementsprechender Maschinen, Apparate und Geräte für die Landeswohlfahrt herausgestellt wird. Der wohl bedeutendste Autor und Vorkämpfer dieser neuen Form von technischer Literatur in der Zeit der Frühaufklärung war der »Mathematicus und Mechanicus« Jacob Leupold (1674–1727).[37] Als Sohn eines Handwerkers fehlten ihm nach dem Besuch der Lateinschule in Zwickau die Mittel zum Abschluß eines Mathematikstudiums in Leipzig. Den Lebensunterhalt verdiente er sich durch Unterrichtung von Studenten und Handwerkern in der Mathematik und den angewandten Naturwissenschaften, wofür er zu Demonstrationszwecken kleine Apparate und Modelle fertigte. Da ihm der erstrebte Eintritt in die akademische Welt verschlossen blieb, nahm er eine Stellung als Hausvater in einem Spital an und fertigte nebenher wissenschaftliche Instrumente und Ap-

36 Friedrich Klemm, Technische Entwürfe in der Epoche des Manierismus, besonders in der Zeit zwischen 1560 und 1620, in: Humanismus und Technik 6 (1972), 1–23.

37 Ulrich Troitzsch, Zum Stande der Forschung über Jacob Leupold (1674–1727), in: Technikgeschichte 42 (1975), 263–286; Lothar Hiersemann, Jacob Leupold – ein Wegbereiter der technischen Bildung in Leipzig, Leipzig 1982.

Abb. 204: »Krafft, ohne Kunst, ist hier umsunst/Viel mehr schafft Kunst als Krafft«, Vignetten aus: Jacob Leupold, Theatrum machinarum generale (1724)

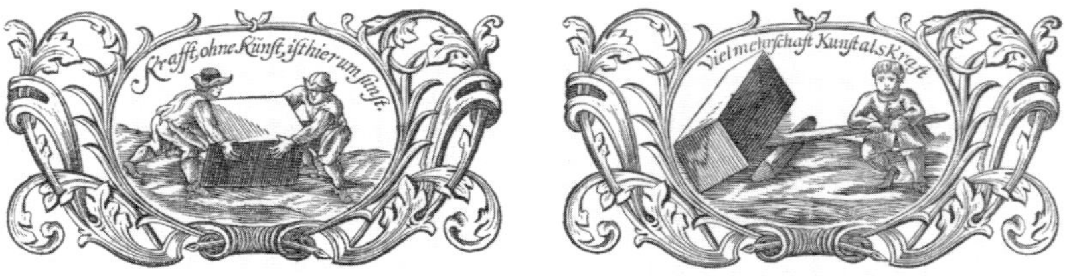

parate. 1715 eröffnet Leupold in Leipzig mit mehreren Mitabeitern trotz ständiger Querelen mit den Zünften seine eigene Werkstatt, wo er neben zahlreichen, auch von ihm selbst erfundenen Geräten Meßinstrumente, Waagen, Feuerspritzen und vor allem insgesamt dreißig von ihm verbesserte Luftpumpen samt Zubehör fertigt und unter anderem an Christian Wolff und an den sächsischen Hof liefert. 1719 wird er zum auswärtigen Mitglied der Preußischen Akademie der Wissenschaften berufen und 1726 Sächsischer Bergkommissar.

Seinen Nachruhm verdankt Leupold jedoch seinem »Theatrum machinarum generale«. Von dem ursprünglich auf über zwanzig Bände geplanten Werk erschienen ab 1724 bis zum Tode Leupolds immerhin acht Bände. Im ersten Band seines Werkes, der »letzte[n] große[n] Zusammenstellung der technischen Vorrichtungen vor dem Einbruch der Kraft- und Arbeitsmaschinen des 18. Jahrhunderts«,[38] nimmt Leupold zum Verhältnis von Theorie und Praxis im Maschinenbau Stellung. Danach ist die Theorie bei der Mechanik, anders als nach heutigem Verständnis, »die Wissenschafft der Regeln und Verhältnisse von Bewegung der Cörper und Machinen, wornach alle Machinen zu berechnen und anzugeben sind«. Die Praxis »ist die Kunst da nach der Theorie oder Fundamenten der Mechanic eine Machine angegeben, und wircklich in Stand gesetzet, dass sie praestanda praestiret«.[39] Ein »Theoreticus« kenne nur die »Fundamenta«, ein »Practicus« – wie Leupold – hingegen könne eine Maschine berechnen und auch ausführen. Ein »Empiricus« schließlich, wozu er die meisten »Kunst-Meister, Kunst-Zimmerleuthe, Kunst-Steiger, Müller, und dergleichen« zählt, könne eine Maschine »nach eingeführter Arth und Gebrauch« aufbauen, ohne genau zu wissen, »[...] warum dieses oder jenes also und nicht anders seyn muß«.[40]

Christopher Polhem, der »Schwedische Dädalus«

Ebenfalls ein sozialer Aufsteiger war der später geadelte Christopher Polhem, ursprünglich Polhammar (1661–1751), ein technisches Genie, den schon die Zeitgenossen als »Schwedischen Dädalus« und »Nordischen Archimedes« verehrten.[41] Er gehörte zu den ersten, die ingenieurtechnische und produktionstechnische Anwendungen mit wissenschaftlicher Theorie zu verbinden suchten. Seine Lebenszeit fällt in zwei wesentliche Abschnitte der schwedischen Geschichte. In der Epoche von Gustav II. Adolf bis zum Tode Karls XII. im Jahre 1718 ist Schweden eine europäische Großmacht, die den Ostseeraum beherrscht, danach schrumpft sie auf ihre alten Grenzen zurück. In der nun folgenden »Freiheitszeit« bis 1772, die durch Verfassungsänderung zwischenzeitlich eine Stärkung des ständisch zusammengesetzten Reichstages bringt, kommt es zu einer wirtschaftlichen Erholung des durch die zahlreichen Kriege geschwächten Landes und zu einem Aufblühen der von der Auf-

38 Friedrich Klemm, Das alte technische Schrifttum als Quelle der Technikgeschichte, in: Ders., Zur Kulturgeschichte der Technik. Aufsätze und Vorträge 1954–1978, München 1979, 62.

39 Jacob Leupold, Theatrum machinarum generale, Leipzig 1724, 8.

40 Ebd.

41 W. A. Johnsson, Christopher Polhem, The Father of Swedish Technology, Hartford, Conn. 1963; Katalog (dt.-engl.): Christopher Polhem – Der Schwedische Dädalus. Eine Wanderausstellung des Schwedischen Institutes mit dem Schwedischen Technischen Museum Stockholm, 1985.

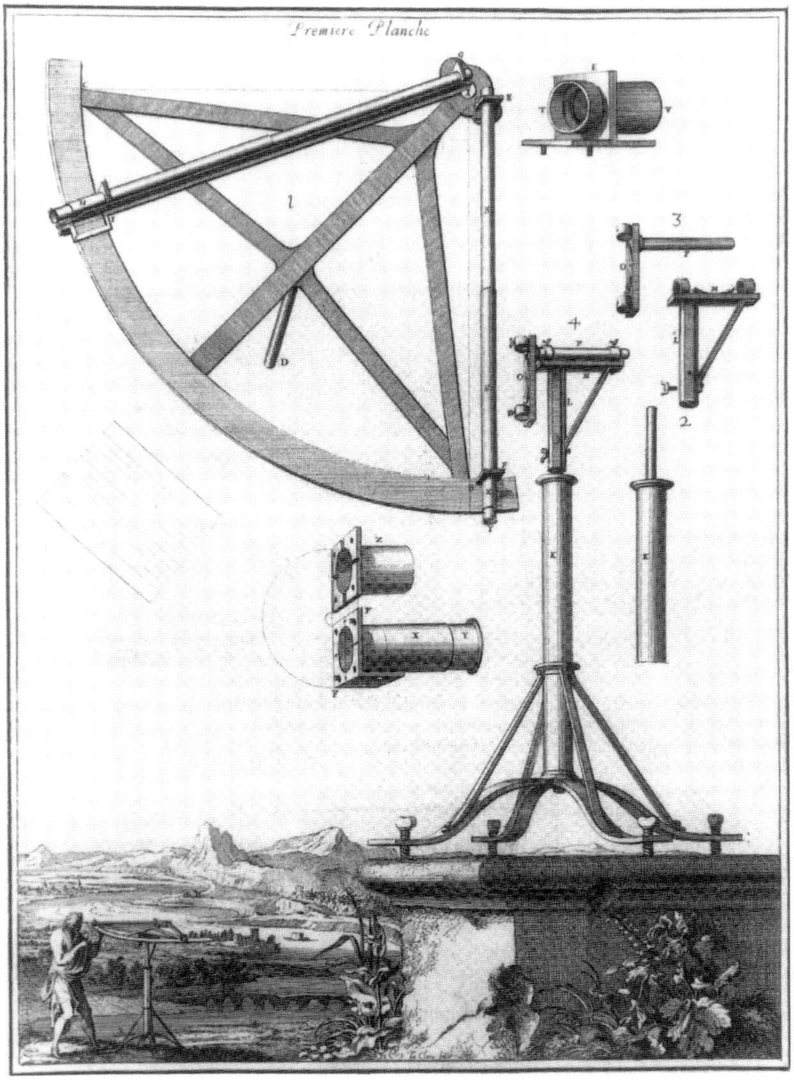

Abb. 205: Eiserner Quadrant mit Zielfernrohren, aus: Jean Picard, Mesure de la Terre (1671)

klärung getragenen und auf die Wohlfahrt des Landes orientierten Wissenschaften. Eine wichtige Rolle spielen dabei Wissenschaftler wie der Physiker und Astronom Anders Celsius (1701–1744) sowie der Mediziner und Botaniker Carl von Linné (1707–1778), der die binäre Nomenklatur einführt und 1739 erster Präsident der von ihm angeregten Stockholmer Akademie der Wissenschaften wird.

Auf Gotland als Sohn eines verarmten Kaufmannes geboren, kam Polhem nach dem frühen Tod des Vaters mit zehn Jahren zu einem Onkel nach Stockholm. Als dieser nach zwei Jahren ebenfalls starb, sicherte er seinen Lebensunterhalt in den folgenden fünfzehn Jahren zunächst als Kleinknecht auf einem Hof bei Uppsala und schließlich als Inspektor auf einem Gut in Mittelschweden. Während dieser Zeit zeigte sich seine technische Begabung im Schmieden, Tischlern und Drechseln. Er fertigte Geräte und Uhren an und galt bald als geschickter Mechanikus. Um mathematische Lehrbücher lesen zu können, lernte er mit Unterstützung von Pfarrern Latein und wurde, nun bereits 26 Jahre alt, 1687 an der Universität in Uppsala immatrikuliert, wo er Mathematik und Physik studierte. Mit der Reparatur der astronomischen

Uhr am Dom von Uppsala machte er auf seine technischen Fähigkeiten aufmerksam, entwickelte 1690 eine vereinfachte Förderanlage im Modell. Mit Hilfe einer daraufhin vom schwedischen Bergkollegium gewährten finanziellen Unterstützung bereiste er die schwedischen Bergwerksbezirke und errichtete 1693 seine Erzförderanlage auf dem Großen Kupferberg bei Falun ein. Weitere Verbesserungen kamen hinzu, so daß er mit finanzieller Unterstützung durch die Regierung, zusammen mit einem Markscheider, 1694–1696 eine Studienreise durch Deutschland, Holland, Frankreich und England unternahm, auf der er sich zahlreiche Anregungen für seine weiteren Erfindungen holte und u.a. Bekanntschaft mit dem Mathematiker John Wallis (1616–1703) und Ehrenfried Walther von Tschirnhaus (1651–1708) machte. Nach seiner Rückkehr berichtete Polhem dem Bergkollegium über die von ihm besichtigten Werkstätten, Manufakturen, Maschinen und technischen Anlagen wie das auch das Berg- und Hüttenwesen im sächsischen Freiberg und die technisch-naturwissenschaftlichen Sammlungen in Dresden. Mit staatlicher Unterstützung richtete Polhem 1697 sein auf die wirtschaftlich-technische Entwicklung Schwedens abzielendes »Laboratorium mechanicum« ein, in dem theoretische und praktische Untersuchungen zur Mechanik vorgenommen, wissenschafliche Instrumente und die eigenen Erfindungen als Modelle realisiert wurden. Auch wenn sich nicht alle Vorstellungen verwirklichen ließen, wurde das Laboratorium dennoch Ort zahlreicher Erfindungen und Ausbildungsstätte für schwedische Techniker, unter denen der langjährige Assistent Polhems, Emanuel von Swedenborg (1682–1762), der sich erst nach 1740 theosophischen Fragen zuwandte, der bekannteste ist. Auch das von Polhem geschaffene »Mechanische Alphabet«, achtzig Modelle von Maschinenelementen und Mechanismen, von denen die Hälfte heute noch vorhanden ist, diente in erster Linie Ausbildungszwecken. Polhem sah die sogenannten einfachen Maschinen des Heron von Alexandrien – Hebel, Keil, Schraube, Flaschenzug und Winde – als Vokale seines mechanischen Alphabets. So wie ein Wort mindestens einen Vokal haben müsse, könne eine Maschine ohne sie nicht in Bewegung gesetzt werden.[42]

Zunächst 1698 zum Direktor des schwedischen Bergwesens ernannt, wurde Polhem 1700 »Kunstmeister« in Falun und hat dort bis 1716 zahlreiche von ihm entwickelte bergbautechnische Neuerungen eingeführt. 1707 engagierte man ihn als Berater zur Verbesserung der technischen Anlagen im Oberharzer Bergbau, und zwei Maschinenfachleute, die an der Jahrhundertmitte entscheidende technische Neuerungen entwickelten, wie z.B. die Wassersäulenmaschine, reisten 1727 zu Polhem und blieben noch lange danach mit ihm in Kontakt.[43]

Auch außerhalb des Bergwesens entfaltete Polhem rege Aktivitäten. Bereits 1700 gründete er mit einem Teilhaber in der Provinz Dalarna die Metallwarenmanufaktur Stiernsund, die eigentlich schon eine Fabrik genannt werden muß, da unter Einsatz der Wasserkraft alle Fertigungsprozesse weitgehend mechanisiert waren. Auf dem eigenen Hammer- und Walzwerk wurden kleinere Eisen-, Stahl- und Messingartikel gefertigt. Durch Wasserkraft angetriebene Zahnradschneidemaschinen lieferten Zahnräder in großen Stückzahlen für die ebenfalls in Stiernsund produzierten Uhren. Polhems Hoffnungen, mit der Manufaktur eine Art Initialzündung für eine innovative Weiterentwicklung der schwedischen Wirtschaft auszulösen, sollten sich allerdings nicht erfüllen.

42 Eugene S. Ferguson, Das innere Auge. Von der Kunst des Ingenieurs, Basel 1993, 140.

43 Christoph Bartels, Vom frühneuzeitlichen Montangewerbe zur Bergbauindustrie. Erzbergbau im Oberharz 1635–1666, Bochum 1992.

Ein posthum erschienenes »Verzeichniß der vornehmsten Inventionen und Wercke [...]«[44] umfaßt 114 Positionen aus fast allen Bereichen der Technik, wobei es sich nicht immer um originäre Erfindungen im heutigen Sinne, sondern häufig auch um kreativ abgewandelte Nachbauten von Maschinen, Geräten und Anlagen handelt, die Polhem auf seinen Reisen gesehen hatte.

Johann Friedrich Böttger und die Erfindung des europäischen Hartporzellans

In der Regel, so zeigen die exemplarischen Lebensläufe, die durchaus verallgemeinerbar sind, haben Wissenschaftler für die Herstellung von Instrumenten als Individuen Beziehungen zu Handwerkern aufgenommen, wobei es in manchen Fällen zu einer symbiotischen Gemeinschaft kam, bei der Anregungen und Wünsche auch wechselseitig sein konnten.

Ein eindrucksvolles Beispiel für das fruchtbare Zusammenwirken einer Gruppe von Wissenschaftlern und Praktikern und einen frühen Beleg für Auftragsforschung stellt die Nacherfindung des chinesischen Porzellans dar. Seit der Gründung der Ostindischen Kompanien in den Niederlanden und in England zu Beginn des 17. Jahrhunderts gelangte chinesisches und japanisches Porzellan nach Europa und wurde in ganzen Schiffladungen zu Höchstpreisen versteigert. Fürsten legten eigens Porzellankabinette an, und in den wohlhabenden Schichten suchte man die plumperen Steingutgeschirre und Fayencen durch das dünnwandige, lichtdurchlässige Porzellan zu ersetzen. Importabhängigkeit und hoher Preis spornten Töpfer und Alchemisten an, das »Arkanum« der Porzellanherstellung zu enträtseln, aber über Vorstufen des Frittenporzellans, die seit dem letzten Drittel des 17. Jahrhunderts in der französischen Manufaktur in Saint-Cloud hergestellt wurden, jedoch kein Kaolin enthielten, kam man zunächst nicht hinaus. Auch Versuchen in Italien und England war kein Erfolg beschieden.

Erst in Kursachsen gelang im frühen 18. Jahrhundert die (Nach-)Erfindung des Hartporzellans durch den früheren Berliner Apothekergehilfen und Alchemisten Johann Friedrich Böttger (1682–1719).[45] Der nach einem scheinbar erfolgreichen Versuch unter Zeugen, durch »Transmutation« Gold zu machen, vom preußischen König verfolgte Böttger floh nach Sachsen und wurde dort 1701 von August dem Starken, der in den Besitz des »Arkanums« gelangen wollte, auf der Albrechtsburg in Meißen festgesetzt. Da die Versuche keinen Erfolg zeitigten, erhielt 1704 der Geheime Rat Ehrenfried Walther von Tschirnhaus, der mit seinen auf der eigenen Glashütte gegossenen und geschliffenen großen Brennspiegeln Metalle und Mineralien bei Temperaturen bis zu 1500° geschmolzen hatte, zusammen mit dem Freiberger Chemiker, Metallurgen und späteren Bergrat Gottfried Pabst von Ohain (1666–1729) den Auftrag, Böttgers Versuche zu überwachen. Beide erkannten dessen genialische Experimentierkunst und lenkten – mit Einverständnis Augusts des Starken – sein Interesse auf keramische Versuche. Zusammen mit mehreren Freiberger Berg- und Hüttenleuten, die sich bestens mit den heimischen Metall- und Mineralvorkommen und Schmelzprozessen auskannten, wurden sie auf die Albrechtsburg in Meißen gebracht, wo sie in Anwesenheit von Tschirnhaus und Ohain sowie von zwei Medizinern des Königs systematisch Brennversuche mit den unterschiedlichsten Erden unternahmen. Der end-

44 Schrebers Sammlung kameralwissenschaftlicher Schriften, Bd. 7, Halle 1764. Wiedergegeben in: Otto Vogel, Christopher Polhem und seine Beziehungen zum Harzer Bergbau, in: Beiträge zur Geschichte der Technik und Industrie 5 (1913), 298–345, hier 340–344.

45 Klaus Hoffmann, Das weiße Gold von Meißen, Bern 1989; Rolf Sonnemann/Eberhard Wächtler (Hg.), Johann Gottfried Böttger. Die Erfindung des europäischen Porzellans, Leipzig 1982.

gültige Durchbruch gelang Anfang des Jahres 1708 im neu eingerichteten Laboratorium auf der Jungfernbastei in Dresden, wo Böttger, der zwischenzeitlich wegen des Krieges mit Schweden 1707 auf die Festung Königstein verbracht worden war, und seine Mitarbeiter die Rezeptur für die Herstellung des weißen Hartporzellans fanden, nachdem ihnen zuvor schon die Herstellung von rotem Porzellan, Böttger-Steinzeug, gelungen war. Das Versuchsprotokoll vom 15. Januar 1708, ursprünglich Böttger zugeschrieben, stammt von dem Mediziner Dr. Jacob Bartholomäi, den der König Böttger kurz zuvor als Leibarzt zugeordnet hatte, mit dem Auftrag, diesen in das Geheimnis der Porzellanherstellung einzuweihen. Auf Veranlassung Böttgers hatte er eine Reihe von Bränden durchgeführt und dabei den optimalen Masseversatz, die am besten geeignete Rohstoffzusammensetzung, gefunden. Ein besonderer Glücksfall war es, daß der Grundstoff für das weiße Porzellan, nämlich Kaolin, in der näheren Umgebung von Meißen vorhanden war. Erst nach zahlreichen weiteren Versuchen wurde August der Starke im Frühjahr 1709, im Herbst 1708 war Tschirnhaus verstorben, offiziell von der Erfindung in Kenntnis gesetzt. Der König ließ sicherheitshalber noch ein weiteres Jahr verstreichen, bevor er 1710 der Öffentlichkeit die Gründung der Porzellanmanufaktur in Meißen mit Böttger als Administrator bekanntgab. Wie schwierig und langwierig gerade bei Verfahrenstechnologien der Weg von der Invention zur ökonomisch erfolgreichen Innovation war, zeigte die weitere Entwicklung der Manufaktur. Erst nach Böttgers frühem Tod im Jahre 1719 begann der allmähliche wirtschaftliche Aufschwung.

Wissenschaftler mit Praxisbezug – Die Wechselbeziehungen zwischen den neuen Naturwissenschaften und der Technik im 17. und frühen 18. Jahrhundert

Wie wir gesehen haben, beruhten die praxisnahen Wissenschaften seit dem 16. Jahrhundert vor allem auf der Mathematik und ihren Subdisziplinen, insbesondere der Mechanik. Seit dem 17. Jahrhundert, verstärkt nach der Jahrhundertmitte, wurde das Experiment schrittweise zu einem wichtigen Bestandteil der naturwissenschaftlichen Forschungsmethodik. Dabei waren die Forscher in zunehmendem Maße von einer rapide ansteigenden Zahl unterschiedlichster Instrumente abhängig, die nach Vorgaben der professionellen Wissenschaftler und interessierten Amateurforscher von den etablierten, bald hochspezialisierten handwerklichen Instrumentenbauern gefertigt wurden. Die Nachfrage seitens der Wissenschaftler nach neuen Instrumenten und Versuchsapparaturen führte zu engeren, gelegentlich quasi symbiotischen Arbeitsgemeinschaften zwischen Handwerkern und Gelehrten sowie interessierten Laien, wovon beide Seiten profitierten. Die Wünsche der Wissenschaftler trieben die Instrumentenmacher zu immer neuen Verbesserungen und zur Anfertigung immer differenzierterer, leistungsfähigerer Beobachtungsinstrumente wie Teleskopen, Mikroskopen, Thermometern, Glaskolben, Waagen, Barometern, Uhren, schiefen Ebenen, Prismen, Linsen, Spiegeln und Elektrisierapparaten.[46] London und Paris waren im 17. und 18. Jahrhundert die blühenden Zentren der Instrumentenherstellung.[47] Sucht man die Anteile dieser Beziehung zwischen Technik und Naturwissenschaft zu gewichten, so kann man bis weit in die Zeit der Industrialisierung hinein

46 McClellan/Dorn, Werkzeuge, 321.
47 Maurice Daumas, Scientific Instruments of the Seventeenth and and Eighteenth Centuries and their Makers, London 1972.

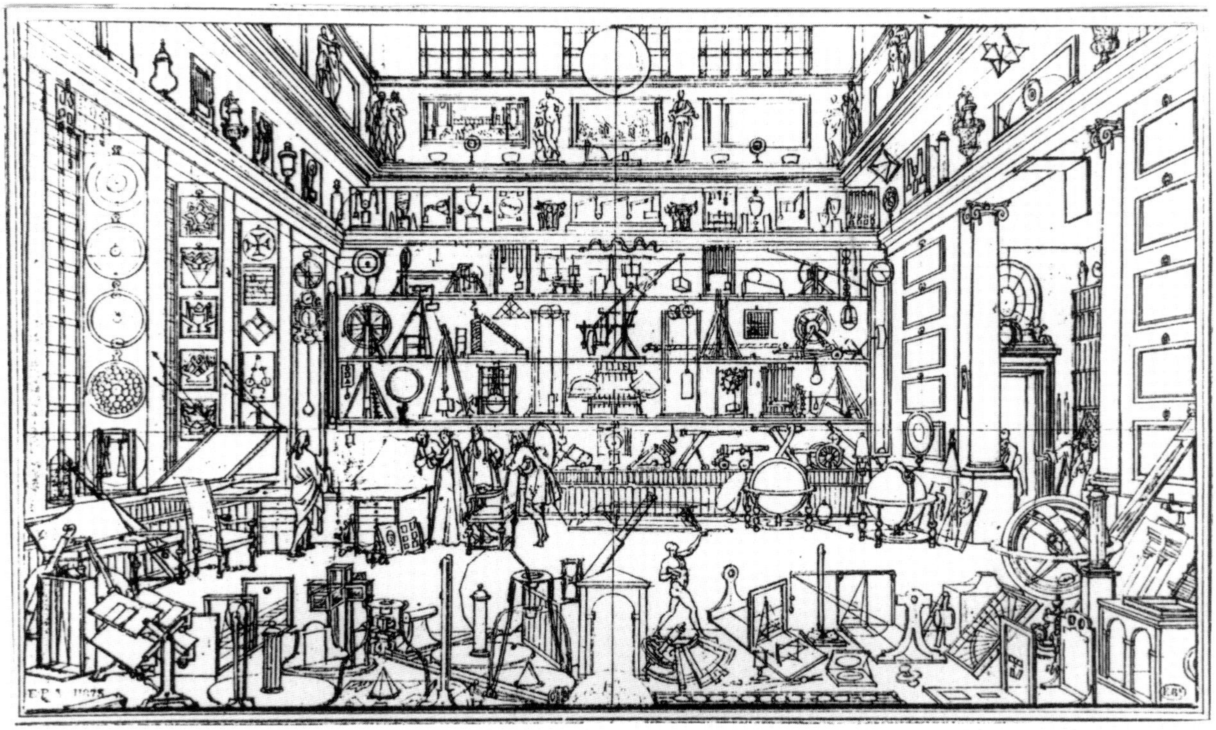

Abb. 206: Sébastien Le Clerc, Das physikalische Kabinett der Wissenschaften in Paris, Zeichnung (vor 1698)

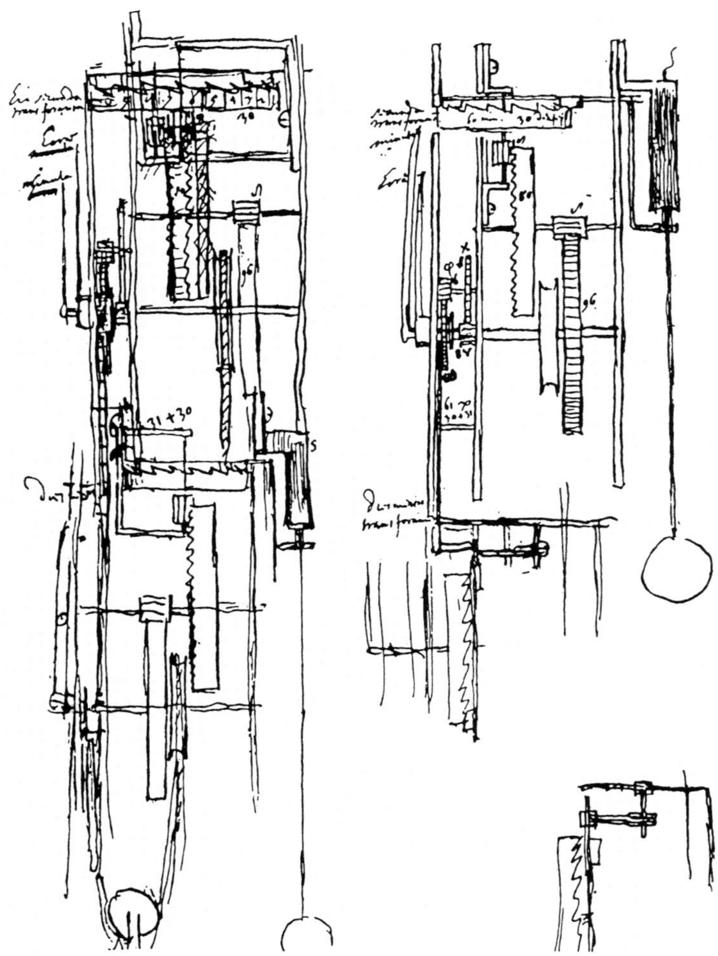

Abb. 207: Schnittzeichnung einer Pendeluhr mit zykloider Aufhängung von Christiaan Huygens (1659)

von einer Technologieabhängigkeit der Naturwissenschaften sprechen, d.h. die stärkeren Impulse gingen von der handwerklichen Technik aus.[48]

Schwieriger ist die Frage zu beantworten, ob die hinsichtlich ihrer Methoden und Theorienbildung noch in den Kinderschuhen steckenden Naturwissenschaften ihrerseits einen spürbaren Einfluß auf die Technikentwicklung genommen haben. Die Urteile in der historischen Forschung gehen in diesem Punkt weit auseinander. Je nach Auswahl der Beispiele und Wissenschaftsverständnis der Historiker kann man eine Einwirkung auf den technischen Wandel belegen oder bestreiten.[49]

Auf dem Weg zur Dampfmaschine

Die Behauptung, daß Erfindungen genau dann hervorgebracht werden, wenn die Zeit dazu »reif« ist und dringender Bedarf besteht, ist auch heute noch häufig zu hören. Ein Blick in die Technikgeschichte oder auch in die Gegenwart, man denke an die Kernfusion, belegt eher das Gegenteil. Daß es aber Ausnahmen gibt, zeigt die Entstehungsgeschichte der 1712 erstmals funktionsfähigen atmosphärischen Dampfmaschine, bei der es seit der Mitte des 17. Jahrhunderts zu einem zunächst eher zufälligen Zusammenwirken von naturwissenschaftlicher Erkenntnis, naturwissenschaftlichen Experimenten und praktischer Technik kam.[50] Im Verlaufe des 17. Jahrhunderts war im Bergbau und in der Metallverarbeitung der Bedarf an Antriebsenergie so gewachsen, daß er mit tierischer Muskelkraft und der von der Witterung und dem Standort abhängigen Wasserkraft kaum noch befriedigt werden konnte. Aber auch das Repräsentationsbedürfnis der Mächtigen forderte bislang unerreichte technische Großleistungen, wie zwei Beispiele aus dem 16. und 17. Jahrhundert eindrucksvoll belegen. Auf Wunsch von Papst Sixtus V. sollte der bereits unter Kaiser Tiberius (14–37 n. Chr.) nach Rom verbrachte ägyptische Obelisk von 23 Metern Höhe und einem Gewicht von 327 Tonnen vor die neue Peterskirche versetzt werden. Mit der Aufgabe wurde 1585 der päpstliche Architekt Domenico Fontana (1543–1607) betraut, der nach ausführlichen Berechnungen und Vorversuchen ein Jahr später das Niederlegen, den Transport zum neuen Standort und die Wiederaufrichtung des Obelisken durchführte. Dabei standen ihm nur die »klassischen« Hilfsmittel, nämlich die Schiefe Ebene, Flaschenzüge, Göpel, Rollen sowie die menschliche und tierische Muskelkraft zur Verfügung. Insgesamt wurden bei diesem vielbewunderten Spektakel, das fünfeinhalb Monate dauerte, 5 große Hebel, 40 Göpel, 75 Pferde und über 900 Menschen eingesetzt.[51]

Daß selbst an Orten, wo die Wasserkraft einsetzbar war, bestimmte Leistungen nur durch Addition von Kräften erreicht werden konnten, zeigte sich ein Jahrhundert später beim Bau der von Ludwig XIV. veranlaßten Wasserkraftanlage bei Marly an der Seine, die Schloß Marly sowie die hoch über der Seine gelegenen Fontänen im Schloßpark von Versailles versorgen sollte und 1685 in Betrieb genommen wurde.[52] Unter der Leitung eines Lütticher Unternehmers und seines Mechanikers errichtete man 14 unterschlächtige Wasserräder mit einem Durchmesser von 11 Metern, die wiederum über ein Feldgestänge insgesamt 259 Pumpen in Gang setzten, die über zwei Zwischenbehälter das Wasser über eine Strecke von 1200 Metern auf eine Höhe von 162 Metern hoben. Dabei wurden allein an Eisen 17500 Tonnen, an Blei

48 McClellan/Dorn, Werkzeuge, 316.

49 Andreas Kleinert, Technik und Naturwissenschaften im 17. und 18. Jahrhundert, in: Hermann/Schönbeck (Hg.), Technik und Wissenschaft, 295.

50 Friedrich Klemm, Der Weg von Guericke zu Watt, in: Ders., Kulturgeschichte, 190–202; Ulrich Troitzsch, Technischer Wandel in Staat und Gesellschaft zwischen 1600 und 1750, in: Akos Paulinyi/Ulrich Troitzsch, Mechanisierung und Maschinisierung 1600–1840, Berlin 1991, 11–267, hier 47–60.

51 Domenico Fontana, Die Art, wie der Vatikanische Obelisk umgesetzt wurde. Teilausgabe in italienischer Sprache und deutscher Übersetzung, hg. von Dietrich Conrad, Berlin 1986.

52 Carl Ergang, Die Maschine von Marly, in: Beiträge zur Geschichte der Technik und Industrie 3 (1911), 131–146.

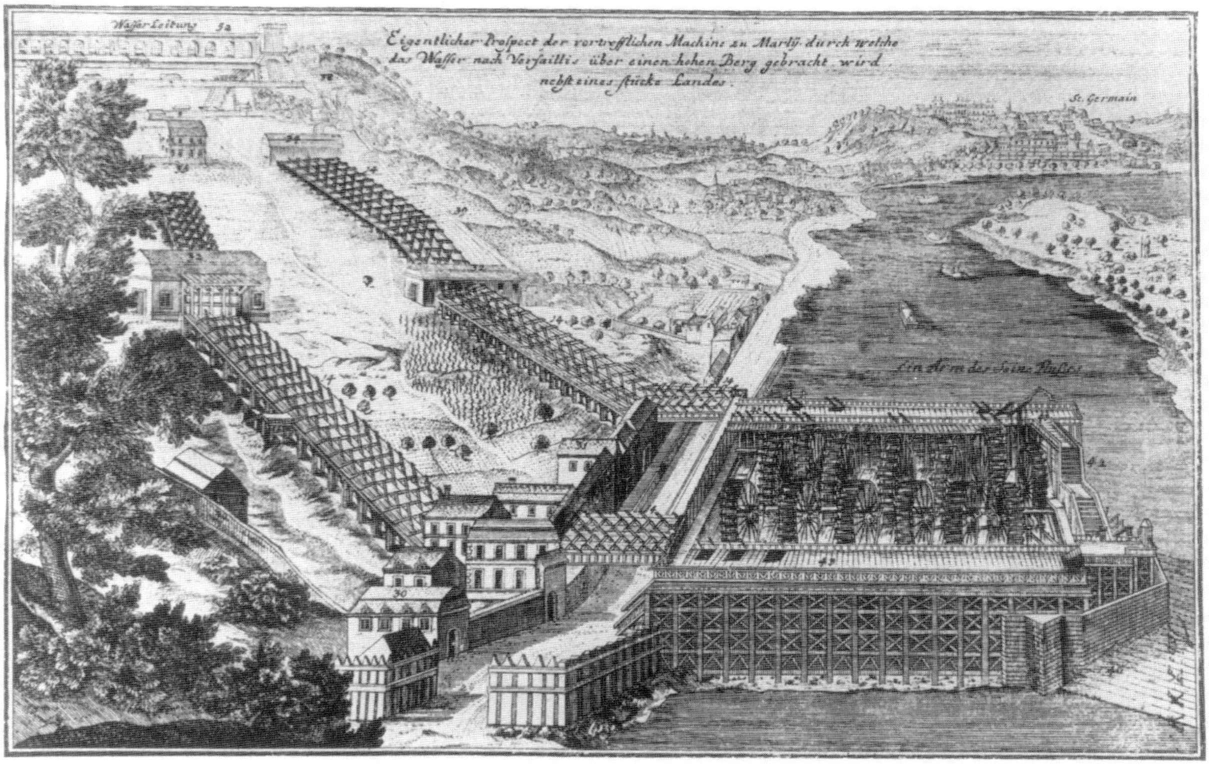

Abb. 208: Wasserhebewerk bei Marly an der Seine (1681–1685)

900 und an Kupfer 850 Tonnen verarbeitet. Da man fertigungstechnisch noch keine genau passigen Zylinder und Kolben herstellen konnte, so daß man die Zwischenräume mit Ledermanschetten abdichten mußte und das hölzerne Feldgestänge große Reibungsverluste verursachte, gingen unterwegs vier Fünftel der erzeugten Energie verloren. Auch wenn die Anlage nur die Hälfte der angestrebten Fördermenge erbrachte, stellte sie doch, nicht nur vom abenteuerlichen Kostenaufwand her, eine monumentale Leistung der traditionellen Mühlenbautechnologie dar. Andererseits zeigte sie aber auch ihre Grenzen auf. Schon während des Baus und danach wurde sie »zu einem bewußt zur Verfügung gestellten Anziehungspunkt aller Fachleute, die später an der Überwindung dieser Kraftknappheit arbeiteten, vor allem der Physiker, denen daran lag, aus einem erkannten Prinzip ein technisches Verfahren zu machen«.[53]

Der Gedanke von einer ortsunabhängigen neuen Kraftmaschine griff um sich, wobei expandierender Wasserdampf, den man seit Heron von Alexandrien kannte, aber auch Schießpulver als Antriebskräfte in Erwägung gezogen wurden. Der eigentliche Anstoß kam jedoch durch die Entdeckung des Luftdrucks durch Torricelli und Guericke, der mit seinen Luftpumpenexperimenten zeigte, daß der auf ein Vakuum wirkende Luftdruck Arbeit zu leisten vermag. Diese Erkenntnis wurde bald Allgemeinwissen. Während Guerickes Beitrag zur Entwicklung der Dampfmaschine unabsichtlich war, arbeiteten 1673 Christiaan Huygens (1629–1695) und sein damaliger Assistent Denis Papin (1647–1712), studierter Mediziner und begabter Techniker, an der Pariser Akademie ganz gezielt an der Konstruktion einer Wärmekraftmaschine, indem sie zur Erzeugung eines Vakuums in einem halboffenen Metallzylinder mit beweglichem Kolben Schießpulver verbrannten, wobei Druck

53 Wolfhard Weber, Marly – ein Schnittpunkt für wen?, in: Günter Bayerl/Wolfhard Weber (Hg.), Sozialgeschichte der Technik. Ulrich Troitzsch zum 60. Geburtstag, Münster u.a. 1998, 120.

Abb. 209: Denis Papin (1647–1712)

und Verbrennungsgase durch ein Ventil ins Freie geleitet wurden. Materialprobleme und die Umständlichkeit des Verfahrens ließen Huygens die Versuche schließlich abbrechen.[54]

Papin ging 1675 nach London, um Henry Oldenburg im Auftrage von Huygens eine Taschenuhr mit der gerade erfundenen Unruh zu überreichen, die die Ganggenauigkeit von Taschenuhren erheblich verbesserte. Bei der Royal Society wurde er bald Mitarbeiter von Robert Boyle (1627–1691) und später Robert Hooke (1635–1703), verbesserte die Luftpumpe und erfand 1680 den auch heute noch unverändert in Gebrauch befindlichen Dampfdrucktopf mit Sicherheitsventil, letzteres später ein unverzichtbarer Bestandteil der Dampfmaschinen und Dampfkessel. Diese Erfindung trug ihm die Mitgliedschaft in der Royal Society ein. Im Jahre 1688 folgte er einem Ruf des Landgrafen Karl von Hessen (1654–1739) als Mathematiker an die Universität Marburg, wo er zunächst die Pariser Versuche wieder aufnahm, dann aber bald gespannten Wasserdampf im Zylinder kondensieren ließ. Er schuf damit, wenn auch noch sehr unvollkommen, »zuerst eine praktisch brauchbare Kraftmaschine, bei der die Eigenschaft des Wasserdampfes unter Benutzung von Zylinder und Kolben Verwendung fand«.[55] Der Bau einer großen Versuchsmaschine scheiterte aus Kostengründen sowie an dem Unvermögen der beteiligten Handwerker bei der Teilefertigung. Über seine Versuche berich-

54 Daß Huygens und Papin auf dem prinzipiell richtigen Weg waren, bewies Nikolaus August Otto (1832–1891) zweihundert Jahre später mit seiner Erfindung des Explosionskolbenmotors.

55 Conrad Matschoss, Die Entwicklung der Dampfmaschine, Bd. 1, Berlin 1907, 290.

tete Papin 1690 in den »Acta eruditorum« und 1697 in den »Philosophical Transactions«. Mit hoher Wahrscheinlichkeit haben der Ingenieur Thomas Savery (um 1650–1715), der 1698 eine kolbenlose Dampfdruckpumpe vorstellte, und der Eisenwarenhändler und Schmied Thomas Newcomen (1663–1729) über die Royal Society von Papins Versuchen erfahren.[56] Im Jahre 1712, nach der Lösung zahlreicher fertigungstechnischer Probleme, wurde die erste betriebsfähige atmosphärische Dampfmaschine zur Wasserhebung in einem Bergwerk in Gang gesetzt.

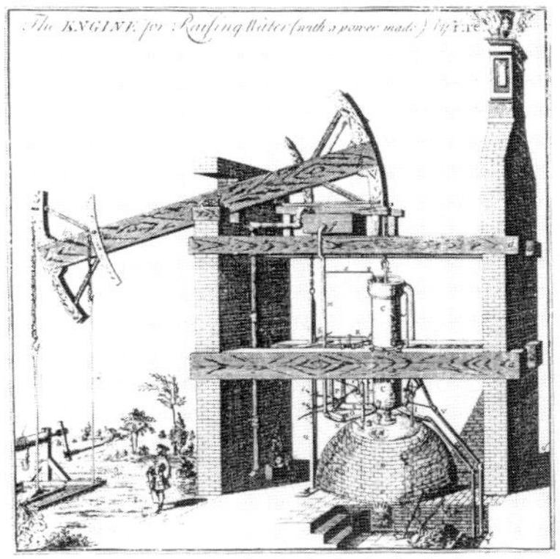

Abb. 210: Atmosphärische Dampfmaschine von Thomas Newcomen, Stich (1717)

Man kann David S. Landes nur zustimmen, wenn er zur Frühgeschichte der Dampfmaschine feststellt: »Keine andere Technik fußte so sehr auf dem Experiment – auf jahrzehntelanger Forschungsarbeit über Vakuum und Luftdruck, die im 16. Jahrhundert begann und im 17. Jahrhundert zur Verwirklichung gebracht wurde: mit den Erfindungen deutscher, italienischer, englischer und französischer Forscher [...].«[57] Erfinder und Konstrukteure wie Newcomen und später James Watt (1736–1819) haben von diesen früheren, wissenschaftlich fundierten Errungenschaften gezehrt.

Rechnen mit Maschinen

Der Versuch, die Welt auch in Zahlen zu erfassen, kennzeichnet seit dem 16. und insbesondere dem 17. Jahrhundert Politik, Wirtschaft und die Naturwissenschaften. Mit seinen seit 1518 in deutscher Sprache veröffentlichten und in zahlreichen Auflagen erschienenen Rechenbüchern hatte der Annaberger Rechenmeister Adam Ries (1492–1559) zur Verbreitung des praktischen Rechnens vor allem in Bergbau, Handel und Gewerbe beigetragen. Die landesherrlichen Verwaltungen, wie erwähnt, begannen im 16. Jahrhundert mit der Erhebung von Daten über Größe und Zusammensetzung der Bevölkerung, den Umfang der Produktion in Landwirtschaft, Bergbau, Handwerk und Manufakturwesen. Die Vielzahl der in der Mathematik und Astronomie anfallenden Rechenoperationen mit Kopf und Stift erforderte viel Zeit und führte häufig zu Fehlern, so daß wohl nicht zufällig die erste »Rechenuhr« von dem mit Johannes Kepler befreundeten Tübinger Mathematiker, Astronomen, Feldmesser und Kartographen Wilhelm Schickard (1592–1635) entwickelt wurde. In Kenntnis der von dem Uhrmacher Jost Bürgi (1552–1632) und dem schottischen Mathematiker John Napier (lat. Neper, 1550–1617) erfundenen natürlichen Logarithmen und den sogenannten Neperschen Rechenstäbchen, denen er eine zylindrische Form gab, konstruierte Schickard 1623 seine hölzerne Rechenmaschine, die allerdings noch im selben Jahr verbrannte. Nur durch zwei Skizzen und Briefe an Kepler wissen wir von ihrer Existenz, deren Funktionsfähigkeit 1960 durch einen Nachbau bestätigt wurde.[58]

Ohne Kenntnis der Schickardschen Erfindung entwickelte 1644 der Religionsphilosoph, Mathematiker und Physiker Blaise Pascal (1623–1662) nach eigenen Angaben eine Zwei-Spezies-Rechenmaschine (Addition und Subtraktion), um seinem als Steuereinnehmer tätigen Vater die Berechnung der Steuern zu erleichtern. Etwa 50 Exemplare sollen von der »Pascaline« gebaut worden sein, von denen noch acht vorhanden sind. Im Jahre 1671 schrieb Gottfried Wilhelm Leibniz (1646–1716), der bereits 1669 seine Schrift »De arte inveniendi« veröffentlicht hatte, in einem Brief an den Herzog Johann

56 A. E. Musson, Scientific Prelude to the Industrial Revolution, in: Ders./Eric Robinson, Science and Technology in the Industrial Revolution, Manchester 1969, 47.

57 Landes, Wohlstand, 224.

58 B. Baron von Freytag Löringhoff, Die erste Rechenmaschine: Tübingen 1623, in: Humanismus und Technik 9 (1964), 45–65.

Abb. 211: Staffelwalzen und Zugspindel der Leibnizschen Rechenmaschine

Friedrich in Hannover: »In Mathematicis und Mechanicis habe ich vermittelst artis combinatoriae einige Dinge gefunden die in praxi vitae von nicht geringer importanz zu achten, und erstlich in Arithmeticis eine Machine, so ich eine Lebendige Rechenbanck nenne, dieweil dadurch zu wege gebracht wird, daß alle Zahlen sich selbst rechnen, addiren subtrahieren multipliciren dividiren [...].«[59] Sein Grundgedanke dabei war, die Multiplikation durch wiederholtes Addieren und die Division durch wiederholtes Subtrahieren zu erzeugen. Hierzu entwickelte Leibniz eine Reihe von technischen Einzelelementen wie Einstellwerk, Betragschaltwerk und Resultatschaltwerk, wobei die Rechenabläufe nach dem Einstellen lediglich durch Kurbeltrieb erfolgen sollten. Für das Betragschaltwerk erdachte er zur Übertragung eine »Staffelwalze«, »[...] ein Zahnrad, dessen wirksame Zähnezahl zwischen Neun und Null variiert werden kann, derart, daß, wenn beispielsweise die Zahl 5 eingestellt ist, fünf Zähne wirken«.[60]

Der Bau dieser Maschine, deren letztes Versuchsexemplar von 1693 stammt, hat Leibniz bis ans Lebensende beschäftigt. Daß sie nicht voll funktionsfähig war, hatte primär keine konstruktiven, sondern fertigungstechnische Gründe. Schon Pascal hatte seinerzeit geklagt, daß die Handwerker nicht imstande seien, seine Ideen präzise umzusetzen. Auch wenn im 18. Jahrhundert funktionsfähige Rechenmaschinen konstruiert wurden, wobei vor allem der pietistische Pfarrer und Mechaniker Philipp Matthäus Hahn (1739–1790) Hervorragendes leistete, wurden erst ab der Mitte des 19. Jahrhunderts Rechenmaschinen in größerer Stückzahl produziert, wobei eine steigende Nachfrage die zunehmend nach industriellen Fertigungsmethoden hergestellten Produkte verbilligte.

Der »Projektemacher« Johann Joachim Becher

Unter den Bedingungen des absoluten Staates mit seinem starren Hofzeremoniell und der zentralen Wirtschaftslenkung durch einen ständig anwach-

59 Ludolf von Mackensen, Die ersten dualen und dekadischen Rechenmaschinen, in: Erwin Stein/Albert Heinekamp (Hg.), Gottfried Wilhelm Leibniz. Das Wirken des großen Philosophen und Universalgelehrten als Mathematiker, Physiker, Techniker, Hannover 1990, 57.

60 Ebd. Die Staffelwalze wurde bis 1948 in Rechenmaschinen als Konstruktionselement verwendet. Neben der Staffelwalze erfand Leibniz zur Lösung des gleichen Problems noch das »Sprossenrad«, das er jedoch nicht verwendete. 1872 und 1874 wurde es von einem Amerikaner und einem Schweden unabhängig voneinander nacherfunden und fand ebenfalls weltweite Verbreitung.

senden Verwaltungsapparat entwickelte sich ein mit den bisher vorgestellten Wissenschaftlern und Ingenieuren allerdings nur bedingt vergleichbarer Typus des »praktischen Wissenschaftlers«, der sogenannte Projektemacher.[61] Nicht künstlerische oder technische Begabung zeichnete ihn aus, sondern die Fähigkeit, den Herrscher davon zu überzeugen, daß die Durchführung eines bestimmten Vorhabens, sei es technischer, wirtschaftlicher oder alchemistischer Natur, trotz zunächst hoher Investitionen erheblichen Gewinn bringen würde. Unter den Projektemachern befanden sich, um mit der negativen Spielart anzufangen, zahlreiche Scharlatane und Betrüger, naive Phantasten, schließlich aber auch durchaus seriöse Leute, die umfangreiches Wissen auf verschiedensten Gebieten und Kreativität zugleich besaßen. Johann Friedrich Böttger wäre bei Fortsetzung seiner Goldmacherei vermutlich am Galgen geendet, wenn nicht vor allem Tschirnhaus seine eminente experimentelle Begabung in eine produktive Richtung gelenkt hätte. Der Prototyp des barocken Projektemachers war der Mediziner, Mathematiker, Chemiker, Kameralist und Techniker Johann Joachim Becher (1635–1682), ein unsteter, ideensprühender Geist mit schroffen Umgangsformen und spitzer Zunge, dessen Aktivitäten, die häufig, wenn auch nicht immer durch eigenes Verschulden scheiterten, die Meinungen in der Öffentlichkeit und in den Kreisen der Wissenschaft auch weit über seinen Tod hinaus polarisierten.[62]

Das von ihm nach eigenen Plänen 1676 in Wien errichtete und mit den neuesten Maschinen und Geräten ausgestattet »Kunst- und Werkhaus«, dessen Leitung er allerdings aufgrund von Hofintrigen nur kurze Zeit innehatte und das 1683 einem Brand zum Opfer fiel, sollte mehrere Funktionen erfüllen:[63] Einerseits war es als Ausbildungsstätte gedacht, wo ausländische Fachkräfte inländische Handwerker und Arbeiter mit neuer Technik und neuen Verfahren vertraut machen und diese ihre dort erworbenen Kenntnisse dann weiter verbreiten sollten, um so die Zahl an qualifizierten einheimischen Fachkräften zu erhöhen. Andererseits sollte das Werkhaus eine zentrale Forschungsstätte zur Erprobung neuer Verfahren und Erfindung neuer Instrumente und Maschinen sein. Bechers Absicht erkennt man beim Werkhaus allein schon an den von Anfang an etablierten Einrichtungen und Werkstätten; denn neben einer Woll-, einer Seiden- sowie einer Geschirrmanufaktur, die vor allem Majolika produzieren soll, werden ein chemisches Laboratorium, eine Apotheke, eine venezianische Glashütte und eine Schmelzhütte angelegt. Hinter all dem steht der Gedanke, daß der Staat als Träger des Werkhauses die technische und ökonomische Entwicklung im Lande steuern und fördern soll. In diesem Zusammenhang sind auch Bechers Laboratoriumsexperimente und Verbesserungen von Schmelz- und Probieröfen sowie seine zahlreichen chemischen Veröffentlichungen zu erwähnen, die die Verbindung von chemischer Wissenschaft und chemischer Technik vollziehen und damit den Übergang von der Alchemie zur chemischen Wissenschaft markieren.[64] Nicht zu vergessen sind darüber hinaus seine Pläne für ein mehrstufiges technisches Schulwesen, auf Vorschlägen von Johann Amos Comenius (1592–1670) fußend.[65]

Aber Becher war nicht nur ein Technikorganisator, sondern auch selbst Erfinder.[66] Das in seinem Todesjahr 1682 erschienene Büchlein »Närrische Weisheit und weise Narrheit. Oder ein hundert, so politische als physicalische, mechanische und mercantilische Concepten und Propositionen« enthält unter anderem eine Aufzählung all jener Erfindungen, die von ihm selbst stammen.

61 Zum Problemkreis der Projektemacher vgl. Fritz Redlich, Die Rolle der Neuerung in einer quasi-statischen Welt: Francis Bacon und seine Nachfolger, in: Ders., Der Unternehmer. Wirtschafts- und sozialgeschichtliche Studien, Göttingen 1954, 233–247. Redlich stützt sich dabei vor allem auch auf Bechers Zeitgenossen Daniel Defoe (1660–1731), der 1697 seinen bissigen »Essay on Projects« veröffentlichte.

62 Herbert Hassinger, Johann Joachim Becher (1635–1682). Ein Beitrag zur Geschichte des Merkantilismus, Wien 1951; Gotthardt Frühsorge/Gerhard F. Strasser (Hg.), Johann Joachim Becher (1635–1682), Wiesbaden 1993.

63 Ulrich Troitzsch, Ansätze technologischen Denkens bei den Kameralisten des 17. und 18. Jahrhunderts, Berlin 1966.

64 Neben Becher sind hier auch Johann Rudolf Glauber (1604–1670) und der Glastechnologe Johann Kunckel (1630–1703) zu nennen. Vgl. auch Otto Krätz, Anfänge der technischen Chemie, in: Hermann/Schönbeck (Hg.), Technik und Wissenschaft, 296–318.

65 In Auszügen wiedergegeben bei Nikolaus Maassen (Hg.), Quellen zur Geschichte der Mittel- und Realschulpädagogik, Bd. 1, Berlin u.a. 1959, 19–22.

66 Ulrich Troitzsch, Johann Joachim Becher als Techniker und Erfinder, in: Frühsorge/Strasser (Hg.), Johann Joachim Becher, 85–101.

Gleichzeitig stellt es aber auch eine teilweise recht boshafte Abrechnung mit den Gegnern seiner Projekte dar.[67] Bei der Mehrzahl der »Erfindungen« handelt es sich nach heutigem Verständnis eher um Verbesserungen an bereits vorhandenen Arbeitsgeräten oder Maschinen, die aber zumindest zeigen, daß Becher mit den Konstruktionen und ihrer praktischen Handhabung vertraut war. Nach seinen eigenen Angaben hat Becher sowohl in München wie in Wien von ihm verbesserte Strumpfwirkstühle und Bandmühlen aufgestellt, die wegen ihrer hohen Arbeitsproduktivität jeweils mehrere Arbeitskräfte ersetzen konnten. Auf einer Bandmühle, die vermutlich im späten 16. Jahrhundert erfunden wurde, konnten zu Bechers Zeiten bis zu 24 Bänder gleichzeitig gewebt werden, was den sich bis in die Mitte des 18. Jahrhunderts hinziehenden Widerstand der Bortenwirkerzünfte hervorrief und zeitweilig obrigkeitliche Verbote nach sich zog. Die Furcht der Bortenweber, daß die Bandmühle auch eine Dequalifikation der Handwerker bewirke, hat sich bei weiterer Mechanisierung der Bandmühle später bestätigt. Am Ende des 18. Jahrhunderts konnte die inzwischen vollmechanische Bandmühle von niedrig entlohnten Kindern bedient werden. Obwohl der Kameralist Becher in einem vom Dreißigjährigen Krieg entvölkerten Land der Peuplierung und der Schaffung von Arbeitsplätzen einen hohen Stellenwert einräumte, trat der Techniker Becher für den Einsatz neuer, produktiver Technik ein. Wohl um sich größeren Ärger mit den Zünften zu ersparen, hat er sich sowohl in »Politische Discurs« wie in »Närrische Weisheit« aber ambivalent zum Maschinenproblem geäußert: »Wiewohl ich nicht rathen will/Instrumenta zu erfinden/um Menschen zu ersparen/oder ihnen ihre Nahrung zu verkürtzen/so will ich doch nicht abrathen/Instrumenta zu prakticiren/welche vortheilhafftig und nützlich seyn.«[68] In Deutschland letztlich erfolglos, ging Becher nach Holland, schließlich nach England, wo er arm und verbittert 1682 gestorben ist.

Schlußbetrachtung

Waren bis ins späte Mittelalter der handwerklich-technische Bereich und jener der Gelehrsamkeit noch streng getrennt, so bewegen sich beide Sphären seit der Renaissance allmählich aufeinander zu, wobei die angewandten mathematischen Wissenschaften und die Mechanik zunächst eine Mittlerfunktion übernehmen. Die Ingenieure als neue Berufsgruppe nutzen neben dem Erfahrungswissen zunehmend die Mathematik als theoretisches Werkzeug, und bei den Vertretern der sich im 17. Jahrhundert ausformenden modernen Naturwissenschaften wird sie in Verbindung mit der Mechanik für lange Zeit zur Leitwissenschaft. Übte die weiterhin vom Erfahrungswissen geprägte handwerklich-technische Welt durch die Bereitstellung von wissenschaftlichen Instrumenten für Beobachtungs-, Meß- und Experimentalzwecke einen nachhaltigen Einfluß auf die Naturwissenschaften aus, so profitierte die Technik am Ende des hier behandelten Zeitraumes zunehmend von den Forschungsergebnissen der Wissenschaften, auch wenn der Weg zu einer Verwissenschaftlichung der Technik noch in weiter Ferne lag. Gemeinsam aber war beiden Bereichen in jener Epoche die Überzeugung von der Nützlichkeit ihrer Tätigkeit für die Landeswohlfahrt und damit die Fortentwicklung der Gesellschaft zum Besseren.

67 Diese Schrift hat das lange Zeit überwiegend negative Urteil über Becher geprägt. Ganz anders urteilte Werner Sombart über den barocken Vielerfinder: »Und dann ist da der köstlichste von allen: der Prachtkerl […], aus dessen Ingenium die erfinderischen Gedanken wie Funken und Leuchtkugeln sprühen und herausplatzen. Was hat er alles ›erfunden‹!« (Werner Sombart, Der moderne Kapitalismus, 2. 1, München u.a. 1928, 473.)

68 Johann Joachim Becher, Närrische Weißheit und Weise Narrheit, Frankfurt 1707, 11f.

IV.
Wissenschaft, praktische Aufklärung, Popularisierung
(1730–1780)

Abb. 212: Der Tod und der Bücherfreund (1785), aus: Johann Carl August Musaeus, Frreund Heins Erschnungen in Holbeins Manier von J. R. Schellenberg (1785)

Die Zeit zwischen 1730 und 1780 stand in ganz Europa im Zeichen der Aufklärung und ihres Ideals eines vernunftbestimmten und rational handelnden Menschen. Mit Hilfe der Vernunft sollte überprüft und kritisiert werden, was zuvor als sicher angenommen worden war. Durch sie sollte eine neue, bessere und gerechtere Gesellschaft entstehen. Wissenschaft diente in diesem Zusammenhang nicht mehr nur dem Sammeln und dem Erwerb von Kenntnissen, sondern erhielt darüber hinaus einen moralischen Nutzen, indem sie zur Erziehung des Einzelnen beitrug. Im Zentrum des Fortschrittsgedankens standen sowohl die Eigenständigkeit des Individuums als auch das Wohl der Gemeinschaft. Schließlich erfuhren – trotz aller Vorbehalte – auch diejenigen Bevölkerungsschichten zunehmend Wertschätzung, denen gesellschaftliche Verantwortung bisher abgesprochen worden war. Wissen, zuvor ein Privileg einzelner Gelehrter, wurde einer immer größeren Zahl von Menschen vermittelt. Geheimem und exklusivem Wissen begegnete man mit wachsender Mißbilligung.

Zunächst jedoch wandten sich auch die Aufklärer mit ihren Schriften nicht an die unteren Bevölkerungsschichten, sondern an ein gebildetes Publikum, und hier setzt der erste Beitrag **Popularisierung gelehrten Wissens im 18. Jahrhundert. Institutionen und Medien** an. Er widmet sich insbesondere den Lesegesellschaften und erklärt, wie und mit welcher Absicht in ihnen Bürgern und Adeligen, die keine Gelehrten waren, Bücher zugänglich gemacht und Einblicke in die verschiedenen Wissenschaften ermöglicht wurden. Die unterschiedlichen Lektüren und Kriterien für ihre Auswahl in den jeweiligen Gesellschaften werden in den Blick genommen, Zeitungen und Zeitschriften in den Zusammenhang des aufklärerischen Interesses an Bildung und moralischer Verbesserung gestellt.

Im Anschluß daran handelt der zweite Beitrag **Wissen als Unterhaltung** von einer Wissensvermittlung, die zwar in ähnlicher Weise die Kluft zwischen Spezialisten- und Laienwissen aufbrach, dennoch aber nicht primär dem moralischen Nutzen des Lesers dienen, sondern vor allem auf dessen Empfindungen wirken sollte. Er beschäftigt sich mit dem »Klatsch« in der Frühen Neuzeit und untersucht, wie z.B. bei der Verbreitung von moralisch Zweifelhaftem oder der Sammlung von Außergewöhnlichem Alltagswissen und wissenschaftlicher Diskurs, mündliches Gespräch und gedruckter Text ineinander übergingen. Nicht zuletzt geht es um Denkstile wie z.B. das aufklärerische Ideal der Geselligkeit, die im Zusammenhang des Wissens neu analysiert werden.

Und auch im dritten Beitrag **Wissen, Technik, Macht. Elektrizität im 18. Jahrhundert** ist von einer Wissenschaft die Rede, die sich geradezu anbot, der Unterhaltung zu dienen. Doch es geht um mehr. Geschildert wird, wie die Elektrizität, die lange nicht als eigenes Forschungsfeld wahrgenommen wurde, im 18. Jahrhundert aus ihrem Schattendasein hervortrat, wie die Gelehrten sich – zum Teil auf schmerzhafte Weise – ihrer Kraft bewußt wurden und wie schließlich die neuen Kenntnisse über die akademische Welt hinaus breite Bevölkerungskreise in ihrem alltäglichen Leben berührten. Wissenschaftliche Experimente werden dabei ebenso vorgestellt wie nützliche und gewinnbringende Anwendungen des neuen Wissens in den verschiedensten Lebensbereichen der Menschen.

Voraussetzung für die Verbreitung des Wissens war zu jeder Zeit die Lese- und Schreibfertigkeit derjenigen, an die Bücher und Zeitungen sich richteten, und ihr widmet sich der vierte Beitrag **Alphabetisierung. Lesen und Schreiben**. Er beginnt mit einem Überblick über die Geschichte von Schriftlichkeit und Mündlichkeit in verschiedenen Gesellschaften und zeigt dann an ausgewählten Beispielen, wie und warum selbst im 18. Jahrhundert Schreibkenntnisse insbesondere der niederen Bevölkerungsschichten noch stark regional geprägt waren. An dieser Stelle wird auch das Thema Ausbildung und Schule aus dem dritten Abschnitt aufgegriffen, wobei jedoch nunmehr die Volksschulen und die durch den Pietismus angeregte neue Ausbildung ihrer Lehrer im Mittelpunkt stehen.

Schließlich beschreibt der fünfte Beitrag **Popularaufklärung – Volksaufklärung,** wie der Gedanke, daß auch den unteren Bevölkerungsschichten nützliches Wissen vermittelt werden sollte, an Bedeutung gewann und schrittweise in die Praxis umgesetzt wurde. Medien und Einrichtungen, die bereits zuvor Erwähnung gefunden hatten, treten in einem neuen Licht wieder in Erscheinung: Berichte, die die ländliche Bevölkerung vom Aberglauben abkehren und zu Verantwortung und Weltoffenheit erziehen, Zeitungen und Intelligenzblätter, die der Information dienen, Lesegesellschaften, die die Materialien zur Verfügung stellen sollten. Vor allem aber wird nachgezeichnet, wie sich in der Mitte des 18. Jahrhunderts eine neue Öffentlichkeit herausbildete, in die erstmals ungebildete Männer und Frauen integriert waren.

Popularisierung gelehrten Wissens im 18. Jahrhundert

SILVIA SERENA TSCHOPP

Institutionen und Medien

Das Frontispiz der 1720 erstmals erschienenen »Vernünfftigen Gedancken von Gott, der Welt und der Seele des Menschen, auch allen Dingen überhaupt« stellt eine amoene Landschaft dar, über der die Strahlen der Sonne dunkle Wolken vertreiben. Was der Verfasser des Werks, der Philosoph Christian Wolff, zunächst mit Bezug auf seine Bemühungen um eine Systematisierung der Metaphysik als philosophische ›Erleuchtung‹ deutet, versinnbildlicht zugleich einen Anspruch, den im 18. Jahrhundert auch andere Aufklärer postulieren: Es geht den Verfechtern aufgeklärten Denkens um eine Überwindung des religiösen und politischen Obskurantismus' mithilfe der Vernunft und damit verbunden um eine Vermittlung jener Erkenntnisse und Erkenntnisweisen, die einen rationalen Zugang zu lebensweltlicher Erfahrung begünstigen. Die Metapher des Lichts, die bereits zeitgenössisch verwendeten Begriffen wie ›éclaircissement‹, ›illuminismo‹ oder ›ilustración‹ zugrunde liegt und die in Epochenbezeichnungen wie ›Aufklärung‹, ›Lumières‹ oder ›Enlightenment‹ nachklingt, verweist auf ein neues Bildungsideal, das dem Intellekt als erkenntnisleitendem Instrument oberste Prioriät einräumt. So schillernd der Begriff ›Aufklärung‹,[1] so unterschiedlich die damit verbundenen Konnotationen im englischen, französischen, italienischen, spanischen oder deutschen Kontext auch sein mögen, verbindet sich mit dessen historischer Semantik das Prinzip einer rationalen Durchdringung der Wirklichkeit.

Aufklärung im hier beschriebenen Sinne gilt ihren Repräsentanten allerdings nicht als bereits erreichtes Ziel, sondern vielmehr als anzustrebendes Ideal. Die programmatische Ausrichtung an der Vernunft geht einher mit der Einsicht, daß die meisten Menschen noch weit davon entfernt sind, ihr Denken und Handeln konsequent dem Primat der ›ratio‹ zu unterstellen, daß es demnach jener systematischen Verstandeserziehung bedarf, welche die Aufklärer sich zur Aufgabe machen. Kennzeichnend für die meisten Aufklärer ist denn auch ein ausgeprägter Bildungsoptimismus, die Überzeugung also, der Mensch sei grundsätzlich in der Lage, seine Persönlichkeit zu vervollkommnen und jene individual- und sozialethischen Maximen zu realisieren, die einen konstitutiven Bestandteil aufgeklärter Programmatik bilden. Der für die meisten Aufklärer charakteristische pädagogische Impetus zielt dabei einerseits auf eine Autonomisierung und Versittlichung des Individuums und andererseits auf eine Erziehung des Einzelnen zu einem dem Gemeinwohl verpflichteten, soziablen Bürger. Zu den Mitteln, mithilfe derer dieses Ziel erreicht werden soll, gehört ganz wesentlich die Vermittlung von Einsichten, die sich szientifischer Forschung verdanken. Der sich seit dem 16. Jahrhundert abzeichnende bemerkenswerte Zuwachs an gelehrtem Wissen und die damit einhergehenden epistemologischen Umwälzungen bilden die Voraussetzung für den von den Aufklärern geforderten neuen Zugang zur Welt.[2] ›Moderne‹ wissenschaftliche Errungenschaften zu vermitteln und das Erkenntnispotenzial rationalistischer bzw. empiristischer Verfahrensweisen im Bewußtsein einer

Nächste Seite:
Abb. 213: Christian Wolff, Vernünfftige Gedancken von Gott, der Welt und der Seele des Menschen, auch allen Dingen überhaupt, Frontispiz (1710)

1 Zur Begriffsgeschichte von ›Aufklärung‹ vgl. Horst Stuke, Aufklärung, in: Geschichtliche Grundbegriffe. Historisches Lexikon zur politisch-sozialen Sprache in Deutschland, hg. von Otto Brunner/Werner Conze/Reinhart Koselleck, Bd. 1, Stuttgart 1972, 243–342.

2 Zum Stand der Wissenschaften im 18. Jahrhundert vgl. Thomas L. Hankins, Science and the Enlightenment, Cambridge 1985.

Lucem post nubila reddit

breiteren Bevölkerung zu verankern, wird denn auch als eines der vornehmsten Anliegen aufklärerischer Tätigkeit definiert. Was zunächst ausschließlich einem eng begrenzten Kreis von Gelehrten zugänglich war, soll nun an die außerakademische Öffentlichkeit gelangen. Beispielhaft für die bereits in der Frühaufklärung einsetzenden Bemühungen um eine neue soziale Gruppen umfassende Wissensdiffusion sind die Schriften des Juristen und Philosophen Christian Thomasius, in denen das Postulat einer auch die illiterate Bevölkerung integrierenden intellektuellen Schulung vielfältig zum Ausdruck kommt. In der Widmung zu seiner »Ausübung der Vernunftlehre« (1691) betont Thomasius beispielsweise, daß »auch ein unstudirter Mann/er möge nun ein Soldate/Kauffmann/Hauß=Wirth/ja gar ein Handwercks=Mann oder Bauer/oder eine Weibes=Persohn seyn/wenn sie nur die ›Praejudicia‹ von sich legen wollen/noch viel bessere Dinge in Vortragungen der Weißheit werden thun können/als ich oder ein anderer«.[3] Die genannten Adressaten erscheinen dabei nicht als mehr oder weniger passive Objekte aufgeklärter Indoktrination, sondern als Subjekte bzw. Träger eines immer weitere Kreise ziehenden gesellschaftlichen Kommunikationsprozesses. Thomasius spricht ihnen die Befähigung zu, sich gelehrtes Wissen anzueignen, und autorisiert sie zugleich, als Multiplikatoren der zunächst von Gelehrten initiierten Aufklärung tätig zu werden. Fast hundert Jahre später vertritt auch der Ökonom Johann Georg Büsch in seiner Abhandlung »Ueber die Frage: Gewinnt ein Volk in Absicht auf seine Aufklärung dabei, wenn seine Sprache zur Universal=Sprache wird« (1787) die Auffassung, daß es nicht nur der Erzeugung neuen Wissens durch herausragende Gelehrte, sondern in ebensolchem Maße der Vermittlung der jeweils gewonnenen Erkenntnisse an eine breitere Bevölkerung bedürfe. ›Intensive‹ Aufklärung, d.h. die Erweiterung des Wissens im Rahmen gelehrter Tätigkeit, und ›extensive‹ Aufklärung, d.h. die Popularisierung wissenschaftlicher Neuerungen, bedingten sich dabei gegenseitig: Verbreitet werden könne nur, was zunächst als Wissen generiert wurde, eine breite Verankerung von Wissen in der Bevölkerung wiederum liefere wichtige Impulse für jene forschende Tätigkeit, der sich neues Wissen verdankt.[4]

Ebenso offenkundig wie die Notwendigkeit und der Nutzen einer Diffusion zeitgemäßen gelehrten Wissens erscheint den Aufklärern jedoch die Tatsache, daß sowohl die im europäischen Mittelalter wurzelnden, als auch die seit dem 16. Jahrhundert ausgebildeten Institutionen und Medien der Wissensvermittlung dem aufgeklärten Anspruch auf Popularisierung szientifisch generierter Erkenntnis nur bedingt gerecht zu werden vermögen.[5] Zwar bleiben die Universitäten nicht völlig unberührt von wissenschaftlichen Neuerungen, wenn man jedoch von Reformuniversitäten wie Halle oder Göttingen absieht, gilt für die meisten europäischen Universitäten auch im 18. Jahrhundert, daß sie sich weniger als Forschungs- denn als Lehrinstitutionen definieren und überdies weitgehend einem in der mittelalterlichen Scholastik ausgebildeten Wissenschaftsideal verpflichtet bleiben.[6] Einen günstigeren Nährboden finden neuzeitliche Forschungsbestrebungen in den im 17. Jahrhundert in ganz Europa sich etablierenden Akademien, die insbesondere im Bereich der Naturwissenschaften bald eine führende Rolle einnehmen. Christian Wolff unterscheidet in seinen »Vernünfftigen Gedancken von dem gesellschafftlichen Leben der Menschen« denn auch zwischen der Universität als Stätte der Lehre und der Akademie als Stätte der Forschung, als deren primäres Ziel die Erarbeitung neuer wissenschaftlicher Erkenntnisse und Er-

3 Christian Thomasius, Ausübung der Vernunftlehre, Halle 1691, Nachdruck 1968, hg. von Werner Schneiders, Widmung.

4 Vgl. Johann Georg Büsch, Ueber die Frage: Gewinnt ein Volk in Absicht auf seine Aufklärung dabei, wenn seine Sprache zur Universal=Sprache wird, Berlin 1787, 36f.

5 Zu den Bildungsinstitutionen in der Frühen Neuzeit vgl. Anton Schindling, Bildung und Wissenschaft in der Frühen Neuzeit 1650–1800, München 1994.

6 Vgl. Notker Hammerstein (Hg.), Universitäten und Aufklärung, Göttingen 1995.

findungen sowie deren Verbreitung bestimmt wird.[7] In der Tat haben sich die Akademien durch regelmäßige Veröffentlichungen der gewonnenen Befunde, durch Preisfragen, zu deren Beantwortung sie ein interessiertes Publikum aufforderten, und durch Vorträge um eine Verbreitung des im Rahmen akademischer Forschungstätigkeit erzeugten Wissens bemüht. Eine nicht nur den engen Kreis von Gelehrten, sondern potentiell alle hinreichend gebildeten Individuen umfassende Vermittlung wissenschaftlicher Erkenntnisse zu leisten, waren jedoch weder die Universitäten noch traditionsreiche Akademien wie die Londoner ›Royal Society‹, die Pariser ›Académie Royale des Sciences‹ oder die Berliner ›Sozietät der Wissenschaften‹ in der Lage.

Nicht nur die Institutionen gelehrter Bildung, auch die im 17. und frühen 18. Jahrhundert der Kommunikation gelehrten Wissens dienenden Medien erscheinen wenig geeignet, aufgeklärte Anliegen zu realisieren. Die meist in kleiner Auflage gedruckten wissenschaftlichen Kompendien waren selbst für die meisten Gebildeten nicht ohne weiteres zugänglich. Angesichts ihres hohen Kaufpreises war an eine Anschaffung in der Regel nicht zu denken; wer außerdem keinen Zugang zu einer Gelehrten-, Fürsten- oder Universitätsbibliothek besaß, blieb von der Lektüre gelehrter Fachliteratur weitgehend ausgeschlossen. Ein weiteres Hindernis für eine breitere Rezeption wissenschaftlicher Neuerungen bildete schließlich das in der szientifischen Literatur dominierende Latein, das als ›lingua franca‹ der Universitätsgelehrten zwar einen europaweiten Austausch ermöglichte, zugleich jedoch weite Teile auch der gebildeten Bevölkerung dem gelehrten Diskurs entzog. Mit dem Postulat einer Popularisierung relevanter Wissensbestände verband sich bei den meisten Aufklärern denn auch die Einsicht, daß es galt, neue Institutionen, neue Medien und nicht zuletzt eine neue Sprache zu finden, mithilfe derer eine breitere Bevölkerung erreicht werden konnte.

Zu den wesentlichen Leistungen der Aufklärungsbewegung gehört nicht nur die Valorisierung gelehrter Bildung bei gleichzeitiger Infragestellung des akademischen Bildungsmonopols, sondern auch und vor allem die Herausbildung neuer Strukturen und Strategien der Wissensdiffusion. Von der Prämisse ausgehend, daß jeder Mensch über Vernunft verfügt und in der Lage ist, rational zu denken und zu handeln, wenn er nur dazu angeleitet wird, von seinen Möglichkeiten Gebrauch zu machen, suchen die Aufklärer nach Lösungen für die sich ihnen stellenden Probleme: Sie schaffen neue Institutionen und Medien der Wissensvermehrung und Wissensvermittlung, die der Umsetzung ihrer volkspädagogischen Intentionen dienen sollen, und machen sich um die Überwindung sprachlicher Barrieren verdient, indem sie die Ablösung des Lateins durch die Landessprache vorantreiben und sich zugleich an der Durchsetzung neuer Stilideale beteiligen.

1. Popularisierung: zur Klärung eines schillernden Begriffs

Es sind die genannten Momente aufklärerischen Wirkens, die im Zentrum der nun folgenden Ausführungen stehen sollen. Bevor allerdings die hier interessierenden institutionellen, sprachlichen und kommunikationshistorischen Entwicklungen erörtert werden, bedarf es einer Klärung des Begriffs ›Popularisierung‹. Insbesondere für die zweite Hälfte des 18. Jahrhunderts

7 Vgl. Christian Wolff, Vernünfftige Gedancken von dem gesellschafftlichen Leben der Menschen und insonderheit dem gemeinen Wesen […], Halle 1721, Nachdruck 1971, 235.

IV. 1 Popularisierung des Wissens durch Zeitschriften und Kalender: Stilleben von Heyman Dullaert (um 1682)

IV. 2 und 3 Adressaten der Volksaufklärer: Die Bauern, zwei Gemälde von Louis le Nain (1593–1648)

IV. 4 Jean Honoré Fragonard (1732–1806), Die junge Leserin

IV. 5 »Schnabelkopf« des Wiener Bildhauers F. X. Messerschmidt (1736–1783): Eine künstlerische Reaktion auf medizinisch-elektrische Experimente?

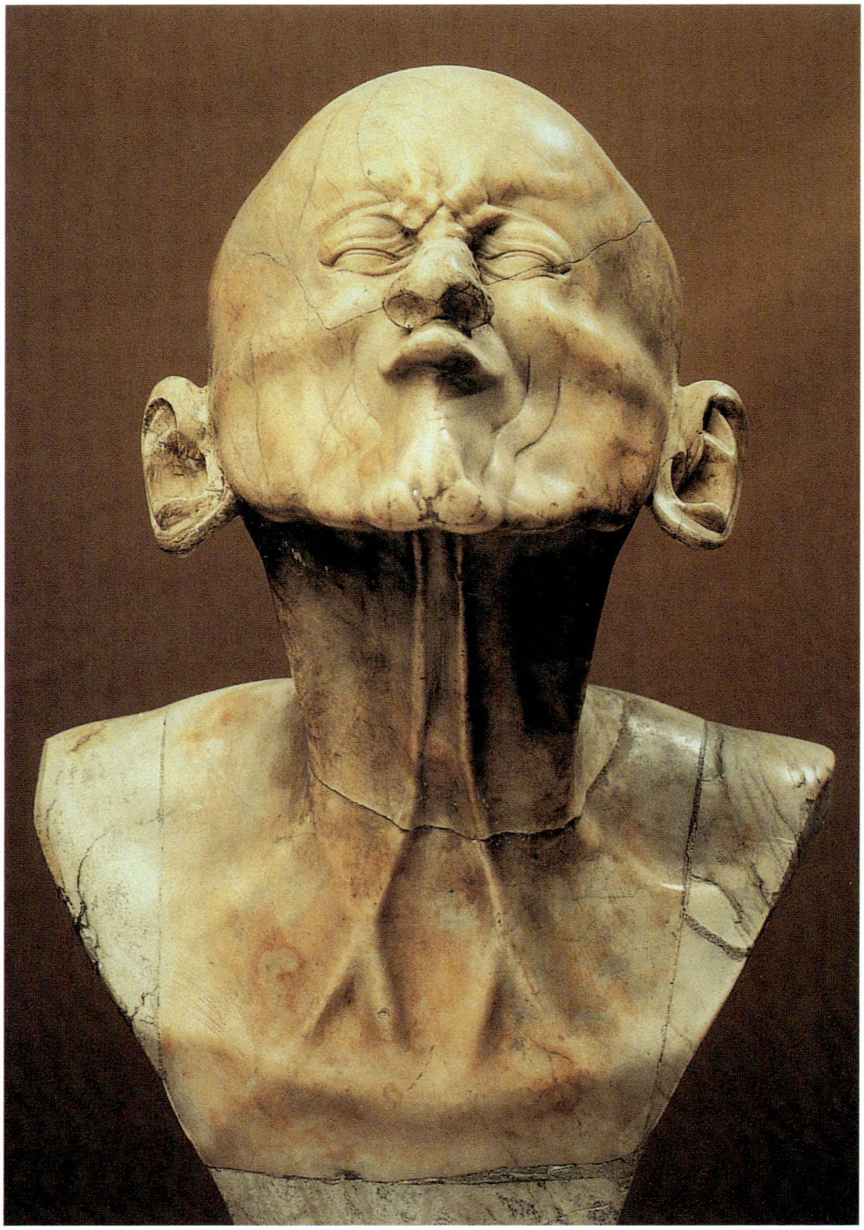

kann davon ausgegangen werden, daß der Anspruch auf Wissensvermittlung in dem Sinne umfassend war, als er explizit stände-, konfessions- und geschlechtsübergreifend definiert wurde. Nicht nur aristokratische Damen oder gebildete Bürger, auch die bäuerliche Bevölkerung gerät seit der Jahrhundertmitte zunehmend in den Fokus aufklärerischer Bestrebungen. Wer Popularisierung von einem derartigen, weiten Verständnis ausgehend definiert, wird eine Vielzahl von Institutionen und Medien beschreiben können, welche der von den Aufklärern intendierten Wissensdiffusion bis in untere soziale Schichten dienten. Im Bereich des Bildungswesens wären dann nicht nur Universitäten und Akademien zu nennen, sondern auch die städtischen und territorialstaatlichen Bildungsinstitutionen mit gymnasialem Charakter sowie das niedere Schulwesen, die im Lauf des 18. Jahrhunderts mehr oder weniger grundlegende Reformen erfuhren.[8] Des weiteren wäre in diesem Zusammenhang auf die Kirchen hinzuweisen, die sowohl über von ihnen organisierte, konfessionell gebundene schulische Einrichtungen als auch und vor allem durch Predigt und Katechese über weitreichende Möglichkeiten der Wissenspopularisierung verfügten. Die überlieferten Blitzableiter-, Pockenschutz-, Kleebau- oder Schulbesuchspredigten belegen, in welchem Maße Geistliche als Träger der sogenannten Volksaufklärung in Erscheinung getreten sind.[9] Zu nennen wären schließlich all jene Vereinigungen, die nicht nur geselligem Austausch, sondern auch der Kommunikation von Wissen dienten. Neben den gelehrten Sozietäten, die in der Regel wissenschaftlich tätigen Männern vorbehalten blieben, sind dies etwa die Literarischen Gesellschaften, die Patriotisch-gemeinnützigen bzw. Ökonomischen Gesellschaften, die Lesegesellschaften oder der Freimaurerorden. Bedeutung kommt in diesem Zusammenhang außerdem den auch als ›penny universities‹ bezeichneten Kaffeehäusern,[10] den Salons und den Klubs zu, in denen im Modus des Gesprächs, aber auch mittels Lektüre der dort zur Verfügung stehenden Periodika, eine Erweiterung des Wissenshorizonts angestrebt wurde.

Wer Popularisierung als umfassende volkserzieherische Tätigkeit bestimmt, wird nicht nur auf eine große Zahl von Institutionen, sondern auch auf eine Fülle von Medien verweisen können, die im 18. Jahrhundert der Diffusion von Wissen dienten.[11] Neben der weiterhin gedruckten wissenschaftlichen Fachliteratur wären in erster Linie die zahlreich gedruckten gelehrten, historisch-politischen, literarisch-kulturellen, gemeinnützig-ökonomischen Zeitschriften, sowie Moralische Wochenschriften, Frauenzeitschriften oder Reisejournale zu nennen. Auch der Zeitung und dem sogenannten Intelligenzblatt als im 18. Jahrhundert vergleichsweise weit verbreiteten Periodika oder den beim Publikum beliebten Almanachen und Kalendern kam im Kontext der Vermittlung von Wissen eine nicht unerhebliche Bedeutung zu. Große lexikographische Projekte, allen voran die von Denis Diderot und Jean le Rond d'Alembert seit 1751 herausgegebene, auch kommerziell sehr erfolgreiche »Encyclopédie, ou dictionnaire raisonné des sciences, des arts et des metiers, par une société de gens de lettres«,[12] die sich meist an Damen, bisweilen auch an jugendliche Knaben und Mädchen wendenden vereinfachten Darstellungen naturwissenschaftlicher Neuerungen wie etwa Bernard Le Bovier de Fontenelles in zahlreichen Auflagen erschienene und in mehrere Sprachen übersetzte »Entretiens sur la pluralité des mondes« (1686), Francesco Algarottis »Il Newtonianismo per le dame ovvero dialoghi sopra la luce e i colori« (1737), Voltaires »Elémens de la philosophie de Newton« (1738), Noël-Antoine La

8 Vgl. Wolfgang Schmale/Nan L. Dodde (Hg.), Revolutionen des Wissens? Europa und seine Schulen im Zeitalter der Aufklärung (1750–1825). Ein Handbuch zur europäischen Schulgeschichte, Bochum 1991.

9 Vgl. Reinhart Siegert, Die ›Volkslehrer‹. Zur Trägerschicht aufklärerischer Privatinitiative und ihren Medien, in: Jahrbuch für Kommunikationsgeschichte 1 (1999), 62–86.

10 Aytoun Ellis, The Penny Universities: A History of the Coffee-Houses, London 1956.

11 Vgl. Ernst Fischer/Wilhelm Haefs/York-Gothart Mix (Hg.), Von Almanach bis Zeitung. Ein Handbuch der Medien in Deutschland 1700–1800, München 1999.

12 Vgl. Robert Darnton, Glänzende Geschäfte. Die Verbreitung von Diderots ›Encyclopedie‹ oder: Wie verkauft man Wissen mit Gewinn? Aus dem Englischen und Französischen von Horst Günther, Berlin 1993.

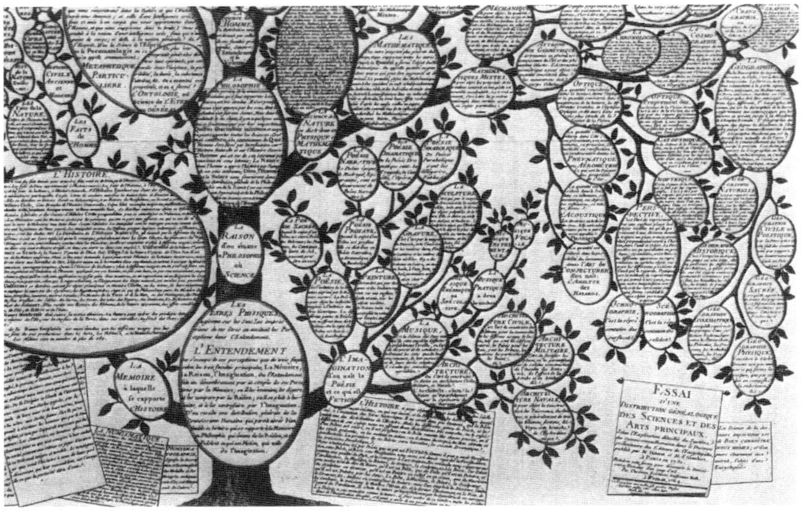

Abb. 214: Baum des Wissens, aus: Denis Diderot/Jean le Rond d'Alembert, Encyclopédie (1776–1789)

Pluches breit rezipiertes »Spectacle de la nature« (1732–1755), Benjamin Martins »The General Magazine of Arts and Sciences, Philosophical, Philological, Mathematical and Mechanical« (1755/1763) oder Leonard Eulers »Briefe an eine deutsche Prinzessin über verschiedene Gegenstände aus der Physik und Philosophie« (1769–73), aber auch volkspädagogische Schriften wie Hans Caspar Hirzels »Wirtschaft eines philosophischen Bauern« (1761), Rudolph Zacharias Beckers »Noth- und Hilfsbüchlein für Bauern« (1788) oder Johann Heinrich Pestalozzis »Lienhard und Gertrud« (1781/87) trugen ebenfalls dazu bei, neue soziale Gruppen in den Bildungsprozeß zu integrieren. Nicht unerwähnt bleiben sollen auch Formen der Wissensvermittlung mit verstärkt ›performativem‹ Charakter, wie etwa die seit dem 18. Jahrhundert einem zunehmend breiteren Publikum geöffneten Sammlungen und Museen oder die spektakulären Präsentationen wissenschaftlicher Experimente durch reisende Gelehrte wie John Theophilus Desaguliers,[13] die auch ein nicht gelehrtes Publikum anzogen und die in den auf Jahrmärkten angebotenen Vorstellungen ambulanter Elektrisierer ihre Nachahmung fanden.

In meinen nun folgenden Ausführungen gehe ich allerdings von einem engeren Begriff der Popularisierung aus. Popularisierung bezeichnet dann weder die sich in erster Linie an ein gelehrtes Publikum wendenden Präsentationen wissenschaftlicher Erkenntnis noch jene als ›Volksaufklärung‹ definierten vielfältigen Bestrebungen, die sich an eine primär ländliche Bevölkerung richten, der im Hinblick auf die Bewältigung ihres Alltags nützliches Wissen vermittelt werden soll. Sie läßt sich vielmehr abstrakt bestimmen als den über sprachliche Manifestationen und soziale Handlungen vermittelten Versuch bzw. Prozeß, aus den Wissenschaften stammende Erkenntnisse und Erkenntnisweisen öffentlich an ein Publikum, das nicht selbst im Zentrum der Wissensproduktion steht, weiterzugeben.[14] Idee und Praxis der Popularisierung gelehrter Erkenntnis gründen demnach auf der »Dialektik zwischen spezialisierter Wissenschaft und nichtspezialisiertem Publikum«,[15] auch wenn, wie noch zu zeigen sein wird, der fundamental dialogische Charakter aufklärerischer Wissensvermittlung die Vorstellung einer linear ›von oben nach unten‹ verlaufenden Diffusion von Wissen und eines weitgehend auf eine passive Form der Rezeption verwiesenen Publikums relativiert. Dieses

13 Vgl. Larry Stewart, The Rise of Public Science. Rhetoric, Technology, and Natural Philosophy in Newtonian Britain 1660–1750, Cambridge 1992, 213–254; Barbara Maria Stafford, Kunstvolle Wissenschaft. Aufklärung, Unterhaltung und der Niedergang der visuellen Bildung. Aus dem Amerikanischen von Anne Vonderstein, Amsterdam/Dresden 1998, 189–210.

14 Die Definition orientiert sich an der Begriffsbestimmung von Andreas W. Daum, Wissenschaftspopularisierung im 19. Jahrhundert. Bürgerliche Kultur, naturwissenschaftliche Bildung und die deutsche Öffentlichkeit 1848–1914, München 1998, 25. Vgl. auch Angela Schwarz, Der Schlüssel zur modernen Welt. Wissenschaftspopularisierung in Großbritannien und Deutschland im Übergang zur Moderne (ca. 1870–1914), Stuttgart 1999, 38–47 und, vor allem mit Blick auf Frankreich, Daniel Raichvarg/Jean Jacques, Savants et Ignorants. Une histoire de la vulgarisation des sciences, Paris 1991.

15 Daum, Wissenschaftspopularisierung, 27.

Publikum nun hat zwar als ein wissenschaftlich nicht spezialisiertes zu gelten, es handelt sich jedoch um ein gebildetes Publikum in dem Sinne, daß es nicht nur lesefähig ist, sondern über hinreichendes Wissen verfügt, um neue Erkenntnisse verstehen und adäquat einordnen zu können. Die hier vorgenommene Eingrenzung des Adressatenkreises hat den Ausschluß einer Majorität der im 18. Jahrhundert lebenden Menschen zur Folge. In den Blick genommen wird die Minorität jener lesefähigen, gebildeten und in vergleichsweise privilegierten Verhältnissen lebenden Individuen, die mehrheitlich dem Adel bzw. dem gehobenen Bürgertum zugerechnet werden können. Sie sind es, die im 18. Jahrhundert als erste ins Visier aufgeklärter Popularisierungsbestrebungen geraten, bevor im Zuge der Volksaufklärung auch die städtischen Mittel- und Unterschichten und vor allem die agrarische Bevölkerung in den Fokus pädagogischer Bemühungen rücken.

Wenn die primären Adressaten der seit dem späten 17. Jahrhundert einsetzenden Popularisierungsbemühungen mit den Gebildeten adliger und vor allem bürgerlicher Herkunft in eins gesetzt werden, bedeutet dies, daß die Nutznießer aufgeklärter Wissensvermittlung derselben Schicht angehören wie deren Träger. In der Tat handelt es sich bei den Aufklärern meist um publizistisch tätige Gelehrte, Theologen, Juristen und Mediziner, darüber hinaus spielen auch Buchhändler und Verleger oder Beamte, die, im Dienste territorialer und städtischer Obrigkeiten stehend, Maßnahmen zu einer besseren Organisation staatlicher Verwaltung, zur Modernisierung der Ökonomie oder zur Verbesserung des Bildungswesens propagieren, eine nicht unwesentliche Rolle bei der Vermittlung neuer wissenschaftlicher Erkenntnisse. Zumindest mit Blick auf die erste Hälfte des 18. Jahrhunderts bezeichnet ›Popularisierung‹ demnach einen Diffusionsprozeß mit begrenzter Reichweite, erreichen die auf die Vermittlung gelehrten Wissens zielenden aufklärerischen Intentionen doch nur einen begrenzten Teil der damals lebenden Bevölkerung und dies ungeachtet der sie fundierenden meist universal angelegten Programmatik. Der Umstand, daß die von den Aufklärern initiierten pädagogischen Bestrebungen zunächst nur einer hinreichend gebildeten Elite zugute kamen, hat die Dynamik, mit der das Ideal eines wissenden Bürgers zu verwirklichen gesucht wurde, keinesfalls beeinträchtigt. Im Lauf des 18. Jahrhunderts entstehen im Gegenteil eine beeindruckende Zahl von Institutionen und Medien, deren vordringliches Ziel nicht nur in der Vermehrung, sondern vor allem in der Vermittlung philosophischer, theologischer, naturwissenschaftlicher, medizinischer, geographischer, historischer, verwaltungstechnischer, ökonomischer und literarischer Kenntnisse besteht.

2. Institutionen der Wissensdiffusion: Lesegesellschaften

In Anbetracht des begrenzten zur Verfügung stehenden Raumes ist es nicht möglich, eine auch nur annähernd vollständige Darstellung derjenigen Institutionen zu leisten, die im 18. Jahrhundert maßgeblich an der Popularisierung gelehrten Wissens beteiligt waren. In meinen nachfolgenden, als exemplarisch zu verstehenden Ausführungen konzentriere ich mich auf einen institutionellen Typus, der auf besonders anschauliche Weise den Bildungsanspruch privilegierter Schichten zum Ausdruck bringt: die in der zweiten Hälfte des 18. Jahrhunderts in großer Zahl entstehenden Lesegesellschaften. Die Lesegesellschaften sind im Kontext der für die Aufklärung konstitutiven Sozietätsbildungen zu sehen, die hier nur angedeutet werden können. Neben dem privat geführten Salon, den Klubs und öffentlichen Kaffeehäusern sind es im 18. Jahrhundert vor allem die in weiten Teilen Europas verbreiteten, allerdings meist regional ausgerichteten Gelehrten, Patriotisch-gemeinnützigen, Ökonomischen oder Literarischen Gesellschaften sowie der Freimaurerorden, innerhalb derer eine auf Bildung der Beteiligten zielende Kommunikation gepflegt wird.[16] Kennzeichnend für das Selbstverständnis so gut wie aller Aufklärungsgesellschaften ist die Überzeugung, daß der im Rahmen des gesellschaftlichen Austausches begonnene individuelle Bildungsprozeß letztlich Auswirkungen auf das gesamte Gemeinwesen haben soll. Die Mitglieder sind folgerichtig angehalten, die durch Dialog und Lektüre gewonnenen Erkenntnisse in ihrem Alltag fruchtbar werden zu lassen; gleichzeitig versuchen die Gesellschaften durch eine Reihe konkreter Maßnahmen, zu einer Verbesserung der ökonomischen, sozialen und kulturellen Verhältnisse beizutragen. Dies gilt in besonderem Maße für die Patriotisch-gemeinnützigen Gesellschaften, die sich in erster Linie der Gründung und dem Unterhalt von Spitälern, Armen- und Waisenhäusern sowie der Verbesserung des Schulwesens widmeten, und die Ökonomischen Sozietäten, als deren zentrale Anliegen neben dem technisch-industriellen Fortschritt vor allem die Bodenverbesserung, die Schädlingsbekämpfung oder die Einführung neuer Kulturpflanzen beschrieben werden können. Wie auch die Patriotisch-gemeinnützigen und Ökonomischen Sozietäten verstehen sich die Lesegesellschaften als Träger einer alle Lebensbereiche umfassenden Aufklärung, als Institutionen, deren Wirken dem Gemeinwohl dient. So heißt es in einem zeitgenössischen Journal mit Blick auf die Mannheimer Lesegesellschaft: »Daß wohleingerichtete Lesegesellschaften von einem ausgebreiteten Nutzen sind, beweisen die herrlichen Früchte, die in vielen Städten unseres Deutschen Vaterlandes durch dieselben gedeihen – Die Verfeinerung der Sitten und des Geschmacks, die Verbreitung der Litteratur und der Wissenschaften, und die Wonne des gesellschaftlichen Lebens gewinnen ungemein vieles durch die Lesegesellschaften.«[17] Bezeichnend ist in diesem Zusammenhang auch eine Rede, welche der Domherr Kaspar Anton von Mastiaux vor der Bonner Lesegesellschaft, als deren Sekretär er amtierte, im Jahr 1789 hielt: Die »gesellige Vereinigung« solle nicht »letzter Zweck«, sondern vielmehr »Mittel« sein, um »durch [...] immer weiter dringende Fortschritte auf dem Wege des Lichtes, durch wechselseitige Beihülfe mit vereinten Kräften das Gute zu bewirken [...]. [M]it allen nötigen zweckmäßigen Wissenschaften ausgerüstet« – so der Redner weiter – sollen die Mitglieder dazu beitragen, daß »die Vernunft in ihre eigentümlichen Rechte eingesetzt, die Sphäre der Wahrheit erweitert« wird und jenem »Menschenglück« zuarbeitet, das sich dann einstellt, »wenn gemeinnützliche Kenntnisse jeder Art unter jede Klasse des Volkes verbreitet werden, wenn jeder Mensch das wahre Interesse seiner Existenz kennen und fühlen lernt; [...] wenn verderbliche Verblendung sich seiner physischen und moralischen Vervollkommnung nicht mehr entgegendrängt«.[18]

Fügen sich die Lesegesellschaften hinsichtlich ihrer Zielsetzungen nahtlos in die Sozietätenbewegung der Aufklärung ein, so sind sie doch durch besondere Organisationsformen gekennzeichnet, die nachfolgend etwas ausführlicher beschrieben werden sollen: In Johann Georg Krünitz' »Ökonomisch-technologischer Encyclopädie« heißt es zum Lemma ›Lesegesellschaft‹: »ist

16 Vgl. Ulrich Im Hof, Das gesellige Jahrhundert. Gesellschaft und Gesellschaften im Zeitalter der Aufklärung, München 1982; Richard van Dülmen, Die Gesellschaft der Aufklärer. Zur bürgerlichen Emanzipation und aufklärerischen Kultur in Deutschland, 2. Aufl. Frankfurt a.M. 1996. Zu Definition und Typologie der Aufklärungsgesellschaften vgl. auch Holger Zaunstöck, Sozietätslandschaft und Mitgliederstrukturen. Die mitteldeutschen Aufklärungsgesellschaften im 18. Jahrhundert, Tübingen 1999, 34–59.

17 Zit. nach Marlies Prüsener, Lesegesellschaften im 18. Jahrhundert. Ein Beitrag zur Lesergeschichte, in: Archiv für Geschichte des Buchwesens 13 (1972), Sp. 370–594, hier Sp. 422.

18 Joseph Hansen, Quellen zur Geschichte des Rheinlandes im Zeitalter der Französischen Revolution 1780–1801, Bd. 1: 1780–1791, Bonn 1931, Nr. 208, 496.

eine gewisse Anzahl Personen, welche sich verbunden haben, gewisse Bücher und Schriften zu lesen. Man hat verschiedene Einrichtungen in den Lesegesellschaften, und es giebt einige, wo jedes Mitglied z.B. ein Journal oder ein Buch hält, und solches in seiner Ordnung rund gehen läßt, andere wieder, worin aufs Jahr ein gewisses Geld bezahlt wird, wofür einer aus der Gesellschaft Bücher und Journale anschafft, und diese gehen in einer bestimmten Zeit in der Gesellschaft herum. Sowohl in den Städten, als auf dem Lande trifft man nun schon Lesegesellschaften an, und es ist dieses das beste Mittel, wohlfeil mit der Neuern Literatur fortzurücken, da es manches Einzelnen Vermögen weit übersteigen würde, wenn er sich alles das allein anschaffen sollte, welches er nun durch Beyhülfe anderer erhält.«[19] Unter dem Begriff ›Lesegesellschaft‹ lassen sich in der Tat unterschiedlich organisierte Formen gemeinschaftlicher Lektüre subsumieren, die im wesentlich drei Typen zugeordnet werden können.[20] Als frühester Typus treten seit der Mitte des 18. Jahrhunderts Lesezirkel oder sogenannte Umlaufgesellschaften auf, in denen mehrere Zeitungen, Zeitschriften oder auch Bücher unter einer größeren Zahl fester Mitglieder in einer bestimmten Reihenfolge und in bestimmten Zeitabständen von einem Leser zum nächsten kursierten. Eine Weiterentwicklung des Lesezirkels stellt die Lesebibliothek dar, in der die von einer Gesellschaft angeschafften Publikationen an einem Ort untergebracht wurden, wo sie den Mitgliedern während fester Öffnungszeiten zur Verfügung standen. Im letzten Viertel des 18. Jahrhunderts tritt vor allem im städtischen Kontext eine neue Organisationsform auf, das sogenannte Lesekabinett. Dabei handelt es sich um bisweilen aufwendig ausgestattete Räumlichkeiten, in denen Zeitschriften, Zeitungen und Bücher zur Lektüre bereitstanden und in denen zugleich im Rahmen eines mehr oder weniger institutionalisierten geselligen Austauschs über das Gelesene diskutiert werden konnte.

Der hier interessierende Sozietätstypus stellt ein gleichermaßen spätes wie erfolgreiches Phänomen dar. Die ersten Lesegesellschaften entstanden in den nord- und nordostdeutschen Zentren der Aufklärung. Bis um 1770 traten sie nur vereinzelt auf – es sind etwa 15 Gründungen vor 1770 nachgewiesen–, dann setzte eine breite Gründungswelle ein, und bis 1800 entstanden über 400 Lesegesellschaften.[21] In ihrer Zusammensetzung entsprechen sie den meisten anderen Aufklärungsgesellschaften, repräsentieren also eine exklusive Bildungselite. Zwar war die Mitgliedschaft in den meisten Fällen nicht bestimmten sozialen Gruppen vorbehalten, sondern stand theoretisch jedem ›Literaturfreund‹ offen; wenn man jedoch berücksichtigt, daß bereits die zentrale Voraussetzung für die Aufnahme in eine Lesegesellschaft, die Lesefähigkeit, bei etwa 75 Prozent der Bevölkerung nicht gegeben war, daß die Lesegesellschaften außerdem einen Mitgliederbeitrag erhoben, über dessen Höhe die Zusammensetzung der Gesellschaft gesteuert werden konnte, und daß schließlich in so gut wie allen Gesellschaften über die Aufnahme eines neuen Mitglieds abgestimmt und damit ein homogener Mitgliederkreis gewährleistet wurde, ist es kaum überraschend, daß als Mitglieder von Lesegesellschaften in erster Linie lesefähige, in gesicherten finanziellen Verhältnissen lebende und bildungswillige Angehörige des Bürgertums und des Adels in Betracht kamen. Bemerkenswert ist in diesem Kontext die Satzung der Aschaffenburger Lesegesellschaft, in der die Aufnahmekriterien ungewöhnlich präzise festgelegt werden: Zutritt zur Lesegesellschaft haben ausschließlich Personen männlichen Geschlechts, die sich aus folgenden Schichten rekrutieren: »a)

19 Johann Georg Krünitz, [Ö]konomisch-technologische Encyclopädie, oder allgemeines System der Staats=Stadt=Haus= und Landwirthschaft [...]. Fortgesetzt von Friedrich Jakob Floerken, Bd. 77, Brünn 1803, 278–284, hier 278f.

20 Vgl. Marlies Sützel-Prüsener, Lesegesellschaften, in: Aufklärungsgesellschaften, hg. von Helmut Reinalter, Frankfurt a.M. 1993, 39–59, hier 40–44.

21 Ebd., 45.

Über die

bürgerliche Verbesserung

der Weiber

Berlin, 1792.
in der Vossischen Buchhandlung

Abb. 215: Theodor Gottlieb von Hippel, Über die bürgerliche Verbesserung der Weiber (1792)

aus der hiesig- und benachbarten Geistlichkeit ohne Unterschied. b) aus hiesig- und benachbarten Beamten-Amts-Stadt- und Vogteischreiberen. c) aus charakterisirten Personen, welche dermalen dahier privatisiren. d) aus Advocaten, und stiftischen Officiaten. e) aus sonstigen Honoratioribus litteratis aus dem bürgerlichen Standte, welche dahier sesshaft sind [...] Junge in Studiis noch begriffene, oder ohne sichere Bestimmung sich dahier aufhaltende Leute sind so, wie alle uibrigen [!] zu obigen Stand Klassen nicht gehörige Personen geringeren Standtes, gänzlich ausgeschlossen.«[22] Die Aschaffenburger Lesegesellschaft dürfte repräsentativ gewesen sein für andere Lesegesellschaften. So gehörten innerhalb der Bonner Lesegesellschaft, die zwischen 1787 und 1794 immerhin 168 Mitglieder aufwies, 30% dem Adel an, unter den Bürgerlichen dominierten die Beamten (65), die Theologen (25) sowie die Universitätsprofessoren und Gymnasiallehrer (19).[23] So gut wie nicht vertreten waren übrigens Frauen. Zwar schlossen die Statuten der meisten Vereinigungen weibliche Mitglieder nicht explizit aus, die Aufnahme von Frauen stellt jedoch eher die Ausnahme als die Regel dar. Immerhin boten die Lesegesellschaften, anders als die Gelehrten, Patriotisch-gemeinnützigen, Ökonomischen Sozietäten und die Freimaurerorden, die für weibliche Mitglieder meist verschlossen blieben, bisweilen auch Frauen Partizipationsmöglichkeiten an. Neben einer großen Zahl von Lesegesellschaften, die weiterhin nur Männern offenstanden, existierten, beispielsweise in Kassel, Dresden oder Berlin, gemischte Lesegesellschaften sowie eine Reihe reiner Damengesellschaften.[24] Daß das weibliche Publikum sein wachsendes Lesebedürfnis weniger im Rahmen von Lesegesellschaften als vielmehr durch die rege Nutzung der seit dem späten 18. Jahrhundert sich etablierenden kommerziellen Leihbibliotheken befriedigte, dürfte allerdings nicht nur mit dem erschwerten Zugang zu den hier interessierenden Sozietäten zusammenhängen, sondern auch mit deren Lesebeständen. Innerhalb des Lektüreangebots von Lesegesellschaften machte die beim weiblichen Publikum beliebte sogenannte ›schöne Literatur‹ meist den geringsten Teil aus, wurde sie doch in nicht wenigen Vereinigungen grundsätzlich abgelehnt, weil ihr der Bezug zum täglichen Leben fehle. Über die Teterower Lesegesellschaft beispielsweise wird 1790 lobend berichtet, die Mitglieder hätten kein Interesse an Romanen – »Produkte, womit die fertigen Romanschreiber die Messen überschwemmen« und auf die sich die »so weit verbreitete Lesewuth« richtet –, die in der Folge als nur unterhaltsam und ohne »bleibenden Nutzen«, als weder für »Verstand« noch »Herz« bedeutsam und als für die »Verwöhnung des Geschmacks« und den »Ekel an reeller Beschäftigung« verantwortlich, denunziert werden.[25] Diejenigen Lesegesellschaften, die belletristische Literatur nicht grundsätzlich ausschlossen, knüpften an ihren Erwerb die Forderung, sie dürfe »für Kopf und Herz nicht nachtheilig« sein, denn »die Lectüre des thätigen Bürgers muß so beschaffen seyn, dass die Zeit, welche er darauf verwendet, ihn in keiner Rücksicht gereuen kann«.[26]

Unter diesen Voraussetzungen dürfte es kaum überraschen, daß das Lektüreangebot der meisten Lesegesellschaften in erster Linie aus Werken bestand, die im weitesten Sinne der Sachliteratur zuzuordnen sind.[27] Aus den erhaltenen Inventarverzeichnissen wird deutlich, daß in den meisten Lesegesellschaften die Lektüre von Periodika im Vordergrund stand. Beliebt waren einerseits allgemeinwissenschaftlich ausgerichtete Rezensionsorgane wie die Jenaer »Allgemeine Literatur-Zeitung« oder die vom Berliner Aufklärer Fried-

22 Zit. nach Prüsener, Lesegesellschaften 1972, Sp. 407.
23 Otto Dann, Die Lesegesellschaften des 18. Jahrhunderts und der gesellschaftliche Aufbruch des deutschen Bürgertums, in: ›Die Bildung des Bürgers‹. Die Formierung der bürgerlichen Gesellschaft und die Gebildeten im 18. Jahrhundert, hg. von Ulrich Hermann, 2. Aufl. Weinheim/Basel 1989, 100–118, hier 105.
24 Vgl. Zaunstöck, Sozietätslandschaft, 193–95.
25 Zit. nach Prüsener, Lesegesellschaften 1972, Sp. 485.
26 Zit. nach Prüsener, Lesegesellschaften 1993, 53.
27 Zu den Lektürebeständen von Lesegesellschaften vgl. Prüsener, Lesegesellschaften 1972, Sp. 425–464 und Otto Dann, Die deutsche Aufklärungsgesellschaft und ihre Lektüre: Bibliotheken in den Lesegesellschaften des 18. Jahrhunderts, in: Buch und Sammler. Private und öffentliche Bibliotheken im 18. Jahrhundert (ohne Hg.), Heidelberg 1979, 187–199.

Fortgesetzte Magie,
oder, die
Zauberkräfte der Natur,
so auf den Nutzen und die Belustigung
angewandt worden,
von
Johann Samuel Halle,
Professor.

Mit 5 Kupfertafeln.

pag: 323.

Halle f.

Fünfter Band.

Berlin, 1793.
In der Paulischen Buchhandlung.

Abb. 216: Johann Samuel Halle, Zauberkräfte der Natur, Fünfter Band (1793)

rich Nicolai herausgegebene »Allgemeine Deutsche Bibliothek«, die über wissenschaftliche Neuerscheinungen berichteten und auch einem nicht dem engeren Kreis der Fachgelehrten zuzurechnenden Leser Orientierung ermöglichten. Nicht weniger verbreitet waren historisch-politische Zeitschriften wie Johann Wilhelm von Archenholtz' »Minerva«, die »Staats-Anzeigen« des Göttinger Historikers und Staatsrechtlers August Ludwig Schlözer oder Gottlob Benedikt von Schirachs »Politisches Journal nebst Anzeigen von gelehrten und anderen Sachen«. Neben den genannten wissenschaftlich und politisch ausgerichteten Zeitschriften für ein auch breiteres gebildetes Publikum ist als eine weitere wichtige Gruppe von Publikationen, die in den Inventarverzeichnissen deutscher Lesegesellschaften begegnen, jene der fachwissenschaftlichen Organe zu nennen. Je nach Zusammensetzung einer Gesellschaft konnten dabei deutliche Prioritäten gesetzt werden. So fällt in Gesellschaften, in denen Beamte überwiegen, der hohe Anteil an wirtschaftswissenschaftlichen und juristischen Zeitschriften auf; die in Handelsstädten wie Hamburg angesiedelten Gesellschaften hatten in der Regel das »Journal für Fabrik, Manufaktur und Handlung« abonniert. Angesichts der großen Zahl an Mitgliedern aus dem geistlichen Stand dürfte es kaum überraschen, daß die theologischen Zeitschriften gut vertreten waren, daneben sind eine Reihe medizinischer, pädagogischer, land- und forstwirtschaftlicher und naturwissenschaftlicher Fachorgane wie etwa Georg Christoph Lichtenbergs »Magazin für das Neueste aus der Physik und Naturgeschichte« zu nennen. Eine weitere wichtige Gruppe bilden jene den schönen Künsten gewidmeten Journale, die sich mit Fragen der Kunst und Literatur ebenso beschäftigten wie mit philosophischen Problemen. Besonderer Beliebtheit erfreute sich Christoph Martin Wielands »Deutscher Merkur«, kaum weniger verbreitet waren das »Deutsche Museum« sowie die »Deutsche Monatsschrift«. Das Lektüreangebot von Lesegesellschaften bestand demnach zu einem wesentlichen Teil aus Zeitschriften; Bücher spielten in der Regel eine eher untergeordnete Rolle und sollten primär einem besseren Verständnis der Zeitschriften dienen. Den Grundstock bildeten denn auch enzyklopädische Werke, daneben waren vorwiegend Schriften geographischen und historischen Inhalts vertreten. Das diesbezügliche Interesse manifestiert sich nicht nur in den Landkarten und Atlanten, die in so gut wie jeder Lesegesellschaft zu finden waren, sondern auch in einschlägigen Publikationen. Außerordentlicher Beliebtheit erfreuten sich Reisebeschreibungen, die den Hauptteil der geographischen Literatur ausmachten. Moritz August von Thümmels »Reise in die mittäglichen Provinzen von Frankreich« (1791–1805) etwa findet sich in den Inventarverzeichnissen mehrerer Lesegesellschaften, mit Vorliebe angeschafft wurden auch Berichte über Reisen in außereuropäische Länder. Den historisch Interessierten standen abgesehen von den, wie die Ausleihbücher belegen, intensiv rezipierten Biographien bedeutender geschichtlicher Persönlichkeiten vor allem Nachschlagewerke sowie historiographische Darstellungen zur Verfügung. So fanden beispielsweise Wolfgang Jägers »Geographisch-historisch-statistisches Zeitungslexikon« (1782) und Johann Christoph Gatterers »Handbuch der Universalhistorie« (1761/64) vergleichsweise große Verbreitung; neben historiographischen Standardwerken wie Michael Ignaz Schmidts »Geschichte der Deutschen« (1778–1793) waren es jedoch vor allem Publikationen zu zeitgeschichtlichen Entwicklungen, insbesondere zu den revolutionären Ereignissen in Frankreich, die, soweit dies die im Zuge der Französischen Revolution sich verschärfenden Zensurmaßnahmen zuließen, Eingang in die Bibliotheken von Lesegesellschaften fanden. Was sich bereits bei der geographischen und historischen Literatur beobachten läßt – der Verzicht auf spezialisierte fachwissenschaftliche Abhandlungen zugunsten von Publikationen mit allgemeinbildendem Charakter –, gilt für die Mehrheit der in Lesegesellschaften gesammelten szientifischen Literatur. Wenn die Lesegesellschaft in Hildburghausen ihren Mitgliedern Werke aus den verschiedenen wissenschaftlichen Disziplinen in Aussicht stellt, im selben Zusammenhang jedoch zugleich als Kriterium für die Anschaffung das allgemeine Interesse, das ein Buch für sich in Anspruch nehmen kann, betont,[28] steht dies in Einklang mit dem aufge-

28 Vgl. Prüsener, Lesegesellschaften 1972, Sp. 445.

Herrn
Zacharias Conrad von Uffenbach
Merkwürdige Reisen
durch
Niedersachsen Holland und Engelland
Erster Theil
Mit Kupfern
Ulm und Memmingen
auf Kosten Johann Friederich Gaum
1753

Abb. 217: Zacharias Conrad von Uffenbach, Merkwürdige Reisen durch Niedersachsen und Engelland (1753)

klärten Postulat einer auf den gemeinen Nutzen bedachten Forschungs- und Lehrtätigkeit. Nur was zu moralischem, sozialem und ökonomischem Fortschritt beiträgt, darf als relevant gelten; nur was außerdem allgemeinverständlich formuliert ist, verdient es, von gebildeten Individuen gelesen zu werden. So können denn auch die theologischen, juristischen, naturkundlichen, medizinischen sowie die seltenen pädagogischen Schriften, die sich in den Inventarverzeichnissen von Lesegesellschaften nachweisen lassen, in der Regel der populärwissenschaftlichen Literatur zugeordnet werden.

Nicht nur die intellektuelle, auch die moralische Bildung war ein offenkundiges Anliegen der Lesegesellschaften. Nicht zufällig enthalten deren Bestände eine Reihe theologisch-erbaulicher, vor allem jedoch popularphilosophischer Veröffentlichungen, wie etwa Thomas Abbts »Vom Verdienst« (1765)

oder aber Schriften der Schweizer Aufklärer Isaak Iselin und Johann Georg Zimmermann. Nur unwesentliche Bedeutung kommt in den meisten Sozietäten der ›schönen Literatur‹ zu, die in den Inventarverzeichnissen meist durch moralisch-didaktische Romane von eher bescheidenem literarischem Rang vertreten ist.

Weniger das literarische Vergnügen, als vielmehr der Erwerb von Bildung und Wissen steht demnach im Zentrum des geselligen Austauschs, wie er für die Lesegesellschaften der Aufklärung konstitutiv ist. Die Grundlage für den intendierten erzieherischen Prozeß bildet dabei nicht nur die individuelle Lektüre populärwissenschaftlicher Schriften, sondern in nicht geringerem Maße das Raisonnement über moralische und politische Fragen. Die Mitglieder einer Lesegesellschaft sollen ihr Wissen diskursiv erweitern und reflektieren, denn – so wird von Zeitgenossen postuliert – nur durch »lehrreiche[n] gesellschaftliche[n] Umgang«, durch »das stete Lesen jener Schriften, welche der Welt die Veränderungen, Abwechslungen und Merkwürdigkeiten aller Reiche und Staaten und das Fortrücken der menschlichen Kenntnisse in allen Gattungen von Wissenschaften vor Augen legen« sowie durch »Unterhaltung und wechselseitige Mitteilung« sei es möglich, »Aufklärung und Licht« zu verbreiten.[29] Ungeachtet der Signifikanz, die dem geselligen Gespräch – nicht nur – im Rahmen der Lesegesellschaften zukommt,[30] bleibt das gedruckte Wort das zentrale Instrument aufgeklärter Bestrebungen. Voraussetzung für die in großer Zahl gegründeten Lesegesellschaften des 18. Jahrhunderts bilden denn auch jene fundamentalen Umwälzungen des Buchmarkts, die hier nur angedeutet werden können.[31]

3. Sprachwandel im Kontext aufgeklärter Popularisierungsbestrebungen

Noch bis weit in die Neuzeit galten Buchbesitz und Lektüre als ein Privileg adliger und gelehrter Schichten. Dies beginnt sich mit der Aufklärung zu ändern. Zwar sind Bücher weiterhin nur für eine Minderheit erschwinglich, die Buchproduktion nimmt jedoch seit der Mitte des 18. Jahrhunderts rasant zu. Noch bedeutsamer ist der bemerkenswerte Anstieg der Zeitungs- und Zeitschriftenproduktion. Zahlreiche Neugründungen von Zeitungen und eine Vielzahl bisweilen eher kurzlebiger Zeitschriften kennzeichnen die publizistische Landschaft im 18. Jahrhundert. Der hier skizzierten Expansion des literarischen Marktes korrespondiert ein signifikanter Anstieg der Lesefähigkeit und damit verbunden eine Veränderung des Leseverhaltens. Eine wachsende Zahl von Menschen ist nun in der Lage, gedruckte Schriften zu rezipieren, darunter nicht wenige, die kein akademisches Studium durchlaufen haben. Die Erschließung neuer Leserschichten seit der Mitte des 18. Jahrhunderts hängt allerdings nicht nur mit einem höheren Alphabetisierungsgrad, sondern auch mit der Ablösung des im gelehrten Kontext dominierenden Lateins durch die Landessprachen zusammen.[32] Zwar bleibt das Latein bis weit ins 18. Jahrhundert hinein die Sprache der Universitätsgelehrten, in Italien, Frankreich und England beginnen so bedeutende Autoren wie Galileo Galilei, René Descartes, Pierre Bayle, Pierre Luis Moreau de Maupertuis oder Isaac Newton jedoch bereits im 17. Jahrhundert, nicht nur in Latein, sondern auch oder gar ausschließlich in ihrer jeweiligen Muttersprache zu schreiben.[33] Der

29 Zit. nach Dann, Lesegesellschaften, 2. Aufl. 1989, 102.

30 Vgl. dazu Markus Fauser, Das Gespräch im 18. Jahrhundert. Rhetorik und Geselligkeit in Deutschland, Stuttgart 1991 und Emanuel Peter, Geselligkeiten. Literatur, Gruppenbildung und kultureller Wandel im 18. Jahrhundert, Tübingen 1999, bes. 86–114.

31 Vgl. dazu Jürgen Wilke, Grundzüge der Medien- und Kommunikationsgeschichte. Von den Anfängen bis ins 20. Jahrhundert, Köln/Weimar/Wien 2000, 78–154.

32 Für den deutschsprachigen Raum vgl. Uwe Pörksen, Der Übergang vom Gelehrtenlatein zur deutschen Wissenschaftssprache. Zur frühen deutschen Fachliteratur und Fachsprache in den naturwissenschaftlichen und mathematischen Fächern (ca. 1500–1800), in: Ders., Deutsche Naturwissenschaftssprachen. Historische und kritische Studien, Tübingen 1986, 42–71.

33 Vgl. Pörksen, Wissenschaftssprache, 58–60.

Sprachwandel innerhalb der wissenschaftlichen Publizistik wird vor allem durch die Akademien gefördert, die – sowohl mit Blick auf die mündliche Kommunikation wie auch auf die forschender Tätigkeit zu verdankenden Veröffentlichungen – neben dem Latein die jeweilige Landessprache zulassen.[34] Der Pariser ›Académie Royale des Sciences‹ verdanken wir die erste nichtlateinische Gelehrtenzeitschrift, das seit 1665 erscheinende »Journal des Sçavans«; das wenige Monate später erstmals veröffentlichte Organ der ›Royal Society‹, die »Philosophical Transactions«, ist in englischer Sprache verfaßt. Etwas anders stellt sich die Situation im deutschen Sprachraum dar, wo das Latein in den meisten wissenschaftlichen Disziplinen noch bis um etwa 1750 vorherrschend ist.[35] Als Christian Thomasius 1687 in Leipzig eine Vorlesung in deutscher Sprache ankündigte, erregte er denn auch einiges Aufsehen. Programmatisch war in diesem Fall übrigens nicht nur die Verwendung der Volkssprache, programmatisch waren auch Thomasius' Ausführungen über Baltasar Graciáns »Oráculo manual y arte de prudencia« (1647), die an die Stelle des traditionellen Universitätsgelehrten das französische Ideal eines weltläufigen und lebensweltlichen Erfordernissen gegenüber aufgeschlossenen Wissenschaftlers setzten und Kritik übten am erstarrten universitären Lehrkanon mit seinen überholten Ritualen.[36] Durch sein spektakuläres Vorgehen erteilte der nachmalige Mitbegründer der Hallenser Universität dem Bildungsprivileg der ›literati‹, der Lateinkundigen, eine klare Absage. Nicht nur eine kleine akademische Elite, sondern jeder vernünftige Mensch gleich welchen Geschlechts sollte Zugang zu Wissen erlangen.

Die von einer zunehmend größeren Zahl von Gelehrten geforderte Erweiterung des Adressatenkreises bedingt nun allerdings nicht nur den Verzicht auf das Gelehrtenlatein, sondern auch die Herausbildung ›nationaler‹ Wissenschaftssprachen, die der rhetorischen Forderung nach ›perspicuitas‹ zu genügen vermögen. Das sich seit dem 17. Jahrhundert im Bereich der Wissenschaftsprosa durchsetzende Stilideal verlangt von szientifischer Darstellung in erster Linie Klarheit und Verständlichkeit. So wendet sich die ›Royal Society‹ ausdrücklich gegen verbale Manierismen und Weitschweifigkeit und verpflichtet ihre Mitglieder, sich um einen präzisen und nüchternen Stil, um sprachliche Konkretion und Natürlichkeit zu bemühen. Als Vorbild gilt dabei gerade nicht die Ausdrucksweise der Gelehrten, sondern diejenige der Handwerker, Bauern und Kaufleute.[37] In Deutschland sind es, anders als in Italien, Frankreich und England, weniger die Akademien – die Berliner ›Sozietät der Wissenschaften‹ favorisiert neben der lateinischen die französische Sprache –, die sich um die Durchsetzung einer deutschen Wissenschaftssprache verdient machen, sondern vielmehr Universitätsreformer wie die bereits erwähnten Christian Thomasius und Christian Wolff. Letzterer hat sich in besonderem Maße um eine ›Demokratisierung‹ des Wissens bemüht und die Prinzipien seiner gleichermaßen pragmatischen wie sprachschöpferischen Vorgehensweise mehrfach dargelegt. So schreibt er in der Vorrede zu seiner physiologischen Schrift »Vernünfftige Gedancken von dem Gebrauche der Theile in Menschen/Thieren und Pflantzen« (1725): »Ich habe/wie in meinen übrigen Schrifften/also auch hier keine lateinische/sondern deutsche Kunst=Wörter gebraucht/und daher die Theile im menschlichen Leibe insgesammt mit deutschen Nahmen genennet. Die Ursache habe ich schon zu anderer Zeit angezeiget/nemlich weil Schrifften/die in der Mutter=Sprache geschrieben werden/auch Leute zu lesen pflegen/die vom Studiren kein Ge-

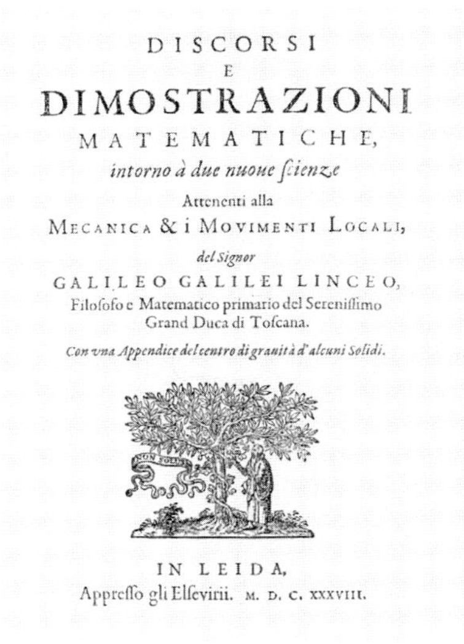
DISCORSI
E
DIMOSTRAZIONI
MATEMATICHE,
intorno à due nuoue ſcienze
Attenenti alla
MECANICA & i MOVIMENTI LOCALI,
del Signor
GALILEO GALILEI LINCEO,
Filoſofo e Matematico primario del Sereniſſimo
Grand Duca di Toſcana.
Con una Appendice del centro di grauità d'alcuni Solidi.
IN LEIDA,
Appreſſo gli Elſevirii. M. D. C. XXXVIII.

Abb. 218: Galileo Galilei, Discorsi e dimostrazioni matematiche (1638)

34 Vgl. Pörksen, Wissenschaftssprache, 56–63.
35 Ebd., 61.
36 Ebd., 45–48.
37 Vgl. Michael Heidelberger/Sigrun Thiessen, Natur und Erfahrung. Von der mittelalterlichen zur neuzeitlichen Naturwissenschaft, Reinbek bei Hamburg 1981, 241.

werbe machen/und sich öfters mehr daraus erbauen als mancher Gelehrter/der durch verkehrte Art zu studiren sich zum Nachdencken ungeschickt gemacht [...]. Wo man demnach keine Wörter gehabt/da habe ich die Sache nach unserer deutschen Mund=Art benennet/wie es mir gefallen: wo aber ein Wort schon vorhanden gewesen/da habe ich es behalten/damit ich nicht ohne Noth die Wörter vermehrete.«[38]

Voraussetzung für die Popularisierung gelehrten Wissens im 18. Jahrhundert bilden allerdings nicht nur geeignete Institutionen und die Herausbildung und Durchsetzung einer landessprachlichen Wissenschaftsprosa, sondern auch und vor allem jene Umwälzungen des Mediensystems, die abschließend in den Blick genommen werden sollen.

4. Medien der Wissensdiffusion: Zeitungen und Zeitschriften

Die Expansion des literarischen Marktes seit der Mitte des 18. Jahrhunderts hängt, wie bereits angedeutet, nicht nur mit dem Anstieg der Buchproduktion zusammen, sondern auch und vor allem mit einer bemerkenswerten Welle von Zeitungs- und Zeitschriftengründungen. Die beiden letztgenannten Medien nun fungieren nicht nur als wirkungsmächtige Promotoren aufgeklärten Denkens, sondern gewinnen im Kontext der Popularisierung gelehrten Wissens rasch eine kaum zu überschätzende Bedeutung. Dies gilt in besonderem Maße für jene moraldidaktisch und populärwissenschaftlich ausgerichteten Zeitschriften, auf die noch einzugehen sein wird, läßt sich jedoch auch für einige Zeitungen feststellen, die ihren Lesern neben politischer Berichterstattung Informationen aus dem Bereich der Wissenschaften bieten. Zwar bleiben die meisten Zeitungen im 18. Jahrhundert einem Strukturprinzip verpflichtet, das den im wesentlichen unkommentierten und unredigierten Abdruck primär politischer Nachrichten fordert, bereits in der Frühphase der Aufklärung beginnen jedoch einzelne Organe damit, durch den Einbezug literarischer und naturkundlich-technischer, medizinischer, geographischer oder ökonomischer Themen das inhaltliche Spektrum zu erweitern. Bedeutung kommt in diesem Zusammenhang dem ›gelehrten Artikel‹ zu, der als Vorläufer des Feuilletons bezeichnet werden kann. Der »Hamburger unpartheyische Correspondent« beispielsweise, der eine Reihe namhafter publizistisch tätiger Wissenschaftler zu seinem Autorenkreis zählte, führte 1731 eine Rubrik ein, in der Rezensionen wissenschaftlicher Veröffentlichungen zu theologischen, juristischen, naturwissenschaftlichen und medizinischen, historischen, philosophischen, literarischen und philologischen Fragen abgedruckt wurden.[39] Daneben fanden auch Nachrichten aus dem akademischen und universitären Bereich sowie seltener essayistische oder satirische Artikel Eingang in die gelehrte Berichterstattung. Deren Erfolg bei den Lesern bewog den Herausgeber, seinen Abonnenten seit 1751 für einen geringen Aufpreis »Allgemeine Gelehrte Nachrichten aus dem Reiche der Wissenschaften« als wöchentlich erscheinende Beilage anzubieten. Intention der gelehrten Artikel und Beilagen war es, den Lesern auf wissenschaftlich fundierte und zugleich verständliche Weise Informationen zu unterschiedlichsten Themen zu vermitteln, sie zu praktischer Vernunft zu erziehen und damit zu befähigen, dem Gemeinwohl zu dienen.

38 Christian Wolff, Vernünfftige Gedancken von dem Gebrauche der Theile in Menschen/Thieren und Pflantzen [...], Franckfurt und Leipzig 1725, Vorrede XX4v.

39 Wilke, Grundzüge, 87. Vgl. auch und v.a. Brigitte Tolkemitt, Der hamburgische Correspondent. Zu öffentlichen Verbreitung der Aufklärung in Deutschland, Tübingen 1995, 36–42 und 80–107.

Ähnliche Zielsetzungen verfolgen die gelehrten Artikel und gelehrten Beilagen der sogenannten Intelligenzblätter. Das Intelligenzblatt, ein meist wöchentlich erscheinendes, zunächst als Anzeigenorgan konzipiertes Presseerzeugnis mit starker regionaler Bindung, das nicht selten einen umfangreicheren redaktionellen Teil aufwies, erreichte meist eine höhere Auflage als herkömmliche Zeitungen oder gar Zeitschriften und fand auch in jenen Kreisen Leser, die im 18. Jahrhundert als Rezipienten von Zeitschriften und Büchern noch kaum in Erscheinung treten.[40] Wenn der Herausgeber des »Flensburger Intelligenzblattes« 1799 fordert, die darin enthaltenen »Belehrungen« müßten »in jeder Hinsicht den höchsten Grad der Lokalität der Sachen und Popularität des Ausdruks [!] haben«,[41] formuliert er, was auch für andere Herausgeber leitendes Prinzip gewesen sein dürfte. Nicht wenige der in Intelligenzblättern bzw. in deren gelehrten Beilagen publizierten Artikel bezogen sich denn auch auf ökonomische Neuerungen und zeugen vom offenkundigen Bestreben, den Lesern jenes Wissen zu vermitteln, das für die Bewältigung lebensweltlicher Herausforderungen hilfreich erschien. Die in den Beilagen der Intelligenzblätter publizierten gelehrten Artikel sollten, so Johann Heinrich Ludwig Bergius in seinem »Policey= und Cameral=Magazin«, »nichts als solche Materien in sich enthalten, welche mit dem Nahrungsstande die genaueste Verwandtschaft hätten, und demselben zu einem lehrreichen Unterricht gereichten. Die Commercien, die Manufacturen, die Fabriken, die Handwerke, das Brauwesen, der Gartenbau, die Landwirthschaft, und andere Stadt- und Landnahrungsgeschäfte, müssen allein die Gegenstände dieser Abhandlungen seyn. Abhandlungen hingegen aus der Geschichte, aus den Alterthümern, von alten Münzen, aus der Rechtsgelehrsamkeit, und wohl gar aus der Weltweisheit und der Gottesgelahrtheit, bringen denen mit Gewerben beschäftigten Personen, als zu deren Vortheil solche Blätter hauptsächlich gewidmet sind, keinen Nutzen.«[42] Davon, daß normative Definition und publizistische Praxis nicht immer in einem kongruenten Verhältnis standen, zeugen allerdings all jene gelehrten Beiträge, die sich mit historischen und philosophischen Fragen sowie mit astronomischen oder physikalischen Problemstellungen beschäftigten.[43] Es wäre demnach verfehlt, das Intelligenzblatt einseitig den Medien der Volksaufklärung zuzuordnen. Nicht nur der praktische Nutzen, sondern auch die systematische Ordnung des Wissens beschäftigen die nicht selten aus der universitären Professorenschaft stammenden Autoren von gelehrten Artikeln, und die Intelligenzblätter weisen, ungeachtet ihrer lebenspraktischen Orientierung, denn auch eindeutige Merkmale einer wissenschaftlichen Zeitschrift auf.[44]

Stärker auf akademisch gebildete Adressaten gerichtet waren die gelehrten Zeitungen, die sich in ihrer äußeren Gestaltung an die politischen Nachrichtenblätter anlehnten, hinsichtlich ihrer Inhalte jedoch auf gelehrte Gegenstände beschränkt blieben und sich damit den Zeitschriften annäherten.[45] Die Leipziger »Neuesten Zeitungen von Gelehrten Sachen« (seit 1715) als frühes Beispiel oder die seit 1739 erscheinenden und noch heute existierenden »Göttingischen Zeitungen von gelehrten Sachen« seien hier beispielhaft genannt. Die gelehrten Zeitungen erschienen im deutschsprachigen Raum in der Regel in Universitätsstädten bzw. urbanen Zentren mit regem akademischem Leben wie Hamburg, Basel, Frankfurt am Main, Jena, Rostock, Halle oder Erfurt und enthielten neben Rezensionen und Buchauszügen auch gelehrte Nachrichten und Nekrologe.[46]

40 Vgl. Holger Böning, Das Intelligenzblatt, in: Fischer/Haefs/Mix, Von Almanach bis Zeitung, 89–104 und Gerhardt Petrat, Verselbständigung und Perspektive: der gegenwärtige Stand der Intelligenzblattforschung, in: Pressewesen der Aufklärung, hg. von Sabine Doering-Manteuffel/Josef Mančal/Wolfgang Wüst, Berlin 2001, 131–146.

41 Zit. nach Böning, Intelligenzblatt, 99.

42 Johann Heinrich Ludwig Bergius, Neues Policey= und Cameral=Magazin […], Lemma Intelligenzwesen, Fünfter Band welcher J und K enthält, Frankfurt am Mayn 1770, 204–210, hier 206.

43 Vgl. Thomas Kempf, Aufklärung als Disziplinierung. Studien zum Diskurs des Wissens in Intelligenzblättern und gelehrten Beilagen der zweiten Hälfte des 18. Jahrhunderts, München 1991, 110.

44 Vgl. Thomas Kempf, Pulverisierter Empirismus. Wissensdiskurse in Intelligenzblättern, in: Pressewesen der Aufklärung, hg. von Sabine Doering-Manteuffel/Josef Mančal/Wolfgang Wüst, 121–130, hier 122.

45 Vgl. Martin Gierl, Kompilation und Produktion von Wissen im 18. Jahrhundert, in: Die Praktiken der Gelehrsamkeit in der Frühen Neuzeit, hg. von Helmut Zedelmaier/Martin Mulsow, Tübingen 2001, 63–94, hier 71–84.

46 Vgl. Wilke, Grundzüge, 112.

Abb. 219: Das physikalische Theater der Felix Meritis Gesellschaft, Kupferstich nach Jacques Kuijper (1801)

Daß der Beitrag der Zeitungen zur Popularisierung gelehrten Wissens im 18. Jahrhundert von der Forschung bisher nur ungenügend gewürdigt wurde, hängt wesentlich mit der beeindruckenden Zahl an Zeitschriftengründungen zusammen, die in den hier interessierenden Zeitraum fallen. Zwar wurden Zeitungen insgesamt von einem weitaus größeren Publikum rezipiert – Schätzungen gehen davon aus, daß in Deutschland etwa zehnmal so viele Leser erreicht wurden wie durch Zeitschriften –,[47] dennoch sind es vor allem die Zeitschriften gewesen, denen die Forschung eine zentrale Rolle bei der Vermittlung aufklärerischer Maximen zugewiesen hat. Bedarf die Reichweite der in großer Zahl erschienenen, jedoch meist eher kurzlebigen Zeitschriften einer Relativierung, so gilt in der Tat, daß das Bildungsverständnis der Aufklärung in den Zeitschriften deutlicher zum Ausdruck gelangt als in den Zeitungen und sie, zumindest innerhalb des begrenzten Kreises einer gebildeten Elite, als wichtigstes Medium einer diskursiv verfahrenden Popularisierung von Wissen fungierten. Konstitutiv für den aufgeklärten Bildungsbegriff ist dabei eine Auffassung, die ›Bildung‹ nicht auf die Vermittlung von Kenntnissen und Fertigkeiten verengt, sondern den Menschen als rationales und emotionales Wesen mit ethischer Qualität umfassend in den Blick nimmt. Bildung zielt demzufolge nie nur auf den Verstand, der durch die Beschäftigung mit gelehrtem Wissen geschult werden soll, sondern immer auch auf die moralische Beschaffenheit des Individuums. Mit dem Postulat vernünftigen Denkens verbindet sich die Forderung nach sittlichem Handeln; die Vermittlung von Wissen dient so gesehen zugleich einer moralphilosophisch legitimierten sittlichen Vervollkommnung und der Befähigung im Hinblick auf die Bewältigung lebenspraktischer Aufgaben. Innerhalb der vielgestaltigen Zeitschriftenlandschaft des 18. Jahrhunderts lassen sich allerdings Organe mit je unterschiedlichen Schwerpunktsetzungen bestimmen. Geht es in den Gelehrtenjournalen primär um den innerwissenschaftlichen Austausch, so dienen die Zeitschriften der Patriotisch-gemeinnützigen und der Ökonomischen Gesellschaften vor allem der Verbreitung nützlicher Wissensbestände. Die Erziehung des Einzelnen zu einem ›weltweisen‹, individuelle und kollektive

47 Vgl. Tolkemitt, Correspondent, 2–4. Vgl. auch Martin Welke, Zeitung und Öffentlichkeit im 18. Jahrhundert. Betrachtungen zur Reichweite und Funktion der periodischen deutschen Tagespublizistik, in: Presse und Geschichte. Beiträge zur historischen Kommunikationsforschung […], München 1977, 71–99.

Glückseligkeit befördernden Bürger wiederum ist das vorrangige Anliegen der popularphilosophisch ausgerichteten Moralischen Wochenschriften, die sich insbesondere in der frühen Aufklärung großer Beliebtheit erfreuten. Letztere sollen zunächst etwas ausführlicher beschrieben werden, bevor abschließend die populärwissenschaftliche periodische Publizistik zur Sprache kommt.

Obwohl die meist nur acht Oktavseiten umfassenden und in einer durchschnittlichen Auflage von etwa 500 Exemplaren gedruckten Moralischen Wochenschriften, ungeachtet ihres Anspruchs, ein breiteres Publikum anzusprechen, nur von einem begrenzten, immerhin auch weibliche Leser umfassenden Kreis gebildeter Individuen rezipiert wurden, kommt ihnen für die Vermittlung aufgeklärter Ideale große Bedeutung zu.[48] In der Tradition der englischen ›moral weeklies‹ stehend – als direkte Vorbilder gelten der »Tatler« (1708–11), der »Spectator« (1711/12) sowie der »Guardian« (1713) –, geht es den meist anonym veröffentlichten auf dem europäischen Kontinent erscheinenden Moralischen Wochenschriften um die Vermittlung und Diskussion – kennzeichnend für die Moralischen Wochenschriften ist deren dialogischer Charakter – jenes ethischen Normensystems, das aufklärerische Programmatik begründet. So unterschiedlich die in Moralischen Wochenschriften behandelten, in Form von Dialogen, Beispielgeschichten, Briefen, Fabeln, Gedichten oder Träumen vermittelten Themen auch sein mögen, so offenkundig ist das Bestreben, die Leser sittlich zu bilden und sie auf einen Moralbegriff zu verpflichten, der Tugend nicht als abstrakte Idee konzipiert, sondern als sittliche Disposition, welche im konkreten Handeln von Individuen soziale Relevanz gewinnt. Folgerichtig kreisen die Beiträge in den Moralischen Wochenschriften denn auch um Probleme menschlicher Vergesellschaftung wie beispielsweise den Umgang mit die Gemeinschaft destabilisierenden Eigenschaften wie Neid, Heuchelei, Stolz, Eitelkeit, Eigennutz oder Eifersucht, die Bedeutung der Freundschaft, das Verhältnis der Geschlechter und der Generationen, die Prinzipien einer vernünftigen Pädagogik oder die Partizipation von Frauen am öffentlichen Diskurs und entwickeln eine Handlungspragmatik, als deren Fokus der Einklang von Selbstliebe und Menschenfreundschaft, von Privatglück und Gemeinwohl ausgemacht werden kann. Die Anleitung zu ›Weltweisheit‹, die sich Herausgeber und Autoren Moralischer Wochenschriften zur Aufgabe machen, bedeutet zugleich die Popularisierung von erkenntnistheoretischen und philosophischen Kategorien, welche im Rahmen einer ins 17. Jahrhundert zurückreichenden gelehrten Auseinandersetzung ihre Begründung finden und im 18. Jahrhundert, zumindest unter Gebildeten, Allgemeingut werden. Nicht zufällig sind es gerade in Deutschland vor allem rationalistische und naturrechtliche Positionen, die in den Moralischen Wochenschriften den sittlichen Diskurs fundieren, gehören Christian Wolff, einer der bedeutendsten Repräsentanten rationalistischer Philosophie, und Christian Thomasius, der wohl wirkungsmächtigste Vermittler naturrechtlichen Denkens im deutschsprachigen Raum, doch zu jenen Autoren, die sich bereits früh um eine den engen Kreis universitärer Gelehrsamkeit sprengende Verbreitung ihrer Ideen bemühten.[49] Zentrale Anliegen der Aufklärer wie beispielsweise die Privilegierung einer methodischen, auf Argumentationslogik bedachten Denkweise, die in ihren Schriften als Voraussetzung vernünftigen Handelns bestimmt wird, das Postulat der besonderen gesellschaftlichen Relevanz vernünftigen Denkens und vernunftgeleiteter Praxis oder die Überzeugung, daß zwischen individuellem und kol-

48 Vgl. Helga Brandes, Moralische Wochenschriften, in: Fischer/Haefs/Mix, Von Almanach bis Zeitung, 225–232 (dort weitere Literatur).

49 Zu Thomasius' Wissenschaftsverständnis vgl. Leander Scholz, Das Archiv der Klugheit. Strategien des Wissens um 1700, Tübingen 2002, bes. 91–104 und 132–138.

lektivem Wohlergehen eine unaufhebbare Verbindung besteht, wurzeln in rationalistischen bzw. naturrechtlichen Auffassungen, deren breitere Vermittlung wesentlich mithilfe der Moralischen Wochenschriften erfolgt.[50]

Konstitutiv für den Bildungsbegriff der Aufklärer ist allerdings nicht nur die Orientierung an spezifischen moralphilosophischen Prinzipien, sondern auch die Signifikanz, die der intellektuellen Erziehung des Individuums zugewiesen wird. Schulung der Vernunft geht Hand in Hand mit der Verfügbarmachung von Wissen, und so gehört zu den Zielsetzungen zahlreicher Zeitschriften auch oder gar vor allem die Popularisierung naturwissenschaftlicher, medizinischer, ökonomischer, geographischer oder historischer Erkenntnisse. Der bevorzugte Ort der Darstellung szientifischen Wissens bleiben die im 18. Jahrhundert zahlreich gegründeten Gelehrtenjournale, die sich in erster Linie an ein akademisches, nicht selten bereits hochgradig spezialisiertes Publikum wenden und demnach zur Popularisierung gelehrter Wissensbestände nur einen geringen Beitrag geleistet haben dürften. Es gilt allerdings zu berücksichtigen, daß eine scharfe Unterscheidung zwischen den sich an ein gelehrtes Fachpublikum richtenden Periodika und populärwissenschaftlichen Zeitschriften in der Regel mit größeren Schwierigkeiten verbunden ist. Zwar läßt sich mit Blick auf die Gelehrtenjournale eine zunehmende disziplinäre Differenzierung beschreiben – die allgemeinwissenschaftlichen Publikationen verlieren tendenziell an Bedeutung, während die Zahl der Fachzeitschriften stetig zunimmt –,[51] da die Spezialisierung im Bereich der Wissenschaften jedoch einhergeht mit der Herausbildung einer breiteren interessierten Leserschaft mit guten Bildungsvoraussetzungen, können die meist in der Landessprache verfaßten gelehrten Zeitschriften auch außerhalb einer enger definierten ›scientific community‹ rezipiert werden. Die überlieferten Inventarverzeichnisse von Lesegesellschaften lassen allerdings vermuten, daß wissenschaftliche Laien sich vor allem jenen Periodika zuwandten, die sich explizit an ein breiteres Publikum richteten. Im Bereich der allgemeinwissenschaftlichen Periodika waren dies Zeitschriften wie das von Georg Christoph Lichtenberg und Georg Forster herausgegebene »Göttingische Magazin der Wissenschaften und Litteratur« (1780–1785) oder die zwischen 1783 und 1796 erscheinende »Berlinische Monatsschrift«, die verständlich geschriebene Artikel aus unterschiedlichen Gebieten szientifischer Forschung enthielten.[52] Großer Beliebtheit erfreuten sich auch die in der Regel ohnehin für ein erweitertes Fachpublikum konzipierten historisch-politischen Zeitschriften. Neben den bereits genannten Publikationen Johann Wilhelm von Archenholtz', August Ludwig Schlözers und Gottlob Benedikt von Schirachs soll hier nur noch Christian Friedrich Daniel Schubarts »Deutsche Chronik« erwähnt werden, die sich ebenso mutig wie kritisch mit zeitgeschichtlichen Entwicklungen auseinandersetzte.[53] Für einen umfassenderen Leserkreis gedacht waren in der Regel auch geographische Zeitschriften, die Länderbeschreibungen, ethnologische Abhandlungen und Reiseberichte enthielten. Zu den erfolgreicheren gehörten Johann Wilhelm von Archenholtz' »Litteratur und Völkerkunde« (1782–1791) sowie Johann Reinhold Forsters und Matthias Christian Sprengels »Beyträge zur Völker und Länderkunde« (1781–1793).[54] Größere Verbreitung fanden auch eine Reihe medizinischer Periodika wie etwa Johann August Unzers »Der Arzt« (1759–1764) oder Anton Heins »Der patriotische Medicus« (1765–1768).[55] Ebenfalls an ein breiteres Publikum adressiert sind einige Journale, die nach dem Vorbild des englischen »The Genleman's Ma-

50 Vgl. auch Friedrich Vollhardt, Selbstliebe und Geselligkeit. Untersuchungen zum Verhältnis von naturrechtlichem Denken und moraldidaktischer Literatur im 17. und 18. Jahrhundert, Tübingen 2001, 211–260.

51 Vgl. Wilke, Grundzüge, 95.

52 Vgl. Joachim Kirchner, Das deutsche Zeitschriftenwesen. Seine Geschichte und seine Probleme, Teil I: Von den Anfängen bis zum Zeitalter der Romantik, 2. neu bearbeitete und erweiterte Aufl., Wiesbaden 1958, 124f.

53 Zu den historischen Zeitschriften allgemein vgl. Horst Walter Blanke, Historische Zeitschriften, in: Fischer/Haefs/Mix, Von Almanach bis Zeitung, 71–88.

54 Vgl. Wolfgang Griep, Geographische Zeitschriften und Reisejournale, in: Fischer/Haefs/Mix, Von Almanach bis Zeitung, 62–70.

gazine« (1731–1754) naturwissenschaftliche Themen behandeln. Zu nennen wäre hier etwa Abraham Gotthelf Kästners »Hamburgisches Magazin, oder gesammlete Schriften, aus der Naturforschung und den angenehmen Wissenschaften überhaupt« (1747–1766).[56] Nicht unerwähnt bleiben soll schließlich die vielfältige publizistische Tätigkeit der Patriotisch-gemeinnützigen und Ökonomischen Gesellschaften, deren Vereinsschriften, Journale und Zeitungen den sozialreformerisch engagierten Angehörigen des gebildeten Bürgertums und des Adels aktuelle, die Ökonomie betreffende Informationen lieferten.[57]

Das Bedürfnis der Aufklärer, gelehrtes Wissen zu vermitteln und das damit korrespondierende Bedürfnis der Leser, sich gelehrtes Wissen anzueignen, manifestiert sich nicht nur in den vorgängig genannten Zeitschriften mit populärwissenschaftlicher Tendenz, es findet auch in einer Reihe anderer periodisch erscheinender Medien seinen Niederschlag. Bedeutsam sind in diesem Zusammenhang jene allgemeinbildenden und unterhaltenden Magazine, die, teilweise in der Tradition der Moralischen Wochenschrift stehend, ihren Lesern neben sittlicher Belehrung auch Beiträge zu naturkundlichen, medizinischen, ökonomischen oder geographischen Themen bieten.[58] Darüber hinaus finden sich in den speziell für ein weibliches Lesepublikum konzipierten Zeitschriften, Almanachen und Taschenbüchern populärwissenschaftliche Artikel,[59] und auch die Kinder- und Jugendzeitschriften enthalten nicht selten Sachbeiträge zu unterschiedlichen Wissensgebieten.[60]

Ein gebildetes Individuum zeichne sich dadurch aus, daß es »die nöthigsten und nützlichsten Wissenschaften durchgegangen«, daß es »den Geist durch Lesung guter Bücheren von seinen Vorurtheilen befreyet und fehig gemacht habe/vernünfftig über allerhand vorfallende Materien sich mit andern zu besprechen«, heißt es im »Bernischen Freytags=Blätlein«, einer zwischen 1722 und 1724 in Bern erscheinenden Moralischen Wochenschrift.[61] Der Glaube an den erzieherischen Wert von Wissen für eine breitere Öffentlichkeit, der in den Worten des anonymen Autors zum Ausdruck gelangt, ist repräsentativ für die Rolle, die den Wissenschaften und deren Popularisierung im 18. Jahrhundert zugewiesen wird. Unter der Prämisse der prinzipiellen Vernunftbegabung und Perfektibilität des Menschen geht es den Trägern aufgeklärter Ideen ganz wesentlich darum, die gelehrte Welt für die gesellschaftliche Welt zu öffnen. Das 18. Jahrhundert ist weniger durch umwälzende Entdeckungen und die Entstehung neuer wissenschaftlicher Disziplinen gekennzeichnet, als vielmehr durch eine Ausdifferenzierung, Konsolidierung und damit verbunden Popularisierung szientifischer Erkenntnisse. Mit dem bereits von den Frühaufklärern postulierten Ideal einer ›öffentlichen Wissenschaft‹ geht ein Wandel des Selbstverständnisses akademischer Gelehrter einher; die Grenzen zwischen Wissenschaftlern und gebildeten Laien werden durchlässiger, der informierte und selbständig denkende Bürger erfährt sich in zunehmendem Maße als Teil einer wissensfundierten Diskursgemeinschaft, die das Fundament und die Legitimation für dessen intellektuelle und schließlich politische Emanzipation gewährleistet.

55 Vgl. Kirchner, Zeitschriftenwesen, 93.

56 Vgl. Ulrich Troitzsch, Naturwissenschaft und Technik in Journalen, in: Fischer/Haefs/Mix, Von Almanach bis Zeitung, 248–265, hier 256–258.

57 Vgl. Hans Erich Bödeker, Medien der patriotischen Gesellschaften, in: Fischer/Haefs/Mix, Von Almanach bis Zeitung, 285–302.

58 Vgl. Wolfgang Martens, Die Botschaft der Tugend. Die Aufklärung im Spiegel der deutschen Moralischen Wochenschriften, Stuttgart 1968, 91–99.

59 Vgl. York-Gothart Mix, Medien für Frauen, in: Fischer/Haefs/Mix, Von Almanach bis Zeitung, 45–61, hier 55f.

60 Vgl. Hans-Heino Ewers/Annegret Völpel, Kinder- und Jugendzeitschriften, in: Fischer/Haefs/Mix, Von Almanach bis Zeitung, 137–156, hier 145.

61 Zit. nach Martens, Botschaft der Tugend, 418.

Wissen als Unterhaltung

MARKUS FAUSER

In der Frühen Neuzeit lassen sich Veränderungen von kulturgeschichtlichem Rang oft am scheinbar Randständigen erkennen. Was zuerst in weniger wichtigen Zusammenhängen aufscheint, kann schon rasch Folgen zeitigen, die in ganz anderen Sphären nachhaltige Wirkungen hervorbringen. Zuletzt verdecken sie jeden Verweis auf das diskursive Umfeld, aus dem sie stammen. Solchen Spuren möchte die folgende Darstellung nachgehen, indem sie an einen Kontext erinnert, der einmal dem gemeinschaftlichen Konstruieren von Wirklichkeit einen neuen Rahmen gegeben hatte. Gerade beim Versuch, Wissen und die Entstehung der modernen Wissensgesellschaft kulturell einzubinden, müssen auch Felder beachtet werden, die wir mit dieser Fragestellung gewöhnlich nicht berühren. Wer über Unterhaltung in der Frühen Neuzeit schreibt, wird in einem ganz elementaren Sinne auf unmerkliche Übergänge von Alltagshandeln und Wissen stoßen und in den nicht selten versteckten Texten auf Hinweise treffen, die von ihren Autoren ins Unreine gesprochen und häufig abseits jeder Zuordnung zu wissenschaftlichen Disziplinen formuliert wurden.

Aus heutiger Sicht gehören solche Fragen zu den neueren kulturwissenschaftlichen Theorien. Sie beschäftigen sich auch mit der kommunikativen Konstruktion des Wissens sowie den epochal verschiedenen Formen der Organisation von Erfahrung.[1] Jedes Wissen wie auch jede Erfahrung gehen dem menschlichen Gedächtnis verloren, insofern sie nicht narrativ strukturiert sind. Die Prozesse des Machens und Behaltens von Erfahrungen werden von Schemata gestaltet, die zutiefst in den alltäglichen Vorstellungen verankert sind. Diese temporalen Konfigurationen und ihre narrativen Handlungsstrukturen transportieren Überzeugungen, wie sie für die Organisation unserer Erfahrung, aber eben auch unseres Wissenshaushalts konstitutiv sind. Die moderne Forschung interessiert sich daher besonders für die Überschneidungsformen von literarisch fixierten Schemata und alltäglichen Erzählungen, wie sie in bestimmten Interdependenzen von Wissenskulturen zum Ausdruck kommen. Man kann das Themenfeld auch generell als sozial konstruierte Narrative bezeichnen.

Hier kommt die Literatur wieder ins Spiel. Viel deutlicher als in den späteren Epochen war die Literatur in der Frühen Neuzeit ein Schnittpunkt verschiedener Spezialdiskurse und elementarer Teil von Praktiken der Kommunikation. Wenn wir also kulturelle Narrative untersuchen und den Formungsprozessen des Wissens in dieser Zeit nachgehen wollen, sind wir auf literarische Zeugnisse angewiesen, weil sie einen relativ authentischen Zugriff auf die für eine Kultur geltenden Maßstäbe zulassen. Schon die alltägliche Narration formiert über die Sprachstrukturen auch kommunikative Gattungen, deren Erforschung erst am Anfang steht. Aus dem Rohmaterial, den Beschreibungen von Erfahrungen oder Handlungen, bildeten sich kleine Geschichten mit relativ fester Form, verbindliche sprachliche Typisierungen von Erfahrungs- und Handlungsschemata. Für die kulturelle Vermittlung von Handlungswissen waren die diversen Formen dieser narrativen Kultur uner-

1 Markus Fauser, Einführung in die Kulturwissenschaft, Darmstadt 2003, 87–94.

Gegenüberliegende Seite:
Abb. 220: Schaw-Platz/Aller Schnadrigen/ Vielschwätzigen/Bapplerin, Flugblatt (vor 1628)

setzlich. Klatsch, Sprichwörter, Legenden, Memorabilien oder Gespräche über Neuigkeiten – sie alle funktionierten nach Mustern, die bestimmte Bestandteile solcher Kommunikationen festlegten. Vorgeprägte Inhalte, gemeinsames Hintergrundwissen und vorgegebene Register sowie Redestrategien begründeten erwartbare Handlungen, in denen sich der Handelnde schon im Entwurf am Gesamtmuster orientierte.

1. Erzählte Wissensvermittlung – unterhaltende Kurzweil

Noch im 16. Jahrhundert richten sich Wissensinteressen gleichermaßen auf Technologie wie auf die Erklärung von normalen Erfahrungen, und das umfaßt eben auch den gesamten Bereich der Seltsamkeiten, des Ungewöhnlichen bis hin zum Wunder. So wie auch das Fiktionsbewußtsein noch weitgehend unentwickelt ist, fehlt die Unterscheidung zwischen dem bloß Hilfreichen im Sinne der konkreten Lebenshilfe und dem lediglich Unterhaltenden im Sinne eines modernen Freizeitverhaltens. Der Doppelsinn des lateinischen »recreatio« hält beides noch zusammen. Und auch das Wort »Kurtzweil« oder die in zahllosen Texten als Wirkungsprinzip bemühte »Kurtzweiligkeit« umreißen das recht breite Spektrum einer geselligen Literatur, wie sie die Frühe Neuzeit in der Einheit von scherz- und ernsthaften Texten etablierte. Die genannte Rezeption markiert dabei weniger den unterhaltsamen Erzählgestus als eben die Distanz zu den gelehrten Werken, und sie zielt auf eine andere Art von Lektüre, nämlich die gemeinschaftliche.[2]

Im 17. Jahrhundert aber beginnt eine Ausdifferenzierung, in deren Verlauf sich unser modernes Verständnis von Unterhaltung herausbildet. Sie ist zuerst zu fassen in den lange anhaltenden Auseinandersetzungen um die Zulässigkeit bestimmter Alltagshandlungen, die im Kontext konfessioneller Gesellschaften zunächst ethisch gerechtfertigt sein mußten. Diese gesamte Debatte legt auf beredte Weise Zeugnis ab von den Umstellungen in der Mentalität, und sie an einem Beispiel nachzuzeichnen, ist eine Möglichkeit, solchem Wandel überhaupt auf die Spur zu kommen. Mitten im 17. Jahrhundert taucht ein neues Wort in der deutschen Sprache auf, das alternative Weisen der Wissensvermittlung signalisiert und auf die genannten Veränderungen in der Wahrnehmung solcher Phänomene hinweist. Justus Georg Schottels grammatisches Grundlagenwerk »Teutsche Haubt Sprache« von 1663 darf als frühester Fundort gelten, ein Wort, das zahllose Anleihen beim Lateinischen und Französischen mit der Zeit verdrängte und die Sprache um eben diese Anleihen ärmer machte: Klatsch.

Nach der etymologischen Spekulation ist das Wort Klatsch lautmalerisch und hängt mit den Waschplätzen der Frauen zusammen, an denen sie während des Ausklatschens der Wäsche auf dem Waschbrett auch anderes und unbedachtsam behandeln konnten: »Enormis loquacitatis est foemina« heißt frei übersetzt: »eine grausame Wasche« oder sprichwörtlich: »manche hat eine große Wäsch von wenig Lumpen eingelegt«.[3] Das würde immerhin die langanhaltende geschlechtsspezifische Zuweisung der Klatschsucht erklären. Folglich finden sich in der Wolfenbütteler Sammlung illustrierter Flugblätter auch mehrere Einblattdrucke, die das Thema sozial zuordnen, nämlich den Dienstmägden. Eines aber, der »Schaw-Platz/Aller Schnadrigen/Vielschwätzigen Bapplerin« aus dem frühen 17. Jahrhundert, zeigt im Bildteil kleine Gruppen

2 Erich Kleinschmidt, Stadt und Literatur in der Frühen Neuzeit. Voraussetzungen und Entfaltung im südwestdeutschen, elsässischen und schweizerischen Raum, Köln/Wien 1982.

3 Christoph Lehmann, Florilegium Politicum. Politischer Blumen Garten, Faks. der Auflage von 1639, hg. von Wolfgang Mieder, Frankfurt a.M. 1986, 719.

Schaw-Platz/

Aller Schnadrigen/ Vielschwätzigen/ Bapplerin/ welcher gröster Lust vnd Frewd ist/ ihr Zeit mit Nachtheil Jedermänniglichen/ vnd Versaumung ihrer Arbeit mit Schwapplen auff dem Schwatz-Marck zu zubringen.

Neben kurtzer Erzehlung etlicher Früchten so darauß erwachsen vnd entspringen.

All Creaturn die da lebn
Können stimmen von sich gebn
Aber man find an keinem Ort
Daß eins red ein verständlich wort/
Der Mensch hat solche Gab allein/
Darumb soll er behutsam seyn/
Solch Gutthat betrachten alle stund/
Vnd wol zusehn daß er der Mund
Gebrauch zu Gottes Lob vnd ehrn/
Wie wir aus Syrachs Büchlein lehrn/
Aber es wird täglich gespürt/
Daß der so Eva hat verführt
Viel Leut dahin verleid/ daß sie
Ihrer Zungen war nemmen nie/
Wie sonderlich das Weibsvolck thut/
Die haben nie kein bessern Muth/
Als wann sie auff dem schwatzmarck stehn
Da weiß bald kein mehr heim zu gehn/
Vnd bappeln durcheinander her/
Daß es vielen wird fallen schwer
Einer jeden wort auff zuschreiben/
Dann wie die Gänß ein Gschnader treibn/
So treibt es auch der Weiber hauff/
Sie bapplen all/ keine merckt auff/
Der einen machts der Mann nit recht/
Die ander klagt man hab sie geschmächt/
Die dritt hat ihre Kinder geschlagn/
Die vierdt über die Magd thut klagn/
Die Fünfft rümbt ihren Kleyder Pracht/
Die sechst ihr Nachbäurin veracht/
Die siebend sagt was sie hab kocht/
Die acht auff ihren Reichthumb bocht/
Die neunt rümbt sich der Artzney/
Das gibt dann ein solch Harmoney/
daß einer nit weiß wo er soll bleibn
solch daherin sie sonderlich treibn/
1. wann sie zu den Kindtauffn kommn/
da hat Barthel sein Magd genommn/
Ein andre ist beym Knecht zlegn/
Bald weiß eine ein guten segn/
Fürs Hertzgespert/ vnd andre sachn/
Ein andre Gab vor sie kan machn/
Das ein Fraw gar wol seugen kan/
Bald sprechen zwo einander an
Ihr gehn fürwar auch mit eim Kind/
Ey Fraw wie sehn ihrs so geschwindt/
Ich denck wol ihr kommen auch bald/
Nein/ meins ist erst zwölff wochen alt/
Solt ich schon kommen wer zu gschwind/
Ja liebe Fraw ist doch mein Kind
Noch nit auff zwantzig wochen kommn
Hab ihm die dutten schon genommn/
Ey Gevatterin warumb thut ihr das/
Ich hab schon wider eins im faß
Fraw ewer Dochter kombt auch schon/
Hat fürwar bald darzu gethan/

Freylich/ was soll sie lang drauß machn/
Bald red eine von andern sachn/
Ein andere dadelt alle ding/
dern ist die Göttel zu gring/
Jener ist nit recht auffgeraumbt/
da hat sie die Hebam versaumbt/
die geht zu köstlich/ jen zu schlecht/
bald machts die Kindbetterin nit recht
Vnmüglich ist zu zeigen an/
was ein jede bringt auff die bahn.
2. Bey Hochzeiten/ vnd anderswo
Macht man es eben auch also/
dann wann ein Braut zur Kirchen geht/
der gantz Kirchhoff voll schwappel steht/
da wird ein jedes außgelacht
Ein Schleppf von der andern veracht.
3. Soll man dann in der Kirchen betn/
So thun sie bald zusammen treten/
Vnd richten da auß groß vnd klein/
Wie es ihn der Sathan bläßt ein/
dörffen auch da reden von dingen/
vnd solch vnnütz gschätz vorbringen/
die sich nit schicken an dem ort/
noch fahren sie mit schwätzen fort/
der einen gefallt der Pfarrherr nicht/
die ander sonst die Leut außricht/
die dritt über die Flöh thut klagn/
die vierdt weiß nichts anders zusagn/
Als daß ihr Katz junge gemacht/
die fünfft erzehlt wie sie die nacht/
Im schweren traum gelegen sey/
solch vnd dergleichen fantasey/
Wird in der Kirchen vorgenommen/
Wann solch schwapplen zusamm kommen/
Sonderlich ist das Geschwätz gemein
den Weibsbildern so ledig seyn/
So bald zwo kommen in ein stul/
Ist das erst wort/ dort sitzt dein Bul/
die ander sagt/ dort deiner auch/
dann fangen sie nach ihrem Brauch
Ein solch gaffen vnd bappeln an/
daß keins vor ihn recht betten kan/
vnd können wol zwo solche Spritzen
Zehen andre so vmb sie sitzn/
Mit ihrem gschwätz also bethörn
daß sie Gottes Wort auch nicht hörn/
4. Wann aber einer dencken wolt/
daß man ihm hie zu viel thun solt/
Vnd sie mit Vnwarheit belad/
der gehe nur einmal in ein Bad
da etliche Weiber allein
Absonderlich beysammen seyn/
So wird er mehr hören als man
darvon sagen vnd schreiben kan/
Ey wie ist doch das Bad so heiß/
Ja wol empfind ich doch kein schweiß

Ach wie hab ich so ein kranck Kind/
Botz botz wie plagt mich doch der Grind/
Sehn wie ist mir die Haut so rauch/
Ich hab darzu ein grossen bauch/
Mein Mann kan sonst nichts/ was ihr sagn/
Ja ich hett euch auch wol zu klagn/
Meiner saufft immerdar/ auch leider
Meiner fragt niemal daß auch kleydr
Meiner macht mir was ich beger
Wann er nur sonst was nutz wer/
Andre sagen von andern dingn
Manche darff solche zotten bringn
Die fromme Hertzen schamroth machn/
Etliche hörens gern vnd lachn/
Dann wie ein jede ist geart/
Ihr zung vnd Hertz solchs offenbart.
Die so in frembde Bäder fahren/
5. Ihr bappelmäuler auch nit sparn/
Vnd ist der Vnderscheid allein
Daß sie lustig vnd frölich sein/
Vnd nur von Frewd/ vnd kurtzweil sagn/
Weil man ihn darffer auff thut tragn/
Auch hat manche das glück darneben/
daß ihr der Pfaff verzich thut gebn/
als dann mag sie all kurtzweil treibn/
darffs ihrem Mann nicht eben schreibn.
doch will ich mit diesem Gedicht
alle Weibsbilder meinen nicht/
dieweil ihr viel gefunden werdn/
die in Worten/ thun/ vnd Geberdn/
Sie seyen an was ort sie wolln
6. Wissen wie sie sich halten solln.
7. In den Mühlen vnd im Bachhauß/
Erwecken sie auch manchen strauß/
die ein klagt wann man trägt zu bachn/
daß der Beck gar klein Laib thut machn/
Verwässert auch das Brod darnebn/
Mir hat er nechst mein Mel nit gebn/
die dritt klagt/ daß man übel mißt/
der vierdten/ das Gsind zu viel frißt/
die fünfft/ thut den Müller anklagn/
daß er ihr zuviel abgetragn/
die sechst sagt/ ja der Beck mir auch/
Bald sagt ein es sey Handwercks brauch/
drumb sie bey ihrer ordnung bleibn/
Es ist vnmüglich zubeschreibn/
Wie die Herrschafft wird her genommn/
Wann Mägd an solche örter kommn/
dann die haben allzeit zu klagn/
die eine klagt übers Kinder tragn/
die ander über kleinen lohn/
die dritt hat diß vnd jens gethan/
die vierdt sagt/ sie hab gar kein ruh/
Vnd bekombt gar kein gschenck darzu/
die fünfft will in dem dienst nit bleibn/
dann sie muß stets fegen vnd reibn/

die sechst klagt sie muß früh auffstehn/
die siebend darff zu niemand gehn/
Es sey dann daß sie verthien fragt/
die acht aber das essen klagt/
der neundten ist das Brod verschlossn/
die zehendt klagt sonst selzam bossn/
Vnd denckt keine weil sie da steht/
das auch die zeit fürüber geht/
Vnd bleibt die Arbeit vngethan/
Zu lest fangen sie sämptlich an
Vnd sudlen ihr Arbeit daher/
daß es offtermal besser wer/
Sie hätten sie gar lassen bleibn/
Vermeinen also nach zu treibn.
die zeit/ so sie mit gschwetz verbracht/
In dem sie die Herrschafft veracht/
Wann dann ein Fraw kombt vnd will sehn/
Was ihrer Magd doch ist geschehn/
daß sie so lang im Bach auß bleibt/
da hört man wie sie reden treibt/
Sagt die Fraw ein Wort hat sie zwey/
Vnd macht ein solch zeter geschrey/
daß die fraw froh ist daß sie geth/
da dann die Magd noch länger steht.
8. Noch ein andrer Schwatzmarck ist auch
Wo die Röhrbrönnen seynd im brauch/
Vnd man auff Wasser warten muß/
da jeem der andern ein gruß
Von ihrem Hansen bringt/ ob sie
Ihm schon kam in gedancken nie/
doch weil sie wol meinen vnd hoffn
Cupido hab den Hansen troffn
So fangen sie ein schwatzbeicht an/
die manche länger treiben kan
als sonst ein gantze Predig wert/
auch schickt es sich offt daß ohngefehrt/
Ein kombt die der Hans auch gern sicht/
Auff welche die mit worten sticht/
9. dörffen auch wol zusammen lauffn/
Vnd einander die Haar außrauffn/
10. Etwan geschichts daß ein Jagant/
die man auch fahrent Schuler nannt
zum brunnen kombt/ vnd red sie an/
Wie er Planeten lesen kan/
Wann ein vnder ihn wissen woll
was sie für ein Mann haben soll/
deren wöll ers verhalten nicht/
oder will sie daß er ihr dicht
Ein Bulenbrieff so woll er bald
Einen schreiben der ihr gefallt.
11. Wann sie also stehn zu schwetzen/
So finden sich bißweilen Metzen/
die andern ihre Dienst erleydn/
Mit dem Lohn wirstu dich nit kleydn/
du must es anders greiffen an
Wiltu auch schöne Sachen han/

du bist ein schöne gerade person/
Verdienst gar wol ein bessern lohn/
Folg mir/ ich thu an einem ort
Bey einer Frawen dir das Wort/
die kan dich an ein ort verdingen
daß du dich stattlich auß kanst bringn/
Ist dann vnder dem Hauffen ein
die auch gern stattlich wolt seyn/
Vnd gibt solcher Pröcken gehör/
Die kombt gar leichtlich vmb ihr Ehr/
Vnd darnach gar in Schand vnd spott/
Das ist alsdann ein Straff von Gott/
Weil sie im dienst gar vngetrew war/
Auch faul vnd schwappelt immerdar.
12. Es gibt auch seltsame discurs
wann mägd Wäscherin vnd solch Bursch
Vber dem Bach zusammen komn/
Da wird jederman hergenomn/
Es sey Mann/ Fraw/ arm oder reich/
Dann es gilt manchem schwapplen gleich
Sie red was ihr kombt in den Rachn/
wann sie nur fromm Leuth auß kan machn/
Da hat man diß vnd jens gethan/
Welches sie doch nit erweisen kan.
Solt es ihr auch das leben gelten/
13. Bald sie einander selber schelten/
Mit Waschbleweln zusammen lauffn/
Einander schlagen kratzen rauffn
Daß es ein lust ist zu zusehn
14. Im schweytzen kan es auch geschehn
daß einer etwas steule darvon/
Schad ihr doch nichts an ihrem lohn/
Weil sie darfür doch schwört/ daß man
Sie auch nit weiter treiben kan/
15. Auch dörffen sie wol/ wann sie essn/
Ein stund zwo der Arbeit vergessn/
Weil da das gschwetz erst recht geht an/
die Magd nicht länger dienen kan/
Ein Wäscherin sagt/ bleib nur nit mehr
Nimb Vrlaub/ vnd folg meiner lehr/
16. Ding wo man dich zu Marck läst gehn/
So kanstu alsdann besser bleibn/
Must mit dem Maul fein wacker seyn/
Kauffst etwas vmb zwen pfenning ein
So must daheim von dreyen sagn/
Du weist schon was es auß mag tragn/
wann du nur recht darmit gehst vmb/
(Ich habs oder ich sey nit fromb)
Manche Woch/ daß manns nit geacht
Auff sechs vnd acht batzen gebracht/
Da kan man schöne Kleyder machn/
Vnd wird eins offt in andern sachn/
Einer Dochter weit vorgezeyt/
Also wird offt das Gsind verheyt
Welches sonst vielleicht het gut geth an
Bald kombt ein ander Gschwetz auff die Ban/
17. Ist dann ein Bauchtrager darbey/
So gibt es etwan ein kupleren/
Oder solche Sachen die hernach
Ihn gereichen zu Schand vnd schmach
Darumb ich all trewlich vermahn/
So solches bißher haben gethan
daß sie des schwetzens müssig stehn
Ihrer Arbeit trewlich nachgehn/
So tragen sie neben dem Lohn
Huld vnd GOttes Segen darvon

von Schwätzerinnen, die sämtliche Orte einer Stadt bevölkern und das Phänomen typologisch von der Wiege bis zur Bahre in Knittelversen darstellen.[4] Außer den Flugblättern befaßt sich eine Fülle von Traktaten mit den antiken und biblischen Argumenten gegen die Geschwätzigkeit, das ganze Feld der Unmäßigkeit im Reden wird erneut vermessen. Ratschläge zum Reden und Schweigen wirken hier weiter, sämtliche Metaphern zu den »peccata linguae«, den Zungensünden, generell die Verdammung der »verba otiosa« wie auch der törichten Rede: »Faul Geschwätz«, so hört man immer wieder, führe zur Sünde. Orthodoxe Traktate wie der anonyme »Von der Zungen des Menschen« (1608), Adam Weinheimers »Frau Calumnia/Deß leidigen Teuffels Tochter« (1661), in dem Verleumder als schwatzhaft, jeder Geschwätzige als verleumderisch bezeichnet werden – sie zählen ebenso zum Reigen der Klatschgegner wie das »Gespräch Von dem unmenschlichem Grewel des Ubelnachredens« (1656), in dem ein Geistlicher einen Weltmann in ernstem Gespräch vom breiten Pfad auf den schmalen zurückführen will, was ihm erwartungsgemäß gelingt. Der Politicus gibt sich am Ende überzeugt; das Erfolgserlebnis des Geistlichen freilich darf als frommes Wunschdenken gelesen werden. Ahasver Fritsch, erprobt in seinem »Sündlichen Kirchengänger« und im »Kirchen-Schläfer«, paßt in seinem Kurztraktat »Der Sündliche Kirchen-Schwätzer« (1678) die bekannten Argumente neuen Greueln an. Unter dem Motto Lk. 8, 18 »Sehet drauff, wie ihr zuhöret« bekämpft er jede Unruhe vor und nach der Predigt, auch während der Verkündigung des Gottesworts war es ihm entschieden zu laut. Die »lose Ausflucht«, die da lautete, man könne die leise Rede des Predigers sowieso nicht überall vernehmen, die Prediger seien zu jung, man habe selber Postillen zu Hause, all das weist er genauso zurück wie die Behauptung, man habe während der Predigt über geistliche Themen miteinander geplaudert – der Raum der Kirche scheint gelegentlich ein Ort des Wissensaustauschs ganz unerwünschter Art gewesen zu sein. Der Feldzug gegen die unkontrollierte Rede verschärfte sich noch einmal gegen Ende des Jahrhunderts in den pietistischen Traktaten. 1689 erschienen August Hermann Franckes »Schrifftmäßige Lebens-Reglen« mit jenen 30 Maximen, die den Kindern Gottes exakt vorschrieben, worin sie sich von den Kindern der Welt zu unterscheiden hatten: »Laß dich nicht verwegen ein/von den Dingen dieser Welt zu reden« lautet die oberste Maxime.[5] Mit den pietistischen Traktaten ist auch der Streit um die indifferenten, moralisch nicht bewertbaren Handlungen, die Adiaphora, aufgerufen. Der Klatsch wird demnach als ein Element in der Diskussion um die Freiräume eines Christen behandelt, er wird als Teil der Debatte um die Zulässigkeit von Vergnügungen interpretiert.

In dieser Auseinandersetzung wurden immer wieder auch die Künste bemüht, gerade die niederen Gattungen der Literatur wie Komödie und Roman, als die Orte, an denen gleichfalls Wissen in Unterhaltungen, sogenannten Klatschrelationen, angeboten wurde. Hier vollzog sich die schleichende Auflösung theologischer Vorbehalte am sichtbarsten, die Freisetzung neugieriger Weltzuwendung war die wichtigste Voraussetzung für das gehäufte Auftreten der Klatschrelationen in der Literatur. Mehr noch als Christian Weise interessierte sich Johann Beer (1655–1700) speziell für die gemeine Kuriosität. In seinem Roman »Der politische Bratenwender« (1682) bietet eine Mägdeszene zwischen Urschel und Zipusia, in der sie die Seitensprünge einer Herrin beichten, einigen Einblick in Struktur und Funktion des Klatsches.[6] In

4 Wolfgang Harms/Michael Schilling/Barbara Bauer (Hg.), Deutsche illustrierte Flugblätter des 16. und 17. Jahrhunderts, Bd. 1, Tübingen 1985, 145.

5 August Hermann Francke, Werke in Auswahl, hg. von Erhard Peschke, Berlin 1969, 351. Zum Pietismus Markus Fauser, Das Gespräch im 18. Jahrhundert. Rhetorik und Geselligkeit in Deutschland, Stuttgart 1991.

6 Johann Beer, Der politische Bratenwender, hg. von Dieter Gutzen, München 1984, 169–171 (Caput XIX).

Abb. 221: Johann Beer, Der politische Bratenwender, Frontispiz (1682)

der Szene ist ein lustvoll inszeniertes Spiel um das Verbergen und Enthüllen zu beobachten und der verführerische Anreiz, ein Geheimnis zu durchbrechen. Auf der anderen Seite dominiert die nur scheinbar naive Bereitwilligkeit, das Verborgene preiszugeben, der es jedoch nur um diesen Augenblick der Enthüllung geht. Anderer Leute Sünden zu beichten, ist das zentrale Motiv der Skandalisierung, das poetische Element, das auf eine Reihe von ähnlich gelagerten Fällen ausgeht. Die Serialität von Geschichten ist ein typisches Phänomen, das hier als solches herausgearbeitet wird. Am auffälligsten setzt

Beer aber ein anderes Element in Szene, den Zwang zur Komplizenschaft. Die Mägde handeln strategisch, und sie verhandeln den Preis der Indiskretion. Das Schwanken zwischen Diskretion, der Herrin gegenüber, und Loyalität, der Freundin gegenüber, treibt eine paradoxe Situation hervor. Die Weitergabe des Wissens steht der nur zögerlichen Preisgabe entgegen, die sogleich ein neues Einverständnis gründen will, ein neues Geheimnis, das nunmehr zwischen den beiden Mägden besteht. Daran läßt sich die Struktur des Klatsches erkennen, er ist die Sozialform der diskreten Indiskretion.[7] In solchen Szenen – sie sind durchaus typisch für Beers Romane – wird aber auch die Struktur unterhaltsamer Wissensvermittlung überhaupt untersucht und zugleich ausgestellt. Unzweifelhaft markieren sie eine Erzählstrategie mit Bezug auf kulturelle Narrative, denn das dargestellte Verhältnis von Erzähler und Leser entspricht der Theatralik des sozialen Lebens.

In Beers Romanen lernt der Leser nichts mehr im moralischen Sinne über das Laster, sondern er kann teilnehmen am Kitzel des moralisch Fragwürdigen. Ihr Nutzen liegt jetzt vielmehr in der Teilhabe des Lesers am kommunikativen Wert der Bücher. Mit dieser Umfunktionierung des Nutzens geht eine stärkere Beachtung der Vermittlung von erzählten »Historien« einher und damit die Beobachtung des narrativen Handelns selber. Neben der Information über die Welt soll der Leser noch mehr die Tatsache betrachten, daß er seine Information auf unterhaltsamem Wege erwirbt. Mehrere, traditionell getrennte Aspekte greifen hier ineinander und provozieren den Blick auf anthropologische Merkmale wie das menschliche Mitteilungsbedürfnis, in dem das unterhaltende Mitteilen selber thematisiert wird. Übrigens hat Beer auch eine Autobiographie verfaßt, die in chronikalischer Form lediglich Anekdoten aneinander reiht, insoweit sie Bezug zu seinem eigenen Leben aufweisen.[8] Daß sich sein eigenes Leben in solche Geschichten auflöst, daß keine einzige nach unserem Verständnis persönliche Bemerkung darin zu finden ist, hat symptomatischen Charakter: Leben orientiert sich an der erzählbaren Anekdote. Erfahrung läßt sich nur im Ausdruck gewinnen, sie existiert nicht ohne ihren narrativen Rahmen. Damit verschiebt Beer den Wissenserwerb durch Texte – das war ja eine traditionelle Legitimation gerade für den anders nicht gerechtfertigten Roman – in einen auf unterhaltende Weise gewonnenen Vergleich von gemachten Lebenserfahrungen, der einen qualitativ anderen Umgang mit dem Wissenserwerb nahelegt.[9]

2. Unterhaltsames Wissen

Der Roman, hier exemplarisch genannt, ist nur eine Gattung; eine andere, für die Klatschrelationen weit wichtigere, läßt sich deutlicher der Konversationsliteratur zuordnen. In den polyhistorischen Kompilationen springt der eigenartige Umgang mit Wissen geradezu ins Auge. Diese Reihenwerke gehen von einer Definition der Anthropologie mit direktem Bezug zur Konversation aus: »Die Anthropologie ist eine Wissenschafft von des Menschen Art und Beschaffenheit schicklich zu reden.«[10] So versteht und nennt Johann Adam Weber seine Wissenschaft und weist im Vorwort zu seinem Werk »Curiose und Fruchtreiche Discursen« (1677) darauf hin, daß die »herrliche Materien« den Leser in die Lage versetzen, »annehmlichste und heilsamste Unterredungen zu pflegen«. Getreu dem aristotelischen Verständnis ist der

7 Georg Simmel, Grundfragen der Soziologie, 4. Aufl. Berlin/New York 1984, 48–68; Jörg R. Bergmann, Klatsch. Zur Sozialform der diskreten Indiskretion, Berlin/New York 1987.

8 Johann Beer, Sein Leben, von ihm selbst erzählt, hg. von Adolf Schmiedecke, Göttingen 1965.

9 Jörg Krämer, Johann Beers Romane. Poetologie, immanente Poetik und Rezeption niederer Texte im späten 17. Jahrhundert, Frankfurt a.M./Bern/New York 1991.

10 Johann Adam Weber, Curiose und Fruchtreiche Discursen/Also und dergestalt zur Erleuchtung aller Menschlichen Wissenschafften eingerichtet/dass in denselben/zu des Curiösen Lesers sonderbarer Belustigung und Nutzbarkeit/die grose und kleine Welt/und was darinnen Merck- und Denckwürdiges zu betrachten vorkommet […], Nürnberg 1677, 286.

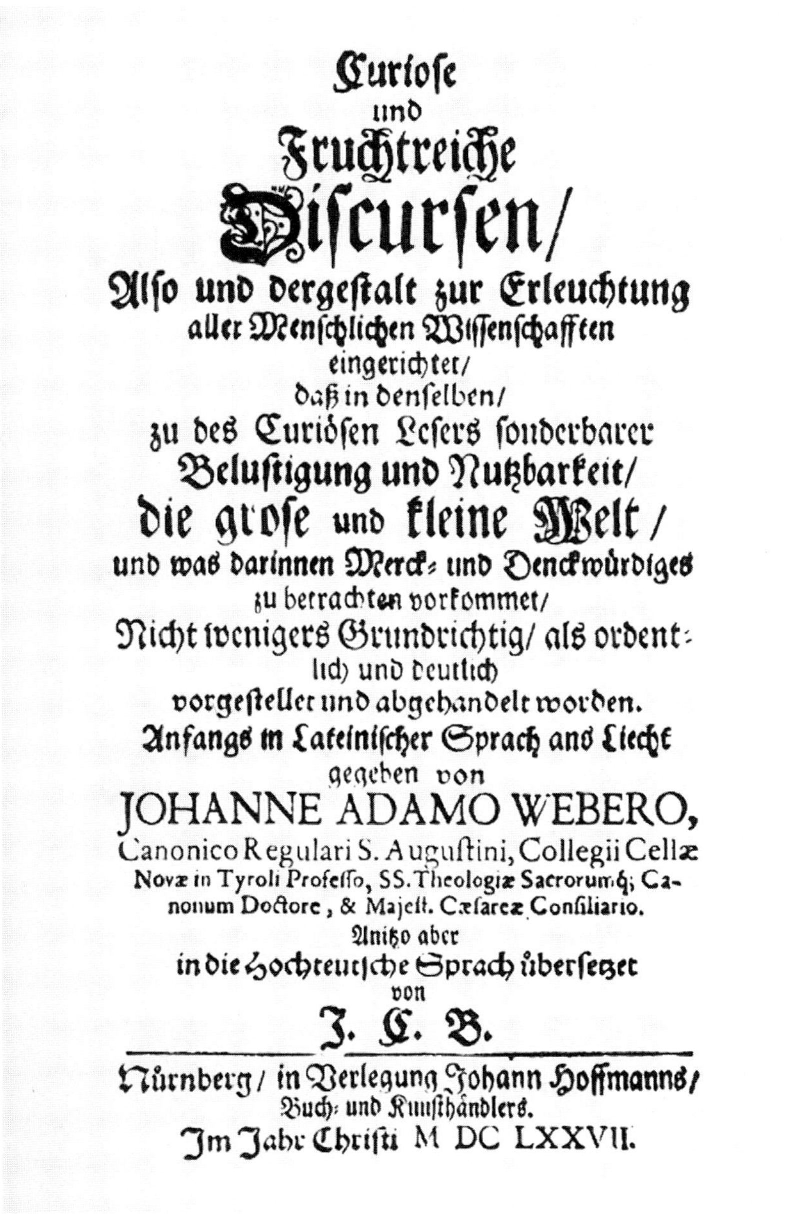
Curiose
und
Fruchtreiche
Discursen/
Also und dergestalt zur Erleuchtung
aller Menschlichen Wissenschafften
eingerichtet/
daß in denselben/
zu des Curiösen Lesers sonderbarer
Belustigung und Nutzbarkeit/
die grose und kleine Welt/
und was darinnen Merck- und Denckwürdiges
zu betrachten vorkommet/
Nicht wenigers Grundrichtig/ als ordent-
lich und deutlich
vorgestellet und abgehandelt worden.
Anfangs in Lateinischer Sprach ans Liecht
gegeben von
JOHANNE ADAMO WEBERO,
Canonico Regulari S. Augustini, Collegii Cellæ
Novæ in Tyroli Professo, SS. Theologiæ Sacrorumq; Canonum Doctore, & Majest. Cæsareæ Consiliario.
Anitzo aber
in die Hochteutsche Sprach übersetzet
von
J. C. B.
Nürnberg/ in Verlegung Johann Hoffmanns/
Buch- und Kunsthändlers.
Im Jahr Christi M DC LXXVII.

Abb. 222: Johann Adam Weber, Curiose und Fruchtreiche Discursen (1677)

»anthropologos« also jemand, der über die menschlichen Belange gerne Worte macht. Diese Kunst, über die menschlichen Dinge zu reden, ist auch Thema der Umgangsliteratur im engeren Sinne. Die Anweisungsbücher oder Komplimentierlehren sparen aber die Materien aus, die Frage also, was im Gespräch und worüber denn eigentlich gesprochen werden soll. Sie geben lediglich allgemeine Regeln und Normen vor. Versteht man die Reihenwerke als komplementäre Institutionen zur Umgangslehre, so zeigt sich, daß sie deren Rahmen sprengen, indem sie einzelne Maßgaben geradezu unterlaufen. Eine der bedeutendsten, die Anpassungsregel, scheint hier überhaupt nicht mehr zu greifen, denn die prinzipielle Offenheit für jede Materie würde einen Leser, der die in den Sammlungen gelesenen Stoffe tatsächlich im Gespräch anwendete, recht schnell als Besserwisser erscheinen lassen, womit er eine andere Norm verletzt hätte.

Man muß daher den ganzen Prozeß der Verwandlung des Wissens in die Form von Sammelwerken mit Gesprächsstruktur als einen grundlegenden Wandel im Umgang mit gelehrtem Wissen verstehen. Er beginnt schon mit Georg Philipp Harsdörffers (1607–1658) großem Werk in acht Teilen unter dem Titel »Frauenzimmer-Gesprächsspiele« (1641–1649) und findet seine Fortsetzung im nachfolgenden Genre der »Monatsgespräche« von Johann Rist bis Christian Thomasius. Besonders Erasmus Francisci (1627–1694) schuf mit seinen polyhistorischen Werken »Lustige Schaubühne« (1663–1673), seinem »Lust- und Stats-Garten« (1668) bis hin zu den naturwissenschaftlichen Schriften, besonders dem »Lust-Hauß der Ober- und Niederwelt« (1676) eine breite Palette komplexer Verbindungen von Gespräch, Spiel und Information mit großer Affinität zu Harsdörffers Konzept. Gerade auch die Verknüpfung der Materien durch Wortspiele und Assoziationen, durch galante und scherzhafte Elemente erzeugt eine Strukturierung, die selbst aussagekräftig sein kann für den neuen Umgang mit Themen aus diversen Disziplinen. Und wenn die Zeitgenossen immer wieder die »Schreibart« solcher Texte loben, dann meinen sie eben diese unhintergehbare Form der Darstellung, von der die neue Unterhaltungskunst lebt. Wissensvermittlung und literarische Gestaltung verschmelzen zu einer eigenwilligen Mischform.

Die Gesprächsspiele gehören solcherart selber zu den quodlibetischen Sammlungen, die zunächst in Konkurrenz zur Umgangsliteratur getreten waren, sich zunehmend aber verselbständigten. Sie sortieren die Themen nach ihrem Erörterungswert. Die Ausfächerung und Entgrenzung der Bereiche, die in Frage kommen, zeigt schon, daß auch diese Werke den Zweck der bloßen Anwendung im Gespräch überschreiten. Der »liebliche Weeg curioser Exempel«, den Johann Adam Weber beschreitet, so sagt er in seinen »Hundert Quellen Der von allerhand Materien handlenden Unterredungs-Kunst« (1676), sei für denjenigen Leser bequem, der die ehrbare Curiosität hochachte, wobei Weber zugibt, daß die Texte allein nicht geeignet sind, den Leser von der »Lasterbegierigkeit« abzulenken. Wofür man sich nicht alles interessieren soll, ist am Ende nicht mehr begrenzbar. Die »27. Quelle Von ungewöhnlichen und unbekannten Dingen« bringt Exempel, etwa für die ungewöhnliche Langsamkeit eines Professors, der 21 Jahre lang Jesaia las und doch das erste Kapitel nicht ganz zu Ende brachte, aber auch das Beispiel einer »Erstattung des an einer Fürstlichen Person sich ereignenden mannlichen Glied-Mangels«: »Ein teutscher Fürst (schreibet Jonston in Thavmatographia Classe ultima de admirandis hominis artic. 3 gleich zu Anfang) wurde durch einen Büchsen-Schuß seines männlichen Gliedes beraubet/liese ihme dannenhero an statt desselben ein Silbernes machen/und bediente sich dessen gar glücklich zum Kinderzeugen. Dieß meldet (wie gedacht) Jonstonus aus Nancel. Analog. Microcosm. L. 7. wir wollen es aber denen Medicis etwas genauer zu forschen überlassen.«[11]

An diesem Beispiel ist vor allem der Nachsatz interessant. Das Mißtrauen in die Glaubwürdigkeit der gleichwohl zitierten Geschichte entspringt dem Mißtrauen in die sinnbildliche Verweisfunktion der »potestas« des Potentaten, die hier einmal ganz wörtlich genommen wurde, und deshalb tritt an die Stelle einer abschließenden Maxime derjenige Satz, der die Begebenheit als eine bloße Merkwürdigkeit erscheinen läßt, als kurioses Faktum. Eine zweite Beobachtung bestätigt diese Tendenz. Webers »Hundert Quellen« bieten eine rhetorische Topik, ein vollständiges Findesystem für Gesprächsthe-

11 Johann Adam Weber, Hundert Quellen Der von allerhand Materien handlenden Unterredungs-Kunst. Darinnen So wol nützlich-Curiose/als nachdenckliche und zu des Lesers sonderbarer Belustigung gereichende Exempel enthalten, Nürnberg 1676, Bd. 1, 471.

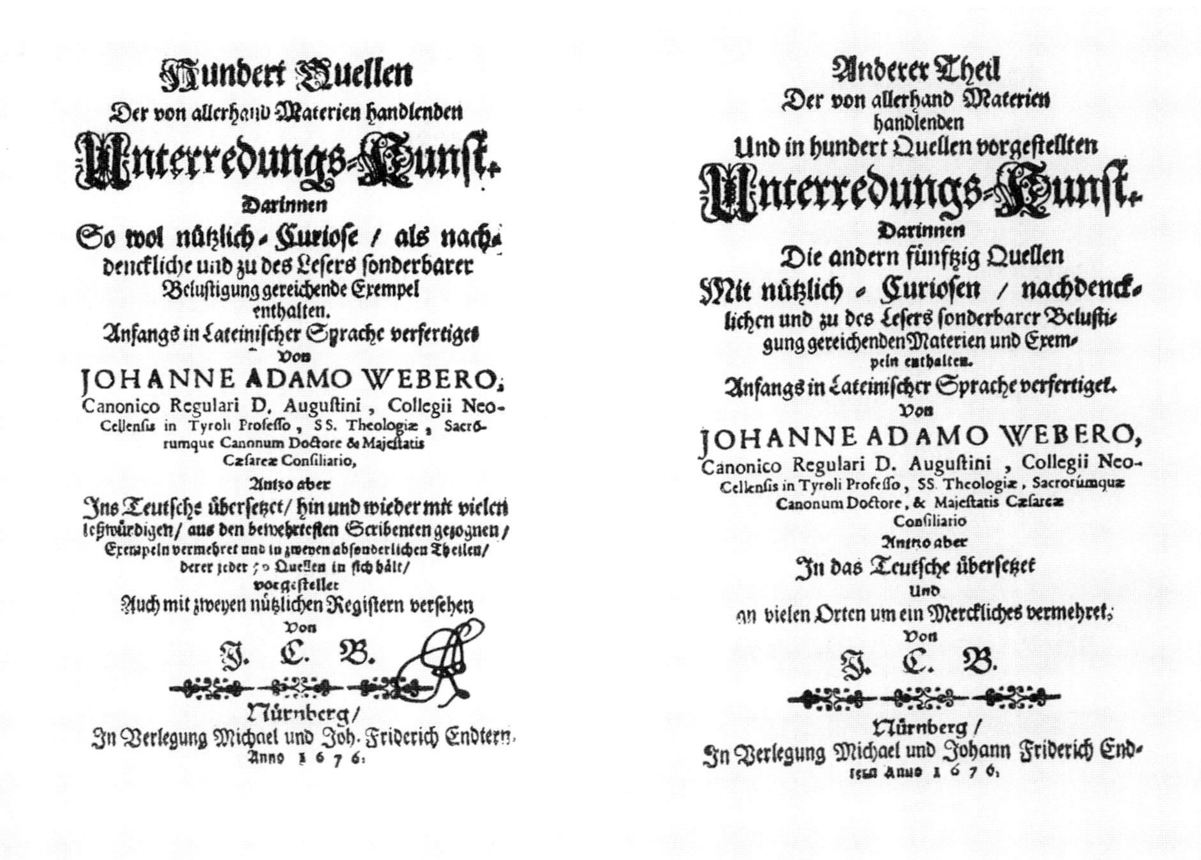

Hundert Quellen
Der von allerhand Materien handlenden
Unterredungs-Kunst.
Darinnen
So wol nützlich-Curiose / als nach-
denckliche und zu des Lesers sonderbarer
Belustigung gereichende Exempel
enthalten.
Anfangs in Lateinischer Sprache verfertiget
Von
JOHANNE ADAMO WEBERO,
Canonico Regulari D. Augustini, Collegii Neo-
Cellensis in Tyroli Professo, SS. Theologiæ, Sacro-
rumque Canonum Doctore & Majestatis
Cæsareæ Consiliario,
Antzo aber
Ins Teutsche übersetzet / hin und wieder mit vielen
lesswürdigen / aus den bewehrtesten Scribenten gezognen /
Exempeln vermehret und in zweyen absonderlichen Theilen/
derer jeder 50 Quellen in sich hält/
vorgestellet
Auch mit zweyen nützlichen Registern versehen
Von
J. C. B.
Nürnberg/
In Verlegung Michael und Joh. Friderich Endtern.
Anno 1676.

Anderer Theil
Der von allerhand Materien
handlenden
Und in hundert Quellen vorgestellten
Unterredungs-Kunst.
Darinnen
Die andern fünftzig Quellen
Mit nützlich-Curiosen / nachdenck-
lichen und zu des Lesers sonderbarer Belusti-
gung gereichenden Materien und Exem-
peln enthalten.
Anfangs in Lateinischer Sprache verfertiget.
Von
JOHANNE ADAMO WEBERO,
Canonico Regulari D. Augustini, Collegii Neo-
Cellensis in Tyroli Professo, SS. Theologiæ, Sacrorúmque
Canonum Doctore, & Majestatis Cæsareæ
Consiliario
Antzo aber
In das Teutsche übersetzet
Und
an vielen Orten um ein Merckliches vermehret,
Von
J. C. B.
Nürnberg /
In Verlegung Michael und Johann Friderich End-
tern Anno 1676.

Abb. 223:
a) Johann Adam Weber, Hundert Quellen Der von allerhand Materien handlenden Unterredungs-Kunst (1676)
b) Johann Adam Weber, Anderer Theil Der von allerhand Materien handlenden Und in hundert Quellen vorgestellten Unterredungs-Kunst (1676)

men. In fünfzig Sachgruppen geordnet marschieren die Materien vorbei, Sachgruppen, die ein wenig an die aristotelischen Kategorien erinnern, im Grunde aber einem anderen Prinzip gehorchen. Jeweils mit (tautologischen) Definitionen kurz vorgestellt, lauten einige: »Von der Seltzamkeit und Seltenheit eines Dinges«, »Von merck- und denckwürdigen Dingen«, von »curiosen und nachdencklichen Dingen« usw. Sie zeigen, daß die darunter subsumierten Beispiele lediglich in eine einzige Gruppe gehörten. Alle sind irgendwie auffällig, abweichend. Alle Quellenwerke, die wahren »fontes«, die Weber zitiert, wurden daraufhin durchstöbert, ob sie etwas Sonderbares zu bieten hatten.

Ein früher Leser dieses Werks, Johann Christoph Beer, freier Schriftsteller und Korrektor bei Endter und Felsecker in Nürnberg, hebt in seinem Vorwort zur deutschen Ausgabe von Webers »Ars discurrendi de qualibet materia« (1671) eben diese Sonderbarkeiten hervor, sie garantierten des Buches »sonderbare Ergötzlichkeit«. Jedes Exempel kann in einer anderen Gruppe stehen, aufgehoben sind die disziplinäre Zuordnung und die rhetorische Zweckbindung der Fundorte; die Historien haben keine allegorische Funktion mehr, sondern sind Histörchen geworden, frei verfügbar, nach Bedarf in jeder Gesprächslage anwendbar. Ob sie von Mund zu Mund oder von Buch zu Buch wandern, der Umgang mit ihnen geschieht auf dieselbe Weise.

Die Serialität gehört untrennbar zur Präsentationsform der Sammelwerke. Diese allein erzeugt schon den Unterhaltungswert, den Kitzel, der unbestreitbar vorhanden ist. Man dürfe nicht jedes Wort aufs genaueste untersuchen, man möge doch die Geringfügigkeit der Materien bedenken und schließlich sei die Mühe des »Auffschlagens« der Bücher auch nicht gering gewesen. Martin Zeiller (1589–1661), der sich hier so beredt entschuldigte, darf als prototypischer Autor gelten, alles in allem genommen verfaßte er an die zehntausend Seiten – Gesprächsthemen! In den »Episteln«, so Zeiller, befleißige er sich einer »Wissenschafft der gemeinen Läuffe«, die sich von gewöhnlicher Neugier unterscheide, weil sie nicht wissen wolle, »was in eines jeden Hafen siedet«. Die Frage, was es denn Neues gebe, muß er seinem fiktiven Briefpartner dennoch beantworten: »Ich solte jetz dem Herrn wieder etwas newes schreiben; weiß aber nichts sonderlichs/als dass die dicke Sailerin zu Straßburg gestorben/die er vor diesem gesehen/vnd dahero vnnoth von ihrer Grösse etwas zu melden ist.«[12]

Der aktuelle Anlaß führt ihn zu einem Exkurs in das Feld der Dickleibigkeit, er reiht weitere Beispiele solcher »ventricosi« aneinander: »Der Bischoff Stanislaus zu Löben in Preussen/welcher Ao. 1571 diese Welt gesegnet/war so fett/daß ihn zween sanfft leiten/ihrer zween den Bauch im Handtuch fürher tragen/vnd der fünffte mit dem Stul da seyn müssen/damit/wann er in den Landtägen auffs Rathhauß gangen/er vnterwegs ruhen/und verpausten kunte. [...] Auff den 4. Novembris An. 65. starb Frantz Erhart von Ulm/der fromm/redlich vnd groß Stattschreiber/welches Cörper gar nahe sechs Centner gewogen.« Das Stichwort war Anlaß für die Erweiterung des Themas in Geschichte und Gegenwart, aber der Brief endet mit den Worten: »Habe allein dieses/wegen der dicken Sailerin/anhengen wollen; so vielleicht dem Herrn nicht vnangenehm seyn wird; Den Ich damit/etc.«[13]

Brieffiktion wie Komposition der Stoffe – beiläufiger Beginn, serielle Häufung und Entschuldigungstopos für die Weitläufigkeit am Ende – zeigen, daß Zeillers Sammlungen an die Stelle der Konversation rücken. Die Lektüre ersetzt in der Fülle des Präsentierten die Konversation. Wer sich mit ihnen einläßt, geht darin auf, die Bücher werden zu den wahren Gesprächspartnern des Lesers. Man tritt in die Sammlungen ein wie in eine gesellige Runde, in der informierte und plauderfähige Vielwisser erlesene Früchte servieren und sich in der Kunst üben, einander mit der größten Diskretion zu plündern. Das Zitieren, Herausgreifen von Kostbarkeiten aus alten Zusammenhängen, Wiedereinsetzen und Umkleiden mit übersteigernden Formeln (»dermaßen«, »noch interessanter ist«), diese Ventilation des Gelesenen ist Programm der Dramatisierung des Wissenswerten. Die Praxis, alles Geschriebene für diesen Zweck durchzusehen, umzuschaffen, erlaubt den Schluß, daß sich solche Sammlungen nach demselben Muster rezipieren ließen. So übernehmen die Bücher die Funktion der Konversation, indem sie die Struktur der Klatschrelation nachahmen, eine prinzipiell endlose und für Ergänzungen offene Reihung ähnlich gelagerter Fälle. Sie imitieren deren Mitteilungsform. Darin liegt auch ihr poetisches Gestaltungselement. Tatsachen werden zu Geschichten über die Welt, indem Geschichte nur in Form von Geschichten bereitgestellt wird. Im Akt der Lektüre wird man hineingezogen in diesen Vorgang der Beschleunigung, der Vergangenes rückblickend wie eine stetig anwachsende Konstruktion von aufeinanderfolgenden, mitteilungsbedürftigen Fakten erscheinen läßt. Die spezifische Leistung der sonderbaren Begebenheiten liegt darin, daß sie eine fremd gemachte, bekannte Welt vorführen, deren Reiz auf das erneuerte und gesprächige Staunen zielt. Damit erfüllen sie dieselbe Funktion wie die Klatschrelationen, die den Alltag dramatisieren, indem sie

12 Martin Zeiller, Das Erste Hundert Episteln/oder Sendschreiben/Von unterschiedlichen/Politischen/Historischen/vnd andern Materien und Sachen, Ulm 1648 (Erstausgabe 1640), 554.

13 Zeiller, Hundert Episteln, 557–558.

Gewöhnliches oder Bekanntes neu aufbereiten, Gewöhnliches immer nur als Außergewöhnliches darbieten und so erst interessant machen.

3. Medien der Unterhaltung

Jedes Thema kann nach diesem Muster behandelt werden, auch die Theologie, die dabei auf ein Zehntel ihrer Bedeutung schrumpfen darf, wie es Christian Frantz Paullini in einer Vorrede ausdrückt: »weil Gott von allem der Zehende gehöret/als habe Ihm auch durch und durch die zehende Frage und Aufgabe widmen wollen«. Es ist »Philosophischer Feyerabend« (1700), wie ein Buch Paullinis heißt, das nur noch den Zeitvertreib organisieren will.[14] Dort können Fragen der Weltweisheit neben dem Bericht stehen, der dem geheimnisvollen Quieken der »Hauß-Uncken« nachgeht und in ihnen die gemeine Kellermaus entdeckt – alles das ist »Teutsche Philosophie«. Hier, am Ende des Jahrhunderts, war der Schritt zu einer anderen Erkenntnis nicht weit: daß nämlich die beschriebene Welt eine Ersatzwelt sei. Wenn man, wie bei der Klatschrelation, auf das Hörensagen angewiesen ist, so kann dieser Modus der Wahrnehmung auch für den Leser von Kuriositätensammlungen gelten.

Eines der bekanntesten und immer wieder nachgedruckten Werke dieser Art stammt von Eberhard Werner Happel (1647–1690), einem der fruchtbarsten Autoren der Übergangszeit zur Aufklärung. Das namengebende, anfangs als Zeitschrift erschienene Unternehmen »Gröste Denckwürdigkeiten der Welt/Oder so-genannte Relationes Curiosae« (1683), das in einer neueren Auswahl wieder erschien, hatte sich ganz der Entdeckung von Wissenswertem noch der entlegensten Gebiete verschrieben. Mit geradezu journalistischem Gespür betrieb Happel seine Tätigkeit der Sammlung und Kommentierung von Themen, die er in einer Mischung aus Faktischem und Fiktionalem präsentierte. Diesen Grenzbereich schritt Happel in allen möglichen Richtungen aus, und er sollte sich als äußert hilfreich erweisen bei der Herstellung neuen Wissens. Aus diesem bewußt konturierten Ansatz resultiert auch die Auffassung vom Interessanten als einer Beobachtung zweiter Ordnung. Ihr zufolge kann der Leser sich ganz beruhigt dem Autor überlassen und der Entstehung des Wissens im Augenblick seiner Lektüre nachgehen: »Weites Reisen darf er nicht, er kann in der Stube bleiben/Und mit Nutz erfüllter Lust seine lange Zeit vertreiben.«[15] Von Mund zu Mund wie von Buch zu Buch weitergetragene und multiplizierte Fremderfahrung also, das ist der Sektor, für den sich Happel zuständig erklärt.

In dieser Phase der Ausdifferenzierung von unterhaltsamen Funktionen des Wissenswerten können wir wichtige Koppelungen zwischen den Künsten und anderen Systemen beobachten. Happels Prosa will eine neue Beobachtungsweise festlegen. Seine stark literarisierte Darstellung mit faktographischem Anspruch erprobt eine Schreibweise, die eine Erfahrung des Neuen überhaupt erst ermöglichen soll. Nur durch die Schreibweise kann Happel sein Vorgehen legitimieren, nämlich innerhalb eines enorm gewachsenen Fachwissens Orientierung zu geben, um sehen zu können, was bisher noch niemand gesehen hatte. Happel ist sich völlig bewußt, daß er in Konkurrenz zu den Fachwissenschaften tritt. Er möchte ihnen »Nicht in das Amt fallen«,[16] und daher leitet er den Ansporn ab, immer Ausgefalleneres zu präsentieren,

14 Christian Frantz Paullini, Philosophischer Feyerabend/Jn sich haltende Allerhand anmuthige/seltene/curieuse/so nütz als ergetzliche/auch zu allerletzt nachtrücklichen Discursen anlaßgebende Realien und merckwürdige Begebenheiten/Jn Leyd und Freud/zum lustigen und erbaulichen Zeitvertreib wohlmeinend mitgetheilet, Franckfurt am Mayn 1700.

15 Eberhard Werner Happel, Gröste Denckwürdigkeiten der Welt/Oder so-genannte Relationes Curiosae, Hamburg 1683. Dazu Lynne Tatlock, Thesaurus novorum. Periodicity and the rhetoric of fact in Eberhard Werner Happel's prose, in: Daphnis 19 (1990), 105–134.

16 Eberhard Werner Happel, Mundus Mirabilis Tripartitus, Ulm 1708, 2.

also diejenigen Wissensgebiete zu bearbeiten, die von den Disziplinen vernachlässigt würden. Gerade das scheint aber nicht zu gelingen, denn die meisten Themen bleiben die altbekannten; sie gehen durchweg auf die schon zuvor benutzten Quellen zurück.

Happels Nachahmer vollends, der eine Fortsetzung seiner »Relationes Curiosae« verfaßte (1707–1709), bekennt freimütig: »Die kunstreiche Kupffer-Stecher poliren bereits ihre Platten in die Wette/und reissen schon im Voraus eine wohlausersehene Gegend ab/worauf sie die künfftige Schlachten zierlich nach dem Leben stechen wollen.«[17]

Die Kompilatoren konnten gar nicht mehr schnell genug nachliefern; die Darstellungsmodi und Wahrnehmungsmuster waren vorgeprägt, und die Wirklichkeit fügte sich passgenau ein. Die Neugier – so befürchteten sie – kehrte sich um in eine Sucht nach Belanglosem, wenn schon Zeitungen in Ermangelung anderer Neuigkeiten meldeten, daß der neue Galgen in Spandau mit Schnitzwerk verziert worden sei.

Schon die anfängliche Erscheinungsweise der »Relationes« ist sehr bezeichnend. Als Zeitschrift konnte sich das Werk offensichtlich nicht seinen Platz erobern und mußte daher in anderer Form weitergeführt werden. Andererseits ist gerade dieser Weg wichtig, denn die Entstehung der unterhaltsamen Wissensformen hängt ganz wesentlich mit Neuerungen bei den Medien zusammen. Das Thema Wissen als Unterhaltung hat auch einen medialen Aspekt, den in ganz anderem Zusammenhang Christian Thomasius betonte. Er verglich die neuere Gesprächsliteratur mit der antiken und kam zu dem Ergebnis, daß seine unmittelbaren Vorgänger wie Rist und Francisci den modernen Anforderungen weitaus gerechter würden, indem sie gerade die angemessene Darstellungsweise und mediale Form für Wissen gefunden hätten. Die Erzählung des ersten Heftes seiner eigenen »Monats=Gespräche« vom Januar 1688 hatte Thomasius mit der Schilderung eines Unfalls geschlossen: Die Kutsche fiel um und warf die Reisenden in den Schnee, gerade in dem Augenblick, in dem sie einen Disput über die lateinischen »Acta Eruditorum« des Leipziger Philosophen Otto Mencke beginnen wollten. Da auch der beigegebene Kupferstich genau diesen Moment festhält, darf man ihn durchaus als Hinweis auf das von Thomasius gewählte Medium lesen. Der Ort der Rezeption solcher Themen kann nun nämlich ein für gelehrte Gespräche ungewohnter sein. Und die fiktive Reisegesellschaft steht für den Zweck, dem das Journal dienen soll: seine realen Leser auf die Bewältigung von alltäglichen Gesprächssituationen gut vorzubereiten. Schon die dargestellte Gesprächssituation demonstriert also den medialen Charakter der Schriften, die ein Forum sein wollen für die Vermittlungsposition, der sich der Autor verschrieben hat. Die Journale bilden im Verständnis von Thomasius gerade auch im kleinformatigen Druck ein Scharnier zwischen gelehrten Spezialdiskursen und den neuerdings sozial breiter gestreuten Wissensbedürfnissen. Innerhalb der Genrevielfalt der Journale versucht sich Thomasius mit einer unterhaltenden Darbietung zu etablieren, die sich bewußt mitten im Feld der Relationes positioniert.

Man muß den elementaren Zusammenhang von Medienentwicklung und Wandel der Vorstellungen vom Wissen oder Wissenswerten beachten, wenn man die Herausbildung moderner Auffassungen von Unterhaltung verstehen will.[18] Ohnehin ist die Aufklärung des 18. Jahrhunderts mediengeschichtlich weit weniger innovativ als gemeinhin angenommen. Zentrale Medien wie

17 [Vermutlich: B. Feind], Relationes Curiosae, oder Denckwürdigkeiten der Welt/worinnen Allerhand remarquable Seltenheiten [...] Daß also diese Arbeit gar füglich E. G. Happelii Continuation seiner hiebevor gedruckten curieusen Relationen genannt werden könne, Hamburg 1707, Bd. 1, 2.

18 Barbara Maria Stafford, Kunstvolle Wissenschaft. Aufklärung, Unterhaltung und der Niedergang der visuellen Bildung, Amsterdam/Dresden 1998.

Schertz-und Ernsthaffter/
Vernünfftiger und Einfältiger
Gedancken/
über allerhand
Lustige und nützliche Bücher
und Fragen
Erster Monath oder JANUARIUS,
in einem Gespräch vorgestellet
von
der Gesellschafft
derer Müßigen.

Franckfurth und Leipzig/
Verlegts Moritz Georg Weidmann
Buchhändler/ 1688.

Abb. 224: Christian Thomasius, Schertz- und Ernsthaffter/Vernünfftiger und Einfältiger Gedancken über allerhand Lustige und nützliche Bücher und Fragen, Frontispiz (1688)

Brief, Zeitschrift, Zeitung und die mit ihnen einhergehenden Formen der Kommunikation waren ja lange im Gebrauch, bevor sie jene Steigerung der Frequenz erfuhren, die heute mit der Aufklärung in Verbindung gebracht wird. So kann man durchaus fragen, ob nicht die stärkere Verflechtung von bestehenden Kommunikationsnetzen und die zunehmende Intensivierung des Umgangs mit solchen Medien eine qualitative Veränderung herbeiführten, die nicht nur die Öffentlichkeit betraf, sondern auch den nunmehr ausdifferenzierten Sektor der Freizeit erst konturierte. Das begünstigte wiederum eine wachsende Nachfrage nach Kulturkonsum, die von den diversen Medien befriedigt werden mußte.

Fragen dieser Art berührt die zeitgenössische Debatte um den Nutzen der Zeitung. Zusammenfassend findet Kaspar Stieler (1632–1707) in seinem Traktat »Zeitungs Lust und Nutz« (1695) eine Vielzahl von Argumenten für die Zeitungslektüre. Sogar Unangenehmes gewähre, in der Zeitung gelesen, durchaus Nutzen, und die virtuelle Reise, die solche Lektüre ermögliche, könne man nicht überschätzen. Den immer noch nicht gefestigten Namen »Zeitung« verteidigt Stieler mit einem Sprachenvergleich: »Auf Französisch werden sie auch Gazetten genennet/entweder von den schriftlichen Gesprächen und Unterredungen/oder schimpfsweise von Klappern und waschen/als wie etwa die Vögel und Kräen ein Gewäsch machen.«[19]

Bleibt hier noch die Herkunft aus der Gesprächsliteratur sichtbar, so führt die Untersuchung möglicher Zwecke der Zeitungslektüre zu einem ganz neuen Argument, das er dem üblichen Grund des Zeitvertreibs hinzufügt: »Daß die Zeitungen sehr über das Gemüt herrschen und demselben eine grössere Lust und Vergnügen bey zu bringen bestand seyn/als Saitenspiel/Gesang/Lust-Spiele Tänze/Spaziergang/Wasserfart und allerley Kurzweil mehr/als welche gar bald eine Sattsamkeit bringen und zum teil eine Reue und Verdruß/nach deren Beywonung erwecken: Dahingegen neue Zeitungen immer jeangenemer werden/jemehr man derselben lieset und anhöret.«[20]

Damit urteilt Stieler aus der Sicht des Lesers, er begründet den Nutzen seines Mediums gerade mit seiner Wirkung auf die Empfindungen und öffnet den Blick für das, was wir heute Unterhaltung nennen. Zwar ist Stielers Ideal noch die Nachrichtenzeitung ohne Kommentare, aber mit seinem Nachweis der unterhaltenden Wirkung jeder Nachricht bereitet er den Weg für eine neue Verbindung von Wissen und Unterhaltung. Mediengeschichtlich gesehen ist also gerade dieser Gedanke keine Innovation des 18. Jahrhunderts, sondern ein Ergebnis des mentalitätsgeschichtlichen Wandels seit der Frühen Neuzeit.

4. Wissen als Unterhaltung – ein Denkstil

Es steht heute außer Frage, daß die Inszenierungsformen der Geselligkeit einen schlechthin konstitutiven Beitrag zum Selbstverständnis der modernen funktionalen Gesellschaft geleistet haben. Nicht nur die zahllosen, in Gesten und Gebräuchen verkörperten Praktiken der Kommunikationsformen oder die Formierung des neuen Sozietäts-Bürgertums, auch die Einübung neuer Umgangsformen selber verweisen alle auf einen grundlegenden Wandel. Gleichwohl: Einer rein funktionalen Differenzierung läßt sich die Geselligkeit nicht restlos unterordnen, zumal, wenn man sie als ein zentrales Handlungsparadigma versteht, das soziales Verhalten existentiell konstituiert. In diesem Spannungsfeld von Strukturwandel, Mentalitätswandel und Sinn der Geselligkeit kann man nach den spezifischen Denkstilen der Aufklärung fragen.[21]

Das 18. Jahrhundert bündelt die verschiedenen Traditionsstränge der Geselligkeit zu einem übergeordneten sozialen Leitbild, das in seiner Flexibilität selbst für gesellschaftspolitische Ordnungsmodelle brauchbar zu sein schien. Indem nun seit Thomasius miteinander konkurrierende Semantiken von Geselligkeit entstehen, so etwa naturrechtliche und zweckrationale oder private und öffentliche, kann der Begriff im ganzen Jahrhundert sowohl Gemeinschaft als auch Gesellschaft bedeuten. Unübersehbar vervielfältigen sich die Semantiken, und sie sind eben dadurch ein Indiz für die Ausprägung eines Denkstils, der nunmehr die Gestalt von Beziehungen generell regelt. Gleich, ob man von Sozialitätsformen spricht oder von Staatstheorien, ob Dichterbünde oder patriotische Organisationen gemeint sind, die ihre Identität in der Gruppenbildung keimhaft verwirklicht sehen, oder ob politische Clubs die Geselligkeit wie einen Staatsersatz zelebrieren – in jedem Fall antwortet

19 Kaspar Stieler, Zeitungs Lust und Nutz, Neudruck der Originalausgabe von 1695, hg. von Gert Hagelweide, Bremen 1969, 25.

20 Stieler, Zeitungs Lust und Nutz, 45.

21 Hans Leisegang, Denkformen, Berlin/Leipzig 1928. Abweichend von Leisegang ist hier die Rede von Denkstilen, um die metaphysische Komponente des Konzepts zu vermeiden.

man auf je anders gelagerte Probleme mit demselben Denkstil. Geselligkeit, ein Begriff, ohne den die Texte der Zeit nicht mehr auszukommen scheinen, ist aber alles andere als ein eindeutig faßbarer Begriff für eine wie auch immer ständisch gegliederte Wirklichkeit, sondern ein Sammelbegriff für unterschiedliche Tatsachen, der mehr über das Gefüge des elementaren Denkzusammenhangs zu erkennen gibt als über die von ihm beschriebenen Arten der Vergemeinschaftung.

Man darf also nicht der Verführungskraft des zeitgenössischen Wortes erliegen, sondern muß es buchstäblich als Kommentar über das kognitive Verfahren lesen, mit dem geselliges Denken sich selber entfaltet. Wenn man erst einmal nach dem Denkstil sucht, wird auch verständlich, warum die Aufklärung so viel vom unterhaltenden Wissen redet, warum sie geradezu Wissen in geselliger Produktion verankert und annimmt, sogar der gesamte Prozeß der Herstellung von Wissen lasse sich mit einer Semantik aus dem Bereich der Unterhaltung und der Geselligkeit umschreiben. Das gesellige Denken, die gesellige Vernunft und wie die bekannten, naturrechtlich begründeten Formeln seit Thomasius alle lauten, gehen aus diesem besonderen Denkstil hervor, der Geselligkeit und Vernunft aufeinander abbildet.[22] Wir haben es mit Diskurskreuzungen zu tun, die eine seit dem 17. Jahrhundert schmerzlich empfundene Kluft zwischen gelehrtem Wissen und breiter gestreuten Interessen überwinden möchten. Zu diesem Zweck ernennt Thomasius den »bel esprit« zum eigentlich philosophischen Kopf und fordert nunmehr vom Schulphilosophen dieselbe Geschicklichkeit beim Denken. Aus der Synthese von Naturrecht, unschuldigen Vergnügungen (Adiaphora), Verhaltensethik und Konversationstheorie seit Castiglione entsteht, gekoppelt mit den hohen Anforderungen an Gelehrsamkeit, der neue Denkstil einer geselligen Vernünftigkeit. In seiner »Sitten-Lehre« formuliert Thomasius ganz deutlich diesen Aspekt: »Ein Mensch wäre kein vernünftiger Mensch ohne andere menschliche Gesellschaft. Was wären ihm die Gedanken nütze, wenn keine andere Menschen wären? könte nicht eben so wohl ein innerlicher Trieb zu seiner Erhaltung genug seyn, wie bey denen bestien; Die Gedancken sind eine innerliche Rede: Worzu brauchte er diese innerliche Rede, wenn niemand wäre, mit dem er seine Gedancken communiciren sollte? Diese innerliche Reden praesupponiret eine äusserliche. Und wo wolte er also innerlich mit sich reden, wenn nicht andere Menschen, mit denen er in Gesellschaft lebet, durch ihre äusserliche Rede seine innerliche anzündeten? Was brauchte es aber endlich wiederum aller äusserlichen Reden, wenn keine menschliche Gesellschaft wäre?«[23]

Die Vernunft selber bezeichnet Thomasius als eine innere Rede und verankert damit den philosophischen Begriff in der Rhetorik; oder anders gesagt: Er nobilitiert den kulturstiftenden Beitrag der Beredsamkeit zu einer apriorischen Gesprächigkeit der Vernunft. Aus diesem Grundsatz folgen dann weitere Bestimmungen, die alle nur die existentielle Notwendigkeit einer soziablen Denkweise unterstreichen und erklären, daß der Mensch Vergnügen, Lust und Unterhaltung ausschließlich aus dieser Disposition gewinnt.[24] Die soziale Selbstdeutung der Vernunft ermöglicht in der Folge eine Reihe von philosophischen Ansätzen, die den hohen Stellenwert der »Conversation« bemühen, wenn sie die natürliche Neigung des Menschen zur Geselligkeit belegen und seine Kommunikabilität näher bestimmen.

22 Fauser, Das Gespräch, 41–75.

23 Christian Thomasius, Von der Kunst Vernünfftig und Tugendhaft zu lieben […] oder: Einleitung der Sitten-Lehre, 8. Aufl. Halle 1726, Nachdruck Hildesheim 1968, 89f.

Die Anerkennung des Verlangens nach Kommunikation, nach Umgang und Geselligkeit führt zum Einbau eines noch weit verstandenen Konzepts von Unterhaltung in das Denken. Unterhaltung im Sinne des Unterstützens (lat. sustentatio) war zur Zeit von Thomasius als ursprüngliche Bedeutung des Wortes durchaus noch gegenwärtig. Man dachte noch an eine Einheit von Vergnügen, sinnvollem Tun und angenehm-erfreulicher Affizierung. Denken als Unterhaltung mit sich selbst bedeutet so gesehen auch den Erwerb von Wissen nach dem Modell einer geselligen Assoziation von einander mitgeteilten Gedanken. Das ist eine Umstellung im Entwurf von Konzepten der Selbstformung, die man in ihren Konsequenzen für den Begriff von Aufklärung nicht unterschätzen darf.

Und so fassen wir die Ebene der Mentalität, des Denkstils gerade dort, wo scheinbar an der Oberfläche praktische Fragen diskutiert werden, wo sich aufklärerische Traktate bis ins Detail hinein um die Organisation von Gesprächen, ihren Aufbau, ihre situativen Rahmen und sogar um Gesprächsverlaufsmodelle bemühen. Jetzt interessieren auch die psychologischen Mechanismen bei der Unterhaltung, eben weil diese zu einem grundlegenden Modus der Beschreibung von Denken und Wissenserwerb geworden ist. Wahrheiten werden ja in der Unterhaltung oft »unvermuthet gefunden«, wie »Der Gesellige« weiß, eine der maßgeblichen Wochenschriften.[25] Und diese Wahrheiten erstrecken sich auch auf Wissen über die Wahrnehmung. Unterhaltung dient nun dazu, neue Erkenntnisse über Vorgänge der Perzeption zu gewinnen; Unterhaltung wird in einem ganz elementaren Sinne zum Ort der Erschließung von Kleinigkeiten. Endlos reihen die Wochenschriften und Journale Artikel aneinander über Subtilitäten wie Gefühlsregungen, Empfindungen von Langeweile und Einsamkeit, Zerstreuung und Aufmerksamkeit; sie bereiten mit der neuen Empirie, dem neuen Erfahrungsschub, die psychologischen Journale der zweiten Jahrhunderthälfte vor.

Erst später thematisieren die Popularphilosophen dann das Problem des Zeitvertreibs selber und versuchen seine vollständige Durchdringung. Der Jurist Johann Moriz Heinrich Gericke begreift Zeit als einen leeren Raum, den auszufüllen hauptsächlich der Arbeit zukommt: »Wir verstehen sodann unter dem Worte Zeitvertreib jede zum besondern Zweck bestimmte, mit weniger Anstrengung unsrer Kräfte verbundene Beschäfftigung, um diejenigen leeren Plätze unserer Lebenszeit auszufüllen, welche unsre bestimmten auf einen allgemeinen Zweck abzielende Geschäffte, d.i. Arbeiten, darinn leer lassen.«[26] Von den sogenannten »natürlichen Erholungen«, die rein physische Ursachen haben, grenzt er dann die »erfundenen oder künstlichen« ab, die ihre Bedingung in den nachlassenden Verstandeskräften finden. Die künstlichen Erholungen, zu denen auch das Gespräch zählt, verdienen allein den Namen Zeitvertreib. An der Spitze einer derartigen Rangordnung der Unterhaltungen steht immer die Geselligkeit, weil nur das gesellige Gespräch zu den »Vergnügungen des Geistes« gehört.

Übrigens haben die Popularphilosophen ein reichhaltiges Werk hinterlassen, das unter mentalitätsgeschichtlichen Gesichtspunkten noch lange nicht erschöpft ist. Als spezifisch aufklärerische Moralisten begründen sie die Anthropologisierung des Gesprächs und entfalten höchst wichtige Gedanken zu einer Theorie des geselligen Vergnügens. Der Kieler Philosoph Martin Ehlers verfaßte 1779 eine zweibändige, aus Vorlesungen hervorgegangene Gesellschaftsethik, in der solche Tendenzen zum Tragen kamen. Ehlers knüpft an

24 Fauser, Das Gespräch, 41ff. mit weiteren Belegstellen.

25 Der Gesellige. Eine Moralische Wochenschrift, hg. von Samuel Gotthold Lange/Georg Friedrich Meier. Nachdruck hg. von Wolfgang Martens, Hildesheim 1987, Bd. 1, 272.

26 Johann Moriz Heinrich Gericke, Versuch einer allgemeinen Abhandlung von der Beschaffenheit und Anwendung der Erholungen nach moralischen Grundsätzen entworfen, Hamburg 1778, 12f.

Betrachtungen
über
die Sittlichkeit
der
Vergnügungen
in zween Theilen
von
Martin Ehlers
Professor der Philosophie zu Kiel.

Erster Theil.

Flensburg und Leipzig
in der Kortenschen Buchhandlung.

Betrachtungen
über
die Sittlichkeit
der
Vergnügungen
von
Martin Ehlers
Professor der Philosophie zu Kiel.

Zweyter Theil.

Flensburg und Leipzig
in der Kortenschen Buchhandlung.
1779.

Abb. 225:
a) Martin Ehlers, Betrachtungen über die Sittlichkeit der Vergnügungen in zween Theilen, Erster Theil (1779)
b) Martin Ehlers, Betrachtungen über die Sittlichkeit der Vergnügungen, Zweyter Theil (1779)

die zeitgenössische Psychologie an, wenn er subjektive und objektive Bedeutungen des Vergnügens unterscheidet. Bereits ganz außer Frage steht für ihn: »Daß gesellschaftliche Unterhaltungen aufs allerglücklichste zu richtigen Untersuchungen der Wahrheiten und zur Berichtigung der Gedanken eines Menschen genutzt werden können, ist unnöthig zu beweisen. Wenn die Gedanken eines Menschen bloß durch Lesen und eignes Studiren gelenkt werden: so traut der Mensch, der keinen Widersprecher hört, auch als ein ächter Wahrheitsfreund, in dem Fall, da sein eigner Geist keine Einwürfe und Widersprüche entdeckt, seinen Gedanken zu leicht eine Zuverlässigkeit und Gewißheit zu, welche sie nicht haben. Selbige nehmen daher eine Art der Verderbung an, wie Wasser in stehenden Sümpfen.«[27] Daneben kennt er dann auch die »Erholungsunterhaltungen«, welche keinen Anspruch auf Zuwachs an Wissen erheben, sondern lediglich dem Spüren der geselligen Neigungen, dem Zeigen der Sympathie dienen. Das ist ein Indiz dafür, daß sich die Vorzeichen langsam ändern zugunsten der Unterhaltung im Sinne von Freizeit und Entspannung.

27 Martin Ehlers, Betrachtungen über die Sittlichkeit der Vergnügungen in zween Theilen, Nachdruck Frankfurt a.M. 1972, Teil 1, 123.

Abb. 226: Heinrich Matthias August Cramer, Unterhaltungen zur Beförderung der Häuslichen Glückseligkeit, Titelvignette (1781)

Wenn auch das solchen Äußerungen vorausliegende Prinzip einer Wechselwirkung in all seinen Schattierungen noch unbekannt ist, so kann man doch festhalten, daß es das gesamte Spektrum der dargestellten Auffassungen umspannt. Als Denkstil in diesem Sinne tauchen solche Verknüpfungen auch in Definitionen wissenschaftlicher Methoden auf und formen die Sprache wissenschaftlicher Texte. Man kann mit dem Verfahren Probleme der Bewältigung von spezialisiertem Wissen lösen und auseinandergehende Diskurse noch einmal integrieren. Insofern ist auch die Literatur über Fragen der Unterhaltung, so sehr sie selber in spezielle Wissensgebiete zerfällt, ein Zeichen für den weit gefaßten Bildungsbegriff, mit dem das 18. Jahrhundert operiert.

Auf der anderen Seite verwickeln sich die Autoren in Widersprüche, wenn sie vor den Gefahren einer völlig freigestellten Unterhaltung warnen oder wenn sie immer wieder den Unmut über ermüdende Gespräche ausdrücken, schließlich sogar die Flucht vor jeder Geselligkeit propagieren. Solche, im gesamten Jahrhundert vernehmbare Kritik scheint gleichfalls zum beschriebenen Denkstil zu gehören. Will man darin nicht einfach eine prinzipiell vorwaltende Unlogik sehen, so kann man an diesen Rändern der Mentalität die Grenzen des Denkstils nachzeichnen. Im aufklärerischen Konzept der Unterhaltung bleibt eine Diskrepanz virulent, die nie beseitigt wurde. Man kann sie als Gegensatz von Situation und Prozeß beschreiben. Auf der einen Seite werden konkrete Umstände auf das kommunikative Handeln bezogen und alltagsrelevante Verhältnisse unter situativen Bedingungen beschrieben, während auf der anderen Seite ein abstrakter Reflexionsbedarf über das soziale Handeln, eben der prozeßhafte Begriff von Unterhaltung, ganz von der Situation abgelöst gedacht wird. Wenn man in den Schriften der Zeit immer wieder Klagen über langweilige Gespräche liest, dann liegt ihnen eine Entkoppelung von situativem und prozessualem Rahmen zugrunde. Dem unabdingbaren Wiederholungscharakter der Geselligkeit widerspricht doch im Grunde der von den Aufklärern behauptete Fortschritt aller Kommunikation. Unter dem Aspekt des Prozesses muß jede Wiederholung negativ erscheinen oder mit der Sanktion des Redundanten belegt werden. Genau dieses Problem machen sich viele satirische Blätter zunutze, wenn sie Leser verspotten oder gesellige Runden karikieren. Gemeinsame Kalenderlektüre, Lesekonvente oder Deklamationsrunden finden sich allenthalben in den Journalen oder Almanachen auch graphisch dargestellt. Andere Entkoppelungen deklarieren die Texte zu Gefahren, wie Abschweifungen, das Nachdenken über hypothetische Situationen, überhaupt alle Varianten der Unterhaltung, in denen der Denkstil nicht mehr sichtbar zu sein scheint.

Kurz: Das Problem der Universalisierung stellt sich bei der Ausweitung des Wissensbegriffs auf die Unterhaltung in vielleicht konkreterem Sinn als bei verwandten Prozeßbegriffen wie etwa Öffentlichkeit oder Kommunikation. Denn die Abkoppelung der Kommunikation in der Betonung von universeller Vernunft wird allemal wieder aufgefangen in lokal beschränkten Routinen und Alltagsperspektiven. Auch in den Graphiken der Epoche werden ideale Darstellungen geselliger Bildung ergänzt von den »Unterhaltungen zur Beförderung der Häuslichen Glückseligkeit«, wie man zeitgemäß sagte. Sie sind zwar selber nicht minder idealisierte Kunstwerke, lassen aber wenigstens erahnen, wie man sich die Rahmenbildung des Denkstils vorzustellen hat. Eben die graphischen Blätter zur geselligen Lektüre, zu den vielfältigen Formen gemeinsamen Lesens zeigen, daß die wissensorientierte Unterhaltung zurückdrängt zur Situativität. Die vom Ansatz her gedachte Einheit des sozialen Ganzen findet hier ja unübersehbar ihre Grenzen an den faktischen Unterschieden der Individuen. Schließlich unterhält sich jeder auf die ihm gemäße Weise.

5. Die Pluralität von Unterhaltungskulturen

Die Veränderung der Unterhaltung und die Entstehung neuen Wissens entwickeln sich kaum linear, sondern im Verhältnis zu den jeweils produzierten oder zur Verfügung stehenden Medien. Einer vielfach bekannten Tendenz zur Delokalisierung durch überall leicht erhältliche Medien steht die regionale Begrenzung des Zugangs zu den Medien entgegen. Die reichhaltige Forschung zu den Leseinstituten, den Gesellschaften bis hin zu den Bibliotheken kommt zu ähnlichen Ergebnissen wie die gerade erst beginnende Diskussion über die Rolle von einzelnen Städten und Zentren, die einen genaueren Überblick über die Reichweite urbaner Diskurse verspricht.[28] Schon jetzt ist absehbar, daß die regionale und urbane Vielfalt der Geselligkeiten wohl aus einer im 18. Jahrhundert beschleunigten Multiplikation von Unterhaltungskulturen hervorgeht.[29]

Mit diesem von der neueren Medienwirkungsforschung verwendeten Terminus wird der enge Zusammenhang von kulturellem Habitus und Unterhaltung betont, also die Abhängigkeit der Betätigungen von Milieus und Einstellungen, welche Selbstbilder hervorbringen oder das alltägliche Handeln strukturieren. Auch die Vergemeinschaftung nach innen, die sich in demonstrativ behaupteten Gruppenidentitäten äußert, ist ein vielfach im 18. Jahrhundert beobachtetes Phänomen, das eine Anwendung des Begriffs nahelegt. In der modernen Gesellschaft ordnen sich die Individuen verschiedenen Unterhaltungskulturen zu, die ihrerseits Rückschlüsse ermöglichen über den Habitus des Einzelnen und den Denkstil der Epoche.

Gruppenspezifische Erfahrungen, Sinnwelten und die Heterogenität der entsprechenden Betätigungen sind Ausflüsse des Denkstils. Im 18. Jahrhun-

28 Engelhard Weigl, Schauplätze der deutschen Aufklärung. Ein Städterundgang, Reinbek bei Hamburg 1997 mit einem Überblick zu den urbanen Zentren der Geselligkeit.

29 Michael von Engelhardt, Kultureller Habitus und Unterhaltung, in: Dieter Petzold/Eberhard Späth (Hg.), Unterhaltung. Sozial- und literaturwissenschaftliche Beiträge zu ihren Formen und Funktionen, Erlangen 1994, 7–26.

dert beginnt die bis heute anhaltende Auffächerung der Unterhaltungskulturen – abzulesen an der bekannten Spartentrennung von Hochkultur und Trivialem –, wobei zum letzten Mal der Versuch des Zusammenhalts dieser Sphären durch den beschriebenen Denkstil zu beobachten ist.

Eine vermittelnde Rolle übernehmen dabei bereits die frühen Moralischen Wochenschriften. Sie propagieren und praktizieren das Konzept einer Bildung durch Unterhaltung und ziehen sich so ihren besonderen Leserkreis heran. Erstmals treten sie auch mit dem ausdrücklichen Anspruch auf, Medien der Unterhaltung zu sein, womit sie die rhetorischen Wirkungsfunktionen belehren – erfreuen – bewegen (docere, delectare, movere) neu gewichten. Sie arbeiten unter zwei Prämissen: Zum einen ist Unterhaltung ein notwendiges Vehikel der Verbreitung von moralphilosophischen Themen, zum andern kann deren Aneignung als Teil eines Bildungsprozesses selber vergnügliche Freizeitgestaltung sein. In diesem Verständnis sind schon die Formen der Darbietung bedeutsam. Über die innovativen Schreibweisen schaffen die Blätter ihre besondere Unterhaltungskultur, die sie dann wie ein Markenzeichen ins Publikum hinein verlängern, es durch häufig fiktive Leserzuschriften zu Angehörigen eines Kreises ernennen, mit denen öfter eine gesprächsweise Verabredung zustandekommt. Indem sie alles daran setzen, die Nähe zu ihrem Publikum zu beweisen, ermöglichen sie einen Einblick in die zeitgenössischen Vorstellungen von den Unterhaltungskulturen.[30]

Allerdings bereitet die Erhaltung eines solchen Kreises über längere Zeit hinweg immer Probleme, die auch schon dieser aufklärerische Moraljournalismus zu spüren bekommt. Einerseits sind die Verfasser selber Angehörige einer generationsmäßig festgefügten Gruppe, andererseits veralten die Blätter rasch mit dem Zerfall ihres Leserstammes. Sichtbar ist das in den Programmatiken, die sie vertreten. Hinzu kommen regionale Unterschiede. Ob in Hamburg »Der Patriot« am Widerspruch zwischen naturrechtlich legitimierter Sittenlehre und religiöser Anschauung arbeitet oder ob sich in Halle »Der Gesellige« zu einem Hauptorgan für den Generationsbruch im Pietismus entwickelt, beide Male treffen wir auf individuelle Unterhaltungskulturen.[31]

Gerade der Pietismus ist selber ein schönes Beispiel für die Dissoziation der Kulturen und ihrer Geselligkeit. In den reformierten Programmschriften stoßen zwei einander ausschließende Programme gesellschaftlicher und geselliger Ordnung aufeinander. Die bis zur Methode gesteigerte Verdammung jeder Untätigkeit, jeder Zeitvergeudung wirkte nachhaltig auf die Geselligkeitskultur des ganzen Jahrhunderts; die totale Ausrichtung auf das Arbeitsprinzip vernichtete das Streben nach Luxus und selbstzweckhaften Umgangsformen. Die seit Spener existierenden »Collegia pietatis«, auch Privatkonvente oder Konventikel genannt, bilden ein Gegengewicht zu den weltlichen Institutionen der Unterhaltung. Gleichgesinnte kommen zusammen, um sich gegenseitig in der christlichen Lebensführung zu ermutigen, Fortschritte in der Festigung ihres Glaubens miteinander zu besprechen oder die subjektive Erfahrung von Heilstatsachen wechselseitig zu bestätigen. Christliche Gesprächsgesellschaften also, die in Konkurrenz zu Kirchenordnungen und staatlicher Obrigkeit unter Berufung auf urchristliche Gemeinschaftsformen entstehen, sind Beispiele für eine alternative Geselligkeit mit ganz spezifischen Praktiken.[32] Zwar stellt man mit Francke eine eigenständige Linie der pietistischen Geselligkeit fest, die sich jedoch in den einzelnen Gemeinschaften mit deutlichen Unterschieden ausprägte. Man kann nun nicht

30 Elke Maar, Bildung durch Unterhaltung: Die Entdeckung des Infotainment in der Aufklärung. Hallenser und Wiener Moralische Wochenschriften in der Blütezeit des Moraljournalismus 1748–1782, Pfaffenweiler 1995.

31 Emanuel Peter, Geselligkeiten. Literatur, Gruppenbildung und kultureller Wandel im 18. Jahrhundert, Tübingen 1999, 86–103.

32 Martin Brecht (Hg.), Geschichte des Pietismus, 2 Bde., Göttingen 1993 und 1995, zeigt in umfangreichen Artikeln die regionalen und gruppenspezifischen Unterschiede.

Abb. 227: Ein Leseconvent, aus: Hofrath C. F. Pockels Taschenbuch auf das Jahr 1804, Kupferstich

behaupten, daß hier generell unterhaltende Elemente fehlten, sondern müßte fragen, ob nicht in der affektiven Fundierung der Gruppenbildung zum Zweck der Herstellung einer Gegenstruktur zur Gesellschaft und der damit einhergehenden internen Modernisierung der Zirkel auch ihre Unterhaltungskultur verankert wurde. Nur die noch nicht geleistete Untersuchung der lokalen Varianten von Geselligkeitsformen könnte Aufschluß geben über diese Vorgänge der Stiftung neuer Mentalitäten.

Geselligkeit war ja im Grunde nur bei den Reformierten prohibitiv aufgefaßt worden, nicht im Protestantismus. Und gewiß empfahl der Pietismus seinen Anhängern die spirituelle Kommunikation, die sie zum Kreis der »Stillen im Lande« zusammenschloß. Man kann also von einer ambivalenten Einstellung zur Geselligkeit sprechen. Aber die äußerst moderne Hinwendung zum therapeutischen und kathartischen Gespräch, für die der Pietismus eben auch steht, ist eine neue Methode der Entfaltung von psychischem Wissen in geselligem Austausch. Und so kehrt die christliche Seelenlenkung ins Alltagsverhalten ein, so prägt sie den Habitus. Im Gruppengespräch eingeübt, entsteht soziales Verhalten mit weitreichenden Folgen für die Selbstbeschreibung von Individuen. Zu dem zeitgenössisch weitgefaßten Begriff von Unterhaltung paßt auch ein derart zweckrationales Konzept mit noch unbekannten Effekten der Unterhaltung.

Sowohl die Leser und Gesprächszirkel der Journale als auch die pietistischen Banden und Konventikel kommunizieren auf ganz andere Weise miteinander als die exklusive Schar der Hainbündler oder die erregt Lauschenden, die bei Lesungen die Gelegenheit wahrnehmen, ihre von dem Dichtergott Klopstock entlockten Tränen aus der Nähe zu beobachten. Von den vielfältigen Verpflichtungen der Autoren bei Hofe (man denke an den maître de plaisir Goethe) einmal abgesehen, bleiben in der noch ständisch strukturierten Gesellschaft immer divergente Bindungen an ungewohnte oder abgelehnte Unterhaltungskulturen übrig.

Ein nicht minder wichtiges und in den literarischen Zirkeln häufig genutztes Medium ist natürlich der Brief. Im ganzen Jahrhundert bildet der

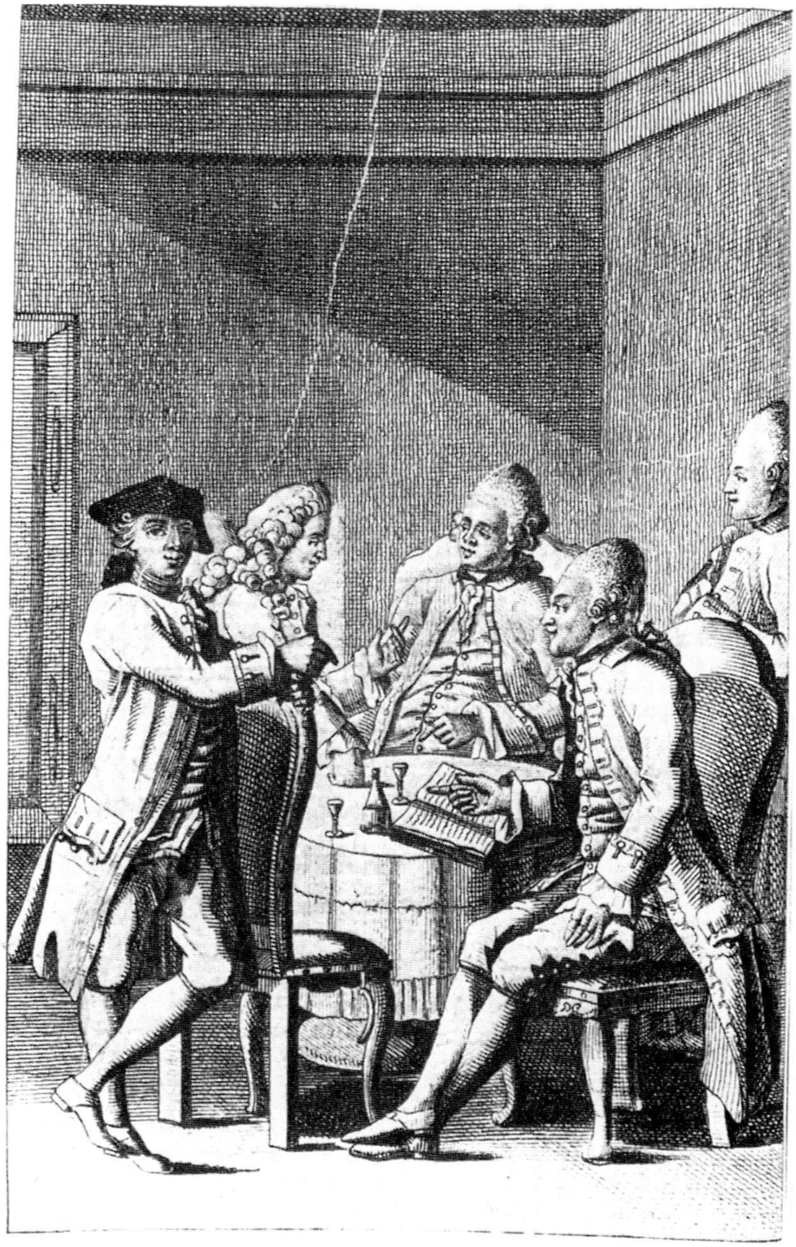

Abb. 228: Friedrich Nicolai, Vade Mecum für lustige Leute, Vierter Theil, Frontispiz (1777)

Brief noch die Brücke zwischen mündlicher und rein schriftlicher Kommunikation. Vorgelesen im geselligen Kreis, garantiert er die Wiedereingliederung schriftlichen Wissens ins mündliche Gespräch. Briefe begründen nicht nur den Zusammenhalt von Freundschaftszirkeln, sondern werden von der Gruppe auch für die Produktion von Wissen benötigt. Am Beispiel des Briefwechsels zwischen verliebten jungen Leuten lassen sich solche Verfahren am leichtesten studieren. Man nehme nur die Briefe von Johann Gottfried Herder und Caroline Flachsland. Selbstverständlich entwerfen die Partner gegenseitig ihre Rollenbilder, aber die Frau spielt nicht nur den untergeordneten Part. In der Regel verfügt sie über einen größeren Freundeskreis, in dem die Briefe des jungen Herren vorgelesen und besprochen werden. Da unterscheidet sich der genannte Briefwechsel nicht von anderen. Selbst wenn die Briefe zwischen dem Pastor als Liebhaber und der liebenden Leserin der genialen Schriften ihres vertrauten Geistlichen die konventionelle Ebene der Geschlechterrollen nie verlassen, so zeugen die Briefe doch von gänzlich anderen Situationen der Kommunikation. Während Herder einsam schreibt und so auch liest, kann Caroline auf ihren konstanten Kreis von Freundinnen zählen und seine Schreiben im ständigen mündlichen Austausch mit ihnen beantworten. Sie verfügt also über eine viel breitere Basis an Wissen und Erfahrung, kann Kenntnisse und Strategien einer ganzen Runde berücksichtigen und in ihre Antwort einfließen lassen. So gesehen, kehren sich entgegen den epochetypischen Geschlechtervorstellungen die Verhältnisse um: Während der Mann glauben darf, im Sturme des Lebens die wichtigste Rolle innezuhaben, ziehen die Frauen heimlich die Fäden und sorgen auf diplomatische Weise dafür, Erkenntnisse über den zukünftigen Ehemann zu erwerben. Hier stoßen wir auf ein weites Terrain des informellen Erwerbs von Wissen und auf das Gebiet der Klugheit, das mit der Interpretation und der Geschichte zeitgenössischer Umgangslehren nicht annähernd erschlossen ist. Sie gehören zur elementaren Erfahrung des Umgangs mit Wissen und grundieren die oben so genannten kulturellen Narrative.

Ein so wichtiges Medium wie der Brief kann natürlich auch weitergehende Informationen transportieren und – richtig gelesen – Auskunft geben über Unterhaltungspraktiken im Kontext der Segmentierung von sozial getrennten Kulturen. Das reicht in die keineswegs sehr homogene Schicht des Bürgertums hinein und sorgt dort für Binnendifferenzierungen beim Selbstverständnis in Abhängigkeit vom jeweils erreichten Status. Sie begründen unterschiedliche Formen der Teilhabe an Geselligkeiten. Solche bewußt vorgenommenen Unterscheidungen von Statusbewußtsein, Gruppenbewußtsein und Habitus müssen an der konkreten Dimension des Handelns überprüft werden. Die Unterhaltungskulturen entwickeln sich auseinander; sie erfassen mit der Zeit nur noch bestimmte Segmente der Gesellschaft, die sich auch unabhängig voneinander entfalten können. Noch wenig erforscht ist das Spektrum der hohen, mittleren und populären Sphären im Zusammenhang mit seinen Betätigungsfeldern und spezifischen Mustern. Fast nichts wissen wir über das Verhältnis der gehobenen Unterhaltung zu anderen Freizeitbeschäftigungen, zum Spiel, zu den Festen, den Hausgesellschaften, den Massenvergnügungen.

Immer wieder vernehmen wir, verstärkt gegen Ende des Jahrhunderts, Klagen über die Mannigfaltigkeit der Wissensangebote, die nicht mehr überschaubare und konsumierbare Vervielfältigung von Spezialisierungen. Der hohe Stellenwert der Unterhaltung, des Gesprächs und der Geselligkeit erklärt sich eben auch aus der gestiegenen Bedeutung solcher Arten des Wissenserwerbs. In der Geselligkeit ereignet sich ja ein nicht unwesentlicher Teil der Selbstverständigung, der Selbstkonstitution des Bürgertums. Teilhabe an der Entstehung des neuen Mittelstandes bedeutet Teilhabe an seinen Formen der Kommunikation. Und die müssen in Alltagspraxis überführt werden, denn das Bürgertum will sich von anderen Schichten gerade in den Kommunikationsstrukturen unterscheiden. Das ist gemeint, wenn die historische Forschung vom Sozietäts-Bürgertum spricht.[33] Man könnte daher mit einigem Recht eine Kommunikationsgeschichte der Geselligkeit fordern, die Unterhaltungskulturen in ihrem Zusammenspiel mit dem politischen und sozialen Mentalitätswandel behandelt und sie als wesentlichen Bestandteil der For-

33 Richard van Dülmen, Die Gesellschaft der Aufklärer. Zur bürgerlichen Emanzipation und aufklärerischen Kultur in Deutschland, Frankfurt a.M. 1996.

mierung eines neuen Denkstils darstellt. Denn Geselligkeit und Unterhaltung sind im 18. Jahrhundert längst nicht mehr nur Ausdruck für die Systematik, die das Wissen angenommen hat, sondern nun auch eines der wichtigsten kulturellen Patterns. Sie sind Modell für den Umgang mit Wissen, für den Wissenserwerb und seine Anwendung als Modus der Selbstformung.

Wissen, Technik, Macht

FRIEDRICH STEINLE[1]

Elektrizität im 18. Jahrhundert

Keine andere Naturkraft prägt unsere moderne Wissensgesellschaft so grundlegend wie die Elektrizität. Das immer engmaschiger werdende Netz elektrischer Apparate und Netzwerke, von dem Stromversorgung und Telefon nur den Anfang bildeten, findet ein Gegenstück in der nichtmateriellen Präsenz einer Flut künstlich erzeugter elektromagnetischer Wellen, die uns, ohne daß wir es merken, beständig durchziehen. Elektrische Schaltkreise, in unvorstellbarer Anzahl und Miniaturisierung, übernehmen so etwas wie Intelligenzaufgaben. Elektrizität ist die einzige Naturkraft, mit deren Hilfe wir Wissensprozesse großmaßstäblich automatisieren und aus uns auslagern können. Welch massive gesellschaftsverändernde Wirkung das haben kann, haben wir in den letzten Jahrzehnten erfahren, ohne daß ein Ende abzusehen wäre. In ihrer Funktion als Energieträger ist Elektrizität möglicherweise ersetzbar, nicht aber als Medium der Informationsvermittlung, -verarbeitung und -speicherung. Unsere Wissensgesellschaft ist ohne Elektrizität schlichtweg nicht vorstellbar – eine bemerkenswerte Sonderstellung eines spezifischen Wissensbereiches.

Dabei hat die Beschäftigung mit Elektrizität einen von anderen Wissensfeldern auffällig unterschiedlichen Verlauf genommen. Noch vor vier Jahrhunderten waren die als »elektrisch« bezeichneten Effekte nur wenigen bekannt. In markantem Kontrast zu anderen Wissensbereichen – etwa Astronomie, Optik, Mechanik, Magnetismus, (Al-)Chemie, Botanik, Zoologie, Anatomie, Medizin, Pharmazie, Mineralogie, Metallurgie – war für Elektrizität keinerlei Bedeutung erkennbar, für Gelehrsamkeit, Bildung oder Forschung gleichermaßen, geschweige denn für die Gesellschaft. Die Geschichte der Elektrizität ist vergleichsweise kurz, und selbst die »wissenschaftliche Revolution« hat hier nur wenig Dynamik entwickelt. Absolut entscheidend waren demgegenüber die Entwicklungen des 18. Jahrhunderts.[2]

1. Naturlehre im frühen 18. Jahrhundert

Im frühen 18. Jahrhundert nahm das allgemeine Interesse an Naturlehre stark zu. Newtonianismus war eines der wichtigsten Schlagworte dieser für die Frühaufklärung bezeichenden Entwicklung. Neben den Akademien und gelehrten Gesellschaften waren hier auch die Universitäten in weit höherem Maß aktiv, als das lange angenommen worden ist – die stark erhöhte Zahl von Lehrbüchern zur Naturlehre ist nur ein Indiz unter vielen.[3] Ab den 1730er Jahren überschritt dieses Interesse die Grenzen der gelehrten Zirkel und fand große Resonanz bei einem breiteren, vor allem aristokratischen Publikum. Werke wie Algarottis »Newtonianismo per le dame« (1737) und Voltaires »Éléments de la philosophie de Newton« (1738) wurden in vielen Auflagen gedruckt und in verschiedene Sprachen übersetzt.[4]

In dieser Entwicklung – und das wurde bislang wenig beachtet – nahm das Experimentieren schon früh eine tragende Rolle ein. Wie Gerhard Wiesen-

1 Dieser Beitrag steht im Zusammenhang eines Forschungsprojektes zur Elektrizität im frühen 18. Jahrhundert – Dank an die Thyssen-Stiftung für die Förderung und an Andreas Schubert für Lektüre und Anregung!

2 Jörg Meya/Heinz Otto Sibum, Das fünfte Element. Wirkungen und Deutungen der Elektrizität, Hamburg/München 1987 geben einen Überblick, John L. Heilbron, Electricity in the 17th and 18th centuries, Berkeley 1979 die nach wie vor ausführlichste Gesamtdarstellung. Bei einer genauen Untersuchung der Periode vor 1740 ergeben sich allerdings wichtige Verschiebungen.

3 Mordechai Feingold, The mathematicians' apprenticeship : science, universities and society in England. 1560–1640, Cambridge 1984; Ders., Tradition versus novelty: universities and scientific societies in the early modern period, in: Peter Barker/Roger Ariew (Hg.), Revolution and Continuity: Essays in the History and Philosophy of Early Modern Science, Washington 1991, 29–48. Zu deutschsprachigen Lehrbüchern siehe Gunter Lind, Physik im Lehrbuch 1700–1850: Zur Geschichte der Physik und ihrer Didaktik in Deutschland, Berlin u.a. 1992; zu Akademien und gelehrten Gesellschaften siehe Richard van Dülmen, Die Gesellschaft der Aufklärer. Zur bürgerlichen Emanzipation und aufklärerischen Kultur in Deutschland, Frankfurt 1986.

4 Francesco Algarotti, Il Newtonianismo per le dame ovvero Dialoghi sopra la luce, i colori, e l'attrazione, Napoli 1737; François Marie Arouet de Voltaire, Éléments de la philosophie de Newton mis à la portée de tout le monde, Amsterdam 1738.

feldt in einer bemerkenswerten Studie aufgezeigt hat, führten zahlreiche Universitäten in ganz Europa schon in den ersten beiden Jahrzehnten des neuen Jahrhunderts experimentelle Vorlesungen ein, zunächst als Einzelereignisse, sehr bald aber in regelmäßigem Turnus. Die Entwicklung an der Universität Leyden war nicht ein Einzelfall, wie es manchmal erscheinen mochte, sondern eher die Spitze einer viel breiteren Tendenz. Zwischen 1690 und 1740 wurden an insgesamt 30 europäischen Universitäten regelmäßige Vorlesungen zur experimentellen Naturlehre eingeführt und meistenteils in Professuren verankert.[5] Oft fand das nach wenigen Jahren einen Niederschlag in den Lehrbüchern und in eigenen experimentellen Handbüchern. Der Fall des Mathematikers Pierre Polinière ist charakteristisch: Um die Jahrhundertwende begann Polinière mit Experimentalvorlesungen zur Naturphilosophie vor Professoren und Studenten der Pariser Universität und stieß damit auf so große Resonanz, daß die Veranstaltung regelmäßig abgehalten und auf viele der Pariser Collèges ausgeweitet wurde.[6] 1709 präsentierte Polinière seinen Kurs auch in gedruckter Form: Seine »Expérience de physique« wurde ein großer Erfolg und erschien in den folgenden Jahrzehnten in insgesamt fünf stets erweiterten Auflagen. In ähnlicher Weise fanden in England die experimentellen Vorträge von John Keill (ab 1700) und von William Whiston große Resonanz und resultierten in entsprechenden Veröffentlichungen. Keills Nachfolger in Oxford (ab 1710), Jean Théophile Desaguliers, führte nach ähnlichem Erfolg ab 1713 solche Experimentalvorlesungen als Kurator für Experimente an der Royal Society weiter.[7]

Viele der experimentell vortragenden Akteure hatten Anbindung an Universitäten oder Akademien, gingen aber mit ihren Aktivitäten entschieden darüber hinaus und richteten sich an aristokratische Zirkel, an die aufkommenden Salons und an Fürstenhöfe, von denen sie Förderung und Anregung erfuhren – das galt für England, Frankreich und den deutschen Sprachraum gleichermaßen. Inhaltlich waren diese Kurse weniger durch spezifische theoretische oder philosophische Systeme wie Cartesianismus oder Newtonianismus geprägt als durch das Programm und Vorbild der »Experimentalphilosophie« der frühen Royal Society, allen voran Francis Bacon und Robert Boyle.[8] Dementsprechend lagen die thematischen Schwerpunkte auf der Pneumatik mit spektakulären Vakuum-Experimenten und auf der Hydrostatik mit ihren Paradoxa. Akustik, Magnetismus, Licht- und Farbenlehre kamen hinzu, oft auch Bereiche, die wir der Physiologie zuordnen würden wie Blutkreislauf oder tierische Wärme. Elektrizität dagegen spielte kaum eine Rolle. Obschon seit der Antike bekannt, seit 1600 mit eigenem Namen versehen und durch so prominente Akteure wie Descartes, Boyle und Newton behandelt, kamen elektrische Effekte in nennenswertem Umfang erst ab den späten 1730er Jahren hinzu. Dieses stark verzögerte, dann aber um so entschiedenere Auftreten der Elektrizität hatte mit dem Stand des Feldes zu tun.

2. Elektrizität im Nischendasein

Als »elektrisch« wurde im 18. Jahrhundert das Vermögen bestimmter Körper bezeichnet, nachdem sie gerieben wurden, kleine Körperchen anzuziehen, die sich in der Nähe befanden, etwa Stückchen aus Stroh, Papier, Kork, Holz oder Metall.[9] Solche Wirkungen waren, vor allem am Bernstein, schon in der

5 Gerhard Wiesenfeldt, Leerer Raum in Minervas Haus. Experimentelle Naturlehre an der Universität Leiden. 1675–1715, Amsterdam/Berlin/Diepholz 2003, 333; siehe auch Gerald L'Estrange Turner, Teaching by demonstration. The development of popular science, science teaching, and its apparatus in eighteenth-century Europe, in: Lew Pyenson/Jean-François Gauvin (Hg.), The art of teaching physics. The eighteenth-century demonstration apparatus of Jean Antoine Nollet, Sillery (Quebec) 2002, 1–27.

6 Gad Freudenthal, Littérature et sciences de la nature en France au début du XVIIIe siècle: Pierre Polinière, l'introduction de l'enseignement de la physique expérimentale a l'université de Paris et l'Arrêt burlesque de Boileau, in: Revue de Synthèse 101 (1980) (99–100), 267–295.

7 John Keill, An Introduction to Natural Philosophy; or, Philosophical Lectures read in the University of Oxford. Ann. Dom. 1700, London 1720; Jean Theophile Desaguliers, A Course of Experimental Philosophy, London 1734–44.

8 Wiesenfeldt, Leerer Raum, 331–332; auch Lind, Physik im Lehrbuch, 90.

9 Die von Johann Heinrich Zedler (Hg.), Großes vollständiges Universal-Lexikon aller Wissenschafften und Künste, Halle/Leipzig 1732–1750, Bd. 8, s.v., gegebene Definition reflektierte einen allgemeinen Gebrauch.

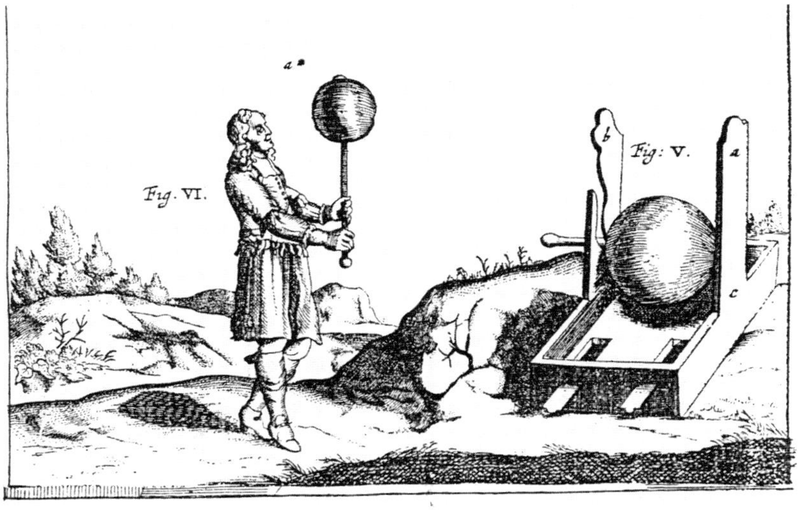

Abb. 229: Schwefelkugel-Experiment mit der schwebenden Feder, aus: Otto von Guericke, Experimenta nova (1672)

Antike beschrieben worden, und einige Kompendien über die Natur aus dem 16. Jahrhundert hatten diese Berichte aufgegriffen.[10] William Gilbert, Leibarzt der Königin Elisabeth, hatte diesen Wirkungen ein eigenes Kapitel in einem monumentalen Werk über den Magneten (1600) gewidmet, sie erstmals klar von den magnetischen unterschieden, mit einem eigenen Namen – angelehnt eben an den Bernstein, griechisch: élektron – versehen und ein empfindlicheres Nachweisinstrument vorgeschlagen.[11] Im 17. Jahrhundert hatten die elektrischen Wirkungen hier und da Aufmerksamkeit gefunden, doch der Stand von Wissen und Forschung bot auch noch zu Beginn des 18. Jahrhunderts ein zerfasertes und uneinheitliches Bild.

Das Interesse an elektrischen Wirkungen war insgesamt gering. Von öffentlicher Aufmerksamkeit ganz zu schweigen, tauchte das Thema auch in universitären Lehrbüchern der Naturlehre nicht regelmäßig und allenfalls in kurzer Erwähnung auf. In den Akademien wurde es kaum behandelt – die bemerkenswerteste Ausnahme war die kurzlebige Florentiner Accademia del Cimento um 1660, in der eine ganze Gruppe von Forschern sich mit dem Thema befaßt hatte. In Kompendien wurde Elektrizität eher aus Gründen der Vollständigkeit erwähnt, als daß sie von sich aus großes Interesse erfahren hätte.[12] Otto von Guerickes Versuche mit der Schwefelkugel stellten in doppelter Weise eine Ausnahme dar, insofern sie für ihn eine wichtige Rolle für allgemeine kosmologische Überlegungen spielten, er sie aber zugleich nur am Rande mit der Forschung zu »electrica« in Bezug setzte, ja dieses Wort als solches nur selten verwandte.[13] Dieses auffällig geringe Interesse hatte damit zu tun, daß für Elektrizität kaum eine Bedeutung erkennbar war, weder für das Entwerfen eines wie auch immer gearteten Bildes vom Wirken der Natur – das hatten Descartes, Boyle und Newton, wenn auch in sehr unterschiedlicher Weise, deutlich illustriert – noch gar für eher lebenspraktische Belange. Der Beschäftigung mit diesen Effekten haftete etwas Weltabgewandtes an.

Doch auch die verstreuten Arbeiten des 17. Jahrhunderts hatten Ergebnisse erbracht. Das vielleicht wichtigste bestand in einer kontinuierlichen Erweiterung der Liste der »elektrischen« Körper, stets begleitet von einer kleineren, aber ebenfalls wachsenden Liste von solchen, die die elektrischen Wirkungen

10 Am markantesten vielleicht Geronimo Cardano, Hieronymi Cardani Medici Mediolanensis De Svbtilitate Libri XXI, Norimbergæ 1550.

11 William Gilbert, De Magnete magnetisque corporibus, et de magno magnete tellure, physiologia nova, plurimis & argumentis & experimentis demonstrata, London 1600, lib. 2, cap. 2.

12 So etwa in der » Philosophia magnetica« des jesuitischen Gelehrten Niccolò Cabeo (Köln 1629).

13 Otto von Guericke, Ottonis de Guericke experimenta nova (ut vocantur) Magdeburgica de vacuo spatio, primum a Gaspare Schotto, nunc vero ab ipso auctore perfectius edita, variisque aliis experimentis aucta, Amstelodami 1672, lib. 4, cap. 15, deutsch in: Otto von Guericke, Otto von Guericke's neue (sogenannte) Magdeburger Versuche über den leeren Raum, übers. und hg. von Hans Schimank, unter Mitarbeit von Hans Gossen/Gregor Maurach/Fritz Krafft, Düsseldorf 1968.

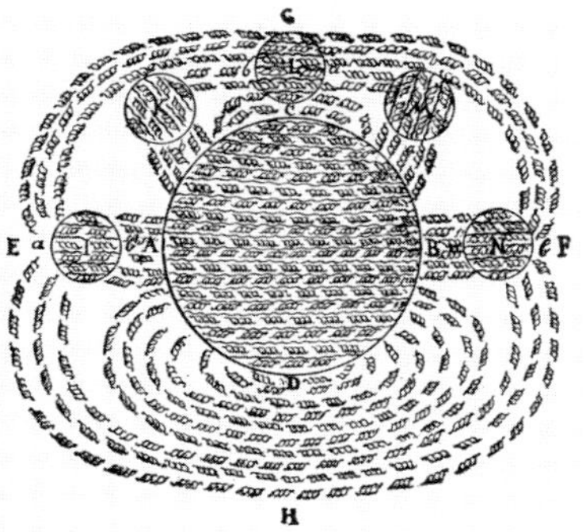

Abb. 230: Bild des Magnetismus nach René Descartes (1644)

nicht zeigten. Allerdings waren die Experimente selbst immer noch alles andere als spektakulär, die Wirkungen schwach, oft nicht eindeutig erkennbar, kapriziös und nicht regelmäßig reproduzierbar. Das ging so weit, daß Körper in einigen Fällen das elektrische Vermögen hatten, in anderen aber nicht. Auch die von Guericke behauptete Abstoßungswirkung konnte von vielen nicht reproduziert werden. Manche bestritten den Effekt überhaupt oder klassifizierten ihn als Scheineffekt aufgrund der Überlagerung verschiedener anziehender Wirkungen.

Die verschiedenen Versuche schließlich, die »Ursache« der elektrischen Wirkungen anzugeben, boten ein bestenfalls disparates Bild, obgleich (oder vielleicht gerade weil) sich die meisten der Forschungen im 16. und 17. Jahrhundert auf diesen Punkt konzentriert hatten. Stets wurden dabei nicht wahrnehmbare Entitäten postuliert: eine »feuchte« Grundeigenschaft aller Materie, die durch Reiben ihre Wirkung entfaltete und damit das Anhaften anderer Körper bewirkte (Gilbert), feinstoffliche Strömungen (effluvia), die aus den durch Reiben geöffneten Körperporen strömten und entweder selbst kleine Körper mitrissen oder das indirekt durch Verdünnen der umgebenden Luft bewirkten, kleine Fäden, die aus dem geriebenen Körper freigesetzt wurden und auf ihrem Rückweg an anderen Körpern anhafteten (Digby), oder anderes mehr. Descartes' Bild des Magnetismus prägte viele dieser Erklärungsversuche. In all ihrer Unterschiedlichkeit und Unvereinbarkeit war ihnen allerdings gemein, daß sie jeweils nur wenige, spezifische Wirkungen herausgriffen und ins Zentrum stellten; ein breiter Überblick über die Gesamtheit der empirischen Befunde wurde nicht unternommen. Das ist insofern bezeichnend, als im traditionell benachbarten Feld des Magnetismus gerade das wiederholt getan worden war, am prominentesten eben von Descartes, und alle Erklärungsversuche sich daran messen mußten. Elektrizität wurde, in markantem Gegensatz etwa zu Magnetismus, Optik, Astronomie oder Chemie, nicht als ein kohärentes, in sich geschlossenes Forschungsfeld wahrgenommen, weder hinsichtlich der Themen noch der Akteure.

3. Neue Effekte in England

Angesichts einer solchen Situation um 1700 ist einigermaßen erstaunlich, daß schon gegen Mitte des Jahrhunderts Elektrizität nicht nur in der Wissenschaft, sondern auch in anderen wichtigen Bereichen gesellschaftlichen Lebens eine weit sichtbare und nicht mehr wegzudenkende Rolle spielte. Die ersten Neuorientierungen waren mit den Namen zweier Forscher verknüpft, die das Thema Elektrizität eher zufällig aufgriffen. Francis Hauksbee, Mechaniker und Autodidakt in Dingen der Naturlehre, war seit 1703 (vermutlich auf Betreiben Newtons) als Experimentator der Royal Society angestellt und hatte damit die Aufgabe, bei den Sitzungen regelmäßig Experimente vorzuführen. Er griff das weit diskutierte Thema des Leuchtens von Barometern auf, wie es in dem über dem Quecksilber befindlichen leeren Raum beobachtet werden konnte (deshalb »mercurius phosphorus«, das leuchtende Quecksilber, genannt), das aber weder verläßlich zu reproduzieren war noch eine Erklärung gefunden hatte. Mit immer größeren Apparaten bemühte sich Hauksbee, den Effekt stabil zu demonstrieren und die wichtigen experimentellen Bedingungen herauszuarbeiten. Er konnte zwar keine eindeutigen Antworten auf seine Fragen finden, aber seine Aufmerksamkeit war nun auf die Effekte geriebener Körper gelenkt, neben Leuchterscheinungen auch auf die schon bekannten Anziehungen kleiner Körper in der Umgebung.[14] Auch bei diesem veränderten Thema ging es ihm darum, Experimente verläßlich zu demonstrieren. Statt der bislang üblichen Stücke aus Bernstein oder Wachs verwendete er ein Glasrohr, knapp einen Meter lang, 3–5 cm im Durchmesser, mit dem er, wenn es mit Wolle oder mit Katzenfell gerieben wurde, die bekannten elektrischen Anziehungseffekte viel verläßlicher als zuvor hervorbringen und der Royal Society vorführen konnte. Glasrohre dieser Art sollten für Jahrzehnte das Standardinstrument schlechthin für elektrische Experimente bleiben.

In der beständigen Notwendigkeit, immer Neues vorzuführen, experimentierte Hauksbee in die Breite, bemerkte Abstoßungseffekte, befaßte sich mit der Abhängigkeit der Wirkungen vom Luftdruck im Glasrohr, und variierte die Anziehungseffekte durch Verwendung von Fäden anstelle kleiner Körperchen. Besonders eindrucksvoll konnte er die Effekte mit einem von ihm entwickelten neuen Apparat demonstrieren, in dem das Reiben durch eine rotierende Kugel übernommen und damit deutlich verstärkt wurde. Mit ihm demonstrierte Hauksbee verschiedene Anziehungseffekte auf Fäden, die sich je nach Arrangement in strahligen Mustern ausrichteten. Zudem führte er starke und verblüffende Leuchteffekte im Innern der Kugel vor, die nicht nur mit dem Luftdruck variierten, sondern auch wesentlich von den unmittelbar in der Nähe befindlichen Körpern abhingen. Stets präsentierte er mit den Experimenten auch Überlegungen zu ihren Ursachen, die er in den Strömungen feinster Effluvia suchte – allerdings mußte er seine spekulativen Annahmen mit den immer neuen experimentellen Befunden wiederholt verändern. Er veröffentlichte seine Experimente und Überlegungen in einer Reihe von Aufsätzen in den »Philosophical Transactions«. Seine 1709 veröffentlichte Monographie – eine Zusammenstellung der bisherigen Aufsätze – war eine Fundgrube für experimentelle Arrangements, Einzelbefunde und Kuriositäten, blieb aber unter theoretischem Aspekt verworren und inkonsistent.

Mit und durch Hauksbee war Elektrizität für einige Jahre ein gut sichtbares Thema an der Royal Society, das aber mit dem Nachlassen seiner Aktivitäten wieder fast vollständig verschwand. Erst Anfang der 1730er Jahre rückte es durch die Initiative eines Außenseiters abermals in den Vordergrund. Stephen Gray, gelernter Färber und wie Hauksbee Autodidakt in der Naturlehre, hatte seinen angestammten Beruf früh verlassen und über einige Jahre hinweg an astronomischen Beobachtungen an der Sternwarte in Greenwich mitgearbeitet – mit dem Königlichen Astronomen John Flamsteed verband ihn persönliche Freundschaft. Sein Interesse an Elektrizität ging auf eine Arbeitsperiode in Cambridge (1707–1708) zurück, wo er mit dem Experimentator William Whiston zusammen Hauksbees Experimente wiederholt hatte. Damals hatte er der Royal Society über eigene elektrische Experimente berichtet, war aber durch Hauksbee abfällig beurteilt und nie bekannt gemacht worden. Aufgrund seiner Verdienste bei den astronomischen Beobachtungen gelang es ihm, im Alter von 53 Jahren Wohnrecht in einem ehemaligen Kloster zu erhalten, das als Waisenhaus und Pensionsheim gleichermaßen fungierte. Hier nahm er seine elektrischen Experimente wieder auf.

Vor dem Hintergrund umfangreichen Experimentierens, u.a. des (vergeblichen) Versuches, auch Metalle durch Reiben zu elektrifizieren, rückte für

14 Für den Hintergrund dieses Themenwechsels siehe Heilbron, Electricity , 230–232 und Gad Freudenthal, Early electricity between chemistry and physics: The simultaneous itineraries of Francis Hauksbee, Samuel Wall, and Pierre Polinière, in: Historical Studies in the Physical Sciences 11 (1981), 203–229.

Gray 1729 ein Effekt mehr und mehr in den Vordergrund, über den er schon im Zusammenhang seiner ersten Arbeit spekuliert hatte: Das elektrische Vermögen konnte von einem elektrifizierten Körper durch Kontakt oder dichte Annäherung auf einen nicht-elektrifizierten übertragen werden, sogar auf Metalle. Gray interpretierte das als Übertragung der elektrischen Effluvia und untersuchte den Effekt, nachdem er ihn zunächst in schwacher Form bemerkt hatte, systematisch weiter. Es gelang ihm, mittels eines Bindfadens die elektrische Wirkung über immer größere Distanzen zu übertragen. Wenn ein gespannter Bindfaden am einen Ende mit dem geriebenen Glasrohr berührt wurde, konnte ein zweiter Körper am anderen Ende elektrisch gemacht werden. Ein reicher Freund, Granville Wheler, stellte seinen Landsitz für weitere Experimente zur Verfügung. In langen experimentellen Reihen bemerkten die beiden, daß für den Erfolg der Übertragung der Querschnitt des Bindfadens unerheblich war, zugleich aber das Material eine entscheidende Rolle spielte, an dem er aufgehängt war: Eine Aufhängung etwa aus Metallfäden, so fein sie auch sein mochten, führte regelmäßig zum Verschwinden des Effektes, wohingegen er mit einer Aufhängung aus Seiden- oder Leinenfäden sehr wohl Bestand hatte. Die Fortleitung konnte nun verläßlich auf Distanzen über mehrere hundert Fuß erreicht werden.

Die Palette der Körper, die auf diese Weise elektrifiziert werden konnten, war sehr breit und umfaßte neben Metallen auch Flüssigkeiten. Besonders spektakulär war Grays Experiment zur Elektrifizierung eines Menschen: Ein Waisenknabe aus dem Pensionsheim wurde in waagerechter Lage an Seidenschnüren aufgehängt und zog, wenn mit dem Glasrohr elektrifiziert, kleine Körper an. Der Junge mit seinen magisch anmutenden Kräften bot ein spektakuläres Schauspiel. Viel stärker als noch Hauksbee appellierte Gray an die Schaulust des Publikums. Kurz vor seinem Tod im Februar 1736 beschrieb Gray überdies eine Art elektrisches Planetarium, bei dem über einem Harzkuchen aufgehängte Körper durch Elektrizität in Bewegung auf einer Kreisbahn versetzt wurden. Er verband damit die Vermutung, daß das Planetensystem in der Tat durch elektrische Kräfte angetrieben würde. Allerdings erwies sich das Experiment trotz wiederholter Versuche als nicht durch andere reproduzierbar.[15]

Durch Hauksbee und Gray war der Bereich der elektrischen Wirkungen wesentlich erweitert worden. Am wichtigsten war die Kommunikation von Elektrizität, die ein ganz neues Experimentierfeld eröffnete. Sie bot zugleich aber erhebliche Probleme für die Theorie: Die Effekte waren mit den bestehenden Effluviatheorien nicht erklärbar, in denen das Medium ja immer vom elektrischen Körper aus- und zurückströmend vorgestellt wurde, aber nie von irgendeiner Strömung im Draht oder Bindfaden die Rede sein konnte. Grays eigene Versuche, seine Effluviatheorie entsprechend zu modifizieren, blieben wenig überzeugend. Ebenso wichtig wie die neuen elektrischen Wirkungen war allerdings der Umstand, daß das Thema nun zumindest an einer Stelle akademischen Lebens weithin sichtbar war. Grays Berichte wurden in den »Philosophical Transactions« gedruckt, und er erhielt als erster – gleich in zwei aufeinanderfolgenden Jahren (1731 und 1732) – die neu geschaffene Copley-Medaille als höchste Auszeichnung, mit der die Royal Society Forschungsarbeiten bedachte. Daß er überdies zum Fellow ernannt wurde, war nicht nur eine persönliche Auszeichnung, auf die er zeitlebens gehofft hatte, sondern ein bewußter Schritt, um das Forschungsthema zu akzentuieren und ihm öf-

15 Simon Schaffer, Experimenter's techniques, dyer's hands, and the electric planetarium, in: Isis 88 (1997), 456–483.

Abb. 231: *Grays Elektrifizierung eines Knaben, aus: Johann Gabriel Doppelmayr, Neu-entdeckte Phaenomena von bewunderungswürdigen Würkungen der Natur (1744)*

fentlich Bedeutung und Anerkennung zuzuschreiben. Und in der Tat riß dieses Mal das Thema nicht ab: Zwischen 1730 und 1740 erschienen in den Philosophical Transactions mehr Aufsätze zum Thema Elektrizität als zuvor während des gesamten Bestehens des Journals, und diese Tendenz sollte sich in den darauffolgenden Jahrzehnten noch verstärken. Das hatte mit direkten Reaktionen auf Gray zu tun, vor allem aber damit, daß das Thema nun auch an anderer Stelle aufgegriffen wurde.

4. Systematisierung und begriffliche Neuordnung: Charles Dufay

Nach eigenem Bekunden war es die Lektüre von Grays Aufsätzen, die einen Pariser Akademiker zur Beschäftigung mit Elektrizität anregte. Charles Dufay (auch Du Fay geschrieben) war nach einer kurzen, seiner adligen Herkunft geschuldeten militärischen Karriere schon seit 1723 als Chemiker an der Pariser Académie Royale des Sciences angestellt und seit 1731 deren Vollmitglied.[16] Ein Jahr später hatte er zusätzlich den Posten des »intendant« des Königlich-Botanischen Gartens in Paris übernommen. Weit über Dienstleistungen in der Ausbildung von Ärzten und Pharmazeuten hinausgehend, war der Jardin Royal ein Ort pharmazeutischer, botanischer und mineralogischer Forschung, ein Spektrum, das durch Dufay selbst noch deutlich erweitert wurde. Unter Nutzung und Erweiterung der reichen Ressourcen, die ihm hier zur Verfügung standen, arbeitete Dufay in seiner freien Zeit zu so unterschiedlichen Themen wie Feuerwehrspritzen, Katoptrik, Chemie der Salze, Färben von Edelsteinen, Salamandern, Tau, Parhelien von Planetenbahnen, Magnetismus und Farbmischung in der Färberei. Eines der wenigen Themen, die ihn über einen längeren Zeitraum beschäftigten, waren Leuchterscheinungen in allen Variationen: an Mineralien, Kristallen und organischem Material, ohne und mit vorhergehender Belichtung und Bearbeitung, aber auch im lee-

16 Biographisches zu Dufay findet sich in Bernard de Fontenelle, Éloge de M. Du Fay, in: Histoire de l'Académie Royale des Sciences, avec les Mémoires de Mathématique & de Physique pour la même année (1739), 73–83; Henri Becquerel, Notice sur Charles-François de Cisternay du Fay, physicien, intendant du Jardin Royal des Plantes (1698–1739), in: Muséum d'Histoire Naturelle (Hg.), Centenaire de la Fondation du Muséum d'Histoire Naturelle, 10 juin 1793–10 juin 1893. Volume commémoratif, publié par les professeurs du Muséum, Paris 1893, 163–185 und John Heilbron, Dufay (Du Fay), Charles François de Cisternai, in: Charles Gillispie (Hg.), Dictionary of Scientific Biography, Bd. 4, New York 1971, 214–217.

ren Raum über dem Barometer.[17] Bei weitem am ausführlichsten allerdings widmete er sich der Elektrizität: In einer zweijährigen Arbeitsperiode ab 1733 und einer zweiten, kürzeren, gegen Mitte 1736 erarbeitete er sich Resultate, die den Blick auf das Feld grundsätzlich veränderten.

Unter Dufays Gründen, gerade dieses Thema aufzugreifen, war sicher die Aufregung wichtig, die Grays Ergebnisse in London bewirkt hatten und durch die sich Pariser Akademiker aufgefordert fühlen mußten, hier aufzuholen und etwas entgegenzusetzen. Ein persönlicher Aspekt kommt wesentlich hinzu. Dufay empfand offenbar solche Forschungsthemen besonders herausfordernd, in denen es um grundsätzliche Klärungen ging, um ein Ordnen, Systematisieren und Konzeptualisieren weit gestreuter empirischer Befunde. In der Botanik, mit der er täglich zu tun hatte, ging es um Fragen der Klassifikation, und von ähnlicher Art waren die Herausforderungen in der Lumineszenz und in der Elektrizität. Dementsprechend unterschied sich Dufays Arbeit schon im Ansatz von den bisherigen. Hauksbee und Gray hatten ihre Experimente stets in Hinsicht auf spezifische Annahmen über die Strömung von Effluvia, ihren Durchgang durch Materie, ihren möglichen Rückfluß in den geriebenen Körper usw. interpretiert und daraus die Ideen und Fragen für weitere Experimente gewonnen. Im Gegensatz dazu stand bei Dufay von Anbeginn an eine auf Breite angelegte, systematisierende Sichtung des empirischen Feldes im Vordergrund.

Er begann mit einer umfassenden Lektüre der existierenden Arbeiten und faßte das Ergebnis in der ersten jemals verfaßten »Histoire de l'électricité« zusammen – »Geschichte« war hierbei im doppelten Sinn als Chronologie und als traditionelle Naturgeschichte nach dem Vorbild der Botanik und Zoologie zu verstehen. Unter anderem präsentierte er dabei Guericke als einen der fruchtbarsten Forscher zur Elektrizität – man erinnere sich, daß Guericke selbst ganz andere Intentionen verfolgt hatte. Als Resultat dieses Überblicks stellte er sich sechs Forschungsfragen:

1. Ob alle Körper durch Reiben elektrisch gemacht werden können,
2. ob alle Körper Elektrizität durch Übertragung erhalten können,
3. welche Körper die Übertragung von Elektrizität erleichtern oder erschweren,
4. wie sich elektrische Anziehung und Abstoßung zueinander verhalten,
5. welche Umstände elektrische Effekte verstärken oder mindern (Luftdruck, Vakuum, Temperatur etc.),
6. wie sich das elektrische Vermögen zum Leuchtvermögen verhält.

Das war ein umfassender und angesichts der experimentellen Schwierigkeiten ehrgeiziger Fragenkatalog. Dufay bearbeitete die Fragen nicht durch Lektüre oder Spekulation, sondern durch ein umfangreiches Experimentieren. Und wie dieser Ansatz an sich war auch sein Erfolg beispiellos. Es gelang ihm, die experimentellen Bedingungen und Verfahren in hohem Maße zu stabilisieren und damit zu dem auch für ihn selbst ganz unerwarteten Ergebnis zu kommen, daß alle Stoffe, die sich reiben ließen, dabei auch elektrisch wurden, mit der einzigen, aber signifikanten Ausnahme der Metalle. Noch weitergehend war die Feststellung, daß sich alle Materialien durch Übertragung elektrifizieren ließen. Wenn er die Flamme als mögliche Ausnahme nannte, zeigt das nur, wie weit er hier seine Untersuchungen getrieben hatte. Am fol-

17 Lorraine Daston, The Cold Light of Facts and the Facts of Cold Light: Luminescence and the Transformations of the Scientific Fact. 1600–1750, in: David Lee Rubin (Hg.), Signs of the Early Modern, Bd. 2: 17th Century and Beyond, Charlottesville 1997, 17–44.

genreichsten und gänzlich unerwartet schließlich war das Ergebnis seiner Untersuchung zum Verhältnis von Anziehung und Abstoßung. Die Erscheinungen waren außerordentlich verwirrend, und er konnte lange Zeit in seinen zahlreichen Experimenten keine Regelmäßigkeit erkennen. Erst als er sehr gezielt und ausführlich der Frage einer möglichen Materialabhängigkeit nachging, zeigte sich ein regelmäßiges Verhalten, ein solches allerdings, das er nur zum Preis einer grundlegenden Neufassung von Elektrizität überhaupt formulieren konnte. Wenn man nur, so sein Vorschlag, nicht von Elektrizität im allgemeinen sprach, sondern von zwei Elektrizitäten, dann ließen sich alle seine Experimente zu Anziehung und Abstoßung kohärent verstehen: Das Gesetz bestand darin, daß sich gleichnamig elektrifizierte Körper gegenseitig abstießen, ungleichnamig elektrifizierte Körper dagegen anzogen. Die beiden Elektrizitäten waren zwei unterschiedlichen Materialgruppen zugeordnet und nach deren prominentesten Vertretern als »Glas-« bzw. »Harz-Elektrizität« benannt.

Im Resultat konnte Dufay nicht nur die meisten seiner anfänglichen Fragen beantworten, sondern noch viele andere – so etwa wies er die von Gray behauptete Abhängigkeit der elektrischen Effekte von der Farbe der Körper als unhaltbar nach, konnte die Übertragungsdistanz von Elektrizität auf über 1200 Fuß ausdehnen und bemerkte den elektrischen Schlag und den damit einhergehenden Funken, indem er sich selbst anstelle des Waisenknaben in die Seidenschnüre hängte. Wichtiger als solche Einzelbefunde war allerdings, daß er im Verlauf und als Resultat seiner Arbeit den Blick auf das Feld völlig verändert hatte – tiefer hätte man die begrifflichen Grundlagen der Elektrizität wohl kaum umpflügen können. Das galt auch in methodischer Hinsicht. Seine Arbeiten zeichneten sich durch eine bemerkenswerte Abwesenheit der Suche nach den mikroskopischen »Ursachen« der Elektrizität aus. Schon in seinem Fragenkatalog tauchte dieser Punkt nicht auf, und auch in der weitaus überwiegenden Zahl seiner Experimente spielte er keine Rolle. Nicht daß er die Frage nach den »Ursachen« grundsätzlich ablehnte, aber er war davon überzeugt, daß sie fruchtlos bleiben mußte, solange das empirische Feld sich gänzlich unüberschaubar und ungeordnet darstellte und die Gesetze nicht wirklich bekannt waren.[18] Um eine Festigung, Ausweitung und Systematisierung der empirischen Grundlage ging es ihm. Eine solche bewußte Trennung zwischen der Suche nach Regularitäten und Erforschung der (unwahrnehmbaren) Ursachen fand sich auch in seinen anderen Forschungsgebieten. Hinsichtlich der Elektrizität ging er damit über alles Vorige deutlich hinaus und setzte Maßstäbe für die weitere Forschung.

Dufay wird bisweilen der »Entdecker« der zwei Elektrizitäten genannt. Das stimmt und weckt falsche Eindrücke zugleich. Die zwei Elektrizitäten konnten nicht in der Weise »entdeckt« werden wie etwa ein neuer Stern, eine unbekannte Insel, oder ein neues Mineral. Dufay erhob auch nie den Anspruch, neue materielle Substrate »entdeckt« zu haben. Was er bemerkt hatte, war, daß man mit diesen Begriffen einen großen Bereich experimenteller Befunde gesetzmäßig ausdrücken konnte. »Entdecken« in der Naturforschung ist meistens weitaus komplexer, als es die genannten Beispiele nahelegen, die mit dem Wort üblicherweise verbunden werden – die Einführung der zwei Elektrizitäten stellt hier nur einen besonders markanten Fall dar.

18 Charles François de Cisternai Dufay, Quatrième mémoire sur l'électricité. De l'attraction et répulsion des corps électriques, in: Histoire de l'Académie Royale des Sciences, avec les Mémoires de Mathématique & de Physique pour la même année (1733), 457–477, hier 476–477. Diese Bemerkungen Dufays stellt seine von Daston (in: The Cold Light of Facts) bemerkte Betonung von Regelmäßigkeiten gegenüber Einzeleffekten in den weiteren Zusammenhang seiner Auffassung von Naturerkenntnis.

5. Ein Aufbruch und sein Hintergrund

Dufay schloß seine »Mémoires« mit der Aufforderung und Hoffnung, daß der Elektrizität künftig viel mehr Aufmerksamkeit zukommen möge als bislang.[19] Und in der Tat begann das Thema zu Anfang der 1740er Jahre in höherem Maße sichtbar zu werden. Jetzt – und erst jetzt – wurde Elektrizität in die Woge des allgemeinen naturwissenschaftlichen Interesses einbezogen. Die Zahl der Journalartikel stieg sprunghaft an, und erstmals erschienen Monographien, die ausschließlich Elektrizität zum Gegenstand hatten, gleich in beträchtlicher Anzahl.[20] Zum Kontrast sei daran erinnert, daß es zuvor kein einziges ausschließlich der Elektrizität gewidmetes Buch gegeben hatte! War noch 1720 die Erwähnung von elektrischen Wirkungen in experimenteller Naturlehre allenfalls im Sinne einer weiteren Kuriosität geschehen, mußte ab den 1740er Jahren das Weglassen dieses Themas als ein Fauxpas gelten, als ein Nichtbeachten einer zentralen Naturkraft. In diesem Zusammenhang fanden überdies wichtige instrumentelle Innovationen statt, insbesondere die Verbesserung der Elektrisiermaschine. Das »goldene Zeitalter« der Elektrizität begann.

Abb. 232: *Elektrisierungs-Experimente in Pariser Salons, aus: Jean Antoine Nollet, Essai sur l'électricité des corps, Frontispiz (1746)*

Die Gründe, aus denen die Elektrizität gerade jetzt, und in solchem Ausmaß in ein allgemeineres Blickfeld trat, sind nur unbefriedigend diskutiert worden. Die technischen Innovationen, denen meist die entscheidende Rolle zugeschrieben wird, konnten schon aus Gründen der Chronologie keinesfalls den Auslöser des zunehmenden Interesses bilden, wenngleich sie zweifellos einen besonders wirkmächtigen Aspekt desselben darstellten. Wichtig war dagegen sicher die nochmals erhöhte Sichtbarkeit des Feldes. Dufays »Mémoires« erschienen in den Abhandlungen der Pariser Akademie (als erste zu diesem Thema seit Bestehen der Akademie überhaupt!) und wurden vom Sekretär der Akademie, Bernard de Fontenelle, in den vorangestellten »Histoires« mit großem Lob bedacht und herausgestellt. Dufay selbst, der Bedeutung seiner Ergebnisse wohl bewußt, war unmittelbar nach seinem Vorschlag der zwei Elektrizitäten zum ersten und einzigen Mal über den Kontext der Pariser Akademie hinausgegangen: Er hatte die Ergebnisse in einem an die Royal Society gerichteten Brief zusammengefaßt, die seiner Bitte um Veröffentlichung prompt nachkam. Ein Thema, das in dieser Weise an den wichtigsten Forschungsstätten Europas präsent war, konnte nicht mehr unbeachtet bleiben. Hinzu kam, daß durch Dufay erstmals der gesamte Bereich der Elektrizität gesichtet, erweitert und systematisiert worden war. Sie wurde nun als ein kohärenter Gegenstandsbereich wahrgenommen, mit dem man sich wohl in eigenen Monographien befassen konnte.

Bleibt noch die Frage, warum das Interesse auch so nachhaltig blieb und in einem ganz neuen Maß zu technisch verwertbaren Resultaten führen konnte. Hier ist die Rolle Dufays notorisch unterschätzt worden, insbesondere hinsichtlich der erreichten Systematisierung und begrifflichen Neuordnung.[21] Zum einen war der allgemeine oder gar universelle Charakter der Elektrizität nicht mehr, wie so oft zuvor, eine Sache von Spekulationen, sondern war durch weitgreifendes Experimentieren empirisch aufgewiesen worden und gewann damit für die Zeitgenossen eine viel handfestere Bedeutung als zuvor. Zumindest genau so wichtig war die Einführung der zwei Elektrizitäten. Sie wurde in vielen Arbeiten rasch übernommen. Allerdings, und das ist äußerst bezeichnend, wurde sie nicht explizit diskutiert, sondern als Fakt

19 Charles François de Cisternai Dufay, Sixième mémoire sur l'électricité. Où l'on examine quel rapport il y a entre l'électricité, et la faculté de rendre de la lumière, qui est commune à la plûpart des corps électriques, et ce qu'on peut inférer de ce rapport, in: Histoire de l'Académie Royale des Sciences, avec les Mémoires de Mathématique & de Physique pour la même année (1734), 503–526, 526.

20 Jean Theophile Desaguliers, A Dissertation concerning Electricity, London 1742; John Theophilus Desaguliers, Dissertation sur l'électricité des corps, Bordeaux 1742; Christian August Hausen, Novi profectus in historia electricitatis, Leipzig 1743; Johann Gabriel Doppelmayr, Neu-entdeckte Phaenomena von bewunderungswürdigen Würkungen der Natur, Nürnberg 1744; Georg Matthias Bose, Tentamina electrica in academiis regiis Londinensi et Parisana primum habita, omni studio repetita, Wittenberg 1744; Johann Heinrich Winkler, Gedanken von den Eigenschaften, Wirkungen und Ursachen der Electricität, nebst einer Beschreibung zwo neuer Maschinen, Leipzig 1744; Georg Matthias Bose, Recherches sur la cause et sur la véritable théorie de l'électricité, Wittenberg 1745; Andreas Gordon, Versuch einer Erklärung der Electricität, Erfurt 1745; Charles François de Cisternai Dufay, Versuche und Abhandlungen von der Electricität derer Cörper, welche Er bei der Königl. Academie der Wissenschaften zu Paris, in denen Jahren 1733. bis 1737. vorgestellet, und bey denen Versammlungen derselben abgelesen hat: Denen auch zugleich die in der

präsentiert oder manchmal direkt als definierendes Merkmal von Elektrizität eingeführt.[22] Das Wissen um die zwei Elektrizitäten verschob sich sehr rasch von der Ebene explizit diskutierter Fragen auf die von selbstverständlich verwendeten und als unproblematisch angesehenen Kategorien und Begriffen, in denen sich »Gesetze« und »Fakten« manifestieren. Daran wird deutlich, wie treffend die von Dufay ausdrücklich betonte Unterscheidung verschiedener Erkenntnisziele und -ebenen gefaßt war. Die Bemühung um Regularitäten und die dazu angemessen Begriffe und Kategorien war etwas anderes als die Suche nach den verborgenen, hinter der Erscheinungsebene gedachten »Ursachen«. Um das zweite hatte Dufay sich nicht bemüht, und hier war die Lage um 1740 nicht weniger verworren als zum Beginn des Jahrhunderts. Was sich dagegen fundamental verändert ausnahm, war die Sprache, die »Fakten«-Lage und der Blick auf das Feld insgesamt. Für die Forschungspraxis stellten sich nun andere Fragen und boten sich neue Gesichtspunkte, vor allem hinsichtlich der verwendeten Materialien; Gesichtspunkte, die vorher schon deshalb nicht ins Blickfeld treten konnten, weil die Begriffe und Kategorien nicht existierten, in denen sie formuliert wurden.

Die Einführung und Aufnahme der zwei Elektrizitäten bietet ein markantes Beispiel für den von Edmund Husserl in den 1930er Jahren als »Sedimentation« bezeichneten Prozeß, in dem zunächst explizit diskutiertes Wissen als festes Element in die Sprache eingeht und damit alles Denken und Forschen auf einer viel fundamentaleren Ebene prägt und ausrichtet als zuvor.[23] Unter anderem Blickwinkel hat Husserls jüngerer Zeitgenosse Ludwik Fleck solche Prozesse als »Entstehung wissenschaftlicher Tatsachen« bezeichnet und in ihrer Komplexität überaus treffend charakterisiert.[24] Beide betonten die weittragenden Folgen solcher Prozesse, und im Fall der zwei Elektrizitäten sind sie auch unverkennbar: Die neue Begrifflichkeit führte zu viel höherer Stabilität und Verläßlichkeit im Umgang mit elektrischen Effekten und stellte eine wesentliche Voraussetzung für den technischen Erfolg dar, der jetzt, und eben erst jetzt, in großem Maße einsetzte. Dufays Arbeiten und die allgemeine Lage experimenteller Naturforschung trafen sich hier in einer besonders wirkmächtigen Konstellation. Ein eindrucksvolles Beispiel für die »Macht des Wissens«, eine Erinnerung überdies, daß Wissen eben nicht von einheitlicher Art ist und erst in spezifischen Gegebenheiten seine Wirkung entfaltet.

6. Neue Instrumente, starke Effekte, öffentliches Spektakel

Der Aufschwung, den die Elektrizität nun nahm, war rasant, spektakulär und nachhaltig – es ging Schlag auf Schlag. Das wachsende Interesse an Experimenten – zur Forschung, Demonstration und Unterhaltung gleichermaßen – verband sich mit Verbesserungen der technischen Apparate und der Entdeckung neuer Effekte in einer Dynamik der gegenseitigen Anregung und Verstärkung. Ein erster Brennpunkt war Leipzig. Der Medizinstudent Georg Mathias Bose hatte schon sehr früh damit begonnen, öffentliche Vorlesungen zur Naturlehre zu halten, auch mit Experimenten. Dabei hatte er u.a. Hauksbees rotierende Kugel nachgebaut. Entscheidend wurde für ihn die Lektüre von Dufays »Mémoires«: Restlos begeistert versuchte er, die Effekte auch für ein größeres Publikum vorführbar zu machen, insbesondere durch Verbesse-

Historie dieser Academie befindliche Einleitungen von dieser Materie, wie auch des berühmten Verfassers Lebens-Beschreibung beigefügt worden; Aus dem Frantzösischen Ins Teutsche übersetzt, Erfurth 1745; Johann Heinrich Winkler, Die Eigenschaften der electrischen Materie und des electrischen Feuers, aus verschiedenen neuen Versuchen erkläret, und, nebst etlichen neuen Maschinen zum Electrisiren beschrieben, Leipzig 1745.

21 Heilbron, Electricity, 260, deutet diesen Punkt an, führt ihn aber nicht aus.

22 Etwa bei Doppelmayr, Neu-entdeckte Phaenomena, 1.

23 »Die Frage nach dem Ursprung der Geometrie«, 1936, als Beilage III zur »Krisis der europäischen Wissenschaften und die transzendentale Phänomenologie«, in: Edmund Husserl, Gesammelte Werke, hg. von Samuel Ijsseling, Dordrecht 1956–2002, Bd. 6, 365–386.

24 Ludwik Fleck, Entstehung und Entwicklung einer wissenschaftlichen Tatsache. Einführung in die Lehre vom Denkstil und Denkkollektiv, Frankfurt 1935, Nachdruck Frankfurt 1980.

Abb. 233: Boses Elektrisiermaschine, aus: Jean Antoine Nollet, Essai sur l'électricité des corps (1746)

Gegenüberliegende Seite: Abb. 234: Der elektrische Kuß

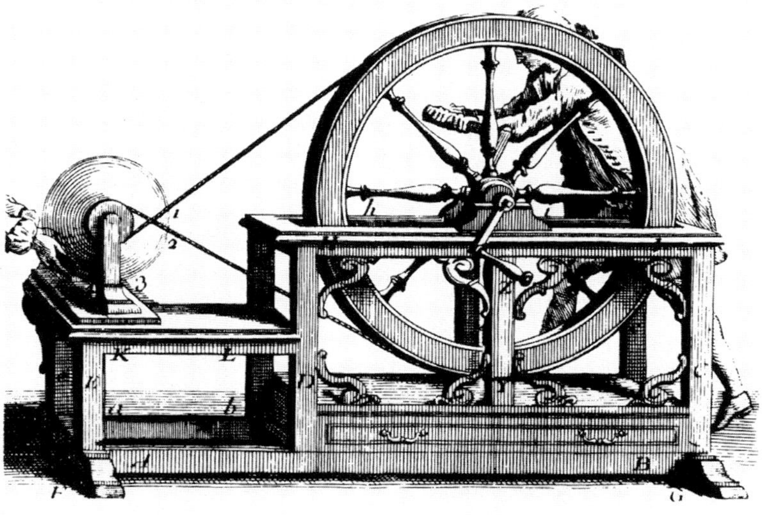

rung der Elektrisiermaschine. Er versah Hauksbees Kugelapparat mit einem an Seidenschnüren aufgehängten großen Metallstück (zunächst verwandte er einen Degen), dem »Ersten Konduktor«. Vom einen Ende hingen Metalldrähte herab, die, nahe an die Kugel gebracht, deren Elektrizität ableiteten und auf den Konduktor brachten, von wo sie bequem wieder abgegriffen werden konnte. Kurz darauf wurde auch die reibende Hand durch ein fest angebrachtes Kissen ersetzt. Solchermaßen aufgerüstet, brachte die Maschine sehr viel stärkere und stabilere elektrische Wirkungen hervor als Hauksbees Apparat oder das Glasrohr. Für den Zweck experimenteller Demonstration war beides absolut entscheidend.

Kurz bevor Bose im November 1743 erstmals über diese neue Maschine berichtete, hatte allerdings auch ein anderer Leipziger (um genau zu sein: dessen Witwe, da er selbst kurz vor der Auslieferung verstorben war) einen ähnlichen Vorschlag veröffentlicht: der Mathematikprofessor Christian August Hausen, bei dem Bose möglicherweise Assistent gewesen war.[25] Überdies war im Rahmen gelehrter Tischgespräche beim sächsischen Universitätsbeauftragten Graf Ernst Christoph von Manteuffel, an denen Hausen regelmäßig teilnahm, auch Johann Heinrich Winkler, Professor für Philosophie, Latein und Griechisch, auf die Elektrizität aufmerksam geworden. Sein Interesse ging so weit, daß er eine Elektrisiermaschine eigenen Entwurfs bauen ließ, damit zahlreiche Experimente vor allem in aristokratischen Kreisen durchführte und schließlich zwei Monographien dazu veröffentlichte.[26] Die neuen Maschinen hatten durchschlagenden Erfolg und wurden rasch Standard in ganz Europa. Mit ihnen war erstmals die Vorführbarkeit vor großem Publikum möglich, und nicht zuletzt aufgrund der Attraktivität elektrischer Experimente, etwa der Leuchterscheinungen, konkurrierten sie in Experimentalvorlesungen nun ernsthaft mit anderen Themen wie Vakuum oder Brennglas. Bose fügte überdies eine ganze Reihe von neuen Effekten hinzu: Bei der »Beatifikation« etwa wurde einer elektrisch aufgeladenen Person durch eine speziell geformte Krone ein im Dunkeln sichtbarer ›Heiligenschein‹ aufgesetzt; eher für geschlossene Gesellschaften dagegen war wohl der frivole und schmerzhafte »elektrische Kuß« geeignet. Die Schaulustigen wurden bei sol-

25 Die seither umstrittene Frage nach dem eigentlichen Urheber der einander sehr ähnlichen Vorschläge wird sich vielleicht nicht endgültig klären lassen, siehe dazu die unterschiedlichen Einschätzungen von Joseph Priestley, The history and present state of electricity, with original experiments, London 1767; Hans Schimank, Geschichte der Elektrisiermaschine bis zum Beginn des 19. Jahrhunderts, in: Zeitschrift für technische Physik 16 (1935), 245–254; Bern Dibner, Early electrical machines, Norwalk 1957 und Heilbron, Electricity, 270.

26 Winkler, Eigenschaften, Wirkungen und Ursachen der Electricität; Winkler, Eigenschaften der electrischen Materie.

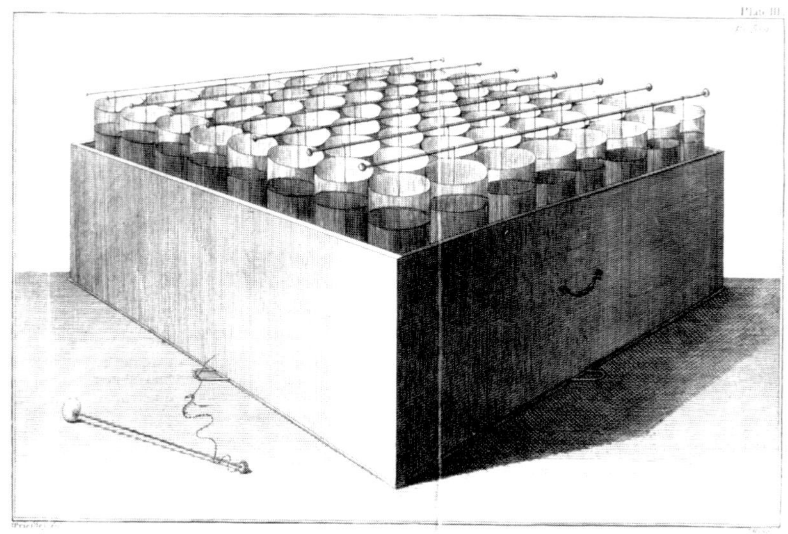

Abb. 235: Leydener Flaschen, aus: Joseph Priestley, The history and present state of electricity (1767)

chen Vorführungen reich bedient. Als 1745 die Königlich-Preußische Akademie in Berlin nach ihrer Umstrukturierung neu eröffnet wurde, setzte man die Feiern, unter Anwesenheit der königlichen Familie, durch elektrische Spektakel in Szene, deren Höhepunkt die Entzündung von Alkohol durch elektrische Funken war. Die Akademie wählte überdies Elektrizität als Thema für den ersten ihrer neu geschaffenen Preise.[27]

In Paris trafen diese Berichte auf begeisterten Widerhall, vor allem bei Jean Antoine Nollet. Experimentelle Vorträge hatte er bei Polinière kennengelernt und nach dessen Tod sein Beispiel und seine Zuhörerschaft übernommen.[28] Schon 1735 wurde sein Kurs in Naturlehre (»physique expérimentale«) erstmals gedruckt, viele spätere Auflagen und Erweiterungen sollten folgen. Nollet hatte eine Zeitlang mit Dufay zur Elektrizität zusammengearbeitet, hatte Gray getroffen und war einer der ersten, die das Thema in die allgemeine Naturlehre aufnahmen. Mit enormem didaktischen Erfolg ging er über die gelehrten Kreise hinaus in die Pariser Salons und war entscheidend daran beteiligt, Elektrizität im wörtlichen Sinn hoffähig zu machen. Nicht, daß es ihm nur um spektakuläre Demonstrationen ging. Er erklärte die Experimente stets mithilfe einer eigenen mikroskopischen Ausströmungstheorie, die, als »Système Nollet« bezeichnet, in Frankreich weiten Widerhall fand und die erfolgreichste, wenngleich die letzte Effluviatheorie darstellte.

In einem solchermaßen um sich greifenden experimentellen Fieber konnten ›Fehl‹-bedienungen nicht ausbleiben. Solchen war die Entdeckung eines ganz unerwarteten Effektes – der Verstärkungsflasche – zu verdanken. Vermutlich in Unkenntnis einer von Dufay formulierten Regel versuchte im Herbst 1745 der preußische Jurist Ewald Jürgen von Kleist in Kammin (Pommern), die Flüssigkeit einer in der Hand gehaltenen Flasche zu elektrisieren und erhielt dabei viel stärkere elektrische Schläge als bislang bekannt. Das Experiment konnte allerdings nicht von anderen reproduziert werden, weil man sich entsprechend der Regel stets auf eine isolierte Unterlage stellte. Erst als ein anderer Jurist, Andreas Cunaeus, der bisweilen mit dem Leydener Professor Pieter van Musschenbroek experimentierte, den Kleistschen Versuch ohne Kenntnis der üblichen Maßnahme durchführte, erfuhr auch er einen viel hef-

27 Die vier eingegangenen Arbeiten wurden in JACOB SIGISMUND VON WAITZ, Abhandlungen von der Elektricität und deren Ursachen, Berlin 1745 veröffentlicht.

28 Zu Nollet siehe etwa TURNER, Teaching by demonstration, 1–27.

tigeren elektrischen Schlag als jemals zuvor. Musschenbroek, der das Experiment sogleich wiederholte, beschrieb den erhaltenen Schlag als so heftig, daß ihn nichts in der Welt zu einer Wiederholung des Experimentes bringen könne.[29] Die Nachricht war spektakulär, und an vielen Orten in Europa wurden sehr rasch Experimente mit dieser »Leydener« oder »Kleistschen« Flasche durchgeführt. Wenngleich man ihre Wirkungen mit den bestehenden Theorien nicht erklären konnte, so ließen sie sich doch variieren und untersuchen. So war es nicht nur außerordentlich belustigend, zu sehen, wie auf einem Kasernenhof 180 Soldaten, die sich im Kreis die Hand reichten, bei der Entladung der Flasche alle gleichzeitig in die Höhe sprangen; man konnte dabei auch untersuchen, ob die Wirkung durch Holz- oder Metallstäbe unterbrochen wurde und wie die Stärke der Entladung gesteigert werden konnte, bis dahin, daß man damit kleinere Tiere töten konnte. Das war eine neue Dimension und wohl geeignet, das ohnehin schon breite Interesse weiter zu verstärken. Elektrizität hatte spätestens jetzt den Beigeschmack einer schwachen und unbedeutenden Naturkraft hinter sich gelassen

7. Benjamin Franklin: Elektrizität als Ökonomie und als Naturgewalt

Die Nachrichten über Elektrizität kursierten weit, auch in den nordamerikanischen Kolonien, wo es nur wenig gelehrte Einrichtungen im traditionellen Sinn gab, dafür um so mehr informelle Initiativen und Gruppen, in denen sich Interessenten an Naturwissenschaft zusammenfanden. So hatte sich auch Benjamin Franklin, Inhaber einer gut gehenden Buchdruckerei in Philadelphia, schon in jungen Jahren um die Organisation von »philosophischen« Lese- und Gesprächsgesellschaften bemüht.[30] Als er 1745 durch einen reisenden Experimentator erstmals auf die neuen Entdeckungen zur Elektrizität aufmerksam wurde, begann er, tief fasziniert, eigene Experimente durchzuführen, oft zusammen mit dem Silberschmied Philip Snyg, dem Rechtsanwalt Thomas Hopkinson und dem Prediger Ebenezer Kinnersley. Nicht zuletzt durch seinen unakademischen Hintergrund (und damit durch seine Ungebundenheit gegenüber traditionellen Denkweisen) konnte er die experimentellen Befunde unter einer ganz eigenen, unkonventionellen Perspektive angehen. Als ein wesentliches Resultat entwarf er schon bald eine gänzlich neue Theorie.

Alle Stofflichkeit, so das Grundprinzip seiner Theorie, bestehe aus eigentlicher Materie und »elektrischem Feuer«; dabei bestehe zwischen Materie und Feuer stets eine Anziehung, zwischen Teilen des Feuers untereinander dagegen eine Abstoßung. Im Normalzustand sei von diesen Kräften nur deshalb nichts zu bemerken, weil sie sich, zu gleichen Teilen vertreten, gegenseitig exakt kompensierten. Jedes Ungleichgewicht in der Verteilung zwischen Materie und Feuer mache sich aber in elektrischen Wirkungen bemerkbar: Körper mit Überschuß an Feuer stellten sich als mit einer Art von Elektrizität geladen dar, die mit Mangel an Feuer als mit der anderen Art geladen. Statt von Glas- und Harzelektrizität wie Dufay sprach Franklin deshalb von positiver und negativer Elektrizität. Mit solchen Annahmen konnte er alle Regeln und Gesetze Dufays erklären und, das war für Franklin entscheidend, auch die Funktionsweise der Leydener Flasche verständlich machen: Immer wenn

29 Heilbron, Electricity, 313.

30 Zu Franklin siehe etwa I. Bernard Cohen, Franklin and Newton: An Inquiry into Speculative Newtonian Experimental Science and Franklin's Work in Electricity as an Example Thereof, Philadelphia 1956; I. Bernard Cohen, Benjamin Franklin's Science, Cambridge, Mass. 1990; Esmond Wright, Franklin of Philadelphia, Cambridge, Mass. 2000.

sie beispielsweise im Innern durch Hinzufügen von elektrischem Feuer positiv geladen wurde, strömte ein entsprechendes Quantum an Feuer von der Außenbelegung weg, so daß die Flasche in der Bilanz immer ungeladen blieb. Die bekannten, heftigen Entladungseffekte beim Verbinden von Innen- und Außenbelegung stellten sich damit einfach als Ausgleichsprozesse dar.

Diese Theorie fügte nicht einfach den vorhergehenden Effluviatheorien eine weitere hinzu, sondern nahm einen völlig anderen Ansatz. Das, was zuvor immer als erklärungsbedürftig galt – Anziehung und Abstoßung –, wurde von Franklin als nicht weiter zu erklärende Grundeigenschaft einer hypothetischen Materie postuliert: des elektrischen Feuers oder Fluidums, wie es bald genannt wurde. Leitungsvorgänge wurden nun als wirkliche Strömung einer Materie aufgefaßt, und die Funktion der Elektrisiermaschine ließ sich als das Herstellen eines Ungleichgewichtes zwischen ansonsten ausgeglichenen Zuständen verstehen. Daß eine solche fundamentale Verschiebung der Erklärungsaufgaben der Theorie so schnellen Anklang fand, hatte nicht zuletzt damit zu tun, daß wenige Jahrzehnte zuvor mit großem Erfolg auf dem viel prominenteren Feld der Gravitationslehre ein ähnlich gelagerter Blickwechsel stattgefunden hatte: Hatte noch Newton die universale Anziehung der Materie ausdrücklich als einen Hilfsbegriff eingeführt, der letztlich durch mechanistische Druck- oder Stoßprozesse eine physikalische Erklärung erfahren müsse, so wurde schon zu Beginn des 18. Jahrhunderts Gravitation von vielen als eine nicht weiter erklärungsbedürftige Grunderscheinung angesehen, eine Entwicklung, die in den Ansätzen Eulers, Lagranges und Laplaces ihren wohl markantesten Ausdruck fand.[31] Franklin vollzog mit seiner Theorie, auf ganz anderem Gebiet und ohne jede Vision der Mathematisierung, eine ganz analoge Veränderung des Blickwinkels. Mit ihrer Terminologie von »positiv« und »negativ« war seine Theorie überdies durch eine Perspektive des ökonomischen Austarierens und Bilanzierens geprägt, eine Perspektive, mit der Franklin aus dem Geschäftsleben bestens vertraut war und die er nicht nur in seinen Schriften über Ökonomie ausführlich verwendete, sondern auch in seinen frühen Überlegungen zu einem »moralischen Kalkül«.[32] Mit solchen Eigenheiten war die Theorie in eklatanter Weise unverträglich mit der Nollets, der inzwischen in Frankreich nicht nur der wesentlichste Protagonist der Experimentalphysik, sondern insbesondere auch der unbestrittene »Doyen« der Elektrizitätsforschung geworden war.

Allerdings gab es auch problematische Aspekte. Insbesondere blieb die gegenseitige Abstoßung negativ geladener Körper unerklärbar, zumindest wenn man nicht von einer gegenseitigen Abstoßung der Teile der gemeinen Materie ausgehen wollte, was einen fundamentalen Widerspruch zur Annahme der allgemeinen Gravitation bedeutet hätte. Franklin umging das Problem dadurch, daß er die Abstoßung negativ geladener Körper einfach abstritt. Eine weitere Schwierigkeit ergab sich, sobald man die Funktion der Leydener Flasche im Detail verstehen wollte. Ein entscheidender Punkt in Franklins Erklärung war die Annahme, daß Glas für das elektrische Feuer völlig undurchdringlich war. Das sich damit stellende Problem, wie denn dann die Wechselwirkung der inneren und äußeren Belegung überhaupt vonstatten ging, versuchte Franklin durch den wenig überzeugenden Vorschlag eines teilweisen Eindringens »elektrischer Atmosphären« in das Glas zu lösen.

Zumindest genau so wichtig wie Franklins Theorie war allerdings ein anderer Punkt. Er griff die zuvor schon mehrfach, nicht zuletzt von Nollet

31 Die Suche nach mechanistischen ›Ursachen‹ der Gravitation wurde allerdings in der Physik wiederholt aufgegriffen, u.a. durch Nicholas Fatio de Dullier im 17., Georges-Louis Le Sage im 18., Lord Kelvin im 19. und Quirino Majorana im 20. Jahrhundert. Einen Einblick in die historischen und derzeitigen Anstrengungen auf diesem Feld gibt der Sammelband von Matthew R. Edwards (Hg.), Pushing Gravity. New Perspectives on Le Sage's theory of gravitation, Montreal 2002.

32 Heinz-Otto Sibum, The bookkeeper of nature: Benjamin Franklin's electrical research and the development of experimental natural philosophy in the eighteenth century, in: J. A. Leo Lemay (Hg.), Reappraising Benjamin Franklin: a bicentennial perspective, Newark 1993, 221–242.

Abb. 236: Elektrische Experimente, aus: Berthold Hauser, Elementa philosophiae ad rationis et experientiae ductum (1755–1764)

geäußerte Frage auf, ob nicht der atmosphärische Blitz von elektrischer Natur sei, und schlug erstmals eine konkrete Anordnung zur experimentellen Prüfung vor. Zentral war dabei die besondere Wirkung von Metallspitzen, wie Franklin sie experimentell untersucht hatte. Wenngleich sein Versuch, diese Wirkung im Rahmen seiner Theorie zu erklären, ihm schließlich selbst nicht überzeugend erschien,[33] betonte er doch die Gültigkeit der experimentellen Befunde und skizzierte nicht nur, wie eine Apparatur aussehen müsse, mit der man die elektrische Natur des Blitzes nachweisen könne, sondern schlug zugleich vor, diese Einsicht zum Bau von Schutzvorrichtungen gegen Blitzeinschlag zu verwenden.

Die zusammenfassende Veröffentlichung von Franklins »Briefen zur Elektrizität« rief in Europa eine breite Reaktion hervor.[34] Daß sie vor allem in Frankreich begierig aufgegriffen wurde, hatte nicht zuletzt mit innerakademischen Konstellationen zu tun. Auf Anregung Georges-Louis Buffons, eines vehementen Rivalen Nollets, übersetzte der Botaniker Thomas François Dalibard nicht nur sehr rasch Franklins Werk ins Französische,[35] sondern organisierte in Marly im Süden von Paris ein Experiment nach dem Vorschlag Franklins. Damit konnten tatsächlich im Mai 1752, bei gewittrigem Wetter, erstmals Funken direkt aus der Atmosphäre gezogen werden – ein sensationelles Resultat. Nicht verwunderlich, daß in ganz Europa sogleich ähnliche Experimente arrangiert wurden. Man bemerkte, daß sich bisweilen auch bei nicht-gewittrigem Wetter Funken aus der Atmosphäre ziehen ließen, daß das auch mit Kugeln statt mit Spitzen ging und daß die atmosphärische Elektrizität keinesfalls, wie Franklin vermutet hatte, meist ein positives Vorzeichen hatte. In diesen Experimenten trat Elektrizität zum ersten Mal nicht als etwas künstlich Hervorgebrachtes zu Tage, sondern als eine Naturkraft, mit der man schon immer zu tun hatte. Einen herben Dämpfer erfuhren diese Experimente allerdings, als im Juli 1753 der Petersburger Physikprofessor Georg Wilhelm Richmann nicht Funken, sondern einen Blitz zog und sofort zu Tode kam. Dramatischer hätte die neu gewonnene Macht der Elektrizität wohl kaum vor Augen geführt werden können.

Elektrizität war nun ein breites Forschungsfeld geworden. In Lehrbüchern und Vorlesungen wurde sie weitläufig behandelt, und es erschienen umfas-

33 Benjamin Franklin, Briefe von der Elektricität, aus dem Engländischen übersetzt nebst Anmerkungen von J. C. Wilcke, Leipzig 1758, 83, Nachdruck Braunschweig 1983.

34 Benjamin Franklin, Experiments and Observations on Electricity, London 1751, deutsch in: Franklin, Briefe von der Elektricität.

35 In bewußtem Affront erwähnte er in seinem der Übersetzung vorangestellten historischen Überblick zur Elektrizität Nollet nur indirekt und abfällig.

sende Überblicksdarstellungen.[36] Neue experimentelle Arbeitsinstrumente wurden erfunden und entwickelt, wie der Elektrophor – eine Vorrichtung zum Akkumulieren von Elektrizität ohne (stets teure) Elektrisiermaschinen – oder immer feinere Nachweisinstrumente (»Elektrometer«) für kleinste Elektrizitätsmengen. Besonders in Oberitalien fanden wichtige Entwicklungen statt, in Turin durch den Physikprofessor Giambattista Beccaria (nicht zu verwechseln mit dem zur selben Zeit in Mailand wirkenden Philosophen Cesare Beccaria), in Florenz durch den jungen Alessandro Volta, ebenfalls Professor der Physik. Auf ihn gingen die beiden genannten Instrumente zurück, und er wurde ab den 1770er Jahren zu einem der wichtigsten Elektrizitätsforscher Europas. Franklin selbst wandte sich ab Mitte der 1750er Jahre seinen bekannten politischen Aktivitäten im Rahmen der amerikanischen Unabhängigkeitsbestrebungen zu,[37] allerdings nicht, ohne in der Vision eines »elektrischen Gastmahls« der Elektrizität eine große Zukunft vorauszusehen: »Ein calecutischer Hahn soll zu unserem Gastmahle durch den elektrischen Schlag getödtet, und an dem elektrischen Bratenwender von einem Feuer, das durch die Elektricität angezündet ist, gebraten werden; wobey denn zugleich die Gesundheiten der berühmten Elektricitätskenner in England, Holland, Frankreich und Deutschland, aus elektisirten Pocalen, unter Abfeuerung der Canonen von der electrischen Batterie, sollen getrunken werden.«[38]

8. Elektrizität in der Gesellschaft

In der Tat überschritt mit den spektakulären Ergebnissen Franklins die Elektrizität endgültig nicht nur den akademischen Rahmen, sondern auch den Rahmen von Salons, Fürstenhöfen und Klöstern. Zum ersten Mal griff sie in Bereiche aus, in denen breite Bevölkerungskreise davon zu hören und zu sehen bekamen. Der erste und wichtigste davon war der Blitzschutz. Nach dem Experiment von Marly wurde die Frage nach möglichen Blitzableitern sofort breit diskutiert. Für uns ist es heute kaum zu ermessen, welche Bedeutung Blitz und Gewitter im 18. Jahrhundert hatten. Nicht nur waren Blitzeinschläge viel häufiger als in unserer heutigen, mit Metalltürmen vollgestellten Lebenswelt, sondern jeder einzelne hatte in der Regel weit katastrophalere Folgen, besonders in den eng gebauten Städten. Auch das Militär hatte größtes Interesse am Schutz von Munitionslagern – hier hatten Blitzeinschläge verheerende Explosionen verursacht. Fragen der Elektrizitätsforschung berührten so erstmals direkt einen lebenspraktischen Bereich, einen solchen überdies, der kulturell und religiös-theologisch stark besetzt war.

Bezeichnend ist etwa der Fall des böhmischen Jesuitenpaters Procopius Divisch, der schon kurz nach dem Experiment von Marly eine »Wettermaschine« vorschlug, die mit vielen, räumlich verteilten Spitzen die Gewitterelektrizität großflächig ableiten sollte. Als er sie 1754 aufstellen ließ, gab es wiederholt Sabotageakte durch die Landbevölkerung, die befürchtete, durch Eingriff in Gottes Strafgericht erst recht seinen Zorn auf sich zu ziehen. Divisch selbst hatte die theologische Dimension sehr wohl im Blick, wie der Titel seines posthum durch den protestantischen Theologen (!) Oetinger veröffentlichten Werkes zeigt, in dem von »natürlicher Magie« die Rede war – Ernst Benz spricht in seiner historischen Untersuchung des Falles gar von einer »Theologie der Elektrizität«.[39] Ähnliche Debatten und Vorfälle gab es

36 Darunter eine ausführliche »Geschichte der Elektrizität« durch den Danziger Bürgermeister Daniel Gralath, die später bei Priestley, The history and present state of electricity, with original experiments als wesentliche Quelle diente: Daniel Gralath, Geschichte der Electricität, in: Versuche und Abhandlungen der Naturforschenden Gesellschaft zu Danzig 1 (1747), 175–304; 2 (1754), 355–460 und 492–556.

37 Francis Jennings, Benjamin Franklin, politician: the mask and the man, New York 1996.

38 Am Schluß seines dritten Briefes: Franklin, Briefe von der Elektricität , 49.

39 Prokop Divisch, Längst verlangte Theorie von der meteorologischen Electricite, welche Er selbst Magiam naturalem benahmet. Samt einem Anhang vom Gebrauch der electrischen Gründe zur Chemie, hg. von Friedrich Christoph Oetinger, Tübingen/Frankfurt 1765–68; Ernst Benz, Theologie der Elektrizität: zur Begegnung und Auseinandersetzung von Theologie und Naturwissenschaft im 17. und 18. Jahrhundert, Mainz/Wiesbaden 1971.

Abb. 237: Johann Gottlieb Schäffer, Die electrische Medizin, Frontispiz (1766)

bis ins späte 18. Jahrhundert hinein immer wieder, wenn Blitzableiter aufgestellt werden sollten, und das keinesfalls nur auf dem Lande, sondern auch in Städten. Eher wegen physikalischer Fragen war der Blitzableiter allerdings auch innerhalb der akademischen Welt nicht unumstritten. Es wurde die Befürchtung vorgebracht, daß eine Metallspitze den Blitz geradezu anziehe, wohingegen die eigentlich angemessene Form eine Kugel sei. Die Frage ließ sich theoretisch nicht entscheiden, da Franklins Erklärungsansatz offenkundige Mängel aufwies und eine alternative Erklärung nicht existierte. Nachdem 1777 ein mit spitzen Blitzableitern ausgestattetes Pulvermagazin in England durch Blitzeinschlag beschädigt wurde, finanzierte die Admiralität großmaßstäbliche Experimente zur Ermittlung der besten Blitzableiterform.

Ein zweiter Bereich der neuen gesellschaftlichen Präsenz von Elektrizität entwickelte sich in der Medizin. Der Gedanke möglicher therapeutischer Effekte von Elektrizität war schon älter, trat aber erst mit der Verfügbarkeit starker und verläßlicher Maschinen auch praktisch in den Vordergrund. Nach ersten Vorschlägen und Versuchen in Halle berichtete der Genfer Naturforscher Jean Jallabert schon 1747/48 über eine spektakuläre Heilung einer Lähmung durch elektrische Schläge. Auch Winkler beschrieb verschiedene medizinisch-elektrische Experimente, die er an sich und seiner Frau durchgeführt hatte.[40] Solche Aktivitäten weiteten sich beständig aus und wurden weniger von Ärzten als mehr von Naturforschern und elektrischen ›Praktikern‹ betrieben.[41] Das Spektrum der Behandlungsformen reichte von einzelnen Schlägen bis zum »elektrischen Bad«, bei dem isoliert stehende Betten elektrisiert wurden. Dementsprechend wurden Instrumente und Apparate entwickelt, die eine Form der Dosierung erlaubten. In der transportablen Elektrisiermaschine des Apothekers Timothy Lane etwa wurde die Stärke des den Patienten erteilten Schlages durch die Länge einer Funkenstrecke geregelt[42] – angesichts der (schon damals wohlbekannten) Abhängigkeit von Luftdruck und -feuchtigkeit ein sehr grobes und wenig verläßliches Verfahren. Elektrische Therapieverfahren fanden nicht zuletzt deshalb weiten Anklang, weil sie kurz (wenn auch nicht schmerzlos) und im Vergleich zur Medizin der Ärzte meist billiger waren. Es waren vor allem Patienten aus mittleren und unteren sozialen Schichten, die diese neue Therapieform in Anspruch nahmen.

Neben Blitzschutz und Medizin war es das Unterhaltungs- und Schaustellergewerbe, in dem die Elektrizität nun in großem Umfang hervortrat. Weit über die von Gray und Bose vorgeschlagenen Experimente hinaus wurden laufend neue Versuche vorgeschlagen. Allein schon die Entladungen der Leydener Flasche boten ein weit variierbares, doch immer spektäkulares Schauspiel, sei es als Glimmentladung im Dunkeln oder als die schon erwähnte Kette von Menschen, die allesamt gleichzeitig zusammenzuckten. Das Entzünden von Flüssigkeiten durch Funken konnte dadurch besonders attraktiv gemacht werden, daß der elektrisierte Körper ein Eisblock war – Feuer aus Eis! – oder daß explosive Substanzen entzündet wurden. Bei entsprechender Abdichtung konnte man Sprengstoff – noch viel spektakulärer – auch unter Wasser zünden. Die Wirkung von Blitzableitern ließ sich eindrucksvoll an Hausmodellen illustrieren, von denen das ungeschützte am Ende schließlich zerfiel oder in Flammen aufging. Ein ganzes Panorama von zuvor unvorstellbaren Wirkungen war nun verfügbar, die einem staunenden (und zahlenden!) Publikum vorgeführt werden konnten. Reisende Elektrisierer machten sich auf den Weg, um derlei Vorführungen auch auf kleineren Fürstenhöfen, auf

40 Jean Jallabert, Experimenta Electrica Usibus Medicis Applicata Oder Versuche über die Electricität, aus denen der herrliche Nutzen derselben in der Artzneywissenschaft und insbesondere in der Kur eines Lahmen zu ersehen: nebst einigen Muthmassungen über die Ursach der Wirkungen der Electricität. Aus dem Französischen übersetzt, Basel 1750, 117–141; Johann Heinrich Winkler, Novum Reique Medicae Utile Electricitatis Inventum Exponit Joannes Henricus Winkler, Professor Lipsiensis, et Societatis Regalis Londinensis Sodalis, in: Philosophical Transactions 45 (1748) (486), 262–270.

41 Oliver Hochadel, Öffentliche Wissenschaft. Elektrizität in der deutschen Aufklärung, Göttingen 2003, 60–66; Paola Bertucci/Giuliano Pancaldi (Hg.), Electric bodies: episodes in the history of medical electricity, Bologna 2001.

42 Timothy Lane, Description of an Electrometer, in: Philosophical Transactions 57 (1767), 451–460.

städtischen Gesellschaften, auf Jahrmärkten und Markplätzen darzubieten. Keinesfalls ging es immer nur um Unterhaltung, viele der Reisenden hatten entschiedene aufklärerische Intentionen, aber die Grenzen waren fließend.[43]

Mit dem Einzug in die Gesellschaft gewann Elektrizität erstmals ökonomische Bedeutung. Instrumentenbauer und Mechanici fanden hier ein neues Betätigungsfeld, sei es im Errichten von Blitzstangen, oder dem Bauen von Leydener Flaschen und Elektrisiermaschinen. Solche Apparate wurden nicht mehr nur auf Einzelbestellungen entworfen, sondern in verschiedensten Größen und Ausführungen in den Werkstätten in Reihen hergestellt. Dort konnten sie vom Lager weg gekauft werden. Ein regelrechter Markt für elektrische Gerätschaften begann sich zu entwickeln, für den zum einen die Werkstätten von Instrumentenbauern als Umschlagplatz dienten, der aber auch in zunehmenden Maß direkt über Zeitungsinserate abgewickelt wurde. Allerdings war die gesellschaftliche Situierung von Praktikern und Nutzern der Elektrizität im Vergleich zur ersten Jahrhunderthälfte sehr heterogen geworden: Professoren, reisende Schausteller, Mechanici, Ärzte, Apotheker, Instrumentenbauer und Schlosser – in einer solchen Situation waren Streitigkeiten um Tätigkeitsbereiche und Kompetenzen unausweichlich. Wem wurde es überlassen, Blitzstangen zu setzen (immerhin eine verantwortungsvolle und folgenreiche Unternehmung), wem die Autorität zugeschrieben, über sachgemäße Installation zu befinden? Wer durfte Patienten elektrisieren, wer konnte über mögliche Kurpfuscherei urteilen, wenn der Erfolg ausblieb? Wer konnte mit elektrischen Experimenten wissenschaftliche Autorität beanspruchen, wessen Vortrag durfte als bloßes »Spielwerck« abgetan werden? Die Tätigkeitsbereiche waren neu, die Abgrenzungen fließend, und bei den Prozessen des Aushandelns und Definierens dieser Grenzen waren verschiedenste Gesichtspunkte – sozialer Status, instrumentelle Erfahrung, wissenschaftliche Reputation, Wissenskompetenz, Handelserfahrung, wirtschaftliche Auswirkung, religiöse Bedeutung – unauflöslich miteinander verknüpft.[44] Aus anderen Bereichen der Gesellschaft und des Wissens war ähnliches wohl bekannt, für die Elektrizität war dies aber neu. Sie war in der Gesellschaft angekommen.

9. Ausblick

Die Entwicklung der Elektrizität im 18. Jahrhundert nimmt sich wie eine Erfolgsgeschichte aus, zumindest wenn Kriterien wie experimentelle Stabilität, öffentliche Aufmerksamkeit und die Zahl der Aktivisten herangezogen werden. Aus wenig sichtbaren Anfängen heraus, an Zufällen und biographischen Eigenheiten entlang, keinesfalls geradlinig, hatte sich das Thema nach und nach mehr Platz in der Gesellschaft verschafft. Dabei hatten epistemische, kulturelle, soziale und technische Umstände und Innovationen auf komplexe Weise ineinander gegriffen. Im Resultat hatte diese Amalgamierung dazu geführt, daß sich – vielleicht zum ersten Mal – eine zunächst eher weltabgewandte, akademische Forschungsarbeit massiv in Veränderungen der Alltagswelt und ihres Verständnisses niederschlug und damit in Bereiche eingriff, die kulturell, religiös und theologisch besetzt waren. Die »Bändigung des Blitzes« ist hier das herausragendste Zeichen. In ein und derselben Entwicklung hatten sich die Elektrizität als eine allseits präsente Naturkraft und die akademi-

43 Diese bislang unbeachteten Aspekte hat Hochadel, Öffentliche Wissenschaft hervorragend herausgearbeitet.

44 Ebd., Kap. 5.

Abb. 238: Die elektrische Natur des Blitzes, aus: Dominikus Beck, Faßlicher Unterricht, Gebäude auf eine leichte und sichere Art vor dem Einschlagen des Blitzes zu bewahren (1786)

sche Forschung als eine ernst zu nehmende gesellschaftliche Macht erwiesen. Francis Bacon hätte sich mit seiner in der »Nova Atlantis« skizzierten Vision einer auf Wissen gebauten Gesellschaft bestätigt gefühlt, wenn auch die konkrete Forschungsarbeit deutlich anders aussah, als er das in seinem methodologisch ausgerichteten »Novum Organum« entworfen hatte.[45]

Nicht wirklich eine Erfolgsgeschichte dagegen bietet sich bei einem Blick auf die theoretische Entwicklung. Nollets »Système« und damit Effluviatheorien insgesamt verschwanden in den 1780er Jahren einigermaßen sang- und klanglos. Franklins Theorie eines elektrischen Fluidums allerdings hatte unübersehbare Defizite, zu deren Behebung der schottische vormalige Diplomat Robert Symmer schon 1759 eine Zwei-Fluida-Theorie vorschlug. Im Laufe der intensiven Debatte um ein oder zwei Fluida wurden zahlreiche Experimente entworfen – das kulminierte in der spektakulären »sehr großen Elektrisiermaschine«, die Martinus van Marum 1785 im Teyler-Museum Haarlem bauen ließ. Aber auch ihre meterlangen Funkenüberschläge brachten keine Entscheidung, die Debatte wurde zunehmend fruchtlos und versiegte ungelöst gegen Ende der 1780er Jahre. Der gesellschaftliche Erfolg der Elektrizität war nicht an den Gang der Suche nach ihren »Ursachen« gebunden.

»Die Lehre von der Elektrizität ist jetzt da, wo man gewöhnlich passiert, so abgetreten und abgesucht, daß an der Heerstraße nichts mehr zu gewinnen ist; man muß querfeldein marschieren und über die Gräben setzen«,[46] so resümierte um 1790 der Göttinger Professor und Literat Georg Christoph Lichtenberg in etwas resigniertem Ton den Stand eines Feldes, zu dem er selbst durchaus beigetragen hatte. Tatsächlich wurde zu dieser Zeit, ohne daß Lichtenberg das wahrnahm, schon an zwei Orten genau das getan, was Lichtenberg hier anmahnte. In Bologna experimentierte Luigi Galvani, Professor für Geburtshilfe, im Zusammenhang mit physiologischen Überlegungen zur Frage der durch Elektrizität stimulierten Muskelzuckungen. Eine Reihe sehr merkwürdiger Effekte wurde ihm nach näherer Untersuchung nur durch Annahme einer ganz neuen, im tierischen Gewebe befindlichen Elektrizitätsquelle verständlich. Die bald »galvanisch« genannten Wirkungen eröffneten ein neues Feld, in dessen von massiven Kontroversen begleiteter Untersuchung schließlich ein entscheidender Apparat erfunden wurde: Die »elektrische Säule«, die Volta 1800 vorstellte – eine erste elektrische Batterie –, zeigte rätselhafte Wirkungen, weitete den Bereich elektrischer Erscheinungen in ganz neue Dimensionen aus und sollte schließlich zum zentralen Instrument elektrischer Forschung im frühen 19. Jahrhundert werden – mit so weitreichenden Folgen wie dem ersten elektrischen Telegraphen.

Eine ganz andere Entwicklung hatte schon früher begonnen. 1759 veröffentlichte Franz Theodor Aepinus, Mathematiker an der Petersburger Akademie, ein Werk, in dem erstmals der Versuch unternommen wurde, Elektrizität konsequent mathematisch zu behandeln. Wesentliche Anregungen hatte Aepinus durch Leonhard Euler, den vielleicht wichtigsten Mathematiker der Zeit, erfahren, und als Vorbild dienten ihm die mathematischen Verfahren Newtons in ihrer durch Euler geschaffenen »kontinentalen«, d.h. analytischen Form. Aepinus' Werk blieb allerdings lange unbeachtet – auch durch Lichtenberg, der andernorts die Mathematisierung der Elektrizität durchaus anmahnte –, bis es in den 1780er Jahren in Paris wiederentdeckt und als Vorläufer einer mathematischen Physik gepriesen wurde. Dem Ingenieur Charles-Augustin Coulomb gelang 1784 die erste Präzisionsmessung elektrischer

45 Francis Bacon, Neu-Atlantis, hg. von Beate Behrens, Berlin 1984; Ders., Neues Organon: lateinisch – deutsch, hg. von Wolfgang Krohn, Hamburg 1990.

46 Georg Christoph Lichtenberg, Schriften und Briefe, hg. von Wolfgang Promies, München 1972, Bd. 2, 472 (Nr. 384), für ähnliche Bemerkungen siehe auch 344 (Nr. 1912) und 471 (Nr. 382).

Abstoßung, und das war nur der Auftakt zu einem gezielten mathematisierenden Programm.

Aus der gegen Mitte des 19. Jahrhunderts stattfindenden Verschmelzung der beiden Strömungen – Galvanismusforschung und Mathematisierung – sollte schließlich die Elektrodynamik als eine der wichtigsten und folgenreichsten Gebiete moderner Physik entstehen. Ausgerechnet Elektrizität, die vor Franklin als »künstlichste« aller Naturkräfte erscheinen mußte, begann dann die Lebenswelt in einem Ausmaß zu verändern wie kaum eine andere Naturkraft. Ihre Ausbreitung wurde immer wieder mit der Vision verbesserter Lebensumstände vorangetrieben, ja gesellschaftliches Veränderungspotential in Aussicht gestellt. Lenins berühmte Devise von 1920 – »Kommunismus, das ist Sowjetmacht plus Elektrifizierung des ganzen Landes« –[47] setzte solchen Visionen nur eine sehr spezifische und sicher nicht von allen begrüßte Spitze auf. Wenngleich um 1800 das Wissen um Elektrizität noch weit von solcherlei Macht (-ansprüchen) entfernt war, so hatten die Entwicklungen des vorausgehenden Jahrhunderts doch die entscheidenden Grundlagen für solche Möglichkeiten gelegt.

Abb. 239: Experimente zur tierischen Elektrizität, aus: Aloisius Galvani, Abhandlung über die Kräfte der Electricität bei der Muskelbewegung (1894)

47 VIII. Gesamtrussischer Sowjetkongreß, Petersburg, siehe Vladimir Il'ic Lenin, Werke. Ins Deutsche übertragen nach der 4. russischen Ausgabe, hg. vom Institut für Marxismus-Leninismus, Berlin 1958–1978, Bd. 32, 513.

Alphabetisierung

ERNST HINRICHS

Lesen und Schreiben

1. Alphabetisierung als Voraussetzung der frühneuzeitlichen Wissensakkumulation

Alphabetisierung ist die deutsche Bezeichnung für jenen sozio-kulturellen Prozeß, in dessen Verlauf einzelne gegebene Bevölkerungen – tendenziell schließlich die gesamte Weltbevölkerung – lesen und schreiben lernen, und zwar in der Sprache und auf der Grundlage des Alphabets und der Schriftzeichen, wie sie sich in einem jeweils gegebenen Land durchgesetzt haben. Der deutsche Kunstbegriff »Alphabetisierung«, französisch: »alphabétisation«, bringt jedoch nur unzureichend zum Ausdruck, daß es sich dabei um einen unendlich komplexen Prozeß handelt, der keinesfalls nur mit dem Erlernen eines Alphabets zu tun hat, sondern die Gesamtheit des Inkontakttretens einer Bevölkerung mit der Schriftlichkeit meint. Insofern scheint die in der angelsächsischen Welt verbreitete Bezeichnung »literacy« wesentlich besser geeignet anzuzeigen, worum es bei der sozial- und bildungshistorischen Erforschung der Alphabetisierung im weiteren Sinne geht.[1] Im Deutschen könnte dafür auch »Schriftlichkeit« oder »Literalität« stehen. Im folgenden werden alle drei Bezeichnungen verwandt, je nachdem, wovon jeweils die Rede sein soll – von den mehr technischen Aspekten des Prozesses der Alphabetisierung als eines möglichst mit quantitativen Forschungstechniken zu erforschenden säkularen Vorgangs, von der Schriftlichkeit als Ausdruck eines soziokulturellen Entwicklungszustands im Hinblick auf den Umgang mit dem Schreiben und dem Geschriebenen, wahlweise aber auch von Literalität als der Gesamtheit der in einer Gesellschaft gegebenen (oder angestrebten) Bezüge zum Lesen und Schreiben, zu Geschriebenem und Gedrucktem im Sinne einer kulturellen Praktik. Und schließlich erscheint es in bestimmten Zusammenhängen nicht unangebracht, auch die zunehmende Bedeutung von Literalität in ihrem Verhältnis zur Oralität als zwei einander keinesfalls ausschließenden, aber in bestimmten historischen Zeiträumen doch miteinander in Konkurrenz tretenden kulturellen Praktiken zu betonen und deshalb den Bewegungsbegriff »Verschriftlichung« zu wählen.[2]

Die internationale Alphabetisierungs- bzw. Literacyforschung, die besonders intensiv in Großbritannien, Frankreich, Schweden, den Niederlanden und jüngst auch in Deutschland betrieben worden ist, hat es sich angewöhnt, die recht unterschiedlichen Verläufe dieses Prozesses in den europäischen und angelsächsischen Ländern gleichwohl als Einheit und in gewisser Weise als jenen zentralen kulturellen Vorgang zu begreifen, der die bildungsgeschichtlichen Voraussetzungen für die Entwicklung der »westlichen Zivilisation« schuf.[3] Obwohl quantitative Aussagen zum Alphabetisierungsstand für die meisten Länder vor dem 19. Jahrhundert, d.h. im vorstatistischen Zeitalter, in der Regel nicht oder nur in regionaler oder lokaler Begrenzung möglich sind, verzichtet die Alphabetisierungsforschung nicht darauf, auch für weit zurückliegende Zeiten Aussagen über den jeweils zu vermutenden Stand der Ausbil-

1 Vgl. Lawrence Stone, Literacy and Education in England 1640–1900, in: Past and Present 42 (1969), 69–139; Jack Goody (Hg.), Literacy in Traditional Societies, Cambridge 1968.

2 Vgl. dazu die Einleitung von Hans Erich Bödeker/Ernst Hinrichs (Hg.), Alphabetisierung und Literalisierung in Deutschland in der Frühen Neuzeit, Tübingen 1999, 6f.

Abb 240: Jean Baptiste Chardin, Die junge Hauslehrerin (um 1735)

dung der elementaren Kulturtechniken und der dazu möglicher-, aber nicht notwendigerweise geschaffenen Institutionen, vor allem der Schulen, zu machen. Geschichte der Alphabetisierung beginnt mithin nicht erst im Zeitalter ihrer massenweisen Ausbreitung im Zeichen von Staat, Kirche und Wirtschaft im 19. Jahrhundert, sondern sie setzt ein, sobald wir von dem Umgang des Menschen mit der Schrift und mit Geschriebenen wissen. Demnach ist die Geschichte der Alphabetisierung nicht auf eine bestimmte historische Epoche beschränkt, sondern zählt – wie etwa auch die Bürokratisierung – zu jenen langdauernden, »durchlaufenden« historischen Prozessen, die, keinesfalls linear von einem gedachten Ursprung bis zu ihrem Höhepunkt im 21. Jahrhundert »aufsteigend«, sondern von zahlreichen Auf- und Abwärtsbewegungen gekennzeichnet, zu einem mehr oder minder deutlich zu erkennenden historischen Zeitpunkt – in diesem Fall die »Erfindung« der Schrift am Ende des vierten vorchristlichen Jahrtausends – begannen und heute, weltweit gesehen, immer noch nicht beendet sind.[4]

Harvey J. Graff, einer der bedeutenden amerikanischen Kenner der Geschichte der »literacy«, hat den kühnen, insgesamt überzeugenden Versuch gemacht, für die Gesamtgeschichte der Alphabetisierung und Literalisierung der »westlichen Kultur« eine etwa fünf Jahrtausende umfassende Skala der »Schlüsselereignisse« in der Entwicklung westlicher Literalität aufzustellen, die von den großen Epochen der europäischen Bildungsgeschichte seit ihrem Beginn einerseits, von einigen nur im Rahmen der Alphabetisierungsforschung möglichen Entdeckungen andererseits gekennzeichnet ist.[5] Nach der schon erwähnten »Erfindung« der Schrift um 3100 v. Chr. im heutigen Irak setzt Graff einen etwa 1600 Jahre dauernden Prozeß der Entwicklung der verschiedenen vorgriechischen »Schreibsysteme« an, dem sich dann die etwa von 650 bis 550 v. Chr. währende »Erfindung« des griechischen Alphabets anschließt. Zwischen 500 und 400 v. Chr. etwa beginnen in den griechischen Stadtstaaten Schulen im Prozeß der Alphabetisierung eine Rolle zu spielen, und zum ersten Mal entsteht eine Tradition der Nutzung von Schriftlichkeit für städtische bzw.

3 Wie sehr in Zusammenhängen der globalen vergleichenden Politikanalyse mit einer Bewertung der Alphabetisierungsziffern operiert und argumentiert wird, zeigt das aktuelle Beispiel von Emmanuel Todd, Weltmacht USA. Ein Nachruf, München 2002, 41f. Todd geht davon aus, daß der globale Alphabetisierungsprozeß »in einer nicht allzu fernen Zukunft« abgeschlossen sein wird.

4 Todd, Weltmacht, 42f.: »Um 3000 v. Chr. wurde die Schrift erfunden, es hat dann also gut 5000 Jahre gedauert, bis die ganze Menschheit die Revolution hin zur Alphabetisierung vollzogen hat.«

5 Harvey J. Graff, The Legacies of Literacy. Continuities and Contradictions in Western Culture and Society, Bloomington 1987, 9 und passim.

»bürgerliche« Zwecke. Zwischen 200 vor und etwa 200 nach Christus liegt der Zeitraum der Entwicklung »öffentlicher« Schulen im Römischen Reich, dem wichtigsten Beitrag dieses politischen Systems zur Verbreitung der Schriftlichkeit in der Antike. Das Datum 0 steht bei Graff ein wenig verschämt unter dem Titel »Ursprünge und Entwicklung des Christentums« und hätte einen ergänzenden Hinweis auf die Bedeutung der Klöster verdient, die von einem sehr frühen Augenblick an in der Ausbreitung einer zwar elitären, darum aber nicht minder mächtigen Wirkung von Geschriebenem eine besondere Rolle gespielt haben. Danach verdient aus der Sicht von Graff erst wieder die Epoche Karls des Großen und seiner karolingischen Nachfolger zwischen 800 und 900 Erwähnung mit der Entwicklung der »karolingischen Sprache« und einer zunehmenden Differenzierung des Schriftgebrauchs bis hin zur Nutzung der Schrift für Zwecke der Staatsverwaltung. Als nächste Epoche setzt Graff das 13. Jahrhundert an mit dem vollentwickelten Städtewesen, seinem neuen Bedarf an Schriftlichkeit und einer stärker werdenden Nachfrage nach Geschriebenem in der Staats- und Stadtverwaltung.

Abb. 241: Schreibunterricht durch einen Schreibmeister, Kupferstich (17. Jh.)

Vom 14. Jahrhundert an ist es die Renaissance, die über die Wiederentdeckung der Antike auf vielfältige Weise auch die Spur zu Geschriebenem weist, bevor mit der Epoche »um 1450« und der Erfindung des Buchdrucks dann gleichsam die Neuzeit des Alphabetisierungs- und Literalisierungsprozesses beginnt. Der Buchdruck wurde erfunden, als die Staatsverwaltungen und die humanistisch geprägten Wissenschaften im Umgang mit Schriftlichem neue quantitative und qualitative Zeichen setzten, die dann im Zeitalter der Reformation aufgenommen und in eine neue Richtung – die der massenweisen Verbreitung religiöser Druckerzeugnisse – gelenkt wurden. Das Reformationszeitalter ist denn auch die Epoche, in der sich, nach dem Vorläufertum der öffentlichen Schulen Roms, der Klosterschulen und der Stadtschulen des späten Mittelalters, das Schulwesen zu einem dauerhaften »Partner« und Träger des Alphabetisierungsprozesses entwickelte. Dabei muß allerdings von vornherein gesehen werden, daß die Schule in ihren vielfältigen Erscheinungsformen die Entwicklung nicht aus sich selbst heraus vorantrieb, sondern von den eigentlichen Agenten des Prozesses, in diesem Fall von der Kirche und dem Staat, zu diesem Zweck geformt wurde. Der nachreformatorischen »Bildungsintensität« im Hinblick auf gezielte religiöse Lesefertigkeiten ist ein Ereignis zuzuschreiben, das das damals sehr kleine Volk der Schweden betraf und das ohne die moderne Alphabetisierungsforschung gar nicht bekannt wäre – die religiös motivierte Alphabetisierungskampagne im Königreich Schweden des 17. Jahrhunderts, die zu einem unvergleichlich hohen Bevölkerungsanteil von – freilich nur lesenden, nicht etwa schreibenden – Schwedinnen und Schweden führte.[6] Vermutlich übertraf der Anteil der in diesem Sinne »literaten« schwedischen Bevölkerung in dieser Zeit den aller anderen europäischen Staaten.

Was übrigbleibt auf der Skala Graffs, ist die europäische und angelsächsische Moderne, die mit der Aufklärung des 18. Jahrhunderts beginnt und mit der staatlichen Einrichtung eines Zwangschulwesens im 18. und 19. Jahrhundert in den modernen Prozeß der Massenalphabetisierung einmündet. Sie kann um 1900 als abgeschlossen gelten, ohne daß damit der Prozeß insgesamt beendet wäre: Im 20. Jahrhundert findet auf der Skala Graffs die Ausbreitung der elektronischen Medien einerseits, die Krise der traditionellen »literacy« andererseits ihren Platz.[7]

6 Vgl. dazu insgesamt Egil Johansson, The History of Literacy in Sweden, Umeåa 1977.

7 Graff, Legacies, 9, 373ff.

Graffs Periodisierung zeigt es schon auf den ersten Blick: Die Geschichte der europäischen Alphabetisierung läßt sich keinesfalls als eine Parallelentwicklung begreifen zu jenem Prozeß, der in diesem Band als Entstehung der modernen Wissensgesellschaft bezeichnet wird. Gewiß benötigte die moderne Wissensgesellschaft die Alphabetisierung als eine ihrer Entstehungsbedingungen, sie gründete gewissermaßen auf sozialen Fundamenten, für welche die Schriftlichkeit schon einen Wert und eine bedeutende Errungenschaft darstellte, und sie ist ohne dieses Fundament nur schwer vorstellbar, auch wenn es noch keine Massenalphabetisierung gab. Die Literalität aber war weitaus älter und verdankte ihren Ursprung und ihre Ausweitung anderen, nicht unbedingt dem Wissenserwerb geschuldeten Impulsen. Nicht einmal die bedeutendste neuzeitliche Epoche der Alphabetisierung vor dem 19. Jahrhundert, das Zeitalter der Reformation mit seiner Tendenz zur Massenalphabetisierung, hatte primär etwas mit dieser Wissensgesellschaft zu tun, denn der Reformation ging es, wie bekannt, im Hinblick auf die Schriftlichkeit um religiöse Unterrichtung und Indoktrination, ihre Nutznießer sollten selbst lesen und biblische Texte studieren – aber um zu glauben, nicht um zu wissen.[8]

Die Literalität stand und steht heute noch in einem intensiven Spannungsverhältnis zu ihrem Gegenüber oder besser Pendant, der Oralität. Beides sind Praktiken der kulturellen Kommunikation von Menschen miteinander, und beide haben innerhalb der Menschheitsgeschichte ihre unterschiedlichen, aber nicht notwendigerweise einander entgegengesetzten Anwendungsfelder. Zumindest sehen dies Historiker, Pädagogen und Anthropologen so, die sich einer dychotomischen Betrachtungsweise der kulturgeschichtlichen Langzeitverläufe verschließen. Ursprünglich, d.h. vor der Entwicklung von Schriftlichkeit, vollzog sich jegliche menschliche Kommunikation auf dem Weg der Oralität. Danach trat eine Arbeitsteilung ein, die freilich ihre Gewichte allmählich zugunsten der Literalität verschob. Dabei stand die Oralität der Literalität auf vielfache Weise zur Seite, ohne ihre Hilfestellung hätte sich Schriftlichkeit in der westlichen Welt nicht durchsetzen können.[9]

Gerade die in diesem Band zur Debatte stehende Epoche der Ausbreitung der neuzeitlichen Wissensgesellschaft im späten Mittelalter und in der Frühen Neuzeit ist vermutlich der historische Zeitraum, in dem Oralität und Literalität am intensivsten miteinander verwoben waren, ohne daß wir deshalb zur Metapher eines Kampfes zwischen beiden um die Durchsetzung einer hegemonialen Position in den kulturellen Systemen greifen müssen. Man denke nur an das Verhältnis beider Welten zueinander in der Massenverbreitung von Flugschriften im Zeitalter der Reformation oder an die mündlich ebenso wie schriftlich weitergegeben Lehren der Volksaufklärung in Theologie, Wissenschaft, Wirtschaft und Kultur am Ende des 18. Jahrhunderts.

2. Die Alphabetisierung in Europa im 17. und 18. Jahrhundert – allgemeine Einsichten aus Frankreich, England, Skandinavien und Deutschland

Es wurde schon erwähnt, daß der Prozeß der Alphabetisierung in vielen Ländern Europas erst im Verlauf des 19. Jahrhunderts definitive Fortschritte machte und gegen Ende dieser Epoche – mit großen regionalen Unterschieden freilich – zu einem gewissen Abschluß kam. Die neueren Forschungen zu

8 Dazu insgesamt Graff, Legacies, 135ff.
9 Vgl. ebd., 5.

Frankreich, England, Skandinavien u.a. haben nun gezeigt, daß wir dem 19. Jahrhundert und seinen beachtlichen Leistungen bei der Einführung und Verbreiterung des Elementarschulwesens dabei nicht alle Lorbeeren zuerkennen dürfen.[10] Schon im 17. und 18. Jahrhundert lernten in Europa große Bevölkerungsgruppen das Lesen und das Schreiben, die Alphabetisierung war zu einem erheblichen Teil eine Errungenschaft der Frühen Neuzeit. Um 1750 konnten von den erwachsenen Männern in Frankreich gut ein Drittel, in England mehr als die Hälfte, in Schottland und in den wohlhabenden Küstenmarschen Norddeutschlands etwa drei Viertel lesen und schreiben. Blickt man freilich auf die regionale Vielfalt und die soziale Differenziertheit des frühneuzeitlichen Europa, so besagen solche nationalen Durchschnittswerte wenig. Für Frankreich gilt als erwiesen, daß die »alten Eliten« des Ancien Régime schon im 17. Jahrhundert vollständig alphabetisiert waren und daß ihre bevorzugten Wohnstätten – die alten Provinzhauptstädte und die regionalen Verwaltungs- und Gerichtszentren – noch in der ersten Hälfte des 19. Jahrhunderts ihren Vorsprung gegenüber den aufstrebenden Industriestädten und vor allem gegenüber den rückständigen Agrarprovinzen der Mitte, des Westens und des Südwestens bewahrten.[11] Im 18. Jahrhundert hat man für Frankreich »spektakuläre Gewinne« bei den Kaufleuten, Kleinhändlern, Handwerkern, Pächtern und besitzenden Bauern errechnet – bei all jenen Schichten also, die allmählich in den Dynamisierungsprozeß einer wachsenden Marktwirtschaft einbezogen wurden. »Das Frankreich«, das jetzt lesen und schreiben lernte, war »das Frankreich des ›open-field‹, der hohen Agrarproduktivität, der Dörfer und Bauerngemeinden, denen es gut« ging.[12] Erst im 19. Jahrhundert kamen die Lohnarbeiter auf dem Lande und in der Stadt hinzu.

Abb. 242: Die richtige Handhaltung beim Schreiben, Kupferstich

Fallen für Frankreich im Prozeß der Alphabetisierung die das ganze Land geographisch polarisierenden Ungleichheiten auf, die den schon im 18. Jahrhundert hochentwickelten Nordosten von den großen Provinzen südlich und südwestlich einer gedachten Linie zwischen Saint-Malo und Genf abheben und die zugleich erhebliche soziale Ungleichheiten spiegeln, so sind für das – weniger komplett erforschte – England vor allem chronologische Sprünge nachgewiesen. Zwischen 1530 und 1680 wurden in England nicht nur die adeligen und bürgerlichen Oberschichten, sondern auch die Händler und Handwerker, die großen und kleineren Landwirte (yeomen und husbandmen) erfaßt. Zu Beginn des 18. Jahrhunderts, d.h. am Ende einer langen, im Zuge der »great rebellion« akzelerierenden Bildungsexpansion, lagen sie alle auf einem Alphabetisierungsniveau zwischen 70 und 100 %. Weit unter ihnen, aber immerhin noch bei etwa 45 %, waren die Arbeiter und das Gesinde angesiedelt. In allen Schichten auf ihren unterschiedlichen, insgesamt sehr hohen Plafonds trat nun im 18. Jahrhundert eine Stagnation ein, ja für die Landwirte und lohnabhängigen Unterschichten sind deutliche Rückschritte auszumachen. Offensichtlich wirkte sich die vielgepriesene »politische Stabilität« Englands im 18. Jahrhundert hemmend auf den Fortschritt der Elementarbildung aus und trug dafür Sorge, daß der Nachbar Schottland nun seinen um 1800 sichtbaren Vorsprung erringen konnte. Erst ab 1780 kam es auch in England, angestachelt durch die Konkurrenz zwischen anglikanischer Staatskirche und den »dissenters« um die erzieherische Kontrolle der Menschen, befördert auch durch die Industrialisierung, zu einem neuen »outburst of activity« (L. Stone) in der Elementarbildung und damit zur letzten Etappe auf dem Wege zur vollen Alphabetisierung.[13]

10 Aus den zahlreichen Veröffentlichungen mit überregionalem Überblickscharakter nur eine Auswahl besonders relevanter Titel: Stone, Literacy and Education, 69ff.; Roger S. Schofield, Dimensions of Illiteracy 1750–1850, in: Explorations in Economic History 10 (1973), 437–454; Michel Vovelle, Y-a-t'il eu une revolution culturelle au XVIIIe siècle?, in: Revue d'histoire moderne et contemporaine 22 (1975), 89–141; François Furet/Jacques Ozouf, Lire et écrire. L'alphabétisation des Français de Calvin à Jules Ferry, 2 Bde., Paris 1977; David Cressy, Literacy and the Social Order. Reading and Writing in Tudor and Stuart England, Cambridge 1980; Harvey R. Graff (Hg.), Literacy and Society in the West. A Reader, Cambridge u.a. 1981; Ernst Hinrichs, Wie viele Menschen konnten um 1800 lesen und schreiben?, in: Helmut Ottenjann/Günter Wiegelmann (Hg.), Alte Tagebücher und Anschreibebücher. Quellen zum Alltag der ländlichen Bevölkerung in Nordwesteuropa, Münster 1982, 85–103; Robert A. Houston, Scottish Literacy and the Scottish Identity. Illiteracy and Society in Scotland and Northern England 1600–1800, Cambridge 1985; Hans Erich Bödeker/Ernst Hinrichs (Hg.), Alphabetisierung und Literalisierung in Deutschland in der Frühen Neuzeit, Tübingen 1999.

11 Furet/Ozouf, Lire et écrire, Bd. 1, 176ff.

12 Ebd., 352 (Zitat übers. von E. H.).

13 Stone, Literacy, passim.

Auffällig war in allen europäischen Ländern, zu denen wir über Informationen zur Alphabetisierung verfügen, die große Regionalität des Alphabetisierungsprozesses – in allen Staaten des Heiligen Römischen Reichs mehr als in Frankreich, dort wiederum mehr als in England. Selbst innerhalb wenig ausgedehnter geographischer bzw. verwaltungspolitischer Einheiten wie französischen Departements oder deutschen Ämtern zeichnen sich bei der auf der Auszählung von Unterschriften beruhenden Erschließung der Signierfähigkeit von heiratenden Männern und Frauen große regionale Unterschiede ab, welche die Forschung dazu bringen, von regelrechten Bildungslandschaften zu sprechen.[14] Und je tiefer man in die Untersuchung der Hintergründe einsteigt, umso mehr Erklärungen bieten sich für das bunte Nebeneinander von weit fortgeschrittenen bzw. deutlich zurückliegenden Alphabetisierungslandschaften an. Die wichtigste, sehr allgemeine Erklärung ist gewiß der Stadt-Land-Gegensatz. Städte, selbst die kleineren Ackerbürger- und Landstädte, waren zu allen Zeiten, über die wir quantitative Aussagen machen bzw. Vermutungen äußern können, dem sie umgebenden Land deutlich voraus, bestimmt seit der Reformation, vermutlich schon davor. Und sie waren dies, weil in ihren Mauern früher als auf dem sie umgebenden Land ein Bewußtsein von der Notwendigkeit, der Annehmlichkeit und dem Nutzen der elementaren Kulturtechniken sich ausbildete. Je mehr eine Region von Städten durchsetzt, je höher mithin ihr Verstädterungsgrad war, umso interessanter war ihr Alphabetisierungsprofil auch auf dem Land, auch wenn wir mangels entsprechender Untersuchungen nicht wie selbstverständlich von einer regelmäßigen Abnahme der Signierfähigkeit ausgehen dürfen, je weiter wir uns von einem städtischen Zentrum entfernen. Immerhin scheint die Vermutung zwingend, daß städte- und marktferne Landschaften noch bis in das 19. Jahrhundert hinein verhältnismäßig schwach alphabetisiert waren[15] – ein Befund, der nur dann nicht gegeben war, wenn es sich bei der betrachteten Landschaft trotz aller Städteferne gleichwohl um eine ökonomisch prosperierende handelte, wo, wie es z.B. in den Marschgebieten der deutschen Nordseeküsten der Fall war, schon im 17. Jahrhundert und früher von der bäuerlichen Bevölkerung selbst Wert auf guten Schulunterricht gelegt wurde.[16] Daß zudem religiöse Sekten, besonders solche protestantischer Herkunft, in ihren bewußt entlegen gewählten Wohnstätten auf einen intensiven Umgang mit Geschriebenem sahen, sollte nicht unbeachtet bleiben, wenngleich wir über ihren Beitrag zum Prozeß der Alphabetisierung in einem quantitativ exakten Sinne nicht wirklich informiert sind.

Nach wie vor spielt neben dem Stadt-Land-Gegensatz in der Alphabetisierungsforschung der konfessionelle eine zentrale Rolle. Da »Deutschland« hierzu mehr Anschauung und Material anbietet als alle anderen europäischen Länder, beziehen sich die meisten Untersuchungen und Kontroversen zu diesem Thema in der Regel auf Befunde aus der Staatenwelt des Alten Reichs. Zwar bemüht sich die Forschung – auch aus gelegentlich mißverstandener konfessionspolitischer Korrektheit – intensiv darum, bei allen quantitativen Befunden, welche auf eine generelle Rückständigkeit katholischer Landschaften und selbst Städte im Vergleich zum protestantischen Deutschland hindeuten, möglichst alle Argumente, vor allem auch wirtschaftsgeschichtliche, zu berücksichtigen, die den konfessionellen Erklärungsansatz relativieren oder gar entkräften, doch scheint, worauf im folgenden Kapitel noch ausführlich eingegangen wird, der generelle Eindruck unabweisbar: Der Pro-

14 Vgl. z.B. Ernst Hinrichs/Norbert Winnige, Schulwesen, Alphabetisierung und Konfession in der Frühen Neuzeit. Thesen und empirische Befunde, in: Heinz Schilling/Marie-Antoinette Gross (Hg.), Im Spannungsfeld von Staat und Kirche. »Minderheiten« und »Erziehung« im deutsch-französischen Gesellschaftsvergleich 16.–18. Jahrhundert, Berlin 2003, 222, 225, 231.

15 Furet/Ozouf, Lire et écrire, Bd. 1, 56f.

16 Wilhelm Norden, Die Alphabetisierung der oldenburgischen Küstenmarsch im 17. und 18. Jahrhundert, in: Ernst Hinrichs/Wilhelm Norden (Hg.), Regionalgeschichte. Probleme und Beispiele, Hildesheim 1980, 103–164.

Abb. 243: Alexis Grimoux, Lesendes Mädchen (vor 1733)

zeß der Alphabetisierung hatte in protestantischen Territorien – lutherischen wie reformierten – über die gesamte Frühe Neuzeit eine größere Dynamik, und er führte dort zu einem intensiveren Umgang mit allem, was mit dem Lesen und dem Schreiben zu tun hatte, als wir es aus katholischen Regionen wissen. Zwar gab es in der Umgebung katholischer Residenzstädte ländliche Gemeinden mit hohen Raten von Signierfähigen,[17] zwar ragten auch im Nordosten des katholischen Frankreich einige ländliche Gemeinden mit einem hohen Anteil signierfähiger Männer und Frauen heraus,[18] doch finden sich in den bisherigen Zählungen auch die ausgesprochenen »Schlußlichter« der Entwicklung in der Regel in Gemeinden mit einer mehrheitlich oder dominant katholischen Bevölkerung.[19] Man kommt der Wahrheit des Verhältnisses der Konfessionen im Alphabetisierungsprozeß vermutlich auf Dauer am nächsten, wenn man für die katholischen Regionen einen im 18. Jahrhundert intensiver werdenden Aufholprozeß veranschlagt, der im Verlauf des 19. Jahrhunderts zu einem Ausgleich führte. Freilich darf auch hier der in der Alphabetisierungsforschung vor allem für Deutschland so relevante Hinweis auf die regionalen Unterschiede nicht fehlen: Kein Bereich des frühneuzeitlichen historischen Lebens war in Deutschland so stark regional geprägt wie der religiös-konfessionelle – im berühmten »cuius regio,

17 Dazu insgesamt Etienne François, Die Volksbildung am Mittelrhein im ausgehenden 18. Jahrhundert. Eine Untersuchung über den vermeintlichen »Bildungsrückstand« der katholischen Bevölkerung Deutschlands im Ancien Regime, in: Jahrbuch für westdeutsche Landesgeschichte 3 (1977), 277–304, hier 293; Norbert Winnige, Zum Stand der Alphabetisierung im Kurfürstentum Köln im ausgehenden 18. Jahrhundert, in: Franz Günter Zender u.a. (Hg.), Der Riss im Himmel. Clemens August und seine Epoche, Köln 1999, 65–86.

18 Vgl. Reiner Prass, Alphabetisierung in Frankreich und Deutschland. Überlegungen zu differierenden Grundlagen scheinbar gleicher Entwicklungen, in: Hans Erich Bödeker/Martin Gierl (Hg.), Aufklärung und Lebenswelten. Aufklärung in komparativer Perspektive, Göttingen 2004 (im Druck).

19 Ein besonders krasses Beispiel bieten noch im späteren 18. Jahrhundert die Gemeinden des Niederstifts Münster, sowohl im Emsland (unpublizierte Zählungen) als auch in den Ämtern Vechta und Cloppenburg. Vgl. Ernst Hinrichs, Zum Alphabetisierungsstand in Norddeutschland um 1800. Erhebungen zur Signierfähigkeit in zwölf oldenburgischen ländlichen Gemeinden, in: Ernst Hinrichs/Günter Wiegelmann (Hg.), Sozialer und kultureller Wandel in der ländlichen Welt des 18. Jahrhunderts, Wolfenbüttel 1982, 21–42, hier 31ff.

eius religio« ist die Regionalität des Konfessionalisierungsprozesses im Alten Reich ja förmlich verfassungsrechtlich festgeschrieben; auf diese Weise trug die Regionalität des Konfessionslebens direkt zur Regionalität des Alphabetisierungsprozesses bei.

Deutlich hebt sich aus allen quantitativen Datenserien, über die wir zur Zeit verfügen, der geschlechtsspezifische Unterschied heraus: Frauen konnten generell weniger gut schreiben und lesen als Männer, katholische Frauen weniger als evangelische, vor allem als reformierte, auf dem Lande lebende Frauen weniger als solche in der Stadt. Differenzierung freilich tut dringend Not. Quantitative Erhebungen aus repräsentativen Unterschreibpraktiken, wie sie zu Frankreich schon im 17. Jahrhundert vorliegen, lassen niemals genau erkennen, was ein Mann oder eine Frau, die signierten, nun wirklich konnten: Fließend und »richtig« schreiben? Mühsam schreiben? Fließend lesen? Ein wenig lesen? Nach plausiblen Vermutungen und Berechnungen der französischen Forscher weisen relativ fließend geschriebene Unterschriften auf Signierende hin, die gut lesen, nicht aber unbedingt gut schreiben konnten. Mit anderen Worten: Der Indikator »Unterschrift« unterschätzt das Lesen, überschätzt aber das Schreiben.[20] Vor diesem Hintergrund verbirgt sich in Datenserien, die eine fehlende Signierfähigkeit von Frauen nachweisen, immer ein gewisser Prozentsatz von Fällen, in denen Frauen gleichwohl lesen konnten und auch lasen. Die Bestätigung zu dieser zunächst rein statistischen Vermutung läßt sich solchen zeitgenössischen Erhebungen entnehmen, die direkte Aussagen über das Lesen und Schreiben von historischen Bevölkerungen enthalten und sich nicht auf das Hilfsmittel der Auszählung von Unterschriften stützen müssen. Hausvisitationsakten von Pastoren z.B. sind eine solche Quelle; es gibt sie, wenn auch leider nirgendwo in einem repräsentativen Umfang. Der Anteil lesender Frauen liegt hier nicht selten über dem signierender Frauen, ein Befund, der eine einfache Erklärung in der Beobachtung erfährt, daß Frauen in der Frühen Neuzeit in der Regel weniger professionelle Gründe hatten als Männer, das Schreiben zu erlernen oder eine einmal erworbene Schreibfähigkeit auch tatsächlich weiterhin zu praktizieren.[21] Im Verlauf der Frühen Neuzeit ist vor allem in den Städten Frauenlektüre eine zunehmende kulturelle Praxis, und in manchen Regionen lassen sich hohe »Frauenwerte« bei der Auszählung von Signaturen darum als Bestätigung für die Vermutung interpretieren, daß hier die Frauenbildung über das Lesen in besonderer Weise gefördert worden ist.[22]

Ein unmittelbarer Zusammenhang bestand ›natürlich‹ auch zwischen der sozialen bzw. beruflichen Stellung der Eltern und der Signierfähigkeit ihrer Kinder. Die Söhne und Töchter von Kaufleuten signierten – wenig überraschend – deutlich besser und auch häufiger als die Kinder von Tagelöhnern. In Bauerngemeinden signierten die Hofbesitzer und ihre Kinder, vor allem ihre Söhne, besser als die Knechte und Mägde. Allerdings gab es in dieser Hinsicht auch erhebliche Unterschiede beim Vergleich zwischen einzelnen Regionen bzw. Landschaften. Vorsprünge bzw. Rückstände bei der Signierfähigkeit innerhalb bestimmter Berufsgruppen erlauben Rückschlüsse auf regionale ökonomische Unterschiede innerhalb ein und derselben Berufsgruppe. Bauern in wohlhabenden Marsch- und Börderegionen hatten, was die elementaren Kulturtechniken angeht, vermutlich schon im 16. Jahrhundert einen anderen Kenntnisstand als ihre Kollegen auf der Geest bzw. in anderen Landschaften mit schlechteren Böden.[23]

20 In diesem Sinne: Roger Chartier, Die Praktiken des Schreibens, in: Philippe Ariès/Georges Duby (Hg.), Geschichte des privaten Lebens, Bd. 3: Von der Renaissance zur Aufklärung, Frankfurt a.M. 1986, 115–165, hier 116. Vgl. auch René Grevet, L'instruction des ruraux dans le Pas-de-Calais au début de la Révolution Française, in: Revue du Nord 69 (1987), 309–322 sowie Barry Reay, The Context and Meaning of Popular Literacy: some Evidence from Nineteenth-century Rural England, in: Past and Present 131 (1991), 89–129, hier 90f.

21 Norden, Küstenmarsch, 124f.

22 Vgl. Jens Riederer, Prämie der Aufklärung. Zum Alphabetisierungsvorsprung im Fürstentum Halberstadt gegenüber der Magdeburger Börde um 1800, in: Bödeker/Hinrichs, Alphabetisierung und Literalisierung, 95–118, hier 110ff.

23 Zum Vergleich Bauern – Landhandwerker zwischen Altmark und Magdeburger Börde siehe Norbert Winnige, Unterschriften aus der Altmark. Zur Alphabetisierung in Stendal und Umgebung um 1800, in: Bernd Kölling/Ralf Pröve (Hg.), Leben und Arbeiten auf Märkischem Sand. Wege in die Gesellschaftsgeschichte Brandenburgs, Bielefeld 1999, 90–119, hier 110–113. Darüber hinaus weisen die Signierfähigkeiten bei Bauernsöhnen auf schlechtere Ausbildungschancen von ›weichenden Erben‹ gegenüber den auf dem Hof verbleibenden Geschwistern hin.

Suchen wir die treibenden, an der Ausdehnung der Lese- und Schreibfähigkeiten interessierten Kräfte zu fassen, so sind sie im Grunde schon benannt worden. Die protestantischen Kirchen, denen mit einiger Verzögerung die katholische Kirche folgt, die Staaten und die Wirtschaft lassen sich pauschal als solche bezeichnen – die Kirchen, denen es um aktive Beeinflussung der Gläubigen durch Katechismen, Reskripte und Predigttexte ging, die Staaten, die an Gehorsam gegenüber Gesetz und Verordnung interessiert waren, die Wirtschaft, deren Dynamik nach lesenden, schreibenden und nicht zuletzt auch rechnenden Menschen verlangte. Weniger deutlich, weil in jeder einzelnen Region durch sorgsame (und leider nur selten mögliche) empirische Erhebungen herauszuarbeiten, sind die Wege, auf denen sich der Prozeß der Alphabetisierung vollzog. Naturgemäß kommt hier der Schulgeschichte eine große Bedeutung zu. Die französischen Forschungen zeigen freilich, daß allzu einfache Gleichungen nicht aufgehen. Das Bedürfnis nach zunehmender Ausbildung wurde nicht durch die Schule geweckt, sondern von ihr – in regional sehr unterschiedlicher Form – befriedigt.[24] Wie schon mehrfach betont, war die Schule im Verlauf der Frühen Neuzeit zunächst am Prozeß des Lesenlernens kaum beteiligt. Wo sich Städte, Regionen und Gemeinden dann den Aufwand eines Schreib- und Rechenunterrichts leisteten, stellte die Elementarschule sicher den wichtigsten Schritt zur Befriedigung dieses aus der allgemeinen politischen und wirtschaftlichen Situation erwachsenen Bedürfnisses dar. Daß ohnehin schon rückständige Provinzen – in Frankreich etwa das Zentralmassiv, die Bretagne, der Südwesten – dabei nicht mithielten, belegt zur Genüge, wie wenig wir in der Frühen Neuzeit mit einer eigenständigen Dynamik der Schulbewegung rechnen dürfen. Die Entwicklung der Marktverhältnisse und der agrarischen Produktivität sowie des Stadt-Land-Verhältnisses setzten hier dem Prozeß der Alphabetisierung seine deutlichen Grenzen.

Vor allem der in seiner systematischen Bedeutung schon erörterte Stadt-Land-Gegensatz verdient in diesem Zusammenhang besondere Beachtung. Gewiß ist richtig, wenn von Kirche, Staat und Wirtschaft als an der Alphabetisierung interessierten Kräften gesprochen wurde. »Treibende« Kräfte konnten sie jedoch nur insofern werden, als die »kulturellen Eliten« in den Städten die Normen der neuen Schriftkultur bereits in sich aufgenommen hatten und bereit waren, sie weiterzugeben und zu tradieren. Für französische Provinzhauptstädte des Ancien Régime ist minutiös nachgewiesen, daß ihre Mittel- und Teile ihrer Unterschichten im 18. Jahrhundert stärker alphabetisiert waren als sozial höherstehende Bauern und Landadelige in städtefernen Regionen.[25] Ebenso bedeutsam erscheint die etwa für Caen statistisch erwiesene Beobachtung, daß die Städte im Ancien Régime aus dem Bauerntum des Umlandes vor allem jene anzogen und zur Immigration einluden, die auf dem Wege zur Alphabetisierung bereits ein Stück zurückgelegt hatten. »Die Alphabetisierung ist nichts anderes als die Geschichte des Eindringens eines elitären kulturellen Modells in die Gesellschaft.«[26]

Dieses »Elitenmodell« hat den maßgebenden französischen Forschungen zur Geschichte der Alphabetisierung zugrunde gelegen, und es ist trotz mancher Kritik aus Frankreich selbst und aus anderen Ländern bisher nicht grundsätzlich in Frage gestellt worden.[27] Daß ein vergleichbarer Befund in Deutschland nicht so deutlich hervortritt, wird weiter unten im Einzelnen noch gezeigt werden. Eine Erklärung dafür liegt ganz gewiß in der unter-

24 Vgl. dazu ausführlich Furet/Ozouf, Lire et écrire, Bd. 1, 70ff.

25 Ebd., 54ff.

26 Ebd., 176 (Zitat übers. von E. H.).

27 Prass, Frankreich und Deutschland, 4.

Abb. 244: *Eine Vorform der Fibel, hier der Buchstabe Q, aus: Neu erfundener Lustweg zu dem Grund aller Wissenschaften (1681)*

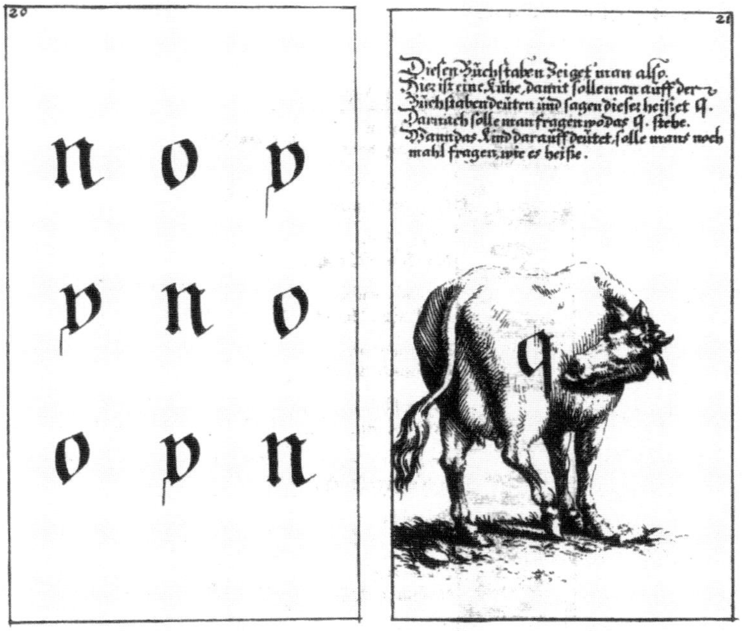

schiedlichen Quellensituation und in der sehr unterschiedlichen allgemein- und konfessionspolitischen Geographie beider Länder.

Daß sich die Durchsetzung dieses Modells nicht in linearen, von einem bestimmten Zeitpunkt an unaufhaltsamen Bewegungen vollzog, ist von der Forschung mit aller Deutlichkeit nachgewiesen worden. Vor allem in der Frühen Neuzeit muß, wie Frankreich belegt und Italien, Spanien und sicher auch Deutschland bestimmt belegen könnten, mit erheblichen Verzögerungen bzw. Antizipationen gerechnet werden. Dies umso mehr, als nicht in allen Städten und allen Teilen der kulturellen Eliten ein Bewußtsein von der Notwendigkeit einer Ausdehnung der Elementarbildung vorhanden gewesen ist. Alphabetisierung der städtischen und ländlichen Unterschichten, Alphabetisierung auch der Frauen konnte als Bedrohung, als Weckung emanzipatorischer Bedürfnisse verstanden werden und wurde hier und dort auch so verstanden. Die europäische Aufklärung, wie keine Bildungsbewegung zuvor auf das Lesen und Schreiben angewiesen, hat recht despektierliche Äußerungen großer Gebildeter über die Notwendigkeit und den Wert einer breiten allgemeinen Volksbildung hinterlassen.[28] Die Angst vor Bauern, die politische Pamphlete lesen, statt ihren Acker zu bestellen, war verbreitet und wurde formuliert. Zudem muß beachtet werden, daß elementare Lese- und Schreibfähigkeiten noch nicht »Bildung« bedeuteten, wie sie von den kulturellen Eliten definiert wurde, sondern einen ersten Zugang eröffneten. Mit Recht betonen die französischen Historiker, daß einfache katholische Landpfarrer in dieser Hinsicht im 18. Jahrhundert ein gewichtigeres und härteres Stück Arbeit geleistet haben als die berühmten Mitglieder des »high enlightenment« oder mancher aufgeklärte Intendant. Diese liebten es – teils besorgt, teils voll Spott – auf die hohen Analphabetenraten in ihren Ländern hinzuweisen. Ihre eigenen Schriften trugen aber nur insofern zum Prozeß der Alphabetisierung bei, als sie diese voraussetzten und die kulturellen Eliten mit Ideen und In-

28 Zu Justus Möser als Beispiel vgl. Harro Zimmermann, Erhofft und gehaßt wie alle Revolutionen: das Lesen, in: Börsenblatt 21 (1987), 284. Das berühmte Wort Friedrichs II. über seine Sorge, daß Bauern »in die Städte« laufen »und wollen Secretärs und so was werden«, wenn sie mehr lernen »als ein bisgen lesen und schreiben«, sollte nicht, wie es allzu oft geschieht, in einem massiv repressiven Sinne gedeutet werden; es beleuchtet vielmehr die ungeheuer »funktionalistische« und auch »realistische« Denkweise des Königs, die nicht nur in diesem Zusammenhang hervortrat. Zit. nach Jürgen Bona Meyer (Hg.), Friedrichs des Großen pädagogische Schriften und Äußerungen, Langensalza 1885, 170 (1779 an Zedlitz).

formationen versorgten, die sich, anders als im Humanismus, von ihrer Dynamik her nicht mehr als Bildungsgut kleiner Elitenzirkel eingrenzen ließen.

Es stellt keine Herabminderung der Aufklärung und ihrer schulreformerischen Initiativen und Impulse dar, wenn man die Leistungen des ganzen 18. Jahrhunderts und in manchen Ländern gerade auch des 16. und frühen 17. gebührend herausstreicht. Die Volksschulgeschichtsschreibung, immer ein wenig zu stark von den in dieser Hinsicht zu anspruchsvollen Voraussetzungen des 19. Jahrhunderts ausgehend, neigt dazu, das niedere Schulwesen vor 1770 für so unzureichend zu halten, daß selbst das Erlernen der Elementarfähigkeit ihm nicht möglich war – eine These, die, worauf weiter unten noch einzugehen ist, in dieser Grobheit nicht zutrifft.

3. Alphabetisierung im Zeitalter der Aufklärung oder: Leistungen und Grenzen von »Schulreformen« und »Schulpolitik« im späteren 18. Jahrhundert

Mit dem Hinweis auf aufklärerische Einstellungen zur Massenalphabetisierung stehen wir bei der wohl wichtigsten Frage der frühneuzeitlichen Alphabetisierungsgeschichte: Welche Bedeutung hatte die Aufklärung, vor allem in Deutschland eine pädagogische Bewegung par excellence, für die Geschichte der Alphabetisierung? Zwei generelle Antworten lassen sich formulieren, die sich freilich nur auf Vermutungen stützen und der sicheren Untermauerung durch quantitative Aussagen entbehren müssen.

1. Die europäische Aufklärung produzierte »Schriftliches« in bis dahin nicht gekannten Ausmaßen. Sie »demokratisierte« Bildung auch dann, wenn ihrem Hochmut nichts ferner lag als das. Sie war nicht nur »high«, sondern auch »low enlightenment«, eine Bewegung kleiner Schreiberlinge und Pamphletisten, deren unzählige Schriften geschrieben, gedruckt, verkauft und hier und dort wohl auch gelesen wurden. Alles, was in den letzten Jahrzehnten zum Thema »Lesewut« oder »Leserevolution« publiziert worden ist, geht davon aus, daß in der zweiten Hälfte des 18. Jahrhunderts ein sich sozial ausweitender Kreis von Lesern zur Verfügung stand, der in der Lage war, den Bedarf nach Gedrucktem zu artikulieren. Und wenn wir sinnvollerweise davon ausgehen, daß Menschen, die zumindest lesen konnten, diese Fähigkeit, nachdem sie sie erworben hatten, zunächst nicht einfach ruhen ließen, um dann plötzlich, etwa ab 1770, lesewütig zu werden, dann dürfen wir voraussetzen, daß sich der wachsende Kreis von Lesern auch aus dem Kreis bisheriger Analphabeten rekrutierte.

Im Zeichen des aufgeklärten Absolutismus dürfen wir darüber hinaus mit einem weiteren Mechanismus rechnen: Die Aufklärung speiste die europäischen Regierungen mit »aufgeklärtem Verwaltungspersonal«, das die Bedeutung des Lesens und Schreibens für die Rationalisierung der Regierungskunst einzuschätzen wußte und begriff, daß Alphabetisierung nicht nur politische Emanzipation, sondern auch soziale Integration, Heranführung auch des entferntesten, störrischsten Untertanen an die Weisheit von Gesetzen und Verordnungen bedeuten konnte. Sie führte, alles in allem, einen machtvollen Feldzug für die universelle Schriftkultur und drängte wie keine Bildungsbewegung zuvor die »orale« Kultur zurück.

An diesem Prozeß hatte in Deutschland die »Volksaufklärung«, eine von den Initiativen der »hohen« Aufklärung gut zu unterscheidende, erst im späteren 18. Jahrhundert einsetzende, als eigenständige, gelegentlich durch den aufgeklärten Fürstenstaat unterstützte Bewegung einen besonderen Anteil.[29] Sie war eminent praktisch orientiert und wollte über die Literatur hineinwirken in das Alltagsleben der breiten, vor allem ländlichen Bevölkerungsschichten, um sie auf diese Weise Anteil haben zu lassen an den Fortschritten der Wissenschaften in Landwirtschaft, Medizin, Technik, Statistik, Rechnungswesen u.ä. Die Zahl der Publikationen auf dem Gebiet der »Volkslesestoffe« wuchs zum Jahrhundertende stetig an, und wer die Realität dieses Jahrhunderts nur aus der Sicht dieser Autoren betrachtet, gewinnt den Eindruck, daß hier bereits ein dichtes Autoren-Leser-Netz entstanden ist, das eine weitgehende Alphabetisierung gerade auch der ländlichen Bevölkerung im Alten Reich voraussetzt. Angesichts eines solchen Optimismus ist freilich Vorsicht angebracht, denn bis heute ist nicht schlüssig nachgewiesen, in welchem Ausmaß diese im städtischen Kontext entstandene Literatur wirklich Einfluß auf das Land gewann. Der Einsicht, daß der absolute Bestseller der deutschen Volksaufklärung, Rudolf Zacharias Beckers angeblich in Bauernhaushalten weit verbreitetes, berühmtes »Noth- und Hülfsbüchlein«, auf der schwäbischen Alp, einer der lese-intensivsten deutschen Landschaften, praktisch nur in die Städte geliefert wurde – für die Städter gewissermaßen als »vertrautes Gegenbild einer fremden Welt« –[30] steht die empirisch gesicherte Tatsache gegenüber, daß dieses Buch und eine Fülle anderer einschlägiger Traktate der Volksaufklärung in einer von Bauern getragenen Lesegesellschaft des Osnabrücker Landes um 1800 angeschafft, entliehen und vermutlich auch gelesen, zumindest aber »durchgesehen« wurde.[31] Wo ist die historische Wirklichkeit in einem Gebilde wie dem Alten Reich, das nicht nur in den Städten, sondern gerade auch auf dem Land von einer so differenzierten sozialen, konfessionellen und kulturellen Vielfalt gekennzeichnet war?

2. Nicht zu übersehen sind die Initiativen der Aufklärungsbewegung in Richtung auf eine Verbesserung der Schulverhältnisse im 18. Jahrhundert, vor allem auf dem Land. Gerade in Deutschland, wo die Aufklärung ohnehin, stärker als in Frankreich und anderswo, eine pädagogische Bewegung war, gehörte das Schulwesen zu den zentralen Inhalten aufklärerischer Reformbemühungen.[32] Und die Intensität, mit der diese Reformen die Zielvorstellung der Schulverbesserung formulierten, läßt den Schluß zu, daß es sich im Alten Reich um ein Land bzw. um eine Summe von Staaten gehandelt haben muß, in denen die Basisalphabetisierung schon ein gutes Stück voran gekommen war. Die Aufklärung führte in Gestalt ihrer zahlreichen Pädagogen bzw. an Fragen der Erziehung interessierten Schriftsteller keine Alphabetisierungskampagne, sondern eine Kampagne zur Schulverbesserung – ganz offensichtlich, weil sie nicht mehr im Erwerb der elementaren Kulturtechniken, sondern in der institutionellen Sicherung ihrer Durchführung in Gestalt einer soliden, flächendeckenden Schulversorgung das eigentliche Problem sah.[33]

Doch wir dürfen nicht nur über die Aufklärung sprechen, wenn es im 18. Jahrhundert um Erfolge im schulisch-pädagogischen Reformfeld ging. Auch der Pietismus hatte hier einen bedeutenden Schwerpunkt, und er ging in vielem, was die Schule und den Lehrer anging, der Aufklärung deutlich voraus,

29 Vgl. Holger Böning/Reinhart Siegert, Volksaufklärung: Biobibliographisches Handbuch zur Popularisierung aufklärerischen Denkens im deutschen Sprachraum von den Anfängen bis 1850, 2 Bde., Bd. 2 in 2 Teilbänden, Stuttgart 1990–2001. Vgl. auch Reinhart Siegert, Aufklärung und Volkslektüre. Exemplarisch dargestellt an Rudolph Zacharias Becker und seinem »Noth- und Hülfsbüchlein«. Mit einer Bibliographie zum Gesamtthema, in: Archiv für Geschichte des Buchwesens 19 (1978), 566–1315.

30 Hans Medick, Weben und Überleben in Laichingen 1650–1900. Lokalgeschichte als allgemeine Geschichte, Göttingen 1996, 526.

31 Karl-Heinz Ziessow, Ländliche Lesekultur im 18. und 19. Jahrhundert. Das Kirchspiel Menslage und seine Lesegesellschaften 1790–1840, Cloppenburg 1988.

32 Rudolf Vierhaus, Aufklärung als Lernprozeß, in: Ders., Deutschland im 18. Jahrhundert. Politische Verfassung, Soziales Gefüge, Geistige Bewegungen, Göttingen 1987, 84–95.

33 Vgl. Hinrichs, Wie viele Menschen, 92.

ja bereitete diese recht eigentlich vor. Er beschränkte sich auf zentrale Aspekte des Schulgeschehens und ging hier, seinem gründlichen, systematischen Wesen entsprechend, besonders intensiv vor, am nachhaltigsten in der Lehrerbildung. Die Bemühungen des Pietismus zur Lehrerbildung waren, wenn wir das recht sehen, eine unabdingbare Voraussetzung für die bescheidenen, aber doch vorhandenen Erfolge der Aufklärung auf diesem Feld. Es liegt dazu noch keine überblicksartige Darstellung vor, doch lassen sich für den norddeutschen Raum einige flüchtige Linien ziehen, die für die folgende Analyse regionalspezifischer Alphabetisierungsprozesse »um 1800« von Bedeutung sein mögen.[34]

Die Entstehung von Lehrerseminaren oder verwandten Instituten zur Hebung des Ausbildungsstands der Lehrer für die Gymnasien, vor allem aber für die niederen Stadt- und Landschulen, war auch im Zeitalter der mittleren und späten Aufklärung in Norddeutschland wie im übrigen Reich keinesfalls ein stürmischer, sich unwiderstehlich ausbreitender Prozeß. Versuchen wir, einen Überblick über gesicherte Gründungsdaten zu gewinnen, so heben sich zwei zeitliche Schwerpunkte heraus, denen nur in der ersten Epoche auch eine gewisse räumliche Konzentration entsprach: Zwischen 1751 und 1753, also in nur drei Jahren, kommt es in der Mitte und im Osten des heutigen Niedersachsens zur Gründung von vier Seminaren in Hannover, Braunschweig, Helmstedt und Wolfenbüttel, denen sich ideen- und beziehungsgeschichtlich sowie letztlich, unter einem weiten Norddeutschlandbegriff, auch geographisch die bedeutenden Gründungen von Berlin (1748) und Halberstadt (1778) zurechnen lassen. Auch die nur kurzfristig wirksame Musterschule Johann Peter Millers in Göttingen (1765) gehört in diesen Zusammenhang; sie war der dortigen Universität zugeordnet und gab sowohl Göttinger Waisenhausschülern die Möglichkeit, als Präparanden hervorzutreten, als auch den Theologiestudenten der Universität, sich an dieser Schule im Katechisieren zu üben. In allen Fällen handelte es sich um protestantische Gründungen in bedeutenden Städten mit herausragenden bildungsgeschichtlichen Traditionen; und in allen Fällen nahmen diese Seminargründungen – mit unterschiedlicher Intensität – Impulse auf, die vom Halleschen Pietismus August Hermann Franckes gegeben worden waren.

Der zweite Schwerpunkt umfaßt die beiden letzten Jahrzehnte des 18. und ein »langes« erstes Jahrzehnt des 19. Jahrhunderts. In diesem Zeitraum finden wir protestantische Gründungen im dänischen Norden in Kiel (1781) und Tondern (1787), die Gründungen in Oldenburg und Bückeburg (1793), eine Gründung für die evangelische Bevölkerung Hildesheims zunächst 1803 in Rheden, vorübergehend auch in Salzdethfurt, dann 1813 in Alfeld sowie ein weiteres evangelisches Seminar in Osnabrück 1810.[35] In diesem Zeitraum faßte auch die katholische Lehrerbildungsbewegung, die Mitte der sechziger Jahre (unter dem Einfluß Felbigers) mit ungewöhnlicher Intensität in Schlesien begonnen hatte und von dort aus nach Österreich vorgedrungen war, in Norddeutschland Fuß, und zwar mit den beiden Normalschulgründungen von Münster (1783) und Hildesheim (1790), denen sich nach der Säkularisation Münsters und der Überführung der östlichen Ämter des Niederstifts in den oldenburgischen Territorialbestand im Jahr 1803 die Normalschule von Vechta (1830) mitsamt ihrer Vorgeschichte zuordnen läßt.

Vergleichen wir dieses Bild – zunächst ganz äußerlich – mit dem übrigen deutschen Sprachraum, so zeichnet sich, soweit die lückenhafte Literatur

34 Rudolf W. Keck, Historische Konzepte der Lehrerausbildung und Desiderate ihrer Erforschung. Der Versuch eines Forschungsberichts zum Stande der Lehrerausbildungsgeschichte, in: Vierteljahrsschrift für wissenschaftliche Pädagogik 1983, 161–189; Ders., Die Aufklärungsuniversität Göttingen als Wiege entscheidender pädagogischer Reformideen zur Lehrerbildung im ausgehenden 18. Jahrhundert, in: Informationen zur erziehungs- und bildungshistorischen Forschung 20/21 (1983), 65–98; Ders., Das Lehrerseminar zu Hannover im Rahmen historischer Konzepte zur Lehrerbildung in Deutschland, in: Hans-Dieter Schmid (Hg.), Beiträge zur Geschichte der Lehrerbildung, Hannover 1985, 5–29; Ders., Die Normalschule zu Hildesheim in ihrer Gründungsphase von 1790 bis 1820. Ein Versuch zur Einordnung einer nur bruchstückhaft bekannten ersten Lehrerbildungsinstitution in Hildesheim, in: Die Diözese Hildesheim in Vergangenheit und Gegenwart. Zeitschrift des Vereins für Heimatkunde im Bistum Hildesheim 50 (1982), 167–191.

35 Neben den schon genannten Arbeiten von R. Keck vgl. u.a. Hans Georg Kirchhoff, Der Lehrer in Bild und Zerrbild. 200 Jahre Lehrerausbildung. Wesel, Soest, Dortmund 1784–1984, Bochum 1986; Karl Knoop, Zur Geschichte der Lehrerbildung in Schleswig-Holstein. 200 Jahre Lehrerbildung vom Seminar bis zur Pädagogischen Hochschule 1781–1981, Husum 1984; Michael Sauer, Vom »Schulehalten« zum Unterricht. Preußische Volksschule im 19. Jahrhundert, Köln u.a. 1998.

Abb. 245: Regionale Schwerpunkte der Fibelproduktion in Deutschland zwischen 1790 und 1809

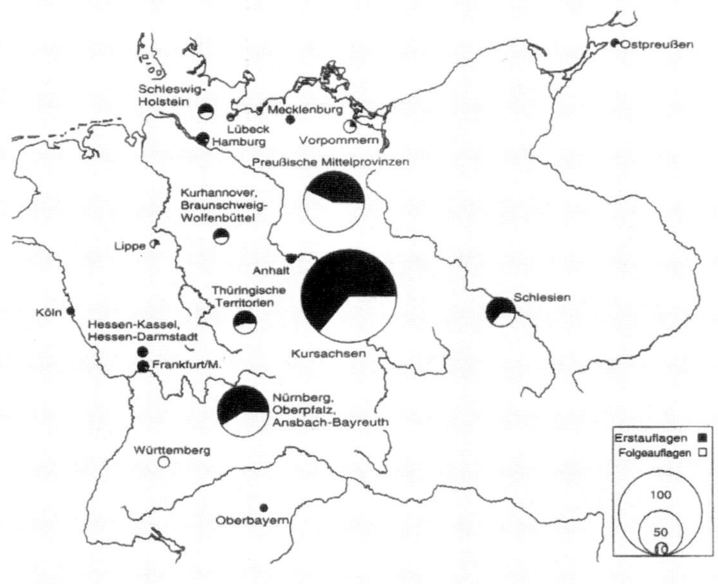

einen solchen Vergleich überhaupt zuläßt, nur in protestantischen Territorien und nur für die erste Epoche eine bestimmte Vorreiterschaft Norddeutschlands ab. Ganz offensichtlich spielte dabei eine Rolle, daß der Hallesche Pietismus, die erste institutionelle Erprobungsstätte einer Lehrerausbildung in Deutschland, vor allem in Berlin und im ost- und südostniedersächsischen Raum Adepten fand. Über die Universitäten Helmstedt und auch noch Göttingen sowie über die welfischen Traditionsstädte Hannover, Braunschweig und Wolfenbüttel drang der Lehrerbildungsgedanke, ob im strengen pietistischen Gewand oder deutlich abgewandelt, nach Norddeutschland vor, und nicht zufällig steht eine Stadt wie Braunschweig später auch im Zentrum einer zweiten Bewegung, des Philanthropinismus, der es, nun auf der Basis einer elitär-aufklärerischen Erziehungskonzeption, neben anderem gleichfalls um die Hebung der Lehrerbildung ging.[36]

Nehmen wir allerdings den geographischen Begriff »Norddeutschland« ernst, dann fällt an den beschriebenen Seminargründungen beider Epochen zusammen gewiß nicht ihre räumliche Dichte, sondern, im Gegenteil, ihre bloß punktuelle Verbreitung in diesem großen geographischen Raum auf. Weite Räume fehlen, die Hansestädte und ihr Umland z.B., Nordostniedersachsen mit Celle und Lüneburg, Süd- und Südwestniedersachsen außerhalb Göttingens mit Einbeck, Hameln, es fehlen die Räume um Stade, Verden, Nienburg, nicht zu vergessen Ostfriesland und das Emsland. Von einer systematischen, gar flächendeckenden Aufnahme des Seminar- oder Normalschulgedankens in Norddeutschland im Zeitalter der Spätaufklärung kann demnach keine Rede sein, und wenn man bedenkt, daß die vollzogenen Gründungen in ihrer Wirkung auf das Umland vermutlich überall so beschränkt blieben, wie Wolfgang Neugebauer dies für die preußischen Kernlande nachgewiesen hat,[37] dann kommt man hinsichtlich der Wirksamkeit der Seminare und Normalschulen in dieser frühen Epoche im Gegensatz zu all jenen geistesgeschichtlichen Deutungen, die die Aufkärungsepoche zu einer Zeit des »take off« der allgemeinen Schulverbesserung erklären, zu einer

36 Vgl. u.a. Hanno Schmitt, Schulreform im aufgeklärten Absolutismus. Leistungen, Widersprüche und Grenzen philanthropischer Reformpraxis im Herzogtum Braunschweig-Wolfenbüttel 1785–1790, Weinheim u.a. 1979.

37 Wolfgang Neugebauer, Absolutistischer Staat und Schulwirklichkeit in Brandenburg-Preußen, Berlin u.a. 1985, 384ff.

Abb. 246: Bilder-ABC mit einigen Gedenksprüchen für Kinder

recht eingeschränkten Bewertung: Allenfalls einige wenige Stadtschulen, keinesfalls jedoch die Mehrzahl der Landschulen waren am Ende des 18. und zu Beginn des 19. Jahrhunderts mit Lehrern besetzt, die eine gewisse professionelle Ausbildung an einem Seminar o.ä. genossen hatten.

Das niedere Lehramt erhielt seine wichtigsten Impulse durch die Einrichtung des Franckeschen Seminars und seiner Präparandenanstalt in Halle in den Jahren 1696 durch das »seminarium praeceptorum«, 1707 durch die Gründung des »seminarium selectum praeceptorum« und 1717 durch das »Institut der Praeparandi«. Seminaristen waren zunächst bedürftige Theologiestudenten, die einen Freitisch im Waisenhaus erhielten und verpflichtet waren, beieinander im Unterricht zu hospitieren, ihre Arbeit in Konferenzen zu besprechen und darüber Tagebuch zu führen. Als dieses 1696 von Francke in Fortsetzung älterer, Dessauer Ansätze eingeführte Verfahren nicht mehr ausreichte, traf Francke aus diesem Kreis von Lehrern für alle ihm unterstehenden Hallenser Schulen eine erneute Auswahl, eben das »seminarium selectum«, in dem 10 von etwa einhundert Seminaristen zwei Jahre lang sorgfältig ausgebildet wurden. Franckes Unternehmung war, so wie er sie in Halle durchführte, nahezu ausschließlich auf die städtisch-bürgerlichen Belange gerichtet, wie der Pietismus Hallescher Prägung ja insgesamt eher ein stadtbürgerliches, die auf Arbeit und Fleiß gerichteten städtischen Mittelschichten voraussetzendes Phänomen war.[38]

Von daher wird verständlich, daß das Franckesche Organisationsmodell in Norddeutschland vor allem in Städten Fuß faßte und dort selbst dann seine Wirkung tat, wenn die pietistisch-strengen Erziehungs- und Ausbildungsideen Franckes nicht übernommen wurden. Besondere Vermittlungsdienste für die Franckesche Pädagogik und diese mit aufklärerischen Ideen verbindend, scheint der Göttinger Theologe und Pädagoge Johann Peter Miller geleistet zu haben, der, wie Rudolf Keck nachgewiesen hat, nicht nur selber in Göttingen in diesem Sinne arbeitete, sondern schon die Seminargründungen in Helmstedt, Braunschweig und Wolfenbüttel beeinflußt hatte und durch

38 Vgl. Berthold Ebert, Das »Seminarium praeceptorum« August Hermann Franckes. Zur Geschichte der Lehrerbildung in den Franckeschen Stiftungen, in: Schulen machen Geschichte 1997, 105–121.

seine Freundschaft mit Esdras Mutzenbecher schließlich auch auf die Oldenburger Gründung Einfluß gewann.[39]

Neben der direkt nach Helmstedt zurückreichenden Tradition, die von Miller begründet wurde, waren für ganz Norddeutschland die Berliner Gründung eines »Küster- und Schullehreseminars« durch den Schüler Franckes, Johann Julius Hecker, und die wiederum von Hecker und seinem Schüler Ignaz von Felbiger ausgehende katholische Normalschulbewegung von besonderer Bedeutung. Franckes eigene Gründung in Halle, aber auch Heckers Berliner Unternehmung und die sich an Felbiger anlehnenden Normalschulen von Münster und Hildesheim folgten alle demselben Prinzip: Sie faßten die zukünftigen Lehrer, zumeist über die Waisenhäuser vor Ort, zu eigenen, grundständigen Seminaren zusammen. Für alle von Francke und Hecker abhängenden Seminargründungen war diese Anbindung an eine schon existierende Armenschule oder ein Waisenhaus charakteristisch und die Tatsache, daß neben dem Unterricht in den elementaren Kulturtechniken den freilich von Ort zu Ort verschiedenen Realien und auch den »industriösen« Tätigkeiten eine gewisse Aufmerksamkeit zuteil wurde.[40]

Keck hebt für den norddeutschen Raum daneben das 1751 gegründete Seminar in Hannover besonders heraus; es war, im Gegensatz zu den vorigen, nicht an ein vorhandenes Waisen- oder Armenhaus gebunden, sondern beruhte auf der privat-bürgerlichen Stiftung einer eigens gegründeten Freischule, die als Armenschule konzipiert war. Sie bot die Möglichkeit, »in einem Nebeninstitut zugleich die Kurzausbildung für Landlehrer« wahrzunehmen, was im späteren 18. Jahrhundert gemäß den sich wandelnden und nun als primär erkannten Bedürfnissen der neuen Generation von Schulreformen im Stile Rochows auch tatsächlich geschah. Eine wiederum andere Variante bildeten Seminare, die zunächst keine grundständige Ausbildungsstätte für Lehrer einrichteten, sondern vorhandenen Gymnasien, Stadt- oder Realschulen zugeordnet wurden. Das bekannteste norddeutsche Beispiel ist die Oldenburger Gründung von 1793.

Vor 1780 zeichneten sich alle norddeutschen (und auch preußischen) Seminargründungen dadurch aus, daß sie, getreu dem Hallenser Vorbild, praktisch nur an die Stadtschulen dachten, wenn sie von Lehrerbildung sprachen. Erst ab 1780 traten mit der Hinwendung der deutschen Aufklärung zu Themen und Reformfeldern, die auf dem Lande beheimatet waren, auch die Landschule und ihr problematischer Zustand in das Blickfeld der aufklärerischen Reformer. Der adelige brandenburgische Pädagoge Friedrich Eberhard von Rochow war es, der dieses Bedürfnis am deutlichsten erkannte und mit seiner auf privater Basis entwickelten Schule samt Seminarangeboten auf seinem Gut in Reckahn die wirksamsten (wohlgemerkt: nicht-staatlichen) Schritte zu ihrer Befriedigung unternahm. Und Rochow hat durch seine Schriften sicher am präzisesten und anschaulichsten den Umfang und die Grenzen aufklärerischer Bemühungen um die Lehrerbildung deutlich gemacht, die ja noch nicht einmündeten in umfassende pädagogische Systeme, sondern immer ganz massiv »Aufklärung in praktischer Absicht« blieben. In einer Vielzahl kleinerer Traktate hat Rochow eine Art Grundlegung der Lehrerbildung, vor allem für die ländlichen Räume, betrieben und dabei das Vokabular der Aufklärung nicht selten bis ins Stereotype hinein strapaziert.[41]

Gerade wegen ihrer massiven, auf das Publikum in gewisser Weise mit dem aufklärerischen Holzhammer einschlagenden Argumentation spiegeln

39 Keck, Aufklärungsuniversität, 90f.
40 Ebd.
41 Zu Rochow vgl. jetzt Hanno Schmitt/Frank Tosch (Hg.), Vernunft fürs Volk. Friedrich Eberhard von Rochow 1734–1805 im Aufbruch Preußens, Berlin 2001.

Rochows Aufsätze besser als die anderer Reformer den historischen Standort der Aufklärungspädagogik in Bezug auf die Lehrerbildung am Ende des 18. Jahrhunderts: Es geht um die Befreiung der Lehrer, vor allem auf dem Lande, von der jahrhundertealten Traditionalität und Routine, um ihre Veränderung hin zu selbstständig denkenden und handelnden Erziehern mit Vorbildfunktion zunächst vor allem im kognitiven Bereich, es geht um die Verwandlung des Unterrichts auch und gerade im Elementarschulwesen fort von den routinisierten Buchstabier- und Memorieranstalten hin zu Orten des intensiven, das Lernen mit dem Denken und daraus fließendem gemeinnützigem Handeln verbindenden Gesprächs unter der Führung von Lehrern, die selbst ein treibendes Element der Aufklärung sind.

Mit der Wendung von der Stadt zum Lande, für die Rochow so etwas wie eine Symbolfigur geworden ist, mußte aber auch die allgemeine Bewegung zur Verbesserung der Lehrerbildung eine Veränderung erfahren, denn um sie stand es, wenn man denn den Ausbildungsstand der Lehrer in Deutschland um diese Zeit für generell unprofessionell, unzureichend oder schlichtweg katastrophal hielt, auf dem Lande immer noch um einige Grade schlechter als in der Stadt. Es konnte sich jetzt nicht mehr nur darum handeln, die Katechetik in einer für die Stadtschulen angemessenen Form für den Schulunterricht nutzbar zu machen; es mußte vielmehr gefragt werden, welche speziellen Fertigkeiten und Kenntnisse des Lehrers für den Schulunterricht auf dem Lande erforderlich waren, um die Veranstaltung Landschulunterricht den jetzt häufiger werdenden Schulordnungsbegehren anzupassen. In der Tat bemühten sich zumindest einige der erwähnten Seminare, so Heckers Seminar in Berlin und die in seinem Gefolge in den brandenburgisch-preußischen Territorien gegründeten weiteren Seminare, so aber auch ausdrücklich das Seminar in Hannover, von der bisherigen Konzentration auf die Stadt abzugehen und den Blick auf das Land zu richten. Das hatte organisatorische Veränderungen zur Folge; denn es war deutlich, daß man zu diesem Zweck nicht nur Seminaristen in einem mehrere Monate oder gar Jahre dauernden Ausbildungsgang in das Seminar an die Stadt holen konnte. Vielmehr mußte, wollte man überhaupt in die Praxis hineinwirken, der Gedanke der kontinuierlichen Seminarausbildung um den der Lehrerfortbildung und des Seminarkurses ergänzt werden. Nach Keck gehört es zu den besonderen Leistungen des Hannoverschen Seminars und vor allem der Normalschulen, dieser Aufgabe entsprochen zu haben, wobei die letzteren, schon in Schlesien und Österreich dem Lande geöffnet, den Landbezug von vornherein stärker aufnahmen als ihre ursprünglich rein städtischen protestantischen Pendants.[42]

Versuchen wir, gestützt auf die vorangehenden Bemerkungen, den Beitrag zusammenfassend zu beschreiben, den die Aufklärung in Fortsetzung der pietistischen pädagogischen Bemühungen zur Alphabetisierung geleistet hat, so läßt sich folgendes sagen: In ihrer späten, auf Reformen und Volksaufklärung gerichteten Gestalt hat die Aufklärung den Prozeß der Alphabetisierung in vielen protestantischen und katholischen deutschen Territorien entscheidend vorangetrieben und vertieft, auch wenn das hinsichtlich der konkreten Frage, um die es uns hier geht – die Alphabetisierung –, bisher mehr behauptet als wirklich empirisch nachgewiesen worden ist. Es war einleitend schon davon die Rede, daß die aufklärerischen Pädagogen im Grunde mit einer rudimentär alphabetisierten Bevölkerung rechneten, wenn sie über die Volksbildung sprachen. Es ist sehr wahrscheinlich, daß sie mit ihren Reformvorschlä-

42 Keck, Lehrerseminar zu Hannover, 20.

Abb. 247: *Holzschnittvignetten, aus: F. P. Wilmsen, Der deutsche Kinderfreund. Ein Lesebuch für Volksschulen (1823)*

gen und -initiativen nicht nur ein bis dahin geschaffenes Fundament sicherten, sondern auch dazu beitrugen, bisher von der Elementarbildung noch nicht erreichte Bevölkerungsteile zu erfassen, wenn sie ihre Reformen propagierten und dabei den deutschen Territorialstaat in Gestalt des aufgeklärten Absolutismus zu Reformen anregten, die dieser zumindest in manchen Staaten auch ergriff: Generalisierung der Sommerschule, Verbesserung der Schulbauten, Einrichtung von Nebenschulen dort, wo es aus geographisch-räumlichen Gründen nötig schien, Einstellung von allzu kleinen und schlecht ausgestatteten Zwergschulen dort, wo dieselben Faktoren es erlaubten, Verbesserung der Leselernmethoden, insbesondere Abschaffung der entsetzlichen Buchstabiermethode, Einführung von vernünftigen, auch auf weltliche Inhalte gerichteten Lesebüchern, vor allem aber Sicherung der Versorgung des Landschullehrers und Professionalisierung seiner Ausbildung durch möglichst viele Normalschulen und Lehrerseminare.[43] Das sind nur einige Reformschritte, die im Zeichen der Aufklärung propagiert und vielerorts auch, zumindest versuchsweise, getan wurden. Die ganze Wucht ihrer Auswirkungen wurde zweifellos erst im 19. Jahrhundert spürbar, ab 1820 etwa oder 1830, als in vielen deutschen Staaten immer deutlicher wurde, daß das Volksschulwesen mitsamt dem Stand des Volksschullehrers sich zu einem eigenen System zu entwickeln begann. Im 18. Jahrhundert gingen die Staaten die Problematik noch recht vorsichtig und gelegentlich politisch-furchtsam an, so daß wir uns auch hier hüten sollten, die vielen Zeugnisse staatlichen Reformwillens für den Beleg eines in der Realität erreichten Zustands zu nehmen.

4. Regionalspezifische Alphabetisierungsprozesse in Deutschland im 17. und 18. Jahrhundert

Damit sind die Voraussetzungen gegeben, um in einem letzten Teil dieses Beitrags auf jene regionalgeschichtlichen Erhebungen genauer einzugehen, die in den letzten zwanzig Jahren zu Deutschland vorgelegt wurden und in ganz unterschiedlicher Form und auf sehr unterschiedliche methodische Weise den Versuch machen, ein wenig Licht in das Dunkel der regional äußerst differenzierten deutschen Alphabetisierungsgeschichte zu bringen.

Unser Problem ist nicht das 18., sondern das 17. Jahrhundert. Bislang ist es nicht möglich, für diese Zeit einen in etwa repräsentativen Schnitt zu legen, nicht einmal die ländliche »Beschulung« ist bisher aus Konsistorialakten u.ä. nach einigermaßen vergleichbaren Kriterien erfaßt worden. Was zu einigen oldenburgischen Kirchspielen gefunden und ausgewertet wurde, ist daher ein Glücksfall, ein regional sehr begrenzter freilich. Besonders interessant und in ihrer ganzen Merkwürdigkeit inzwischen von der Forschung rezipiert sind Wilhelm Nordens Aussagen zur oldenburgischen Küstenmarsch (Butjadingen) zwischen 1650 und 1750.[44] Eine kleine, freiheitsbewußte, auf friesischer Rechtsgrundlage entwickelte, zu Beginn des 16. Jahrhunderts nach militärischen Auseinandersetzungen mit dem Grafen von Oldenburg zur Grafschaft kommende Bauernbevölkerung läßt im Verlauf des Untersuchungszeitraums eine deutlich Steigerung ihrer Alphabetisierungsraten erkennen. Um die Mitte des 18. Jahrhunderts kann sie als vollständig alphabetisiert gelten, selbst die Frauen, in Alteuropa in der Regel in deutlichem Abstand den Männern folgend, erreichen hier, vor allem beim Lesen, hohe Werte.

Die mit einem dichten Schulnetz und einer ausgesprochen bildungsbewußten lutherischen Geistlichkeit ausgestatteten Kirchspiele der oldenburgischen Marsch ragen auch quellenmäßig heraus in einer Zeit, in der unsere Informationen über schul- und bildungsgeschichtlichen Geschehnisse »vor Ort« ansonsten spärlich sind. Sogenannte »Seelenregister« oder »Hausvisitationen«, im Prinzip für das ganze Territorium aus kirchlich-konsistorialem Kontrollbedürfnis angeordnet, geraten in Butjadingen zu intensiv reflektierenden Spiegeln des häuslichen Lebens. Sie beschränken sich nicht auf die geforderten Angaben zum Zivilstand und zur Kirchenpraxis, sondern geben auch

43 Hinrichs, Wie viele Menschen, passim.

Abb. 248: Holzschnittvignetten, aus: F. P. Wilmsen, Der deutsche Kinderfreund. Ein Lesebuch für Volksschulen (1823)

Mitteilung über Schulbesuch, Lese- und Schreibfertigkeiten und, hin und wieder, Bücherbesitz und Musikinstrumente. Ihre Auswertung stellt daher nicht den Forscherglauben an die Signierfähigkeit auf die Probe, dafür aber jenen an die Zuverlässigkeit und Glaubwürdigkeit der visitierenden Pastoren.

An Nordens Studie besticht vor allem, daß sie keinen bloßen zeitlichen Querschnitt bietet, sondern, auf der Basis von sieben Kirchspielen, die über inhaltsreiche Seelenregister zu verschiedenen Zeiten verfügen, genetische Einsichten über etwa einhundert Jahre vermittelt. Die viehproduzierende Bauernschaft Butjadingens, im äußersten Westen des damaligen Reichs und heutigen Deutschlands beheimatet, gehörte zu den wenigen deutschen Profiteuren des Dreißigjährigen Kriegs, konnte sie doch im Zuge dieses Kriegs, der ihre Landschaft unberührt ließ, durch vermehrten Viehverkauf ihren Wohlstand kräftig mehren. Daß »Gewinne« aus diesem »Geschäft« auch in die Bezahlung guter Pastoren und in den Ausbau des Landschulwesens flossen, belegen u.a. die vorzüglich geführten Seelenregister, die von ihrer redaktionellen Qualität her einer anderen Welt zu entstammen scheinen als die entsprechenden Produkte benachbarter Geestkirchspiele.

Daß immerhin auch in diesen bildungsgeschichtlich im 17. Jahrhundert keineswegs das Nichts herrschte, belegt eine vergleichenden Studie über das – nur zeitweise zu Oldenburg gehörige – Geestkirchspiel Harpstedt und das Wesermarschkirchspiel Bardewisch.[45] Alle für diese Gemeinden vorliegenden Seelenregister lassen freilich weit mehr das Interesse des Oldenburger Konsistoriums am – kirchenzuchtlich interessanten – Schulbesuch als am Erwerb von Lese- und Schreibfähigkeiten erkennen. Doch auch ein solcher Schulbesuchsnachweis ist für die vergleichende Alphabetisierungsforschung von Bedeutung. Unsere Vorstellungen von der bildungsgeschichtlichen Katastrophe, die das ländliche Schulwesen im 17. Jahrhundert darstellte, muß nicht zu der These führen, die Schüler dieser Schulen hätten, wenn sie denn tatsächlich anwesend waren, beim dauernden Umgang mit Katechismus, Gesangbuch und Bibel überhaupt nichts gelernt. Gewiß lernten sie nicht fließend schreiben und auch nur unvollkommen lesen; doch Kontakt zu Geschriebenem gewannen sie auf diesem Wege durchaus! Und sehr viel hing auch hier, wie noch in der Gegenwart, von der individuellen Qualität des Lehrers und des ortsanwesenden Pastors als der maßgeblichen Aufsichtsperson ab. Daß der Harpstedter Pastor des Jahres 1662 bei seiner Hausvisitation immerhin sieben differenzierte Kategorien zur Beurteilung des Schulbesuchs und der Lesebzw. Schreibfähigkeiten seiner 5–29jährigen Gemeindemitglieder entwickelte,[46] spricht nicht nur für die Genauigkeit seiner Recherche, sondern auch für sein persönliches »Bildungsbewußtsein«. Und da es kein vernünftiges Argument dafür gibt, daß nicht noch viele andere Pastoren ähnlich dachten und handelten, sollten wir zunächst sorgsam in den Konsistorialakten vieler deutscher Landeskirchen suchen, bevor wir uns zu endgültigen Aussagen über das 17. Jahrhundert verleiten lassen.

Die umfassendsten Erhebungen, die in Deutschland je zum Thema »Alphabetisierung« vorgenommen wurden, verdanken wir einem Forschungsprojekt mit Untersuchungen zum Königreich Westphalen und zu angrenzenden deutschen Territorien. Quellengrundlage sind die Eheschließungsakten aus jenen deutschen Gebieten, in denen zwischen 1794 und 1807 der französische Etat Civil eingeführt wurde. Den räumlichen Schwerpunkt bildet das Königreich Westphalen (1807–13) mit den meisten westelbischen Gebieten Preußens (Fürstentum Minden und Grafschaft Ravensberg, Herzogtum Magdeburg, Fürstentum Halberstadt, Altmark), dem Kurfürstentum Hannover, dem Herzogtum Braunschweig-Wolfenbüttel, den Fürstbistümern Paderborn und Hildesheim sowie der Landgrafschaft Hessen-Kassel. Ergänzt werden die »westphälischen« Daten um eine Erhebung aus dem mittelrheinischen Teil des Kurfürstentums Köln, in der die Residenzstadt Bonn und 13 Dörfer in ihrer Umgebung erfaßt wurden.[47] Im Jahr 2000 waren in diesem Projekt insgesamt ca. 80 000 Personen »ausgezählt«.[48]

44 Norden, Küstenmarsch.

45 Ernst Hinrichs, Lesen, Schulbesuch und Kirchenzucht im 17. Jahrhundert, in: Mentalitäten und Lebensverhältnisse. Beispiele aus der Sozialgeschichte der Neuzeit. Rudolf Vierhaus zum 60. Geburtstag, Göttingen 1982, 15–33.

46 Ebd., 27f.

47 Vgl. Norbert Winnige, Zum Stand der Alphabetisierung im Kurfürstentum Köln im ausgehenden 18. Jahrhundert, in: Frank Günter Zehnder (Hg.), Eine Gesellschaft zwischen Tradition und Wandel. Alltag und Umwelt im Rheinland des 18. Jahrhunderts, Köln 1999, 65–86.

48 Erste Ergebnisse dieses Projekts sind veröffentlicht in: Hans Erich Bödeker/Ernst Hinrichs (Hg.), Alphabetisierung und Literalisierung in Deutschland in der Frühen Neuzeit, Tübingen 1999 sowie zusammengefaßt in: Andrea Hofmeister/Reiner Prass/Norbert Winnige, Elementary Education, Schools, and the Demands of Everyday Life, Northwest Germany ca. 1800, in: Central European History 31 (1999), 329–384. Grundsätzlich zur Repräsentativität der Daten: Norbert Winnige, Alphabetisierung in Althessen. Zum Stand der Signierfähigkeit in Hessen-Kassel um 1800, in: Bödeker/Hinrichs (Hg.), Alphabetisierung, 40–44.

Abb. 249: Anteil signierender Bräutigame und Bräute auf dem Lande in verschiedenen Landschaften Nordwestdeutschlands »um 1800«

	Bräutigame %	Bräute %
Fürstentum Halberstadt (Kgr. Preußen)	89,7	79,7
Herzogtum Magdeburg (Kgr. Preußen)	84,0	58,0
Südniedersachsen (Kfst. Hannover)	86,6	43,3
Althessen	92,2	38,5
Minden-Ravensberg (Kgr. Preußen)	66,1	31,8
Südostniedersachsen	65,8	24,9
Hochstift Hildesheim	56,8	23,3
Umland Bonn (Kfst. Köln	73,6	20,3
Altmark (Kgr. Preußen)	67,1	18,9
Hochstift Paderborn	53,0	12,3

Da die gesamte Alphabetisierungsforschung für die Zeit um 1800 sich weit mehr auf das Land als auf die Städte bezieht, in denen um diese Zeit allenthalben »die Schlacht schon entschieden« scheint, soll hier nur noch vom Land die Rede sein. Die wichtigste Aussage dieser Tabelle ist, wie immer, die geschlechtsspezifische. Generell signierten weit mehr Männer als Frauen. Doch wie sich klar zeigt, gab es ganz deutliche regionale Abstufungen: Die Bräute der Region Halberstadt erreichten einen ungewöhnlich hohen Stand und lagen nur um 10% unter ihren Partnern. Auch in Magdeburg ist die Relation noch günstig, von da an wachsen die geschlechtsspezifischen Abstände erheblich[49] – bis hin zu Paderborn, wo wir uns mit um 88% nicht-signierenden Bräuten nach den Kriterien der quantitativen Alphabetisierungsforschung einem fast vollständigen weiblichen Analphabetismus nähern.[50] Auch die Altmark, eine freilich mit relativ wenigen Fallzahlen vertretene Region (400 ausgezählte Heiratsakte), offenbart einen besonders niedrigen Stand der weiblichen Signierfähigkeit, im Kontrast zu Paderborn freilich mit beachtlichen Werten bei den Männern.[51] Minden-Ravensberg, Hildesheim, Südostniedersachsen, die Altmark und Paderborn lassen eine zumindest für diese Regionen generelle These zu: Wo die Rate der Signierfähigkeit der Männer relativ niedrig ist, d.h. unter 70 % liegt, sind auch die Werte der Bräute sehr niedrig. Mit anderen Worten: Es gibt keine Region, in der sich Frauen und Männer auf einem insgesamt niedrigen Niveau in etwa die Waage halten, eine »positive« Sonderentwicklung der Frauen scheint nur dort möglich, wo auch eine hohe Signierfähigkeit der Männer vorliegt. Ganz anders, aber nicht minder interessant, erscheint das Bild in Südniedersachsen[52] und Hessen-Kassel,[53] Regionen, denen sich auch das Bonner Umland zuordnen läßt. Diese sind, dem tabellarischen Erscheinungsbild nach, ausgesprochene »Männer«-Regionen mit einer weitgehenden Signierfähigkeit bei den Männern und, im Vergleich dazu, erstaunlich niedrigen Werten bei den Frauen. Ein anderes Bild wiederum in Magdeburg und vor allem Halberstadt: Man könnte zumindest bei Halberstadt von einer »Frauen«-Region sprechen. Zwar übertreffen auch hier die Frauen ihre Partner nicht, aber sie kommen ihnen ganz nah, so nah wie nirgendwo sonst im bisher »ausgezählten« Deutschland.

Die regional-, konfessions- und sozialspezifischen Besonderheiten der hier vorgestellten Erhebung sind inzwischen in einer ganzen Reihe von Artikeln beschrieben worden[54] und werden demnächst in einem umfangreichen Kar-

49 Zu Halberstadt und Magdeburg vgl. Jens Riederer, Prämie der Aufklärung. Zum Alphabetisierungsvorsprung im Fürstentum Halberstadt gegenüber der Magdeburger Börde um 1800, in: Bödeker/Hinrichs (Hg.), Alphabetisierung , 95–118.

50 Reiner Prass, Preußisch-gewerblicher Vorsprung und katholisch-ländliche Rückständigkeit? Zur Alphabetisierung in Minden-Ravensberg und Corvey-Paderborn, in: Bödeker/Hinrichs (Hg.), Alphabetisierung, 69–93.

51 Norbert Winnige, Unterschriften aus der Altmark. Zur Alphabetisierung in Stendal und Umgebung um 1800, in: Ralf Pröve/Bernd Kölling (Hg.), Leben und Arbeiten auf märkischem Sand. Wege in die Gesellschaftsgeschichte Brandenburgs 1700–1914, Bielefeld 1999, 90–119.

52 Andrea Hofmeister, Ländliche Alphabetisierung in Südniedersachsen: ›Großraum‹ Göttingen und nordwestliches Harzvorland, in Bödeker/Hinrichs (Hg.), Alpbabetisierung, 11–32.

53 Norbert Winnige, Alphabetisierung in Althessen. Zum Stand der Signierfähigkeit in Hessen-Kassel um 1800, in: Bödeker/Hinrichs (Hg.), Alphabetisierung, 33–67.

tenwerk dokumentiert. So soll hier nur noch ein abschließender Hinweis auf ihre Bedeutung für den Alphabetisierungsstand Nordwestdeutschlands zu Beginn des 19. Jahrhunderts insgesamt folgen. Im Hinblick darauf gab und gibt es in der Literatur auch heute noch sehr unterschiedliche Äußerungen, die zwischen einer sehr weitgehenden und einer so gut wie nicht vorhandenen ländlichen Alphabetisierung in Deutschland um 1800 schwanken.[55] Die vorliegende Erhebung läßt für die männliche ländliche Bevölkerung auf eine weitgehende, für die Frauen auf eine deutlich dahinter zurückbleibende, aber im Anstieg begriffene Alphabetisierung schließen. Auch wer dem Erhebungsindikator »eigenhändige Unterschrift« skeptisch gegenübersteht und in dieser Haltung durch individuelle Beispiele bestärkt wird, wird sich der Aussage der Massendaten und ihrer kontrastreichen Regionalität nicht entziehen können. Gerade weil es um 1800 noch Landschaften gab, in denen die Praxis des eigenhändigen Unterschreibens wenig entwickelt oder bei nicht wenigen Männern, vor allem aber Frauen nicht vorhanden war, wird man jene Landschaften unter einem anderen Licht betrachten müssen, in denen die eigenhändige Unterschrift unter dem eigenen Heiratsdokument zur Alltagspraxis gehörte – für zwei Drittel (oder mehr) der Männer, hier und dort aber auch für die Hälfte der Frauen. Die These, daß die deutsche Aufklärung und ihre verschiedenen pädagogischen Bewegungen aus gutem Grund keine Alphabetisierungskampagne propagierten, wohl aber eine Reihe von Kampagnen zur Verbesserung des vorhandenen Schulwesens und insbesondere zur Professionalisierung des Berufstands der Lehrer, findet in diesen Zahlen eine empirische Bestätigung. Mit dem Eintritt ins 19. Jahrhundert war zumindest in weiten Teilen Nordwestdeutschlands der Boden bereitet für ein kontinuierliches Voranschreiten auf dem langen Weg zur Massenalphabetisierung.

54 Vgl. Fußnoten 46–52 und sämtliche weiteren Beiträge in dem Sammelband Bödeker/Hinrichs (Hg.), Alphabetisierung. Vgl. außerdem: Andrea Hofmeister-Hunger, Kulturtechnik Lesen und Schreiben. Zur Signierfähigkeit Göttinger Brautleute am Beginn des 19. Jahrhunderts, in: Denkhorizonte und Handlungsspielräume. Historische Studien für Rudolf Vierhaus zum 70. Geburtstag, Göttingen 1992, 81–98; Dies., »Ik wil mijn handtekening leren zetten«. Faktoren der Alphabetisierung in den Niederlanden und in Norddeutschland, in: Dick E. H. de Boer/Gudrun Gleba/Rudolf Holbach (Hg.), »… in guete freuntlichen nachbarlichen verwantnus und hantierung …«. Wanderung von Personen, Verbreitung von Ideen, Austausch von Waren in den niederländischen und deutschen Küstenregionen vom 13.–18. Jahrhundert, Oldenburg 2001, 69–87; Reiner Prass, Signierfähigkeit und Schriftkultur. Methodische Überlegungen und neuere Studien zur Alphabetisierungsforschung in Frankreich und Deutschland, in: Francia 25/2 (1998), 175–197; Ders., Schriftlichkeit auf dem Land zwischen Stillstand und Dynamik. Strukturelle, konjunkturelle und familiäre Faktoren der Alphabetisierung in Ostwestfalen am Ende des Ancien Régime, in: Werner Rösener (Hg.), Kommunikation in der ländlichen Gesellschaft vom Mittelalter bis zur Moderne, Göttingen 1999, 319–343. Ders., Das Kreuz mit den Unterschriften. Von der Alphabetisierung zur Schriftkultur, in: Historische Anthropologie 9/3 (2001), 384–404; Norbert Winnige, Alphabetisierung in der Frühen Neuzeit, oder: Wie visualisiere ich raumbezogene historische Daten?, in: Dietrich Ebeling (Hg.), Historisch-thematische Kartographie. Konzepte, Methoden, Anwendungen, Bielefeld 1999, 82–97.

55 Vgl. dazu im Hinblick auf die skeptische Sicht von Rudolf Schenda Ernst Hinrichs, Zur Erforschung der Alphabetisierung in Nordwestdeutschland in der Frühen Neuzeit, in: Anne Conrad u.a. (Hg.), Das Volk im Visier der Aufklärung. Studien zur Popularisierung der Aufklärung im späten 18. Jahrhundert, Hamburg 1998, 35–56, hier 37ff. Vgl. auch die schönen Bemerkungen von Reinhart Siegert, Rudolf Zacharias Becker, 579ff., der auf der Grundlage einer qualitativen Auswertung der Volkslesestoffe schon sehr früh (1979) zu einer recht »positiven« Einschätzung des ländlichen Alphabetisierungsstands in Deutschland um 1800 kommt.

Popularaufklärung – Volksaufklärung

HOLGER BÖNING

1. Charakter der populären Aufklärung

Die Volksaufklärung ist ein Kind des 18. Jahrhunderts, ihr Gedankengut bleibt bis zur Mitte des 19. Jahrhunderts lebendig. Sie stellt die größte Bürgerinitiative des aufgeklärten Säkulums dar. Tausende aus den gebildeten Ständen sind in ihr engagiert. »Eine Aufklärung«, so lautet für fast ein Jahrhundert ihr Motto, »die nur den Aufgeklärten aufklärt, und den größten Theil der Menschen, die auf höhere Wissenschaften sich nicht verlegen können und nicht sollen, nothwendig in Finsternissen läßt, verdient schlechterdings den Namen Aufklärung nicht.«[1] Das Zeitalter der Aufklärung steht somit nicht bloß im Zeichen von Wissen und Vernunft »an sich«. Es beendet auch die gesellschaftliche Exklusivität des Wissens. Sich selbst genügende Gelehrsamkeit wird ebenso verächtlich wie Geheimwissen jeder Art; man bemüht sich, neue wissenschaftliche Erkenntnisse zum allgemeinen Nutzen öffentlich zu verbreiten.

Nirgendwo sonst werden ähnlich intensive Anstrengungen unternommen, neues Wissen an neue Adressaten zu vermitteln. Geistliche beider Konfessionen, Ärzte, Wirtschaftsbeamte, Professoren und Schriftsteller leisten – oft organisiert in gemeinnützigen und ökonomischen Gesellschaften –[2] praktische Lebenshilfe und wollen die Mentalität des »gemeinen Mannes« verändern. Mehrere tausend Schriften entstehen, von denen manche – das »Noth- und Hülfsbüchlein« Rudolph Zacharias Beckers ist ein Beispiel –[3] erstaunlich hohe Auflagen erreichen. In der Öffentlichkeit entsteht ein Bild vom »Volk« als des »zahlreichsten und unentbehrlichsten Theils einer Nation«.[4] »Bürger und Landmann« gelten als die »beiden ehrwürdigen Volksklassen, in welchen allein die Quellen des Reichtums und der Stärke einer Nation enthalten sind«.[5] Unter »Volk« verstanden die Aufklärer den Teil der Bevölkerung, der keine höhere Bildung erfahren hatte, also nicht zu den »gesitteten Ständen« gehörte. In der Praxis wandte die Volksaufklärung sich vorwiegend an Bauern, daneben aber auch an Dienstboten, an die städtischen und ländlichen Unterschichten, an Handwerker, Seeleute, Soldaten, Hebammen und ländliche Wundärzte.

Lange galt es der Forschung als unzweifelhaft, daß die deutsche Aufklärung vorwiegend Selbstaufklärung der Eliten gewesen sei und den Weg zu breiteren Bevölkerungskreisen weder gesucht noch gefunden habe. In den vergangenen zwei Jahrzehnten konnte jedoch gezeigt werden, daß während des Zeitraumes von etwa 1750 bis 1850 rund 4.000 Autorinnen und Autoren die gewaltige Menge von etwa 16.000 Titeln verfaßten, denen das Anliegen gemeinsam ist, bei einfachen Lesern aufklärerisches Gedankengut zu popularisieren.[6] Daneben ist es ein Hauptziel dieser Bürger- und Reformbewegung, zum Zwecke einer besseren Lebensbewältigung Wissen zu vermitteln. Das Repertoire der dazu genutzten Gattungen ist reich; das Panorama der Volksaufklärung umfaßt nahezu den gesamten nichtwissenschaftlichen Buchmarkt. Das Spektrum reicht von der sachlich argumentierenden Belehrung über neue, naturwissenschaftlich gegründete Anbaumethoden in der Landwirt-

Der
Glückselige und unglückselige
Bauren=
Stand,
Nach seinem Ursprung, Wachsthum, Auffnehmen, und folgenden Abnehmen, Verderb Tugenden und Lastern betrachtet;
Wobey allenthalben gezeiget wird,
Auff was Art und Weise einem jeden Lande durch Verbesserung
Des
Bauren=Standes
Eine beständige
Gold=Grube
zubereitet werden könne.
Auff Unkosten guter Freunde, auch Liebhaber des Feld= und Land=Lebens.
Leipzig, bey Joh. Philipp. Boetio,
Auch im Durchgange des Rathauses zu bekommen.
Anno 1711.

Abb. 250: Der Glückselige und unglückselige Bauren-Stand (1711)

1 Bonifaz Martin Schnappinger, Ueber Erziehung, Aufklärung und Zeitgeist zugleich auch ueber Philosophie, Christenthum und Kirche, für alle Klassen gebildeter, und nachdenkender Leser, Augsburg 1818, 154.

2 Vgl. zu den Gesellschaften: Rudolf Vierhaus (Hg.), Deutsche patriotische und gemeinnützige Gesellschaften, München 1980; Ulrich Im Hof, Das gesellige Jahrhundert. Gesellschaft und Gesellschaften im Zeitalter der Aufklärung, München 1982; Richard van Dülmen, Die Gesellschaft der Aufklärer. Zur bürgerlichen Emanzipation und aufklärerischen Kultur in Deutschland, Frankfurt a.M. 1986.

3 Vgl. dazu detailliert Reinhart Siegert, Aufklärung und Volkslektüre. Exemplarisch dargestellt an Rudolph Zacharias Becker und seinem »Noth- und Hülfsbüchlein«. Mit einer Bibliographie zum Gesamtthema, Frankfurt a.M. 1978.

4 Hein[rich] Würzer (Hg.), Der patriotische Volksredner, Bd. 1, St. 1–13, Altona 1796, hier St. 1, 1ff.

5 Carl Friedrich Bahrdt, Handbuch der Moral für den Bürgerstand, Halle 1789, 10.

6 Vgl. die umfassende Quellendokumentation bei Holger Böning/Reinhart Siegert, Volksaufklärung. Biobibliographisches Handbuch zur Popularisierung aufklärerischen Denkens im

schaft, Fabeln, Gedichte, Dialoge und kleine Erzählungen bis zum unterhaltsamen, literarisch anspruchsvollen Dorf- oder Bauernroman. Und ebenso groß ist die Vielfalt der Themen. Sie langt von der Erörterung grundsätzlicher philosophischer und politischer Fragen bis zu Schriften über Pocken, das Verhalten in Gewittern, die Fütterung der Tiere oder den Anbau von Nutzpflanzen, Anleitungen zur Kenntnis des gestirnten Himmels oder zur Vieharzneikunst, juristische Informationen und Erklärungen der politischen Ordnung. Man kann von einem enzyklopädischen Anspruch sprechen, den die Aufklärer bei der Wissensvermittlung entwickeln. Genutzt werden alle bekannten Medien vom Kalender bis zur Zeitung, von der Zeitschrift bis zum Intelligenzblatt, vom Buch bis zu Einblattdrucken, Flugblättern, Broschüren und kleinen Kolportageschriften. Beigetragen werden soll zur vernünftigen Weltkenntnis, zur moralischen Erziehung, aber auch zu einer gesunden Lebensführung und zur Verbesserung der wirtschaftlichen Lage. Zahlreiche Aufklärer folgten dem Credo: »Der gemeine unstudirte Mann hat Verstand, wie der Gelehrte; er fühlt wie diser das Bedürfnis nach Kenntnis, und sehnet sich nach Wissen.«[7]

2. Die ganze Welt des Wissens: Konzeptionen und Inhalte der Volksaufklärung

Am Anfang der populären Aufklärung steht die Verdrängung einer recht beliebten enzyklopädischen Gattung, der Hausväterliteratur. Das Hausvaterbuch wollte – neben der Bibel – das Hausbuch des ländlichen Haushaltes sein. Hier war alles das an Wissen und Information zusammengetragen, was zur Gewinnung und Verarbeitung der Nahrung nötig war. Es bot einer Gemeinschaft von Menschen, die das Haus bildete, Anleitung zu allen Erfordernissen des täglichen Lebens, nicht allein zu Arbeiten der Feldwirtschaft und Viehhaltung, sondern auch zur Diätetik, zum Gartenbau, zur Kindererziehung, zur Hausmedizin und Krankenversorgung, ebenso zu den Rechten und Pflichten des »Landmannes«. Neben Handlungsanweisungen in den praktischen Wissenschaften orientierte das Hausvaterbuch über die Ordnung der Welt und des Hauses, in der dem Mann, der Frau, den Kindern und dem Gesinde Aufgaben und Zuständigkeiten zugewiesen waren. Das Spektrum des dafür nötigen Wissens war groß, entsprechend voluminös und teuer waren diese Bücher, die seit dem 16. Jahrhundert zumeist in der Volkssprache gedruckt und in wohlhabenden ländlichen Familien von Generation zu Generation weitergegeben wurden.[8]

Soziale Exklusivität und geringe Aktualität kennzeichneten die Hausväterliteratur. Sie erschien somit jenen Gelehrten unbrauchbar, die verstärkt seit der zweiten Hälfte des 17. Jahrhunderts ein ausgeprägtes Interesse für die Dinge des Alltags entwickelten und darauf abzielten, die Naturwissenschaften für das praktische Leben nutzbar zu machen. Von Beginn an war die Aufklärung durch eine Dynamik charakterisiert, die auf eine Erweiterung der Öffentlichkeit zielt und neue, zusätzliche Adressatengruppen anzusprechen sucht. In mehreren Zeitschriften wurde mit dem Eintritt in das aufgeklärte Säkulum über die vernunftgemäße Nutzung der Natur und die eingreifende Veränderung im wichtigsten Existenzzweig der Menschen, bei der gesicherten Erzeugung der Nahrungsmittel, diskutiert. Der Fortgang der Aufklärung

deutschen Sprachraum von den Anfängen bis 1850, Bd. 1ff., Stuttgart/Bad Cannstatt 1990ff. (Bisher erschienen: Bd. 1 1990, Bd. 2.1 und 2.2 2001). Dort finden sich auch umfangreiche Verzeichnisse der Forschungsliteratur zur Volksaufklärung, auf deren Nachweis hier aus Platzgründen verzichtet werden muß. Wenigstens einige wenige Titel seien jedoch genannt: Heinz-Otto Lichtenberg, Unterhaltsame Bauernaufklärung. Ein Kapitel Volksbildungsgeschichte, Tübingen 1970; Rudolf Schenda, Volk ohne Buch. Studien zur Sozialgeschichte der populären Lesestoffe 1770–1910, Frankfurt a.M. 1970; Gerhard Sauder, »Verhältnismäßige Aufklärung«. Zur bürgerlichen Ideologie am Ende des 18. Jahrhunderts, in: Jahrbuch der Jean-Paul-Gesellschaft 9 (1974), 102–126; Ulrich Herrmann (Hg.), »Das pädagogische Jahrhundert«. Volksaufklärung und Erziehung zur Armut im 18. Jahrhundert in Deutschland, Weinheim/Basel 1981; Jürgen Voss, Der Gemeine Mann und die Volksaufklärung im späten 18. Jahrhundert, in: Hans Mommsen/Winfried Schulze (Hg.), Vom Elend der Handarbeit. Probleme historischer Unterschichtenforschung, Stuttgart 1981, 208–233; Holger Böning, Der »gemeine Mann« als Adressat aufklärerischen Gedankengutes. Ein Forschungsbericht zur Volksaufklärung, in: Das Achtzehnte Jahrhundert. Mitteilungen der Deutschen Gesellschaft für die Erforschung des 18. Jahrhunderts 12, 1 (1989), 52–80; Annegret Völpel, Der Literarisierungsprozess der Volksaufklärung des späten 18. und frühen 19. Jahrhunderts : dargestellt anhand der Volksschriften von Schlosser, Rochow, Becker, Salzmann und Hebel. Mit einer aktualisierten Bibliographie der Volksaufklärungsschriften, Frankfurt a.M. u.a. 1996.

7 Joseph Weber, Unterricht von den Verwahrungsmitteln gegen das Gewitter für den Landmann. (Im Sokratischen Tone), Salzburg 1784, 4.

8 Dazu Irmintraut Richarz, Oikos, Haus und Haushalt. Ursprung und Geschichte der Haushaltsökonomik, Göttingen 1991.

insgesamt erschien vielen Zeitgenossen identisch mit dem der Landwirtschaft. Die Klage wird topisch, die Land- und Hauswirtschaft erscheine noch »jedermann verächtlich«, »weil man insgemein davor hält/es sey dieses nur eine Verrichtung vor die groben und einfältigen Leute«, während sie doch in Wirklichkeit eine »gründliche Wissenschaft« erfordere.[9]

Bei den Gelehrten und Gebildeten ist im frühen 18. Jahrhundert ein nachhaltiger Interessen- und Wertewandel zu einem vorläufigen Abschluß gekommen, in dessen Verlauf sich eine neue Sicht des Alltäglichen, der praktischen Arbeit und in Anfängen auch schon der unteren Stände herausgebildet hat. Darin gründen die nun einsetzenden Bestrebungen, aufklärerisches Gedankengut auch dem »Volk« nahezubringen. Beispielhaft ist 1718 die Schrift des Philosophen Christian Wolff über die »Entdeckung der wahren Ursache von der wunderbahren Vermehrung des Getreydes«,[10] die 1738 den Anstoß zur ersten volksaufklärerischen Schrift gibt. Ihr Autor ist der Pfarrer Johann Caspar Nägeli, der Titel lautet: »Des Lehrnsbegierigen und Andächtigen Landmanns Getreuer Wegweiser; Zur Beförderung der Ehre Gottes/und gemeinem des Landes Nutzen ans Liecht gestellt«. Das Titelmotto nimmt die Devise der Volksaufklärung vorweg: »Wol ungemein glücklich wären die Landleute/wann sie ihre Feldgüter grundlich kenneten!«[11] Nägeli will den Kenntnisstand der Naturforschung an den »Landmann« weitervermitteln und beruft sich dazu ausdrücklich auf Christian Wolffs Vorschläge, zu deren Umsetzung dem Leser ein eigens entwickeltes Ackergerät empfohlen wird. Als Motiv zur Abfassung seines Unterrichts nennt Nägeli die Befreiung seines Landes von »dem beschwerlichen Armuts-Last«.[12]

Abb. 251: Christian Wolff, Entdeckung der Wahren Ursache von der wunderbahren Vermehrung Des Getreydes (1718)

Von Beginn an ist es ein Hauptmotiv der populären Aufklärung, Wissen an solche Adressaten weiterzugeben, denen dieses nicht zugänglich ist, in ihrem Alltagsleben aber von Nutzen sein kann. Beispielhaft dafür sind »Zufällige Gedanken über die bisanhero herausgegebene Oeconomische Schrifften und deren allgemeinen Nutzen«, die 1755 in den »Leipziger Sammlungen«, der wichtigsten, seit 1742 erscheinenden gemeinnützig-aufklärerischen Zeitschrift, formuliert werden. Ausführlich wird hier kritisiert, daß die bis dahin erschienenen ökonomischen Ratgeber vor allem ein Publikum erreichten, das ihrer am wenigsten benötige. Es folgt die Bitte des Herausgebers der Zeitschrift um Beiträge, »welche Mittel enthielten, wie man aus den bisherigen und künfftigen öconomischen Schrifften, aufs kürtzeste und wohlfeilste, das brauchbarste und gewisseste in iedermanns, sonderlich des gemeinen Manns und Bauers Hände bringen, folglich dadurch unsere ietzt so häufigen öconomischen Bücher, sonderlich für diesen, gemeinnützlicher machen könne«.[13] 1756 rühmt Peter von Hohenthal das Maß der bei den »gelehrten Landwirthen« bereits erreichten Aufklärung und zieht den Schluß, auch der einfache Bauer müsse zum Selbstdenken befähigt werden.[14] »Der größte Haufen unter dem gemeinen Mann«, so ist im selben Jahr 1756 zu lesen, »ist dürfftig, oder gar arm. Man muß diesen armen Leuten in ihrer Wirthschafft zu Hülfe kommen.«[15]

Als erste eigenständige Leistung der Volksaufklärung – noch kennt man diesen, erst in den 1780er-Jahren aufkommenden Begriff nicht – entsteht als Folge der zitierten Überlegungen eine ganz neue Art von Sachliteratur, die zugleich als die erste landwirtschaftliche Fachliteratur für den »gemeinen Mann« anzusehen ist. In diesen Kleinschriften wird das agrarreformerische Programm der gemeinnützig-ökonomischen Aufklärung propagiert. Didaktische Über-

9 So etwa bei J. J. Becher (recte: Achatius Sturm), Kluger Haus-Vater [...], Leipzig 1714, 1. Aufl. 1702.

10 Christian Wolff, Entdeckung der Wahren Ursache von der wunderbahren Vermehrung Des Getreydes: Erläuterung/Gottlob Christian Happe, Der in seiner eignen gemachten Gruben sich selbst fangende Wolff, Nachdruck der ersten Ausgaben Halle 1718 und 1719/Berlin 1719. Mit einem Nachwort von Holger Böning, Stuttgart-Bad Cannstatt 1993. Siehe auch die 2. und die 3. Aufl. Halle 1725 und Halle 1750.

11 Johann Caspar Nägeli, Des Lehrnsbegierigen und Andächtigen Landmanns Getreuer Wegweiser. Nachdruck der ersten Ausgabe Zürich 1738. Mit einem Nachwort von Holger Böning, Stuttgart 1992. Das Motto findet sich auf dem Titelblatt.

12 Ebd., Vorrede.

13 Leipziger Sammlungen, St. 1–192, 1742–1767, Bd. 1–16, Leipzig 1744–1767, hier Bd. 11, 1755, 947f. und 949f.

14 Des Pfälzischen Landwirths Gedanken von denen Vorurtheilen in der Wirthschaft, in: Oeconomische Nachrichten, 99. Stück, Leipzig 1756, 178ff.

15 Der Wirth und die Wirthin, eine oeconomische und moralische Wochenschrifft, Braunschweig/Hildesheim 1756–1757, 2. Stück 1756, 29f.

Abb. 252: Die erste volksaufklärerische Schrift: Johann Caspar Nägeli, Des Lehrnsbegierigen und Andächtigen Landmanns Getreuer Wegweiser (1738)

Des
Lehrnsbegierigen und Andächtigen
Landmanns
Getreuer
Wegweiser;
Zur
Beförderung der Ehre Gottes/
und gemeinem des Landes Nu-
tzen ans Liecht gestellt
Von
Joh. Caspar Nägeli,
Pfarrer im Fischenthal.

*Virgilius Georgic. II.
O fortunati nimium. sua si bona norint Agricolæ. i. e.
Wol ungemein glücklich wären die Landleute/ wann sie ihre Feldgüter grundlich kenneten!

Zürich,
Bey Heldegger und Compagnie. 1738.

legungen spielen in der Regel nur insoweit eine Rolle, als man sich bei Format, Umfang und Preis Beschränkungen auferlegt. Diese Schriften dokumentieren eine nachhaltige Veränderung. Nahezu über Nacht ist aus der alten behäbigen ökonomischen Literatur das Forum eines fast feurigen Engagements geworden, kaum kann man genug Worte finden über die Achtung, die dem bäuerlichen Stand endlich entgegengebracht werden müsse. Sie drückt sich in dem Wunsch aus, das eigene Wissen diesem Stand und damit dem gemeinen Besten zum Nutzen mitzuteilen. Autoren sind am Werk, die ihre Leser ernst nehmen. Es fehlt noch ganz der herablassend-väterliche Gestus, der einen Teil der späteren volksaufklärerischen Literatur kennzeichnet. Die sachliche Information und die Aufforderung zur eigenständigen Beurteilung der Vorschläge stehen ganz im Vordergrund. Eine ganz ausschließliche Diesseitigkeit charakterisiert diese kleinen Schriften, auch der Verzicht auf jeden Versuch einer sittlich-moralischen Erziehung. Nüchtern und sachlich sollen hier neue Kenntnisse an neue Adressaten weitergegeben werden. Wer jemals – beispielsweise in den Tagebüchern des Armen Mannes aus dem Toggenburg – gelesen hat, wie weh Hunger tut, wird den neuen Bemühungen zur Verbesserung der Nahrungsproduktion seine Achtung nicht versagen. Mindestens 4.000 solcher Kleinschriften entstehen bis zum Ende des Jahrhunderts; sie bilden in ihrer Gesamtheit eine Art Enzyklopädie der Landwirtschaft.

In ihren Anfängen ist die Volksaufklärung demnach nahezu ausschließlich auf ökonomische Belehrung, auf das Naheliegende also, gerichtet. In den 1750er- und 60er-Jahren müssen die Aufklärer die Erfahrung machen, daß größere Rücksicht auf bäuerliche Lesegewohnheiten und -bedürfnisse gefordert ist. Zusätzlich entstehen jetzt Feld- und Ackerbaukatechismen. Die Palette erweitert sich. In Frage und Antwort, so wie er es aus dem Unterricht von Schulmeister und Pfarrer kennt, soll dem Bauern die Botschaft der Volksaufklärer nahegebracht werden.

Zu Beginn der siebziger Jahre ist dann eine grundlegende Wandlung der volksaufklärischen Konzeption deutlich erkennbar. Der anfängliche Opti-

Abb. 253: Johannes Ludewig, aus: Der gelehrte Bauer, Titelkupfer (1756)

mismus, der Bauer werde die neuen Lehren gern annehmen, teile man sie ihm nur endlich mit, wird mit der Erfahrung konfrontiert, daß der »gemeine Mann« ganz andere Sorgen und Bedürfnisse hat, als sich von den ihn so unverhofft bestürmenden Gebildeten zur Veränderung seiner Gewohnheiten bewegen zu lassen. Die Volksaufklärung wird zu einer Erziehungsbewegung, in der sich die Gebildeten nicht mehr als bloße Vermittler ihres Wissens begreifen, sondern sich als »Volkslehrer« für die ökonomische, sittlich-moralische, religiöse und politische Erziehung ihrer Adressaten verantwortlich fühlen. Es kommt zu einer Pädagogisierung und Didaktisierung, bei der nicht zuletzt auch auf Mittel der traditionellen religiösen Volkserziehung zurückgegriffen wird und zugleich große Anstrengungen zur Verbesserung des niederen Schulwesens unternommen werden. Die Erfahrung, daß die bloße Herstellung einer Öffentlichkeit, das Lebenselexier jeder Aufklärung, allein nicht hinreicht, neue Adressaten zu erreichen, ist für die Herausbildung eines pädagogischen Gefälles verantwortlich.

Neue literarische Formen sind eine Folge dieses Prozesses. Es beginnen die Diskussionen um eine Theorie des Volksbuches, als deren Folge das unterhaltsame Element in die volksaufklärerische Literatur gelangt. Das »Volk« liebe Sinnliches, so hat man beobachtet. Die belehrende Erzählung tritt auf den Plan, die sich dann bis zur bäuerlich-ländlichen Epik des 19. Jahrhunderts entwickelt. Dem berühmten »Noth- und Hülfsbüchlein« Rudolph Zacharias Beckers stehen weit mehr als 2.000 aufklärerische Schriften mit unterhaltsamen Anteilen zur Seite, von der notdürftig mit einer Rahmenhandlung versehenen Anweisung zur Bienenzucht bis zur literarisch anspruchsvollen, romanhaften Dorfutopie. Man besinnt sich auf die traditionellen Volkslesestoffe, besonders auf die Bibel mit ihrer kräftigen, bilder- und gleichnisreichen Sprache und auf den Kalender, den einzigen weltlichen Lesestoff, der sich neben der Zeitung bereits einer gewissen Verbreitung bei allen Ständen erfreute. Das »Wunderbare im erzählenden Tone vorgetragen« hält man nun statt der sachlichen Erörterung und Darlegung für geeignet, einfache Leser zu belehren. Zugleich wird gefordert, der Dichter müsse sich der Volksauf-

Abb. 254: Kurzer doch gründlicher Begriff des gesamten Feldbaues (1764)

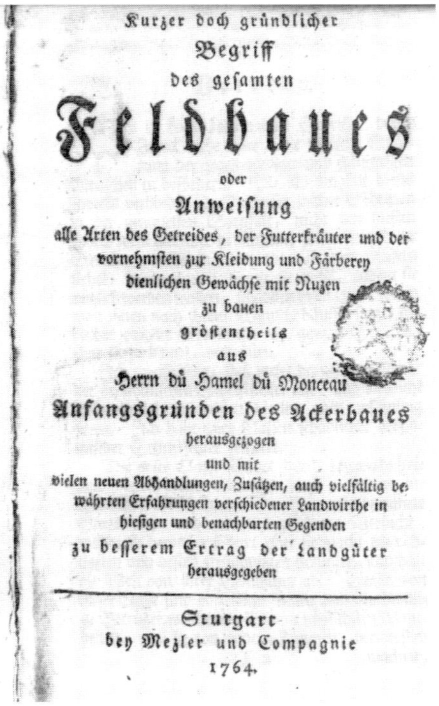

Kurzer doch gründlicher
Begriff
des gesamten
Feldbaues
oder
Anweisung
alle Arten des Getreides, der Futterkräuter und der
vornehmsten zur Kleidung und Färberey
dienlichen Gewächse mit Nuzen
zu bauen
gröstentheils
aus
Herrn du Hamel du Monceau
Anfangsgründen des Ackerbaues
herausgezogen
und mit
vielen neuen Abhandlungen, Zusäzen, auch vielfältig bewährten Erfahrungen verschiedener Landwirthe in
hiesigen und benachbarten Gegenden
zu besserem Ertrag der Landgüter
herausgegeben

Stutgart
bey Mezler und Compagnie
1764.

klärung annehmen. In seiner Hand, so heißt es, seien die »fruchtbarsten Mittel«, zu gefallen und das »Wunderbare« zu gestalten. An den »Mordgeschichten« und »Zaubereyen« habe man sich zu orientieren, wie sie auf den Jahrmärkten und durch Hausierer vertrieben wurden, und deren Merkmale für eine erzählerisch eingekleidete Belehrung zu nutzen. Beispielhaft umgesetzt findet sich dies erstmals 1772 in einer Art Dorfgeschichte, die den Nutzen der Stallfütterung veranschaulichen soll. In der kleinen unterhaltenden Erzählung wird gezeigt, wie ein armer Bauer, gegen Neid und Intrigen seiner Standesgenossen, die ihm seine Wiesen rauben, dadurch reich wird, daß er seine Kühe nun gezwungenermaßen nicht mehr auf die Weide läßt, sondern sie im Stall versorgt.[16]

Steht in diesem Beispiel noch die ökonomische Belehrung im Mittelpunkt, so gewinnt die Volksaufklärung in den achtziger Jahren ihren geradezu enzyklopädischen Charakter, bis kein Bereich des Lebens mehr von ihr ausgeschlossen ist. Es ist darauf hinzuweisen, daß die ökonomische Aufklärung in den Anfängen der Volksaufklärung nicht als mutwillige Beschränkung erscheint, sondern als Konzentration auf einen Bereich, der sich zum Lieblingsthema von Gelehrten und Gebildeten entwickelt hatte und der dem Alltagsleben der neuen Adressaten am nächsten lag. Ohnehin wird die Begrenzung schnell aufgegeben. Bereits in den sechziger Jahren kommt als neuer Themenkreis die medizinische Volksaufklärung hinzu. Der Genfer Arzt Simon André Tissot steht am Anfang jener Reihe von mehr als 2.000 medizinischen Volksschriften, der noch einmal etwa 1.000 Traktate zur Popularisierung der Pockenimpfung zur Seite stehen. Sie sind Ausdruck größerer Wertschätzung des einzelnen Menschenlebens.[17]

Die medizinische Volksaufklärung hatte gegenüber allen anderen Bemühungen der Aufklärer, den »gemeinen Mann« zu vernunftgerechtem Denken, Leben und Wirtschaften anzuhalten, einen unschätzbaren Vorteil.

16 Die Diskussion und die als Illustration vorgestellte Erzählung findet sich in: Gedanken von den Würkungen ökonomischer Schriften auf den Landmann, in: Erfurthisches Intelligenz-Blatt vom Jahre 1772, 408–409, 429–430.

17 Siehe dazu Holger Böning, Medizinische Volksaufklärung und Öffentlichkeit. Ein Beitrag zur Popularisierung aufklärerischen Gedankengutes und zur Entstehung einer Öffentlichkeit über Gesundheitsfragen. Mit einer Bibliographie medizinischer Volksschriften, in: Internationales Archiv für Sozialgeschichte der deutschen Literatur, Bd. 15, 1, Tübingen 1990, 1–92.

Sie gab Informationen und Ratschläge, die zumindest in Zeiten von Krankheit freiwillig angenommen wurden. Noch heute fehlt in kaum einem ansonsten bücherlosen Haushalt ein »Praktischer Hausarzt«. Die Ratgeber zur Gesunderhaltung und zur Behandlung von Krankheiten durften zu allen Zeiten auf Interesse zählen, hier ist besonders früh eine enzyklopädische Tendenz festzustellen. Neben der Vermittlung neuer Kenntnisse übernahmen sie die Aufgabe, mit der Behandlung eines populären Themas leseungewohnte Adressaten überhaupt erst anzusprechen und so zur Verbreitung aufklärerischen Gedankengutes beizutragen. Das Programm der medizinischen Volksaufklärung ist nicht ohne Aktualität, indem es in starkem Maße die vorbeugende Gesundheitspflege propagiert und so die Eigenverantwortung des noch Gesunden anspricht. Auch der im Mittelpunkt stehende Kampf gegen den Aberglauben erscheint nicht nur belächelnswert, wenn man zur Kenntnis nimmt, daß heute in Afrika Maßnahmen gegen AIDS auch an der Überzeugung scheitern, daß die Ursache allen Übels im Groll von Ahnengeistern oder in bösen Zaubereien zu finden sei. Wesentliches Ziel war schließlich ein höheres Maß an Selbstbestimmung und Entscheidungskompetenz in Fragen von Krankheit und Gesundheit. Die Forderung, der Laie habe in der Diskussion über Mittel und Ziele der Medizin ein gewichtiges Wort mitzureden, ist ihrem Grundgedanken nach bei vielen Aufklärern zu finden, die energisch dafür eintraten, medizinische Kenntnisse aus dem Ghetto des Geheimwissens in den Bereich der Öffentlichkeit zu überführen. In ihren besten Vertretern begriffen besonders Ärzte die medizinische Volksaufklärung als nichts anderes als den »Ausgang eines Menschen aus seiner Unmündigkeit in Sachen, welche sein physisches Wohl betreffen«.[18]

Die anderen Erweiterungen des Themenspektrums können nicht in gleicher Ausführlichkeit vorgestellt werden. Hinzu kamen die juristische, die politische, die historische und die religiöse Volksaufklärung. In den 1780er-Jahren entstanden Schriften verschiedenster Art, die alle diese Themen umfaßten. Hier wurde nachvollzogen, was sich an enzyklopädischer Tendenz in der Publizistik der Aufklärung insgesamt bereits zuvor etabliert hatte.[19] 1781 ist in einer Predigerzeitschrift ein »wohlgemeinter Vorschlag« zur Einrichtung einer Dorf- und Gemeindebibliothek zu lesen. Eine Sammlung von Büchern soll die Aufgabe von auf dem Buchmarkt noch nicht vorhandenen enzyklopädischen Volksschriften übernehmen. Der Bauer, so meint der anonyme Autor, müsse mehr lernen als Lesen, Rechnen, Schreiben und Religion. Und er fragt: »Braucht er nichts von der Diätetik und Heilungskunst, nichts von der Kirchen- Welt und Naturgeschichte, nichts von den Weltkörpern und ihrer wundervollen Einrichtung, nichts von dem bürgerlichen Rechte und den Landesgesetzen u.s.f. zu wissen?« Schlechter Unterricht auf dem Lande sei verantwortlich für die Unwissenheit des Bauern, ihr abzuhelfen eine Hauptaufgabe des Landpredigers. Da die Kanzel aber nicht der rechte Ort zu einer ökonomischen, naturkundlichen, medizinischen oder politischen Belehrung sei, könne eine Bibliothek diese Arbeit übernehmen, deren Zusammenstellung Aufgabe des Pfarrers sei.[20]

Ebenfalls programmatisch ist 1784 ein Aufsatz in der Prager Zeitschrift »Monatliche Beyträge zur Bildung und Unterhaltung des Bürgers und Landmanns«. Der mutmaßliche Autor Gottfried Joachim Wichmann prägt – gemeinsam mit Moses Mendelssohn –[21] erstmals den Begriff Volksaufklärung.[22] Unter dem Titel »Was heißt Bildung oder Aufklärung des Bürgers und Land-

Katechismus
der
Sittenlehre
für das
Landvolk.

Frankfurt am Mayn,
bey J. L. Eichenbergs seel. Erben,
1771.

Abb. 255: Johann Georg Schlosser, Katechismus der Sittenlehre für das Landvolk (1771)

18 So Johann Karl Osterhausen, Ueber medicinische Aufklärung. Bd. 1 [mehr nicht erschienen], Zürich 1798, Bd. 1, 8f.

19 Dazu Annette Fröhner, Technologie und Enzyklopädismus im Übergang vom 18. zum 19. Jahrhundert: Johann Georg Krünitz (1728–1796) und seine Oeconomisch-technische Encyklopädie, Mannheim 1994; Uwe Puschner, »Mobil gemachte Feldbibliotheken«. Deutsche Enzyklopädien und Konversationslexika im 18. und 19. Jahrhundert, in: IASL 8 (1997), Sonderheft: Literatur, Politik und soziale Prozesse. Studien zur deutschen Literatur von der Aufklärung bis zur Weimarer Republik, 62–77; Franz M. Eybl/Wolfgang Harms/Hans-Henrik Krummacher/Werner Welzig (Hg.), Enzyklopädien der frühen Neuzeit. Beiträge zu ihrer Erforschung, Tübingen 1995; Ingrid Tomkowiak (Hg.), Populäre Enzyklopädien. Von der Auswahl, Ordnung und Vermittlung des Wissens, Zürich 2002.

20 Wohlgemeynter Vorschlag einer zu errichtenden Schul- und Gemeinde-Bibliothek auf dem Lande, in: Collecten für Prediger, sonderlich auf dem Lande, Bd. 3, Quedlinburg 1781, St. 3, 536–573, Zitat 541.

21 Moses Mendelssohn, Ueber die Frage: was heißt aufklären?, in: Berlinische Monatsschrift 4 (1784), 193–200, Definition des Begriffes 197.

22 1781 wurde bereits von »Volksaufklärungen« gesprochen, siehe dazu: Sammelrezension der gedruckten Antworten auf die Preisfrage der Berliner Akademie der Wissenschaften auf das Jahr

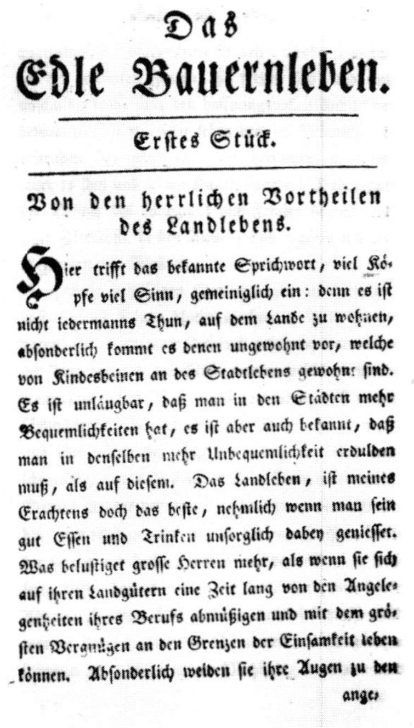

Das

Edle Bauernleben.

Erstes Stück.

Von den herrlichen Vortheilen des Landlebens.

Hier trifft das bekannte Sprichwort, viel Köpfe viel Sinn, gemeiniglich ein: denn es ist nicht iedermanns Thun, auf dem Lande zu wohnen, absonderlich kommt es denen ungewohnt vor, welche von Kindesbeinen an des Stadtlebens gewohnt sind. Es ist unläugbar, daß man in den Städten mehr Bequemlichkeiten hat, es ist aber auch bekannt, daß man in denselben mehr Unbequemlichkeit erdulden muß, als auf diesem. Das Landleben, ist meines Erachtens doch das beste, nehmlich wenn man sein gut Essen und Trinken unsorglich dabey geniesset. Was belustiget grosse Herren mehr, als wenn sie sich auf ihren Landgütern eine Zeit lang von den Angelegenheiten ihres Berufs abmüßigen und mit dem grösten Vergnügen an den Grenzen der Einsamkeit leben können. Absonderlich weiden sie ihre Augen zu den

ange-

Abb. 256: Das Edle Bauernleben. Eine Wochenschrift (1769)

manns?« wird postuliert, dort sei »keine wahre Volksaufklärung«, wo die »Gewohnheit über alles, womit sich ein Mensch beschäfftigt und was ihn angeht, nachzudenken und selbst zu urtheilen«, noch fehle. Ein Kennzeichen von »grosser Aufklärung einer Nation« sei, »daß unter derselben viel Bücher im Umlaufe sind. [...] je mehrere Bücher in den Händen der Leute von allen Ständen herumgehen« und je »weiter sich die Liebe zum Lesen ausbreitet, destomehr nimmt die Aufklärung zu, destomehr verliehren sich auch sogar bey den untersten Ständen die Folgen der Unwissenheit, Aberglaube und Schwärmerey«.[23] Auch dem »gemeinen Mann« müsse Stoff geliefert werden zum »Lesen und Nachdenken über alles, was dem Menschen in Absicht auf sein zeitliches und ewiges Bestes wichtig ist«. Entsprechend verfolgt die Zeitschrift ein enzyklopädisches Programm. Bereits 1786 behauptet Nicolais »Allgemeine deutsche Bibliothek«, in keinem anderen Land seien Volksschriften »in so ungeheurer Menge, und fast über alle Gegenstände des menschlichen Wissens verfertigt« worden.[24]

Unter den selbständig erschienenen Schriften sind als erfolgreiche Schriften enzyklopädischen Charakters neben Beckers »Noth- und Hülfsbüchlein« Zerrenners »Volksbuch«[25] und Seilers »Allgemeines Lesebuch für den Bürger und Landmann«[26] als die verbreitetsten zu nennen. Das »Noth- und Hülfsbüchlein« erreichte eine Auflage von einer halben Million Exemplaren,[27] Seilers »Lesebuch« aus dem Jahre 1790 brachte es nicht nur auf je 30 Auflagen für Protestanten und für Katholiken, sondern auf die ebenfalls erstaunliche Zahl von 250.000 verkauften Exemplaren. An ihm ist beispielhaft zu sehen, was in der Volksaufklärung enzyklopädische Konzeptionen bedeuten. Das Lesebuch beginnt mit einer »Erdbeschreibung«. An sie schließen sich »Sitten- und Klugheitslehren«, die an 200 Sprichwörtern veranschaulicht werden, sowie »Übungen des Verstandes und Witzes«. Es folgen die Kapitel »Naturlehre«, »Himmelskunde und Zeitrechnung«, wo das heliozentrische Weltsystem erläutert wird, sowie »Ökonomie und Landwirtschaft«. Sodann werden »Gute Rathschläge« zu allen Bereichen des Alltagslebens verabreicht, die helfen sollen, »mancherley Vortheile zu erhalten, Schaden zu entfernen und in Noth sich zu helfen«. Erzählungen »Wider den schädlichen Aberglauben« dienen auch der Unterhaltung, eine »Geschichte der Deutschen« der Vermittlung historischer Kenntnisse und »Gemeinnützige Rechtslehren« der Bekanntschaft mit Gesetzen und Rechtssystem. Den Abschluß bildet eine »Sittenlehre für Erwachsene«. Als Bearbeiter der einzelnen Sachthemen hatte Seiler bedeutende Fachgelehrte wie die Erlanger Rechtsprofessoren Johann Bernhard Geiger und Christian Friedrich Glück, den Agrarreformer Johann Friedrich Mayer aus Kupferzell, den Erlanger Professor Johann Christian Daniel Schreber und Johann Georg Meusel verpflichtet. Der Siegeszug des Lesebuches, das bei einem Umfang von fast 600 Seiten nur fünf Groschen kostete, war lediglich anfänglich durch falsch angegebene Trächtigkeitszeiten für gängige Haustiere ein wenig gebremst.

Dem Seilerschen »Lesebuch« folgten zahlreiche Nachahmungen bis in das 19. Jahrhundert. Viele von ihnen waren bedenkenlose Kompilationen. In den Diskussionen um solche Buchhandelsspekulationen entwickelten die großen Rezensionsorgane, die »Allgemeine Literaturzeitung«, die »Allgemeine deutsche Bibliothek« und die katholische »Oberdeutsche Allgemeine Literaturzeitung«, Maßstäbe für die enzyklopädische Literatur. Betont wurde die Verpflichtung, dadurch »dem Volke seine Achtung zu beweisen«, daß für

1780, ob es nützlich sein könne, das Volk zu täuschen, in: Göttingische Gelehrte Anzeigen, Zugabe, 33. St. vom 18. 8. 1781, 513–521.

23 Was heißt Bildung oder Aufklärung des Bürgers und Landmanns? [Titelerweiterung der Fortsetzung: Oder Beantwortung der Frage, was Geistliche zur Bildung und Aufklärung beytragen können, und welche Männer unter den Geistlichen die Liebe und das Zutrauen des Bürgers und des Landmannes vorzüglich verdienen], in: Monathliche Beyträge zur Bildung und Unterhaltung des Bürgers und Landmanns, Bd. 1, Prag 1784, St. 2, 97–114, und St. 5, 385–407, hier 385f. und 386f.

24 AdB 103, 1791, 473–476.

25 Heinrich Gottlieb Zerrenner, Volksbuch[.] Ein faßlicher Unterricht in nüzlichen Erkenntnissen und Sachen mittelst einer zusammenhängenden Erzählung für Landleute um sie verständig, gut, wohlhabend, zufriedner und für die Gesellschaft brauchbarer zu machen, Th. 1–2, Magdeburg 1787.

26 Georg Friedrich Seiler, Allgemeines Lesebuch für den Bürger und Landmann vornehmlich zum Gebrauch in Stadt- und Landschulen, Erlangen 1790.

27 Detaillierte Auflistung der Auflagen bei Siegert, Aufklärung und Volkslektüre; sowie bei Böning/Siegert, Volksaufklärung, Bd. 2. 1 und 2. 2.

Richtigkeit und Verständlichkeit des Dargebotenen Sorge getragen wurde.[28] 1799 hieß es in einer enzyklopädischen Zeitschrift, die als »Ratgeber für alle Stände« firmierte, es gehe vor allem darum, die »Früchte des forschenden und erfindenden Genius aus der Studierstube und vom Katheder ins wirkliche Leben übertragen« zu helfen.[29] Aktualität und Gebrauchswert standen im Mittelpunkt. Dabei ging es ausdrücklich um eine adressatengerechte, verknüpfende Aufbereitung des für das Weltverständnis wichtigen Wissensstoffes.

Noth- und Hülfs-Büchlein
für Bauersleute.
oder
lehrreiche
Freuden- und Trauer-Geschichte
des Dorfs
Mildheim.
Für Junge und Alte beschrieben.
Gotha,
bey dem Herausgeber der Deutschen Zeitung,
und Leipzig,
bey Georg Joachim Göschen 1788.

Abb. 257: Rudolph Zacharias Becker, Noth- und Hülfsbüchlein für Bauersleute (1788)

3. Politische Volksaufklärung und Weltkenntnis

Bereits vor der Französischen Revolution war die bloße Existenz der Volksaufklärung mit einer Politisierung der Aufklärung insgesamt verbunden. Durch sie rückten Fragen des Alltagslebens in den Mittelpunkt. Gesellschaftsbild und -utopie vieler Aufklärer waren von berufs- und naturständischen Gedanken bestimmt: Jeder einzelne trägt in seinem Stand durch Erfüllung seiner Pflichten zum »gemeinen Besten« bei. Daher wurden dem »Volk« auch die Pflichten der Obrigkeit bekannt gemacht und die aufklärerische Vorstellung von einem wohlgeordneten Gemeinwesen vermittelt. Politisch brisant und für die Entstehung einer politischen Öffentlichkeit wie für die Radikalisierung der Spätaufklärung gleichermaßen bedeutend war die bereits seit den sechziger Jahren intensiv geäußerte Kritik an Leibeigenschaft und Frondiensten sowie die Forderung nach bäuerlichem Eigentum am bebauten Boden. Einzelne Geistliche unter den Volksaufklärern – besonders sind Philipp Ernst Lüders und Johann Friedrich Mayer zu nennen – entwickeln eine regelrechte »Theologie der Befreiung«.[30]

Spätestens in den achtziger Jahren des 18. Jahrhunderts waren erste Bemühungen erkennbar, Inhalte und Ziele der politischen Volksaufklärung zu erörtern. »Ein aufgeklärtes Volk«, so erkannte man, »erleichtert dem Gesetzgeber die Hälfte seiner Mühe und Sorgen«[31] und gibt zugleich »einer Nation Macht und Ansehen«.[32] Selbst wie einer Staatsumwälzung vorgebeugt werden könne, erkannte man bereits: »Das erste Mittel dazu ist Aufklärung: mit der Erweiterung des Verstandes gewinnt das Tugendsystem an Umfang, Richtigkeit und Deutlichkeit, und erleuchtet auch die niedrigsten Klassen des Volks.« Und weiter heißt es 1786: »Ein durch Tugend glückliches Volk zu schaffen, ist der Triumphe allerschönster.«[33]

Als Konsequenz der Einsicht, daß die Zumutung staatsbürgerlicher Pflichten ohne die Kenntnis der entsprechenden Rechte ein Unding sei, begann man – zunächst zaghaft – über »Allgemeine Begriffe einer Staatsverfassung für jeden Bürger und Einwohner«[34] zu diskutieren. Unter dem Motto, der »mittlere und gemeine Mann« sei der »eigentliche Bestandteil der Nation«,[35] sollte durch die Aufklärung über politische Rechte und Pflichten eine Verbindung zwischen Staat und Bürger hergestellt werden. Zugleich ging es um die »Verbreitung eines nüzlichen Gemeinsinnes und einer wahren Vaterlandsliebe« auch beim »Volk«.[36] Bereits 1788 erschien ein »Staatskatechismus«, den der Autor als »Erbauuungsschrift« begriff, »die dem gemeinen Manne redliche patriotische Gesinnungen« einflößen sollte.[37]

Über Ausmaß, Inhalte und Ziele der politischen Aufklärung gingen die Vorstellungen weit auseinander. Nicht jeder vertrat so moderne Auffassungen wie 1789 Carl Friedrich Bahrdt, der Vorstellungen eine Absage erteilte, der

28 Diese Achtung wird durch entsprechendes Äußeres gefordert bei: Johann Heinrich Helmuth, Volksnaturgeschichte. Ein Lesebuch für die Freunde der [ab Bd. 2: seiner] Volksnaturlehre, Bd. 1–9, Leipzig 1797; 1797; 1798; 1799; 1799; 1801; 1801; 1804; 1808, hier Bd. 1, XI.

29 Daniel Collenbusch, Der Rathgeber für alle Stände in Angelegenheiten, welche die Gesundheit, den Vermögens- und Erwerbsstand, und den Lebensgenuß betreffen, Jg. 1–4; pro Jg. 12 Stücke, Gotha 1799–1803.

30 Quellentexte der frühen Volksaufklärung, die dies dokumentieren, finden sich in: Idee von einem christlichen Dorf und andere Studientexte zur frühen Volksaufklärung [...]. Mit einer Einleitung zur Entstehung der Volksaufklärung von Holger Böning. Ausgewählt und kommentiert gemeinsam mit Martin Brinkmann/Johannes Bruggaier/Reinhild Hannemann/Emmy Moepps/Barbara Spallek-Müller/Wiebke Waigand/Nicola Wurthmann, Stuttgart-Bad Cannstatt 2002.

31 [Lorenz] Westenrieder, Jahrbuch der Menschengeschichte in Bayern, Bd. 1, Th. 1–2 München 1782–1783, hier Th. 1, 17.

32 Ebd.

33 [Karl Friedrich Frh. v. Lütgendorf], Einfluß der Sittenlehre auf die Glückseligkeit des Staats, München 1786, 59.

34 So in Westenrieder, Jahrbuch.

35 So unter Berufung auf Friedrich Nicolai [Johann Kaspar Bundschuh], Ueber die zu verbessernde Erziehung unserer Künstler und Handwerker, besonders in Rücksicht auf die in den Gesetzen ihnen vorgeschriebenen Wanderungen in die Fremde, Nürnberg 1788.

Staat sei Mittel zum Besten von Regierungen und Fürsten: »Um der Bürger und der Landleute willen, welche die eigentliche Nation ausmachen, ist der Regent da: um ihrentwillen hält er Ministers und Rathe [!]: um ihrentwillen sind Gerichtshöfe angestellt: für sie haben Rechtslehrer, Aerzte, Prediger, Schullehrer, Schriftsteller ihre bürgerliche Existenz. [...] Sie sind lediglich da, den Bürger- und Bauernstand zu belehren, zu regieren, durch beide einen Staat zu formiren, diesem Staate durch sie Reichthum, Grösse und Stärke zu geben und – sie, als die Nation – zu beglücken.«[38]

Mit solchen staatstheoretischen Vorstellungen wollte man das »Volk« selbst allerdings nicht in Berührung bringen. Politische Aufklärung und staatsbürgerliche Erziehung, so die Einsicht, mußten den Erfahrungshorizont der anvisierten Leser berücksichtigen. Im bäuerlichen Weltbild galt als »Vaterland« in der ursprünglichen Bedeutung das von den Vätern ererbte Land, die außerhalb der Hofmarkung gelegenen Felder wurden als Ausland bezeichnet. Um das auf dieses kleine Gebiet bezogene Heimatgefühl auf ein größeres Staatsgebiet auszuweiten, bemühte man sich in den volksaufklärerischen Schriften, einfache Leser mit fremden Verhältnissen bekannt zu machen. Man sah den »Landmann« »verwahrlost in den nöthigen geographischen, historischen und statistischen Vorkenntnissen, unbekannt mit Europens neuerer Geschichte« und somit unfähig, sich ein eigenes Urteil über die politischen und Zeitereignisse zu bilden.[39] Wie es in der Volksaufklärung insgesamt darum ging, die Mentalität der unteren Stände zu verändern, so wurde bei der politischen Aufklärung zunächst das Ziel verfolgt, das auf die engen heimatlichen Verhältnisse gerichtete Blickfeld der ländlichen Bevölkerung zu erweitern.

Auf welche Weise die Volksaufklärer sich bemühten, den Horizont einfacher Leser auf das gesamte deutsche Sprachgebiet zu erweitern und als »Vaterland« erfahrbar zu machen, dafür bietet das »Noth- und Hülfsbüchlein« Rudolph Zacharias Beckers, die am weitesten verbreitete volksaufklärerische Schrift,[40] ein gutes und repräsentatives Beispiel. Die Schrift galt den Aufklärern als »nationelles Schatzkästlein«, ja selbst noch im 19. Jahrhundert als die wichtigste der »Nationalschriften zur Volksbelehrung«.[41] Becker nutzt als Mittel der Wissensvermittlung die Reisebeschreibung, als deren Verfasser dem Leser ein Bauer mit dem sprechenden Namen Wilhelm Denker vorgestellt wird. Diese Reisebeschreibung ist – eines von zahllosen Beispielen für das von der Volksaufklärung verfolgte Ziel der Erziehung zu konfessioneller Toleranz und Weltoffenheit – mit den Versen überschrieben: »Die Erd' ist groß und überall/voll schöner Gottes Güter,/Und alle Menschen, Jud' und Türk/und Christ, sind unsre Brüder.«[42]

Becker will seinen Lesern zunächst solche elementaren Kenntnisse nahebringen, deren Vermittlung nach den bildungsreformerischen Vorstellungen der Aufklärer Aufgabe des niederen Schulwesens zu sein hatte. Ein »Auszug aus Wilhelm Denkers Reisebeschreibung« veranschaulicht, wie im »Noth- und Hülfsbüchlein« und in zahllosen weiteren volksaufklärerischen Schriften geographische und staatsbürgerliche Grundkenntnisse aufbereitet wurden: »Unser Deutschland ist 150 Meilen breit und 170 Meilen lang, und wenn einer auf der Grenze rund herum reisen wollte, der müßte 1200 Stunden unter Weges seyn. Es wohnen darin auf 26 tausend mahl tausend Menschen in 2300 Städten und über 80 tausend Dörfern. In wenig andern Ländern ist der Bauernstand so hoch geachtet und befindete sich so wohl. Deutschland hat aber einige hundert Landesherrschaften, welche freylich nicht alle gleich gut

36 Der allgemeine sächsische Annalist, ein Blatt für den Bürger und Landmann, [Georg Friedrich Rebmann (Hg.)], Monatsstücke Januar bis Juni 1793, Dresden/Leipzig 1793, 1. St., 31.

37 Theodor Schmiedel, Staatskatechismus zur Bildung christlicher Bürger. In der Form einer Normallehre. Ein Auszug aus der von der geoffenbarten Religion unterstützten Moralphilosophie oder Moraltheologie, Budweis/Neuhaus 1788, unpag. Vorrede.

38 Bahrdt, Handbuch, 11f.

39 Der allgemeine sächsische Annalist, Ankündigung.

40 Dazu detailliert Siegert, Aufklärung und Volkslektüre.

41 C[arl] W[ilhelm] F[ranz] L[udwig] Frh. von Drais, Geschichte der Regierung und Bildung von Baden unter Carl Friederich. Aus Archiven und andern Quellen bearbeitet, Bd. (1)–2, Karlsruhe o.J. (Vorrede 1816) und 1818, hier Bd. 2, 449f.

42 Zit. wird die erste Ausgabe von Rudolph Zacharias Becker, Noth- und Hülfs-Büchlein für Bauersleute. Oder lehrreiche Freuden- und Trauer-Geschichte des Dorfs Mildheim. Für Junge und Alte beschrieben, Gotha/Leipzig 1788; Bd. 2 wird zit. nach Ders., Noth- und Hülfs-Büchlein oder lehrreiche Freuden- und Trauer-Geschichte der Einwohner zu Mildheim, Gotha 1800. Die 1. Ausgabe des 2. Bandes erschien 1799 mit der Angabe Gotha 1798, hier Bd. 1, 240.

Abb. 258: Schöne Lebensgeschichte des guten und vernünftigen Bauersmanns Wendelinus (1790)

seyn können; so wie ihre Unterthanen nicht alle gleich gut sind. Aber das ist eine schöne Einrichtung, daß keiner von den Herren, weder ein großer noch kleiner, auch nur dem ärmsten Taglöhner ohne Urtheil und Recht ein Haar krümmen kann. [...] Dagegen z.E. in Polen, jeder Edelmann seine Bauern plagen darf, wies ihm beliebt, und in Frankreich vergeht kein Jahr, da nicht mehrere Unschuldige gerädert, gehangen oder auf die Galeeren geschmiedet werden: wie solches oft in den Zeitungen zu lesen ist. [...] Der Kaiser ist auch ein großer Bauernfreund. Er hat die Leibeigenschaft aufgehoben, und wo es nur angeht, schafft er die Frohndienste oder Robotten ab, und läßt die Bauern dafür ein gewisses Geld zahlen.«[43] Es folgt eine sehr detaillierte Beschreibung der Verhältnisse in den verschiedenen deutschen Regionen, und der Bauer erfährt: »In manchen Gegenden ist die Kunst, das Feld zu bauen, sehr hoch getrieben: in andern herrscht noch der alte Schlendrian mit seinen schädlichen Meinungen und Gewohnheiten.«[44] Auf knapp dreißig Seiten werden die Fürsten- und Herzogthümer, die Königreiche und Hansestädte, die Freien Reichstädte und Grafschaften mit ihren geographischen Bedingungen und landwirtschaftlichen Besonderheiten, ihren politischen Strukturen und Herrschaftsverhältnissen beschrieben. Ganz in der Weise, in der Becker in seiner »Nationalzeitung der Teutschen«, im »Reichsanzeiger« und in der »Deutschen Zeitung« um die Herstellung einer nationalen Öffentlichkeit bemüht war, die den gemeinnützig-patriotisch engagierten Gebildeten einen Austausch ermöglichte, werden dem einfachen Leser die verschiedenen deutschen Landschaften mit ihren wichtigsten Besonderheiten, mit ihren nachzuahmenden Einrichtungen, auch aber mit noch abzustellenden Mißständen vertraut gemacht.

Ein weiterer Kunstgriff Beckers – eine Reise des jungen Herrn von Mildheim – ermöglicht dem Leser schließlich die Kenntnis der verschiedenen Stände vom König bis zum Tagelöhner, vom Bergmann bis zum Minister, vom Gelehrten bis zum Handwerker, vom Gutsherren bis zum Kaufmann.

43 Ebd., 240f.
44 Ebd., 249.

Geschickt findet Becker bei allen Verschiedenheiten der Lebensweise doch in jedem Stand Verhältnisse, die dem bäuerlichen Leser die Einfühlung in das Fremde ermöglichen. Freilich seien auch bei den Gelehrten, so erfährt man beispielsweise, viele, die nur »um des Bauches willen studiren, schreiben, lehren und predigen: so wie es Bauersleute genug giebt, welche blos um des Bauchs willen das Feld bauen«.[45] In der Regel werden jedoch vorbildliche Vertreter ihres Standes vorgestellt, die das aufklärerische Gesellschaftsbild, jeder habe in seinem Stande seinen Beitrag zum gemeinen Besten zu erbringen, illustrieren. Der »Ständespiegel« wird zugleich genutzt, um bei der Vorstellung des Gelehrtenstandes weltanschauliche und konfessionelle Toleranz zu popularisieren: Moses Mendelssohn ist das Exempel für Gelehrte, »welche ihr größtes Vergnügen daran haben, immer mehr zu lernen, den Grund von allen Dingen zu erforschen, alles auszukundschaften, was den Menschen zum leiblichen Wohl und zur Zufriedenheit des Gemüths dient, oder allerhand nützliche Erfindungen zu machen, wodurch andern das Leben erleichtert und des Elendes auf Erden weniger wird«. Das Beispiel dieses Mannes, so heißt es weiter, »und noch mehrerer braver, gelehrter und geschickter Juden, hat mich noch mehr überzeugt, daß es sehr gottlos und unchristlich ist, die Juden zu hassen, zu verfolgen oder zu verspotten. Denn sie sind unsre Brüder und Gott hat sie erschaffen, daß sie eben so glücklich seyn sollen, als wir.«[46] In allen Ständen, so die Quintessenz, gebe es brave Vertreter gleich solchen Bauern, die »bey ihrer Arbeit den Gedanken haben, daß sie Menschen und Vieh dadurch Gutes thun, und daß sie selbst durch das Nachdenken immer verständiger und zum ewigen Leben geschickter werden«.[47]

Der zweite große Politisierungsschub hängt dann eng mit den Ereignissen der Französischen Revolution zusammen. Die Erfahrungen, die man nun machen muß, prägen in unterschiedlichen Konzeptionen und Utopien der Volksaufklärung die gesellschaftspolitischen Haltungen bis zur Mitte des 19. Jahrhunderts entscheidend mit. Trotz anfänglicher Sympathie für die Umwälzung im Nachbarland lehnt man durchweg die Übertragung auf Deutschland ab. Hier ist und bleibt eine ausgeprägte Reformorientierung typisch. Allerdings muß man sich nun mit der Revolutionsfurcht zahlreicher Obrigkeiten und mit der Behauptung auseinandersetzen, Aufklärung und besonders Volksaufklärung führten zum Umsturz. Nach der Französischen Revolution ist zu beobachten, daß politische und gesellschaftliche Tatbestände fast unumstritten in den Kanon des Wissens aufgenommen wurden, der dem »Volk« vermittelt werden sollte. Erstmals erfuhren einfache Leser nun durch eine größere Anzahl von Schriften näheres über die Entstehung der bürgerlichen Gesellschaft, wurden sie über Herkommen und Rechtmäßigkeit von Abgaben und Frondiensten belehrt und erläuterte man ihnen den Nutzen unterschiedlicher gesellschaftlicher Verfassungen für die unteren Stände und das »gemeine Beste«. Mit der politischen Information und Aufklärung des »Volkes« beginnt die Aufhebung der traditionellen Kluft zwischen einer auf die Gebildeten begrenzten, vorwiegend durch Schriftlichkeit vermittelten Öffentlichkeit und den stärker auf Mündlichkeit basierenden, regional eng umgrenzten Öffentlichkeiten. Erstmals werden auch Gedanken an eine Staatsbürgernation laut, die allen Bürgern gleiche Rechte der politischen Mitgestaltung zugesteht.

45 Ebd., 425.
46 Ebd., 425f.
47 Ebd., 425.

4. Zeitung und Intelligenzblatt als Medien der Volksaufklärung

Keine andere literarische oder publizistische Gattung trug so sehr zur Politisierung der unteren Volksschichten bei wie die Zeitungen. Sie erschienen, nachdem erste Versuche – ein Beispiel ist der »Wandsbecker Mercurius« –[48] bereits aus den vierziger Jahren des 18. Jahrhunderts datieren, seit den achtziger Jahren in größter Zahl auch für einfache Leser, unterrichteten über die politischen Tagesereignisse und provozierten Diskussionen. »Der Bürger und Bauer, was lieset er begieriger als Zeitungen?«, so heißt es 1788 in einer Schrift »Ueber Volksaufklärung«.[49] Der Kieler Professor Johann Nicolaus Tetens, der 1778 und 1779 die schleswig-holsteinischen Küsten- und Elbmarschen bereiste, berichtet, unter den Landleuten gebe es Lesegesellschaften. Er fügt hinzu: »Die politischen Zeitungen hält ohnedieß jeder anständig lebende Hausmann; und studirt die Chronik seines Landes.«[50]

Einer der ersten, der auf die Idee kam, zur Volksaufklärung eine gewöhnliche, bereits eingeführte Zeitung zu nutzen, war Karl Philipp Moritz. »Wahrlich«, so schrieb er 1784, »es ist zu verwundern, da man bisher so viel von Aufklärung geredet und geschrieben hat, daß man noch nicht auf ein so simples Mittel, als eine Zeitung, gefallen ist, um sie in der That zu verbreiten.«[51] Moritz, Redakteur der Berliner »Vossischen Zeitung«, gelang es jedoch nicht, gegenüber seinem Verleger eine weitreichende Umgestaltung des von ihm redigierten Blattes durchzusetzen.

So dauerte es bis zum Jahre 1786, bis mit dem »Räsonnirenden Dorfkonvent« das erste volksaufklärerische Periodikum mit regelmäßigen Zeitungsnachrichten erschien.[52] Das Blatt bietet ein aufschlußreiches Beispiel für die neuen Volkszeitungen, indem es das vermutete Bedürfnis nach regelmäßiger Lektüre einer Zeitung nutzen will, um gleichzeitig das sonstige Programm der Volksaufklärung zu vermitteln. Was lag näher, als solche Lesestoffe zu nutzen, die beim »Volk« ohnehin schon verbreitet waren? Die erste Aufmerksamkeit galt natürlich dem Kalender, doch bald erkannte man auch die Vorteile periodischer Schriften, die bei der Aufklärung der gebildeten Stände bereits eine zentrale Rolle gespielt hatten. Der »gemeine Mann«, so erhoffte man, dem es in der Regel an Geld, Zeit und Interesse an einer ausgebreiteten Lektüre fehlte, sei leichter durch eine stückweise erscheinende Schrift anzusprechen als durch das Buch. Wenn man dann noch die ohnehin vorhandene Beliebtheit der Zeitung nutzte, so der Gedankengang, dann hatte man endlich einen gangbaren Weg zur Vermittlung aufklärerischen Gedankengutes gefunden. Entsprechend heißt es im 1. Stück des »Dorfkonvents«: »Der Landmann liest nicht. Alles, was für ihn geschrieben wird, ist verloren. Aber ein Zeitungsblatt ließt er doch – wenn es spottwohlfeil und mit guter Laune geschrieben wäre, so würde ers lesen. Ich habe den Gedanken gehabt: man solte sich die Neigung des Landmanns, politische Nachrichten zu lesen, zu Nutze machen – solte ihm ein wohlfeiles Zeitungsblat liefern, das für ihn zugleich interessant, lehrreich und nützlich wär.«[53] Daß dieser Gedanke auf Resonanz stieß, zeigen in den nächsten Jahren Titel wie »Zeitung für Städte, Flecken und Dörfer, insonderheit für die lieben Landleute alt und jung«,[54] der »Bote aus Thüringen«,[55] »Der baierische Landbot«,[56] »Der Volks-Freund«[57] oder »Der patriotische Volksredner«.[58] Alle sind sie Beispiele für Blätter, die die Vermittlung von Wissen

48 Dazu Holger Böning, Der »gemeine Zeitungsleser« und die Veränderungen der Pressestruktur im 18. Jahrhundert. Hamburg und die umliegenden Orte als Vorreiter, in: Astrid Blome (Hg.), Zeitung, Zeitschrift, Intelligenzblatt und Kalender. Beiträge zur historischen Presseforschung, Bremen 2000, 177–210; siehe weiter Ders., Welteroberung durch ein neues Publikum. Die deutsche Presse und der Weg zur Aufklärung. Hamburg und Altona als Beispiel, Bremen 2002; sowie Ders., Periodische Presse. Kommunikation und Aufklärung. Hamburg und Altona als Beispiel, Bremen 2002.

49 Ueber Volksaufklärung, in: Gemeinnützige Aufsätze aus den Wissenschaften für alle Stände, zu den Rostockschen Nachrichten (1788), St. 41–48, 161–190, hier 181.

50 Joh[ann] Nic[olaus] Tetens, Reisen in die Marschländer an der Nordsee zur Beobachtung des Deichbaus. In Briefen, Leipzig 1788, 20.

51 Karl Philipp Moriz, Ideal einer vollkommnen Zeitung, Berlin 1784, 8.

52 [Johann August Christian Thon (Hg.)], Das räsonnirende Dorfkonvent, eine gemeinnützige ökonomisch-moralisch-politische Schrift für den Bürger und Landmann, Erfurt 1786–1788; siehe auch den Teilneudruck mit einem Nachwort von Holger Böning, Stuttgart/Bad Cannstatt 2001.

53 Ebd., 1. Stück.

54 [Hermann Werner Dietrich Braess], Zeitung für Städte, Flecken und Dörfer, insonderheit für die lieben Landleute alt und jung, Wolfenbüttel ab 1786. [Bandtitel: Braunschweigische privilegirte Zeitung für …]; vgl. zu Braess und seiner Zeitung Martin Welke, Eine journalistische Pionierleistung. Vor zweihundert Jahren entstand die Regionalpresse. Aus der Geschichte der Wolfenbütteler Zeitung, in: 200 Jahre Wolfenbütteler Zeitung (1986), II–V.

55 Christian Gotthilf Salzmann, Der Bote aus Thüringen, Schnepfenthal 1788–1817.

56 [Carl Ludwig Wintersperger], Der baierische Landbot (Eine Wochenschrift für alle Stände), München 1790–1791.

57 Der Volks-Freund. Eine Zeitung für den Handwerker und Landmann, hg. von der Gesellschaft der Volksfreunde in Berlin und Leipzig, Berlin/Leipzig 1794.

58 Würzer, Volksredner.

Abb. 259: *Die als Reaktion auf die Französische Revolution gratis ausgegebene »Schlesische Volkszeitung« (1793)*

Abb. 260: *Das räsonnirende Dorfkonvent, Volkszeitung (1786)*

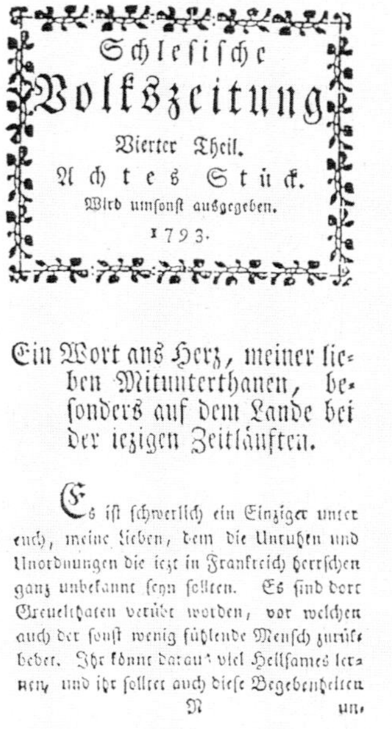
Schlesische Volkszeitung. Vierter Theil. Achtes Stück. Wird umsonst ausgegeben. 1793.

Ein Wort ans Herz, meiner lieben Mitunterthanen, besonders auf dem Lande bei der iezigen Zeitläuften.

Es ist schwerlich ein Einziger unter euch, meine Lieben, dem die Unruhen und Unordnungen die iezt in Frankreich herrschen ganz unbekannt seyn sollten. Es sind dort Greuelthaten verübt worden, vor welchen auch der sonst wenig fühlende Mensch zurükbebet. Ihr könnt darau[s] viel Heilsames lernen, und ihr solltet auch diese Begebenheiten

N un-

Das räsonnirende Dorfkonvent, eine gemeinnützige ökonomisch-moralisch-politische Schrift für den Bürger und Landmann.

Das Dorfkonvent sitzt, prüft den Schlendrian,
Forscht was dir nützt, führt dich zum Denken an.
Sprich nicht: Was hilft das viele Räsonniren?
Freund! manches ist probat und manches zu probiren.

Erfurt, bey Georg Adam Keyser, 1786.

über die politischen Tagesereignisse mit der allgemeinen und politischen Belehrung verbanden.

Neben dem Kalender und der Zeitung war es stets das Intelligenzblatt, das die Aufklärer für besonders geeignet hielten, die Landbevölkerung anzusprechen.[59] Das hatte einen einfachen Grund. Bereits in den sechziger und siebziger Jahren des aufgeklärten Säkulums ist zu beobachten, daß die Intelligenzblätter – dabei handelte es sich um Anzeigenblätter, die flächendeckend im Deutschland des 18. Jahrhunderts erschienen – verstärkt auch von den unteren Bevölkerungsschichten genutzt wurden. In ihnen konnte der Bauer nach einem neuen Knecht fragen; hier erfuhr er die aktuellen Marktpreise; hier wurden die Dinge verhandelt, die in seinem Alltagsleben Bedeutung hatten. Das Intelligenzblatt erreichte seine Leser auch in der entlegensten Provinz, wo es häufig das einzige lokale, oft über mehrere Jahrzehnte erscheinende Presseerzeugnis war. Schnell fand es durch Auslage im Wirtshaus, durch die Benutzung als Schullektüre, durch freiwilliges oder angeordnetes Vorlesen oder über den abonnierenden Pfarrer einen selbstverständlichen Platz im ländlichen und dörflichen Leben.

Ein erheblicher Teil derjenigen Blätter, die oft sehr schnell nach ihrer Gründung über die Anzeigen und obrigkeitlichen Proklamationen hinaus – Geburtszeichen fast aller Intelligenzblätter – einen redaktionellen Teil erhielten, begann sich auf dem Feld der gemeinnützig-ökonomischen Aufklärung und der Volksaufklärung zu engagieren. In ihnen läßt sich dann seit den siebziger Jahren die Wandlung der Volksaufklärung von einer vor allem auf ökonomische Gegenstände konzentrierten Reformbewegung zu einer Erziehungsbewegung verfolgen. Neben Land- und Hauswirtschaft begannen Sittenerziehung und religiöse Belehrung wichtig zu werden. Die »reine Sittenlehre« Jesu sollte gelehrt, eine auf Weltliches gerichtete Moral vermittelt werden, diskutiert wurden Wege, »aufgeklärtes, practisches Christenthum und vernünftigen Gottesdienst unter dem Volke zu verbreiten«.[60]

59 Dazu detailliert und mit Nachweis der Quellen Holger Böning, Pressewesen der Aufklärung – Intelligenzblätter und Volksaufklärer, in: Sabine Doering-Manteuffel/Josef Mančal/Wolfgang Wüst (Hg.), Pressewesen der Aufklärung. Periodische Schriften im Alten Reich, Berlin 2001, 69–119.

60 [Matthäus Reiter], Gedanken über das allgemeinste Mittel, aufgeklärtes, practisches Christenthum und vernünftigen Gottesdienst unter dem Volke zu verbreiten, durch den Weg der Belehrung zur Prüfung und Ausführung vorgelegt, in: Georg Heinrich Lang (Hg.), Mußestunden eines Landpredigers, Bd. 1, 1787, 119–136 (vorher selbständig erschienen: Salzburg 1786; Abdruck im Salzburger Intelligenzblatt).

Gleichwohl steht alles, was mit der täglichen Wirtschaft zu tun hat, stets im Vordergrund. Es ging, wie der Titel einer Beilage zum »Churbaierischen Intelligenzblatt« lautete, darum, »Materialien zum Dienste des Landmanns, zur Ausbreitung nützlicher Kenntniße, zur Litteratur, Sittenlehre und guten Geschmack« zu liefern.[61] Auch wenn sich genaue Zahlen noch nicht nennen lassen, dürfte es mehr als die Hälfte aller Blätter gewesen sein, die land- und hauswirtschaftlichen oder auch medizinischen Themen ihre Spalten öffneten. Aber auch Besonderheiten der Erfahrungswelt wie seltene oder angsteinflößende Naturerscheinungen fanden ihre Erklärung, ökologische Probleme wie Grenzen der Rodung oder Überdüngung, Verschwendung von Bauholz oder Brennmaterial wurden angesprochen. Die Intelligenzblätter propagierten ökonomische Neuerungen und Experimente, sie schrieben ökonomische Preisaufgaben aus, auch popularisierten sie die Tätigkeit der gemeinnützigen Gesellschaften und organisierten – auch durch Aktivitäten des Intelligenzkomtoirs –[62] eine Volksaufklärung, die nicht nur mit literarischen Mitteln, sondern ebenso über gebildete Vermittler, über Gespräche, durch das praktische Vorbild und durch materielle Anreize wirken wollte. Intelligenzblätter sorgten dafür, daß Bauern sich zu ökonomischen Versuchen zusammenschlossen, boten unentgeltlich Samen für neue Futterkräuter an, die so ohne Risiko erprobt werden konnten, oder sie forderten wohlhabende Bauern auf, ihren ärmeren Standesgenossen durch neue Anbaumethoden praktische Beispiele zu geben. Während der großen Hungerkrise der Jahre 1770/1771 sorgten sie für dringend benötigte Hilfe und zeigten, daß der Drang zur ökonomischen Verbesserung durchaus kein plattes Nützlichkeitsstreben war, sondern wirtschaftliche Reformen in einer Gesellschaft, deren Ökonomie das Verhungern ihrer Mitglieder nicht verhindern konnte, zum Naheliegendsten und Wichtigsten gehörte. Auch war man sich bewußt, daß die geringe Produktivität besonders in der Landwirtschaft jede gesellschaftliche Weiterentwicklung hemmte. Nirgendwo sonst wurden realitätsnäher die tatsächlichen Lebensverhältnisse der Aufzuklärenden berücksichtigt, nirgendwo sonst wurden einfache Leser früher in die öffentliche Debatte einbezogen und auch ihre Einwände gegen Vorschläge der Aufklärer formuliert. »Es wird billig seyn«, heißt es bereits 1756 in den »Göttingischen Policey-Amts-Nachrichten«, »daß wir die alten Landwirthe anhören, was sie wieder eine verbesserte Landwirthschaft einzuwenden haben und warum sie die zeitherige Art vor nützlich halten, wenn wir sie von dem größern Vortheil einer neuen Art überzeugen wollen.«[63] Solche Bereitschaft zur Diskussion schließt – nicht nur in Einzelfällen – die engagierte Parteinahme für die Interessen der bäuerlichen Leser ein. Erstmals wurde die Landbevölkerung durch die Intelligenzblätter mit genossenschaftlichen Vorstellungen bekannt, Vorschläge zur Einrichtung von Gemeindebackhäusern finden sich, von Sparkassen, Brand-, Vieh- und Hagelversicherungen, Gemeindebaumschulen und Lesegesellschaften.

Zugleich sind die Intelligenzblätter auch ein Ort, wo intensiv über bäuerliches Leseverhalten nachgedacht wird. Dabei spielt das Vorlesen eine große Rolle, wenn beispielsweise vorgeschlagen wird, das Intelligenzblatt solle am Sonntag »von dem Verständigsten in der Schenke der Gemeine vorgelesen«, oder vorgetragen sodann zur »fernern Unterweisung und gemeinschaftlichen Nachricht« beim Dorfrichter hinterlegt werden. Auch als zeitverkürzender Lesestoff in den Spinnstuben erscheint es den Herausgebern geeignet, wie überhaupt verhältnismäßig häufig auch weibliche Leser als »Hausmütter« ange-

Zeitung
für
Städte, Flecken und Dörfer,
insonderheit
für die lieben Landleute
alt und jung.

1. Stück. Sonnabend, den 25. November 1786.

Aus dem Braunschweigischen.
An die lieben Landleute.

Meine lieben Freunde! wir lesen manchmal die Zeitung, und es gefällt uns vieles, was wir darin lesen. Man hört und sieht denn doch, wie es in der Welt hergeht, da giebt es Gutes und Böses durch einander. Dies lesen und Wissen hat sein Angenehmes, auch sein Nützliches, und macht klug. Deswegen gefällt mir unser Nachbar Heinrich, der lieset die Zeitungen, wo er ausspannt, und kann mitsprechen, und ist kein dummer Mann. Wie oft lernt man auch was aus den Zeitungen, das man wieder brauchen kann in der Haushaltung, beym Ackerbau, beym Viehe, in Küche und Keller oder sonsten, davon man reinen Profit hat. Darum wäre es immer gut, wenn wir die Zeitungen nur öfter läsen. Aber das ist denn auch oft verzweifelt schwer. Die Zeitungen sind so groß, so weitläuftig, oft ganze Bogen lang, da vergeht einem die Geduld, und unser einer hat mehr zu thun, als Zeitungen zu lesen: Und hat man denn erst einmahl angefangen, so will man doch das Ende gern wissen, und das erfordert Zeit; ich weiß, wie mirs selbst gehet. Dann steht so viel von hohen Dingen darin, von Kaysern und Potentaten, von Ländern und Reichen, die man nicht alle kennt; was die Zeitungsschreiber politisch heissen. Dann wieder so was hochgelahrtes, das man

Abb. 261: Zeitung für Städte, Flecken und Dörfer (1786)

61 So lautete der Titel einer zeitweise herausgegebenen monatlichen Beilage zu: Churbaierisches Intelligenzblatt [Hg. Franz von Kohlbrenner], Jg. 1–mindestens 22, München 1766–mindestens 1795.

62 Häufig wurden volksaufklärerische Schriften von Intelligenzkomtoirs entweder mitverlegt oder vertrieben. So beispielsweise 1789 vom Hannoverschen Intelligenz-Comtoir eine niederdeutsche Ausgabe des »Noth- und Hülfsbüchleins«.

63 [Johann Heinrich Gottlob von Justi (Hg.)], Göttingische Policey-Amts-Nachrichten, oder vermischte Abhandlungen zum Vortheil des Nahrungs-Standes aus allen Theilen der oeconomischen Wissenschaften, Göttingen 4. Juli 1755–11. Juli 1757, hier 76. St. 1756, 301.

Abb. 262: Holzschnitt aus dem Appenzeller Kalender

sprochen werden. Gleichzeitig machten die Intelligenzblätter einfache Leser mit neuen volksaufklärerischen Schriften bekannt.

Die Titel der Blätter illustrieren das Programm. »In Anzeigen und Aufsätzen zum Besten des Nahrungsstandes und zur Beförderung der Aufklärung«, so lautet er etwa beim »Bönnischen Intelligenz-Blatt«. Manchmal werden – das »Leipziger Intelligenz-Blatt« ist ein Beispiel – neben den Zielen auch die Adressaten genannt: »in Frag- und Anzeigen, vor Stadt- und Land-Wirthe, zum Besten des Nahrungs-Standes«. Zedler nimmt in seinem »Universal-Lexicon« bereits 1749 eine Gleichsetzung von Intelligenzblättern und ökonomischen Zeitungen vor. Leitbild ist ein Mensch, der seine wirtschaftlichen Angelegenheiten nach Gesichtspunkten der Vernunft organisiert, unterschiedliche Möglichkeiten argumentativ erwägt und sich fremde Erfahrungen zu eigen macht. Für jeden »Wirth«, postuliert Zedler, bestehe die Notwendigkeit der Intelligenzblattlektüre: »Denn ein Mensch muß, so lange er lebt, in der Erkenntniß der Wahrheit zu seiner Glückseeligkeit theils durch Erfahrung, welches entweder die eigene oder fremde ist, theils durch Nachdencken lernen, sonst wird er bald in diesem und jenem Stücke, sonderlich in der Gesellschaft der Menschen, die neben ihm sind, und immer weiter kommen, ein Ignorant, und sich sowohl als andern unnütze werden.«[64]

Mit ihrem Programm einer praktischen Lebenshilfe, das einfache Leser mit den Möglichkeiten der Reformierung einer traditionsverhafteten, wenig leistungsfähigen Landwirtschaft bekannt machte, ihnen Informationen zur Gesunderhaltung oder zur Hilfe in Unglücksfällen lieferte, wurde das Intelligenzblatt zum Medium einer praktischen Aufklärung. Viele Herausgeber definierten als »Hauptendzweck aller Intelligenzblätter«, auf lokaler Ebene »Aufklärung und nützliche Wahrheiten zu verbreiten, Fehler und Gebrechen

64 Siehe dazu das Stichwort »Oeconomische Zeitungen«, in: Johann Heinrich Zedler, Grosses vollständiges Universal-Lexicon, Bd. 61, Leipzig/Halle 1749, Sp. 914–917, Zitat Sp. 915.

aufzudecken, und den gemeinen Leuten die Augen über die ihm schädlichen Vorurtheile aufzuthun«.[65]

5. Volksaufklärung im 19. Jahrhundert

In der Forschung wurde bisher wenig beachtet, daß volksaufklärerisches Engagement auch während der ganzen ersten Hälfte des 19. Jahrhunderts nicht abbricht.[66] Während dieses Zeitraumes entstehen mit etwa 8.000 aufklärerisch inspirierten Schriften für einfache Leser sogar mehr Titel als während der zweiten Hälfte des 18. Jahrhunderts. Scheinbar ganz ungerührt von den epochalen Umwälzungen der Jahre 1789 bis 1815 finden sich weiterhin unzählige landwirtschaftliche, naturgeschichtliche und naturkundliche Traktate, Anleitungen zur Stallfütterung, zur Bienenzucht oder zum Seidenbau. Neu entdeckt wird der Obstbaumanbau. Schriften zur Human- und Veterinärmedizin überschwemmen ebenso den Buchmarkt wie Anleitungen zur neu entdeckten Kuhpockenimpfung. Rettungsverfahren gegen den Scheintod[67] bleiben ebenso aktuell wie das alte Thema des zu frühzeitigen Begrabens.[68] Gebetbücher für aufgeklärte Christen, Sittenlehren in Volksliedern oder Philippiken gegen den Aberglauben bezeugen, daß die Volksaufklärung im katholischen Deutschland einen Höhepunkt erlebt.

Beispiel für eine Konzentration auf die Vermittlung handfesten Wissens, das sich von den für gebildete Leser bestimmten Materien kaum noch unterscheidet, bietet eine »Bildungsbibliothek für Nichtstudierende«. Hier werden die Leser nicht nur mit der deutschen Sprachlehre bekannt gemacht, sondern sie erhalten auch eine Anweisung zu schriftlichen Aufsätzen oder eine Anleitung zur Lektüre. Weitere Themen sind Metrik, Ästhetik, Rhetorik, Poetik, Mythologie, der »Grundriß einer Geschichte der merkwürdigsten Welthändel neuerer Zeiten in einem erzählenden Vortrage«, eine »Naturgeschichte und Technologie zur Selbstbelehrung«, die »wichtigsten Sätze der allgemeinen Vernunftlehre für Nichtstudierende«, Naturlehre, Astronomie und physikalische Geographie, ja selbst eine »Faßliche Darstellung der Erfahrungsseelenlehre zur Selbstbelehrung« sowie die »Religions- und Sittenlehre, in so fern wir sie durch den bloßen Gebrauch unserer Vernunft zu erkennen vermögen«.[69]

Im frühen 19. Jahrhundert haben zwar »Erzählungen zur Beförderung guter Gefühle und stiller Tugenden«[70] ihre Hochzeit, und auch die Volksaufklärung bleibt in der Folgezeit von Biedermeierlichem nicht ganz unberührt, doch insgesamt dominiert Handfestes.[71] »Bürger und Landmann« werden bis hin zu den ersten Romanen Jeremias Gotthelfs mit literarisch eingekleideten Belehrungen überhäuft, die das aufklärerische Gedankengebäude ebenso nahebringen sollen wie das zeitgenössische Wissen.[72] Einen vorläufigen Endpunkt erlebt die Volksaufklärung – auch wenn sich noch bis in das frühe 20. Jahrhundert Schriften finden, die ganz dem Geist und Stil des 18. Jahrhunderts verpflichtet sind – um 1848 mit Erzählungen, die das »Volk« als politisch handelnde Kraft zeigen.

65 [Ch. J. U. Meyer (Hg.)], Voigtländische Beyträge zur Polizeykunde, Hof 1786–1793; hier handelt es sich um aus Intelligenzblättern gezogene Beiträge zur »Policeykunde«.

66 Das Ende der Volksaufklärung mit der Wende zum 19. Jahrhundert behauptet Wolfgang Ruppert, Volksaufklärung im späten 18. Jahrhundert, in: Rolf Grimminger (Hg.), Hansers Sozialgeschichte der deutschen Literatur vom 16. Jahrhundert bis zur Gegenwart, Bd. 3: Deutsche Aufklärung bis zur Französischen Revolution 1680–1789, München/Wien 1980, 341–361.

67 So beispielsweise Jacob Fidelis Ackermann, Der Scheintod und das Rettungsverfahren, Frankfurt a.M. 1804.

68 So etwa Christoph Joseph Berger, Über das zu frühzeitige Begraben, die zu seichten Gräber und das zu frühzeitige Ausgraben der Leichen; mit Rathschlägen dagegen, Eisenach 1804.

69 Bildungsbibliothek für Nichtstudierende, Bd. 1–6 in 9 Abtheilungen, Hamburg 1804–1808, 1816.

70 So [Ludwig von Baczko], Erzählungen zur Beförderung guter Gefühle und stiller Tugenden, Königsberg 1804 (neue Auflage ebd. 1819).

71 Zur Literatur dieser Zeit grundlegend Friedrich Sengle, Biedermeierzeit. Deutsche Literatur im Spannungsfeld zwischen Restauration und Revolution 1815–1848, Bd. 1–3, Stuttgart 1971/1972/1980.

72 Siehe dazu Holger Böning, Volkserzählungen und Dorfgeschichten, in: Hansers Sozialgeschichte der deutschen Literatur, Bd. 5: Zwischen Restauration und Revolution 1815–1848, hg. von Gert Sautermeister/Ulrich Schmid, München/Wien 1998, 281–312.

6. Wissen als Basis jeder Aufklärung

Oft ist die Volksaufklärung in der Forschungsliteratur als gigantischer Disziplinierungsversuch aus ökonomischem Kalkül beschrieben und als »verhältnismäßige Aufklärung«[73] charakterisiert worden, die den neuen Adressaten zusätzliches Wissen nur insoweit zugestehen wollte, als diese es für die bessere Ausübung ihres Berufes benötigten. Ja, es gab sie, die Autoren mit der Besorgnis, »daß ja die Gränzpfähle recht gesteckt« seien; auch die »beredte Aufzählung der Uebel, die die Aufklärung unter dem gemeinen Mann in der Welt schon gestiftet« habe, ist keine Seltenheit. Doch in der Debatte ist auch der Spott über jenen Pfarrer zu vernehmen, der gar für »das Stehlen seiner Aepfel, seitdem sich die Diebe vor den Gespenstern auf dem Kirchhof nicht mehr fürchteten« ihre »übergroße Aufklärung« verantwortlich mache.[74] In der volksaufklärerischen Praxis setzen sich gerade nicht jene engherzigen Bedenkenträger durch, die Aufklärung auf beruflich Verwertbares und ständisch Angemessenes beschränken wollen. Es entfaltet sich eine eigene Dynamik, die auf Umsetzung der emanzipatorischen Postulate des Universalismus und der prinzipiell alle Menschen einbeziehenden Öffentlichkeit drängt. Dies geschieht nicht zuletzt durch die Wünsche und Bedürfnisse einfacher Leser selbst. Man kann durchaus von einem »entscheidenden Schritt zur Moderne« sprechen, der seit dem letzten Drittel des 18. Jahrhunderts zu beobachten ist.[75] Dieser Schritt ist engstens verbunden mit der Ausweitung der volksaufklärerischen Themenbereiche, die schließlich in die Entstehung zahlreicher wissenvermittelnder Schriften enzyklopädischen Charakters mündet. Wissen galt den Aufklärern als wichtigste Grundlage des Selbstdenkens, und früh bereits wurde an das »Volk« appelliert: »Laßt euch von niemanden überreden, daß ihr das Nachdenken über Religion und politische Gegenstände den Gottesgelehrten und Staatsmännern ohne Schaden überlassen könnet.«[76]

Wie weit Wissen und Informationen, die durch die Volksaufklärung angeboten wurden, Voraussetzungen für Emanzipation darstellen, ist wohl nicht ganz einfach zu beantworten. Auch alle aktuellen Erfahrungen scheinen jedoch dafür zu sprechen, daß Menschen ohne Kenntnisse und Bildung zu Selbsthilfe und Selbstbestimmung kaum in der Lage sein werden. Daß enzyklopädische Wissensvermittlung und Emanzipation sich jedenfalls nicht ausschließen, meinte Rudolph Zacharias Becker. Nachdem er im ersten Band seines »Noth- und Hülfsbüchleins« praktische Ratschläge und Informationen zu allen Lebensbereichen seiner Leser in den Mittelpunkt stellt, kann es im 1799 erschienenen zweiten Band in dem fiktiven Dorf Mildheim zu Reformen kommen, die dem Motto folgen »Ihr müßt euch selbst helfen!«[77] Das sodann durchgeführte Verbesserungswerk führt zu einer gemeindlichen Selbstverwaltung auf einer Grundlage, die den in der Französischen Revolution formulierten bürgerlich-demokratischen Vorstellungen nahe kommt, und zu genossenschaftlichen Strukturen im Dorf. Die Selbsthilfe der Bauern wird ergänzt durch gegenseitige Hilfe. Institutionen entstehen in Mildheim, die auf dem Lande noch bis in das 20. Jahrhundert Zukunftsmusik darstellten: eine Gemeinde- und Schulbibliothek, eine Badeanstalt, eine Apotheke, eine Art Sparkasse und eine Anstalt zur Brandbekämpfung. Beckers Gesellschaftsbild ist noch an der ständischen Ordnung orientiert, doch weisen die von ihm propagierten Reformen ebenso wie die Eigenständigkeit und demokratische Selbsttätigkeit der bäuerlichen Bevölkerung über diese hinaus.

73 Sauder, »Verhältnismäßige Aufklärung«, 102–126.

74 [Gottlob Nathanael] Fischer, Ueber die Grenzen der Aufklärung, in: Deutsche Monatsschrift, Berlin (1791), Bd. 3, 62–74, hier 71.

75 So Reinhart Siegert in der Einleitung zu Böning/Siegert, Volksaufklärung, Bd. 2.

76 Würzer, Volksredner, 6.

77 Vgl. dazu detailliert Siegert, Aufklärung und Volkslektüre.

»Wissen ist Macht« – dies ist nicht erst die Parole der jungen Sozialdemokratie, sondern bereits ein Kerngedanke der Volksaufklärung. Programmatisch ausgeführt wird er beispielsweise 1836 in Heinrich Zschokkes Rede »Volksbildung ist Volksbefreiung!«[78] Auch dient er als Motto eines der ersten Volksschriftenvereine in Deutschland.[79]

78 Heinrich Zschokke, Volksbildung ist Volksbefreiung! Eine Rede gehalten in der Versammlung des schweizerischen Volksbildungsvereins zu Laufen d. 10. April 1836, Sissach 1836.

79 Michael Knoche, Volksliteratur und Volksschriftenvereine im Vormärz. Literaturtheoretische und institutionelle Aspekte einer Bewegung, Frankfurt a.M. 1986, 27.

V.
Wissenschaft im Revolutionszeitalter
(1780–1820)

Abb. 263: Wolfenbüttel, ehemalige Hofbibliothek (erbaut 1706),
Gemälde von Ludwig Tacke (1888)

Die Zeit zwischen 1780 und 1820 war vor allem durch ihre großen politischen, wirtschaftlichen und sozialen Revolutionen gekennzeichnet. Mit den Umbrüchen in Amerika und Frankreich wurden die Diskurse über die Freiheit und Gleichheit aller Menschen zu einem Höhepunkt geführt, während die Enttäuschung über die Realitäten gleichzeitig Gegendiskurse auslöste, die den Rationalismus und die Universalität der Aufklärung in Frage stellten. Neue Modelle von Staat und Gesellschaft entstanden, in denen nicht nur die Verwaltung neu organisiert, sondern auch die Ausbildung erstmals säkularisiert, dabei zugleich politisiert und nationalisiert wurde. Die Universitäten, deren Charakter als Staatsanstalten sich verstärkte, erhielten erstmals den expliziten Auftrag zur Forschung. Gleichzeitig gewann die Organisierung von Wissenschaftlern und interessierten Laien in Gesellschaften und Vereinen eine neue Dynamik. Mit der Institutionalisierung einher gingen die Spezialisierung und schließlich die Disziplinenbildung in den Wissenschaften.

Hier setzt der erste Beitrag **Ein Anfang ohne Ende. Das Archiv der Naturgeschichte und die Geburt der Biologie** an. Er beschreibt, wie sich aus der Naturforschung in den botanischen Gärten seit dem 16. Jahrhundert Grundlagen für eine moderne Biologie entwickelten, und fragt insbesondere nach den Modi der Kommunikation und des Austauschs unter den frühneuzeitlichen Botanikern. Es wird erläutert, wie Objekte und Informationen versandt wurden, wie Sprachregelungen sich etablierten und wie sich schließlich eine wissenschaftliche Gemeinschaft institutionalisierte, die sich nicht nur von allen enzyklopädischen Unternehmungen der Vergangenheit abgrenzte, sondern Wissenschaft und gesellschaftlichen Nutzen, Forschung und Ökonomie, geschickt miteinander zu verknüpfen wußte.

Entscheidend für die Fortschritte in der Naturerkenntnis waren nicht zuletzt die großen technischen Errungenschaften der Zeit, und von ihnen handelt der zweite Beitrag **Wissenschaft, technisches Wissen und Industrialisierung.** Hier geht es noch einmal um den Konflikt zwischen Theorie und Praxis, der die frühneuzeitliche Wissenschaft insgesamt prägte, gleichzeitig jedoch um die Frage nach der Institutionalisierung des technischen Wissens in nationalen Kontexten. So werden in vergleichender Perspektive die Rollen der »mechanici«, der frühneuzeitlichen Techniker und späteren Ingenieure, in England, Frankreich und Deutschland dargestellt und im Zusammenhang der Erwartungen an die Technologie in den verschiedenen Ländern analysiert.

Nutzbringende Kenntnisse ganz anderer Art thematisiert der dritte Beitrag **Wissen und außereuropäische Erfahrung im 18. Jahrhundert.** Er befaßt sich mit der für die gesamte Aufklärung zentralen Gattung der Reiseliteratur und beschreibt, wie Europäer das Unbekannte, das sie auf ihren Fahrten erfuhren, im 18. Jahrhundert erstmals nicht mehr nur sammelten, sondern zur Grundlage ihrer Auseinandersetzung mit der eigenen Kultur und Gesellschaft machten und wie gleichzeitig die eigene Erfahrung zum zentralen Aspekt für die Glaubwürdigkeit ihrer Darstellungen avancierte. Ansätze einer Wissenschaftlichkeit werden deutlich, die in die modernen Disziplinen der Historiographie, Anthropologie oder Ethnologie außereuropäischer Länder und fremder Kontinente mündeten.

Danach widmet sich der vierte Beitrag **Globale Strategien und lokale Taktiken. Ärzte zwischen Macht und Wissenschaft 1750–1850** noch einmal der Medizin und erörtert, wie sich die akademisch ausgebildeten Ärzte um die Jahrhundertwende institutionell zu organisieren begannen und wie es ihnen durch die Kooperation mit staatlichen Einrichtungen und Würdenträgern gelang, über die eigene Berufsgruppe hinaus machtbewußt aufzutreten und öffentliche Diskurse mit zu bestimmen. Zugleich wird die medizinische Ausbildung in ihrer schrittweisen Vereinheitlichung, Umstrukturierung und Verlagerung an die Universitäten neu verfolgt. Am Ende der Darstellung steht eine wissenschaftliche Medizin und neuer Typus des Mediziners, der unmittelbar in die Moderne überleitet.

Der Band schließt mit dem Beitrag **London, Paris, Berlin. Drei wissenschaftliche Zentren des frühen 19. Jahrhunderts im Vergleich,** der erneut England, Frankreich und Deutschland gegenüberstellt, jedoch dieses Mal nicht einen speziellen Bereich des Wissens in den einzelnen Ländern untersucht, sondern fragt, welche Bedeutung die genannten Städte insgesamt als Städte für die Wissenschaften aufwiesen und in welchen Institutionen und Einrichtungen geforscht und gelehrt wurde. Nach den aufgezeigten Entwicklungen ist es der Ist-Stand der Wissenschaften zu Beginn des 19. Jahrhunderts, der nun an drei Beispielen gezeichnet wird. Das Bild wird abgerundet durch einen Blick auf die Berliner Universität und ihre neuen Konzeptionen von Forschung und Lehre, die schließlich ein europaweites Echo fanden.

Ein Anfang ohne Ende

STAFFAN MÜLLER-WILLE

Das Archiv der Naturgeschichte und die Geburt der Biologie

Kaum ein Datum der Biologiegeschichte ist so markant und nebulös zugleich wie die Wende zum 19. Jahrhundert. Dabei soll es sich um nichts weniger als das Geburtsdatum der Biologie halten. Auf der einen Seite ist dieses Geburtsdatum mit dem Auftauchen des Wortes »Biologie« im Jahr 1802 bei zwei wegweisenden Theoretikern der Lebenserscheinungen, Jean-Baptiste de Lamarck (1744–1829) und Gottfried Reinhold Treviranus (1776–1837), punktgenau markiert.[1] Auf der anderen Seite bleibt jedoch unklar, was es eigentlich war, das dieses neue Wort bezeichnen sollte. Eine neue Disziplin war es nicht – die typischen Merkmale einer Disziplin wie Lehrstühle, Studiengänge, Fachzeitschriften, Kongresse und Organisationen entwickelte die Biologie erst in der zweiten Hälfte des 19. Jahrhunderts.[2] Ebensowenig steht am Anfang der Biologie ein epochemachendes Experiment, das ein neues Forschungsfeld klar abgesteckt hätte, wie dies zum Beispiel für den Elektromagnetismus mit Hans Christian Ørsteds Nachweis einer magnetischen Wirkung durch fließenden Strom der Fall ist. Und schließlich läßt sich auch keine Theorie finden, die paradigmatisch für eine »scientific community« der Biologen wurde; erst mit Darwins Evolutionstheorie zeichnete sich überhaupt so etwas wie eine Theorie ab, die die verschiedenen Teilgebiete der Naturgeschichte überzeugend zu integrieren vermochte, und Theorienpluralismus blieb für die Lebenswissenschaften noch bis weit in das 20. Jahrhundert hinein kennzeichnend.[3]

Nach Michel Foucault, der als erster in seinem Buch »Die Ordnung der Dinge« auf die biologiegeschichtliche Bedeutung der Zeit »um 1800« aufmerksam gemacht hat, handelte es sich denn auch um eine Revolution, die weniger eine einzelne Disziplin oder ein einzelnes Wissensgebiet, sondern die gesamte Ordnung des abendländischen Wissens betraf, und in dieser Form sind Foucaults Thesen auch von Wolf Lepenies für den deutschen Sprachraum aufgegriffen und mentalitätsgeschichtlich untermauert worden. In einer Passage, die wegen ihrer Wortgewalt besonders berühmt geworden ist, beschrieb Foucault die epochemachende »mutation dans l'espace naturel de la culture occidental« (so der Originaltext) für die Lebenswissenschaften um 1800 folgendermaßen: «Botanische Gärten und Naturalienkabinette waren im Bereich der Institutionen die notwendigen Korrelative dieser Zergliederung [d.h. der Zergliederung der Pflanzen und Tiere in den Klassifikationen des 18. Jahrhunderts]. Ihre Bedeutung für die klassische Kultur liegt wesentlich nicht in dem, was sie zeigen, sondern in dem, was sie verbergen, und in dem, was durch diese Verschleierung auftauchen kann. Sie verbergen die Anatomie und die Funktionsabläufe, sie verschleiern den Organismus, um vor Augen, die die Wahrheit erwarten, das sichtbare Relief der Formen mit deren Elementen, deren Art der Verstreuung und deren Maßen entstehen zu lassen. Sie sind das Buch der Strukturen, der Raum, in dem sich die Merkmale kombinieren und die aufgeteilten Klassen entfalten. Cuvier wird eines Tages am Ende des 18. Jahrhunderts nach den Glasbehältern des Muséum d'Histoire

1 Siehe Walter Baron, Gedanken über den ursprünglichen Sinn der Ausdrücke Botanik, Zoologie und Biologie, in: Medizingeschichte im Spektrum. Festschrift zum fünfundsechzigsten Geburtstag von Johannes Steudel, hg. von G. Rath/H. Schipperges, Wiesbaden 1966, 1–10.

2 William Coleman, Biology in the Nineteenth Century. Problems of Form, Function, and Transformation, New York 1971, Kap. 1; Joseph A. Caron, ›Biology‹ in the Life Sciences: A Historiographical Contribution, in: History of Science 26 (1988), 223–268; Phillip Pauly, The appearance of academic biology in late 19th century America, in: Journal of the History of Biology 17 (1984), 369–397.

3 Wolfgang Lefèvre, Die Entstehung der biologischen Evolutionstheorie, Frankfurt a.M. 1984; Peter J. Bowler, The Non-Darwinian Revolution: Reinterpreting a Historical Myth, Baltimore 1988.

naturelle greifen, sie zerschlagen und die ganze klassische Konserve der tierischen Sichtbarkeit sezieren. Diese ikonoklastische Bewegung [...] gibt keine frische Neugier für ein Geheimnis wieder, das zu erkennen man weder Sorge noch Mut noch Möglichkeit gehabt hätte. Es handelt sich, und das ist viel gewichtiger, um eine Veränderung im Raum der abendländischen Kultur: um das Ende der Geschichte im Sinne von Tournefort, Linnaeus, Buffon, Adanson [...]. Das wird auch der Anfang dessen sein, was dadurch, daß die Anatomie an die Stelle der Einteilung, der Organismus an die Stelle der Struktur, die innere Subordination an die Stelle des Tableaus tritt, eine tiefe Masse an Zeit in die alte, flache und schwarz auf weiß geschriebene Welt der Tiere und Pflanzen zu stürzen gestattet, der man erneut den Namen Geschichte geben wird.«[4]

Der von Foucault getroffenen Diagnose von einer fundamentalen Veränderung in den Lebenswissenschaften um 1800 kann man sich als Wissenschaftshistoriker mittlerweile kaum mehr entziehen: An die Stelle einer Naturgeschichte, die überwiegend Lebewesen bloß klassifizierte, trat im 19. Jahrhundert in der Tat eine Wissenschaft, die das Leben, seine Funktionen und seine Geschichte unter vergleichender Perspektive betrachtete. Aber fragen läßt sich doch mittlerweile nach den Ursachen dieser Transformation, und zwar nach Ursachen, die jenseits der Ideen- oder Mentalitätsgeschichte liegen. Gerade in dieser Hinsicht enthält die zitierte Passage aus »Die Ordnung der Dinge« einen wichtigen Hinweis, indem sie »botanische Gärten und Naturalienkabinette« als die institutionellen Räume bezeichnet, in denen sich genau die Veränderungen in der europäischen »episteme« abspielten, um die es Foucault zu tun war. Zu fragen wäre also, wie trotz des historischen Bruches, der Naturgeschichte und Biologie unüberbrückbar zu trennen scheint, aus der klassischen Naturgeschichte die moderne Biologie entstehen konnte; oder (um in der Metaphorik Foucaults zu bleiben) wie sich die »Behälter« der klassischen Naturgeschichte genau mit dem Leben anfüllen konnten, das zum Gegenstand der modernen Biologie wurde. Vielleicht verlöre der Wandel »um 1800« durch eine Antwort auf diese Frage auch etwas von seinem nebulösen Charakter. Denn tatsächlich hat es selbst Georges Cuvier (1769–1832) nie gewagt, die Glasbehälter im Pariser »Muséum d'Histoire naturelle« einfach zu zerschlagen.

Die Chancen zu einer Beantwortung dieser Frage stehen heute besser als zu Zeiten Foucaults. Seit Anfang der neunziger Jahre hat sich in der Wissenschaftsgeschichte ein lebhaftes Interesse an den Institutionen und Praktiken der Naturgeschichte bemerkbar gemacht.[5] Im Folgenden möchte ich auf der Grundlage dieser neueren Ergebnisse versuchen, die sozialen Prozesse zu beschreiben, die auf dem Gebiet der Naturgeschichte die Wissenstransformationen bewirkten, die von Foucault beschrieben worden sind. Dabei werde ich mich auf die Institution des botanischen Gartens und auf einen der wichtigsten Protagonisten der klassischen Naturgeschichte, den schwedischen Naturforscher und Mediziner Carl Linnaeus (1707–1778), konzentrieren.

4 Michel Foucault, Die Ordnung der Dinge. Eine Archäologie der Humanwissenschaften, übers. von U. Köppen, Frankfurt a.M. 1971 [1966], 168. Vgl. Wolf Lepenies, Das Ende der Naturgeschichte. Wandel kultureller Selbstverständlichkeiten in den Wissenschaften des 18. und 19. Jahrhunderts, Frankfurt a.M. 1978.

5 Einen guten Überblick gibt der Sammelband Cultures of Natural History, hg. von N. Jardine/J. A. Secord/E. Spary, Cambridge 1996.

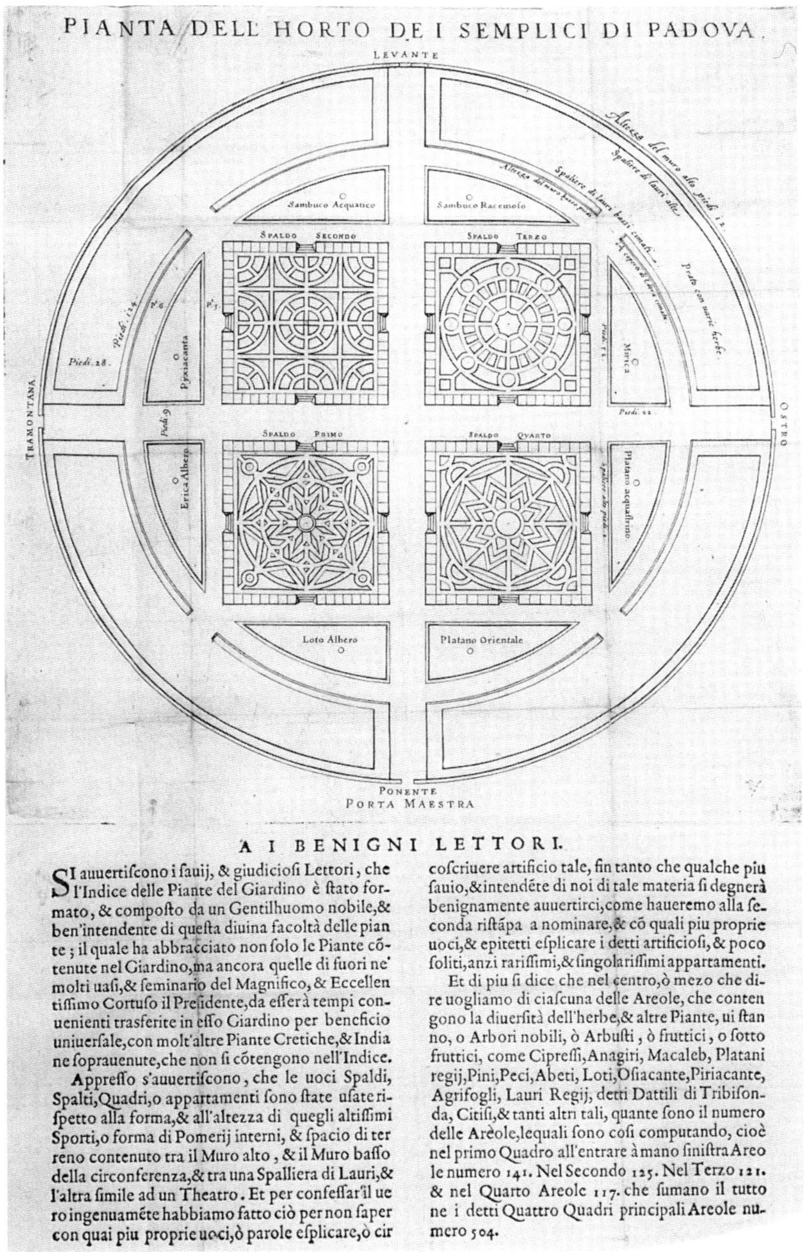

A I BENIGNI LETTORI.

SI auuertiscono i sauij, & giudiciosi Lettori, che l'Indice delle Piante del Giardino è stato formato, & composto da un Gentilhuomo nobile, & ben'intendente di questa diuina facoltà delle piante; il quale ha abbracciato non solo le Piante cõtenute nel Giardino, ma ancora quelle di fuori ne' molti uasi, & seminario del Magnifico, & Eccellentissimo Cortuso il Presidente, da esserà tempi conuenienti trasferite in esso Giardino per beneficio uniuersale, con molt'altre Piante Cretiche, & Indiane soprauenute, che non si cõtengono nell'Indice.

Appresso s'auuertiscono, che le uoci Spaldi, Spalti, Quadri, o appartamenti sono state usate rispetto alla forma, & all'altezza di quegli altissimi Sporti, o forma di Pomerij interni, & spacio di terreno contenuto tra il Muro alto, & il Muro basso della circonferenza, & tra una Spalliera di Lauri, & l'altra simile ad un Theatro. Et per confessar'il uero ingenuamẽte habbiamo fatto ciò per non saper con quai piu proprie uoci, ò parole esplicare, ò circoscriuere artificio tale, fin tanto che qualche piu sauio, & intendẽte di noi di tale materia si degnerà benignamente auuertirci, come haueremo alla seconda ristãpa a nominare, & cõ quali piu proprie uoci, & epitetti esplicare i detti artificiosi, & poco soliti, anzi rarissimi, & singolarissimi appartamenti.

Et di piu si dice che nel centro, ò mezo che dire uogliamo di ciascuna delle Areole, che contengono la diuersità dell'herbe, & altre Piante, ui stanno, o Arbori nobili, ò Arbusti, ò fruttici, o sotto fruttici, come Cipressi, Anagiri, Macaleb, Platani regij, Pini, Peci, Abeti, Loti, Osiacante, Piriacante, Agrifogli, Lauri Regij, detti Dattili di Tribisonda, Citisi, & tanti altri tali, quante sono il numero delle Areole, lequali sono cosi computando, cioè nel primo Quadro all'entrare à mano sinistra Areole numero 141. Nel Secondo 125. Nel Terzo 121. & nel Quarto Areole 117. che sumano il tutto ne i detti Quattro Quadri principali Areole numero 504.

Abb. 264: Botanischer Garten von Padua, aus: Girolamo Porro, Horto dei semplici di Padova (1591)

1. Vom Welttheater zum Tableau

Werfen wir zunächst einen weiten Blick zurück. Botanische Gärten hat es nicht immer gegeben: Die botanischen Gärten von Padua und Pisa, gegründet um 1545, gelten gemeinhin als die ersten ihrer Art. Schaut man sich die Anlage eines solchen Gartens an, wie sie sich im ersten gedruckten Führer zum botanischen Garten von Padua darstellt (Abb. 264), so fällt zunächst der streng geometrische und doch verwickelte Grundriß ins Auge: Einem äußeren Kreisband ist ein Viereck eingeschrieben, das durch zwei Hauptwege seinerseits in vier Felder aufgeteilt ist, die wiederum von Beeten eingenommen werden, die sich in komplizierten geometrischen Mustern entfalten. Garten-

Abb. 265: Luftaufnahme des botanischen Gartens von Padua (1989)

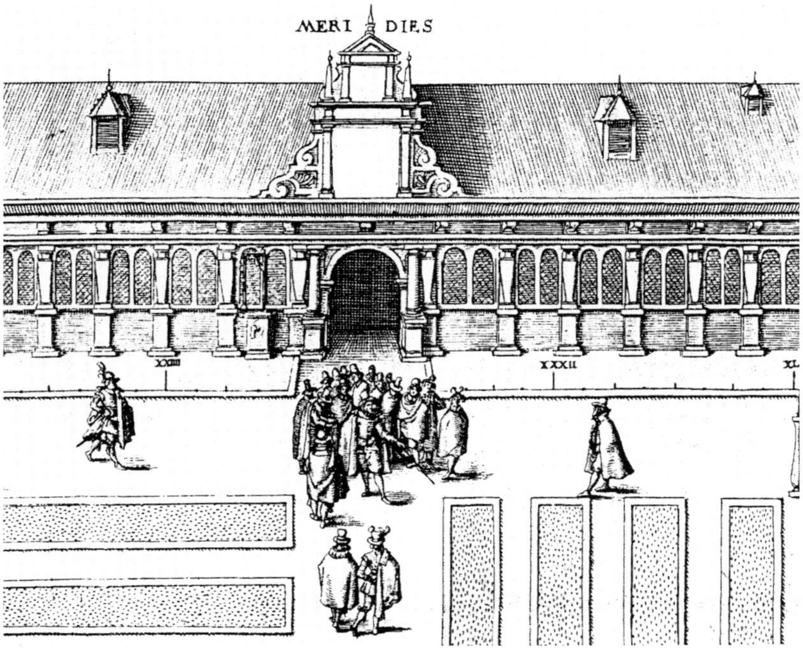

Abb. 266: Demonstration von Medizinalpflanzen im botanischen Garten von Leyden, aus: Pieter Paaw, Hortus publicus academiae Lugduno-batavae (1601)

historiker haben dieser eigentümlichen Gestaltung des Gartens von Padua, die ihn auf Luftaufnahmen noch heute wie ein in die Stadt eingebranntes Zeichen aussehen läßt (Abb. 265), viel Aufmerksamkeit geschenkt. Die Interpretationen reichen von einer Anlage nach naturphilosophisch-kosmologischen Grundsätzen, wonach jeder im Garten angebauten Pflanze ein genauer Ort entsprechend der ihr zugeordneten Planetenkonstellation und der daraus folgenden Kombination der vier Primärqualitäten – warm, kalt, trocken, feucht – zugewiesen war,[6] über eine Anlage in magisch-hermetischer Tradition, wonach die geometrischen Muster den Garten mit einer Vielfalt verborgener Beziehungen bekleideten, die der Kenner zu entziffern vermochte,[7] bis hin zu einer Anlage in der vergleichsweise einfachen Absicht, die vier damals bekannten Kontinente abzubilden.[8] Allen diesen Interpretationen ist gemeinsam, daß sie die Anlage des Gartens als Ergebnis von Versuchen deuten, topologische Beziehungen unter den Pflanzen zu repräsentieren, seien diese kosmologischer, magischer oder schlicht geographischer Natur. Der rationelle Hintergrund solcher Versuche ist von Lucia Tongiorgi Tomasi folgendermaßen beschrieben worden: »Der Botaniker [...] stand vor dem Problem, wie die richtige Position einer Pflanze in einer neuen Umgebung zu finden sei, so daß sie all die Einflüsse der natürlichen Umgebung, aus der sie herausgenommen worden war, empfangen konnte, und magische Elemente, mehr oder weniger bewußt eingesetzt, konnten dazu beitragen, dieses Ziel zu erreichen.«[9]

Allerdings steht diesen modernen Interpretationen eine äußerste karge Überlieferung aus den historischen Quellen gegenüber: Wenn diese Interpretationen liefern, dann allenfalls die, daß die Vierteilung des Gartens die vier Himmelsrichtungen und die Gesamtanlage das Schema der idealen, römischen Stadt repräsentiere.[10] Der Grund für diese Zurückhaltung mag gewesen sein, daß die Anordnung der Pflanzen im botanischen Gartens von Padua in allererster Linie aus einer pragmatischen Zielsetzung resultierte: Sie

6 Peter Schiller, L'Orto botanico di Padova. Geografia astrologica e scienza della botanica moderna, Ebelsbach 1987.

7 Lucia Tongiorgi Tomasi, Projects for botanical and other gardens: a 16th century manual, in: Journal of Garden History 3 (1983), 1–34.

8 John Prest, The Garden of Eden: the botanic garden and the re-creation of paradise, New Haven 1981, 1 und 46–48.

9 Tongiorgi Tomasi, Projects, 23.

10 Andrea Ubrizsy Savioa, The Botanical Garden of Padua in Guildano's days in: The Botanical Garden of Padua 1545–1995, hg. von A. Minelli, Venice 1995, 173.

diente dem Unterricht in der »materia medica,« d.h. den pflanzlichen Arzneimitteln, der im Wesentlichen so ablief, daß den Studenten eine Pflanze im Garten von dem sogenannten »demonstrator« gezeigt wurde und der »professor« dazu ihren Namen nannte (Abb. 266).[11] Dem konnten dann noch Informationen zu besonderen Merkmalen, dem pharmazeutischen Gebrauch oder der literarischen Überlieferung folgen, der wesentliche Zweck der »demonstratio« bestand aber in der Zuordnung von Pflanzennamen und -exemplaren durch einfaches Zeigen, d.h. Verweisen auf einen bestimmten Gegenstand an einem bestimmten Ort, sowie gleichzeitiges Benennen, d.h. Äußerung eines Namens, der diesen Gegenstand an diesem Ort mit einer Fülle von Überlieferungen verknüpfte.[12]

Unter diesem Gesichtspunkt verrät sich die verwickelte, geometrische Anlage des Gartens von Padua als ein mnemotechnisches Hilfsmittel: Die Namen wurden in eine konkrete, durch die Repräsentation geometrischer, kosmologischer oder physischer Beziehungen »gesättigte« Anordnung der durch sie benannten Pflanzen eingelassen. Jedem Namen entsprach damit ein Ort, der ihm durch das aktuelle Geflecht topologischer Beziehungen, das er zu anderen Orten im Garten unterhielt, eine gewisse Bedeutung verleihen konnte; und jedem Ort in dieser Anordnung entsprach ein Name, der diesen Ort und die Mannigfaltigkeit überlieferter Beziehungen, in deren Zentrum er stand, zum Ausdruck bringen konnte. So stellt sich der botanische Garten von Padua dem Verfasser des erwähnten Führers von 1591 auch als ein »kleines Theater, fast eine kleine Welt« dar.[13] Und so ist schließlich auch die zunächst seltsam klingende Metaphorik zu verstehen, auf die Foucault in »Die Ordnung der Dinge« zurückgegriffen hat, als er die Naturgeschichte der Renaissance durch das »Theater« und »das kreishafte Drehen des ›Zeigers‹« charakterisierte.[14] Vor allem in einer, aus heutiger Sicht kuriosen Besonderheit des Gartens von Padua kam dieser Charakter zum Ausdruck: Man weiß aus genauen Rekonstruktionen, welche Pflanzen auf welchem Beet in der Gründungszeit des Gartens angebaut wurden und welche Namen sie trugen. Dabei hat sich gezeigt, daß Pflanzen derselben Art häufig auf mehreren Beeten des Gartens verteilt angebaut wurden und an ihren jeweiligen Orten auch nicht selten mit jeweils verschiedenen Namen belegt waren.[15] Die »Protagonisten« des »Welttheaters« konnten je nach Kontext in verschiedenen Rollen auftreten.

Der Garten von Padua war Vorbild für eine ganze Reihe weiterer Gründungen, zunächst in Oberitalien, später, zu Beginn des 17. Jahrhunderts, auch in Mittel- und Westeuropa – Leyden, Oxford, Paris, um nur die wichtigsten Stationen zu nennen. Auch zu diesen Gründungen lieferte bis weit in das 18. Jahrhundert hinein der Unterricht in der »materia medica« das Hauptmotiv, und es blieb im Wesentlichen auch dabei, daß dieser Unterricht in Form von »demonstrationes«, wie gerade beschrieben, erfolgte. Dennoch zeigten sich schon sehr bald Auflösungserscheinungen in der durch Padua vorgegebenen Gartenordnung: Der botanische Garten von Oxford präsentierte sich im Grundriß wesentlich schmuckloser (Abb. 267); und im botanischen Garten von Leyden, gegründet 1587, waren die Beete des Gartens nur noch in langen, parallel zueinander angeordneten, numerierten Reihen angelegt, wenn sich auch noch die ursprüngliche Vierteilung und eine Ahnung der ornamentalen Anordnung erhalten hatte (Abb. 268). Im botanischen Garten von Uppsala, der Mitte des 18. Jahrhunderts unter der Leitung von Carl Linnaeus an internationaler Bedeutung gewann, ist schließlich von einer ornamentalen An-

11 Karen Reeds, Renaissance Humanism and Botany, in: Annals of Science 33 (1976), 527–533.

12 Zur fundamentalen, epistemologischen Bedeutung des Zeigens siehe Barry Barnes/David Bloor/John Henry, Scientific Knowledge: A Sociological Analysis, Chicago 1996, 47–59.

13 Zit. nach Maurizio Rippa Bonati/Vittorio Dal Piaz, The Design and Form of the Padua Horto medicinale, in: The Botanical Garden of Padua 1545–1995, hg. von A. Minelli, Venice 1995, 42.

14 Foucault, Ordnung, 172. Vgl. Giuseppe Olmi, L'inventario del mondo. Catalogazione della natura e luoghi del sapere nella prima età moderna, Bologna 1992, 152–161.

15 Ubrizsy Savioa, Guildano, 179 und 197. Vgl. Claudia Swan, From Blowfish to Flower Still Life Paintings, in: Merchants and Marvels: Commerce, Science, and Art in Early Modern Europe, hg. von P. Smith/P. Findlen, London 2001, 118.

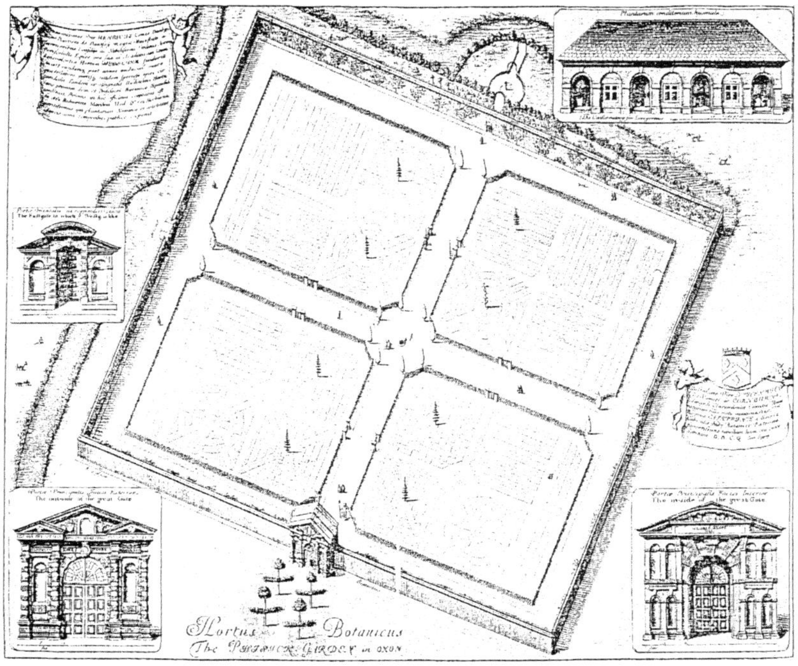

Abb. 267: Vogelschauansicht des botanischen Gartens von Oxford (Anfang 17. Jh.)

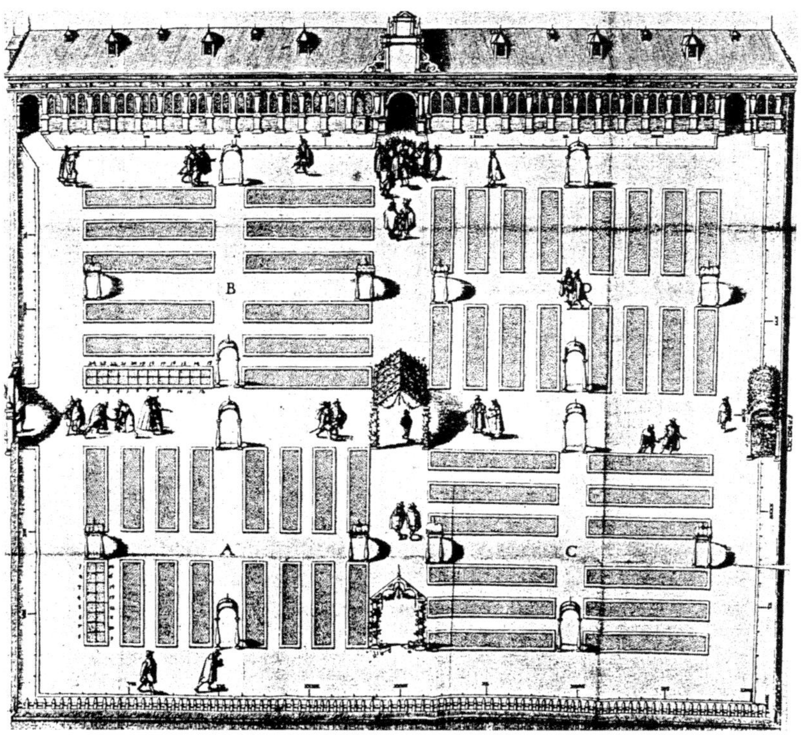

Abb. 268: Aufsicht auf den botanischen Garten von Leyden (1601)

ordnung der Beete nichts mehr übrig geblieben (Abb. 269). Hier verteilen sich die Pflanzen zum einen nach technologischen Erfordernissen auf Gewächshäuser und Wasserflächen sowie, in einem zentralen Areal, auf zwei Felder, einem für einjährige, einem für mehrjährige Pflanzen. Innerhalb dieser Felder sind die einzelnen Beete dann in langen, parallel angeordneten Reihen angelegt. Die Verteilung der einzelnen Pflanzenarten auf diese Beete erfolgte

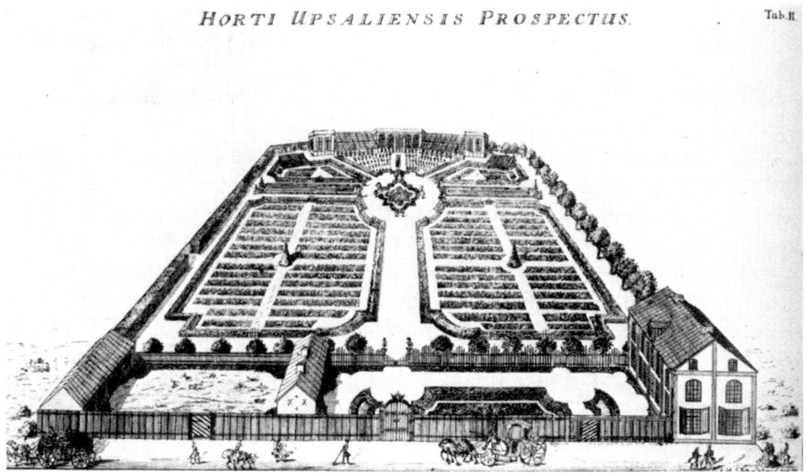

Abb. 269: Botanischer Garten von Uppsala, aus: Carl Linneaeus, Hortus upsaliensis (1745)

zudem nach rein taxonomischen Kriterien: Die Pflanzen waren nach dem sogenannten Sexualsystem angeordnet, das Carl Linnaeus um 1730, damals noch »demonstrator« am Garten, entworfen hatte, und das die Pflanzen nach der Anzahl und Anordnung der Staubblätter und Griffel unterschied – ohne Rücksicht auf etwaige andere Beziehungen wie geographische Herkunft, Ähnlichkeit der Gestalt oder pharmazeutische Wirkungsweise.

Auch diese Verteilung resultierte in einer konkreten Anordnung der Pflanzen, und Linnaeus wurde nicht müde zu betonen, daß sie, als solche, pädagogischen Zwecken diente.[16] Aber sie stand in keiner Beziehung mehr zur Differenzierung der Pflanzen im kosmologischem oder geographischen Raum, wie dies noch in Padua der Fall gewesen zu sein scheint, sondern erschöpfte sich im abstrakten Raum taxonomischer Identitäten und Differenzen. So fand sich im botanischen Garten von Uppsala (ebenfalls anders als im Garten von Padua) auch für jede Pflanzenart nur noch ein einziger Ort, und an diesem Ort war sie auch nur noch mit einem und nur einem Namen belegt. Wir stehen vor dem, was Foucault die »Verteilung der Dinge in einem ›Tableau‹« nannte und dem »kreishaften Drehen des ›Zeigers‹« entgegensetzte, um so die Naturgeschichte des klassischen Zeitalters von der der Renaissance zu unterscheiden.[17] Was hat diese Transformation bewirkt?

2. Listen und Namen

Die Anordnung der Beete im botanischen Garten von Uppsala hat eine überraschende Parallele in dem 1591 erschienenen Führer zum Garten von Padua. Dieser enthält nicht nur den bereits diskutierten Grundriß des Gartens, sondern zeigt die vier Felder des Gartens auch noch einmal separat (Abb. 270), wobei den einzelnen Beeten auf diesen Darstellungen Nummern eingeschrieben sind. Diesen Nummern korrespondiert auf den folgenden Seiten eine durchnumerierte Serie von leeren Rechtecken, in die die Namen der Pflanzen eingetragen werden konnten, die auf dem jeweiligen Beet wuchsen. Diese Namen waren dem Führer in einer alphabetischen Liste angefügt, die Zuordnung konnte aber nur durch die unmittelbare Identifikation eines Namens mit einer der im Garten wachsenden Pflanzen, also nach dem Muster der Demonstration, erfolgen. Der Führer selbst nahm sie nicht vor.[18]

16 Siehe z.B. Carl Linnaeus, Classes plantarum seu Systemata Plantarum omnia a fructificatione desumta, Lugduni batavorum 1738, Lectori [unpag.]. Eine genaue Beschreibung des Gartens von Uppsala findet sich in Carl Linnaeus, Hortus upsaliensis, in: Caroli Linnaei Ammoenitates academicae, seu Dissertationes variae Physicae, Medicae, Botanicae antehac seorsim editae, 7 Bde., Holmiae et Lipsiae 1749–1769 [1745], Bd. 1, 172–210; siehe auch Gunnar Broberg/Allan Ellenius/Bengt Jonsell, Linnaeus and His Garden, Uppsala 1983.

17 Foucault, Ordnung, 172.

18 Zu Inhalt und Gebrauch des Führers siehe Dennis E. Rhodes, The Botanical Garden of Padua: The First Hundred Years, in: Journal of Garden History 4 (1984), 329 und Ubrizsy Savioa, Guildano, 183–184. Ein ganz ähnlicher Führer wurde 1601 für den botanischen Garten von Leyden publiziert; siehe Swan, Blowfish, 124–125.

Abb. 270: Teilplan (Spaldo terzo) des botanischen Gartens von Padua, aus: Girolamo Porro, Horto dei semplici di Padova (1591)

Es ist die durchnumerierte Serie von Rechtecken, die die überraschende Parallele zur Anordnung des botanischen Gartens von Uppsala unter dem Direktorat von Linnaeus bildet. Über die Numerierung ist sie zwar zur verwickelten Anordnung der Beete im Paduaner Garten in Beziehung gesetzt, weist in sich selbst aber nicht mehr die geringste Spur dieser Anordnung auf, sondern nur noch die einfachste Form des Tableaus, die Form einer Liste, in der eine Menge von Bezeichnungen seriell angeordnet wird. Da uns Exemplare des Führers von 1591 überliefert sind, in denen sich handschriftliche Eintragungen von Pflanzennamen in den dafür vorgesehenen Feldern finden, kann man davon ausgehen, daß der Führer auch tatsächlich bei Demonstrationen genutzt wurde. Mit seiner Hilfe war es für Studenten und andere Besucher ein leichtes, ihre Aufzeichnungen während der Demonstration so zu führen, daß die Identifikation von Pflanzennamen und Pflanzenexemplaren auch später noch selbstständig, außerhalb weiterer Demonstrationen, gelingen konnte. Der Führer, präziser gesagt, die darin angewandten Beetnummern, ersetzten den Zeigestock des Demonstrators.

Hätte der Führer diesem Zweck allein gedient, so wäre seine Nutzungsdauer allerdings sehr beschränkt gewesen: Man weiß, daß die Pflanzen im botanischen Garten von Padua ständig neu arrangiert wurden, auch wenn sein ornamentales Layout ihre dauerhafte Positionierung nahezulegen scheint.[19] Spätestens nach Ablauf einer Vegetationsperiode war die im Führer festgehaltene Anordnung der Pflanzen also so verändert, daß der einmal ausgefüllte Führer sie nicht mehr unbedingt wiedergeben konnte. Ähnliche Listen wie im Führer tauchten aber noch in einem anderen Zusammenhang auf: Die

19 Ubrizsy Savioa, Guildano, 176–180.

Abb. 271: Hugo Blotius, Teilplan des Gartens von Padua aus der Sammlung Aldrovandi (1571)

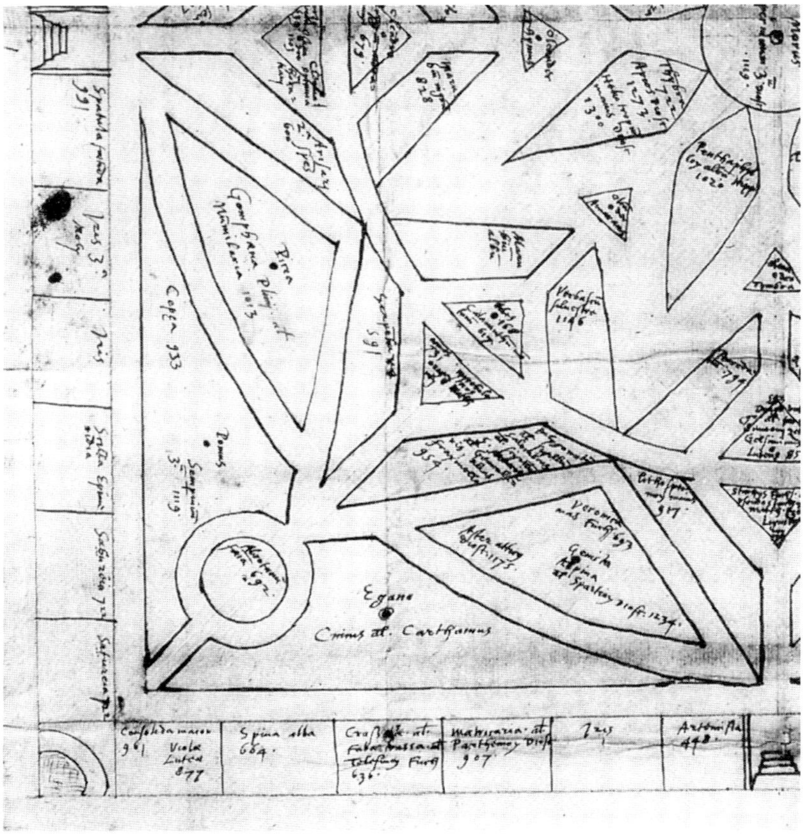

Präfekten botanischer Gärten begaben sich auf ausgedehnte Sammelreisen und sandten einander ganze Kollektionen von Pflanzensamen zu, um ihre jeweiligen »Welttheater« mit einer möglichst großen Vielfalt an Protagonisten zu bestücken. Auch Abbildungen und getrocknete Exemplare wurden so ausgetauscht. Begleitet wurde dies von einer weitreichenden Korrespondenz, deren Inhalt sich nicht selten auf die Form einer bloßen Liste der zugesandten Materialien reduzierte (Abb. 271).[20] Auch ganze Gartenpläne, mit eingetragenen Pflanzennamen, wurden versandt, um Korrespondenten über die dort angebauten Pflanzen zu informieren (Abb. 272),[21] ja es existierten sogar gedruckte Anleitungen zur Herstellung solcher »Papiergärten« (horti papyricaei).[22] Und schließlich konnten solche Listen auch publiziert und damit einem noch breiteren Kreis als den unmittelbaren Korrespondenten zugänglich gemacht werden. Der ganz überwiegende Teil botanischer Publikationen des 17. Jahrhunderts setzt sich aus solchen Auflistungen zusammen, sogenannten Katalogen, und auf die darin aufgeführten Pflanzen konnte man sich in der Korrespondenz ebenfalls durch Nennung von Autor, Titel und Erscheinungsjahr, sowie Seitenzahl bzw. Ordnungsnummer beziehen (Abb. 273). So werden die Pflanzen auf einem Plan des botanischen Gartens von Padua, der dem Bologneser Enzyklopädisten und Naturaliensammler Ulysse Aldrovandi (1522–1605) zugesandt worden war, mit den Ordnungsnummern aus den 1554 erschienenen »Commentarii in libros sex Pedacii Dioscoridis Anazarbei« des Pietro Andrea Matthioli (1501–1578) bezeichnet (Abb. 272).[23]

20 Zum Austausch unter botanischen Gärten im allgemeinen siehe William T. Stearn, Botanical Gardens and Botanical Literature in the Eighteenth Century, in: Catalogue of Botanical Books in the collection of Rachel McMasters Miller Hunt, 2 Bde., hg. von J. Quinby/A. Stevenson, Pittsburgh, Pa. 1961, Bd. 2 (1), xli-cxl sowie D. Onno Wijnands, Hortus auriaci: the gardens of Orange and their place in late 17-th century botany and horticulture, in: Journal of Garden History 8 (1988), 61–86 und 271–304. Zur Korrespondenz durch Listen siehe Johannes Heniger, Some botanical activities of Hermann Boerhaave, professor of botany and director of the botanic garden at Leiden, in: Janus 58 (1971), 1–78; Marie-Noëlle Bourgouet, Voyage, collecte, collections. Le catalogue de la nature (fin 17e – début 19e siècles), in: Terre à decouvrir, terres à parcourir: exploration et connaissance du monde, XIIe–XIXe siècles, hg. von D. Lecoq/A. Chambard, Paris 1996, 185–207 sowie Emma Spary, Utopia's Garden. French Natural History from Old Regime to Revolution, Chicago 2000, 61–78.

21 Georgina Masson, Italian flower collectors' gardens in seventeenth century Italy, in: The Italian Garden, hg. von D. R. Coffin, Washington D.C. 1972, 63–89.

22 Johann Baptista Ferrarius, Flora s[ive] de Florum cultura, Amsterdam 1638, 211–218.

23 Ubrizsy Savioa, Guildano, 181.

3. Die Zirkulation der Zeichen und Dinge

Dieses weitgestreckte Korrespondenz- und Publikationswesen hatte zur Folge, daß sich mit der Frühen Neuzeit eine wissenschaftliche Gemeinschaft und eine soziale Identität als Sammler und Botaniker herausbilden und verfestigen konnten, und zwar über Standes- und Ortsgrenzen hinaus – »collectors depended on resources of learned culture to complete their personal mosaics«, so hat das Paula Findlen für die italienische Renaissance formuliert.[24] So konnte Linnaeus auch 1736 das Bild einer voll arbeitsteiligen »freien Republik« der Botanik zeichnen, als er in einer botanischen Bibliographie eine Klassifikation botanischer Autoren nach den Funktionen vornahm, die sie für ihre Wissenschaft ausübten. Die erste Unterscheidung dieser Klassifikation sonderte die »Sammler« von den »Methodikern« ab; als Sammler konnte schon derjenige gelten, der überhaupt nur »zur Zahl der Arten« beigetragen hatte, sei es durch Zusendung von Exemplaren oder Samen, sei es durch Pflanzenzeichnungen oder -beschreibungen. »Methodiker« dagegen standen den zentralen Institutionen vor, in denen dieses Material akkumuliert wurde. Sie hatten die Aufgabe, das einströmende Material durch Klassifikation und Benennung zu ordnen. Gegenüber den Sammlern waren sie in dieser Hinsicht privilegiert, zugleich aber auch von ihnen abhängig. Es bildete sich ein soziales System des Austauschs unter Subjekten heraus, die insofern als »Gleiche« gelten konnten, als sich ihre Position in diesem System allein über den Austausch selbst, unabhängig von Herkunft oder Geschlecht, definierte. Zu »seinen« Sammlern zählte Linnaeus nicht nur Studenten und Kollegen an anderen europäischen Universitäten, sondern auch Landpfarrer, Hebammen und sogar einen Sklaven aus Surinam, dem er für die Übersendung einer Pflanze dadurch dankte, daß er dieselbe nach ihm benannte.[25]

Der botanische Austausch führte aber nicht nur zur Herausbildung einer professionell arbeitsteiligen Gemeinschaft der Botaniker, sondern zugleich zu einer Identifikation der Objekte des wissenschaftlichen Diskurses, und dabei spielten die im vorangehenden Abschnitt diskutierten Listen eine besondere Rolle. In Folge des Austausches begann der Diskurs sich in zwei, zwar immer wieder miteinander verknüpfte, aber doch logisch und sachlich voneinander unabhängige Ebenen zu gliedern: eine Ebene, auf der die Pflanzen selbst, vermittelt durch Samen, getrocknete Pflanzenexemplare oder naturalistische Pflanzenabbildungen, unter botanischen Gärten zirkulierten, d.h. die Objekte des botanischen Diskurses in wechselnden Lokalitäten zur Darstellung kamen. Und eine weitere Ebene, auf der Namen, Literaturhinweise oder auch bloße Nummern unter Listen, Tabellen, Katalogen, d.h. auf dem Papier zirkulierten und dabei der bloßen Bezeichnung lokal dargestellter Objekte dienten.[26]

Dabei ist es wichtig, zu verstehen, daß die Bezeichnungsfunktion, die beide Ebenen verknüpfte, nicht einsinnig in einer lokalen Überlieferung von Lehrer zu Schüler verlief wie bei der Demonstration. Sie ergab sich vielmehr im permanenten Wechselspiel von Auskunft und Rückmeldung unter Korrespondenten, die ganz unterschiedlichen lokalen Traditionen angehören konnten und prinzipiell gleichgestellt waren. Die Bezeichnungen in den Listen, seien es Namen, Verweise auf publizierte Kataloge oder schlicht Ordnungsnummern, konnten den Empfängern von Pflanzen dazu dienen, den vom Absender gegebenen Auskünften über das zugesandte Material unter

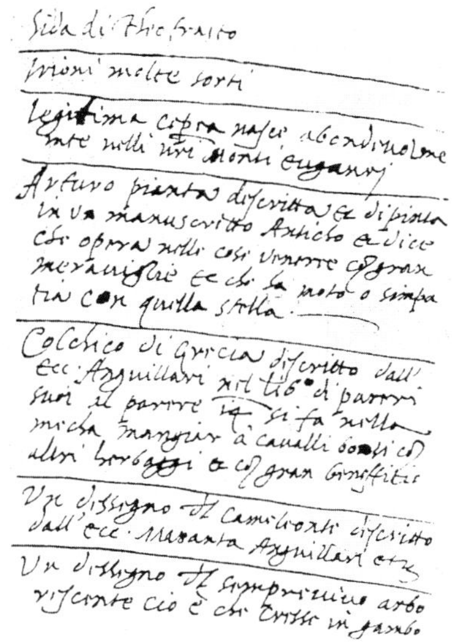

Abb. 272: Brief von Carolus Clusius an Ulisse Aldrovandi, Ausschnitt (vor 1605)

24 Paula Findlen, Possessing nature. Museums, collecting, and scientific culture in early modern Italy, Berkeley 1994, 304.

25 Zur Rolle des Sammlers bei Linnaeus siehe Staffan Müller-Wille, Carl von Linnés Herbarschrank. Zur epistemischen Funktion eines Sammlungsmöbels, in: Sammeln als Wissen. Das Sammeln und seine wissenschaftsgeschichtliche Bedeutung, hg. von A. te Heesen/E. Spary, Göttingen 2001, 33–38. Zu Linnaeus' ambivalenter Haltung zu Frauen siehe Lisbet Koerner, Woman and Utility in Enlightenment Science, in: Configurations 2 (1995), 233–255; zur Bennnung der Pflanzen Quassiae nach dem Ältesten einer Skalvengemeinschaft in Surinam, Quassi, siehe Carl Linnaeus, Lignum Quassiae, in: Caroli Linnaei Ammoenitates academicae, seu Dissertationes variae Physicae, Medicae, Botanicae antehac seorsim editae, 7 Bde., Holmiae et Lipsiae 1749–1769 [1763], Bd. 6, 324–241.

26 Vgl. Swan, Blowfish, 109, die »naturalistic figuration (mimetic pictures)« und »schematic representation (grids)« unterscheidet. Diese Gliederung des Diskurses in zwei voneinander unabhängige Ebenen dürfte den Hintergrund für die von Foucault als reduplizierte Repräsentation diskutierte Zurückdrängung des Zeichens auf seine Bezeichnungsfunktion im Übergang von der Renaissance zum klassischen Zeitalter bilden; siehe Foucault, Ordnung, 98–102.

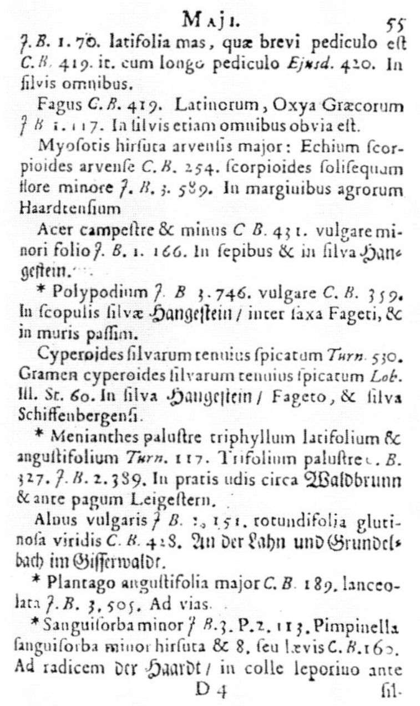
Majı. 55
J. B. 1.70. latifolia mas, quæ brevi pediculo eſt C. B. 419. it. cum longo pediculo Ejusd. 420. In ſilvis omnibus.

Fagus C. B. 419. Latinorum, Oxya Græcorum J. B. 1.117. In ſilvis etiam omnibus obvia eſt.

Myoſotis hirſuta arvenſis major: Echium ſcorpioides arvenſe C. B. 254. ſcorpioides ſoliſequum flore minore J. B. 3. 589. In marginibus agrorum Haardtenſium

Acer campeſtre & minus C B. 431. vulgare minori folio J. B. 1. 166. In ſepibus & in ſilva Hangeſtein.

* Polypodium J. B 3.746. vulgare C. B. 359. In ſcopulis ſilvæ Hangeſtein / inter ſaxa Fageti, & in muris paſſim.

Cyperoides ſilvarum tenuius ſpicatum Turn. 530. Gramen cyperoides ſilvarum tenuius ſpicatum Lob. Ill. St. 60. In ſilva Hangeſtein / Fageto, & ſilva Schiffenbergenſi.

* Menianthes paluſtre triphyllum latifolium & anguſtifolium Turn. 117. Trifolium paluſtre C. B. 327. J. B. 2.389. In pratis udis circa Waldbrunn & ante pagum Leigeſtern.

Alnus vulgaris J B. 1. 151. rotundifolia glutinoſa viridis C. B. 428. An der Lahn und Grundelbach im Giſſerwaldt.

* Plantago anguſtifolia major C. B. 189. lanceolata J. B. 3. 505. Ad vias.

* Sanguiſorba minor J B. 3. P. 2. 113. Pimpinella ſanguiſorba minor hirſuta & 8. ſeu lævis C. B. 160. Ad radicem der Haardt / in colle leporino ante
D 4 ſil-

Abb. 273: Aus einem Pflanzenkatalog, hier: Johann Jakob Dillen, Catalogus plantarum circa Gissam sponte nascentium (1718)

eindeutiger Bezugnahme auf eben dieses Material zu widersprechen, zuzustimmen oder eigene Beobachtungen hinzuzufügen, und dies obwohl das Material an seinem Empfangsort unter ganz anderen lokalen Bedingungen reproduziert wurde und sich eben dadurch in bestimmten Hinsichten dem Empfänger auch anders darstellte.

Auf der Ebene der botanischen Darstellungen wurde so mit jeder einzelnen Rückmeldung auf eine Sendung dasjenige an den Pflanzen abgesondert, das sich nicht im lokalen Kontext reproduzieren ließ, und zwar abgesondert von dem, was sich durch alle Gärten hindurch konstant fortsetzte: die Serie erfolgreich reproduzierter Pflanzenformen, wie sie sich in der genealogischen Folge lebender Pflanzenexemplare darstellte. Linnaeus nannte diesen Vorgang »Varietäten auf ihre Arten zurückführen«, und legte ihn seiner berühmt-berüchtigten Artdefinition zu Grunde: »Arten gibt es so viele, wie das Unendliche Wesen am Anfang verschiedene Formen hervorbrachte, welche daraufhin nach hineingelegten Gesetzen der Hervorbringung mehr, aber ihnen immer ähnliche hervorbrachten, so daß uns nun nicht mehr Arten bekannt sind, als die welche am Anfang wurden [...] diejenigen zurückgewiesen, welche der Ort oder die Umstände als nicht genug Verschiedene [Varietäten] erwiesen haben.«[27]

Nach diesem Begriff der naturhistorischen Art wurde der botanische Garten unmittelbar zu einem Ort, an dem Pflanzenarten sich nebeneinander in ihren ursprünglichen und unveränderlichen Zügen darstellten. Zwar prägten sie sich unter den besonderen künstlichen und natürlichen Umständen, die in einem jeweiligen Garten herrschten, zu jeweils eigenen Varietäten aus. Aber eben diese Veränderungen konnten zum Anlaß genommen werden, um diejenigen Strukturmerkmale an den Pflanzen hervorzuheben, die nicht oder nur kaum von Veränderungen betroffen waren, die durch Verpflanzungen hervorgerufen werden konnten, und deshalb unabhängig von der Vielfalt an Einflüssen zu sein schienen, denen Pflanzen in ihrer Verstreuung auf eine Vielfalt von Standorten außerhalb des Gartens unterworfen waren. Der botanische Garten wurde in diesem Sinne zu einem Abbild des Paradieses, und als solches beschrieb Linnaeus ihn auch: »Mit dem Fortschreiten der Jahrhunderte ist die Kenntnis der Pflanzen erstaunlich angewachsen, so daß auch jene sich unserem Blick nicht entziehen, welche sich lieber in dieser oder jener Gegend niederlassen. Vor allem durch die einmal eingerichteten botanischen Gärten, gewissermaßen kleinere Paradiese, wo Pflanzen wechselseitig miteinander verglichen werden, ist dieses Werk sorgfältiger verrichtet worden.«[28]

Neben der Verlagerung auf beständige Formmerkmale, die so auf der Ebene botanischer Darstellungen stattfand, fand auch auf der Ebene der in Listen und Katalogen zirkulierenden Bezeichnungen eine entscheidende Verlagerung statt: Je stärker diese der Vermittlung von Informationen von Ort zu Ort dienen sollten, desto weniger konnte sich deren Bedeutung aus Beziehungen zu anderen Worten oder Aussagen ergeben, da deren Verfügbarkeit und Wahrheitsgehalt ja jeweils selbst von lokal herrschenden Traditionen abhängig war. Die Bedeutung botanischer Fachausdrücke verlagerte sich daher Zug um Zug auf ihre reine Bezeichnungsfunktion. Diese Selbstreferentialität kam vor allem in der Zusammenstellung sogenannter Synonymielisten zum Tragen, in denen Pflanzennamen, die der Autor solcher Listen für Bezeichnungen ein und derselben Pflanzenart hielt, aus den unterschiedlichsten kulturellen Kontexten zusammengetragen wurden (Abb. 274). Ein Name trat so für den anderen ein,

27 Carl Linnaeus, Genera plantarum, Lugduni Batavorum 1737, Ratio operis § 5 [unpag.]; siehe dazu Staffan Müller-Wille, ›Varietäten auf ihre Arten zurückführen‹. Zu Carl von Linnés Stellung in der Vorgeschichte der Genetik, in: Theory in Bioscience 117 (1998), 22–38.

28 Carl Linnaeus, Fauna suecica, Lugduni batavorum 1746, Praefatio [unpag.]; siehe dazu Staffan Müller-Wille, Gardens of Paradise, in: Endeavour 25 (2001), 49–54.

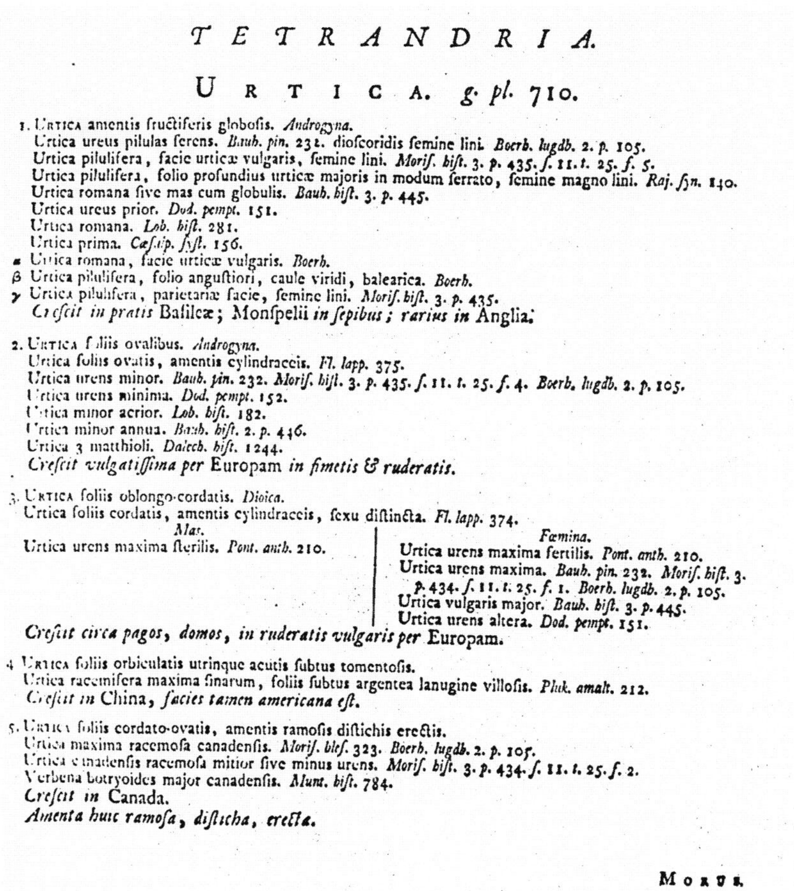

TETRANDRIA.

URTICA. g. pl. 710.

1. URTICA amentis fructiferis globoſis. *Androgyna.*
Urtica ureus pilulas ferens. *Bauh. pin.* 232. dioſcoridis ſemine lini. *Boerh. lugdb.* 2. *p.* 105.
Urtica pilulifera, facie urticæ vulgaris, ſemine lini. *Moriſ. hiſt.* 3. *p.* 435. *ſ.* 11. *t.* 25. *f.* 5.
Urtica pilulifera, folio profundius urticæ majoris in modum ſerrato, ſemine magno lini. *Raj. ſyn.* 140.
Urtica romana ſive mas cum globulis. *Bauh. hiſt.* 3. *p.* 445.
Urtica ureus prior. *Dod. pempt.* 151.
Urtica romana. *Lob. hiſt.* 281.
Urtica prima. *Cæſalp. ſyſt.* 156.
α Urtica romana, facie urticæ vulgaris. *Boerh.*
β Urtica pilulifera, folio anguſtiori, caule viridi, balearica. *Boerh.*
γ Urtica pilulifera, parietariæ facie, ſemine lini. *Moriſ. hiſt.* 3. *p.* 435.
Creſcit in pratis Baſileæ; Monſpelii *in ſepibus; rarius in* Anglia.

2. URTICA foliis ovalibus. *Androgyna.*
Urtica foliis ovatis, amentis cylindraceis. *Fl. lapp.* 375.
Urtica urens minor. *Bauh. pin.* 232. *Moriſ. hiſt.* 3. *p.* 435. *ſ.* 11. *t.* 25. *f.* 4. *Boerh. lugdb.* 2. *p.* 105.
Urtica urens minima. *Dod. pempt.* 152.
Urtica minor acrior. *Lob. hiſt.* 182.
Urtica minor annua. *Bauh. hiſt.* 2. *p.* 446.
Urtica 3 matthioli. *Dalech. hiſt.* 1244.
Creſcit vulgatiſſima per Europam *in fimetis & ruderatis.*

3. URTICA foliis oblongo-cordatis. *Dioica.*
Urtica foliis cordatis, amentis cylindraceis, ſexu diſtincta. *Fl. lapp.* 374.

Mas.	*Fœmina.*
Urtica urens maxima ſterilis. *Pont. anth.* 210.	Urtica urens maxima fertilis. *Pont. anth.* 210. Urtica urens maxima. *Bauh. pin.* 232. *Moriſ. hiſt.* 3. *p.* 434. *ſ.* 11. *t.* 25. *f.* 1. *Boerh. lugdb.* 2. *p.* 105. Urtica vulgaris major. *Bauh. hiſt.* 3. *p.* 445. Urtica urens altera. *Dod. pempt.* 151.

Creſcit circa pagos, domos, in ruderatis vulgaris per Europam.

4. URTICA foliis orbiculatis utrinque acutis ſubtus tomentoſis.
Urtica racemifera maxima ſinarum, foliis ſubtus argentea lanugine villoſis. *Pluk. amalt.* 212.
Creſcit in China, *facies tamen americana eſt.*

5. URTICA foliis cordato-ovatis, amentis ramoſis diſtichis erectis.
Urtica maxima racemoſa canadenſis. *Moriſ. bleſ.* 323. *Boerh. lugdb.* 2. *p.* 105.
Urtica canadenſis racemoſa mitior ſive minus urens. *Moriſ. hiſt.* 3. *p.* 434. *ſ.* 11. *t.* 25. *f.* 2.
Verbena botryoides major canadenſis. *Munt. hiſt.* 784.
Creſcit in Canada.
Amenta huic ramoſa, diſticha, erecta.

MORUS.

Abb. 274: Synonymielisten, aus: Carl Linnaeus, Hortus cliffortianus (1737)

und zwar in alleiniger Beziehung zu der Pflanzenart, die durch ihn bezeichnet werden sollte. Die zweigliedrigen, latinisierten Pflanzennamen, die Linnaeus schließlich einführen sollte und die auch heute noch gebräuchlich sind, haben daher im eigentlichen Sinne des Wortes keine Bedeutung. Es ist aus ihnen durch kein hermeneutisches Verfahren irgend eine sichere Auskunft über die durch sie bezeichneten Pflanzen zu gewinnen. Sie bezeichnen nur, und ihre eigentlichen Vorgänger sind nicht etwa traditionelle Pflanzennamen, sondern die seit der Renaissance in Listen, Tabellen und Texten auftauchenden Nummern und Literaturverweise. Linnaeus selbst bestimmte die Funktion von Namen folgendermaßen: »Der Name hat auf dem Marktplatz der Botanik denselben Wert, wie die Münze im Gemeinwesen, welche als bestimmter Wert angenommen und – ohne daß eine Untersuchung durch die Probierkunst für nötig gehalten wird – täglich von anderen entgegengenommen wird, sobald sie im Gemeinwesen nur bekannt geworden ist.«[29]

Diesem Verständnis botanischer Namen korrespondiert ebenfalls ein religiöses Motiv, das das Bild vom botanischen Garten als Paradiesgarten zwanglos komplettiert: Der Botaniker wird zu einem zweiten Adam, denn in seinem Garten steht er ja gewissermaßen am Ursprung der Dinge, kann sie daher wie Adam einfach nur mit Namen belegen, und diese Namen anschließend bekannt geben und in Umlauf setzen, alles ohne sich dabei auf einen vorangehenden Diskurs stützen zu müssen, in dem sich die Bedeutung der Namen schon konstituiert hätte.[30]

29 Carl Linnaeus, Critica botanica, Lugduni batavorum 1737, 204; siehe dazu Müller-Wille, Gardens.

30 Linnaeus, Fauna, Praefatio [unpag.].

Sind auf diese Weise einmal Namen für bestimmte Arten eingeführt, so kommt es allerdings darauf an, diese Namen für immer beizubehalten, um so den »Marktplatz der Botanik« in Bewegung zu halten. Die Namen und die Dinge, die sie bezeichnen, sind damit in Linnaeus' Botanik allein unter dem Gesichtspunkt ihrer Austauschbarkeit gefaßt, indem sie auf die Aspekte reduziert werden – reine Bezeichnungsfunktion und reine, beständige Form –, die sich in jedem Kontext reproduzieren lassen. Damit griff Linnaeus nicht nur Elemente auf, die sich seit der Renaissance in der Botanik vorbereiteten, sondern systematisierte sie in einer Weise, die die Bewegungen auf dem »Marktplatz der Botanik« nur noch vervielfältigen und beschleunigen konnte.

4. Ökonomie und Organisation

Sowohl die Metapher des Paradieses für den botanischen Garten als auch das Selbstverständnis des Naturhistorikers als zweiter Adam haben eine ebenfalls bis auf die Renaissance zurückreichende Tradition. John Prest hat diese beiden Motive mit der religiös motivierten Tradition des »hortus conclusus«, des geschlossenen Gartens, in Verbindung gebracht, einem privaten Ort der religiösen Erbauung und der privaten Zurückgezogenheit.[31] In der Tat waren botanische Gärten von Wällen, Mauern oder Zäunen umgeben. In gewisser Weise steht diese Umfriedung auch für die Abstraktion, die im Vorangehenden als Ergebnis des »botanischen Handels« betrachtet wurde: im Garten die säuberliche Welt systematisch aufgereihter Pflanzenarten, jede mit ihrem und nur ihrem Namen belegt; außerhalb die Vielfalt an Worten und Aussagen, Dingen und Beziehungen, in der sich die Pflanzen an ihren Standorten verstreut finden. »Die Erde bringt nicht überall alles hervor und die verschiedenen Familien der Pflanzen sind über alle Welt verstreut«, so Linnaeus 1737, und daher sind »dem Botaniker weltweite Handelsbeziehungen nötig, eine Bibliothek mit fast allen Büchern, die über Pflanzen herausgegeben worden sind, Gärten, Gewächshäuser und Gärtner«.[32]

Allerdings sollte die Erwähnung »weltweiter Handelsbeziehungen« (commercia per totum orbem) stutzig machen – scheinen sie dem Bild vom »hortus conclusus« doch zu widersprechen. In der Tat waren schon die Gärten von Padua und Pisa bei ihrer Gründung, auch ihrem rechtlichen Status nach, von privaten, geschlossenen Gärten unterschieden: Es handelte sich um »horti publici«, öffentliche Gärten.[33] Dem Garten von Padua war eine »spezzieria«, eine Art Apothekerwerkstatt, angegliedert, in der Pflanzen destilliert und die Produkte auf ihre pharmazeutischen Wirkungen hin erprobt wurden.[34] Der venezianischen Kaufmannschaft diente er außerdem als Referenzsammlung, um Art und Qualität von Warenlieferungen kontrollieren zu können.[35] Bis in das 18. Jahrhundert hinein waren botanische Gärten Zentren eines »pflanzlichen Merkantilismus«[36] – schon 1652 gründete die holländische West-Indische Kompanie einen botanischen Garten am Kap der guten Hoffnung –,[37] um dann im 19. Jahrhundert fester Bestandteil des Instrumentariums zu werden, mit dem die Kolonialmächte ihre territoriale Expansion durchzusetzen vermochten.[38] Aber auch der inneren Gestaltung nationaler Territorien und der Erziehung ihrer Subjekte zu ökonomischer Rationalität konnten sie dienen. Der botanische Garten bot ein weites Ex-

31 Prest, Eden, 22.
32 Carl Linnaeus, Hortus cliffortianus, Amstelaedami 1737, Dedicatio [unpag.].
33 Ubrizsy Savioa, Guildano, 173.
34 Rhodes, Garden of Padua, 327.
35 Ubrizsy Savioa, Guildano, 181.
36 Bourgouet, Voyage, 95.
37 Prest, Eden, 43.
38 Hierzu besteht eine umfangreiche Literatur; exemplarisch seien an neueren Monographien genannt: Mary Louise Pratt, Imperial Eyes: Travel Writing and Transculturation, London 1992; Donald P. McCracken, Gardens of Empire. Botanical Instituions of the Victorian Britrish Empire, London 1997; Richard Drayton, Nature's Government: Science, Imperial Britain, and the Improvement of the World, New Haven 2000.

perimentierfeld für Versuche, sich fremde Ressourcen durch die sogenannte Akklimatisation exotischer Pflanzen und Tiere anzueignen, neue Nutzungsmöglichkeiten einheimischer Ressourcen zur Substitution teurer Importe zu erproben und Standards für Handel und Produktion zu bilden. Zu diesem Zweck gründeten sich gerade um 1800 zahlreiche naturgeschichtliche Gesellschaften und Vereine. Um nur einige Beispiele zu nennen: die »Linnaean Society« zu London (gegründet 1781), deren »Journal« zu den ersten fachlich spezialisierten, wissenschaftlichen Zeitschriften gehörte; die Gesellschaft Naturforschender Freunde zu Berlin (gegründet 1773), die sich ein systematisch verzeichnetes Archiv der schriftlichen Nachlässe und Naturaliensammlungen ihrer Mitglieder anlegte; oder die k.k. Mährisch-Schlesische Gesellschaft zur Beförderung des Ackerbaues, der Natur- und Landeskunde zu Brünn (gegründet 1806), der Gregor Mendel Anregungen zu seinen epochemachenden Experimenten verdanken sollte.[39] Selbst die Entwicklung botanischer Verzeichnungsmethoden, die im vorhergehenden Abschnitt Thema waren, bietet überraschende Parallelen zur Entwicklung von Methoden der ökonomischen Buchhaltung.[40]

Der botanische Handel, den ich im Vorangehenden kurz zu charakterisieren versucht habe, spielte sich also allenthalben in der Sphäre merkantiler Unternehmungen, politischer Patronage und bürgerlichen Vereinswesens ab. Botanische Gärten waren dieser Sphäre nicht unterworfen, sondern von Anfang an ein organischer Bestandteil derselben.[41] Die Mauern, die botanische Gärten wie den von Uppsala umgaben, bildeten somit auch keine scharfe Trennlinie zwischen der Welt der reinen Wissenschaft und der Welt politischer und ökonomischer Interessen, sondern eher eine Art Membran, die die Verstreuung der Pflanzen auf ihre natürlichen und künstlichen (land- und gartenwirtschaftlichen) Lebensräume und ihre identische Reproduktion unter kontrolliert standardisierenden Bedingungen vermittelte. Bei Linnaeus kam dies nicht nur in der unermüdlich wiederholten Betonung des »Nutzens« seiner Wissenschaft für das Wohl der schwedischen Nation, sondern auch in einer Vielzahl von »patriotischen« Projekten zum Ausdruck, die er in Angriff nahm – Forschungsreisen in die Provinzen seines Heimatlandes, aufklärerisch-popularisierende Publikationen zu »eßbaren« und »giftigen« einheimischen Pflanzen und exotischen Konsumgütern wie Kaffee oder Tabak, Experimenten zur Akklimatisation von Tee und anderen exotischen Gewächsen an die skandinavischen Verhältnisse. Der botanische Garten von Uppsala diente diesen Projekten zugleich als Auffangbecken gesammelten Erfahrungsmaterials und als Quelle neuer Versuchsobjekte.[42]

Diese Membranfunktion findet sich in Linnaeus' Naturtheorie in zwei fundamentalen Dichotomien wieder, die alles andere als einfache Oppositionen sind. Zum einen unterschied Linnaeus in dem, was er »Ökonomie der Natur« nannte – oder die »weise Anordnung, die der Schöpfer bei den Naturdingen getroffen hat, nach der diese zu gemeinsamen Zwecken und zur Hervorbringung wechselseitigen Nutzens geeignet sind« – zwischen zwei Dimensionen, nämlich der »fortgesetzten Serie« (continuata series) einerseits, in der Individuen derselben Art, den »Gesetzen der Hervorbringung« gehorchend, sich bloß identisch reproduzieren und vermehren, und der »wechselseitigen Verknüpfung« (nexus inter se), in der sich die Individuen »hilfreich die Hand zur Erhaltung der Art reichen, so daß das, was des einen Verzehr und Zerstörung ist, immer der Wiederherstellung des anderen dient«.[43]

39 Visions of empire: voyages, botany, and representations of nature, hg. von D. P. Miller/P. H. Reill, Cambridge 1996; Anke te Heesen, Vom naturhistorischen Investor zum Staatsdiener. Sammler und Sammlungen der Gesellschaft Naturforschender Freunde zu Berlin um 1800, in: Sammeln als Wissen. Das Sammeln und seine wissenschaftsgeschichtliche Bedeutung, hg. von A. te Heesen/E. Spary, Göttingen 2001, 62–84; Roger Wood/Vítezslav Orel, Genetic Prehistory in Selective Breeding. A Prelude to Mendel, Oxford 2001.

40 Siehe dazu Anke te Heesen, Die doppelte Verzeichnung. Schriftliche und räumliche Aneignungsweisen von Natur im 18. Jahrhundert, Berlin 2002.

41 Auch dazu nur exemplarisch: Chandra Mukerji, Territorial ambitions and the gardens of Versailles, Cambridge, Mass. 1997, 171–181; Findlen, Possessing Nature; Spary, Utopia's Garden sowie Marianne Klemun, Botanische Gärten und Pflanzengeographie als Herrschaftsrepräsentationen, in: Berichte zur Wissenschaftsgeschichte 23 (2000), 330–346.

42 Lisbet Körner, Linnaeus: Nature and Nation, Cambridge, Mass. 1999.

43 Carl Linnaeus, Oeconomia naturae, in: Caroli Linnaei Ammoenitates academicae, hg. von J. J. Palm, Erlangae 1787 [1749], Bd. 2, 2–3.

Mit der ersten Dimension, der »Serie«, erhält die Ökonomie der Natur eine zeitliche Komponente, die nicht nur für die schon zitierte Definition der Art bestimmend ist, sondern auch in den Beschreibungen, die Linnaeus von bestimmten Arten gibt, ihren Niederschlag findet: In einem gesonderten, meist mit »Historia« überschriebenen Abschnitt wird dort ein Abriß der Entdeckungsgeschichte der Pflanzenart geliefert – wann sie wo zuerst, aber auch in der Folge, gesehen, beschrieben, gezeichnet, gesammelt, in einem botanischen Garten angebaut wurde, von wem sie an wen gesandt wurde, welche besonderen Ereignisse, welche Veränderungen in dieser Folge auftraten usw. In diesen Abschnitten erfährt nicht nur die Geschichte der Botanik, in all ihrer Komplexität, eine ausschnittsweise Darstellung, sondern wird auch die Historizität ihrer Objekte, der Pflanzenarten, festgeschrieben, und zugleich mit den wechselnden Umständen ihrer jeweiligen Lebensräume in Beziehung gesetzt.[44]

Mit der zweiten Dimension, der »wechselseitigen Verknüpfung« sind die gegenseitigen Verhältnisse, vowiegend Ernährungsbeziehungen, angesprochen, die Naturkörper zueinander unterhalten, insofern sie zu ihrer Reproduktion aufeinander angewiesen sind. In dieser Dimension finden sich die Individuen einer Art auf Habitate verstreut, wobei sie je nach Nahrungsangebot und Witterungsfaktoren lokale Varietäten ausbilden. Daß diese Verstreuung nicht in der Entartung und Vernichtung von Arten resultiert, ist dem »Gleichgewicht« (proportio) zu schulden, das sich daraus ergibt, daß die »Gesetze der Hervorbringung«, die jede Art beherrschen, dafür sorgen, daß an Stelle eines jeden vernichteten oder aus der Art schlagenden Individuums ein neues tritt, das ihm wesentlich gleich ist. »So verstreut der Hunger diejenigen über die Erde, welche Venus wieder zusammenruft«, heißt es bei Linnaeus in der zwölften Auflage des »Systema naturae«,[45] und die berühmte physikotheologische Schrift »Politiae naturae« von 1760 faßt denselben Zusammenhang in das folgende Bild: »Wenn irgendein Mensch, nackt wie bei der Erschaffung der Welt, aber im besten Alter und mit vollem Urteilsvermögen, auf diese Erde (wie wir uns ja wenigstens einbilden können) herabfiele, und mit aufmerksamen Sinnen seine neue Heimstatt, unseren Erdball, betrachtete, so würde er beobachten, daß die Erde mit unzähligen, höchst verschiedenen, in größter Unordnung untereinander vermischten Pflanzen bekleidet ist, welche von Würmern, Insekten, Fischen, Amphibien, Vögeln und Säugetieren in der erbärmlichsten Weise mißhandelt werden; [...].Wenn er sich dann nach einer Weile auf dieser Erde eingerichtet hat, wird er allmählich einige Glieder einer Ordnung und in der scheinbar größten Unordnung schließlich die höchste Ordnung bemerken, und diese so vortrefflich eingerichtet, daß er bewundernd bekennen muß, daß unter den göttlichen Werken nur schwer, wenn nicht sogar vergebens Anfang und Ende zu ermitteln sind. In einem Kreis laufen nämlich alle Dinge. So nicht weniger auf einem Wochenmarkt: Auf den ersten Blick erkennt man bloß, wie eine große Menge von Menschen sich hierhin und dorthin verstreut, während doch jeder von ihnen seine eigene Wohnstätte hat, von der er gekommen ist und zu der er zurück strebt.«[46]

Die zweite Dichotomie, in der sich ein Widerhall der Membranfunktion des botanischen Gartens wiederfindet, betrifft den individuellen, lebendigen Körper, in dem sich die genealogische Dimension der Serie und die ökologische Dimension des Nexus gewissermaßen treffen. Nach Linnaeus' Auffas-

44 Siehe dazu Staffan Müller-Wille, La storia radoppiata. La sintesi dei fatti nella storia naturale di Linneo, in: Quaderni storici 108 (2001), 823–842; eine englische Version dieses Aufsatzes findet sich in: Lorraine Daston/Staffan Müller-Wille/Hans Otto Sibum, A History of Facts, Berlin 2001, 23–36.

45 Carl Linnaeus, Systema naturae per regna tria naturae, 3 Bde., 1766–1768, Bd. 1, 18.

46 Carl Linnaeus, Politiae naturae, in: Caroli Linnaei Ammoenitates academicae, seu Dissertationes variae Physicae, Medicae, Botanicae antehac seorsim editae, 7 Bde., Holmiae et Lipsiae 1749–1769 [1760], Bd. 6, 17–18. Zur Ökonomie der Natur bei Linnaeus vgl. Charles Limoges, Introduction, in: Charles Linné. L'équilibre de la nature, übers. von B. Jasmin, Paris 1972, 7–24.

sung bestehen alle Lebewesen aus zwei Substanzen, der Rinden- oder, wie es in späteren Schriften heißt, der Körpersubstanz und der Marksubstanz, von denen letztere der bloßen Vermehrung dient, während erstere für Ernährung und Schutz vor schädlichen Einflüssen des Lebensraums sorgt (Abb. 275). Beide Substanzen erfüllen ihre Funktionen nicht selbstständig, sondern in einem wechselseitigen Antagonismus – das Mark hat die Tendenz zur Ausdehnung, die Rinde zur Einschränkung –, durch den die Pflanze ihre letztendliche, reproduktionsfähige Form in der Blüte (wieder-)gewinnt. Die zwölfte Auflage des »Systema naturae« drückt dies so aus: »Die pflanzliche Maschine besteht aus zwei gegensätzlichen Substanzen: der äußerlichen Körpersubstanz, die einhüllt, ernährt, absteigt, der Erde anhaftet, das Mark einzuschließen bemüht ist, ein wenig hart ist, aber zu einer äußerst zarten Spitze auswächst; und der inneren Marksubstanz, die eingeschlossen und belebend ist, nach unten zerschmilzt, zur Spitze aufsteigt, in Hinsicht auf Vermehrung und Teilbarkeit unbegrenzt ist, mit der Schöpfung erregt wurde, von Anfang an sich auf geheimnisvolle Weise langsam zur Höhe bewegt, ihrem Ausgang; wenn aber die sie umhüllende Körpersubstanz schwächer wird, durchbricht sie rasch deren Umklammerung, um eine Verwandlung [metamorphosin] zu durchlaufen, und verbindet sich nach dieser Flucht mit der Körpersubstanz, so daß der Kreis in neu sich verstreuendem Leben fortdauert.«[47]

Es ist nach Linnaeus der so beschriebene Antagonismus von Behältnis und Fluidum, Lebensumständen und Reproduktionskraft, der alle belebten Naturkörper als »hydraulische Maschinen« auszeichnet und sie als organisierte Naturkörper von nicht belebten, nur »zusammengehäuften« Naturkörpern unterscheidet.[48] Allerdings handelt es sich um besondere Maschinen, denn das Wechselspiel ihrer Teile dient letzten Endes ihrer eigenen Reproduktion. Die Blüten, zu denen Mark und Rinde/Körper schließlich aufbrechen, sind »Maschinen der Hervorbringung«, deren Organisation sich unter dem Gesichtspunkt analysieren läßt, daß der Pollen, der Träger der Rindensubstanz ist, und die aus der Narbe austretende Flüssigkeit, die Trägerin der Marksubstanz ist, zusammen gebracht werden müssen, um einen Samen zu produzieren, aus dem dann wieder eine Pflanze und letztlich eine identisch organisierte Blüte hervorgehen kann. Die Blüte ist also eine »Maschine«, deren Zweck darin besteht, sich selbst und ihre Teile zu reproduzieren.[49]

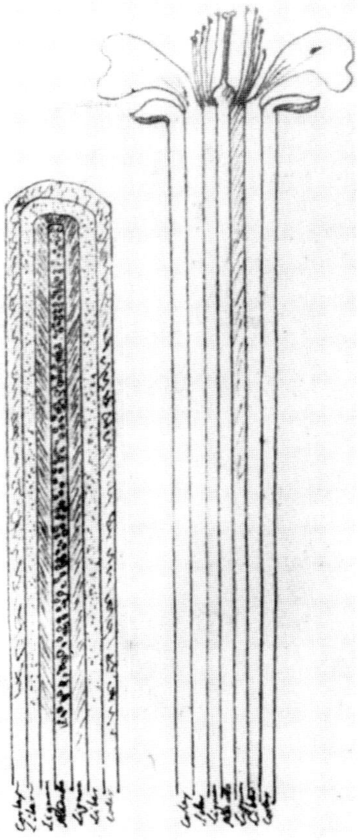

Abb. 275: Handzeichnung von Linnaeus

5. Von der Naturgeschichte zur Biologie

In den Dichotomien, die Linnaeus in die Ökonomie der Natur und in die Ökonomie des individuellen Körpers einführte, treten zwei Aspekte des Lebens auseinander, für die die Biologie des späten 19. Jahrhunderts die Schlagworte »nature« und »nurture« finden sollte. Solange Pflanzen und Tiere der Beobachtung im Wesentlichen nur an ihren natürlichen Standorten zugänglich waren, mußte der Aspekt der Reproduktion als einfache Verlängerung der im jeweiligen Lebensraum wirksamen anorganischen und organischen Faktoren erscheinen. Erst in den massenhaften Verpflanzungen, denen sich Lebewesen seit der Frühen Neuzeit ausgesetzt sehen, konnte so etwas wie eine autonome, d.h. von örtlichen Gegebenheiten unabhängige Reproduktionskraft der Lebewesen in Erscheinung treten. Und wie ich zu zeigen versucht habe, gehörten botanische Gärten zu den wichtigsten Motoren dieser massi-

47 Carl Linnaeus, Systema naturae, Bd. 2, 7; vgl. Carl Linnaeus, Generatio ambigena, in: Caroli Linnaei Ammoenitates academicae, Holmiae 1763 [1759], Bd. 6, 1–16. Zu dieser Theoriesiehe Peter F. Stevens/P. F Cullen, Linnaeus, the cortex-medulla theory, and the key to his understanding of plant form and natural relationships, in: Journal of the Arnold Arboretum 71 (1990), 179–220.

48 Linnaeus, Systema naturae, 11–12, 15.

49 Staffan Müller-Wille, Botanik und weltweiter Handel. Zur Begründung eines natürlichen Systems der Pflanzen durch Carl von Linné (1707–1778), Berlin 1999, Kap. 9.

ven und lang anhaltenden Mobilisierung der Lebewesen, in der das Leben, wie bei Linnaeus, als autonomer, von besonderen Lebens- und Zeugungsumständen unabhängiger Gegenstand in Erscheinung treten konnte.

Kehren wir damit zur Ausgangsfrage zurück. Die Fokussierung auf Reproduktionserscheinungen und auf die ihnen eigene Teleologie, wie sie namentlich und maßgeblich in den Schriften Johan Friedrich Blumenbachs (1752–1840) und Immanuel Kants (1724–1804) erfolgte, ist von Timothy Lenoir als die entscheidende theoretische Innovation beschrieben worden, mit der die Lebenswissenschaften des ausgehenden 18. Jahrhunderts den methodologischen Rahmen der Biologie des 19. Jahrhunderts absteckten.[50] Mit einigem interpretatorischen Aufwand ließe sich wohl auch den primitiv und idosynkratisch formulierten Auffassungen von Linnaeus, die im vorigen Abschnitt referiert wurden, eine solche Fokussierung unterstellen. Heißt dies, daß die »Geburt« der Biologie aus der Naturgeschichte um ein gutes halbes Jahrhundert vorzudatieren und einem der wichtigsten Protagonisten der Naturgeschichte, eben Linnaeus, zuzuschreiben ist?

Tatsächlich taucht das Wort »Biologen« (biologi) auch bei Linnaeus auf, und ein Gebrauch des Wortes »biologia« ist kürzlich bis in das 17. Jahrhundert zurückverfolgt worden. Allerdings beziehen sich diese Verwendungen nicht auf das, was wir heute unter Biologie verstehen. Bei Linnaeus' »biologi« handelt es sich vielmehr um Verfasser von Nachrufen und Biographien bedeutender Botaniker, und mit dem Titel »biologia« wurden in der zweiten Hälfte des 17. Jahrhunderts Leichenpredigten und Abhandlungen zur Diätetik des individuellen, menschlichen Lebens und zu seiner zeitlich begrenzten Dauer bezeichnet.[51] »Biologie« vor der Biologie war wesentlich auf die Betrachtung des Lebens als einer Eigenschaft des individuellen, lebendigen Körpers beschränkt, und Linnaeus machte da offenbar keine Ausnahme. So finden sich bei ihm auch keine Anzeichen, daß er Botanik und Zoologie unter eine Wissenschaft hätte subsumieren wollen, deren Gegenstand dann das Leben und seine Eigenschaften im Allgemeinen gewesen wäre – ein Mangel, den er mit einer weiteren Verwendung des Wortes »Biologie« aus dem Jahre 1766 teilt.[52]

Dieser Mangel gibt uns aber auch den entscheidenden Hinweis zu den Voraussetzungen der Entstehung der Biologie um 1800: Sie bestehen schlicht darin, daß sich überhaupt erst einmal die Naturgeschichte selbst von einem enzyklopädischen Unterfangen einerseits und einem nur vereinzelt, zu Zwecken einer anderen Disziplin, der Medizin nämlich, betriebenen wissenschaftlichen Spezialgebiet andererseits in eine wissenschaftliche Disziplin mit ihr eigenen Institutionen wandelte. Erst in den neuzeitlichen Sammlungen, botanischen Gärten zumeist, denen zoologische und mineralogische Kabinette angegliedert waren, und dem immer dichter und intensiver vollzogenen Austausch lebendigen Materials, der sich unter ihnen vollzog, begann sich ein Raum zu öffnen, in dem sich einerseits das Leben als ein Reproduktionsprozeß darstellte, der sich unter (statt bloß in) Lebewesen vollzieht, und in dem sich andererseits dieser Prozeß im Rückgriff auf klassifikatorische und nomenklatorische Konventionen präzise und intersubjektiv beschreiben ließ. Tatsächlich vollzog sich auch, nach dem gegenwärtigen Stand der Forschung, diese Disziplinierung der Naturgeschichte erst zwischen 1760 und 1840. Linnaeus kann, neben George-Louis Leclerc de Buffon und Albrecht von Haller, als einer der Kristallisationspunkte gelten, an denen diese Disziplinenbildung

50 Timothy Lenoir, The Strategy of Life. Teleology and Mechanics in Nineteenth-Century German Biology, Chicago 1982, Kap. 1; vgl. Peter McLaughlin, Kants Kritik der teleologischen Urteilskraft, Bonn 1989, Kap. 1.

51 Kai Torsten Kanz, Von der Biologia zur Biologie. Zur Begriffsentwicklung und Disziplingenese vom 17. bis zum 20. Jahrhundert, in: Die Entstehung biologischer Disziplinen, Bd. 2, hg. von U. Hoßfeld/T. Junker, Berlin 2002, 9–30.

52 Peter McLaughlin, Naming Biology, in: Journal of the History of Biology 35 (2002), 1–4.

ansetzte.[53] Nicht als Theoretiker, nicht als Methodologe, aber als eine der zentralen Figuren, an denen sich die Institutionalisierung der Disziplin Naturgeschichte zu vollziehen begann.

Mit dieser Interpretation lichtet sich vielleicht der Nebel etwas, der die »Biologie um 1800« zu umgeben scheint. Tatsächlich brauchte es keine paradigmatische Theorie, kein klassisches Experiment und schon gar keine Disziplin, die diesen Namen verdiente, um etwas entstehen zu lassen, was Lamarck und Treviranus mit einigem Recht als den Gegenstand betrachten konnten, dem das neue Wort »Biologie« gelten sollte. Die Institutionen der Naturgeschichte selbst hatten einen Gegenstand hervorgebracht – »dieses größere System von Wirkungen, das man das Leben der Gattung nennen mag«, wie sich Carl Friedrich Kielmeyer (1765–1844) in einer wichtigen programmatischen Schrift aus dem Jahre 1793 ausdrückte –,[54] auf den sich Naturforscher, und zwar selbst bei größter Diskrepanz in theoretischen und methodologischen Fragen, gemeinsam beziehen konnten. Botanische Gärten und vergleichbare Institutionen wie große Museen, so habe ich zu zeigen versucht, waren nicht die passiven Behälter, die die diskursive Formation der klassischen Naturgeschichte einfach nur in sich aufnahmen, sondern die Motoren einer permanenten Zirkulation von Zeichen und Dingen, in der keine Repräsentation abschließend war, sondern jede auf eine vorhergehende verwies. Um sich in diese Zirkulation einzuschalten, bedufte es keiner einheitlichen Mentalität, keines gemeinsamen Paradigmas, keiner übergreifenden Methodologie, sondern bloß der Bereitschaft, sich von der sonst so naheliegenden Vorstellung zu lösen, daß die Zeichen zu den Dingen, die sie bezeichnen, in einer hergebrachten Ausdrucksbeziehung stehen. Und diese Bereitschaft ist es auch – so meine weiter reichende These zu dem Generalthema dieses Bandes –, die das, was wir heute gern als »Wissensgesellschaft« bezeichnen, möglich gemacht hat.

53 James L. Larson, Interpreting Nature. The Science of Living Form from Linnaeus to Kant, Baltimore 1994; Paul L. Farber, Finding Order in Nature. The Naturalist Tradition from Linnaeus to E. O. Wilson, London 2000, 22–36. Zu Buffon siehe Spary, Utopia's garden, Kap. 3.

54 Carl Friedrich Kielmeyer, Ueber die Verhältnisse der organischen Kräfte unter einander in der Reihe der verschiedenen Organisationen, Faksimile der Ausgabe Stuttgart 1793 mit einer Einführung von Kai Torsten Kanz, Marburg 1993, 5 des Faksimiles. Zu ähnlichen Auffassungen bei Blumenbach siehe Peter McLaughlin, Blumenbach und der Bildungstrieb. Zum Verhältnis von epigenetischer Embryologie und typologischem Artbegriff, in: Medizinhistorisches Journal 17 (1982), 357–372.

Wissenschaft, technisches Wissen und Industrialisierung

WOLFHARD WEBER

Nach dem Ende des mitteleuropäischen Siebenjährigen Krieges, der ja nur eine Randerscheinung des Weltkrieges zwischen der französischen und englischen Regierung um die Kolonien in Indien und Nordamerika war, erfüllte die Regierungen und Untertanan in den betroffenen Ländern eine große Unruhe. In Frankreich[1] wie in Deutschland wurden Anstrengungen unternommen, den erstaunt zur Kenntnis genommenen wirtschaftlichen Steigerungen in England nachzueifern. Anstöße ergaben sich zumindest von zwei Seiten: einmal von der Auffassung, die sich für die Regierungsverantwortung eines Monarchen herausgebildet hatte (Kameralistik), zum andern aber durch die Überzeugung von vielen neu gegründeten Vereinigungen und Societäten, daß eine bessere Verwaltung der Wirtschaft und auch der politischen Belange der Untertanen wie überhaupt bessere Meinungsbildung allein nicht ausreichten. Gestützt auf Aufklärung und Kameralwissenschaften, versuchten Krone und Landwirte[2] neue Anbaufolgen und -verfahren, bemühten sich private wie staatliche Produzenten, ja auch manche Handwerker darum, ergiebigere Verfahren einzuführen, doch fielen aus diesen Bemühungen in der Regel die schnell heranwachsenden Unterschichten heraus, welche die demographischen Lücken des Dreißigjährigen Krieges längst gefüllt hatten. Die in der Wirtschaft Tätigen, die Verleger, Handwerker und Landwirte holten sich nun zunehmend diejenigen Informationen aus den Niederlanden, Frankreich und England, die sie zur Verbesserung ihrer Tätigkeiten benötigten. In den Territorialstaaten entstanden dafür zusätzliche Departements oder Ministerien, die sich dem Handel, der Manufaktur und dem Kommerz widmeten. Selbst Bergbau und Salz, der wichtigste »Finanzartikel« der Monarchie, fanden darin Aufmerksamkeit. Doch diese ansatzweisen Veränderungen in der politisch-administrativen Praxis erfolgten erst nach 1760, und damit ein halbes Jahrhundert, nachdem solche Ratschläge überdacht, erteilt und aus nicht immer einsichtigen Gründen zurückgestellt worden waren. Werfen wir daher noch einen Blick zurück.

Abb. 276: Allegorie auf die »Deutsche Industrie« und Johann Beckmann, Stich von E. Thelott (1808)

1. Wissenschaft

Wir beobachten, wie sich nach der 1648 gesicherten Ausformung von Territorialstaaten in Deutschland zunächst die Machtkonzentration im Herrscher und dann die Erwartungen der Untertanen an eben diesen Herrscher und seine Verwaltung manifestierten. Die wirtschaftliche Blüte in den Niederlanden, die bis zur Mitte des 17. Jahrhunderts ihr »Goldenes Zeitalter« erlebten,[3] in England, das sich mit Oliver Cromwell 1649–1660 in einer Republik versuchte und (gegen die Niederlande) kriegerisch seinen Seeschiffhandel förderte (Navigation Act 1651), und in Frankreich, das mit Jean-Baptiste Colbert und den Hugenotten einen großen, auch staatlich angeregten wirtschaftlichen inneren Aufschwung erlebte, sowie die Bemühungen dieser drei Länder, sich

1 John Harris, Essays in industry and technology in the eighteenth century. England and France, Great Yarmouth 1992.

2 Zur Befreiung von Domänenbauern siehe Wilhelm Abel, Geschichte der deutschen Landwirtschaft vom späten Mittelalter bis zum 18. Jahrhundert, 2. Aufl. 1967, 304ff.

3 Jan DeVries, The economy of Europe in the age of crisis 1600–1750, Cambridge 1976.

in der weiten Welt mit Kolonialprodukten zu versorgen, boten eine Fülle von Anregungen, wenn man sich nach wirtschaftlichen Belebungen für die zerstörten Landschaften umsah.

Die Regierungsberater, deren Zahl in dieser Zeit schnell wuchs (neben den Militärs und Theologen waren das Juristen und vor allem Kameralisten, also Finanzfachleute), hatten vielfältigen Rat zur Hand.[4] Die 1662 in London entstandene Royal Society und die 1666 in Paris gegründete Akademie der Wissenschaften fanden sich in ihren Gründungsurkunden nicht nur als Entwickler und Begutachter von Naturgesetzen, sondern auch als solche von technischen Verbesserungen wieder.[5] Hier wurden Kompetenzgremien eingerichtet, die nicht nur für Projekte Rat geben sollten, sondern in Frankreich für den absolutistischen Herrscher auch repräsentative Zwecke erfüllen und als ein sichtbares Zeichen für die Naturinterpretation gedacht waren. Nachdem Louvois, der General und Nachfolger Colberts, 1685 das Duldungsedikt von Nantes für die Hugenotten aufgehoben und damit um Fünfhunderttausend von ihnen in die Emigration getrieben hatte[6] – zugleich auch eine große Zahl von handwerklichen Spezialisten, die sich in den Niederlanden, den USA, England und in einigen deutschen Staaten wie Brandenburg niederließen –, erhielt die Akademie in Paris den Auftrag, die handwerklichen Praktiken in Schrift und Bildform zu dokumentieren. Sie erschienen als »Descriptions des Arts et Métiers« allerdings erst mit großer Verzögerung ab 1761.

Auch der wissenschaftsnahe Instrumentenbau erhielt wichtige Impulse, in diesem Falle schon um 1600 in den Niederlanden; Experimente der Akademiker in London, Paris, Berlin (1699) und St. Petersburg (1724) regten ihn weiter an. Die Hersteller solcher Spitzenprodukte konnten allerdings im Reich vor den Nachstellungen und Verfolgungen der erbosten Zünfte kaum geschützt werden, wenn der Landesherr sie nicht zu Mitgliedern der Akademie machte, wie es J. J. Leupold, dem Instrumentenbauer aus Leipzig, in Berlin geschah.[7]

Mit neu erkannten physikalischen oder chemischen Effekten einerseits (Luftdruck, Pumpmaschinen), aber auch mit neuen finanzstatistischen Spekulationen (Versicherungen, Lotterie) versuchten oft »Projektanten«[8] ihr Glück, indem sie den Regierungen ihre Vorschläge unterbreiteten, aber sie erhielten in den Niederlanden und England eher eine Gelegenheit zur Umsetzung als in Frankreich und den deutschen Territorien, wo die Berater für technische und gewerbliche Veränderungen stärker an die Nachahmung niederländischer und englischer Verfahren (Manufakturen, Kolonialproduktenveredelung) dachten. Doch das Zeitalter des Residenzbaus brachte für Europa nicht nur goldene Zeiten für Projektanten, sondern auch für Handwerker aller Art, die dabei eine Anstellung fanden.

Um 1720 allerdings ging die Zeit allzu weit gehender Experimente zu Ende: Auch das Experiment eines auf die Realien gegründeten allgemein-bildenden Unterrichts,[9] wie ihn Ehrenfried von Tschirnhaus, Erhard Weigl oder Gottfried Wilhelm Leibniz verlangt hatten, fand etwa in Halle schon 1710 ein Ende (Christoph Semler); ebenso wenig überlebten Schulgründungen dieser Richtung durch Johann Gottfried Groß, Johann Julius Hecker oder Johann Jacob Reinhardt.[10] Erhalten blieb allein die streng pietistisch-militärische Form im Halleschen Waisenhaus durch August Hermann Francke, der sich für die reale Bildung einer eigenen Kunstkammer bediente.[11] Experimente anderer Art, wie sie bei den Zusammenbrüchen durch Finanzspekulationen

4 Eine Übersicht der Kameralisten bietet Erhard Dittrich, Die deutschen und österreichischen Kameralisten, Darmstadt 1974.

5 Robert K. Merton, Science, technology and society in seventeenth century England, New York 1970; Robert Hahn, The anatomy of a scientific institution. The Paris Academy of Science 1666–1803, Berkeley 1971.

6 W. C. Scoville, The persecution of Huguenots and French economic development 1680–1720, Berkeley 1960.

7 Ulrich Troitzsch, Zum Stand der Forschung über Jaocob Leupold (1674–1727), in: Technikgeschichte 42 (1975), 263–286; Lothar Hiersemann, Jacob Leupold – ein Wegbereiter der technischen Bildung in Leipzig, Leipzig 1982.

8 Daniel Defoe, Über Projektemacherei, Leipzig 1890, Nachdruck Wiesbaden 1975. Auch Kameralisten wie J. J. Becher und J. D. Krafft beteiligten sich an solchen Projekten. Zu Krafft, der 1712 seinen Blick vom Endprodukt auf den Herstellungsvorgang lenkte, siehe Werner Loibl, Johan Daniel Crafft. Ein Chemiker, Kameralist und Unternehmer des 17. Jahrhunderts, in: Wertheimer Jahrbuch 1997 (1998), 55–251.

9 Siehe jetzt Rainer Sennewald, Die Stipendiatenausbildung von 1702 bis zur Gründung der Bergakademie Freiberg 1765/66, in: Technische Universität Bergakademie Feiberg. Festgabe zum 300. Jahrestag der Gründung der Stipendienkasse, Freiberg 2002, 407–430.

10 Ulrich Troitzsch, Ansätze technologischen Denkens bei den Kameralisten des 17. und 18. Jahrhunderts, Berlin 1966.

11 Horst Bredekamp, Antikensehnsucht und Maschinenglauben. Die Geschichte der Kunstkammer und die Zukunft der Kunstgeschichte, Berlin 1993; Thomas Müller-Bahlke/Klaus E. Göltz (Hg.), Die Kunst- und Naturalienkammer der Franckeschen Stiftungen, Halle 1998.

eines John Law 1720 in Paris und bald danach in London mit dem Bankenkrach im »South-Sea-Bubble« stattfanden, stellten für die deutschen Territorien keine nachahmenswerten Vorbilder dar. Hier verlegte man sich auf administrative Reorganisationen und begann, die adligen Vertrauten durch geschulte Bürgerliche zu ersetzen.

Anders als die deutschen Fürsten sicherten sich Länder wie Frankreich und England für ihre sensiblen Bereiche eigene staatliche technische Expertengremien (Marine, Heer, Verkehrswegebau). Die deutschen Territorien waren für solche kostspieligen Spezialisten finanziell nicht kräftig genug; man vertraute gerade bei zivilen Unternehmungen auf Kameralisten[12] oder – wie etwa bei der Überholung der Salinen – eher traditionell auf »Wander«-Experten.[13] Gleichwohl kristallisierten sich schon in diesen Jahren unterschiedliche Verfahren heraus, wenn neue Produkte in der jeweiligen Wirtschaft etabliert werden sollten.

Der Nachbau des chinesischen Hartporzellans z.B. war in Europa öfter vergeblich versucht worden. Erst in der Überwindung der ständisch bedingten Informationsschranken gelang diese in der feudalen Welt so ergiebige Neuerung.[14] Hergestellt wurde das Porzellan in den Monopolbetrieben der Fürsten, die mit dem ersten Zusammenbruch der feudalen Welt freilich in große finanzielle Schieflagen gerieten und für den industriellen Aufschwung wenig Hilfestellung abgaben.[15]

2. England

Einen gänzlich anderen Verlauf nahm die Einführung verbesserter Verarbeitung von Baumwolle, die zunächst aus Indien in Form von Cattunen importiert worden war. Die Gewebeherstellung aus Wolle war in England seit Elisabeth I. fest in den Händen privilegierter Zünfte, doch gerieten selbst die gefragten leichteren Wollstoffe gegenüber den aus Indien importierten, viel angenehmer zu tragenden farbigeren Baumwollstoffen bald in die Defensive. Erhebliche Prämien wurden nun ausgeworfen, um die Verarbeitung von Wolle zu maschinisieren, immerhin lieferte die mechanisierte Seidengarnherstellung hier ein Vorbild. Die Prinzipien, die für die mechanische Wollverarbeitung in der Uhrenmachergrafschaft Lancashire entwickelt wurden, erwiesen sich auch für die Baumwolle als vorzüglich. Deren Großimporteure nutzten ihren Einfluß im Parlament, ließen den Import von gesponnener und gewebter Baumwolle verbieten, reorganisierten die Maschinen zu fabrikatorischer Produktion und konnten so die Garne billiger herstellen als die Inder; der Preis für gutes Mule-Garn sank in den dreißig Jahren 1780 bis 1810 bei gleich bleibenden Rohmaterialkosten auf unter ein Prozent des Ausgangsbetrages in der frühindustriellen Fertigung. Dieser gewaltige Umsturz hatte in allen exportorientierten Textilgebieten gewaltige Folgen. Allerdings kann man bei dieser Art der Verdrängung von indischer Handarbeit nur bedingt von einer Regulierung über den Markt sprechen.

Die Entwickler der Maschinen nutzten bei dieser Bearbeitung eines kontrollierten Kolonialproduktes die englischen Patentregelungen, die eigentlich aus der Zeit noch vor Cromwell (Statute of Monopolies 1624) stammten, inzwischen aber weitgehend aus der Kontrolle des Königs in die des Parlaments (1753) übergegangen waren. Patentgemeinschaften, die immer aus höchstens

12 Troitzsch, Ansätze, verweist auf Julius Bernhard von Rohr und Wolf Helmhardt von Hohenberg (Florinus); ferner könnte man heranziehen Christoph Heinrich Amthor (als Pseudonym: Anastasius Sincerus), Project der Oeconomie in Form einer Wissenschaft, Frankfurt a.M./Leipzig 1716 und Johann Georg Leib, Probe, wie ein Regent Land und Leute verbessern, des Landes Gewerbe und Nahrung erheben, sein Gefälle und Einkommen sonder Ruin derer Unterthanen billigmaessiger Weise vermehren, und sich dadurch in Macht und Ansehen setzen koenne, 1705/1708.

13 Eckart Schremmer, Technischer Fortschritt an der Schwelle zur Industrialisierung, München 1980; Gertraud Gamper-Schlund/Rudolf Gamper-Schlund, Johann Sebastian Clais (1742–1809). Erneuerer der bayrischen Salinen, in: M. Treml (Hg.), Salz macht Geschichte, München 1995, 162–178.

14 Rolf Sonnemann/Eberhard Wächtler (Hg.), Johann Friedrich Böttger – Die Erfindung des europäischen Porzellans, Frankfurt a.M. 1984.

15 Arnulf Seibeneicken, Offizianten und Ouvriers. Sozialgeschichte der Königlichen Porzellan Manufaktur und der Königlichen Gesundheitsgeschirr Manufaktur in Berlin 1763–1880, Berlin 2002.

Abb. 277: James Watts Dampfmaschine, Patentantrag (1782)

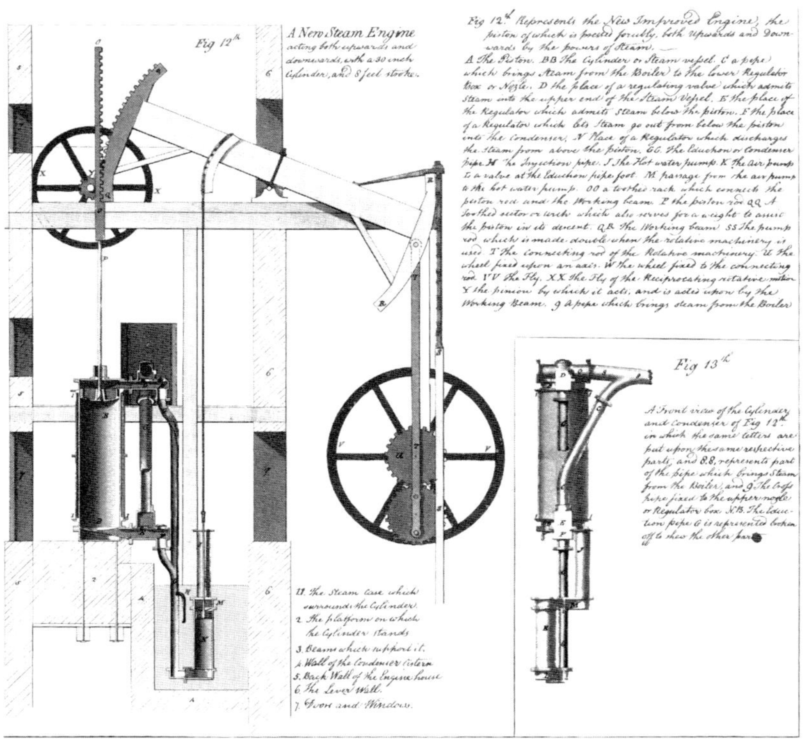

fünf Personen bestehen durften, umfaßten meist sowohl den Entwickler wie auch die Investoren, und diese konnten hohe Erträge kassieren, wenn denn das Parlament das Patent erst einmal bestätigt hatte.[16]

Zu massiven Konflikten kam es in England, als diese leistungsfähigen und weiterentwickelten Maschinen der Baumwollverarbeitung auch in der Wollverarbeitung eingesetzt werden sollten. Nun drohten die verteidigten Privilegien zusammenzubrechen; als Parlament und Oberhaus diese 1809/1811 nicht mehr schützten, fühlten sich Wollarbeiter und Verleger verraten, und die Maschinenstürmer, die Ludditen, gingen daran, besonders leistungsfähige Maschinen wie Schermaschinen zu zerschlagen.[17]

Ähnlich hohe Renditen erreichten auch Gesetze für Privatinvestoren, die schnelle Straßen oder Kanalverbindungen bauen durften, auf denen dann immer eine Maut zu zahlen war – eine einträgliche Quelle bei richtiger Konfiguration der Verbindung. Daß es gerade bei neuen Maschinen oft auch auf die richtige Formulierung der zu schützenden Funktion ankam, ist nirgends deutlicher geworden als bei Boulton und Watt.[18] Die aufgrund genauester, auch physikwissenschaftlicher und mechanischer Überlegungen konstruierten Maschinen Watts (1769, 1776), für die Boulton das Kapital gestellt hatte, faszinierten die Käufer wegen ihres geringen Kohlenverbrauchs, von dessen Einsparung sich Boulton und Watt ein Drittel als Entgelt ausbedungen. Das Patent von 1776 wurde zunächst wie immer für vierzehn und dann nochmals für elf Jahre vergeben, so daß der Dampfmaschinenbau nach der Konstruktion Watts erst ab 1800 wieder offen war. Um die Gebühren zu sparen, setzten viele die ältere Newcomen-Maschine ein, für die das Patent schon 1733 abgelaufen war und von der immerhin fast 2000 erbaut wurden. Die Wattschen Dampfmaschinen wurden aber im Zinnbergbau Cornwalls (ohne Steinkohlenlager) lukrativ eingesetzt (gebührenpflichtig) wie auch für die Wasserver-

16 Christine McLeod, Inventing the industrial revolution. The English patent system 1660–1800, Cambridge 1988.

17 Michael Spehr, Maschinensturm, Münster 2000; Adrian Randall, Before the Luddites. Custom, community and machinery in the English Woollen industry 1776–1809, Cambridge 1991.

18 A. E. Musson/E. Robinson, Science and technology in the Industrial Revolution, Manchester 1969; J. S. Allen/L. T. C Rolt, The steam engine of Thomas Newcomen, Hartington 1977; Burghard Dedner, Ordnungs- und Produktionsmaschinen, in: Hanno Möbius/Jörg Jochen Berns (Hg.), Die Mechanik in den Künsten, Marburg 1990, 109–120.

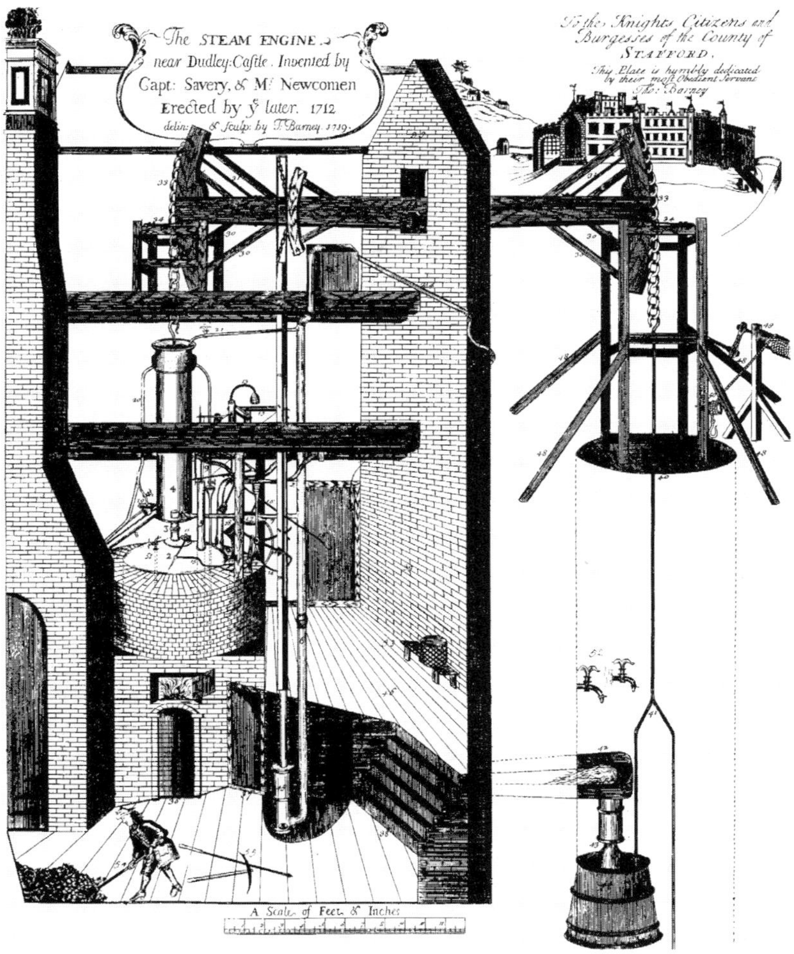

Abb. 278: Thomas Newcomens Dampfmaschine von 1712, Stich von Thomas Barney (1719)

sorgung von Paris oder im Mansfelder Kupferbergbau Brandenburgs (Waffen), letzteres allerdings ohne Gebühren, da sie dort nicht einzutreiben waren. Aus Schaden klug geworden, verlegten sich Boulton und Watt und der englische Maschinenbau nach dem Ende der napoleonischen Kontinentalsperre von sich aus auf den Export, weil die Patente im Ausland nicht zu schützen waren. Die drakonischen Strafen für Industriespione wurden in England aufgehoben. Ein »modernes« Patentgesetz, das auf einer parlamentarischen Grundlage beruhte, erhielt England 1852, Deutschland ohnehin erst 1877.[19]

Von solchen gesellschaftlichen Freiheiten der Innovatoren wie in England konnten die Verleger und Industriellen in anderen Ländern vor 1800 freilich nur träumen. Während in England Händler, Verleger, Industrielle zusammen mit den Mechanikern neue (betrieblich einträgliche) Formen der Kommunikation und Produktion miteinander verbanden, scheiterten auf dem Kontinent – auch in den Niederlanden – solche Versuche oder mußten von der Obrigkeit erst angeordnet werden, wobei die Zünfte stets opponierten. Nur dort, wo wenige Zunftinteressen verletzt wurden und ausreichend Kompetenz und Kapital vorhanden waren, gelangen sie, so z.B. in der Baumwollverarbeitung, bei den Dampfmaschinen, in der Porzellanmanufaktur und im militärisch wichtigen Kupferbergbau – jedoch stets auf der Grundlage von Privilegierungen, nicht von Patenten, die die Unternehmer hätten erwerben können.[20]

19 Hans-Joachim Braun, Technologische Beziehungen zwischen Deutschland und England von der Mitte des 17. bis zum Ausgang des 18. Jahrhunderts, Düsseldorf 1973.

20 Akos Paulinyi/Ulrich Troitzsch, Mechanisierung und Maschinisierung, Berlin 1991.

Während sich in England die naturwissenschaftlich-mathematischen Spezialisten entweder nur im militärischen Bereich der Marine aufhielten oder sich im zivilen Leben nützliche Anwendungen für ihre Kenntnisse suchten,[21] die sie sich über Patente sichern lassen konnten, lagen die Verhältnisse in Frankreich und Deutschland anders: In Frankreich konnte man mit technischen Kenntnissen in der militärischen Hierarchie gut ausharren und erhielt Anerkennung und weitere staatliche Aufgaben wie im Straßen- und Brückenbau; in Deutschland blieb der Aufbau entsprechender Militärhierarchien bescheiden. Erfolgreiche Naturwissenschaftler wurden nach 1780 in die neu eingerichteten Bereiche der wissenschaftlich-technischen Kompetenzberatung eingebunden, die sich in Preußen etwa in der Technischen Deputation des Handelsdepartements[22] wiederfanden oder seit 1777 im Berg- und Hüttenwesen, dessen hohe Beamte sich seit 1770 in einem Bergwerksinstitut, später einer Bergakademie, in technischen und geologischen Fächern belehren lassen mußten. Zu sehr hatten die Landesherren zunächst den großen Versprechungen auswärtiger Experten geglaubt, ihnen große Vorschüsse für moderne Fabrikationsverfahren gezahlt und waren enttäuscht worden. Die importierten Mechaniker ihrerseits bemerkten bald, daß sie um ihre Kenntnisse gebracht werden sollten, um dann beiseite geschoben zu werden.[23]

Die parlamentsgesicherte Vergabe von Patenten in England galt ab 1753 auch für die die neue Mechanikergattung eines Paul, eines Wyatt, eines Richard Arkwright, Samuel Crompton, James Hargreaves usw., also für die Exponenten der revolutionären Textilmaschinentechnologie, die das Zeitalter der Fabriken einläutete. Neu war, daß sie weder akademische noch universitäre »mechanici« waren, sondern Experimentatoren auch ganz unterschiedlicher sozialer Herkunft in einer Umgebung, die viel Geld in solche Verbesserungen und deren Patente bereit war zu investieren, weil sich gewinnträchtige Anwendungen zeigten.[24] Diese spiegelten sich nun nicht mehr in der quasi gottnahen Existenz im Sonnenkreis des absolutistischen Fürsten, sondern im rauhen Alltag zweier sozialer Gruppierungen wider: auf der einen Seite den Großhändlern und Parlamentariern, die sich selbst die entsprechenden Patente bewilligten, auf der anderen Seite den Piraten oder Konkurrenten bzw. den Zünften, die ein Interesse bzw. heftiges Desinteresse an der Umsetzung der Innovationen hatten.[25]

Da man solches nutzbare mechanische Wissen in England nicht an seine Konkurrenten, etwa durch Publikation oder öffentlichen Unterricht, verraten sollte – die utilitaristische Moralphilosophie eines David Hume oder Adam Smith hatte man in der Praxis schon lange zuvor ein- und ausgeübt –, gab es dort folglich bis weit ins 19. Jahrhundert hinein keine öffentlichen Schulen für Mechaniker; lange praktische Lehrzeiten und die gesellschaftliche Einbindung der Ausgelernten in Clubs usw. boten soziale Absicherung.

In Frankreich bildeten sich nach Formierung besonderer Corps für den Straßen- und Brückenbau die dazugehörigen Schulen (École des ponts et chaussées), in denen mechanische Kenntnisse und theoretische Überlegungen zu einer quasi öffentlichen Sache gemacht wurden, die für das Fortkommen in der bürokratischen Hierarchie wichtig wurde, weniger wichtig allerdings für die Privatindustrie.

In Deutschland stellte das Berg- und Hüttenwesen schon zu Beginn des 18. Jahrhunderts das Einfalltor für Mechaniker dar, doch ordnete sich der neu

21 Zu den besonderen Bedingungen des Erwerbs von naturwissenschaftlich-technischen Kenntnissen und zu den Netzwerken in England wie den Coffee-Clubs, der Lunar Society und den privaten Schulen siehe A. E. Musson/E. Robinson, Science and technology in the Industrial Revolution, Manchester 1969; Wolfhard Weber, Industriespionage als technologischer Transfer in der deutschen Frühindustrialisierung, in: Technikgeschichte 42 (1975), 287–305.

22 Alfred Heggen, Erfindungsschutz und Industrialisierung in Preußen 1793–1877, Göttingen 1975.

23 Gernot Wittling, Der Technologietransfer während des Anlaufs der Industriellen Revolution in Preußen, Phil. diss. Humboldt Universität Berlin 1991; Rudolf Forberger, Die Industrielle Revolution in Sachsen 1800–1861, Bd. 1, 1 und 2: Die Revolution der Produktivkräfte in Sachsen 1800–1830, Berlin 1982; Ilja Mieck, Preußische Gewerbepolitik in Berlin 1806–1844, Berlin 1965.

24 Paulinyi/Troitzsch, Mechanisierung, 290.

25 Maxine Berg/P. Hudson/M. Sonnenscher, Manufacture in town and country before the factory, London 1983; Rolf Peter Sieferle, Fortschrittsfeinde? Opposition gegen Technik und Industrie von der Romantik bis zur Gegenwart, München 1984.

entstehende Stand fest in die soziale Hierarchie dieses landesherrlich dirigierten Bergstaates ein, der Produkte verkaufte, die Marktgesetzen nicht unterlagen.

Die gewerbliche Welt in den Nationalstaaten England und Frankreich sowie im Handelsstaat Holland hatte längst eiligere Wege eingeschlagen. Der Mechanikus war mit seinem Können eben nicht in die »Nahrung« der Zünfte eingebunden, sondern lebte von den Aufträgen nicht-zünftischer Auftraggeber. Neue Verfahren, die Arbeitsplätze vernichteten, blieben in Deutschland verboten, und Verfahren, die neue schufen wie den des Mechanikers, wuchsen nur sehr langsam heran. Johann Sebstian Clais (1742–1809), in Hausen im Süd-Schwarzwald geboren, ist eher die Ausnahme unter den in der Regel gescheiterten »mechanici« des 18. Jahrhunderts. Er machte zunächst eine Uhrmacherlehre durch und übte sich zeitgemäß im handwerklich herausfordernden Automatenbau. Nach seinem englischen Patent ließ er in London eine Indexwaage produzieren, die keine Gegengewichte mehr benötigte. Der reformfreudige Großherzog von Baden stellte ihn, das Landeskind, 1772 als Hofmechanikus ein und übertrug ihm nun neben einer Fülle von Beschaffungsvorgängen die Einrichtung einer Modellkammer, aber auch heikle Dinge wie den illegalen Export von Menschen und Maschinen von England nach Deutschland.[26]

Als Clais sich wegen fehlender Entfaltungsmöglichkeiten aus dem badischen Dienst löste, erregte das zunächst Irritationen; doch für seine neuen fürstlichen wie bürgerlichen Auftraggeber sanierte er sehr erfolgreich die Salinen von Bayern in Reichenhall gegen den erbitterten Widerstand dortiger höfischer Gegner. Er tat dies auch für die Salinen seiner neuen Heimat Winterthur oder für Elsässer Salinen und erlangte eine angesehene Stellung. Salinen waren noch Monopol- und keine Wettbewerbsbetriebe. Wer »mechanisches Genie« besaß, ging eben nach Paris oder besser noch nach London. Es war vor allem diese Schicht der Ausgewanderten, die nach 1814 den vom Kontinent einströmenden Informationssuchenden die gewünschten Kontakte und Maschinen vermittelte.[27]

3. Technisches Wissen: Technologie

Als offen hatte sich von Beginn an die Frage gestellt, wie in der Gesellschaft technisches Wissen bewertet werden sollte, wenn man an eine liberale Wirtschaftsverfassung dachte. Während die Engländer an ein kommerzialisiertes und in Patenten sowie Firmeninhaberschaft aufgehobenes technisches Wissen dachten, das ganz traditionell mit langjähriger Lehrlingszeit und unter gegenseitiger Bekanntschaft bzw. Bindung durch Clubs weitergegeben wurde, neigten die Kontinentaleuropäer stärker zur Formulierung eines lernbaren technischen Wissens, doch war die soziale Sicherung dieser Wissensinhaber bislang nur unter den Fittichen des Landesherrn möglich gewesen.

Nach dem Siebenjährigen Krieg wandte sich die landesfürstliche Aufmerksamkeit noch stärker den Niederlanden und England zu. Landwirtschaftliche Einhegungen (Auflösung der Gemeindewiesen) und die gute Nahrungsmittelproduktion dort wurden für die deutschen Gutsbesitzer und Societäten vorbildlich; zudem sollten die Gründe für die englische Überlegenheit durch Reisen und die Lektüre von Aufsätzen näher ergründet werden.

26 Gamper-Schlund, Clais.

27 Wolfhard Weber, Friedrich Harkort und der Technologietransfer zwischen England und Deutschland 1780–1830, in: W. Köllmann (Hg.), Bürgerlichkeit zwischen gewerblicher und industrieller Wirtschaft, Dortmund 1994, 129–148.

Abb. 279: Sächsisches Rittergut, aus: Das Sächsische Hauß- und Wirthschaffts-Buch (1704)

Das Bedürfnis, unter hinreichender Beachtung der Interessen der zünftisch organisierten Handwerker ein neues Konzept zu entwickeln, um die heimischen Produktivkräfte zu mobilisieren, wurde spätestens nach 1760 deutlich. Nun entwickelte sich innerhalb der landesfürstlichen Wohlstandpolizei, der Kameralistik, dasjenige der »Technologie«, während man in Frankreich viel stärker auf das Konzept einer »Polytechnik« setzte, einer alle höheren Tätigkeiten in Verwaltung und Technik durchdringenden Analyse mit Hilfe der Mathematik und der Naturwissenschaften. Dabei nehmen wir zur Kenntnis, daß diese Verwissenschaftlichung der höheren Staatsverwaltung diente, nachdem die katholische Kirche ihre Zensurkompetenz endgültig verloren hatte und die französischen Bildungseinrichtungen laizistisch geworden waren; zugleich gehörten diese Anstrengungen auch in das Verteidigungs- und Rüstungskonzept der französischen Armee.

Doch die großen Differenzen, die in Deutschland auch noch im 18. Jahrhundert zwischen der naturgesetzlich-mathematischen Begründung und ihrer praktischen Umsetzung vorhanden waren, wurden im Verlauf dieses Jahrhunderts als Defizite bemerkt. Wolff sprach von einem »dritten Mann«, der neben dem Mathematiker und dem Praktiker notwendig sei.[28] In der breit aufgefächerten Aufklärungsphilosophie hatte sich schon zu Beginn des 18. Jahrhunderts die Einsicht durchgesetzt, daß die erwünschte Gestaltung zur Erleichterung des Lebens vieler Menschen wohl möglich sei, daß aber die Abschottung bestimmter Stände voneinander tendenziell aufgegeben werden müßte. Konkret: Der Mathematiker müßte seine Vorstellungen dem Praktiker (Handwerker) weitergeben, der Praktiker (Handwerker) wiederum müßte sich von gewohnten Techniken lösen und Ratschläge von Wissenschaftlern annehmen. Wolff postulierte dies unter Anlehnung an G. W. Leibniz und den Wahlspruch der Berliner Akademie: »theoria cum praxi«. Die Mathematik als der rationale, weil rechenhafte Teil dieser Technik, zusammen mit den Erfahrungen der Handwerker, gebe eine ergiebige Substanz für Erfinder, Mechaniker usw. sowie für bessere und fortschrittlichere Maschinen ab. Darüber hinaus sah Wolff auch die enge Verbindung der Naturwissenschaften zur Mathematik: »Man komme in der Naturwissenschaft erst zur Gewißheit oder Richtung und erhalte Herrschaft über die Geschöpfe der Natur, wenn man die Meßkunst in der Naturwissenschaft hat. [...] Es ist also die Meßkunst der Kräfte derjenige Teil der Naturlehre, welcher zuerst höher getrieben werden muß, ehe sich von den Wahrheiten der Naturlehre etwas Gewisses ausmachen läßt.«[29] Im 1716 erschienenen Vorwort zu Christian Gottlieb Hertels »Vollständige[r] Anweisung zum Glaßschleifen wie auch zu Verfertigung deren Optischen Maschinen, die aus geschliffenen Gläsern zubereitet und zusammengesetzt werden« legte Wolff diesen Sachverhalt exemplarisch dar. Hier, im zu Linsen geschliffenen Glas, hat Wolff einen Gegenstand gefunden, mit dem er die Technikabhängigkeit der Naturerkenntnis zeigen konnte: Sowohl waren die Ferngläser für die Erkenntnis der Planeten- und Mondbewegung, aber auch der Oberfläche der Himmelskörper unverzichtbar, wie das Mikroskop notwendig war für das Eindringen in die Verhältnisse von tierischen und pflanzlichen Gegebenheiten oder in die Lichtbrechung im gläsernen Prisma; zudem mußten für die Verfertigung von Landkarten Territorien vermessen werden. Theorie und Empirie waren in ganz enger Weise voneinander abhängig; eines war ohne das andere nicht denkbar, und zudem waren beide von erheblichem Nutzen für die praktische Politik.

Die von I. Newton und G. W. Leibniz geschaffene Analysis (Differential- und Integralrechnung) ermöglichte die mathematische Behandlung von bewegten Vorgängen. In Berlin wurden diese mathematischen Operationen seit 1741 vor allem von dem Basler Pfarrersohn Leonhard Euler (1707–1783) verbreitet, dem hervorragendsten Gelehrten unter den naturwissenschaftlich-mathematischen Geistern der Berliner Akademie. Ihm gelang es, verwickelt erscheinende Fragen auf einfache Grundverhältnisse zurückzuführen, so etwa den Zusammenhang zwischen der Wachstumszahl e, der Kreismeßzahl Pi und der imaginären Zahl $\sqrt{-1}$. Gerade die Darlegung einfacher Zusammenhänge in kompliziert vermuteten Relationen beeindruckte die Zeitgenossen, die seit Newton und der Entdeckung und Berechnung der Gravitation in verhältnismäßig einfachen Gleichungen diese als ein Zeichen der Vernunft feierten, und das bis weit in nicht-wissenschaftlich vorgeprägte Gesellschaftsschichten hinein. Wie in Paris, so beschäftigte sich auch in Berlin die Akademie zu einem erstaunlich großen Teil mit Fragen, die aus dem naturwissenschaftlich-technisch-wirtschaftlichen Sektor an sie herangetragen wurden.[30] Dies verdeutlicht die folgende Tabelle:

28 Christian Wolff, Vorrede zu Belidors Architectura Hydraulica oder Die Kunst, das Gewässer zu denen verschiedentlichen Nothwendigkeiten des menschlichen Lebens zu leiten, 1. Theil, 2. Aufl. Augsburg 1764.

29 Christian Wolff, Von der Weltweisheit und Naturlehre, in: Ders., Gesammelte kleine philosophische Schriften, Bd. 2, Halle 1737, 12.

30 Helga Eichler, Die Preußische Akademie der Wissenschaften zwischen 1740 und 1812 unter besonderer Berücksichtigung ihrer Bedeutung für die Entwicklung der gewerblichen Produktivkräfte, Berlin 1974.

Abb. 280: Johann Beckmann (1739–1811)

Zeitraum	fragliche Thematik	Gesamtzahl der Fragen
1746–1763	150	720
1764–1788	289	1000
1789–1806	150	720

Beispielhaft dafür, wie versucht wurde, vertiefend die Zusammenhänge von Gesellschaft, Natur und Technik zu erfassen und darzustellen, sei an dieser Stelle auf Johann Beckmann (1739–1811) verwiesen. Nach seiner Berufung als Professor der Weltweisheit nach Göttingen 1767 begann Beckmann seine wissenschaftliche Karriere mit zwei programmatischen Beiträgen, den »Anfangsgründen zur Naturhistorie« 1767 und im selben Jahr mit seinen »Programmatischen Gedanken von der Einrichtung ökonomischer Vorlesungen«. Hierin zeichnete sich sein Schwerpunkt klar ab: die Nützlichmachung der Natur durch Erziehung zu industriösem Verhalten.[31] Es war eine Umsetzung der aufregenden Naturhistorie dieser Tage[32] in die Ökonomie, also in eine Verbindung von Landwirtschaft und Stadtwirtschaft. Beide waren in der aktuellen physiokratischen Lehre François Quesnays gerade theoretisch voneinander getrennt worden, denn Quesnay hatte allein in der Landwirtschaft produktives Wirtschaften erkennen wollen.[33] Beckmann nun publizierte in dem Jahrzehnt von 1767 bis 1777 in der in den Kameralwissenschaften festgelegten Reihenfolge Bücher über die Landwirtschaft, die Stadtwirtschaft und die Warenkunde,[34] und er gab auch Schriften von Linné, Sage und Justi heraus.[35] Diese weitergehende Erfassung der Natur unter dem Aspekt der Nützlichkeit im 18. Jahrhundert, der Durchbruch des ökonomischen Ausbeutungsparadigmas in Verbindung mit einem technisch-ökonomischen Blick auf dieselbe, erklären den späteren Siegeszug der Technologie, aber zugleich auch die Probleme, welche die so ausgebeutete Natur uns Menschen darbieten sollte.[36]

Beckmanns Technologie stand hierbei noch stark in der Tradition der Handwerksbeschreibungen aus der französischen Akademietradition; doch die Überlegungen der zeitgenössischen Naturforscher scheinen ihm zugleich neue Gesichtspunkte vermittelt zu haben. Durch die Berufung Johann Friedrich Blumenbachs (1752–1840) auf eine Professur in Göttingen (1778) erfuhr er von neueren philosophischen Strömungen, etwa Buffons. Und er dachte daran, über eine Theorie der Handwerke oder der Künste hinaus nach verborgen wirkenden Kräften wie dem Blumenbachschen Bildungstrieb zu suchen. Denn er nahm an, daß die Ähnlichkeit oder Gleichheit bestimmter Verfahren durch ähnliche oder gleiche Gründe zustande kommen, eben durch ähnliche Kräfte, wie sie auch in der Naturgeschichte als Ursache für die Ausdifferenzierung der Arten diskutiert wurden. Es galt wie für Blumenbach mithin auch für Beckmann, daß diese Ordnung aus dem Vergleich nicht mehr die Ordnung in der Natur war, im Gegenteil, sie war durch den menschlichen Verstand hervorgebracht und konnte uns helfen, uns im Dschungel der Einzelerscheinungen zurecht zu finden: »Nach vielen Versuchen scheint es mir am vorteilhaftesten zu sein, die Handwerke, deren vornehmste Arbeiten eine Gleichheit und Ähnlichkeit in dem Verfahren selbst und in den Gründen, worauf sie beruhen, haben, in einerlei Abteilung zu bringen, dergestalt, daß die einfachen zuerst, die künstlichen zuletzt genannt werden.«

Anders als in den Ländern mit Kolonialbesitz und -zugang entwickelte sich in den deutschen Territorien in der Kameralwissenschaft, die seit 1727 auch

31 Günter Bayerl, Der Zugriff auf das Naturreich: Technologie im 18. Jahrhundert, in: H. P. Müller/U. Troitzsch (Hg.), Technologie zwischen Fortschritt und Tradition, Frankfurt a.M. 1992, 81–95; Ders., Prolegomenon der »Großen Industrie«. Der technisch-ökonomische Blick auf die Natur im 18. Jahrhundert, in: Werner Abelshauser (Hg.), Umweltgeschichte, Umweltverträgliches Wirtschaften in historischer Perspektive, Göttingen 1994, 29–56.

32 Wolf Lepenies, Das Ende der Naturgeschichte, München 1976.

33 François Quesnay, La physiocratie, 2 Bde., 1767/68.

34 Beckmann stellte 1769 die Landwirtschaft, 1777 die Technologie (Anleitung zur Technologie oder zur Kenntnis der Handwerke, Fabriken und Manufakturen vornehmlich derer, die mit der Landwirthschaft, Polizey und Cameralwissenschaft in nächster Verbindung stehen. Nebst Beyträgen zur Kunstgeschichte), 1789 die Handlungswissenschaft und 1793/1800 die Warenkunde dar. Ferner 1767 die Naturhistorie. Zwei umfängliche Zeitschriften gab er ebenfalls heraus: Johannes Beckmann, Beyträge zur Ökonomie, Technologie, Polizei und Kameralwissenschaft, 12 Bde., Göttingen 1779–1791; Ders., Beyträge zur Geschichte der Erfindungen, 5 Bde., Göttingen 1780–1805.

35 Karl von Linné, Systema naturae ex editione duodecima in epistomen redactum, 1772; Balthasar George Sage, Chemische Untersuchung verschiedener Minieralien, 1775; Johann Heinrich Gottlob von Justi, Vollständige Abhandlung von den Manufakturen und Fabriken, 1780; Ders., Grundsätze der Policeywissenschaft, 3. Aufl. 1782.

36 Günter Bayerl, Prolegomenon, 29–56.

über universitäre Professuren verfügte, eine angeregte Diskussion über die Stärkung der heimischen Produktivkräfte. Das System der landesfürstlichen Wohlstandspolizei, d.h. der Verpflichtung des Regenten, für »seine« Untertanen zu sorgen, wurde dabei nicht verlassen, und Ende der 1770er Jahre stellte Beckmann die kameralistische Technologie als ein weiteres Instrument der Förderung und Kontrolle vor. Was sollte die Technologie nun konkret verändern, und wie wirkte sie bis zur Mitte des 19. Jahrhunderts fort?

Beckmann fragte als akademischer Lehrer zunächst nach den Begriffen[37] und ging 1777 von einer landesplanerischen Aufgabe aus: Welche Gewerbe fehlen im Vaterland, und welche können mit Vorteil eingeführt werden; woher nahm man die dazu nötigen Produktionsfaktoren, also Rohstoffe, Menschen; er fragte nicht nach den erforderlichen Kapitalien. Fest stand, daß das allgemeine Beste dem Fürsten vorbehalten bliebe. Wegen der zahlreichen Fehlschläge benötige dieser aber technologisch vorgebildete Beamte. Nachdem er dann das einflußreiche Werk des Moralphilosophen und Begründers der Volkswirtschaftslehre Adam Smith über den Wohlstand der Nationen 1776 kennen gelernt hatte, öffnete Beckmann sich demjenigen Personenkreis, der direkten Nutzen aus seinen Untersuchungen ziehen sollte, dem Bürger und Produzenten. Statt die unübersichtliche Vielzahl der handwerklichen Erscheinungsformen zu verfolgen oder sie gar zu erlernen,[38] schlug er vor, dies für den Weg der rohen Materialien und Nebenmaterialien zu tun; er benannte die dazu erforderlichen Werkzeuge und Gerätschaften und versuchte (wie Bacon), eine Terminologie herbeizuführen, um sie allgemein verständlich zu machen.

Beckmann hat gegen Ende seiner Schaffensjahre 1806 die umfängliche bestehende Literatur nochmals kritisch durchleuchtet und eine Korrektur angebracht. Nicht die Handwerksbeschreibung, die er nun eine spezielle Technologie nannte, sondern die allgemeine, nach dem methodischen Prinzip des Vergleichs arbeitende und auch auf abstrakte Formulierungen ausgerichtete Technologie sollte entwickelt werden. Beckmann wandte sie ansatzweise auf das Zerkleinern und das Glätten von Materialien an. Danach konnten die Handwerker bestimmte Verfahren von einem Material auf ein anderes übertragen und so unmittelbar von ihrer Kenntnis profitieren. In der vergleichenden Analyse der Materialverarbeitung durch die allgemeine Technologie lag zudem ein anderer fruchtbarer Ansatz: Durch Isolierung einzelner Prozesse wie Walzen, Schweißen, Sägen, Bohren usw. konnten bestimmten Operationen ganz bestimmte Maschinenparks zugeordnet werden. Allerdings enthielten die Aussagen Beckmanns keinen Hinweis darauf, daß er die hinter der Produktion erkennbare Zeitökonomie als einen wichtigen Faktor der Produktion gesehen hätte.[39]

Materiell bezog sich Beckmanns Technologie auf die Kenntnisse im Bereich der Tier- und Pflanzenwelt. Hier galt es, Aberglauben und Spukvorstellungen zu beseitigen, durch Hinweise auf die Nützlichkeit der Pflanzen usw. nicht nur die Vorstellung des heimischen potentiellen Reichtums, sondern auch die Überzeugung zu stärken, daß sich auch Schüler in diesen Säkularisierungsvorgang selbst einbringen konnten. Diese Nützlichkeit war nicht nur auf Jungen und Männer, sondern auch auf Frauen anzuwenden.[40]

Beckmann hat also seine Technologie als Arbeitsverrichtungen bei Handwerkern beschrieben.[41] Mit seinem Rückgriff auf das Verfahren, das er als

37 Wolff, Leibniz und Johann Beckmann – in der Vorrede zur Anleitung 1777 – versuchten immer wieder, den Gegenstand ihrer Bemühungen »Technik« auch begrifflich herzuleiten (siehe Wilfried Seibicke, Versuch einer Geschichte der Wortfamilie um techne in Deutschland vom 16. Jahrhundert bis etwa 1830, Düsseldorf 1968). »Technologie ist eine Kunstwörterlehre, [...] das sind Wörter, die Sachen ausdrücken, die in einem gewissen Stand sich befindenden Personen eigen sind. Wer mit einer solchen Wissenschaft umgehen will, muß solche Worte verstehen, damit er andere, wenn sie sich dieser künstlichen Sprache [Sprache der Technik] bedienen, verstehen lerne«, sagt Johann Heinrich Zedler 1748 unter »Technologie«, in: Großes und vollständiges Universal Lexicon aller Wissenschaften und Künste, Leipzig 1732–1754.

38 „Aber es ist doch lächerlich, wenn man erwarten will, daß der künftige Kameralist und jedweder anderer, einige Jahre bei allen den Gewerben in der Lehre stehen wird, deren Theorie er kennen muß.« (Beckmann, Technologie, 15).

39 Die Technologie fand in Paris zuvor durch den Bergbauexperten und Chemiker J. H. Hassenfratz und bei den Jacobinern Fürsprache. Obwohl die von den Revolutionären aufgelöste Akademie bald nach ihrem Sturz ebenso neu entstand wie neue Schulformen (siehe dazu später), ist der naturgeschichtlich-technologische Pfad in Paris nicht gänzlich verschüttet worden: Die vorhandenen Sammlungen der alten Akademie der Wissenschaften wurden im Conservatoire des Arts et Métiers zusammengebracht und von seinem Direktor Christian 1819 analysiert; siehe Wolfhard Weber, Technologie und Polytechnik in Preußen im 18. und 19. Jahrhundert, in: Friedrich Rapp (Hg.), Philosophie und Wissenschaft in Preußen im 19. Jahrhundert, Berlin 1982, 175–200. Neben der sozial elitären polytechnischen Bildung entwickelte sich vor allem nach 1830 in Frankreich aber auch das handlungspraktische Wissen, ausgedrückt etwa im Technologischen Lexikon von Louis-Sébastien Lenormand; siehe Joost Mertens, Technology as the science of the industrials arts: Louis Sebastian Lenormand (1757–1837) and the popularization of technology, in: History and Technology 18, 3 (2002), 203–231.

40 D. G. R. Böhmer, Technische Geschichte der Pflanzen, welche bey Handwerken, Künsten und Manufakturen bereits im Gebrauche sind, oder dort gebraucht werden können, 2 Teile, Leipzig 1794; J. A. A. Möller, Die Hausfabrik für Frauenzimmer, Lemgo 1785.

41 Rolf Seubert, Handwerkerbildung als Beitrag zum Aufbau einer Nationalindustrie. Heinrich Moritz Poppe und der Zusammenhang von Technologieentwicklung und beruflicher Bildung, in: Johann-Beckmann Journal 6 (1992), 20–39.

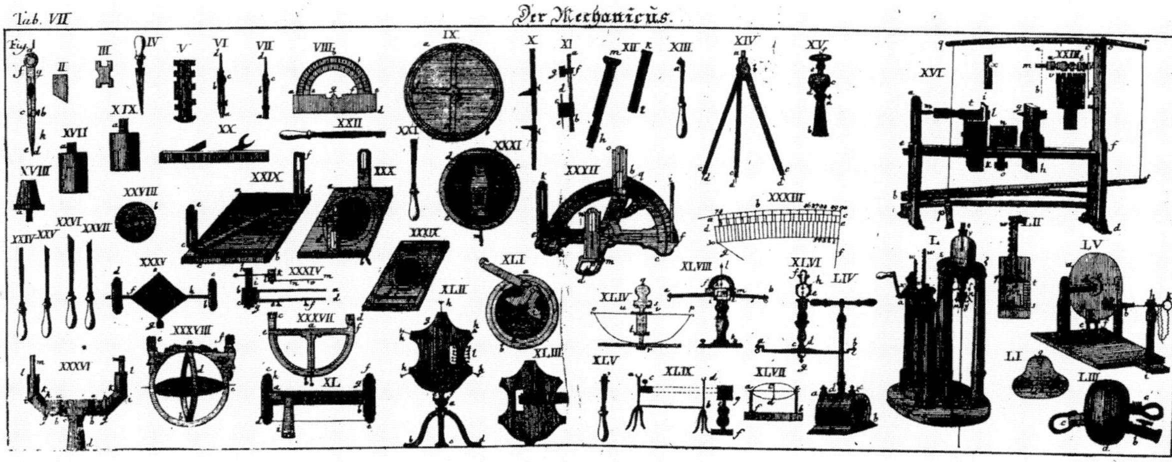

Abb. 281: Die Werkzeuge des Mechanicus, aus: Peter Nathanael Sprengel, Handwerke und Künste in Tabellen (1767–95)

Untersuchungsziel ansteuerte, umging er die soziale Seite der (handwerklichen) Technik, ja, er löste sich davon bewußt ab, weil der Nutznießer im Sinne des 18. Jahrhunderts zunächst der wissenschaftlich erzogene Beamte sein sollte. Schließlich trug er mit der Verwissenschaftlichung der handwerklichen Technik, der Verfahrenskunde, ebenfalls weiterhin zur Entarkanisierung der handwerklichen Operationen bei. Wurde nicht auf das Einzelne, die nützliche Maschine oder das nützliche Handwerk, sondern auf das oder die Verfahren abgehoben, dann war dieses zweifellos eine höhere »wissenschaftliche« Einsicht, die den staatlichen Interessen weniger eng unterlag. Daß dieses Wissen außerordentlich stark nachgefragt wurde, so daß man sogar von einer Lenkungswissenschaft des spätabsolutistischen Staates sprechen kann,[42] zeigt, daß er recht dicht an der Lebenswirklichkeit der Zeitgenossen orientiert blieb.

Es sind dies die Jahre, in denen noch Hoffnung bestand, die Ausbildung auf den Philantropinen zu einer eigenständigen allgemeinbildenden Schulform etwa für den Bürgerstand neben den einfachen Land- und Volksschulen und den gelehrten Schulen werden zu lassen, wie das Beispiel von J. G. Cunradi (1757–1828) zeigte:[43] So wollte der Abt F. G. Resewitz im Philantropin Kloster Berge mit einer Neukonzeption der Allgemeinbildung durch Realienorientierung eine Art Musterschule in Preußen aufbauen. Lehrerstellen wurden vermehrt, die geistlichen Übungen verringert. Neben modernen Sprachen wurden Naturgeschichte, Staatengeschichte, Botanik, Technologie und Handlungswissenschaft unterrichtet, man beachte die Reihenfolge; das Fach Technologie lehrte Cunradi. Die Naturkunde wurde in drei Fächer eingeteilt, die sich an den bekannten drei Reichen, dem Pflanzenreich (Botanik), dem Mineralienreich und dem Tierreich (Zoologie), orientierten. Dabei wurde vor allem der Nutzenaspekt der Rohstoffe zum Essen, Färben, für Kleidung, Viehfutter etc. betont, nützlich ganz im Beckmannschen Sinn. Ökonomisch technologische Modelle dienten der Information für die Schüler: Maschinenkammer, Nivellierwaage, Elektrisiermaschine, besonders aber das Naturalienkabinett. Auf diese Weise wollte Cunradi mit Beckmanns Technologie eine bürgerliche Nutzenidee vermitteln. Doch nach der Revolution von 1789 war in Deutschland zunächst wieder einmal Abkehr von allzu realer Bildung angesagt, auch in Kloster Berge.

42 Wolfhard Weber, Technik zwischen Wissenschaft und Handwerk. Die Technologie des 18. Jahrhunderts als Lenkungswissenschaft des spätabsolutistischen Staates, in: Eckart Jäger/Volker Schmidtchen (Hg.), Wirtschaft, Technik und Geschichte. Beiträge zur Erforschung der Kulturbeziehungen in Deutschland und Osteuropa. Festschrift für Albrecht Timm zum 65. Geburtstag, Berlin 1980, 137–154.

43 Albrecht Timm, Kleine Geschichte der Technologie, Freiburg 1964.

Von der alten, vorrevolutionären Erziehung zur Technologie blieben dennoch Reste erhalten: Die enge Nachbarschaft von Natur und der Verarbeitung ihrer Produkte wich Ende des 18., Anfang des 19. Jahrhunderts der Vorstellung, daß man die Erkenntnisse über den Zusammenhang von Randbedingungen und Wachstum auch künstlich schaffen müßte; Albrecht Thaer und wenig später Justus Liebig verkörpern diese neue, auf Effektivität und Wachstum gerichtete Einstellung im Zeitalter der massiven Auswanderungen aus Europa.

Nach 1810 beobachten wir, daß viele naturwissenschaftliche und berufspraktische Bezüge aus dem höheren Unterricht verschwanden, vor allem die Technologie zählte dazu. Es waren die spekulativen Wissenschaften, die auf die Ergründung der »reinen« Wahrheit gerichteten Überlegungen, die an der Universität eine neue Bildungselite mit den Anforderungen eines weniger autokratisch regierten Staates vertraut machen sollten. Im Bereich der Wirtschaft fehlte es daher nun an Fachbildung.[44]

Beckmanns Schüler Johann Heinrich Moritz Poppe, später Technologe in Tübingen und von der nachfolgenden Generation der Polytechniker recht negativ beurteilt, hat in seiner Zeit als Mitgründer und Vorsitzender der Frankfurter Polytechnischen Gesellschaft eine Reihe bemerkenswerter bürgerlicher Organisationen angeschoben, vor allem die Sonntagsschule für Handwerker, die den eklatanten durchschnittlichen technologischen Rückstand zu anderen europäischen Regionen vermindern halfen.[45]

Klar war 1812, daß Preußen wie andere deutsche Staaten über die Bau- und Bergbaubeamten hinaus höheres technisches Personal nicht zu Staatsdienern machen wollte; andererseits enthielt die Disziplin Technologie, wie sie sich 1810 darstellte, auch zu wenig emanzipatorisches Potential, so daß sie aus der Sicht der bildungsbürgerlichen und adligen Reformer getrost den niederen, allenfalls den mittleren Schulen überlassen werden konnte. Frankreich hat erst seit den dreißiger Jahren sein Leitungspersonal in den Fabriken beschult.

4. Technisches Wissen: Polytechnik

Unbeachtet blieb dabei, daß die französischen Handwerkerbeschreibungen und Abbildungen zwei ganz gegensätzlichen Initiativen entsprangen: Vertraute die Akademie dem Konnex zum absolutistischen König, so fand gerade die damit immer verbundene Zensur durch die katholische Geistlichkeit den heftigsten Widerstand Denis Diderots.[46] Diderot, Herausgeber und Verfasser vieler Artikel der »Encyclopédie«, wollte die Systematisierung der handwerklichen Erfahrung für eine verbesserte Produktion in den Manufakturen in Richtung auf bessere Materialgüte, höhere Arbeitsteilung und vollkommeneres Produkt, zu deren permanenter Verbesserung die Bürger-Arbeiter dann selbst intensiv beitragen könnten. Den Akademikern lag dieser emanzipatorische Duktus ferner. Sie liebäugelten eher mit einer stärkeren Anerkennung ihrer mathematischen und naturwissenschaftlichen Leistungen, von denen viele Revolutionäre nach 1789 zunächst gar nichts hielten. Aus dieser Hochachtung vor der Mathematisierung vieler Prozesse in Staat und Wirtschaft ergaben sich in Frankreich zwei Wege mit sehr unterschiedlichen Reichweiten: die Polytechnik als Allgemeinbildung und die Polytechnik als Waffenproduktionssystem.[47]

44 Peter Lundgreen, Techniker in Preußen während der frühen Industrialisierung. Ausbildung und Berufsfeld einer entstehenden sozialen Gruppe, Berlin 1975.

45 Rolf Seubert, »Ein geschickter, in jeder Hinsicht gebildeter Handwerker« – Zum Anteil der polytechnischen Gesellschaften an der Berufsbildungsentwicklung in Deutschland, in: Berufsbildung und Gewerbeförderung. Zur Erinnerung an Ferdinand Steinbeis (1807–1893), Berlin 1994, 169–183.

46 Johanna Borek, Denis Diderot, Reinbek 2000.

47 Joost Mertens, Technology. Die Verteidiger der französischen Republik setzten nach 1793 auf Experten wie Honoré Blanc, die ihnen eine ausreichende Waffenproduktion zur Verfügung stellten. Dieser Schwenk machte den Weg zur Gründung der Ecole Polytechnique 1794 frei, siehe Ken Alder, Engineering the Revolution, Arms and Enlightenment in France 1763–1815, Princeton 1997.

Abb. 282: Eisenstabwalzwerk, aus: Denis Diderot/Jean le Rond d'Alembert, Encyclopédie (hier 1762)

Neben die Auffassung, daß eine schnelle Weiterentwicklung der Wirtschaft durch eine umfassende Bestandsaufnahme der bestehenden Gewerbe zu erreichen sei, war ebenfalls schon früh der Vorschlag getreten, durch die Förderung dessen, was wir heute Naturwissenschaften und Mathematik nennen, eine segensreiche wirtschaftliche Entwicklung herbeizuführen. Die Nutzenanwendung blieb dabei meist im Hintergrund; die Wissenschaftler selbst konzentrierten sich darauf, neue Einsichten zu gewinnen oder gemachte praktische Vorschläge zu beurteilen. Wirksam wurden solche Interaktionen allenfalls bei Instrumenten und – bei den Militärs – in der Kriegsführung. Der Brückenschlag zu einer verbesserten Praxis fiel nicht zuletzt deshalb so schwer, weil das Verständigungsmedium auf dem Weg von der Beschreibung des technischen Ist-Zustandes über die Kenntnisnahme der Problematik durch den Wissenschaftler und wieder zurück an den Mechaniker und die jeweilige Handlungsanleitung eindeutig sein mußte. Hierzu reichte das seit dem Ende des 16. Jahrhunderts stark geförderte Medium »Zeichnung« nicht aus. Erst mit der deskriptiven Geometrie von Gaspard Monge (1746–1818) schien ein geeignetes Verständigungsmedium gefunden zu sein. Auf Drängen der konstituierenden Versammlung in Paris wurde diese beschreibende Geometrie als hervorragendes Ausbildungsziel der auf die höheren Zentralschulen vorbereitenden Ecole Polytechnique 1794/95 etabliert. Mit diesem Nützlichkeitsbeweis einer mathematisch-geometrisch fundierten Zeichenlehre konnte in den folgenden Jahren auch die Mathematisierung der Fächer vorangetrieben werden, welche den Unterricht der Ecole Polytechnique zum Vorbild für eine ganze Generation europäischer Lehranstalten werden ließ.[48]

Gaspard Monge empfahl seine Zeichenkunst als Basis zur Entwicklung einer starken französischen Nationalindustrie.[49] Um sie von der Abhängigkeit der ausländischen Gewerbe zu befreien, müsse vor allem eine neu formulierte Nationalerziehung an solchen Lehrinhalten orientiert werden, die Exaktheit verlangten. Die verschiedenen Werkstücke brauchten eine Genauigkeit in der Konstruktion, die bisher nicht gegeben sei. Auch die Naturwissenschaften, die für den industriellen Fortschritt erforderlich seien, müßten öffentlich gelehrt werden. Schließlich sei den Handwerkern die Kenntnis von den Her-

48 Hier ist allerdings die Differenz zwischen Anspruch und Wirklichkeit zu beachten. Außerdem wollte man die technischen Schulen als Instrumente zur nationalen Wiederauferstehung, aber nicht mit dem Bezug auf Ideen der Französischen Revolution.

49 Gaspard Monge, Géometrie descriptive suivie d'une théorie des ombres et de la perspective, extraité des papiers de l'auteur, par M. Brisson, 1795.

stellungsverfahren und von den Maschinen zu vermitteln, deren Zweck es sei, entweder die Handarbeit zu verringern oder Arbeitsergebnisse stärker, gleichmäßiger und genauer zu machen. Alle diese Bedürfnisse könnten mit Hilfe der beschreibenden Geometrie gelöst werden.

Diese Wissenschaft habe nun zwei Hauptziele: Das erste sei die Wiedergabe dreidimensionaler Gegenstände in nur zwei Dimensionen. Das zweite bestehe in einer exakten Lagebeschreibung des Körpers, auch der einzelnen Bestandteile zueinander. Die Handwerker würden solche Darstellungsfähigkeiten für ihre Gewerbe benötigen; die Menschen sollten sich in der Konstruktion von solchen Maschinen üben, die Naturkräfte in Anspruch nehmen, um den Gebrauch ihrer Vernunft zu schulen. Naturerscheinungen sollten studiert werden, damit sie zu Gunsten der Gewerbe verwertet werden konnten.

In dieser Kurzform faßte Monge eine Reihe von Grundfaktoren für den Technisierungsvorgang bzw. den Fortschrittsprozeß in der Industrie zusammen: Er befürwortete eine Rationalisierung des Arbeitsprozesses durch genauere Einhaltung der Verfahren, durch Anwendung der Naturwissenschaften, durch Quantifizierung, durch den Einsatz von Maschinen, und er verlangte eine Theoretisierung der gewünschten Leistungen.

Auch die Ecole Polytechnique war darum bemüht, die wenig nützlichen Schuleinrichtungen der vorangegangenen Epoche durch eine Überwindung der Kluft von Theorie und Praxis umzugestalten. Aller Unterricht bekam ein praktisches Ziel, nämlich die späteren Ingenieure, Sozialwissenschaftler und anderen staatlichen Funktionäre zu befähigen, Mathematik und angewandte Wissenschaften in allen nur denkbaren Anwendungsbereichen einsetzen zu können. Die Grundbedingung dafür, alle Bereiche erfassen zu können, wurde in der Polyvalenz von Mathematik und Naturwissenschaften gesehen. Dieser Begriff kehrt in dem Begriff »polytechnisch« wieder, d.h. diese Wissenschaften werden als grundlegend für technische Anwendungen angesehen. Die auf praktische Lösungsprobleme ausgerichtete Theorie wurde sogar in den Rang einer Wissenschaft gehoben, die das Theorie-Praxis-Verhältnis verändern sollte. Theorie war nicht mehr die subsidiär helfende Antwort auf Probleme, die die Praxis diktierte, sondern Ausgangspunkt der Praxis.

Hintergrund dieser neuen Begrifflichkeit war eine neu angesehene Natur, eine quantifizierte Natur. Diese Auffassung ist wesentlich älter als 1795; Galilei hat sie als Grundlage für seine Gesetzesbildungen verlangt, Descartes verschärft. Alles Geplante, Organisierte, Konstruierte wurde dem bloß Gewachsenen vorgezogen. Die Ecole Polytechnique war derjenige Ort, an dem diese für die Entwicklung der modernen Naturwissenschaften so entscheidende Trennung das erste Mal sichtbar wurde. Grenzen der Erkenntnis schienen bei dem naturwissenschaftlichen Grundprinzip der Weltinterpretation nicht vorzuliegen. Oberstes Ziel der neuen Wissenschaften war die umfassende Quantifizierung der Welt.[50] Ein so anspruchsvoll ausgestattetes Konzept setzte bei den Schülern und Studenten ein erhebliches Maß an naturwissenschaftlicher Vorbildung voraus, die in Deutschland an nur wenigen Polytechnischen Schulen verlangt werden konnte. Solche Bildungskonzepte wurden noch bis in die 1840er Jahre abgelehnt, und daher konnten die deutschen Gewerbeakademien erst seit den 1860er Jahren auf diese Vorbildung bauen. Durch sie wurde der Mechanikus zum Ingenieur.

50 Große Sozialwissenschaftler, die mit quantitativen Methoden soziale Prozesse analysierten (Saint-Simon, A. Comte), stammten ebenfalls von der Ecole Polytechnique.

Im Laufe des späten 17. Jahrhunderts hatten sich unter dem Gesamtbegriff des Mechanikers, bei dem sich technisches Wissen in hohem Maße ansammelte, zwei unterschiedliche soziale Gruppen deutlicher herausgehoben: einmal die am Hofe oder an den Akademien tätigen naturwissenschaftlichen Experimentatoren und zum anderen die unter den Bedingungen einer sich öffnenden Wirtschaft dort tätigen Mechaniker. Den bisherigen Uhr- und Instrumentenmachern wuchsen mit der Aufgabe, neue physikalische Effekte in Mechanismen einzubeziehen, zwei für die spätere industrielle Gesellschaft grundlegende Funktionen zu: einmal die erwähnte Kooperation mit den entstehenden Naturwissenschaften, die ohne Instrumente die physikalischen und chemischen Experimente nicht hätten ausführen bzw. deren Effekte nicht hätten sichtbar machen können, zum anderen aber auch die Kooperation mit Projektanten oder Interessenten an der Beschleunigung bzw. Verbesserung von Herstellungsverfahren, also mit Landesherren, Verlegern und Unternehmern, die nun auf Realisierung der versprochenen Verheißungen aus den neuen Naturwissenschaften warteten. Aufklärungsphilosophen und Mathematiker wie Christian Wolff drängten in Kommentaren und Vorworten etwa zu Schriften von Guericke, Boyle, Huygens, Papin, Belidor, zu Leupold und Hertel oder auch in eigenen Schriften auf Mathematisierung des Mechanischen und Anwendung der Mathematik auf die Bedürfnisse des Alltags, etwa zur Verbesserung der Instrumente zum Nutzen der Naturforschung.

Der »mechanicus« war über 150 Jahre lang Hoffnungsträger für die intelligente Reorganisation der Produktion und des Verkehrs gewesen, der die Effekte der Natur und ihren mathematisch-naturwissenschaftlichen Gesetzeszusammenhang für neue Konstruktionen nutzte. Um so stärker traf der Geltungsabfall des Mechanischen am Ende des 18. Jahrhunderts diese »mechanici«.

Die neuen Auffassungen, welche mit Romantik und Idealismus auch ein neues Staats- und Gesellschaftsverständnis trugen, werteten einen bislang besonders hoffnungsfrohen Personenkreis ab. Das Streben nach Wahrheit erhielt mehr Gewicht als dasjenige nach Nützlichkeit. Nicht mehr eine Fortführung des Mechanischen und Teilehaften, auch nicht mit den neuen Materialien, sondern die Suche nach den noch unergründeten Geheimnissen der Natur und nach der in ihr vermuteten und unergründbar scheinenden Kraft war angesagt.

Daß selbst eine durch Mathematik veredelte Polytechnik auf den geschlossenen Widerstand der Romantiker und der sich herauskristallisierenden Neuhumanisten traf, die sich auf die sittliche Vervollkommnung des Individuums und Menschenbildung konzentrierten, liegt auf der Hand. Es erhob sich nach 1806/13 Frage, wo eine solche Bildung an den neuen oder reformierten Universitäten noch angesiedelt werden konnte. Denn mit der Aufwertung der Philologie als einer eigenen Fakultät (an Stelle des Vorstudiums der Artes liberales, die nun am Gymnasium angesiedelt wurden) wurden die »nützlichen« Wissenschaften von den Universitäten, die dem Berliner Vorbild von 1810 folgten, zurückgedrängt.[51] Mit dieser Art neuhumanistischer Bildung konnte man sich vorzüglich von der französisch orientierten neuen mathematisch naturwissenschaftlichen Grundbildung in einer Zentralschule absetzen.

Weitere methodisch-organisatorische Prinzipien setzten die deutsche Universität im 19. Jahrhundert in einen gewissen Gegensatz zur französischen:

51 K. H. Manegold, Universität, Technische Hochschule und Industrie, Berlin 1970; Christian Hantschk, Johann Joseph Prechtl und das Wiener Polytechnische Institut, Wien 1988.

Einheit und Unterordnung auf den französischen stellten die deutschen Universitätsplaner Freiheit und Eigentümlichkeit gegenüber. In Frankreich waren die Professoren Lehrer und Prüfungsbeamte des französischen Staates, in Deutschland selbständige Gelehrte; in Frankreich herrschte eine vorschriftsmäßige Studienordnung, in Deutschland Lehr- und Lernfreiheit; schließlich stand enzyklopädisches Wissen einer wissenschaftlichen Bildung, standen für den Staat ausgebildete Beamte jungen Leuten gegenüber, die geistige und sittliche Freiheit praktizierten.

Die Aversion der Berliner Universität gegen die »materielle Richtung des Polytechnismus, Amerikanismus« erreichte um 1830 ihren Höhepunkt. Allerdings gehörten die Naturwissenschaften nicht mehr dazu; sie waren in den Jahren 1790–1830 in Deutschland ebenfalls unter den wesentlichen Einfluß der romantischen Naturphilosophie geraten, die sich vereinfacht als teilweise Vereinigung zweier geistiger Strömungen, der Romantik und der philosophischen Konzeption des deutschen Idealismus, verstand. Das Paradigma romantischen Denkens stellte der »Organismus« dar; er hob sich ab von dem zentralen Begriff der »Maschine« oder des »Mechanismus«, der symbolhaft für die Aufklärung stand und eher die Zerlegung des Gegenstandes in seine elementaren Bestandteile sowie das Zusammenwirken vieler Einzelteile in einer genau definierten Weise suggerierte. Die Romantik setzte an die Stelle der Analyse ein Erfassen des Ganzen, das zudem mehr sein sollte als die Summe seiner Teile. Der Denkvorgang ist der der Intuition. An die Stelle der Rationalität, die mehr das Genus als das Individuum erkennen mochte, trat nun der Mensch als individuelle Existenz, dessen Zugehörigkeit zur Natur und Geschichte durch intuitives Verstehen erklärt wurde. Sensibilität und Emotionalität wurden wichtige Faktoren des Erkenntnisvorgangs, entweder stützte sich die Erkenntnis auf ein Prinzip, aus dem die Gegenstände heraus erklärbar werden können, oder auf ein Operieren mit Polaritäten und Antithesen.

War der Mechanik[52] als einem praxisnahem Wissenskanon, in ihrer höheren Form als »Gesetz der Maschine«, »Staatsmaschine« oder – bei Holbach Mitte des 18. Jahrhunderts der Natur selbst –[53] eine Bedeutung in der Staatsmetaphorik zugewachsen, so wurde unter dem Eindruck der neuen Wissenschaftskonzeption eine scharfe Trennung aller anwendungsbezogenen Studien von den Bildungsstudien durchgeführt. Der Mediziner (ausgerechnet!) Reil drückte das Verhältnis der neuen zur alten Wissenschaft wie folgt aus: »Vorzüglich müssen die Nützlichkeitsapostel von der Universität an die Industrieschulen verwiesen werden, weil es ihnen ganz an Sinn für Wissenschaft fehlt, sie dieselbe nicht um ihrer selbst willen, [...] sondern deswegen schätzen, weil sie dazu taugt, Häuser zu bauen, den Acker zu bestellen und den Kommerz zu beleben.«

5. Industrialisierung

In der Realität hatten aber die kontinentalen Landesfürsten unter dem Druck der englischen Entwicklung – traditionell gefertigte Produkte schmälerten auf den Weltmärkten den Profit – begonnen, einzelne »mechanics« von dort zu rufen und industrielle Verfahren im eigenen Lande anzusiedeln: Ob das nun Johann Gottfried Brügelmann in Ratingen, John Cockerill und Bruder in Berlin oder William Whitfield bzw. Evan Evans im sächsischen Textilgebiet

52 Johann Karl Gottfried Jacobsson (Gottfried Erich Rosenthal), Technologisches Wörterbuch, 8 Bde., Berlin 1781–1795, hier Bd. 6, 40.

53 Klaus Maurice/Otto Mayr (Hg.),Die Welt als Uhr. Deutsche Uhren und Automaten 1550–1650, München 1980.

waren, stets mußten englische oder niederländische Mechaniker helfen, neue Maschinen zu errichten, neue Verfahren zu installieren, den Deutschen zeigen, was durch Arbeitsteilung, neue Maschinen und Privatinteresse unter Beiseiteschiebung des Nahrungsprinzips der Zünfte erreichbar war – und das Ganze bei rasant ansteigender Bevölkerung und anhaltend geringer Bodenfruchtbarkeit bzw. noch nicht vorhandener künstlicher Düngung auf den Feldern.[54] Diese Krise der zurückhängenden deutschen Mechanikerleistungen dauerte etwa bis zum Einsetzen des Eisenbahnbaus um 1840/1845.

Die Verantwortlichen nahmen aber auch zur Kenntnis, daß die so attraktiven und ungleich wirkungsvolleren Produktionsmethoden, sei es in der Landwirtschaft oder im Gewerbe, einen anderen Umgang mit dem Wissen darüber voraussetzten, daß Finanzierungsmethoden und Handelsorganisation sich ändern mußten und daß letztlich auch im politischen Bereich diesen privaten Initiativen mehr Raum gewährt werden mußte, selbst wenn das Ergebnis sich nicht kalkulieren ließ. Diese Unbestimmtheit hat vielen über die Landesgrenzen hinweg handelnden Kaufleuten und Verlegern für mehr als eine Generation einen großen Vorsprung in der Festigung ihrer sozialpolitischen Macht gewährt.

Mit dem politischen Einschwenken auf den Technikimport aus England um 1780 – zuvor waren schon landwirtschaftstechnische Verbesserungen importiert worden – vollzog sich in Deutschland auf dem Feld der literarischen und weltanschaulichen Einstellungen aber zugleich ein erheblicher Wandel: Die starke – und vergebliche – Betonung materieller Verbesserungen in der Aufklärung und die Erlebnisse der Französischen Revolution mögen verantwortlich dafür sein, daß nun vor allem den verinnerlichten Werten hohe Priorität zukam. Gesucht wurde mit Hilfe der idealistischen Philosophie das in der Antike gefundene Ideal des veredelten, nicht das des mühsam nach Broterwerb strebenden, rohen Menschen und ebenso wenig das Unwägbare oder gar das gefährlich Drohende der schnell anwachsenden Unterschichten mit ihren Ansprüchen.

War der Geniebegriff einhundert Jahre zuvor noch im Mechanischen als der Inbegriff technischer Lösungskompetenz gefeiert worden, wie er etwa als Symbol dieser Regelhaftigkeit über die Staatsmaschine, die Menschenmaschine und natürlich die über die Fabrik vermittelte Uhr zum Vorschein kam,[55] so wurde er nun zum Inbegriff eines die administrativen Schranken sprengenden, auf Gefühl und inneres Erlebnis gerichteten Programms, das einen sehr wesentlichen Teil der Mechanik und ihrer Regelhaftigkeit geradezu verabscheute.

Das Genie wurde zwar immer noch gefeiert, aber nun war es nicht mehr das mechanische, sondern das zu Sturm und Drang aufbrechende, sich allenfalls in organischen Zusammenhängen gebunden fühlende Genie. Um 1790 hatte das Begriffsfeld Mechanik eine weit gespreizte Bedeutung erhalten, und die junge Generation der Literaten und Philosophen stand dem alten Idol nunmehr skeptisch gegenüber.

Diderot hatte in seinem Artikel »ars« in der »Encyclopédie« ähnlich wie d'Alembert in seinem Artikel »machine« (1751, 1765) noch keine Kritik an dem mechanistisch verstandenen Staat geübt und die mechanischen, weil nahrhaften Künste den unproduktiven freien Künsten entgegengesetzt. Friedrich Schiller[56] hielt 1796 dagegen seinen Lesern die Teile-Haftigkeit einer mechanischen Konstruktion vor Augen und betonte deren geringe Eignung

54 Zu Brügelmann und seinem Informanten Delius siehe Wolfhard Weber, Industriespionage als technologischer Transfer in der deutschen Frühindustrialisierung, in: Technikgeschichte 42 (1975) 287–305; Rudolf Forberger, Die Industrielle Revolution in Sachsen 1800–1861, Bd. 1: Die Revolution der Produktivkräfte in Sachsen 1800–1830, Berlin 1982; Michael Klepsch/H. Reisel, Von Cromford nach Cromford. Industriespionage im 18. Jahrhundert, Köln 1990.

55 Herbert Heckmann, Die andere Schöpfung. Geschichte der frühen Automaten in Wirklichkeit und Dichtung, Frankfurt a.M. 1981.

56 Heike Eilert, Die Mechanisierung der Lebenswelt im 18. Jahrhundert und ihre kritische Reflexion in literarischen Texten der Goethezeit, in: U. Troitzsch (Hg.), Nützliche Künste, Münster 1999, 183–193.

Abb. 283: Anweisung zur Einrichtung von Manufakturen, aus: Johann Georg Leib, Probe, wie ein Regent Land und Leute verbessern [...] koenne (1705)

für die Erziehung, denn »bei Uhrwerken [...], wo aus der Zusammenstückelung unendlich vieler aber lebloser Teile ein mechanisches Leben im Ganzen gefesselt, bildet sich der Mensch selbst nur als Bruchstück aus, ewig nur das Geräusch des Rades, das er umtreibt, im Ohre, entwickelt er nie die Harmonie seines Wesens«.[57]

Stand um 1780 die Produktionstechnik als Hoffnung auf Befreiung von der feudalen Bevormundung durch einen trägen Adelsstand noch im Vordergrund und war der Anspruch vorhanden, durch Aufklärung über die Produktion im Mechaniker ein selbstbewußtes politisches Mitglied der bürgerlichen Gesellschaft heranzubilden (soweit jedenfalls bei Denis Diderot oder Georg Forster), so setzte sich mit den Vertretern des Sturms und Drangs die heftige Abwehr gegen ein mechanistisch verstandenes Welt- und auch Staatsordnungsbild durch. Der Mechanikus umfaßte am Ende des 18. Jahrhunderts die in der schöngeistigen Literatur pauschale Bezeichnung für den niederen Stand, den einfachen Handwerker, den gelehrten Handwerker, der später immer mehr zum Maschinenbauer wurde, und schließlich – aber eben nur sehr selten – den Gelehrten, der auch etwas vom Maschinenbau verstand.[58] Die neue idealistische Staatsphilosophie, von Hegel in Berlin gelesen, sah nun gerade in der Ausbreitung der Freiheit das auch für Preußen grundlegende Mo-

57 Burghard Dedner, Ordnungs- und Produktionsmaschinen, in: Hanno Möbius/Jörg Jochen Berns (Hg.), Die Mechanik in den Künsten, Marburg 1990, 109–120.

58 Siehe Braun, Technologische Beziehungen, 40ff.

ment der Erneuerung. Die Mechanik fiel in vielen Jahren heftiger wirtschaftlicher Depression als Brotwissenschaft der Verachtung der höheren Stände und auch des höheren Bildungsbürgertums anheim, das die Differenz zwischen gesellschaftlicher Ordnung und Produktionsordnung zunächst nicht erkennen konnte oder wollte.

Nach dieser unter den Reform-Eliten bald vorherrschenden Einschätzung verwundert es nicht, daß die für den Industrialisierungsprozeß benötigten Mechaniker in einem sehr gedämpften Anerkennungsklima ihre Arbeit aufnehmen mußten. Produktionsbezogene Forschungslabors in Staat und Industrie, die beide eben noch nach gut ausgebildeten Mechanikern verlangt hatten, gab es nicht, und sie wurden auch nicht eingerichtet. Die Nichteröffnung bzw. Hinausschiebung einer höheren Schule für die mechanischen Wissenschaften in Berlin bedeutete soviel wie eine soziale Deklassierung, und als Peter Christian Wilhelm Beuth 1821 in Berlin ein Technisches Institut eröffnete, waren die Aufnahmebedingungen äußerst niedrig und auf Handwerkerkinder zugeschnitten: keine Zentralschule mit höchsten Ansprüchen durch das Kultusministerium, sondern eine gehobene Handwerkerschule unter dem Handelsministerium – von höherer Mathematik keine Rede. Die inoffizielle Wirtschaftspolitik seit dem Freiherrn vom Stein war während des Krieges auf Spionage und Nachbau ausgerichtet gewesen, die zunächst wichtiger waren als die Eigenentwicklung, die im politisch-nationalen Raum aber beansprucht wurde.[59] Allein in Baden gelang in Karlsruhe eine Wertschätzung höherer Mathematikstudien und damit auch die Anerkennung von deren Bedeutung für den Staatsdienst. Alle anderen Schulen in den jeweiligen Residenzstädten des Deutschen Bundes starteten auf einem niedrigen intellektuellen und sozialen Niveau, kritisiert vom Militär und vielleicht gerade in der Spannung mit dem französischen Militär von den preußischen Reformkräften bzw. Beuth so angelegt. Gleichwohl hatte Beuth, der diese Strategie ansteuerte, gerade hier Gegner wie die adligen Herren aus dem Berg- und Hüttenwesen, die sich und ihre Mechaniker im Dampfmaschinenbau (grundlos) für überlegen hielten.[60] Erst der Eisenbahnbau ließ den deutschen Maschinenbau heranwachsen, und der Werkzeugmaschinenbau – Herz dieser Branche – begann nach der Wende zum 20. Jahrhundert eine Domäne des Exports zu werden.

Die neue Wirtschafts- und Gesellschaftspolitik der Gewerbefreiheit entwickelte sich in Preußen ohne höhere staatliche Ausbildung und mutete den Mechanikern neben den Zunfthandwerkern den stärksten sozialen Abstieg zu. Die höhere Bildung an der neuen Modelluniversität Berlin kam nur den grundlegenden Wissenschaften zugute; statt der Technologie und Wirtschaftslehre rückten Philosophie und Philologie sogar als eigenständige Fakultät in die Universität ein. Bildung wurde als Menschenbildung gestaltet, nicht als Fach- oder Berufsbildung. Auf der anderen Seite mußte nahezu alles technische Wissen und Instrumentarium, was sich während der Kontinentalsperre in England, Belgien und Frankreich weiterentwickelt hatte, beschafft werden: Dazu gehörten die Verfahren zur Herstellung von Stahl, des Grundlagenstoffs der Industrie, die Hüttenanlagen und Bearbeitungsmaschinen, aber auch die ingeniösen Formgebungsmaschinen für Stahl und Eisen sowie die ganze Reihe der Textilmaschinen.[61] Beuth half durch den Kauf und die Zerlegung aller Maschinen für den Nachbau. Handwerkern, Mechanikern, Unternehmern, aber auch Betriebsleitern half er durch Stipendien bei der selbständigen Existenz.

59 Die Unsicherheit im Umgang mit der Organisation von Technik zeigte sich besonders in der häufigen Ressortverschiebung in Preußen; siehe hierzu Wolfhard Weber, Preußische Transferpolitik 1780–1820, in: Technikgeschichte 50 (1983), 181–196.

60 Eine höhere Mathematikerausbildung nach französischem Vorbild an einer Polytechnischen Schule – von den Militärs gewünscht – wurde vom Kultusministerium abgelehnt. Aber auch Beuth wollte keine Techniker mit Einstieg in den höheren preußischen Staatsdienst; vgl. Eckhard Bolenz, Baubeamte, Baugewerksmeister, freiberufliche Architekten – Technische Berufe im Bauwesen Preußen/Deutschland 1799–1931, Frankfurt a.M. 1991.

61 Zu den Entwicklungen im für den Maschinenbau künftig zentral wichtigen Gußstahlbereich in Deutschland siehe jetzt die Dissertation von Burkhard Beyer, Frühe Industrialisierung im Betrieb. Technik- und Sozialgeschichte der Gussstahlfabrik von Friedrich Krupp in der ersten Hälfte des 19. Jahrhunderts, Phil. diss. (Geschichte) Bochum 2003.

Abb. 284: Wollmanufaktur der Grafen Waldstein im böhmischen Oberleutensdorf (1728)

Aber das gesellschaftspolitische Hauptproblem bestand darin, einen geeigneten Weg zur Honorierung der Mechaniker als Ausgleich für den mühsamen Erwerb ihrer technischen Expertise zu finden. Hierzu boten sich in der Anfangsphase Einheiraten sowie Anstellungen als Unternehmer oder Betriebsleiter an.[62] Beuth glaubte allerdings, mit einem niedrigeren Qualifikations- und Sozialniveau der Mechaniker den Industrialisierungsvorgang in Preußen besser einleiten und bewältigen zu können, als er es in England und Frankreich gesehen hatte. Sein Hauptrivale in dieser Hinsicht der sozialen Einschätzung von Mechanikern war der Chef des Berg- und Hüttenwesens D. L. G. Gerhard mit seinen vielen bergmännischen Technikern, die sich nicht nur wegen der Hierarchie der Beamtenpositionen den Merkantiltechnikern hoch überlegen dünkten. Erst als durch eine geschickte Regie deutlich wurde, daß gerade diese Techniker weder in der Lage waren, 1816 eine Lokomotive noch eine Hochdruckdampfmaschine neuester Art zu bauen oder gar die sensiblen Textilmaschinen weiter zu entwickeln, begann die Demontage dieser Beamtenklientel, die allerdings nicht zu der von Beuth gewünschten Einführung der Gewerbefreiheit in der Branche ausreichte.[63] Sie kam erst 1851. Im Jahre 1802 hatte man es versäumt, eine spezielle Mechanikerschule in Berlin zu etablieren, während eben dieses Utzschneider und Reichenbach im selben Jahr mit ihrem mathematisch-mechanischen Institut in München gelang.

Allerdings zeigte sich auch, daß der von Beuth (1783–1853) als Gegengewicht zu D. L. G. Gerhards Ambitionen gedachte und privat operierende

62 Eric D. Brose, The politics of technological change in Prussia. Out of the shadow of antiquity 1809–1848, Princeton, N.J. 1993.

63 Weber, Transferpolitik; Lundgreen, Techniker; Jürgen Kocka, Unternehmer in der deutschen Industrialisierung, Göttingen 1975.

Fritz Harkort als Unternehmer nicht besonders erfolgreich agierte (ihm fehlte vor allem das finanzielle Durchhaltevermögen) und daß er sogar mit den Bergleuten kooperierte, um seine Eisenbahnvorstellungen durchzusetzen! Harkort mußte sein Unternehmen 1834 aufgeben,[64] während der hartnäckig durch die Familie gestützte Krupp nach 1850 mit viel Mühe den Investitionsboom für die Eisenbahnen erreichte, die seinen Betrieb ab 1848 ansteuerten.[65] Beuth selbst bestand bis zu seinem unwilligen Rücktritt 1845 auf einer ganz anderen Vision der industriellen Zukunft Preußens als derjenigen einer Kopie englischer Verhältnisse. Er wollte die Mechaniker und Arbeitskräfte in dezentral gelegenen Fabriken auf dem Lande mit erträglichen Lebens- und Wohnbedingungen unterbringen, ohne Eisenbahnen und vor allem ohne spekulative Kapitalismusinterventionen von jüdischer Seite, wie Beuth schrieb.[66] – Visionen unterschiedlichster Art haben also auch in Deutschland die industrielle Zukunftserwartung von Anfang an begleitet.

64 Sven Eisenberger, Vom Handwerker zum Fabrikarbeiter. Die Arbeiterschaft der Mechanischen Werkstätte zu Wetter 1819–1840, in: Projekte. Landeskundliche Studien im Bereich des mittleren Ruhrtals 1 (1994), 39–352; Wolfhard Weber, Große Technologen und ihre berufspädagogische Bedeutung: Johann Beckmann (1739–1811), in: Berufsausbildung und sozialer Wandel, Bd. 1, Berlin 1996, 225–244.

65 Beyer, Krupp.

66 Brose, Politics, 128.

Wissen und außereuropäische Erfahrung im 18. Jahrhundert

HANS-JÜRGEN LÜSEBRINK

1. Die außereuropäische Welt als Provokation europäischen Wissens

Seit dem Beginn der großen Entdeckungsreisen des 14. und 15. Jahrhunderts stellt die außereuropäische Welt für die Wissens- und Erkenntnisstrukturen des Okzidents eine Herausforderung, häufig geradezu eine Provokation dar. Die Nachrichten über das chinesische Kaiserreich, die der venezianische Kaufmann Marco Polo Ende des 14. Jahrhunderts von seinen ausgedehnten Reisen in das Reich der Mitte nach Europa vermittelte, stellten das europazentrierte Weltbild ebenso grundlegend in Frage wie den umfassenden Machtanspruch von Papst- und Kaisertum. Die portugiesischen Entdeckungsreisen nach Ostindien, die Entdeckung Amerikas und die erste Weltumsegelung durch den Spanier Magellan im Jahre 1521 brachten das mittelalterliche Weltbild ins Wanken. Sie vermittelten zudem die Kunde von radikal anderen Zivilisationsformen, die auf spanische Historiographen und Missionare wie den Sahagún eine unzweifelhafte Faszination ausübten. Anthropologische Schriften wie die »Historia general de las Cosas de Nueva España« (1569) von Bernardino Ribeira de Sahagún oder die »Comentarios Reales de los Incas« (ca. 1614) des von Inkafürsten abstammenden Garcilaso de la Vega (1555–1568) sahen außereuropäische Gesellschaften und Kulturen nicht nur als grundlegend anders, sondern auch als den okzidentalen Kulturen fundamental gleichwertig an. Der französische Schriftsteller und Philosoph Michel de Montaigne unterstrich in seinen »Essais« (1580), vor allem in dem provokativ »Les Cannibales« überschriebenen Kapitel, die moralische und ethische Überlegenheit sogenannter ›primitiver‹ Kulturen, während die europäischen Kulturen angesichts der Greuel der Religionskriege und der Brutalität der Conquistadores jeglichen zivilisatorischen Überlegenheits- und damit auch Herrschaftsanspruch verspielt hätten.

Das 18. Jahrhundert nimmt in der plurisäkularen Geschichte der Infragestellung okzidentaler Wissens-, Denk- und Erkenntnisstrukturen durch außereuropäische Erfahrungshorizonte, die bis in die Gegenwart fortwirkt, eine herausragende Stellung ein. Im Gegensatz zum 15. und 16. sowie zum 19. Jahrhundert, in denen die geographische Weltkenntnis durch die europäischen Entdeckungsreisen nach Asien, Amerika und Afrika in beträchtlicher Weise erweitert wurde, zeichnet sich das 18. Jahrhundert nur durch relativ begrenzte geographische Horizonterweiterungen aus. Neue geographische Horizonte eröffneten nur, vor allem im pazifischen Raum, zwischen 1768 und 1775 die Weltumsegelungen von Cook, Bougainville und La Pérouse sowie die Erkundungsreisen von Missionaren, vor allem von Jesuiten, und von französischen Kolonialoffizieren wie Bougainville und La Hontan in das Innere Nordamerikas.

Statt dessen stellte das 18. Jahrhundert eine entscheidende Etappe hinsichtlich der Systematisierung und Neuperspektivierung des europäischen Wissens über die außereuropäische Welt dar. Der ›enzyklopädische Traum‹

(J.-M. Goulemot) des 18. Jahrhunderts fand in allen großen europäischen Sprachen in umfassenden Sammlungen von Reisebeschreibungen, welthistorischen Kompendien, Kuriositätenkabinetten und naturkundlichen Sammlungen, umfangreichen Handbüchern für Kolonialkaufleute und schließlich in der ersten Geschichte der kolonialen Expansion Europas nach Übersee, der »Histoire philosophique et politique des établissemens et du commerce des Européens dans les deux Indes« von Guillaume-Thomas Raynal (unter Mitarbeit u.a. von Denis Diderot), die 1770 veröffentlicht und in alle großen europäischen Sprachen übersetzt wurde, ihren Niederschlag. Seit der Jahrhundertmitte erschienen zudem in mehreren europäischen Sprachen in rascher Folge große, enzyklopädische Sammlungen von Reiseberichten, von Astleys »A New General Collection of Voyages and Travels« (1745–47) über die monumentale »Histoire Générale des Voyages« (1746–89, 19 Bde.) des Abbé Prévost (1697–1763) und der ihm nachfolgenden Herausgeber A. G. Meunier de Querlon und J. P. Rousselot de Surgy bis J. F. Zückerts »Sammlung der besten und neuesten Reisebeschreibungen« (1737–1778) und Johann Joachim Schwabes Werk »Allgemeine Historie der Reisen zu Wasser und zu Lande« (1747–53).

Zugleich stellte das 18. Jahrhundert, wie Werner Krauss in seiner Studie herausarbeitete,[1] eine entscheidende Etappe im Hinblick auf die Konstitution neuen Wissens über den Menschen und seine kulturell spezifischen Lebenswelten dar. Das Werk Johann Gottfried Herders und Joseph-François Lafitaus, die Berichte über die Entdeckungsreisen von Cook, Forster, Bougainville, La Pérouse und La Condamine, die Aufzeichnungen von Mungo Park über seine Reisen in das Innere Afrikas (»Travels in the Interior of Africa«, 1799), die umfangreichen und bisher in ihrer Bedeutung für die Neukonstituierung ethnographischen Wissens nur in Umrissen erfaßten »Relationes« der Jesuiten in Süd- und Nordamerika sowie Ostasien und die wissenschaftlichen Ergebnisse der Ägypten-Expedition Napoléon Bonapartes[2] bilden Marksteine eines neuen und für die Grundstrukturen des okzidentalen Wissens provokativen anthropologischen Diskurses. In einer neuen und vielleicht für die europäische Geistesgeschichte einzigartigen Konstellation verband das 18. Jahrhundert die Exploration neuer geographischer und kultureller Horizonte mit einer differenzierten philosophischen Reflexion hierüber. Der Titel von Raynals umfassender Kolonialgeschichte, der in programmatischer Weise die beiden Adjektive »politisch« und philosophisch« in den Vordergrund rückt, erscheint hierfür symptomatisch. Das Werk verfolgte die Zielsetzung, ein umfassendes Inventar des Wissens über außereuropäische Gesellschaften und Kulturen mit einer systematischen geschichtsphilosophischen und anthropologischen Reflexion zu verknüpfen, die großenteils aus der Feder Denis Diderots stammte.[3] Die Berichte über mehrere der großen Entdeckungsreisen des 18. Jahrhunderts wurden bezeichnenderweise durch Formen der philosophisch-politischen Reflexion ergänzt und erweitert, die sich als ›Philosophische Supplementa‹ zum pragmatischen Wissensdiskurs der Reisenden selbst verstanden. So schrieb Denis Diderot 1772 im Anschluß an die Veröffentlichung der »Voyage autour du monde« (1769–70) von Louis-Antoine de Bougainville ein »Supplément au Voyage de Bougainville« (1772), das radikal zivilisationskritische und antikolonialistische Positionen enthielt. Der französische Schriftsteller Choderlos de Laclos, der sich vor allem durch seinen erotischen Skandalroman »Les Liaisons dangereuses« einen Namen machen

1 Werner Krauss, Zur Anthropologie des 18. Jahrhunderts. Die Frühgeschichte der Menschheit im Blickpunkt der Aufklärung, hg. von Hans Kortum/Christa Gohrisch, Berlin 1987.

2 D. V. Denon, Voyage dans la Basse et la Haute-Egypte, Paris 1802.

3 Hans-Jürgen Lüsebrink/Anthony Strugnell (Hg.), L'histoire des deux Indes: réécriture et polygraphie, Oxford 1995.

sollte, verfaßte 1797 in gleicher Absicht wie Diderot einen Nachtrag zur Weltumsegelung von La Pérouse, der dessen pragmatisch-wissenschaftliche Reisebeschreibung (»Voyage de La Pérouse autour du monde«, 1791) um eine philosophische Dimension zu erweitern beabsichtigte. Der französische Kolonialoffizier Louis-Armand Baron de La Hontan schrieb 1715 ein philosophisches »Addendum« zu seinen eigenen Berichten über die im Auftrag der französischen Regierung durchgeführten Erkundungs- und Eroberungsreisen in das Innere Kanadas. Seine »Dialogues entre l'auteur et un sauvage de bon sens qui a voyagé« (1705), Gespräche zwischen einem europäischen Kolonialoffizier und dem Huronenhäuptling Adario, repräsentieren zugleich die erste differenzierte, in gleicher Weise fiktive und auf langjährigen und intensiven interkulturellen Erfahrungen und Kontakten beruhende Darstellung der Figur des »Bon Sauvage«, des Edlen Wilden, der im 18. Jahrhundert zur Verkörperung eines radikalen Alternativmodells zur okzidentalen Zivilisation avancierte. Auch der Diskurs Georg Forsters über die außereuropäische Welt läßt sich in vieler Hinsicht als ein philosophisches ›Supplementum‹ zu seinen eigenen Reiseerfahrungen und -berichten lesen, in denen Problemkreise wie die Legitimation kolonialer Eroberung und Gewalt sowie neue Konzeptionen der Entwicklung der Menschheitsgeschichte im Mittelpunkt stehen.[4]

Die philosophische, politische und anthropologische Reflexion des 18. Jahrhunderts verarbeitete somit das seit dem 15. Jahrhundert und in verstärktem Maße seit der 2. Hälfte des 18. Jahrhunderts vor allem in Reiseberichten akkumulierte Erfahrungswissen über die außereuropäische Welt in unterschiedlichen Wissensdiskursen sowie in gewissermaßen ›transversaler‹ Weise. Indem es die Grenzen unterschiedlicher Diskurs- und medialer Darstellungsformen überschritt, fand es Eingang in die politische Reflexion über Vor- und Nachteile der unterschiedlichen Regierungs- und Gesellschaftssysteme. Es stand im Zentrum des anthropologischen Diskurses über Entwicklungsstufen und -formen des Menschheitsgeschlechts. Es lag der philosophischen Reflexion über den Ursprung der Sprachen zugrunde. Es beherrschte die ethisch-moralische Debatte über die Legitimität von Sklaverei und Sklavenhandel, die – etwa in dem Pamphlet »Les Chaînes de l'esclavage« (1774) des zukünftigen Revolutionärs Jean-Paul Marat – zu einer grundlegenden Diskussion über die Abschaffung von sozialer Ungleichheit in okzidentalen Gesellschaften ausgedehnt wurde. Und es stellte die von der christlichen Religion geprägten moralischen und ethischen Grundsätze okzidentaler Gesellschaften im Namen neuer Vorstellungen von ›Glück‹ und ›Wohlergehen‹ in Frage, die – etwa in den philosophischen Dialogen von Diderot und La Hontan – von Vertretern außereuropäischer Kulturen repräsentiert wurden und denen ihre europäischen Dialogpartner keine überzeugenden Konzeptionen entgegenzusetzen hatten. Das neue, systematisierte Wissen über außereuropäische Gesellschaften fand gleichfalls Eingang in vielfältige mediale und ästhetische Darstellungsformen, vom Theater über das Ballett bis zur Malerei, Innenarchitektur und zum Mobiliar, das seit den ersten Jahrzehnten des 18. Jahrhunderts in zunehmendem Maße von den China- und Orientmoden und (seit den 1770er Jahren) von der Faszination durch die Zivilisationen der Inkas und Azteken sowie durch die ästhetische Anziehungskraft schwarzafrikanischer Kulturen geprägt war (Abb. 285). Bildlichen Darstellungen – vor allem in Form von Zeichnungen und hierauf basierenden Kupferstichen – kam zudem eine neue Erkenntnisfunktion zu.

4 Hans-Jürgen Lüsebrink, Zivilisatorische Gewalt. Zur Wahrnehmung kolonialer Entdeckung und Akkulturation, in: Georg Forsters Reiseberichte und Rezensionen, Kassel 2003, 123–138.

Abb. 285: G. C. Böttger, Histoire des Yncas du Perou (1787)

Das 18. Jahrhundert zeichnet sich schließlich durch die ›Wortergreifung der Anderen‹ und ihr Eindringen in europäische Diskurse und Öffentlichkeiten aus. Auch wenn sich hier Vorläufer finden lassen – wie der Inka Garcilaso de la Vega, der für seine Anfang des 17. Jahrhunderts verfaßten »Comentarios Reales« beanspruchte, eine indianische Sicht der präkolumbianischen Imperien sowie der Conquista zu repräsentieren –, so scheint das 18. Jahrhundert in geradezu obsessioneller Weise von dem Wunsch beseelt gewesen zu sein, Vertretern außereuropäischer Gesellschaften und Kulturen das Wort zu geben, ihre Positionen und Weltsichten zu erfahren, den ›Stimmen der Besiegten‹ Raum und Gehör zu verleihen. Dies belegt zunächst eine ganze Reihe fiktiver Wortergreifungen, die die Literatur- und Geistesgeschichte des europäischen 18. Jahrhunderts durchziehen, wie die »Lettres d'une Péruvienne« (1747) von Françoise De Graffigny, Montesquieus Brieforoman »Lettres Persanes« (1721), die gleichfalls fiktiven »Letters from a Hindoo Rajah« (1796) von Eliza Hamilton oder die »Lettres Chérakisiennes« (1769) von Maubert de Gouvest, der einen nordamerikanischen Indianer durch Italien reisen läßt. Die 1763 publizierten »Letters from the Levant, During the Embassy to Constantinople« der englischen Schriftstellerin Lady Mary Wortley Montagu

Abb. 286: George Romney, Lady Mary Montagu's Son in Eastern Dress, Porträt (um 1760)

stellen die vielleicht ausgefeilteste und zugleich widerspruchsvollste Ausprägungsform der Gattung dar. In ihren Briefen aus Konstantinopel berichtet die in der Öffentlichkeit als Mann verkleidete Autorin von ihren Reisen in das ottomanische Reich in den Jahren 1716–18, die aus einer kulturellen Innensicht heraus verfaßt sind. Sie geben sowohl reale Reiseerfahrungen als auch orientalistische Imaginationen wieder, die auch nachhaltigen Einfluß auf ihre Umgebung ausübten (Abb. 286), übermitteln jedoch in vielfältiger Weise Zeugnisse und Stimmen orientalischer Frauen, denen Lady Montagu während ihres Aufenthalts begegnet war. Die Welt der türkischen Badehäuser erscheint in ihrer Darstellung zudem als ein Raum weiblicher Emanzipation mit utopischen Zügen, als eine Entsprechung zum männlichen Freiheitsraum des englischen Kaffeehauses.[5]

Die zahlreichen fiktionalen Wortergreifungen von Vertretern außereuropäischer Kulturen in Werken wie der »Histoire des deux Indes« von Raynal und Diderot sowie die Bedeutung, die der Wiedergabe der Positionen und

5 Srinivas Aravamudan, Tropicopolitans. Colonialism and Agency. 1688–1804, Durham/London 1999,161–189.

Stellungnahmen von Vertretern außereuropäischer Kulturen in den Jesuitenrelationen beigemessen wird, bezeugen gleichfalls ein zugleich kulturelles und anthropologisches Interesse an ›authentischer Augenzeugenschaft‹. Der (inter)kulturellen Kompetenz der Verfasser von Werken über die außereuropäische Welt wurde ein völlig neuer Stellenwert beigemessen, die intime Kenntnis der Sprachen und kulturellen Lebenswelten wurde zum entscheidenden Kriterium ihrer Einschätzung und Beurteilung. Der deutsche Übersetzer der »Geschichte der Inkas« von Garcilaso de le Vega geht aus diesem Grunde in seinem Vorwort ausführlich auf die Biographie des Verfassers ein. Dieser kenne die von ihm historisch aufgearbeiteten Inka-Kulturen – anders als die okzidentalen Geschichtsschreiber – aus einer intimen Innensicht heraus und sei deshalb in besonderer Weise geeignet, zu ihrem modernen Historiographen zu werden:

»Da er in dem Lande selbst gebohren war, dessen Geschichte er schrieb und von Kindheit an, über 20 Jahre darinne gelebt hatte, so kann man nicht läugnen, daß er von Jugend auf an der Quelle selbst stand, aus welcher man die Kenntnisse zu einer solchen Geschichte schöpfen mußte. Seine Mutter war eine Palla, eine Tochter eines Inka, oder Prinzen, eines Sohnes des Huayna Capaks, zwölften Königes von Peru. Er ward in ihrem Hause erzogen, und sog mit der Muttermilch ihre Sprache, ihre Deutungsart und ihre Liebe zu seinem Vaterlande ein. Sie ward täglich von den, der Grausamkeit des Athualpha entronnenen, Inkas, welche ihre nächsten Verwandten waren, besucht: Da die Inkas eine besondere Sprache redeten, welche von ihren Siegern, den Spaniern nicht verstanden ward, so kann man sich wohl vorstellen, daß diese unglücklichen abgerissenen Zweige des königlichen Stammes sich eben so oft von dem ehemaligen Flor ihrer Familie und der Herrlichkeit ihres Reiches werden unterhalten haben, als die Nachkommen Davids in der Babylonischen Gefangenschaft von der Pracht Jerusalems. Garcillaso, der diese Gespräche täglich hörte, beständig einen großen Gefallen daran hatte, und was er nicht verstand fragte, mußte also wohl, ehe er noch daran dachte ein Schriftsteller zu werden, die meisten und besten Nachrichten, von der Geschichte seines Reiches, das gar keine Schrift noch Schriftsteller hatte, in seinem Kopfe gesammelt haben. Der Vortheil, daß er unter allen Geschichtsschreibern, welche die Historie der Inkas erzählen der einzige ist, welcher die Sprache, in welcher sie sich ihre Nachrichten haben müssen geben lassen, vollkommen verstand, muß ihm schon allein ein großes Uebergewichte geben.«[6]

Die Veröffentlichung der ersten autobiographischen, literarischen wie auch politischen Schriften ehemaliger Negersklaven seit den 1780er Jahren wurde von Kulturpolitikern und Kulturanthropologen wie dem Abbé Henri Grégoire (in seinem Hauptwerk »De la Littérature des Nègres«, 1808) als ein entscheidender Beweis für die Gleichheit und intellektuelle Entwicklungsfähigkeit aller Menschenrassen gesehen. Die Amerikanische Revolution sowie die Autonomie- und Unabhängigkeitsbewegungen in Südamerika und die hiermit verbundene Entstehung einer eigenständigen Historiographie und Publizistik auf dem amerikanischen Doppelkontinent in der Wende vom 18. zum 19. Jahrhundert veränderten schließlich grundlegend die Diskurs- und Machtverhältnisse zwischen Okzident und außereuropäischer kolonialer Welt. Die radikale Kritik des nordamerikanischen Politikers und Publizisten Thomas Payne an den Nordamerikakapiteln von Raynals »Histoire des deux

6 Inca Garcilaso de la Vega, Geschichte der Inkas, Könige von Peru. Erster Theil. Von der Entstehung dieses Reichs bis zu der Regierung seines letzten Königs Atahualpa. Aus den Nachrichten des Inka Garcillasso de la Vega verfasset von G. C. Böttger, Nordhausen 1787, Vorwort, 11–13.

Indes« belegt ein völlig neues Selbstbewußtsein, in dem der europäischen Historiographie mangelnde Kenntnis der amerikanischen Lebenswelt und ihrer Geschichte vorgeworfen werden.[7]

Die 1771 in Mannheim erschienenen »Nachrichten von der Amerikanischen Halbinsel Californien« (1772) des im elsässischen Schlettstatt geborenen Jesuitenmissionars Johann Jakob Baegert, der 17 Jahre in Niederkalifornien tätig war, verstanden sich als expliziter Gegendiskurs zu den bisherigen Darstellungen der Region und ihrer Einwohner. Baegert, dessen Werk sich durch eine bemerkenswert differenzierte Kenntnis der Indianerkulturen Niederkaliforniens, ihrer Sprachen und Soziabilitätsformen auszeichnet und der im 19. und 20. Jahrhundert in Mexiko als Vorläufer einer lateinamerikanischen Anthropologie gewürdigt wurde,[8] warf den Verfassern etwa der »Noticia de la California y de su Conquista Temporal y Espiritual«, die 1757 in Madrid veröffentlicht und in mehrere europäische Sprachen, u.a. auch 1769 ins Deutsche, übersetzt wurde, mangelnde Kenntnis der geographischen und sozialen Gegebenheiten vor Ort, fehlende Sprach- und Kulturkenntnisse sowie hieraus resultierende tiefgreifende Mißverständnisse und Irrtümer vor. Er beabsichtige, so Baegert, »die Unwahrheiten und Verleumdungen einiger Schriftsteller zu widerlegen«, ein Anliegen, für das er selbst die besten biographischen Voraussetzungen mitbringe:

»Ich kann es ohne Beschwerniß thun, weil das Loß vor diesem auf mich gefallen, siebenzehn Jahr in Californien zu leben. In dieser Zeit bin ich darinn über achtzig Stund der Länge nach herumgewandert, hab beyde Meer-Ufer mehrfach besichtiget und mit anderen mich öfters besprochen, welche mehr als dreißig Jahr daselbst haben zugebracht, und mehr als einmal (so weit das Land entdeckt ist) von einem End bis zum andern dasselbe durchstrichen, oder welche in verschiedenen dessen Gegenden gegen Süden, gegen Norden und in der Mitte eine geraume Zeit darin gewohnt habe.«[9]

2. Enzyklopädismus

Die Zielsetzung, sämtliches Wissen zu einem präzisen Gegenstand oder – in den großen enzyklopädischen Werken – in umfassender Weise zu sammeln, zu systematisieren und der Öffentlichkeit zu vermitteln, stellt eine der wesentlichen Charakteristiken des Aufklärungszeitalters dar, durch die in grundlegender Weise auch der Wissenstransfer über die außereuropäische Welt expandierte und sich zugleich strukturell veränderte. Wie Denis Diderot im Artikel »Encyclopédie« der großen, von ihm gemeinsam mit D'Alembert herausgegebenen Pariser »Encyclopédie« unterstrich, sollten enzyklopädische Werke im Sinne der Aufklärungsbewegung keine Kompilationen darstellen, in denen bereits andernorts publiziertes Wissen lediglich resümiert werde, sondern selbst einen genuinen Erkenntnisfortschritt markieren. Zahlreiche Artikel, die in den großen Enzyklopädien des 18. Jahrhunderts über die koloniale Welt erschienen sind, und in besonderem Maße zahlreiche enzyklopädische Darstellungen über einzelne Weltgegenden, basierten hinsichtlich des Wissenszuwachses, den sie dokumentierten, im wesentlichen auf zwei Entwicklungslinien. Sie beruhten zum einen auf dem Erkenntnisgewinn, den die großen Forschungsreisen des 18. Jahrhunderts, vor allem die Weltumsegelungen von Cook, La Pérouse und Bougainville sowie die Rei-

7 Thomas Payne, A Letter adressed to the Abbé Raynal on the Affairs of North America. In which the mistakes of the Abbé's Account of the Revolution of America are corrected and cleared up, Philadelphia/Aitken 1782.

8 Hans-Jürgen Lüsebrink, Missionarische Fremdheitserfahrung und anthropologischer Diskurs. Zu den Nachrichten von der Amerikanischen Halbinsel Californien (1772) des elsässischen Jesuitenmissionars Johann Jakob Baegert, in: Sabine Hofmann/Monika Wehrheim (Hg.), Lateinamerika. Orte und Ordnungen des Wissens. Festschrift für Birgit Scharlau, Tübingen 2004, 69–82.

9 Heinrich Baegert, Nachrichten von der Amerikanischen Halbinsel Californien: mit einem zweyfachen Anhang falscher Nachrichten etc., Mannheim 1772, 2f.

sen von La Condamine, Frazier und Ulloa in die Pazifikregionen Südamerikas und das Innere des südamerikanischen Kontinents hervorgebracht hatten; zum anderen auf neuen Methoden der Sammlung und Systematisierung von Wissen: Hierzu zählen vor allem die Entwicklung der Statistik, die Fortschritte in Kartographie, Astronomie, Bodenkunde und Vermessungswesen in den Jahrzehnten zwischen 1750 und 1780,[10] die Entstehung einer systematisierten Naturgeschichte und Pflanzenphysiologie, die Valorisierung empirischen Datenmaterials und schließlich die Herausbildung und Systematisierung komparatistischer Ansätze in der Anthropologie (Herder, Lafitau, Iselin), der Kulturgeschichte (Voltaire), der politischen Philosophie (Montesquieu, Volney) und der Naturgeschichte (Linné, Buffon). Das Werk »Mœurs des Américains comparées aux mœurs des premiers temps« (1723) des französischen Jesuiten Joseph-François Lafitau, der einen systematischen Vergleich zwischen den bei den Indianern Kanadas beobachteten Gesellschaftsverhältnissen und antiken Berichten vornimmt, veranschaulicht, wie die traditionelle Geschichtssicht der systematischen Parallelisierung von Antike und Gegenwart, die sich etwa in Plutarchs »De Viribus Illustribus« findet, im 18. Jahrhundert in der sukzessiven Entwicklung einer systematisch komparatistischen Herangehensweise aufgeht. Neben die diachronen Bezüge zur Antike, die zudem bei Autoren wie Lafitau und Raynal ihre Vorbildfunktion eingebüßt hat, traten in zunehmendem Maße synchronische Vergleiche zu anderen gegenwärtigen Kulturen und Gesellschaften. Diese beruhten wiederum häufig auf einer extensiven Aufarbeitung der vorliegenden Literatur, insbesondere der Reiseberichte, Enzyklopädieartikel und historiographischen Darstellungen.

Die »Politische und philosophische Geschichte der Kolonien der Europäer in beiden Indien«, die der ehemalige Jesuit und spätere Journalist und Schriftsteller Guillaume-Thomas Raynal 1770 in einer sechsbändigen französischen Erstausgabe veröffentlichte, spiegelt den Einfluß der genannten epistemologischen Entwicklungssprünge auf die Darstellungsstruktur des Wissens über die koloniale Welt in der zweiten Hälfte des 18. Jahrhunderts in anschaulicher Weise wider. Raynals Werk, das 1774 in einer sechsbändigen und dann 1780 in einer 10-bändigen, in zahlreiche Sprachen übersetzten Ausgabe neu herausgegeben wurde, stellte einerseits eine Synthese der vorliegenden Darstellungen zu einzelnen Etappen und Teilen der kolonialen Welt dar. Es fußte – wie die neuere Quellenkritik sowie die im Entstehen begriffene kritische Edition belegen – auf der selektiven und kommentierten Kompilation einer kaum übersehbaren Fülle von Quellen, die von der Auswertung der großen enzyklopädischen Wörterbücher und Geschichtsdarstellungen (wie dem »Dictionnaire Universel de Commerce« von Savary des Bruslons, der »Universal History« und der »Histoire Générale des Voyages« des Abbé Prévost) bis hin zu den erst zu Beginn der 1770er Jahre erschienenen Reiseberichten Cooks und Bougainvilles reichten. Raynal und seine Mitarbeiter, zu denen neben Diderot u.a. der Botanist Jussieu zählte, ergänzten diese kritisch-selektive Kompilation vorliegenden und großenteils publizierten Wissens durch eine umfangreiche, empirisch recherchierte Dokumentation: Statistiken von Handelshäusern und Kontoren, Berichte von Handelsreisenden und Diplomaten, die Raynal gezielt anschrieb und um Informationen bat, wie etwa den spanischen Diplomaten Campomanes; umfangreiches Kartenmaterial, das in einem bei der Quartausgabe hinzugefügten und separat veröffentlichten At-

10 Philippe Despoix, L'Horloge, l'imprimé et l'indigène. Dispositifs européens de l'exoploration à l'âge des Lumières, Paris 2004.

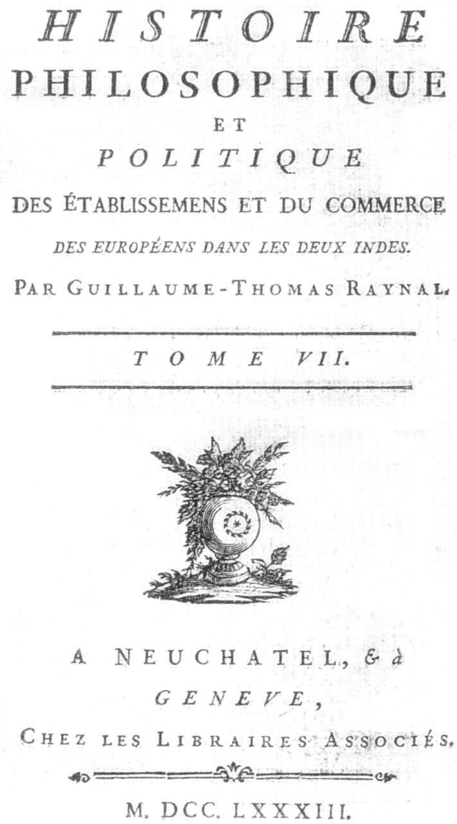
HISTOIRE
PHILOSOPHIQUE
ET
POLITIQUE
DES ÉTABLISSEMENS ET DU COMMERCE
DES EUROPÉENS DANS LES DEUX INDES.
PAR GUILLAUME-THOMAS RAYNAL.

TOME VII.

A NEUCHATEL, & à
GENEVE,
CHEZ LES LIBRAIRES ASSOCIÉS.

M. DCC. LXXXIII.

Abb. 287: Ein Engländer auf Barbados verkauft seine Geliebte, aus: Guillaume-Thomas Raynal, Histoire des deux Indes, Titelkupfer des siebten Bandes (1783)

las gedruckt wurde und das Raynal und seine Mitarbeiter großenteils von ausgewiesenen Kartographen gezielt anfertigen ließen; sowie Berichte des französischen Kriegsministeriums, zu denen Raynal als Vertrauter des Ministers Choiseul einen privilegierten Zugang hatte. Aus der Feder vor allem Denis Diderots stammten schließlich die zum Teil sehr grundlegenden und weit ausholenden philosophischen und politischen Reflexionen des Werkes, die den pragmatischen Wissensdiskurs über die koloniale Welt – der von der Beschreibung der Handelskontore und ihrer Geschichte über das Inventar der Bodenschätze bis hin zur anthropologischen Charakterisierung ihrer Bewohner reichte – um eine kritisch-distanzierte Dimension erweiterten. Diese für den enzyklopädischen Diskurs des Aufklärungszeitalters symptomatische Verbindung von Wissensinventar und philosophischer Reflexion schlug sich in Raynals Werk in differenzierten Stellungnahmen nieder, die alle zentralen neuen Reflexionsformen der Spätaufklärung über die außereuropäische Welt aufnahmen: die philosophische Reflexion über die Vor- und Nachteile der Entdeckung Amerikas für die Menschheit, die zu grundlegenden Debatten über die Legitimität kolonialer Eroberung und Herrschaft sowie von Sklaverei und Sklavenhandel überleitete; die anthropologische Diskussion über die Entstehungsgeschichte der Menschheit und ihrer unterschiedlichen Hautfarben, Rassen und Zivilisationen; sowie die geschichtsphilosophische Debatte

HISTOIRE
PHILOSOPHIQUE
ET
POLITIQUE
DES ÉTABLISSEMENS ET DU COMMERCE
DES EUROPÉENS DANS LES DEUX INDES.
PAR GUILLAUME-THOMAS RAYNAL.

TOME IV.

A NEUCHATEL, & à
GENEVE,
CHEZ LES LIBRAIRES ASSOCIÉS.

M. DCC. LXXXIII.

Abb. 288: Mutter Natur betrachtet mitleidig mißhandelte Negersklaven, aus: Guillaume-Thomas Raynal, Histoire des deux Indes, Titelkupfer des vierten Bandes (1783)

über die Entstehung, Struktur und Einschätzung unterschiedlicher Herrschafts- und Regierungsformen, die durch die Amerikanische Revolution eine völlig neue Dimension erhalten hatte. Die »Histoire des deux Indes« spiegelte somit alle wesentlichen Diskursformen und Debatten des Aufklärungszeitalters wider, zu denen das Werk – aufgrund vor allem der herausragenden Rolle des Co-Autors Denis Diderot, der etwa 400 der insgesamt 3200 Seiten verfaßte – teilweise sehr radikale, die Legitimation von Kolonialisierung und Sklavenhandel sowie die Überlegenheit der europäischen Zivilisation grundlegend in Frage stellende Positionen bezog. Die Titelblattillustrationen der Ausgabe von 1780, die mit über 50 Auflagen in französischer Sprache und über 60 Ausgaben in den verschiedenen Übersetzungen zu einem der großen Bestseller auf dem europäischen Buchmarkt des 18. Jahrhunderts zählte, verweisen auf die für das Werk charakteristische und zugleich epochentypische Verbindung von enzyklopädischem Wissensinventar und geschichtsphilosophisch-anthropologischer Reflexion. So zeigt der Titelblattkupferstich des 7. Bandes (Abb. 287) eine stilisierte, auf der Antilleninsel Barbados angesiedelte Szene, in der ein Engländer seine farbige Geliebte verkauft – eine ikonographische Darstellung der im geschichtsphilosophischen Diskurs des Werkes

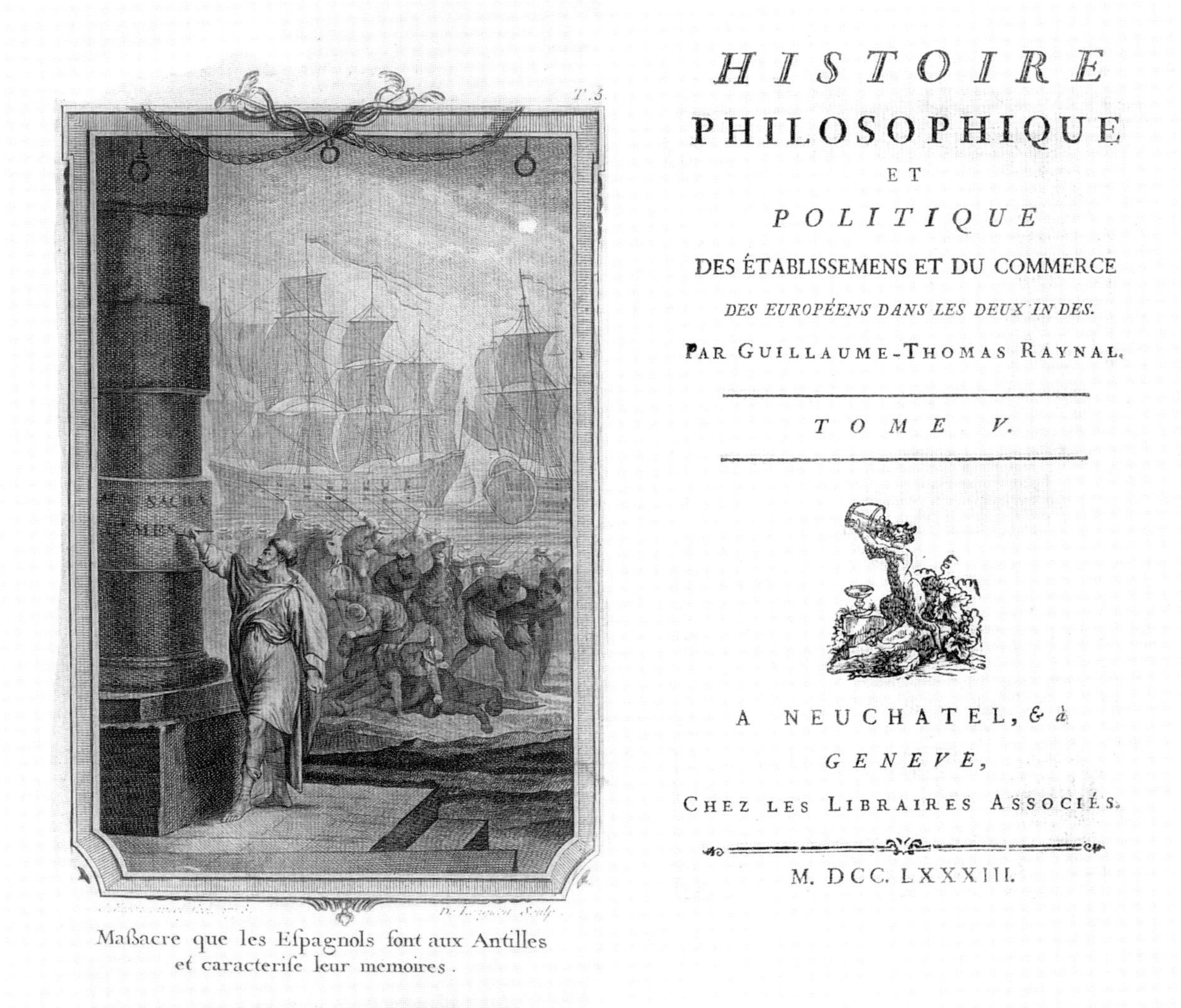

HISTOIRE
PHILOSOPHIQUE
ET
POLITIQUE
DES ÉTABLISSEMENS ET DU COMMERCE
DES EUROPÉENS DANS LES DEUX INDES.
PAR GUILLAUME-THOMAS RAYNAL.

TOME V.

A NEUCHATEL, & à
GENEVE,
CHEZ LES LIBRAIRES ASSOCIÉS.

M. DCC. LXXXIII.

Abb. 289: Massaker der Spanier auf den Antillen, aus: Guillaume-Thomas Raynal, Histoire des deux Indes, Titelkupfer des fünften Bandes (1783)

scharf denunzierten Praxis des Sklavenhandels und der Sklaverei. Der Titelkupfer des 4. Bandes (Abb. 288) visualisiert die für das Werk zentrale anthropologische Aussage der Gleichheit aller Menschenrassen und zeigt jeweils ein schwarzes und ein weißes Kind in den Armen der fürsorglichen Mutter Natur, während im Hintergrund des Bildes Afrikaner von einem Sklavenhändler brutal vorangetrieben werden. Das Titelblatt des 5. Bandes (Abb. 289) schließlich rückt die Figur des »Historien-Philosophe«, des philosophischen Geschichtsschreibers, mit der sich Raynal und sein Co-Autor Diderot identifizierten, in den Blick: In antikem Gewand und vor dem Hintergrund einer Szene, in der die Gewalttaten der Spanier an der Eingeborenenbevölkerung Amerikas dargestellt werden und gleichzeitig Segelschiffe zu sehen sind, denunziert er die Massaker mit steinernem Griffel auf einer monumentalen Säule. Die drei Bildelemente – die Handel und koloniale Eroberung symbolisierenden Schiffe, die Gewalttaten der Spanier und die Figur des Philosophen und Historikers, der den Bildvordergrund einnimmt – verweisen auf die Zielsetzung des Gesamtwerkes selbst, das die Geschichte der kolonialen Expansion in kritischer Bilanz darzustellen beabsichtigt, Gewalttaten und Ungerechtigkeiten auf der Grundlage aufgeklärter Geschichtsphilosophie verurteilt und zugleich die Vision einer zukünftigen besseren Gesellschaft evoziert, in der Sklaverei und koloniale Gewalt der Vergangenheit angehören würden.

Die exponentielle Erweiterung des Wissens über die außereuropäische Welt im 18. Jahrhundert und seiner gesellschaftlichen Verbreitung läßt sich an der Flut von Werken ablesen, die vor allem im Bereich der Reiseliteratur – die im Aufklärungszeitalter zu den beliebtesten Textgattungen überhaupt zählte – in allen europäischen Sprachen publiziert worden sind. Sie läßt sich auch geradezu quantitativ ›messen‹, wenn man beispielsweise die großen Lexika des 18. Jahrhunderts bezüglich des Umfangs ihrer Artikel über die verschiedenen Kontinente miteinander vergleicht und Entwicklungstendenzen beobachtet. Die 1770–1780 in Yverdon in der Schweiz erschienene »Encyclopédie« von De Félice stellte eine Aktualisierung der zwanzig Jahre zuvor publizierten »Encyclopédie« von Diderot und D'Alembert dar, die dem beschleunigten Wissens- und Erkenntnisfortschritt auch im Bereich der außereuropäischen Gesellschaften und Kulturen gerecht zu werden suchte. So enthält De Félices enzyklopädisches Lexikon zahlreiche neue Einträge zu den Kolonialstädten sowie zur Fauna und Flora Südamerikas. Der Artikel über Mexiko, der in der Pariser »Encyclopédie« spärliche drei Spalten umfaßte, ist in De Félices Lexikon mit 29 Spalten fast zehnmal so lang. Der Beitrag über Brasilien, im Werk Diderots und D'Alemberts 11 Zeilen lang, ist in der De Félicen Neufassung 40mal so umfangreich, womit Brasilien erstmals in das Bewußtsein einer breiteren Öffentlichkeit gerückt wurde. Ähnliches gilt für die Lexikonartikel über Chile, Paraguay und Peru, deren differenzierte Darstellungen der vorkolumbianischen Geschichte und der Conquista vor allem aus dem Werk des Inca Garcilaso de la Vega schöpfen. Zugleich zeigt der Vergleich zwischen den beiden Lexika, daß De Félices »Encyclopédie« als Referenzwerk der Spätaufklärung deutlich kritischere Positionen zur Sklaverei, zum Sklavenhandel und zur Legitimation kolonialer Eroberung und Unterwerfung einnahm als sein Vorgänger.

Der Wissens- und Erkenntnisfortschritt des 18. Jahrhunderts bezüglich der außereuropäischen Welt läßt sich gleichfalls anhand der Entwicklung länder- und regionenspezifischer Diskurse ablesen. Dies zeigt beispielsweise ein Vergleich des wichtigsten Referenzwerkes des 18. Jahrhunderts zu Japan – der »Geschichte und Beschreibung Japans« (1727) des deutschen Handelsreisenden Engelbert Kaempfer – mit den Japandarstellungen vorhergehender Jahrhunderte. Kaempfers Reisebericht, der gesamteuropäisch rezipiert wurde, zu den ›Pflichtlektüren‹ eines Gebildeten des Aufklärungszeitalters zählte und bis zur Öffnung Japans als Grundlagenwerk der abendländischen Japankunde galt, basierte im Gegensatz etwa zu Bernhard Varenius' »Descriptio Regni Japoniae« (1649) auf einem zweijährigen Japanaufenthalt des Verfassers und einer Fülle sorgfältig vor Ort festgehaltener Beobachtungen.[11] Kaempfer fixierte seine Erfahrungen während seines Japanaufenthalts in den Jahren 1690–92 in Form von Tagebucheintragungen und hielt wichtige Beobachtungen in Gestalt kleiner Skizzen fest, die als Vorlagen für die Illustrationen der späteren Buchpublikation dienen sollten. Er sammelte, transkribierte und übersetzte in extensiver Weise japanische Dokumente wie Herrscherlisten, Karten, geographische Darstellungen (wie das japanische Sachwörterbuch »Setsuyôshû«), Geschichtswerke (wie den »Nippon Odakai«, eine chronologische Darstellung der japanischen Geschichte), Urkunden sowie Bildmaterial im Original und bewies ungewöhnliches Geschick in der Einholung von Informationen

11 Horst Walter Blanke, Marco Polo, Bernhard Varenius und Engelbert Kaempfer. Oder: Vom Hörensagen über die gelehrte Recherche zum Autopsie-Bericht. Drei Stationen der europäischen Japan-Kunde, in: Berhard Varenius. Der Beginn der modernen Geographie. Begleitband zur gleichnamigen Ausstellung in der Eutiner Landesbibliothek, Eutin 2001, 49.

über ein Land, das Europäern weitgehend verschlossen war und dessen Einwohnern es offiziell untersagt wurde, Fremden Auskünfte über seine Gesellschaft, Kultur und Staatsverfassung zu erteilen. Hierbei kamen ihm, wie er in seiner »Geschichte und Beschreibung Japans« berichtet, seine Kenntnisse in Medizin und Heilkunst sehr zugute: »Ich bezeugte mich nemlich von Anfang an ungemein willfährig, diesen vornehmern Japanern mit meiner Profession, die Arztwissenschaft, und einem zwar geringem Unterricht in der Astronomie und Mathesi nach ihrem Wunsch und ohne Entgelt zu dienen; und (welches nicht zu vergessen) theilte ihnen dann auch ganz cordial bey diesem Unterricht beliebte europäische Liqueurs mit. Dies machte sie mir so gewogen, daß ich mit aller möglichen Freiheit und ganz genau und umständlich mich nach ihrer natürlichen, geistlichen und weltlichen Geschichte und nach Allem, was ich wollte, mich erkundigen konnte. Keiner weigerte sich, mir nach seiner besten Wissenschaft Nachricht zu geben; auch selbst von den verbotensten Dingen, wenn ich nur mit ihnen allein war.«[12] Kaempfers Reise, die ihn von Rußland über Persien nach Japan führte, war vordergründig eine Handels- sowie eine diplomatische Reise, entwickelte sich jedoch in zunehmendem Maße zu einer Forschungsreise im modernen Sinn des Begriffs: Ihre Modernität lag zum einen in der »Integration von authentischem Bildmaterial«,[13] dem ein eigener Erkenntniswert beigemessen wurde, zum anderen in dem Willen nach »enzyklopädischer Vollständigkeit«. Kaempfer ging es um eine möglichst weitreichende und systematische Erfassung aller Bereiche der bereisten und beobachteten Gesellschaften, »um relative wo nicht absolute Vollständigkeit; es ging ihm um die Vermessung und Katalogisierung der Welt«.[14]

3. Ethnographischer Blick und anthropologische Neugierde

Die Wandlung des Bildes und der Wahrnehmung außereuropäischer Gesellschaften in der zweiten Hälfte des 18. Jahrhunderts ist auf eine zweifache Entwicklung zurückzuführen, die durch Werke wie Kaempfers »Beschreibung Japans« vorbereitet worden ist: zum einen auf die Entstehung neuer Analyse- und Beschreibungsmethoden, vor allem im Bereich der Geographie und der angewandten Wissenschaften (Statistik, Astronomie, Erdvermessung, Zeitmessung), die vielfältige Einflüsse sowohl auf den anthropologischen Diskurs als auch auf Formen der fiktionalen Darstellung außereuropäischer Gesellschaften hatten. Die großen Entdeckungsreisen der Jahre 1770–1780 sowie die Ägypten-Expedition Napoléon Bonapartes führten nicht nur ein Arsenal von Meßinstrumenten mit sich, sondern wurden auch von eigens hierfür angestellten Zeichnern begleitet, die die Aufgabe hatten, möglichst präzise und naturgetreu die Fauna, Flora sowie die Einwohner der entdeckten und erforschten Gesellschaften bildlich festzuhalten. Allein auf den drei Reisen des Weltumseglers James Cook wurden knapp 200 Zeichnungen angefertigt, die zum Teil in Form von Kupferstichen weitere Verbreitung fanden und – etwa im Fall des Porträts des tahitianischen Königs Omai – zur Vorlage für Aussehen und Kostüm des Schauspielers dienten, der 1786–89 im Londoner Covent Garden Theater in einer mit großem Publikumserfolg aufgeführten Pantomime über die Entdeckungsreisen James Cooks auftrat.[15] Bereits Engelbert Kaempfer fertigte für seine »Geschichte und Beschreibung Japans« während

12 Engelbert Kaempfer, Geschichte und Beschreibung von Japan. Aus den Originalhandschriften des Verfassers hg. von Christian Wilhelm Dohm, unveränderter Neudruck des 1777 bis 1779 im Verlag der Meyerschen Buchhandlung in Lemgo erschienenen Originalwerks, hg. von Hanno Beck, Stuttgart 1964, 2 Bde., Bd. 1, LXVIf.

13 Blanke, Marco Polo, 59.

14 Ebd., 58.

15 Despoix, L'Horloge.

Abb. 290: Kokospalme, Kolorierter Kupferstich von Nicolaus Joseph Jaquin (um 1760)

seiner Reise eigene Bleistift-Skizzen, zum Teil auch kolorierte Federzeichnungen an, die er in seinen Tagebüchern sowie in besonderen Kladden aufbewahrte und die den Kupferstichen seines Buchs zugrunde gelegt wurden.[16] Das Bildmaterial entsprang bei zahlreichen, ›proto-ethnographischen‹ Reisebeschreibungen des 18. Jahrhunderts nicht mehr »der Phantasie von zeitgenössischen Künstlern, die auf der Grundlage der ihnen vorliegenden Texte diese mit Holzschnitten illustrierten«,[17] sondern basierte auf in Zeichnungen festgehaltenen Beobachtungen ihrer Autoren.

Der österreichische Naturforscher Nicolaus Jaquin (1727–1817), der in Leiden bei Johann Friedrich Gronovius, einem Schüler Linnés, studiert hatte, und in das Amt des Verantwortlichen für die Botanischen Sammlungen des Schönbrunner Hofgartens ernannt wurde, wurde 1754–59 von Kaiser Franz Stephan I., der seinen Hofgarten mit exotischen Pflanzen schmücken wollte, zu diesem Zwecke zu einer großen naturkundlichen Sammel- und Erkundungsreise in die Karibik geschickt. Jaquin schickte Hunderte von großenteils in Europa unbekannten Pflanzen, Samen sowie Ziergewächsen und Blumenzwiebeln nach Schönbrunn. Als er jedoch feststellen mußte, daß ein Teil des versandten Herbariums auf der Reise zerstört worden war – u.a. durch Ameisen –, beschloß er, die Pflanzen vor Ort in möglichst naturgetreuer Weise zu inventarisieren, zu beschreiben und zu zeichnen, wobei ihm ein früherer Aufenthalt an der kaiserlich-königlichen Zeichenakademie in Wien sehr zugute kam. Seine Beschreibungen und Abbildungen von mehreren Tausend Pflanzen- und Tierarten des westindischen Raums (Abb. 290) wurden teilweise zwischen 1760 und 1780 in Wien und Leiden publiziert und stießen in der wissenschaftlichen Öffentlichkeit der Zeit auf breites Interesse, was u.a. sein Briefwechsel mit den führenden Naturforschern des 18. Jahrhunderts – wie Haller, Linné, Banks, Gronovius und Thunberg – belegt. Der schwedische Naturforscher Linné, neben Buffon der international führende Naturhistoriker des 18. Jahrhunderts, schrieb 1760, nach dem Erscheinen von Jaquins gedrucktem Pflanzenverzeichnis der Karibik, an den Verfasser: »Gestern erhielt ich endlich dieses Buch, das ich so begierig erwartet hatte. Selten ist mir ein so kleines Büchlein mit so reichen goldenen Erkenntnissen begegnet. Ich las es am Abend und konnte in der Nacht darauf nicht schlafen, weil ich von ihren wunderbaren Pflanzen träumte.«[18]

Ein zweiter Entwicklungsstrang, der die Wahrnehmung der außereuropäischen Gesellschaft nachhaltig veränderte, betraf die Valorisierung unmittelbarer empirischer Erfahrung, die in zunehmendem Maße reinem Buchwissen oder Formen der vermittelten Erfahrung gegenübergestellt wurde. Die von G.-T. Raynal herausgegebene »Histoire des deux Indes« (1770), die im Europa der Spätaufklärung als enzyklopädisches Referenzwerk zur außereuropäischen Welt galt, wurde seit den 1780er Jahren zunehmend zur Zielscheibe der Kritik außereuropäischer, vor allem US-amerikanischer und südamerikanischer Autoren, die Raynal und seinen Mitarbeitern fehlende Quellen- und Sprachkenntnisse sowie mangelnde kulturelle Erfahrung mit außereuropäischen Zivilisationen vorwarfen. Thomas Payne, politischer Vorkämpfer der amerikanischen Unabhängigkeit und Schriftsteller, beschuldigte ihn in seiner »Lettre à Guillaume-Thomas Raynal, sur les erreurs de l'Histoire des deux Indes« (1781), die in Philadelphia gedruckt und nahezu unmittelbar ins Französische übersetzt wurde, niemals in Amerika gewesen zu sein und weder über die notwendigen sprachlichen noch kulturellen Kenntnisse zum

16 Jörg Schmeisser, Zeichnungen und Drucke zu Engelbert Kaempfers History of Japan/Geschichte und Beschreibung von Japan, in: Detlef Haberland (Hg.), Engelbert Kaempfer – Werk und Wirkung. Vorträge der Symposien in Lemgo (19.–22. 9. 1990) und Tokyo (15.–18. 12. 1990), Stuttgart 1993, 294–326.

17 Blanke, Marco Polo, 59.

18 Helga Hühnel, Botanische Sammelreisen nach Amerika im 18. Jahrhundert, in: Die Neue Welt. Österreich und die Erforschung Amerikas, hg. von Franz Wawrik/Elisabeth Zeilinger/Jan Mokre/Helga Hühnel, Wien 1992, 177.

tieferen Verständnis der amerikanischen Geschichte und insbesondere der Amerikanischen Revolution zu verfügen. Francisco Xavier Clavijero, ein mexikanischer, in Veracruz geborener Jesuit, der 1767 nach dem Verbot des Jesuitenordens Südamerika verlassen mußte und ins Exil nach Italien ging, setzte an den Anfang seiner 1780–81 zunächst in italienischer Sprache erschienenen und dann ins Deutsche, Englische und Französische übersetzten, sehr breit angelegten »Historia antigua de México« eine eingehende Kritik des philosophischen und politischen Diskurses »europäischer« Autoren über das präkolumbianische und koloniale Südamerika. Insbesondere Cornelius de Pauw, dem Verfasser der »Recherches philosophiques sur les Américains«, William Robertson, der die »History of America« geschrieben hatte, und Raynal mit seiner »Histoire des deux Indes« warf er vor, die spanischsprachige Historiographie über Mexiko, vor allem die Chronisten des 16. Jahrhunderts, weitgehend zu ignorieren und die indianischen, in erster Linie die aztekischen Quellen der präkolumbianischen Geschichte und der Conquista völlig außer acht zu lassen. Ähnlich wie das Werk des Inca Garcilaso de la Vega, das am Ende des 16. Jahrhunderts entstand und die Geschichte des Inka-Reichs aus indianischer Perspektive erzählte, aber im wesentlichen erst zu Beginn des 18. Jahrhunderts europaweit übersetzt und rezipiert wurde, stellte das Werk Clavijeros einen apologetischen Gegendiskurs zu europäischen Geschichtsdarstellungen der Zeit dar. Beide Geschichtswerke, die »Historia antigua de México« und die im 18. Jahrhundert breit rezipierten »Comentarios reales« des Inca Garcilaso de la Vega, legten ihrer historischen Darstellung aztekische bzw. Inka-Quellen zugrunde und bezogen auch mündliche Erzähltraditionen sowie Zeugnisse der materiellen Kultur ein. Der englische Übersetzer des Werkes von Clavijero wies in seiner »Vorrede« auf seine Pionierrolle hin, indem er den im Europa der Spätaufklärung als Referenzwerken über die koloniale Welt geltenden Werken von Cornelius de Pauw (»Recherches philosophiques sur les Américains«) und Raynal (»Histoire des deux Indes«) einen »Mangel an verschiedenen wesentlichen Dokumenten, die in den Archiven der neuen Welt aufbewahrt werden«, sowie fehlende Kenntnis der Sprache, Produkte sowie der Einwohner der Neuen Welt vorwarf: Dies habe Clavijero bewogen, »anstatt Mutmaßungen, die in Ansehung des Landes und der Einwohner verdächtig schienen, vielmehr authentischeren Nachrichten in Ansehung der Entdecker derselben zu folgen«:

»Der Abt Raynal und Herrn von Pauw haben wenig zur Abhelfung dieses Mangels beygetragen; hoffentlich hat aber der Abt Clavijero dieses durch seine Geschichte von Mexico geleistet. Man hat wenigstens Grund dieses von einem Manne zu glauben, der aus Vera Cruz gebürtig ist, beynahe vierzig Jahre in den Provinzen von Niederspanien lebte, die natürlichen Produkte des Landes untersuchte, die Sprache der Mexicaner und andrer Nationen lernte, viele ihrer Ueberlieferungen sammelte, und ihre historischen Gemälde so wohl als andre Denkmale des Alterthums fleißig untersuchte. Der Uebersetzer schmeichelt sich also, daß das Publicum dieses Werk, welches nicht nur alles wichtige, das in den Schriften andrer Geschichtschreiber anzutreffen ist, sondern auch noch viele bisher gar nicht bekannt gemachte Sachen enthält, geneigt aufnehmen wird.«[19]

Das Werk Clavijeros gehörte zum historiographischen und anthropologischen Schrifttum der südamerikanischen Exiljesuiten des ausgehenden 18. Jahrhunderts, die 1767 nach dem Verbot des Jesuitenordens im spanischen

19 Franz Xaver Clavijero, Geschichte von Mexico aus spanischen und mexikanischen Geschichtsschreibern, Handschriften und Gemälden der Indianer zusammengetragen und durch Charten und Kupferstiche erläutert nebst einigen kritischen Abhandlungen über die Beschaffenheit des Landes, der Tiere und Einwohner von Mexiko. Aus dem Italienischen […] durch den Ritter Carl Cullen ins Englische, und aus diesem ins Deutsche übersetzt, 2 Bde., Leipzig 1789. Italienische Originalausgabe unter dem Titel: Storia antica del Messico etc., 4 Bde., Cesena 1780–81. Hier aus: Bd. 1, Vorrede der englischen Übersetzung, 11.

Kolonialreich Amerika verlassen mußten und sich überwiegend in Italien, aber auch im Deutschen Reich niederließen. Paradoxerweise hatte das Verbot des Jesuitenordens zur Folge, daß eine ganze Reihe der vertriebenen Jesuiten nach ihrer Rückkehr nach Europa damit begannen, ihre Amerikaerfahrungen in historiographischen und ethnographischen Werken zu verarbeiten und zu publizieren, was ihnen aufgrund des weitgehenden Fehlens von Verlagen und Druckerpressen im kolonialen Südamerika nicht möglich gewesen wäre. Zudem wurden sie nach ihrer Rückkehr mit der tiefen Kluft zwischen dem europäischen Diskurs über Südamerika und ihrer eigenen Kenntnis der kulturellen Lebenswelt und der Geschichte des amerikanischen Kontinents und seiner Entwicklung konfrontiert, eine Erfahrung, die bei vielen Autoren, wie Francisco Xavier Clavijero und Martin Dobrizhoffer, einen entscheidenden Schreibimpuls bildete.[20]

Martin Dobrizhoffer, der 1718 in Friedberg in Böhmen geboren wurde und zwischen 1749 und 1767 in Paraguay als Missionar tätig war, ging in seiner monumentalen, auf Latein geschriebenen und dann ins Deutsche übersetzten »Geschichte der Abiponer, einer berittenen und kriegerischen Nation in Paraguay«, die 1783 in Wien publiziert wurde (Abb. 291), von einer radikalen Kritik an der europäischen Historiographie über Paraguay aus. Insbesondere kritisierte er in scharfer Weise die Südamerika und vor allem der Region des Rio de la Plata und Paraguay gewidmeten Kapitel von Bougainvilles »Voyage autour du monde«: »Denn in der That lachte ich vielmals, und vielmals ärgerte ich mich über die Schmierereyen, welche dem Leser die ungereimtesten Märchen von Amerika für Geschichte, Erdichtungen für Thatsachen, Meinungen, Muthmaßungen, und ich darf wohl sagen, Träume für Wahrheit aufbringen. Indessen werden sie dennoch gut bezahlet, von vielen gesuchet, und gemeiniglich nicht ohne Beyfall gelesen. Es wird sich daher meines Erachtens der Mühe lohnen, wenn ich die Quellen der Irrthümer, die sich in die Geschichte von Amerika eingeschlichen haben, aufdecke«,[21] schreibt Dobrizhoffer im Vorwort seines Werkes. Er gibt an, er habe im Laufe der Lektüre der drei ersten Bögen der Darstellung Bougainvilles über Paraguay nicht weniger als 26 faktische Fehler gefunden, die die Geographie, Fauna, Flora und die Bewohner des Landes beträfen.

Dobrizhoffers »Geschichte der Abiponer«, das wohl umfangreichste ethnographische Werk des ausgehenden 18. Jahrhunderts, umfaßt drei in-octavo Bände mit insgesamt über 1700 Seiten. Es ist den Ethnien Paraguays gewidmet, insbesondere dem Volk der Abiponi. Martin Dobrizhoffer verstand seine Arbeit explizit als Gegendiskurs zu den vorliegenden europäischen Darstellungen, da sie im Gegensatz etwa zu Bougainville und anderen Reisenden eine systematische ethnographische Darstellung enthalte, welche wiederum auf einer langen und intensiven Kenntnis der beschriebenen Sprachen, Kulturen und Lebenswelten beruhe: »Die Sammler der Enzyklopädien und Wörterbücher raffen ihren Vorrat an Wunderbarem aus den sogenannten Reisebeschreibungen so vieler Unwissender ohne Unterschied zusammen; [...] und bringen ein Flickwerk oder vielmehr ein Chaos zum Vorschein, welches alle, die mit Amerika näher bekannt sind, im höchsten Grade lächerlich finden müßten.«[22]

Das einleitende Motto des Werkes, das dem »Truculentus« von Plautus entnommen ist, unterstreicht programmatisch die Bedeutung der unmittel-

20 Manfred Tietz/Dietrich Briesemeister (Hg.), Los Jesuitas españoles expulsos. Su imagen y su contribución al saber sobre el mundo hispánico en la Europa del siglo XVIII. Actas del coloquio internacional de Berlin (7–10 de abril de 1999), Frankfurt a.M. 2001.

21 Martin Dobrizhoffer, Geschichte der Abiponer, einer berittenen und kriegerischen Nation in Paraguay. Aus dem Lateinischen übers. von A. Kreil, Wien 1783, hier: Bd. 1, o.S. [IX–X].

22 Ebd.

Abb. 291: Martin Dobrizhoffer, Geschichte der Abiponer, Frontispiz des ersten Bandes (1783)

baren Erfahrung im Verhältnis zu Formen der vermittelten Erfahrung, insbesondere zum Buchwissen: »Ein Augenzeuge gilt mehr, als zehn Ohrenzeugen. Der etwas höret, sagt blos, was er gehöret hat; der es sieht, weiß es gewiß.«[23]

Das Werk Dobrizhoffers, das insgesamt acht Abbildungen und drei Karten (der Rio de la Plata Region und der Mission Rosario) enthält, ist in drei große Teile untergliedert, die jeweils knapp 600 Seiten umfassen. Der erste Teil behandelt die Geographie, Fauna und Flora Paraguays sowie der weiteren Gran Chaco-Region in einer gleichermaßen geographischen und historischen Perspektive; der zweite Teil ist auf die Beschreibung des Abiponi-Volkes, bei dem Dobrizhoffer die längste Zeit seines Aufenthaltes als

23 Ebd. Zu dem Zitat vgl. PLAUTUS, Truculentus, 2, 6.

Missionar in Paraguay verbrachte, und seiner Kultur fokussiert; der dritte Teil schließlich enthält eine detaillierte ethnographische Beschreibung der Abiponer und ihrer sozialen und natürlichen Lebenswelt, die u.a. darauf abzielt zu erklären, warum sie – neben den Araukanern in Chile – das einzige Indianervolk Südamerikas darstellten, das bis in die 1730er Jahre hinein der spanischen Eroberung und Kolonisierung aktiven Widerstand entgegensetzte. Dobrizhoffer widmet mehrere Kapitel des letzten Teils seines Buches der Geschichte ihrer Unterwerfung und Integration in die jesuitischen Missionen, die er in erster Linie auf die politische Rolle und die Überzeugungskraft des Kaziken Ychoalay, dessen biographischem Profil er breiten Raum gibt, zurückführt.

Das Buch, das Dobrizhoffer nach seiner Rückkehr nach Österreich in den Jahren 1772 bis 1775 verfaßte, zeichnet sich zum einen durch eine große Präzision im Inventar und der Beschreibung der sozialen Strukturen, Riten, kulturellen Verhaltensweisen sowie der Sprache der verschiedenen Völker Paraguays, insbesondere der Abiponer, aus. Sein Diskurs ist – ganz im Gegensatz zu anderen Werken von Exiljesuiten wie den »Nachrichten aus Californien« des Paters Johann Jakob Baegert –[24] weitgehend abgelöst von religiösen Denk- und Kommentarschemata. Nur äußerst selten finden sich negative Kommentare und Werturteile über religiöse oder soziale Praktiken der Indianer, die etwa bei Baegert ein tieferes Verständnis und eine präzisere Beschreibung kultureller Handlungs- und Denkweisen häufig verstellen. Im zweiten Band seines Werkes greift Dobrizhoffer sogar ausdrücklich die gängigen negativen Stereotypen und Vorurteile über die Indianer an, die sich vor allem in der spanischen Historiographie fänden, etwa in der »Historia de las Indias« von López de Gómara, dem Standardwerk der spanischen Geschichtsschreibung der Conquista über Südamerika:

»Es ist unglaublich, mit welchen häßlichen Farben die Europäer, welche zuerst in Amerika gekommen sind, die Dummheit der Indianer geschildert haben. Ihrem Vorgeben nach hätte man sie mehr unter die Thiere als unter die Menschen rechnen sollen. Nach dem Zeugniß des Cyriakus Morelli in den Jahrbüchern von der neuen Welt erzählt Gomara in seiner Geschichte von Indien (217. Kap.), der Bruder Thomas Ortiz, nachmaliger Bischof von S. Martha, habe an den Hof zu Madrid geschrieben: die Amerikaner seyn so roh wie das Vieh, stumpf vom Verstande, albern, blödsinnig, zur Erlernung der vornehmsten Hauptlehren des Christenthums ganz unfähig, und überhaupt ohne alle menschliche Vernunft und Beurtheilungskraft.«[25]

Dobrizhoffer selbst unterstreicht in seiner Darstellung, ebenso wie in den beigefügten Abbildungen (Abb. 291, 292), das würdevolle Auftreten der Indianer sowie ihre imposante äußere Erscheinung und beschreibt die Komplexität ihrer Sprache, ihrer sozialen Strukturen sowie ihre geistige und kulturelle Entwicklungsfähigkeit. Er sei, »fast wider seinen Willen«, gezwungen, die »natürlich guten Eigenschaften der Indianer anzuerkennen«, und erklärt die von ihnen begangenen Grausamkeiten und Gewalttaten als Formen der Gegenwehr und des Widerstandes gegen die weitaus größere Brutalität der spanischen Conquistadores. Dobrizhoffers Diskurs ist durchsetzt von Vergleichen zwischen den Indianerkulturen Amerikas und den Kulturen der griechisch-römischen Antike, wobei er als Gewährsautoren insbesondere Tacitus, Plutarch, Livius und Platon heranzieht. Besondere Aufmerksamkeit widmet er soziokulturellen Eigenarten wie sozialen Riten sowie alltäglichen Gebräuchen und Praktiken, etwa Essensgewohnheiten, deren Spezifika er

24 Hans-Jürgen Lüsebrink, Missionarische Fremdheitserfahrung und anthropologischer Diskurs. Zu den Nachrichten von der Amerikanischen Halbinsel Californien (1772) des elsässischen Jesuitenmissionars Johann Jakob Baegert, in: Hofmann/Wehrheim (Hg.), Lateinamerika.

25 Dobrizhoffer, Geschichte der Abiponer, Bd. 2, 82.

Abb. 292: Aus: Martin Dobrizhoffer, Geschichte der Abiponer (1783)

mit den Begriffen »Merkwürdigkeiten« und »Sehenswürdigkeiten« kennzeichnet, und der Sprache der Abiponer. Im Gegensatz zu anderen Indianersprachen, wie dem Guarani, hätte er bei den Abiponern auf keine gedruckten Sprachlehren und Wörterbücher zurückgreifen können, sondern sich die Sprache durch autodidaktisches Lernen sowie durch den Unterricht bei älteren Patres wie dem P. Briguiel angeeignet, der sich im Kontakt mit den Abiponern sein eigenes Wörterbuch und seine eigene Grammatik zusammengestellt hatte. Das Zusammengreifen von Beobachtung, didaktischer Vermittlung und autodidaktischer Aneignung der Abiponer-Sprache beschreibt Dobrizhoffer wie folgt:

»In seinen Unterredungen mit den Wilden haschte er immer nach den neuen Wörtern und Ausdrücken, so wie Vögel aus dem Dünger Getreidekörner herauszufinden pflegen, trug sie in seinen Kollektanten ein, und schrieb endlich ein Lexikon zusammen, welches mit der Zeit über 150 Bogen betrug. Andere Patres schrieben es ab, feilten es aus, und bereicherten dasselbe mit wichtigen Zusätzen. […] Unser Beispiel brach gleichfalls die Bahne in diesen undurchdringlichen Labyrinthen, welche über die abiponische Sprache verbreitet waren, leitete den Gang der übrigen, und zündete ihnen dadurch, daß er die Grundzüge zu einer abiponischen Grammatik zeichnete, ein hinlängliches Licht an, welches allein seinen Namen unvergeßlich machen soll. Er war zwey Jahre hindurch mein Hausgenosse und Lehrmeister. Ich schrieb mir gleichfalls ein Wörterverzeichnis zusammen, aber nicht nach der Ordnung des Alphabets, sondern auf die Art, wie Amos Comenius sei Vestibulium lkinquarum ausgearbeitet hatte. Ich habe dasselbe noch bis auf diese Stunde!«[26]

Dobrizhoffer beschreibt in sehr detaillierter Weise die Begräbniszeremonien, die Geburts- und Hochzeitsriten, aber auch die Kleidung und Bewaffnung der Abiponer, zu denen er ein umfangreiches Lexikon anlegt und in seinem Werk veröffentlicht. Neben den lexikalischen, syntaktischen und phonetischen Strukturen der Sprache, die er als »verwickeltes Gewebe« oder gar »schauervolles Labyrinth«[27] bezeichnet, interessieren ihn vor allem die kulturellen Eigenheiten der Sprachentwicklung bei den Abiponi. Seine Absicht, so Dobrizhoffer, sei es nicht, »eine abiponische Sprachlehre zu schreiben, sondern bloß das Sonderbare und Fremde an dieser Sprache zu zeigen, und zugleich dem Ekel vorzubauen, der aus den langen Wörtern der Wilden entstehen dürfte«.[28]

So stellt er fest, daß die Aussprache sich in den verschiedenen Gesellschaftsschichten stark unterscheidet, betont grammatikalische Besonderheiten wie die im Vergleich zu europäischen Sprachen völlig andere Tempusstruktur und beobachtet eine spezifische Dynamik der Sprachentwicklung in der abiponischen Kultur: Alle Wörter der Sprache, die in unmittelbarer Beziehung mit einem Verstorbenen gestanden hätten, müßten durch andere Wörter ersetzt werden, wobei den Witwen und den älteren Frauen der Gesellschaft die Initiative zu Wortneuschöpfungen und ihrer Verbreitung zufiel. »Daher kam es«, so Dobrizhoffer, »daß unsere Wörterbücher von einer Menge ausgestrichener Wörter verunstaltet waren, weil man immer die veralteten Wörter daraus ausmerzen, und dafür die neuen hineinsetzen müßte. Die Erfindung der neuen Benennungen ist das Vorrecht und Geschäft der alten Indianerinnen. Ich verwunderte mich oft, daß die neu erfundenen Wörter allen, auch den entferntesten Horden sogleich bekannt werden, und daß die ganze Nation die Erfindung und den willkürlichen Ausspruch eines alten Weibes so einhellig annimmt, und so gewissenhaft darüber hält, daß Hohe und Niedrige sich schwer zu versündigen glauben, wenn sie das abgekommene Wort noch einmal aussprächen.«[29]

Das Werk Dobrizhoffers, ebenso wie die Schriften anderer Exiljesuiten wie Francisco Xavier Clavijero und Johann Jakob Baegert in Mexiko, Juan Arteta in Peru, Juan de Velasco in Ecuador und Giovanni Ignazio Molina in Chile, die in kultureller Hinsicht die »Avant-garde der Kreolkulturen«[30] bildeten, standen am Beginn einer lateinamerikanischen Historiographie, Ethnographie und Anthropologie, die sich im 19. und beginnenden 20. Jahrhundert in Südamerika in Form von Fachdisziplinen, Fachzeitschriften und Museen institutionalisieren sollte. Früher als in anderen Teilen der kolonialen Welt entwickelten sich hier Formen des ethnographischen, anthropologischen und historiographischen Gegendiskurses, die die postkoloniale Kulturgeschichtsschreibung als ›Writing back‹[31] bezeichnet und in das Zentrum ihres Erkenntnisinteresses gerückt hat. Die postkoloniale Strategie des ›Writing back‹ die die Wortergreifung außereuropäischer Schriftsteller und Wissenschaftler

26 Ebd., 234.
27 Ebd., 215.
28 Ebd., 207.
29 Ebd., 235.
30 Antonello Gerbi, The Dispute of the New World. The History of a Polemic. 1750–1900, hg. und übers. von Jeremy Moyle, Pittsburgh 1973, 194. (Italienische Originalausgabe Milano/Napoli 1955).
31 Bill Ashcroft/Gareth Griffith/Hellen Tiffin, The Empire writes back: theory and practice in post-colonial literatures, London/New York 1989.

des 20. Jahrhunderts kennzeichnet, läßt sich somit in ihrer Grundkonstellation auf das Aufklärungszeitalter und insbesondere die Spätaufklärung zurückführen.

4. Interkulturelle Dialogizität – vom ›imaginären Wilden‹ zur Wortergreifung des Anderen

Fiktive Wortergreifungen von Vertretern außereuropäischer Kulturen bildeten ein wichtiges Faszinosum der Literatur des 18. Jahrhunderts, insbesondere der Spätaufklärung. Sie entsprachen der zunehmenden Lesererwartung, radikal andere, zivilisationskritische Blickwinkel und Positionen vermittelt zu erhalten, die zugleich alternative Wertesysteme und Lebensmodelle enthielten. In den »Comentarios Reales« des Inca Garcilaso de la Vega finden sich Dialogsequenzen zwischen dem Inkafürsten Atahualpa und dem spanischen Conquistador Pizarro, die eine völlig andere Sicht als die Chroniken spanischer Geschichtsschreiber auf dieses für die Geschichte der Eroberung Perus entscheidende Ereignis vermitteln. In Dobrizhoffers »Geschichte der Abiponer« werden mehrfach Reden von indianischen Kaziken erwähnt und zum Teil ausführlich zitiert, so etwa die Rede des Kaziken Ychoalay in einer Versammlung seines Volkes, in der er die Abiponer von der Notwendigkeit eines Friedensschlusses mit den Spaniern zu überzeugen suchte, eine Rede, die nach Dobrizhoffers Darstellung »auf die Gemüther der Wilden so einen Eindruck [machte], daß sie auf einmal den Sinn änderten, und dem Redner einstimmig beipflichteten«.[32] Die Rezeption der Weltumsegelung Cooks und die Entdeckungsreisen von Joseph Banks in die Südsee in den 1770er Jahren gingen nicht nur einher mit der Verbreitung des Cookschen Reiseberichts und der Faszination der Londoner Öffentlichkeit für den Tahitianer Omai, der in die britische Hauptstadt gebracht worden war, sondern auch mit einem breiten Interesse an meist völlig fiktiven Äußerungen und Schriften von Südseebewohnern, die in Publikationen wie den folgenden ihren Niederschlag fanden: »An Epistle from Oberea, Queen of Otaheite, to Joseph Banks« (London 1774) oder »An Historic Epistle, from Omiah, to the Queen of Otaheite, being his remarks on the English nation« (London 1775).[33] Die »Histoire des deux Indes« von Raynal und Diderot enthält eine Fülle fiktiver Wortergreifungen vor allem von aufständischen Negersklaven, afrikanischen Stammesfürsten und amerikanischen Indianerhäuptlingen, die jeweils an ein europäisches Gegenüber – im Text explizit die europäischen Entdeckungsreisenden, im Lektürezusammenhang des Werkes das europäische Lesepublikum – gerichtet sind. So findet sich etwa im 11. Buch des Werkes, das Afrika und dem transatlantischen Sklavenhandel gewidmet ist, folgende, an die zeitgenössische Pamphletliteratur erinnernde Passage, die einem afrikanischen Sklaven in den Mund gelegt ist, der blutige Vergeltung für das im Rahmen der Entdeckung und Kolonisation begangene Unrecht ankündigt: »Ich habe von der Natur das Recht erhalten, mich zu verteidigen; sie hat Dir nicht das Recht gegeben mich anzugreifen. Wenn Du glaubst das Recht zu haben mich zu unterdrücken, weil Du stärker und geschickter bist als ich, dann beklage Dich nicht, wenn Du zu Boden geschlagen zu meinen Füßen liegen wirst, ohne Hilfe und Kraft, und meine starken Arme Deine Brust öffnen, um Dein Herz herauszulösen; beklage Dich nicht, wenn Du in Deinen zerrissenen

32 Dobrizhoffer, Bd. 3, 161.
33 Despoix, L'Horloge.

Eingeweiden den Tod kommen fühlst, den ich durch vergiftete Nahrung dort eingeführt habe. Ich bin stärker und geschickter als Du, sei nun deinerseits Opfer; büße nun das Verbrechen Unterdrücker gewesen zu sein, als Du Deinen Nächsten zum Sklaven gemacht hast.«[34]

Denis Diderots »Supplément au Voyage de Bougainville«, 1772 unmittelbar im Anschluß an den im selben Jahr erschienenen Reisebericht des französischen Weltumseglers und Forschungsreisenden Louis-Antoine de Bougainville verfaßt, aber erst 1794 veröffentlicht, stellt eine der typischsten zeitgenössischen Antworten auf diesen für alle europäischen Kulturen der Epoche charakteristischen Erwartungshorizont dar. Diderots Schrift, die den programmatischen Untertitel trägt »Über den Nachteil, moralische Ideen an gewissen körperlichen Handlungen zu knüpfen, die an sich keine solchen enthalten«, besteht aus einem Dialog zwischen zwei Philosophen A und B, die sich über ein bisher unveröffentlicht gebliebenes Manuskript zur Weltumsegelung Bougainvilles unterhalten. Das – fiktive – Manuskript enthält seinerseits mehrere Dialoge zwischen einem französischen Priester und dem Tahitianer Orou sowie die Rede eines alten Tahitianers (»Vieillard«), die an die europäischen Entdeckungsreisenden gerichtet ist und ihnen unrechtmäßige Besitzaneignung, Habgier und die bewußte Zerstörung fremder Kulturen und Gesellschaften vorwirft. Auch in dem Dialog zwischen Orou und einem französischen Priester, in dessen Verlauf letzterer in zunehmende Argumentationsnot gerät und der Kritik des Tahitianers an europäischen Wert- und Moralvorstellungen sowie Lebensformen letzten Endes immer weniger entgegenzusetzen hat, stehen religions-, zivilisations- und gesellschaftskritische Aussagen im Vordergrund. Beide Formen des interkulturellen Dialogs dienen hier dazu, die religiös geprägten Wertvorstellungen der europäischen Gesellschaften der Zeit radikal und aus einer fiktionalen außereuropäischen Sicht heraus in Frage zu stellen und sie damit nicht als naturgegeben, sondern im Gegenteil als von Institutionen (vor allem Kirche und Staat) geschaffen zu begreifen. Diderot legt Orou die Verteidigung einer freizügigen, aus seiner Sicht natürlichen Sexualmoral, die Infragestellung entscheidender Grundlagen der katholischen Kirche (wie der Heirat und des Zölibats) sowie wichtiger Komponenten des europäischen Moralkodex (wie der Ächtung unehelicher Geburten und des Inzestverbots) in den Mund. Seine Positionen erscheinen in der Logik des interkulturellen Dialogs durchgehend als plausibler, überzeugender und zudem aufgeklärten Vorstellungen von Glück, Freiheit und Natur ungleich näher als die seines europäischen Konterparts. Die Kommentare der beiden Philosophen, die die Dialoge zwischen Orou und dem französischen Priester einrahmen, scheinen dies zu bestätigen, auch wenn Diderot die durch den Reisebericht Bougainvilles provozierte Diskussion über die bessere Gesellschafts- und Moralordnung bewußt in der Schwebe läßt und das idealisierte Gegenmodell der tahitianischen Gesellschaft zunehmend utopische und zugleich unwirkliche Züge annimmt. »Ahmen wir den guten Priester nach, der in Frankreich ein Mönch ist und auf Tahiti ein Wilder«, so lautet die kulturrelativistische Schlußfolgerung eines der beiden Philosophen. Ihr ironisch-kapriziöser Ton vermag jedoch nicht darüber hinwegzutäuschen, daß die Sympathien des Autors und auch des (impliziten) Lesers unverkennbar dem fernen exotischen Alternativmodell und seinen Wortführern gehören.

34 Guillame-Thomas Raynal, Histoire philosophique et politique du commerce des Européens dans les deux Indes, 6 Bde., Amsterdam 1770 (Neuausgaben: 1773 in 7 Bänden, Genève 1780 und 1783 in 10 Bänden), hier zit. nach Ausgabe Genève 1783, Bd. V, Livre II, Chap. 24, 278 (Übers. H.-J. L.).

Die Veröffentlichung der ersten autobiographischen Schriften ehemaliger afrikanischer Negersklaven seit den 1770er Jahren entsprach jenem Publikumsbedürfnis nach einer ›authentischen Sicht‹ anderer Gesellschaften und Kulturen, dem in der ersten Jahrhunderthälfte vor allem fiktionale Briefromane wie Montesquieus »Lettres Persanes« zu entsprechen suchten. Das Interesse an ›authentischen Texten‹ wurde in gleicher Weise von einer zunehmenden Neugierde auf alternative, radikal verschiedene Lebens- und Gesellschaftsformen, den politischen Zielsetzungen der Anti-Sklaverei-Bewegung, vor allem in England und den Vereinigten Staaten, und einem anthropologischen Erkenntnisdrang getragen. Dieser interessierte sich seit Mitte der 1750er Jahre in entwicklungsgeschichtlicher Perspektive für völlig unterschiedliche Ausprägungsformen menschlicher Zivilisationen, um hieraus Gesetzmäßigkeiten der kulturellen und biologischen Evolution abzuleiten. Vor allem im angloamerikanischen Sprachraum, in dem die Abolitionismus-Diskussion intensiver und breitenwirksamer geführt wurde als in Frankreich, erschien zwischen 1760 und 1790 eine ganze Reihe autobiographischer Schriften ehemaliger Negersklaven: so 1760 in Boston der »Narrative of the Uncommon Sufferings and Surprizing Deliverance of Britzon Hammon, a Negro Man«; 1772 »A Narrative of the Most Remarkable particulars in the Life of James Albert Ukawsaw Groniosaw, an African Prince, as related by himself« und 1773 die autobiographisch geprägten »Poems on Various Subjects, Religious and Moral« der ehemaligen Sklavin Phillis Wheatley.

Die bekannteste und populärste Schrift eines ehemaligen Negersklaven, »The Interesting Narrative of the Life of Olaudah Equiano«, wurde 1789 in London veröffentlicht und erlebte innerhalb kurzer Zeit acht rasch aufeinanderfolgende Auflagen. Equiano, der um 1745 in der Igbo-Provinz im heutigen Nigeria geboren wurde, erzählt in seiner in drei Teile untergliederten Autobiographie seine Kindheit und Jugend in Afrika und verbindet hiermit Schilderungen der dortigen Kultur und Lebensformen. Der zweite Teil beschreibt seine Versklavung, zunächst durch afrikanische Sklavenhändler und dann durch Europäer, die ihn in die britische Plantagenkolonie Barbados in die Karibik brachten. Zehn Jahre als Sklave verschiedener Diensthern auf britischen Schiffen tätig, vermochte Equiano sich 1766 freizukaufen und heuerte sich, nunmehr als Matrose, auf Handels- und Expeditionsschiffen an, wie der Arktik-Expedition von Kapitän John Phepps 1773. Zeitweise war er auch als Missionar in Zentralamerika tätig, organisierte die Ansiedlung verarmter, in England lebender Farbiger nach Sierra Leone und engagierte sich in der britischen Anti-Sklaverei-Bewegung, in deren Namen er Petitionen an englische Regierungsverantwortliche schrieb. Zeugnis einer autobiographischen Innensicht der Sklaverei, stellt Equianos Schrift zugleich die schriftliche Spur eines gelungenen gesellschaftlichen Aufstiegs dar. Unverkennbar spiegelt sie auch den Stolz ihres Autors wider, aus eigener Kraft die Stufen der Zivilisation erklommen zu haben und zum Schriftsteller geworden zu sein. Die ›Authentizität‹ der dargestellten autobiographischen Erfahrung, die das zeitgenössische Lesepublikum zu finden hoffte und die ein Rezensent im »Monthly Review« 1789 ausdrücklich hervorhob,[35] tritt bei näheren Hinsehen sogar deutlich hinter dieser Absicht zurück, die Geschichte des eigenen sozialen und intellektuellen Aufstiegs zu schreiben, das eigene Lebenszeugnis zur Anklage gegen den Sklavenhandel zu benutzen und die Bekehrung zur christlichen Religion darzustellen. Während vor allem die Beschreibung der unmenschlichen Um-

35 »We entertain no doubt of the general authenticity of this very intelligent African's story«, in: Monthly Review, Juni 1789, 551, zit. nach: Olaudah Equiano, The Interesting Narrative of the Life of Olaudah Equiano, or Gustavus Vassa, the African, Written by Himself (1789), hg. von Angelo Costanzo, Peterborough/Letchworth 2002, 260.

stände auf dem Sklavenschiff im zweiten Teil der Autobiographie eindringlich und glaubhaft erscheint, wirkt die Schilderung der afrikanischen Kulturen zu Beginn eher idealisierend und holzschnittartig und basiert großenteils auf vorliegenden europäischen Reiseberichten über den afrikanischen Kontinent, die Equiano durch eigene Lektüren kannte.

Die Publikation von literarischen und autobiographischen Zeugnissen ehemaliger afrikanischer Sklaven, die in der Literatur- und Kulturproduktion des ausgehenden 18. Jahrhundert zunächst ähnlich marginal erscheint wie die Wortergreifung plebejischer Schriftsteller, hat den Wissens- und Kulturtransfer zwischen Europa und der außereuropäischen Welt langfristig ebenso einschneidend verändert wie die Wortergreifung lateinamerikanischer Autoren (wie Clavijero) im Bereich der Anthropologie und der Geschichtsschreibung. In beiden Bereichen und Diskursfeldern wurde die ›Wortergreifung der Anderen‹ von Polemiken und scharfen Auseinandersetzungen begleitet, wie Clavijeros kritische Sicht der Schriften Raynals und Pauws oder Dobrizhoffers scharfe Abrechnung mit dem in Europa als Weltumsegler, Forschungsreisendem und gelehrter Autorität gefeierten Bougainville belegen. Die Kritik des US-amerikanischen Schriftstellers und späteren Präsidenten Thomas Jefferson am Stil der Autobiographie des ehemaligen Negersklaven Ignatus Sancho und den Gedichten Phillis Wheatleys verweist auf eine zweite intellektuelle Trennlinie, die gleichfalls bis in die Gegenwart hinein fortwirkt: nämlich die Auseinandersetzung darüber, ob die ästhetischen Kriterien europäischer Literatur von universeller Gültigkeit sind oder nicht. Jefferson, ansonsten in vieler Hinsicht ein den Idealen der Aufklärungsbewegung verpflichteter Politiker und Publizist, untermauerte seine universalistische Sichtweise mit einer im Grunde rassisch fundierten Zivilisationstheorie. So schrieb er 1782 in seinem Buch »Notes on Virginia«: »Unter den Schwarzen ist Elend genug, weiß Gott, aber keine Poesie; niemals konnte ich feststellen, daß ein Schwarzer in der Literatur sich über das Niveau flacher Erzählungen hinaus zu erheben vermochte.«[36] Eine Ansicht, der bereits Zeitgenossen und vor allem 36 Jahre später der Abbé Henri Grégoire in seinem kulturanthropologischen Hauptwerk »De la Littérature des Nègres« (1808) heftig und engagiert widersprachen.

Die Transformation des Wissens über außereuropäische Gesellschaften und Kulturen in der zweiten Hälfte des 18. Jahrhunderts beruhte somit auf sehr unterschiedlichen Erfahrungshorizonten: einmal der Erfahrung neuer wissenschaftlicher Erkenntnismethoden, vor allem im Bereich der Naturwissenschaften, die in den großen Forschungsreisen seit den 1770er Jahren ihre Früchte trug; sodann der Erfahrung einer neuen geo-politischen Globalität, die sich in dem auf weltweiten Schauplätzen geführten Siebenjährigen Krieg niederschlug und sich im wissenschaftlich-philosophischen Diskurs in der Entwicklung universell orientierter Vergleichsmethoden zeigte. Erstmals im wissenschaftlichen Diskurs abendländischer Gesellschaften wurden – etwa bei Voltaire, Herder, Condorcet und Volney – systematisch die Gesamtheit der »gegenwärtigen« Zivilisationen des Globus in den Blick genommen und ihre kulturellen Spezifika in Technik, Kunst, Wissenschaft, Gesellschaft, Politik und Administration in komparatistischer Perspektive untersucht, wobei vier Räume die bevorzugten Vergleichsparadigmen bildeten: China, Ägypten, Amerika und Afrika.[37] Schließlich zeichnete sich das 18. Jahrhundert durch neue Alteritätserfahrungen aus, die die Beziehungskonstellationen zwischen

36 Thomas Jefferson, Notes on Virginia, in: The Selected Writings of Thomas Jefferson, New York 1772 (2. Aufl. 1944, 3. Aufl. 1993), 240.

37 Annelore Rieke-Müller, Das europäische Gedächtnis und die Wahrnehmung der außereuropäischen Welt vom Ende des 17. bis zum Ende des 18. Jahrhunderts – die Welt der Dinge, Reiseberichte und Diskurse, Habil.-Schrift Humboldt-Universität Berlin 2001, Ms., 338.

Europa und der außereuropäischen Welt grundlegend verändern sollten: Neben die imaginären Projektionsfiguren des ›Edlen Wilden‹ (etwa bei Diderot und La Hontan) und des revoltierenden Negersklaven (zum Beispiel bei Mercier und Raynal) traten die literarischen, publizistischen und wissenschaftlichen Wortergreifungen außereuropäischer Autoren. Erstmals wurde, wenn auch an der Peripherie und an den Rändern des okzidentalen Literatur- und Wissenschaftsbetriebs, die Vormachtstellung Europas von außereuropäischen Autoren in Frage gestellt ebenso wie die Legitimationsgrundlage der europäischen Expansion und ihr Anspruch, weltweit die Kulturen nach einem westlichen Zivilisationsmodell zu gestalten.

Globale Strategien und lokale Taktiken

BETTINA WAHRIG

Ärzte zwischen Macht und Wissenschaft 1750–1850

Für das Thema »Wissen und Macht« ist ein historischer Blick auf das Feld der Medizin im weitesten Sinne und auf die mit den Tätigkeiten des Helfens und Heilens befaßten Personen vielversprechend. Der vorliegende Beitrag soll anhand ausgewählter Beispiele – des Stadtstaates Lübeck, seiner lokalen Öffentlichkeit sowie des deutschsprachigen Zeitschriftendiskurses zur medizinischen Polizei – einen Einblick erlauben. Dabei wird es um die Akteure und ihr Wissen, um das Verhältnis von akademischem und nichtakademischem Wissen und um dessen Auswirkung auf das Verhältnis zwischen Heilenden und Patienten gehen. Im betrachteten Zeitraum änderten sich die genannten Verhältnisse vor dem Hintergrund eines allgemeinen historischen Wandels; die Auffassungen von Staat und Gesellschaft, von Wissenschaft und Öffentlichkeit verschoben sich. Nach einem kurzen Abriß des hier zugrunde gelegten Verständnisses von Macht werden zunächst die Ärzte in ihrer Rolle als Heilende und Helfende sowie als Strategen in eigener Sache fokussiert. Der dritte Abschnitt betrachtet die Effekte der Subjektformierung auf (potentielle) Patienten/Patientinnen, auf Mitglieder anderer Heilberufe und auf die Ärzte selbst. Der vierte Abschnitt fokussiert die Selbstkonstruktion der Medizin als einer wissenschaftlichen Disziplin. Das Wechselspiel »globaler Strategien« und »lokaler Taktiken« als Elementen von Verschiebungsprozessen im Macht/Wissen zieht sich als Motiv durch den hier vorgelegten Überblick, der selbstverständlich keinen Anspruch auf Vollständigkeit erhebt.

1. Welche Macht, wessen Macht?

Im Zusammenhang mit Arbeiten zur Macht der Professionen[1] und im Anschluß an Foucaults These von der Medikalisierung der modernen Gesellschaften lag seit den 1980er Jahren die Frage nahe, was die Ärzte auf den Weg zu »Prestige und Wohlstand«[2] gebracht hatte. Neben der Rolle der Ärzte in diesem Prozeß rückte auch das staatliche Handeln in den Blick.[3]

In ihrer Regionalstudie zu Baden überprüft z.B. Francisca Loetz kritisch die Medikalisierungsthese in sozialhistorischer Perspektive.[4] Sie wendet sich gegen eine all zu enge Anlehnung des Begriffes an die Disziplinarmacht. Mary Lindemann zeichnet das Bild eines Territorialstaates, in dem die Alltagspraxis von Ärzten, Heilenden/Helfenden und Patienten nicht recht mit dem medizinalpolizeilichen Diskurs zusammenpassen wollte.[5] Gabriele Beisswanger kommt mit Hinblick auf das Apothekenwesen z.T. auf ähnliche Ergebnisse, räumt jedoch auch den Regulationsversuchen seitens der Behörden sowie dem Dominanzbestreben der Ärzte gegenüber den Apothekern breiten Raum ein.[6] Im Bereich der Geburtshilfe argumentiert Eva Labouvie, daß insbesondere auf dem Land »obrigkeitliche und medizinische Zugriffe auf die Selbstverwaltung des Geburtsereignisses« erst ab dem Ende des 18. Jahrhunderts langsam Erfolg zeitigten.[7] Mit der historischen Kontextualisierung staatlicher

1 Z.B. Terence Johnson, Professions and Power, London 1972; Ulfried Geuter, Die Professionalisierung der deutschen Psychologie im Nationalsozialismus, Frankfurt a.M. 1988; vgl. Penelope Corfield, Power and the Professions in Britain 1700–1850, London 1995.

2 Annette Drees, Die Ärzte auf dem Weg zu Prestige und Wohlstand. Sozialgeschichte der württembergischen Ärzte im 19. Jahrhundert, Münster 1988.

3 Ute Frevert, Krankheit als politisches Problem 1770–1880. Soziale Unterschichten in Preußen zwischen medizinischer Polizei und staatlicher Sozialversicherung, Göttingen 1984.

4 Francisca Loetz, Vom Kranken zum Patienten. »Medikalisierung« und medizinische Vergesellschaftung am Beispiel Badens 1750–1850, Stuttgart 1993.

5 Mary Lindemann, Health and healing in 18th century Germany, Baltimore 1996.

6 Gabriele Beisswanger, Arzneimittelversorgung im 18. Jahrhundert. Die Stadt Braunschweig und die ländlichen Distrikte im Herzogtum Braunschweig-Wolfenbüttel, Stuttgart 1996.

7 Z.B. Eva Labouvie, Beistand in Kindsnöten. Hebammen und weibliche Kultur auf dem Land (1550–1910), Frankfurt a.M./New York 1999, 175.

Abb. 293: Lübeck, Rathaus und Marienkirche

Medizinalpolitik durch Interdiskurse[8] und der Fokussierung anderer heilender Berufe sowie der Patientinnen und Patienten kamen auch die Zusammenhänge medizinischen Handelns mit den ersten Anfängen warenförmiger Vergesellschaftung in den Blick.[9]

Eine Medizingeschichte, die nicht »aus der Perspektive der Sieger«[10] geschrieben ist, fragt auch nach den Patienten.[11] Wie sah Medizin für diejenigen aus, an denen sie praktiziert wurde – waren diese Objekte machtvoller Strategien, Opfer von Status- und Machtdifferenzen, oder waren sie Agentinnen und Agenten einer »Medikalisierung von unten«?[12] Sie fragt auch nach alternativen Entwicklungen. Welche Handlungs- und Organisationsformen entwickelten diejenigen, die dem »Mainstream« der akademischen Medizin widerstanden?[13]

Damit sind die Voraussetzungen optimal, eine erneut an Foucault entwickelte Perspektive auf das Thema »die Macht der Ärzte« zu entwickeln.[14]

8 Zur Verflechtung des Polizeidiskurses mit dem Diskurs der medizinischen Polizei vgl. Martin Dinges, Medicinische Policey zwischen Heilkundigen und »Patienten« (1750–1830), in: Policey und frühneuzeitliche Gesellschaft, hg. von Karl Härter, Frankfurt a.M. 2000, 263–295; Werner Sohn, Von der Policey zur Verwaltung. Transformationen des Wissens und Veränderungen der Bevölkerungspolitik um 1800, in: Bettina Wahrig/Werner Sohn (Hg.), Zwischen Aufklärung, Policey und Verwaltung. Zur Genese des Medizinalwesens 1750–1850, Wiesbaden 2003, 71–89.

9 Vgl. Laurence Brockliss/Colin Jones, The Medical World of Early Modern France, Oxford 1997, bes. 408f.

10 Theodor W. Adorno, Minima Moralia. Reflexionen aus dem beschädigten Leben, in: Ders., Gesammelte Schriften, hg. von Rolf Tiedemann, Bd. 4, Frankfurt a.M. 1996, 172.

11 Dorothy Porter/Roy Porter, Patient's progress. Doctors and Doctoring in Eighteenth-Century England, Cambridge 1989.

12 Eberhard Wolff, Medikalisierung von unten? Das Beispiel der jüdischen Krankenbesuchsgesellschaften, in: Wahrig/Sohn (Hg.), Zwischen Aufklärung, Policey und Verwaltung, 179–190.

13 Eberhard Wolff, Gesundheitsverein und Medikalisierungsprozeß – der homöopathische Verein Heidenheim/Brenz zwischen 1886 und 1945 Tübingen 1989; Robert Jütte, Ärzte, Heiler und Patienten. Medizinischer Alltag in der Frühen Neuzeit, München 1991.

14 Die folgenden Ausführungen beziehen sich vor allem auf: Michel Foucault, In Verteidigung der Gesellschaft. Vorlesungen am Collège de France (1975-76), übers. von Michaela Ott, Frankfurt a.M. 1999. Vgl. auch die französische Fassung: »Il faut défendre la société«. Cours au Collège de France, 1976, hg. von Mauro Bertani/Alessandro Fontana, Paris 1997. Vgl. auch: Michel Foucault, Die Ordnung des Diskurses, Frankfurt a.M. 1991.

»Macht« ist in dieser Perspektive ein »strategisches Verhältnis«. Sie ist kein Gegenstand des Tausches, wird »ausgeübt« und existiert »im Vollzug (en acte)« als »Kräfteverhältnis«.[15] Macht zirkuliert in Netzen[16] und »durchzieht« die Subjekte, verändert diese, ja konstituiert sie überhaupt erst.[17] Netze können strategisch besonders wichtige Knoten haben, sie können eine dreidimensionale Struktur sowie eine definierte Position im Raum, ein Oben und ein Unten besitzen.

Ihre Verteilungsmuster und die Machttechniken[18] sollten im Spannungsfeld zwischen den »globalen Strategien« im Zusammenhang mit »Herrschaftsdispositiven« einerseits und »lokalen Taktiken«[19] andererseits untersucht werden. »Lokale Taktiken« werden durch »globale Strategien« immer wieder »kolonisiert«, können auf lange Sicht jedoch deren Richtung verändern. Sie müssen sich aber nicht unbedingt subversiv gegenüber den »globalen Strategien« verhalten, sondern greifen diese oft auf und passen sie den jeweiligen Interessen der diskursführenden Subjekte an. In ihrem Wechselspiel erweisen sich »globale Strategien« und »lokale Taktiken« als Mediatoren der Subjektformierung.

Die »Transformation der akademischen Medizin«[20] zwischen 1750 und 1850 soll hier nicht als ein einliniger Prozeß der Verwissenschaftlichung gelesen werden, sondern als »savoir-pouvoir« (Macht-Wissen)[21] und als ein Wechselspiel »lokaler Taktiken« und »globaler Strategien« im Sinne einer »aufsteigenden Machtanalyse«.[22] Die Mitte des 19. Jahrhunderts wird rückblickend als die Geburtsstunde der naturwissenschaftlich orientierten Medizin angesehen,[23] man war sich in Debatten der Zeit jedoch nicht einig, ob das Wesen der Medizin in ihrer Wissenschaftlichkeit lag und wie diese zu definieren war.[24]

Wenn die meisten Ärzte zwischen 1750 und 1850 an Einfluß und Wohlstand gewannen, so liegt eine Anlehnung an Bourdieus Begriffe des ökonomischen, wissenschaftlichen und symbolischen Kapitals nahe.[25] Diese »Kapitalarten« sind jedoch keine Äquivalente von Macht, sondern deren Effekte, ebenso wie die sie innehabenden Individuen: Das, »was bewirkt, daß ein Körper, Gesten, Diskurse, Wünsche [désirs] als Individuen identifiziert und konstituiert werden, [ist] eine der ersten Wirkungen der Macht«.[26] Soziales Kapital wird hier als Attraktor für die Bildung strategisch wichtiger Knoten in den Machtnetzen gesehen.

Nicht nur als Gruppe, sondern auch als Individuen machten die Ärzte Subjektivierungsprozesse durch. Sie definierten sich selbst als Teile oder Repräsentanten von Regierungen, als Staatsbürger, als Wirtschaftssubjekte, als Gelehrte, Aufklärer und Wissenschaftler, meist nahmen sie gleichzeitig oder konsekutiv mehrere der genannten Subjektpositionen ein. Sie übten nicht nur Einfluß auf den Ausbau städtischer und territorialer Medizinalwesen aus, sondern gehörten auch zu jenen, welche die wissenschaftliche und die ›bürgerliche‹ Öffentlichkeit entfalteten und prägten. Damit waren sie zugleich Autoren und Objekte von Diskursen, die das große Feld von Krankheit und Gesundheit, des richtigen und glaubhaften Wissens, des Heilens und Helfens sowie der Vermehrung und Verbesserung der Bevölkerung betrafen.

Die folgenden Abschnitte sollen akademische Ärzte in verschiedenen Kontexten als Trajektorien in diesem Machtfeld darstellen, als Akteure in ihrem regionalen und lokalen Umfeld sowie als Autoren im Zeitschriftendiskurs der medizinischen Polizei. In diesen Rollen werden sie sichtbar als Teilhaber so-

15 Foucault, Verteidigung, 15; Défendre, 15.
16 Foucault, Verteidigung, 15.
17 Foucault, Défendre, 39. Foucault spricht von »assujetissement«.
18 »Techniques de pouvoir«, in: Foucault, Défendre, 29.
19 Foucault, Verteidigung, 55; Défendre, 39.
20 Thomas H. Broman, The transformation of German academic medicine 1750–1820, Cambridge 1996.
21 Z.B. Foucault, Verteidigung, 292; Défendre, 225.
22 Foucault, Verteidigung, 39.
23 Ablesbar etwa am Erscheinen des Handbuchs der Physiologie Johannes Müllers (1837–49), der Zellularpathologie Rudolf Virchows (1858) sowie der Einführung in die experimentelle Medizin Claude Bernards (1865): Rudolf Virchow, Die Cellularpathologie in ihrer Begründung auf physiologische und pathologische Gewebelehre, Berlin 1858; Johannes Müller, Handbuch der Physiologie des Menschen für Vorlesungen, 1837–1840; Claude Bernard, Einführung in das Studium der experimentellen Medizin, hg. von K. E. Rothschuh, Leipzig 1961.
24 Michael Hagner, Scientific Medicine, in: David Cahan (Hg.), From Natural Philosophy to the Sciences. Writing the history of nineteenth Century Science, Chicago 2002, 49–87, unterscheidet für die Mitte des 19. Jahrhunderts drei Grundansichten: Medizin als Wissenschaft, Medizin als Politik und Medizin als Kunst.
25 Pierre Bourdieu, Die feinen Unterschiede. Kritik der gesellschaftlichen Urteilskraft, Frankfurt a.M. 2003.
26 Foucault, Verteidigung, 39; Défendre, 27.

wohl lokaler Taktiken als auch globaler Strategien. Zusätzlich zur lokalen Öffentlichkeit sollen ausgewählte Beiträge in Zeitschriften zur medizinischen Polizei strategische Aneignungs- und Subjektformierungsprozesse illustrieren. In diesen Zeitschriften wird auch über Bedeutung und Inhalt des universitären medizinischen Wissens verhandelt. Verschiebungen der Grundlagendisziplinen und -begriffe der Medizin, die sich in veränderten Studieninhalten und verändertem Studienverhalten angehender Ärzte äußerten, ein sich wandelnder Theorie-Praxis-Bezug sowie begriffliche und methodische Verschiebungen, die mit der Verlagerung der medizinischen Wahrheit an die Universitäten einhergingen, werden zum Schluß kurz expliziert.

2. Heilende und Helfende in der Mitte des 18. Jahrhunderts

Gewerbliche Tätigkeit im Bereich des Heilens und Helfens erstreckte sich in der Frühen Neuzeit nicht nur auf die Berufe des Arztes, des Apothekers, der Hebamme und des Chirurgen, der bis zum Anfang des 19. Jahrhunderts wie der Apothekerberuf ein Handwerk war. Heilen durften auch die Scharfrichter,[27] die im Bereich der äußerlichen Behandlung einen festen Platz hatten. Feldscherern wurde meist nach dem Ende ihrer Tätigkeit in der Armee ein begrenztes Recht auf Kuren zugestanden.[28] Olitätenhändler und andere fahrende Arzneimittelhändler verkauften Medikamente und hielten Ratschläge für deren Anwendung bereit. Weitere fahrende, meist spezialisierte Heiler waren z.B. Okulisten, Steinschneider und Dentisten sowie Kräuterhändler und -händlerinnen. Materialisten und Winkelapotheken machten den privilegierten Apothekern Konkurrenz.[29] Manche Personen verkauften nur eine einzige, selbst angefertigte Arznei, z.B. ein Pflaster oder eine Salbe.[30] Auch Ärzte und Chirurgen stellten Medikamente selbst her. Hausarzneiliteratur[31] versorgte schließlich Hausväter und Hausmütter mit Informationen zur Selbstbehandlung und arzneilichen Selbstversorgung. Die Inanspruchnahme dieser verschiedenen Personengruppen variierte im 18. und 19. Jahrhundert und von Region zu Region. Hierauf hatten die definierten Berufsfelder meist wenig Einfluß. Nicht nur auf dem Land, wo es sehr wenig akademische Ärzte gab, auch in Städten[32] und von besser Situierten[33] wurden im 18. Jahrhundert Chirurgen zu innerlichen Behandlungen gebeten.[34]

Die Autorität des Wissens

Was die Mediziner von diesen verschiedenen Heilenden und Helfenden unterschied, war ihr Status als Vertreter einer akademischen Profession. Ihr Doktortitel verlieh ihnen eine mit hohem Symbolwert verbundene Position innerhalb des frühneuzeitlichen Staats. Aufgrund der Exklusivität ihrer Profession und ihrer Nähe zur staatlichen Macht beanspruchten sie eine vom Publikum oft für zu hoch gehaltene Entschädigung, was ihrem Ansehen nicht immer förderlich war.[35] So kann auch ihr Vorkommen in zahlreichen Ständesatiren nicht verwundern. Das an den Universitäten vermittelte Wissen war symbolisch meist unmittelbar an die territoriale Herrschaft gebunden, welche die Universität gestiftet hatte und die von den dortigen Fakultäten auch

27 Jutta Nowosadtko, Scharfrichter und Abdecker. Der Alltag zweier »unehrlicher Berufe« in der Frühen Neuzeit, Paderborn 1994.

28 Vgl. z.B. das königlich-sächsische Reskript vom 2. August 1752, in dem den Feldscherern innerliches Kurieren verboten, äußerliche Behandlung jedoch erlaubt wird, in: Carl Gottlob Kühn, Sammlung Königlich Sächsischer Medicinal-Gesetze, Leipzig 1809, 172f.

29 Vgl. Beisswanger, Arzneimittelversorgung, 36–38.

30 So zwei alleinstehende Inquirentinnen, die 1793 vor die Lübecker Wette (eine Art Niedergericht) gefordert wurden, in: Archiv der Hansestadt Lübeck, Polizeiamt 1535: Unbefugtes Kurieren und Dispensieren.

31 Vgl. Joachim Telle/Erika Hickel (Hg.), Pharmazie und der gemeine Mann. Hausarznei und Apotheke in der frühen Neuzeit, Weinheim 1988.

32 Vgl. für Lübeck Bettina Wahrig-Schmidt, Wissenschaft, Medizin und Öffentlichkeit – Bemerkungen zu ihrem Wandel im 18. Jahrhundert, in: NTM. Internationale Zeitschrift für Geschichte und Ethik der Naturwissenschaften, Technik und Medizin 9 (2001), 90–104, hier 102.

33 Sabine Sander, Handwerkschirurgen. Sozialgeschichte einer verdrängten Berufsgruppe, Göttingen 1989, 84–88.

34 So verzeichnet etwa das Inventar des Chirurgen Johann Philipp Thomann aus dem Jahre 1709 »3 Dutzend ArzneyBüchsen«; neben Medikamenten und Grundstoffen für die äußerliche Behandlung werden auch ein Brechmittel (Tartarus Emeticus), ein drastisches Abführmittel (Pulvis Mirabilis Jalappa) und der schweißtreibende Pulvis Bezoardicus genannt; Hauptstaatsarchiv Stuttgart, Bestand A 582, Zubringensinventar des Chirurgen Johann Philipp Thomann und seiner Frau Maria Sophia geb. Hölderlin von 1709 (freundliche Mitteilung von Herrn Hermann Vogt, Celle).

35 Vgl. Corfield, Power.

des öfteren Fachmeinungen einholte.[36] Dieses hoheitliche Gebaren der Universitätsmedizin wird z.B. in Molières »Arzt wider Willen« persifliert. Sganarell wird als fingierter Arzt vom Gutsbesitzer Geronte in ein wissenschaftliches Gespräch verwickelt. Durch eine abenteuerliche Mischung aus Phantasie und Latein zieht er sich zunächst aus der Affäre, bis ihm einfällt zu behaupten, das Herz liege rechts, die Leber links im Körper. Auf Gerontes Frage, ob es sich nicht gerade anders herum verhalte, antwortet Sganarell schlagfertig: »Das war früher einmal. Aber wir haben das alles abgeändert und betreiben jetzt Medizin nach einer ganz neuen Methode.«[37] Das »Wir« ist hier das hoheitliche Subjekt der Fakultät, die kraft ihrer Autorität das Wissen über den Körper so definieren kann, wie es ihr gefällt, ganz analog zum weltlichen Herrscher, den Molière durch das Herz des persiflierten Arztes hindurch trifft.

Weder der Titel allein noch das den Ärzten in den Medizinalordnungen zugesicherte Privileg der innerlichen Behandlung halfen ihnen automatisch zu Ansehen und Auskommen. In einer Zeit, »wo Kreti und Plethi praktizieret«,[38] wo eine ärztliche »Böhnhasen-Jagd« dringend notwendig schien, zumal sogar Frauen zu praktizieren wagten,[39] häuften sich ärztliche Beschwerden über die Nichteinhaltung der Medizinalgesetze durch die anderen Heilenden. Ihre Honorare sowie die anfallenden Rezeptgebühren überforderten einfache Leute oft,[40] die zudem nicht einsahen, warum sie vor dem Besuch in der Apotheke einen Arzt aufsuchen sollten.

Mit der Autorität des Wissens war es also bei näherem Hinsehen Mitte des 18. Jahrhunderts nicht weit her. Hinzu kam aus der Sicht der Ärzte, daß eine große Zahl von nicht oder unzureichend ausgebildeten Personen den Besitz eines akademischen Titels vortäuschte und – so die Akademiker – durch geringes Können noch den Ruf der legitimierten Ärzte beschädigte. Auch die Universitäten traf in den Augen der akademischen Mediziner eine Mitschuld: »Im siebenjährigen Kriege konnte man ein Doktordiploma wie eine frische Semmel kaufen, und ein Jeder, der nur nach Medicin roch, seinen Namen und ›Medicinae Doctor‹ schreiben, auch besonders Louis d'Ors zahlen konnte, konnte auch alle Tage ›Doctor Medicinae‹ werden.«[41]

Lokale Taktiken

Mitte des 18. Jahrhunderts hing die erfolgreiche Niederlassung eines Arztes von bestehenden lokalen Patronageverhältnissen ab. Fehlten diese, so war eine korrekte Einschätzung der Umgebung besonders wichtig. Johann Julius Walbaum etwa, dem als Sohn eines Wolfenbütteler Bierbrauers nach dem Medizinstudium die Mittel für die übliche Reise zu berühmten ausländischen Universitäten fehlten, ging nach dem Studium in Helmstedt und Göttingen nach Lübeck, da er gehört hatte, daß es dort an Ärzten mangele, und wollte später nach St. Petersburg weiterreisen. Er lernte schnell namhafte Lübecker Bürger kennen, die ihn in ihre Bekanntenkreise einführten;[42] Walbaum blieb und gab seine Reisepläne auf. Wie andere Kollegen hat er vermutlich seine ersten Kuren umsonst durchgeführt in der Hoffnung, zu einem späteren Zeitpunkt zum Hausarzt aufzurücken, der von einer Familie ein festes jährliches Honorar bekam und bei vorkommenden langwierigen Krankheiten auf zusätzliche Bezahlung hoffen konnte.[43] Ein nicht unerheblicher Faktor für den wirtschaftlichen und sozialen Erfolg eines jungen Arztes war eine standesgemäße

36 Rudolf Stichweh, Wissenschaft, Universität, Professionen. Soziologische Analysen, Frankfurt a.M. 1994.

37 Molière, Der Arzt wider Willen, in: Ders., Komödien IV, übers. von Hans Weigel, Zürich 1975, 115–159, hier 143f.

38 Johann Gerhard Wagner, Wahrhaffter Bericht von einem in diesen Tagen vorgefallenen Casu Medico etc., Lübeck 1743, 2f.

39 Vgl. Dorothea Leporin (= Erxleben), Gründliche Untersuchung der Ursachen, die das Weibliche Geschlecht vom Studiren abhalten, Berlin 1742; Erxleben erwarb 1754 als erste Frau in einem deutschen Territorium den medizinischen Doktortitel und beendete damit den Streit um ihre medizinische Praxis.

40 Beisswanger, Arzneimittelversorgung, 39f., 50; vgl. aber Loetz, Vom Kranken zum Patienten, 120.

41 Ernst Gottfried Baldinger, Anekdoten, in: Neues Magazin für Aerzte, 10 (1788), 278–282, hier 282.

42 Nikolaus Heinrich Brehmer, Dem Andenken eines geschätzten Arztes D. Johann Julius Walbaum, Lübeck 1799, 9f.

43 Johann Julius Walbaum, Die Beschwerlichkeiten der Geburtshülfe, aus Beispielen erwiesen, Bützow/Wismar 1769. Walbaum gibt an, für seine geburtshilflichen Aktivitäten meist kein Geld genommen zu haben; aus den 1760er Jahren stammt die Notiz eines Weinhändlers im Lübeckischen Staatskalender, welcher den Doktor der Medizin Curtius für ein jährliches Salär von 12 Mark Lübsch verpflichtet, nachdem dieser seinen Neffen offensichtlich umsonst behandelt hatte. Vgl. Wahrig-Schmidt, Wissenschaft, 96, 102.

Abb. 294: Johann Julius Walbaum (1724–1799)

Heirat. Sie war in vielen Städten die Voraussetzung für die Erlangung des Bürgerrechts.[44] Walbaum heiratete 1754 die Witwe eines angesehenen Predigers, von deren Mutter er später ein ansehnliches Vermögen erbte.[45] Ein weiterer Faktor, um sich als akademischer Arzt in einer Stadt oder einem Staat zu etablieren, waren eigene Publikationen.[46] Auf eine anonym veröffentlichte Streitschrift zum Stand des Hebammenwesens[47] folgte die stark modifizierte Übersetzung eines geburtshilflichen Werks des französischem Arztes André Levret; im Anhang stellte Walbaum zahlreiche Instrumente vor, die er selbst erfunden hatte.[48] Er präsentierte sich damit als fortschrittsfreundlicher, den praktischen Belangen seines Berufes gegenüber aufgeschlossener Arzt. Als Ertrag des wissenschaftlichen und symbolischen Kapitals, das diese Publikationen darstellen, kann er sich durchaus einen Zuwachs seiner bezahlten geburtshilflichen Praxis vorgestellt haben. Das Versprechen, Müttern und Kindern zu helfen, erregte Aufmerksamkeit und knüpfte an das Ziel der »Ver-

44 Walbaum heiratete 1754 »die Witwe eines geachteten, früh verstorbenen Predigers« (Brehmer, Andenken, 10) und wurde 1758 zum Bürger angenommen.

45 Nach dem Schoß-Buch Johannis Quartier, Archiv der Hansestadt Lübeck 21351. Vgl. Wahrig-Schmidt, Wissenschaft, 101f.

46 Walbaums Publikationen betrafen in den ersten Jahren vor allem medizinische Themen, später wandte er sich schwerpunktmäßig der Naturgeschichte zu. Vgl. Franklin Kopitzsch, Walbaum, Johann Julius, in: Alken Bruns (Hg.), Lübecker Lebensläufe aus neun Jahrhunderten, Neumünster 1993, 412–414. Zu Braunschweig-Wolfenbüttel vgl. auch Beisswanger, Arzneimittelversorgung, 46.

47 [Johann Julius Walbaum], Kurzgefassete Gedanken von dem Verderbten Zustande der Hebammen an einigen Orten in Teutschland und von dessen Verbesserung, Lübeck 1752; dieselben negativen Stereotype wiederholte 1792 der damalige Physikus J. B. L. Lembke gegenüber der Wette; vgl. Christine Loytved, Hebammen und ihre Lehrer. Wendepunkte in Ausbildung und Amt Lübecker Hebammen (1730–1850), Osnabrück 2002, 164.

48 André Levret, Wahrnehmungen von den Ursachen und Zufällen vieler Schweren Geburten. Aus dem Französischen übersetzt und mit neuen Handgriffen und Werkzeugen vermehret von D. Johann Julius Walbaum, 2 Bde., Lübeck/Altona 1758 und 1761.

Abb. 295: Edward Jenner, der Erfinder der Pockeninokulation, impft seinen Sohn, Skulptur von Giulio Monteverde (1873)

mehrung und Verbesserung der Bevölkerung« an, auch wenn die instrumentelle Geburtshilfe im 18. Jahrhundert umstritten und von zahlreichen tödlichen Zwischenfällen gekennzeichnet war.

Wie in anderen Städten warben auch Lübecker Ärzte für die Pockeninokulation.[49] Dabei war Walbaums Angebot, Kinder, welche nach der Inokulation einer Überwachung bedürften, kostenlos bei sich aufzunehmen,[50] wahrscheinlich nicht ganz selbstlos, denn es konnte wiederum sein Ansehen in der städtischen Elite fördern und ihm den einen oder anderen Hausarztposten einbringen.

Mit Feder und Druckerschwärze verfügten die akademischen Ärzte über eine Waffe, die sie den anderen Heilenden und Helfenden weitgehend voraus hatten. So machten sie Eingaben bei Behörden, um selbst einen bezahl-

49 Johann Julius Walbaum, Ist es sicherer die Pocken einzupfropfen, oder die natürlichen Pocken zu erwarten?, in: Lübeckische Anzeigen 17 (1757), 16. St., 69–71.

50 Johann Julius Walbaum, Von den künstlichen Pocken, in: Lübeckische Anzeigen 18 (1758), 14. St., 2. April.

ten Posten als Land- oder Stadtphysikus zu bekommen. Dabei führten sie oft das den frühneuzeitlichen Regierungen geläufige Argument der Subsistenz ins Feld.[51]

Im Gegensatz zu Lübeck, wo ein derartiges Gremium erst im 19. Jahrhundert geschaffen wurde, waren in anderen Staaten die »Collegia medica« unterstützend tätig, Gremien, in denen Mediziner saßen und die seitens der Territorialregierung mit der Überwachung und Verbesserung des Medizinalwesens beauftragt waren.[52] Mit dem Ausbau des Netzes der Physikate in den mittleren und kleineren Städten gewannen in den Territorialstaaten die akademischen Ärzte langsam ein größeres Gewicht im Staat. Die lokalen Physici vernetzten sich jedoch auch mit den lokalen Eliten und führten dann Aufträge des Geheimen Rats oder des »Collegium medicum« oft nur unvollständig oder widerwillig durch. Das Fehlen eines solchen Gremiums in Lübeck hing mit den Besonderheiten eines Stadtstaates zusammen; seine Funktion nahm nach 1809 z.T. der Ärztliche Verein wahr (s.u.).

Lokale Öffentlichkeit und Gruppenbildung

Ein häufiges Motiv, zur Feder zu greifen, waren Gerüchte oder offene Anschuldigungen gegen einen Arzt, er habe eine Therapie nicht sorgfältig oder sachgerecht durchgeführt. Dieses Motiv galt z.B. für Schriften von Gerhard Wagner (1743) und Johann Julius Walbaum (1769)[53] in Lübeck. Der eine fühlte sich durch Angehörige des Patienten diffamiert, der andere durch seinen Kollegen, den Physikus Bernhard Ludwig Lembke. In Ratzeburg verteidigte sich Samuel Gottlieb Vogel gegen die Behauptung seines Kollegen Bernhard Rust, daß er durch falsche Behandlung eine Patientin, die »leicht hätte gerettet werden können, ums Leben gebracht« habe.[54] Selbst der prominente Göttinger Geburtshelfer Friedrich Benjamin Osiander verwickelte sich in eine öffentliche Polemik wegen eines in seiner privaten geburtshilflichen Praxis vorgekommenen Todesfalles, für den er der Stadthebamme die Schuld gab. Die von ihm Angegriffene, eine selbst schreibunkundige Hebamme, fand einen Professor der Medizin, der ihre Sichtweise der Dinge für sie verschriftlichte.[55] Solche Polemiken zeugen von der prekären Position, die Ärzte aufgrund ihrer Rolle als Klienten gegenüber den zahlenden Patienten hatten. Diese Situation änderte sich erst, als die akademischen Ärzte lernten, gemeinsam zu agieren. Institutionen, in denen Gemeinsamkeiten entstehen konnten, waren neben den »Collegia medica« die Patriotischen oder Vaterländischen Gesellschaften. Die »Lübeckische Gesellschaft zur Beförderung gemeinnütziger Tätigkeit« etwa wurde 1789 gegründet.[56] Ärzte hielten hier Vorträge über Fragen der individuellen Gesundheitsvorsorge und des Medizinalwesens und engagierten sich auch praktisch, z.B. bei Anstalten zur Errettung Ertrunkener, bei der Pockeninokulation, in Fragen der Geburtshilfe und schließlich in der Gründung von ärztlichen Lesegesellschaften.

Für einen Mikrokosmos wie den Stadtstaat Lübeck ist der Prozeß einer allmählichen Gruppenbildung besonders deutlich nachzuvollziehen. Nach einem halben Jahrhundert von Einzelinitiativen und Polemiken galt die erste größere gemeinsame Initiative von Ärzten der Bekämpfung der »Pfuscher«.[57] 1793 untersuchte das zuständige Niedergericht (die Wette) erstmals eine größere Gruppe von Personen, die gegen die Medizinalordnung verstießen.

51 Vgl. Lindemann, Health, 97.

52 Die Gründung in Braunschweig-Wolfenbüttel erfolgte 1747; 1772 in Obersanitätskollegium umbenannt (vgl. Beisswanger, Arzneimittelversorgung, 22–26). In Berlin wurde 1685 das »Collegium medicum« eingerichtet, im Medizinaledikt von 1725 wurden neben dem »Ober-Collegium medicum« »Provincial-Collegia Medica« institutionalisiert. Das für Seuchen zuständige »Collegium sanitatis« wurde 1799 mit dem »Ober-Collegium medicum« zum »Ober-Collegium medicum et sanitatis« vereinigt, dem »Provinzial-Collegia Medica« nachgeordnet wurden. Vgl. Moritz Pistor, Das Gesundheitswesen in Berlin in Preußen, Bd. 1, Berlin 1896, 22f; Ragnhild Münch, Gesundheitswesen im 18. und 19. Jahrhundert. Das Berliner Beispiel, Berlin 1995.

53 Walbaum, Beschwerlichkeiten; vgl. Christine Loytved/Bettina Wahrig-Schmidt, »Ampt und Ehrlicher Nahme«. Hebamme und Arzt in der Geburtshilfe Lübecks am Ende des 18. Jahrhunderts, in: J. Schlumbohm/B. Duden u.a. (Hg.), Rituale der Geburt. Eine Kulturgeschichte, München 1997, 84–101.

54 Samuel Gottlieb Vogel, An das Ratzeburgische Publikum zur Nachlese über eine vor kurzem im Druck erschienene Schmähschrift [...] über die letzte Krankheit der seligen Organistin Jona, Ratzeburg 1779, 4.

55 Catharine Margaretha Klocken, Vertheidigung gegen einige Beschuldigungen des Herrn Professors Osiander, o.O. 1793 30–34; vgl. Henrike Hampe, Hebammen und Geburtshelfer im Göttingen des 18. Jahrhunderts. Das Jahr 1751 und seine Folgen, in: Christine Loytved (Hg.), Von der Wehemutter zur Hebamme. Die Gründung von Hebammenschulen mit Blick auf ihren politischen Stellenwert und praktischen Nutzen, Osnabrück 2001, 53–62.

56 Vgl. Rüdiger Kurowski, Medizinische Vorträge in der Lübecker Gesellschaft zur Beförderung gemeinnütziger Tätigkeit 1789–1839. Eine Patriotische Sozietät während der Aufklärung und Romantik, Lübeck 1999.

57 Archiv der Hansestadt Lübeck: Polizeiamt 1535: Unbefugtes Kurieren und Dispensieren.

Abb. 296: Schlacht der französischen und der preußischen Armeen im November 1806 vor dem Burgtor in Lübeck

Abb. 297: Wachtparade vor dem Lübecker Zeughaus, Federzeichnung von J. M. David (1797)

Die Liste von 19 Personen hatte der Physikus Bernhard Ludwig Lembke nach Angaben seiner ärztlichen Kollegen zusammengestellt. Ob die von der Wette erteilten Verweise und vereinzelt verhängten Geldstrafen zum gewünschten Erfolg führten, bleibt fraglich. Daß es überhaupt zu dieser Untersuchung kam, zeugt jedoch von einem sich wandelnden Selbstverständnis der Ärzte und von ihrem veränderten Verhältnis zueinander.

In den Argumenten, die zwischen den Beschuldigten und der Wette ausgetauscht wurden, wird das frühneuzeitliche Ordnungsverständnis der Beteiligten deutlich. Während die Wette und der Physikus die in der Medizinalordnung festgelegte Abgrenzung von Kompetenzen durchzusetzen versuchten, führten die Angeklagten das ebenfalls geläufige Argument der Subsistenz ins Feld. Das Argument, die nicht legitimierten Heiler gefährdeten die Gesundheit ihrer Patienten, taucht erstmals 1819 in den Akten auf.[58]

Ein weiterer Faktor, der den Zusammenhalt der Ärzteschaft förderte, war die Besetzung Lübecks durch französische Truppen (1806–1813). Durch die gemeinsame Versorgung von Verwundeten entstanden neue Allianzen, die auch teilweise die Grenzen zwischen Chirurgen und Ärzten überschritten.[59] 1809 gelang dann nach mehreren gescheiterten Anläufen die Gründung eines Ärztlichen Vereins. Lübeck gehört zu jenen Staaten, welche die Bildung eines »Collegium medicum« vermieden, offensichtlich aus Furcht, dieses könne zu einem »Staat im Staate«[60] auswachsen. Den im Ärztlichen Verein organisierten Lübecker Ärzten gelang es bereits kurz nach dessen Gründung, alle Kollegen zum Eintritt zu motivieren. Verhandlungen mit dem Rat der Stadt übernahm von nun an der Physikus, der sich jedoch zuvor mit dem Verein absprach.

Eine der vorrangigen Aufgaben des Vereins sahen seine Mitglieder darin, die Konkurrenz in geregelte Bahnen zu lenken. Die Vereinsstatuten nahmen hierin eine Bestimmung der Medizinalordnung von 1714 auf, welche ausdrücklich einen freundschaftlichen Umgang der Ärzte untereinander anbefahl. Während die Ordnung jedoch nur einen moralischen Appell enthielt, gingen die Statuten weiter. Sie forderten z.B., daß ein zum Konsil gerufener Kollege nur nach Ablauf einer bestimmten Frist den Posten des Hausarztes in der Familie des betroffenen Patienten übernehmen dürfe.[61]

58 Der Arzt Johann Heinrich Martini schickt am 5. April 1819 an den Physikus Heinrich Wilhelm Danzmann ein Rezept mit Rechnung über 40 Mark Lübsch und der Bemerkung: »Geehrter Herr Kollege! Beiliegend übersende ich Ihnen ein Probchen von der Geldschneiderei eines Pfuschers, der in der Mühlenstraße wohnt, Ascheberg heißt und einem armen Dienstmädchen mehrere Wochen allerlei Zeugs gegen eine Wasseransammlung im Kniegelenk, ohne den geringsten Nutzen, im Gegentheil mit starker Verschlimmerung gegeben hat. Ich ersuche Sie, gefälligst wenigstens darauf anzuhalten, daß der Kerl nicht so viel Schaden tut. Ergebenst, Martini« (ebd.).

59 [Anonym], Zur Erinnerung an Matthias Johann Nicolaus Pabst, in: Neue Lübeckische Blätter 8 (1842), 417–419; Pabst hatte als Lazarettarzt eine zentrale Funktion bei der Versorgung der Verwundeten 1806 und 1813 und wirkte maßgeblich in der vor der Gründung des Ärztlichen Vereins vorhandenen Lesegesellschaft mit.

60 Theodor Eschenburg, Der ärztliche Verein zu Lübeck während der ersten 100 Jahre seines Bestehens, 1809–1909, Wiesbaden 1909, 4. In anderen Staaten gab es Kontroversen über die Kompetenzen von »Collegia medica«. Zu Preußen vgl. Friedrich Ludwig Augustin, Die Königlich Preußische Medicinalverfassung, oder vollständige Darstellung aller, das Medicinalwesen und die medizinische Polizei in den königlich Preußischen Staaten betreffenden Gesetze, Verordnungen und Einrichtungen, Bd. 1 und 2: Potsdam 1818, hier Bd. 2, 221; zu Braunschweig-Wolfenbüttel vgl. Beisswanger, Arzneimittelversorgung, 24; zu Sachsen vgl. Kühn, Sammlung, VIII.

61 Eschenburg, Ärztlicher Verein, 19.

Abb. 298: Lübeck, Ehemalige Entbindungsanstalt am Langen Lohberg

Vorübergehende Änderungen im Verwaltungsbereich während der französischen Besetzung[62] sowie die durch den Krieg bedingten Flüchtlingsprobleme ermöglichten auch die ansatzweise Realisierung eines von Ärzten schon seit Mitte des 18. Jahrhunderts betriebenen Projekts: einer Entbindungsanstalt.[63] Daß Ärzte nach der Jahrhundertwende begonnen hatten, in der praktischen Geburtshilfe Fuß zu fassen, belegt auch eine weitere Bestimmung aus den Vereinsstatuten: »Der Accoucheur ist da, wo schon ein Hausarzt sich befindet, durchaus nur Geburtshelfer, und überläßt dem Letzeren die fernere Behandlung der Wöchnerinn und des neugebornen Kindes gänzlich allein, [...].«[64]

Ein weiteres Projekt, das zum Zusammenhalt der Gruppe beitragen und zugleich ihr Prestige erhöhen konnte, war die Errichtung einer ärztlichen Bibliothek. Als Theodor Friedrich Trendelenburg – ein Gründungsmitglied des Vereins – 1827 starb, hinterließ er seine ca. 8.000 Bände umfassende Bibliothek dem Verein. Dieser bat den Rat der Stadt darum, ein Lokal für sie zu suchen und dieses auch zu finanzieren. Die Bibliothek würde dann dem »ärztlichen Publikum« der Stadt zur Verfügung gestellt. Nach Verhandlungen kam die Finanzkommission zu einer Lösung, welche dem »städtischen Ärar« keine Kosten verursachte: Der Pächter der Stadtapotheke, Ernst August Lüttich, war bereit, auf eigene Kosten drei Räume seiner Apotheke zu diesem Zweck herzurichten und auch im Winter für die Heizung zu sorgen. Als Gegenleistung wurde ihm das der Stadtapotheke 1811 verloren gegangene Privileg der Medikamentenlieferung für die Armenanstalt wieder erteilt. Aufgrund des von den Stadtherren festgestellten »evident vorliegenden öffentlichen Interesses«[65] wurde dem Antrag stattgegeben, was zu einem kollektiven, aber vergeblichen Aufschrei der anderen Apotheker führte.[66] Schon 1839 erwies sich der Standort als zu klein, und der Verein bat den Rat erneut um Beihilfe; ein neuer Aufstellungsort müsse gesucht werden. Die Wahl fiel diesmal auf das Schulcollegienwitwenhaus, welches auf Kosten des Senats umgebaut wurde und die Bibliothek von 1842 bis 1905 beherbergte.[67] Diese Entwicklung kann als Hinweis darauf gesehen werden, daß sich Ansehen und Gewicht der Ärzteschaft im Rat langsam vergrößerten.

Mit der Gründung einer Lokalzeitung, den Lübeckischen Blättern,[68] stand den Ärzten neben dem Intelligenzblatt (Lübeckische Anzeigen)[69] ein weiteres Organ zur Verfügung, in dem sie ihre Interessen artikulieren konnten. Regelmäßige Beiträge schrieb besonders der Physikus und Hebammenlehrer Johann Christian Jeremias Martini (1787–1841), der z.B. die Physikats-Jahresberichte und einen 20 Jahre umfassenden Rechenschaftsbericht über seine Tätigkeit als Hebammenlehrer[70] dort abdruckte. Eine anonyme Notiz aus dem Jahr 1837 moniert, daß die Ärzte noch immer nicht im Lübeckischen Staatskalender aufgeführt seien, während man die Namen der Hebammen dort finden könne.[71] Drei Jahre später wurde dieser Beschwerde stattgegeben.

Der 1751 gegründete Staatskalender verzeichnete zunächst nur jene Personen im medizinischen Bereich, die einen Amtseid leisten mußten. Dies traf für den Physikus, den Hebammenlehrer und den Ratschirurgen zu, die vereidigt wurden und ein jährliches Honorar erhielten, sowie für die Hebammen, die ohne Anspruch auf ein Fixum vereidigt wurden. Auch der Lübecker Garnisonschirurg und der Garnisonsarzt wurden genannt. Ab 1819 wurden zusätzlich vier Armenärzte aufgeführt. Der Ausdruck »Medicinal-Wesen« taucht im Kalender erstmals 1809 auf, also während der Zeit der französischen

62 Vgl. Gerhard Ahrens, Von der Franzosenzeit bis zum ersten Weltkrieg 1806–1914, in: A. Graßmann (Hg.), Lübeckische Geschichte, Lübeck 1989, 529–675, hier 529–560.

63 Vgl. Catrin Halves, Das Lübecker Hebammenwesen um die Jahrhundertwende 1889–1914, Lübeck 1996, 28–30; Loytved, Hebammen, 205–207, 239f.

64 Eschenburg, Ärztlicher Verein, 19.

65 Archiv der Hansestadt Lübeck, ASA Interna 44/1: Gründung der Bibliothek des Ärztl. Vereins, Schreiben des Finanzdepartements vom 8. März 1828.

66 Archiv der Hansestadt Lübeck, ASA Interna 44/1, Dekret des Senats vom 12. März 1828.

67 Archiv der Hansestadt Lübeck, Polizeiamt 2512: Miethe das Lokal der Bibliothek des Ärztlichen Vereins betreffend 1829–1882.

68 Neue Lübeckische Blätter, erschienen ab 1835.

69 Sie erschienen von 1751 bis 1943.

70 Johann Christian Jeremias Martini, Übersicht über den 20jährigen Wirkungskreis des unterzeichneten Hebammenlehrers, in: Lübeckische Blätter 6 (1840), 384–387.

71 [Anonym], Erneuerte Anfrage, in: Neue Lübeckische Blätter 3 (1837), 55–56.

Abb. 299: Johann Christian Jeremias Martini (1787–1841)

Besatzung. Physikus, Hebammenlehrer, Ratschirurg und Hebammen wurden ab jetzt unter der Rubrik »Oeffentliche Medicinal-Beamte« geführt. Die prinzipielle Zuständigkeit der Wette (Niedergericht) als Oberaufsicht für medizinische Belange hat sich bis 1850 nicht geändert. Erst 1867 kam es zur Gründung einer »Medizinalpolizeibehörde für den Lübeckischen Freistaat«.[72]

Im Laufe des 18. Jahrhunderts gewannen Lübecker Ärzte allmählich die Kontrolle über die Ausbildung der Hebammen. Während das Amt des ersten Hebammenlehrers 1731 aufgrund einer typisch ständestaatlichen Einzelinitiative entstand,[73] setzte zwischen 1780 und 1800 ein Prozeß ein, in dem die Hebammen aus wirtschaftlichen Motiven das Interesse an der Ausbildung von Lehrtöchtern verloren und sich die Ärzte parallel um einen Anteil an den normal verlaufenden Geburten bemühten.[74] Gleichzeitig begannen die Hebammenlehrer, den Unterricht, zu dem die Hebammen auf dem Papier schon lange verpflichtet waren, auch durchzusetzen, und es gelang ihnen, bei ihnen selbst oder in auswärtigen Hebammenschulen ausgebildete Hebammen für

72 Halves, Hebammenwesen, 14; auch diese gehörte noch zum Polizeiamt.

73 Der erste Hebammenlehrer war ein Chirurg, der allerdings Medizin studiert hatte. Vgl. Loytved, Hebammen, 81–116.

74 1791 beschwerten sich alle zwölf vereidigten Hebammen in diesem Sinne, 1834 noch einmal drei von ihnen. Vgl. Loytved, Hebammen 164, 247.

die nach und nach frei werdenden Stellen der beeideten Hebammen zu gewinnen.[75] Das Verhältnis zwischen den Hebammen und den Hebammenlehrern blieb nicht ohne Spannungen, es scheint sich im großen und ganzen im 18. und 19. Jahrhundert aber eher um ein Patronage- als um ein Konkurrenzverhältnis gehandelt zu haben. Langfristig erwies sich der Posten des Hebammenlehrers als »obligatorischer Durchgangspunkt«,[76] von dem aus Veränderungen in geburtshilflicher Ausbildung und Praxis zwar nicht direkt diktiert, aber doch strategisch beeinflußt werden konnten. Daß die praktische Befähigung, welche der ärztliche Unterricht für Hebammen vermittelte, nicht besonders groß war, geht aus der Bemerkung eines Hebammenlehrers hervor: »Das Gebärhaus macht es mir einigermaßen möglich, diesen Unterricht auch praktisch werden zu lassen. Später lernen sie [die Hebammen, B. W.], wie wir alle, das meiste.«[77]

Nach einer von den Hebammen wohl aufgrund wachsender Subsistenzprobleme selbst vorgeschlagenen Reduktion der vereidigten Hebammen von zwölf auf zehn im Jahre 1791 blieb deren Zahl innerhalb der Stadtgrenzen konstant. Die Zahl der Ärzte in Lübeck vermehrte sich zwischen 1798 und 1850 von zwölf auf neunzehn. 1818 waren zwei von zwölf Ärzten als Geburtshelfer ausgewiesen, 1830 sieben von dreizehn und 1850 fünfzehn von neunzehn. Zusätzlich hatten die meisten von ihnen nicht mehr nur einen Grad in innerer Medizin, sondern nannten sich »Doktor der Medizin und Chirurgie«. Im selben Zeitraum ging die Anzahl der im Adreßbuch eingetragenen Handwerkschirurgen von achtzehn auf acht zurück. Diese zahlenmäßige Entwicklung zeigt, daß die akademischen Ärzte einen steigenden Anteil des »medizinischen Marktes« für sich eroberten, indem sie sich praktische Fähigkeiten aneigneten, für welche bisher die eher handwerklich ausgebildeten Berufe bekannt waren, und diese in das symbolische Kapital eines Universitätsabschlusses verwandelten. Die zahlenmäßige Zunahme der Ärzte begann lange vor dem Anstieg der Bevölkerungszahl in Lübeck.

3. Subjektformierung: Polizeidiskurs und »Collegia medica«

Die strategische Aneignung des Polizeidiskurses

Die Lübecker Ärzte hatten zwar ihre soziale Position in den vorangegangenen 100 Jahren deutlich verbessern können, es fehlte in Lübeck jedoch im Unterschied zu den Territorialstaaten ein wesentliches Motiv für staatliche Initiativen im Bereich des Medizinalwesens, nämlich ein Bedürfnis nach einer wachsenden und gesünderen Bevölkerung. Exemplarisch sei hier Johann Peter Franks »System einer vollständigen medicinischen Polizey« (1779) genannt,[78] auf dessen Frontispiz das Motto »servandis et augendis civibus« (den Bürgern zu dienen und sie zu vermehren) zu lesen ist.

Abgeleitet aus dem Gedanken der »Guten Ordnung«, beschäftigte sich die Polizeiwissenschaft im 18. Jahrhundert überwiegend mit »Glückseligkeit und Wohlfahrt« unter den Prämissen eines paternalistischen Staatsideals.[79] In Anlehnung hieran formulierte der in den 1770er Jahren aufkommende Diskurs der medizinischen Polizei Prinzipien, nach denen Zahl, Gesundheit und Sicherheit der Bevölkerung, die zunehmend als Quelle des Reichtums eines

75 Ebd., bes. 205–213.

76 BRUNO LATOUR, Der Berliner Schlüssel. Erkundungen eines Liebhabers der Wissenschaften, Berlin 1996, 70.

77 MARTINI, Übersicht, 384; zu Martinis Ausbildungspraxis vgl. ausführlich LOYTVED, Hebammen, 224–249.

78 JOHANN PETER FRANK, System einer vollständigen medicinischen Polizey. Erster Band: Von Fortpflanzung der Menschen und Ehe-Anstalten, von Erhaltung und Pflege schwangerer Mütter, ihrer Leibesfrucht und der Kind-Betterinnen in jedem Gemeinwesen, Mannheim 1779; die folgenden fünf Bände erschienen 1780–1819.

79 Vgl. SOHN, Policey.

Johann Peter Frank, M. D.
Hochfürstlich Speyerischen Geheimenraths und Leibarztes, der kuhrmainzischen Akademie der Wissenschaften Mitgliedes,
System
einer vollständigen
medicinischen Polizey.
Erster Band.
Von Fortpflanzung der Menschen und Ehe-Anstalten, von Erhaltung und Pflege schwangerer Mütter, ihrer Leibesfrucht und der Kind-Betterinnen in jedem Gemeinwesen.
Zwote, verbesserte Auflage.
Mannheim, bei C. F. Schwan, kuhrfürstl. Hofbuchhändler, 1784.

Abb. 300: Johann Peter Frank, System einer vollständigen medicinischen Polizey, Erster Band (1779, hier in einer Ausgabe von 1784)

Staates angesehen wurde, mit den Mitteln von Gesetzgebung und akademischer Medizin vermehrt werden konnten. Zum Beispiel sollten Maßnahmen zur Verbesserung des Hebammenwesens das Überleben von Mutter und Kind sichern und heimliches Gebären mit der möglichen Folge des Kindstodes oder Kindsmords und am besten auch uneheliche Schwangerschaften verhindern.[80] Die Mütter sollten ihre Kinder selbst stillen, damit deren Gesundheit verbessern und zugleich der ihnen durch die Natur zugedachten Rolle entschiedener nachkommen.[81] Rettungsanstalten wie etwa diejenige in Lübeck sollten den korrekten Umgang mit Ertrinkenden gewährleisten und verhindern, daß Scheintote lebendig begraben oder Bewußtlosen aufgrund von Unwissen und »Aberglauben« der Bevölkerung nicht geholfen wurde.[82] Als Gerichtsärzte sollten die Physici helfen, Mordfälle aufzuklären und Gewaltanwendungen der Bürger gegeneinander zu verfolgen.[83] Der Gesundheitszustand der Bevölkerung sollte durch regelmäßige Berichte der örtlichen Physici überwacht und zentral erfaßt werden,[84] eine zentrale Rolle nahm die Seuchenbekämpfung ein.[85]

Diese und andere wiederholt öffentlich aufgestellte Forderungen wurden mithilfe der »Collegia medica« und der durch sie beratenen Geheimen Räte ganz oder teilweise in Gesetzestexte umgesetzt. Ihre Befolgung in der Praxis geschah zumeist in lückenhafter Form, was wiederum besonders in den ärztlichen Zeitschriften zu einer endlosen Folge von Klagen hierüber und zu Reflexionen über die Gründe dieser Unvollkommenheiten führte.

»… die Ärzte umzuschaffen …«

So wurde etwa der Herausgeber des »Neuen Magazins für Ärzte«, Johann Georg Baldinger, nicht müde, solche Unvollkommenheiten zu dokumentieren. Ein »Auszug eines Briefes aus einem der Länder, wo die beste Medicinalord-

80 Vgl. Marita Metz-Becker, Der verwaltete Körper. Die Medikalisierung schwangerer Frauen in den Gebärhäusern des frühen 19. Jahrhunderts, Frankfurt a.M. 1997; aus der medizin-polizeilichen Literatur vgl. z.B. [Anonym], Bericht zur Gesetzgebung über den Kindermord aus Schweden. Gebärhaus in Kopenhagen, in: Magazin für die gerichtliche Arzneikunde und medizinischen Polizei 2 (1783), 103–110 .

81 Vgl. Sabine Toppe, Polizey und Geschlecht. Der obrigkeitsstaatliche Mutterschafts-Diskurs in der Aufklärung, Weinheim 1999.

82 Vgl. z.B. das sächsisch-königliche »Mandat, die Rettung der im Wasser oder sonst verunglückten und für todt gehaltenen Personen betreffend, vom 20. Sept. 1773«, in: Kühn, Sammlung, 243–249, mit ausführlicher Anleitung zu Rettungsmaßnahmen; das »Magazin für die gerichtliche Arzneikunde und medizinische Polizei«, hg. von J. T. Pyl und C. D. Uden (1782–1788), enthielt, wie andere Zeitschriften in diesem Bereich auch, eine Rubrik (»Oeffentliche Anstalten, Verordnungen u.s.w.«), in der Gesetze und Verordnungen abgedruckt wurden.

83 Vgl. z.B. das königliche »Generale, wegen Remedirung derer Gebrechen im Medicinal-Wesen, d. d. 29. Jul. 1750«, in dem die Klage über die Unfähigkeit der Physici, brauchbare Gutachten zu liefern, als wesentliches Argument für den Versuch einer Neuordnung angeführt wird, in: Kühn, Sammlung, 156–160. Ähnlich argumentiert noch Georg August Theodor Roose, Taschenbuch für gerichtliche Aerzte und Wundärzte bei gesetzmässigen Leichenöffnungen, Bremen 1800, 2f.

84 Vgl. Lindemann, Health, 236–243.

85 Vgl. z.B. Johann Gustav Wahlbohm, Von den weitläuftigen aber fürs allgemeine nützlichen Geschäften eines Provinzialarztes, in: Neues Magazin für gerichtliche Arzneikunde und medizinische Polizei 1 (1785), 645–657.

nung seyn soll« (vermutlich ein Teil des Habsburgischen Reichs), berichtet von einem Ort, an dem sich ein alter Husar mit dem ansässigen Chirurg fast »täglich um die Oberhand der chirurgischen Praxis bataillíret und geprügelt« habe, die innere Medizin sei fest in der Hand von Quacksalbern. Baldinger kommentiert: »Die wenigsten ›Collegia Sanitatis‹ sind noch das, was sie seyn sollten. Sie tragen noch zu wenig bey, die Aerzte umzuschaffen, die da sind, sie zu bessern, ihre Kenntnisse zu erweitern, Gelehrsamkeit in Umlauf zu bringen. Welches sind wohl die besten Mittel bey Einführung einer neuen Medicinalordnung, die noch vorhandenen alten Ignoranten, von allen Classen, nämlich Aerzte, Wundärzte, Hebammen umzuschaffen – und dafür durchaus bessere und geschicktere Subjecte anzuschaffen? – wie sollen diese angezogen werden – woher die Fonds? und woher die Belohnungen?«[86]

Baldinger spricht hier drei zentrale Strategeme an, die in der Folge von unterschiedlichen Akteuren angewandt wurden und eine wichtige Rolle für den Ausbau staatlicher Medizinalwesen ab 1800 spielten: Subjektformierung (das »Umschaffen« der Ärzte und anderer Angehöriger von Medizinalberufen), Verwissenschaftlichung (hier als »Kenntnisse« und »Gelehrsamkeit« bezeichnet) und Dispositive (»Mittel«, »Fonds« und »Belohnungen«), welche eine den erlassenen Gesetzen und Verordnungen entsprechende Praxis gewährleisteten.

Aufgrund der napoleonischen Kriege und der ab Ende des 18. Jahrhunderts in einigen Staaten betriebenen Verwaltungsreformen ergaben sich Verschiebungen im medizinpolizeilichen Diskurs, an denen die Ärzte mitwirkten. Wenn Ärzte in Publikationen das Wissen um bestehende Medizinalordnungen, Forderungen für deren Verbesserung, Nachrichten über erfolgreiche Interventionen bei Territorialregierungen usw. mit den im engeren Sinne medizinischen Themen der medizinischen Polizei kombinierten, so kreierten sie einen Diskurs, der sich in den Polizei- und später in den Verwaltungsdiskurs einschrieb, wie er in der täglichen Verwaltungspraxis, aber auch in der zugehörigen Literatur kursierte. Sie schrieben sich ihre eigenen Rollen als Sachwalter der »Vermehrung und Verbesserung der Bevölkerung« buchstäblich selbst auf den Leib. Ihr Verhalten kann mit dem des juristisch ausgebildeten Staatsbediensteten verglichen werden, der »mit der Produktion des performativen Diskurses über den Staat, […] scheinbar davon handelnd, was der Staat ist, den Staat erst schuf, indem er sagte, was er sein sollte, also was die Position der Produzenten dieses Diskurses in der arbeitsteiligen Ausübung der Herrschaft sein solle«.[87]

In den ärztlichen Zeitschriften sollten Anekdoten und Berichte dafür sorgen, daß der ärztliche Leib auch immer besser in die zugeschriebene Rolle paßte. So berichtet etwa Baldinger über Ärzte, die trotz des legal erworbenen Doktorhuts durch ihr grobes und ›unärztliches‹ Verhalten auffallen. Abschreckendes Beispiel ist etwa folgender Kollege: »Der Körperbau dieses Egoisten ist nemlich plump, vierschrötig und unansehnlich, […] seine gewöhnliche Sprache die des gemeinsten Mannes […] seine Lieblingswörter Esel, Flegel und dummer Junge, mit welchem letztern Worte er die übrigen Aerzte, die sich alle seiner schämen und nichts mit ihm zu thun haben, zu belegen pflegt.«[88] Hier stimmt der körperliche und soziale Habitus nicht, dem Kollegen fehlt die »Grazie des Bürgers«,[89] seine Berührung mit den Weihen der Universität und der bürgerlichen Gesellschaft kann nur eine zufällige gewesen sein. Aus dem Negativbild des groben Arztes erwächst das Idealbild des gebildeten und fähigen Akademikers. »Vernünftige Ärzte«[90] sind allemal mo-

86 [Anonym], Auszug eines Briefes aus einem der Länder, wo die beste Medicinalordnung seyn soll, in: Neues Magazin für Aerzte 6 (1784), 366–367.

87 Pierre Bourdieu, Praktische Vernunft. Zur Theorie des Handelns, Frankfurt a.M. 1998, 122.

88 [Anonym], Getreue Schilderung eines H. v. Doktors. Ein Beytrag zur Geschichte unsers Jahrhunderts. Mitgetheilt von einem Anonymo, in: Neues Magazin für Aerzte 8 (1787), 85–90, hier 86.

89 Anke te Heesen, Der Weltkasten: Die Geschichte einer Bildenzyklopädie aus dem 18. Jahrhundert, Göttingen 1997, 129.

90 Carsten Zelle (Hg.), »Vernünftige Ärzte«. Hallesche Psychomediziner und die Anfänge der Anthropologie in der deutschsprachigen Frühaufklärung, Tübingen 2002.

Abb. 301: Verwundete Soldaten der Grande Armée auf dem Rückzug 1812, Lithographie von Theodore Géricault

ralische Ärzte und haben das Recht, die Inkompetenten vom Feld des Heilens und Helfens zu verjagen.

Orte und Hierarchien des Wissens

Die Schaffung von »Collegia medica« und Physikaten war ein Kernstück des Diskurses der medizinischen Polizei. In diesem griffen Obrigkeiten und akademische Ärzte die »globale Strategie« des Polizei- und Verwaltungsdiskurses auf. Durch Einsatz lokaler Taktiken und durch interessegeleitetes Umschreiben verschoben die Ärzte allmählich die Handlungsbedingungen zu ihren Gunsten. Dabei kam ihnen das gesteigerte Interesse der bürgerlichen Schichten an individueller Gesundheit sowie der Obrigkeiten an der Überwachung des Gesundheitszustands der Bevölkerung entgegen.

»Collegia medica« wurden von Ärzten nicht nur als Dispositive konzipiert, um die Einhaltung und Durchsetzung der Medizinalgesetze zu gewährleisten, sie wurden auch als wichtige Mediatoren in der Verwissenschaftlichung der Medizin verstanden. Beispielsweise sieht Johann Peter Frank in seinem Beitrag: »Etwas über die Zwistigkeiten der Aerzte und ihre Ursachen«[91] die zukünftige Rolle der »Collegia medica« in einer Art lokaler »Gelehrtenrepublik«. Regelmäßige gemeinsame Treffen, Austausch über medizinische Theorien und interessante Fallgeschichten, schließlich eine gemeinsame, allen zugängliche ärztliche Bibliothek und ein bereits an der Universität zu absolvierender Unterricht in »medizinischer Moral« sollen das Konkurrenzverhalten der Ärzte überflüssig machen und gleichzeitig den wissenschaftlichen Standard der ärztlichen Therapie heben helfen.

Ähnliche Vorstellungen äußert 17 Jahre später Johann Benjamin Erhard, der nun aber zusätzlich eine Medizin der »richtigen Erfahrung« fordert, d.h. eine Medizin, die sich an zuverlässig gemachten Beobachtungen und sicheren theoretischen Prinzipien orientiert.[92]

Die »Collegia medica« vermittelten Gelegenheiten für gemeinsame medizinpolizeiliche und wissenschaftliche Initiativen von Ärzten wie die Durchführung und Propagierung der Pockeninokulation[93] oder die Gründung von und das Schreiben für Zeitschriften.[94] Beseitigung von Konkurrenz und Vereinheitlichung der Lehrmeinungen auf lokaler Ebene waren wichtige Faktoren für einen langfristigen Vertrauensgewinn seitens der akademischen Ärzte; sie wurden über die allgemeine und wissenschaftliche Öffentlichkeit oftmals lokal initiiert und überregional vermittelt.

Mit den »Collegia medica« existierten privilegierte Orte des Wissens, an denen die Inhaber medikalen Wissens entsprechend ihrer Befähigung klassifiziert werden konnten. So unterschied z.B. die 1777 in Kraft getretene und in der medizinpolizeilichen Literatur kontrovers diskutierte[95] Münstersche Medizinalordnung für das innerliche Kurieren 6 Klassen, für die Chirurgie immerhin noch drei. Für alle gegenwärtig als Heilenende Praktizierenden war eine Prüfung vor dem »Collegium medicum« obligatorisch.[96] Kritiker bemängelten vor allem, daß mit dieser Schaffung einer großen Zahl neuartiger Patente die Titel- und Privilegiensucht des Ständestaats fortgeschrieben würde, Befürworter sahen den Vorteil darin, daß es nun keinen Grund mehr gebe, ohne Erlaubnis zu praktizieren.[97] Den Erfolg trugen jedoch auf die Dauer jene Modelle davon, deren Kernstücke die Universität als obligatorischer

91 Vgl. Johann Peter Frank, Etwas über die Zwistigkeiten der Aerzte und ihre Ursachen. Von dem Herrn Geheimenrath und Leibarzt D. J. P. Frank, in: Archiv der medizinischen Polizei und gemeinnützigen Arzneikunde 1 (1783), 133–150.

92 Johann Benjamin Erhard, Theorie der Geseze die sich auf das körperliche Wohlseyn der Bürger beziehen, und der Benuzung der Heilkunde zum Dienst der Gesezgebung, Tübingen 1800, 156. In Analogie zu diesen an ein offizielles Gremium geknüpften Erwartungen Franks sah auch das Gründungsstatut des Lübecker Ärztlichen Vereins regelmäßige Diskussionen über den »Genius der herrschenden Krankheiten« sowie wissenschaftliche Erörterungen vor; Eschenburg, Ärztlicher Verein, 24. Jedoch wurde, um den »freie[n] und offene[n] Austausch« in allen Angelegenheiten zu ermöglichen, im 1. Paragraphen der Satzung strikte Vertraulichkeit festgelegt. Ebd., 21.

93 Zu Braunschweig-Wolfenbüttel vgl. Peter Albrecht, What do you think of smallpox inoculation? A crucial question in the eighteenth century, not only for physicians, in: J. van der Zande/R. H. Popkin (Hg.), The skeptical tradition around 1800, Dordrecht 1998, 283–296.

94 Im Herzogtum Braunschweig-Wolfenbüttel wurden um 1800 allein vier Zeitschriften medizinischen Inhalts gegründet: die »Beiträge zur öffentlichen und gerichtlichen Arzneikunde« (1798), das »Repertorium für das neueste aus der Staatsarzneiwissenschaft und inneren praktischen Heilkunde« (1801), die »Ophthalmologische Bibliothek« (1803) und die »Medizinisch-chirurgische Literaturzeitung« (1804). Die Herausgeber standen zum großen Teil über das »Obercollegium sanitatis« und die Braunschweiger Chirurgenschule (das »Theatrum anatomicum«) miteinander in Kontakt.

95 Zusammenfassend: Johann Melchior Aepli, Prüfung der Untersuchung der vermeineten Nothwendigkeit eines authorisirten Collegii Medici und einer medicinischen Zwangordung des Hrn. Dokt. Reimarus, Hamburg 1782, in: Gazette de santé 2 (1783), 97–154.

96 [Anonym], Rez. von: Hoffmann, Christoph Ludwig, Unterricht von dem Kollegium der Aerzte in Münster, Münster 1777, in: Magazin für die gerichtliche Arzneikunde und medicinische Policey 1 (1782), 227–236; zur bezweifelbaren Umsetzung vgl. Hedwig Schwanitz, Krankheit – Armut – Alter. Gesundheitsfürsorge und Medizinalwesen in Münster während des 19. Jahrhunderts, Münster 1990.

97 Aepli, Prüfung.

Abb. 302: Die Armenimpfung, Holzstich nach Solomon Eytinge d.J. (1873)

Durchgangspunkt für akademische Mediziner und die Durchsetzung von deren Kontrolle über die anderen Heilberufe waren.

Das Verhältnis von Universitäten zu Lehranstalten wie etwa Chirurgen- und Hebammenschulen wurde in der ärztlichen Öffentlichkeit um 1800 kontrovers diskutiert. Während für die einen die Zukunft in einer flächendeckenden Versorgung der gesamten Bevölkerung durch akademische Ärzte lag,[98] forderten die anderen die Ausbildung »ärztlicher Routiniers« zur medizinischen Versorgung des »großen Haufens« der Bevölkerung.[99] Diese Routiniers sollten an »Pepinièren«, d.h. an Schulen nach dem Vorbild etwa der 1798 gegründeten Berliner Militärchirurgenschule, ausgebildet werden. Implizit werden hier auch Methodenfragen der Medizin selbst diskutiert: War das Heilen eine Praxis, die mechanisch gelernt und gelehrt werden konnte, ließ sich die wissenschaftliche Medizin (als Kunst) von der Praxis der »Routiniers« (als Handwerk) abtrennen? 1825 wurde in Preußen die chirurgische und medizinische Ausbildung vereinheitlicht. Ärzte erwarben auch die Qualifikation für äußerliche Behandlung; Wundärzte erster Klasse waren berechtigt, an Orten innerlich zu behandeln, wo sich kein Arzt niedergelassen hatte, Wundärzte zweiter Klasse wurden nur für die kleine Chirurgie zugelassen und von der innerlichen Behandlung ausgeschlossen.[100]

Die politischen und administrativen Veränderungen in Frankreich, die sich in den besetzten deutschen Territorien direkt niederschlugen und die mit gleichzeitigen Initiativen zur Verwaltungsreform in Preußen koinzidierten, regten eine breite Debatte an, in deren Rahmen die Ärzte ihre Rolle in der Gesellschaft und gegenüber dem Staat neu zu bestimmten suchten. Während z.B. Erhard den Arzt für den Prototyp des auf das Gemeinwohl ausgerichteten Staatsbürgers ansah und ihn von dem auf Gewinn zielenden Wirtschaftsbürger absetzte, sahen sich andere Ärzte in einer Doppelrolle als Bourgeois und Citoyen. Einig waren sie sich weitgehend darin, daß der Staat im Interesse des Gemeinwohls für das Auskommen der Ärzte sorgen müsse und daß ihnen die anderen medikalen Berufe einschließlich der Apotheker[101] im Zweifelsfall Respekt entgegenzubringen hätten. Als Resultat der wünschenswerten staatlichen

98 Vgl. Andreas Röschlaub, Über Medizin, ihr Verhältniß zur Chirurgie nebst Materialien zu einem Entwurfe der Polizei der Medizin, Frankfurt a.M. 1802.

99 Johann Christian Reil, Pepinieren zum Unterricht ärztlicher Routiniers als Bedürfnisse des Staats nach seiner Lage wie sie ist, Halle 1804, 19.

100 Mediko-chirurgische Lehranstalten wurden schon im 18. Jahrhundert gegründet, z.B. in Hannover 1716, in Braunschweig 1750; in den 1820er Jahren wurden z.B. in Magdeburg, Münster und Breslau solche Institute gegründet. 1848 wurden in Preußen die chirurgischen Lehranstalten aufgehoben und die medizinische Ausbildung nur noch auf Universitäten durchgeführt. Vgl. Wilhelm Horn, Das Preußische Medicinalwesen, Bd. 1, Berlin 1857, 46. Zu Sachsen vgl. Volker Klimpel, Didaktische Prinzipien in der wundärztlichen Ausbildung im 18. Jahrhundert. Das Dresdner Collegium medico-chirurgicum (1748–1813), in: G. Wagner/G. Wessel (Hg.), Medizinprofessoren und ärztliche Ausbildung. Beiträge zur Geschichte der Medizin, Jena 1992, 85–97.

101 Vgl. z.B. [Anonym], Antwort auf die Schrift »Was fordern die Medizinalordnungen von den Apothekern?«, in: Allgemeines Archiv der Gesundheitspolizei 1 (1806), 136–178, hier 139: »Drey Dinge sind es indessen hauptsächlich, die H[errn] H[ofapothekers] M[eyer] Galle aufgeregt haben, ›die Bescheidenheit und Achtung gegen die Aerzte‹, welche die Medizinalordnungen von den Apothekern fordern, ›zwey Bücher‹, welche in den Apotheken gehalten werden sollen [...] ›die Verminderung der Arzneypreise‹.« Meyer wird damit indirekt Überheblichkeit, Faulheit und Gewinnsucht vorgeworfen. Die Rezension bezieht sich auf die Schrift des Hofapothekers Johann Carl Friedrich Meyer, Was fordern die Medicinal-Ordnungen von den Apothekern?, Berlin 1803.

Garantie eines Mindesteinkommens für Ärzte erhofften sich diese auch eine größere Unabhängigkeit von der »Willkür« der Patienten: Der Arzt sollte endlich vom Klienten zur wissenschaftlichen Autorität werden.[102]

4. Exklusivverträge mit der Wahrheit: die Selbstkonstruktion der Medizin als wissenschaftliche Disziplin

Die Universität als privilegierter Ort medizinischen Wissens

In Immanuel Kants »Streit der Fakultäten« werden die oberen Fakultäten (Theologie, Jura und Medizin) jeweils einem speziellen Regierungswillen zugeordnet. Jede verfolge einen bestimmten »Zweck«, »auf das Volk Einfluß zu haben«.[103] Die medizinische Fakultät etwa diene dem Zweck »eines starken und zahlreichen Volks«.[104] In ihrer Abhängigkeit von der Regierung beziehen sich die drei oberen Fakultäten auf »Schrift«, d.h. auf normierende Texte: »Daher schöpft der biblische Theolog (als zur obern Fakultät gehörig) seine Lehren nicht aus der Vernunft, sondern aus der Bibel, der Rechtslehrer nicht aus dem Naturrecht, sondern aus dem Landrecht, der Arzneigelehrte seine ins Publikum gehende Heilmethode nicht aus der Physik des menschlichen Körpers, sondern aus der Medizinalordnung.«[105] Die Medizin sei freier als die anderen oberen Fakultäten, da eine konkrete Heilmethode nicht aus Gesetzen und Büchern, sondern nur aus Naturerkenntnis abgeleitet werden könne. Damit erweist sich die Medizin als Teilhaberin an der philosophischen Fakultät, die Kant zufolge vor allem der Wahrheit und nicht dem Staat verpflichtet ist.[106] Kants Schrift kann als Momentaufnahme aus dem Prozeß einer »mise en discipline des savoirs«[107] gelesen werden, der in Bezug auf die Medizin spätestens seit der Mitte des 18. Jahrhunderts im Gang war. Wenn die Inanspruchnahme von relevantem Wissen durch den Staat dem Wissen eine Bezugnahme auf gesetzliche Regeln abfordert, so hat diese Inanspruchnahme aber auch selbst Regeln zu folgen bzw. bestimmte Grenzen einzuhalten. Die philosophische Fakultät, und mit ihr das medizinische Wissen im engeren Sinne, steht unter der »Gesetzgebung der Vernunft«.[108] Die »mise en discipline« des wissenschaftlichen Wissens beschränkte sich aber weder auf die Einhaltung theoretischer Regeln noch auf seine Anwendbarkeit für die Zwecke des Staats. Der Prozeß beinhaltete – in Fortsetzung jener moralischen und medizinalpolizeilichen Regulatorien, die oben als »Subjektformierung« beschrieben wurden – eine »Normalisierung« (Foucault) der wissenschaftlichen Subjekte; dies wiederum bedeutete eine Vereinheitlichung der medizinischen Ausbildung, die Aushandlung allgemein gültiger wissenschaftlicher Standards und ein neues Verhältnis von Theorie und Praxis. In diesem Sinne geschah mit der Medizin ein analoger Prozeß wie mit dem technischen Wissen, das nach Foucault im 18. Jahrhundert von bestimmten, »disqualifizierten« Elementen gereinigt, normalisiert und hierarchisch klassifiziert wurde.[109]

Dieser Prozeß einer ›disziplinären Fassung‹ des medizinischen Wissens, der allerdings nie zu einem einheitlichen Ideal-Bild »der« wissenschaftlichen Medizin geführt hat,[110] ist damit verknüpft, daß die Universität als privilegierter Ort der staatlich legitimierten Medizin – eben als jener Ort, dessen Wissen der Staat als sein eigenes in Anspruch nehmen kann – neu formiert wurde.

102 Vgl. z.B. Caspar Mende, Ueber das Verhältniß der Heilkunde zum Staat, in: Allgemeines Archiv der Gesundheitspolizey 1 (1806), 1–59.
103 Immanuel Kant, Der Streit der Fakultäten, in: Werke, hg. von W. Weischedel, Darmstadt 1983, Bd. 6, 283.
104 Ebd.
105 Ebd., 285.
106 Ebd., 289.
107 Foucault, Verteidigung, 211; Défendre, 161.
108 Kant, Streit, 290.
109 Foucault, Verteidigung, 208f.; Défendre, 160.
110 Laut Hagner, Scientific medicine, wurde Medizin auch noch im 19. Jahrhundert alternativ als Kunst, Politik oder Wissenschaft gesehen.

Abb. 303: Anatomie als Ständesatire und moralisches Memento, aus: William Hogarth, The Reward of Cruelty (1750)

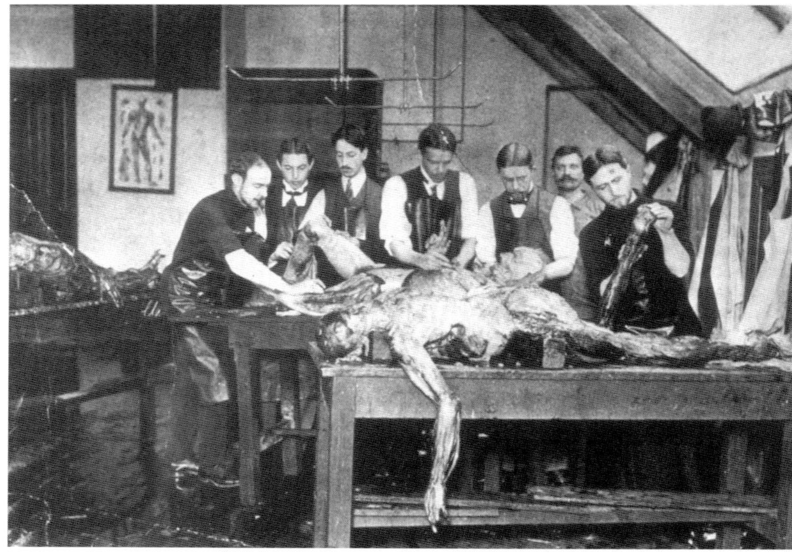

Abb. 304: Anatomie als Bestandteil des Medizinstudiums (um 1890)

Im vorangegangenen Abschnitt wurde dargelegt, daß die »Collegia medica« obligatorische Durchgangspunkte für die Zulassung zur medikalen Praxis wurden und es gleichzeitig Tendenzen gab, sie auch zu Knotenpunkten des medizinischen Wissens zu machen. Die Universitäten erwiesen sich jedoch als ungleich wirkmächtiger, was die Vereinheitlichung der Ausbildung und der Zulassungsverfahren zur Praxis anging. Was die sich verändernde Struktur des an den Universitäten vermittelten Wissens angeht, möchte ich exemplarisch zwei Stränge herausgreifen: erstens die Entwicklung von Dispositiven zur Regularisierung der Empirie und zweitens eine stärkere Anlehnung der Medizin an die Naturwissenschaften. Zum ersten Strang gehört insbesondere die stärkere Insistenz auf Anatomie und Pathologie sowie die Weiterentwicklung von Aufschreibetechniken wie dem Fallbericht und der Tabelle zur Statistik; zum zweiten Strang kann der Import von Leitkonzepten aus Physik und Chemie sowie die zunehmende Bedeutung des Experiments gezählt werden. Die Entwicklung und der zunehmende Einsatz von Instrumenten sind charakteristisch für beide Stränge.

Die Rolle der Anatomie und der klinischen Erfahrung

Der Aufstieg der Anatomie zur Basiswissenschaft der Medizin begann bereits im 17. Jahrhundert, als die ersten Städte verpflichtenden Anatomieunterricht für Chirurgen und z.T. auch für Hebammen einführten. Mangelnde anatomische Kenntnisse wurden den Obrigkeiten sichtbar, wenn die Gerichte in Strafprozessen kein eindeutiges Urteil fällen konnten, weil die Sektionsberichte der Physici Mängel aufwiesen. Während der spätere Lübecker Ratschirurg und Hebammenlehrer Jacob Leonhard Vogel, der anfangs Doktor der Medizin werden wollte, sich noch 1713 für »Bezahlung und gute Worte« in Straßburg sein anatomisches und chirurgisches Übungsmaterial zusammenbetteln mußte,[111] war für die medizinische Ausbildung seit der ersten Hälfte des 19. Jahrhunderts die Anatomie als Ausbildungsgegenstand vorgeschrieben.

111 »[...] und da zu der Zeit noch keine so ansehnliche Zahl von Leichnamen an den Zergliederungssaal geliefert wurden, daß ein jeder Zuhörer selbst hätte Hand anlegen können; so wußte sich mein Vater durch Bezahlung und gute Worte, aus den beyden Hospitälern, die Theile des Körpers zu verschaffen, die er zur eigenen Uebung im Zergliedern bestimmt hatte, wobey ihm der geschickte Professor Kiesling die Hand führete.« (Adolf Friedrich Vogel, Kurze Lebensgeschichte des wohlseligen Herrn, Herrn Jacob Leonhard Vogel etc., Lübeck 1781, 1.)

Abb. 305: Adolf Friedrich Vogel (1748–1785)

Mit dem sich abzeichnenden Ende der Handwerkschirurgie und dem veränderten Verhältnis von Hand- und Kopfarbeit in der akademischen Medizin wurde der Erwerb manueller Geschicklichkeit ein wichtiges Motiv für Studierende, aktiv nach Gelegenheit zum anatomischen Präparieren zu suchen. Daß Erfahrung am Krankenbett für den Erfolg als praktischer Arzt entscheidend ist, war schon ein Leitmotiv, als Anfang des 18. Jahrhunderts über den medizinischen Unterricht an der Universität Göttingen diskutiert wurde. I. von Bueltzingsloewen zeigt, daß in der Gründungsphase ein wichtiges Motiv für die Einführung von Unterricht am Krankenbett die Nachfrage danach war.[112] Den Erwerb und Nachweis praktischer Fähigkeiten strebten Studierende in den ersten Jahrzehnten des 19. Jahrhunderts verstärkt an.[113]

An medizinisches Wissen wurde der Anspruch der »sicheren Erfahrung« gestellt, die J. B. Erhard als »die Gewißheit der Causalverbindung mehrerer Erscheinungen« definiert, welche dann gegeben sei, »wenn der Erfolg durch das Vorhergehende in gleichförmigen Momenten bestimmt wird, und alle Umstände, außer die bemerkten, geändert seyn können, ohne daß die Gleichförmigkeit der Erscheinungen gestöret würde«.[114] Diese »Gewißheit der Erfahrung« war für Erhard also einmal mit einer Regelhaftigkeit von Beobachtungen verbunden, zum anderen beruhte sie auf der Erforschung der Ursachen von Veränderungen im menschlichen Körper.[115] Daß die Zuordnung von Ursachen auf der Basis des zu seiner Zeit bekannten anatomischen

112 Vgl. Isabelle von Bueltzingsloewen, Machines à instruire, machines à guérir. Les hôpitaux universitaires et la médicalisation de la société allemande (1730–1850), Lyon 1997; Broman, Transformation. Zur Rolle der Anatomie vgl. Karin Stukenbrock, »Der zerstückte Cörper«. Zur Sozialgeschichte der anatomischen Sektionen in der frühen Neuzeit (1650–1800), Stuttgart 2001; zur Versorgung der Universitäten mit Leichen bes. 169–194.

113 Ein Dokument aus den 1830er Jahren zeigt beispielhaft den Ausbildungsgang eines erfolgreichen Lübecker Arztes in der Mitte des 19. Jahrhunderts: Georg Bernhard Eschenburg bewarb sich 1836 beim Lübecker Senat darum, als Arzt zum Bürger angenommen zu werden. Er reichte seine Studienunterlagen ein, aus denen hervorging, daß er von Oktober 1830 bis August 1834 in Heidelberg und Göttingen studiert hatte. In Heidelberg hatte er Vorlesungen in Anatomie, Physiologie, Embryologie, Chemie, Arzneimittellehre und Botanik belegt. Auch wurde ihm bescheinigt, daß gegen ihn nicht »wegen Theilnahme an verbotenen Studenten-Verbindungen« ermittelt worden war. In Göttingen hatte er Vorlesungen über Zoologie, »Anleitung zum Präparieren, Chirurgie und Clinik«, über Pharmazie und Botanik, sowie mehrere theoretische und praktische Vorlesungen über Geburtshilfe und Augenoperationen besucht. Bereits in Göttingen praktizierte er in der Klinik Karl Himlys. Von April 1834 bis April 1835 absolvierte er weitere Praktika in Berliner Kliniken der Medizin, der Geburtshilfe, der Chirurgie und der Augenheilkunde. 1835 promovierte er über ein geburtshilfliches Thema. Eschenburg ließ sich 1836 ins Lübeckische Adressbuch als »Doktor der Med., Geburtshelfer und Augenarzt« eintragen. (Archiv der Hansestadt Lübeck, Familienarchiv Eschenburg.)

114 Erhard, Geseze, 12 f.

115 Ebd., 18.

und physiologischen Wissens nicht zu feststehenden Wahrheiten führte, war Erhard als aufmerksamem Leser Kants und Fichtes sowie als Kenner der damaligen medizinischen Literatur bewußt. Er klagte bei seinen Kollegen ein stärkeres methodisches Bewußtsein ein, um dem immer noch bestehenden Glaubwürdigkeitsproblem der akademischen Ärzte zu begegnen.[116]

Das Argument einer prinzipiellen Harmonie der medizinischen Erfahrung mit den Naturgesetzen benutzte Joseph Schmidtmann, um in Krankenhäusern systematisch gesammelte klinische Erfahrung als wichtigste Quelle medizinischen Fortschritts darzustellen: »Da die Natur ununterbrochen nach ›festen, unwandelbaren Gesetzen‹ handelt, so braucht man nur die ›Äußerungen‹ und ›Wirkungen‹ ihrer Triebfedern genau zu studiren, eine Summe richtiger Thatsachen, die sich unter gleichen Umständen ereignen, sammeln, um daraus eine Fülle richtiger Folgerungen und Regeln nach den Forderungen einer gesunden Logik ziehen zu können.«[117] Der Ruf nach verläßlicher Erfahrung beschränkte sich jedoch nicht auf die an Kliniken und Universitäten praktizierte und gelehrte Medizin. So unterbreitete etwa George Fordyce in den »Abhandlungen der Londonschen Gesellschaft zur Vermehrung des medicinischen und chirurgischen Wissens« seine Vorschläge, »die Evidenz in der Arzneikunde zu vermehren«, die im Wesentlichen daraus bestanden, daß praktische Ärzte ihre Beobachtungen an von ihnen behandelten Kranken und ihre Therapie in Tabellenform niederlegen sollten. Unabhängig von dieser Initiative hatte bereits L. F. B. Lentin, der als Bergarzt in Clausthal täglich eine große Zahl von Patienten zu versorgen hatte, begonnen, seine Erfahrungen in Tabellenform zusammenzufassen.

Die Medizin als Naturwissenschaft?

Mitte des 18. Jahrhunderts hatten praktizierende Ärzte und Patienten häufig ein gemeinsames Bild von den Ursachen für Krankheiten sowie den einzuschlagenden therapeutischen Wegen.[118] In dem Bericht des erwähnten L. F. B. Lentin über eine gelungene Kur bei einem Gichtpatienten wird deutlich, daß sich Arzt und Patient über die Ursachen des Leidens – eine erbliche Neigung neben einer ungesunden Lebensweise, welche das Säftegleichgewicht gestört hat – einig sind. Auf der Basis dieses gemeinsamen Wissens gelingt es Lentin nach eigenen Worten, »ein vernünftiges Vertrauen« zu dem Patienten herzustellen und ihn zur Befolgung seiner Anweisungen bezüglich Ernährung und Lebensführung zu bewegen.[119] Wie die meisten der praktizierenden Kollegen seiner Zeit ging Lentin von der Gültigkeit der Humoralpathologie aus, der zufolge Krankheit auf ein gestörtes Gleichgewicht der Körpersäfte zurückzuführen sei. Lebensführung und Medikamentengabe dienten der Wiederherstellung dieses Gleichgewichts. Dieses konnte ohne die aktive Mitwirkung des Patienten nicht gelingen.

Mit der Akribie seiner aufgeschriebenen Beobachtungen, der versuchten Systematisierung und den Tabellen entspricht Lentin durchaus den von Erhard aufstellten Forderungen nach einer Medizin der richtigen Erfahrung.

Als Lentin 1804 starb, war die Viersäftelehre weitgehend verlassen. Es hatte sich aber kein einheitliches neues Erklärungsschema für die Erklärung von Krankheiten durchgesetzt.

Im Anschluß an Kants Versuch, die methodischen Widersprüche zwischen dem Anspruch auf Erklärung nach (mechanischen) Wirkprinzipien auf der

116 »Die Menge der Theorien, welche den Aerzten so oft ihre Behauptungen eingaben, und, der Erfahrung zum Troz, erdacht schienen, dauern noch immer in den Schriften der Aerzte fort, und so viel Aberglaube unter dem Volk über die Heilung der Krankheiten herrscht, so viel Irrthum ist gewiß auch noch in den Schriften der Aerzte darüber.« (Ebd., 6f.)

117 Ludwig Joseph Schmidtmann, Ausführliche Anleitung zur Gründung einer vollkommnen Medizinal-Verfassung und Polizey, 2 Bde., Hannover 1804, Bd. 1, 145

118 Vgl. Lindemann, Health, 264f.

119 Vgl. Bettina Wahrig, Soziale Unterschiede markieren und verbergen: Das Verhältnis zwischen Arzt, Kranken und Angehörigen bei Lebrecht Friedrich Benjamin Lentin (1736–1804), in: Niedersächsisches Jahrbuch für Landesgeschichte 73 (2001), 169–188.

einen und der offensichtlichen Zweckmäßigkeit der Einrichtung des Organismus auf der anderen Seite mithilfe der Idee der »inneren Zweckmäßigkeit« zu glätten, gewann der Begriff des Organismus eine zentrale Bedeutung.[120] Gleichzeitig – auch als Folge einer Verfeinerung der instrumentellen und experimentellen Techniken – entwickelte sich die Physiologie zu einer Grundlagendisziplin der Medizin. Mit der zunehmenden Akzeptanz experimenteller Verfahren in dieser Disziplin verschob sich die Diskussion von einer rein theoretischen Debatte zu einem Feld divergierender Theorie-Praxis-Bezüge, dessen theoretische Annahmen zunehmend den Anspruch auf Konsistenz mit experimentellen oder Beobachtungsdaten erhoben.

Zeitgleich mit der Entfaltung dieses abstrakten, mit experimentellem und philosophischem Wissen gesättigten Konzepts bahnte sich eine Trennung des Wissens über den menschlichen Körper in einen dem breiten Publikum zugänglichen und einen Spezialistendiskurs ihren Weg. Dieser ging von den Universitäten aus und verblieb zusehends im Rahmen der akademischen Mediziner, die auch den neuen populären Diskurs über den Organismus beherrschten. So veröffentlichte G. A. Roose neben seinen an ein medizinisches Publikum gerichteten Werken über die Lebenskraft ein Werk über die »Krankheiten der Gesunden«, in dem er bemerkt, daß es für Nicht-Ärzte wichtig sei, ein gewisses Wissen über den eigenen Körper zu besitzen, da man diesen nur aufgrund solchen Wissens gesund erhalten und somit ein nützliches Mitglied der Gesellschaft bleiben könne. Das Wissen über die Krankheiten und deren Behandlung müsse den Ärzten vorbehalten bleiben; dem Laien sei es schädlich, da es zu unangebrachten Versuchen der Selbstbehandlung veranlassen könne.[121]

Als Beispiel für die verbreitete neue Auffassung des lebenden Körpers sei die Ansicht von Joseph Schmidtmann zitiert: »Das thierische Leben besteht in einer eigenthümlichen chemisch-animalischen Operation, in einer steten Regsamkeit und Bewegung der organischen festen und flüssigen Theile, wodurch im ewigen Wechsel Stoffe abgenutzt, getrennt, ab- und ausgeschieden, neue hinzugeführt, gebunden, verähnlicht, in neue Affinitäten und Verbindungen gesetzt und vertauscht werden. Diese beständige Ebbe und Fluth von Vernichtung und Schöpfung des thierischen Körpers und seiner Bestandtheile setzt allezeit eine Möglichkeit oder Geneigtheit, anomalisch oder krankhaft verändert zu werden, und dann eine Ursache voraus, welche diese Veränderung bewirkt.«[122] Damit wird das Erkennen und Behandeln von Krankheiten in den Bereich der Naturgesetze und ihrer Determinismen verlegt.

Was die Umsetzung des Programms einer auf Anatomie und Physiologie sowie auf klinischer Erfahrung basierenden Medizin anbelangt, so war dies ein langwieriger Prozeß, dessen Modalitäten über mehrere Generationen von Medizinern immer wieder neu ausgehandelt werden mußten. Unter den neuen Prämissen erschien die Privatpraxis, in der »die Kranken und ihre Wärter […] nicht unter dem strengen Befehle und der Aufsicht der Ärzte« stehen, zunehmend als unzuverlässiges Feld für eine »strenge« Prüfung von Arzneimitteln. »In gutgeordneten Hospitälern hingegen sind solche Hindernisse nicht vorhanden, und finden solche Täuschungen nicht leicht statt. Die Kranken und Wärter sind von den Ärzten abhängig, und müssen ihren Verordnungen pünktlich Folge leisten; sie können also mit Zuversicht darauf rechnen, daß sie genau vollzogen werden, sie können daher mit der bey an-

120 Immanuel Kant, Kritik der Urteilskraft, bes. §§ 63–63, in: Werke, Bd. 5, 477–498. Vor Kant griffen bereits Leibniz und LaMettrie auf diesen Begriff zurück; im Anschluß an Kant entwickelten ihn vor allem Schelling und die naturphilosophisch orientierte Medizin weiter. Zum Organisationsverständnis bei Kant und Cuvier vgl. Tobias Cheung, Die Organisation des Lebendigen. Die Entstehung des biologischen Organismusbegriffs bei Cuvier, Leibniz und Kant, Frankfurt a.M. 2000. Im ersten Jahrzehnt des 19. Jahrhunderts verbreitete sich der Begriff im medizinischen Schrifttum. Zur Umbruchsituation in der medizinischen Theorie um 1800 im Zusammenhang sozialer, wissenschaftlicher und institutioneller Veränderungen vgl. Thomas Broman, The medical sciences, in: Roy Porter (Hg.), The Cambridge History of Science, Bd. 4: 18th Century Science, Cambridge 2003, 463–484.

121 Theodor Georg August Roose, Ueber die Krankheiten der Gesunden. Für Nichtärzte entworfen, Göttingen 1801, 15.

122 Schmidtmann, Anleitung, Bd. 1, 147.

123 Ebd., Bd. 2, 229f.

gestellten Versuchen möglichen Sicherheit von den wirkenden Ursachen – den Arzneyen – auf die sich ereignenden Erfolge schließen […].«[123]

5. Zusammenfassung

Der vorliegende Beitrag näherte sich aus unterschiedlichen Perspektiven der Gruppe der akademischen Ärzte zwischen 1750 und 1850. Sie wurden einerseits als Akteure im Umgang mit Patienten/Patientinnen und Obrigkeiten, mit anderen Heilenden und Helfenden sowie mit der allgemeinen und wissenschaftlichen Öffentlichkeit dargestellt, andererseits als Trajektorien »globaler Strategien« und »lokaler Taktiken«. Diese doppelte Perspektive sollte ein Licht auf die »Subjektformierung« (Foucault) als ein wesentliches Element des Funktionierens von Macht in diesem Bereich werfen. In einer etwas schematischen Zusammenfassung könnte man sagen, daß von den Ärzten selbst performierte Techniken der »Subjektformierung« in der zweiten Hälfte des 18. Jahrhunderts noch bevorzugt dem Muster der »moralischen Anstalt« folgten, während ab der Jahrhundertwende zunehmend von einer »Normalisierung« der Subjekte aufgrund regularisierter Ausbildungsinhalte gesprochen werden kann. Die Tendenzen zur Modernisierung des medizinischen Unterrichts fielen mit solchen zur Hierarchisierung des Verhältnisses zwischen Arzt und Patient/Patientin zusammen: Gegenüber der für die freie bezahlte Praxis dominierenden Klientenrolle rückte der Arzt zur wissenschaftlichen Autorität auf, was sich besonders in der Klinik bemerkbar machte. Innerhalb des traditionellen Spektrums von legitimierten und nicht-legitimierten Heiltätigkeiten wurden Ausschlüsse und Hierarchisierungen durchgesetzt. Um 1800 waren methodische Diskussionen über das Wesen medizinischen Wissens mit der Frage nach dessen Vermittlung an unterschiedliche Heilberufe verknüpft. Die Ausdifferenzierung des Organismus-Begriffs in der Theoriebildung koinzidierte mit staatlichen und gesellschaftlichen Veränderungen, dem Ausbau des Verwaltungsstaates auf dem Hintergrund der napoleonischen Kriege und mit Reformbestrebungen innerhalb der Territorialstaaten. Für akademische Ärzte kann in der ersten Hälfte des 19. Jahrhunderts ein Wachstum an Ansehen und Wohlstand festgestellt werden; »symbolisches« und »ökonomisches Kapital« wurden oft individuell erworben, wesentlich beschleunigt wurde dieser Prozeß durch Gruppenbildung. Lokale Taktiken bestanden in der Schaffung obligatorischer Durchgangspunkte für die akademischen und nicht-akademischen Heilberufe sowie in der Nutzung der Möglichkeiten lokaler und regionaler Öffentlichkeiten. An den vorgestellten Strategien der Subjektformierung und Normalisierung läßt sich dennoch auch eine gewisse Diversität, ein »Tasten« und »Tappen« nach den richtigen, den erfolgreichen Strategien und ihrer moralischen Berechtigung erkennen.

Die Umbrüche in der medizinischen Episteme nach 1800 konnten hier nur angedeutet werden. Anhand weniger Beispiele wurde versucht zu zeigen, daß sich mit der Berufung auf naturwissenschaftliche und experimentelle Erkenntnismodi ein Dominanzanspruch akademischer Mediziner verbinden ließ. Die wachsende Bedeutung klinischen Erkenntnisgewinns läßt sich mit dem epistemischen Bruch in Verbindung bringen, dem zufolge der Tod zum »Spiegel, in dem das Wissen das Leben betrachtet«,[124] und die pathologische Anatomie zum Vorbild eines ärztlichen Handelns wird, das »den Körper in

124 Michel Foucault, Die Geburt der Klinik. Eine Archäologie des ärztlichen Blicks, München 1973, 160.

125 Foucault, Geburt, 176.

den Maßen seines Organismus zu befragen und seine Tiefenschichten an die Oberfläche zu bringen«[125] vermag. Auf dieser Basis lieferten das Experiment, die klinische Beobachtung und die Bezugnahme medizinischer Theoriebildung auf naturwissenschaftliche Denkmodelle Entwicklungsimpulse und Legitimationsmöglichkeiten für die Medizin als zentrale Disziplin der Humanwissenschaften. Ein genaue Analyse der Trajektorien und ihrer Verlagerungen in den Wissen/Macht-Komplexen auf dem Hintergrund eines sich neu formierenden Organismus-Begriffs, dessen Varianten nicht nur die räumlichen, sondern auch die zeitlichen Verhältnisse des lebenden Körpers neu ordneten, steht noch aus.

Ich hoffe, deutlich gemacht zu haben, daß Verschiebungen in den Machtverhältnissen innerhalb des Feldes der medizinischen Polizei mit solchen des Wissens um den Menschen und seinen Körper einhergingen. Diese Entwicklung war verbunden mit einer Neuverteilung von körperbezogenem Wissen zwischen Ärzten, Patienten/Patientinnen und den Angehörigen anderer Heilberufe.

An konkreten Beispielen zeigte sich ebenfalls, daß dieser Prozeß keineswegs einlinig war, daß verschiedene Strategien und Taktiken erprobt wurden und daß er von Widerstand und Eigenwillen, nicht nur der Patienten/Patientinnen und der Mitglieder verdrängter oder entmachteter medikaler Berufe, sondern auch der akademischen Ärzte selbst begleitet wurde. Anhand der Kontroversen um die Tätigkeit von Frauen auf dem Feld des Helfens und Heilens, die hier nur gestreift wurden,[126] kann gezeigt werden, daß die Ordnung der Geschlechter ein wichtiger Kristallisationspunkt für eine Neuordnung der Kräfteverhältnisse auf dem Feld des Helfens und Heilens war.

Die Idee, die kranken Menschen, mit denen die Kliniker zu tun hatten, nicht nur logisch, sondern auch praktisch mit Versuchstieren gleichzusetzen, stieß noch gelegentlich auf Befremden. In der Mitte des 19. Jahrhunderts berichtet Carl August Wunderlich, der für sich in Anspruch nahm, zusammen mit einigen Freunden erst den eigentlichen Anfang der wissenschaftlichen Medizin zu markieren,[127] negativ über die in Pariser Kliniken der 40er Jahre praktizierte Form des klinischen Experiments:

»Wenn ich einen französischen Arzt seine typhösen Kranken in 3 Classen theilen und bei dem einen die Saignées coup sur coup, bei den Anderen die Laxantien und bei den Dritten nichts anwenden sah, ausdrücklich ohne alle Auswahl, mit eiserner Consequenz bis zum Tode, so mußte ich mir gestehen, daß wir in barbarischeren Zeiten leben, als wo man die zum Tode verurtheilten Verbrecher zu Operationen und physiologischen Versuchen benützte. Die erste Aufgabe der Medicin ist allerdings Naturforschung, allein seine Objecte sollten dem Arzte heiliger seyn, als dem Entomologen, der seine Käfer erbarmungslos aufspießt.«[128]

126 Vgl. die Ausführungen über die Autorität des Wissens in diesem Beitrag sowie über die Regularisierung der Hebammenausbildung.

127 Z.B. in seinem Nachruf auf den Studienfreund Wilhelm Griesinger: Carl August Wunderlich, Wilhelm Griesinger, Leipzig 1869; vgl. Volker Hess, Der wohltemperierte Mensch. Wissenschaft und Alltag des Fiebermessens (1850–1900), Frankfurt a.M. 2000.

128 Carl August Wunderlich, Wien und Paris. Ein Beitrag zur Geschichte der gegenwärtigen Heilkunde in Deutschland und Frankreich, Stuttgart 1841, 28.

V. 1 Industrialisierung: Joseph Wright of Derby, Die Schmiede mit dem mechanischen Eisenhammer (um 1782)

V. 2 Technik als Statussymbol: Das Ehepaar Lavoisier, Porträt von Jacques-Louis David (1788)

V. 3 Botanik im Buch: Abraham Muntinck über Erdgewächse (1696)

V. 4 Luftaufnahme des botanischen Gartens von Padua (1989)

V. 5 Der botanische Garten von Padua im 19. Jahrhundert

V. 6 *Der Garten des Jakob Schwind, Bürgermeisters von Frankfurt, kolorierter Kupferstich von Matthäus Merian (1641)*

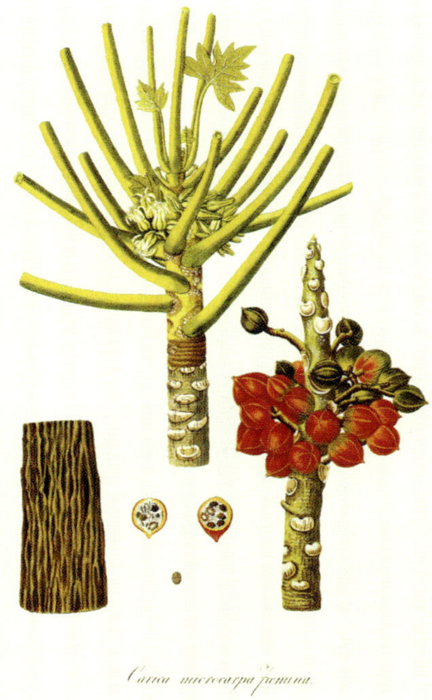

V. 7 *Außereuropäische Pflanzen im Blickpunkt der Wissenschaft: Kleinfruchtiger Melonenbaum, kolorierter Kupferstich von Nicolaus Joseph Jaquin (um 1797)*

V. 8 *Blick vom Dach der Friedrich-Werderschen Kirche auf das Berliner Universitätsviertel, Gemälde von Eduard Gärtner (1835)*

V. 9 Medizin im Hörsaal: Anatomische Lehrstunde an der Agnew-Klinik, Gemälde von Thomas Eakins (1889)

V. 10 Medizin auf dem Jahrmarkt, Karikatur (18. Jh.)

London, Paris, Berlin

MARC SCHALENBERG
RÜDIGER VOM BRUCH

Drei wissenschaftliche Zentren des frühen 19. Jahrhunderts im Vergleich

Ist Wissenschaft auf einen städtischen Kontext angewiesen? Oder ist sie eher eine freie Schöpfung des Geistes, deren Experimente, Texte und Theorien zwar an bestimmten Orten in die Welt kommen, doch ohne eine kausale Abhängigkeit von diesen? Einiges spricht dafür, gerade abgeschiedene, der Kontemplation und/oder der Unbeobachtetheit förderliche Orte als die eigentlichen Geburtsstätten wissenschaftlicher Erkenntnis und Neuerung zu betrachten; das Spektrum reicht von Petrarcas Mont Ventoux im 14. bis zu Los Alamos im 20. Jahrhundert.[1] Die letztlich nur philosophisch zu klärende Frage, wann und warum Neues entsteht – worunter eine unter den Auspizien des Forschungsimperativs (Roy Steven Turner) betriebene Wissenschaft zu subsumieren wäre –, kann in diesem Beitrag natürlich nicht abschließend beantwortet werden. Er geht vielmehr von der Hypothese aus, daß städtische Milieus in der Tat einen Einfluß auf Art und Ergebnisse wissenschaftlicher Betätigung ausüben. Dies wird umso plausibler, wenn man drei durchaus als wissenschaftliche Zentren zu verstehende europäische Hauptstädte nebeneinander stellt und auf ihre Relevanz für die in ihnen betriebenen Forschungen hin befragt.

Als Ausgangspunkt bietet sich der interessante Befund an, daß zwischen Spätmittelalter und Ende der Frühen Neuzeit die ganz überwiegende Mehrzahl der europäischen Universitäten und vergleichbaren Bildungsanstalten in kleineren Städten gegründet wurde.[2] Paris, als Urbild aller Hochschulen nach dem Vier-Fakultäten-Modell, Wien, Prag, Leipzig, Straßburg, Neapel und die diversen katholischen Ausbildungsstätten in Rom wären als wichtige, aber eben nicht typische Beispiele für eine Einbindung wissenschaftlichen Arbeitens in ein groß- bzw. hauptstädtisches Umfeld zu nennen. Dagegen besaßen weder London noch Berlin im Jahre 1800 eine Universität. Daß dennoch beide auch für diese Zeit als Zentren der Wissenschaft gelten können, lag an der Vielzahl anderer teils staatlich, teils privat getragener Einrichtungen wie Akademien, Fach- und Militärschulen, Krankenhäusern, Museen, Bibliotheken, Clubs und Vereinen. Es ist evident, daß für eine so betrachtete »science in context« die Berücksichtigung politischer, sozial- und kulturgeschichtlicher Faktoren unerläßlich ist, weswegen diesen in den folgenden, jeweils vergleichend angelegten Kapiteln ein höherer Stellenwert eingeräumt werden soll als »großen Entdeckungen« oder einzelnen Forscherpersönlichkeiten.

1. Kapitale Traditionen: zur Hauptstadtrolle Londons, Paris' und Berlins

Als Städte spielten die drei hier in den Blick genommenen Kapitalen um 1800 sicher nicht in der gleichen Liga. Die beiden westeuropäischen Metropolen waren nach Bevölkerungszahl, Zentralitätsfunktion für das Land sowie inter-

1 Der seit einiger Zeit für die Geschichtswissenschaft insgesamt zu beobachtende »spatial turn« wird auch von Wissenschaftshistorikern verstärkt aufgenommen. Vgl. etwa das aus der Jahrestagung der Gesellschaft für Wissenschaftsgeschichte 1999 in Ingolstadt zum Thema »Räume des Wissens« hervorgegangene Heft: Berichte zur Wissenschaftsgeschichte 23/3 (2000), insbesondere die Einführung von Mitchell Ash, 235–242, ferner Hans-Jörg Rheinberger/Michael Hagner/Bettina Wahrig-Schmidt (Hg.), Räume des Wissens. Repräsentation, Codierung, Spur, Berlin 1997.

2 Vgl. das »Verzeichnis der europäischen Universitäten 1500–1800« bei: Willem Frijhoff, Grundlagen, in: Walter Rüegg (Hg.), Geschichte der Universität in Europa, Bd. 2: Von der Reformation bis zur Französischen Revolution (1500–1800), München 1996, 53–102, hier 81–86.

Abb. 306: Paris, Die Sorbonne nach dem Neubau Richelieus

nationalen Beziehungen dem dagegen randständigen Berlin klar überlegen. Dies galt zumal für London, die zeitgenössisch größte Stadt der Welt, »global city« schon der Frühen Neuzeit, mit Handels- und politischen Verbindungen zu allen Erdteilen. Auch von Paris aus waren im 17. und 18. Jahrhundert – mit etwas geringerem Erfolg – (kultur-)imperiale und koloniale Ambitionen verfolgt worden. Einen Markstein für die Wissenschaftsgeschichte stellte dabei der Ägyptenfeldzug des damaligen Generals Napoleon Bonaparte (1798/99) dar, aus dem die »Description d'Égypte« erwachsen sollte. Mehr noch aber spielte die französische Kapitale im Zeitraum 1789–1815 – und darüber hinaus – eine buchstäblich Maßstab setzende Rolle für das europäische Festland: politisch, kulturell, intellektuell.

Waren die überseeischen Ambitionen Brandenburg-Preußens eigentlich kaum der Rede wert, so profitierte Berlin doch stark von der Anwerbung niederländischer Ingenieure und vom Zuzug protestantischer Glaubensflüchtlinge aus Böhmen und Frankreich schon im späten 17. Jahrhundert. Das waren entscheidende Voraussetzungen, um den (kultur-)geographischen Nachteilen zum Trotz überhaupt im internationalen Vergleich bestehen zu können. Wissenschaft und Bildung im Berlin des 18. Jahrhunderts kann man sich ohne die Hugenotten schlechterdings nicht vorstellen. Umso ironischer erscheint es, daß sich die Entwicklung der Stadt im 19. Jahrhundert – wie der deutschen Nationalbewegung allgemein – im Wesentlichen aus der Frontstellung und Selbstbehauptung gegen die 1806 einmarschierenden Franzosen ergab.

Dies gilt auch für Berlin als Wissenschaftsmetropole, denn die bis dahin bereits eindrucksvolle Infrastruktur mit der Akademie der Wissenschaften (und der Akademie der Künste), mit Spezialakademien für die Ausbildung von Ärzten oder Ingenieuren etwa, mit reichen wissenschaftlichen Sammlungen, mit gelehrten Gesellschaften und kultivierten Salons, das entsprach dem vom Zeitalter Ludwigs XIV. geprägten französischen Vorbild, sodann der auf den praktischen Nutzen gerichteten gemeineuropäischen Aufklärung.[3] Doch nach der Katastrophe von 1806 setzte sich binnen weniger Jahre in Berlin ein neuer, gegen Frankreich und als »national« reklamierter Wissenschaftsgeist durch, ergänzt um die nun hier versammelte Elite der deutschen romantischen Literatur, der seine Krönung in der 1810 eröffneten Universität fand. Ist dieser »Aufstieg einer Kulturmetropole um 1810«[4] auch in manchem erstaunlich, so wäre es doch verfehlt, einen kleindeutsch-borussischen Mythos unbe-

3 Vgl. Regina Mahlke, Der reale Nutz. Angewandte Wissenschaften in Preußen im 18. Jahrhundert, Wiesbaden 2001; Wolfgang Förster (Hg.), Aufklärung in Berlin, Berlin 1989; Herbert Meschkowski, Jeder nach seiner Façon. Berliner Geistesleben 1700–1810, München 1986.

sehen fortzuschreiben, demzufolge der urbane Phoenix aus dem märkischen Sand zu dieser Zeit seine Flügel wissenschaftlich und kulturell hoch über alle anderen deutschen Städte hinaus aufgeschwungen hätte. Eher ist von einer neuerlichen Anfachung der Konkurrenz als Reflex auf die zunehmende wissenschaftliche Attraktivität Berlins auszugehen; die Reformierung und Modernisierung des bayerischen, des sächsischen oder des badischen Hochschulwesens wären hier beispielhaft zu nennen.[5]

Als Wissenschaftsstandort bestand Berlin nun auch im internationalen Vergleich, als urbane Metropole allenfalls im innerdeutschen. Da hatte sich wenig gegenüber der Situation ein halbes Jahrhundert zuvor geändert, als der Statistiker Süßmilch zwar, gemessen an der Einwohnerzahl, den Aufstieg Berlins unter die sieben größten europäischen Städte rühmte – aber natürlich seien »die beyden eyfersüchtigen Schwestern und Königinnen unter den Europäischen Städten, nemlich London und Paris« außer jeder Konkurrenz.[6]

So ungleich die Metropole Berlin gegenüber den beiden anderen auch blieb – insbesondere Vergleiche zwischen Paris und Berlin gewannen für das frühe 19. Jahrhundert an Bedeutung –,[7] so erschienen gleichwohl gerade diese beiden Hauptstädte in ihrer Ausstrahlung als Standorte des Wissens ebenbürtig, jeweils als Ensemble wie auch im Vergleich individueller Forscherprofile.[8] Dem entsprechen zeitgenössische Beobachtungen vor der Mitte des 19. Jahrhunderts, wenn zum einen A. Esquiros 1847 im Paris seiner Zeit das Wissen der Menschheit am vollkommensten versammelt sah, während 1845 in der ersten Auflage von Meyers Conversations-Lexikon Berlin zwar in Handel, Industrie und Kulturleistungen auf eine Stufe mit Hamburg, Leipzig, Wien und München gestellt wird, doch: »im Reiche der Wissenschaften aber behauptet Berlin unbestritten das Primat in Deutschland und vielleicht auf dem Erdenrund. Es gibt keine Stadt, welche eine solch organisierte Durchbildung des Kulturgeistes aufweisen könnte. Jede Tendenz, jede Fakultät wird hier durch bedeutende Kräfte repräsentiert […] Die Universität ist natürlich das Mittel dieser sonnigen Sphäre, der Brennpunkt, in welchem alle Strahlen zusammentreffen. Ihre Gründung ist in der Geschichte der Wissenschaften und der Kultur ein wichtiges Ereigniß.«[9]

Solche – leicht zu vermehrenden – Zeugnisse von wissenschaftlicher Ebenbürtigkeit der ungleichen Metropolen (hier das Zentrum Frankreichs und ein Nabel der Welt, dort eine Haupt- und Residenzstadt neben anderen im insgesamt vergleichsweise wenig weltläufigen Deutschland) bis hin zu einer Einzigartigkeit Berlins als Ort des Wissens mögen verwundern. Sie lassen sich aber erklären mit einer für Berlin immer wieder bestätigten außerordentlichen Wissenschaftsgesinnung in bildungsbürgerlichen Zirkeln, zudem aus einer stimulierenden, in Frankreich unbekannten Konkurrenzkonstellation heraus: Berlin als Ort des Wissens war im deutschen Kulturraum primus inter pares. So lautet eine neuere Einschätzung der von der Berliner Universitätsgründung 1810 ausgehenden Dynamik: »Dem Wissenschaftsstandort Berlin war bestimmt, die Führungsrolle von Paris in Europa abzulösen. Dafür genügte, daß es im weiten deutschen Sprachgebiet zu einer zuvor nie dagewesenen Wettbewerbssituation unter den Universitäten und ihren Trägern gekommen ist, in den Staaten des Deutschen Bundes und dann des Deutschen Reiches, in Österreich-Ungarn und der Schweiz – mit einer Führungsrolle Preußens, das aber nie so mächtig war, daß es alles hätte bestimmen können. Neben Berlin

4 Theodore Ziolkowski, Berlin. Aufstieg einer Kulturmetropole um 1810, Stuttgart 2002.

5 Vgl. Rainer Christoph Schwinges (Hg.), Humboldt International. Der Export des deutschen Universitätsmodells im 19. und 20. Jahrhundert, Basel 2001, Teil I; Vgl. ferner Notker Hammerstein, Die deutsche Universitätslandschaft im ausgehenden 18. Jahrhundert; Rüdiger vom Bruch, Zur Gründung der Berliner Universität im Kontext der deutschen Universitätslandschaft um 1800, beide in: Gerhard Müller/Klaus Ries/Paul Ziche (Hg.), Die Universität Jena. Tradition und Innovation um 1800, Stuttgart 2001, 13–25, 63–77.

6 Johann Peter Süssmilch, Der Königl. Residentz Berlin schneller Wachsthum und Erbauung (1752), in: Ders., Die königliche Residenz Berlin und die Mark Brandenburg im 18. Jahrhundert. Schriften und Briefe, hg. von Jürgen Wilke, Berlin 1994, 17.

7 Vgl. etwa Angelika Schaser, Paris – Berlin: Zur Problematik des Vergleichs zweier ungleicher Metropolen. Anmerkungen zum Forschungsstand und Zusammenfassung der Diskussionen vom 11. und 12. Juni 1991, in: Ilja Mieck (Hg.), Paris und Berlin in der Restaurationszeit 1815–1830, Sigmaringen 1996, 295–308.

8 Vgl. zum ersten Karlheinz Stierle, Zwei Hauptstädte des Wissens: Paris und Berlin, in: Otto Pöggeler/Annemarie Gethmann-Siefert (Hg.), Kunsterfahrung und Kulturpolitik im Berlin Hegels, Bonn 1983, 83–111; zum zweiten Reinhard Blänkner, Berlin – Paris. Wissenschaft und intellektuelle Milieus des »l'homme politique« Eduard Gans, in: Ders./Gerhard Göhler/Norbert Waszek (Hg.), Eduard Gans (1797–1839). Politischer Professor zwischen Restauration und Vormärz, Leipzig 2002, 367–408.

9 A. Esquiros, Paris ou les sciences, les institutions et les mœurs au XIXe siècle, Paris 1847, Bd. 1. 1; Meyers Conversations-Lexikon, Bd. 4, Abt. 4, Hildburghausen 1845, 586 (beide zit. nach Stierle, hier 83).

Abb. 307: Paris, Kardinal Richelieu stiftet der Universität Sorbonne eine Kirche als eigene Grablege (nach 1629)

wurden und waren auch München und Leipzig Metropolen des Wissens, sodann Göttingen und Bonn und weitere Städte.«[10]

2. Wissenschaftspolitik und wissenschaftliche Institutionen

Waren also die drei hier zu vergleichenden Städte ungleiche Größen, so waren es die Staaten, welchen sie als Hauptstädte dienten, nicht minder. Wiewohl in den ersten beiden Jahrzehnten des 19. Jahrhunderts vieles im Fluß und ephemer war, lassen sich doch längerfristige Strukturmerkmale staatlicher Wissenschaftspolitik ausmachen. So zog sich der dezidierte Zentralismus und Etatismus in Frankreich, ungeachtet der konkreten Maßnahmen, über alle politischen Regimewechsel hinweg. Ganz anders dagegen die Verhältnisse in Großbritannien: Obwohl London als Hauptstadt ähnliche Zentralitätsfunktionen und -ansprüche aufwies wie Paris, zog dies mitnichten eine vergleichbar stark staatlich gelenkte Wissenschaftspolitik nach sich. Charakteristisch waren vielmehr die vielfältigen, auf privater Initiative basierenden Vereinigungen. Selbst das durchaus begehrte Epitheton »royal« bedeutete noch nicht zwangsläufig eine faktische Trägerschaft durch den Staat. Vielmehr stützten sich auch diese Assoziationen in der Regel auf eine Treuhänderstruktur und auf eine nicht allein aus dem »Staatssäckel« zu erlangende Finanzierung.

Berlin nahm wiederum eine eigenständige, zwischen den beiden Polen staatliches Monopol (Paris) und weitgehende Dominanz einer Marktlogik (London) anzusiedelnde Entwicklung. Die beiden Akademien, wie auch die Mehrzahl der auf Spezialistenausbildung abzielenden Anstalten, unterstanden

10 Peter Moraw, Der deutsche Professor vom 14. bis zum 20. Jahrhundert, in: AvH-Magazin 72 (1998), 23.

dem königlichen Gründer. Freilich entband die Wissenschaftsakademie nicht wie in Paris den Typus des bezahlten »professionellen« Wissenschaftlers, sie vermochte sich sogar weitgehend aus Eigeneinnahmen wie dem Kalendermonopol zu alimentieren. Auch verführt der mit Friedrich II. verbundene Begriff »aufgeklärter Absolutismus« zu Mißverständnissen, da sich neben einer »von oben« verordneten Aufklärung mit Sitz in Potsdam eine eigenständige, vom Hof mißtrauisch beobachtete Berliner Aufklärung etablierte, zunächst um den Dichter Gotthold Ephraim Lessing, den Buchhändler Friedrich Nicolai und den um die Selbstemanzipation der Juden verdienten Moses Mendelssohn, unter Friedrich Wilhelm II. dann um die Mittwochsgesellschaft mit einem Kern aufgeklärt-liberaler hoher Staatsbeamter. Mit der Festlegung im Allgemeinen Preußischen Landrecht, wonach Erziehung dem Staat obliege, setzte seit dem ausgehenden 18. Jahrhundert eine gelegentlich als »Durchstaatlichung« charakterisierte Beeinflussung des in der neuen Universität mit der Ausbildung verknüpften Wissenschaftsbetriebs ein – die auf Forschung ausgerichteten Professoren waren Staatsbeamte –, gleichzeitig aber ballte sich in Berlin um 1800 private Gelehrsamkeit in geselliger Form und in einzigartiger Verdichtung. Literaten, Gelehrte und reformbereite hohe Staatsbeamte fanden zu »arbeitender Geselligkeit« (Varnhagen) zusammen.

Abb. 308: Berlin, Denkmal Alexander von Humboldts vor der Universität (1883)

Nach der Niederlage von 1806 diskutierte man in diesen halböffentlichen Zirkeln jene Ideen, deren Umsetzung dem König Friedrich Wilhelm III. von seinen leitenden Mitarbeitern abgetrotzt wurden und die als preußische Reformära in die Geschichte eingingen – gegenüber den Intentionen jedoch immer wieder verwässert. So scheiterte etwa Wilhelm von Humboldt als Sektionschef für Kultus 1809 mit seinem Plan, die Autonomie der Wissenschaft gegenüber staatlichen Eingriffen durch Autarkie abzusichern. Der König verwarf seinen Vorschlag, die neue Universität aus Domänenbesitz zu begütern, vielmehr blieb sie vom jährlichen Staatszuschuß abhängig. Nicht zuletzt diese Entscheidung wirkte sich auf den künftigen prekären Schlingerkurs der Berliner Universität zwischen Exzellenz stimulierender Wissenschaftsfreiheit und staatlicher Gängelung aus.

Die nachhaltigsten und spektakulärsten Veränderungen fanden im späten 18. und frühen 19. Jahrhundert zweifellos in der Pariser Wissenschaftslandschaft statt. Bis heute frappiert die Konsequenz, ja Unerbittlichkeit, mit der zunächst die als Korporationen des Ancien Régime mißliebig gewordenen Universitäten aufgelöst und durch einen ganzen Reigen von Spezialschulen (»écoles spéciales«) ersetzt wurden. Hinzu kamen institutionelle Neugründungen wie das Conservatoire des Arts et Métiers, eine Mischung aus Technikmuseum und öffentlich zugänglicher Industrieschule, oder das Musée d'Histoire Naturelle, welches seine zoologischen und botanischen Sammlungen zu Lehr- wie Forschungszwecken nutzte und zudem einer breiteren Pariser Öffentlichkeit als Attraktion diente. Grundsätzlich kann man für Paris von einer unter dem Primat der Ausbildung von Experten stehenden funktionalen Differenzierung wissenschaftlicher Institutionen sprechen. Die dennoch geschaffenen neuen Superstrukturen wie die Überführung der Akademien ins »Institut National« (1795) – unter weitgehender Übernahme der bisherigen Mitglieder – oder die alle Stufen des Bildungswesens landesweit integrierende »Université Impériale« Napoleons (1808) standen dem nicht im Wege, da sie in erster Linie politisch-administrativ grundiert waren, nicht wissenschaftlich.

Abb. 309: Cambridge, Denkmal Newtons im Trinity College (1727)

Linnean Society (gegründet 1788), Askesian Society (1796), Horticultural Society (1804), Geological Society (1807), City Philosophical Society (1809), Astronomical Society (1820): Schon diese kurze Auflistung einiger wichtiger wissenschaftlicher Gesellschaften, die im hier interessierenden Zeitraum in London in Erscheinung traten, mag illustrieren, wie typisch diese clubartigen Zusammenschlüsse von »gentlemen of science«[11] für die britische Hauptstadt waren. Sie ergänzten die Royal Society of London, die 1662 die »Royal Charter of Incorporation« erhalten und seither durchaus akademieähnliche Funktionen erfüllt hatte, spätestens nach dem Ende der Präsidentschaft des famosen Sir Joseph Banks 1820 aber zunehmend als nicht mehr zeitgemäß angeprangert wurde. Banks war auch die treibende Kraft hinter der Errichtung der Royal Institution im Jahre 1799, deren Anliegen, ein »öffentliches« Forum der Wissenschaft zu sein, darin zum Ausdruck kam, daß es nicht der Wahl zum Mitglied bedurfte, um den freilich nicht kostenlosen Vorträgen beizuwohnen. Jedenfalls avancierte das zu Forschungs- und vor allem zu Vor-

11 So auch der Titel einer einschlägigen Arbeit zur britischen Wissenschaftsgeschichte der ersten Hälfte des 19. Jahrhunderts: Jack Morrell/Arnold Thackray, Gentlemen of Science. The early years of the British Association for the Advancement of Science, Oxford 1981.

Abb. 310: Cambridge, Brücke zum St.-Johns College

tragszwecken errichtete Gebäude in der Albermarle Street, das in der Repräsentativität seiner Ausstattung nicht weit hinter dem die Royal Society und andere prestigeträchtige Vereinigungen und Sammlungen beherbergenden Somerset House am Londoner Strand zurückblieb, rasch zu einer gesuchten Adresse für wissenschaftlich Interessierte. Von diesem Erfolg angespornt, kam es noch in der ersten Dekade des neuen Jahrhunderts mit der städtisch bzw. privat getragenen Gründung der London Institution (1805), der Russell Institution in Bloomsbury (1808) und der Surrey Institution (1810) zu unmittelbaren Nachahmern dieses Typs von Zentren wissenschaftlicher Kommunikation und Popularisierung. Auch das 1753 begründete British Museum, das bis über die Mitte des 19. Jahrhunderts hinaus sowohl kunst- als auch naturhistorische Sammlungen umfaßte, war eine erste Adresse für die Anregung oder Durchführung wissenschaftlicher Arbeiten. Dem Urteil, London sei ebenso der große Marktplatz für Ideen und Konversation gewesen wie für handfestere Formen des Handels,[12] ist aufs Ganze besehen jedenfalls nur zuzustimmen.

Dagegen sollte es bis 1826 bzw. 1828 dauern, bis die primär als Institutionen der Lehre konzipierten University College und King's College, als Keimzellen einer Universität London, ins Leben traten.[13] Diese bis dahin andauernde merkwürdige Absenz universitärer Institutionen im Herzen des britischen Empire ist zum einen durch die generell starke Praxisbindung der Ausbildung zu erklären; so wurden etwa angehende Juristen in den Inns of Court geschult und angehende Ärzte an diversen medizinischen Colleges. Zum anderen aber waren die beiden traditionellen und vor 1820 eben auch einzigen englischen Universitäten Oxford und Cambridge peinlich darauf bedacht, ihre Monopolstellung zu bewahren. Neben ökonomischen und politischen Gesichtspunkten – die Universitäten konnten eigene Parlamentarier nach Westminster entsenden – spielten hier namentlich konfessionelle Vorbehalte eine Rolle. Der anglikanischen Staatskirche, auf die sämtliche Akademiker in »Oxbridge« einen Treueeid schwören mußten, war nur zu bewußt, daß sich ihre hergebrachten Exklusivrechte im frühen 19. Jahrhundert nicht

12 Stephen Inwood, A History of London, 2. Aufl. London 2000, 297.

13 Ausführlicher hierzu: Marc Schalenberg, Humboldt auf Reisen? Die Rezeption des »deutschen Universitätsmodells« in den französischen und britischen Reformdiskursen (1810–1870), Basel 2002, 291ff.

Abb. 311: Berlin, Forum Fridericianum mit Bibliothek (links) und Universität, Bleistiftzeichnung von F. A. Borchel (um 1860)

ohne Weiteres auf die so gänzlich anderen sozialen und urbanen Konstellationen der Millionenstadt transferieren lassen würden, und sie stemmte sich zunächst noch erfolgreich gegen die Pläne einer Universitätsgründung in London. Indes verdeutlicht der Fall London sehr nachdrücklich, wie wenig zwangsläufig eine funktionierende wissenschaftliche Infrastruktur an das Vorhandensein einer Universität gekoppelt ist. Diese in Deutschland oft unbesehen angenommene Ineinssetzung ist nicht zum Wenigsten ein Reflex auf die – später zudem historiographisch verklärten – Debatten und institutionellen Neuerungen im Berlin des frühen 19. Jahrhunderts.

Freilich wies Berlin, gemessen an seiner Randlage und seiner eher mittelmäßigen Größe, schon zuvor eine bemerkenswerte Infrastruktur für gelehrte Ausbildung und wissenschaftliche Arbeit auf. Im Lehrplan und Gewicht der herausragenden Lehrer konnten es die drei alten Gymnasien – seit 1547 das Zum Grauen Kloster, seit 1607 das Joachimsthaler und seit 1685 das Französische – durchaus mit vielen zeitgenössischen Universitäten aufnehmen. Exemplarisch sei auf Friedrich Gedike, Rektor des Friedrich-Werderschen Gymnasiums, verwiesen, dessen Briefe über Berlin 1783–1785 im Zentralorgan der Berliner Aufklärung Aufsehen erregten und der im Auftrag von König Friedrich Wilhelm II. als »Universitätsbereiser« auf der Suche nach intellektueller Exzellenz das Personaltableau deutscher Universitäten musterte: ein ebenso souveräner wie früher »head hunter«.[14] Unmittelbar nach der Akademie der Künste wurde 1700 die Gelehrtensozietät gemäß dem Motto »theoria cum praxi« ihres Planers und ersten Präsidenten Leibniz gegründet, deren wissenschaftlicher Aufschwung allerdings erst 1743 nach der Statutenrevision durch Friedrich II. einsetzte. Die reichen Sammlungen der Akademie, zusammen mit Einrichtungen wie Bibliothek, Botanischem Garten und Stern-

14 Friedrich Gedike, Über Berlin. Briefe »von einem Fremden« in der Berlinischen Monatsschrift 1783–1785, hg. von Heinrich Scholtz, Berlin 1987; Richard Fester, Der Universitätsbereiser Friedrich Gedike und sein Bericht an Friedrich Wilhelm II., Berlin 1905.

Abb. 312: Berlin, Schinkels Bauakademie von Norden, Zeichnung des Architekten (1831)

warte, überführte Humboldt 1809 in die neu zu gründende Universität, gewissermaßen als jene kritische Masse, welche überhaupt erst seine Konzeption einer Forschungsuniversität zu unterfüttern vermochte. Aus bescheidenen Anfängen als Pestkrankenhaus entwickelte sich die Charité im 18. Jahrhundert zu einer wichtigen Anstalt, ergänzt 1724 um das vorzügliche Collegium medico-chirurgicum und mehrere Spezialanstalten für Militärärzte. Kaum zufällig spielten bedeutende Mediziner wie Johann Christian Reil und Christoph Wilhelm Hufeland um 1800 eine zentrale Rolle in den Diskussionen um eine neue höhere Bildungsanstalt, machten Mediziner im ersten Semester der Universität 1810 fast die Hälfte aller Studierenden aus.[15] 1799 entstand die bedeutende Bauakademie, aus der, in Verbindung mit der späteren Gewerbeakademie, 1879 die Technische Hochschule hervorging;[16] bereits seit 1770/74 existierte eine Bergakademie, an der bedeutende Forscher wie der Chemiker Martin Heinrich Klaproth lehrten.[17] Insofern ist die 1802 getätigte Behauptung des Popularphilosophen Johann Jakob Engel, »in Berlin brauchte das, was man anderswo Universität nennt, nicht eigentlich erst errichtet, nur vervollständigt zu werden«,[18] nicht bloß ein Ausdruck von Lokalstolz, sondern durchaus auch eine treffende Beschreibung der Lage. 1784 hatte sich der bereits erwähnte Friedrich Gedike in der Berlinischen Monatsschrift über »Lob der praxisorientierten Gelehrsamkeit – Vorteile des Fehlens einer Universität« ausgelassen, da Berlin über eine vollkommene wissenschaftliche Infrastruktur verfüge und zugleich den Nachteilen des überwiegend dogmatisch erstarrten und bar jeglicher innovativen Impulse verschulten zeitgenössischen Universitätssystems entgehe. Allerdings entwickelte er wenig später den »Vorschlag einer praxisorientierten Universität in der Hauptstadt« als Modell moderner Wissenschaftsgesinnung, für das alle Voraussetzungen gegeben seien.[19]

Neben den staatlichen Einrichtungen befriedigte vor allem seit den 1780er Jahren private Geselligkeit die wissenschaftliche Neugier von Gelehrten und das Interesse eines gebildeten Publikums, von der bereits erwähnten Mittwochsgesellschaft bis hin zur Gesellschaft naturforschender Freunde,[20] in der Regel mit aufgeklärt-freimaurerischer Ummantelung, ergänzt wiederum um eine aufblühende, allerdings nach 1806 verkümmernde Salonkultur insbesondere im Einflußbereich hochgebildeter jüdischer Frauen.[21] Chateaubriands zu Beginn des 19. Jahrhunderts gefälltes Verdikt, es hätte in Berlin »keine Geselligkeit« gegeben,[22] charakterisiert mithin eher den sich nach Paris zurück sehnenden Autor, der die dortigen Verhältnisse als Maß aller Dinge vor Au-

15 Vgl. Gerhard Jaeckel, Die Charité. Die Geschichte eines Weltzentrums der Medizin von 1710 bis zur Gegenwart, 2. Aufl. Berlin 1999; Thomas Broman, Bildung und praktische Erfahrung: Konkurrierende Darstellungen des medizinischen Berufes und der Ausbildung an der frühen Berliner Universität; Arleen Marcia Tuchman, Ein verwirrendes Dreieck: Universität, Charité, Pépenière, beide in: Jahrbuch für Universitätsgeschichte 3 (2000), 19–35, 36–48.

16 Vgl. Karl Schwarz (Hg.), 1799–1999. Von der Bauakademie zur Technischen Universität Berlin. Geschichte und Zukunft, Berlin 2000; Christoph Brachmann/Robert Suckale (Hg.), Die Technische Universität Berlin und ihre Bauten. Ein Rundgang durch zwei Jahrhunderte Architektur- und Hochschulgeschichte, Berlin 1999.

17 Vgl. Rüdiger vom Bruch, Von der Bergakademie zur Technischen Universität Berlin, in: Michael Engel (Hg.), Von der Phlogistik zur modernen Chemie. Symposium aus Anlaß des 250. Geburtstages von Martin Heinrich Klaproth, Berlin 1994, 260–274.

18 Johann Jakob Engel, Denkschrift über Begründung einer großen Lehranstalt in Berlin (13. März 1802), in: Ernst Müller (Hg.), Gelegentliche Gedanken über Universitäten, Leipzig 1990, 6–17, hier 13.

19 Abdruck beider Briefe in: Gedike, Über Berlin, 78–82, 134–140.

20 Vgl. Ursula Goldenbaum, Der »Berolinismus«. Die preußische Hauptstadt als ein Zentrum geistiger Kommunikation in Deutschland, in: Förster, Aufklärung, 339–362; Horst Möller, Preußische Aufklärungsgesellschaften und Revolutionserfahrung, in: Otto Büsch/Monika Neugebauer-Wölk (Hg.), Preußen und die revolutionäre Herausforderung von 1789, Berlin/New York 1991, 103–117; Katrin Böhme, Die Gesellschaft naturforschender Freunde zu Berlin – Bestand und Wandel einer gelehrten Gesellschaft. Ein Überblick, in: Berichte zur Wissenschaftsgeschichte 24 (2001), 271–283.

21 Vgl. Petra Wilhelmy, Der Berliner Salon im 19. Jahrhundert (1780–1914), Berlin/New York 1989; Rudolf Vierhaus, Jüdische Salons in Berlin und Wien zu Beginn des 19. Jahrhunderts, in: Etienne François (Hg.), Geselligkeit, Vereinswesen und bürgerliche Gesellschaft in Frankreich, Deutschland und der Schweiz 1750–1850, Paris 1986, 95–102.

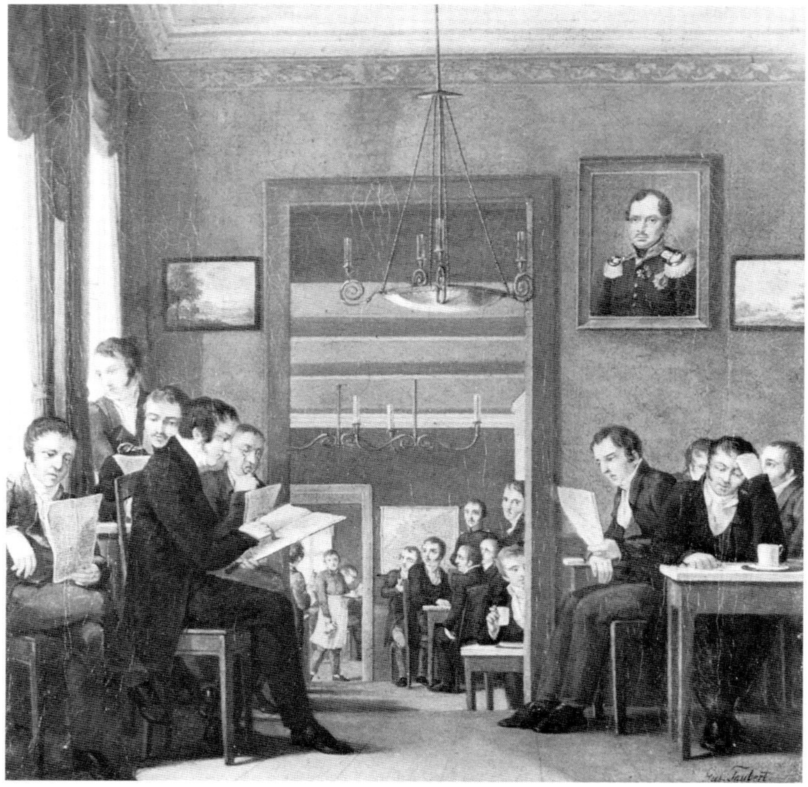

Abb. 313: Im Berliner Lesecafé, Gemälde von Gustav Taubert (1832)

gen hatte, als die reale Berliner Situation. Zumindest im innerdeutschen Vergleich verfügte Berlin um 1800 über eine exzeptionelle gebildete Vereinskultur, mit Einfluß nicht nur auf die Bildung der Sitten und des Charakters, sondern »selbst auf die politische Verfassung«, wie bereits 1784 ein Korrespondent der Berlinischen Monatsschrift vermerkte.[23] Wenig später galt: »Keine deutsche Stadt hatte um 1800 ein so entwickeltes Vereinsleben wie Berlin.«[24] Dies gilt insbesondere für das wissenschaftliche Vereinswesen, war nach neueren Erkenntnissen Berlin hier doch schon im frühen 19. Jahrhundert die Metropole.[25] Ein erstaunlicher Befund, denn zum einen konnte sich Berlin in Größe und weltweiter Bedeutung nicht mit Paris und London messen, zum anderen fehlten entscheidende Voraussetzungen für selbstbewußte Urbanität, wie sie in anderen deutschen Städten dieser Zeit gegeben war.[26] Ein städtisches Patriziat wie etwa in der Hansestadt Hamburg oder in der Freien Reichsstadt Frankfurt am Main, welches aus eigener Kraft eine wissenschaftsfördernde Infrastruktur bereitstellte, das gab es in Berlin nicht. Es gab aber auch nur begrenzt jene urbane Adelskultur, wie sie sich im stadträumlichen Bild in repräsentativen Adelspalais zu entfalten pflegte und etwa im fürstbischöflich-westfälischen Münster weit eindrucksvoller vertreten war als in Berlin um 1800.[27] Gerade der über Geld verfügende Adel mit neugierigem Müßiggang von langem Atem hat die moderne Forschungsgesinnung etwa in den Akademien nachhaltig beeinflußt.[28] Wir werden also noch zu fragen haben, wie sich die besondere Situation in Berlin um 1800 erklären läßt, mehr noch, warum nach der Katastrophe von 1806, als Hof und Regierung nach Ostpreußen flohen, mehr als zehntausend Einwohner ihnen folgten und Berlin von Armut und Verelendung geprägt war, eine künstlerisch-wissenschaftliche Blütezeit einsetzte, welche die Nützlichkeitsmaximen der Aufklärung

22 Hier zit. nach Schalenberg, Humboldt, 117.

23 Vgl. Torsten Maentel, Zwischen weltbürgerlicher Aufklärung und stadtbürgerlicher Emanzipation. Bürgerliche Geselligkeitskultur um 1800, in: Andreas Schulz (Hg.), Bürgerkultur im 19. Jahrhundert. Bildung, Kunst und Lebenswelt, München 1996, 153.

24 Florian Maurice, Freimaurerei um 1800. Ignaz Aurelius Feßler und die Reform der Großloge Royal York in Berlin, Tübingen 1997, 145. Maurice listet 38 Gesellschaften auf, darunter 16 Freimaurerlogen. Eine kürzlich von der AG Berliner Klassik bei der Berlin-Brandenburgischen Akademie der Wissenschaften erstellte Übersicht kommt für den Zeitraum 1786 bis 1815 auf 53 Einträge.

25 Jürgen Voss, Akademien, gelehrte Gesellschaften und wissenschaftliche Vereine in Deutschland 1750–1850, in: François, Geselligkeit, 155f.

26 Vgl. die zahlreichen von Lothar Gall angeregten neuen Studien zur Bürgertumsgeschichte mit Schwerpunkt auf Städten im 18./19. Jahrhundert, wie sie insbesondere in der Reihe »Stadt und Bürgertum« (Oldenbourg Verlag) erschienen sind.

27 Vgl. Heinz Reif, Hauptstadtentwicklung und Elitenbildung. »Tout Berlin« 1871 bis 1918, in: Michael Grüttner/Rüdiger Hachtmann/Heinz-Gerhard Haupt (Hg.), Geschichte und Emanzipation. Festschrift für Reinhard Rürup, Frankfurt/New York 1999, 679. Natürlich formten auch in Berlin Adelspalais das Stadtbild im Zentrum und am westlichen Stadtrand; vgl. etwa als Fallstudie Ralf Pröve, Pariser Platz 3. Die Geschichte einer Adresse in Deutschland, Berlin 2002, doch prägte Adelskultur hier nicht literarisch-wissenschaftliche Geselligkeit.

28 In kritischer Auseinandersetzung mit der These einer bürgerlich initiierten und in den Akademien instititutionaliserten modernen Wissenschaftsgesinnung bei Klaus Garber/Heinz Wismann/Winfried Siebers (Hg.), Europäische Sozietätsbewegung und demokratische Tradition. Die europäischen Akademien der Frühen Neuzeit zwischen Frührenaissance und Spätaufklärung, 2 Bde., Tübingen 1996, vgl. Wolfgang Pross, Adel und experimentelle Naturwissenschaft. Die Rolle der Akademien im 18. Jahrhundert, in: Rainer Christoph Schwinges (Hg.), Artisten und Philosophen. Wissenschafts- und Wirkungsgeschichte einer Fakultät vom 13. bis zum 19. Jahrhundert, Basel 1999, 255–296.

hinter sich ließ und zu romantisch-organischen bzw. neuhumanistisch-idealistischen Vorstellungen von Einheit und Selbstzweck der Wissenschaften fand.

3. Idee und Praxis wissenschaftlicher Arbeit in London, Paris und Berlin

Es mag sein, daß der notorische französische Zentralismus, obwohl politisch und administrativ forciert, in der Praxis nicht immer durchsetzbar war.[29] Dennoch ist für die Zeit zwischen Französischer Revolution und Restauration der Bourbonenmonarchie für wissenschaftliche Institutionen und die daraus resultierenden individuellen Karriereoptionen ein klarer Zuwachs an Fokussierung auf die Kapitale zu verzeichnen.[30] Die häufig technokratisch grundierten Maßnahmen im französischen Bildungs- und Wissenschaftssystem belegen zudem, daß die Idee einer um ihrer selbst willen betriebenen Wissenschaft in Paris nur wenige Anhänger fand; Prestige und Nutzen für den Staat besaßen allemal den Vorrang. Exzesse wie in der Hochphase der »terreur«, als das Revolutionstribunal die Guillotinierung des großen Chemikers Lavoisier auf der Place de la Concorde mit den möglicherweise apokryphen Worten: »la république n'a pas besoin des savants« anordnete, blieben die Ausnahme, doch die eminente Bindung der Wissenschaft und ihrer Vermittlung an staatliche Kontrollen blieb über alle Regimewechsel hinweg erhalten. Eine entscheidende Rolle als »Transmissionsriemen« spielten hierbei die seit 1802 im französischen Bildungswesen eingesetzten »Generalinspektoren«.[31] So kam es, stärker als in London und Berlin, zu einer dezidierten Disziplinierung, unter Napoleon auch Militarisierung von Forschung und Lehre, zumal an den noch jungen Eliteschulen wie der École Polytechnique und der École Normale Supérieure.

Dabei setzte auch die staatliche Alimentierung von Wissenschaftlern in Paris früher und nachhaltiger ein als anderswo innerhalb oder außerhalb des Hexagons. Sie war freilich, von wenigen Ausnahmen abgesehen, keineswegs spektakulär großzügig, was die Betroffenen in vielen Fällen zum Versuch einer Kumulierung von Stellen an verschiedenen Einrichtungen anspornte. In der Sache verstärkte dies dennoch die Herausbildung eines zunehmend als solchen erkennbar werdenden Berufsfeldes des Wissenschaftlers. So waren etwa im Jahre 1800 64% der europäischen Mathematiker in Frankreich tätig – und ganz überwiegend eben in Paris –, während Großbritannien und die deutschen Staaten lediglich auf jeweils 11% kamen.[32]

»Professionalisierung« meint aber nicht bloß arbeitsteilige Spezialisierung, sondern auch eine Verfestigung der Kommunikationsstrukturen und ein gemeinsames Lobbying für die (eigene) wissenschaftliche Sache. Ein früher Prototyp hierfür war die Société d'Arcueil, der unter anderem die Physiker Pierre-Simon de Laplace, Jean-Baptiste Biot und François Arago, die Chemiker Claude Bertollet, Joseph-Louis Gay-Lussac, Jean Chaptal und Louis-Jacques Thenard wie auch Alexander von Humboldt angehörten. Obwohl in der Art des Zusammenkommens einem Salon nicht unähnlich, wurden doch ausgearbeitete »Mémoires« vorgetragen, die sich strenger fachlicher Kritik zu stellen hatten. Man traf sich, in leicht wechselnden Konstellationen, zwischen 1801 und 1813 zumeist am Wochenende im Landhaus Berthollets bei Paris,

29 Vgl. hierzu u.a. Robert Fox, The Culture of Science in France, 1700–1900, Aldershot 1992 (über einen Zeitraum von 18 Jahren entstandene Aufsätze des Autors versammelnd) oder Jean-Pierre Chaline, Sociabilité et Érudition. Les Sociétés Savantes en France. XIXe–XXe siècles, 2. Aufl. Paris 1998.

30 Nicole Dhombres/Jean Dhombres, Naissance d'un nouveau pouvoir: sciences et savants en France 1793–1824, Paris 1989, 217f.

31 Vgl. die sich ergänzenden biographischen und prosopographischen Studien: Isabelle Havelange/Françoise Huguet/Bernadette Lebedeff, Les Inspecteurs généraux de l'instruction publique. Dictionnaire biographique 1802–1914, Paris 1986; Françoise Huguet, Les Inspecteurs Généraux de l'Instruction Publique 1802–1914. Profil d'un groupe social, Paris 1988.

32 Diese Zahlen nach: Nicole Dhombres/Jean Dhombres, Naissance, 837. Bis 1825 verschoben sich die Verhältnisse zu 60% für Frankreich, 15% für Großbritannien und immerhin schon 20% für die deutschen Staaten; vgl. ebd.

Abb. 314: Paris, Collège des Quatre Nations, späterer Sitz der Académie Française

eben in Arcueil, dem zudem ein von Napoleon unterstütztes Laboratorium angegliedert war.[33] Könnte man hieraus auf den Wunsch und das Bedürfnis der beteiligten Wissenschaftler schließen, außerhalb des Trubels der Metropole zu forschen und sich im »halböffentlichen« Raum auszutauschen, so bleibt doch zu bedenken, daß die dortigen Diskussionen nicht zuletzt auch zur Vorbereitung der offiziellen Vorträge der Beteiligten in der ersten Klasse des »Institut« dienten,[34] das sich bekanntlich bis 1805 im Louvre und danach direkt gegenüber auf dem anderen Seineufer, im alten Collège des Quatre Nations, befand. Man kam als französischer Wissenschaftler mithin buchstäblich nicht um das Pariser Zentrum herum.

Auch London bot dem Liebhaber und dem – als solchen zögerlicher in Erscheinung tretenden – Experten der Wissenschaft, was sein Herz begehrte. Charles Darwin behauptete gar Ende der 1830er Jahre, nach der Rückkehr von seiner Weltreise: »Es ist eine traurige, doch, wie ich fürchte, nur allzu gewisse Wahrheit, daß kein Ort einem bei naturhistorischen Forschungen so hilfreich ist, wie diese abscheulich schmutzige, verqualmte Stadt, wo man nicht einmal auch nur einen flüchtigen Eindruck von dem erhält, was die Natur an Sehenswertem bietet.«[35] Dabei war Wissenschaft in London auch damals bereits in deutlich stärkerem Maße den Gesetzen des Marktes unterworfen als in Paris oder Berlin. Ein meist zahlendes Publikum wollte belehrt und amüsiert werden, die Vortragenden oder Laborassistenten hofften ihrerseits auf mögliche Anschlußaufträge. Wer besonderes Glück oder Talent besaß, konnte wohlmeinende Mäzene auch für wissenschaftliche Unternehmungen begeistern, die keinen direkten Gewinn versprachen. In jedem Fall

33 Zu Napoleons – allmählich schwindender – Wertschätzung der (Natur-)Wissenschaften eingehender: Joachim Fischer, Napoleon und die Naturwissenschaften, Stuttgart 1988, 103 et passim.

34 Maurice P. Crosland, Science under Control. The French Academy of Sciences 1795–1914, Cambridge 1992, 114. Ausführlicher daneben: Ders., The Society of Arcueil. A view of French science at the time of Napoleon I, London 1967.

35 Zit. nach Iwan Morus/Simon Schaffer/Jim Secord, Das London der Wissenschaft, in: Metropole London. Macht und Glanz einer Weltstadt 1800–1840, Recklinghausen 1992, 129–142, hier 129.

aber wäre ein beamteter Professor oder ein staatlich unterstützter, hauptberuflicher »savant« im London des frühen 19. Jahrhunderts kaum denkbar gewesen. Einige wenige Intellektuelle wie Jeremy Bentham oder James Mill, die dies als Mißstand anprangerten, konnten sich mit ihren Gegenvorschlägen nicht durchsetzen, und erst in der zweiten Hälfte des 19. Jahrhunderts kam es, immer noch zögerlich, in Großbritannien zu einer Professionalisierung des »Wissenschaftlers« (dieser Wortschöpfung William Whewells, Masters des Trinity College Cambridge, aus den 1830er Jahren korrespondierte auf der Insel mithin kein als solcher zu greifender Berufsstand).

Berlin unterschied sich von London oder Paris schon aufgrund der ganz unterschiedlichen Entwicklung des Universitätswesens in Mittel- und in Westeuropa. Aufgrund ihrer herausragenden Bedeutung in der Produktion von Staatsdienern im konfessionell zersplitterten Alten Reich sanken die deutschen Universitäten nicht in gleicher Weise wie in weiten Teilen des Westens zu verschulten Ausbildungsstätten ab und nahmen keinen solitären Sonderstatus wie Oxford und Cambridge an, vielmehr blieb – wenn auch in der Mehrzahl der Universitäten eher rudimentär – forschende Neugier mit Ausbildung verbunden, gingen vor allem von Neugründungen maßgebliche und zugleich ausstrahlende Reformimpulse aus.[36] Im brandenburgisch-preußischen Halle (1694) fiel unter der Losung »libertas philosophandi« das Zensurrecht der Theologen über die gesamte Universität, im hannoverschen Göttingen (1737) galten Lehr- und Lernfreiheit im konkurrierenden Wettbewerb um begüterte und hochgestellte Studierende, zogen die neuen Wissenschaften ein, bewährten sich die akademischen Lehrer nicht durch die Weitergabe tradierten Wissens, sondern durch Bereitstellung neuer Erkenntnisse. Göttingen mit seiner von staatlicher Drangsalierung weitgehend freien, kosmopolitischen Wissenschaftsgesinnung, mit seiner synergetischen Verzahnung von Universität, Gelehrtensozietät und hochmoderner Forschungsbibliothek galt im späten 18. Jahrhundert als Modell und Vorbild,[37] auch für den jungen Wilhelm von Humboldt. Eine wiederum neue Situation ergab sich im ausklingenden 18. Jahrhundert an der Universität Jena, wo Fichte und Schiller die zuströmenden Studenten faszinierten, wo sich neben der Universität eine pulsierende künstlerisch-gelehrte Geselligkeit entfaltete, wo die führenden Romantiker zusammenkamen, im klug lenkenden Windschatten Goethes, wo wiederum Humboldt, ähnlich wie kurz darauf in Rom, vom freien wissenschaftlichen Austausch jenseits aller universitären Verzopftheit fasziniert war.[38]

Bei so viel Neuem – wodurch zeichnete sich, über die bereits eindrucksvoll vorhandene Infrastruktur hinaus, der Wissensstandort Berlin mit seiner 1810 gegründeten Universität aus? Noch im Jahre 1804 wurde Berlin von außen als ein bedeutendes, aber nicht eben sonderlich innovatives Zentrum der Spätaufklärung wahrgenommen. 1813 erschien der 1810 vollendete Bericht der Madame de Staël »De l'Allemagne«, doch Berlin hatte sie bereits 1804 bereist und pries »die wahre Hauptstadt des neuern, des aufgeklärten Deutschlands«. Allerdings: »Die beiden Gesellschaftsklassen, die der Gelehrten und die des Hofes, sind vollständig getrennt; daraus folgt, daß die Gelehrten keine Konversation pflegen und die Männer von Welt absolut nicht denken können.«[39] Drei Jahre später bot sich ein völlig anderes Bild, ironischerweise ausgelöst durch Napoleon, durch die Demütigung, Zerstückelung und Verarmung des friderizianischen Preußen. Aus Jena und Halle eilten führende

36 Vgl. Notker Hammerstein, Zur Geschichte und Bedeutung der Universitäten im Heiligen Römischen Reich Deutscher Nation, in: Historische Zeitschrift 241 (1985), 287–328; Ders., Die Universitäten in der Aufklärung, in: Rüegg, Geschichte, Bd. 2, 495–506.

37 Vgl. Luigi Marino, Praeceptores Germaniae. Göttingen 1770–1820, Göttingen 1995; Gerrit Walther, Das Ideal: Göttingen. Ruf, Realität und Kritiker der Georgia Augusta um 1800, in: Müller/Ries/Ziche, Die Universität Jena, 33–45.

38 Vgl. Müller/Ries/Ziche, Die Universität Jena.

39 Zit. nach Ziolkowski, Berlin, 16f.

Dichter und Denker nach Berlin, kühne Reformen wurden dem zögerlichen König abgerungen, die von Frau von Staël besuchten Salons kümmerten vor sich hin, ein gänzlich neues Personal tummelte sich in den aufschießenden patriotisch-nationalen und gelehrten Debattierclubs, bedeutende Professoren hielten in Privathäusern viel besuchte Vorlesungen – gewissermaßen eine private vor der öffentlichen Universität.

Das Urteil der Madame de Staël war gewiß überspitzt und wirkt in einer scharfen Trennung von spätaufklärerischem und »modernem« Berlin vor und nach 1807 in der Literatur fort.[40] Bereits im ausgehenden 18. Jahrhundert verfügte Berlin, wie wir sahen, über eine ungewöhnlich wissenschaftsstimulierende Infrastruktur, sicherlich dem Ideal praktischer Nützlichkeit verpflichtet, aber doch anschlußfähig für eine neuartige, indes auf kommunikative und institutionelle Vernetzungen angewiesene Wissenschaftsgesinnung. Der Unterbau war vorhanden: Die arme preußische Metropole im märkischen Sand galt bereits als Stapelstadt des Wissens, war in Institutionen, Salonkultur und Vorlesungsangeboten mit bildungsbürgerlicher Aufgeschlossenheit vernetzt. Doch auf diesem Fundament ereignete sich nach 1806 Außerordentliches. Ausgerechnet unter den schwierigen Bedingungen französischer Besatzung strömten führende Köpfe der Wissenschaft wie auch herausragende Literaten in ungewöhnlicher Mischung von bürgerlichen und adeligen Kultureliten nach Berlin, angezogen von einem faszinierenden Aufbruchsmilieu, bildeten intensiv kommunizierende Netzwerke, mit Sogwirkung auf andere, entwickelten weit ausstrahlende Modelle von Nationalerziehung, nationaler Wissenschaft und nationaler Kultur, aber immer in urbaner Verdichtung. Der Dichter Heinrich von Kleist begleitete mit seinem Organ »Berliner Abendblätter« auch in kritischer Kommentierung die Gründung und frühe Entwicklung der Universität. Entscheidenden Einfluß gewannen die Romantiker Achim von Arnim und Clemens Brentano in ihrem Werben um befreundete Gelehrte wie den Juristen von Savigny oder in meisterhaften Kantaten etwa zur Eröffnung der Universität 1810. Schon vorher waren Gelehrte wie Fichte und Schleiermacher aus Jena, Halle und anderen Orten für Berlin gewonnen worden, bevor die Universität ihre Pforten öffnete, viele vermochte Wilhelm von Humboldt von einer Übersiedelung nach Berlin zu überzeugen. So kamen der Historiker Niebuhr, der Altphilologe Boeckh, blieben die Mediziner Hufeland und Reil. Die Liste ließe sich leicht fortsetzen. Berlin erwies sich als Magnet, trotz der äußeren Widrigkeiten, die besetzte, aber von Reformimpetus durchglühte Hautstadt faszinierte als wissenschaftlich-literarisches Kompetenzzentrum. Und das traf offenbar mit einem ebenso neuartigen Typus von wissenschaftsaufgeschlossenen Studenten jenseits von tradiertem Pennalismus zusammen. In einer Informationsbroschüre für angehende Berliner Studenten vermerkte 1811 der Castellan des Universitätsgebäudes Johann Christian Gädicke: »gegen das hierige Arbeitshaus« seien andere Universitäten wahre Kneipen. Zudem erwiesen sich die immer wieder angemahnten Bedenken gegen sittliche Gefährdungen in einer Großstadtuniversität[41] als gegenstandslos: »Der Trieb Alles oder Vieles mitzumachen, verliert sich auch bald, weil man den Reiz dazu täglich hat.«[42]

Einen neuen, von idealistischem Gesamtheitspathos beeinflußten Wissenschaftsgeist hatte der Kabinettsrat von Beyme bei den von ihm angeregten Gelehrten-Denkschriften 1807 eingefordert, unter denen Fichtes Modell einer nationalen Erziehungsanstalt herausragt. Erziehung und Bildung der Na-

40 Dies gilt insbesondere für die eben zitierte, ansonsten anregende, freilich vorrangig literar- denn wissenschaftshistorisch unterfütterte Darstellung von Ziolkowski.

41 Schon 1795 hatte die Berliner Mittwochsgesellschaft aus moralischen Bedenken gegen eine Universität in Berlin votiert (vgl. Gedike, Über Berlin, 134); noch 1808 erörterte Schleiermacher in seiner Denkschrift »Gelegentliche Gedanken« eingehend dieses Problem.

42 Johann Christian Gädicke, Nachrichten für angehende Studirende in Berlin über mehrere hiesige ökonomische und wissenschaftliche Angelegenheiten, Berlin 1811, Nachdruck Leipzig 1985, 16.

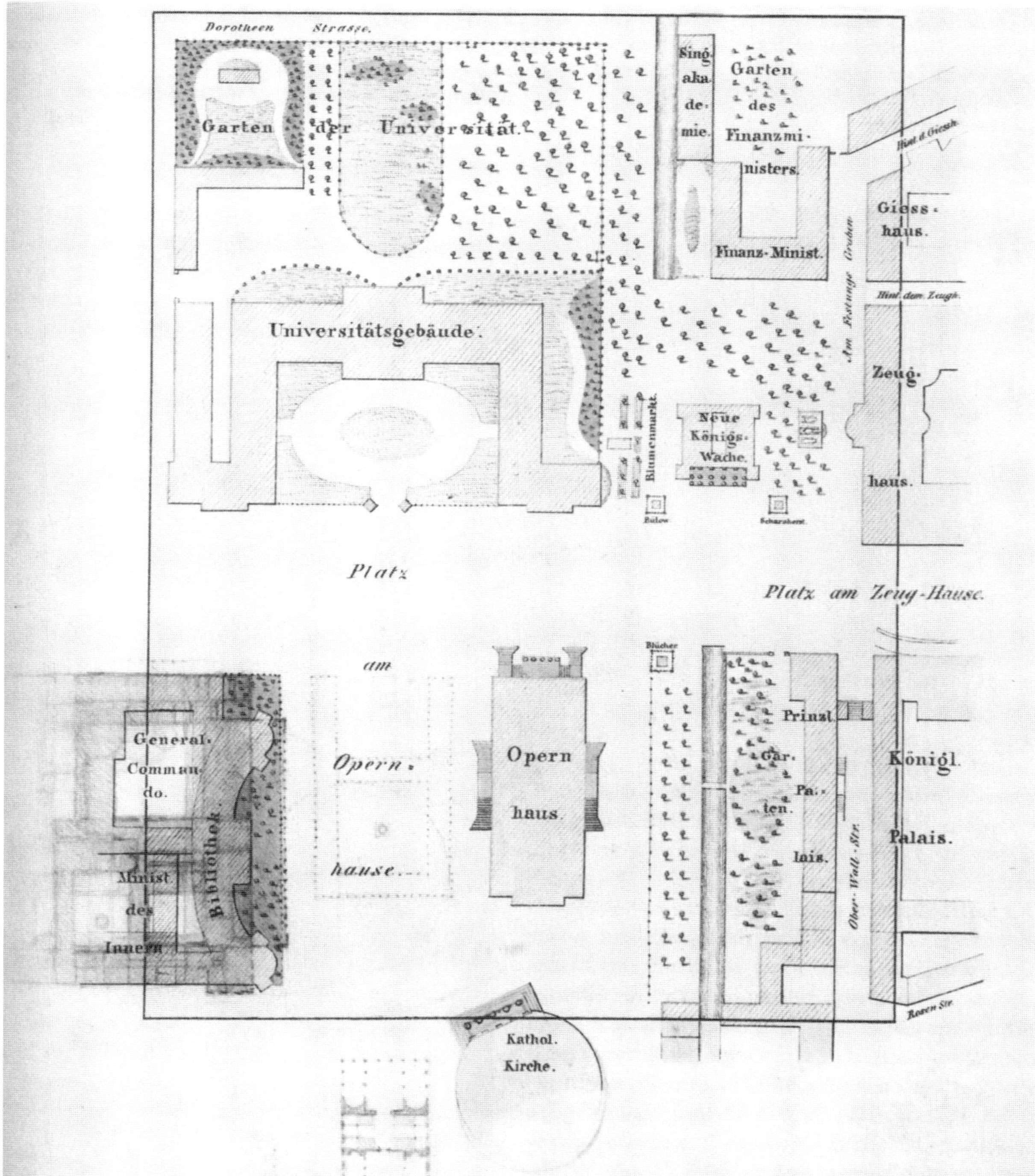

tion, nicht allein Preußens, das kennzeichnet die meisten Stellungnahmen. Ein ebenso pragmatisches wie kühnes Modell legte, ohne Auftrag von Beyme, 1808 der Theologe und Philosoph Friedrich Daniel Ernst Schleiermacher mit seinen »Gelegentlichen Gedanken über Universitäten« vor. In enger Anlehnung an Immanuel Kants Spätschrift von 1798 »Der Streit der Fakultäten« begründete Schleiermacher den Vorrang der nur auf Wahrheitsfindung, nicht auf praktische Berufsausbildung angelegten philosophischen Fakultät, damit einen streng wissenschaftlichen, weil auf Erkenntnis gegründeten und von Staatseinflüssen freizuhaltenden Charakter der neuen Universität. Diese habe

Abb. 315: Berlin, Plan des Forum Fridercianum (um 1840)

allerdings Universität in der Gesamtheit der Wissenschaft zu sein, verfaßt im traditionellen Vier-Fakultäten-Modus mit Senats- und Rektoratsverfassung. Der Dozent habe nicht Wissen zu vermitteln, was man anderswo nachlesen könne, sondern gemäß dem platonischen Dialog Argumentationsmuster vor den Zuhörern zu entfalten. Ein besonders begabter »Ausschuß« von Studierenden solle im Seminar gemeinsam mit den Professoren an noch ungelösten wissenschaftlichen Problemen arbeiten.

Wilhelm von Humboldt übernahm dieses Modell, verknüpfte es mit seiner neuhumanistischen Vorstellung von wissenschaftlicher Arbeit als Persönlichkeit formender Selbstbildung, akzentuierte den später vielbeschworenen »Forschungsimperativ«, versöhnte wissenschaftliches Erkenntnisinteresse mit staatlichen Ausbildungsanforderungen und vermochte als kluger Diplomat, wenn auch mit Abstrichen (Autonomie ohne Autarkie), den König von seiner Konzeption zu überzeugen. Er gewann hervorragende Gelehrte aus vielen Fachgebieten für seine Neuschöpfung, auch wenn er bald des Professorengezänks überdrüssig wurde, er band Akademie und Universität zusammen, da jedes Akademiemitglied das Recht zur Lehre an der Universität erhielt, er setzte gegen heftige Widerstände die Ansiedelung der Universität im Stadtzentrum mit dem Prinz-Heinrich-Palais durch.[43] Traditionell waren Universitäten in deutschsprachigen Ländern, mit der Ausnahme Wiens, nicht in Haupt- und Residenzstädten beheimatet, um Störungen durch aufmüpfige Studenten und zugleich deren moralische Gefährdung zu vermeiden, um Studien in ruhiger Abgeschiedenheit zu ermöglichen. Doch änderte sich dies seit dem frühen 19. Jahrhundert zugunsten der Hauptstädte; Bayern zog 1826 mit der Verlegung der Universität von Landshut nach München nach, die neuen Technischen Hochschulen wurden bevorzugt in Hauptstädten angesiedelt, und die drei Großstadtuniversitäten Berlin, Leipzig und München traten im 19. Jahrhundert an die Spitze des deutschen Universitätssystems.

Das Berliner Modell war nicht revolutionär, es orientierte sich an Göttingen und Jena. Neu aber waren die zur Gründung führenden theoretischen Diskurse, neu war der nationale Gestus von Erziehung und Wissenschaft, neu war die Verbindung von Lehre und Forschung im Ausbildungssysstem, neu waren die auf Spezialisierung ausgerichteten Habilitationsanforderungen in den Statuten, neu war zumindest teilweise die auf disziplinäre Spezialisierung zielende Eingrenzung der Lehrstuhl-Denominationen. Auf der anderen Seite hat Berlin nicht die deutsche Universitätslandschaft im Sinne der modernen Forschungsuniversität penetriert. Der internationale Ruhm Berlins wurzelte nicht in einem »Gründungsmoment« 1810, an vielen Orten wurden auf Grund ähnlicher Problemkonstellationen ähnliche Reformen in Angriff genommen. Berlins nationale Führungsrolle und internationale Weltgeltung etablierten sich im späten Kaiserreich, und erst in einer neuen Bedrohung der Forschungsuniversität durch konkurrierende außeruniversitäre Forschungsinstitute erwuchs ein Mythos Humboldt.[44] Gleichwohl, ein neuer, Paris und London herausfordernder Wissenschaftsgeist entstand in der kargen, abgeschiedenen und auf Sand gegründeten preußischen Hauptstadt zwischen 1807 und 1810.

Gleichzeitig bewirkten die von Halle, Göttingen und Jena ausgelösten, in Berlin dann verdichteten Reformschübe eine Konzentration von Wissenschaftsmodernisierung und fachlicher Professionalisierung des vormaligen Gelehrten-Typus an den Universitäten, im Unterschied zu London und Pa-

43 Vgl. Rüdiger vom Bruch, Die Gründung der Berliner Universität, in: Schwinges, Humboldt International, 53–73.

44 Vgl. Rüdiger vom Bruch, Langsamer Abschied von Humboldt? Etappen deutscher Universitätsgeschichte 1810–1945, in: Mitchell G. Ash (Hg.), Mythos Humboldt. Vergangenheit und Zukunft der deutschen Universitäten, Wien/Köln/Weimar, 1999, 29–57; Sylvia Paletschek, Verbreitete sich ein ›Humboldtsches Modell‹ an den deutschen Universitäten im 19. Jahrhundert?, in: Schwinges (Hg.), Humboldt International, 75–104.

Abb. 316: Paris, Bouquinisten am Quai Conti, Gemälde von William Parrott (um 1843)

ris. Damit einher ging – gemäß der disziplinären Institutionalisierung in Fakultäten – eine den deutschen Fall kennzeichnende, als Disziplinierung zu charakterisierende Entwicklung im Wissenschaftsbetrieb, während eine spezifische Professionalisierung von Wissenschaftlern nach französischem Muster weniger ausgeprägt und eher mit ihrem Charakter als ohnehin staatsbeamteten Professoren verknüpft war.

4. Konkurrenz oder Konvergenz? Hauptstädtische Wissenschaftskulturen im Vergleich

Die vorangehenden, notwendigerweise punktuellen Ausführungen mögen verdeutlicht haben, daß der Einfluß städtischer Milieus auf wissenschaftliches Arbeiten und Geselligkeit alles andere als vernachlässigenswert war, daß er zudem nicht in einem metaphysischen »genius loci« begründet lag, sondern das Produkt sehr spezifischer (politischer, sozio-kultureller, institutioneller) Faktoren war. Abschließend sei noch einmal versucht, diese Faktoren gegeneinander zu gewichten und auf ihre Wechselbeziehungen hin zu befragen.

Dem hohen Prestige, der öffentlichen Wirksamkeit und der Weltgewandtheit französischer Wissenschaftler im napoleonischen Empire korrespondierten die Staatsnähe und die eher internen Kommunikationskreise von Professoren und anderen Wissenschaftlern im Berlin Friedrich Wilhelms III. Der eminente Staatsbezug in beiden Fällen hatte kein Pendant in Großbritannien. Zwar war auch dort die Zeit der Koalitionskriege mit einer Sorge um nationale Sicherheit und Interessen verbunden, doch hatte dies in London nicht zur Folge, daß Wissenschaftler Beamte wurden oder auch nur verstärkt staatlich rekrutiert worden wären. Vielmehr galt es hier, die öffentliche Relevanz von Wissenschaft zu erweisen. Diese durchaus als »Kunden« zu begreifende Öffentlichkeit sollte letztlich auch die Instanz sein, welche über Art und Inhalt wissenschaftlicher Forschung zu entscheiden hatte. Abgesehen von einigen wenigen staatlich garantierten Einrichtungen wie dem Royal Observatory in Greenwich oder dem Board of Longitude, welche freilich ihrerseits mittelbar der Beförderung britischer Handelsinteressen dienten, gab es in London keine etatisierten Stellen für Wissenschaftler. Interessante Sonderfälle wie die halb-staatliche East India Company, welcher Teile der Königlichen Militärakademie angegliedert waren und deren aus Indien entwendete Sanskrit-Manuskripte zum Ausgangspunkt philologischer Forschungen wurden, bestätigen diese Regel nur.

Ein Trend, der sich im frühen 19. Jahrhundert unverkennbar Bahn bricht, ist die zunehmende Nationalisierung und Politisierung der Wissenschaftssysteme, wozu die militärische Auseinandersetzung mit dem revolutionären und dem kaiserlichen Frankreich sowohl in Großbritannien als auch in Preußen-Deutschland in entscheidender Weise beitrug. So diente der Auf- und Ausbau der wissenschaftlichen Infrastruktur in London und Berlin nicht zuletzt auch der Emulation und Emanzipation von Paris als Nabel der wissenschaftlichen Welt, von dessen Sachverstand und Direktiven man nicht dauerhaft abhängig sein wollte. Dabei kam es, den gegebenen Traditionen und Konstellationen an Themse und Spree folgend, in beiden Hauptstädten zu ganz verschiedenen Arten der Umsetzung und Folgewirkungen. In Berlin trat die Universität als Forschungs- und Lehranstalt als eigentlicher Sachwalter der Wissenschaft, wie sie von deutschen Intellektuellen um 1800 emphatisch als nobelste Tätigkeit des menschlichen Geistes gepriesen wurde, in Erscheinung. Die der Wissenschaft unterstellte Zweckfreiheit und eine unvoreingenommene Wahrheitssuche sollten vom Staat garantiert werden: In diesem Punkt grenzte sich die Berliner Neugründung deutlich ab von der Idee und Realität der deutschen Universitäten des ausgehenden 18. Jahrhunderts und diente für Preußen ohnehin, aber nach und nach auch für andere deutschsprachige Staaten, als Modell. Diese »kulturstaatliche« Trägerschaft für Universitäten suchte man in Großbritannien, wie erwähnt, weiterhin vergeblich. Der Londoner Weg, Wissenschaft fast ausschließlich aus »Drittmitteln« zu betreiben, namentlich durch die Initiativen von Vereinigungen, Unternehmen und Privatpersonen, dem in Deutschland über lange Strecken eher mit Skepsis begegnet wurde, steht heute im Zeichen »zivilgesellschaftlicher« Appelle wieder hoch im Kurs. Das eminent etatistische, zentral administrierte französische Modell, das die Wissenschaft einerseits als Profession vorantrieb, ohne dabei die erkenntnistheoretische wie ethische Stilisierung im deutschen Fall zu teilen, hatte seinen natürlichen Mittelpunkt in Paris. Doch auch in England und in Preußen erfuhren die Hauptstädte im frühen 19. Jahrhundert tendenziell einen Bedeutungszuwachs. Die von Fichte in seinem »Deduzierten Plan« entworfene Vision einer nationalen Elite-Lehranstalt in Berlin[45] mag so nicht realisiert worden, die attraktivsten Posten des englischen Universitätssystems weiterhin in Oxford und Cambridge angesiedelt gewesen sein, doch als nationale Schrittmacher für Formen und Inhalte wissenschaftlicher Arbeit näherten sich Paris, London und Berlin – allen strukturellen und ideellen Unterschieden zum Trotz – in ihrer Funktion als wissenschaftliche Zentren seit dem frühen 19. Jahrhundert an. Die Macht des Wissens wurde zunehmend von machtbewußten Nationalstaaten in Anspruch genommen, und die Hauptstädte sollten dabei eine Hauptrolle spielen.

45 Johann Gottlieb Fichte, Deduzierter Plan einer zu Berlin zu errichtenden höhern Lehranstalt, die in gehöriger Verbindung mit einer Akademie der Wissenschaften stehe (1807), in: Müller (Hg.), Gedanken, 59–158, vor allem 124f. (§47).

Abb. 317: Cambridge, Tor zum Trinity College, Gemälde (um 1900)

Anhang

Auswahl aus der Literatur

Bei dem folgenden Literaturverzeichnis handelt es sich um eine Aufstellung von Titeln, die die Autorinnen und Autoren zur weiterführenden Lektüre empfohlen haben. Es erhebt keinen Anspruch auf Vollständigkeit und soll in der Hauptsache als Anregung dienen. Berücksichtigt wurden daher besonders neuere Publikationen; Quellen und Aufsätze wurden grundsätzlich nicht aufgenommen. Für sie sei auf die Angaben in den Fußnoten der jeweiligen Beiträge verwiesen. Zusätzliche Literaturhinweise wie auch insgesamt einen kommentierten Überblick über die Forschungslage liefert *Steven Shapins* Bibliographischer Essay, in: Ders., Die wissenschaftliche Revolution, 193–241. Als Einführungen in die Konzepte und Vorteile einer neuen, an der Kulturgeschichte orientierten Wissenschaftsgeschichte empfehlen sich z.B. *Lorraine Daston,* Early Modern History Meets the History of the Scientific Revolution. Thoughts Towards a Rapprochement, in: Puff/Wild (Hg.), Zwischen den Disziplinen?, 37–54, und *Nicholas Jardine,* Sammlung, Wissenschaft, Kulturgeschichte, in: Te Heesen/Spary (Hg.), Sammeln als Wissen, 199–221. Das Konzept »Wissenschaft als Kultur« stellt ebenfalls *Lorraine Daston*, Die Kultur der wissenschaftlichen Objektivität, in: Otto Gerhard Oexle (Hg.), Naturwissenschaft, Geisteswissenschaft, Kulturwissenschaft, 2. Aufl. Göttingen 2000, 10–39, hier 26–36, vor. Monographien und Sammelbände zu den einzelnen Tendenzen einer kulturwissenschaftlich orientierten Wissenschaftsgeschichte, wie sie in der Einleitung angesprochen wurden, finden sich unter den folgenden Titeln und werden an dieser Stelle nicht gesondert hervorgehoben.

Alder, Ken, Engineering the Revolution. Arms and Enlightenment in France. 1763–1815, Princeton, N.J. u.a. 1997

Aravamudan, Srinivas, Tropicopolitans. Colonialism and Agency. 1688–1804, Durham 1999

Ashcroft, Bill/Griffith, Gareth/Tiffin, Hellen, The Empire Writes Back. Theory and Practice in Post-Colonial Literatures, London u.a. 1989

Becker, Annesophie/Nielsen, Arno Viktor, Wunderkammer des Abendlandes. Museum und Sammlung im Spiegel der Zeit. Ausstellung vom 25. November 1994 bis zum 26. Februar 1995 in der Kunst- und Ausstellungshalle der Bundesrepublik Deutschland in Bonn, Bonn 1994

Behringer, Wolfgang, Im Zeichen des Merkur. Reichspost und Kommunikationsrevolution in der Frühen Neuzeit, Göttingen 2003

Ders., Hexen. Glaube – Verfolgung – Vermarktung, München 1998

Biagioli, Mario, Galilei, der Höfling. Entdeckungen und Etikette. Vom Aufstieg der neuen Wissenschaft, Frankfurt a.M. 1999 (Originalausgabe Chicago 1993)

Bialas, Volker, Vom Himmelsmythos zum Weltgesetz. Eine Kulturgeschichte der Astronomie, Wien 1998

Binding, Günther, Meister der Baukunst. Geschichte des Architekten- und Ingenieurberufes, Darmstadt 2004

Blanke, Horst Walter, Historiographiegeschichte als Historik, Stuttgart-Bad Cannstatt 1991

Blay, Michel/Halleux, Robert (Hg.), La science classique. XVIe–XVIIIe siècle. Dictionnaire critique, Paris 1998
Blumenberg, Hans, Die Lesbarkeit der Welt, Frankfurt a.M. 1986
Ders., Der Prozeß der theoretischen Neugierde. Erweiterte und überarbeitete Neuausgabe, Frankfurt a.M. 1973
Ders., Die Genesis der kopernikanischen Welt, Frankfurt a.M. 1975
Ders., Die kopernikanische Wende, Frankfurt a.M. 1965
Boas, Marie, Die Renaissance der Naturwissenschaften. 1450–1630. Das Zeitalter des Kopernikus, Gütersloh 1965 (Originalausgabe London 1962)
Bock, Gisela, Thomas Campanella. Politisches Interesse und philosophische Spekulation, Tübingen 1974
Bödeker, Hans Erich/Hinrichs, Ernst (Hg.), Alphabetisierung und Literalisierung in Deutschland in der frühen Neuzeit, Tübingen 1999
Ders./Reill, Peter H./Schlumbohm, Jürgen (Hg.), Wissenschaft als kulturelle Praxis. 1750–1900, Göttingen 1999
Ders./Herrmann, Ulrich (Hg.), Aufklärung als Politisierung – Politisierung der Aufklärer, Hamburg 1987
Böning, Holger, Deutsche Presse. Biobibliographische Handbücher zur Geschichte der deutschsprachigen periodischen Presse von den Anfängen bis 1815, 3 Bde., Stuttgart-Bad Cannstatt 1996–2003
Ders., Welteroberung durch ein neues Publikum. Die deutsche Presse und der Weg zur Aufklärung. Hamburg und Altona als Beispiel, Bremen 2002
Ders., Periodische Presse. Kommunikation und Aufklärung. Hamburg und Altona als Beispiel, Bremen 2002
Ders./Siegert, Reinhart, Volksaufklärung. Biobibliographisches Handbuch zur Popularisierung aufklärerischen Denkens im deutschen Sprachraum von den Anfängen bis 1850, bisher 2 Bde., Stuttgart-Bad Cannstatt 1990 und 2001
Ders. (Hg.), Französische Revolution und deutsche Öffentlichkeit. Wandlungen in Presse und Alltagskultur am Ende des achtzehnten Jahrhunderts, München u.a. 1992
Bostridge, Ian, Witchcraft and Its Transformations. C. 1650-c. 1750, Oxford 1997
Bourdieu, Pierre, Science de la science et réflectivité. Cours du Collège de France 2000–2001, Paris 2001
Ders., Die feinen Unterschiede. Kritik der gesellschaftlichen Urteilskraft, Frankfurt a.M. 1982 (Originalausgabe Paris 1979)
Braun, Werner, Deutsche Musiktheorie des 15. bis 17. Jahrhunderts. Zweiter Teil: Von Calvisius bis Mattheson, Darmstadt 1994
Bredekamp, Horst, Antikensehnsucht und Maschinenglauben. Die Geschichte der Kunstkammer und die Zukunft der Kunstgeschichte, überarbeitete Neuausgabe Berlin 2000
Brockliss, Laurence/Jones, Colin, The Medical World of Early Modern France, Oxford 1997
Broman, Thomas H., The Transformation of German Academic Medicine. 1750–1820, Cambridge u.a. 1996
Brosseder, Claudia, Im Bann der Sterne. Caspar Peucer, Philipp Melanchthon und andere Wittenberger Astrologen, Berlin 2004
Buck, August (Hg.), Die okkulten Wissenschaften in der Renaissance, Wiesbaden 1992

Bueltzingsloewen, Isabelle von, Machines à instruire, machines à guérir. Les hôpitaux universitaires et la médicalisation de la société allemande (1730–1850), Lyon 1997
Büttner, Frank/Friedrich, Markus/Zedelmaier, Helmut (Hg.) Sammeln – Ordnen – Veranschaulichen. Zur Wissenskompilatorik in der Frühen Neuzeit, Münster 2003
Burke, Peter, Papier und Marktgeschrei. Die Geburt der Wissensgesellschaft, Berlin 2001 (Originalausgabe Cambridge 1997)
Burkhardt, Johannes, Das Reformationsjahrhundert. Deutsche Geschichte zwischen Medienrevolution und Institutionenbildung 1517–1617, Stuttgart 2002
Chartier, Roger, L'ordre des livres. Lecteurs, auteurs, bibliothèques en Europe entre XIVe et XVIIIe siècle, Aix-en-Provence 1992
Ders., Lesewelten. Buch und Lektüre in der frühen Neuzeit, Frankfurt a.M. 1990
Clark, William/Golinski, Jan/Schaffer, Simon (Hg.), The Sciences in Enlightened Europe, Chicago u.a. 1999
Cohen, H. Floris, Quantifying Music. The Science of Music at the First Stage of the Scientific Revolution. 1580–1650, Dordrecht u.a. 1984
Cohen, I. Bernhard, Benjamin Franklin's Science, Cambridge, Mass. 1990
Coleman, William, Biology in the Nineteenth Century. Problems of Form, Function, and Transformation, New York 1971
Conrad, Lawrence I./Nere, Michael/Nutton, Vivian/Porter, Roy (Hg.), The Western Medical Tradition. 800 BC to AD 1800, Cambridge 1995
Crombie, Alistair C., Styles of Scientific Thinking in the European Tradition. The History of Argument and Explanation Especially in the Mathematical and Biomedical Sciences and Arts, 3 Bde., London 1994
Crosland, Maurice P., Science under Control. The French Academy of Sciences 1795–1914, Cambridge 1992
Cunningham, Andrew, The Anatomical Renaissance. The Resurrection of the Anatomical Projects of the Ancients, Aldershot 1997
Ders./Jardine, Nicholas (Hg.), Romanticism and the Sciences, Cambridge 1990
Dahlhaus, Carl, Hören, Messen und Rechnen in der Frühen Neuzeit (=Geschichte der Musiktheorie, hg. von Frieder Zaminer, Bd. 6), Darmstadt 1987
Damien, Robert, Bibliothèque et état. Naissance d'une raison politique dans la France du XVIIe siècle, Paris 1995
Dammann, Rolf, Der Musikbegriff im deutschen Barock, Köln 1967
Daston, Lorraine/Park, Katherine, Wunder und die Ordnung der Natur. 1150–1750, Berlin 2003 (Originalausgabe New York 1998)
Dies./Krüger, Klaus (Hg.), Curiositas. Welterfahrung und ästhetische Neugierde in Mittelalter und früher Neuzeit, Göttingen 2002
Dies., Wunder, Beweise und Tatsachen. Zur Geschichte der Rationalität, Frankfurt a.M. 2001
Dies./Müller-Wille, Staffan/Sibum, Heinz Otto, A History of Facts, Berlin 2001
Dear, Peter, Revolutionizing the Sciences. European Knowledge and Its Ambitions. 1500–1700, Basingstoke, Hampshire 2001
Despoix, Philippe, L'Horloge, l'imprimé et l'indigène. Dispositifs européens de l'exploration à l'âge des Lumières, Paris 2004
Detel, Wolfgang/Zittel, Claus (Hg.), Wissensideale und Wissenskulturen in der frühen Neuzeit, Berlin 2002

Dhombres, Nicole/Dhombres Jean, Naissance d'un pouvoir. Sciences et savants en France. 1793–1824, Paris 1989
Dicke, Gerd/Grubmüller, Klaus (Hg.), Die Gleichzeitigkeit von Handschrift und Buchdruck, Wiesbaden 2003
Dietl, Cora/Helschinger, Dörte (Hg.), Ars und Scientia im Mittelalter und in der frühen Neuzeit. Ergebnisse interdisziplinärer Forschung, Tübingen u.a. 2002
Dorn Brose, Eric, The Politics of Technological Change in Prussia. Out of the Shadow of Antiquity. 1809–1848, Princeton, N.J. 1993
Drayton, Richard Harry, Nature's Government. Science, Imperial Britain, and the »Improvement« of the World, New Haven 2000
Dreyer, John Louis Emil, Tycho Brahe. Ein Bild wissenschaftlichen Lebens und Arbeitens im sechzehnten Jahrhundert. Mit einem Vorwort von W. Valentiner, Karlsruhe 1894, Nachdruck Vaduz, Lichtenstein 1992 (Originalausgabe Edinburgh 1890)
Dülmen, Richard van/Rauschenbach, Sina (Hg.), Denkwelten um 1700. Zehn intellektuelle Profile, Köln u.a. 2002
Ders., Die Gesellschaft der Aufklärer. Zur bürgerlichen Emanzipation und aufklärerischen Kultur in Deutschland, Frankfurt a.M. 1986, durchgesehene Neuausgabe Frankfurt a.M. 1996
Ders., Kultur und Alltag in der Frühen Neuzeit, Bd. 3: Religion, Magie, Aufklärung. 16.–18. Jahrhundert, München 1994
Duhem, Pierre, To Save the Phenomena. An Essay on the Idea of Physical Theory from Plato to Galileo, Chicago 1969
Eamon, William, Science and the Secrets of Nature. Books of Secrets in Medieval and Early Modern Culture, Princeton, N.J. 1994
Easlea, Brian, Witch-Hunting, Magic and the New Philosophy. An Introduction to Debates of the Scientific Revolution. 1450–1750, Brighton 1980
Edwards, Mark U., Printing, Propaganda, and Martin Luther, Berkeley u.a. 1994
Ellis, Aytoun, The Penny Universities. A History of the Coffee-Houses, London 1956
Eybl, Franz M./Harms, Wolfgang/Krummacher Hans-Henrik, (Hg.), Enzyklopädien der Frühen Neuzeit. Beiträge zu ihrer Erforschung, Tübingen 1995
Fauser, Markus, Einführung in die Kulturwissenschaft, Darmstadt 2003
Ders., Das Gespräch im 18. Jahrhundert. Rhetorik und Geselligkeit in Deutschland, Stuttgart 1991
Fauvel, John/Flood, Raymond/Shortland, Michael/Wilson, Robin (Hg.), Newtons Werk. Die Begründung der modernen Naturwissenschaft, Basel u.a. 1993 (Originalausgabe Oxford 1988)
Findlen, Paula, Possessing Nature. Museums, Collecting, and Scientific Culture in Early Modern Italy, Berkeley 1994
Fischer, Ernst/Haefs, Wilhelm/Mix, York-Gothart (Hg.), Von Almanach bis Zeitung. Ein Handbuch der Medien in Deutschland 1700–1800, München 1999
Fischer, Steven Roger, A History of Reading, London 2003
Flasch, Kurt, Nicolaus von Kues. Geschichte einer Entwicklung. Vorlesungen zur Einführung in seine Philosophie, Frankfurt a.M. 1998
Fleck, Ludwik, Entstehung und Entwicklung einer wissenschaftlichen Tatsache. Einführung in die Lehre vom Denkstil und Denkkollektiv, Basel 1935,

Nachdruck mit einer Einleitung hg. von Lothar Schäfer/Thomas Schnelle, Frankfurt a.M. 1980
Forssman, Erik, Dorisch, jonisch, korinthisch. Studien über den Gebrauch der Säulenordnungen in der Architektur des 16.–18. Jahrhunderts, Uppsala 1961, Nachdruck Frankfurt a.M. 1984
Foucault, Michel, In Verteidigung der Gesellschaft. Vorlesungen am Collège de France (1975–76), Frankfurt a.M. 1999 (Originalausgabe Paris 1996)
Ders., Archäologie des Wissens, Frankfurt a.M. 1981 (Originalausgabe Paris 1969)
Ders., Die Geburt der Klinik. Eine Archäologie des ärztlichen Blicks, München 1973
Ders., Die Ordnung der Dinge. Eine Archäologie der Humanwissenschaften, Frankfurt a.M. 1971 (Originalausgabe Paris 1966)
Frasca-Spada, Marina/Jardine, Nick (Hg.), Books and the Sciences in History, Cambridge 2000
Frevert, Ute, Krankheit als politisches Problem 1770–1880. Soziale Unterschichten in Preußen zwischen medizinischer Polizei und staatlicher Sozialversicherung, Göttingen 1984
Fried, Johannes/Kailer, Thomas (Hg.), Wissenskulturen. Beiträge zu einem forschungsstrategischen Konzept, Berlin 2003
Ders./Süßmann, Johannes (Hg.), Revolutionen des Wissens. Von der Steinzeit bis zur Moderne, München 2001
Ders., Aufstieg aus dem Untergang. Apokalyptisches Denken und die Entstehung der modernen Naturwissenschaft im Mittelalter, München 2001
Gadol, Joan, Leon Battista Alberti. Universal Man of the Early Renaissance, Chicago u.a. 1969
Gamper-Schlund, Gertraud/Gamper-Schlund, Rudolf, Johann Sebastian Clais. Ein vielseitiger Unternehmer der industriellen Frühzeit, Meilen 1990
Gerbi, Antonello, The Dispute of the New World. The History of a Polemic. 1750–1900, überarbeitete und erweiterte Ausgabe Pittsburgh 1973 (Originalausgabe Milano u.a. 1955)
Germann, Georg, Einführung in die Geschichte der Architekturtheorie, Darmstadt 1980
Gierl, Martin, Pietismus und Aufklärung. Theologische Polemik und die Kommunikationsreform der Wissenschaft am Ende des 17. Jahrhunderts, Göttingen 1997
Giesecke, Michael, Der Buchdruck in der frühen Neuzeit. Eine historische Fallstudie über die Durchsetzung neuer Informations- und Kommunikationstechnologien, Frankfurt a.M. 1991
Gille, Bertrand, Ingenieure der Renaissance, Wien u.a. 1968 (Originalausgabe Paris 1964)
Gingerich, Owen, The Eye of Heaven. Ptolemy, Copernicus, Kepler, New York 1993
Ders., The Great Copernicus Chase and Other Adventures in Astronomical History, Cambridge, Mass. 1992
Goertz, Hans-Jürgen, Antiklerikalismus und Reformation. Sozialgeschichtliche Untersuchungen, Göttingen 1995
Grafton, Anthony, Leon Battista Alberti. Baumeister der Renaissance, Berlin 2002 (Originalausgabe New York 2002)

Ders., Cardanos Kosmos. Die Welten und Werke eines Renaissance-Astrologen, Berlin 1999 (Originalausgabe Cambridge, Mass. 1999)

Ders./Shelford, April G., New Worlds, Ancients Texts. The Power of Tradition and the Shock of Discovery, Cambridge, Mass. 1992

Ders., Defenders of the Text. The Traditions of Scholarship in an Age of Science. 1450–1800, Cambridge, Mass. 1991

Grote, Andreas (Hg.), Macrocosmos in Microcosmo. Die Welt in der Stube. Zur Geschichte des Sammelns 1450–1800, Opladen 1994

Gutenberg – Aventur und Kunst. Vom Geheimunternehmen zur ersten Medienrevolution, hg. von der Stadt Mainz anlässlich des 600. Geburtstages von Johannes Gutenberg, Katalogkoordination und -redaktion Wolfgang Dobras, Mainz 2000

Hagner, Michael (Hg.), Ansichten der Wissenschaftsgeschichte, Frankfurt a.M. 2001

Hamel, Jürgen, Geschichte der Astronomie. Von den Anfängen bis zur Gegenwart, Basel u.a. 1998

Ders., Nicolaus Copernicus. Leben, Werk und Wirkung, Heidelberg 1994

Hammerstein, Notker, Bildung und Wissenschaft vom 15. bis zum 17. Jahrhundert, München 2003

Ders., Res publica litteraria. Ausgewählte Aufsätze zur frühneuzeitlichen Bildungs-, Wissenschafts- und Universitätsgeschichte, hg. von Ulrich Muhlack/Gerrit Walther, Berlin 2000

Hammerstein, Reinhold, Die Musik der Engel. Untersuchungen zur Musikanschauung des Mittelalters, Bern u.a. 1962

Hankins, Thomas L., Science and the Enlightenment, Cambridge 1985

Heesen, Anke te/Spary, Emma C. (Hg.), Sammeln als Wissen. Das Sammeln und seine wissenschaftsgeschichtliche Bedeutung, Göttingen 2001

Dies., Der Weltkasten. Die Geschichte einer Bildenzyklopädie aus dem 18. Jahrhundert, Göttingen 1997

Heidelberger, Michael/Steinle, Friedrich (Hg.), Experimental Essays – Versuche zum Experiment, Baden-Baden 1998

Ders./Thiessen, Sigrun, Natur und Erfahrung. Von der mittelalterlichen zur neuzeitlichen Naturwissenschaft, Reinbek bei Hamburg 1981

Heilbron, John Lewis (Hg.), The Oxford Companion to the History of Modern Science, Oxford 2003

Ders., Electricity in the 17th and 18th Centuries. A Study of Early Modern Physics, Berkeley 1979

Held, Jutta (Hg.), Intellektuelle in der Frühen Neuzeit, München 2002

Henrich, Dieter, Konstellationen. Probleme und Debatten am Ursprung der idealistischen Philosophie (1789–1795), Stuttgart 1991

Hochadel, Oliver, Öffentliche Wissenschaft. Elektrizität in der deutschen Aufklärung, Göttingen 2003

Holländer, Hans (Hg.), Erkenntnis, Erfindung, Konstruktion. Studien zur Bildgeschichte von Naturwissenschaften und Technik vom 16. bis zum 19. Jahrhundert, Berlin 2000

Hunter, Michael/Wootton, David (Hg.), Atheism from the Reformation to the Enlightenment, Oxford 1992

Isaac, Peter/McKay, Barry (Hg.), The Mighty Engine. The Printing Press and Its Impact, Winchester 2000

Jardine, Nicholas/Secord, James A./Spary, Emma C. (Hg.), Cultures of Natural History, Cambridge 1996
Jochum, Uwe, Kleine Bibliotheksgeschichte, Stuttgart 1993, 2. durchgesehene und bibliographisch ergänzte Aufl. Stuttgart 1999
Jütte, Robert, Ärzte, Heiler und Patienten. Medizinischer Alltag in der frühen Neuzeit, München 1991
Kafker, Frank Arthur (Hg.), Notable Encyclopedias of the 17th and 18th Centuries. 9 Predecessors of the Encyclopédie, Oxford 1981
Kelley, Donald R., History and the Disciplines. The Reclassification of Knowledge in Early Modern Europe, Rochester, N.Y. 1997
Kleinschmidt, Erich, Stadt und Literatur in der frühen Neuzeit. Voraussetzungen und Entfaltung im südwestdeutschen, elsässischen und schweizerischen Raum, Köln u.a. 1982
Koerner, Lisbet, Linnaeus. Nature and Nation, Cambridge, Mass. 1999
Koyré, Alexandre, Leonardo, Galilei, Pascal. Die Anfänge der neuzeitlichen Naturwissenschaft, Frankfurt a.M. 1998
Krafft, Fritz, »... Denn Gott schafft nichts umsonst!« Das Bild der Naturwissenschaft vom Kosmos im historischen Kontext des Spannungsfeldes Gott – Mensch – Natur, Münster 1999
Ders./Goldammer, Kurt/Wettley, Annemarie, Alte Probleme – Neue Ansätze, Drei Vorträge (Würzburg 1964), Wiesbaden 1965
Krajewski, Markus, Zettelwirtschaft. Die Geburt der Kartei aus dem Geiste der Bibliothek, Berlin 2002
Krauss, Werner, Zur Anthropologie des 18. Jahrhunderts. Die Frühgeschichte der Menschheit im Blickpunkt der Aufklärung, hg. von Hans Kortum/ Christa Gohrisch, Frankfurt a.M. u.a. 1987 (Erstausgabe Berlin 1978)
Kretschmann, Carsten (Hg.), Wissenspopularisierung. Konzepte der Wissensverbreitung im Wandel, Berlin 2003
Krohn, Wolfgang, Francis Bacon, München 1987
Kruft, Hanno-Walter, Geschichte der Architekturtheorie. Von der Antike bis zur Gegenwart, München 1985, 3. durchgesehene und ergänzte Aufl. München 1991
Kuhn, Thomas, Die Struktur wissenschaftlicher Revolutionen, 2. revidierte und um das Postskriptum von 1969 ergänzte Aufl. Frankfurt a.M. 1976 (Originalausgabe Chicago 1962)
Labouvie, Eva, Beistand in Kindsnöten. Hebammen und weibliche Kultur auf dem Land (1550–1910), Frankfurt a.M. u.a. 1999
Landwehr, Achim (Hg.), Geschichte(n) der Wirklichkeit. Beiträge zur Sozial- und Kulturgeschichte des Wissens, Augsburg 2002
Larsen, Lars Steen/Michael, Erik/Rasmussen, Per Kjærgaard, Astrologie. Von Babylon zur Urknall-Theorie, Wien u.a. 2000
Larson, James L., Interpreting Nature. The Science of Living Form from Linnaeus to Kant, Baltimore 1994
Lecoq, Danielle/Chambard, Antoine (Hg.), Terre à découvrir, terres à parcourir. Exploration et connaissance du monde. XIIe – XIXe siècles, Paris 1998
Lefèvre, Wolfgang, Die Entstehung der biologischen Evolutionstheorie, Frankfurt a.M. u.a. 1984
Lehmann, Hartmut/Trepp, Anne-Charlott (Hg.), Im Zeichen der Krise. Religiosität im Europa des 17. Jahrhunderts, Göttingen 1999
Leinkauf, Thomas, Mundus combinatus. Studien zur Struktur der barocken

Universalwissenschaft am Beispiel Athanasius Kirchers SJ (1602–1680), Berlin 1993
Lenoir, Timothy, The Strategy of Life. Teleology and Mechanics in Nineteenth-Century German Biology, Dordrecht 1982
Lepenies, Wolf, Das Ende der Naturgeschichte. Wandel kultureller Selbstverständlichkeiten in den Wissenschaften des 18. und 19. Jahrhunderts, Frankfurt a.M. 1978
Lewis, Clive S., The Discarded Image. An Introduction to Medieval and Renaissance Literature, London 1964
Lieshout, Helena Henrica Maria van, The Making of Pierre Bayle's Dictionaire Historique et Critique. With a CD-Rom Containing the Dictionaire's Library and References Between Articles, Amsterdam 2001
Lindemann, Mary, Health and Healing in 18th Century Germany, Baltimore 1996
Livingstone, David N., Putting Science in its Place. Geographies of Scientific Knowledge, Chicago 2003
Loetz, Francisca, Vom Kranken zum Patienten. »Medikalisierung« und medizinische Vergesellschaftung am Beispiel Badens 1750–1850, Stuttgart 1993
Loytved, Christine, Hebammen und ihre Lehrer. Wendepunkte in Ausbildung und Amt Lübecker Hebammen (1730–1850), Osnabrück 2002
Ludwig, Karl-Heinz/Schmidtchen, Volker, Metalle und Macht. 1000–1600, Berlin 1992
Maier, Anneliese, Metaphysische Hintergründe der spätscholastischen Naturphilosophie, Rom 1955, Nachdruck Rom 1977
Martens, Wolfgang, Literatur und Frömmigkeit in der Zeit der frühen Aufklärung, Tübingen 1989
Marti, Hanspeter/Döring, Detlef (Hg.), Die Universität Leipzig und ihr gelehrtes Umfeld 1680–1780, Basel 2004
Ders., Philosophische Dissertationen deutscher Universitäten. 1660–1750. Eine Auswahlbibliographie, München u.a. 1982
McClellan, James Edward/Dorn, Harold, Werkzeuge und Wissen. Naturwissenschaft und Technik in der Weltgeschichte, Hamburg 2001
McKitterick, David, Print, Manuscript, and the Search for Order. 1450–1830, Cambridge u.a. 2003
McVaugh, Michael, Medicine Before the Plague. Practitioners and their Patients in the Crown of Aragon, Cambridge 1993
Meier, Christel (Hg.), Die Enzyklopädie im Wandel vom Hochmittelalter bis zur frühen Neuzeit, München 2002
Meier-Oeser, Stephan, Die Präsenz des Vergessenen. Zur Rezeption der Philosophie des Nicolaus Cusanus vom 15. bis zum 18. Jahrhundert, Münster 1989
Meinel, Christoph (Hg.), Instrument – Experiment. Historische Studien, Berlin 2000
Ders. (Hg.), Die Alchemie in der europäischen Kultur- und Wissenschaftsgeschichte, Wiesbaden 1986
Messerli, Alfred/Chartier, Roger (Hg.), Lesen und Schreiben in Europa 1500–1900. Vergleichende Perspektiven, Basel 2000
Meya, Jörg/Sibum, Heinz Otto, Das fünfte Element. Wirkungen und Deutungen der Elektrizität, Reinbek bei Hamburg 1987
Milkau, Fritz, Handbuch der Bibliothekswissenschaft, 2., vermehrte und ver-

besserte Aufl. hg. von Georg Leyh, 3 Bde., Wiesbaden 1950–1965 (Erstausgabe Leipzig 1931–1942)
Miller, David Philip/Reill, Peter Hanns (Hg.), Visions of Empire. Voyages, Botany, and Representations of Nature, Cambridge 1996
Minges, Klaus, Das Sammlungswesen der frühen Neuzeit. Kriterien der Ordnung und Spezialisierung, Münster 1998
Moran, Bruce T. (Hg.), Patronage and Institutions. Science, Technology and Medicine at the European Court. 1500–1750, Rochester, N.Y. 1991
Ders., The Alchemical World of the German Court. Occult Philosophy and Chemical Medicine in the Circle of Moritz of Hessen (1572–1632), Stuttgart 1991
Morrell, Jack/Thackray, Arnold, Gentlemen of Science. Early Years of the British Association for the Advancement of Science, Oxford 1981
Morus, Iwan Rhys, Frankenstein's Children. Electricity, Exhibition, and Experiment in Early-Nineteenth-Century London, Princeton, N.J. 1998
Müller, Gerhard/Ries, Klaus/Ziche, Paul (Hg.), Die Universität Jena. Tradition und Innovation um 1800, Stuttgart 2001
Müller, Rainer A. (Hg.), Promotionen und Promotionswesen an deutschen Hochschulen der Frühmoderne, Köln 2001
Müller-Bahlke, Thomas J., Die Wunderkammer. Die Kunst- und Naturalienkammer der Franckeschen Stiftungen zu Halle (Saale), Photographien von Klaus E. Göltz, Halle 1998
Müller-Wille, Staffan, Botanik und weltweiter Handel. Zur Begründung eines natürlichen Systems der Pflanzen durch Carl von Linné (1707–1778), Berlin 1999
Münch, Ragnhild, Gesundheitswesen im 18. und 19. Jahrhundert. Das Berliner Beispiel, Berlin 1995
Mukerji, Chandra, Territorial Ambitions and the Gardens of Versailles, Cambridge 1997
Nelson, Benjamin, Der Ursprung der Moderne. Vergleichende Studien zum Zivilisationsprozeß, Frankfurt a.M. 1977
Nemirovskij, Evgenij L., Gutenberg und der älteste Buchdruck in Selbstzeugnissen. Chrestomathie und Bibliographie 1454–1550, Baden-Baden 2003
Neumeister, Sebastian/Wiedemann, Conrad (Hg.), Res Publica Litteraria. Die Institutionen der Gelehrsamkeit in der frühen Neuzeit, 2 Bde., Wiesbaden 1987
Oexle, Otto Gerhard (Hg.), Naturwissenschaft, Geisteswissenschaft, Kulturwissenschaft. Einheit – Gegensatz – Komplementarität?, Göttingen 1998
Olby, Robert C. (Hg.), Companion to the History of Modern Science, London 1990
Olmi, Giuseppe, L'inventario del mondo. Catalogazione della natura e luoghi del sapere nella prima età moderna, Bologna 1992
Osterhammel, Jürgen, Die Entzauberung Asiens. Europa und die asiatischen Reiche im 18. Jahrhundert, München 1998
Pancaldi, Giuliano, Volta. Science and Culture in the Age of Enlightenment, Princeton, N.J. 2003
Park, Katherine, Doctors and Medicine in Early Renaissance Florence, Princeton, N.J. 1985
Paulinyi, Akos/Troitzsch, Ulrich, Mechanisierung und Maschinisierung. 1600–1840, Berlin 1991

Paulsen, Friedrich, Geschichte des gelehrten Unterrichts auf den deutschen Schulen und Universitäten vom Ausgang des Mittelalters bis zur Gegenwart. Mit besonderer Rücksicht auf den klassischen Unterricht, 2 Bde., hg. und in einem Anhang fortgesetzt von Rudolf Lehmann (photomechanischer Nachdruck der 3. erweiterten Aufl. Leipzig 1919–1921), Berlin 1965 (Erstausgabe Leipzig 1885 in einem Bd.)

Peter, Emanuel, Geselligkeiten. Literatur, Gruppenbildung und kultureller Wandel im 18. Jahrhundert, Tübingen 1999

Peters, Julie Stone, Theatre of the Book. 1480–1880. Print, Text, and Performance in Europe, Oxford u.a. 2003

Pomian, Krzysztof, Der Ursprung des Museums. Vom Sammeln, Berlin 1998

Ders., Collectionneurs, amateurs et curieux. Paris, Venise. XVIe-XVIIIe siècle, Paris 1987

Pompe, Hedwig/Scholz, Leander (Hg.), Archivprozesse. Die Kommunikation der Aufbewahrung, Köln 2002

Popplow, Marcus, Neu, nützlich und erfindungsreich. Die Idealisierung von Technik in der frühen Neuzeit, Münster u.a. 1998

Porter, Dorothy/Porter, Roy, Patient's Progress. Doctors and Doctoring in Eighteenth-Century England, Cambridge 1989

Porter, Roy, Geschröpft und zur Ader gelassen. Eine kleine Kulturgeschichte der Medizin, Zürich 2004 (Originalausgabe London 2002)

Ders./Teich, M. (Hg.), The Scientific Revolution in National Context, Cambridge 1992

Pott, Martin, Aufklärung und Aberglaube. Die deutsche Frühaufklärung im Spiegel ihrer Aberglaubenskritik, Tübingen 1992

Pratt, Mary Louise, Imperial Eyes. Travel Writing and Transculturation, London 1992

Prest, John, The Garden of Eden. The Botanic Garden and the Re-creation of Paradise, New Haven 1981

Prüsener, Marlies, Lesegesellschaften im 18. Jahrhundert. Ein Beitrag zur Lesergeschichte, in: Archiv für Geschichte des Buchwesens 13 (1972), Sp. 370–594

Puff, Helmut/Wild, Christopher (Hg.), Zwischen den Disziplinen? Perspektiven der Frühneuzeitforschung, Göttingen 2003

Pyenson, Lewis/Gauvin, Jean-François (Hg.), The Art of Teaching Physics. The Eighteenth-Century Demonstration Apparatus of Jean Antoine Nollet, Sillery, Québec 2002

Quedenbaum, Gerd, Der Verleger und Buchhändler Johann Heinrich Zedler (1706–1751). Ein Buchunternehmer in den Zwängen seiner Zeit. Ein Beitrag zur Geschichte des Buchhandels im 18. Jahrhundert, Hildesheim u.a. 1977

Raichvarg, Daniel/Jacques, Jean, Savants et Ignorants. Une histoire de la vulgarisation des sciences, Paris 1991

Randall, Adrian, Before the Luddites. Custom, Community and Machinery in the English Woolen Industry 1776–1809, Cambridge 1991

Rieckher, Rolf, Fernrohre und ihre Meister, Berlin 1957, 2. stark bearbeitete Aufl. Berlin 1990

Riskin, Jessica, Science in the Age of Sensibility. The Sentimental Empiricists of the French Enlightenment, Chicago 2002

Ropohl, Günter, Die unvollkommene Technik, Frankfurt a.M. 1985

Rossi, Paolo, Die Geburt der modernen Wissenschaft in Europa, München 1997 (Originalausgabe Rom u.a. 1997)
Rüegg, Walter (Hg.), Geschichte der Universität in Europa, bisher 3 Bde., München 1993, 1996 und 2004
Sander, Sabine, Handwerkschirurgen. Sozialgeschichte einer verdrängten Berufsgruppe, Göttingen 1989
Schalenberg, Marc, Humboldt auf Reisen? Die Rezeption des »deutschen Universitätsmodells« in den französischen und britischen Reformdiskursen (1810–1870), Basel 2002
Scheible, Heinz, Melanchthon. Eine Biographie, München 1997
Schindling, Anton, Bildung und Wissenschaft in der frühen Neuzeit. 1650–1800, München 1994
Schmale, Wolfgang/Dodde, Nan L. (Hg.), Revolution des Wissens? Europa und seine Schulen im Zeitalter der Aufklärung (1750–1825). Ein Handbuch zur europäischen Schulgeschichte, Bochum 1991.
Schmidt-Biggemann, Wilhelm, Topica Universalis. Eine Modellgeschichte humanistischer und barocker Wissenschaft, Hamburg 1983
Schneiders, Werner (Hg.), Christian Thomasius. 1655–1728. Interpretationen zu Werk und Wirkung. Mit einer Bibliographie der neueren Thomasius-Literatur, Hamburg 1989
Ders. (Hg.), Christian Wolff. 1679–1754. Interpretationen zu seiner Philosophie und deren Wirkung. Mit einer Bibliographie der Wolff-Literatur, Hamburg 1983
Schütt, Hans-Werner, Auf der Suche nach dem Stein der Weisen. Die Geschichte der Alchemie, München 2000
Schütte, Ulrich (Hg.), Architekt und Ingenieur. Baumeister in Krieg und Frieden. Ausstellung der Herzog August Bibliothek Wolfenbüttel, Wolfenbüttel 1984
Schwinges, Rainer Christoph (Hg.), Artisten und Philosophen. Wissenschafts- und Wirkungsgeschichte einer Fakultät vom 13. bis zum 19. Jahrhundert, Basel 1999
Schwitalla, Johannes, Deutsche Flugschriften 1460–1525. Textsortengeschichtliche Studien, Tübingen 1983
Senger, Hans Gerhard, Ludus sapientiae. Studien zum Werk und zur Wirkungsgeschichte des Nikolaus von Kues, Leiden u.a. 2002
Serres, Michel (Hg.), Elemente einer Geschichte der Wissenschaften, Frankfurt a.M. 1998 (Originalausgabe Paris 1989)
Shapin, Steven, Die wissenschaftliche Revolution, Frankfurt a.M. 1998 (Originalausgabe Chicago 1996)
Ders., A Social History of Truth. Civility and Science in Seventeenth-Century England, Chicago 1994
Ders./Schaffner, Simon, Leviathan and the Air-Pump. Hobbes, Boyle, and the Experimental Life, Princeton, N.J. 1985
Smith, Gary/Kroß, Matthias (Hg.), Die ungewisse Evidenz. Für eine Kulturgeschichte des Beweises, Berlin 1998
Smith, Pamela/Findlen, Paula (Hg.), Merchants and Marvels. Commerce, Science, and Art in Early Modern Europe, New York u.a. 2002
Dies., The Business of Alchemy. Science and Culture in the Holy Roman Empire, Princeton, N.J. 1994

Sommer, Manfred, Sammeln. Ein philosophischer Versuch, Frankfurt a.M. 1999
Spary, Emma C., Utopia's Garden. French Natural History from Old Regime to Revolution, Chicago 2000
Spehr, Michael, Maschinensturm. Protest und Widerstand gegen technische Neuerungen am Anfang der Industrialisierung, Münster 2000
Stafford, Barbara Maria, Kunstvolle Wissenschaft. Aufklärung, Unterhaltung und der Niedergang der visuellen Bildung, Amsterdam u.a. 1998 (Originalausgabe Cambridge, Mass. 1994)
Stammen, Theo/Weber, Wolfgang E. J. (Hg.), Wissenssicherung, Wissensordnung und Wissensverbreitung. Das europäische Modell der Enzyklopädien, Berlin 2004
Stephenson, Bruce, The Music of the Heavens. Kepler's Harmonic Astronomy, Princeton, N.J. 1994
Stewart, Larry, The Rise of Public Science. Rhetoric, Technology, and Natural Philosophy in Newtonian Britain. 1660–1750, Cambridge 1992
Stolberg, Michael, Homo patiens. Krankheits- und Körpererfahrung in der Frühen Neuzeit, Köln u.a. 2003
Taton, René, Planetary Astronomy from the Renaissance to the Rise of Astrophysics (=The General History of Astronomy, hg. von Michael Anthony Hoskin, Bd. 2), 2 Teile, Cambridge u.a. 1989–1995
Telle, Joachim (Hg.), Analecta Paracelsica. Studien zum Nachleben Theophrast von Hohenheims im deutschen Kulturgebiet der frühen Neuzeit, Stuttgart 1994
Thorndike, Lynn, History of Magic and Experimental Science, 8 Bde., New York 1923–1958
Tolkemitt, Brigitte, Der hamburgische Correspondent. Zur öffentlichen Verbreitung der Aufklärung in Deutschland, Tübingen 1995
Trepp, Anne-Charlott/Lehmann, Hartmut (Hg.), Antike Weisheit und kulturelle Praxis. Hermetismus in der Frühen Neuzeit, Göttingen 2001
Troitzsch, Ulrich (Hg.), »Nützliche Künste«. Kultur- und Sozialgeschichte der Technik im 18. Jahrhundert, Münster u.a. 1999
Vickers, Brian, Francis Bacon. Zwei Studien, Berlin 1988
Voßkamp, Wilhelm (Hg.), Utopieforschung. Interdisziplinäre Studien zur neuzeitlichen Utopie, 3 Bde., Stuttgart 1982
Vries, Jan de, Economy of Europe in the Age of Crisis. 1600–1750, Cambridge 1976
Waite, Gary K., Heresy, Magic and Witchcraft in Early Modern Europe, London 2003
Walker, Daniel P., Studies in Musical Science in the Late Renaissance, London u.a. 1978
Wear, Andrew, Knowledge and Practice in English Medicine. 1550–1680, Cambridge 2000
Ders./French, Roger Kenneth (Hg.), The Medical Revolution of the Seventeenth Century, Cambridge 1989
Ders./French, Roger Kenneth/Lonie, Ian M. (Hg.), The Medical Renaissance of the Sixteenth Century, Cambridge 1985
Weber, Wolfgang E. J. (Hg.), Wissenswelten. Perspektiven der neuzeitlichen Informationskultur, Augsburg 2003
Ders., Geschichte der europäischen Universität, Stuttgart u.a. 2002

Ders., Prudentia gubernatoria. Studien zur Herrschaftslehre in der deutschen politischen Wissenschaft des 17. Jahrhunderts, Tübingen 1992

Wiesenfeldt, Gerhard, Leerer Raum in Minervas Haus. Experimentelle Naturlehre an der Universität Leiden. 1675–1715, Amsterdam u.a. 2003

Wilhelmy, Petra, Der Berliner Salon im 19. Jahrhundert (1780–1914), Berlin u.a. 1989

Wittkower, Rudolf, Grundlagen der Architektur im Zeitalter des Humanismus, München 1969 (Originalausgabe London 1949)

Wolfschmidt, Gudrun (Hg.), Popularisierung der Naturwissenschaften, Berlin 2002

Dies., Nicolaus Copernicus (1473–1543). Revolutionär wider Willen. Begleitbuch zur Copernicus-Ausstellung. Ausstellung vom 22. Juli bis 19. Oktober 1994 im Zeiss-Großplanetarium in Berlin anläßlich des 450. Todestages von Copernicus und seines vor 450 Jahren in Nürnberg veröffentlichten Hauptwerks De revolutionibus, Stuttgart 1994

Wolgast, Siegfried, Philosophie in Deutschland zwischen Reformation und Aufklärung. 1550–1650, Berlin 1988

Zagorin, Perez, Ways of Lying. Dissimulation, Persecution, and Conformity in Early Modern Europe, Cambridge, Mass. 1990

Zedelmaier, Helmut/Mulsow, Martin (Hg.), Die Praktiken der Gelehrsamkeit in der Frühen Neuzeit, Tübingen 2001

Ders., Bibliotheca universalis und bibliotheca selecta. Das Problem der Ordnung des gelehrten Wissens in der frühen Neuzeit, Köln u.a. 1992

Zinner, Ernst, Entstehung und Ausbreitung der coppernicanischen Lehre. Zum 200 jährigen Jubiläum der Friedrich-Alexander-Universität zu Erlangen, Erlangen 1943, 2. Aufl., durchgesehen und ergänzt von Heribert M. Nobis/Felix Schmeidler, München 1988

Ziolkowski, Theodore, Berlin. Aufstieg einer Kulturmetropole um 1810, Stuttgart 2002

Über die Autorinnen und Autoren

Rainer Bayreuther

Geb. 1967; Studium der Musikwissenschaft, Philosophie und evangelischen Theologie in Heidelberg; Promotion 1994; seit 2002 Dozent für Musikwissenschaft an der Hochschule für Kirchenmusik Bayreuth; 2003/2004 Lehrstuhlvertretung am Musikwissenschaftlichen Institut der Universität Würzburg; seit 2004 Privatdozent an der Universität Halle/Saale. Forschungsschwerpunkte: Wissenschaftstheorie der Musik in der Frühen Neuzeit; Musik und Mathematik als Kulturtechniken; Musik und Religiosität in der Frühen Neuzeit und der Gegenwart. Publikationen u.a.: Richard Strauss' Alpensinfonie. Entstehung, Analyse und Interpretation (1997); Das pietistische Lied und sein Einfluß auf die Musik des 18. Jahrhunderts (im Druck); Mathematisches Denken in der Musik des 16. und 17. Jahrhunderts, in: Jochen Brüning/Eberhard Knobloch (Hg.), Die mathematischen Wurzeln der Kultur (im Druck).

Wolfgang Behringer

Geb. 1956; Studium der Geschichte in München; Promotion 1985; Habilitation 1997; 1999–2003 Inhaber des Lehrstuhls Frühe Neuzeit an der University of York, seit 2003 an der Universität des Saarlandes. Forschungsschwerpunkte: Kulturkonzepte; Hexenforschung; Kommunikations- und Mediengeschichte; Krisenerfahrungen; Städteforschung; Hofkultur; Herausbildung der Nationalstaaten; Selbstzeugnisse; Theorien in der Geschichtsschreibung; Historiographiegeschichte der Frühen Neuzeit. Publikationen u.a.: Hexenverfolgung in Bayern. Volksmagie, Glaubenseifer und Staatsräson in der Frühen Neuzeit (1987, 3. Aufl. 1997, engl. 1997 und 2002); Conrad Stoeckhlin und die Nachtschar. Eine Geschichte aus der Frühen Neuzeit (1994, engl. 1998); Hexen. Glaube – Verfolgung – Vermarktung (1998, 3. Aufl. 2002); Im Zeichen des Merkur. Reichspost und Kommunikationsrevolution in der Frühen Neuzeit (2003).

Holger Böning

Geb. 1949; Studium der Germanistik, Geschichte und Pädagogik; Promotion 1982; Habilitation 1991; seit 1998 Professor für Neuere Deutsche Literatur und Geschichte der deutschen Presse am Institut für Deutsche Presseforschung der Universität Bremen. Forschungsschwerpunkte: Deutsche und Schweizerische Geschichte; Literatur und Presse; Populäre Aufklärung im deutschsprachigen Raum; Geschichte des Politischen Liedes. Publikationen u.a.: Der Traum von Freiheit und Gleichheit. Helvetische Revolution und Republik (1798–1803) (1998); Periodische Presse. Kommunikation und Aufklärung. Hamburg und Altona als Beispiel (2002); Der Traum von einer Sache. Aufstieg und Fall der Utopien im politischen Lied der Bundesrepublik und der DDR (2004). Herausgeberschaft u.a.: Biobibliographische Handbücher »Deutsche Presse« (1996–2003) und (mit Reinhard Siegert): »Volksaufklärung« (1990–2001).

Rüdiger vom Bruch

Geb. 1944; Studium der Geschichte, Germanistik und Politischen Wissenschaft in Berlin und Münster; Promotion 1978; Habilitation 1987; seit 1993 Professor für Wissenschaftsgeschichte an der Humboldt-Universität zu Berlin; 1999–2001 Präsident der Gesellschaft für Wissenschaftsgeschichte. Forschungsschwerpunkte: Wissenschafts- und Universitätsgeschichte der neueren und neuesten Zeit; Kulturgeschichte des 19. und 20. Jahrhunderts. Publikationen u.a.: Wissenschaft, Politik und öffentliche Meinung. Gelehrtenpolitik im wilhelminischen Deutschland (1980); Weltpolitik als Kulturmission. Auswärtige Kulturpolitik und Bildungsbürgertum in Deutschland am Vorabend des Ersten Weltkrieges (1982); Herausgeberschaft u.a.: (mit Friedrich Wilhelm Graf und Gangolf Hübinger) Kultur und Kulturwissenshaften um 1900, 2 Bde. (1987/97); (mit Brigitte Kaderas) Wissenschaften und Wissenschaftspolitik im Deutschland des 20. Jahrhunderts (2002).

Richard van Dülmen

1937–2004; Studium der Geschichte, Philosophie und Religionswissenschaften in Münster, Würzburg, München und Paris; Promotion 1966; 1966–1982 Wissenschaftlicher Mitarbeiter der Bayerischen Akademie der Wissenschaften München; Habilitation 1973; 1982–2002 Professor für Neuere Geschichte an der Universität des Saarlandes; Leiter der dortigen Arbeitsstelle für Historische Kulturforschung. Forschungsschwerpunkte: Historische Anthropologie und historische Kulturforschung. Publikationen u.a.: Die Gesellschaft der Aufklärer (1986, 2. Aufl. 1996, engl. 1992); Kultur und Alltag in der Frühen Neuzeit, 3 Bde. (1990–94); Poesie des Lebens. Eine Kulturgeschichte der deutschen Romantik 1795–1820 (2002); Herausgeberschaft u.a.: Die Erfindung des Menschen. Schöpfungsträume und Körperbilder (1998); Entdeckung des Ich. Die Geschichte der Individualisierung vom Mittelalter bis zur Gegenwart (2001).

Meinrad von Engelberg

Geb. 1966; Studium der Architektur, Kunstgeschichte, Klassischen Archäologie und Geschichte in Darmstadt, Bonn und Wien; Promotion 2001; 1996–2001 Wissenschaftlicher Mitarbeiter am Lehrstuhl Kunstgeschichte der Universität Augsburg; 2001–2002 Postdoc-Stipendiat des Augsburger Graduiertenkollegs »Wissensfelder der Neuzeit. Entstehung und Aufbau der europäischen Informationskultur«; seit 2002 Wissenschaftlicher Mitarbeiter in der Kunstgeschichte am Fachbereich Architektur der Technischen Universität Darmstadt. Forschungsschwerpunkt: Barockarchitektur. Publikationen u.a.: Filippo Juvarra. Die Treppen, in: Römische Historische Mitteilungen 38 (1996); »Die Kaiserkrone Friedrichs II.?« Zur Deutung der »Haube der Konstanze« im Domschatz von Palermo, in: Arte medievale Series II, XII-XIII (1998–1999); Renovatio Ecclesiae. Die Barockisierung mittelalterlicher Kirchen (im Druck).

Markus Fauser

Geb. 1959; Studium der Germanistik, Geschichte, Politik und Rhetorik in Tübingen; Promotion 1990; Habilitation 1997; seit 2000 apl. Professor für Neuere deutsche Literatur an der Universität Osnabrück. Forschungsschwerpunkte: Literaturtheorie; Kulturwissenschaft; Literaturgeschichte des 17.–20. Jahrhunderts. Publikationen u.a.: Das Gespräch im 18. Jahrhundert (1991); Intertextualität als Poetik des Epigonalen (1999); Einführung in die Kulturwissenschaft (2003, 2. Aufl. 2004, korean. 2004).

Klaus Fischer

Geb. 1949; Studium der Sozialwissenschaften und Wissenschaftstheorie in Marburg und Mannheim; Promotion 1977, Habilitation 1987; seit 1992 Professor für Wissenschaftstheorie in Trier; Forschungsschwerpunkte: Wissenschaftstheorie; Wissenschaftssoziologie und Wissenschaftsgeschichte; Antike Wissenschaft; Wissenschaftliche Revolution der Neuzeit; Geschichte des Empirismus; Geschichte der Atom- und Kernphysik; Wissenschaftsemigration nach 1933; Einstein; Universität; Wissenschaftsindikatoren, Innovation, Chaos; weitere Schwerpunkte in Naturphilosophie, Risikoforschung, Künstlicher Intelligenz und Kognitionsforschung. Publikationen u.a.: Galilei Galilei (1983); Kognitive Grundlagen der Soziologie (1987); Changing Landscapes of Nuclear Physics. A Scientometric Study (1993); Einstein (1999).

Martin Gierl

Geb. 1959; Studium der Geschichte, Germanistik und Soziologie in Göttingen; Promotion 1995; seit 2002 Privatdozent an der Universität Göttingen; zur Zeit als Ahmanson-Getty-Fellow am Center for Seventeenth- & Eighteenth-Century Studies an der University of California Los Angeles. Forschungsschwerpunkte: Aufklärung; Kommunikationsgeschichte; Prozesse der Institutionalisierung; Wissenschafts- und Kulturgeschichte der Frühen Neuzeit; Politische, wissenschaftliche und soziale Organisation im 19. und frühen 20. Jahrhundert. Publikationen u.a.: Pietismus und Aufklärung. Theologische Polemik und die Kommunikationsreform der Wissenschaft am Ende des 17. Jahrhunderts (1997); Geschichte und Organisation. Institutionalisation als Kommunikationsprozess am Beispiel der Wissenschaftsakademien um 1900 (2004).

Hans-Jürgen Goertz

Geb. 1937; Studium der Theologie, Anglistik, Geschichte und Philosophie an den Universitäten Hamburg, Göttingen und Tübingen; Promotion in Theologie 1964; 1963–1969 Vikar und Pastor an der Mennonitengemeinde zu Hamburg und Altona; 1974–1982 Wissenschaftlicher Oberrat, danach bis 2002 Professor für Sozial- und Wirtschaftsgeschichte an der Universität Hamburg. Forschungsschwerpunkte: Religiöse Bewegungen in der Frühen Neuzeit; Geschichtstheorie. Publikationen u.a.: Die Täufer (1980, 2. Aufl. 1988, engl. 1996); Pfaffenhaß und groß Geschrei. Reformatorische Bewegungen in Deutschland (1987); Thomas Müntzer. Mystiker, Apokalyptiker, Revolutionär (1989, engl. 1993, jap. 1995); Religiöse Bewegungen in der Frühen Neuzeit (1993); Umgang mit Geschichte. Eine Einführung in die Geschichtstheorie (1995, korean. 2003); Unsichere Geschichte. Zur Theorie historischer Referentialität (2001); Geschichte. Ein Grundkurs (1998, 2. Aufl. 2001).

Ernst Hinrichs

Geb. 1937; Studium der Geschichte, Germanistik und Philosophie an den Universitäten Hamburg, Freiburg i.Br. und Göttingen; Promotion 1966; 1974 Berufung auf eine ordentliche Professur für Geschichte der Frühen Neuzeit; 1984–1992 Direktor des Georg-Eckert-Instituts für Internationale Schulbuchforschung in Braunschweig; 1992–1995 Professor für Geschichte der Frühen Neuzeit an der Technischen Universität Braunschweig, danach bis 2003 an der Universität Oldenburg. Forschungsschwerpunkte: Geschichte Frankreichs in der Frühen Neuzeit; Norddeutsche Regionalgeschichte; Europäische Geschichte der Frühen Neuzeit; Geschichte der Aufklärung; Preußische Geschichte. Publikationen u.a.: Einführung in die Geschichte der Frühen Neuzeit (1980, ital. 1984, span. 2001); Fürsten und Mächte. Zum Problem des europäischen Absolutismus (2000). Herausgeberschaft u.a.: (mit Hans Erich Bödeker) Alphabetisierung und Literalisierung in Deutschland in der Frühen Neuzeit (1999).

Uwe Jochum

Geb. 1959; Studium der Germanistik und Politikwissenschaft in Heidelberg; Promotion in Germanistik 1987; Zweites Staatsexamen für den höheren Dienst in Bibliotheken 1989; seit 1989 Wissenschaftlicher Bibliothekar an der Bibliothek der Universität Konstanz. Forschungsschwerpunkte: Bibliotheksgeschichte; Medientheorie; Medien und Theologie. Publikationen u.a.: Die Idole der Bibliothekare (1995); Kleine Bibliotheksgeschichte (2. Aufl. 1999); Kritik der Neuen Medien (2003).

Eberhard Knobloch

Geb. 1943; Studium der Mathematik, Klassischen Philologie, Geschichte der exakten Wissenschaften und der Technik; Promotion 1972; Habilitation 1976; Mitglied mehrerer nationaler und internationaler Akademien der Wissenschaften; seit 2002 Akademieprofessor an der Berlin-Brandenburgischen Akademie der Wissenschaften und Professor für Wissenschafts- und Technikgeschichte an der Technischen Universität Berlin. Forschungsschwerpunkte: Geschichte der mathematischen Wissenschaften; Renaissancetechnik; Leibniz; Alexander von Humboldt. Publikationen u.a.: Zehn Monographien und Editionsbände zur Leibnizschen Mathematik; L'art de la guerre. Machines et statégèmes de Taccola, Ingénieur (1992); Wissenschaft, Technik, Kunst (1997).

Hans-Jürgen Lüsebrink

Geb. 1952; Studium der Romanistik, Geschichte, Germanistik und der Vergleichenden Literaturwissenschaft in Mainz und Tours; Promotionen 1981 und 1984 in Romanistik und Geschichte; Habilitation 1987; seit 1993 Inhaber des Lehrstuhls für Romanische Kulturwissenschaft und Interkulturelle Kommunikation an der Universität Saarbrücken. Forschungsschwerpunkte: Deutsch-französische Beziehungen; Theorie und Methodik der Interkulturellen Kommunikation mit Schwerpunkt Kulturtransfer; Frankophone Literaturen und Kulturen außerhalb Europas mit Schwerpunkt Afrika und Québec. Publikationen u.a.: Schrift, Buch und Lektüre in der französischsprachigen Literatur Afrikas (1990); (mit Rolf Reichardt) Die Bastille. Zur Symbolgeschichte von Herrschaft und Freiheit (1990); Einführung in die Landeskunde Frankreichs (2000, Neuaufl. 2003); La Conquête de l'espace public colonial (2003).

Hanspeter Marti

Geb. 1947; Studium der deutschen und französischen Philologie sowie der Geschichte des Mittelalters in Basel und Genf; Promotion 1980; Gymnasiallehrer bis 1990; seither beschäftigt in Projekten des Schweizerischen Nationalfonds zur Förderung der wissenschaftlichen Forschung; Mitarbeiter am »Handbuch der historischen Buchbestände in der Schweiz«; Mitgründer und Leiter der Arbeitsstelle für kulturwissenschaftliche Forschungen, Engi/Glarus. Forschungsschwerpunkte: Radikaler Pietismus; Frühaufklärung; Universitäts- und Wissenschaftsgeschichte. Publikationen u.a.: Philosophische Dissertationen deutscher Universitäten 1660–1750 (1982); (mit Emil Erne) Index der deutsch- und lateinsprachigen Schweizer Zeitschriften von den Anfängen bis 1750 (1998); Klosterkultur und Aufklärung in der Fürstabtei St. Gallen (2003). Herausgeberschaft u.a.: (mit Detlef Döring) Die Universität Leipzig und ihr gelehrtes Umfeld 1680–1780 (2004).

Staffan Müller-Wille

Geb. 1964; Studium der Geologie und Paläontologie in Berlin; Promotion 1997; 1998–2000 Wissenschaftlicher Mitarbeiter am Deutschen Hygiene-Museum Dresden, seitdem am Max-Planck-Institut für Wissenschaftsgeschichte Berlin. Forschungsschwerpunkte: Geschichte und Epistemologie der Taxonomie, Genetik, und Anthropologie; Kulturgeschichte der Vererbung. Publikationen u.a.: Botanik und weltweiter Handel. Zur Begründung eines Natürlichen Systems der Pflanzen durch Carl von Linné 1707–1778 (1999); Genealogie, Naturgeschichte und Naturgesetz bei Linné und Buffon, in: Kilian Heck/Bernhard Jahn (Hg.), Genealogie als Denkform in Mittelalter und Früher Neuzeit (2000); (mit Lorraine Daston und Heinz Otto Sibum) A History of Facts (2001); Carl von Linnés Herbarschrank. Zur epistemischen Funktion eines Sammlungsmöbels, in: Anke te Heesen/Emma Spary (Hg.), Sammeln als Wissen (2001).

Sina Rauschenbach

Geb. 1971; Studium der Mathematik und Philosophie in Berlin; Diplom in Mathematik 1996; Promotion in Philosophie 2000; seit 2002 Wissenschaftliche Mitarbeiterin an der Arbeitsstelle für Historische Kulturforschung und am Historischen Institut der Universität des Saarlandes; zur Zeit Stipendiatin der Abteilung Religionsgeschichte des Instituts für Europäische Geschichte in Mainz. Forschungsschwerpunkte: Philosophiegeschichte des Mittelalters und der Frühen Neuzeit; Jüdische Philosophie und jüdische Geschichte; Christliche Hebraica; Interkulturelle Kommunikation; Geschichte des Wissens in der Frühen Neuzeit. Publikationen u.a.: Josef Albo (um 1380–1444). Jüdische Philosophie und christliche Kontroverstheologie in der Frühen Neuzeit (2002). Herausgeberschaft: (mit Richard van Dülmen) Denkwelten um 1700. Zehn intellektuelle Profile (2002).

Marc Schalenberg

Geb. 1970; Studium der Geschichte, Philosophie und Kunstgeschichte in Bonn und Oxford; Promotion 1999; seit 1999 Wissenschaftlicher Assistent am Lehrstuhl für Wissenschaftsgeschichte des Instituts für Geschichtswissenschaften der Humboldt-Universität zu Berlin. Forschungsschwerpunkte: Universitäts- und Wissenschaftsgeschichte; Transferforschung; Stadt- und Urbanisierungsgeschichte; Architekturgeschichte; Hof- und Residenzenforschung; Theorie- und Historiographiegeschichte (Schwerpunkte jeweils im 18./19. Jahrhundert). Publikationen u.a.: Humboldt auf Reisen? Die Rezeption des »deutschen Universitätsmodells« in den französischen und britischen Reformdiskursen 1810–1870 (2002); Die Nation als strategischer Einsatz? Wissenschaftliche Geselligkeit und Wissenschaftspolitik in der Gesellschaft Deutscher Naturforscher und Ärzte und der British Association for the Advancement of Science im Vergleich, in: Ralph Jessen/Jakob Vogel (Hg.), Wissenschaft und Nation in der europäischen Geschichte (2002). Herausgeberschaft: Kulturtransfer im 19. Jahrhundert (1998).

Wilhelm Schmidt-Biggemann

Geb. 1946; Studium der Philosophie, Germanistik, Geschichte und Theologie in Bochum; Promotion 1974; Habilitation 1981; seit 1989 Professor für Geschichte der Philosophie und Geisteswissenschaften an der Freien Universität Berlin. Forschungsschwerpunkte: Geschichte der Philosophie und der Geisteswissenschaften; Religionsphilosophie; Geschichtsphilosophie. Publikationen u.a.: Theodizee und Tatsachen. Das philosophische Profil der Deutschen Aufklärung (1988); Geschichte als absoluter Begriff (1991); Sinn-Welten, Welten-Sinn. Eine philosophische Topik (1992); Philosophia perennis. Historische Umrisse abendländischer Spiritualität in Antike, Mittelalter und Früher Neuzeit (1998); Blaise Pascal (1999). Herausgeber der Werke von Samuel Pufendorf und Johann Valentin Andreae.

Ulrich Johannes Schneider

Geb. 1956; Studium der Philosophie, der deutschen Literaturwissenschaft und der Musikwissenschaft in Frankfurt a.M., Berlin und Paris; Promotion 1988; Habilitation 1998; seit 1999 Leiter der Abteilung Forschungsplanung und Forschungsprojekte an der Herzog August Bibliothek Wolfenbüttel; seit 2004 außerplanmäßiger Professor für Philosophie an der Universität Leipzig. Forschungsschwerpunkte: Geschichte der modernen Philosophie, der Theorie und der Geschichte der Philsosophiegeschichtsschreibung; Französische Nachkriegsphilosophie. Publikationen u.a.: Die Vergangenheit des Geistes (1990); Philosophie und Universität (1999); Michel Foucault (erscheint im Herbst 2004). Herausgeberschaft: Lucien Braun, Geschichte der Philosophiegeschichte (1990); Die Idee der Tradition (1998); G. W. Leibniz, Monadologie und andere metaphysische Schriften (2002).

Friedrich Steinle

Geb. 1957; Studium der Physik in Karlsruhe; Promotion in Geschichte der Naturwissenschaften 1990; Habilitation 2000; seit 1999 Wissenschaftlicher Mitarbeiter am Max-Planck-Institut für Wissenschaftsgeschichte Berlin; 2002 Lehrstuhlvertretung in Bern; 2003–2004 Lehrstuhlvertretung in Stuttgart. Forschungsschwerpunkte: Entstehung von Newtons Mechanik; Elekrizitätsforschung im frühen 19. Jahrhundert; Farbentheorie im 18. und 19. Jahrhundert; Geschichte und Philosophie des Experimentes; Historische und philosophische Studien zur Begriffsbildung in naturwissenschaftlicher Forschungspraxis. Publikationen u.a.: Newton's Manuskript »De gravitatione« (1991); Negotiating Experiment, Reason and Theology. The Concept of Laws of Nature in the Early Royal Society, in: Wolfgang Detel/Claus Zittel (Hg.), Wissensideale und Wissenskulturen in der frühen Neuzeit (2002); Explorative Experimente. Ampère, Faraday und die Ursprünge der Elektrodynamik (2004).

Michael Stolberg

Geb. 1957, Studium der Medizin in München; Promotion 1986; Tätigkeit als Arzt; Habilitation für Medizingeschichte und Medizinische Soziologie 1992; Zweitpromotion in Geschichte und Philosophie 1994; 2001–2003 Mitarbeiter im Münchener Sonderforschungsbereich 573 »Pluralisierung und Autorität in der Frühen Neuzeit«; seit 2004 Ordinarius für Medizingeschichte an der Universität Würzburg. Forschungsschwerpunkte: Frühneuzeitliche Heilkunst, besonders die doxographische Analyse des gelehrten medizinischen Schrifttums in Verbindung mit historisch-anthropologischen Untersuchungen anhand von Patientenbriefen und anderen Selbstzeugnissen; Körper- und Geschlechtergeschichte; Alltags- und Sozialgeschichte ärztlichen Handelns in der vormodernen Gesellschaft. Publikationen u.a.: Ein Recht auf saubere Luft? Umweltkonflikte am Beginn des Industriezeitalters (1994); Homo patiens. Krankheits- und Körpererfahrung in der Frühen Neuzeit (2003).

Isabella von Treskow

Geb. 1964; Studium der Romanistik und Germanistik in Paris, Berlin, Freiburg i.Br., Montpellier und Heidelberg; Licence de Lettres modernes 1988; Maitrise de Lettres modernes en Littérature comparée 1989; Promotion 1995; seit 2002 Wissenschaftliche Mitarbeiterin am Institut für Romanistik der Universität Potsdam. Forschungsschwerpunkte: Literatur und Wissenskultur der Frühen Neuzeit; Deutsch-französische Kulturbeziehungen und Wahrnehmungsprozesse; Vergangenheitsbewältigung in Italien im 20. Jahrhundert. Publikationen u.a.: Französische Aufklärung und sozialistische Wirklichkeit. Denis Diderots Jacques le fataliste als Modell für Volker Brauns Hinze-Kunze-Roman (1996); Der Zorn des Andersdenkenden. Pierre Bayle, das Historisch-Kritische Wörterbuch und die Entstehung der Kritik, in: Richard van Dülmen/Sina Rauschenbach (Hg.), Denkwelten um 1700 (2002); NS-Verbrechen im Roman. Geschichtsbild und Erzähltechnik in Ferdinando Camons La vita eterna, in: Grenzgänge 19, Jg. 10 (2003).

Ulrich Troitzsch

Geb. 1938; Studium der Geschichte, Literaturwissenschaft und Pädagogik in Hamburg; Promotion 1966; Habilitation 1971; 1971–1975 Hochschuldozent an der Technischen Universität Darmstadt; 1975–2002 Ordentlicher Professor für Wirtschafts- und Sozialgeschichte an der Universität Hamburg. Forschungsschwerpunkte: Wirtschafts-, Technik- und Umweltgeschichte (17.–19. Jahrhundert); Historiographie und Methodologie der Technikgeschichte. Publikationen u.a.: Ansätze technologischen Denkens bei den Kameralisten des 17. und 18. Jahrhunderts (1966); Technischer Wandel in Staat und Gesellschaft zwischen 1600 und 1750, in: Akos Paulinyi/Ulrich Troitzsch, Mechanisierung und Maschinisierung 1600–1840 (1991). Herausgeberschaft u.a.: (mit Günter Bayerl) Quellentexte zur Geschichte der Umwelt von der Antike bis heute (1998).

Silvia Serena Tschopp

Geb. 1960; Studium der Germanistik und Romanistik an den Universitäten Bern, München und Siena; Promotion 1990; Habilitation 1998; seit 2000 Ordinaria für Europäische Kulturgeschichte an der Universität Augsburg. Forschungsschwerpunkte: Historische Medienforschung; Literatur und Kultur der Frühen Neuzeit; Historismus und Literatur; Populäre Lesestoffe (Kalender, Fabeldichtung, Unterhaltungsliteratur); Wissens- und Wissenschaftsgeschichte; Theorie und Geschichte der Kultur(geschichte). Publikationen u.a.: Heilsgeschichtliche Deutungsmuster in der Publizistik des Dreißigjährigen Krieges. Pro- und antischwedische Propaganda in Deutschland 1628 bis 1635 (1991); Die Geburt der Nation aus dem Geist der Geschichte. Historische Dichtung Schweizer Autoren des 19. Jahrhunderts (2004). Herausgeberschaft u.a.: (mit Daniel Fulda) Literatur und Geschichte. Ein Kompendium zu ihrem Verhältnis von der Aufklärung bis zur Gegenwart (2002).

Bettina Wahrig

Geb. 1956; Studium der Medizin und Philosophie; Promotion 1984; 1985–1997 Forschungen zur Experimentalgeschichte im 19. Jahrhundert am Institut für Medizin- und Wissenschaftsgeschichte in Lübeck; Habilitation 1997; seit 1997 Professorin für Geschichte der Naturwissenschaft mit Schwerpunkt Pharmaziegeschichte an der Technischen Universität Braunschweig. Forschungsschwerpunkte: Verteilung von Wissen und Macht im Medizinalwesen 1750–1850 unter besonderer Berücksichtigung der Geschlechterverhältnisse; Pharmazie, Medizin und Öffentlichkeit; Toxikologie zwischen Literatur, medizinischer Polizei und experimenteller Physiologie. Publikationen u.a.: Wissenschaft, Medizin und Öffentlichkeit. Bemerkungen zu ihrem Wandel im 18. Jahrhundert (2001). Herausgeberschaft u.a.: (mit Werner Sohn) Zwischen Aufklärung, Polizey und Verwaltung. Zur Genese des Medizinalwesens 1750–1850 (2003).

Wolfgang E. J. Weber

Geb. 1950; Studium der Geschichte und Sozialwissenschaften in Freiburg i.B.; Promotion 1982; Habilitation 1988; seit 1994 Professor für Neuere und Neueste Geschichte an der Universität Augsburg und Geschäftsführender Wissenschaftlicher Sekretär des dortigen Instituts für Europäische Kulturgeschichte. Forschungsschwerpunkte: Geschichte der Geschichtswissenschaft seit der Frühen Neuzeit; Politische Ideengeschichte des 17. Jahrhunderts; Universitätsgeschichte; Geschichte des Wissens. Publikationen u.a.: Priester der Klio. Historisch-sozialwissenschaftliche Studien zu Herkunft und Karriere deutscher Historiker und zur Geschichte der deutschen Geschichtswissenschaft 1800–1970 (1987); Die USA und Israel. Zur Geschichte und Gegenwart einer politischen Symbiose (1991); Prudentia gubernatoria. Studien zur Herrschaftslehre in der deutschen politischen Wissenschaft des 17. Jahrhunderts (1992); Geschichte der europäischen Universität (1998).

Wolfhard Weber

Geb. 1940; Studium der Geschichte, Anglistik und Leibeserziehung in Marburg und Hamburg; Promotion und Staatsexamen für das Lehramt 1966; Habilitation 1974; seit 1976/1983 Professor für Wirtschafts- und Technikgeschichte in Bochum. Forschungsschwerpunkte: Technischer Wandel von der ständisch orientierten zur kapitalistisch-wachstumsorientierten Wirtschaft; Technische Bildung; Technische Sicherheit und Arbeitssicherheit; Umgang mit dem technisch-kulturellen Erbe. Publikationen u.a.: Arbeitssicherheit. Historische Beispiele – aktuelle Analysen (1988); Naturwissenschafts- und Technikgeschichte in Deutschland und in Berlin, in: Berichte zur Wissenschaftsgeschichte (1989, 1993, 1997); Streit um die Technikgeschichte 1945–1975 (2000). Herausgeberschaft u.a.: (mit Ulrich Troitzsch) Die Technik. Von den Anfängen bis zur Gegenwart (1982, 3. Aufl. 1989); (mit Günter Bayerl) Sozialgeschichte der Technik (1998); (mit Lars Bluma und Karl Pichol) Technikvermittlung und Technikpopularisierung (2004).

Gudrun Wolfschmidt

Studium der Mathematik, Physik und Chemie an der Universität Erlangen-Nürnberg; Promotion in Astronomie 1980; Erstes und Zweites Staatsexamen 1977 und 1984; Lehrtätigkeit an Gymnasien in Bayern; seit 1987 wissenschaftshistorische Forschung am Deutschen Museum in München; Habilitation in der Geschichte der Naturwissenschaften 1997; seit 1997 Professorin am Institut für Geschichte der Naturwissenschaften, Mathematik und Technik der Universität Hamburg. Forschungsschwerpunkte: Astronomiegeschichte der Frühen Neuzeit sowie des 19. und 20. Jahrhunderts; Wissenschaftliche Instrumente. Publikationen u.a.: Nicolaus Copernicus (1473–1543) – Revolutionär wider Willen (1994); Milchstraße Nebel Galaxien – Strukturen im Kosmos von Herschel bis Hubble (1995). Herausgeberschaft u.a.: Popularisierung der Naturwissenschaften (2002).

Helmut Zedelmaier

Geb. 1954; Studium der Geschichte, Germanistik, Soziologie und Politik in München und Berlin; Promotion 1989; Habilitation 1996; 1998/1999 und 2003/2004 Vertretung der Professsur für Wissenschafts- und Universitätsgeschichte am Historischen Seminar der Ludwig Maximilians Universität München; seit 2001 Bearbeitung des von der DFG geförderten Projekts »Kulturelle Ursprünge« an der Herzog August Bibliothek Wolfenbüttel. Forschungsschwerpunkte: Historiographiegeschichte; Buch- und Lesegeschichte; Universitätsgeschichte; Kultur- und Wissensgeschichte. Publikationen u.a.: Bibliotheca universalis und Bibliotheca selecta. Das Problem der Ordnung des gelehrten Wissens in der frühen Neuzeit (1992); Der Anfang der Geschichte. Studien zur Ursprungsdebatte im 18. Jahrhundert (2003). Herausgeberschaft u.a.: (mit Martin Mulsow) Die Praktiken der Gelehrsamkeit in der Frühen Neuzeit (2001); (mit Frank Büttner und Markus Friedrich): Sammeln – Ordnen – Veranschaulichen. Zur Wissenskompilatorik in der Frühen Neuzeit (2003).

Bildnachweis

Die Abbildungsquellen werden in alphabetischer Reihenfolge aufgelistet. Ältere Buchtitel und solche, die sich in der Literaturauswahl finden oder mehrfach auftreten, sind abgekürzt. Die Angaben »Archiv der Autoren«, »Archiv des Autors« beziehen sich auf die Verfasser der jeweiligen Beiträge. Bezug genommen wird auf die Abbildungsnummern im Buch.

400 Jahre höhere Lehranstalt Luzern. 1574–1974, Luzern 1974: 180
Acta eruditorum, Leipzig 1695: 193
Acta eruditorum, Leipzig 1696: 192, 195
Agricola, Georg, Zwölf Bücher vom Berg- und Hüttenwesen, Nachdruck der deutschen Übers. von 1928, 4. Aufl. Düsseldorf 1977, 170: 197
Alsted, Johann Heinrich, Encyclopaedia Septem tomis distincta, Bd. 1, Herborn 1630: 145, 146
Appenzeller Kalender: 262
Archiv der Autoren: 55, 62, 98, 101, 123,126, 129, 152, 161, 162,163, 165, 166, 188, 206, 234, 246, 249, 272, 275, 280, 282, III. 5, III. 6,
Archiv des Autors, Paris, Bibliothèque nationale: 242
Archiv des Autors, Paris, Louvre: 240
Archiv des Autors, Paris, Musée Carnavalet: 241
Archiv des Autors, Toulouse, Musée des Augustins: 243
Archiv Richard van Dülmen: Frontispiz, 63, III. 4
Aris, Marc-Aeilko (Bearb.), Horizonte. Nikolaus von Kues in seiner Welt, Ausstellungskatalog, Trier 2001, 120, 221: 2, 5, I. 1
Aston, Margaret, Panorama der Renaissance, Frankfurt a.M. u.a. 1996, 207, 224: 24, 48
Bacher, Jutta, Ingenium vires superat. Die Emanzipation der Mechanik und ihr Verhältnis zur Ars, Scientia und Philosophia, in: Hans Holländer (Hg.), Erkenntnis, Erfindung, Konstruktion. Studien zur Bildgeschichte von Naturwissenschaften und Technik vom 16. bis zum 19. Jahrhundert, Berlin 2000, 519–555, hier 536: 218
Bartmann, Dominik (Bearb.), Stadtbilder. Berlin in der Malerei vom 17. Jahrhundert bis zur Gegenwart, Ausstellungskatalog, Berlin 1987, Nr. 73, 151: V. 8
Bätschmann, Oskar/Griener, Pascal, Hans Holbein, Köln 1997: II. 4
Bauer, Barbara, Experimentalphysik und Theologie. Die Embleme im mathematisch-physikalischen Museum zu Dillingen und die Physik P. Berthold Hausers SJ, in: Scientia Poetica. Jahrbuch für Geschichte der Literatur und der Wissenschaften 5 (2001), 35–89: 236
Baum, Wilhelm, Nikolaus Cusanus in Tirol. Das Wirken des Philosophen und Reformators als Fürstbischof von Brixen, Bozen 1983, 22: 4
Bay, Philip de/Bolton, James, Gartenkunst im Spiegel der Jahrhunderte, München 2000, 375: V. 3, V. 6
Beck, Herbert u.a. (Hg.): Mehr Licht. Europa um 1700. Die bildende Kunst der Aufklärung, Katalog der Ausstellung in Frankfurt, München 1999, 81, 35, 201: II. 5, II. 6, V. 1
Becker, Rudolph Zacharias, Noth= und Hülfsbüchlein für Bauersleute, Dessau u.a. 1788: 257
Beer, Johann, Sämtliche Werke, hg. von Ferdinand van Ingen/Hans-Gert Roloff, Bd. 6, Bern u.a. 1997: 221
Behr, Lothar (Bearb.), Johann Valentin Andreae 1586–1654. Leben, Werk und Wirkung eines universalen Geistes, Ausstellungskatalog, Bad Liebenzell 1986, 90: 136, 137, 138
Bellone, Enrico, Galilei, Spektrum der Wissenschaft – Biographien 1/1998: 68
Bienert, Walther, Der Anbruch der christlichen deutschen Neuzeit dargestellt an Wissenschaft und Glauben des Christian Thomasius, Halle 1934: 184
Bircher, Martin Deutsche Drucke des Barock 1600–1720, Bd. B1, Nendeln 1982: 222
Bircher, Martin, Deutsche Drucke des Barock 1600–1720, Bd. A1, Nendeln 1977: 223
Blomfield, Reginald, Sebastian le Prestre de Vauban 1633–1707, London 1938, Nachdruck Blomfield 1971, 52: 115
Boas, Marie, Die Renaissance der Naturwissenschaften 1450–1630. Das Zeitalter des Kopernikus, Nördlingen 1988, 9: 20
Bott, Gerhard (Hg.), Focus Behaim Globus, Katalog, 2 Bde., Nürnberg 1992: 72
Brahe, Tycho, Astronomiae instauratae mechanica, Wandsbek 1598: 84, 85, 87
Braun, Lucien, Paracelsus. Alchimist – Chemiker, Erneuerer der Heilkunde. Eine Bildbiographie, Zürich 1990: 70
Braun, Werner, Die Musik des 17. Jahrhunderts, Wiesbaden u.a. 1981: 99, 100, 102
Cassa di Risparmio di Vignola (Hg.), La vita e le opere di Jacopo Barozzi da Vignola 1507–1573, Vignola 1974, 186: 110
Cavalieri, Emilio de', Rappresentatione di anima, et di corpo, Rom 1600: 103
Cellarius, Andreas, Atlas Coelestis, 1661: 148
Clark, John Willis, Cambridge, London 1908: 309, 310, 317
Cohen, H. Floris, Quantifying Music, Dordrecht u.a. 1984, 47: 97
Cooke, Hereward Lester, National Gallery Washington, Novara 1970, Abb. 50, 62, 73: II. 7, IV. 2, IV. 3, IV. 4
Courthion, Pierre, Paris in the Past, Paris 1957, 100: 316
Dahlhaus, Carl, Hören, Messen und Rechnen in der Frühen Neuzeit, Darmstadt 1987, 113: 90
Das Edle Bauernleben, Nürnberg 1769: 256
Das räsonnierende Dorfkonvent. Eine gemeinnützige ökonomisch-moralisch-politische Schrift für den Bürger und Landmann, Erfurt 1786: 260
Der Glückselige und unglückselige Bauren-Stand, Leipzig 1711: 250
Descartes, René, Musicae compendium, Faksimile der Ausgabe Amsterdam 1656, hg. von Johannes Brockt, 2. Aufl. Darmstadt 1992: 93, 96
Descartes, René, Œuvres complètes, hg. von Charles Adam/Paul Tannery, Paris o.J., 290: 230
Descartes, René, Über den Menschen (1632) sowie Beschreibung des menschlichen Körpers (1648), hg. von Karl E. Rothschuh, Heidelberg 1969: 74
Diathek der TU Darmstadt: 303, 308, 312
Dickreiter, Michael, Der Musiktheoretiker Johannes Kepler, Bern u.a. 1973, 20: 91
Dillen, Johann Jakob, Catalogus plantarum circa Gissam sponte nascentium, Frankfurt a.M. 1718: 273
Dobrizhoffer, Martin, Geschichte der Abiponer, einer berittenen und kriegerischen Nation in Paraguay, Bd. 1, Wien 1783: 291,

292
Eckert, Willehad Paul, Erasmus von Rotterdam. Werk und Wirkung, Bd. 2: Humanismus und Reformation, Köln 1967: 132, 134, 135
Ehlers, Martin, Betrachtungen über die Sittlichkeit der Vergnügungen, Flensburg 1779, Nachdruck Frankfurt a.M. 1972: 225
Engels, Johann Adolph, Über Papier und einige andere Gegenstände der Technologie und Industrie, Duisburg 1808: 276
Fick, Richard, Auf Deutschlands hohen Schulen. Eine illustrierte kulturgeschichtliche Darstellung deutschen Hochschul- und Studentenwesens, Berlin u.a. 1900, Nachdruck Vierow 1997: 176, 178
Fischer von Erlach, Johann Bernhard, Entwurf einer historischen Architektur, 5. Aufl. Dortmund 1988, 96: 120
Fludd, Robert, Utriusque cosmi maioris scilicet et minoris methaphysica, physica atque technica historia, Oppenheim 1618: 6, 7
Fontenelle, Bernard Le Bovier de, Œvres diverses, Bd. 1, La Haye 1728: 151
Forschung und Technik im Mittelalter, Spektrum der Wissenschaft – Spezial 2/2002: 66
Forschung und Technik in der Kunst, Ausstellungskatalog, Ludwigshafen 1965, Abb. 24: 203, 209
Franckesche Stiftungen Halle, Postkarte: 89
Frank, Johann Peter, System einer vollständigen medicinischen Polizey. Erster Band. Von Fortpflanzung der Menschen und Ehe-Anstalten, von Erhaltung und Pflege schwangerer Mütter, ihrer Leibesfrucht und der Kind-Betterinnen in jedem Gemeinwesen, Mannheim 1779: 300
Frankens Stiftungen. Eine Zeitschrift zum Besten vaterloser Kinder 3 (1796): 187
Freudenberger, Herman, The Waldstein Woolen Mill. Noble Entrepreneurship in Eighteenth-Century Bohemia, Boston 1963: 284
Galilei, Galileo, Opere, Firenze 1968: 67
Galilei, Galileo, Systema Cosmicum, London 1663: 150
Galvani, Aloisius, Abhandlung über die Kräfte der Electricität bei der Muskelbewegung, Leipzig 1894, 5: 239
Gandert, Klaus-Dietrich, Vom Prinzenpalais zur Humboldt-Universität. Die historische Entwicklung des Universitätsgebäudes in Berlin mit seinen Gartenanlagen und Denkmälern, 3. bearbeitete und erweiterte Aufl. Berlin 1992, Abb. 37: 311, 315
Gernet, Rainer/Habrich, Christa, Unter Strom. Zur Geschichte der Elektrotherapie, Ausstellungskatalog, Ingolstadt 2000, Titelseite: 237
Gessner, Konrad, Partitiones theologicae, Pandectarum universalium liber ultimus, Basel 1549: 164
Gier, Helmut/Janota, Johannes (Hg.), Augsburger Buchdruck und Verlagswesen. Von den Anfängen bis zur Gegenwart, Wiesbaden 1997, 132: 22, 25, 27
Goertz, Hans-Jürgen, Antiklerikalismus und Reformation. Sozialgeschichtliche Untersuchungen, Göttingen 1995, 98: 12, 13
Göttingische Zeitungen von Gelehrten Sachen, Göttingen 1745: 196
Goldscheider, Ludwig, Leonardo. Paintings and Drawings, 6. Aufl. London 1959, Nachdruck New York 1969, Abb. 30: 109
Goodman, David/Russell, Colin A. (Hg.), The Rise of Scientific Europe. 1500–1800, Sevenoaks 1991: 76
[Gottschling, Caspar], Kurtze Nachricht von der Stadt Halle/Und absonderlich von der Universität daselbst, Halle 1709: 182
Gower, Ronald Sutherland, George Romney, London 1904: 286
Griesser, Markus, Die Kometen im Spiegel der Zeiten. Eine Dokumentation, Bern u.a. 1985, Titel: 80
Guericke, Otto von, Experimenta nova (ut vocantur) Magdeburgica de vacuo spatio, Amsterdam 1672: 153, 155, 156, 157
[Guericke, Otto von], Otto von Guerickes neue (sogenannte) Magdeburger Versuche über den leeren Raum, übers. und hg. von Hans Schimank, Düsseldorf 1968: 229
Hamel, Jürgen, Geschichte der Astronomie, Basel u.a. 1998: 37, 39, 44
Hanebutt-Benz, Eva-Maria, Die Kunst des Lesens. Lesemöbel und Leseverhalten vom Mittelalter bis zur Gegenwart, Katalog, Frankfurt a.M. 1985: 227, 313, III. 1
Hankins, Thomas L., Science and the Enlightenment, Cambridge 1985, 166: 214
Happel, Eberhard Werner, Gröste Denkwürdigkeiten der Welt oder so genannte Relationes Curiosae, Hamburg 1684: 169
Harms, Wolfgang/Michael Schilling/Barbara Bauer (Hg.), Deutsche Illustrierte Flugblätter des 16. und 17. Jahrhunderts, Bd. 1, Tübingen 1985: 220
Hasse, Max, Lübeck, München 1963, Taf. 1: 293
Heilbron, John Lewis, Electricity in the 17th and 18th Centuries, Berkeley 1979: 231, 232, 233
Hermann, Armin/Schönbeck, Charlotte (Hg.), Technik und Wissenschaft, Düsseldorf 1991, 53: 207
Herzog August Bibliothek Wolfenbüttel, Postkarte: 127, 128
Hessisches Hauptstaatsarchiv Wiesbaden, Signatur 3005/1225: 175
Hirmer, Max/Lill, Georg, Die Wies, München 1950, Abb. 40: 114
Hochadel, Oliver, Öffentliche Wissenschaft, Göttingen 2003, 157: 238
Holländer, Hans (Hg.), Erkenntnis – Erfindung – Konstruktion. Studien zur Bildgeschichte von Naturwissenschaften und Technik vom 16. bis zum 19. Jahrhundert, Berlin 2000: 199, 200, 205
Hooke, Robert, Micrographia, Faksimile der Ausgabe London 1665, Lincolnwood 1987: 77, 78
Hubatsch, Walther, Die Albertus-Universität zu Königsberg/Preussen in Bildern, Würzburg 1966: 177
Institut für Medizin- und Wissenschaftsgeschichte Lübeck: 294
Jaehnig, Bernhart (Bearb.), Universität Rinteln. 1621–1810, Katalog der Ausstellung in Bückeburg, Göttingen 1971: 181
Janeck, Axel, Zeichen am Himmel. Flugblätter des 16. Jahrhunderts, Ausstellungskatalog, Nürnberg 1982, 59, 34: 79, 83, II. 2
Jaquin, Nicolaus Joseph, Selectarum stirpium Americanarum historia, Wien 1763: 290, V. 7
Kadatz, Hans-Joachim, Georg Wenzeslaus von Knobelsdorff. Baumeister Friedrichs II., Leipzig 1983, 192: 117
Kepler, Johannes, Weltharmonik, übers. und eingel. von Max Caspar, München u.a. 1939, Nachdruck München u.a. 1967: 92, 104
Kießling, Rolf (Hg.), Die Universität Dillingen und ihre Nachfolger. Stationen und Aspekte einer Hochschule in Schwaben, Dillingen-Donau 1999: 30
Kircher, Athanasius, Ars Magna Sciendi sive Combinatoria, Amsterdam 1669: 144, 147, 159
Kircher, Athanasius, Iter exstaticum, Würzburg 1660: 154, 158
Kopernikus, Nikolaus, Erster Entwurf seines Weltsystems, hg. von Fritz Roßmann, München 1948, 47: 41
Krafft, Fritz, Die Tat des Copernicus, in: Humanismus und Technik 17 (1973), 89, 90, 92, 94: 33, 35, 34, 40
Krapf, Michael, Franz Xaver Messerschmidt. 1736–1783, Ostfildern 2002, Kat. Nr. 17, 183: IV. 5
Krifka, Sabine, Schauexperiment – Wissenschaft als belehrendes Spektakel, in: Hans

Holländer (Hg.), Erkenntnis, Erfindung, Konstruktion, Berlin 2000, 782, 785: 216, 219
Kubach, Fritz, Nikolaus Kopernikus. Bildnis eines großen Deutschen. München 1943, Taf. 2: 45
Kurzer doch gründlicher Begriff des gesamten Feldbaues, Stuttgart 1764: 254
Laube, Adolf/Steinmetz, Max/Vogler, Günter, Illustrierte Geschichte der deutschen frühbürgerlichen Revolution, Berlin 1974, 319, 383, 373: 8, 16, 18
Law, Rodney J., The Steam Engine. A Brief History of the Reciprocating Engine, London 1965, 9: 210
Lehmann, Edgar, Die Bibliotheksräume der deutschen Klöster in der Zeit des Barock (Nebentitel: Bibliotheksräume des Barock), Berlin 1996, Abb. 34: 263
Leib, Johann Georg, Probe, wie ein Regent Land und Leute verbessern [...] koenne, Frankfurt 1705–1708, Erste Probe 1705: 283
Leibniz, Gottfried Wilhelm, Dissertatio de arte combinatoria, Leipzig 1666: 160
Leopold, Silke, Claudio Monteverdi und seine Zeit, 2. umgearbeitete Aufl. Laaber 1993, unpag. Anhang: 95
Leupold, Jacob, Theatrum machinarum generale, Leipzig 1724, Nachdruck Hannover 1982, 1, 8: 204
Leupold, Jacob, Theatrum machinarum hydraulicarum, Teil 2, Leipzig 1725, Nachdruck Hannover 1982, 48: 208
Linnaeus, Carl, Hortus cliffortianus, o.O. 1737: 274
Linnaeus, Carl, Hortus upsaliensis, Uppsala 1745: 269
Lipsius, Justus, Politicorum sive Civilis Doctrinae Libri Sex, mit einem Vorwort hg. von Wolfgang Weber, Hildesheim u.a. 1998, 418f.: 31
Löcher, Kurt (Hg.), Der Traum vom Raum. Gemalte Architektur aus 7 Jahrhunderten, Katalog der Ausstellung in Nürnberg, Marburg 1986, 375: 111
Lombardi, Anna Maria, Kepler. Einsichten in die himmlische Harmonie, in: Spektrum der Wissenschaft (Dez. 2000): 1, 32, I. 2, I. 3
Lübke, Anton, Nikolaus von Kues. Kirchenfürst zwischen Mittelalter und Neuzeit, München 1968, 2: 3
Ludewig, Johannes, Der gelehrte Bauer, Dresden 1756: 253
Ludovici, Carl Günther, Ausführlicher Entwurf einer vollständigen Historie der Leibnizischen Philosophie, Bd. 1, Leipzig 1737: 190
Lutherstätten Eisleben (Hg.)/Rosemarie Knape, Philipp Melanchthon und das städtische Schulwesen, Begleitband zur Ausstellung, Eisleben 1997, 108: 17
Lyons, Albert S./Petrucelli, R. Joseph, Die Geschichte der Medizin im Spiegel der Kunst, Köln 1980, 258, 333, 377, 428, 443, 492, 509, 536, 543: 46, 47, 49, 50, 52, 53, 295, 302, 304, V. 10, V. 9, I. 5, I. 4
Matschie, Jürgen, Foto von 1999: 149
Mendo, Andres, Principe perfecto y ministros aiustados. Documentos politicos y morales. En emblemas, Lyon 1662, Microfiche Leiden 1980: 133
Meuche, Hermann (Hg.)/Neumeister, Ingeborg, Flugblätter der Reformation und de Bauernkrieges. 50 Blätter aus der Sammlung des Schloßmuseums Gotha, Katalog, Leipzig 1976, Abb. 5, 14, 22: 9, 10, 11
Minelli, Alessandro (Hg.), The Botanical Garden of Padua. 1545–1995, Venedig 1995, 32, 53, 177, 193: 264, 265, 270, 271, V. 4, V. 5
Mittler, Elmar (Hg.)/Füssel, Stephan, Gutenberg und seine Wirkung, Ausstellungskatalog, Göttingen 2000, Abb. 5, 62: 23, 28, I. 7
Mönch, Walter, Voltaire und Friedrich der Große. Das Drama einer denkwürdigen Freundschaft. Eine Studie zur Literatur, Politik und Philosophie des 18. Jahrhunderts, Stuttgart u.a. 1943, o.S.: 140, 143
Museum für Kunst und Kulturgeschichte der Hansestadt Lübeck: 297, 298, 299, 305
Nägeli, Johann Caspar, Des Lehrnsbegierigen und Andächtigen Landmanns Getreuer Wegweiser, Zürich 1738, Nachdruck Stuttgart-Bad Cannstatt 1992: 252
Nerdinger, Winfried/Philipp, Klaus Jan (Hg.), Revolutionsarchitektur. Ein Aspekt der europäischen Architektur um 1800, Ausstellungskatalog, München 1990, 23, 36: 116, 118
Neu erfundener Lustweg zu dem Grund aller Wissenschaften, Nürnberg 1681: 244
Neue Zeitungen von Gelehrten Sachen, Leipzig 1715: 194
Niedersächsische Landesbibliothek Hannover: 191
Nikolaus Kopernikus, Gesamtausgabe, Bd. 1: Opus de revolutionibus caelestibus manu propria, Faksimile-Wiedergabe, München u.a. 1944, Bl. 9v: 38
Orlandi, Enzo (Hg.), Galilei und seine Zeit, Wiesbaden 1966, 18f.: 88, II. 8
Paaw, Pieter, Hortus publicus academiae Lugduno-Batavae, Leyden 1601: 266, 268
Palladio, Andrea, Die vier Bücher zur Architektur. Nach der Ausgabe Venedig 1570, I quattro libri dell'architettura, aus dem Italienischen übertragen und hg. von Andreas Beyer/Ulrich Schütte, 2. Aufl. Darmstadt 1984, 180: 112
Pettegree, Andrew (Hg.), The Reformation World, London u.a. 2002, 529: 21
Petzet, Michael, Claude Perrault und die Architektur des Sonnenkönigs, München u.a. 2000, 309, 318, 321, 404: 107, 119, 121, 122
Plöse, Detlef/Vogler, Günter, Buch der Reformation. Eine Auswahl zeitgenössischer Zeugnisse (1476–1555), Berlin 1989, 359: 29
Pott, Martin, Aufklärung und Aberglaube, Tübingen 1992: 168, 170, 171, 172, 173
Prest, John, The Garden of Eden, New Haven 1981: 267
Priestley, Joseph, The History and Present State of Electricity. With Original Experiments, London 1767: 235
Raabe, Paul (Bearb.), Vier Thaler und sechzehn Groschen. August Hermann Francke, der Stifter und sein Werk, Ausstellungskatalog, Halle a.d. Saale 1998: 185, 186
Rahtgens, Hugo/Wilde, Lutz u.a., Die Bau- und Kunstdenkmäler der Hansestadt Lübeck, Bd.1, Lübeck 1974, 313: 296
Ramelli, Agostino, Schatzkammer mechanischer Künste, Leipzig 1620, Nachdruck Hannover 1976, 261: 202
Raynal, Guillaume-Thomas, Histoire philosophique et politique des établissements et du commerce des Européens dans les deux Indes, Genf 1783: 287, 288, 289
Reicke, Emil, Lehrer und Unterrichtswesen in der deutschen Vergangenheit, Leipzig 1901: 174
Reicke, Emil, Magister und Scholaren. Illustrierte Geschichte des Unterrichtswesens, Leipzig 1901, Nachdruck Düsseldorf u.a. 1976, 37, Abb. 37: 14
Reti, Ladislao, Leonardo. Künstler, Forscher, Magier, München 1990: 69, 73
Réunion des Musées Nationaux (Hg.), Gericault, Katalog der Ausstellung Paris 1991: 301
Robinson, Eric/Musson, Albert E., James Watt and the Steam Revolution. A Documentary History, London 1969: 277
Rolt, Lionel Thomas Caswell/Allen, John S., Thomas Newcomen. The Prehistory of the Steam Engine, Hartington 1977: 278
Roob, Alexander, Alchemie und Mystik. Das hermetische Museum, Köln 1996, 78, 79, 301, 327, 329, 334, 352
: 56, 57, 58, 59, 60, 61, 64, 65, I. 8

Rost, Gottfried, Der Bibliothekar. Schatzkämmerer oder Futterknecht?, Leipzig 1990, 41: 125
Ruf, Katharina, Bildung hat (k)ein Geschlecht. Über erzogene und erziehende Frauen, Begleitbuch zur Ausstellung der Universität Stuttgart, Frankfurt a.M. u.a. 1998, 53: 215
Sachs, Hans, Disputation zwischen einem Chorherren und einem Schuhmacher, Straßburg 1524: 189
Sächsisches Land- und Hauß-Wirthschafts-Buch, Leipzig 1704: 279
Schäfer, Thomas, Vom Sternenkult zur Astrologie, Solothurn u.a. 1993, Titel: 86, II. 1
Schama, Simon, Rembrandts Augen, Berlin 2000: 139
Scheiner, Christoph, Rosa Ursina, sive sol, Bracciani 1630, Frontispiz: 81
Schielicke, Reinhard, Astronomie in Jena. Historische Streifzüge von den mittelalterlichen Sonnenuhren zum Universarium, Jena 1988, 18: 82
Schlesische Volkszeitung, 4. Teil, 8. Stück, 1793: 259
Schlosser, Johann Georg, Katechismus der Sittenlehre für das Landvolk, Frankfurt a.M. 1771, Nachdruck Stuttgart-Bad Cannstatt 1998: 255
Schlosser, Julius von, Die Kunst- und Wunderkammern der Spätrenaissance, 2. durchgesehene und vermehrte Ausgabe Braunschweig 1978, 209: 124
Schnapper, Antoine, David. Témoin de son temps, Fribourg 1980, 85, Abb. 40: V. 2
Schneider, Carola, Bibliotheken als Ordnung des Wissens (16.–18. Jahrhundert), in: Holländer (Hg.), Erkenntnis, Erfindung, Konstruktion, 143–161, hier 149: 217
Schneiders, Werner, Aufklärungsphilosophien, in: Siegfried Jüttner/Jochen Schlobach (Hg.), Europäische Aufklärung(en). Einheit und nationale Vielfalt, Hamburg 1992, 1–25, hier 20: 213
Schöne Lebensgeschichte des guten und vernünftigen Bauersmanns Wendelinus. Ein Lesebuch für das Landvolk von einem Landpfarrer, Augsburg 1790: 258
Schulze, Sabine, Leselust. Niederländische Malerei von Rembrandt bis Vermeer, Ausstellungskatalog, Stuttgart 1993, 189, 193, 221: I. 6, II. 9, IV. 1, III. 2
Serlio, Sebastiano, L'Architettura. I libri I-VII e Extraordinario nelle prime edizioni, hg. von Paolo Fiore, Milano 2001, Bd. 2, fol. 3v: 113
Smith, Alan G., Science and Society in the Sixteenth and Seventeenth Centuries, London 1972: 71, 75
Sprengel, Peter Nathanel, Handwerke und Künste in Tabellen, 17 Bde., Berlin 1767–95: 281
Städelsches Kunstinstitut und Städtische Galerie. Verzeichnis der Gemälde, Frankfurt a.M. 1987, Taf. 35: III. 3
Stein, Erwin/Heinekamp, Heribert (Hg.), Gottfried Wilhelm Leibniz. Das Wirken des großen Philosophen und Universalgelehrten, Hannover 1990, 122: 211
Stradanus, Johannes, Nova reperta, Nachdruck München 1972: 198
Syndikus, Candida, Leon Battista Alberti. Das Bauornament, Münster 1996, 30ff., Abb. 1: 106
Teistler, Gisela, Fibeln als Dokumente für die Entwicklung der Alphabetisierung. Ihre Entstehung und Verbreitung bis 1850, in: Hans Erich Bödeker/ Ernst Hinrichs (Hg.), Alphabetisierung und Literalisierung in Deutschland in der Frühen Neuzeit, 275.: 245
Thomasius, Christian, Gedanken oder Monatsgespräche, Nachdruck Frankfurt a.M. 1972: 224
Toman, Rolf, Die Kunst des Barock. Architektur, Skulptur, Malerei, Köln 1997, 244: II. 3
Vega, Garcilaso de la, Geschichte der Inkas, Könige von Peru, Erster Theil: Von der Entstehung dieses Reichs bis zu der Regierung seines letzten Königs Atahualpa. Aus den Nachrichten des Garcilasso de la Vega verfasset von G. C. Böttger, Nordhausen 1787: 285
Vernet, André, Histoire des bibliothèques françaises. Les bibliothèques sous l'Ancien Régime 1530–1789, Paris 1988, 134, 142: 130, 131
Vitruvio, I dieci libri dell'architettura (1567). Tradotti e commentati da Daniele Barbaro, hg. von Manfredo Tafuri/Manuela Morresi, Nachdruck Milano 1987f., 220f., 250: 105, 108
Walravens, Hartmut, China illustrata. Das europäische Chinaverständnis im Spiegel des 16. bis 18. Jahrhunderts, Katalog der Ausstellung in Wolfenbüttel, Weinheim 1987, 71: 141
Weigel, Christoph, Abbildung der Gemein-Nützlichen Hauptstände, Regensburg 1698, Nachdruck Nördlingen 1987: 201
Weigert, Roger-Armand, L'Eglise de la Sorbonne, Paris 1947: 307, 314, 306
Wilckens, Leonie von (Bearb.), Albrecht Dürer. 1471–1971, Katalog der Ausstellung in Nürnberg, München 1971, 210, Nr. 409: 19
Wild, Joachim, Die Jesuiten in Bayern 1549–1773, Katalog der Ausstellung in München 1991, Weißenhorn 1991: 179
Wilmsen, Friedrich P., Der deutsche Kinderfreund. Ein Lesebuch für Volksschulen, Rinteln 1823: 247, 248
Wolff, Christian, Entdeckung Der Wahren Ursache von der wunderbahren Vermehrung Des Getreydes, Magdeburg 1718: 251
Wolff, Christian, Von den Regenten, die sich der Weltweisheit befleissigen, in: Ders.: Gesammelte Werke, hg. und bearbeitet von J. Ecole, Bd. 21, Hildesheim u.a. 1981, 529: 142
Wolf-Heidegger, Gerhard/Cetto, Anna Maria, Die anatomische Sektion in bildlicher Darstellung, Basel 1967, 483: 54
Wolfschmidt, Gudrun (Hg.), Nicolaus Copernicus, Begleitbuch zur Ausstellung, Stuttgart 1994, 100, 102: 36, 42, 43
Wolkenhauer, Anja, Zu schwer für Apoll. Die Antike in humanistischen Druckerzeichen des 16. Jahrhunderts, Wiesbaden 2002, 58: 26
Wright, Christopher, Rembrandt, München 2000, 41: 51
Wunderlich, Heinke (Hg.), Leser und Lektüre. Bilder und Texte aus zwei Jahrhunderten, Dortmund 1985, Abb. 87, 93, 119: 212, 226, 288
Zedler, Johann Heinrich, Grosses vollständiges Universal-Lexicon, Bd. 18 (1738), Sp. 1050: 167
Zeitung für Städte, Flecken und Dörfer, 1. Stück, 25. 11. 1786: 261
Zentralbibliothek Zürich, Graphische Sammlung: 183

Personenregister

Das Personenregister erschließt alle Erwähnungen von Personen im Text inklusive der von ihnen abgeleiteten Adjektive und Kollektivbegriffe (z.B. Platon, platonisch, Neuplatoniker etc.). Ausgenommen sind alle Namen aus dem Literaturverzeichnis, den Kurzbiographien sowie alle Autoren und Herausgeber in den Literaturangaben der Fußnoten. Unterschiedliche Schreibweisen der Namen in den Beiträgen sind im Register mit allen Varianten angeführt.

[ ] = Verweise auf Abbildungen und Farbtafeln (hier mit Nummer der Tafel)
( ) = Verweise auf Erwähnungen ausschließlich in Anmerkungen

Ortsregister

Das Ortsregister erschließt alle Erwähnungen von Orten, Ländern (außer Deutschland und Heiliges Römisches Reich), Territorien und Regionen sowie die jeweiligen Bewohner und die zugehörigen Adjektive, soweit diese geographisch konnotiert sind (z.B. Rom, Römer, römisch – ohne Römisches Reich, Römische Kirche etc.). Nicht berücksichtigt sind Druckorte von Büchern sowie das Literaturverzeichnis und die Autorenbiographien. Unterschiedliche Schreibweisen in den Beiträgen sind im Register mit allen Varianten angeführt.

[ ] = Verweise auf Abbildungen und Farbtafeln (hier mit Nummer der Tafel)
( ) = Verweise auf Erwähnungen ausschließlich in Anmerkungen

Bibliografische Information der Deutschen Bibliothek:
Die Deutsche Bibliothek verzeichnet diese Publikation in der
Deutschen Nationalbibliografie; detaillierte bibliografische Daten
sind im Internet über http://dnb.ddb.de abrufbar.

Umschlagabbildungen:

Johannes Vermeer (1632–1675): Der Astronom, 1668, Öl auf Leinwand,
Paris, Musée du Louvre.
Louis Tacke: Herzog August Bibliothek Wolfenbüttel, Die Bibliotheksrotunde, 1888,
Ölbild

Ursulaplatz 1, D-50668 Köln
www.boehlau.de
www.boehlau. at

Druck und Bindung: Druckerei Theiss GmbH, A – St. Stefan
Gedruckt auf chlor- und säurefreiem Papier.
Printed in Austria

ISBN 3-412-13303-5
ISBN 3-205-77179-6